法律门启

北京大学法学院 ◎ 编

北京大学120周年校庆
法学研究文萃之二

北京大学出版社
PEKING UNIVERSITY PRESS

图书在版编目(CIP)数据

法律门启:北京大学 120 周年校庆法学研究文萃之二/北京大学法学院编.
—北京:北京大学出版社,2018.5
ISBN 978-7-301-29466-6

Ⅰ.①法… Ⅱ.①北… Ⅲ.①法学—文集 Ⅳ.①D90-53

中国版本图书馆 CIP 数据核字(2018)第 068089 号

书　　　名	法律门启——北京大学 120 周年校庆法学研究文萃之二 FALÜ MEN QI
著作责任者	北京大学法学院　编
责 任 编 辑	王　晶
标 准 书 号	ISBN 978-7-301-29466-6
出 版 发 行	北京大学出版社
地　　　址	北京市海淀区成府路 205 号　100871
网　　　址	http://www.pup.cn
电 子 信 箱	law@pup.pku.edu.cn
新 浪 微 博	@北京大学出版社　@北大出版社法律图书
电　　　话	邮购部 62752015　发行部 62750672　编辑部 62752027
印 　刷　 者	北京京华虎彩印刷有限公司
经 　销　 者	新华书店
	650 毫米×980 毫米　16 开本　49.5 印张　786 千字 2018 年 5 月第 1 版　2018 年 5 月第 1 次印刷
定　　　价	118.00 元

未经许可,不得以任何方式复制或抄袭本书之部分或全部内容。
版权所有,侵权必究
举报电话: 010-62752024　电子信箱: fd@pup.pku.edu.cn
图书如有印装质量问题,请与出版部联系,电话: 010-62756370

法 律 门 启

（代序）

  1898年大学堂开,北京大学诞生于风雨飘摇、人心思变的戊戌之年。1904年法律门启,北京大学设立"法律门",延聘法学教授,招收学生设立课程,致力于为社会培养急需的法学专业人才。也几乎在同一时期,中国法制变革的大幕徐徐拉开,绵延几千年的中华法制文明开始了艰难转型。光阴荏苒,今年已经是2018年,甲子两度,又逢戊戌,北京大学迎来了建校120周年。为显拳拳之意,法学院诸位同仁,奉献佳构,联缀成册,以资纪念。

  校庆之期,亦是反思之时。120年的岁月,我们的大学是否养成了一种垂范久远的精神,我们相去"民主与科学"还有多少距离？开启法律之门,培养法学人才,推动法制变革,建设法治社会,已经一百多年,此间我们收获了多少牢不可破、深植民众精神之中的法治成就？

  现状或许并不那么乐观,目标似乎仍然遥远,但这不应该成为我们停止求索甚至妄自菲薄的理由。艰难跋涉一个多世纪,我们的法治建设仍然"在路上",这不是因为我们选择了错误的目标,弄错了努力的方向,而是因为我们要完成的任务实在非常艰巨,我们所致力的乃是一项伟大的事业。而历史告诉我们,伟大的事业从来不可能一帆风顺。

  开启法律之门,不只是简单地引入一套来自异域的现成规则体系,然后机械地安放在民众头上,而是要以现代的法律规则去引领中国社会的全面转型。在传统社会向现代社会的转型中,要以新的规则之治去填补因为传统秩序的崩塌所产生的罅隙、空白和断裂；要为正在出现的社会形态,建立一套与之相适应的有实效的调整机制。考虑到自古以来中国就是一个地域辽阔、人口众多、区域差别显著的大国,中国社会转型的缓慢、渐进和复杂,以及由此导致的秩序重构的艰难,就不难预料。

开启法律之门,也同样不是简单地引入一套时髦的法治话语模式。法治的精髓不是私人自治、程序正义、限制公权之类的法律意识形态话语的抽象空转、循环论证,而是渗透到生活中的方方面面、边边角角的"自己与他人一体遵守规则"的意识,以及发自内心的对"规则之治、法律至上"的价值认同。但我们知道,几千年传统社会延续下来的稳固的集体心性结构,要普遍性地发生从依赖人治到信仰法治的价值认同上的转变,毫无疑问相当困难。由此也就可以理解,为什么一些不断强调法治建设之重要性的人或者团体,在面对具体的人或问题时,会毫不犹豫地将法治抛之于脑后,认为某个人或某个组织可以凌驾于法律之上,并且不觉得这样做有什么不妥。任何社会群体观念的真正转变都必然是一个漫长的过程,更何况我们这里所谈论的乃是一个拥有十几亿人口的大国。"风物长宜放眼量",我们只能从长时段的维度去致力于法治价值观念的培育。

从根本上看,开启法律之门,推动法制变革,最深层次的诉求还超越了器物层面上的拿来主义,是在各种文明形态主动或被动汇入世界普遍历史,人类文明共同体日益凸显的时代背景下,寻求对中华传统文明的再造。法治之所以值得追求,并不只在于它是魏源意义上的"夷人之长技",活学活用,有助于实现富国强兵、救亡图存、复兴崛起之类的功利目标,而在于法治对任何现代社会来说,是具有普遍价值的文明要素。要在中国建设一种现代的文明,就必须引入这种法律文明,进而实现对传统中华文明的再造。而对于中国这样的具有巨大文化惯性的国度而言,通过建设法律文化,来实现传统中华文明的再造,谈何容易!这必然是一项绵延数代、薪尽火传的工作。而且可以预料,因为各种利益的冲突和较量,文明的再造必然充满了曲折、反复甚至血与火的考验。

通向法治的路途虽然充满艰难险阻,甚至会发生一时一事一人一地等各种层面上的倒退、曲折和反复,但无论从哪个角度看,法律之门的开启,注定是中华文明发展中的重要历史时刻。因为一个悠久的文明,从那一刻起,义无反顾地决心拥抱现代法治文明。这是何等令人惊心动魄的大事!从那一刻开始,我们就已经启程,而只要已经上路,就拥有了到达目的地的希望。此外我们也确信,法律之门一旦开启,就不再可能被关上,因为历史的潮流不可阻挡。

当然,历史潮流并不会自动流淌,要取得具体的进步,仍然依赖于个体的努力与实干。百年之中,一批批从法律之门走出的法律人,成为中国法治建设的中坚力量。遥想百年之前,法学人才极度匮乏,以至于编纂重要法典草案时,尚需延揽外国专家来作为主笔,而不过短短二十多年后,我们自己培养的法学专家,就已经能够编纂出极高水准的法典,对中国社会产生长久且深远的影响。在二战后的东京审判中,无论是法官还是检察官,都活跃着杰出的中国法律人的身影。1978年改革开放,在一片荒芜的基础上重建法治,不过40年的光景,就已经有一大批具有相当高水准的律师、法官、检察官在以各种方式推动和维护着日益复杂的法治系统的日常运作。这一切都使得我们对未来充满信心。历史的三峡虽充满激流险滩、惊涛骇浪,但我们总有走出峡口,见证海阔天空的那一刻。"周虽旧邦,其命维新"。中华文明终会成功转型,融入人类共同体的文明体系之中,并且在这一过程中作出自己独特的贡献。

在法律人共同体中,法学教师又是一类特殊的人群。他们站在法律门内,执鞭讲台、培育法学学生、研究法学问题、阐发法学理论、推动法治进步。虽不能说他们一定是法治建设的灵魂和中坚,但的确发挥了不可或缺的重要作用。法律门启一百多年来,这个学术群体虽然历经坎坷,但最终得以发展壮大。时至当下,他们的活动也不再局限于校园讲堂,无论是立法、司法还是法律实务,都可以看到法律门内的理论研究与法律门外的法治实践的密切交流与频繁互动。正是因为有了与现实的对照,我们逐渐明白,任何高深的法学理论,如果脱离了事实的支撑,都不过是装神弄鬼的自说自话;同样,任何理论,如果一味粉饰现状,失去了批判和反思意识,都会失去知识的品格,沦为下流。历史是最终的裁决者,他不仅会判定理论的真伪,还会鉴别理论者品性的高下。

基于这样的考虑,我们将这一作品摆在读者诸君面前。她由北大法学院诸位老师的学术论文汇集而成,体现了他们对某一个或某一些特定法学问题的思考和评断。这一方面是为了纪念北大建校120周年,另外也是为了见证中国法治建设的历史进程。事实上,这本文集也是北大法律学人思想的一个横截面,是生生不息的中国法律思想长河中的一个凝固的瞬间。我们期待通过这本文集,与兄弟院校的法律学人,与广义上的法律人,与所有有着健全理性思维和正常的体面感的学者,分享我们的思考,展开真正的对话与交流。

最后,其实我们还设想着与中国法治建设的后来者,展开一场跨时空的对话。若干年后,这些后来者也许会拿起这本书,在心中悄悄地评估,我们这一代法律学人的所作所为,是否经得起历史的考验,是否对得起在我们每一个人身上所经历的岁月!

薛 军

2018 年 4 月 11 日

目 录
CONTENTS

张守文
　税制变迁与税收法治现代化　/ 001

刘剑文
　财税法功能的定位及其当代变迁　/ 028

叶　姗
　税权集中的形成及其强化
　　——考察近 20 年的税收规范性文件　/ 051

甘培忠　徐　可
　认缴制下的资本违法责任及其困境
　　——以财产混同为视角　/ 075

邓　峰
　中国法上董事会的角色、职能及思想渊源：实证法的考察　/ 091

刘　燕
　从公司融资、公司财务到公司金融
　　——Corporate Finance 中译背后的知识谱系　/ 115

蒋大兴
　质疑法定资本制（最低资本）之改革
　　——公司资本制的合约、经济与文化基础　/ 149

吴志攀
　从"部门货币"看政府与市场博弈　/ 179

彭　冰
理解有限公司中的股东压迫问题
——最高人民法院指导案例10号评析　/ 190

郭　雳
证券集团诉讼的功用与借鉴
——一个基于现实的批判性解读　/ 227

洪艳蓉
公司的信用与评价：以公司债券发行限额的存废为例　/ 251

唐应茂
选择制度、协调冲突和国家的制度性补贴
——为什么执行程序处理破产问题？　/ 273

尹　田
人格权独立成编的再批评　/ 312

刘凯湘
剪不断，理还乱：民法典制定中民法与商法关系的再思考　/ 321

葛云松
纯粹经济损失的赔偿与一般侵权行为条款　/ 347

易继明
历史视域中私法统一与民法典的未来　/ 419

薛　军
中国民法典编纂：观念、愿景与思路　/ 438

常鹏翱
债权与物权在规范体系中的关联　/ 472

王　成
最高法院司法解释效力研究　/ 503

马忆南
论夫妻人身权利义务的发展和我国法律的完善　/ 525

楼建波
　　农户承包经营的农地流转的三权分置：一个功能主义的分析
　　　路径　／546

许德风
　　论利息的法律管制　／573

张双根
　　论房地关系与统一不动产登记簿册
　　　——兼及不动产物权实体法与程序法间的交织关系　／626

金锦萍
　　论法律行为视角下的信托行为　／668

贺　剑
　　法教义学的巅峰
　　　——德国法律评注文化及其中国前景考察　／687

张　平
　　互联网开放创新的专利困境及制度应对　／721

刘银良
　　美国专利制度演化掠影
　　　——1980年纪略　／737

杨　明
　　聚合链接行为定性研究　／765

税制变迁与税收法治现代化[*]

张守文^{**}

一、问题与框架

财政是现代国家治理的基础,而税收则是财政的核心支柱,直接关乎国计民生,影响强国富民和稳定发展。基于经济史的视角,熊彼特在其开创的财政社会学领域,曾强调一国历史就是财政史,并将财政制度变迁与政治、经济、社会要素相关联,因为只有"嵌入"上述要素背景,才能全面透视财政制度,揭示其变迁过程中的价值取舍、结构调整与功能实现。基于系统的维度,财政学的集大成者瓦格纳认为,财政是连接政治、经济和社会三大系统的媒介和重要环节。[①] 另外,无论是政治、经济抑或社会系统,都离不开法律的制度支撑,现代国家财政与三大系统的连接无不以法律的形式呈现。

具体到税法领域,税收制度作为财政制度至为重要的组成部分,与一国政治、经济改革和社会变迁始终密切相关,古今中外历次重大的"变法""改革""革命""战争",大多都与税法变革密切相关,且普遍涉及税收的公平性、合理性或合法性问题。中国发轫于20世纪70年代末的农村改革,实质亦属税法变革,它回应了广大农民对农业税税后增益的渴望,体现了

---

* 原文刊于《中国社会科学》2015年第2期。
** 北京大学法学院院长、教授、博士生导师。
① 神野直彦:《体制改革的政治经济学》,王美平译,社会科学文献出版社2013年版,第8—13页。

对农民生存权的保障。① 事实上,中国在整个改革开放历程中,一直以不断推进税法变革作为深化改革的重要路径,因而税制变迁始终与改革开放的深化同步,其影响历来举足轻重,备受瞩目。

在1949年至1979年的三十年间,随着计划经济体制的逐步确立,受原苏联"非税论"思想的影响,中国的税法制度日渐式微,一度几乎被挤压为"单一税制";改革开放以后,中国税制才从整体框架到具体功能,在多种因素的激荡作用下持续剧变,大量税法制度从无到有,日臻完善,其间的演变规律殊值深究。而今,在全面深化改革,盛倡法治的大背景下,中国税制究竟应向何处去?如何实现税收法治的现代化?无疑是亟待回答的重大问题。唯有解析税制演变的历史并归总提炼其核心问题,才可能发现税制变迁的规律,明晰未来税制变迁的方向、目标、路径,揭示现代税制应然的结构、功能与价值。

需要进一步强调的是,在不同的历史阶段,税制变迁不仅有经济和社会因素的推动,亦有重要的政治和法律基础。因此,在瓦格纳等所关注的三大系统的基础上,还应重视法律系统或法律要素对税制变迁的重要影响,并从法治维度展开分析,这更有助于从完善国家治理体系的角度理解税制变迁,从而在"经社—政法"的分析框架下,形成对四大系统良性互动的融贯理解。

中国的税制变迁已到重要阶段,其未来走向关涉税收法治的现代化乃至国家治理的整体现代化。对于何谓现代化或法治现代化,历来众说纷纭。本文关注的税收法治现代化,是指一国税收法治的理念和体系向各现代税收国家共通的税收法治理念和体系转化的过程。尽管由于诸多因素,各国的具体税制不尽相同,但只要是现代税收国家,就都会在税收法治方面强调公平、效率、秩序等基本价值,并会将其贯穿于税收法治体系的各个方面,从而影响税收的立法、执法、司法、守法等各个环节。可见,税收法治体系是"形",而税收法治理念则是"神",在税制变迁的过程中,只有将现代税收法治理念充分融入现代税收法治体系的构建,从而做到"形神兼备",才可能实现税收法治的现代化。

---

① 在改革前,广大农民交完农业税(公粮)后无法解决温饱问题,而在农村改革推开后,通过广泛实行联产承包责任制,农民的税后剩余得以增加,从而极大地激发了农民的生产积极性。这是中国农村改革取得成功的重要原因。

世界各主要国家的税制变迁,在总体上都是税收法治现代化的过程。例如,为了实现效率和公平价值,许多国家在20世纪50年代以后普遍开征增值税[1],并于20世纪80年代中后期普遍降低所得税税率,扩大税基[2],从而形成了两次税制改革浪潮。在上述税制变迁过程中,各国普遍遵循税收法定原则,强调秩序价值,不仅由此构建了与现代市场经济相适应的现代税制,也进一步实现了税收法治的现代化。

现代税制是与现代市场经济、现代法治密切关联的。中国特殊的时空背景决定了税制变迁的基础、路径有别于其他国家。要把握中国税制向何处去,需先了解其历史渊源及尚存问题。因此,不仅要关注税制变迁与相关要素的横向关联,还要在纵向的历史发展中关注其连续性以及不同时期的特殊性,这不仅对税制的完善具有现实意义,而且对财税法或经济法的制度变迁理论研究尤其具有学术价值。[3]

为此,本文将先提出税制变迁的历史分期,并揭示每个阶段的政治决策、宪法修改、分配调整与税法变革之间的关联,从而说明相关要素对税法变革的影响以及税制变迁的一般机制,在此基础上,提出历次税改所需解决的核心问题,揭示税制变迁过程中的价值侧重、结构调整和功能调适,以及法律要素的重要影响,探寻新阶段的税制改革可以借鉴的历史经验和面临的综合问题,从而为税收法治现代化提供支撑。

通过上述问题的探讨,本文试图说明,税制变迁的过程就是税收法治不断走向现代化的过程。在各类关联要素的交互影响下,在税制变迁过程中会不断吸纳现代的法治理念和价值,并形成现代税收国家通行的税制结构,以更好地发挥现代税法的功能,此即税收法治现代化的

---

[1] 自1954年法国首次实行增值税制度以来,世界各国纷纷开征增值税,推进间接税制度改革,以避免重复征税,增进税负公平,提升经济效率。目前已有150个左右的国家和地区实行增值税制度。参见高培勇主编:《世界主要国家财税体制:比较与借鉴》,中国财政经济出版社2010年版,第19页。

[2] 为了提高效率,增进公平,以美国1986年的税制改革为先导,德国、法国、瑞典、加拿大、澳大利亚、日本等OECD国家掀起了降低所得税税率、扩大税基、简化税制的改革浪潮。这些国家的税制改革对于我国构建现代税制亦具有重要借鉴意义。参见刘溶沧、夏杰长:《税制改革的国际经验及对中国的启示》,载《管理世界》2002年第9期。

[3] 在财税法或整体经济法领域,有关制度变迁理论的研究还相对不足。对于以往制度经济学领域的大量成果(如诺斯有关制度变迁的产权理论、国家理论和意识形态理论等)能否有助于分析中国的税制变迁问题,还缺少深入的研究。

过程。① 基于罗斯托和帕森斯的现代化理论,在关注与税制变迁融为一体的税收法治现代化的阶段和过程的同时,还应关注在此过程中税法的价值、结构与功能的变化,这也有助于推进国家整体治理体系的现代化。

二、税制周期变迁的外部关联要素

(一) 税制的变迁周期

我国改革开放以来的税制变迁,与市场经济的发展程度紧密相连。经济政策的变化必然意味着税法制度的调整与完善,在这个意义上,改革开放以来的税制变迁可分为恢复重建税法制度、建立与市场经济体制相适应的税法体系与建立更加规范、完备的税法体系三个阶段。

表1 中国税制变迁的分期与路向

阶段划分	起讫时间	改制方向	实施路径
第一阶段"84税改"	1984—1994年	恢复重建税法制度	全面进行工商税制改革
第二阶段"94税改"	1994—2004年	建立与市场经济体制相适应的税法体系	对税制进行全面调整,体现市场经济对税法统一,税负公平的要求
第三阶段"04税改"	2004—2014年	建立更加规范、完备的税法体系	局部调整税制,实施"结构性减税",提升税制的法定性和公平性

上表是对税制变迁分期和路向的简要说明。其中,第一阶段的"税改"对于中国经济立法体系乃至整体法律体系的建立,具有特别重要的奠基意义。在改革开放初期为数不多的立法中,税收立法可谓独树一帜,开启经济立法之先河。② 但直至1984年国营企业第二步"利改税",以及多

---

① 也有学者认为,税收法治现代化是一个发展过程的概念,包括税法意识、税法体系、机构和职能等多个方面的现代化。参见涂龙力、解爱国:《论税收法治现代化》,载《税务研究》2005年第4期。

② 例如,《中华人民共和国个人所得税法》(1980年)和《中华人民共和国外国企业所得税法》(1981年),是改革开放后最早制定的税收法律,与《中华人民共和国中外合资经营企业法》(1979年)、《中华人民共和国经济合同法》(1981年)一起,开启了经济立法的先河。由于这两部税收法律着重针对外籍个人和外国企业,因而受制于主体和调整领域,它们对国内经济改革和整体税法体系的影响并不大。

部税收条例(草案)集中推出,才形成了当代中国税法体系的基本架构。①此次规模空前的税法变革,史称"84税改",其核心是建立与改革目标相应的税制,以适应从"计划经济"向"有计划的商品经济"的体制转轨。从法律角度看,国家立法机关于1984年作出的"授权立法决定"②,使工商税收领域的诸多税收条例(草案)得以推出,原来几乎消失殆尽的税收立法又陆续重现,税法体系亦初见端倪。在这一时期,既有以美国为代表的西方国家的税制改革——里根政府在供给学派的影响下,力图通过减税来激发市场活力③,又有中国在改革浪潮中,不断通过税制改革来"放权让利"。中美可谓所见略同,颇有异曲同工之妙。

随着我国宪法于1993年规定国家"实行市场经济",并强调"国家加强经济立法,完善宏观调控"④,大规模的税收立法于1994年被全面推出,由此开启了税法变革的第二阶段。"94税改"作为系统性变革,旨在适应市场经济体制的需要,为增加税收收入和实施税收调控提供法律基础。因此,"统一税法、公平税负、简化税制、合理分权"成为当时税改的重要目标,只是这些目标至今仍未完全实现。

"94税改"后的十年,税制框架基本稳定,直至2004年增值税转型试点启动,才拉开了"04税改"的帷幕,并表现出新的趋势:一方面,基础性的税制已大抵具备,大规模的税法剧变不再,但相对和缓、分散的局部调整不止,包括多个税种的废止或合并、诸多税法"试点"、税目调整和税率变更等;另一方面,税法的共通价值、税制的合理性和合法性受到更多关

---

① 在税制历史上,1984年9月18日特别值得纪念:这一天国务院批转了财政部报送的《国营企业第二步利改税试行办法》,发布了《中华人民共和国产品税条例(草案)》《中华人民共和国增值税条例(草案)》《中华人民共和国营业税条例(草案)》《中华人民共和国盐税条例(草案)》《中华人民共和国资源税条例(草案)》《中华人民共和国国营企业所得税条例(草案)》等6个税收条例(草案)(均自当年10月1日起试行),从而建立了复合型的工商税制,形成了今天税制的基本架构。

② 1984年9月18日,《全国人民代表大会常务委员会关于授权国务院改革工商税制和发布试行有关税收条例(草案)的决定》通过(该授权决定已于2009年废止),这是"84税改"的重要基础。此后,1985年4月10日,六届全国人大三次会议又通过了《关于授权国务院在经济体制改革和对外开放方面可以制定暂行的规定或者条例的决定》,这是今天许多税收暂行条例的立法基础,但也构成了进一步落实税收法定原则的障碍。

③ 受供给学派理论的影响,美国以《1986年税收改革法案》(Tax Reform Act of 1986)的实施为标志,进行了大规模的税制改革,并影响到多个国家。尽管其基础、内容、路径等与中国的税改不同,但目标都是要给企业更多的空间,激发市场主体的活力。

④ 参见《中华人民共和国宪法》第15条第1款、第2款。

注,税收的法定原则、公平原则被更多强调,从而为2014年以后的税法变革奠定了重要基础。

总之,从1984年到2014年,每十年都发生一次重要的"税改",形成了税制的周期变迁。尽管其起讫时间只是依变迁"路向"作出的大略划分①,但无论是总体设计抑或现实发展,其阶段性都较为明显。通过观察上述三个阶段税制变迁的路径和方向,有助于分析和推断未来中国税法变革的"路向",揭示其中蕴含的内在逻辑和基本规律,并推动税制的系统改进和税收法治的现代化。

在"十年一易"的周期律中,蕴含着税制与政治、经济、社会、法律系统之间的重要关联,为此,有必要基于上述的变迁周期,着重探讨影响税制变迁的关联要素,并进一步分析税制变迁的核心问题,明晰税制完善的方向和路径,展示税收法治现代化的应然图景。

(二) 影响税制变迁的关联要素

从上述三个阶段的税法变革来看,影响税制变迁的并非单一因素,而是包括了相互关联的多种因素。其中,政治、经济、社会因素作为影响税制变迁的外部要素,历来备受瞩目。

对于经济、社会等因素与税收的紧密关联,税收经济学、税收社会学、公共经济学等领域的大量成果已有充分论证。此外,税收不仅具有突出的经济性和社会性,也具有突出的政治性,因而其与政治因素的关联亦受到重视。②另外,由于法律与各个系统亦密切相关,且税收领域必须贯彻法定原则,因此,有必要在三大系统要素的基础上,进一步关注税收与法律要素的紧密联系,从而在前述"经社—政法"的框架下,更为系统地把握税制变迁与各类因素的关联。

1. "改革决定"与税法变革的关联

在中国税制变迁的不同历史阶段,政治因素对税法变革的影响始终

---

① 三次税改的时间节点较为显明,有助于进行历史分期,当然有时改革也并非完全截然分开。如1983年启动的国营企业第一步"利改税"作为第二步"利改税"的预备,也可归入整体的"84税改"之中。

② 有的学者认为,"在税收决策中,政治的考虑才是决定性的";"税收和税收政策是比较政治学十分合适的研究对象",这些认识都强调了税收与政治的紧密关联。参见彼得斯:《税收政治学:一种比较的视角》,郭为桂、黄宁莺译,江苏人民出版社2008年第3页、第24页。

存在。我国历次重要改革启动时所作出的"改革决定",既是重要的政治决策,也是事关整体改革的顶层设计,同时,还与宪法修改、具体的税法变革有近乎一一对应的紧密关联。

为此,下面仍以1984—2014年的三十年为例,选取其间历次重要的"改革决定",来说明政治因素与税制变革之间的关联,这既有助于发现经济、社会发展对政治、法制变革的基础性影响,又有助于揭示政治因素与税收法制紧密关联的阶段性特点[①],从而增进对税制的建构性的进一步理解。

表2 税法变革与政治决策("改革决定")的关联

历史分期	政治决策(改革决定)	税法变革	政法关联
第一阶段	十二届三中全会通过的《中共中央关于经济体制改革的决定》(1984年10月)	"84税改"着重建立与"有计划的商品经济体制"相适应的税法制度	税制变革在先,与总体改革设计内在一致,体现了改革初期的特点
第二阶段	十四届三中全会通过的《中共中央关于建立社会主义市场经济体制若干问题的决定》(1993年11月)	"94税改"着重建立与"市场经济体制"相适应的税法体系	1993年的"改革决定"为"94税改"奠定了重要基础
第三阶段	十六届三中全会通过的《中共中央关于完善社会主义市场经济体制若干问题的决定》(2003年10月)	"04税改"着重完善税制结构,调整和废止多类税法制度,进一步优化税制	2003年的"改革决定"为"04税改"奠定了重要基础

可以看出,每个阶段的税法变革都与历次重要的"三中全会"作出的"改革决定"有关。面对经济社会发展方面的诸多涉税需求,基于提升合法化水平的考量,执政主体必然要在政治决策过程予以回应,并集中体现于改革方案的整体设计中。因此,政治决策或改革设计会直接影响税法制度的变革,这既体现了政治因素与税制建设的重要关联[②],也与国家的政治、经济和社会职能直接相关。

---

① 有的学者认为,在财政立法领域,人们早已认识到涉及财政的"政治法律"(political Laws)乃是某种不同于"司法法律"(juridical laws)的东西。参见哈耶克:《法律、立法与自由》(第一卷),邓正来、张守东、李静冰译,中国大百科全书出版社2000年版,第213页。

② 有的学者认为,税收是重要的政治工具,蕴含着重要的政治价值观,因而两者关联非常密切。参见彼得斯:《税收政治学:一种比较的视角》,第55页。其实,我国税法从对不同所有制企业的区别对待到内外企业的平等征税,从重视国库收益到重视人权保障,也是体现了政治价值观的变化。

尽管税法变革是对经济社会发展的回应,但并非自发形成的法律秩序,政府的主动推进不可或缺,从而使税制的政策性更为突出。在税制变迁过程中,国家的直接推动或政府的着力建构,始终是一条不容忽视的主线。事实上,任何政府都谋求长治久安,而通过税法变革解决各类现实问题,从而提升政府的合法性,正是政府主动推进税制变迁的政治动因。在政府不断推动税制变迁的过程中,为了防止合法化危机,必然要越来越多地体现法治精神,从而会推进现代税收法治的发展。

2. 宪法修改与税法变革的关联

"改革决定"不仅影响税法变革,也常常会引发宪法修改。而修宪又会为税改提供宪法依据,从而进一步推动税法变革,这体现了法律系统内部要素之间的互动关系。下面以1982—2004年的三次修宪为例,来说明其对不同阶段税法变革的影响。

表3 宪法修改与税法变革的关联

历史分期	宪法修改	税法变革	两法关联
第一阶段	1982年修宪,涉税条款入宪	1983—1984年实施"利改税"以及整体工商税制改革	宪法的涉税条款在一定程度上为"84税改"提供支撑
第二阶段	1993年修宪,首次规定实行市场经济,加强经济立法,完善宏观调控	1994年实施与市场经济相适应的新税制,推出分税制	宪法的新规定为"94税改"提供直接依据
第三阶段	2004年修宪,首次规定保护公私财产权和保障基本人权	2004年以后的税改更注重减税和纳税人权利保护	宪法的新规定在"04税改"中得到具体落实

上表表明,"82修宪"与"84税改"以及工商税制的系统确立,"93修宪"与"94税改"以及整体市场经济税制的确立,"04修宪"与"04税改"以及整体税法体系的完善,都存在紧密的关联。不仅如此,宪法与税法制度变革的关联在时间上后先相继,宪法修改都在税法变革之前;同时,宪法为税法变革提供了直接或间接的基础和依据,而税法变革其实是在落实宪法的相关条款。两者之间的紧密关联,凸显了法治在税制变迁中的重要价值,以及宪法在税收法治现代化过程中的重要地位。

需要说明的是,我国的"七五宪法"和"七八宪法"对税收问题只字未提,只是"八二宪法"才强调"公民有依据法律纳税的义务"[①],这是现行宪法唯一直接涉税的条款,表明中国在改革开放之初,已开始重视国家与国民税收关系的法律调整,只是该规定仍有较大局限性。如将此处的"公民"扩大解释为各类"对公共物品的提供负有分担义务的国民"[②],则税法变革的宪法基础会更为坚实。

此外,每次税改都发生在修宪之后,这并非巧合,而是暗合,体现了税法与宪法在变革方向上的紧密关联。[③] 如此紧密的关联在其他法律制度变迁方面几乎难以找寻。当然,从另一个侧面看,这也只能是宪法和具体税法制度都处于变革时期的现象,是现代税制尚未建立的体现,在宪法相对稳定或更为成熟的情况下,这种税改与修宪之间的同步关联不会也不应频繁发生。

3. 分配调整与税法变革的关联

无论是上述的"改革决定"还是宪法修改,都要反映经济和社会发展的重大需求。其中,分配关系或分配结构的调整,分配风险和分配危机的防范和化解,是关涉经济、社会和政治等各领域的重大问题。由于财税是影响分配的重要因素,解决经济、社会领域的分配问题迫切需要税法变革,因而经由财税手段进行的分配调整,必然与经济、政治等各系统密切相关,由此更加凸显"经社—政法"框架内各类要素的紧密联系。

事实上,上述的"改革决定"、宪法修改及税法变革,无不受到分配调整的直接影响。例如,国家与企业或者国家与国民的分配、中央与地方的分配、居民之间的收入分配等各类分配调整,均与税法变革直接相关。

[①] 与此相关,"五四宪法"第102条曾规定"中华人民共和国公民有依照法律纳税的义务"。对于现行《宪法》第56条的规定,学界大都从公民的纳税义务以及税收法定原则的角度展开探讨。从宪法文本看,此处的"公民"当然用于通常意义。本文后面的扩大解释是基于我国宪法规定的局限性而作出的理论探讨。

[②] 在税法上的国家与国民的主体二元结构中,国民包括企业、自然人等各类纳税人,但在现行宪法中并未直接规定企业的纳税义务。我国企业的纳税义务是通过税收法律、法规等来加以规定的。

[③] 由于宪法和税法都涉及国民基本权利的保障,两者在方向上自然应保持一致。从英美多国的制度实践看,正是税法问题推动了近现代宪法的产生和发展,这突出体现了税法对宪法的影响;与此同时,宪法对税法的影响则无疑非常巨大,尤其是税法的制定和实施是否合宪,历来是非常重要的理论和实践问题。

表 4 分配调整与税法变革的关联

历史分期	分配调整	税法变革	两者关联
第一阶段	国家与国民的分配调整	以改革开放后税法基本制度的恢复和重建为主轴	国家、企业、个人的分配调整是"84税改"的重要动因
第二阶段	国家与国民、中央与地方的分配调整	以市场经济和分税制为取向的整体税法体系调整	解决"两个比重"过低的分配失衡问题是"94税改"的重要动因
第三阶段	多类主体的多层次分配调整	以"结构性减税"为主线的税法体系调整	解决更为复杂的多重分配问题是"04税改"的重要动因

表 2.2.3 说明,历次税法变革都贯穿了分配调整的主线。事实上,各类经济问题和社会问题都集中体现于分配调整方面,解决各类主体的利益分配问题始终是历次税法变革和税制变迁的重要动因。①

随着分配关系调整的日益复杂,税法变革所需考虑的因素也日趋繁多。例如,在改革之初急需解决的,主要是国家与国民,特别是国家与国营企业之间的分配调整问题,因此,最先启动国营企业"利改税"(即由向国家上缴利润改为上交税收),直接带动了"84税改",而其他主体则很少涉及税收问题。② 随着经济社会的发展,企业类型或市场主体日益多元化,非国营的内资企业、涉外企业、个体户等不断涌现,个人居民也拥有了更多的收入和财富,国家与广义上的国民(包括企业和自然人等)之间的分配日显重要;同时,随着各级政府日益成为促进经济发展的重要力量,中央与地方之间的利益分配问题亦随之凸显,从而推动了"94税改"的启动。进入21世纪后,基于市场经济和经济全球化的发展,国家之间、国家不同层级的政权之间、国家与税法上的居民、非居民之间,以及市场主体相互之间的各类分配日益复杂,多类主体的多层次分配问题亟待解决,从而又推动了"04税改"的开启。由于在不同的发展阶段,都存在亟待解决的经济分配和社会分配问题,这些问题涉及个体营利性与社会公益性的

---

① 参见张守文:《贯通中国经济法学发展的经脉——以分配为视角》,载《政法论坛》2009年第6期。

② 在"84税改"前,国营企业只缴纳工商税,集体企业只缴纳工商税和工商所得税,城市房地产税、车船使用牌照税、屠宰税仅对个人和极少数单位征收,工商统一税仅对外适用。因此,许多主体都很少涉及税收问题。

矛盾,以及效率与公平、局部与全局、个体与整体等诸多方面的选择和平衡,如果不能有效解决,就可能导致经济、社会的失衡乃至危机,因此,分配压力或分配问题历来是税法变革的重要经济根源和社会根源。①

上述每个阶段的"税改",既要考虑前一阶段突出的分配问题,又要关注新阶段分配的主要矛盾,这些问题和矛盾都要在"税改"中不断解决,它们既是推动税法变革的重要动力,又使历次"税改"具有一定的"连续性"②,循此线索更有助于动态地、整体地把握税制变迁以及税收法治现代化的进程。

4. 税制变迁中的关联机制探究

前面分别探讨了"改革决定"、宪法修改、分配调整与税法变革之间的关联,体现了多元的系统要素对税制变迁的影响。其中,分配调整作为经济和社会层面的现实需要,会体现为政治层面的利益分配,以及宪法层面的权利和权力分配,并具体落实于税法变革以及其他法律变革之中。因此,分配调整会影响政治决策和宪法修改,以及税权和税收利益的重新分配。基于上述各类要素对税法变革的影响,归纳提炼税制变迁的关联机制,有助于研究税法乃至其他法律领域的变革。

从中国税制的发展历程看,由于改革初期各方面经验积累不足,在税收立法方面亦缺乏总体设计,因而对外开放急需的旨在保障国家主权的涉外税制最先推出,不仅先于"84 税改",也先于 1984 年的整体"改革决定"。在国家整体税改的第一阶段,"84 税改"的启动虽然略早于当年的"改革决定",但其内在一致性非常突出③,同时,"84 税改"推出后的税制建设,一直体现着"改革决定"以及"八二宪法"有关公民纳税义务的要求。④ 但随着改革的深入,从第二阶段开始,作为整体政治决策的"改革

---

① 参见何帆:《为市场经济立宪——当代中国的财政问题》,今日中国出版社 1998 年版,第 34—39 页。
② 连续性是在各类制度变迁中都需要关注的问题。坎贝尔:《制度变迁与全球化》,姚伟译,上海人民出版社 2010 年版,第 2 页。
③ 如前所述,"84 税改"的相关规范性文件于 1984 年 9 月 18 日通过,自当年 10 月 1 日起实施,而 1984 年的"改革决定"则于当年的 10 月 20 日通过,前后相距时间很短。同时,在此次"改革决定"中,强调通进一步完善税收制度,综合运用税收等经济杠杆,普遍推行"利改税"等措施。这些与"84 税改"的精神和制度建设都是内在一致的。
④ 在"84 税改"的持续推进过程中,个人所得税制度也在不断完善,在 1986 年还推出了《城乡个体工商户所得税暂行条例》和《个人收入调节税暂行条例》,这些都是对"82 宪法"有关公民纳税义务规定的具体落实。

决定",从形式到实质都"整体先行",形成了先作"改革决定",其后修改宪法,继而变革税制的后先相继的实然过程。在此过程中,政治决策影响宪法修改,并进而影响税法的变革。而无论是政治层面的"改革决定",还是法律层面的宪法修改和税法变革,都要体现经济与社会发展的要求。因此,更深层次的关联机制,是经济和社会系统影响政治系统,并进而影响法律系统中的具体税法变革。可见,在"经社—政法"框架下,更有助于厘清相关要素与税法变革的关联,从而揭示税制变迁的相关机制和内在动因。

此外,在各类关联要素构成的关联机制中,法律或法治要素日益重要。因为在现代法治国家,税法变革必须遵循严格的税收法定原则,必须充分体现法治精神,从而使法律或法治的要素贯穿于税制变迁的全过程。可以说,税制变迁的过程,就是税收法治不断走向现代化的过程。对此,可以透过历次税法变革所要解决的核心问题,作出进一步的审视和阐释。

三、核心问题中的法律要素

上述"改革决定"、分配调整等是影响税法变革的外部要素,受其影响,不同阶段的税法变革在目标与路径、结构与功能、价值与原则方面各不相同,而这些恰恰是各阶段税改必须解决的核心问题,且都与法律要素密切相关。它们作为影响税改的内部要素,与上述外部要素相呼应,共同构成了分析税制变迁与税收法治现代化问题的重要维度。

(一) 税改目标与路径变迁的法律观察

在上述税制变迁的第一阶段,财政意义上的国家形态开始从"自产国家"向"税收国家"转变。[①] 通过"利改税",税收逐渐成为国家财政收入的主要来源。"利改税"的成功以及相应的国内所得税、商品税和财产税制度的创设,是"84税改"的重要成就,由此不仅推动了税收国家的建立,还通过明晰国家与企业的分配关系,使企业逐渐成为可以独立竞争、自主发展的经济主体,从而进一步培育了市场主体,为其后实行市场经济体制奠

---

① 参见马骏:《中国公共预算改革:理性化与民主化》,中央编译出版社2005年版,第33—43页。

定了重要基础;同时,也优化了国家与国民的关系,形成了分配领域较为清晰的公私二元结构,构筑了现代国家应有的基本框架,加强了宪法层面的所有权或财产权保护。

"84税改"的直接目标,是建立与"有计划的商品经济体制"相适应的"工商税制",这是构建完整税法体系的核心组件和重要基础。经由此次税改,税法开始成为影响其他法律调整的重要变量,在宪法以及经济法、民法、行政法等部门法的法学研究和制度构建中亦深受重视。

基于体制基础的变易,"94税改"的重要目标是构建与市场经济体制相适应的"完整税制",提升国家税收收入占GDP的比重和宏观调控能力[①],建立真正的"税收国家"[②]。相应的,税法变革不仅要继续关注国家与国民分配关系的优化,还要重视中央与地方分配关系的调整。于是,建立与市场经济相匹配的税制,以调整国家与市场主体之间的分配关系,同时,解决不同级次政府之间的分权和分配关系,并将分税制与整体税改综合并施,便成为"94税改"的重要任务。由于此次税改涉及国家与国民、中央与地方的分配关系,因而其制度建构具有更为突出的"经济宪法"意义。[③]

"94税改"虽然实现了国家总体税收收入和中央本级收入的高速增长,有效解决了当时突出存在的"两个比重"过低问题,但却带来了新的"两个占比"下降问题:居民收入的占比下降,导致民生压力加大;地方税收的占比下降,导致"土地财政"、地方债务问题突出,从而引发了经济、社会、政治层面的诸多问题。因此,如何构建公平合理的税制,使其在形式和实质上更具有合法性,是第三阶段的"04税改"要解决的核心问题。

面对经济和社会发展存在的诸多问题,"04税改"的重要目标是降低国民负担,提升税制的合理性和合法性。为此,国家实行了一系列完善税制的措施,包括税种的废止与合并、课税要素的调整等。其中,农业税的

[①] 在"94税改"目标中明确提出增加收入和宏观调控,表明对国家汲取财政收入和宏观调控能力的关注,而这两大能力在当时更受学界重视,参见王绍光、胡鞍钢:《中国国家能力报告》,辽宁人民出版社1993年版,第6—13页。

[②] 真正的税收国家(Steuerstaat),应当是国家通过从私人经济部门获取财政收入,来提供公共物品。因而,实行市场经济与税收国家的要求是一致的。

[③] 在经济宪法领域,规范国家与国民的收入分配,以及中央与地方的收入分配,是非常重要的内容。由于税制直接关乎国民的基本权利,是宪法在税收领域的具体化,因而必须关注其合法性与合宪性问题。

废止、企业所得税的合并和税率的调低、个人所得税扣除额的提高,"营改增"的试点等,都广受瞩目。上述税改的具体措施,使税制结构更为合理,并在客观上推动了"结构性减税",税法的基本价值和税收法治水平也由此得到了进一步的体现和提升。可见,随着税改在不同阶段的不断深入,法治精神得到了越来越多的体现,税收法治现代化的程度亦不断提高。

上述不同阶段税改目标的实现,都离不开相应的微观路径和宏观路径。其中,每次税改所实施的具体制度调整,即为微观路径;而历次税改所遵循的整体改革思路,则为宏观路径。宏观路径与税改目标具有内在一致性,即使微观路径对于税改目标实现非常重要,也不能偏离宏观路径。例如,在我国改革之初,"放权让利"既是改革的整体思路,也是"84税改"应当遵循的宏观路径。通过"利改税"以及工商税制的逐步建立,国家在"放权让利"过程中不仅扩大了国企的经营自主权,还使各类企业获得了更多的利益激励,并逐渐成为自主、自立的市场主体。① 但与此同时,也引发了财政收入"两个比重"下降带来的中央调控乏力的问题,于是,国家适度"集权争利"便成了"94税改"的整体思路。经由"94税改",财政收入的"两个比重"提升迅速,但市场主体税负偏重,地方财政压力偏大,国家与国民、中央与地方的分配关系紧张,于是"适度让利"又成了"04税改"的整体思路;全球性经济危机的爆发,更使"结构性减税"成为"04税改"的主线。②

可见,每次税改都是对前次改革存在问题的"修正"或"矫枉"。③ 从第一阶段的"放权让利",到第二阶段的"集权争利",再到第三阶段的"适度让利",每次宏观路径上的"权"与"利"的调整,都涉及法律的变革,既构成了螺旋式循环,又体现了改革的复杂性和持久性。上述宏观路径的变

---

① "放权让利"作为总体的指导思想,应当在税改中被遵循。国家税收收入在GDP中的占比从80年代初的高值,降到1993年的低值,体现了国家的"让利"实效。但这并不代表每个税法领域都很好地体现了上述指导思想。
② 参见张守文:《"结构性减税"中的减税权问题》,载《中国法学》2013年第5期。
③ 在税制变迁过程中,每次税改都是对上一次改革存在问题的修正。例如,仅从收入分配的角度看,"84税改"是对过去企业上缴利润过多、分配压力过大的税收调整;"94税改"是对此前国家让利过多的一种调整;而"04税改"则是对国家收入占比过高、市场主体压力过大的进一步调整。

易也说明,从系统思维的角度,"税改"不应仅涉及税制,还须与财政体制改革相配合,与总体改革思路相协调,这样才能处理好宏观层面的分配问题。如"84税改"与"财政包干制"的财政体制,"94税改"与"分税制"的财政体制等,都有密切关联。但"04税改"却未与财政体制改革有效关联,因而也未能解决分税制的突出问题,甚至影响了中央与地方分配关系的法律调整。

此外,为了明晰税改的目标和路径,历次税改都有整体方案或局部方案,其中,"84税改"和"94税改"的整体性更为突出,因而更受关注,"04税改"则因缺乏改革的系统性而易被忽略。但上述历次税改,无论是大规模地集中呈现,还是小范围地局部渐进,都离不开国家立法的强力推动,因而至少在形式上具有建构性。随着依法治国方略和依法执政、依法行政思想的日渐成熟,国家在现代税制建构过程中不断融入法治因素,税收法治现代化水平在总体上亦不断提升。

(二)税制结构与功能变迁的立法审视

历次税改不仅目标与路径有别,税制结构和功能亦有相当变化。由于只有改变税制的结构和功能,才能实现税改的目标,因此,通过税收立法来调整税制结构,从而改变税制的功能,正是实现税改目标的重要路径和必然要求。

税制结构的变化,主要体现为税收体制以及征纳制度的变革,尤其更直观地体现为税种结构和要素结构的变化,对此可以从税收立法的视角加以审视。例如,"84税改"以新开征多个税种为突出特点,确立了商品税、所得税和财产税领域的重要税种制度,改变了过去较为单一的税制结构,形成了与当时商品经济相适应的全新复合税制结构;"94税改"进一步完善和合并了一系列税种制度,以适应市场经济发展的要求;"04税改"则进一步废止和归并相关税种,使税法体系更为合理。

表5　工商税制重要税种演变①

税改阶段	税种调整目标	商品税②	所得税③	财产税④
"84税改"	开征新税种，建立新税制	开征产品税、营业税、增值税	开征国营/集体/私营企业的所得税，以及个体工商户所得税/个人收入调节税	开征房产税、城镇土地使用税、耕地占用税、车船使用税、印花税
"94税改"	统一税法、简化税制	改造增值税、营业税，开征消费税	统一内资企业所得税和个人所得税，保留涉外企业所得税	开征资源税、土地增值税和契税，保留房产税/城市房地产税、车船使用税/车船使用牌照税、城镇土地使用税/耕地占用税、印花税
"04税改"	合理调整，完善税制	调整增值税、营业税、消费税的征收范围和税率，实施"营改增"	统一企业所得税，调整个人所得税税基和税率	统一房产税、车船税，保留土地三税、资源税、契税、印花税

上表的税种变化，可以更直观地反映税制结构的变迁。因为各类税种的开征与停征、废止与合并，都会改变税制结构，并进而影响其功能。此外，各类税种的课税要素结构，包括主体结构、税目结构、税率结构等，对整体税制的收入分配、宏观调控等功能有直接影响。从总体上说，作为税改的具体路径，税种的开、停、并、废对税制结构影响更大，而开征期间的课税要素调整则对税制功能的影响更为直接。

---

① 由于历次税改主要侧重于工商税制改革，故在此不涉及海关征收的关税和船舶吨税，也不包括已经废止的农业税、牧业税、筵席税、屠宰税、固定资产投资方向调节税等税种，同时，也不列举在工商税收中影响相对较小的正在开征的烟叶税、车辆购置税、城市维护建设税等。此外，在税制变迁中被统一或可能被统一的联系紧密的税种之间专门加注了"/"。

② 商品税的主要税种总体稳定，就税收收入和影响而言在"84税改"中产品税最重要，在"94税改"中增值税最重要，在"04税改"中商品税的三大税种都在完善，在"14税改"中营业税将被增值税取代。

③ 在税制结构变迁方面，所得税的主要税种由繁到简日益清晰。"84税改"时期所得税制是按所有制、涉外因素等标准建立的，非常繁杂，因而"94税改"将"统一税法、简化税制"作为重点，到"04税改"阶段，所得税的调整已经到位，形成了企业所得税和个人所得税的"二元结构"。

④ 在"84税改""94税改"阶段，大量开征财产税税种，形成了内外有别的二元税制；在"04税改"阶段则大量统一财产税，解决二元税制问题，为下一步构建地方税体系做准备。

依据结构功能主义理论,特定的税制结构会产生特定的功能。例如,在收入功能方面,商品税在我国税制结构中居于主体地位,自"94税改"以来,其在税收总收入中的占比一直在60%以上,汲取财政收入的功能突出。对于商品税收入占比过高的问题,学界早已提出要调整直接税与间接税比例,国家也强调要提高直接税的比重。① 在调控功能方面,每次税改进行的税种及其课税要素的调整,使各个税种都可能成为调控工具。例如,房产税、营业税、土地增值税对于房地产市场调控,证券交易印花税对于股市调控,所得税、增值税对于经济结构调整等,都发挥过重要作用。

从功能变迁的角度看,在税制变迁过程中,上述功能会随立法重心的变化而有所改变。例如,在"84税改"阶段,由于计划经济因素尚有较多残存,因而税制的宏观调控功能尚未充分体现;但在"94税改"后,随着市场经济体制的确立,税收宏观调控已成为国家的重要经济职能,在具体税制设计方面对宏观调控的考虑也越来越多,各类税种的课税要素作为重要的调控工具亦被广泛运用。② 可见,税制结构中的税种及其要素结构的立法调整,直接带来了税制功能的变迁。而上述税制结构和功能的变化,正是现代税制发展的重要表征,是税收法治不断走向现代化的重要体现。

(三) 价值考量的侧重及其法律体现

与上述税改的目标与路径、结构与功能等相关联,历次税法变革的价值考量虽各有侧重,但主要涉及效率、公平、秩序等制度价值的取舍,且有充分的法律体现。从定分止争、规则先行的角度,税法变革必须强调法定和秩序;从合理性与合法性的角度,税法变革必须强调效率与公平,以保障制度的可持续。而上述对秩序、公平、效率价值的强调,则构成了税法三大基本原则的重要内容,同时,也是现代税收法治的基本要求。当代世界各国无论具体税制有多大差异,但在其税收法治现代化的过程中,对上述基本价值或基本原则的强调却是一致的。

良好的税制应有助于保障收入分配和宏观调控的公平与效率,历次

---

① 参见杨志勇:《税制结构:现状分析与优化路径选择》,载《税务研究》2014年第6期。
② 例如,在"94税改"过程中,增值税制度没有直接选取"消费型",就有对固定资产投资过热的调控考虑;在消费税、营业税、所得税等领域的课税要素设计,都有产业调控的考虑。

税改对上述价值都有法律体现。例如,"84税改"的重要目标是理清国家与企业的分配关系,确保国家获取稳定的税收收入,因而税制设计既要从经济效率的角度促进企业发展,又要从行政效率的角度保障财政收入;"94税改"的重要目标是增加国家(特别是中央本级)的税收收入,因而税制设计既要有助于增进经济效率以保障税源丰沛,又要有助于提高征管效率以保障财政汲取。可见,上述两次税改都特别强调效率价值,这与当时国家在改革中普遍强调的"效率优先兼顾公平"的思路较为一致。

但是,税制改革不能仅强调获取收入,或过于偏重效率价值。良好的税制要实现"良法之治",还应该体现公平价值,实现分配正义,这直接关乎公平竞争以及税制自身的合法性和可持续。因此,从"94税改"开始,已明确提出要"公平税负",对公平价值的侧重由此亦逐渐凸显。此后,"04税改"综合继承了以往两次税改的价值追求,强调通过优化税制,适度减税,既提升经济效率,又促进税负公平,同时,此次税改还力图完成"94税改"确定的"统一税法、简化税制"的目标,将法定原则的要求和对秩序价值的追求也融入税改之中。可见,随着税改的逐渐深入,相关的价值追求从"84税改"相对更侧重于效率,转向"94税改"同时侧重于公平,而"04税改"则强调多元价值的综合,即将效率、公平和秩序的价值融入整体税改和具体立法之中。尽管"04税改"是基于"94税改"的基本框架进行税制优化,其分散展开的制度变革在外观上缺乏系统性[①],但因其旨在解决重复征税、国民待遇、税负不公等问题,因而更全面地体现了公平、效率和秩序的价值,也更加符合税法原理和税法原则的要求,是我国税收法治走向现代化的重要阶段。下面以"04税改"所欲解决的上述问题为例,对其价值考量的侧重及其法律体现略作说明:

在防止重复征税方面[②],"04税改"注重加强税种内部及税种之间的制度协调,在税法设计上关注更隐蔽、更普遍的"税制性重复征税",以体现效率与公平价值。例如,增值税在理论上是典型的"中性"税种,但实践

---

① 十六届三中全会的"改革决定"提出了"简税制、宽税基、低税率、严征管"的税改思想,但没有形成总体的税改方案。在"04税改"过程中,相关税种的合并和废止、税率和税基的调整,也体现了上述的税改思想。

② 重复征税是加重市场主体负担,推动物价上涨,导致财政收入超经济增长的重要原因。因此,"04税改"期间推出"营改增"以及其他制度改革,解决重复征税问题,具有多方面的重要意义。

中仍然存在重复征税问题。我国在 2004 年启动增值税转型改革试点,并于 2009 年完成增值税从"生产型"向"消费型"的转变,就是试图解决税种内部因税基设计导致的重复征税问题。而此后国家推动的"营改增"试点,则是力图解决由于不同税种的制度设计而导致的重复征税问题。上述解决重复征税的各类制度变革,都有助于公平税负,提升效率,从而更好地体现公平与效率等价值。

在保障国民待遇方面,对纳税主体能否适用统一的税法制度,确保基本的国民待遇,事关纳税主体之间的税负公平。为此,早在"94 税改"阶段,国家就着力统一"内外有别"的商品税,但直至"04 税改"阶段,才基于 WTO 有关国民待遇的要求,解决了企业所得税和财产税领域的国民待遇问题。① 直接税制度的"内外统一",对于实现国民待遇,促进公平竞争尤为重要。而公平竞争又有助于进一步提升效率和确保秩序。此外,通过废止农业税及相关税种,实现城乡税制的统一,从而使整体税制更趋合理,也是"04 税改"的重要成果。而上述的税法变革不仅直接体现了公平价值,也与效率和秩序的价值考量密切相关。

在促进税负公平方面,由于税负公平与公平价值直接相关,是税制合法性或正当性的重要基础,因而历次税改都要考虑如何促进税负公平。其实,上述的防止重复征税、保障国民待遇或统一相关税制等,都有助于促进税负公平。在"04 税改"阶段,对个人所得税工薪所得扣除额的多次调整、房产税和资源税领域的改革试点等,都体现了对公平价值的追求。②

在落实法定原则方面,上述旨在促进税负公平的各类制度变革,都应严格遵循法定原则,实行"法律保留"。因此,将以往税改过程中形成的大量"税收暂行条例"尽快上升为法律,作为实现税收法治的基本要求,已成

---

① 依据 1993 年 12 月 29 日通过的《全国人民代表大会常务委员会关于外商投资企业和外国企业适用增值税、消费税、营业税等税收暂行条例的决定》,我国在商品税领域里率先实现了内外统一。2008 年实施的《企业所得税法》,则实现了内外企业在税收方面的国民待遇,使各类企业在统一的名义税率和税负下展开竞争。此外,到 2009 年,在房产税、车船税等财产税领域,也都实现了内外有别的税制的统一。

② 在"04 税改"期间,国家多次修改《个人所得税法》,提高工薪所得的扣除额,并调整税率结构;同时,在上海、重庆两地对个人自住房屋进行征收房产税的改革试点,在资源税领域进行从量计征改为从价计征的改革试点。上述各类制度变革尽管可能有多重目标,但体现公平价值至少是其目标之一。

各界基本共识。在"04税改"阶段,既有较好体现税收法定原则的《企业所得税法》《车船税法》,也有因偏离该原则而引发诸多争议的房产税改革等试点。吸取上述历史教训,下一阶段的"税改"必须将落实税收法定原则置于首位。

上述四个方面体现了"04税改"的价值考量的非单一性,以及未来税制变迁在价值取舍方面的趋势;同时,价值的多元化亦与税法的基本原则直接关联。例如,上述防止重复征税、避免内外有别、确保税负公平的税制变革,不仅有助于实现负担公平、竞争公平,也有助于增进效率,是税收公平原则和税收效率原则的直接体现;而作为"制度"变革,则需遵循税收法定原则,依法确定国家与国民的分配秩序。可见,公平原则和效率原则必须以法定原则为基础;同时,公平原则的贯彻,有助于实现效率和更高层次的秩序。上述经由历次税法变革所形成的共性原则,在未来的税改中均须遵循,这是建立现代税制的重要前提。

总之,历次税法变革的目标与路径、结构与功能、价值与原则的调整或连续,都是税制变迁的核心问题,随着上述方面法治因素的不断累积,现代税制共通的结构和功能、价值与原则亦逐步确立,从而使税收法治现代化的水平不断提升,并为未来的税制进步奠定了重要基础。

四、新税改的连续性、特殊性及法治期待

(一)新税改:历史的连续与承继

前面探讨了中国税制的变迁周期和关联要素,分析了不同阶段"税改"的目标与路径、结构与功能、价值与原则等核心问题及其与法律要素的关联,从中不难发现:税制总是倾向于不完善,因而每过一定时期就要改革;每次税改既会遗留问题,又会蕴含共通的经验,特别是有助于制度完善的经验。若能总结既往,以为新阶段的税改提供借鉴,则无疑大有裨益。

从变迁周期看,2014年被称为中国全面深化改革元年,新一轮财税改革被置于突出位置,由此使税制变迁进入到第四阶段——"14税改"或称新税改时期。从关联要素看,直接影响税改的政治要素,仍是作为国家

政治决策的"改革决定"。① 2013年的"改革决定"将财税体制改革的内容独立于经济体制改革,以体现其在整体改革中的重要地位,同时,在各类体制改革中都强调财税的保障作用,以体现其支柱功能。此外,无论在推进市场化、加强宏观调控等经济体制改革方面,还是在支持社会保障、促进社会公平分配等方面,财税体制改革都负有重要使命。正是基于财税改革与各类相关要素的交互影响及其重要地位,国家率先推出了《深化财税体制改革总体方案》,以作为"14税改"的直接基础。依据该方案,需将财政改革和税制改革结合起来,以解决"94税改"即已凸显但至今仍未有效解决的央地关系问题,从而对以往税改的缺失作出进一步矫正。

如前所述,历次重要"改革决定"都曾影响修宪。2013年的"改革决定"虽未能直接引发修宪,但它强调的"落实税收法定原则"早已成为学界共识,且在2004年修宪时亦曾受到关注。作为税法的基石性原则,税收法定原则无论以后能否直接"入宪",其真正被遵从才最重要。此外,前面还曾探讨分配调整对于历次税改的影响,由于当前社会分配问题以及中央与地方的财政分配问题已非常突出,各类分配压力十分巨大②,因而解决分配问题同样是"14税改"的重要动因。

可见,从各类关联要素与税改的交互影响看,前面提出的"经社—政法"框架仍适用于"14税改"问题的分析。在具体推进新税改的过程中,不应忽视各类相关要素的影响,这也是从治理体系角度完善税制的需要。此外,历次税改所涉及的核心问题,新税改同样需要面对,有些悬而未决的问题仍需着力解决,由此也可进一步发现新税改与以往税改之间的连续性。

例如,在目标与路径方面,结合国家整体治理体系的现代化,"14税改"应侧重于税法体系的全面完善,基于对市场经济、税法原理、法治实践的较为充分的认识,继续提升税收法治体系的系统性和完整性;要立足现实,加强顶层设计,构建合理的税法体系,通过进一步"完善立法,改革税制"以及"落实税收法定原则",来构建更为科学、合理的现代税收制度,这是推进税收法治现代化的重要步骤。其中,税制的顶层设计和税收法定

---

① 参见《中共中央关于全面深化改革若干重大问题的决定》,人民出版社2013年版。
② 国家的财政压力与国民的民生压力并存,由此形成的"双重压力"比经济下行的压力等更值得重视,而且需要通过财税法、金融法等经济法途径加以解决。参见张守文:《缓释"双重压力"的经济法路径》,载《北京大学学报》2012年第5期。

原则的落实非常重要,但必须解决"闭门设计"和"关门立法"的问题。为此,应建立纳税人深度参与的常态机制,广泛听取纳税人的意见,真正了解和解决税收征纳方面存在的问题,从而更好地提升整体税制和具体税收立法的合理性和合法性,切实保障纳税人的合法权益。

在结构与功能方面,税收法定原则的落实会直接影响税制的结构变化。其中,就法律渊源结构而言,授权立法时期形成的大量"税收暂行条例"将逐步上升为法律。此外,从"税种法"结构来看,有些"税种法"将被合并,如原来的房产税和相关土地税制度将被合并为房地产税法;有些"税种法"将获得新生,如国家将制定首部《环境税法》;有些"税种法"将得到扩展,如消费税法的调整范围将被扩大;有些"税种法"将被消灭,如通过"营改增",营业税制度将不复存在。上述调整都将导致税制结构的重要变化,并促进税法体系的完善,同时,税法保障收入分配和宏观调控的功能将被进一步强化,这对于税收法治的现代化具有重要意义。

在价值与原则方面,以往税改渐次确立的基本价值和基本原则,在新税改中应集中体现。事实上,"14税改"仍需继续既往税改未竟的事业,如"04税改"尚未完成的"宽税基、低税率"和"结构性减税"的改制目标、"94税改"即已提出但至今仍未完成的"公平税负、简化税制、合理分权"的任务等,都需要新税改持续落实。税制的完善永无止境,总是需要不断体现公平、效率、秩序的价值,实现分配正义;同时,与上述价值相关联,法定原则、公平原则和效率原则应更加坚定地恪守。这不仅是"改革决定"或"改革方案"的要求,更是确保税制合理性与合法性,提升税收法治现代化水平的要求。

(二) 新税改不同于既往的特殊性

在关注"14税改"与以往税改连续性的同时,也应看到,新税改是在加强现代国家治理体系建设、全面推进法治的背景下展开的,因而有许多不同于既往的特殊性或称差异性。

首先,基于财政被视为"国家治理的基础和重要支柱",税收已成为国家治理基础的基础,因此,新税改要与国家整体治理体系的完善和治理能力的提升相关联,与国家的政治、社会等多重体制改革相结合,从而有别于以往单纯配合经济体制改革而进行的税制变革。为此,应更重视前述财政社会学强调的财政与政治、经济、社会等多元系统的紧密关联,并在此基础上构建现代税收法治体系。

其次,基于财税改革独特重要地位的凸显,税制改革不能单兵突进,而应与财政改革相配套,进而还要与政治、经济、社会诸多领域的改革相衔接。由于新税改同中央与地方、政府与市场的关系调整,以及社会分配与保障制度的完善等直接挂钩,因此,对税法体系的结构与功能、税法变革的方向与路径,以及相应的法治保障方面,都要提出新的要求。

再次,基于国家高度重视治理体系的现代化,法治已被提升到前所未有的高度,税制改革与法治建设的联系更为紧密,全面推进税收法治现代化更为迫切。尽管以往的税改也不同程度地强调"整章建制",但离法治,至少离税收法定原则的要求还相距甚远。而新税改以整体税制完善、实现税收法治为核心目标,对其正当性或合法性的要求应比以往更高。毕竟,税制变革直接关乎分配正义,对于实现税收法治至为重要。

上述特殊性表明,新税改既要面对以往税改遗留的问题,又要解决新时期诸多更为复杂的问题,因而需要有总体设计和有效推动,而不能仅靠自然演进,这样才能更好地解决税改的系统性、完整性、协调性问题,构建现代税收法治体系。为此,2014年6月30日,中共中央政治局审议通过了《深化财税体制改革总体方案》,强调财税改革的目标是建立"统一完整、法治规范、公开透明、运行高效"的"现代财政制度",在经济、社会和政治层面,该制度应有利于市场统一和资源配置优化、促进社会公平、实现国家长治久安。[1]"统一完整、法治规范"作为新税改的重要目标,体现了对统一的税收法治体系的需要,特别值得强调。首先,税法的"统一"是税制优化的体现,在以往税改不断"统一税法"的基础上,新税改还要通过税种的废止和合并,实现增值税法、房地产税法的统一;此外,应避免大量实施影响税制统一的立法"试点",解决对市场主体的统一适用的问题。其次,税制的"完整"是指税法体系应全面覆盖,相关税种及相应制度应有尽有。例如,环境税的酝酿开征,消费税和资源税的税目调整,都体现了对税制完整性的追求。其实,统一完整,既是对税制的法治化、规范化的要求,也是税收法治现代化的基本体现。如果一国税制不统一、不完整,就会导致税收领域的不平等、不公平,就难以形成税收领域的"良法之治",对此还需从法治维度专门探讨。

---

[1] 《人民日报》2014年7月1日,第1版。

(三) 对新税改的法治期待

历次税改都有助于税制的完善,并在总体上不断推进税收法治。由于税收涉及各类主体的基本权利,税法的安定性和可预见性是税收法治的基本要求,因此,历次税改都要解决税收立法级次、稳定性、透明度等问题。基于税制存在的突出问题,基于对国情和税收法治的认识,真正落实税收法定原则,构建更为简明、完整、统一的税法体系,全面推进税收法治的现代化,是新税改必须完成的重要任务。

现行税制的突出问题是系统性、稳定性不够,对于税法体系的应然结构尚缺乏稳定清晰的认识,诸如增值税、房产税等重要制度至今仍变动不居,就是明证。尽管税法具有一定的政策性和变易性,但仍应有基本的稳定性,以有效保障各类主体的理性预期。此外,在税制的统一性、简明性方面仍有很大空间。自"94税改"以来,国家一直强调"统一税法、简化税制","内外有别"的税法在形式上已经基本统一[①],但增值税、房地产税制度的统一,仍是新税改的重要任务。同时,大量法律位阶不同的税法规范层出不穷,使税制十分繁复,不仅影响其实质透明度,也影响纳税人遵从。为此,新税改既要解决税收实体法在结构上存在的不统一、不简明的问题,又应在税收程序法上注意正当程序的建构,并在《税收征管法》的未来修改中加以体现,从而更好地保护纳税人权利,保障公平、正义等基本价值的实现。

事实上,体现在历次税改中的基本价值,已成为融贯税法体系的魂魄,直接影响税制的合理性与合法性评判。例如,税制的公平性历来备受关注,新税制仍需继续解决"税负公平"的问题,不仅要解决纳税人之间的横向税负不公,还要合理确定税负,因为在国家与纳税人之间作出动态的纵向安排和合理的税负调整,是税法变革的永恒主题。新税改要全面体现历次税改逐步确立的基本价值,就必须解决税负不公平、征管不规范、征纳不和谐等诸多问题,以有效促进经济和社会的发展,提高征纳效率,确保分配秩序和分配正义,并在此过程中不断推进税收法治的现代化。

---

① 如前所述,我国已在形式上解决了税收立法中存在的内外有别问题,但纳税主体毕竟千差万别,就实质公平而言,应在相关制度中体现这种差异性。因此,在统一的税法之中,也会存在制度差异,如一般纳税人和小规模纳税人、居民和非居民等不同主体,在法律适用上都有差别。

每次税改都是在回归和重申基本价值。从大历史的角度看,税改往往是最初效果明显,但一段时期后便出现反弹,税负不公、税负加重的问题会更加突出,这种现象和问题曾被概括为"黄宗羲定律",它表明"税制总是存在着变坏的倾向"。① 与此相关,国家在"改革决定"中曾提出要"稳定税负"。但这种提法在法律上也可能存在歧义,因为税负应依法确定,要随经济社会发展而变动,不可能一直"稳定";同时,与传统法义务和责任的确定不同,纳税人个体的税负可能随其纳税能力的变化而调整,也不可能"稳定"。也许为避免上述歧义,国家后来改称"稳定宏观税负"②,这比原来有了一定进步。但如果国民整体税负本已过重,再强调稳定过重的税负,则无疑有利于保护国家利益,却无助于保障国民权益。因此,上承"04税改"的目标,新税改应继续推进适度减税,使国民负担更合理,从而更好地体现公平、效率等基本价值。

上述基本价值的落实,要体现在税制的结构与功能方面。其中,诸如直接税与间接税的结构、中央税与地方税的结构③,以及各个税种的主体结构、税目结构、税率结构、优惠结构等方面的调整和变化,都会影响税收分配收入和配置资源功能的实现,直接影响"取用关系"的调整和税制存续的合法性,因此,税制结构的调整和变化必须慎重,要严格依法进行,真正体现法治精神。

就"取用关系"而言,无论是税款征收方面的"取之有道",还是税款使用方面的"用之有节",其中的"道"和"节"都是强调法律的约束;此外,税款要"取之于民,用之于民","取"与"用"都要真正为民,即为社会公众有效提供公共物品,这是税制合法性的根基。在税收依据理论中,以卢梭为代表的"交换说"曾从整体的国家与国民的取用关系角度,把国民纳税与国家提供公共物品视为一种"交换",从而把国民的税收负担与其公共物品收益结合起来,这对于良性的征纳关系或"取用关系"的形成,以及税收宪法学的构建,对于实现良法善治,都有积极价值。为此,新税改应与财

---

① 由于经济与社会的发展,原有制度可能不适应新的发展要求,加之制度的执行者不能严格执行制度等方方面面的主客观原因,都会使税制呈现出变坏的趋势。在整个人类文明的进程中,这一问题始终存在,因而需要不断改革和完善税制,持续加强税收法治。
② 《人民日报》2014年7月1日,第1版。
③ 在税法体系中,直接税与间接税的比例涉及税制的合理性,而中央税与地方税的比例则直接影响中央和地方的收入分配。应当先考虑税制的合理性,然后再考虑中央与地方如何分配的问题。这对于新税改能否取得实效非常重要。

政分权改革相结合,真正确保各类公共物品的有效供给,这也是依宪治国的必然要求。

新税改是税制变迁的一个新节点。一个良好税制的形成,究竟是源于建构还是演进?整体的税制变迁究竟是强制性的还是诱致性的?对此可能见仁见智,莫衷一是。但从政府主导的传统来看,至少在形式上,中国的税制变迁存在较为突出的建构性和强制性。尽管在最初改革时普遍"摸石头过河",立法试点屡见不鲜,但税法作为典型的公法,其制度建设离不开国家的强力推动。例如,"84税改""94税改"都是依据国家总体税改方案推进,"04税改"亦由国家分步实施,新税改更是国家特别力推。作为典型的"政府主导型"的新税改,必须从"重税收政策"转为"重税收法律",并严格落实税收法定原则。在国家高度重视法治的背景下,解决最基本的税收法定问题,应当是新税改比以往税改最大的进步。

与此相关,国家虽然提出构建现代财政制度,并未提及"现代税收制度",但这并不意味着我国已经建成了现代的税收制度。从法治角度看,我国的税制建设还远未达到税收法定原则的要求,仅此一点,就很难说已建成"现代税法制度",更何况整个税法体系的合理性和合法性还存在诸多欠缺。因此,对新税改最基本的法治期待,就是落实税收法定原则,它既是中国税制是否"现代"的最基本的标志,也是中国税收法治现代化进程中最重要的界碑。

结　　语

有关税制变迁理论的探讨,不仅有助于弥补税法学或经济法学理论的研究缺失,而且对于制度变迁理论的拓展亦有重要价值。从方法论的角度看,税制变迁既然涉及"税",就必然与政治、经济、社会等诸多要素存在紧密关联,并由此可以从多个学科的视角展开分析;同时,由于税制变迁的核心毕竟是"制"的变迁,因而与法律要素的关联更为紧密。事实上,无论基于前述"经社—政法"框架的维度,抑或基于税制变迁核心问题的维度,都不难发现:法律要素始终是与税制变迁不可分割的核心要素,中国税制变迁的过程同时也是不断提升法治水平、实现税收法治现代化的过程。为此,必须在前人研究的基础上,更强调法律系统或法律要素对于税制变迁的重要影响,并在税制变迁过程中关注税收法治的现代化进程。

税制变迁虽然受到多方面关联要素的影响，并会形成重要的内在关联机制，但它并非仅是被动地受制于上述要素，而是能够在推进经济增长、社会发展和政治清明方面发挥重要作用，从而实现其在促进经济效率、社会公平、政治安定方面的重要功能。而上述作用的发挥和功能的实现，都与法治的保障须臾不可分割。只有不断提升税收法治水平，才能更好地实现税制的各类重要功能。

税法问题极其复杂，税制变迁千头万绪，牵涉甚广，因而对特定时空维度的选取非常重要。中国改革开放以来的特定"时空"，税法变革的特殊周期，相关要素的特别影响，构成了中国税制变迁的独特历史画卷。"横看成岭侧成峰"，对这一独特历史画卷的纵横审视，有助于发现其中存在的突出问题和共性经验，从而有助于见微知著，鉴往知来，在推进具体税法制度发展的同时，全面提升中国税制的系统化，推进税收法治化的现代化。

在税制变迁中，涉及许多变与不变、个性与共性、差异性与一致性并存的内容。从普遍性的角度，应更多关注具有共性或一致性的不变内容；从特殊性的角度，则应关注具有个性或差异性的需要变革的内容。唯有兼顾上述两个方面，才能更好地发现问题和积累经验，从而在税制变迁过程中不断完善税收法治。不同时期的经济和社会发展所需解决的突出矛盾不同，政治选择各异，每次税改的目标与路径、结构与功能、价值侧重等亦会发生调整和变化。但无论税制如何变化，经由历次税改逐步形成的基本价值和基本原则，特别是税收法定原则，尤其应当坚守，这对于确保税制的合法性和合理性，充分体现法治精神，实现税收法治现代化非常重要。

税制变迁事关整体分配秩序变革，是国家法治发展的重要缩影。由于税制变迁始终有国家的直接推动，因而其建构性非常突出。需要相关的政治决策、体制改革、宪法修改、法律调整等诸多方面的配套，以建构能够及时回应经济社会需求的税制变迁。中国未来的税制变革，唯有全面体现基本价值和基本原则，才能在法治的框架下，构建更为良好的国家与国民的"取用关系"，从而全面保障基本人权，实现国家的长治久安。

财税法功能的定位及其当代变迁[*]

刘剑文[**]

一、问题的提出

自党的十八大以来,"四个全面"的治国理政总体框架逐步成型。围绕着"全面建成小康社会"的总目标,"全面深化改革"与"全面推进依法治国"如大鹏之两翼、战车之两轮,"全面从严治党"则是各项工作顺利推进的根本保证。在国家治理体系和治理能力现代化的宏伟乐章中,"法治"与"改革"是水乳交融的两大旋律。而财税改革与财税法治作为国家治理的基础和重要支柱,是"四个全面"战略布局的枢纽和突破口,体现并承载着政府与市场、政府与社会、中央与地方等方面的基本关系。因此,如果我们能够正确认识财税法的功能,并在实践中有意识地以此为指引,那么便可以此为抓手,由点及面、由面及体,产生"覆盖全部、牵动大部"的蝴蝶效应,走上一条共识最大、阻力最小、效果最明显的优选路径。

财税法的功能,是指财税法在调整财税关系过程中所表现出的一种外在功效。形象地说,就是在回答"财税法应当做什么"。从理论上看,功能可以分为主观层面和客观层面,前者指一定的物质文化环境下社会观念对财税法功能的一般认识,后者指财税法在实际运行中所发挥出的功能。在相当大的程度上,财税法的客观功能是由时代环境所决定的,是一

---

[*] 原文刊于《中国法学》2015年第4期,《中国社会科学文摘》2015年第12期转载。
[**] 北京大学法学院教授、博士生导师。

种客观规律,而主观功能认识则可能超前或者滞后于时代的需要。因此,在发生主观认识脱节时,客观功能仍然会在一定程度上不自觉地发挥作用,但这种自发的功能远不如自主发挥时的应有效果,容易带来实践的偏失。可见,正确认识财税法的功能,不仅是一个重大基础理论问题,并且对实践具有直接、深刻和关键性的指导作用。

然而,"财税法功能"这一问题却长期被掩盖在"财税职能"的论述下,大量的研究都是从单一的经济学视角展开。特别是在将财税法作为宏观调控法的传统思维下,财税法的宏观调控功能被过度放大。而财税法在政治、社会等方面的功能,则长期未得到充分认识。财税法功能研究的偏失,使得学界产生和延续了一系列认识误区,进而导致实践中财税法的功能被形式化、工具化、技术化,造成了现阶段财税体制中的诸多症结。[1]在"四个全面"的新阶段,我们很有必要从理论上探明"中国需要什么样的财税法""如何让财税法在治国安邦中发挥最大效用",并以理论指引实践,更好地发挥财税法在推进国家治理现代化中的贡献。从某种程度上说,这并不是财税法功能本身的转型,而是其在市场经济与法治国家中本应有的样态。只是,**过去的主观功能认识滞后于现实的需要,才导致其客观功能没有能够有效发挥**。因此,我们力图从理论上推动对**财税法功能主观认识的"回归"与"升华"**。所谓"回归",就是要改变过去只偏重其宏观调控功能的做法,还财税法以本来面目。所谓"升华",就是要站在国家治理现代化的高度,完整地展现财税法在治国理政中的基石性地位,全面发掘其在经济、社会、文化等方面的功能。

二、正本清源:财税法功能的认识误区及理论廓清

在我国过去的一个阶段中,财税法被视为宏观调控法,财税法的宏观调控功能也被格外凸显。这种观点是有一定的思想和制度基础的。在改革开放"经济市场化"的目标下,财政被要求服务于政府完成"四个现代

---

[1] 刘剑文、陈立诚:《财税法总论论纲》,载《当代法学》2015 年第 3 期。

化"和"市场化"历史重任的需要。① 这很大程度上就使得财税法的经济功能被过分强调,特别是经济功能中的宏观调控被格外突出。追溯我国理论认识演进的历史脉络,对宏观调控作重新审视和理性考辨,有利于我们真正理解财税法功能全面拓补的历史逻辑。

(一) 本土认识演进的历史脉络

新中国成立后,早期曾受苏联"货币关系论"影响,随后于20世纪50年代末确立了"国家分配论"。② 在1978年改革开放之后,财税职能的转型成为了学界的热点话题。1984年后,在经济体制改革的大潮中,经济学界提出了"公共财政"理论,并最终为国家所接纳。③ 在此,我们可以梳理中央政策文件对财税功能的表述,展现观念变迁的动态过程(见表1):

表1 1949年以来官方文件对财税(法)功能的表述

财政形态	时间	政策表述及评价	来源文件
国家财政	1949年	"国家应在……财政政策、金融政策等方面……使各种社会经济成分在国营经济领导之下,分工合作,各得其所,以促进整个社会经济的发展。" 将财政作为经济发展的调剂工具。	《中国人民政治协商会议共同纲领》
	1951年	"在继续保证国家财政经济工作统一领导、计划和管理的原则下,把财政经济工作中一部分适宜于由地方政府管理的职权交给地方政府。" 将财政视为国家管理经济的一种工作或职权。	《关于划分中央与地方在财政经济工作上管理职权的决定》

---

① 何盛明:《政府应做的 就是财政要干的——关于市场经济条件下国家财政职能的几点思考》,载《财政研究》1998年第8期。
② 简言之,就是认为财政是以国家为主体的分配关系。参见邓子基:《财政学原理》,经济科学出版社1997年版,第32页;张馨:《我国财政职能观评述》,载《财经问题研究》2001年第11期。
③ 高培勇:《公共财政:概念界说与演变脉络——兼论中国财政改革30年的基本轨迹》,载《经济研究》2008年第12期。

(续表)

财政形态	时间	政策表述及评价	来源文件
向公共财政转型	1993年	"运用货币政策与财政政策,调节社会总需求与总供给的基本平衡。" "积极推进财税体制改革。" 改变财税无所不包的观念,将其作为经济工具。	《中共中央关于建立社会主义市场经济体制若干问题的决定》
向公共财政转型	1993年	"理顺中央与地方的财政分配关系,更好地发挥国家财政的职能作用,增强中央的宏观调控能力,促进社会主义市场经济体制的建立和国民经济持续、快速、健康的发展。" 强调"国家财政"和"宏观调控"。	《国务院关于实行分税制财政管理体制的决定》
公共财政	1998年	"积极创造条件,逐步建立公共财政基本框架。" 标志着从国家财政转向公共财政。	李岚清在1998年12月15日全国财政工作会议上的讲话
公共财政	2003年	"健全公共财政体制。" "进一步健全国家计划和财政政策、货币政策等相互配合的宏观调控体系。" 公共财政框架下,仍然强调财政的宏观调控作用。	《中共中央关于完善社会主义市场经济体制若干问题的决定》
公共财政	2007年	"深化财税、金融等体制改革,完善宏观调控体系。" 财税被完全置于宏观调控之下。	党的十七大报告
公共财政	2013年	"财政是国家治理的基础和重要支柱,科学的财税体制是优化资源配置、维护市场统一、促进社会公平、实现国家长治久安的制度保障。" 开始从国家治理的角度认识财税功能。	《中共中央关于全面深化改革若干重大问题的决定》
公共财政	2013年	"财税体制在治国安邦中始终发挥着基础性、制度性、保障性作用。" 进一步强调财税法对于治国理政的基石作用。	《深化财税体制改革总体方案》

（续表）

财政形态	时间	政策表述及评价	来源文件
公共财政	2014年	"规范政府收支行为,强化预算约束,……保障经济社会的健康发展。" 删去了"宏观调控"表述,体现以财税法规范政府财政行为的观念。	新《预算法》
	2014年	"加强重点领域立法……加强市场法律制度建设,编纂民法典,制定和完善……财政税收、金融等方面法律法规。" 将财税列入重点立法领域,定位为一项重要的市场法律制度。	《中共中央关于全面推进依法治国若干重大问题的决定》

不难看出,在经济学理论推动实现由"国家财政"到"公共财政"的转型过程中,对财税职能的认识也长期只是从经济层面展开的,并且在近年来尤其强调其中的宏观调控职能,直到党的十八届三中全会重新发掘出了财税法对于治国安邦的基础性、支柱性功能。那么,究竟什么是宏观调控？财税法的主要功能是宏观调控吗？这些问题我们有必要从理论上加以廓清。

(二) 宏观调控泛化的理论反思

宏观调控(macro-control①),是一个具有中国特色的、用来诠释政府与市场关系的关键词。② 在西方,并不存在"宏观调控"的概念,通常表述为用"宏观经济政策"(macroeconomic policy)干预经济运行。③ 我国经济学界一般将其定义为:在市场经济条件下,以中央政府为主的国家各级政府,为了保证整个国民经济持续快速健康地发展并取得较好的宏观效益,主要运用间接手段,对一定范围内经济总体的运行进行引导和调节的过程。④ 法学界对宏观调控的认识,基本援引自经济学界,认为宏观调控等于宏观经

---

① 我国《宪法》中英文对照版本中将宏观调控译为"macro regulation and control"。但 regulation 乃"(微观)规制"之意,用 macro 修饰 regulation 于理不通。"macro control"是近年来国内对宏观调控比较流行的英文译法,但是西方理论中没有这种概念。参见刘瑞:《宏观调控的定位、依据、主客体关系及法理基础》,载《经济理论与经济管理》2006年第5期。
② 参见史际春、肖竹:《论分权、法治的宏观调控》,载《中国法学》2006年第4期。
③ 李克穆:《中国宏观经济与宏观调控概说》,中国财政经济出版社2007年版,第2—3页。
④ 李兴山主编:《宏观经济运行与调控》,中共中央党校出版社2002年版,第3页。

济调控,调控的主体是政府或国家,客体是国民经济总量,手段是宏观经济政策。① 具体来说,包括"税率、利率、汇率等经济杠杆和其他财政、税收、金融、信贷、价格、工资等方面政策工具及其运用,特别是它们的综合运用"。②

从历史角度看,"宏观调控"一词是伴随着我国建立市场经济而产生的。在1984年的《中共中央关于经济体制改革的决定》中,首次运用了"宏观调节"一词。③ 这在当时是直接针对计划经济时期运用行政手段直接干预经济的做法而提出的,具有相当的进步意义。梳理自此以来近三十年的中央政策文件,可以看出国家对宏观调控态度的演变过程(见表2):

表2 改革开放以来中央政策文件对宏观调控的表述

阶段	时间	政策表述及评价	来源文件
形成阶段	1984年	"越是搞活经济,越要重视宏观调节。"这是宏观调控首次出现在党的纲领性政策文件中。	《中共中央关于经济体制改革的决定》
	1988年	"治理经济环境,整顿经济秩序,必须同加强和改善新旧体制转换时期的宏观调控结合起来。"这是"宏观调控"一词的正式运用。	《中国共产党第十三届中央委员会第三次全体会议公报》
确立阶段	1993年	"国家加强经济立法,完善宏观调控。"宏观调控被写入宪法,由党的主张上升为国家意志,其地位得到正式确立。	《中华人民共和国宪法》
	1993年	"建立社会主义市场经济体制,就是要使市场在国家宏观调控下对资源配置起基础性作用。""宏观调控的主要任务是:保持经济总量的基本平衡,促进经济结构的优化,引导国民经济持续、快速、健康发展,推动社会全面进步。"这将宏观调控提高到了极其重要的地位上,使之成为市场经济的常态。同时,对宏观调控的任务作出了系统论述。	党的十四届三中全会《中共中央关于建立社会主义市场经济体制若干问题的决定》

---

① 参见史际春、肖竹:《论分权、法治的宏观调控》,载《中国法学》2006年第4期。
② 漆多俊:《经济法基础理论》,法律出版社2008年版,第252页。
③ 该决定提出:"越是搞活经济,越要重视宏观调节……我们过去习惯于用行政手段推动经济运行,而长期忽视运用经济杠杆进行调节。学会掌握经济杠杆,并且把领导经济工作的重点放到这一方面来,应该成为各级经济部门特别是综合经济部门的重要任务。"

(续表)

阶段	时间	政策表述及评价	来源文件
确立阶段	1997年	"充分发挥市场机制作用,健全宏观调控体系。" 同样强调宏观调控在市场经济中的重要地位。同时,进一步完善了对宏观调控功能的认识。	党的十五大报告
强化阶段	2002年	"健全现代市场体系,加强和完善宏观调控。" 提出要"加强"宏观调控。	党的十六大报告
强化阶段	2007年	"从制度上更好发挥市场在资源配置中的基础性作用,形成有利于科学发展的宏观调控体系。" "深化财税、金融等体制改革,完善宏观调控体系。" 强调宏观调控在发展中的作用,并且明确地要求财税服务于宏观调控。	党的十七大报告
回归阶段	2012年	"更大程度更广范围发挥市场在资源配置中的基础性作用,完善宏观调控体系。" 对宏观调控的定位开始理性回归,不再将其专门列为一点。	党的十八大报告
回归阶段	2013年	"健全宏观调控体系。" 将宏观调控置于"加快转变政府职能"一章中。同时,将财政提升到"国家治理的基础和重要支柱"的地位,不再凸显其宏观调控职能。	《中共中央关于全面深化改革若干重大问题的决定》
回归阶段	2014年	"依法加强和改善宏观调控、市场监管。" 将"加强财税等领域市场法律制度建设"与"宏观调控"并列,明确了财税与宏观调控的关系。	《中共中央关于全面推进依法治国若干重大问题的决定》

结合实践发展,可以大致描绘出宏观调控的演进脉络:在改革开放初期(1978—2002),宏观调控主要是用作一种应对经济过热或经济危机的应急"反周期"之举,如1979—1981年的计划式宏观调控、1985—1986年的双紧式宏观调控、1989—1990年的硬着陆式宏观调控、1993—1995年的软着陆式宏观调控、1998—2002年的激励式宏观调控;2002年以来,宏

观调控被不断强化,在促进增长的目标下,逐渐成为了经济发展的常态,其作用范围也不断扩展;2012年以来,国家对宏观调控的态度开始趋于理性,特别是在党的十八届三中全会上有了重大转变。

应当看到,宏观调控在近几年来被过度强化,并且出现了明显的"泛化"现象。一方面,宏观调控的空间被不合理地扩大。一般来说,宏观调控应该着眼于经济总量平衡,关注经济增长率、失业率、通货膨胀率、国际收支平衡等问题。不过,宏观调控的范围却被不断作"广义"理解,甚至被与"政府干预"相等同。[①] 在社会上,也形成了一种思维惯性,把宏观调控与经济干预混为一谈,只要局部地区或局部行业出现了物价波动、供求失衡等状况,就动辄呼吁政府加强宏观调控。另一方面,宏观调控的作用时间被不合理地延长,甚至长期被视为政府的首要工作。[②] 我们应当认识到,宏观调控不等于政府干预经济,它仅指政府运用财税、金融等宏观经济政策调节国民经济总量,并且它应当是一种特殊的、有针对性的举措,而非市场经济的常态。

(三)财税法功能的理性回归

在理性认识宏观调控的基础上,可以进一步探讨财税法的宏观调控功能。从理论构造上看,宏观调控其实只是财税法的非常态的、次要的和附随的功能。财税所具有的调控职能一般表现为财税特别措施,构成一般性规则之外的特例。例如,通常情况下,政府需遵循量能课税原则,让纳税人平等负担,但基于政策方面的考量,也可以实施减免税。尽管如此,减免税并不是常态,量能课税才是基本原则。只从宏观调控的层面出发,其实是一种以偏概全的做法,无法完整发挥财税法的应有效用,甚至会导致功能的异化。[③]

从功能适配性角度来看,财税法的宏观调控功能天然地就是相当有限的。在政府干预经济的方式中,财税在早期被认为是最强有力的、最综合的需求管理手段,但其在近三十年来已经"失去了大多数政策制定者和

---

① 参见徐澜波:《规范意义的宏观调控概念与内涵辨析》,载《政治与法律》2014年第2期。
② 一个例证是:2003—2012年,整个十年的政府工作报告中,凡回顾上一年(或过去五年)工作必先谈宏观调控,凡部署当年工作基本都是必先提及"加强和改善宏观调控"。参见黄伯平:《政府职能的重大转变:从宏观调控再到宏观管理》,载《北京行政学院学报》2013年第3期。
③ 参见刘剑文:《论国家治理的财税法基石》,载《中国高校社会科学》2014年第3期。

宏观经济学家的青睐"。① 因为财政事项应当由民主控制,而不能由政府任意随时变动。而且,财政杠杆的时滞性明显,其"副作用"也相当大,故而其作为调控工具的成本很高。进一步看,面对我国转轨过程中由于市场机制不成熟、不完善导致的经济结构性问题,财政"既无力像西方那样用以启动市场机制的恢复,也不可能解决转轨中的体制性约束问题"②,其内在就不是进行宏观调控的最适配方式。

过去,社会上将财税仅仅视为宏观调控工具,把财税法定位为宏观调控法,因此只看到财税法的宏观调控功能,而忽视了财税法的其他功能。这不仅在学理上难以自洽,而且招致了实践中的一系列难题与困境,财税法的应有作用没有得到有效地发挥。值得注意的是,十八届四中全会《决定》在论述"加强重点领域立法"任务时,将"财政税收"置于"加强市场法律制度建设……促进商品和要素自由流动、公平交易、平等使用"的框架中,与"依法加强和改善宏观调控、市场监管"的框架下,与"依法加强和改善宏观调控"并列。这就传达出财税法与宏观调控关系的清晰信号,体现了国家对财税法功能的准确认识。特别要注意的是,2015年3月15日,十二届全国人大三次会议通过的新《立法法》,将第8条原先规定实行法律保留的"税收基本制度"细化为"税种的设立、税率的确定和税收征收管理等税收基本制度",且单列为一项,位次居于公民财产权保护相关事项的首位。税收法定在立法法层面的进一步明确,堪称我国税收法治乃至整个依法治国进程中的里程碑事件。这也表明,税收是事关国计民生的大事,应当依法决定,而不能过于任意。概言之,如果说1994年财税改革的目的是建立"与社会主义市场经济体制相适应"的体制框架,那么,新一轮财税体制改革就是要建立"与国家治理体系和治理能力现代化相适应"的制度基础。在"治理现代化"而非之前单纯的"经济市场化"目标导向下,我们必须告别此前过分强调经济功能尤其是宏观调控的传统思路,从国家治理的高度出发,完整地认识财税法在经济、政治、社会等诸方面中的功能。

---

① 保罗·萨缪尔森、威廉·诺德豪斯:《宏观经济学》(第16版),萧琛等译,华夏出版社1999年版,第260页。
② 吕炜:《体制性约束、经济失衡与财政政策——解析1998年以来的中国转轨经济》,载《中国社会科学》2004年第2期。

三、范式创新：财税法功能的视域延展与立场转换

财政（finance）在词源上可以追溯自拉丁文"Finis"，为结算支付期限之意。我国古代一般使用"国用""国计"等语词，直至近代方从日本引进"财政"一词。① 在财税问题的研究上，经济学发轫最早，因而在相当长的时间里也都呈现出经济学"一统天下"之态势。因此，我们有必要系统梳理经济学以及社会学、政治学等学科关于财政的研究成果，从中观察财税职能的演进与变迁，进而探索解构财税法功能的研究范式。

（一）拨疏：经济研究中的财税职能

财政学作为一门学科的产生，最早可以追溯到 1776 年亚当·斯密（Adam Smith）的《国富论》。② 斯密提出，政府的职能有三：国防，司法和必要的公共工程，因而财政的职能也就是筹集"国防费、司法经费、公共工程费用、维持君主尊严费用"。③ 随后，大卫·李嘉图（David Ricardo）、约翰·穆勒（John Stuart Mill）、萨伊（Say Jean Baptiste）等学者发展了斯密的观点，将财政的职能表述为维护国家安全、建立和维护国家法律及调整人们之间的关系、建立和维护公共机关和公共工程。一言以蔽之，在古典经济学派观点中，财政的职能就是建立和维持一个"廉价政府"。④

随着时间推进到 19 世纪后期，在垄断资本主义阶段，社会矛盾日益复杂，财政的职能也迅速扩大，从供养国家扩展到满足公共需求、调节收入分配等方面。德国学者弗里德里希·李斯特（Friedrich List）主张后起国家要充分发挥财政手段来积累财富、提升产业水平，认为财政应当用于

---

① "财政"一词在 1882 年清朝官方文件《财政奏折》中首次出现。参见王曙光、周丽俭、李维新主编：《公共财政学》，经济科学出版社 2008 年版，第 4 页。

② 当然，这并不意味着在此之前就没有针对财政的研究。例如，16 世纪下半叶至 17 世纪中叶流行于欧洲的重商主义学派就从保护商业资本的利益和发展民族经济的角度出发，提出财政应当用于保护本土商业、改善交通、激活市场等。只是这些理论都比较零散，尚未从古典经济学中分离出来，没有形成财政学的体系。正因如此，亚当·斯密才被称为"财政学之父"。

③ 参见亚当·斯密：《国民财富的性质和原因的研究》（下册），郭大力、王亚南译，商务印书馆 1972 年版，第 254 页以下。

④ 参见曾康华：《古典经济学派财税理论研究》，经济科学出版社 2009 年版，第 337 页。

发展教育和社会救济,还应承担实现社会公平分配的任务。① 以瓦格纳(Adolf Wagner)为代表的德国社会政策学派也提出财政工具应当被用于解决收入分配不公的问题。特别值得一提的是,1892年英国学者巴斯塔布尔(Bastable, C. F.)在《公共财政学》(Public Finance)一书中提出,国家作为社会组织多种形式之一,反映的是个人的集中性或社会性需要的存在,而财政的职能主要就是满足这些需要。这就把"公共性"引入了对财政职能的界定中,也由此奠定了公共财政的基石。②

20世纪30年代,在经济危机的巨大阴霾下,凯恩斯(John Maynard Keynes)论证了政府干预经济的必要性,并将财政政策作为干预的主要形式,这是财政职能的又一次重要扩充。③ 在罗斯福新政中,政府干预从理论变为了现实。但在20世纪70—80年代,随着"滞涨"难题的出现,货币学派、供给学派等新经济自由主义兴起,力求"把国家干预的疆界推回去"。尤其是以约瑟夫·斯蒂格利茨(Joseph Eugene Stiglitz)、詹姆斯·布坎南(James McGill Buchanan Jr.)为代表的公共选择学派,提出"市场重构国家",认为国家不是独立于经济活动之外的独立因素,国家活动在有组织的经济(Constituting Economy)中起着重要作用。基于此,他们就将财政活动的职能界定为解决"非政府经济不可能解决的,因复杂的经济相互依赖所产生的问题"。④

关于财政职能论述的集大成者,当推马斯格雷夫(R. A. Musgrave)。他提出,财政具有三项基本职能:资源配置、收入分配和稳定经济。⑤ 这一论述为我国学界普遍援引,教科书也多采纳此说。⑥ 也有学者在此基础上略加改造,提出财政职能为"配置、稳定与再分配"⑦,或是"提供公共

---

① 参见弗里德里希·李斯特:《政治经济学的国民体系》,邱伟立译,华夏出版社2009年版,第300—301页。
② 参见毛程连主编:《西方财政思想史》,经济科学出版社2003年版,第47页以下。
③ 参见保罗·萨缪尔森、威廉·诺德豪斯:《宏观经济学》(第16版),萧琛等译,华夏出版社1999年版,第5页以下。
④ 参见詹姆斯·布坎南:《公共财政》,赵锡军等译,中国财政经济出版社1991年版,第13—15页。
⑤ See R. A. Musgrave, *The Theory of Public Finance*, McGraw-Hill, 1959, pp. 180—194.
⑥ 如王曙光、周丽俭、李维新主编:《公共财政学》,经济科学出版社2008年版,第63页以下。
⑦ 王雍君主编:《公共财政学》,北京师范大学出版社2008年版,第68页以下。

服务、调节收入分配、实施宏观调控"①,以及"社会公共资源的配置职能、社会总供求的调控职能、效率与公平的协调职能、和谐社会环境的保障职能、促进经济长期增长的制度供给职能"②等。这些观点在形式上有所不同,但内容上大体没有超出马氏的论述。总体上看,资源配置、收入分配与稳定经济,基本上涵盖了当前经济学界对财政职能的主流观点。值得注意的是,"宏观调控"仅能对应"稳定经济"一项的要求,而财税最为基础性的职能其实是资源配置,更具体地说就是组织财政收入并进行公共开支——这是财税之所以出现的动因。

(二)超越:财税视野中的国家变迁

财政领域的研究横跨经济学、政治学、社会学、法学等多个学科,过去我们仅仅看到了"财政经济学"的方面。而财政社会学为我们提供了在经济学之外认识财税功能的新视角。他们的主要思路是探索财政如何为社会所决定,财政又如何对经济组织、社会结构、精神文化乃至国家命运产生影响。20世纪初,奥地利学者葛德雪(Rudolf Goldscheid)在批评经济学的财政技术化倾向基础上,以西方国家从中世纪向近代转型的过程为例,论述了一个具有重要意义的观点:财政对国家和社会的演进具有决定性的影响。③ 熊彼得(Joseph A. Schurnpter)在《税收国家的危机》中进一步指出,现代国家因财政而生,而国家又对财政进行了深刻的塑造。他精辟地阐述道:"财政的历史能使人们洞悉社会存在和社会变化的规律,洞悉国家命运的推动力量。""一旦税收成为事实,它就好像一柄把手,社会力量可以握住它,从而改变社会结构。"④这种思路启发我们从国家层面出发来观察财税问题,发掘财税法在国家变迁与社会转型中的重要作用,由此,我们对财税法功能的认识也或可由此跃升上一个新的台阶。

从起源上看,财政是人类社会发展到一定历史阶段的产物,随国家的

---

① 高培勇:《公共财政:概念界说与演变脉络——兼论中国财政改革30年的基本轨迹》,载《经济研究》2008年第12期。

② 郭代模、胡定荣、杨舜娥编著:《当代中国理财思想——新中国财长理财思想初探》,中国财政经济出版社2014年版,第176—181页。

③ Richard A. Musgrave & Alan T. Peacock (ed.), Classic's in the Theory of Public Finance, The Macmillan Company, 1958, pp. 202—213.

④ R. A. Musgrave, "Schumpeter's Crisis of the Tax State: An essay in Fiscal Sociology", 2(2), *Journal of Evolutionary Economics*. 89, 113, (1992).

产生而产生。① 在封建国家中,财税的主要功能就是组织收入,以满足统治者的需求。在中国"普天之下莫非王土"的观念下,财政不过是君王的"私财"。在中世纪的欧洲,尚未产生民族国家的概念,只有大大小小的领地,而财政的用途也就是供养各级领主及其家族。因此,在封建时代"所有权者国家"②的框架下,财税的功能定位也只能是"家计财政",自然也不可能形成现代意义上的财税法。

通过围绕税收法定的艰苦斗争,西方实现了从封建国家到民主国家的历史转型。有意思的是,封建时期不同国家财政组织收入具体方式的差异,也导致了后来民主政治发展进程的区别。③ 在近代市场经济和"夜警国家"(Nachtwächterstaat)④的背景下,财政的主要功能仍然是组织收入,但目标不再是满足私欲,而是维持一个最低限度的政府,因此也被称为"公共财政"。此时,基于私人财产权保护的确立,现代意义上的税法也逐渐形成,其功能主要是消极意义上的,即控制国家征税权,防止其过分侵犯私人财产权。相应地,"所有权者国家"也演变为了"税收国家"。⑤

从 1870 年以来,两次世界大战使得财政收支水平激增,其中 1960 年至 1980 年期间增长最为迅猛。⑥ 在现代市场经济和"社会国家"(Sozialstaat)中,公共财政的职能范围迅速扩张到提供公共产品、调节收入分配、稳定宏观经济等方面,财政权也因此表现出明显的权力性和公共性。⑦ 在这一背景下,财政法应运而生,其功能也不再仅限于消极的防止侵害私

---

① 参见王曙光、周丽伲、李维新主编:《公共财政学》,经济科学出版社 2008 年版,第 7 页。
② "所有权者国家"意指国家乃统治者之家财。
③ 这是诺尔伯格(Zolberg)等学者的观点。他指出,英国的君主主要通过对贸易进行征税来获得收入,这促进了英国议会民主制度的发展。而法国主要是对固定的资产(例如盐矿和土地)进行征税,这导致了君主专制的发展。
④ 夜警国家(Nachtwächterstaat)和社会国家(Sozialstaat)是萨孟武提出的近代国家类型区分,前者的特征是国家职能局限在国防、治安、秩序等最低限度内,后者的国家职能则大幅扩展到经济、社会和文化领域。参见萨孟武:《政治学》,台湾三民书局 1988 年版,第 34 页以下。
⑤ 税收国家与所有权者国家之区分,主要在于税收国家承认私有财产权,纳税义务人之经营基本权活动受宪法保护。参见葛克昌:《国家学与国家法》,月旦出版社股份有限公司 1996 年版,第 178 页。
⑥ Vito Tanzi and Ludger Schuknecht, Public Spending in the 20th Century: a Global Perspective, Cambridge University Press, 2000, p. 22.
⑦ 在"无行政即无现代之社会生活"的情况下,财政已经成为影响行政行为、进而影响民众福祉的最重要因素。易言之,财政权已从附属于行政权的角色,反客为主,成为行政权实际存在并得以实施的基础。参见蔡茂寅:《财政作用之权力性与公共性——兼论建立财政法学之必要性》,载《台大法学论丛》第 25 卷第 4 期。

权,而是更多地体现为如何保障和实现积极权利。此时的"税收国家"已经进一步在支出面演化为"预算国家"①,并在整体上表现为"财政国家"。②

进一步看,财税也是历次国家转型背后的重要推动力,是隐藏在大部分重大历史事件——国家的繁荣与贫穷,起义与革命,自由与奴役,以及大部分战争背后的自明之理。③ 这一点在美国19世纪末期转向社会福利国家的过程中体现得相当明显。在南北战争后,美国经济保持着快速的增长,财政规模也日益扩张,但与此同时收入分配状况却不断恶化,腐败现象也愈演愈烈。资料显示,到1900年,占美国人口1%的富人拥有美国财富的87%,而人口中的约1/8生活在极度贫困中,贫富悬殊已经相当恶化,这段"金玉其外败絮其中"的时期也因此被称之为"镀金时代"(The Gilded Age)。而在其后的"进步时代"(The Progressive Era)中,美国正是以财税为主要抓手,采取了以1921年《预算与审计法》为代表的一系列措施,成功地缩小了收入分配差距,实现了对腐败的有效治理,完成了国家现代化的平稳转型。

可见,在文明演进的视野中,财税在不同国家形态下表现出不同的功能,而且在国家形态变迁的过程中往往也发挥着推动甚至是决定性的作用,二者呈现出交相辉映的互动态势(见表3)。从国家变迁的历史进程中,可以看出,财税法最早且始终如一的功能是组织收入,并随着经济社会的发展而逐渐将功能扩展到诸多方面。财税并非只是单纯的经济事务,其功能涵盖了国家治理的政治、经济、社会三大子系统,着实堪称为"国家治理的基础"。

表3 财税法功能与国家形态的互动演进

国家形态	财政形态	财政国家形态	财税职能	财税法功能
王权国家	家计财政	所有权者国家	组织收入	尚未形成

---

① "预算国家"概念最早由王绍光提出,系指具有现代预算制度的国家。参见王绍光:《从税收国家到预算国家》,载《读书》2007年第10期。
② "财政国家(Finanzstaat)"系金钱作为国家核心要素之同义词,其系从国家财政功能面向观察国家实际需求之特征,而作为宪法之团体。参见黄俊杰:《财政宪法》,台湾翰芦图书出版有限公司2005年版,第91页。
③ 参见查尔斯·亚当斯:《善与恶——税收在文明进程中的影响》,翟继光译,中国政法大学出版社2013年版,第9页。

（续表）

国家形态	财政形态	财政国家形态	财税职能	财税法功能
夜警国家	公共财政	税收国家	组织收入	消极控制权力
社会国家	公共财政	预算国家	除组织收入外,还具有广泛的政治、社会、经济职能	既有消极控制,又有积极给付

(三) 提炼:财税法功能的理论检视

讨论财税法与国家形态的互动关系,让我们得以从国家治理的高度来理解财税法的功能。在我国,由于经济学对财政的研究起步较早,而财税法学则发端较晚,故而学界长期以来只偏重研究经济层面的"财税职能"。[①] 财税法长期被认为居于辅助和次要地位,应当服务于不同历史条件下财政活动的内在需要,是从属性的,没有独立价值。因此,学界多见有"财税职能"的研究,而罕见对"财税法功能"的探讨。其后,法学界开始认识到财税法具有"财政权力授予、权力规范、权力监督功能",这是一大进步,但仍然只是对财税法的功能作形式化的理解,并且是从国家权力出发来论述的。

更加深入地看,在财税法功能演进的过程中,有两条线索贯穿始终:一是社会财富总量不断增加[②],二是私权利(尤其是私人财产权)保护不断加强。其实,这两点又是相辅相成的,正是因为社会财富日益丰富,才需要更好地保护私人财产;也正因为私权保护带来的"定纷止争"与产权激励,才推动物质生产的不断发展。而财税法作为分配社会财富的法律,其功能范围自然也不断延展和丰富,除了一以贯之的组织收入之外,还增加了经济、政治、社会等方面的职能。与此同时,财税法的立场也从权力本位走向权利本位,从"管理"转向"法治",从"治民之法"转向"治权之法",从最初服务于财政权的技术工具演变为控制和规范公共财产权以保障和实现私人财产权的"理财之法""强国之道"。甚至可以说,"财税职能"只是"财税法功能"的一个方面,或者说是从经济学的单一角度得出的

---

① 一个例子是,学界有观点认为,预算法是"经济宪法",这就只从经济层面来理解财税法的功能。其实,预算法绝不仅只有经济功能,它还涉及规范政府收支行为等政治功能,以及促进稳定与公平的社会功能,应该是一部"财政宪法"。

② 根据国家统计局数据,改革开放以来,我国国内生产总值由1978年的不到4千亿元迅速跃升至2014年的63.6万亿元,在规模上增长了超过170倍。

财税法功能。而范围延展与立场转型,就是"财税法功能"相比于"财税职能"的超越之处。

在"四个全面"的新阶段,财税法作为牵动经济、政治、文化、社会、生态文明和党的建设等所有领域的综合性制度安排,是事关国家治理体系和治理能力优劣的基础性、支撑性的重要因素。应当看到,现代社会需要综合治理、多管齐下,单一的经济措施很难消解错综复杂的矛盾与难题。例如,面临着收入差距拉大、腐败形势严峻等问题,单强调发展经济或宏观调控是无法奏效的,这需要在政治上清晰设定理财规范、强化财政问责,稳步调节收入分配,从各个方面统筹推进才能克尽全功。《中共中央关于全面深化改革若干重大问题的决定》提出:"科学的财税体制是优化资源配置、维护市场统一、促进社会公平、实现国家长治久安的制度保障。"《深化财税体制改革总体方案》进一步指出:"财税体制在治国安邦中始终发挥着基础性、制度性、保障性作用。"这里的"财税体制",主要就是指财税法,因为法律是制度的最高和最优形式。以上两个政策表述,实际上从国家治理的高度,阐述了官方对财税法功能的基本定位。

因此,我们对财税法的功能不应只作形式上的界定,还应从实质意涵上加以发掘;不应只包括经济层面,还应涉及政治、社会等层面;不应只从国家视角论述,还应体现社会本位和权利本位的要求。申言之,我们需要对财税法功能进行全面的检视,综合考察其在经济、社会、政治方面的功能。当然,需要说明的是,财税法在生态、文化、党建等方面也具有相应功能,不过这些功能不表现为主要方面,故而本文仅着重讨论经济、社会、政治三大功能。而在方法论上,我们也应特别注意"跳出财税法本身来看财税法",从依法治国、富民强国的角度来认识财税法的功能。

具体来说,在政治功能方面,财税法要规范政府的理财行为,包括财政体制和财政收入、支出和监管行为。由于这主要指向政府的政治权力和公共职能以及国家机关的相互关系,故而属于政治层面;通过规范理财行为,可以实现财税法在经济、社会方面中的功能。基于前文研究成果和政策文件表述,这集中体现为促进社会公平的社会功能和保障经济发展的经济功能;而财税法的终极功能,可以提炼为"理财治国"。[①] 在法治视

---

① 刘剑文、侯卓:《理财治国理念之展开》,载刘剑文主编:《财税法论丛》(第13卷),法律出版社2013年版,第4页以下。

野下,理财就是治国。因为改变国家取钱、分钱和用钱的方式,就能在很大程度上改变国家做事的方式。如果能通过财政制度重构,改进国家的理财水平,也就可以在很大程度上提高国家的治理水平。① 财税法作为国家治理的基础和重要支柱,其终极目标正是在政治、经济、社会等方面综合发力,通过依法理财、科学理财和民主理财,来实现国家的规范治理与有效治理。

四、理财治国:财税法"三位一体"功能协同发力

在"四个全面"的新阶段下,财税法的功能可以表述为:规范理财行为,促进社会公平,保障经济发展,从而实现国家长治久安。当然,这只是一种学理上对财税法主要功能的提炼,而未必面面俱到。

(一) 规范理财行为

作为一种公共财产法,财税法的直接功能就是理好公共之财,既要"定纷止争",又要"物尽其用"。② 由于理财行为实质上就是对社会资源的分配与再分配,这一功能从另一角度看其实也就是在以法治方式来优化配置资源。在规范理财行为的功能上,财税法主要是以财政法定的方式来实现的,即构建覆盖财政基本体制和财政收入、支出、监管的科学法律体系,并引导和约束财政权在这一框架内运行,以理财行为的法治化来确保其规范化。应当看到,在规范理财行为的过程中,财税法实际上是在处理中央与地方、立法与行政等主体间的关系,预算审批、财政收支划分等理财问题其实都是关涉国家政治架构与运行的根本性问题。可见,财税法的政治功能极为重要。这一功能可以分解为以下两个层面:

一是在财税体制层面。财税法可以通过规范透明的预算来构建约束不当财政行为的防线。以新《预算法》为例,其将立法宗旨从过去的"宏观调控"转变为"规范政府收支行为",在一定程度上加强了人大的预算审批权和预算监督追责机制,并首次明确将"预算公开"写入法律规定,让预算

---

① 王绍光、马骏:《走向预算国家:财政转型与国家建设》,载马骏、谭君久、王浦劬主编:《走向"预算国家":治理、民主和改革》,中央编译出版社 2011 年版,第 5 页。
② 刘剑文、王桦宇:《公共财产权的概念及其法治逻辑》,载《中国社会科学》2014 年第 8 期。

从"政府的管理工具"变为"监督政府的工具",实现了从"治民之法"向"治权之法"的历史性转型,这就充分体现了财税法规范理财行为的功能。同时,财税法还通过建立法治化的政府间财政关系来明确划分理财行为的权责归属。在"财权与事权相匹配,事权与支出责任相适应"的原则指导下,应当先界定中央与地方的事权,再据此相应划分财源。尤须指出的是,鉴于目前已经适度放开地方政府发债权,很有必要树立对地方的"刚性"预算约束,避免产生不负责任的财政后果。[1]

二是具体的财政收入、支出和监管层面。财税法能够实现财政收入的法定控制。在落实税收法定原则的基础上,应当将收费、政府性基金、彩票、公债和国有资产收益都纳入法定范围。不过,对于权力性和强制性越弱的财政收入类型,法律通常越放宽实体约束,而侧重程序规范;财税法能够提高财政支出的绩效水平。在实体上,财税法通过预算的政治过程,实现对财政支出的民主控制,进而优化财政支出结构,使之朝向教育、医疗、社保、环保等民生领域倾斜。在程序上,则强调程序正义、信息公开和公众参与,以期在财政支出中实现不断减少专横和武断,形成一种回应型的、责任型的法律秩序[2];财税法还能够强化财政监管的刚性约束。对我国而言,推动财政监督的转型,关键的一点是加强财政问责,通过"惩前"的手段以达到"毖后"的目的,从而约束理财行为不逾矩、不缺位。

(二) 促进社会公平

现代社会生活对财政的依存度日高,社会福利已经从恩惠变成授权,最后成为权利。而财税法亦在演进过程中深刻地渗透了社会本位的思想观念,形成了促进社会公平的重要功能。特别是近年来,随着我国经济的快速增长,收入分配秩序失范、格局失衡的情况日益凸显,分配不公越来越成为制约经济社会健康可持续发展的"瓶颈"和诱发社会矛盾的"温床"(见表4)。在这一背景下,促进收入公平分配成为了一大重点议题,而财税法置身于国民财富分配领域,对于促进社会公平的作用最为明显和直接。

---

[1] Alan J. Auerbach & Daniel N. Shaviro(ed.), *Institutional Foundations of Public Finance*, Harvard University Press, 2008, pp.175—176.

[2] 参见陈立诚:《财政支出法建构:一个文献综述》,载《重庆社会科学》2014年第9期。

表4 2008年以来我国居民收入基尼系数

年份	2008年	2009年	2010年	2011年	2012年	2013年
基尼系数	0.491	0.490	0.481	0.477	0.474	0.473

一方面,这要通过优化税制结构、彰显量能课税来实现。改革开放以来,我国在相当长时期内都奉行"效率优先,兼顾公平"的观念,甚至还在实践中被异化为"只重效率,不顾公平"。从根本上说,这导因于"让一部分人先富起来"的政策选择,也是与我国自20世纪80年代以来实行的城市、工业和东部地区优先的非均衡经济发展模式相适应的。① 由于长期仅被视为经济工具,税法也是主要按照这种非均衡的架构来安排的,并因此呈现出明显的税负逆向运行态势。在这种以经济发展为最高(如果不是唯一)目标的税收理念指导下,我国税制的公平性是相当欠缺的。相比之下,我国台湾地区"宪法"虽然没有明确关于量能课税的规定②,但学界一直将其奉为圭臬,并最终通过"司法院"大法官"释宪"确定了这一宪法原则。③ 值得注意的是,如此钟爱量能课税的台湾地区,在经济腾飞的同时,其基尼系数一直保持在0.3左右的较低水平上,甚至中间还几度有所下降,真正实现了公平的发展。④ 其间的利害缘由,值得我们认真思考。

另一方面,这也离不开优化财政支出结构、加大社会保障投入。经济社会近几十年来的变化,使得人们要求进行跨期收入再分配和防御新型收入风险,这就催生了新的公共服务需求。据统计,德国、日本等十国政府的社会保障财政支出占GDP的平均比重,从1870年前后的9.7%,已经上升到1990年的44.8%。⑤ 以美国为例,在理论上,迈克曼等学者借

---

① 李昌麒、范水兰:《正确处理收入分配改革中的十大关系——基于经济和法律的思考》,载《现代法学》2011年第1期。

② 唯一相关的仅有其"宪法"第19条:"人民有依法律纳税之义务"。参见黄荣坚等编:《月旦简明六法》,台湾元照出版有限公司2012年版,第1—2页。以下所引台湾地区"法律"文件,均引自此书,为避免累赘,不再一一注明。

③ 台湾地区"司法院"大法官释字597号解释在对"宪法"第19条规定作出阐述时明确指出:"所谓依法律纳税,系指租税主体、租税客体、税基、税率等租税构成要件,均应依法律明定之。各该法律之内容且应符合量能课税及公平原则。"

④ 当然,这是土地改革、出口导向型发展战略、重视人力资本积累、重视农村地区发展等措施综合发挥作用的结果,但公平税制应当也是其中不容忽视的一环。参见孔繁荣:《台湾经济起飞过程中收入分配均衡化的经验及对大陆的启示》,载《台湾研究集刊》2011年第1期。

⑤ 参见高培勇主编:《世界主要国家财税体制:比较与借鉴》,中国财政经济出版社2010年版,第45页。

助罗尔斯的正义论论证了福利权的宪法正当性,并从建构宪法政治对话机制的角度阐释了"宪法福利权"的功能。在实践中,财政也支持了大量的现金福利计划,如贫困家庭临时救助计划、补充收入保障计划以及实物福利计划食品券、医疗救助计划、公屋制度、其他类型的营养计划等。①当然,我国必须在现有国情的基础上稳步完善社会保障,切不可好高骛远、操之过急,以免掉入"福利陷进"。

(三)保障经济发展

"国家的存在对于经济增长来说是必不可少的,但国家又是认为的经济衰退根源。"②经济职能是财税法最早被发现的职能,但在我国长期以来却被过度强调甚至发生曲解,在实践中被异化为"经济增长至上"。③改革开放以来,政府始终扮演着市场化改革和经济增长的"第一推动力"④的角色,财政直接投入经济建设的占比过大、范围过宽、包揽过多,越俎代庖地管了很多不该管、管不好、管不了的事。同时,教育、卫生、社保、养老等公共服务的财政支出偏低,导致居民预防性储蓄倾向强烈,降低了居民的消费水平。这二者共同使得投资成为主导经济增长的动力,并带来了产能过剩、对外经济依存度加大等问题。可见,盲目追求拉动增长的财税法功能,往往只能带来"没有发展的增长"。⑤

值得注意的时,注重长期和社会目标、降低财政政策在短期宏观调控中的作用,是一个世界性的财政发展趋势。例如,欧盟《稳定与增长公约》对各国财政赤字限定在3%以内,这就促使欧洲国家调整财政政策观念,不再靠短期刺激,而是靠结构调整和巩固财政创造一个稳定的增长环

---

① 参见徐晓新、高世楫、张秀兰:《从美国社会保障体系演进历程看现代国家建设》,载《经济社会体制比较》2013年第4期。
② 诺斯:《经济史上的结构和变革》,厉以平译,商务印书馆1992年版,第21页。
③ 有学者基于2067个县(市)2001—2005年财政经济数据的实证检验发现,中国县级决策者主要对上级负责,追求尽可能高的经济增长率,而非居民福利最大化。参见尹恒、朱虹:《县级财政生产性支出偏向研究》,载《中国社会科学》2011年第1期。
④ 参见迟福林、方栓喜:《政府转型与政府作用——我国改革开放进程中政府职能的阶段性变化》,载吴敬琏主编:《比较》(第39卷),中信出版社2008年版,第162页。
⑤ 参见黄宗智:《中国经济史中的悖论现象与当前的规范认识危机》,载《史学理论研究》1993年第1期。

境。① 在国家治理现代化的大背景和经济发展的"新常态"下,我们所追求的应当是一种法治环境下的"包容性增长"(inclusive growth)②。

值得注意的是,四中全会将财税领域立法放在"加强市场法律制度建设"项下论述,强调其"促进商品和要素自由流动、公平交易、平等使用"的目标,这就要求新时期的财税法经济功能,不能再是短期的、直接的"拉动经济增长",而应转变为长期的、间接的"保障经济发展"。具体来说:

第一,要营造稳定发展的财税法治环境。吴敬琏指出,中国在转轨时期面临两个过渡:一是从计划经济到市场经济的过渡,二是从原始市场经济到法治市场经济的过渡。我国已经基本实现第一个过渡,建立起市场经济的初步框架,但尚未建立起法治的市场经济。③ 因此,财税法保障经济发展的首要体现,就是让泛化的财税调控回归理性,转而重视完善财税法律制度,打破地区封锁和利益藩篱,维护市场统一,并为市场主体提供稳定的预期和行为指引,营造有利于大众创业、市场主体创新的财税法治环境,积极发现培育新的经济增长点,激励一切创造财富的源泉充分涌流。

第二,要更有效地提供公共产品和公共服务。要引导财政的投入方向转到基础设施建设等方面上来,为市场主体提供便利,而不是单纯地继续扩大政府直接投资。例如,美国联邦政府就曾多次出资建设落后地区的基础设施,在国会批准的"州际和国防公路系统"项目中,联邦政府建设了42500多英里的高速公路,把全国90%的城市连接起来,有力促进了地区间平衡发展。④ 在这方面,要积极建立公私伙伴关系(Private and Public Partnership,即PPP),创新公共产品供给机制。此外,财政不仅要提供公共物品(public goods),还要抑制市场过程没有考虑的公共有害物品(public bads)的生产,例如通过环境保护税等手段来促进节能减排。⑤

---

① 参见向东、杨再平、黄伟:《公共财政经济建设职能新论》,中国金融出版社2011年版,第161页。
② "包容性增长"是2007年由亚洲开发银行提出的概念,它的核心是经济与社会稳定、协调而可持续的发展。参见甘培忠主编:《经济发展方式转变中的法律问题研究》,法律出版社2013年版,序言。
③ 参见吴敬琏:《呼唤法治的市场经济》,生活·读书·新知三联书店2007年版,第95页。
④ 参见向东、杨再平、黄伟:《公共财政经济建设职能新论》,中国金融出版社2011年版,第133—135页。
⑤ 参见詹姆斯·布坎南、理查德·马斯格雷夫:《公共财政与公共选择:两种截然对立的国家观》,类承曜译,中国财政经济出版社2000年版,第53页。

第三,要稳步推进结构性减税,让企业减负"轻装上阵"。在经济发展从高速增长转向中高速增长的大背景下,我们应更多地"放水养鱼",而不能"竭泽而渔"。应保持国家税收规模的适度,使之与国民的负税能力相适应,而不侵犯企业与个人的财产权与经济自由,进而在国家和纳税人之间合理分配财富,从"与民争利"走向"藏富于民"①。我国税制应当在总量调整和结构调整上同时着眼,以实现税负联动、有减有增、总体减负,既保障国家事业发展和人民生活的正常需要,又考虑有关方面、特别是企业和居民的承受能力。②

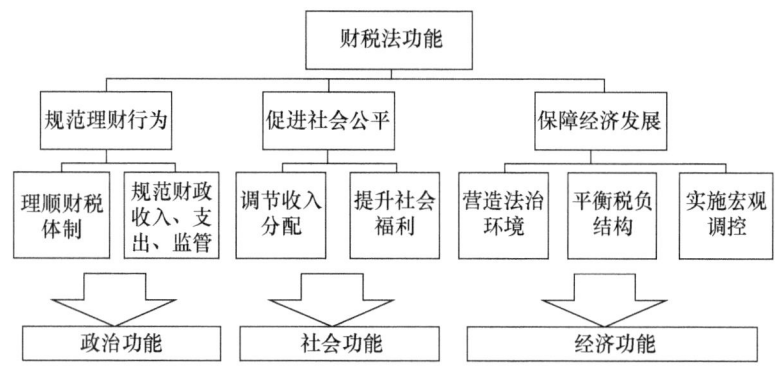

图 1　财税法三大功能示意图

五、结　　语

规范理财行为、促进社会公平和保障经济发展,是财税法的三位一体功能。通过发挥经济、社会、政治功能,财税法可以理顺国家与纳税人、立法与行政、中央与地位、政府与市场等基本关系,由"理财"而"治国"。这三大功能的适配组合能够起到"整体大于部分之和"的最优化效果,在国家治理的诸要素中协同发力、综合施治,共同为实现国家长治久安提供制度保障。

进一步看,作为"公共财产法"的财税法,以"公共性"和"财产性"为特

---

① 参见刘剑文:《收入分配改革与财税法制创新》,载《中国法学》2011年第5期。
② 楼继伟:《建立现代财政制度》,载《求是》2014年第21期。

征,将纳税人从调控受体变成平等对象,使财税法摆脱冰冷、单向的对抗属性,营造出一种合作的财税文化,而这种良性互动的国民关系对于法治国家、法治社会的建设至关重要。在依法治国的全景蓝图中,如果我们能够正确认识财税法的功能,充分发挥其对于治国安邦的基础性作用,那么或可由此探索出一条温和、有效、渐进的法治财税路径。

税权集中的形成及其强化

——考察近20年的税收规范性文件*

叶 姗**

我国几千年来都没有妥善地处理好中央和地方关系,而陷入集权与分权交替的治乱循环。要知道,"处理好中央和地方的关系,对于我们这样的大国大党是一个十分重要的问题"。① 1908年,清末的《清理财政章程》就打算将财政收入划分为国家税与地方税②,可惜未付诸实施。1949年建国后,集权和分权的轮替仍旧继续,甚至出现经济集权但税收分权的新情势。1978年经济体制改革后,地方政府逐渐控制了大部分经济资源,这种模式既不同于发达市场经济国家,也不同于其他由政府控制主要经济资源的国家,其独特性使得我国经济体制改革与众不同。尽管整个经济体制改革以财政体制改革为突破口,但是,我国经济权力的分散程度却明显超过了财政权力。一般认为,支持我国经济奇迹的逻辑正是政治集权下的经济分权,然而,"政府面临着的挑战是很复杂的,它不是一个简单的分权或集权的问题"③,那么,对我国来说,财政分权制确实要比委托代理制更有效率吗?

---

* 原文刊于《中外法学》2012年第4期。
** 北京大学法学院副教授、博士生导师。
① 《毛泽东选集》(第5卷),人民出版社1977年版,第275页。
② 《清理财政章程》第10条规定:"将来划分税项时,何项应属国家税,何项应属地方税,分别性质,酌拟办法,编订详细说明书,送部候核。"转引自陈锋:《晚清财政预算的酝酿与实施》,载《江汉论坛》209年第1期。
③ 钱颖一:《现代经济学与中国经济改革》,中国人民大学出版社2003年版,第219页。

事权或财权①都可以用于衡量一国或地区的财政是集中抑或分散的。至于财政集中还是分散更有效率,则无定论,无论是赞同还是反对的观点都未能令人信服,也没有确切证据能够证明财政分散就一定比集中更有效率。传统观点认为,"一个国家的财政结构是分散的或集中的,要视其政体是联邦制或单一制而定"②。但是,在过去几十年中,单一制国家也出现了事权和财权向地方转移的显著趋势,尽管后者的程度轻得多。有学者认为,中国在经济转轨过程中形成了"维护市场型"的经济联邦制,不同于俄罗斯"破坏市场型"的经济联邦制,分税制被称为"中国式的财政联邦制"③;也有学者认为,"准财政联邦制"是对现行财政体制比较合适的定位;④还有学者认为,分税制改革"表明了中央和地方的财政权划分,地方政府不再如同计划经济条件下,没有财权了"⑤;在笔者看来,尽管分税制很有效率,但称不上是财政分权制,分税制决定⑥有关中央与地方收入划分的规则表明,这充其量是一种税收分成制:划分预算收入和税收立法的权力全部集中在中央。

一、分税制改革将税权集中在中央

1978年后,国家汲取财政资金的能力持续下降、财权极度分散,中央宏观调控能力不断下降,突出地表现为"财政收入占GDP和中央财政收入占全国财政收入"的比重严重下降,所谓"弱政府、弱中央"。到了20世纪90年代初,两个比重已经降低到接近财政分权的底线:中央财政难以为继、捉襟见肘。这一难题考验着政府的智慧,"改革开放以前的三十年

---

① 财政收入权,简称财权,包括税权、政府非税收入权和公债发行权等。在我国,税收大约占财政收入的90%左右,税权是最重要的财权。
② 理查德·A. 马斯格雷夫:《比较财政分析》,董勤发译,上海三联书店、上海人民出版社1996年版,第325页。
③ See Jin Hehui, Qian Yingyi, B. R. Weingast, "Regional Decentralization and Fiscal incentives: Federalism, Chinese Style", *Journal of Public Economics*, 89(9—10), 2005, p.1719.
④ 参见冯兴元:《地方政府竞争:理论范式、分析框架与实证研究》,译林出版社2010年版,第356页。
⑤ 苏力:《当代中国的中央与地方分权——重读毛泽东〈论十大关系〉第五节》,载《中国社会科学》2004年第2期。
⑥ 国务院《关于实行分税制财政管理体制的决定》(国发〔1993〕85号),简称分税制决定。

分权和集权不断进行博弈,到1993年进行分税制改革的时候,我们已经避开分权和集权的说法,因为掉进去以后说不清楚,说我们要集权,地方一听就不干了。我们就说正确处理中央和地方的关系。这个话要最高层领导人讲。"①更重要的问题是,税权集中在中央的改革是否会破坏经济增长趋势呢?"究竟有没有一种选择,可以既保持地方主义的兴起所带来的强劲经济发展动力,又保证中央政府能够有效行使全国治权,从而解决中央与地方之间日益加深的矛盾,化解危机,并推动中国进一步实现平稳的制度转型?"②

  我国宪法没有使用单一制的概念,但规定了单一制的政体结构,《宪法》第3条规定:"中央和地方的国家机构职权的划分,遵循在中央的统一领导下,充分发挥地方的主动性、积极性的原则。"单一制国家的宪法通常不规范中央和地方的权力关系,也不限制中央的立法权。由于1978年经济体制改革几乎都是通过中央经济政策与规范性文件推动的,这使得中央和地方的权力关系变动的预期性大大降低,地方对中央的信任程度也大大削弱。有学者根据"中央授权经济发展速度较快的县升级为县级市作为激励"的实践,得出我国中央和地方的关系属于委托代理关系的结论③,也有学者认为,我国中央和地方的关系更接近财政联邦主义。④ 中央和地方财政关系的重心是税权的分配,我国的税权集中还是分散更好呢?对这个问题的回答,有实然和应然两个层面。笔者更加关注实然的层面:分税制改革及以后,税收政策和法律都反复强调税收立法权集中在中央。

  分税制改革确立了税权集中在中央的基本原则:按税种划分中央和地方预算收入。尽管分税制是一个"利益矛盾冲突的妥协方案,中央政府

---

① 当时的财政部长项怀诚称:江泽民、邓小平和陈云等领导都赞成适当集权,认为中央财政确实太困难了。参见马国川:《共和国部长访谈录》,生活·读书·新知三联书店2009年版,第258页。

② 郑永年、吴国光:《论中央——地方关系:中国制度转型中的一个轴心问题》,载《当代中国研究》1994年第6期。

③ See Lixing Li, "The Incentive Role of Creating Cities in China", *China Economic Review*, Mar. 2011, 22(1), p. 172.

④ 参见王守坤、任保平:《财政联邦还是委托代理:关于中国式分权性质的经验判断》,载《管理世界》2009年第11期。

继续在改革中充当让利者的角色"①,然而,它试图从制度化和规范化的角度来规制中央和地方财政关系的努力是值得肯定的。分税制基本结束了此前财政体制频繁变动的状态,"一个稳定的制度不论是财政分权或集权皆优于一个不稳定的、不透明的财政制度"②,而且,它始终很有效率。③由于税收立法权集中在中央,中央可以决定开征某种地方税、对其课税要素进行设计,也可以授权地方选择某一课税要素的适用标准。通常来说,"单一制下的地方政府通常对于自己的收入和开支没有任何控制权,而是完全由中央政府规定"。④ 中央可以采取划分税种或测算地方财政需求的方法来分配财政资金。长期以来,我国都倾向于前一种方法,这就使得税权集中更具有正当性:只要中央能够解决财政资金的有效筹集和公平分配问题就可以了。

早在20世纪80年代初,中央就想实行分税制,1986年,中央安排了规模很大、为期很长的价格、税收、财政配套改革方案的设计,但遭到了几个省强烈反对,只好作罢。有学者提出了划分中央、地方和共享税的设想⑤,也有学者反对,"在行政性分权的总的格局下,建立中央与地方的分税制是不可能的,因为这样会使得地方掌握广泛的行政干预的权力,就会通过各种手段变动税基,减少中央财政收入"。⑥ 这两种观点明显对立,另外一个相关问题是,"从宪法上明确的分权和财政权力分散,能否有效地全部或部分替代对征税权的直接控制呢?"⑦20世纪90年代初,中央意识到地方财政包干制使得税权过于分散,《"八五"计划纲要》指出:"除了能够调动地方发展经济、增加收入的积极性,也产生了财力过于分散和地

---

① 何帆:《为市场经济立宪——当代中国的财政问题》,今日中国出版社1998年版,第189页。
② 邹继础:《中国财政制度改革之探索》,社会科学文献出版社2003年版,第80页。
③ 2011年全国税收收入比1992年增长26.21倍,年均增长19.13%,税收增长率是同期GDP增长率近2倍。数据来源:国家统计局编:《中国统计年鉴(2010)》,http://www.stats.gov.cn/tjsj/ndsj/2010/indexch.htm,下文的数据如无特别说明,均源于此。
④ 张千帆:《主权与分权——中央与地方关系的基本理论》,载《国家检察官学院学报》2011年第2期。
⑤ 参见吴敬琏、周小川、李剑阁:《关于各级政府职能和分层管理的思考》,载《经济管理》1986年第12期。
⑥ 楼继伟:《解决中央与地方矛盾的关键是实行经济性分权》,载《经济社会体制比较》1991年第1期。
⑦ Geoffrey Brenan & James M. Buchanan, *The Power to Tax*: *Analytical Foundations of a Fiscal Constitution*, Cambridge University Press, 1980, p.175.

区封锁、市场分割等消极现象;进而指出,财政体制改革的方向,是在划清中央和地方事权范围的前提下实行分税制",然而,当时地方和企业财力都不足,在全国范围内实行分税制的条件不成熟。因此,中央决定"八五"期间在有条件的城市和地区,积极进行分税制改革试点,此后,"中央各部门不要干涉有关地方财政的收支事项,未经国务院批准或财政部同意,不准擅自开减收增支的口子"。①

中央和地方的税权分配,不仅影响中央和地方的收入水平,而且牵涉到纳税人税收负担的轻重、经济资源配置的合理性以及社会财富再分配的公平性。根据经济体制改革"放权让利"的思路设计的财政包干制,其实是一种过渡性财政体制,它使得过去30年实行的统收统支制发生了根本性变革,也直接催生了分税制。行政性分权的财政包干制的特点在于:划分收支、分级包干,收支基数、上缴和补贴数额都是由中央和地方通过单独谈判来达成的。客观地说,财政包干制与地方经济发展挂钩,确实保障了地方税收收入、鼓励了地方的分配性努力。然而,"地方政府享有过多的财政权会造成中央税收减收,因此,采取财政权集中的改革,特别是税权集中,才能抑制税收减少的趋势"。② 如果说经济分权是税权分散最主要的诱因,政治集权无疑是税权集中最重要的理由。

1993年底,中共中央决定"把现行地方财政包干制改为在合理划分中央与地方事权基础上的分税制,建立中央税收和地方税收体系。维护国家权益和实施宏观调控所必需的税种列为中央税;同经济发展直接相关的主要税种列为共享税;充实地方税税种,增加地方税收入"。③ 为进一步理顺中央和地方的财政分配关系,增强中央宏观调控能力,国务院决定对各省、自治区、直辖市和计划单列市实行分税制。"党的十四届三中全会的决定"是国务院作出分税制决定的依据,但只是内容依据而不是权力来源依据,《预算法》规定的"国家实行中央和地方分税制"也只是追认而不是授权。④ 需要强调的是,无论是全国人大的"八五"计划纲要、中共

---

① 财政部《关于实行分税制财政体制试点办法》(1992)。
② Rajiv Lall & Bert Hofman, "Decentralization and the Government Deficit in China", *Macroeconomic Management and Fiscal Decentralization*, Jayanta Roy ed., Economic Development Institute of the World Bank, 2005, p.195.
③ 中共中央《关于建立社会主义市场经济体制若干问题的决定》(1993)。
④ 参见叶必丰:《经济宪法学研究的尝试:分税制决定权的宪法解释》,载《上海交通大学学报(哲社版)》2007年第6期。

中央的市场经济体制决定,还是国务院的分税制决定,都不属于严格意义上的法律渊源,只是承载经济政策的政府规范性文件而已。

在"不损害地方利益、中央财政取之有度"的原则指导下,国务院和各省展开了艰苦的谈判,最后说服各省接受了"承认的地方税收基数全部返还,中央和地方按照75∶25的比例分享增长增值税,按照1∶0.3系数返还办法激励地方增收"的方案,而且,为了让地方更容易接受分税制改革,国务院还同意了广东提出的按照当年而不是前一年基数返还的意见。中央9月下旬决定以1993年为基数,9月—12月的税收同比上涨了60%、80%、90%和120%。不出所料,各省为增加基数不惜采取了各种增收手段,造成当年税收超常增长,全年29%的增长率,远远高于1992年的10.2%和1994年的19.2%。对于这种"为了增加地方既得财力,用不正当方法扩大今年收入"的现象,国务院发布了紧急通知:"严禁收过头税、搞寅吃卯粮,严禁用不正当的手段强制企业交纳历年死欠税款等"[1],虽然很通俗,却写出了地方政府的真实想法,但执行效果不甚理想。为了调动地方政府发展生产、培植财源的积极性,促进增值税和消费税的合理增长,根据各省、自治区、直辖市在1994年8月全国财政工作会议上协商一致的意见,国务院决定,中央财政对地方税收返还额的递增率"由按全国增值税和消费税的平均增长率改为按本地区增值税和消费税增长率"的1∶0.3系数确定。[2]

中共中央、全国人大、国务院构成广义上的中央,温和的分税制改革实际上没有遇到真正的阻力。"中国的中央政府有足够的能量来对地方进行奖惩,地方政府官员因而不得不追随中央政府的政策导向。"[3]政治集中足以使地方为保护纳税人利益而对抗中央的积极性大大降低。出于中央对地方的领导权、地方对中央的服从义务和地方对法律法规的遵守义务,即使地方有税收利益诉求,也缺乏要求分享税权的动力。分税制不在税法规范体系内,却有着高于任何税法规范的约束力,其所确立的基本

---

[1] 国务院《关于实行财政分税制有关问题的通知》(国发明电[1993]18号)。
[2] 国务院《关于分税制财政管理体制税收返还改为与本地区增值税和消费增长率挂钩的通知》(国发[1994]47号)。
[3] Olivier Blanchard & Andrel Shleifer, "Federalism with and without Political Centralization: China versus Russia", *Transition Economies: How Much Progress*? IMF, 2001, Vol. 48, p. 171.

原则得到税收立法的遵循和细化。"中央不仅掌控了大部分财税资源的分配权,而且几乎垄断了全部财税规则的制定权,因而可以随时全面调整中央和地方的财权分配。"① 分税制决定有关税源选择和税收划分的设计,不仅考虑要增强中央宏观调控能力,也适当兼顾了地方税收利益诉求。考察近 20 年的税收规范性文件,不难发现这样的遗憾:分税制已经逐渐异化成"各级政府必须完成上级政府下达的税收任务"的包税制②;税权集中在中央也不是集中在立法机关,而是集中在中央政府,特别是集中在中央财税主管部门。因此,能够完整呈现税权集中的形成及其强化过程的,莫过于中央财税主管部门制定的大量具有普遍约束力的税收规范性文件。

二、为什么说分税制是税权集中体制

《预算法实施条例》第 6 条将分税制定义为:"在划分中央与地方事权的基础上,确定中央与地方财政支出范围,并按税种划分中央与地方预算收入的财政管理体制。"分税制决定要求:"中央税、共享税以及地方税的立法权都要集中在中央,以保证中央政令统一,维护全国统一市场和企业平等竞争。各地区、各部门都不得超越权限擅自制定或解释税收政策",可见,分税制决定采取划分税种的思路来调动中央和地方的积极性。划分税种的实质是划分税源——由税本产生的收益,税收来自于收益,因此,选择税源和保护税本同等重要。"鉴于一国之内,税源共同,所以事实上中央与地方并不能分别独立自主,对其居民或发生在境内之可税事实任意各课各的税捐,而必须有所协调。"③ 我国《宪法》没有规定税权的概念,也没有规定税收立法权如何分配,依权能而言,税收立法权可以分为创制权、修正权、解释权和废止权。政务院《全国税政实施要则》(1950)规定,税收立法权和税种开征与停征权、税目税率调整权都归中央,税收优惠的确定权大部分也由中央掌握。

---

① 张千帆:《中央与地方财政分权——中国经验、问题与出路》,载《政法论坛》2011 年第 5 期。
② 包税制曾经是一项历史悠久但备受批评的税制,此处特指下级政府必须保证完成上级下达的税收任务。
③ 黄茂荣:《法学方法与现代税法》,北京大学出版社 2011 年版,第 23 页。

税收立法权和收益权、征管权共同构成税权这一复合型权力,其中,税收立法权决定了中央和地方分别享有哪些税种带来的收入。"财政权在本质上属立法权","有关国家和地区之间分配税权的问题,不单纯是财政政策论的问题,而是涉及宪法中的自治体财政权的问题"。① 中央税和共享税由国家税务系统征管,共享税中地方分享部分由国家税务系统直接划入地方国库,地方税由地方税务系统征管。"财政权中以收益权最为重要,惟财政收益须依法为之,故其前提为立法权。"②地方分享的收益权是由中央直接决定的,而地方分享的征管权属于中央委托地方代理部分行政管理事务。税收立法权集中在中央就意味着税权集中在中央,税权分散强调的是税收立法权向地方分配。中央授权地方决定是否开征、减征、免征或停征某一税种,或授权地方在中央制定的课税要素幅度内选择适用于当地的标准,都称不上是税权分散。除非中央在行使划分权时就直接将地方税的立法权确定给地方,否则,地方分享的收益权和征管权都只是中央授权而已。

"准确地说,中国的分税制并不是一种严格意义上的财政分权,而实际上是一种中央对地方的授权"③,地方的税收立法权近乎于零。尽管屠宰税、筵席税和牧业税等地方税的开征权曾下放到地方:"屠宰税和筵席税下放地方管理后,各省、自治区、直辖市人民政府可以根据本地区经济发展的实际情况,自行决定继续征收或者停止征收"④,该授权已随着这几个税种废止而结束。笔者认为,中央开征屠宰税和筵席税就不是为了筹集收入,而下放到地方的决定实际上是中央放弃了这两种收入微薄的税种。屠宰税于 2006 年 1 月废止⑤,其收入一直很有限⑥;牧业税收入也不多。筵席税自 1988 年起开征,但开征地区和收入都不多,1994 年后更是越来越少,很多地方都停征了。⑦ 开征筵席税的政治和经济目的都没

---

① 北野弘久:《日本税法学原论》(第五版),郭美松、陈刚译,中国检察出版社 2008 年版,第 252 页。
② 葛克昌:《税法基本问题(财政宪法篇)》,北京大学出版社 2004 年版,第 167 页。
③ 刘剑文、熊伟:《税法基础理论》,北京大学出版社 2004 年版,第 47 页。
④ 国务院《关于取消集市交易税、牲畜交易税、烧油特别税、奖金税、工资调节税和将屠宰税、筵席税下放给地方管理的通知》(国发〔1994〕7 号)。
⑤ "国务院令第 459 号"文件宣布《屠宰税暂行条例》废止。
⑥ 全国最高收入是 2000 年的 31.77 亿元,2005 年仅剩 16 万元。
⑦ 北京、天津、上海、广州、深圳始终没有开征,全国最高收入是 1989 年的 800 万元,21 世纪初仅剩几十万元。

有达到,各方评价也很低。国家税务总局1991年就建议停征或撤并该税;财政部1993年向国务院请示停征该税,但有关领导认为公款吃喝盛行,担心取消此税引起误解,暂缓废止;1993年8月,国家税务总局税制改革方案再次建议取消该税,先后经国务院总理办公会议、常务会议和中共中央政治局常委会议同意,但中共中央纪律检查委员会出于党风廉政建设考虑提出了异议,直到2008年1月,筵席税才因调整对象消失被宣布失效。①

分税制决定规定"中央税、共享税以及地方税的立法权都要集中在中央",《立法法》进一步明确:"基本经济制度以及财政、税收、海关、金融和外贸的基本制度只能制定法律";同时,又规定,"尚未制定法律的,全国人民代表大会及其常务委员会有权作出决定,授权国务院可以根据实际需要,对其中的部分事项先制定行政法规";但禁止概括性授权:"授权决定应当明确授权的目的、范围。被授权机关应当严格按照授权目的和范围行使该项权力。被授权机关不得将该项权力转授给其他机关。"现行税法体系中,法律仅有4部,行政法规20余部,部门规章50余部,涉税细则、公告和通知等税收规范性文件不计其数,中央财税主管部门不仅解释和适用税收法律法规,而且创制了大量税法规范。税收立法权集中在中央异化为集中在中央财税主管部门,现行财政体制充满令人难以理解的逻辑悖论。

全国人大常委会1984年"根据国务院的建议,决定授权国务院在实施国营企业利改税和改革工商税制的过程中,拟定有关税收条例,以草案形式发布试行,再根据试行的经验加以修订,提请全国人大常委会审议",属于专项授权;而1985年决定"授权国务院对于有关经济体制改革和对外开放方面的问题,必要时可以根据宪法,在同有关法律和全国人大及其常委会的有关决定的基本原则不相抵触的前提下,制定暂行的规定或条例,颁布实施,并报全国人大常委会备案。经过实践检验,条件成熟时制定法律"②,属于综合授权。根据这两次"几乎把所有税收立法事项都授权给国务院"的概括性授权或称空白授权,国务院制定了大量税收暂行条例,实际行使着税收立法权。其至分税制改革这一调整中央和地方税收

---

① "国务院令第516号"文件宣布《筵席税暂行条例》失效。
② 2009年,全国人大常委会废止1984年授权,因其内容已被1985年授权覆盖。

关系的重大变革,都是由国务院负责制定政策的,而改革的权力显然不在这两次"授权国务院先行制定调整税收征纳关系的行政法规"的范围内。此后的授权都是具体授权,如《个人所得税法》授权国务院规定储蓄存款利息所得开征、减征、停征个人所得税及其具体办法。

分税制确定的制度模式稳定延续至今,据此,地方财力由地方自有财力以及上级政府的税收返还和转移支付构成,中央通过财政转移支付来促进地区间基本公共服务均等化。中央有税权集中的需要,地方也有财力充足的诉求。由于地方政府在经济发展中起主导作用,在失去税权的同时,地方政府获得了更多的经济权力,几乎可以说是合法拥有了本地国有企业和土地的控制权。地方政府通过私有化和出让土地使用权获得的收入与税收相当,土地财政①就是财权分散的典型。"拥有土地控制权使得地方政府在制定经济政策促进地方经济发展方面具有非常重要的影响力。"②除此,地方政府还享有解释和适用税收法律法规的行政权。这些权力可以弥补地方政府不享有税收立法权的缺陷。另外,地方官员对本地事务享有广泛的权力,人事组织权集中在中央,地方官员由上级乃至中央任命,拥有考核权的上级政府可以通过这个途径控制下级政府官员。"中央可以通过地方领导人的人事任命保证地方经济行政权力的配置和地方利益诉求符合国家的宏观经济规划和宏观调控目标。"③

地方有权在税收法律法规规定幅度内,根据实际情况决定、确定或核定本地区的适用标准,如车船税中车辆的适用税额、纳税人经营娱乐业适用的税率、契税的适用税率、耕地占用税的适用税额、增值税和营业税的起征点、个人所得税减征幅度和期限或车船税定期减征或免征的对象等。被授权的省级政府要报授权的国务院或财政部、国家税务总局备案。"为适当公平分配国家与地方的税源,维持国民生活条件的统一性以及全国整体经济秩序的统一性,以维持课税的公平以及竞争中立性,地方税的立法权,原则上也宜由国家统一立法,而只在一定的限度内,赋予各地方自

---

① 依据《2010年中央和地方预算执行情况与2011年中央和地方预算草案的报告》,2010年全国国有土地使用权出让收入29109.94亿元,完成预算213.2%,财政收入超过1/3来自土地财政。
② 许成钢:《政治集权下的地方经济分权与中国改革》,吴敬琏主编:《比较》(总第36辑),中信出版社2008年版,第12页。
③ 吴越:《经济宪法学导论——转型中国经济权利与权力之博弈》,法律出版社2007年版,第330页。

治团体某种程度的税捐立法权。"①分税制决定没有具体规定省级及以下政府的税收关系,只是要求:各省、自治区、直辖市以及计划单列市人民政府要根据本决定制定对所属市、县的财政管理体制。《预算法实施条例》要求县级以上地方各级政府应当根据中央和地方分税制的原则和上级政府的有关规定,确定本级政府对下级政府的财政管理体制。"各地区要参照中央对省级分税制模式,结合本地区的实际情况,将分税制体制落实到市、县级,有条件的地区可落实到乡级。"②然而,省级及以下政府的税收关系始终没有理顺:省级、地市级政府根据各自的省情、市情决定其与下级政府的税收关系,造成了地方税收收入过多集中于省级、地市级财政,县乡财政却日益困难的结果。

省级、地市级财政莫不效仿中央财政,"不断集中自己的税权,下放和推诿事权,最终导致了县乡基层财政的普遍吃紧和普遍困难,事权的重心基本上都压到了基层"。③ 为配合2002年所得税收入分享改革,财政部再次要求:"合理界定省以下各级政府的事权范围和财政支出责任、合理划分省以下各级政府财政收入、进一步规范省以下转移支付制度。"④与发达国家相比,我国社会保障事权基本上都由地方承担,这是极不合理的:基本养老保险基金刚刚实现了省级统筹,其他社会保险基金由省级以下统筹。"当面对财政压力时,每级政府都试图把支出责任转移给下级政府,而尽可能保留更多的收入。各级政府间成本的分摊更多的是由其相对权力决定的。结果,较低级次政府倾向于不履行支出责任,剩余收入按其意愿支配。"⑤要改变事权过于向地方分散的现状,首先应当集中的是社会保险,《社会保险法》第64条第3款规定:"基本养老保险基金逐步实行全国统筹,其他社会保险基金逐步实行省级统筹。"另外,由于各省的发展阶段和省情差别很大,如广东省和湖北省同时对本省的分税制进行了调整,方向却南辕北辙:广东省调高省级财政分享税收的比例、增强省政府的宏观调控能力,湖北省下划省级共享税收收入、适当下移财力。⑥

---

① 陈清秀:《税法总论》,台湾元照出版有限公司2010年第6版,第85页。
② 财政部《关于完善省以下分税制财政管理体制意见的通知》(财地字〔1996〕24号)。
③ 刘丽:《税权的宪法控制》,法律出版社2006年版,第174页。
④ 国务院《关于完善省以下财政管理体制有关问题的意见》(国发〔2002〕26号)。
⑤ 阿瑟·侯赛因、尼古拉斯·斯特恩:《中国的公共财政、政府职能与经济转型》,王桂娟译,吴敬琏主编:《比较》(总第26辑),中信出版社2006年版,第34页。
⑥ 广东省《调整完善分税制财政管理体制实施方案》(粤府〔2010〕169号);湖北省《关于进一步调整和完善分税制财政管理体制的决定》(鄂政发〔2010〕64号)。

三、中央竭力抑制地方分权的冲动

单一制和联邦制国家都有地方财政,我国地方财政属于依存中央型:地方财政依赖中央通过行使划分权而分配给地方的预算收入。由于法律法规没有清晰界定各级政府的事权,因此,中央可以按照自己的意愿来划分税源,任意性很强。地方自有财力是由地方依据税收法律法规取得的收入,而地方获得上级政府的税收返还和转移支付,则分别是分税制改革时对地方既得利益的承诺和对地方自有财力不足的补充。由于中央需要根据地方自有财力不足的情况来决定转移支付的数额,地方自然很有动力向中央展示尽可能大的财政缺口。"中国的各级政府间财政关系感觉总是不太顺,也不太科学,哪一级政府该做哪些事情不是很清楚。"①尽管地方的税收征收率已经大为改善②,但是,为了克服信息偏在而产生的道德风险,中央仍然通过下达税收任务的方法来防止税源过度流失。各级财政每年都必须完成中央和上级政府逐级下达、层层分解(甚至加压)的税收任务,分税制已异化成包税制。

图　地方财政收入和支出占全国的比重

税权持续向中央集中,事权却不断向地方分散,地方财政支出占比持续攀升:从1990年的67.42%上升到2011年的84.84%;而地方财政收入占比在分税制改革前甚至高于地方财政支出占比:1993年达到

---

① 罗依·伯尔:《关于中国财政分权问题的七点意见》,张通、滕霞光整理,吴敬琏主编:《比较》(总第5辑),中信出版社2003年版,第179页。

② 税收征收率可以根据经济数据测算,但很难精准。一般认为,分税制改革前不足50%,现已超过70%。

77.98%,次年下降到44.3%,此后稳定在45%—51%之间。地方财政支出占比体现了地方事权多寡,可见,地方事权正在不断增加。地方财政收入占比的变动幅度不大,与2001年开始税费改革密切相关。分税制改革后,预算外收入急剧增长,迅速成为地方财政主要收入;预算外收入占税收的比重从60%上升到20世纪末接近100%,省级以下政府的情况更严重,超过100%很常见,而且,预算外收入不受预算约束,由政府自收自支,在财政体制外循环,这使得地方没有什么动力去要求分享税权。税费改革启动后,预算外收入逐渐纳入预算统一管理,制度外收入逐渐消失;政府性基金和行政事业性收费中符合费改税条件的,还要适时择机改成税;其他大部分收入要纳入非税收入范畴来管理,分成比例按照所有权、事权和相应的管理成本来确定。

除此,地方可以获得的国有土地使用权出让和国有企业私有化收益日渐减少,尽管地方发行公债的限制没有放开,隐性债务却大幅膨胀、财政风险与日俱增,这使得地方开始出现零星的分权诉求。简言之,当地方能够找到替代税收的其他财源的可能性减小,而只能被动接受税收返还和转移支付时,地方就必然回到正式的财政体制内来主张分权。2007年,中共中央十七大报告提出用"财力与事权相匹配"来处理中央和地方财政关系,替代了"财权与事权相匹配"的说法,实际上修正了通过财权分散来实现地方事权的思路,确立了"财权相对集中、财力相对分散"的观点,换言之,地方事权实现的关键是地方获得足够财力而不是享有充分财权。某种程度上说,地方政府非税收入权无序扩张是税权集中所致,反过来,这也成为中央持续收紧税权的理由。

另外,中央在税权集中后任意制定税收优惠政策、滥用税收减免权,使得地方以同样的任意来应对。如中央规定的外商投资企业和外国企业所得税两免三减半的税收优惠政策,地方付诸实施时几乎都突破了政策底线,异化为五免五减甚至十免十减,这种粗放式税收竞争从来没有停止过,是底线竞争(race to the bottom)的税收竞争理论的真实演绎。

当前学界对中央和地方税收关系的普遍看法是:地方财力紧张、中央财力雄厚,因此,中央要下放税权。笔者认为,这样的见解有失偏颇,我国真正的问题不在于税权集中,而在于事权太过分散。地方分享税权的冲动正是由于其承担过于繁重的事权诱发的。要改变这一局面,笔者同意,中央和地方的事权划分必须确立"外部性由谁承担、信息的复杂程度和激励相容"等标准,"除了适度上收事权,适度集中中央政府的支出责任外,还有一种思路,是加强人口的流动"。① 概言之,无论是要促使基本公共服务均等化,还是要实现财力与事权相匹配,都要解决好事权在中央和地方的合理分配问题。"中央政府承担的主要责任是稳定经济,实现最公平的收入分配,以及提供某些严重影响到全社会所有成员福利的公共产品","地方政府负责提供那些主要与其辖区居民利益相关的公共产品和服务"。②

公平和效率是评价一个国家或地区的税制是否成功的两大指标,分税制在效率指标上的得分肯定很高,因为,税收收入一直超速增长。③ 经济体制改革早期,地方政府最关注经济增长的动力问题,以培植税本、涵养税源,而不会特别关心如何征税,反而是想尽办法通过免税来引资,政府间税收竞争的激烈程度可以想见。"地方课税自主权的行使,涉及税源的掌握、分配及国民负担的均衡问题,乃至于涉及国家整体经济发展等各个面向问题。"④地方竞相擅自提供税收优惠,侵蚀了中央税权,势必减损税法规范的效力。《税收征收管理法》规定,"任何机关、单位和个人不得违反法律、行政法规的规定,擅自作出税收开征、停征以及减税、免税、退税、补税和其他同税收法律、行政法规相抵触的决定。"财政部、国家税务总局发布了一系列收紧税收减免权的规章和规范性文件。

鉴于税收减免权越收越紧,地方开始在财政支出决定权上绞尽脑汁,特别是通过财政奖励达到税收减让目的,如鹰潭模式。"政治集权下的官员考核制度界定了地方政府的激励结构,经济分权则给予了地方政府必要的经济决策权以保障这种激励效应的有效性,经济分权与政治集权紧密结合的中国式分权模式才是理解地方政府行为模式的关键线索。"⑤依据《个人所得税法》,个人股东取得的股权转让所得应当缴纳个人所得税,

---

① 楼继伟:《中国需要继续深化改革的六项制度》,吴敬琏主编:《比较》(总第57辑),中信出版社2011年版,第5—9页。
② 华莱士·E.奥茨:《财政联邦主义》,陆符嘉译,译林出版社2012年版,第19—20页。
③ 税收增长率最好的是2007年的31.3%,其次是1993年不寻常的29%,最差的是2008年的9.7%。
④ 陈清秀:《现代税法原理与国际税法》(第2版),台湾元照出版有限公司2010年版,第68页。
⑤ 陈刚、李树、余劲松:《援助之手还是攫取之手?——关于中国式分权的一个假说及其验证》,载《南方经济》2009年第7期。

然而，财政部、国家税务总局决定，自1994年1月1日起，对个人股东取得的股票转让所得暂免征税[1]；又决定，自2010年1月1日起，对个人股东取得的上市公司限售股转让所得按照财产转让所得适用20%的税率征收个人所得税。该税由资金账户开户的证券机构所在地的主管税务机关征管，所得由中央和地方按照60%：40%的比例分享。"个人转让限售股或发生具有转让限售股实质的其他交易，取得现金、实物、有价证券和其他形式的经济利益均应缴纳个人所得税。限售股在解禁前被多次转让的，转让方对每一次转让所得均应按规定缴纳个人所得税。"[2]

为了吸引税源，江西省鹰潭市决定以财政奖励方式诱使纳税人将资金账户转户到其市辖区的证券机构、再进行限售股减持交易，纳税人因此被奖励相当于其缴纳的个人所得税地方分享部分的80%，即应纳税额32%的资金。纳税人如果愿意将奖励资金全部留在鹰潭市投资置业的，奖励比例还可以再提高10%。[3] 这种做法被很多地方政府模仿，有的还规定，"介绍他人来我市转让了上市公司限售股的单位和个人，按个人所得税实得部分的5%给予奖励"。[4] 财政部、国家税务总局决定对个人股东股票转让所得暂免征税、又对个人股东限售股转让所得恢复征税，都是由税收规范性文件规定的，地方政府决定从个人所得税地方分享部分中提取大部分资金奖励纳税人，还是用规范性文件规定的，到底算不算违法呢？笔者认为，这一问题很难回答，中央财税主管部门的税收规范性文件毕竟不具有强制约束力。税法领域存在大量税收规范性文件，确实对税收执法有直接指导作用，然而，其内容常常超过解释和适用的界限，而产生创制税法规范的效果，但是，其法律效力始终是存疑的。

省级政府处理这类冲突时，一般会维护中央："少数地方采取财政安排奖励经费的办法，引进上市公司在当地转让限售股，对其缴纳的个人所

---

[1] 财政部、国家税务总局《关于股票转让所得暂不征收个人所得税的通知》（财税字〔1994〕40号）、《关于个人转让股票所得继续暂免征收个人所得税的通知》（财税字〔1998〕61号）。

[2] 财政部、国家税务总局《关于个人转让上市公司限售股所得征收个人所得税有关问题的通知》（财税〔2009〕167号）、《关于个人转让上市公司限售股所得征收个人所得税有关问题的补充通知》（财税〔2010〕70号）。

[3] 江西省鹰潭市《鼓励个人在鹰潭市辖区证券机构转让上市公司限售股的奖励办法》（2010）、《发展总部经济、楼宇经济和鼓励个人转让上市公司限售股实施方案》（2010）。

[4] 江西省吉安市《关于鼓励个人在吉安市辖区内证券机构转让上市公司限售股的奖励办法（试行）》（2010）。

得税地方所得部分予以返还的做法,违反了国家严禁先征后返的有关规定,违背了个人所得税法目的,削弱了财政调控能力,必须坚决予以制止。"①纳税人将资金账户转移到外地的证券机构,是纳税人通过变换限售股减持的交易地来避税的行为,遭遇转户的证券机构的经济利益及其所在地政府的税收利益都受到不利影响。笔者将这种发生在没有行政隶属关系的中央财税主管部门和地方政府之间的冲突称为斜向府际税收竞争,它的发生缘于我国税收法定程度不高、收益权属不清和征管力度不够。与对劳动所得普遍征税不同,对资本利得征税不是各国税法的通例,我国个人纳税人也不见得能够接受,这就为鹰潭模式的实质正当性提供了民意基础。"只要资本利得按照优惠税率课税或者根本不课税,纳税人就会想办法让特定类型的交易符合税收优惠条件。"②另外,即使鹰潭模式的形式合法性存有瑕疵,也很难追究其法律责任。

如果说鹰潭模式是地方政府利用中央财税主管部门反复无常的税收政策争夺税源的典型,夭折的芜湖新政就是地方政府通过财政补助创造税源的特例:2012年期间,在芜湖市区购买自住普通商品住房(含二手住房),在办理产权登记时,财政部门给予所纳契税100%的补助。对购买新建自住商品住房面积在 90 m² 及以下 70 m² 以上,以及 70 m² 及以下的,财政部门再给予 50 元/m² 购房补贴;财政部门再给予 150 元/m² 购房补贴。③ 政策公布后,引起公众热议,主流观点指责其本意是救市,违背中央调控房地产市场的意图。通知出台仅 4 天,芜湖市政府就宣布暂缓执行,称社会各界提出了有益的参考意见,配套实施细则需要研究完善。可见,地方税收利益诉求是禁而难止的。"每一层次的政府都各自有确定收入与支出事项的决策过程。然而,在不同层次的政府,收入与支出决策是相互依赖的。"④

另一个例子是国务院 2002 年决定实施的所得税收入分享改革:中央因此增加的收入全部用于对地方主要是中西部地区的一般性转移支付。除铁路运输、国家邮政、四大商业银行、三大政策性银行以及海洋石油天

---

① 江西省财政厅《关于纠正地方自行制定变相返还税收政策的通知》(2011)。
② 维克多·瑟仁伊:《比较税法》,丁一译,北京大学出版社 2006 年版,第 264 页。
③ 安徽省芜湖市《关于进一步加强住房保障改善居民住房条件的若干意见》(2012)。
④ 小罗伯特·D.李、罗纳德·W.约翰逊、菲利普·G.乔伊斯:《公共预算制度》(第七版),扶松茂译,上海财经大学出版社 2010 年版,第 368 页。

然气企业缴纳的所得税继续作为中央收入外,其他企业所得税和个人所得税收入按照60%:40%由中央与地方分享。① 世界大国中极少由地方税务系统负责个人所得税征管,我国是个例外。所得税收入分享改革致使中央收紧工资薪金所得费用减除标准(简称标准)调整权。《个人所得税》1980年制定时确定了800元的标准,由于定得太高,主要适用于外国人,且收入很少;后来,对在中国境内有住所、取得个人收入的中国公民另行征收个人收入调节税,设定了400元的标准。② 到20世纪末,人们收入水平大幅提高,很多人超过了800元的标准,不少较发达地区竞相提高了标准:如广州和深圳1600元、上海1400元、北京1200元等。《个人所得税法》2005年10月修正时将标准统一上调到1600元,自此严格禁止地方自行提高标准。鉴于地方擅自提高标准会导致中央财政减收,财政部、国家税务总局发布了一系列规范性文件禁止地方任意调整标准,如"部分地区违反税法和全国统一规定,擅自提高个人所得税工资、薪金所得费用扣除标准和扩大不征税项目的适用范围,违背了依法治税的原则","擅自提高个人所得税费用扣除标准和扩大不征税项目适用范围的文件规定,各级税务机关一律不得执行,已执行的要停止执行"。③

四、中央如何兼顾地方税收利益诉求

中央竭力抑制地方分权的冲动并不意味着不需要兼顾地方税收利益诉求,典型例子是证券交易印花税(简称证交税)这一最先由地方先行开征的税种转为共享税,虽然中央不断提高分享比例、任意调整税率,但证交所的所在地却始终分享收益。严格来说,这不是一个新税种,而是对证券交易(仅限于股票交易)征收的印花税,但其课税要素完全不同于印花税而自成体系,特别是税率、征收方式和分享比例。由于种种原因,分税制决定"开征证券交易税"的设想没有实现,至于证交税开征时所预想的调控证券交易行为、维护证券市场稳定的目标也没有达到。深圳市最先开征此税:"凡在深圳市内书立股权转让书据(包括上市股票和企业内部

---

① 国务院《所得税收入分享改革方案》(国发〔2001〕37号)。
② 国务院《个人收入调节税暂行条例》1993年并入《个人所得税法》。
③ 财政部、国家税务总局《关于严格执行个人所得税费用扣除标准和不征税项目的通知》(财税〔2004〕40号)。

发行的股票在买卖、继承、赠与、分割等所立的书据)的单位和个人,均应按规定缴纳印花税。股权转让书据按书据转让时市场价格的金额,依6‰的税率纳税。"[1]该税的征收对象是股权转让书据,属于《印花税暂行条例》第2条规定的征税对象:产权转移书据是应纳税凭证,即产权的买卖、继承、赠与、交换、分割等所立的书据。

深圳市1990年11月将证交税纳税人扩大到股票交易买方,世界上只有我国和澳大利亚采用这种双边征收方法;1991年10月,为了刺激低迷的股市,深圳市将证交税下调到3‰;上海市1991年10月开始对股票交易双方征收税率为3‰的证交税。中央默许了两地通过开征证交税来抑制证券市场过热的做法,证监会1992年成立,此后,证券交易量大增、税收迅猛增长,中央开始上收税权:"股份制试点企业向社会公开发行的股票,因购买、继承、赠与所书立的股权转让书据,均依书立时证券市场当日实际成交价格计算的金额,由立据双方当事人分别按3‰的税率缴纳印花税。"[2]分税制改革后,中央开始使用证券(股票)交易印花税的概念,将其改成共享税,上收税权:按照中央与地方各50%来分享收入,这与印花税其他税目都属于地方税不同。出于尊重深圳和上海在证券市场初创期的努力及保护其既得利益,实际上按照30%∶70%的比例由中央和地方分享。证交税演变成由中央完全控制的共享税,逐渐成为中央财政主要收入,预算编制时单列,调控目标越来越模糊。

概言之,证交税的税率、征税方式和分享比例的历次调整都缺乏税收立法所必须具备的依据、条件和程序。最典型的是财政部、国家税务总局2007年5月30日突然宣布税率由1‰上调至3‰,此时,证券市场处于大牛市,证券交易数量和金额庞大,不出意料,当年证交税高达2005亿元,占全国税收收入的7.05%,是前一年的10.17倍,甚至超过当年内地上市公司分红总额。与其说政府通过证交税来抑制证券市场过热,还不如说政府藉此到交投活跃的证券市场分了一杯羹,而且,由于证交税的征收对象是股权转让书据、无关股票价格涨跌,政府的买卖"稳赚不赔"。证交税由证券机构代扣代缴,征收率几乎达到100%。2008年,财政部、国家税务总局决定将征收方式调整为仅对出让方征收,倒是值得肯定。

---

[1] 深圳市《关于对股权转让和个人持有股票收益征税的暂行规定》(1990)。
[2] 国家税务总局等《股份制试点企业有关税收问题的暂行规定》(国税发〔1992〕137号)。

而分享比例调整更是没谱,国务院先后决定:自 1997 年 1 月 1 日起,调整为中央 80%,地方 20%,理由是:进一步规范证券交易市场,妥善处理中央与地方的分配关系,增强中央宏观调控能力;[1]自 1997 年 5 月 10 日起,调高证交税的税率,并要求将新增加的收入,全部作为中央财政收入。为简化手续,实行合并计算、总额分成,调整为中央 88%,地方 12%[2];自 2000 年 10 月 1 日起,分三年调整到中央 97%、地方 3%,中央每年调高 3%。理由稍稍改变为:妥善处理中央与地方的财政分配关系,增强中央宏观调控能力。[3] 这一分享比例延续至今。此外,税率在 1997—1999 年的三次调整,由国务院发布通知,而 2001、2005、2007、2008 年的四次调整,由财政部、国家税务总局称经国务院批准下发布通知。"经国务院批准"究竟是什么性质呢?是概括性地授予中央主管部门调整税率的权力还是逐次审批调整税率的行为呢?可见,中央财税主管部门在课税要素决定方面占据绝对主导权。

研究中央如何兼顾地方税收利益诉求问题最好通过分析共享税或地方税。"在一个典型的集权国家,中央政府征收所有主要税种。这些税种的立法权的所有方面都集中在中央政府,地方政府也不会牵涉其实施或管理中。中央政府主要依据地方财政法向地方政府分配税收收入"。[4] 分税制决定仅确定了增值税、资源税和证券交易税三种共享税,经过多次调整,多个地方税调整为共享税;地方税一直缺乏主体税种。营业税和增值税同为共享税,但营业税大部分收入归地方、由地方税务系统征管,增值税大部分收入归中央、由国家税务系统征管。增值税扩围、覆盖营业税后,地方财力可能受到影响,主体税种缺位问题更加突出。"在各级政府税收协调所允许的范围内,扩大较低级次政府的征税权。对于广大城市的基层政府而言,土地税可以成为政府税收主要来源的一种不错

---

[1] 国务院《关于调整证交税中央与地方分享比例的通知》(国发〔1996〕49 号)。
[2] 国务院《关于调整证券(股票)交易印花税税率的通知》(1997 年 5 月 9 日);财政部、国家税务总局《关于调整证券(股票)交易印花税税率有关预算管理问题的通知》(〔97〕财预明电字第 2 号)。
[3] 国务院《关于调整证交税中央与地方分享比例的通知》(2000 年 9 月 29 日)。
[4] Victor Thuronyi, *Tax Law Design and Drafting* (Vol. 1), International Monetary Fund, Washington D.C., 1996, p.55.

选择。"①

中央能够感受到地方税收利益诉求越来越强烈,因此,制定税收政策时必须回应地方诉求,例如,2010年1月4日,国务院批复海南建设国际旅游岛上升为国家战略,继而决定在海南省开展境外旅客购物离境退税和离岛旅客免税购物政策试点,"离境退税政策是指对境外旅客在退税定点商店购买的随身携运出境的退税物品,按规定退税的政策。离境退税税种为增值税"②,"离岛免税政策是指对乘飞机离岛(不包括离境)旅客实行限次、限值、限量和限品种免进口税购物,在实施离岛免税政策的免税商店内付款,在机场隔离区提货离岛的税收优惠政策。离岛免税政策免税税种为关税、进口环节增值税和消费税"。③

还有一个例子是资源税改革,资源税由从量计征转向从价计征的改革选择了新疆这一石油和天然气资源集中但开采、开发比例较低的地区试点:自2010年6月1日起,在新疆开采原油、天然气缴纳资源税的纳税人,实行从价计征,税率为5%,大幅提高了新疆的财政收入④,贯彻了中央"援疆政策"中"输血与造血并重"的思路,也符合西部大开发中"发展与保护并重"的要求。自2010年12月1日起,改革试点扩大到内蒙古、甘肃、四川、云南、西藏等其他11个西部省区;自2011年11月1日起,原油、天然气从价计征模式推广到全国。除此,资源税的征税对象、从价计征模式的适用范围还将进一步扩大,进而实现资源税改革"有效筹集地方财政收入、提高资源和能源利用效率"的目标。

然而,中央必须兼顾但不是顺从地方税收利益诉求。例如,国务院2011年1月27日通过新华社宣布:"常务会议原则同意在部分城市进行对个人住房征收房产税改革试点,具体征收办法由试点省、自治区、直辖市自行制定。"但此前一天公布的常务会议制定的"新国八条",其第3条"调整完善相关税收政策,加强税收征管"仅仅涉及营业税、土地增值税,

---

① 阿瑟·侯赛因、尼古拉斯·斯特恩:《中国的公共财政、政府职能与经济转型》,王桂娟译,吴敬琏主编:《比较》(总第26辑),中信出版社2006年版,第53页。
② 财政部《关于在海南开展境外旅客购物离境退税政策试点的公告》(2010年第88号)。
③ 财政部《关于开展海南离岛旅客免税购物政策试点的公告》(2011年第14号)。
④ 财政部、国家税务总局《新疆原油天然气资源税改革若干问题的规定》(财税〔2010〕54号)。

只字未提授权重庆和上海试点征收房产税。① 自2011年1月28日起,上海市对本市居民家庭在本市新购且属于该居民家庭第二套及以上的住房和非本市居民家庭在本市新购的住房征收房产税;而重庆市则将个人拥有的独栋商品住宅、个人新购的高档住房以及在重庆市同时无户籍、无企业、无工作的个人新购的第二套以上的普通住房纳入首批征收房产税的住房。试点征收收入归入地方财政。②《房产税暂行条例》规定"个人所有非营业用的房产免纳房产税",重庆和上海的方案都突破了征税范围,课税要素设计也不同于房产税,相当于开征了一个新税种。中央和地方在房产税改革问题上存在较大分歧:上海、重庆向国务院申请房产税改革试点是为了将征税范围扩大到个人住房,而中央倾向于整合房产税和城镇土地使用税,"研究推进房地产税改革"。③ 虽然中央在"同意房产税改革试点"时表现得很匆忙,但其后明确要求"个人住房房产税试点地区取得的房产税收入,要专项用于保障性安居工程"④,使得地方无法自主决定相关税收的用途,无异于中央再度收紧了税权。

相比之下,增值税转型和扩围改革试点完全由中央选择试点地区。转型时,中央选择了东北老工业基地、中部老工业基地、内蒙古东部五盟市和汶川地震受灾严重地区等进行改革试点。由于2008年全球金融危机肆虐,国务院决定修改《增值税暂行条例》,推动增值税转型在全国范围实施。扩围时,中央选择了上海市交通运输业和部分现代服务业等开展改革试点。自2012年1月1日起,国务院在部分地区和行业开展深化增值税制度改革试点,逐步将目前征收营业税的行业改为征收增值税。试点期间,原归属试点地区的营业税收入,改征增值税后收入仍归属试点地区。试点期间收入归属保持不变,原归属上海市的营业税收入,改征增值税后仍全部归属上海市,改征增值税税款滞纳金、罚款收入也全部归属上海市。改征增值税收入不计入中央对上海市增值税和消费税税收返还基

---

① 上海市《开展对部分个人住房征收房产税试点的暂行办法》、重庆市《关于进行对部分个人住房征收房产税改革试点的暂行办法》2011年1月27日发布。
② 重庆个人住房房产税的征收率99%,相关税收1亿元,全部用于公共租赁房的建设和维护。参见徐旭忠、张翅:《重庆一年征房产税一亿元》,载《经济参考报》2012年2月3日,第6版。
③ 《国民经济和社会发展第十二个五年规划(2011—2015)》。
④ 财政部《关于切实做好2012年保障性安居工程财政资金安排等相关工作的通知》(财综〔2012〕5号)。

数。因营业税改征增值税试点发生的财政收入变化,由中央和上海市按照现行财政体制相关规定分享或分担。①

能够证明中央兼顾、而不是顺从地方税收利益诉求的典型例子是"加名税"。2011年7月4日,最高人民法院《关于适用〈中华人民共和国婚姻法〉若干问题的解释(三)》对婚前财产权属作了明确的解释,使得个别夫妻决定在仅署一方姓名的婚前财产中加署另一方的姓名。南京、成都、青岛、泉州、苏州、无锡等城市认为这种行为属于房屋权属变更,被加署姓名的人就是契税纳税人,决定对加名行为征收契税,引起当事人的不满和公众热议,被称为加名税。对此,财政部、国家税务总局解释道:"婚姻关系存续期间,房屋、土地权属原归夫妻一方所有,变更为夫妻双方共有的,免征契税。"②追根溯源,国家税务总局从来都认为,在婚姻法或继承法调整范围内发生的房屋权属变更行为,不应当征收契税,例证有二:其一,"因夫妻财产分割而将原共有房屋产权归属一方,是房产共有权的变动而不是现行契税政策规定征税的房屋产权转移行为。因此,对离婚后原共有房屋产权的归属人不征收契税"。③ 其二,"对于《继承法》规定的法定继承人继承土地、房屋权属,不征契税,但是,非法定继承人根据遗嘱承受死者生前的土地、房屋权属,属于赠与行为,应征收契税"。④ 而北京市规定的"夫妻之间共有财产加名是不涉税的"⑤,缘于其不涉及房屋权属变更。

地方政府匆忙决定对夫妻加名征收契税,实际上是越权行为。地方政府只享有在《契税暂行条例》规定幅度内确定税率的权力,此次征税决定实际上超越了其所能行使的权限。是否对夫妻加名行为征收契税,只有财政部和国家税务总局才有权解释。以下继续分析"免征""不征收""不征"契税等概念的区别:首先,免征表示这一行为本身属于契税征收范

---

① 财政部、国家税务总局《营业税改征增值税试点方案》(财税〔2011〕110号)。
② 财政部、国家税务总局《关于房屋、土地权属由夫妻一方所有变更为夫妻双方共有契税政策的通知》(财税〔2011〕82号)。
③ 国家税务总局《关于离婚后房屋权属变化是否征收契税的批复》(国税函〔1999〕391号)。
④ 国家税务总局《关于继承土地、房屋权属有关契税问题的批复》(国税函〔2004〕1036号)。
⑤ 北京市地方税务局等《关于加强房屋交易税收管理工作的通知》(京地税第2009120号)。

围,只是立法者决定免予征税而已,这种情况一般是有期限的暂免征收,而不是永久免征;其次,不征收或不征都表明这一行为本身不在契税征收范围内。可见,财政部、国家税务总局作出免征契税的决定,实际上是一种税收优惠,而不仅仅是法律解释。然而,在我国,"由于税收法律的缺失、行政机关权力的无限制行使以及立法机关近乎放任的授权,加之税法本身所具有的经济性、技术性和复杂性等特征,在税法解释领域,税法行政解释已经占据了最主要的地位,实际上起到了准立法的作用"。[1] 换言之,财政部、国家税务总局设定了夫妻加名免征契税的税收优惠,而没有顺从地方税收利益诉求。

五、结　　论

财政分权是一个世界性潮流,单一制和联邦制国家都出现财政分权现象。税权可否适度分散?这一问题并没有标准答案。财政联邦主义"不限于联邦制国家。有些联邦制国家具有非常集权的财政制度,而在有些单一制国家地方政府则有能力使用自己的收入在很大程度上满足自己的需要"。[2] 从域外经验来看,既有美国的高度分权、日本的相对分权模式,也有德国的相对集权和法国的高度集权模式。税权集中和税权分散只是相对的,没有绝对的集权、也没有绝对的分权,只有分权程度高低之分。分税制改革后,我国中央和地方的税权分配由相对集中逐步走向高度集中,而支持税权集中强化的理由莫过于其极高的效率。

笔者考察近20年的税收规范性文件,不可能穷尽所有,而只是择取其中最具代表性的立法例,笔者相信,从浩如烟海的文件中选取能够展现税权集中的形成及强化轨迹的内容是可行的方案。分税制决定在划分中央与地方预算收入时确立了以下标准:将维护国家权益、实施宏观调控所必需的税种划为中央税;将同经济发展直接相关的主要税种划为中央与地方共享税;将适合地方征管的税种划为地方税。以上标准具有一定的指导性,更重要的是由谁负责划分。虽然不是所有问题都可以通过立法

---

[1] 孙健波:《税法解释研究——以利益平衡为中心》,法律出版社2007年版,第223页。
[2] 董礼胜:《欧盟成员国中央与地方关系比较研究》,中国政法大学出版社2000年版,第442页。

来解决,但是,想要提高中央和地方税收关系的法治化程度,最妥适的途径仍然是制定法律,特别是制定《财政收支划分法》。

2003年年底,中共中央决定"在统一税政前提下,赋予地方适当的税政管理权"[①];到2011年,进一步明确"逐步健全地方税体系,赋予省级政府适当税政管理权限"。[②] 税政管理权限适度下放既是完善分税制的重要措施,又意味着新一轮税制改革的重点将转向地方税税制改革。有关税政管理权的认识有两种观点:其一,仅指税收政策管理权,其二,包括税收政策管理权以及税收立法权、征管权和收益权。向地方适度赋予的究竟是多大范围内的税政管理权限呢?这种赋权可能通过法律实现吗?问题的答案预示着税权分配未来的走向。

"从总体上看,综合我国市场经济发展初期的各种因素,应在实行集权以后再实行适度分权,这在中国大概是一种较为适当的改进路径。"[③] 笔者赞同,地方税立法权只能由中央行使,但是,应当给地方充分表达利益诉求的机会。地方税立法权集中在中央,中央当然要承担更重的向自有财力不足地区转移支付的责任。税权集中本身没有太大的问题,但是,税权集中在中央财税主管部门,就违背了分税制的初衷。相比之下,在宪法上明确规定中央和地方预算收入的划分权只能由全国人大行使更加重要。从近20年的税收规范性文件来看,不管是税种自身课税要素的设计还是税收在中央和地方之间分配比例的调整,都越来越复杂精细,任何一个技术细节都会直接影响税收征纳双方的权利义务、税务机关的税收征收率和纳税人的税法遵从度。无论采取税收分成还是税权分散模式,都需要很高的立法智慧。

---

① 中共中央《关于完善社会主义市场经济体制若干问题的决定》(2003)。
② 见《国民经济和社会发展第十二个五年规划(2011—2015)》。
③ 张守文著:《财税法疏议》,北京大学出版社2005年版,第77页。

认缴制下的资本违法责任及其困境
——以财产混同为视角[*]

甘培忠 徐 可[**]

一、资本制度改革背景一览

伴随着我国市场经济从萌芽到勃兴,"放松规制"作为一个口号、一种态度,甚至作为一种价值取向,不断被理论界所提倡、被市场主体所追求,同时也被政策与法律的制定者所接受。"放松规制"的制度实践与经济自由的理念有相当的重合性,在市场经济的大环境下有值得遵循的制度意义。但价值选择并不能在具体决策中代替事实判断与技术分析,自2013年底开始的公司资本制度与工商登记制度改革便生动地阐释了看似简单的制度变革如何"牵一发而动全身",最终可能引起始料未及的混乱。

2013年10月25日,国务院部署推进公司注册资本登记制度改革,以降低创业成本、激发社会投资活力为目的,快速推出一系列十分具体的改革要求与目标。在国务院的"倒逼"之下,2013年12月28日全国人民代表大会常务委员会立刻修改了公司法的相应内容。其后,2014年2月19日国务院配合修订了《公司登记管理条例》和涉及中外合资企业的出资规定,与修订后的公司法于同年3月1日起同步实施。公司资本制度条文的迅速调整并没能掩盖了相关配套制度的落后,在学界和实务界纷

---

[*] 原文刊于《北京大学学报》2015年第6期。
[**] 甘培忠,北京大学法学院教授、博士生导师;徐可,北京大学法学院经济法专业博士生。

乱的争论和多样的揣测之中,与公司资本制度密切相关的《刑法》"两虚一逃"条款到 2014 年 4 月 24 日由全国人民代表大会常务委员作出限缩性立法解释。而被寄予厚望的信息公示制度经由 2014 年 7 月 23 日国务院常务会议通过并自当年 10 月 1 日起施行的《企业信息公示制度暂行条例》,才总算有了可以依凭的操作依据。从公司资本制度与工商登记改革的仓促推出到初步实现改革设计中最为关键的信息公示,已经过去了一年时间,期间对于制度的认识、理解以及执行不可谓不混乱,工商行政管理部门对自身职责转变的定位也并不明晰,甚至出现拒绝对股权转让、质押等涉及股东身份和出资的行为进行登记的现象,也出现了拒绝协助执行法院要求实施查封、冻结指令的情况,一时间可谓是一地鸡毛。①

同样是放松资本制度管制,2005 年公司法的修订获得了广泛的支持和赞誉,而 2013 年的修订却引发了激烈的争论。学界的争论不休恰恰代表了 2013 年的公司制度改革并不仅仅是一次关于降低设立公司门槛的技术性调整,其可能代表了公司法从制度构建到价值取向上的彻底转变。本文在分析此次公司资本制度与工商登记制度改革对于公司社团性与法人性的影响的基础上,认为此次改革前我国在"有限度的认缴制"下围绕资本三原则与"两虚一逃"行为规制的整体制度不仅仅是保护债权人利益以及针对"不当分配""侵占公司财产"②的限制,实际上还存在着针对股东与公司财产混同的法律制约与对冲机制,保持社会利益与股东私利之间的有张力的平衡。但是此次修法改革破坏了对于财产混同的程度控制,刑事、行政责任的缺失导致了认缴自由化和责任虚无化,不具有惩罚性的民事责任将必然诱发股东实施资产混同行为,扭曲公司的资本、资产结构,威胁公司财产独立性乃至公司法人格独立性本身。对此,本文认为制度上急需完善和落实法人格否认在公司资本制度问题下的应用,从而重新建立公司、股东财产混同的防火墙。

---

① 为了明确工商行政管理部门在涉及股权变更登记、冻结等事项中的相应职责,最高法院和国家工商总局最终以联合发布《加强信息合作规范执行与协助执行的通知》(法〔2014〕251 号)的方式进行了协调,才消除了部分实践中的混乱。

② 防止不当分配、防范侵犯公司财产等均为学者对于法定资本制度的制度功能的解释和概括,参见樊云慧:《从"抽逃出资"到"侵占公司财产":一个概念的厘清——以公司注册资本登记制度改革为切入点》,载《法商研究》2014 年第 1 期;刘燕:《公司法资本制度改革的逻辑与路径——基于商业实践视角的观察》,载《法学研究》2014 年第 5 期等相关论文。

二、公司制度改革下资本、资产关系的性质变革

在公司法修改已成既定事实的情况下,学界的讨论主要集中在如何在认缴资本制下建立配套制度以管控资本虚化可能带来的法律结构性风险。主要的一些观点有:第一,加强信息公示,以资产信用代替资本信用,让债权人通过公示的资产信息自由判断交易风险①,这种观点一般认为传统的资本制度原则已经弱化;第二,强调对于不当处分的制度限制,以"侵占公司财产"或者其他不当处分、不当分配的概念取代抽逃出资②,对公司资产留存和分配制度予以更为精细的关注;第三,强化既有的资本缴纳责任,延续《公司法司法解释(三)》《企业破产法》等中规定的补充缴纳责任的思路,将资本非实缴的责任以补充追偿等方式进行扩张,保障注册资本的法律意义。③ 可以说,上述诸多制度构想关注了资本、资产在公司的不同阶段所体现的不同作用。公司的生命可以抽象分为成立、运营和清算终结三个阶段,法定最低资本与资本实缴关注公司在成立阶段资产是否充实,是否有经济能力来获得法人资格与有限责任的利益安全;在公司运营环节,严格的分配规则保证公司作为一个实体实现资产与资本的留存,以维持对于债权人的清偿能力;而在公司清算终结阶段,当债权人的债权已无望通过公司经营获得更多补偿时,对公司财产的优先受偿是保障债权人利益的一方面,而另一方面,如果公司处于资不抵债的破产情况,那么股东是否履行了出资责任以及股东、董事、高管是否实施、协助实施不当转移有价值的公司财产以逃避债务也是公司法制度必然关心的问题。笔者认为,在本次公司资本制度与工商登记制度改革之后,相关法律制度并没有如同宣传的那样转变责任形式、实现"宽进严出"。恰恰相反的是,无论是在公司成立前、经营中、还是清算终结阶段,也无论是在违法行为事前规制还是事后追责方面,监督规制与法律责任的强度和范围均

---

① 相关观点请参见赵旭东:《从资本资本信用到资产信用》,载《法学研究》2003 年第 9 期;邹海林:《我国司法实务应对公司注册资本制度改革的路径选择》,载《法律适用》2014 年第 5 期等。
② 参见樊云慧:《从"抽逃出资"到"侵占公司财产":一个概念的厘清——以公司注册资本登记制度改革为切入点》,载《法商研究》2014 年第 1 期等相关论文。
③ 参见赵旭东:《认缴资本制下的股东有限责任——兼论虚报资本、虚假出资和抽逃出资行为的认定》,载《法律适用》2014 年第 11 期。

全面降低,刑事责任的取消和行政责任的过度宽松将会导致公司资本违法规制仅能依靠民事责任,这可能造成公司资本、资产关系的异化。

(一) 刑事责任与行政责任的缺失

1. 刑事责任的取消与非罪化

此次改革以降低公司设立门槛、鼓励创新为名降低了公司成立阶段的资本要求,放松了公司成立阶段的虚报注册资本、虚假出资以及公司运营阶段抽逃出资的刑法规制,制度制定者似乎认为"两虚一逃"行为的根本原因仅在于原有法定资本制度下设立公司、执行资本三原则成本过高,行为人实属"被逼无奈",而将此种"恶法"取消之后此类行为便没有了实施的必要,或者即使实施了也无需再以严厉的刑法处罚进行规制,前者属于事实判断,后者属于刑事政策上的非罪化。

对无需资本实缴的普通公司全面取消"两虚一逃"的刑法规制在逻辑上存在相当的问题。资本制度制仅放松了注册资本的最低要求以及要求注册资本缴纳的期限,在工商登记环节也取消了验资程序,但这仅可能减少"虚报注册资本,欺骗公司登记主管部门取得公司登记"的虚报注册资本行为,而不代表股东可以在出资时随意改变缴纳资产的名义价值,也不代表股东在出资之后可以随意地将公司的财产再行抽回或任意转出。我们可以想象,在认缴之后的实缴环节,股东依然有可能以虚假出资完成名义上的实际出资,并将不实的出资信息通过信息平台公示以欺骗社会或者交易相对人。股东也可能在实缴完成之后以直接抽逃、不当分配等方式侵占属于公司的资产。这些违法行为均会导致公司清偿能力下降进而侵犯债权人的利益,具有社会危害性和可谴责性[①]。因此,对于普通公司全面放宽"两虚一逃"的刑事责任并不是因为新制度下"两虚一逃"行为失去了发生的可能性,我们只能认为这是在事实判断之外的价值判断,即属于行为非罪化的刑事政策转变。

2. 行政责任的弱化

由于验资程序取消,取而代之的信息公示制度并不能对虚假出资和抽逃出资进行有效的控制,股东实施上述行为的风险反而将会上升。现

---

① 彭运朋:《虚报公司资本与虚假出资行为本不应去罪化》,载《科技与法律》2014 年第 5 期。

行的信息公示制度在事前和事中均无法制止原《公司法司法解释(三)》第12条等明确规定的抽逃出资和虚假出资形式。按照国务院《注册资本登记制度改革方案》的表述,"公司应当将股东认缴出资额或者发起人认购股份、出资方式、出资期限、缴纳情况通过市场主体信用信息公示系统向社会公示。公司股东(发起人)对缴纳出资情况的真实性、合法性负责",而《企业信息公示暂行条例》第11条规定"政府部门和企业分别对其公示信息的真实性、及时性负责",可见信息公示制度仅能够以事后追究的方式惩处虚假出资、抽逃出资造成的信息不实,即将上述两种行为认定为一种"虚假陈述"的信息欺诈。

但这种信息欺诈的法律后果是什么呢? 首先由于刑法的排除适用,该行为并不会受到刑事处罚。行政处罚方面,根据《公司注册资本登记管理规定》第15、16、17条的规定,工商行政管理部门仅针对法律、行政法规以及国务院决定规定公司注册资本实缴的公司按照《公司登记管理条例》[①]实施"两虚一逃"的行政处罚。除此之外,行政处罚的内容仅有根据国务院颁布的《企业公示信息抽查暂行办法》的规定,工商行政管理部门将以随机抽取一定比例企业的方式对企业信息公示情况进行检查,其第12条规定"工商行政管理部门在检查中发现企业未按照《企业信息公示暂行条例》规定的期限公示年度报告,或者未按照工商行政管理部门责令的期限公示有关企业信息,或者公示信息隐瞒真实情况、弄虚作假的,依照《企业经营异常名录管理暂行办法》的规定处理",而《企业经营异常名录管理暂行办法》规定的处罚方式仅是"县级以上工商行政管理部门应当将企业列入经营异常名录"。[②] 除此之外在直接意义上的行政处罚仅剩"满3年未依照本条例规定履行公示义务的"将被"列入严重违法企业名单","被列入严重违法企业名单的企业的法定代表人、负责人,3年内不得担任其他企业的法定代表人、负责人"[③],而这对受违法行为侵害的债权人不能提供任何救济,其所谓的资格处罚也很容易被绕过而不具有惩罚性。可见这次改革之后,工商行政管理部门已经全面退出了所有的实质审核、管理以及处罚环节,即使是发现企业在注册登记、年报等环节实

---

① 《公司登记管理条例》第65、66、67条分别依据《公司法》第198、199、200条的规定,要求对"两虚一逃"处以罚款、撤销公司登记或吊销营业执照的行政处罚。

② 参见《企业经营异常名录管理暂行办法》第4条。

③ 参见《企业信息公示暂行条例》第17条。

施信息欺诈,工商行政管理部门的处罚措施也仅仅是通过信息公示系统标识出该企业的"异常"以提醒其债权人或潜在交易对象予以重视、采取措施。由于工商行政机关对出资、年检等环节放弃进行实质审核,且在实践中发生了工商局拒绝进行股权登记、拒绝协助法院查封冻结股权等情况,我们可以判断工商部门认为在自身定位上已经不具有了审查与管理的职能,并且极力排斥相关责任的承担,因此即使其仍然负有接受举报、随机抽查的责任,仍然需要去发现"公示企业信息隐瞒真实情况、弄虚作假",其能够采取的监督措施和监督强度都是不得不令人怀疑的。实际上,即使异常名单制度能够反映出一部分企业的不法行为,这种行政处罚也不能为债权人提供实质的事后救济,似乎在类似"买者自负"的价值原则下,如果交易相对人缔结合约之后工商行政机构才发现股东虚报、抽逃了出资,债权人只能向法院提起民事诉讼,以民事责任的方式补偿损失、惩处违法股东。《企业信息公示暂行条例》第17条看似规定了"情节严重的,由有关主管部门依照有关法律、行政法规规定给予行政处罚"以及"构成犯罪的,依法追究刑事责任",实际上对于认缴型公司来说责任内容极为空洞。

(二) 民事责任的类型与公司财产独立性的变异

由于刑事责任和行政责任都无法对企业的债权人提供足够的保护和救济,也无法对违法股东进行有效的处罚,那么债权人能够依赖的只有民事责任。在规制与监管的理论中,对于行为规制的逐渐放松并不仅仅体现在对于行为本身从禁止到允许的转变,而是更多的体现在规制方式的变化中,例如,有的理论将规制的种类进行了分类和归纳,提出干预程度较轻的规制包括信息规制、经济工具;而干预程度较强的规制包括事前批准、准入标准以及事后惩罚,其对规制的分类以强制性程度和干预的力度、时机作为标准。[①] 与此类似的是,在以功能视角分析公司法制度的代表作《公司法剖析》中,作者将公司法制度下的信息披露、人事任免、股东诉讼等法律工具按照事前监管和事后调整进行不同定位[②],可见公司治

---

① 参见安东尼·奥格斯:《规制:法律形式与经济学理论》,骆梅英译,中国人民大学出版社2009年版。
② 参见莱纳·克拉克曼、亨利·汉斯曼等:《公司法剖析:比较与功能的视角》(第2版),罗培新译,法律出版社2012年版。

理中的制度设计也存在以介入时机和介入强度而呈现出"光谱"型变化。因此,从事前批准演变为事前设置准入门槛、再到信息公开与事后追责是放松规制的正当途径,我国公司制度的历史发展也正是遵循着这条理论轨迹。但由于公司资本违法行为事后责任性质失当和责任范围有限,事后追责的方式在公司资本规制领域将出现特殊的问题,这体现在:仅有的民事责任范围将会和认缴的注册资本数额一致,在不进行法人格否认的情况下,不能体现任何惩罚性,并且这在事实上将可能会导致股东与公司资产混同的大量发生,对公司资本、资产制度的基础框架造成冲击。

1. 民事责任的范围

在本次改革中,资本弱化与资产信用经常被提起,但在资本认缴制下民事责任的数额仍与注册资本数额、认缴资本数额直接相连,这体现在虚假出资、抽逃出资的民事责任以及公司破产、资本不足是认缴责任加速到期的规定中。

《企业信息公示条例》第 17 条规定的"造成他人损失的,依法承担赔偿责任",对于债权人来说,所谓的损失便是债务无法履行的民事责任。根据《公司法司法解释(三)》的规定,在股东未履行或者未全面履行出资义务的情况下,公司、其他股东以及债权人均有权要求其在认缴范围内承担补充资本的责任。[①] 而在股东抽逃出资的情况下,公司、其他股东以及债权人也同样具有类似的权利,股东需要在认缴资本的本息范围内向债权人承担补充责任。[②] 虚假出资方面,根据《公司法司法解释(三)》中关于非货币财产出资估值不实(实质出资不实)、特定财产出资未办理权属变更手续等问题(形式出资瑕疵)的规定,此类出资不实明确属于未依法全面履行出资义务,可见"未交付货币、实物或者未转移财产权"[③]等原虚假出资行为应该被定性为未能履行或者未能全面履行出资义务,需要承担补充缴纳的民事责任。

根据《企业破产法》第 35 条的规定"人民法院受理破产申请后,债务人的出资人尚未完全履行出资义务的,管理人应当要求该出资人缴纳所认缴的出资,而不受出资期限的限制"。因此,在公司破产的情况下,股东

---

① 参见《公司法司法解释(三)》第 13 条规定。
② 参见《公司法司法解释(三)》第 14 条规定。
③ 参见《刑法》第 159 条对虚假出资的认定。

全体必须立刻按照注册资本总额、股东个体必须按照认缴资本总额补充全部的出资,而不受约定认缴时限的保护。此外如果"抽逃资产"的数额大于其出资的范围[①],仍然可以认为其需要将抽离(侵占)出公司的全部资产返还给公司[②]。也就是在后一种意义上,抽逃出资责任实际上演化为了禁止侵占公司财产、防止不当分配的责任。

比较有争议的是在股东认缴期限未到的情况下,公司无资产偿还债务,债权人能否以《公司法司法解释(三)》中规定的股东未履行或未全面履行出资义务为由要求股东认缴责任加速到期呢?根据《企业破产法》第35条的文义[③],认缴期限未到期属于"尚未完全履行出资义务"的情况,不受约定期限限制。有的观点认为即便可以在破产清算之外允许出资"加速到期","也应该建立在股东存在违法、违约事实的前提下,否则就不具有保护路径的正当性、合理性"。[④] 换言之由于法律允许约定认缴期限,股东也并未违反约定,便应该尊重当事人的自主安排。但笔者认为这种观点是没有意义的,因为一旦公司无力偿还债务,考虑到"资不抵债"和"明显缺乏偿债能力"两个标准,在"资不抵债"型破产中的"资"是否应该包括已认缴但按章程约定尚未实缴的资产的问题上,笔者认为可以直接将该问题转化为"明显缺乏偿债能力"问题予以考虑;即使由于章程约定而在未来存在补充出资大于负债的可能性,但仍然可对比补充缴纳期限和债务到期时限,如果认缴期限相对于债务到期时限过长,便应当可以认定公司属于长期、持续缺乏偿债能力的情形而认定破产;而在认缴补充出资的期限较近的情况下,可以综合考量催告、强制执行等措施时限,而不认为公司属于长期、持续支付不能的情况,合理保留公司不进入破产清算等待实缴。此种考虑是由于公司的认缴期限属于公示内容,债务人在与公司形成经济往来时理应对于不合理或者与自身债务联系较为紧密的出资期限予以密切的注意,如果由于其在缔约时未对认缴期限进行合理考虑也应该承担一定的风险,承受债务在短期内存在履行迟延的不利后果。

---

① 如果从公司非法转移的资产数量超过出资要求,这种行为应该更接近于侵占公司财产。
② 这也是撤销权等制度对于公司财产制度的维护。
③ 《企业破产法》第35条规定:人民法院受理破产申请后,债务人的出资人尚未完全履行出资义务的,管理人应当要求该出资人缴纳所认缴的出资,而不受出资期限的限制。
④ 俞巍、陈克:《公司资本登记制度改革后股东责任适法思路的变与不变》,载《法律适用》2014年第11期。

在认缴出资的期限过长且投资者未提前主动投资改变公司的财务状况,公司事实上形成持续性偿债能力丧失的情况下,应该肯定公司无力清偿债务时的加速到期责任。因为认定认缴股东认缴资本加速到期责任和公司破产并强制认缴到期两种情况在逻辑上也只是先后顺序而已,在时间上甚至可以说是近乎同时存在的状态,不依后者即破产方式处理认缴资本加速到期没有增加投资人的负担,对于债权人的保护来说具有相似的效果。既然如此,从稳定企业结构、维持经营活动持续进行的角度讲,完全没有启动破产清算程序的必要。从法律实用主义的角度思考,本次改革追求准入门槛的降低和资金运用的灵活,在立法者仍然承认注册资本的法律价值、依然强调股东在认缴资本数额内的法定责任的情况下,强行要求破产这种毁灭企业的方式以提供救济不符合鼓励利用公司制实现经济发展的改革目的,允许公司无力偿债时债权人以未全面履行出资义务为由要求股东认缴责任加速到期是具有合理性的。

综上,我们可以得出结论,针对债权人来说,虚假出资、抽逃出资的民事责任仍然以股东认缴的资本数额为限,股东也必须在公司缺乏偿债能力的情况下承担加速到期的补缴责任。因此,民事责任的范围依然是可以明确认定的。

2. 民事责任的实现方式与公司财产独立性的异化

虽然债权人能够在股东虚假出资、抽逃出资或者认缴期限未届的情况下以认缴资本额为限获得民事补偿,但是民事责任的实现方式均为在公司财产无法清偿债务的情况下请求股东履行出资义务、承担补充责任。债权人享有请求权的基础是公司注册资本公示的社会制度信用,股东不得利用虚假的资本数额对他人进行欺诈,否则对于资本产生信任的债权人自然构成侵权。公司法上关于公司注册资本的强制性缴付要求并没有被颠覆彻底,仍然是投资者的法定义务,投资者以履行这一义务为前提获取了有限责任的安全权利,对应于公司的债权人而言投资者或早或晚应当足额缴付资本就是债权人的合理合法的期望,是基于制度平衡而生的权利。

前文已经论述,在现实的公司法律制度下,股东的行为受到刑事、行政处罚的约束已经极度弱化,债权人唯一可以依赖的只剩下民事责任机制。这里存在两个基本问题:第一,民事责任的范围依然以注册(认缴)资本为限额;第二,民事责任的责任财产范围突破了公司财产的界限,延伸到了股东个人财产。笔者认为,由于坚持以注册资本为责任限额,而又允许任意约定认缴时限以灵活出资,这两个相互矛盾的法律目标并存,致使在出资阶段的公司财产独立性受到了严重削弱。更进一步的是,由于刑事、行政责任的全盘缺位,公司资本违法行为导致的民事责任在形式上和效果上仅能体现出侵权责任性效力。一旦股东实行了资本违法行为,原本属于公司财产的责任财产将会同股东的个人财产发生混同,此时让债权人以债权性的请求权向股东个人主张补偿出资,债权人不得不以普通债权人的身份参与到股东财产的分配中去,在权利的实现可能性上处于某种劣势。因此,在出资阶段,股东将可能设置不负责的认缴期限,而在出资阶段之后的运营和清算终结环节,股东有足够的动力去实施资本违法行为:由于责任范围以注册资本、认缴资本数额为准,那么如果将财产置于公司控制之下其将会成为债权人的"一般抵押",债权人在求偿、清算过程中有类似于处分抵押品的优先性权利;而如果将公司财产转移到股东个人名下,最多在追偿的时候补足就可以了,由于民事责任不具有惩罚性,补充出资责任并不会给股东造成任何的经济上的惩戒效果。因此,笔者认为在出资环节任意认缴而在运营和清算环节缺乏强制制约的现状下,股东在设立、运营环节以各种手段造成公司、股东财产混同的现象可能会大幅上升——从独立的公司财产中求偿和向公司股东寻求补充责任看似在数额上一致,但权利的保障性天差地别,债权人利益当然面临风险。

正是由于在出资阶段过于放松认缴期限的自治权限,而在经营和清算终结环节有没有其他责任形式予以严格控制、处罚,股东在主观上实施财产混同的动机将会上升。在此次修法前,法律制度的设计也没有回避财产混同的现象,反而默认一定程度的财产混同,并利用责任财产范围向股东财产的扩张形成了制度上的衡平:如今的认缴制本身便源于修法前两年认缴期限的规定,《公司法司法解释(二)》第22条便规定"公司解散时,股东尚未缴纳的出资均应作为清算财产。股东尚未缴纳的出资,包括到期应缴未缴的出资,以及依照公司法第26条和第81条的规定分期缴纳尚未届满缴纳期限的出资",这与《企业破产法》第35条的规定法理依据如出一辙。这些规定连同《公司法司法解释(三)》中关于补缴责任的规定以及"两虚一逃"的刑事、行政责任,在修法前的"有限度的认缴制"下已经形成了遏制公司资本违法行为、保障债权人利益的一套自洽体系。但原先这套体系的运作依赖的是认缴期限的严格限制（两年）和刑事、行政责任对民事责任的补强，在制度运行中公司、股东财产混同的程度和不得不向股东个人财产扩张责任的情况都能够得到应有的限制。但是，本身便蕴藏在"认缴"这一概念下的财产混同可能性被现行制度显著放大，法律制度失去了限制财产混同程度的工具。坚持法定注册资本责任限额的认缴制不可避免的存在责任的扩张和财产的混同，缺乏刑事、行政责任辅助的民事责任无力阻止股东的混同行为。至此，以公司财产独立为最基本原则的公司资本、资产关系已经被扭曲异化。

三、公司独立性的异化与我国公司法制度实现的现实困境

公司、股东财产混同的发生与公司财产独立性的丧失必然造成严重的后果，如果这仅是公司资本制度在修改之后存在的缺陷，尚不至于特别严重。但是笔者认为，一旦结合我国公司治理中的股东会中心主义以及我国现实中公司制度的实践，本次资本制度改革的弊端将会被进一步放大，而我国公司法上的责任制度，尤其是法人格否认制度尚未准备好应对此次资本制度改革的挑战。

（一）股东会中心主义对公司独立性丧失的影响

一般认为，我国公司法制采股东会中心主义，股东会是公司的权力机关，董事会是公司的意思执行和表达代表机关。① 股东会中心主义与英美法所采用的董事会中心主义并无优劣之分，只是由于股东会和董事会权限划分的不同，两种制度适应不同的股东分散、集中程度的公司结构，也会在公司治理的关键环节上存在不同的侧重点。② 没有绝对完善的制度，没有能解决所有问题的单一法律工具，只有适合在既设的特定条件下解决某一具体问题的制度设计。但遗憾的是，我国的股东会中心主义很可能会加剧现今资本制度的扭曲之处，而不是予以限制消解。

---

① 参见甘培忠：《企业与公司法学》（第 7 版），北京大学出版社 2014 年版，第 10 章、第 11 章等相关章节。

② 参见莱纳·克拉克曼、亨利·汉斯曼等：《公司法剖析：比较与功能的视角》（第 2 版），罗培新译，法律出版社 2012 年版。

我国的股份有限公司作为公开公司类型,在发起设立中要求发起人在实缴前不得募集股份,在募集设立中以募集实缴总额为注册资本①,由于公司股份对公开性和流动性有需求从而敦促了股东实缴以尽快充实权利②,公司治理也相对规范,本次认缴制改革对这类公司的影响可能相对要小,但是我国"两虚一逃"的传统重灾区恰恰是封闭性强的有限责任公司。有限责任公司由于股东人数较少,在设计上便是为中小型企业量身打造的,其往往具有公司治理结构简单、公司内部机关设置不健全等特点。有限责任公司的这些特点有助于节省制度成本,这符合其经济定位,具有合理性。但由于其两权分离程度低,经理、高管、董事或者执行董事等代理设计在现实中往往与股东身份重合,以董事会作为代理机构充当公司中心进而加强公司意志独立性的制度理念在有限责任公司中很难贯彻实施。如果说公开公司尚可以因为股东人数众多且分散、集体行动困难等原因而不得不在实际上更多的委托董事会治理公司的话,那么在股东人数较少且集中的有限责任公司内,股东会中心主义赋予股东的权力地位将会进一步凸显,且很难通过治理制度予以限制。在中国公司法的制度实践中,我们可能不得不接受股东人格和公司人格在意志与意思层面上的广泛存在的混同,并且将在此次资本制度放松管制下会恶意泛滥。

公司法人格的独立性主要体现在意志独立和财产独立两个方面。如果意志独立很难通过公司治理制度的设计予以完全的保障,退而求其次,坚守公司财产独立仍然可以维护公司法人格的独立性,从而给债权人合理利益予以保护。由于公司意志不够独立是"两虚一逃"屡禁不止的重要原因之一,通过对"两虚一逃"的持续追究以及必须实缴的强调,虽然不能根除但尚可以压制公司财产混同化的趋势。现如今以"两虚一逃"不能彻底禁绝为由放开管制,无异于本末倒置。不得不说,在交易场合中股东与公司在意志、业务上的大量混同是一个现实,公司资本制度需要的是尽量在财产混同方面限制法人格的彻底丧失,保留维护债权人利益的底线,而

---

① 参见《公司法》第80条。
② 可以设想,如果发起人未完成认缴,其股份相当于存在瑕疵,必将难以转让。而根据《公司法》第94条和《公司法司法解释(三)》第13条第3款的规定,设立时出资义务未完成则全体发起人要承担连带补充责任,在一个公开性较强、股东关系并不紧密且股权可以任意转让的公开公司中,股东必然不愿意为他人承担过多的担保性责任,因此在设立之初便有动机严格限制所有发起人的认缴责任。

不是顺应现实放松管制以随波逐流。

显而易见,公司制度改革并没有坚守这一法律制度的关键,认缴制公司的法人性被彻底工具化解构,体系被撕成了碎片,公司法作为组织法以及实现财产隔离的"财产法"[1]作用被极端弱化,公司不但在抽象层面上被视为了"合同连接体",其权利内容甚至都被近乎"合同法化"了。

(二) 对资本灵活化的制度性误解

本次改革以"降低创业成本、激发社会投资活力为目的",法定最低资本的放开和认缴的自由约定均以促进股东灵活安排资金、合理优化资产配置为理由。在公司资本制度的进化历史中,授权资本制一直以出资灵活著称,屡屡为我国国内学界所关注,作为理论上设计资本制度改革的参照对象。此次认缴制改革确实也实现了股东出资义务的非法定性,引入了市场主体自治的因素,但认缴制显然和授权资本制是不一样的。笔者认为,认缴制实际上并未吸收到授权资本制的精髓,反而邯郸学步,将该种资本制度中对我国公司制度实践较为不利的部分充分采纳扩展了出来。

首先,授权资本制的注册资本彻底虚化,其在对外关系上不作为承担债权人责任的任何指标,其作用在于授予董事会发行股票数量的权限[2],仅具有对内意义,这与我国仍将注册资本作为责任范围认定的标准不同。其次,授权资本制下发行责任基于董事会,其是一种与董事会中心主义相契合的资本制度。在董事会中心主义下,董事会相对股东会有较强的独立性,其本身便是公司的意思形成与意思表示机关,其无论是发股、发债还是分红、派息以及减资、回购,均以公司人格独立性为前提,股东仅作为公司融资的一类对象而已,股权也仅是公司资本化的一个渠道,股东作为这种意义上的"利益相关者",并没有绝对超然的特殊性。[3] 由于被选任的董事代表公司,其和债权人之间便没有了股东那种直接的利益冲突,行为合法性较强。反观我国认缴制,涉及资本自由约定与调整的权限集于

---

[1] Hansmann H, Kraakman R. "The Essential Role of Organizational Law", *Yale Law Journal*, 2000: 387—440.

[2] 参见方嘉麟:《论资本三原则理论体系之内在矛盾》,台湾《政大法学评论》第 59 期。

[3] 参见 Bayless Manning、James J. Hanks Jr.:《法律资本制度》,向后东译,《商事法论集》2007 年第 1 期;Gevurtz F. *Corporation Law*, West Legal Works, 2000, Chapter Ⅱ Financial Structure, pp. 112—177。

股东之手,而股东恰与债权人存在直接的利益冲突,在股东会中心主义的权利结构下,公司应用资本制度的独立性是无法得到类似保障的。

由此可见,我国的认缴制度在注册资本法律意义上存在矛盾且与自治主体独立性方面存在缺陷,并未实现资本灵活性的关键制度因素,反而进一步加剧了混乱。

(三) 法人格否认的困难

在刑事、行政责任缺失,民事责任扭曲的现状下,加强制度惩戒性,重塑公司法财产隔离强度的关键是形成新的责任形式和内容。在这条路径下,有的观点强调不实际履行出资责任是"侵占公司财产责任"[1],有的观点认为应强化"不实缴出资情形下的催收责任规制"[2],也有主张添加破产法中的"衡平居次"原则以加强破产清算时的公平性。[3] 笔者认为,在"两虚一逃"已经非罪化的情况下,再以诈骗罪、合同诈骗罪或者侵占公司财产罪入刑在理论上和政策上都是很难获得支持的。针对董监高的催收责任在无法克服现实中董监高与股东身份混同、缺乏独立性的公司法权力设置支持的情形下极不现实。真正符合弥补制度漏洞的法律工具应该是法人格否认。

前已论及,此次改革的制度危害在于财产混同与法人独立性缺失,那么这恰好是可以应用法人格否认制度的环节。在理论上,资本不足、财产混同这两项认缴制度下的顽疾均落入法人格否认制度的规制范围内,但无论是在理论还是实践中运用法人格否认仍存在不小的困难。这主要体现在:

第一,法人格否认作为最为严厉的公司制度处罚,其使用一般具有限度。法人格否认的适用条件很难予以确定化、理论化、法条化。即使在法律技术相对发达的法域,有评论者认为"长于讥讽而短于推理是刺破公司

---

[1] 樊云慧:《从"抽逃出资"到"侵占公司财产":一个概念的厘清——以公司注册资本登记制度改革为切入点》,载《法商研究》2014年第1期。

[2] 俞巍、陈克:《公司资本登记制度改革后股东责任适法思路的变与不变》,载《法律适用》2014年第11期。

[3] 甘培忠:《论公司资本制度颠覆性改革的环境与逻辑缺陷及制度补救》,载《法律与科技》2014年第3期。

面纱案例的典型特征"①,他们将刺破公司面纱案件比喻为闪电和抽奖,属于随机事件,无章可循、难以预测。② 我国相关制度的理论尚未完善,更关键的问题是实践中缺乏足够的司法积累。以我国司法机关的工作模式,如此尖锐的判决往往依赖具体的指引,而我国自最高人民法院1994年发布《关于企业开办的企业被撤销或歇业后民事责任承担问题的批复》认定以满足法定注册资本门槛为法人资格取得的标志后便未形成过法人格否认的执行标准,而即使是这个最基本的标准在认缴资本制下也无法得到应用了。

第二,法人格否认在原则之外,仍然要遵循一定的客观标准和程序性检验,但是实践中长期以来认定行为违法的"两虚一逃"以及认缴期限、最低注册资本额度等指标一朝作废,司法机关尚未形成认定资本不实、资本不足等问题的可供操作的标准。盲目适用法人格否认也有可能造成裁判尺度的混乱。

第三,现行制度对财产混同的"纵容"将使司法机关更为迷惑。如前所述,现行认缴制实际上默认了一定程度的财产混同,并将其视为合理。即使以补充缴纳出资的责任形式扩张责任财产的范围,其依然以认缴金额为限。实际上法律制度已经在不断使用轻微程度的法人格否认,只不过由于责任数额有限制,并未彻底将公司债务的无限责任施加于股东之上以示完全的惩罚性。③ 这种立法性的"默示"将可能导致司法裁判的误解,如果其误以为向股东追讨认缴数额已经彻底执行了制度要求的责任,或者误以为财产混同具有合理性,那么期望司法机关作出合理的法人格否认判决是很困难的。

---

① Robert W. Hamilton, *Corporations Including Partnerships and Limited Liability Companies*, 7th edition, West Group, 2001:305. 转引自廖凡:《美国反向刺破公司面纱的理论与实践——基于案例的考察》,载《北大法律评论》2007年第7期,引注释④。

② Easterbrook F H, Fischel D R, "Limited Liability and the Corporation", *The University of Chicago Law Review*, 1985:89—117. 转引自黄辉:《中国公司法人格否认制度实证研究》,载《法学研究》,2012年第1期,注释㉙。

③ 在承认法人人格存在的情况下,以有限的补充责任代替无限责任的承担在制度上还是我国司法解释的一贯思路之一,参见金剑锋:《公司人格否认理论及其在我国的实践》,载《中国法学》2005年第2期。

结　　语

　　本文试图总结现行公司法与登记制度下股东出资的责任性质和责任范围，进而考察2013年底开始的公司资本制度全面变革究竟意味着什么样的制度更替。对改革内容的认识模糊与理解错误急需厘清，既然制度变革木已成舟，如何在理顺法律关系的基础上探究制度漏洞，进而为制度的查漏补缺作出贡献才是更为重要的任务。

　　笔者认为，本次修法的最重要问题并不完全在于最低注册资本门槛的取消，而是在于认缴制以及相关规制在制度理解和设计的错误。由于认缴阶段的制度放松与后续阶段责任的取消，认缴制将可能导致公司财产混同现象的发生，并且在我国公司治理原则和现行司法制度的实践下，此种问题将有可能被放大，进而影响公司制度的整体安全性。对于公司法制度变革的盲目乐观并不可取，此次修法错误地认为仅凭信息公示就能够起到甄别不良的关键作用，又错误地认为只要让市场主体参与自治便能够当然获得效率的提升。殊不知如果合同法和债权关系就可以妥善调整所有民事关系，那还需要物权性财产法以及经济组织法何用？而如果仅靠资产公示便可以彻底从"资本信用走向资产信用"，让交易相对人"买者自负"，那仍强调注册资本作为责任范围又有何意义？难道不会使得大众在制度上对于"资本责任"和"资产责任"的关系的认识更为混乱吗？无论是强化信息公示加上事后追究，抑或探寻法人格否认的实践标准，尽快重塑公司财产隔离的"防火墙"均是非常重要的。制度构建并非一朝一夕，尤其在制度快速变革的当下，加强事后责任的种类、性质以及范围当能够补足事前规制的不足，震慑资本违法行为的发生，这都需要进一步的研究。

中国法上董事会的角色、职能及思想渊源:实证法的考察[*]

邓 峰[**]

通常认为公司治理的思想渊源来自于两个方面:本国固有宪政制度、文化的延伸[①],以及他国公司治理模式的移植、复制和变异。[②] 当然,前者也常常是移植、复制的结果,原生文化模式毕竟在全世界范围内的分布是有限的。并且,从长期来看,公司治理的模式可能会趋向于稳定的,经过竞争(市场或自然)过程筛选之后改进的几种有限的模式[③],但从时间截面来看,由于制度嵌入性的影响,存在着种种不同的变异模式。[④]

公司在19世纪逐步吸收成为中国制度的一部分。它是一个完全舶来的组织形式。[⑤] 相比我国传统上固有的合伙、独资等,对公司的理解和

---

[*] 原文刊于《中国法学》2013年第3期。由于《公司法》2013年12月修订,本篇中引用法条按现行规定修改。

[**] 北京大学法学院教授、博士生导师。本文在写作中得到了 Lawrence E. Mitchell、Curtis Milhaupt 教授以及北京大学青年教师工作坊的各位同事的讨论和批评,特此致谢,文责自负。

[①] See Franklin A. Gevurtz, "The Historical and Political Origins of the Corporate Board of Directors", *Hofstra Law Review*, Vol. 33, 2004, p. 108.

[②] 参见邓峰:《中国公司治理的路径依赖》,载《中外法学》2008年第1期。

[③] See Henry Hansmann and Reinier Kraakman, "End of History in Corporate Law", *Georgetown Law Journal*, Vol. 89, 2001, pp. 439—468; See also Henry Hansmann, "How Close is the End of History", *Journal of Corporation Law*, Vol. 31, 2006, pp. 745—751.

[④] See Lucian Arye Bebchuk and Mark J. Roe, "A Theory of Path Dependence in Corporate Ownership and Governance", *Stanford Law Review*, Vol. 52, 1999, pp. 127—170. See Klaus Heine and Wolfgang Kerber, "European Corporate Laws, Regulatory Competition and Path Dependence", *European Journal of Law and Economics*, Vol. 13, 2002, pp. 47—71.

[⑤] 参见邓峰:《董事会制度的起源、演化与中国的学习》,载《中国社会科学》2011年第1期。

认识更多是一个学习过程—在不同的理论、思想渊源、模式之间的选择。1905年清末新政中公司律的制定,1945年肇始于东北地区的一长制及苏联企业模式的引入,以及1992年之后自上而下推动的"现代企业制度"改革,都是全面移植"变法"的例子。① 今日中国的法律实践和研究中的各种主张和制度,诸如独立董事、监事会、职工董事、派生诉讼、诚信义务(fiduciary duty)、刺破公司面纱等,无不来源于对不同法域中的不同理论、思想渊源的模仿和学习。

这些不同来源体现了不同的理想模式或"假想敌",有些是相互冲突或者相互竞争的。在个别学者心中,甚至理想模式就代表了现实,认为中国公司法已经加入了世界范围内正在发生的治理趋同。但如果考虑到现有制度下的种种中国公司法个性,包括:首要的,国有企业属于主导型公司形态,进而将公有企业及其规制需要所衍生的诸多规则构成了公司治理的主导特点,以及其他的,包括诸如两权分立不充分,决策和责任承担倾向于独任制,代理理论和规则不清晰和不充分,监督机制叠床架屋,股权分割以及股东间缺乏平等,司法体系无法有效支持公司内外的法律关系调整,立法仍然停留在规制式、家长式等特点的话,那么重新思考中国公司治理模式的"某国化"的论断,无论是在应然还是实然层面上,答案可能就不会那么肯定。与之相反,认为中国公司治理已经形成了所谓的"拼凑"或"混搭"而有别于其他国家的特点的论断,则仅仅关注了规则和制度来源的多元化,而忽略了核心治理模式的独特性。② 产权、合同、公司自治、任意性规范的等概念或治理模式的引入,在固有模式下的公司实践和核心规则——公司独立地位、两权分立、权力行使和责任实现机制——的强大制约力量下,很难说从根本上改变了公司法的实践。③ 这其中,董事会的定位、职能等方面的中国特性就是一个典型证明。

---

① 参见史际春、邓峰:《论经济责任制对国企改革价值的再发现》,载《政法论坛》1999年第1期。自清末以来均为强制性的制度变迁,参见苏力:《法制及其本土资源》,中国政法大学出版社1996年版,第13页。
② 参见吴志攀:《序—中国式"公司治理"》,载甘培忠、楼建波主编:《公司治理专论》,北京大学出版社2009年版,第1—3页。
③ See Fidy Xiangxing Hong, "Director Regulation in China: The Sinonization Process", *Michigan State Journal of International Law*, Vol. 19, 2011, pp. 502—549, p. 549.

公司治理的核心问题是公司内的权威和权力分配及其责任实现①，而无论是哪一种模式，董事会的角色、职能、定位，权力和责任实现都居于其中的核心，"公司治理就是公司董事会如何运作，如何设定公司的价值，进而以此有别于公司全职执行者们的日常操作性管理"。② 它在公司内的权威地位，与股东会的分权，与其他公司机关的关系，乃至董事责任的实现，毫无疑问都在占据着公司治理中最重要的地位。本文以中国法上的董事会的职权、角色、行为方式为分析对象，中国法的既有规则和实践中的董事会，究竟属于哪一种模式，其思想和理论渊源来自于何处，进而讨论这种权力配置方式和公司治理模式之间的关系。同时，在这种分析中，同样也对中国公司法中分权及其配置的立法规则和司法实践予以检讨。

一、不同公司治理模式下的董事会角色：理论考察

公司是一个纯粹的舶来品，历史上看，组织、社团、法人人格、代议制民主、委员会、代表、授权、诚信义务等与公司和董事会制度相联系的要素是和中世纪的政治制度③，乃至于和基督教文明相联系。④ 公司自身在历史上也承担着多种多样的角色，比如规制、殖民、公共产品的提供等。两相结合，可以非常容易理解，虽然公司从一开始的时候就存在着董事会⑤，但受到公司本身在政治或社会经济之中的定位和职能不同，受到不同时代的政治思想尤其是分权—制衡思想和理论的影响，董事会在公司内的角色、定位和职能也会有所不同。基于既有研究，公司在不同历史阶

---

① See Richard M. Buxbaum, "The Internal Division of Powers in Corporate Governance", *Califorrnia Law Review*, Vol. 73, 1985, pp. 1671—1734.
② Financial Reporting Council, *The UK Corporate Governance Code*, June 2010, be available at: http://www.frc.org.uk/Our-Work/Publications/Corporate-Governance/UK-Corporate-Governance-Code-September—2012.aspx, last visit at Apr. 16, 2013. Hereinafter cited as "*FRC UK Corporate Governance Code*"
③ See Otto Gierke, *Political Thoeries of the Middle Age*, Translated with Introduction by Frederic William Maitland, Cambridge University Press, 1922, pp. 22—30.
④ 参见彭小瑜:《教宗与地方主教团关系的历史透视—解读1983年〈教会法典〉第375条至第411条》,载《世界历史》2007年第3期。
⑤ Franklin A. Gevurtz, "The Historical and Political Origins of the Corporate Board of Directors", *Hofstra Law Review*, Vol. 33, 2004, pp. 89—173.

段中的董事会的定位和职能，可以归纳如下：

（1）规制（公共）公司（regulatory company）中的立法和司法机关。最早的斯台伯商人公司，在 1313—1363 年间采取了董事会制度，有明确记录成立时间的商人冒险家公司，在 1505 年成立时就存在着董事会。这两个代表性的起点公司，是商人间的垄断性行会组织，分别独占英国对羊毛、衣料的进出口。作为成员的商人选举产生董事会，设定规则（立法），对违规成员进行惩罚（立法），而国王任命的主管（当时称之为 Mayor）负责管理。

（2）殖民/合股/贸易公司（trading company，joint stock company）中的顾问和选举机关。诸如东印度公司、弗吉尼亚公司等公司，都存在着一个出资成员选举产生的董事会，尽管第一任主管仍然是由国王任命其至是终身制的，但之后的主管则由董事会选举产生，平常则充任主管的顾问。这样的董事会是确保其组织独立性而设立的制度。在 17、18 世纪的大多数公司，美国最早的汉密尔顿等人设立的公司，英国的英格兰银行（第一次使用了董事的名称）等，甚至包括哈佛公司（Harvard Corporation）[①]，其董事会的定位和职能都是如此。

（3）准则设立的私人公司中的最高管理机关。从 1811 年的纽约州开始，只要达到一定的标准，私人就可以自行设立全部成员都可以获得有限责任保护的公司。董事会被视为公司财产的受托人，向公司负责。除了承担选举和监督以总裁为代表的管理者外，同时负责战略管理。比如 1811 年的纽约公司法对董事的界定是"信托人"（trustee），"此类公司的股票、财产和经营（concerns）应当由信托人管理和运作，除第一年之外，所称公司的董事应当由指定公司的章程中所规定的时间和地点选举产生"[②]，这种定位一直延续到《标准公司法》（Model Business Corporation Act，MBCA）中的"公司的业务和事务应当由董事会管理"。在这一时

[①] 也称为 President and Followship of Harvard College，即 Harvard University 的最高管理机构。See http://www.news.harvard.edu/guide/content/governance，last visit at Apr. 16，2013.

[②] Franklin A. Gevurtz，"The Historical and Political Origins of the Corporate Board of Directors"，*Hofstra Law Review*，Vol. 33，2004，p. 108.

期,即便是股东,也大多数并不采用资本民主而是人的民主方式。①

自此之后,公司进入了准则设立时代,在结社自由、契约自由的意识形态下,公司法的进化展现出了前所未有的速度,因而也就存在着不同时代特色的公司治理,其中,董事会的角色和职能变化,是这种公司法进化的典型标志。董事角色、职能和责任制度不断变化:从受托人(1900—1930),发展到代议人(representatives,1930—1970),再到受限代理人(limited agent)和监督人(monitor)。② 董事会作为公司的最高权力机关,其角色在20世纪以来,发生了诸多的变化。最重大的变化是董事会成为监督者。

Eisenberg 教授在 1960 年代之后,基于社会生活和公司治理的现实变化,提出对股东和董事的两权分离程度进行理性化调整③,强调董事会应当以监督、督导和公司运行系统设计、管理和维护作为主要职责和角色定位。④ 今天的《修订标准公司法》(RMBCA)采纳了其意见,并被美国的立法和实践广泛接受。公司权力行使的法律表述,变成了公司业务"应当由或在董事会的领导下管理",董事会可以通过组建下级委员会或向管理层授权的方式将其职能转让出去,但不得将监督管理者的职责授权出去,其职责也演化成了"系统督导"。随着纽约证券交易所开始引入独立董事制度,要求上市公司将可能发生的利益冲突交易的审批权交给了独立董事等组成的委员会,董事会事实上演变成了"监事会"。而旧有的以战略

---

① Bainbridge 指出,早期公司的股东之间的投票大多数采用一人一票,或者累退式的投票,今天所采用的一股一票的资本民主是 20 世纪的产物。See Stephen M. Bainbridge, *Corporation Law and Economics*, Foundation Press, 2002, pp. 450—452.

② 这是基于 Gevurtz 的研究而提出的较新的总结。See Dalia T. Mitchell, Status Bound: "The Twentieth Century Evolution of Directors' Liability", *NYU Journal of Law and Business*, Vol. 5, 2009, pp. 64—151. 也存在其他的界定或总结,较为正式的,See also James D. Cox and Thomas Lee Hazen, *Cox & Hazen on Corporations: Including Unincorporated Forms of Doing Business*, 2nd edition, Vol. 1, Aspen Publishers, 2003, p. 409.

③ See Melvin A. Eisenberg, "The Legal Role of Shareholders and Management in Modern Corporate Decision-making", *California Law Review*, Vol. 57, 1969, pp. 1—181, pp. 10—14.

④ See Melvin Aron Eisenberg, "Legal Models of Management Structure in the Modern Corporation: Officers, Directors, and Accountants", *California Law Review*, Vol. 63, 1975, pp. 375—439.

管理为角色的董事会则被称为传统模式。①

近年来随着对董事会中心(director primacy)的研究兴起,公司的内部分权成为了新的热点研究。Dallas 教授是其中的开辟者之一,董事会归结为三种类型,分别对应着不同的职能定位和角色:传统上和美国式的制约管理霸权式(contra-managerial hegemony)、德国的权力联合式(power coalition),以及她所倡导的关系理论(relational theory)②,与这些相对应,董事会也有"管理""监督""关系"和英国传统式的"战略管理"(strategic management)等职能的定位。③ 这和英国学者将董事会的内部控制职责用流行的术语——风险管控——界定为风险识别、风险度量、风险控制和风险承担是一致的④,分别对应着政策形成、战略思考、监督管理和确保责任实现的董事会职责。⑤

纵向看来,尽管传统上政治理论主导着公司治理中的两权分立和董事会中心,但公司中的权力分配、治理,以及董事会的角色、职能、定位,以及其责任的实现⑥,随着司法实践和学术研究而得到不断修正,以更符合商业实践的需要,回应社会现实。⑦ 横向来看,各国除了受到商业实践的推动,在整体制度、文化观念、利益群体的对抗等不同社会结构下,董事会也分为几种不同的类型:

---

① James D. Cox and Thomas Lee Hazen, *Cox & Hazen on Corporations: Including Unincorporated Forms of Doing Business*, 2nd edition, Vol. 1, Aspen Publishers, 2003, pp. 390—410.

② See Lynne L. Dallas, "The Relational Board: Three Theories of Corporate Boards of Directors", *Journal of Corporation Law*, Vol. 22, 1996, pp. 1—25.

③ See Lynne L. Dallas, "The Multiple Roles of Corporate Boards of Directors", *San Diego Law Review*, Vol. 40, 2003, pp. 781—820.

④ See Andrew Chambers, *Corporate Governance Handbook*, Fourth edition, West Sussex: Tottle Publishing, 2008, p. 726.

⑤ Ibid., p. 713.

⑥ 对董事会中心的观点,应当强调责任机制的实现的检讨,See Brett H. McDonnell, "Professor Bainbridge and the Arrowian Moment: A Review of 'The New Corporate Governance in Theory and Practice'", *Delaware Journal of Corporation Law*, Vol. 34, 2009, pp. 139—190. See also Grant Hayden and Matthew T. Bodie, Shareholder Democracy and the Curious Turn Toward Board Primacy, *William and Mary Law Review*, Vol. 51, 2010, pp. 2071—2121.

⑦ 对此的较为主流的解释是由于美国各州的公司法之间的竞争,使得公司法规则趋向于有效率的结果。典型文献,See Roberta Romano, "The States as a Laboratory: Legal Innovation and State Competition for Corporate Charters", *Yale Law Journal on Regulation*, Vol. 23, 2006, pp. 209—248.

（1）作为战略管理者的董事会

典型代表是英国模式董事会，是 1855 年英国有限责任法之后确立的主流模式，董事的角色被视为是最高政策制定者、管理者和顾问，董事会成员可以介入公司的日常管理。忠实义务下的利益冲突回避是法律关注的重点，注意义务存在着主观和客观的区分，并且不属于可以被追究的法律责任。① "客观义务标准从不要求非执行董事应当致力于采取合理步骤引导和监督公司管理"。② 非执行董事通常不需要承担主要角色和被追究责任，并不参与战略目标设定和管理③，而更多被视为是顾问。

在美国当代模式的冲击下，1999 年的 Turnbull 报告建议上市公司采取更严格的内控和回报机制，实际上是对美国《SOX 法案》（Sarbanes-Oxley Act，简称《SOX 法案》）第 404 条的复制。尽管上市公司大多会遵循类似的实践，但作为监督者的董事会仍然并非是法定义务。④ 这些特点，明确表述在上市公司所遵守的上市公司治理规则中。FRC（Financial Reporting Council，财务汇报局）从领导、有效性、责任和报酬四个方面界定了董事会的职责，明确规定"每一公司应当由有效的董事会领导，以集体方向向公司的长期成功负责；在公司的领导层中，应当存在着明确的责任划分，董事会的运作与和公司日常业务运作的行政责任进行区分。任何个人不应当拥有不受约束的决策权；董事会主席负责董事会的领导，确保其在履行各种角色上的有效性；作为单层董事会的成员的部分角色，非执行董事应当建设性地挑战和帮助发展战略建议"。⑤

除了英国以及采用英国模式的英联邦国家外，战略管理者角色的董事会还包括瑞士模式，公司的管理权力不仅完全赋予董事会，并且对其他官员如何设定和产生完全不加以规定，而且不允许董事向下授权，应当完

---

① See UK *Companies Act*, 2006, c. 46 §174(2).
② Simon Deakin, "What Directors Do (and Fail to Do): Some Comparative Notes on Board Structure and Corporate Governance", *New York Law School Law Review*, Vol. 55, 2010, pp. 525—541, p. 530.
③ See Paul L. Davies, *Gower and Davie's Principle of Modern Company Law*, 9th edition, Sweet & Maxwell, 2009, pp. 402—410.
④ Simon Deakin, "What Directors Do (and Fail to Do): Some Comparative Notes on Board Structure and Corporate Governance", *New York Law School Law Review*, Vol. 55, 2010, pp. 527—528.
⑤ FRC' *UK Corporate Governance Code*, p. 6.

全行使对公司的控制。①

(2) 作为战略管理和关系投资者权力联盟的董事会

典型代表是德国为代表的共同决策机制(co-determination)下的董事会。从第二次世界大战之后逐步完善的德国模式,董事会分成监督委员会和管理委员会,并且两者存在着严格的划分,即监督委员会负责公司的总体政策的制定和实施,并选举、监督管理委员会的董事,而管理委员会则负责日常的管理,并且两者之间不得兼任、相互授权。管理委员会有义务经常或应要求向监督委员会汇报。同时,德国采用全能银行制度,银行以派出董事的方式可以保持与所持股公司的紧密合作关系。两者结合,董事会就形成了各种权力的结合点。② 这种公司治理模式并未随着学者们对公司进化终结的论断,以及欧盟整合的公司法一体化而得到终结③,反而强烈地制约着欧盟的许多其他法律制度,包括公司并购的规则等方面。④ 在美国也有 Dallas 教授主张采用关系型董事会(relational board),这主要是受到了不断增强的机构投资者作为关系投资人的影响。该主张强调由专业机构形成强而有力的外部制约,形成权力联合。⑤

(3) 作为监督者和系统维护者的董事会

在 Eisenberg 的理论基础上,并且由《修订标准公司法》和各种公司治理规则(美国法学会、纽约证券交易所等)所采纳,并不断得到改进和增强的美国主流模式,也被称之为"现代模式"⑥,即董事会属于"督导系统的监督者"。公司在 20 世纪规模和层级不断增加,管理权日趋集中,而董事会作为顾问、战略管理的角色退化,这常常表现在由总裁或 CEO 组建

---

① See Christian J. Meier-Schatz, "Corporate Governance and Legal Rules: A Transnational Look at Concepts and Problems of Internal Management Control", *Journal of Corporation Law*, Vol. 26, 2001, pp. 431—480, pp. 448—449.

② See Thomas J. Andre, Jr., "Some Reflections on German Corporate Goverance: A Glimpse at German Supervisory Boards", *Tulane Law Review*, Vol. 70, 1996, pp. 1819—1848.

③ See Mark J. Roe, "German Codetermination and German Securities Markets", *Columbia Business Law Review*, Vol. 1998, 1998, pp. 167—183.

④ 参见邓峰:《普通公司法》,中国人民大学出版社 2009 年版,第 680 页。

⑤ See Lynne L. Dallas, "Proposals for Reform of Corporate Boards of Directors: The Dual Board and Board Ombudsperson", *Washington & Lee Law Review*, Vol. 54, 1997, pp. 91—147.

⑥ James D. Cox and Thomas Lee Hazen, *Cox & Hazen on Corporations: Including Unincorporated Forms of Doing Business*, 2nd edition, Vol. 1, Aspen Publishers, 2003, p. 409.

专门的智囊机构或研究部门,而形成 M 型公司结构,美国公司逐渐趋向于总裁和董事会之间的平行。日常的战略管理,无论是在事实上还是在规范(通过董事会的名义授权)上,并不在董事会手中。董事会的职能和角色,变成监督、设计和系统维护。这相比传统的英国模式,表现在:第一,董事的注意义务变得突出出来[1],同时也强化了其反面——业务判断规则[2];第二,独立董事的角色突出,作为公司监督者,来解决内部董事和管理层的利益冲突交易审查,与内部董事的义务变得相同,并可以用于防御派生诉讼,成为责任追究的事前屏蔽机制[3];第三,董事的向下授权和组建专门委员会成为例行常规和解决内部控制的主要手段,行事方式进一步程序化[4],同时,合规在诚信义务中的比重上升,加重了 CEO 等管理层的责任[5],比如《SOX 法案》。[6]

2004 年来,随着 Bainbridge 的董事会中心主张,以及与 Bebchuk 的股东民主之间的争论,董事会的应然角色也成为讨论的热点。一些美国学者试图基于从 Enron 开始的美国公司治理危机的反思,基于作为监督者的董事会的 30 年实践提出改革方案,尤其是监督角色下的董事会的实际作用弱化。[7] 这一命题围绕着"股东民主""董事会独立性"而展开。Mitchell 教授提出由股东为主,其他利益群体为辅的"选民"(constituen-

---

[1] See Joseph W. Bishop, Jr., "Sitting Ducks and Decoy Ducks: New Trends in the Indemnification of Corporate Directors and Officers", *Yale Law Journal*, Vol. 77, 1968, Pp1078—1103, p. 1099.

[2] 参见邓峰:《业务判断规则的理性与进化》,载《法学》2008 年第 2 期。与董事会中心的关系,See Robert Sprague and Aaron J. Lyttle, "Shareholder Primacy and the Business Judgment Rule: Arguments for Expanded Corporate Democracy", *Stanford Journal of Law, Business & Finance*, Vol. 16, 2010, pp. 1—42.

[3] See Lawrence E. Mitchell, "On the Direct Election of CEO", *Ohio Northern University Law Review*, Vol. 32, 2006, pp. 261—286.

[4] See Lynn A. Stout, "In Praise of Procedure: An Economic and Behavioral Defense of Smith v. Van Gordom and the Business Judgment Rule", *Northwestern University Law Review*, Vol. 96, 2002, pp. 675—693.

[5] See Jonathan Macey, "Executive Branch Usurpation of Power: Corporations and Capital Markets", *Yale Law Journal*, Vol. 115, 2006, pp. 2416—2444.

[6] See Robert C. Clark, "Corporate Governance Changes in the Wake of The Sarbanes-Oxley Act: A Morality Tale for Policymakers Too", *Georgia State University Law Review*, Vol. 22, 2005, pp. 251—312.

[7] 有学者认为这一命题是实然的,而非应然的。See Franklin A. Gevurtz, "The Function of 'Dysfunctional' Boards", *University of Cincinnati Law Review*, Vol. 77, 2008, pp. 391—403.但更多学者强调了这一问题的严重性,包括 Clark,同上注,pp. 275—282.

cies）直接选举 CEO，而董事会的任期应当延长甚至允许其自我选举，公布其提名的依据。董事会变成现有制度下的提名委员会，并且属于公开透明的选举人，而将公司控制权和诚信义务更多地赋予 CEO。① 从某种意义上，这复兴了美国法学会顾问 Joseph Hinsey 在 80 年代初期提出的思想，将董事会的角色等同于总统选举中的选举人团（electoral college）。② 这种主张有响应和扩展③，当然也有反对意见。④ 按照这种设想，由于公司规制的兴起，而财务监督等职责更多地转移给了独立审计。SOX 法案以来的三个著名委员会：提名、财务和薪酬的分工就发生了变化，董事会将更多行使审查内部利益冲突交易和提名寻找 CEO 的职责，进而可以完全由外部董事组成，规模可以缩小，董事义务更多地向下转移给 CEO。

董事会的角色、定位和职能毫无疑问是和如何理解公司的本质结合在一起的，它之所以采用特定的行事方式：拥有对公司的最高的全部管理权力，以亲躬（physical presence）方式，经由协商、谈判和讨论，以一人一票的方式表决，遵守正式的程序，这些特点与历史进化中的政治特点紧密联系的。如果说，在 19 世纪之前更多是"政治传统"，20 世纪以来，德国、法国等更多地受到政治现实和利益群体的影响⑤，而在英美法中，商业实践和理论研究更多地起到了推动了作用。在此基础上，一个顺理自然的问题是：中国现行法上的董事会角色、职能和思想渊源来源于何处呢？

---

① Lawrence E. Mitchell, "On the Direct Election of CEO", *Ohio Northern University Law Review*, Vol. 32, 2006, pp. 273—275.

② See Michael E. Murphy, "The Nominating Process for Corporate Boards of Directors: A Decision-Making Analysis", *Berkeley Business Law Journal*, Vol. 5, 2008, pp. 131—193, p. 146.

③ See Colleen A. Dunlavy, "Social Conception of the Corporation: Insights from the History of Shareholder Voting Rights", *Washington & Lee Law Review*, Vol. 63, 2006, pp. 1347—1388.

④ See Usha Rodrigues, "The Seductive Comparison of Shareholder and Civic Democracy", *Washington & Lee Law Review*, Vol. 63, 2006, pp. 1389—1406, pp. 1394—1396.

⑤ See Mark J. Roe, "German 'Populism' and the Large Public Corporation", *International Journal of Law & Economics*, Vol. 11, 1994, pp. 187—202.

二、中国公司权力分配:股东本位和直接民主的倾向

中国法上的股东会—董事会的权力分配模式,属于股东本位,虽然强制性地规定了董事会制度,但细节上和其他立法例之间存在着实质差异。现行法并未将两权分立作为公司存在的默认前提,理论上也没有将董事会的必然存在当成是公司的典型特征。无论是研究还是立法,公司理论都受制于公司是股东的手臂延伸的集合财产理论(法学),或者受制于产权—不完全合同理论(经济学)。前者否定公司独立存在的利益和权力,后者更多将公司模拟成合伙式的"直接民主"(civic democracy)。这两种在中国占据统治性的观念,都忽略了公司的组织特性,尤其是公司作为间接民主—代议制民主的特性。①

从权力机关的定位上看,现行中国法以股东会作为权力中心。在股东会和董事会之间,赋予了前者更多的实际权力。股东会一般被认为是"最高权力机关",这种学理式的表述在立法中得到明确确认,即《公司法》第 36 条和第 98 条,界定为"权力机关",省略了"最高"。这一定位和其他国家并不一致,没有明确董事会在行使公司权力中的权威地位,在第 46 条之中同时规定"董事会对股东会负责"。显然,强化股东对公司的控制,对公司的独立主体地位不够尊重构成了中国法上权力分配特点。

表 1

	股东会	董事会	经理
经营方针和投资计划	决定(§37.1.1)		
经营计划和投资方案		决定(§46.1.3)	
年度经营计划和投资方案			组织实施(§49.1.2)

---

① 关于两种民主,See Lawrence A. Scaff,"Two Concepts of Political Participation",*Western Political Quarterly*,Vol. 28,1975,pp. 447—462. 同时参见乔·萨托利:《民主新论》,冯克利、阎克文译,东方出版社 1998 年版,第 312—328 页。See also Andrew Heywood, *Political Theory: An Introduction*,3rd edition,Palgrave Macmillan,2004,pp. 221—226.

(续表)

	股东会	董事会	经理
年度财务预算方案、决算方案	审议批准(§37.1.5)	制定(§46.1.4)	
利润分配方案和弥补亏损方案	审议批准(§37.1.6)	制定(§46.1.5)	
增加或者减少注公司法册资本、发行公司债券	作出决议(§37.1.7;§37.1.8)	制订方案(§46.1.6)	
公司合并、分立、解散、清算或者变更公司形式	作出决议(§37.1.9)	制订方案(§46.1.6)	
内部管理机构的设置		决定(§46.1.8)	拟定(§49.1.3)
公司的基本管理制度		制定(§46.1.10)	拟定(§49.1.4)
具体规章			拟定(§49.1.5)

从具体权力上看，在股东会、董事会和经理的职权混乱冲突规定，加剧了对角色定位的依赖。表1是公司法中规定的三个机关之间的共享权力要素。在相同的权力内容下，股东会在决策中明显占据最终决定地位。另外，从公司自治调整权力分配的能力来看，尽管现行规则允许可以在章程作出其他规定，表述分别是"公司章程规定的其他职权"（股东会）、（董事会）和"公司章程对经理职权另有规定的，从其规定"（第49条第2款）。从表述的不同来看，股东会和董事会可以由章程扩张权力，也意味着上述条文中的列举是底限职能或固有职能。进一步说，这意味着股东会和董事会的基本权限结构不可删减，但可以增加，而经理的职能是可以任意修改或作出例外规定的。

一些其他的相关决策规则也明确扩大了股东会的权限。这包括：(1)《公司法》第16条将担保类的利益冲突交易的审批权交给了股东会；(2)第148条将竞业禁止和公司机会交易的审批权赋予了股东会。前述两项通常在其他国家属于董事会的职权。另外有一些不够明确，需要依赖于章程约定的，包括：(1)第16条所规定的对外担保审批权；(2)第169条规定的会计师事务所的聘任和解聘权；(3)第148条所规定的自我交易审批权。另外，第71条关于优先受让权的规定，要求股东过半数同意，是否需要开会，依赖于各个公司的具体作法。这些不明确的权力，在其他立法例中也通常是明确属于董事会的。

直接民主式的,以股东会作为权力机关的法律思维,还表现在行政规章对股东会的权力的扩张之中,尤其是《上市公司章程指引》,其中明确的扩权包括:第一,"对公司聘用、解聘会计师事务所作出决议";第二,"审议公司在一年内购买、出售重大资产超过公司最近一期经审计总资产30%的事项";第三,"审议批准变更募集资金用途事项";第四,"审议股权激励计划",等等。这将许多本属于董事会的战略管理权力收归股东会。

这种思维还表现在行政规章有"越权"嫌疑地限制了董事会的单独对外代表权力,如《上市公司章程指引》第102条中规定,"未经本章程规定或者董事会的合法授权,任何董事不得以个人名义代表公司或者董事会行事。董事以其个人名义行事时,在第三方会合理地认为该董事在代表公司或者董事会行事的情况下,该董事应当事先声明其立场和身份"。这个规定近似于要求董事必须以合议方式行事,不得以个人方式行事,这是除了东亚国家之外的大多数国家均对董事会行事方式进行的要求。通常除了受到日本影响的国家之外,各国均会明确规定,未经董事会明确授权,董事不得以个人方式行使公司权力,因此这个规定从理论上来说,填补了中国法上的空白。①

综合上述关于股东会的权力界定的法律条文,尤其是在现行公司法模式制约下的行政规章对权力的扩展规则,可以看出来理论和实务界中均存在着一种倾向:即在股东会和董事会的两权分离之中,倾向于将权力上收给股东会。而对董事会的职权,则除了公司章程中自行附加的职权之外,在不同级别的法律规则上几乎都没有扩张。恰恰相反,如下文所析,在董事会的权威、职权的收缩趋势下,其责任反而在不断加重。

就这些实证法的规定来看,存在着诸多立法表述和技术问题,加重了上述问题的严重性。这些规则本身是描述性的,无法具体界定行为边界。股东会、董事会和经理之间在许多公司事务的权力的分工和界定,是无法操作的。比如"经营方针"和"经营计划","投资计划"和"投资方案"的区别何在?"审议批准""决定""作出决议"之间如何界定?按照"内部管理

---

① 但,这个规定是不彻底的:首先,仅仅是限制了对外行为,而没有将其限制为董事会的行事方式;其次,相对公司法而言,这个规定在现行制度下是越权的行政规章的产物;再次,这个规定在字面表述存在着漏洞,比如总经理是公司法定代表人,董事获得了法定代表人的授权难道不能代表公司?

机构的设置"来理解,"决定"是和"拟定"相对而言的,但是在"经营方针和投资计划"上又没有人拟定;"制定"和"制订方案"似乎分别对应着"审议批准"和"作出决议",但是两者事实上存在着多大的区别呢?如果"制定"对应着"审议批准",那么"具体规章"中谁有权"审议批准"呢?甚至会出现股东会用两个句子分别表示"增加或者减少公司注册资本""发行公司债券",而董事会中则合并在一起的情形。这些规则中表现出来的立法语言的粗糙、逻辑不一,令人吃惊。在权限分配上的表述,有一些表述是很模糊的,比如"决定",和相对明确的"审批"的概念相比,决定是否意味着可以自行制定标准?

不过,尽管概念清晰之于法律的重要性无可置疑,但徒有概念是不可能执行的。什么是基本管理制度?经营计划和经营方针有什么区别,语言刻画是不可能精确的,只有在对其角色、职能的定位清晰了以后,才能作出具体的指导。对所有这些权限的规定,采取了列举式的规定。功能列举而缺乏一个重要性程度或基础性等表述的限定,也缺乏角色或定位的明确界定,加剧了股东会—董事会—经理的层级分权之间的界限模糊。在这种具体职权不能确定的情况下,遇到似是而非的决策事项,对公司而言,直接的安全解决方案,就是诉诸上级,而形成事实上的股东会扩权。更有甚者,个别法院按照自己的理解扩张了法条中不明确的表述,以便于裁判的方便,比如"股东会为公司的权力机关,决定公司的经营方针和投资计划,执行董事为执行机关,负责执行股东会的决议。总经理受聘于公司,属于公司雇员,处于辅助业务执行机关的地位"。[①]

这种权力分配不明确会明显地造成许多制度之间的冲突与不协调,例如,不超过本公司10%的资本或股份额度作为支付对价的对外收购,收购客体可能会随着双方协商谈判而分别构成资产、股票或人格购买。通常大多数国家均认为这属于董事会的权限,但在中国现行法律下,如果收购客体是目标公司的人格,形成吸收合并,需要获得股东会投票;如果收购客体是目标公司的资产,则无法判断究竟应当归属于哪一个机关批准;如果收购支付的对价是本公司的新增发股票,不仅仅要获得股东会的批准,而且要经过规制机关的批准。同样大小的交易,仅仅因为财产形态

---

① 《李福根诉卢新胜董事、高级管理人员损害股东利益赔偿纠纷案判决书》,浙江省淳安县人民法院,(2009)杭淳商初字第1212号。

不同,就会出现权力决策机关变化。而且,将权力统归股东会会出现很荒唐的情形,如果上市公司并购自己持股90%以上的子公司,这在其他国家属于简易合并(短表),母子公司董事会均直接可以作出决策。而在我国,上市公司董事会决策的时候,存在着回避制度,子公司表决时候,母公司董事全部被回避,而少数非母公司董事即可以否决该合并;而一旦上升到子公司股东会投票,法律不可能规定母公司股东回避。但为了如此规模的合并召开股东会,其交易成本是否太高?

三、董事会角色和定位

股东会的职权在立法中已然过重,立法者、规制者和司法实践中都有意无意地强化股东会中心主义的趋势,从而将公司变得越来越像实体化的合伙,董事会的职权相比其他立法例趋向于弱化、角色不明、职权遭到分割。随着分权和监督的思想倾向的流行,进一步导致董事会的角色、职能和定位变得越来越尴尬。

即便认为前述的股东会、董事会的职权分配倾斜不过是一个制度例外,从董事会的角色和定位来分析的话,也仍然不能得出中国现行法律制度确立了董事会中心的主张。如果对《公司法》第36条和第98条,"股东会是公司的权力机构"这一条文作出扩张解释,并不能直接判断其确立了中国的股东会中心主义的话,而强调这仅仅是一个宣示性规则,那么现行立法中并没有任何规则明确界定剩余权力的归属。在不明确界定公司权力的默认机关的时候,需要结合其他条文来理解。

第一,从权力派生关系来看,比如《公司法》第46和49条,分别规定董事会向股东会负责,经理向董事会负责。按照这些条文中表述的权力产生顺序,应当是由股东会选举、更换董事(第37条1款2项),董事会聘任经理(第46条1款9项),董事会是股东会的执行机关(第46条1款2项),经理是董事会的执行机关(第49条1款1项)。这首先意味着董事会的合议方式并没有体现在这种定位中,执行与合议、监督之间是否兼容是值得商榷的。其次,为什么要由股东会顺序派生下两层执行机关呢?在决策—执行的划分中,为什么执行机关还需要一个具体执行机关呢?这体现了现行立法中仍然隐含着将执行划分为战略管理和具体执行的思路。不过,这种累赘性的分权遭到了实践挑战之后,2005年的《公司法》

的解决方案是将经理这个固有职位变成了可选职位。但这并没有解决一个根本性的命题:董事会的定位。如果将董事会理解为股东会的执行机关,为什么还需要一个合议的董事会呢?为什么董事会还要一人一票按照民主原则来行使,乃至存在着僵局可能呢?为什么股东可以通过章程废止经理职位,而不能废止董事会制度呢?

在两层执行机关之间的职权结构上,董事会和经理之间的权限界限也不清晰。法律允许公司重新设计,但工商管理部门的"标准章程"仍然在实际上阻碍着章程的自由设计。如果按照《公司法》第46条1款8和10项来理解,内部管理机构设置和基本管理制度的决定或制定权力被赋予了董事会,而"基本管理制度"这样广泛含义的词语,也可以理解为中国法将权力配置给了董事会,似乎靠近"系统维护",接近美国现代模式。但如果考虑到经理可以制定"具体规章",这属于"立法权",换言之是"一般规范",在其他国家是不可能赋予经理的,再加上法定代表人对外的巨大权力,如果经理和法定代表人重合,中国甚至可以被认为是采取了"经理中心主义"。这些条文中的职权规定很粗疏,还有很多其他情形并没有规定在内,比如谁决定授权及其程度,再比如谁决定产品的定价政策,并使其符合法律规定?如果出现了不明情形,应当按照"权力机关"的定性去判断,还是按照"基本管理制度"去理解?

第二,董事会的权力,尤其是对外行使职权,和法定代表人制度发生冲突,或者受到后者的强烈干扰。我国民事法人制度采用了法定代表人的独任制。这种一长制的延续,给公司治理中的分权制衡体系和董事会集体决策带来了致命的困扰。① 显然,对外承担责任广泛而居于首要位置的法定代表人不可能和仅仅参与合议的其他董事的实际地位相同,这导致了董事会的合议中的地位失衡。在1993年版《公司法》中,董事长和法定代表人合二为一,现实证明存在着冲突,在2005年版中,允许公司自行设定法定代表人,这从逻辑上解决了董事会的集体决策和合议的困难,但并未解决在前述分权模式下的纵向平衡。法定代表人和董事会对其的制约和限制常常发生冲突。②

---

① 参见方流芳:《国企法定代表人的法律地位、权力和利益冲突》,载《比较法研究》1999年第6期。

② 参见柳经纬:《"斩不断、理还乱"的法定代表人制——评〈公司法〉第十三条关于法定代表人的新规定》,载《河南省政法管理干部学院学报》2006年第4期。

第三,横向上,董事会和其他机关之间的关系也不明确。按照中国法上的结构,显然董事会并不是监督机关,或者说,监督至少不是其主要职责。现有公司治理中,监督权的设计极其混乱和复杂,有监事会、上市公司中的独立董事的双重监督,在国有企业中还有一个外部监事会的第三重监督。因此,至少从理论上看,监督职能是由监事会行使的,尽管更换经理的权力掌握在董事会手中。

第四,就纵向授权来说,什么样的权力是董事会不能以对外或向下授权、许可、委任的方式来放弃呢?或者说,什么样的决策权是必须和董事会的行事方式必然联系在一起的呢?事实上判断一个内部机构的角色和定位这可能是一个更为恰当的尺度。在中国的法律规范及实践中,战略管理的权力事实上常常可以下放到智囊团、经理办公会之中,而可以逃离采取投票、合议、讨论和协商方式的约束;制定预算和利润分配方案事实上常常掌握在财务总监、会计师事务所甚至规制机关手中;更不用说,基本管理制度已经"光明正大"地交给了总经理。而不能放弃的权力除了和董事会的定位、和权力的行使方式和决策正当性的判断相关之外,更和董事的责任相联系。现行法中除了一个含义不清的"勤勉义务"之外,并没有防止权力让渡,甚至"卖官鬻爵"的禁止性规定也没有。这些因素加总起来,就会出现董事会过度授权,导致实际集体决策权力让渡出去的情形。

综上,除了权力的派生关系,除了作为执行机关的表述之外,在中国法上几乎无法判断董事会的核心职权是什么。如果考虑到中国公司观念中的路径依赖,更多的是沿袭了传统中的公司治理模式的话,董事会的角色似乎应当是战略管理。但是,如前文所述规则和实践中表现出来的职权被股东会过度吸收,董事会并不拥有管理和设计公司战略的全部权力,许多稍稍重要一些的权力,在法定资本制下,比如资本调整、股票和债券发行等,又配置给了股东会,甚至"立法权"——设定基本管理制度也需要被经理分享。

可以肯定的是,中国公司权力行使方式和任何一种立法例都不同,并且不是董事会中心主义。[①]但事实上,股东会不过是一个消极的批准机关,属于会议性质(meeting),是否属于常设机关也值得怀疑,并没有理论假定股东会需要有争议、辩驳和合议以形成共同意志的过程。这种权力配置,直接导致了实现和维护公司共同利益的目标,被股东之间的争夺,尤其是"大股东"对其他股东的权利侵蚀而践踏了。

四、司法和准司法裁判中的假定冲突

如果说,不同的权力配置不过是物种多元化的表现,历史阶段也好,中国特色也好,无关其余的话,倒也无可厚非。姑且承认中国的公司不过是"披着独立人格和享受有限责任保护的合伙"而已,但奇特的是,当事前的职权分配由于角色不明,定位不清而导致董事会的权力弱化,其周围的各个机关都在切割着其职权的时候,在事后的责任追究上,失权的董事却成了"替罪羔羊"(passover lamb),是法律、规制规则和实践中必然的"责任承担者"。不仅在 2005 年《公司法》修订中大幅度增加了对董事的责任追究,在各种规则、实践乃至主流舆论中,都趋向于更为严格地追究董事责任。这表现在公司治理规则中的不断对董事会和高管人员施加的责任追究,在实践中表现为证监会对不能正常行使权力的董事和独立董事的行政处罚,以及开始出现的法院在涉董事诉讼中的司法判决。

权力与责任的不对称,构成了中国公司治理的独特特色。这种失衡,在学术研究之中也普遍存在。强调股东会中心的职权配置、股东利益的实现与董事会中心假定下的诚信义务追究并存,甚至成了一种思维定式。在具体制度中,这种失衡无论是法院判决还是证监会对上市公司董事的处罚之中,均能发现类似的例子。有代表性的,如证监罚字〔2008〕50 号:

> 上市公司董事、监事和高级管理人员拥有公司经营的决策权、监督权、执行权。他们的职位,来自于上市公司股东大会的选举或者由股东大会选举的董事会聘任;他们的权利,源自于全体股东的委托与

---

① 事实上,股东会中心主义和董事会中心主义的说法,在某种程度上也是中国学者自己创造出来的。比如对股东会中心主义的描述是"公司的一切事务,除股东之固有权,只要不违背公司的强制性规定,不违背公序良俗,不超越股份有限公司的资本范围,股东大会都有权作出决议"。梁宇贤:《公司法》,台湾三民书局 1982 年版。

信任。因此,所有上市公司董事、监事和高级管理人员,均应恪尽职守,不悖信任,不负重托,在遵循法律、行政法规和公司章程的前提下,履行对上市公司的忠实义务和勤勉义务,为公司和全体股东的利益服务。不把自己或者其他第三人利益凌驾于上市公司利益之上,并且认真履行职责,主动发现、坚决制止、立即揭露控股股东、实际控制人以及其他第三人侵害上市公司利益的行为,是衡量一个上市公司董事、监事和高级管理人员是否履行忠实义务和勤勉义务的基本标准。如果因怠于履行法定义务而未发现,或发现后不制止、不揭露,甚至策划、指挥、放任、包庇、配合侵害上市公司利益的行为,就会受到法律的制裁。

和事前的权力配置时强调中国特色不同,这段责任追究的表述则是典型按照其他国家的公司治理标准去判断董事会成员的决策责任。按照其他立法例,这是非常符合逻辑的表述,但其前提,"拥有公司经营的决策权、监督权和执行权"等表述,成立吗?

其次,责任追究的失衡还表现在并不区分董事的实际权力,包括信息的获得,否决决策的可能等。最为典型的是,和拥有战略管理定位的英国法不同,也有别于大多数国家在责任判断上区分实际权力的行使可能及能力的不同,我国在规则层面上,并没有区分内部和外部董事。在证监会的大多数公布的处罚案例之中,从陆家豪案之后,开始在实践中按照直接责任人和其他责任人有所区分,但这些处罚仍然没有考察事前的权力和能力制约,纯粹是基于"应然"作出的。① 事实上,直接责任和间接责任的区分模式更多来自于党内纪律处分条例的模式。②

再次,替罪羔羊的另外一个典型例子是财务政策的权力行使。具体来说,选任和解聘会计师事务所,和战略管理、投资决策乃至于对其选任的下属管理层的监督相关,并且决定财务政策的董事会常常需要为此承担责任。但法律将对会计信息质量的最重要的制约权力——聘任会计师事务所,上收给了股东会。如果聘用或者解聘会计师事务所的权力是股东作出的,那么意味着股东有能力也有义务去判断其所提供的信息质量

---

① 参见尚兆燕:《独立董事法律责任的中国实践——来自证监会对上市公司处罚的经验证据》,载《山西财经大学学报》2010 年第 3 期。
② 参见邓峰:《领导责任的法律分析》,载《中国社会科学》2006 年第 3 期。

和数量,这显然在事实上是不可能的。同样,基于信息质量或者数量去追究董事会或者董事也就不公平,他们并不完全拥有对这种信息的控制权,也就谈不上会对信息的质量或数量承担全部过错。这种权力分配和独立董事指导意见中规定的独立董事职权,以及公司法中关于监事会的职权有些冲突,后两者都规定了这些监督机关有权在认为需要的时候,聘用会计师事务所进行查账。独立董事指导意见还建议公司修改章程赋予独立董事以聘用或解聘会计师事务所的权力。显然,这和章程指引中为股东会扩权形成了冲突,很难想象,这两个规范文件出自同一个机关之手。

不过,这并不能完全归罪于证监会。综合考察中国法上的各种职权分配,这种常见的冲突,很难说是立法或规制机关有意为之,只可能是对董事会的角色、定位的思路不明造成的。这表现了未经消化和整理而"照搬照抄"式的规则来源特色,甚至是时间序列上的理论冲突:董事会作为股东会执行机关和强化追究董事决策和诚信义务的理论基础来自于不同时代的不同法系的法律理论:立法中的默认对象是有限公司,其法律理论更多抄袭自清末引入公司以降的传统大陆模式,事前的职权分配强调股东本位,更多是民法物权与合伙理论的升级,而上市公司面临诸多国际化压力,对董事责任追究的规则更多来自于英美法系,证监会更多受到香港为中介的传统式英国公司理论的制约。

不仅如此,国有企业治理对董事会角色、职能的制约远比形式上的法律规则更为强大。除了1993年版《公司法》本身是服务于国有企业改革之外,即便现在,国有企业模式的影响也仍然通过国有股的多数而在上市公司制度中强化股东本位。一些实证研究表明了董事会的无效或流于形式,比如在国企中,董事直接由政府任命,并且因为其兼任党内或行政职务而形成有排名顺序的序列权力格局,因此"董事会会议往往成为党政联席会议,有些会议讨论的是日常琐事……有的重大决策还未经董事会讨论就已经实施了","董事会和经营层人员交叉、职能交叉、权力交叉情况严重;"[①]在上市公司中,"议事过程缺乏民主,董事长往往享有过大的权力。事实上,几乎所有的议事程序均由董事长或大股东代表决定,另一方面,董事会会议的出席率偏低、独立董事参与不足,大股东直接干预董事

---

① 金桂苑:《国企董事会建设的障碍——上海国资系统的调查研究》,载《上海市经济管理干部学院学报》2008年第3期。

等现象也大量存在"①,甚至出现了针对是否需要集体决策的质疑②;对独立董事而言,实证研究表明,仅有4%的独立董事对议案提出过公开质疑,而其行动动机主要目标在于保护小股东③,而非证监会所设定的目标。国有公司中,本来属于董事会聘任总经理的职权,常常由政府(股东)直接任命的方式实现。

五、中国模式的思想渊源

如前所析,董事会的中国版是非常独特的。1993年以来,中国公司法并没有如同其他法律移植国,以及历史上曾经出现的清末变法时期所采用的方式一样,对董事会制度进行照搬照抄。一个合理的追问是,当下中国法律及学界主流观点中对董事会的角色和定位,是以何种模式作为参照系的呢?

中国系统正规的公司立法最早可以追溯到《公司律》,在当时,战略管理角色是通行的董事会定位,并且集体决策似乎能克服代理人的风险过大。照搬照抄,虽然缺乏理论认知,但董事会制度原则仍然继受过来。这可以看成是董事会的战略管理角色在中国的起点,也是一种知识上的路径依赖。④ 改革开放之后重新拾起来的公司法,则是受制于知识和时代背景,公司内的权力配置并没有恪守普遍流行的立法例。主要法律制度设计和学术研究,在理论解释上完全受制于民事物权理论——旷日持久的经营权/法人财产权争论就是一个典型例子,实践中将公司等同于筹资和融资手段,强调股东利益通过公司的实现,"谁投资、谁所有、谁受益"。加之在1980年代以来公司的财产理论在世界范围内的兴起,以及在立法中的强而有力的新古典经济学主张下延伸的早期制度经济学的意识形态影响,中国法上更加关注的是股权的实现,而不是公司的不同群体之间的联合、组织与合作。立法上将有限公司作为思维模板,研究方法上更多地采

---

① 肖作平:《中国上市公司董事会结构分析》,载《财政研究》2008年第2期。
② 参见宁向东、张颖:《董事会"票决制"及其前提条件》,载《南开管理评论》2010年第6期。
③ 参见叶康涛等:《独立董事的独立性:基于董事会投票的证据》,载《经济研究》2011年第1期。
④ 邓峰:《中国公司治理的路径依赖》,载《中外法学》2008年第1期;同时参见邓峰:《清末变法的法律经济学解释:为什么中国学习了大陆法》,载《中外法学》2009年第2期。

用法条比较而不是理论解释,而导致了今天的格局。①

在缺乏理论支持的时候,很自然的一个倾向是,人们会用其他的或者现有的(ad hoc)的"默认知识"(tacit knowledge)去填充空白。或者说,人们会在心目中用自己熟悉的权力配置的"格式塔"来替代缺乏明确理论支持或理性分析的方案。② 在这种思路下,本文提出一个假设性(也可能更多是猜测)的回答。现行中国的公司内部权力配置模式,不过是现实中国政治制度的粗糙翻版而已。这来源于非常简单的原理:公司制度是对政治制度的简单模仿。这表现在:在角色定位上,股东会之于董事会,模仿于全国人民代表大会(以下简称全国人大)和常务委员会(以下简称常委会);而在职权描述上,则模仿于全国人大与国务院。同时,在董事会的行为方式上,也不过是党内民主决策或权力分工模式下的行为延伸而已。这并不是说,在实际职能上,公司和国家之间是简单对应的,但政治制度中的机制设计思想,自然地填补了理论空白;这也并不是说,这是一种有意识的来自于某个人或某些人的主动选择,而是一种包含在社会互动和博弈中的倾向,或者说是一种底层的思维规范,上升了公司法中的明确规则而已。③

就公司而言,股东会与全国人大分别构成了"权力机关"(《公司法》第36条和第98条,《宪法》第57条),同时,董事会与常委会、国务院的"负责"关系也有明确的界定(《公司法》第47条和第109条,《宪法》第69条和第92条)。当然,宪法中明确界定了全国人大的"最高权力机关"和国务院的最高国家行政机关(《宪法》第85条)的地位,而公司法中没有这种限定,从而导致剩余权力的分配不明。但是权力派生关系上使用"负责"的表述是一样的。全国人大选举并有权罢免常委会人员,和股东会选举和罢免董事是一致的,同时,常委会有权提出提案,而由全国人大表决,也和股东会与董事会一致。

---

① 事实上,针对董事会的理论在中国始终是非常薄弱的,针对公司内的权力配置和分权缺乏理论解释。直到近年来才有一些学者指出应当从功能界定的角度来建构公司治理。参见龙卫球、李清池:《公司内部治理机制的改进:"董事会—监事会"二元结构模式的调整》,载《比较法研究》2005年第6期。

② See Alan Watson, *Legal Transplants: An Approach to Comparative Law*, 2nd edition, The University of Georgia Press, 1993, pp. 95—101.

③ See Melvin A. Eisenberg, "Corporate Law and Social Norm", *Columbia Law Review*, Vol. 99, 1999, pp. 1253—1292.

在权限的表述上,表述重叠或类似的情形也是非常典型的。如果忽略国家和公司职能,常委会和国务院的职权加总之后就近似于董事会的职权,而且都采用了列举式。对比一下,就会很容易发现不同,比如英国公司法仅仅是在附表 A 中列举了一些职权,完全交给公司章程自行规定,法律主要是界定董事会作为权力中心的定位,规定应当经过股东批准的事项。在这些列举的职能之中,除了股东会类似全国人大的立法权、选举权等之外,常委会拥有的立法权、解释权、重大政策决定权、人事任免权等(《宪法》第 67 条),以及国务院所拥有的行政立法权、提案权、编制预算、提出方案等(《宪法》第 89 条),和董事会所拥有的执行股东会决议、重大决策的决定权(预决算、投资方案和经营计划)、资本变动、内部设置等(《公司法》第 47 条)也是近乎一致的。

公司治理对宪政制度的简单模仿还体现在更多的细节之中:(1) 内部风险控制和纠纷解决的职责,或者说督导公司作为一个良好的运作系统的职责,缺乏明确界定,这是因为宪法中明确界定了最高权力机关,某种意义上无须界定,但公司法却忽略了这一界定。同时,全国人大还会派生产生司法、军事等机关,而显然公司法没有类似的机构,但却没有将其明确归入董事会;(2) 国务院作为行政机关可以制定规则,是毫无疑问的,但是本来应当相近的经理也拥有了拟定内部基本管理制度的权力,则是难以想象的。国务院作为首长负责制,自然应当由总理提名其他人选,但公司并不一定需要如此,而更多应当是掌握在董事会手中,但《公司法》(第 46、49 条)却采用了类似的机制;(3) 本文第一部分中所指出的权限表述的界限模糊,事实上和全国人大及其常委会之间的权限重叠、关系模糊,也是类似的。

董事会之于股东会,在中国法上的战略管理和执行的定位,事实上将两者的关系从分权制衡式的代议制民主,变成了常委会之于全国人大(assembly)的常设机关。实践之中,董事常常采用了派出或名额瓜分制度(director packing),对作为最高管理者的角色不够强调,将其他国家中近似于政治制度中的国会,变成了年度大会的执行机关。

六、结　语

基于董事会的中国法上的角色、职能和定位的上述分析,本文认为:第一,中国公司法上的权力分配,尤其是核心机关董事会的责权利配置,仍然符合公司是公共理论的私化的这一反复被验证的命题。第二，对这种模式的固守，除了知识理论化的不足之外，更多是立法过早集权化，而使得公司法脱离了现实商业实践的需要，而呈现出的进化不足而已。换句话说，中国版董事会，理论上符合 Gevurtz 教授所描述的在公司中模仿政治组织的原理，但缺乏 Mitchell 教授所描述的基于商业传统和法律竞争而产生的 20 世纪美国模式的与时俱进。第三，如果我们深入探究公司的实际运作，而不是仅仅是法条分析或比较的话，对所谓中国法的美国化，或者某国化，或者加入了世界范围内的趋同等观点，就会有所保留。

如果不需要或者不愿意去考虑组织独立性，公司作为集体利益的总和，不考虑公司作为分配机制和政治组织的特性，不考虑公司作为一个 common pool 的必要性，更不用说去考虑公司是一个利益攸关者的联合体，而仅仅是强调"谁出资、谁所有、谁受益"，仅仅强调公司应当是股东权利的延伸，或者进行解释的仅仅基于产权或不完全合同的视角，董事会是可有可无的。自轮船招商局以降的中国公司史中，董事会发挥的作用是非常薄弱的。国有公司之中长期不存在，或者说不存在着真正的董事会制度。专一独断的法定代表人制度垄断地行使着公司权力。如果这是一种独立模式的话，查账人是更加有效的监督机制。60 年代的某位美国学者也提出，随着诚信义务的泛化，其范围扩展到高管人员之中，董事会属于过时的模式。① 但社会发展与这种观点恰恰相反，70 年代以来的迈入现代模式的董事会制度，恰恰说明了其背后存在着原有视角所没有发现的理性。②

中国模式的围绕着股东中心构建起来的权力分配方式，已然在实践中造成了诸多的问题，亟须改进。尽管规则改进的方案并不复杂，甚至可以说确立起现代模式的董事会中心主义的规则体系，非常简单。但制约我们的路径依赖不仅来自于知识和时间，更来自于社会和政治现实。在这种沉重的压力下，扭转人们对公司的认识，道路还会非常漫长。

---

① See Robert A. Kessler, "The Statutory Requirement of a Board of Directors: A Corporate Anachronism", *University of Chicago Law Review*, Vol. 27, 1960, pp. 696—736.

② 事实上，产权或不完全合同理论对股东的解释也是不充分的，在不能解释董事会的反面，也不能有效解释股东行动主义的产生。See Gerald F. Davis and Tracy A. Thompson, "A Social Movement Perspective on Corporate Control", *Administrative Science Quarterly*, Vol. 39, 1994, pp. 141—173.

从公司融资、公司财务到公司金融*

——Corporate Finance 中译背后的知识谱系

刘 燕**

随着我国改革开放的深化与资本市场的迅速发展,公司财务运作或资本运作因其对企业财务状况立竿见影般的提升与再造而备受关注。有关公司财务(Corporate Finance)的书籍、文章也大量涌现,法学界也出现了一些以公司财务的法律规制为主题的翻译作品。然而,各种出版物对 Corporate Finance 的翻译莫衷一是,"公司财务""公司理财""公司金融""公司融资"等等,各种译法呈现自由生长的状态,令人困惑不已。一个最典型的例子就是由美国财务学家托马斯·E. 科普兰、J. 弗雷德·温斯顿等编著的 *Financial Theory and Corporate Policy*,该书的第三版在 2003 年引入国内时书名译为《财务理论与公司政策》;2007 年的第四版则被译为《金融理论与公司政策》。① 这种从"财务"到"金融"的变化究竟意味着什么?国内的教科书中则常常见到这样的说明:本书定名为《公司理财学》(或者《公司金融学》《公司财务学》),"是因为英文的 Finance 一词一般译为'理财学',但也经常根据场合不同而译为'金融'或'财务'"。② 这

---

* 原文刊于《北大法律评论》第 15 卷第 1 辑(2014),北京大学出版社 2014 年版。
** 北京大学法学院教授,博士生导师。
① 托马斯·E. 科普兰、J. 弗雷德·威斯顿:《财务理论与公司政策》,宋献中主译,东北财经大学出版社 2003 年版;托马斯·E. 科普兰、J. 弗雷德·温斯顿、库尔迪普·萨斯特里:《金融理论与公司政策》,柳永明、温婷、田正炜译,上海财经大学出版社 2007 年版。
② 参见陈小悦、乌山红编著:《公司理财学基础》,清华大学出版社 1994 年版,前言 IX。另参见胡庆康主编:《公司金融》,首都经济贸易大学出版社 2003 年版,第 2 页。

里"不同场合"又指的是什么？联想到 1997 年后我国金融学界就"金融"与 Finance 中译所发生的大争论①，附着于 Finance 的 Corporate Finance 的中译出现春秋战国之况似乎也很正常。然而，如果说管理学或者经济学尚可以含糊其辞，那么，法学则要求概念绝对清晰。当 Corporate Finance 与 Law 联系在一起，中译问题就变得更加复杂化，例如，Corporate Finance & Law 究竟是指"公司融资与法律"还是"法与公司金融"？

语词的流变总是在社会变迁中发生的。著名金融学家黄达教授曾针对"金融"与 Finance 之争的"公案"评论道："对于'金融'这个范畴的理解，并不是'论证'出来的，而是在经济生活中自然而然形成的。"②它也完全可以适用于"公司财务"的术语之惑。就最一般的理解而言，公司财务首先是一种企业管理活动。"财务"管理与公司的"生产"管理、"技术"管理、"人事"管理等相对，通常指企业内部针对资金收支的管理活动③，涉及融资、投资、分配决策以及现金流使用、管理等一系列行为。其次，公司财务也是一门学科，主要探讨公司为经营而寻求资金的方式，如采用股权融资还是债权融资或其他方式获得资金，以及由此导致的资本结构的表现方式等等。公司财务理论的主要目的就是在公司生命周期的不同阶段，对于如何融资以及资金使用政策方面的问题给出预测或者建议。④然而，不论是作为一种管理活动，还是作为一门学科，Corporate Finance 在过去的一百年间经历了翻天覆地的变化，导致其像一个万花筒，不同的角度可以呈现出色彩斑斓但又各不相同的图像。特别是，作为一门学科的公司财务是过去半个世纪中西方应用微观经济学领域最活跃的部分，新古典经济学、新制度经济学、行为经济学等分析工具依次上阵重塑公司财务领域的面貌。

中文文献中有关 Corporate Finance 的各种译法的并存便是对 Cor-

---

① 20 世纪 90 年代中后期，《新帕尔格雷夫经济学大辞典》翻译出版以及教育部调整金融学专业设置，引发了国内金融学界关于"金融"学科的定位与"金融"一词应如何界定的大讨论。一些从英美商学院留学归来的学者主张中国人可能错用了"金融"一词，"金融"对应于英文 Finance，但后者是一个狭义的概念，指资本市场。参见黄达：《金融、金融学及其学科建设》，载《当代经济科学》2001 年第 4 期。
② 参见黄达：《关于金融学科演进的几点认识》，载《中国金融》2009 年第 4 期。
③ 陈毓圭：《财务管理与会计管理是不同质的管理活动》，载《会计研究》1986 年第 1 期。
④ 让·梯若尔：《公司金融理论》，王永钦、许海波、佟珺、孟大文译，中国人民大学出版社 2007 年版，第 116 页。

porate Finance 的不同解读方式的一个具体体现。究其原因,大概可归诸以下两方面:第一,公司财务本身是一个复杂的、不断演进的过程。它既涉及财务决策,又离不开财务成果的呈报与披露;既体现为企业的自主融资决策,同时又受制于资金供给方(不论是信贷市场还是资本市场、债权人或投资人)的要求;既属于公司内部的管理实践,又无法脱离外部的法律与监管环境。而且,上述多重视角在不同的历史时期、不同的经济制度下可能呈现出完全不同的内容,公司财务的学术研究对于这一实践领域的内在规律的认识与描述也处在不断深化的过程中。第二,20世纪90年代,公司财务运作的理念高调进入中国时,正值我国改革开放与经济快速转型之期,以美国资本市场实践及其学术潮流为代表的现代西方公司财务观念迅速改造了我国企业的财务运作方式以及财务学界的传统思维。国内的公司财务管理文献呈现出一种对西方文献"不断追赶"的状态,对 Corporate Finance 的解读,甚至对相关概念的使用都给人以日新月异之感,"财务管理""公司理财""公司财务""公司金融"等概念相继登场,或被交替使用,或被分辨析离,各个术语与我国特有的公司财务运作实践的契合程度也不尽相同。

本文试图梳理 Corporate Finance 的商业实践与学术路径的历史演进,展示其作为管理活动、学科领域的特征以及与中国国情、法律因素结合后所呈现的新特点,为国内法学界解读 Corporate Finance 勾画一份线路图。下文第一、二部分将分别描述 Corporate Finance 作为一种商业实践以及作为一门学科的历史发展,展示 20 世纪 50 年代之后现代公司财务理论的兴起及其对实践的重大影响。第三部分回顾 Corporate Finance 进入我国的过程,引入我国独特的社会转型因素,展示 Corporate Finance 的不同中译方式所依附的制度背景。第四部分进一步加入"法"的因素,探究法律语境下的 Corporate Finance 及其与经济学界的"法与金融"进路的区别。第五部分是对 Corporate Finance 中译的知识谱系的一个总结。

一、从融资到财务管理——Corporate Finance 商业实践的历史演进

从历史来看,公司财务在过去一百多年的发展过程中变化很大,先后

经历了筹资、依法理财与内部控制、资产财务管理与内部决策、投资财务管理、风险管理等不同阶段。20世纪后半期的发展历程深受现代公司财务理论的影响。

一般认为,公司财务作为企业专门的管理活动兴起于19世纪后期,涉及为股份公司等大型企业组织,特别是铁路、银行等筹集经营活动所需的大额资本。因此,最初的公司财务(corporate finance)仅仅指公司的"融资"——从字面上理解就是筹集修建铁路、开办银行的资金[①],它们通常采取债券等方式。在美国19世纪与20世纪之交的第一次并购浪潮中,众多小企业被资本化成股份公司(如美国钢铁公司等),并向公众发行普通股。以摩根为代表的银行家以及专业的发起人通过将企业家所经营的传统制造业企业重新组合成大型股份公司而向市场释放巨量的股票,公司所有权从一小群企业管理者分散到成千上万购买股票的大众投资者手中。至此,公司融资工具的基本形态,从铁路债券到新型工业企业发行的风险较高的优先股,直至高风险的普通股,都已为公众投资者熟悉并开始接受。[②] 大型股份公司的发起与设立(promotion)成为当时最主要的公司财务实践。[③]

1929年,美国华尔街的股市暴跌以及随之而来的世界性经济大萧条,导致众多银行与企业破产,投资者利益受损。西方国家开始对公司融资的证券市场进行监管,出台了《证券法》等法律法规,对公开发行证券的公司提出了强制信息披露、独立审计等要求。由此,公司财务进入"依法财务管理"(compliance corporate finance)时期[④],公司的融资活动首次置于政府的直接监管之下,记录公司财务运作结果的财务信息的编制与呈报也逐渐趋于统一与规范化。不仅如此,大萧条引发的公司破产浪潮也导致各方面对公司负债与破产重组问题的关注,美国国会1938年通过的

[①] 路易斯·洛温斯坦:《公司财务的理性与非理性》,张蓓译,上海远东出版社1999年版,第2—3页。

[②] Lawrence E. Mitchell, *The Speculation Economy: How Finance Triumphed Over Industry*, Berrett-Koehler Publishers, 2008, pp. 4, 9—10.

[③] Arthur Stone Dewing, *The Financial Policy of Corporations*, The Ronald Press, 1941, pp. 407—511.

[④] 这一时期也被西方财务学家称为"法规描述时期"(Descriptive Legalistic Period),参见道格拉斯·R.埃默瑞、约翰·D.芬纳蒂、约翰·D.斯托:《公司财务管理》(第2版),荆新、王化成、李焰等译,中国人民大学出版社2008年版,第17页。

《破产法》引入了"公司重整"制度,吸收普通法法院自19世纪后期在铁路破产财产接管方面所进行的创新,即由代表债权人利益的投资银行、律师与法院密切合作,重新设计破产企业的资本结构,降低负债,以便企业在破产接管结束后可以重归正常的财务状态。① 困境企业中不同证券持有人的权益调整逐渐被人们接受,如债权人被置入优先级、劣后级的结构中,旧债券通常被置换为新的债券及优先股,而原有普通股及优先股股东在支付一定对价后也可能获得债券以及数量不等的重整公司的普通股。② 总的来说,在法律与市场环境的双重压力下,公司财务实践由扩张性的外部融资开始转向兼顾防御性的内部资金管理,尝试建立内部控制程序,对资本流转进行有效的管理。诸如债务重组、资产评估、保持偿债能力等与破产相关的问题,相继进入公司财务的范畴。③

第二次世界大战结束后,西方国家开始了经济的恢复与腾飞,公司财务则进入资产财务管理时期,以提高资金的使用效率为目的的财务决策成为公司财务实践的中心。资金的时间价值引起普遍关注,以固定资产投资决策为研究对象的资本预算方法日益成熟,财务管理的重心由外部融资转向资金在公司内部的合理配置,公司财务管理也出现了质的飞跃。与此同时,资本市场对公司整体价值的关注刺激了评价公司股票、债券价值的方法的创新,公司的盈利能力、资本结构、股利政策、经营风险等一系列因素成为公司估值标准的内在组成部分。

也正是在20世纪50年代,公司财务的学术研究不再局限于总结、描述公司财务的实践与法律要求,而是引入了新古典经济学的研究方法,现代公司财务理论由此兴起,并在此后的岁月中成为推动公司财务实践发展的强大动力。约尔·迪安的资本预算模型(1951)④、哈里·马科维茨的证券组

---

① 对这一过程的精彩描述,参见小戴维·A. 斯基尔:《债务的世界:美国破产法史》,赵炳昊译,中国法制出版社2010年版,第56—158页。

② Peter Tufano, "Business Failure, Judicial Intervention, and Financial Innovation: Restructuring U. S. Railroads in the Nineteenth Century", 71 Business History Review 1 (1997).

③ 这一时期的公司财务书籍的内容清晰地反映了这一点,see Arthur Stone Dewing, The Financial Policy of Corporations, The Ronald Press, 1941;朱国璋:《公司理财》,中华书局1948年版。

④ Joel Dean, Capital Budgeting: Top Management Policy on Plant, Equipment and Product Development, Columbia University Press, 1951.

合理论(1952、1959)①、弗兰克·莫迪格利安尼与默顿·米勒的资本结构理论(1958)②以及威廉·夏普、约翰·林特纳等人在马科维茨证券组合理论基础上提出的资本资产定价模型(1964、1965)③等等,陆续为企业财务决策的科学化提供理论支持。特别是,投资组合理论和资本资产定价模型将"收益"与"风险"有机结合起来,揭示了资产风险与预期报酬率之间的关系,不仅可以适用于资本市场对证券的评价,而且可以应用于公司的投资项目决策与资本预算。④ 这也进一步推动了公司财务从资产管理向投资管理阶段迈进。

20 世纪 70 年代以后,随着金融工具,特别是衍生金融工具的推陈出新,公司财务实践与资本市场的联系日益加强,期权、远期等风险管理工具广泛应用于公司筹资和对外投资活动。而支撑公司财务运作范围拓展的是公司财务理论的又一波创新浪潮。费希尔·布莱克、迈伦·斯科尔斯等人创立的 B—S 期权定价模型(1973)⑤使得金融衍生工具快速进入公司财务管理的工具箱,帮助企业建立科学的风险投资决策方法以及完善的投资决策指标体系。

与此同时,公司财务与公司治理开始出现交叉、融合的趋势。以詹森和麦克林(1976)⑥对公司资本结构、代理问题以及所有权结构的富于洞见的观察为起点,公司财务不再是一个单纯的技术问题,而是与制度、规则、法律约束等紧密联系在一起。1992 年 12 月,英国卡德伯瑞委员会发布了第一部具有广泛影响力的公司治理原则文献——《公司治理的财务

---

① Harry Markowitz, "Portfolio Selection", 7 *The Journal of Finance* 77 (1952); Harry Markowitz, *Portfolio Selection: Efficient Diversification of Investments*, John Wiley & Sons, 1959.

② F. Modigliani & M. H. Miller, "The Cost of Capital, Corporation Finance and the Theory of Investment", 48 *American Economic Review* 261(1958).

③ William F. Sharp, "Capital Asset Prices: A Theory of Market Equilibrium Under Conditions of Risk", 19 *Journal of Finance* 425 (1964); John Lintner, "The Valuation of Risk Assets and the Selection of Risky Investments in Stock Portfolios and Capital Budgets", 47 *The Review of Economics and Statistics* 13 (1965).

④ 参见威廉·夏普:《存在或不存在负持有下的资本资产价格》,载《诺贝尔奖讲演全集》编译委员会编译:《诺贝尔奖讲演全集》(经济学卷 II),福建人民出版社 2003 年版,第 125 页。

⑤ Fischer Black & Myron Scholes, "The Pricing of Option and Corporate Liabilities", 81 *Journal of Political Economy* 637 (1973).

⑥ Michael C. Jenson & William H. Meckling, "The Theory of Firm: Managerial Behavior, Agency Costs and Ownership Structure", 3 *Journal of Financial Economics* 305 (1976).

侧面》(The Finance Aspects of Corporate Governance)。① 它在贡献了一个简洁明了的公司治理概念——"公司治理是公司被管理及控制的一套制度"②——的同时,突出了公司治理中财务问题的重要性,强调公司内部财务控制和风险管理,关注董事会(特别是非执行董事)以及公司审计师的监督功能。2002 年,美国爆发安然、世通等大公司财务丑闻,欧洲爆发乳业巨头帕玛拉特公司财务丑闻后,对公司内部控制问题的关注达到了顶峰,美国 2002 年出台的《萨班斯法案》对在美上市公司的内部控制提出了严格的要求。从某种意义上说,进入 21 世纪后,公司财务实践有部分地向早期的"依法财务管理"回归的迹象。

回顾公司财务一百多年的演进历史,它已发展成为集财务决策、财务预测、财务计划、财务控制和财务分析于一身,以筹资管理、投资管理、营运资金管理和利润分配管理为主要内容的管理活动,并在企业管理中居于核心地位。③ 美国财务学家路易斯·洛温斯坦教授曾诙谐地评论说:

> 公司财务涉及工商企业的几乎所有方面,以及在日常生产和货物流动之外的资金的流动。……以尽可能低的成本筹集所需资金。这是公司财务的精髓……财务有助于企业在范围广泛的问题上作出决策,例如如何在特定部门和项目之间分配资金,股息政策的制定,对员工持股计划的评价,以及公开宣布破产的时机选择等等。这个清单很长,且内容广泛。有时公司财务——以及从事财务工作的人——威胁要吞没整个金融界和商业界,几乎没留下什么不属于他们的东西,这没有什么值得大惊小怪的。④

---

① 该报告由伦敦证券交易所、英国财务报告委员会和英格兰及威尔士会计师公会联合发起,针对英国公司自 20 世纪 80 年代后出现的公司财务丑闻而对改进公司内部治理提出政策建议,直接的导火索则是英国 1991 年曝出的出版业大亨麦克斯韦尔因侵吞《每日镜报》数亿英镑的退休基金而投海自杀事件。该报告因委员会主席阿德里安·卡德伯利(Adrian Cadbury)爵士之名而被简称为卡德伯利报告(Cadbury Report)。

② 进一步扩大卡德伯利报告关于"公司治理"定义之影响力的,是随后 OECD 在全球推广公司治理理念的举措,尽管后者对公司治理与公司财务之间关系的认知发生了变化,强调"竞争""进入资本市场",而不是"公司行为的高标准"和"负责任"。参见 Cally Jordan,"Cadbury Twenty Year On",58 *Villanova Law Review* 1 (2013).

③ 有学者认为,在我国,从《公司法》对董事会职责与权限的规定可以看出,财务决策的地位要高于生产、经营决策。参见李心合:《财务管理学的困境与出路》,载《会计研究》2006 年第 7 期。

④ 路易斯·洛温斯坦:《公司财务的理性与非理性》,张蓓译,上海远东出版社 1999 年版,第 2、3、7 页。

二、从融资决策到资本市场——Corporate Finance 理论建构与学科转型

以 1911 年美国人弗雷德里克·W. 泰勒发表的《科学管理原理》[①]为标志,管理学的发展已有一百余年的历史。公司财务管理作为一类专门的管理学知识,也产生于 19 世纪、20 世纪之交。不过,早期的公司财务书籍主要是对公司融资实践以及相关法规要求的直观描述。直到 20 世纪 50 年代,经济学分析方法被引进公司财务研究领域,建立起有关公司融资、证券投资行为的一系列理论模型,现代公司财务理论方正式诞生。自 20 世纪 70 年代末开始,信息经济学、合约理论、行为理论等进一步改写了现代公司财务理论。可以说,过去半个世纪中,公司财务从会计学的分支转变成应用经济学的分支,成为经济学中发展最迅猛的领域,诞生了包括马科维茨、夏普、莫迪格利安尼、米勒、布莱克、斯科尔斯、默顿、法玛等十多位诺贝尔经济学奖得主。学者们在揭示证券市场运作规律方面取得的多项突破性进展,使得公司财务的视角不再局限于公司本身,而以证券市场为中心,这也成为中文语境下"公司财务"向"公司金融"飞跃的理论背景。

(一) 传统的公司财务研究

为满足 19 世纪、20 世纪之交美国大型股份公司的兴起对管理人才的需求,1908 年,哈佛大学成立企业管理研究院,其开设的三门必修课程——会计学、商法与契约法以及美国商业总论——反映了美国经济较古老的商业倾向,其选修课程则将工业公司管理、运输公司管理等纳入其中,并设置了财务方面的课程,包括公司财务、银行业务以及人寿保险;同时,作为 19 世纪后期公司财务实践集中于铁路融资的体现,铁路组织及财务、铁路经营以及铁路运费制订等均成为选修课。[②]

直到 20 世纪 50 年代,财务书籍主要是对公司财务实践的总结与描

[①] 该书中文版可参见 F. 泰勒:《科学管理原理》,蔡上国译,上海科学技术出版社 1982 年版;弗雷德里克·泰勒:《科学管理原理》,马风才译,机械工业出版社 2013 年版。

[②] 小艾尔弗雷德·D. 钱德勒:《看得见的手——美国企业的管理革命》,重武译,商务印书馆 1987 年版,第 550—551 页。

述,侧重于描述公司融资的制度安排和法律结构、公司长期融资的模式,提供投资分析的实用指南,并对混乱的公司财务实践予以批评并提出改进建议。财务学者的"观点来自偶然的观察,而不是基于明确的理论模型"。① 法律与会计是公司财务研究中两个最重要的观察视角。阿瑟·杜因(Arthur S. Dewing)是这一时期最有代表性的财务学者,他认为,一本公司财务的书"无法忽略会计原理或者法律施加的限制条件。……在受盎格鲁—萨克森法主导的国家中,财务上的灵活性受制于法律环境,某些情况下甚至完全由法律条件控制,后者清晰地展现在制定法与判例传统中"。② 杜因本人的著作充满了逸闻且强调会计的重要性,对揭露一些受人尊敬的市场操纵者的真面目有极大的兴趣,在其笔下,企业及其金融家们在操纵市场以及在欺诈的边缘踮脚行走时所显示的才华得到了淋漓尽致的展现。

1940年,美国财务学会(American Finance Association)从美国经济学会(American Economic Association)中分离出来,并在1945年创办了《财务学期刊》(*Journal of Finance*)。不过,当时在《财务学期刊》上发表的文章主题比较散乱,包括联邦储备政策、货币增减对于物价与企业活动的影响、租税问题以及公司理财、保险与会计等。极少数文章触及投资的相关课题,但也多半是讨论流动性、股利政策及退休基金等。③ 研究型文献很少,零星地散布于风险管理、营运资本或者资本市场的运作等领域。总体上,公司财务的学科被定位为会计学的一个分支。④

(二) 现代公司财务理论

20世纪50年代中,受经济学方法训练的新一代学者开始构筑理论来解释公司财务中的各种现象。具有里程碑意义的开创性研究,是 M. 莫迪格利安尼和 M. H. 米勒1958年对公司资本结构的研究提出的"不相

---

① 彼得·阿特勒尔:《财务管理基础》,赵银德、张华译,机械工业出版社2004年版,第3页。

② Arthur Stone Dewing, *The Financial Policy of Corporations*, The Ronald Press, 1941, preface.

③ 彼得·伯恩斯坦:《投资革命——源自象牙塔的华尔街理论》,李繁康、邓哲夫、李挺生译,上海远东出版社2001年版,第48页。

④ 彼得·阿特勒尔:《财务管理基础》,赵银德、张华译,机械工业出版社2004年版,第3页。

关定理"(又称"MM 定理"),即在一定条件下,企业无论以负债筹资还是以权益资本筹资,都只是改变了企业总价值在股权和债券筹资者之间分割的比例,不影响企业的市场总价值。① 考虑到实践中融资决策在公司财务决策中被赋予的重要地位,这一结论令人震惊。

在 MM 定理之前,人们认为财务杠杆(即举债比例)对公司价值的影响复杂难解,但莫迪格利安尼和米勒利用套利原理简洁而有力地证明:在完善的资本市场环境下,公司价值仅取决于它未来期望的经营现金流量的大小和资本成本的高低,而不是取决于这些现金流量如何在股东和债权人之间进行分配。若不是这样,譬如杠杆(举债)公司股价高于非杠杆(举债)公司,那么理性投资者就会卖出前者的股票,同时借款来购买后者的股票,从而压低前者的股价,提高后者的股价。只要投资者个人能以与公司相同的条件借入或贷出,他们就能靠自己来复制公司层面的财务杠杆的影响。换言之,在一个不存在交易费用的完美的证券市场中②,套利机制将推动具有同样未来经营现金流量和风险等级的举债公司与非举债公司之间趋向一价,达至均衡状态,从而消除公司层面的融资决策的影响。③

MM 定理被视为现代财务管理的起点④,后续学者就是在放松 MM 定理的理论假设的基础上研究真实世界中的公司资本结构,将税收成本、破产成本、信息成本、代理成本等因素渐次纳入公司融资决策的分析框架中。20 世纪 70 年代末之后,对资本结构问题的研究进路从新古典经济

---

① 随后两位作者又发表了延伸的研究,提出了公司的股利政策与公司价值无关等观点。这些研究也被人们称为"不相关定理"或"MM 定理"。

② 完美市场的假设包括以下七个条件:(1) 没有资金潜在供应者和使用者进入市场的障碍;(2) 有完善的竞争,也就是说,每个参与者都充分小,它的行为不会影响价格;(3) 金融资产无限可分;(4) 没有交易成本,包括破产成本;(5) 所有存在的信息对每个资本市场参与者而言都是可以免费充分获取的;(6) 没有不对称税负;(7) 交易中没有政府或其他限制。道格拉斯·R. 埃默瑞、约翰·D. 芬纳蒂、约翰·D. 斯托:《公司财务管理》(第 2 版),荆新、王化成、李焰等译,中国人民大学出版社 2008 年版,第 487 页。

③ 对 MM 不相关假说的回顾,see Merton H. Miller, "The Modigliani-Miller Propositions after Thirty Years", 2 *Journal Economic Perspectives* 99 (1988). 对 MM 定理及其贡献的一个全面而生动的中文描述,参见沈艺峰:《资本结构理论史》,经济科学出版社 1999 年版。

④ 瑞典皇家科学院在 1985 年诺贝尔经济学奖颁奖词中称:"仅在莫迪格利安尼和米勒提出他们的定理之后,这一领域中才出现比较严格的理论。"参见《诺贝尔奖讲演全集》编译委员会编译:《诺贝尔奖讲演全集》(经济学卷 I),福建人民出版社 2003 年版,第 641 页。

学进一步扩展到制度经济学、行为经济学等。① 其中,麦克林和詹森关于代理成本的经典论文针对公司财务决策中的市场有效性提出了质疑,指出了研究公司财务的另一条进路——关注代理成本问题,从而开启了资本结构理论研究的一个新阶段。不过,MM 定理始终被视为公司财务理论中最重要的结论,其里程碑式的意义不限于其令人目眩的结论,更在于"一种公司理财原则的新的分析方法"。② 相较于之前的研究,MM 定理"建立在关于投资者行为和资本市场功能的根本不同的看法之上",因此它与传统分析方法之间较量结果的意义远远超越了像财务杠杆对资本成本影响之类的问题。③ 这种方法论革命上的意义在 MM 定理问世三十年时已经得到普遍承认:

> （MM 定理）将以往人们对资本结构的投资政策、融资政策与股利政策的规范研究,转向了可选择的投资政策、融资政策和股利政策对企业价值会产生什么影响的实证研究,其方法论上的创新改变了经济分析在资本结构问题上的作用,并为以后的期权定价、股票市场的有限量最优以及公共财政和宏观经济学奠定了基础。④

20 世纪 50 年代的另一重大突破是马科维茨 1952 年、1959 年基于对证券市场中投资决策行为模式的研究所提出的证券组合理论,即通过投资组合实现更大的投资收益及消除投资风险。该理论表明在不确定性条件下对资本资产进行投资的诸多困惑可以减少为两方面——预期收益和证券组合——方差之间的比较,具体来说,就是用证券收益的方差来度量证券风险,用证券组合收益的协方差来分析证券组合降低风险的作用。马科维茨的理论后来被夏普、林特纳等人借鉴,发展出资

---

① 有学者总结:"MM 理论、权衡理论和米勒模型基本上是以新古典经济学为理论基础;资本结构契约理论(包括代理成本理论、信号理论、控制权理论)主要是以新制度经济学为理论基础;资本结构的产品市场竞争理论主要是以产业组织理论为理论基础;行为资本结构理论主要是以行为经济学为理论基础。"参见张兆国、尹开国、刘永丽:《试论现代财务学的学科性质、分析框架和研究方法》,载《会计研究》2010 年第 9 期。

② 语出瑞典皇家科学院 1985 年诺贝尔经济学奖颁奖词,参见《诺贝尔奖讲演全集》编译委员会编译:《诺贝尔奖讲演全集》(经济学卷 I),福建人民出版社 2003 年版,第 641 页。

③ Franco Modigliani & Merton H. Miller, "Corporate Income Taxes and the Cost of Capital: A Correction", 53 *American Economic Review* 433 (1963).

④ Sudipto Bhattacharya, "Corporate Finance and the Legacy of Miller and Modigliani", 2 *Journal of Economic Perspectives* 135 (1988).

本资产定价模型(Capital Assets Price Model,以下简称 CAPM)。这一模型具有非常简单的数学形式:某一公司股票的期望收益率等于无风险收益率加该股票的风险溢价,而该股票的风险由该股票的贝塔值(β)来度量。CAPM 区分了证券的系统性风险与非系统性风险,为权衡投资活动内在的风险与回报提供了一个分析框架。此后,斯蒂芬·罗斯提出的套利定价理论(1976)[①]进一步完善了资本资产定价问题的研究。60 年代中期后,尤金·法玛等人的理论性工作探讨了信息与市场有效性之间的联系,有效资本市场假说(Efficient Capital Market Hypothesis,以下简称 ECMH)成为对证券市场运作内在机理进行描述的基本框架。[②] 1973 年,布莱克、斯科尔斯以及罗伯特·默顿在套利、有效市场假说、资本资产定价模型的基础上提出了期权定价模型,该模型迅速为实务界所接受,从而开启了以金融衍生工具为载体的风险定价与交易的新金融产业,并极大地完善了公司财务管理的工具箱。[③] 此后,针对证券市场中的反常现象(anomaly),丹尼尔·卡尼曼、罗伯特·希勒等人则从心理学的视角进行研究,进一步丰富了人们对证券市场内在复杂机理的理解。[④]

至此,一系列重大的理论突破将公司财务改造成了一门规范的科学,包括均值—方差资产组合理论、资本资产定价理论与套利定价理论、期权

[①] Steven A. Ross, "Arbitrage Theory of Capital Assets Pricing", 13 *Journal of Economic Theory* 341(1976).

[②] Jonathan Barron Baskin, Paul J. Miranti, Jr., *A History of Corporate Finance*, Cambridge University Press, 1997, p.231;对这一过程的更具体而详尽的描述,参见彼得·伯恩斯坦:《投资革命——源自象牙塔的华尔街理论》,李繁康、邓哲夫、李挺生译,上海远东出版社 2001 年版,第 47—176 页。

[③] 其中,斯科尔斯和默顿共同获得了 1997 年诺贝尔经济学奖,两人的获奖演说也是对期权定价公式的诞生过程及其广泛应用前景的一个生动描述,参见罗伯特·默顿:《期权定价理论的应用:最近 25 年的回顾》,载《诺贝尔奖讲演全集》编译委员会编译:《诺贝尔奖讲演全集》(经济学卷 II),福建人民出版社 2003 年版,第 441—478 页;迈伦·斯科尔斯:《动态环境下的金融衍生品》,载《诺贝尔奖讲演全集》编译委员会编译:《诺贝尔奖讲演全集》(经济学卷 II),福建人民出版社 2003 年版,第 479—514 页。

[④] 行为金融学是金融学、心理学、行为学、社会学等学科相交叉的边缘学科,力图揭示金融市场的非理性行为和决策规律,卡尼曼、希勒等学者为此分别获得了 2002 年、2013 年诺贝尔经济学奖。有关行为金融学对资本市场反常现象的研究,参见石善冲、齐安甜:《行为金融学与证券投资博弈》,清华大学出版社 2006 年版。不过,有效市场的支持者认为行为金融学的研究并不能否定资本市场有效假设,参见斯蒂芬·A. 罗斯、伦道夫·W. 威斯特菲尔德、杰弗利·F. 杰富:《公司理财》(原书第 9 版),吴世农、沈艺峰、王志强等译,机械工业出版社 2012 年版,第 300 页。从法律视角对行为金融学研究及意义的一个评论,see Lawrence A. Cunningham, "Behavior Finance and Investor Governance", 59 *Washington & Lee Law Review* 767 (2002).

定价理论、MM 定理等,这些理论的核心都是"个人、企业和我们这个社会如何在风险资产定价的基础上通过价格机制就稀缺资源分配作出决策"。① 在方法论上,现代公司财务理论引入了新古典经济学的分析范式,进行定量的实证研究。构成财务学新方法论核心的逻辑和数学方法不仅被用于评价资本市场的总体行为表现,将资本市场置于完备产品市场竞争的均衡模型中分析,而且被用来构造公司如何为其经营活动进行融资的理论。财务学由此发展成为应用经济学的分支,其研究结论超越了会计的反映论,具有了引领实践的意义。②

公司财务的研究群体也发生了根本性转变:传统商学院的教师主要来自商界和政界受人尊敬和经验丰富的权威;如今,

> 公司金融学教师主要是传统意义上的学者。他们大部分人除了进行咨询外,一般都没有商业经验。他们的兴趣和所接受的训练是发展理论以解释经济行为,然后借助统计学和计量经济学工具来检验这些理论。轶事证据和个人从商经验已经被现代公司金融理论的逻辑分析法所取代。③

商学院的课程体系也进行了重大改革,以满足智识上更高的挑战。如今,域外商学院、经济学系开设的 Finance 专业,

> 包括两大主流——第一是投资(Investment),第二是公司财务(Corporate Finance)或称公司治理(Corporate Governance)。投资学主要是探讨金融市场和金融资产(包括股票、债券、期权和期货)的定价模式。……公司财务主要是探讨公司实物投资与财务运作的决策过程,而公司治理就是探讨这些决策对股东权益的影响,因此,公

---

① 韦斯腾:《财务理论的发展》,载《财务管理》1981 年,十周年纪念刊,转引自沈艺峰:《资本结构理论史》,经济科学出版社 1999 年版,第 52 页。

② Jonathan Barron Baskin, Paul J. Miranti, Jr., *A History of Corporate Finance*, supra note 〔39〕, pp. 10—11. 关于管理学与经济学之间的主要差异,参见刘源张:《中国管理学的道路——从与经济学的比较说起》,载《管理评论》2006 年第 12 期;罗仲伟:《管理学方法与经济学方法的借鉴、融合》,载《中国工业经济》2005 年第 9 期。对公司财务学属于经济学的一个简要的讨论,参见张兆国、尹开国、刘永丽:《试论现代财务学的学科性质、分析框架和研究方法》,载《会计研究》2010 年第 9 期。

③ 托马斯·E.科普兰、J.弗雷德·温斯顿、库尔迪普·萨斯特里:《金融理论与公司政策》,柳永明、温婷、田正炜译,上海财经大学出版社 2007 年版,前言第 1—2 页。

司财务和公司治理很难清楚地分开。……其重要课题包括资产定价模型（CAPM）、风险套利模型（APT）、微观结构（Microstructure）、期权与期货（Options & Futures）和一般均衡定价模型（General Equilibrium）等等。①

（三）关于资本市场的微观经济学

就法律关系而言，公司融资体现为公司与资金提供者之间的双务合同。当公司在资本市场进行股票发行或债券筹资时，公司与资金提供人各执合同一端，后者通常又被称为投资人。从这个角度看，以 MM 定理为代表的公司融资决策理论加上证券组合、CAPM、ECMH、期权定价模型等为代表的投资决策和资产定价理论，共同构成了一个完整的描述证券市场中两类相对立的主体——融资者与投资者——在不确定性条件下如何利用价格机制进行决策的理论。当然，两类研究之间并非如现实世界中"融资人 v. 投资人"那样泾渭分明、两造对立，而是你中有我，我中有你。例如，MM 定理的套利分析就把投资人的决策行为模式以及证券市场的功能纳入公司财务决策的考量因素中，或者，用瑞典皇家科学院在1985年诺贝尔经济学奖颁奖词的提法，把公司的财务政策"放在融资—市场均衡②理论中考虑"。另一方面，证券组合、CAPM、期权定价模型等投资决策与资产定价理论也可以用来指导公司如何为其经营活动进行融资以及如何进行投资，因为证券市场估值过程为评价公司财务决策提供了合理性标准。③ 归根结底，二者的终极目标都是探索个人或厂商在不确定条件下运用价格机制决策的规律和方法，它们共同构成了证券市场

---

① 郎咸平：《郎咸平说：公司的秘密》，东方出版社2008年版，第161—162页。
② 原文为"finance-market equilibrium"，我国学者在不同时期翻译的诺贝尔奖颁奖词中分别翻译为"财务—市场均衡"（王宏昌译：《诺贝尔经济学奖金获得者讲演集1987—1995》，中国社会科学出版社 1997 年版）和"金融—市场均衡"（《诺贝尔奖讲演全集》编译委员会：《诺贝尔奖讲演全集》（经济学卷 II）福建人民出版社 2003 年版），但二者皆难以完整传递颁奖词此处将 finance 与 market 对应所表达的含义。故笔者特译为"融资"，以体现公司融资决策的视角。
③ 我国学者对此的一个高度简练的归纳，参见陈小悦、乌山红编著：《公司理财学基础》，清华大学出版社 1994 年版，前言 IX，第 5 页。

或资本市场①的微观经济学。其中,证券组合理论揭示了证券市场中的投资者如何最优化实施其行为,CAPM 则研究了这种最优化行为背后的经济均衡问题②,MM 定理则是一般市场均衡理论在企业资本结构问题上的应用③。

作为这种对立统一关系的一个象征,1990 年的诺贝尔经济学奖授予了马科维茨(证券组合理论)、夏普(CAPM)和米勒(MM 定理)三人,以表彰他们在资本市场,特别是在证券投资方面作出的杰出贡献。④ 此前,MM 定理的另一作者莫迪格利安尼已经于 1985 年获得诺贝尔奖;此后,期权定价模型的作者斯科尔斯、默顿则于 1997 年获奖⑤,有效市场假设的主要贡献者法玛也在 2013 年获奖。可以说,Finance 理论这一资本市场的微观经济学是最具诺贝尔奖星光的经济学分支,这个"20 世纪 50 年代以前尚不存在的理论"(1990 年诺贝尔奖颁奖词)迅速成长为经济学中

---

① 在传统的金融分业经营的背景下,商业银行提供的是短期融资,而资本市场提供长期融资,公司在资本市场中发行股票、公司债券等证券凭证来募集长期资本。从这个意义上说,"资本市场"与"证券市场"的含义基本相同。不过,也有学者对资本市场做更宽泛的解释,如斯蒂格利茨认为,将"资本市场"等同于华尔街只是媒体的理解,经济学家眼中的"资本市场",是指包括银行和保险公司在内的与筹资(及分担风险和保险)相关的所有机构,也就是广义的金融市场。参见约瑟夫·E. 斯蒂格利茨、卡尔·E. 沃尔什:《经济学》(第 4 版)(上),黄险峰、张帆译,中国人民大学出版社 2010 年版,第 16—17 页。

② 微观经济学主要研究构成经济的个体单位——厂商、家庭和个人——的行为,即个体单位如何作出决策以及影响这些决策的因素。它试图回答厂商和消费者如何最优化地实施其行为,植根于这种行为的经济均衡之本质等问题。Finance 理论与传统微观经济学的厂商理论和消费者理论的不同点仅在于:它所考虑的是投资者,而不是生产企业或消费者,并且注重研究不确定性下经济主体的决策。参见马科维茨:《证券组合理论基础》,载《诺贝尔奖讲演全集》编译委员会编译:《诺贝尔奖讲演全集》(经济学卷 II),福建人民出版社 2003 年版,第 99 页。

③ 沈艺峰:《资本结构理论史》,经济科学出版社 1999 年版,第 52 页。

④ 颁奖词对三位获奖者共同的研究领域使用的是"financial market"的术语,直译是"金融市场",但从颁奖词的具体内容看,它指的是"证券市场"或"资本市场",参见颁奖词中如下段落对"financial market"的描述:"在很大程度上,国民经济中各部分的储蓄,正是通过这种市场才转化为厂商在厂房和机器设备上的投资的,而且 financial market 反映着厂商的未来景况。在 20 世纪 50 年代以前,几乎没有任何有关 financial market 的理论。这一领域的开拓性贡献是由哈里·马科威茨作出的,他提出了一种有关在不确定性条件下家庭和厂商证券组合决策的理论。……(夏普的——引者注)资本资产估价模型,已成了现代 financial market 价格理论的核心。……当证券组合模型和资本资产估价模型侧重于 financial market 时,默顿·米勒起初与弗兰柯·莫迪里安尼(弗兰克·莫迪格利安尼——引者注)合作,建立了现代公司理财理论的基础(MM 定理——引者注)。……在成熟的资本市场上,股票融资和借款之间的选择,并不会影响厂商的市场价值和资本成本。"《诺贝尔奖讲演全集》编译委员会编译:《诺贝尔奖讲演全集》(经济学卷 II),福建人民出版社 2003 年版,第 97—98 页。

⑤ 布莱克因 1995 年离世与诺贝尔奖擦肩而过。

的显学。

在《新帕尔格雷夫经济学大辞典》的 Finance 词条中,撰写者骄傲地宣称:

> Finance 以其不同的中心点和方法论而成为经济学的一个分支。其基本的中心点是资本市场的运营、资本资产的供给和定价。其方法论是使用相近的替代物给金融契约和工具定价。……大量累积的数据和市场的经验知识、一些强有力的有时是竞争性的直觉,使金融研究日益活跃。这些直觉常用于梳理对数据和产生这些数据的市场的理解。金融中的现代传统起源于建立精巧的模型和理论,以探讨这些直觉并使其能为实际所验证。①

在"四种基本直觉"下,有效市场假说、CAPM、期权理论、MM 定理等尽入彀中。②

现代公司财务理论在诺贝尔奖的辉煌殿堂中一路高歌猛进时,并不曾注意到它身后已是一地鸡毛。第一个被颠覆的无疑是传统的公司财务学科。公司财务从管理学向经济学的转型使得理论模型、实证检验成为研究与教学的重心,财务书籍不再谈论混乱的公司,而是讲优美的数学模型。然而,商学院的公司财务学科毕竟还承担着培养未来的企业管理人员的职能,而管理有时更像是一门艺术而非科学。因此,也有人质疑这些象牙塔中的理论与真实公司的财务管理之间究竟有多相关,认为:

> 对于那些沉湎于其中的人说,这是财务的一个阳光明媚的新时代——可以用"优雅"这个词一遍又一遍地描述。而对于我们这些并不相信这点的人来说,"优雅"却是一种诅咒,一个确切地表明我们正处在不坚实的基础之上的信号。……精确性是学术界的那些为焦虑的客户制作精妙软件的咨询家们的一个有用的推销工具。虽然对那些被不确定性所困扰的人来说,这是一种安慰;但在把握不确定性的未来方面,财务上的精确在最糟的情况下是一个陷阱,在最好的情况下也不过是一种错觉。……商学院的学者们的行为越来越过激,好

---

① 约翰·伊特韦尔、默里·米尔盖特、彼得·纽曼编:《新帕尔格雷夫经济学大辞典》(第 2 卷),经济科学出版社 1996 年版,第 345 页。该词条由美国著名财务学家、套利定价模型作者斯蒂芬·罗斯撰写。

② 同上注,第 345—359 页。

像公司财务这个工具以某种方式提供了一种严格的、科学的,甚至几乎不会出错的资本投资的方法。①

第二个被颠覆的是大洋彼岸的中国金融学界。由于 Finance 的标准中译是"金融",当 1996 年《新帕尔格雷夫经济学大辞典》在我国翻译出版时,Finance 词条被译为"金融",但却未包括国内金融学界主流观点认同的货币银行学②,结果在国内金融学界引发很大震动。恰在此时,教育部进行的高校专业调整将原有的"货币银行学""国际金融"两个专业合并为"金融学"(含保险)专业,此一"金融学"专业与域外商学院或经济系的 Finance 专业简直风马牛不相及,结果引发了我国金融学界历时多年的关于"金融"与 Finance 的含义及学科定位的大争论。③

第三个被颠覆的自然是 Corporate Finance 的中译。《新帕尔格雷夫经济学大辞典》的译者在将 Finance 词条直接翻译为"金融"的同时,也将其中的 Corporate Finance 直译为"公司金融"。本来,在中文语境里,"公司""企业"是微观主体,而"市场"或"金融"都属于更为宏观的范畴。因此,传统上"公司财务"或"财务学"与"金融"或"金融学"之间的界限是非常清楚的。如今,顶着诺贝尔奖熠熠光环的现代公司财务理论却如同坐火箭一般直升入"金融理论",或者,用我国学者的语言来说,"公司财务学与金融学的一体化"④,的确让人有眩目之感。

那么,Corporate Finance 是否就必然译为"公司金融"呢?

三、当 Corporate Finance 进入我国
——中文语境下的语词流变

在我国,Corporate Finance 是一个历史悠久的舶来品,民国时期就已

---

① 路易斯·洛温斯坦:《公司财务的理性与非理性》,张蓓译,上海远东出版社 1999 年版,第 7、9 页。
② 在美国,货币银行学是 Money Economics,属于宏观经济学的范畴,与 Financial Economics 是两个不同的概念。
③ 参见黄达:《金融、金融学及其学科建设》,载《当代经济科学》2001 年第 4 期;黄达:《关于金融学科演进的几点认识》,载《中国金融》2009 年第 4 期;黄达:"中国的金融学科建设之路",《第一财经日报》2011 年 6 月 2 日。按照黄达教授的观点,为协调 Finance 作为微观经济学的定位与中文语境下"金融学"之宏观定位之间的冲突,可将 Finance 理论称为"金融市场决策学"。
④ 参见李心合:《财务管理学的困境与出路》,载《会计研究》2006 年第 7 期。

经从英美引入,与当时屡弱的民族资本以及初生的证券市场相对应。在计划经济时代,体制性因素导致英美模式的 Corporate Finance 荡然无存,转而采苏联模式下的企业内部财务管理进路。改革开放之后,英美模式的 Corporate Finance 又重新进入人们的视野。可以说,20 世纪中国社会与经济制度的几度急剧转型导致了一种断裂式的路径依赖,不同时期、不同形态的企业财务活动呈现不同的特点。这一切为"公司财务"一词的中译增加了新的制度因素,也成就了今天"公司理财""财务管理""公司财务""公司金融"等术语自由生长的历史背景。

(一) 公司理财

清朝末期,随着民族资本主义的萌芽,我国开始出现官商合股的股份公司,并有了向公众发行股票募集资金的尝试。① 进入民国后,公司法、票据法、银行法等商事法律相继颁布,上海等地设立了股票交易所。尽管早期的股份公司及证券市场的运作因为各种原因而弊端丛生,但它们毕竟为初生的民族资本企业的财务管理提供了一个外部制度环境。在这一背景下,英美国家的会计制度和财务管理知识也被从海外留学归来的学子陆续引入。在笔者检索的北京大学图书馆藏书中,民国时期出版的书籍通常将 Corporate Finance 译为"公司理财"。

以朱国璋先生的《公司理财》为例。② 作者认为,"定义之诠释,为研究任何科学之先决条件,……但英美理财之名著,对于定义,鲜有适当之解释",故该书首先给"公司理财"定义如下:"公司理财者,为研究公司资金之募集,运用及分配之科学也。"作为一门学科的公司理财学,其内容包括五个方面:"(1) 公司创立时之理财问题;(2) 公司扩充时之理财问题;(3) 公司流动资金之筹募及运用问题;(4) 公司损益之取决及利润之分配问题;(5) 公司之财务改组问题。"③

从民国时期的公司理财书籍中可以获知以下几点:

第一,在时间点上,民国时期对应于西方国家公司财务的"融资时期"

---

① 参见陈锦江:《清末现代企业与官商关系》,中国社会科学出版社 2010 年版,第 134—146 页。
② 参见朱国璋:《公司理财》,中华书局 1948 年版。该书共有 1945 年版、1946 年版和 1948 年版 3 个版本。
③ 同上注,第 1 页。

及"依法管理财务时期",因此公司理财的书籍也很典型地反映了此一时期域外文献的特点,即以描述公司财务实践为主,核心是融资决策,同时兼顾资金管理与破产改组,并强调会计问题的重要性。

第二,当时对于"公司理财"与其他相关学科之关系已有基本认识,认为公司理财"应与其他商学课程相配合,尤以会计学、投资学、银行学及财政学为最"。① 其中,"公司理财"与"投资学"为一个硬币之两面:"前者以公司为主,研究如何吸收社会游资,以供其需;后者以投资者为主,研究如何以其过剩之资金,选购各企业之证券。立场虽异,重心则同。"② 而银行学则与今天的金融机构学、金融组织学异曲同工,覆盖商业银行、投资银行、中央银行、票号、交易所等不同金融中介组织,且主张理解银行及金融市场对于研究公司理财问题非常重要。③

第三,当时已经形成了"公司"与"市场"两个不同层次的术语:在微观主体层面,是"公司理财";在市场层面,包括作为部分的"证券市场"和作为整体的"金融市场"。对金融市场中不同金融中介组织各自的核心功能也有清晰的描述:

> 银行为融通资金之机构,向有工商业输血管之称,在现代化之国家中,因信用制度之高度发展,银行遂日趋分工与专业。商业银行,以融通短期资金为任务;投资银行,以供应长期资金为职责;中央银行,以控制信用,调剂金融为使命;外加证券市场,票号等融通资金之中间机构,集合而成一完备之金融市场,为产生及孕育股份公司之母体……④

1949年后,随着中国大陆经济与社会体制的改变,股份公司与证券市场不复存在,"公司理财"这一中译方式也随之消散;但在大陆之外的华语世界这一译法却延续下来,如中国台湾地区学者黄柱权于1972年出版的台湾高等学校财务管理课程的教材——《公司理财》。不过,自20世纪90年代中期开始,大陆学者也重拾"公司理财"之称谓,如1994年出版的陈小悦、乌山红所著之《公司理财学基础》,王向阳、葛俊杰、雷良海所著的

---

① 参见朱国璋:《公司理财》,中华书局1948年版,第3页。
② 同上注,第4页。
③ 同上注。
④ 同上注。

《当代公司理财》①,1995年出版的熊楚熊编著的《公司理财学原理》②,等等。当然,此时大陆学者已经将现代西方公司财务理论的研究成果吸收进来,因此,公司理财学教材的内容已经与民国时期的《公司理财》有显著区别。

以陈小悦、乌山红编著的《公司理财学基础》为例。该书认为,公司理财学以企业的投资与筹资以及与之相关的问题(特别是金融市场)为研究对象,主要内容包括:(1)现值计算;(2)收益与风险分析;(3)资本预算;(4)企业资本结构与资金成本;(5)融资工具与融资战略;(6)期权知识及其在公司财务中的应用;(7)企业绩效分析及财务计划等。

不仅如此,该书作者还对 Corporate Finance 的几种中译进行了说明:"本书定名为'公司理财学基础',是因为英文的 Finance 一词一般译为'理财学',但也经常根据场合不同而译为'金融'或'财务'。"③不过,该书并不严格区分"公司财务"与"公司理财"两种提法,该书的如下表述可堪为证:"公司财务或称公司理财学,研究公司当前与未来经营行为所需资源的取得与分配。"④"公司财务的理论基础,或者更一般地——理财学的基础理论部分又称为财务经济学(financial economics)。"⑤

(二) 财务、财务管理、企业财务管理、公司财务管理

新中国成立后,逐渐建立起公有制为主导的计划经济体制,证券交易所被关闭,仅余银行作为外部融资渠道。国有企业取代了股份公司,企业在财务事项方面的自主权大大降低,仅限于对计划内拨付给企业的资金进行管理。"公司理财"不复存在,代之以苏联模式的"财务工作"或"财务管理"。

在1949年至1954年间,原东北人民政府财政部、中央第一机械工业部等陆续组织翻译了苏联及其他新民主主义国家的财政金融或企业管理方面的著作。其中,与企业财务管理有关的书籍对企业的资金收支与管理业务采取了"财务"的提法,如1953年出版的《棉纺织企业的生产、财务

---

① 王向阳、葛俊杰、雷良海编著:《当代公司理财》,同济大学出版社1994年版。
② 熊楚熊编著:《公司理财学原理》,中国财政经济出版社1995年版。
③ 陈小悦、乌山红编著:《公司理财学基础》,清华大学出版社1994年版,前言IX。
④ 同上注,第1页。
⑤ 同上注,第3页。

技术计划》①《苏联建筑机关财务工作上的各项基本问题指南》②《机器制造工厂的财务计划工作》③等。在 1954 年,《工业企业财务监督的组织》④一书翻译出版;同年底,商业部财务会计局根据国营商业财务制度及信贷、结算办法,并参照商业部苏联专家关于苏联贸易机构财务工作情况的报告及中国人民大学有关苏联贸易财务课程的教材,编写形成《国营商业财务教材》⑤。这一从翻译到编著的转换,标志着我国从知识体系上对前苏联传统的企业内部财务管理基本框架的引入已基本完成。

基于本文的写作目的,计划经济体制下的企业财务管理中可以提炼出以下几个特点:

第一,企业财务管理是在国家与企业的纵向财务管理关系下进行的,国家统收统支,不承认企业作为独立商品生产经营者的地位。因此,企业缺乏经营、筹资与投资的自主权,其财务管理的核心内容不是融资决策,而是按照经过批准的生产经营计划取得资金、使用资金,并尽可能节约资金的使用,同时对相关业务流程进行财务监督。企业外部资金来源主要是国家拨款,也有银行、贸易往来等。

第二,财务管理强调的是守法(守规)、执行、监督的内部管理程序,与会计、法律的关系很紧密,颇有西方公司财务早期"依法财务管理"的影子。以国营商业企业为例,其财务管理工作包括:企业资金及其来源,财务计划(包括自有流动资金定额计划、利润计划、应纳税金计划、固定资产折旧计划等),企业的划拨结算,企业信贷,财务分析,财务监督与检查,等等。⑥ 对工业企业的财务监督则涉及根据生产经营计划对生产过程、原

---

① "企业的生产财务技术计划,是国民经济计划的一部分,它包括企业下列各方面的活动:如生产、财务、基本建设、供应及销售。"扎马赫夫斯基、薄列克、氟里金贝尔克:《棉纺织企业的生产、财务技术计划》,中国人民大学工业企业组织与计划教研室译,中国人民大学 1953 年版,第 1 页。

② 伊·朴·雷查金、玛·雅·格陵堡、阿·伊·沙赫诺维赤编著:《苏联建筑机关财务工作上的各项基本问题指南》,甘雨农译,东北人民出版社 1953 年版。

③ 斯捷潘诺夫:《机器制造工厂的财务计划工作》,中央第一机械工业部财务会计司译,机械工业出版社 1953 年版。

④ 克里契夫斯基、格鲁特曼:《工业企业财务监督的组织》,中央第一机械工业部财务会计司译,机械工业出版社 1954 年版。

⑤ 中华人民共和国商业部财务会计局编著:《国营商业财务教材》,财政经济出版社 1955 年版。

⑥ 同上注。

材料供应过程、产品发出与销售过程的财务监督。①

第三,将企业的资金收支管理称为"企业财务",与"国家财政"之间形成逻辑上的对称关系,也使得该概念更清晰明了,容易为人接受。其实,民国时期的书籍就将"公司理财"与"财政学"视为姊妹学科,为体现对称性,表述中也已经采用了"公司财务"之提法,如"前者(财政学)为研究国家理财之方法,后者(公司理财)为研究公司财务之处理"②。不过,这种"微观—财务、宏观—财政"的对称关系的明确建立,还是在计划经济阶段完成的。

然而,十年"文革"打碎了"一切规章制度",即使是苏联传统的财务计划—资金使用—财务监督模式也未能有效执行。用武林的语言来说,企业被彻底废掉了财务管理的内功。20世纪80年代恢复经济建设后,企业不得不重新熟悉基本的财务管理技能,建立诚信的会计记录。然而,彼时已开始的体制改革将企业从传统的计划工厂转型为自负盈亏的商业主体,融资以谋求发展又成为摆在企业面前的严峻课题,它们急需了解银行贷款、外资合资、企业联营等不同资金筹措渠道。进入90年代后,股份公司的兴起、资本市场的建立以及国有企业财务、会计制度的改革,给企业实现由商品生产者到资本运作者的"最惊人的一跳"③搭建了制度平台。可以说,改革开放以来企业财务关系在内、外两方面呈现的剧烈变动,令"财务管理"重新成为经济生活中的热门话题。

不过,此时,"财务管理"已不复原苏联传统的内涵,但也非英美传统下的以资本市场为导向的融资决策与投资决策,而是兼具"融资决策"与"提升资金管理能力"的双重涵义。其中,提升资金管理能力又与会计管理密切相关,因为会计系统提供的真实、可靠、完整的财务信息是企业进行融资、投资和其他相关决策的信息基础。这种独特的"财务管理"概念反映出我国现阶段企业的独特诉求:既需要补上企业管理专业化、规范化这门课,又需要面对经济全球化、金融全球化以及资本运作的新挑战。在

---

① 参见克里契夫斯基、格鲁特曼:《工业企业财务监督的组织》,中央第一机械工业部财务会计司译,机械工业出版社1954年版。
② 朱国璋:《公司理财》,中华书局1948年版,第3页。
③ 市场人士将我国企业由产品生产到商品生产的转变称为"第一次跳跃",由单一生产型向生产经营型的转变称为"第二次跳跃",由生产经营型向资本运作型的转变称为"第三次跳跃",并认为这是"最惊人的一跳"。参见慕刘伟主编:《资本运作》,西南财经大学出版社2005年版,前言第1页。

此,外部融资与内部管理同样重要。

正是在这一背景下,当我国企业经历组织形态的变更,或改制,或设立为股份公司时,企业财务管理也就自然地转换为"公司财务管理",或者"公司财务"。不难想见,有之前数十年的"财务"概念做铺垫,"财务管理"或"公司财务"也成为这一时期相关书籍、教材最主流的提法。

(三) 公司金融

"公司金融"的提法在我国出现是在20世纪90年代中后期,但真正流行起来还是进入21世纪之后。不同阶段的"公司金融"背后隐含着学者不同的意趣与学科进路。

最早以"公司金融"命名的教科书是上海交通大学管理学院一群教师在1995年编写的《现代公司金融》。[1] 编写者有感于刚刚进入证券市场的上市公司(多为国企改制而来)对"现代"公司财务管理概念的陌生,特别是忽略会计管理与财务管理的差异,特撰写该书来系统地介绍公司金融活动方面的内容,希望推动上市公司建立独立于会计部门的"金融投资部门"。[2] "公司金融活动"包括公司投资决策、筹资手段、金融工具、证券的发行、分红政策、企业兼并收购及融资租赁等方面。作者认为,企业组织从传统计划经济体制下的工厂模式向现代公司模式转变,需要经历两次观念革命:一是市场营销观,即以销定产而不是按上级批准的计划生产;二是金融观,即

> 认识到金融投资活动在现代公司经营管理中所处的位置不亚于市场营销,筹资的方式、时机、投资的方向与金额,把投资性质与筹资方式综合考虑以作出最佳筹资投资决策等等,这些金融投资活动对整个公司的成败起着至关重要的作用。[3]

可以说,此一时期的"公司金融"与"公司财务管理"并无本质差异,仍然着眼于提升企业的财务管理能力,而非金融理论导向。

---

[1] 杨朝军等编著:《现代公司金融》,上海交通大学出版社1996年版。
[2] 该书对会计部与金融投资部各自的职能进行了区别:金融投资部负责筹资和投资,银行和信用关系及管理,股息红利政策,保险、退休金计划,兼并控股扩张等;会计部负责会计及财务报表,内部稽核与审计,税务、记录保管,预算准备,职员工资等。参见同上注,前言第2页。
[3] 同上注,前言第1页。

另一方面,1996年《新帕尔格雷夫经济学大辞典》翻译出版以及1997年教育部对金融学专业的调整在金融学界引发的震动在进入21世纪后终于传导到Corporate Finance上。由于Corporate Finance课程也是金融学专业的基础课程,在经过激烈的争论后,金融学界基本达成了将"金融学"划分为"宏观金融学/宏观金融分析"与"微观金融学/微观金融分析"①的共识,"公司财务"被纳入"微观金融学"的范畴。2003年,两本以《公司金融》命名的教材问世,即高等财经院校系列教材之《公司金融》②以及21世纪高等院校经济与管理核心课经典系列教材之《公司金融》③,其背景正是我国高等院校金融学课程体系改革,设置微观金融方面的课程。此后,自编教材或翻译引进的教科书中以《公司金融》命名者越来越多。

由此,Corporate Finance的中译在我国就形成了"公司理财""公司财务""公司金融""财务管理""财务学""企业财务管理"共生的局面。其中,"公司理财"与"公司财务"之间差异不大,几可归入一类。学科背景方面,金融学专业背景的相关书籍大多谓之《公司金融》,而会计学专业、财务管理专业背景的则偏好《公司财务》或《公司理财》之名。不过,目前来看二者之间的差异可能"名大于实"。一方面,受到现代公司财务理论的影响,不少会计与财务管理背景的学者也认同公司财务的学科定位已从传统的管理学或者会计学分支转变为应用经济学的分支,因此尽管其教材以《公司理财》《公司财务》《财务管理》或《财务学》命名,但也更多着眼于企业层面涉及金融市场、金融行为的管理活动,或多或少地将成本管理、预算和财务分析等剔除在外,以划清自己与传统的"财务管理"(强调以财务数据为基础、对企业实行有效控制)④之间的界限。另一方面,《公司金融》虽

---

① 宏观金融学"是研究资金在一国范围或全球范围内配置的学科,这是通常的宏观经济学、货币银行学、金融市场学研究的内容",微观金融学"是研究个人、企业如何进行资源配置以及金融资产定价的学科,它包括投资学、公司金融等内容。……公司金融主要是研究公司的投资和融资管理,是金融学中研究企业金融决策的分支学科"。杨朝军等编著:《现代公司金融》,上海交通大学出版社1996年版,第2页。
② 岳军、冯曰欣、闫新华编著:《公司金融》,经济科学出版社2003年版。
③ 胡庆康主编:《公司金融》,首都经济贸易大学出版社2003年版,前言IX。
④ 胡奕明、陈亚民主编:《公司财务案例》,中国财政经济出版社2007年版,前言第1页。

已定位于微观金融或微观经济学,但对于何谓"公司金融"却尚未达成共识。① 最有意思的可能是王重润教授主编的"21世纪高等学校金融学实践创新系列教材",该书2005年出第一版时名为《公司金融学》②,到2010年出第二版时,封面《公司金融学》书名下添括号注明"又名:公司理财学"③,且开篇即称"公司金融又称公司财务,公司每一项决策都与此有关"。④ 当然,随着金融理论的进一步发展,定位于微观金融分析的"公司金融"与强调管理、控制的"公司财务"之间或许会有更明显的分野。

从实践层面看,"财务管理"的概念最为深入人心,"公司财务"或"公司理财"也因此广为接受,相较之下,"公司金融"的提法几乎难为实务界理解。这里可能有几个方面的原因。第一,"金融"概念在我国的使用和传播已有一百余年,通俗版的"资金融通"说与主流定义——"金融是指货币流通和信用活动以及与之相联系的经济活动的总称"⑤——均指向宏观的金融体系、制度以及货币银行等金融领域,并不突出反映资本市场的地位,更不涉及企业的微观管理活动。第二,Finance一词在中文中根据不同的场合本已有不同的译法,并非一概译为"金融"。⑥ 将Corporate Finance译为"公司财务",与public finance("公共财政")形成"微观—财务、宏观—财政"的对应关系,也容易被人接受。第三,我国资本市场也不过二十余年,上市公司数量有限,一般企业进入资本市场直接融资迄今仍有诸多限制,因此,企业财务管理与资本市场的联系远不及英美国家。相反,"公司财务"或"公司理财"的管理学色彩较浓厚,蕴含着企业练内功、提升对财务事项的管理能力之义,也符合我国当前企业管理水平的现状,与企业的诉求比较吻合。

---

① "目前,我国学术界对公司金融的理解也不尽相同,有人认为公司金融应定义为与企业有关的一切金融活动;有人则认为公司金融只应包括企业内部的资金管理。"胡庆康主编:《公司金融》,首都经济贸易大学出版社2003年版,第2页。
② 王重润主编:《公司金融学》,东南大学出版社2005年版。
③ 王重润主编:《公司金融学》(第2版),东南大学出版社2010年版。
④ 同上注,第1页。
⑤ 刘鸿儒主编:《新金融辞海》(上),改革出版社1995年版,第59页。
⑥ 例如,《新帕尔格雷夫经济学大辞典》中紧随Finance词条的Finance and Saving,就被译为"融资与储蓄",而非"金融与储蓄";Public Finance也是译为"公共财政",而非"公共金融";Financial accounting则被译为"财务会计",而非"金融会计"。

四、当 Corporate Finance 遭遇 Law

公司是一个聚合大众资本而成的商业组织，Corporate Finance 自始与法律紧密交织在一起，因任何一种融资交易都可能滋生公司作为融资人与债权人或股东之间的矛盾，从而需要法律定分止争。正因为如此，我们看到，从 19 世纪末开始，英美国家中有关 Corporate Finance 的法律教科书就已经问世。①

相对于近年来 Finance 或 Corporate Finance 的中译对我国金融学界或管理学界造成的震荡，Corporate Finance 进入我国法学界的过程可谓是波澜不惊，"公司金融"几乎成为现有的法学翻译作品的标准中译。②这不免让人感到一丝惊奇。法律是一个有厚重历史感的领域，很难想象 Corporate Finance 在过去的一个世纪中理论与实践的快速变化不会给它打上烙印。进一步，当"法律语境下的 Corporate Finance"进入中国时，又会遭遇怎样的制度背景？这些题目太大，不是本文能处理的。在此，笔者只是粗略地探讨一下域外法律文献中的 Corporate Finance 的基本含义。

一篇发表在 1971 年美国《商业律师》杂志上的文章——"州（公司）法对 Corporate Finance 的规制"给我们的探索提供了方向性的引导。文章开篇即言："Corporate Finance 一词，以它当下在公司法层面被使用的方式，不过是对法定会计（legal accounting）或规制公司经营与财务报表的会计理念的一个新提法。在此之前，我们大多数人理解的 Corporate Finance 仅指与证券发行有关的商业与法律问题。"③按图索骥，我们可以发现，在不同时期法律语境下的 Corporate Finance 存在着不同的面貌，而且这种面貌与 Corporate Finance 本身的演变之间存在一种若隐若现的联系。

---

① See William A. Reid, *A Treatise on the Law Pertaining to Corporate Finance (including the Financial Operations and Arrangements of Public and Private Corporations as Determined by the Court and Statutes of the United States and England)*, H. B. Parsons, 1896.

② 参见艾利斯·费伦：《公司金融法律原理》，罗培新译，北京大学出版社 2012 年版；弗兰克·B. 克罗斯、罗伯特·A. 普伦蒂斯：《法律与公司金融》，伍巧芳、高汉译，北京大学出版社 2011 年版。

③ Abraham M. Stanger, "State Regulation of Corporate Finance", 26 *Business Lawyer* 301 (1970).

(一)"与证券发行有关的商业与法律问题"

"与证券发行有关的商业与法律问题"正是 20 世纪 50 年代之前的公司财务所关注的问题。那是一个被称为公司财务早期的"融资阶段"与"依法财务管理阶段",同时也是公司财务与法律密切交织的阶段。我们可以在这一时期的法律书籍与公司财务书籍中清晰地找到这种相通性。例如,阿道夫·伯利的 *Case and Materials on Corporate Finance*(1930,1942)[①]、威廉·道格拉斯等的 *Case and Materials on the Law of Financing of Business Unit*(1931)[②]等法学教材,与财务学家阿瑟·杜因的 *The Financial Policy of Corporations*(1919,1920,1926,1934,1941),都是对公司融资实务的详细描述,从发起设立公司到发行股票、债券、优先权证等,介绍与之相关的公司法、破产法或证券监管方面的要求,列举了很多案例与轶闻,强调会计的重要性,对一些欺诈性做法进行谴责,等等。只不过,公司财务书籍通常落点在法律框架下的财务实践,而法律书籍则定位于更充分地阐述规制公司财务实践的法律规范。

(二)"法定会计"与"财务条款"

"州(公司)法对 Corporate Finance 的规制"一文的背景是 20 世纪 60 年代的美国第三次并购浪潮。60 年代正是现代公司财务理论兴起的时期,财务学者对于资本市场运作机理的描述正逐渐深入,它即将对法律规制公司融资、并购以及其他财务交易的传统方式提出挑战。但在"州(公司)法对 Corporate Finance 的规制"成文时,人们所关注的还是如何规制大公司这种具有威胁性的经济实体。

60 年代并购潮中争议很大的一个问题就是权益结合法(pooling of interest)导致的激励扭曲。这是一种对并购交易进行记录的会计处理方法,特点是按合并双方账面价值编制合并后的财务报表,不确认收购溢价(商誉),不调整被并入企业资产的账面价值,同时确认合并时被并入企业已实现的利润。由于这种会计处理方法可以在并购后快速提升公司每股

[①] 该书 1942 年版更名为 *Case and Materials in the Law of Corporate Finance*,并增加了第二作者 Roswell F. Magill,由 West Pulishing Co. 出版。
[②] William O. Douglas &. Carrol M. Shanks, *Case and Materials on the Law of Financing of Business Unit*, Callaghan, 1931.

收益,在60年代一路上涨的股市中备受欢迎,因此当时进行的许多并购交易并非出于实现规模效益或者提高经营效率,而主要是为了利用会计准则来制造财务收益。美国著名会计专家亚伯拉罕姆·布里洛夫教授将其形象地比喻为"肮脏的池塘"(dirty pooling)。① 当时,美国证券交易委员会、美国财务会计准则委员会以及州公司法立法者都受到公众压力要遏制此种并购交易。不过,该问题因过于技术性而最终未得到州公司法或证券监管者的实质性回应,而是通过会计准则的修订限制权益结合法的滥用。②

总体来看,美国公司法本身的法定会计规则局限于"财务条款",即涉及如下内容的条款:"对股东的股息和其他分派;股票的赎回或者以其他方式取得,以及随后的处置;声明资本的维持与减少"③,换言之,也就是公司法中历史悠久的法定资本规则。不过,当《统一示范公司法》在20世纪80年代最终摒弃法定资本概念时,美国公司法中的财务条款也基本瓦解了。另一方面,证券监管在规制公司财务方面却开始发力,包括美国《证券法》第11条终于对公司财务造假祭出利剑④,《威廉姆斯法案》(1968)对要约收购的监管,以及后续《反海外贿赂行为法》《萨班斯法案》等对公司建立内部控制程序的要求,等等。

今天来看,这一语境下的Corporate Finance基本转化为"证券监管"与"法律&会计"两条进路,后者也被有些学者认为属于公司治理的一部分。⑤

---

① Abraham Briloff教授发表了一系列文章,对权益联合法给予猛烈的抨击,包括:Abraham Briloff, "Dirty Pooling", 42 *Accounting Review* 489 (1967); Abraham Briloff, "Distortions Arising From Pooling-of-Interests Accounting", 24 *Financial Analyst Journal* 71 (1968); Abraham Briloff, "Much-Abused Goodwill: Purchase Accounting Has Become as Dirty as Pooling", *Barron's* April 28, 1969; Abraham Briloff, "The 'Funny-Money' Game", 25 *Financial Analyst Journal* 73 (1969); and Abraham J. Briloff, *Unaccountable Accounting*, Harper & Row, 1972.

② 对此过程的描述,参见乔尔·塞里格曼:《华尔街变迁史——证券交易委员会及现代公司融资制度的演化进程》(修订版),田风辉译,经济科学出版社2004年版,第422—436页。

③ William P. Hackney, "The Financial Provisions of the Model Business Corporate Act", 70 *Harvard Law Review* 1357 (1957).

④ *Escott v. BarChris Construction Corp.*, 283 F. Supp. 643 (S.D.N.Y. 1968).

⑤ Joel Seligman, "Accounting and the New Corporate Law", 50 *Washington & Lee Law Review* 943 (1993); Lawrence A. Cunningham, "Sharing Accounting's Burden: Business Lawyers in Enron Dark Shadows", 57 *Business Lawyer* 1421 (2002).

(三)"公司融资与财务经济学的结合"

1985年,《杜克法律评论》上的一篇书评提供了关于 Corporate Finance 的新见解:"在当下的公司法教学中,Corporate Finance 意味着一门将有关公司融资的传统法律材料与财务经济学(financial economics)原理与实务结合的公司法高级课程。"[①]引领这一新风尚的是维克多·布鲁德尼(Victor Brudney)与马尔文·A. 查尔斯泰恩(Marvin A. Chirelstein)于1972年出版的 *Case and Materials on Corporate Finance*。[②]

布鲁德尼与查尔斯泰恩两位作者原为罗格斯大学的同事。1965年,查尔斯泰恩加入耶鲁大学法学院,被安排教授"商事单元 II",主题是债券契约和其他法律实务合同。这些源于融资律师实务的契约条款繁琐细碎,缺乏理论性,属于"天底下最无聊、最不起眼的课程"。[③] 然而,彼时现代公司财务理论的研究正异军突起,洞见迭出,MM 定理、证券组合、CAPM 等纷纷华丽登场,它们对证券市场的描述比债券合同中的条款要有趣得多,智识上也更有挑战性。布鲁德尼与查尔斯泰恩对诸如股价随机漫步、有效市场假设等新观念非常着迷,也好奇它们对公司法中的法律责任规则或财产规则可能会有怎样的影响。这种痴迷的结果就是二人在1972年出版的 *Cases and Materials on Corporate Finance*,把财务经济学的基本原理与传统公司法下的融资问题结合在一起,以推动公司融资领域法律问题的深入讨论。该书以"对财务经济学的导读"开头,依次处理企业与证券估值、资本结构、高级证券(可转换公司债、优先股)、股利和保留盈余、信息披露、内幕交易等主题。80年代时恶意收购出现后,该书修订版剔除了有关内幕交易、1933年《证券法》下的责任等内容,补充了并购交易部分。

法学院 Corporate Finance 课程的创设,特别是将现代公司财务理论

---

① William W. Bratton, "Corporate Finance in the Law School Curriculum", 1 *Duke Law Journal* 237 (1985).

② Victor Brudney & Marvin A. Chirelstein, *Cases and Materials on Corporate Finance*, Foundation Press, 1972.

③ Roberta Romano, "After the Revolution in Corportate Law", 55 *Journal of Legal Education* 342 (2005). 有关美国20世纪60年代至80年代的公司法研究革命的概况,可参见李清池:《美国的公司法研究:传统、革命与展望》,载《中外法学》2008年第2期。

引入对公司融资法律问题的分析,标志着"美国公司法研究的革命之肇始"[1],其贡献可与微观经济学(价格理论)对反垄断法研究的革命相媲美。[2] 新的分析框架以公司价值最大化为目标,将法律因素、商业考虑、法庭意见、监管者的政策与公司管理层、投资人、基金经理等各种主体的决策等都纳入其中,打破了传统法律文献对公司融资的商业实践过度简化描述的现状,重构了一个与真实世界的复杂性更吻合的模型,并在各个环节展示公平与效率的冲突。

目前,美国顶尖法学院基本都开设了 Corporate Finance 课程,并以财务经济学作为基本分析工具。后续出版的 Corporate Finance 教材进一步反映了新制度经济学和行为经济学对现代公司财务理论的发展与修正。从内容上看,这些教材处理的主题大致包括估值、融资交易(包括各种债券与股票)、并购交易、衍生工具几个部分,它们也是现代公司财务管理的主要内容。

(四)"法与公司金融"

进入 21 世纪后,关于 Corporate Finance 的最新法律语境是"法与公司金融"。这可能也是国内学者最熟悉的,因为近年来"法与金融"(Law & Finance)研究在国内学术界属于比较热门的学问,而"法与公司金融"也属于同一研究进路。

"法与金融"是 20 世纪末由大西洋两岸不同国家的四位经济学家——瑞法尔·拉波塔(Rafael La Porta)、弗洛伦斯奥·洛佩斯-西莱恩斯(Florencio Lopes-de-Silanes)、安德烈·施莱弗(Andrei Shleifer)和罗伯特·维什尼(Robert W. Vishny)联合进行的一系列有关法律与金融发展的专题研究,通常以四位学者姓氏的首字母合称为 LLSV。从形式上看,LLSV 是 Finance 与 Law 的交叉研究,但其本源是两条经济学研究进路的自然延伸:一是发展经济学研究,作为发展经济学,特别是金融发展与经济增长关系研究的深化,LLSV 力图探讨法律对金融发展,特别是资

---

[1] Roberta Romano, "After the Revolution in Corprtate Law", *id.*

[2] William W. Bratton, "Corporate Finance in the Law School Curriculum", 1 *Duke Law Journal* 237 (1985).

本市场发展产生了何种影响,并进而如何推动了经济发展[①];二是公司治理研究[②],作为一种公司治理理论的创新,LLSV 扬弃了之前的根据银行主导融资模式与资本市场主导融资模式来划分不同国家的公司治理模型的研究进路,转而关注法律体系的特征对于公司治理模式的影响。[③] 其基本的研究结论是:英美法系国家为公司股东及债权人提供更多的法律保障,这也意味着这些国家有更多公众小股东以及更强大的资本市场。[④]

LLSV 开创的"法与金融"进路对于公司法研究有重要意义,开创了"对公司法律制度的差异进行定量研究的模式,从而塑造了关于比较公司法的当下见解",并对法律移植与法律演变等问题提供了新的洞见。[⑤] 进一步的问题是,它与法学界通常关注的两个视角——"对公司财务的法律规制"以及"公司法、证券法等背后的经济理性"——之间究竟是一种什么样的关系?二者是同一条路径还是两种不同的进路?对这个问题,或许可以借用罗纳德·科斯区分"法经济学"对于经济学家与法学家之不同蕴意的一段话来回答:

> 法经济学实际上存在两个分支,一个是以波斯纳教授为代表的法律的经济分析,即利用经济学原理分析法律,包括用经济学方法和概念来探讨律师所运用的法律原理,以及分析法律体系的运作。经济学家对这个分支并不感兴趣,至少我是如此。我感兴趣的是法律体系的运作对经济体系产生的影响。当法律与监管规则发生变化,经济活动将会有什么不同?这是我对法经济学的兴趣所在。第一个分支或许符合贝克尔的评价,激动人心的时期已经结束;但第二个分

[①] 参见皮天雷:《法与金融:理论研究及中国的证据》,中国经济出版社 2010 年版,第 9—12 页。

[②] Andrei Shleifer & Robert W. Vishny, "A survey of corporate governance", 52 *Journal of Finance* 737—(1997).

[③] Rafael La Porta, Florencio Lopez-de-Silanes, Andrei Shleifer & Robert Vishny, "Investor Protection and Corporate Governance", 58 *Journal of Financial Economics* 3 (2000). 该文已由缪因知博士译为中文,参见拉菲·拉波塔、弗洛伦西奥·洛佩斯德西拉内斯、安德烈·施莱弗、罗伯特·维什尼:《投资者保护与公司治理》,缪因知译,载《金融法苑》(总第 78 辑),中国金融出版社 2009 年版。

[④] Florencio López de Silanes, Rafael La Porta, Andrei Shleifer & Robert W. Vishny, "Law and Finance", 106 *Journal of Political Economy* 1113 (1998).

[⑤] 罗伯塔·罗曼诺编著:《公司法基础》(第 2 版),罗培新译,北京大学出版社 2013 年版,第 746 页。

支(对各种企业合约的研究)正欣欣向荣……①

笔者以为,法与金融这种基于法系比较的经济学研究正属于科斯教授所言的第二个分支,即经济学家感兴趣的"法与金融"。至于它对法律界的意义,与其说为公司财务的规制实践提供理论指导,或者证实了有关公司财务的法律规则具有经济理性,不如说它间接地为各国法律制度的改进提供了一个源自资本市场的路标。

五、结　　语

对 Corporate Finance 之中译背后的知识谱系的梳理,展示了一幅枝蔓横生的图景:这里既有商业实践与理论的交织和分离,又有持续不断的制度移植与疏离;语词的流变发生于历史长河中,也承受着历史长河的蜿蜒曲折。

黄达教授在不同场合评论我国金融学界在世纪之交那场"Finance"与"金融"大争论时感叹:"一百多年以来,我们的金融学科建设不论如何曲折萦回,基本属于'引进'型。"②然而,现代经济学的概念、范畴大多只能意译。

> 如何选择对应的词汇不容易。……但更困难的是不存在完全对应的词汇。……在最初翻译之际,就难以实现内涵与外延的全然对应。特别是在经济发展变化的过程中,洋文本身的内涵会有所演进。……作为译文的中文词,在使用的过程中也同样会由于经济的发展而强化或弱化某方面的含义。这就使译文和原文更难保持一一对应的关系。中文的词"金融"与西文的词 Finance 就是存在着这种始终难于全然对应状况的典型例证。于是,在我们这样的国度中,常常由译文引起争论甚或混乱。③

Corporate Finance 也不例外。Corporate Finance 在我国的传播与接受过程被深深地打上了中国在 20 世纪经历的几番制度变革的烙印,它叠

---

① Douglas G. Baird,"The Future of Law and Economics:Looking Forward",64 *University of Chicago Law Review* 1129—(1997).

② 黄达:《中国的金融学科建设之路》,《第一财经日报》2011 年 6 月 2 日。

③ 黄达:《金融、金融学及其学科建设》,载《当代经济科学》2001 年第 4 期。

加到"Corporate Finance"本身持续变化的实践与学理之上，使得各种译法都在一定程度上获得了自身的正当性基础。不同中译的并存一方面可能是学术自由繁荣的体现，另一方面也不可避免地引发各种误读。

当 Corporate Finance 再交织进 Law，就更难免歧义纷呈。姑且不论移植引进这个因素，在概念的源头地也还存在着不同的解读。尽管 19 世纪末的法律人就开始撰写有关 Corporate Finance 的法律教材，但进入 21 世纪了依然有法律人主张：

> "Corporate Finance"并不是一个专门术语，不同的人可能会有不同的理解。……"Corporate Financial Law"一词在某种程度上具有误导性，因为它并不是一个单独的法律部门。本书讨论的法律涵盖了合同法、财产法、公司法和公司破产法，以及涉及证券、并购和其他事项的专门监管法律。①

但是，解读的多样性不应当阻碍人们进行交流与沟通，这意味着论者与听众都需要清楚术语是否处于同一语境，更不应当消解理论对实践的意义——毕竟 Corporate Finance 首先是具有实践意义的管理活动。从这个角度看，上引域外学者对 Corporate Finance Law 覆盖的众多法律领域的概括无疑体现了法律术语的实践导向。当然，如果按我国当下上市公司财务运作的法律背景来评判，域外学者对 Corporate Finance Law 的概括恐怕还是太窄了。十年前爆发而至今未结的"郎顾之争"（又称"顾雏军事件"）或许最典型地反映了当下我国上市公司财务运作争议的特征。②"郎顾之争"的波澜初起于公司并购交易，但郎咸平指控顾雏军的实质性违规内容却潜藏于会计操纵与盈余管理；然而，整个事件引发的争议在"国退民进"的宏观经济政策命题上最为喧嚣，但最终的法律后果却落实在公司法层面的违规操作，包括虚假出资、虚假报表、大股东挪用公司资金等。因此，从会计技术问题到财务决策问题，从微观市场主体的守法与合规问题到政府的宏观政策取向问题，四个不同层次的争议交织在一起，使得法律的介入并未定分止争，相反，往往引发更大的争议。"郎顾

---

① Louise Gullifer & Jennifer Payne, *Corporate Finance Law: Principles and Policy*, Hart Publishing, 2011.

② 参见搜狐财经专题:《顾雏军出狱归来，七年公案孰是孰非》，http://business.sohu.com/s2012/guchujun/，2014 年 2 月 9 日访问。

之争"反映出,在我国当下的经济社会急速转型与法制建设的起步阶段,每一层面上的制度建设都尚未成型,不论是会计准则还是法律,不论是公司经营理念还是政府的治理方式,都处于不断探索、试错的形成过程中。因此,我们可能需要一个非常宏观的与公司财务或公司理财相关的法律(或更确切地说,治理)框架的概念。

从这个角度看,期待一个整齐划一的"Corporate Finance"以及"Corporate Finance + Law"的标准中译的确是不现实的想法,需要考虑场合、阶段、对象、学科等。最终的判断标准可能是:当下中国的公司财务运作实践,究竟需要一个什么样的观念,才能够推动中国企业不仅通过财务运作实现"最惊人的一跳",而且还能够安然落地。

质疑法定资本制(最低资本)[①]之改革[*]

——公司资本制的合约、经济与文化基础

蒋大兴[**]

> 中国的市场经济仍处于婴儿期(infant stage),本土市场正在体验"信用短缺"(a shortage of credit),可靠的会计系统(accounting system)和有权威的信用评级机构(authoritative credit rating agencies)尚未得到发展。因此,中国完全缺乏采纳授权资本制的先决条件。……通过允许注册资本分期缴纳,很多中国学者相信,经过2005年修改后的公司法已经吸收了授权资本制的灵活性的优点,没有必要继续前进。
>
> ——Gordon Y. M. Chan[①]

一、法定资本制过时了吗

传统上,一些国家曾认为,最低资本要求是债权人保护的有效方法,也是股东获得有限责任的对价,这种事前规制机制(ex ante mechanism)可以阻止创设资本不足的公司再将风险转移给债权人,因此,赞成维持甚

[①] 将"法定资本"与"最低资本"以括号形式并列,并非意在表明二者之间系并列关系,而是试图突出本文意在对法定资本中的核心要素"最低资本"的讨论。

[*] 原文刊于《中国法学》2015年第6期。

[**] 北京大学法学院教授、博士生导师。

[①] Gordon Y. M. Chan, "Why does China not abolish the minimum capital requirement for limited liability companies?", at http://ssrn.com/abstract=1442791(Last visited on April 20, 2014).

至强化最低资本。而另一些国家则从未臣服于最低资本,它们采取一种事后规则的方式(ex post rules)保护债权人利益,最低资本因此成为成本高昂和多余之物,"受到了严厉攻击"①。流行观点认为,法定资本制(legal capital)过于严格,既不能确保债权人利益,又影响企业设立效率。"目前的资本条款超出了其目的(债权人与股东保护)且导致了不必要的营业成本"②。因此,法定资本正处在火山口上——全球掀起了多场"去法定资本制"的改革,仿佛不取消最低注册资本、不废除实缴制,就不能创造最佳的公司生存环境,更无法融入"全球最佳公司法"之列③,英、美、德、日、法等国,莫不如此。一些学者因此不解:为何中国公司一直保留着比英国高400倍的最低实收初始资本要求?④ 就在学者困惑不解时⑤,中国以迅雷不及掩耳之势"缓和了法定资本制"——不仅取消了一般公司最低注册资本额的限制,还改"实缴制"为"合约认缴制"。这被认为是"松绑企业"的进步措施,获得了很多认同⑥,甚至被视为具有"里程碑意义"。⑦

曾被视为"资本宗教"的法定资本制过时了吗?全球商业社会真可以离开法定资本而生活?虽然,我们所能感知到的法律似乎或主要是一种

---

① Machado, Francisco Soares, "Effective Creditor Protection in Private Companies: Mandatory Minimum Capital Rules or Ex Post Mechanisms?" (August 15, 2009), at http://ssrn.com/abstract=1568731 or http://dx.doi.org/10.2139/ssrn.1568731(Last visited on Jan. 9, 2014).

② See Hanny Schutte-Veenstra, Hylda Boschma, Marie-Louise Lennarts, *Alternative Systems for Capital Protection*, Final report dated 18 August 2005, 2005 WODC, Ministerie van Justice, p. IX.

③ See Jennifer Payne, "Legal Capital in the UK Following the Companies Act 2006", In J Armour & J Payne (eds), *Rationality in Company Law: Essays in Honour of D D Prentice*, Hart Publishing, 2008, University of Oxford Faculty of Law Legal Studies Research Paper Series, Working Paper No 13/2008 May 2008, at http://ssrn.com/abstract=1118367(Last visited on Feb. 28, 2014).

④ See K. L. Alex Lau, "Why Are the Initial Paid-up Capitals of Private Limited Companies in China 400 Times Bigger Than Those in the UK?", at http://ied.hkbu.edu.hk/publications/wp/WP200703.pdf (Last visited on Oct. 29, 2015).

⑤ 例如,有学者认为,如果法定资本理论仍在中国被大力捍卫,则取消最低资本规则,甚至只对有限公司取消最低注册资本,将不是一个可以由立法轻而易举地作出的决策。See *Id*.

⑥ 参见陈胜:《资本信用与资产信用的学说分析及规范分野》,载《环球法律评论》2015年第1期;施天涛:《公司资本制度改革:解读与辨析》,载《清华法学》2014年第5期;刘燕:《公司法资本制度改革的逻辑与路径——基于商业实践视角的观察》,载《法学研究》2014年第5期。

⑦ 参见刘凯湘、张其鉴:《公司资本制度在中国的立法变迁与问题应对》,载《河南财经政法大学学报》2014年第5期。

"人为的理性设计",但吉尔兹认为,文化虽非决定行为的"权力",却是使人类行为趋于可解的背景综合体。① 因此,对法律制度合理性的评价,不能脱离文化的意蕴背景。本文拟用实证方法,从公司资本制度的合约、经济与文化基础角度,反思2013年公司资本制度之改革,以证明立法者的预设——传统法定资本过于严苛——没有实践基础。比较法告诉我们,法定资本制并未被抛弃,它只是一直处于被动改造中,资本认缴制是法定资本的另一种宽松形式。

二、法定资本制是什么:比较法上的格局

(一)法定资本之多元结构

"法定资本"的概念虽一直存在争议,但其至少包含以下功能:其一,规定必须投入公司的最低资本;其二,当净资产低于所投资本价值时,限制公司向股东转让财产。② 传统上,股东须向公司投入并由公司维持的资本被称为"法定资本",它涉及股东出资及公司向股东的分配③,与此相关的规则被称为"法定资本规则"④。法定资本的主要目的是保护债权人,该目的通过设计最低初始投资资本、许可外流的最大资本及公司存续时须维持的资本水平得以实现。法定资本的功能主要有:其一,防止公司滥设;其二,为公司运营提供物质基础;其三,充当债权人的安全保障,最低资本被认为是债权人贷款的某种"保证基金"。⑤

---

① 参见 Geertz, "Clifford, Thick Description: Toward an Interpretive Theory of Culture", C. Geertz, *The Interpretation of Cultures*. New York: Basic Books, 1973, p. 9. 转引自王海龙:《导读一:对阐释人类学的阐释》,载克利福德·吉尔兹:《地方性知识——阐释人类学论文集》,王海龙、张家瑄译,中央编译出版社2004年版,第7页。

② See John Armour, "Legal Capital: An Outdated Concept?", *European Business Organization Law Review* 7 (2006).

③ See Bayless Manning & James J. Hanks, Jr., *Legal capital*, at 11, Foundation Press, 4th Revised ed., 2013.

④ See Richard A. Booth, "Capital Requirements in United States Corporation Law", University of Maryland School of Law, Legal Studies Research Paper, No. 2005-64, at http://ssrn.com/abstract=864685(Last visited on Feb. 3, 2014).

⑤ Gordon Y. M. Chan, "Why does China not abolish the minimum capital requirement for limited liability companies?", at http://ssrn.com/abstract=1442791(Last visited on April 20, 2014).

可见，法定资本规则是关于股东向公司出资及如何维持公司资产的一系列规则，其主要功能是调整公司股东和债权人间的冲突。[①] 当公司欠缺偿债能力时，股东通常可以直接透过股东会或间接透过董事控制公司运营，用多种方式损害债权人利益图利自身。[②] 故，法定资本制致力于约束股东对公司财产的不当瓜分。就此而言，将法定资本视为大陆法系国家的"法律特产"是不全面的。无论是英美法系还是大陆法系国家，都存在上述法定资本的"功能等值物"。也即，法定资本从未被世界抛弃，它只是在不断地改造和完善中。

比较法之通说认为，宽松的授权资本制是普通法国家的专利，而严格的法定资本制则是大陆法系国家的专属。此为误解。在英美法中，都曾有法定资本的影子——它们都在某些时期采纳了最低资本（或资本实缴制）的要求，甚至还保留着"资本维持"规则[③]。可见，"法定资本"乃世界现象。或者说，全世界只有一种资本制度——法定资本制。只是不同国家、不同时期法定资本的"规则体系"存在差异，法定资本是一种"多元结构"的"晶体之物"——在一些国家，重在规范公司设立初的最低资本，如传统大陆法系及早期英国和美国各州；而在另一些国家，则重在规范公司成立后的"财产支出行为"（如现代美国各州）；有些国家，将法定资本规则安排在公司法中（例如欧陆），而另一些国家，则可能同时将其安排在破产法等法律中（如现代美国），等等。因此，法定资本是一种复杂的多元体系，它不仅规范公司设立之初的财产安排——资产如何从股东流向公司，还规范公司成立后的财产分配——资产如何从公司流向股东。鉴此，所有对规制公司资本的国家，都在某种程度上体现了法定资本的一面，只是其规制重心存在差异——有的注重公司设立过程中的股东财产行为之规制（如最低资本、资本实缴要求）；有的注重公司设立后的公司财产行为之规制（如股利分配、回购、欺诈转让、抽逃出资及法人格否认规制）；有的则

[①] See Jennifer Payne, "Legal Capital in the UK Following the Companies Act 2006", In J Armour & J Payne (eds), *Rationality in Company Law: Essays in Honour of D D Prentice*, Hart Publishing, 2008, University of Oxford Faculty of Law Legal Studies Research Paper Series, Working Paper No 13/2008 May 2008, at http://ssrn.com/abstract=1118367(Last visited on Feb. 28, 2014).

[②] C. W. Smith & J B Warner, "On Financial Contracting: An Analysis of Bond Covenants", 7 *J. Fin. Econ.* 117, 118—119 (1979).

[③] 参见邓峰:《资本约束制度的进化和机制设计》，载《中国法学》2009年第1期。

同时重视设立前后的财产规制(如传统中国)。无论法定资本的规制重心、规制策略有多大差异,其目标皆一致。即如何避免因股东之不当行为而影响公司财产之独立与完整。法定资本制的此种规制策略差异及法域,可用下表例示(参见表1):

表1 法定资本制的多元结构与规制策略

成立前规制	规制对象	规制法域	成立后规制	规制对象	规制法域
最低资本	股东	公司法 会计法	信息披露	公司、股东	公司法 会计法 证券法
资本实缴 虚假出资	股东 发起人		股利分配 股份回购 减资限制	公司、股东	
分期缴纳	股东		法人格否认	股东、公司、董事	
评估	股东 评估机构		欺诈转让 抽逃出资/撤销权	公司、股东、董事、债权人	公司法 破产法 合同法
验资	股东 验资机构		衡平居次	股东、公司	

此种多元规制策略,反映了立法者对股东与债权人在资本分配事项上的冲突之协调。美欧对债权人及股东在法定资本配置方面的潜在冲突采取了非常不同的反应。美国已进化到为股东提供最大便利的阶段,其许多州的公司法均缺乏直接的债权人保护机制[①],债权人保护乃由联邦《欺诈转让法》规定[②],债权人保护自身远离机会主义股东侵害的主要工具是合同。[③] 此为典型的事后规制策略——在公司成立后,由债权人依合同自由权采取措施保护自身利益。法律主要规定公司应承担适时披露义务,将有关财务信息准确、全面地告知债权人,"债权人对公司将及时履

[①] L. Enriques and J. R. Macey, "Creditors versus Capital Formation: The Case Against the European Legal Capital Rules", 86 *Cornell Law Review* 1165 (2001).

[②] R. C. Clarke, "The Duties of the Corporate Debtor to its Creditors", 90 *Harvard Law Review* 505 (1977). In the UK the equivalent provisions are ss 238, 423 Insolvency Act 1986.

[③] See Jennifer Payne, "Legal Capital in the UK Following the Companies Act 2006", In J Armour & J Payne (eds), *Rationality in Company Law: Essays in Honour of D D Prentice*, Hart Publishing, 2008, University of Oxford Faculty of Law Legal Studies Research Paper Series, Working Paper No 13/2008 May 2008, at http://ssrn.com/abstract=1118367(Last visited on Feb. 28, 2014).

行其义务有合理期待"①。为现实、有效地评估债权风险,债权人需充分、及时地了解公司财务信息。②此种立场与美国政治哲学中的个人主义价值观一脉相承。可见,美国法定资本制更注重对公司成立后行为(包括资本分配及信息披露行为)之规制,是结合了会计法与合同法、破产法的法定资本规制策略。

相反,欧陆多采取事前规制方法,以尽早约束公司及其股东对债权人的致害行为——此乃公司资本集体主义、强制主义哲学观之表现,与自文艺复兴以来盛行的理性主义精神有关。欧洲人认为,公司设立对债权人存在真实、可信的威胁,应予事先规制——当股东投资于公司时,其将获得有限责任利益,却可能使债权人遭受合约受损的成本,而有限责任原则很难打破。例如,在英国普通法中,成文法的主要例外是1986年《破产法》第214节,该节虽在理论上非常有力③,但因诉讼投入困难,很少发挥作用,有限责任原则基本完好无损。该原则限制了公司破产时债权人可能获得的财产数额。因此,债权人应获得由法律而非合同强制安排的补偿。诸如,规制与股东投资有关的行为:限制最低资本;限制将资产向股东转移;公司清算时让债权人居前;以及实行资本维持原则,确保股东不通过不当财产分配损害债权人。④法律设计者认为,披露财务信息只能对债权人提供有限保护⑤,因信息披露经常滞后,且无法避免虚假不实。

---

① See J. Rickford, "Reforming Capital: Report of the Interdisciplinary Group on Capital Maintenance", *European Business Law Review* 2004, Volume 15, issue 4. Quoted from Hanny Schutte-Veenstra, Hylda Boschma, Marie-Louise Lennarts, *Alternative Systems for Capital Protection*, Final report dated 18 August 2005, 2005 WODC, Ministerie van Justice, p. 56.

② See Hanny Schutte-Veenstra, Hylda Boschma, Marie-Louise Lennarts, *Alternative Systems for Capital Protection*, Final report dated 18 August 2005, 2005 WODC, Ministerie van Justice, pp. 56—57.

③ D D Prentice and J Payne, "Civil Liability for Directors in English Law", in I Ramsey (ed), *Company Directors' Liability for Insolvent Trading*, CCH Australia Ltd, Melbourne, 2000.

④ See Jennifer Payne, "Legal Capital in the UK Following the Companies Act 2006", In J Armour & J Payne (eds), *Rationality in Company Law: Essays in Honour of D D Prentice*, Hart Publishing, 2008, University of Oxford Faculty of Law Legal Studies Research Paper Series, Working Paper No 13/2008 May 2008, at http://ssrn.com/abstract=1118367(Last visited on Feb. 28, 2014).

⑤ See Hanny Schutte-Veenstra, Hylda Boschma, Marie-Louise Lennarts, *Alternative Systems for Capital Protection*, Final report dated 18 August 2005, 2005 WODC, Ministerie van Justice, p. 57.

尤其那些已与公司从事交易的债权人,不能从信披中得到保护,无论多么充分的信披都不能让公司清偿其债务。① 且债权人自救机制存在固有成本,其对非自愿侵权行为债权人和"弱势"合同债权人之保护,不像对"强势"合同债权人那么有效。故,应采强制性保护规则。② 这可能是某些国家采最低资本及资本实缴等事前规制的缘由。

(二) 法定资本之比较法样本

可见,在比较法上,法定资本制并非"单一体系"。在大陆及英美法系国家,均可发现法定资本乃"多样性"之存在。下文按照国别/区域与历史逻辑,观察法定资本在全球公司法中的诞生和运动轨迹。

1. 英国③

英国乃最早推行法定资本制的国家,其公开公司至今仍维持着最低资本要求。1855年有限责任法案第1条要求公司提供最低20,000英镑资本,每股最低票面价值25磅,且在公司注册前至少应认缴3/4名义资本,每一股份的1/5为实缴。此乃典型的"事前规制"的法定资本思维——该立法旨在保护债权人、增强市场安全,防止公司滥设。④ 但因最低资本包含了太多不必要的保护,有利于实力雄厚的公司垄断经营⑤,故1856—1862年公司法案废除了最低实收资本要求。⑥ Horritz哀叹:该废除使英国与大陆公司法平行,但英国未提供欧陆法案认为必要的保护——

---

① See H. Beckman, Minimumkapitaal, aansprakelijkheid en publiciteit: wat moet de crediteur hiermee (Minimum Capital, Liability and Publicity: What Should Creditors do with This?) Ondernemingsrecht 2004, p. 24. Quoted from Hanny Schutte-Veenstra, Hylda Boschma, Marie-Louise Lennarts, *Alternative Systems for Capital Protection*, Final report dated 18 August 2005, 2005 WODC, Ministerie van Justice, p. 57.

② Peter O. Mülbert, "A Synthetic View of Different Concepts of Creditor Protection—or: A High-level Framework for Corporate Creditor Protection", Law Working Paper No. 60/2006, February 2006, at http://ssrn.com/abstract=883625(Last visited on Feb. 28, 2014).

③ 关于英国部分的资料,主要参考 Fritz Ewang, "EU Minimum Capitalisation Requirement: An Analysis and Critique of The EU's Minimum Capitalisation Requirement", at http://ssrn.com/abstract=1015708(Last visited on Jan. 9, 2014).

④ Id.

⑤ Refer to Hansard, HL Deb Vol CXL11 col 1489 ((1856). Quoted from Id.

⑥ Fritz Ewang, "EU Minimum Capitalisation Requirement: An Analysis and Critique of The EU's Minimum Capitalisation Requirement", at http://ssrn.com/abstract=1015708(Last visited on Jan. 9, 2014).

在登记前支付认缴资本的相当一部分,该缺失弱化了资本维持原则。①

1962年杰金斯委员会再次提出最低资本要求缺失问题。一些委员认为,出资不实是商业失败的主要原因,公司设立时有法定最低资本并以现金支付,会阻止部分出资不实的公司设立。另一些委员则认为,该要求虽可行,但若不能阻止变相抽逃出资,则很易规避。尽管委员会原则上支持最低实缴出资,却未建议独立的最低资本要求。② 直到后来受欧共体公司法二号指令及1973年白皮书影响,资本维持原则及最低资本要求才被植入1980年公司法。根据2006年《公司法》第763条之规定,公开公司应有最低资本50,000英镑,且在营业前,至少1/4及发行股份的全部溢价须以货币或等值货币支付。该法案虽不适用于私人公司,该类公司只需股本100磅或更少便可运营,但法定资本在英国并未完全寿终正寝——如同Jennifer Payne所说:"随着2006年公司法的实施,法定资本规则仍在公开公司坚定地存在着,且仍对私人公司有着某些影响"。③

2. 欧陆

与英国相反,多数欧陆国家对私人公司有最低资本要求(参见下表2),法定资本规则甚至被简化、等同为"最低资本规则"——此类规则是"神圣的",它们被法律和经济单位所接纳且早已扎根社会。然而,最低资本不是"非理性的路径依赖",这些国家的学者们描绘了采纳该类规则的诸多理性。④

---

① Horritz, Walter, "Historical Development of Company Law", 62 *Law Quarterly Review* 375, 385(1946). Quoted from Fritz Ewang, "EU Minimum Capitalisation Requirement: An Analysis and Critique of The EU's Minimum Capitalisation Requirement", at http://ssrn.com/abstract=1015708(Last visited on Jan. 9, 2014).

② Jenkins Committee, Company Law Committee (hereinafter, Jenkins Committee) Report Cmnd 1749 (1962), para 27—31. Quoted from Fritz Ewang, "EU Minimum Capitalisation Requirement: An Analysis and Critique of The EU's Minimum Capitalisation Requirement", at http://ssrn.com/abstract=1015708(Last visited on Jan. 9, 2014).

③ See Jennifer Payne, "Legal Capital in the UK Following the Companies Act 2006", In J Armour & J Payne (eds), *Rationality in Company Law: Essays in Honour of D D Prentice*, Hart Publishing, 2008, University of Oxford Faculty of Law Legal Studies Research Paper Series, Working Paper No 13/2008 May 2008, at http://ssrn.com/abstract=1118367(Last visited on Feb. 28, 2014).

④ Machado, Francisco Soares, "Effective Creditor Protection in Private Companies: Mandatory Minimum Capital Rules or Ex Post Mechanisms?" (August 15, 2009), at http://ssrn.com/abstract=1568731 or http://dx.doi.org/10.2139/ssrn.1568731(Last visited on Jan. 9, 2014).

表 2 欧洲各国公司最低资本要求汇总表①

Country/国家	Minimum capital and corporations/最低资本与公司类型
奥地利	GmbH：EUR 35.000；AG：EUR 70.000
比利时	Société privée à responsabilité limitée / Besloten Vennootschap met Beperkte Aansprakelijkheid：EUR 18.550Société anonyme / Naamloze Vennootschap：EUR 61.500
捷克	s.r.o.：CZK 200.000（EUR 5.800）；a.s.：CZK 2.000.000（EUR 58.000）
丹麦	APS：DKK 125.000（EUR 16.800）；A/S：DKK 500.000（EUR 67.000）
英国	Private company：nil；Public company：￡50.000（EUR 75.000）
荷兰	Limited company：EUR 8.000；Public limited company：EUR 80.000
法国	SARL：EUR 1（effectively 0）；SA / SAS：EUR 37.000
荷兰	B.V.：EUR 18.000（2012年之后为0②）；N.V.：EUR 45.000
爱尔兰	Private company：EUR 1（effectively 0）；Public company：EUR 38.092,14
波兰	SPzoo：PLN 50.000（EUR 10.640）—后改为"4,000兹罗提" SA：PLN 500.000（EUR 106.400）—后改为"100,000兹罗提"
匈牙利	Kft：HUF 3.000.000（EUR 11.400）；Rt.：HUF 50.000.000（EUR 76.000）
德国	GmbH：EUR 25.000；AG：EUR 50.000
意大利	S.r.l.：EUR 10.000；S.P.A.：EUR 120.000
葡萄牙	LDA.：EUR 5.000；SA.：EUR 50.000
西班牙	S.R.L.：EUR 3.006；S.A.：EUR 60.102
瑞士	Sarl/GmbH：CHF 20.000（EUR 12.900）；SA/AG：CHF 100.000（EUR 64.500）
瑞典	Private company：SEK 100.000（EUR 10.800）；Public company：SEK 500.000（EUR 54.000）
斯洛伐克	SRO：SKK 200.000（EUR 5.000）；AS：SKK 1.000.000（EUR 25.000）

---

① 2012年10月1日取消有限公司（BV）的最低资本要求，载 http://www.ocra.com/solutions/eu_holding/Netherlands.asp，2014年4月10日访问。

② 资料来源：*Company Law Across Europe. An EVCA Tax & Legal Commitee Paper* (Edited by Clifford Chance) June 2004. Quoted from Ákos Szalai, "Reducing Minimum Share Capital in Limited Liability Companies：A Basic Model", at http://ssrn.com/abstract=1414127 (Last visited on Feb. 28, 2014).

但也有一些学者主张，欧盟应放弃其目前的法定资本规则，采取更灵活的、契约论者的规则，以促进欧洲市场的创业精神和商业发展。[①] 为此，一些欧盟国家在英国朝底竞争策略的逼迫下，纷纷改革其法定资本制。例如，在2008年11月生效的《德国有限公司法现代化与反滥用法》创设了一种企业家公司（entrepreneur corporation），大大降低了公司设立成本。设立该公司仅需象征性资本1欧元，经营者每年须将四分之一盈利注入注册资本中，若注册资本达到25,000欧元，"企业家公司"可向传统有限公司转变。[②] 该次修订确实导致公司数量增长。截至2010年12月底，德国境内共设立了20,000余家该种新型公司。[③] 但德国只是为某些创业者设计了一种初期无特别注册资本要求的企业形式，并未取消最低注册资本。Helmut Kohl教授的路径依赖理论解释了为何德国未直接取消有限公司最低注册资本——"法定资本已深深根植于德国法律思维中，这种改变是极为困难的。更为可能的是，德国公司法仍固守原有路径，该路径经由19世纪漫长的公司法荆棘、停留在20世纪30年代的非正当的、有时甚至是触犯刑法的财务实践中。"[④]企业家公司只是德国为应对欧盟各国公司法竞争，对最低资本要求越来越遭受质疑和批判的一种"技术性妥协"。法国自1925年引进有限公司以来，一直存在最低资本制度。2003年经济创新法取消了此制[⑤]，简单明了地将注册资本交"由公司章程"确定。这引发了强烈反对之声，一位法国律师认为其"毫无用处"，"一欧元有限公司对创业者来说其实很危险。若一两欧元就能启动商业经营，那创业也太容易了"。[⑥] 可见，在欧陆立法中，尽管法定资本在不断地松绑，一些国家取消了对有限公司最低资本的要求，但多数国家仍

---

① Enriques, Luca and Macey, "Creditors versus Capital Formation: The Case Against the European Legal Capital Rules", 86 *Cornell Law Review* 1165 (2001).
② 参见曲凌刚：《论德国修改公司最低注册资本对我国的启示》，载资本市场法制网，http://www.chinacapitallaw.com/article/default.asp? id=2261, 2014年4月19日访问。
③ 蒋舸、吴一兴：《德国公司形式的最新变革及其启示》，载《法商研究》2011年第1期。
④ Helmut Kohl, "Corporate Governance: Path Dependence and German Corporate Law: Some Skeptical Remarks From the Sideline", 5 *Colum. J. Eur. L.* 189 (1999).
⑤ Gordon Y. M. Chan, "Why does China not abolish the minimum capital requirement for limited liability companies?", at http://ssrn.com/abstract=1442791(Last visited on April 20, 2014).
⑥ 参见曲凌刚：《论德国修改公司最低注册资本对我国的启示》，载资本市场法制网，http://www.chinacapitallaw.com/article/default.asp? id=2261, 2014年4月19日访问。

维持对公开公司最低资本的限制,还有一些国家仍坚持有限公司最低资本之要求,只是该要求在数额上不断在降低。所以,法定资本只是在改变,而未被完全消灭。

3. 美国

美国公司法属各州立法,虽有联邦授权的公司,但无统一的联邦公司法[1],只有美国律协起草并荐各州采纳的《示范商事公司法》(MBCA)等。美国法定资本规则的变迁经历了一个历史过程,因此"理解美国公司资本要求的最佳方法是历史方法"[2]。美国早期立法对法定资本有明确要求。1875年,新泽西州通过了第一个普通公司法,在美国最早规定了最低资本,要求公司营业执照应包括以下条款:"该公司的股本总额,不低于2,000美元;能够开业的数额,不低于1,000美元……"该法典在1899年被特拉华州复制。1913年,新泽西州公司法取消了若干更为自由的条款,从此,特拉华在公司设立中一直保持着更有吸引力的地位。[3] 1928年《统一商事公司法》(The Uniform Business Corporation Act)采纳了新泽西州公司法最低资本的规定,还规定违反该要求的董事应承担连带责任,该责任不限于规定的出资数额。该法于1957年被废止,但肯塔基、路易斯安那和华盛顿州等采纳了与该法第7、8条(即最低资本要求条款)相似的规定。1950年,美国律协颁布了MBCA,开业前的最低资本缴纳要求仍包含其中。受其影响,美国各州公司法多有最低资本要求(参见下表3)。1979年,MBCA的制定者开始消除"法定资本"的概念。[4] 经过1983年全面大修——包括法定资本的根除——该文件成为众所周知的"修正的示范商事公司法"(RMBCA)。[5] 1987年,RMBCA对传统股东出资方式做了大幅修改,完全放弃了传统的"法定"资本概念。有些州公司法(如

---

[1] See Hanny Schutte-Veenstra, Hylda Boschma, Marie-Louise Lennarts, *Alternative Systems for Capital Protection*, Final report dated 18 August 2005, 2005 WODC, Ministerie van Justice, p. IX.

[2] See Richard A. Booth, "Capital Requirements in United States Corporation Law", University of Maryland School of Law, Legal Studies Research Paper, No. 2005-64, at http://ssrn.com/abstract=864685(Last visited on Feb. 3, 2014).

[3] See Mark J. Roe, "Delaware's Competition", 117 *Harv. L. Rev.* 588(2003).

[4] See Committee on Corporate Laws, "Changes in the Model Business Corporation Act-Amendments to Financial Provisions", 34 *BUS. Law.* 1867(1979).

[5] See Andreas Engert, "Life Without Legal Capital: Lessons From American Law", Working Paper, January 2006, at http://www.engert.info (Last visited on Jan. 9, 2014).

印第安纳)也已放弃对公司最低资本额的要求,成员出资方式开始实行"自由化",不再要求股东全部或立即缴纳全部出资,只需作出承诺即可。现美国已无最低或最高资本要求,仅有最低注册股本要求。股份公司至少10万股,可以是50万股或100万股,每股票面价值由股东自定,从1美分到1美元不等。①

表3 MBCA(1970)之前美国部分州的最低资本要求②

State	数额	法条(statute)
加利福尼亚州	$1000	MBCA 33.295(A)
特拉华州	$1000	MBCA 8-102(A)(4)
马萨诸塞州	$1000	MBCA 301.13
纽约州	$1000	MBCA 55-9
华盛顿州	$500	MBCA 23A.12.058
阿肯色州	$300	MBCA 64.504
佛罗里达州	$500	MBCA 608.56

RMBCA虽取消了法定最低资本限制,但在各州公司法及破产法中,还存在大量有关公司资本的限制。相较事前资本控制而言,这种限制乃事后规制,即便在RMBCA中,仍存在诸如"偿债能力限制"等安排,约束公司财产随意向股东流动。例如,该法第6.40条规定,公司分配的财务底线必须同时符合两项标准:破产测试(bankruptcy test)和衡平偿付不能测试(equity insolvency test)。第6.40(c)(1)规定:"若分配后,按照通常商业规则,公司不能偿还到期债务,则不许进行该分配";第6.40(c)(2)规定:"若分配后,公司总资产低于总负债,则不许进行该分配"。实践中,美国规制股东分配的路径更多依赖已为多数州采纳的《统一欺诈性财产转移法》。欺诈转移规则与股息分配规则很相似,该法禁止任何低于公

---

① 参见曲凌刚:《论德国修改公司最低注册资本对我国的启示》,载资本市场法制网,http://www.chinacapitallaw.com/article/default.asp? id=2261,2014年4月19日访问。
② see. B. E. D., "Statutory Minimum Capitalization Requirement", 5 *Willamette L. J.* 333, 334 (1969). Quoted from Fritz Ewang, "EU Minimum Capitalisation Requirement: An Analysis and Critique of The EU's Minimum Capitalisation Requirement", at http://ssrn.com/abstract=1015708(Last visited on Jan. 9, 2014).

平价值的财产转移,若:(1)该转移导致公司不能偿还到期债务,或者(2)该转移发生在公司资不抵债时。若公司财产不公平地转移给股东,则构成违法分配或欺诈性转让,从而,可约束股东对公司财产的非法侵占,达到"守住公司资产"的目的。

美国去除法定资本,与其特有的"州立法"模式所导致的各州公司法"朝底竞争"的行动有关。即只要在某州设立公司,就可自由地在他州营业,故各州纷纷松绑公司管制,吸引投资者在本州注册公司。当各州都通过对公司行为的较少限制去竞争时,稀释与法定资本相关的实体规则,无疑有助于"破坏性竞争"和"朝底竞争"。[①] 一些研究发现,特拉华公司的股票价格比其他州更高,这至少意味着股东认为宽松的特拉华规则更好。[②] 没有理由认为,各州之间不竞争会提供更好的法律产品。因此,"法定资本的灭亡是放松公司法的典型"——虽可能是一种诱人的假设,但也可能是该规则被证明无效率而其他已进化的规则更有效率。[③] 有趣的是,大约20年后RMBCA成为欧盟及其成员国的典范:许多关于欧洲法定资本制的批评都是从美国吸取灵感。欧盟委员会公司法高层集团明显是以RMBCA§6.40(c)为参照,拼凑出取代目前资本指令中的分配限制的欧洲"偿付能力标准"。[④] 欧洲委员会正在考虑对资本指令进行修正——包括,可能远离法定资本。[⑤]

(三) 法定资本是什么

法定资本并非神秘之物——只是确保公司有从事营利活动的原始资金、防止公司滥设及危害公司债权人利益的一种法律机制。首先,法定资

[①] See Richard A. Booth, "Capital Requirements in United States Corporation Law", University of Maryland School of Law, Legal Studies Research Paper, No. 2005-64, at http://ssrn.com/abstract=864685(Last visited on Feb. 3, 2014).

[②] See Mark J. Roe, "Delaware's Competition", 117 *Harv. L. Rev.* 588(2003).

[③] See Richard A. Booth, "Capital Requirements in United States Corporation Law", University of Maryland School of Law, Legal Studies Research Paper, No. 2005-64, at http://ssrn.com/abstract=864685(Last visited on Feb. 3, 2014).

[④] See High Level Group of Company Law Experts, "A Modern Regulatory Framework for Company Law in Europe 87—88(2002)", at http://issuu.com/rubensdeblas/docs/jaapwinterinform (Last visited on Oct. 29, 2015).

[⑤] See Andreas Engert, "Life Without Legal Capital: Lessons From American Law", Working Paper, January 2006, at http://www.engert.info (Last visited on Jan. 9, 2014).

本是一种多元的、并非固定不变的结构,也非大陆法系的专利;其次,法定资本是一种复杂的规范系统,因此,法定资本的改革不是独立或单一的改革,若仅在公司法领域展开法定资本的改革,则可能降低债权人的保护水平。

1. 法定资本并非固定不变的结构

法定资本是多元化的,但它总是试图规范三类事项:其一,规范公司成立前,股东的最低出资;其二,规范公司成立前,股东最低出资是否实缴;其三,规范公司成立后,公司财产向股东之流转。如限制公司收购自己股份、禁止欺诈转让、抽逃出资、不法分配、董事协助股东侵占公司资产、股东滥用法人格损害公司资产等。就此而言,欧洲盛行的法定资本制,仍有其英美等值物——最低资本只是法定资本的外衣,法定资本制的本质乃透过资本维持保护债权人利益。无论在英美法系还是大陆法系国家,我们都能看到法定资本制的影子,只是这两大法系的国家分别以不同方式实现着对债权人的保护策略。

在欧陆,最低资本与资本维持成为法定资本的核心特征。而在美国,法定资本也有其反射物——资本维持。无论是最低资本要求,还是资本维持措施,都是法定资本的反映,都是为保障债权人利益而禁止公司资产向股东回流,只是前者为事前限制,后者为事后限制。最低资本是一种最直观、成本最小的交易安全保障方式,是最适合商法外观主义需求的制度。最低资本在欧陆流行,可能与其理性主义文化有关。而偿债能力测试在盛行实用主义、追求实质正义的国家更受青睐。不同的法定资本体系,适用于信用基础不同的国家。以偿债能力测试为基础的法定资本制,适用于企业信息披露较好的国家,以最低资本为核心的法定资本制,适用于企业信息披露不那么健全的国家。

因此,法定资本不等同于最低资本,后者只是其表现形式之一——侧重于事前控制的法定资本技术,法定资本还有诸多侧重于事后控制的法律技术。对法定资本的批评,往往狭隘地集中于对最低资本的批评。虽然最低资本这种统一规制的"单对多"方法(one-fits-all approach),很难适合所有公司,容易遭受批评。但"最低资本"不意味着提供了"充足资本"。① 它只是设定了一个既非相当重要也非成本很高的底线。若不将大量时间放在最低资本上,有关法定资本的批评和建议可能会更好。②

2. 法定资本是一个复杂的规范系统

公司法的研究者很容易将法定资本视为一种僵化、封闭的规范体系。实际上,法定资本是一个十分复杂的规范系统,它甚至并非公司法的专利,公司法、会计法及破产法都可能规范法定资本。既然法定资本是一个体系,那么,改变传统法定资本制意味着该国的公司法及与此相关的其他法规必须做体系性变革。那种将法定资本视为一种独立、封闭体系——有关法定资本的变革可以在公司法内部独自完成的观点是不准确的。"欧洲律师通常将公司资本指令视为一个互相耦合的体系,其中许多规则事实上是独立于法定资本概念而存在的。取消法定资本无须改变其他一切规则。相反,欧盟是否需要保留法定资本只能建立在那些依赖法定资本的规则基础之上,而非那些不相关的规则。法定资本的核心是保护净资产的名义数额不向股东进行分配"③。这表明,法定资本制改革须关注法律体系中那些其依赖的、相关的规则。若法定资本是一个系统,则法定资本制的改革,也须是系统的。任何单向度的局部修改都可能导致降低交易安全的保护水平。例如,Dr. Andreas Engert 认为,法定资本有其优越所在,但美国法在处理公司向股东分配方面也无太多缺陷,欧陆的立法者不能仅采美国模式的"偿付能力测试"。若只是拆除欧洲制度,而未能增补美国法中的其他监管措施,则会导致比现状或美国法更低的保护水平。④ 同样,在中国,若只是单向度地在公司法中推行法定资本改革,我们就只学到了美国法的片面表象而非其全部。

3. 法定资本的债权人保护功能常被误解/放大

公司资本制度到底有何种功能?它如何协调股东与债权人之间的冲突?这需要客观中立的评价。可迄今为止,法定资本的债权人保护功能

---

① See Andreas Engert,"Life Without Legal Capital: Lessons From American Law", Working Paper, January 2006, at http://www.engert.info (Last visited on Jan. 9, 2014).

② See High Level Group of Company Law Experts,"A Modern Regulatory Framework for Company Law in Europe 87—88(2002)", at http://issuu.com/rubensdeblas/docs/jaapwinterinform (Last visited on Oct. 29, 2015).

③ See Andreas Engert,"Life Without Legal Capital: Lessons From American Law", Working Paper, January 2006, at http://www.engert.info (Last visited on Jan. 9, 2014).

④ Ibid.

经常被放大,我们对法定资本的期待往往比其所能完成的任务要更高。论者对法定资本制功能的描述,也多从现实生活中其未能起到对债权人之债权实现的最终担保功能角度出发,解释法定资本制的软弱、缺陷[1],进而认为应废除传统法定资本制——这是狭隘地理解了法律制度的功能。任何法律都无法保障公司债权人最终能得到彻底清偿,公司资本制度、信息披露,甚至担保都不能实现这样的目的——法律充其量只是减少了债务人的违约风险或尽量、尽早披露该种风险。欧洲许多律师认为,法定资本的最初理性是保护债权人,意指其能减少公司的债务违约风险,而非指其能保护"当违约发生时债权人可获得的财产"——无论法定资本保护的是什么财产,当公司无偿付能力时,它们都会消失。法定资本只能通过减少或控制违约风险来实现对债权人的保护。[2]

赋予法定资本过高的债权人保护期望,是因为我们误解了法律的功能——法律的功能不仅表现在其能最终解决纠纷,还表现在其对纠纷发生的预警和提醒。有些法律虽不能解决纠纷,却可预防或减少纠纷。法定资本虽未必能对债权人给予切实保护,但其本身有"过滤违法"的功能——严格的法定资本制使大量可能诈害债权人的违法行为被过滤。所以,一些法律存在意义并不在于其能否最终解决问题,而在于其过滤了大量可能发生的违法。或者说,它限制了人们实施违法之可能——这恰好常常不在实证观察的范围内,多数人往往观察到了法定资本制失败之处,却未能观察到其成功一面——它可能成功警示了大量违法。

任何制度都有其赖以生存的经济、文化基础。以最低资本为核心的法定资本制可能适合那些信用状况不佳的国家。而资本认缴制实质上是一种合约制——其既不同于需实缴资本的传统法定资本制,也不同于存在授权股份的授权资本制,因公司设立时所有资本都已发行认购完毕,无

---

[1] 我国学术界对法定资本、资本三原则以及资本信用的批评可以参见冯果:《论公司资本三原则理论的时代局限》,载《中国法学》2001 年第 3 期;朱慈蕴:《法定最低资本额制度与公司资本充实》,载《法商研究》2004 年第 1 期;傅穹:《公司资本信用悖论》,载《法制与社会发展》2003 年第 5 期;赵旭东:《从资本信用到资产信用》,载《法学研究》2003 年第 5 期;冯果、尚彩云:《我国公司资本制度的反思与重构》,载《中南财经政法大学学报》2003 年第 6 期。

[2] See Andreas Engert, "Life Without Legal Capital: Lessons From American Law", Working Paper, January 2006, at http://www.engert.info (Last visited on Jan. 9, 2014).

授权资本,故其更像法定资本制的变种。① 合约认缴制的有效基础是合同信用和发达的担保机制,若一个国家或地区欠缺合同信用和发达的担保机制,则资本认缴制必将水土不服。因此,如果说传统法定资本制对债权人的保护是虚幻的,那么,变革了的法定资本制——合约认缴制则更加虚幻。为此,我们有必要反思资本认缴制的合约基础。

三、资本认缴制合约逻辑基础的欠缺

资本认缴制实际上是承诺缴纳制,也即只要公司设立者承诺缴纳出资,则可依法设立公司。至于承诺是否对其他股东、公司、公司潜在的债权人或公司登记机关同时为之,仍可研究,但至少乃对参与公司设立的其他股东之承诺。由此,隐藏在资本认缴制后面的逻辑是——公司设立人之间就资本分配(认购)达成协议,则公司可成立。因此,资本认缴制之本质为"合同缴纳制"/"承诺认购制"。该制的功效基础是——合约信用,其效果取决于一国合约信用状况。若合约信用欠缺,则资本认缴制极有可能失败或实施成本高昂。

立法机关取消(限制)实缴制而走向合约认缴制,可能有两个原因:其一,实缴制增加了公司设立成本,影响了公司设立。但需反思的是,从事营业活动是否需有最低门槛?换言之,商行为属风险性行为,资本控制是否乃削弱商行为风险之必需方法?其二,实缴制无法有效实现,实践中公司资本虚空及虚假缴纳、抽逃出资等现象严重。若股东未能依法缴纳出资,事实上最终只能依据公司章程和设立契约要求其补缴出资,此与合约缴纳制无实质区别——当股东不予缴纳时,同样可依合约追责。如此,不如将实缴制直接修改为合约缴纳制。可是,这样的一种修改,却忽略了合约缴纳制的基础——合同信用。只有在合同信用良好的国家,合约缴纳才能维护交易安全。而在中国,合约缴纳之合同信用基础十分欠缺,这可从三方面得到反映:法院处理的民商事纠纷数量、案件强制执行状况及出资瑕疵纠纷数量。

---

① 赵旭东教授也将其理解为属于法定资本制之范畴。参见赵旭东:《资本制度变革下的资本法律责任——公司法修改的理性解读》,载《法学研究》2014 年第 5 期。

（一）合约信用欠缺：法院处理的合同/民商事纠纷状况

信用良好的社会有较好的守约率，从而较少合同/民商事案件。因此，可从法院受理合同/民商事案件的数量，观察中国社会交易信用状况。新中国成立以来纠纷数量在大幅上升，这一方面反映了法治的发达，越来越多的纠纷进入了法院裁判过程；另一方面也反映了社会矛盾增长、诚信机制缺失，大量纠纷需透过强制性司法过程才能解决。新中国成立60年来全国法院共审结民案1.17亿余件，占各类案件总数的58.50%。而且，民案数量呈上升趋势。① 在全部民案中，债务纠纷占据了较大比例。尤其是1978年拨乱反正、改革开放后，债务数量有明显增加（参见图1）。2000—2008年全国法院共审结民商案件4532.19万件，年均503.58万件。其中，涉财产纠纷案件已超越婚姻家庭纠纷案件，成为民案主要类型，尤其合同纠纷案件，每年结案都占民案总数一半以上。② 此种状况一直延续，在2008—2013年全国法院审结的一审民案中，合同纠纷数量均居第一，每年都占民案半壁以上江山（参见下图2）。③ 因数据取得原因，我们虽无法比较社会合同总量变化曲线与合同纠纷总量变化曲线的相关性，进而准确描述社会信用变化状况，但民案中合同纠纷居高不下、"三角债"屡清不绝、关联担保盛行，以及近年来P2P网贷公司频频卷款跑路等

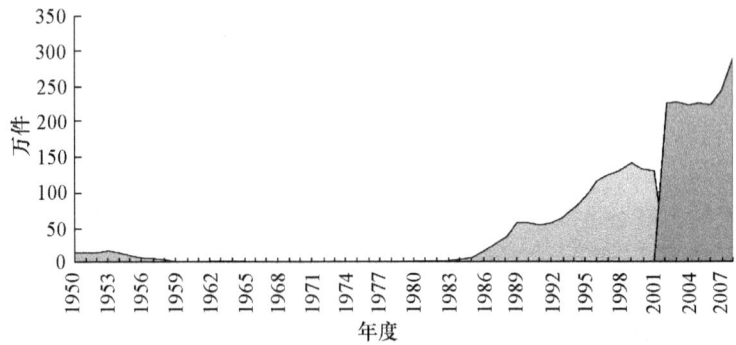

图1　新中国成立60年来债务（合同）案件变化情况

---

① 参见《六十载光辉历程　一甲子司法为民——数说人民法院审判工作60年》，载http://www.court.gov.cn/qwfb/sfsj/201002/t20100221_1368_8.htm，2014年3月4日访问。
② 同上注。
③ 2013年的数据仅指2013年1月到9月的数据，2010年的数据不全，故未列入其中。

现象,都映射了中国社会私人信用不好,社会诚信滑坡、当事人自我解决纠纷能力较弱的状况——这从一个侧面反映了中国社会商业信用不佳的现实。据网贷之家最新统计,今年以来 P2P 网贷平台出现"跑路"或提现困难的公司多达 677 家,其中多数问题平台成立时间短,很快出现问题。①

	2008年	2009年	2011年	2012年	2013年
婚姻家庭、继承纠纷	24.54%	23.82%	24.55%	22.86%	23.03%
合同纠纷	54.00%	54.41%	50.12%	51.62%	51.98%
权属、侵权纠纷	21.46%	21.77%	25.34%	25.52%	24.98%
合计	100%	100%	100%	100%	100%

图 2　2008—2013 年全国法院审结的一审民事案件数量(比率)

(二) 合约信用欠缺:法院判决执行状况

法院判决自动履行的状况能反映一国信用水平,司法判决是一种强制性的国家契约,对司法判决不尊重的国家不可能有良好的合约信用。众所周知"执行难""司法白条"是中国法院面临的非常严重的问题,尽管我们运用司法统计技巧,不断提高案件的执行率,但在中国,司法判决没有权威,当事人拒不执行法院判决裁定的现象十分普遍。

例如,2010 年,在申请执行的案件中,自动履行、执行和解占执行结案的 51.02%,不予执行的占 0.35%,没有财产或财产不清无法执行裁定终结的占 18.72%,采取强制执行措施的占 21.48%。执行案件实际执行率(自动履行、执行和解和强制执行的比例)为 72.50%,其中因拒不执行采取司法措施拘留 11488 人,罚款 693 件。② 而且,从 2008 年到 2012 年,执行案件的收案数量一直在上升。在申请强制执行的案件中,民案可谓一枝独秀。即便有直接强制执行力的公证债权文书,当事人也不能很好

---

① 参见王抑:《P2P 网贷公司为何频现"跑路"潮?》,载 http://tech.sina.com.cn/i/2015-10-23/doc-ifxkaiqx4219008.shtml,2015 年 10 月 30 日访问。
② 参见《2010 年全国法院审理各类案件情况》,载最高人民法院网站,www.court.gov.cn 2011-03-24 16:23:00,2014 年 3 月 3 日访问。

履行。从 2008 年到 2011 年,每年有 1 万多件经过公证的债权文书申请强制执行(参见图 3)。这从另一角度证明——"有约未必信守"是一种常态。

图 3 全国法院执行案件收案分类情况(2008—2011)

(三)合约信用欠缺:出资瑕疵纠纷数量

投资人合约信用的欠缺,还可从出资瑕疵纠纷数量一直高居不下的状况中窥得一斑。按北大法宝 2012 年 2 月 23 日数据库统计,出资瑕疵纠纷是公司法实务中案件数量较多的一类——这也在一定程度上反映了我国投资者并无很好的商业信用(参见下表 4)。推行资本认缴制之后,一些投资人不考虑自然人年龄状况,随意约定过长缴资期限(例如,100 年),或者不考虑自身融资能力,随意约定过高注册资本(例如,过亿的认缴额),甚至以此进行投资欺诈,则从另一角度印证了投资人合约意识之淡薄。若再认为"百年期限"及"天价出资"行为合法,则更是完全漠视民法原则、公司法基础及法教义学之解释规则的妄论。①

表 4 公司法纠纷类型及数量(北大法宝 2012 年 3 月 23 日)

纠纷类型	案件数量	纠纷类型	案件数量
股权确认	368	股东滥用公司法人独立地位和股东有限责任赔偿	28
股东名册变更	20	董事、高管损害股东利益赔偿	38

---

① 有关"百年期限"及"天价出资"的非法性,参见蒋大兴:《"合同法"的局限:资本认缴制下的责任约束——股东私人出资承诺之公开履行》,载《现代法学》2015 年第 5 期。

（续表）

纠纷类型	案件数量	纠纷类型	案件数量
股东出资	522	控股股东、实际控制人、董、监、高损害公司利益赔偿	211
公司章程或章程条款撤销	2	清算组成员责任	31
公司盈余分配	133	公司合并	63
股东知情权	317	公司分立	5
股份收购请求权	15	公司减资	0
股权转让	1601	公司增资	12
股东会、董事会决议效力	216	公司解散	158
发起人责任	4	公司清算	66
股东滥用股东权利赔偿	41	上市公司收购	4

对中国企业及投资人合约信用欠缺的问题，学者曾有专门评论。即认为中国的市场经济仍处于婴儿期，本土市场正在体验"信用短缺"，可靠的会计系统和有权威的信用评级机构尚未得到发展。因此，中国完全缺乏采纳授权资本制的先决条件。最后，但并非最不重要的是，通过允许注册资本分期缴纳，很多中国学者相信，经过2005年修改后的《公司法》已经吸收了授权资本制的灵活性的优点，没有必要继续前进。[①]

（四）合约信用逻辑与认缴资本制之否定

另一个需认真对待的逻辑是，合约信用差是否意味着一定不能采纳以合约为基础的认缴资本制？即，合同纠纷多是否意味着我们需要废除合同逻辑——取消合同法？若因公司资本制的合约逻辑不能很好地"自动执行"，就应禁止/放弃认缴资本制，那是否意味着我们也应因合约不能很好地"自动执行"，而禁止当事人以合同方式从事交易？答案没有这么简单。合约逻辑虽不能很好地得到执行，但在立法上我们安排了担保法、保险法、破产法等机制对付违约者。也即，在合同法领域，允许合约逻辑

[①] Gordon Y. M. Chan, "Why does China not abolish the minimum capital requirement for limited liability companies?", at http://ssrn.com/abstract=1442791(Last visited on April 20, 2014). 年公司法改革的文章可以参见王保树、朱慈蕴：《在发展中追求卓越——2006年商法学研究述评》，载《中国法学》2007年第2期；官欣荣：《我国司法介入公司治理的迷惑及对策》，载《政法论坛》2009年第4期；黄辉：《略论公司法一体化：中国视角及启示》，载《比较法研究》2013年第5期；常健：《股东自治的基础、价值及其实现》，载《法学家》2009年第6期；董淳锷：《公司法改革的路径检讨和展望：制度变迁的视角》，载《中外法学》2011年第4期。

继续存在的前提是，法律设定了安全履约的其他保障机制，可当我们强力推行认缴资本制时，并无此种"体系调整"的思维，法律未专门为认缴资本制之履行设计充分的安全保障机制——这才是问题所在。我们只看到认缴资本制便利交易的一面，未看到其可能摧毁交易的一面，立法机关的考虑是仓促而不周全的。尽管在2014年国家工商总局公布了有关企业信息公示的若干文件，但有关反映企业信用的关键材料，例如财务信息、担保信息、违约情况等，并不在强制公示范围内，而且，该信息披露平台本身存在查询方式不便利等设计缺陷，透过信息公示保障交易安全之目的难以顺畅实现（参见下表5）。因信用公示机制的缺陷，信用发现成本较高，投资人自治能力有限，寄望主要依靠投资人或债权人自治，保障交易安全保护，在中国还非常困难。上市公司信息披露制度全线失效即是明证。而且，在中国，与公司信用相关的商业保险（包括投资人、董事责任险等）并不发达，试图通过保险机制解决中国企业的信用危机，几乎没有可能。此外，公司法上的各种保护机制，例如董事责任追究、控股股东/关联人行为控制、法人格否认以及会计师事务所等各种看门人机制，要么实施成本高昂，要么在实施效果不佳，认为这些机制能够解决资本认缴制产生的问题，似乎过于乐观——总之，合约信用衍生的问题，很难透过其他规制措施得以弥补。

表5 合约逻辑中的配套安全机制

交易安全影响环节	合同法外的配套安全机制	认缴制下的配套安全机制
主体识别	主体登记、核准、审批、资信核查	企业信息公示不健全
交易订立	特定营业的准入限制	金融等行业排除认缴制
交易履行	担保、保险、融资	无特别要求
履约失败	破产、重组	无特别要求

四、法定资本制的经济逻辑基础

对法定资本最直接的批评是，因法律要求公司在设立时须有最低资本，给公司设立造成障碍、导致资本闲置。学者认为，最低注册资本有如下问题：其一，阻碍民众接近有限责任的能力及企业家精神的发展。特别在一些不甚发达、国民收入较低的国家,创设公司的利益被过高的注册资本抑制了;其二,导致资源浪费。因存在过高的注册资本,股东投资远超出其初始营业需求,且法律禁止出资抽回,该种非效率的资源分配导致了浪费;其三,法定资本不能像所预期的那样保护债权人利益。① 本部分拟探讨法定资本的经济逻辑——在中国,曾经的最低资本是否超出了民众的投资能力? 为此,我们可以观察资本形成率、最终消费率,比较企业实收资本与注册资本、国民收入状况,以观察法定最低注册资本要求,是否对投资人的经济力(国民收入能力)形成一种无法忍受的障碍。若答案肯定,则取消法定最低注册资本有重要意义。

(一) 资本形成率与最终消费率

资本形成率又称投资率,指一定时期内资本形成总额占国内生产总值的比重。资本形成率与最终消费率的高低,反应该国投资的活跃度以及经济发展程度——最终消费率越高,意味着投资行为相对较少。反之,资本形成率越高,则意味着国民资本性支出越多,投资行为越活跃。当然,资本形成率与最终消费率应维持一定的合理比例,过高的最终消费率会影响企业设立和营业开展。但在经济不很发达、国民收入有限的状况下,过高的资本形成率也会实质降低国民消费水平。在不发达国家,有所谓"贫穷的循环"之说:资本缺乏是产生贫困恶性循环的根本原因,资本形成不足是经济发展的主要障碍和约束条件。②

自 1990 年以来,中国国民支出中的资本形成比例总体呈增长趋势,而最终消费率则在下降,这意味着国民生产总值中的资本性支出不断增加,消费性支出则在减少。到 2012 年,二者基本持平,最终消费率49.5%,资本形成率47.8%。(参见图 4)。可见,从资本形成率来看,资本形成不足现象在中国并不明显。相反,一些舆论与学者还认为,中国资本形成率已较高,这使经济呈现出过热现象,尤其是,固定资本形成率过

---

① Gordon Y. M. Chan, "Why does China not abolish the minimum capital requirement for limited liability companies?", at http://ssrn.com/abstract=1442791(Last visited on April 20, 2014).

② R. Nurkse, *The Problem of Capital Formation in Less Developed Countries*, Cambridge: Oxford University Press, 1953, pp.253—258. 转引自曹宝明:《资本形成、资本效率与经济增长——中国经济发展进程中资本形成与资本效率的实证分析》(南京农业大学博士学位论文),2011 年 10 月,第 22 页。

高,使社会经济结构明显不合理,也直接影响消费水平的合理化。①

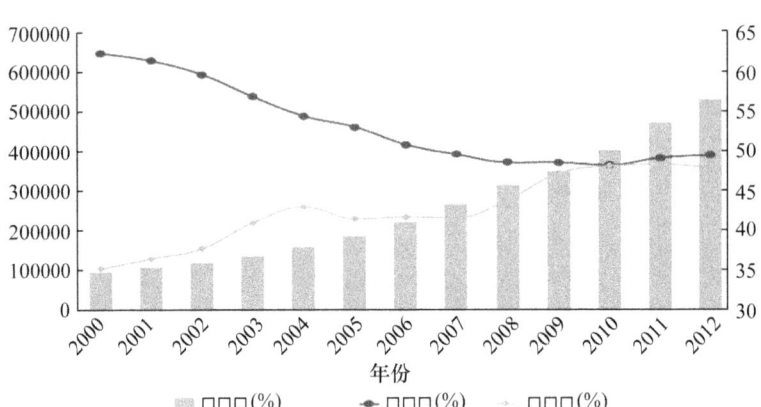

图 4　资本形成率与最终消费率比较图(2000—2012)
数据来源:国家统计局。柱形代表支出法生产总值;深线代表最终消费率(%);浅线代表资本形成率(%)。

(二) 实收资本金与最低注册资本

另一个可以反映投资人经济力的指标是企业实收资本金。我们可通过比较企业实收资本金状况,来观察投资人投资力是否充足,进而判断法定最低资本是否超出其经济力并构成实际负担。虽然不同行业资金需求量差异较大,企业实收资本金也存在差异,但中国是一个制造业大国,我们可以资本需求规模较大的工业企业为例,来观察实收资本金与法定最低资本间的关系,看法定限制是否会严重影响投资需求。以 2011 年度内资私营公司为例,我们发现,即使是与社会投资比较密切的私营工业企业,其户均实收资本金也都超过了 1000 万元。私营有限公司户均为 0.14516 亿元,私营股份公司户均为 0.24915 亿元,户均实收资本金分别是法定最低注册资本额的 483.87 倍和 4.98 倍。② 可见,在内资工业企业

---

① 参见刘伟、蔡志洲:《国内总需求结构矛盾与国民收入分配失衡》,载《经济学动态》2010 年第 7 期;罗云毅:《我国固定资本形成率并不算过高——从储蓄与固定资本形成平衡角度的观察》,载《投资增长速度研究专题研讨会论文集》(2006 年),载 http://cpfd.cnki.com.cn/Article/CPFDTOTAL-ZJDE200612002012.htm;2014 年 4 月 19 日访问;杨永华:《1978~2006:消费率和消费结构变动趋势的实证分析》,载《广东商学院学报》2007 年第 3 期。

② 以上数据都来自国家统计局 2011 年的统计数据。

中,无论是有限公司还是股份公司,其户均实收资本金都远高于法定最低注册资本额。这至少可证明,在工业企业中,法定最低注册资本数额,没有成为公司设立难以逾越的门槛。因此,学界普遍认为"最低注册资本影响了公司设立。"——在工业企业中并未找到明证。

(三) 实际注册资本与最低注册资本

若考察企业实际注册资本,也能发现同样的逻辑——企业实际注册资本远高于法定最低注册资本。这表明,法定最低注册资本只是一个"虚构"的最低限——很多公司的实际注册资本远高于该最低限,最低注册资本对企业设立的阻碍没有我们想象的那么大。以国家工商局2013年数据为例,从户均注册资本(金)的情况来看,不同类型企业户均资本金从5.48万元到2771.3万元不等,即便是对注册资本(金)没有特别要求的个体工商户,户均资金都远远超过法定最低注册资本额3万元。而最有代表性的内资企业,其户均注册资本(金)达到569.77万元,是有限公司法定最低注册资本(金)的189.92倍(参见下表5)。① 很显然,从企业户均注册资本(金)的实际情况来看,无论如何曾经的法定最低注册资本额都不会构成公司设立的明显障碍。

表5 2013年底各类企业数量与户均注册资本金数额

企业类型	企业数量(万户)	注册资本(金)(亿元)	户均注册资本(金)(万元)	最低注册资本(金)倍数
全部市场主体	6062.38	101.2	166.93	55.64
全部企业	1527.84	96.88	634.1	211.37
全部内资企业	1483.24	84.51	569.77	189.92
私营企业	1253.86	39.31	313.51	104.5
外商投资企业	44.6	12.36	2771.3	923.77
个体工商户	4436.29	2.43	5.48	1.83
农民专业合作社	98.24	1.89	192.39	64.13

---

① 参见《2013年全国市场主体发展报告》,载 http://www.saic.gov.cn/zwgk/tjzl/zhtj/bgt/201401/P020140114489778954994.pdf,2014年2月25日访问。

(四) 国民收入水平与最低注册资本

法定最低注册资本对投资人而言是否过高,还可通过考察国民收入水平与法定最低注册资本额的关系判断。鉴于大量公司设立行为发生在城镇,我们重点考察城镇单位在岗职工平均工资水平,比较其与法定最低注册资本额的差距。以 2013 年城镇居民人均可支配收入 26467 元为基准,扣除该年度城镇居民人均消费支出 18487.54 元,尚余 7979.46 元,人均每月所余收入为 665 元。中国社会公司之设立,常以家庭集资方式进行,因此,我们可假定一个投资者可用于出资的收入为两个家庭成员收入之和即 1330 元(以一个家庭拥有收入者为 2 人计算)。由此,以最低注册资本 3 万元、一般有限公司需 2—50 个股东为例,则根据股东人数不同,人均所需投入注册资本额分别在 15000 元—600 元之间,筹集该等注册资本,城镇居民需分别工作 0.45—11.27 个月。只要参与公司设立的人员达到 5 人以上,不到 5 个月就可以筹集到法定最低资本。如果考虑到分期缴纳出资、银行存款以及其他融资渠道,注册资本筹集的难度会进一步降低。

五、资本认缴制文化逻辑基础的欠缺

资本认缴制是适应诚信文化的资本制度,其在中国欠缺相应的文化基础——中国文化有一种求大倾向,这种倾向会助长商业不诚信行为。因此,对公司资本制度进行严格管制,可以削减"求大文化"的负面影响。然,不加拘束的资本认缴制,扩张了"求大文化"负面效应。2005 年公司法曾进行过一次注册资本的松绑,降低了法定最低注册资本额,但现实生活中企业实收资本金及实际注册资本额高企的现象表明,放松管制的"法律利益"未被企业现实享有。可见,无论法律如何规定公司的最低注册资本额,投资人都倾向于用更高的注册资本设立企业。形成该种局面,有多种可能:其一,投资人投资能力较强。实际注册资本及实收资本金远高于法律要求,可能意味着投资人不缺资金,有较充足的投资能力。因此,投资人可能在综合考量多种因素后,设定注册资本远高于法定最低资本要求的企业。其二,企业实际所需资金量高。实际注册资本及实收资本金远高于法律要求,还可能是因为企业所在行业对资金规模需求高,法定最低注册资本额不能满足"实业发展"需要,投资人须以超出法定最低注册资本额的方式投资。其三,注册资本高预示着企业信用高。在投资人未虚假出资之情形,注册资本和实收资本在一定程度上代表了企业信用,较高的注册资本和实收资本预示着较高的偿债力。因此,在经济能力许可时,当事人会尽可能在法定注册资本额以上设定企业实际注册资本额。在"投资攀比心理"影响下,会使企业实际注册资本与实收资本金远高于法律限额。高额注册资本还可能获得特别的法律待遇,因此,中国很容易形成注册资本拜物教。事实上,在银行贷款、特许经营等方面,高额注册资本的企业可获得特别的营业待遇。例如,以南京银行中长期项目贷款为例,企业必须具备30%的项目资本金,才能向银行申请此种贷款。[①] 因此,企业会选择更高的注册资本额,以获得经营权利/便利。最近频频出现的高注册资本投资公司欺诈投资者的现象,也证明了实践中仍然普遍存在迷信注册资本的现象。因此,仅仅取消公司法中的最低注册资本,不改变社会或其他法律中的注册资本拜物教,不可能真正消除实务中实际注册资本偏高的现象。其四,求大文化心理的影响。中国文化喜欢求大,参与设立企业的投资者多属有较强"表现欲望"之人。在此种表现欲求下,无论法律规定多高的注册资本或是否取消最低注册资本——只要注册资本的概念仍得保留,求大的投资者就会选择更高的注册资本,以强化企业信用,满足个人欲望。如此,只要注册资本还能带来竞争利益——无论该种利益是法定的(例如,有些法律要求某些行业有较高的注册资本额)抑或现实的(例如,社会生活中对注册资本的迷信),竞相设定更高注册资本都会成为公司设立实践中的必然现象。可见,是否规定最低注册资本,对实际注册资本额和实收资本额都不会产生决定性影响。此种"求大"的文化逻辑也预示着,完全建立在意思自由基础上的资本认缴制,在中国是缺乏文化基础的。

六、结论:重思作为"规则群"的公司资本制之功能

Gordon Y. M. Chan 认为,中国学者喜欢"将最低资本要求诠释为法定资本制不可分割的组成部分,并认为该制起源于欧陆尤其是德国

[①] 载 http://www.njcb.com.cn/col/col318/index.html,2014年3月3日访问。

法",其主要功能是避免股东滥用有限责任之特权。① 但法定资本不是单一的结构,而是一种多元结构和复杂的规范系统。无论是英美法系还是大陆法系国家,都曾有法定资本的影子,法定资本不是大陆法系国家的专利。只是基于政治、经济、文化的差异,不同国家、不同时期,法定资本的规制策略、规制重心有些不同。有些国家偏重对事前股东出资行为的规制,有些国家偏重对事后资本的维持,有些国家则兼而取之。尽管公司资本制度在不断变革,但法定资本制从未消亡,只是以一种规制策略战胜了另一种,以一种规制模式取代了另一种而已。而且,法定资本制乃"规则群落",是关于公司资本的综合性规范体系。

对法定资本功能评价,有必要回顾一下 Wolfgang Schoen 的观点。他认为,在分析德国法定资本规则的有效性时,有必要区分三种不同情况:即,法律是否应当强加最低资本要求的问题;公司章程中有关法定资本的相关条款作为对公司债权人的集体要约(collective offer)的问题;以及法定资本规则在公司破产前的限制分配功能。首先,最低资本要求,对认真的企业家不会构成特别负担,也不会对债权人有太多帮助。其二,公司章程中与法定资本相关的条款,作为对公司债权人的集体要约的功能要重要得多——这就是为何传统资本保护体系会成为便利公司创业的有效的合同工具。然而,法定资本规则是限制公司破产前分配的最有效方式,它比英美法中使用的特别偿债能力标准(the ad hoc solvency tests)提供了更少操控空间。② 可见,盲目去除传统法定资本制的主张,是欠缺通盘考虑的。因此,无论是从比较法、合约逻辑、还是经济逻辑视角观察,我们都可发现,2013 年发生在中国的传统法定资本制之退缩,或者说资本实缴制以及法定最低资本额的取消都是"没有逻辑的逻辑"。正如有学者在评价中国坚守最低资本制度时所说到的那样,中国"取消最低资本的动

---

① Gordon Y. M. Chan, "Why does China not abolish the minimum capital requirement for limited liability companies?", at http://ssrn.com/abstract=1442791(Last visited on April 20, 2014). 其他例证文献可参见朱慈蕴:《公司资本理念与债权人利益保护》,载《政法论坛》2005 年第 3 期;郭富青:《公司资本制度:设计理念与功能的变革——我国公司资本制度立法观念的转变与路径选择》,载《法商研究》2004 年第 3 期;任尔昕、史玉成:《论信用短缺时代的我国公司资本制度》,载《政法论坛》2003 年第 2 期;傅穹:《法定资本制:诠释、问题、检讨——从公司不同参与人的利益冲突与衡量观察》,载《南京大学法律评论》2002 年春季号。

② Schoen, Wolfgang, "The Future of Legal Capital", *European Business Organization Law Review*, Vol. 5, No. 3, pp. 429—448, 2004, at http://ssrn.com/abstract=683216 (Last visited on Apr. 7, 2014).

力是微弱的,因为中国的金融市场与法律制度尚未成熟到可以采纳类似普通法国家那样的公司资本制度,最低资本要求被认为是保护债权人和阻止滥设公司的必要措施。"[1]

还有人认为,取消最低资本激活了企业投资,也不会带来任何坏处,故无必要坚守资本实缴制。这涉及法律创设公司资本制度的功能及成本评价。公司数量增长未必意味着财富增长,还可能增加社会成本。任何法律行为都需支付一定成本,不加限制的公司创设会导致社会成本的非理性支出。最低资本要求可过滤一部分浪费社会资源的投资行为。[2] 这如同对结婚及生育的法律管制——在现代社会,生育是自由的,又是不自由的——对具备生育能力的主体,没有一个国家的法律鼓励其随意结婚及生育。通常要求达到一定年龄、通过法定渠道(结婚)、甚至在特定场所(医院、教堂)以某种特定仪式等进行结婚及生育。法律为何不让任何有生育能力的人随意结婚及生育?为何要对人类结婚及生育行为进行规制?这是因为结婚及生育会产生社会负担,可能导致社会资源浪费——公司设立同样如此。因此,不能仅看到公司设立有利的一面,忽略其不利的一面。若对公司设立不加限制,会导致无成本、非理性的公司设立,进而会导致更多欺诈及社会财富浪费。不仅公司出生有成本,公司死亡也有成本,制度设计需对此予以综合衡量。在我国,即便严格限制公司设立,公司的死亡率仍居高不下,若不进行设立限制,公司死亡率会更高。正因为公司死亡不是"零门槛",会给公司设立人以及社会形成财务负担,通过最低资本过滤非理性设立行为才变得有意义——最低资本虽未必有债权实现的保障功能,却有促成理性设立行为之信号及预警功能。

另外,在信用良好的社会,大家习惯于遵守规则,过多的事前规制会导致管制过剩、成本高昂;反之,在信用不好的社会,仅靠事后规制也会导致管制不足、成本高昂。一些国家之所以能用严格的事后规制来解决非理性公司设立,这与其良好的社会信用基础有关。可见,对公司设立偏重事后规制国家,其社会信用基础通常良好,对背信行为有严格惩罚机制,

---

[1] Gordon Y. M. Chan, "Why does China not abolish the minimum capital requirement for limited liability companies?", at http://ssrn.com/abstract=1442791(Last visited on April 20, 2014).

[2] 我国也有学者注意到最低资本所具有的市场准入限制的意义。例如,王宗正:《论公司最低资本制》,载《广西社会科学》2002年第1期。

也唯有此种社会,才可减少公司设立的事前规制。中国目前社会信用状况不佳,不良信用行为的法律成本几近为零,生活中存在大量拖欠取暖费、燃气费,延期归还信用卡等不讲信用的现象,而这些失信记录并未对法律权利造成影响。由此,若对社会失范行为,仅采事后规制策略,会致成本高昂。再则,因执法效率不足,中国还存在事前和事后规制"双重失效"现象,对公司设立失范行为继续采"双重规制"策略(既重视事前也重视事后规制),维持较为严格的法定资本制(实缴制),可能是更好的选择①。

法定资本是一种多元的规制体系。有些国家采取重视事前规制的法定资本制,有些国家采取重视事后规制的法定资本制,无论采取何种规制策略,都应设计完整的规制网络,消除制度的"负的外部性"。为此,应建立完备的"规范群"/"制度群"抵消资本认缴制的负向效用。若中国采取更宽松的资本认缴制,在放松前端控制的情况下,未能一体化地设计更为完整的后端控制体系——例如,对虚假认缴、违约不缴、明显欠缺履行能力的资本认缴及公司不能清偿债务时股东认缴资本的加速到期、破产阶段衡平居次规则等,缺乏规制及导入,则目前的资本认缴制改革必然充满风险。事实上,中国已经进行的法定资本制是一种单向度的改革,并未系统考量合同法、公司法、会计法以及破产法如何协同行动,实现资本规制的最佳效果——这必定会增加事后法院的规制负担。② 立法是一种理性活动,不是随意决策。在现代日益数字化生存的社会,理性不仅仅是一种"感觉上的正确",更是一种数字化的证明——在立法过程中,我们也需用数据去支持"修法之理性"。任何有关立法的评价同样也不仅仅是一种"感觉上的正确或不正确",我国公司法以及民法典编纂过程中对法人团体的考量同样如此③。本文用数据逻辑说明——2013年的《公司法》修改并无实证及文化基础。这样的修法行动,事实上会导致法规的配套成本相当高昂。

---

① 甘培忠、吴韬:《论长期坚守我国法定资本制的核心价值》,载《法律适用》2014年第6期。
② 例如,上海及北京昌平法院最近都审理了当事人可能不讲诚信、巨额认缴出资的案例。参见胡蝶飞:《注册上亿实缴百万 认缴太任性——普陀法院判决全市首例公司股份认缴出资引发纠纷》,载 http://newspaper.jfdaily.com/shfzb/html/2015-06/03/content_100525.htm,2015年8月8日访问。《昌平法院一审驳回9万亿元注册资金增资案原告诉讼请求》,载 http://www.qianlong.com/2015-07-21 16:24:13;2015年8月8日访问。
③ 关于民法典编纂中的团体法思维可以参见王雷:《我国民法典编纂中的团体法思维》,载《当代法学》2015年第4期。

从"部门货币"看政府与市场博弈[*]

吴志攀[**]

"部门货币",是我在研究这个问题时使用的一个概念。法定意义上的货币有三个基本属性:计价、储值和支付结算。如果有一种"金融工具",既不是中央银行发行的货币,又不是与银联网有关银行卡,而是由普通商业部门自由发行的磁卡,但却具有"储值和支付结算"的功能,并在我国市场广为流行,部分替代了纸币和银行卡,我称这种金融工具为"部门货币"。后来,在政府行政规范文件中,将这种金融工具称为"商业预付卡"。

人们在市场上看到一个现象,即我国许多商场、服务机构和公共服务部门可以自由发行专用的"卡"。消费者用这种"卡"消费时,可获得打折优惠。而使用纸币和银行卡消费时,则没有打折优惠。甚至还有少数公共场所,只接受纸币或专用卡支付,不接受银行卡,如北京首都机场高速公路收费系统。

"部门货币"的支付规模,在 2012 年约占中国家庭金融支付的 3.2%,比较当年的网络第三方支付的占比 2.8% 还要高。[①]

在我国居民日常消费中,广大消费者确实有交易便利和打折优惠的需求。同时,中国人民银行等金融主管机关对"部门货币"的出现,在较长一段时间内,并没有出台监管措施。这便在客观上给"部门货币"一个法律的空白期。当商业机构自由发行的"部门货币"发展到一定规模时,与银行卡产生了博弈。我注意到 2012 年中国家庭使用银行卡(储值卡和借

---

[*] 原文写于 2011 年,2018 年 1 月修订。
[**] 北京大学法学院教授、博士生导师。
[①] 西南财经大学《2012 年中国家庭金融调查》。

记卡合计)的占比还不足10%。这与我国香港和台湾地区市场相比,后者银行卡占比高达89%以上。同时,我也从港台地区银行界和法律界人士那里了解到,在港台市场除城市交通磁卡外,其他商场和公共服务机构鲜有自由发行的专门"卡",最普遍使用的是银行信用卡。同样是中国人的商业市场,在商业机构自由发卡方面,差别竟然这么大?

一、内地商业机构自由发卡

内地消费者所熟悉的法定货币是人民币纸币,其次是具有透支功能的银行信用卡和储值卡。早在十多年前,内地市场出现的"部门货币",在一定程度上替代了人民币纸币和银行卡的支付。

部门货币的出现和流行,并不违反法律。根据《中国人民银行法》第20条规定,"任何单位和个人不得印制发售代币票券,以代替人民币在市场上流动"。代币票券在我国市场上曾经出现过,但是,在1995年《中国人民银行法》生效后,代币票券就被禁止了。由于该法律中禁止使用的替代支付工具,仅是"代币票"和"代币券",两者均是纸质的,当时没有禁止"代币卡",所以,因为一个"卡"字之差,后来商业机构自由发代币卡并不违反法律。但是,在实质上各种各样的"卡",已经起到"代币"的作用了,其功能只比纸质的"代币券"和"代币票"更大,因为可以储值和不断充值使用。

根据2010年度中国预付卡行业报告,内地有30多个省市,284个地级市发行封闭式的商业预付卡,金额规模已经达到了10925亿。这个数字仅是封闭式的卡,不包括开放式的卡。

封闭式的卡是一个比较窄的范围,即刷卡消费只限于本地连锁店范围内。2011年封闭式卡的交易笔数已经达到了17.5亿笔,大约有1万亿人民币的规模。如果仅看这个数字,还感觉不到它的影响,比较一下同期银行卡刷卡规模,约8万亿,就可以知道,封闭式"部门货币"已经占到银行卡的八分之一了。但是,这种卡发展是以每年30%的速度在增长,已超过同期银行卡的增长速度。所以,支付市场的竞争是非常激烈的。可以预测到,"部门货币"的市场份额会越来越大,因此,银行信用卡的市场份额会相对缩小。

为什么"部门货币"与"银行卡"有如此明显的"利益冲突",却没有听到来自银行卡管理部门质疑的声呢？给我的感觉好像是：银行卡管理部门并不关心自身的市场利益。这与当年香港"八达通"出现时，香港银行公会强烈反应形成鲜明对比。在内地，好像不存在商业利益竞争？内地这种"部门货币"现象在到访的台湾和香港地区的银行家和律师看来，风险是很高的！他们问我："内地消费者在购买这些商业机构的卡时，预付了这么多钱，难道不担心商场老板'跑路'吗？"我不知如何回答。好像内地消费者不太担心似的，或许是获得打折优惠的诱惑太大了吧？因此，甘愿冒商家"跑路"了。

二、公共服务部门发行的"部门货币"

我再举一个公共服务部门发行"部门货币"的例子，即"北京公交一卡通"。2010年在北京乘坐地铁，刷一次两块钱，不计里程。坐公交车刷一次4角钱，不计站数。后来，嘉禾一品连锁店发行的"粥卡"，也可以在京乘坐地铁和公交车了。同样，"公交一卡通"也可以在相关商业网点刷卡消费。后来，地铁和公交车费调价，收费规模大幅度增加，"公交一卡通"吸收的资金规模数以亿计。"公交一卡通"是不记名的，可转让，又可充值，还可以在地铁公交以外的商业店铺消费，所以，它已经变成了一个变相的"无息储值工具"。同时，它还具有支付结算功能，已然具有"货币"的大部分功能。地铁公司因此也具有了大部分商业银行的功能。在北京乘坐公交车，可用现金买票，也可刷"公交一卡通"。但银行信用卡却不能在地铁或公交刷卡乘车。将来我国将近有一半人口城市化，这么多人口出行将与地铁与公交车有关，所涉及的资金规模是巨大的，风险也是相当大的，但是，却没有金融监管。

还有一个众所周知的例子，就是健身房的年卡。购买年卡成为会员，会员可获得价格优惠。而每次使用现金或银行信用卡刷卡健身的，则没有价格优惠。美容店、美发店、宠物店都在发年卡。此外，超市发购物卡、电影院发"电影卡"、酒店发优惠卡、卡拉OK店发卡、咖啡店发卡。上述商业机构发的卡，都是可储值的和不记名的，可转让的，因此，这些"部门货币"，已在一定程度上替代了纸币和银行信用卡。同时，这些非金融机构也具有了商业银行的职能。

此外，现在大城市的居民小区的家用电表也使用"电卡"，天然气有

"气卡",自来水有"水卡"。私家车进出车库有"门卡",高速公路有 ETC "速通卡",加油站有"加油卡",洗车店有"年卡"、汽车 4S 店有"保养保修卡"等。上述这诸多种"卡"都具备储值和支付结算的功能,发卡部门也都具有了部分商业银行的功能。

在高校工作的老师学生使用"校园卡",用于进出校门、使用图书馆、在学校食堂用餐、校园商店理发店、洗衣店、修理店等消费。综合性大学的校园卡每年流通金额有数十亿元的规模。这些磁卡均可储值、充值和支付结算,所以,校园卡也具有了大部分货币的功能,高校具有了部分商业银行的功能。

三、开放式的"部门货币"

可以在多种不同市场消费的,由商业部门自由发的卡就属于开放式"部门货币"。例如,"资合信商通卡"。这类预付消费卡的使用范围是跨行业,跨地区,跨部门的。例如,一张卡可以在北京的超市购物,也可以在上海的酒店刷卡住宿、还可以在广州的餐厅刷卡用餐,又可以在深圳购买飞机票等。这种开放式的商务卡是全国联网的,不记名,可以储值、还可以转让,但它却不是银行卡。在 2011 年以前,这种全国联网的发卡机构,已有数十家。每家发卡的额面都很大,例如,从 5 万起的卡,还有从 10 万起的卡。面额越大,折扣越高。这些发卡单位已经变成了准金融机构,发的卡已经与银行储值卡功能几乎没有差别。但这些发卡单位的注册资本和抗风险能力都无法与商业银行相比,但却在经营与银行卡相同的业务,却无法可依,也无金融监管。

对上述情况,人们好像已熟视无睹。因为,这些卡已成为我们身边平常事,而且,既没有法律规范,也没有监管机构。但是,假如类似内地花样繁多的商业预付卡在我国台湾和香港地区市场出现的话,当地的银行家和律师一定会感到不可思议。同样,我们与欧洲的英国、德国、法国市场比较一下,或者与日本市场比较一下,以及与美国或东南亚市场比较一下,其他国家和地区的市场几乎都没有出现自由发卡的现象。唯独在我国内地市场,磁卡多如牛毛。

为什么发达的市场经济国家不搞这么多卡,他们的金融经验比我们丰富,商业经营也更成熟的市场为何不发预付卡呢?而我们的市场上,有数不胜数的卡,甚至有一个时期,人们出门要带形形色色的"卡",老外们带的只是银行信用卡。我们与他们差别为什么这么大呢?我并不是说,外国和我国港台地区不搞的东西,我们内地也不能搞。我只是想说,内地发了太多五花八门的"卡",使得银行卡(含信用卡)的市场占比被挤压了。而银行安全程度比一般非金融机构高,对消费者财产保护更严密。但是,对发卡方面出现的类似"劣币驱除良币"的情况却熟视无睹。我们出国出境走到外面看,国外和境外消费者都使用银行信用卡,没有见到外国的商业预付卡。我问外国和港台地区的银行家和律师:"你们当地政府限制商业预付卡吗?"银行家或律师们对我说:"政府不管这种事情,但行业协会会管。"香港的银行家和律师都告诉过我,在当地香港银行公会如果发现商业机构发预付卡,如香港公交地铁部门发行的"八达通"卡,一定会与其谈判。如果双方谈不拢,就会到法院诉讼,请求保护市场公平竞争。

相比内地市场,诸如理发店、修脚店、菜店、桶装水站发的商业预付卡,相当于都在发"部门货币",保守估计发卡总规模超过四万亿人民币。商业预付卡刷卡率越高,银行卡刷卡率就越低,两者成反比。

四、"部门货币"的相关法规

2011年5月,国务院办公厅转发人民银行监察部等部门关于规范商业预付卡管理意见的通知,即《关于规范商业预付卡管理的意见》(国办发〔2011〕25号)。这是一个多部委联合通知,包括监察部、财政部、商务部、税务总局、工商总局、预防腐败局,针对性、指向性很清楚,就是针对商业预付卡的。为了后面的论述更加清晰,我必须将该规定主要内容不惜占用文章有限的篇幅,也要简要概括一下:

第一,明确职责,加强管理。这是文件中的小标题,不是我加的,原文就有的。所以,从这一点来看,这个规范性文件不是法律,只是政策性文件。"强化对商业预付卡发卡人的管理,是规范商业预付卡管理的首要环节",法律条文也不会这样写。"必须进一步明确部门职责,落实分类监管。人民银行要严格按照《非金融机构支付服务的管理办法》(人民银行令〔2010〕第2号)的规定,加强对多用途预付卡发行的监管。""完善业务管理规章,维护支付体系安全稳定运行。""未经人民银行批准,任何非金融机构不得发行多用途的预付卡。"

第二,"健全制度、规范行为。规范商业预付卡的发行和购买,是防范利用商业预付卡洗钱、套现、偷逃税款以及行贿受贿的有效途径,必须进一步建立健全规章制度,加大执法力度。"采取的措施是实名制。以前这些卡都不是实名制的,但现在要求实名制了。对大额要实名制,"一次性的商业预付卡和一次性购买一万元(含一万元)以上的不记名的预付卡的单位或个人,由发卡单位进行实名登记,登记就要用身份证,还要用单位执照"。如果是买大额卡,"一次性单位卡是5000元(含),个人一次性购卡金额5万元(含),应使用银行支票来转账,而不能使用现金。"这样规定,即可以防止洗钱,又可以防止"小金库"。

第三,如果是发不记名的卡,不得超过一千元(这条是借鉴香港"八大通"卡限制一次充值一千港币的经验)。记名的商业预付卡面值不得超过5000元。此前是没有限制的。

第四,发票和财务管理,防止洗钱和逃税。发卡人必须按照专门的《中华人民共和国发票管理办法》有关规定开具发票。税务部门要加强发票管理和税收稽查,坚决地依法查处发卡人在售卡环节出具虚假发票,购卡单位在税前扣除或者生产经营无关支出的行为。财务部门要加强财务管理,严禁查处挪用预算资金,利用购物卡来进行公款消费的行为。

第五,坚决治理,"防贿促廉"。治理收卡受贿等违法违纪行为,是加强反腐倡廉工作的破坏要求和重要环节,进一步加大落实力度,对党政干部的特殊要求这一段写在里边,廉洁财政若干准则的问题,凡收受商业预付卡,又不按规定及时上交的,以收受同等数额的受贿来处理。

第六,防范风险,维护权益。关于持卡人的合法权益,即持卡人最后的权益受到侵害怎么办呢?属于客户未来支付的需要的预付资金,不属于发卡人自有财产,这一点非常重要,即卡上的余额不属于发卡人的资产,如果发卡人此时破产,卡账上的余额不是发卡人的,其他债权人不能拿来还债,就只能退还持卡人。规定要求多用途的卡必须存放预付资金,发卡部门必须拿一部分钱做一个保险基金,将来用这部分基金作为损失赔偿。

最后两项是关于有效期和执行。过去预付卡上没有投诉有效期的规定。现在有了,如果不记名字的有效期是三年。在三年之内可以投诉,如果超过有效期尚有资金余额的,发卡人提供激活、换卡等服务。工商部门要进一步地监督、检查,加大消费权益保护力度等,严厉打击侵害消费者权益的不法行为,同时开展消费提示和营造良好的环境。

在执行环节,该规定要求多部门配合,因为整治这个工作是十分艰巨的,各部门要各负其责,要建立对商业预付卡的联合监督检查机制,进一步加强协调配合,齐抓共管,形成合力。这些话都不是法律的话,这些都是类似文件的话。

该规范意见要求在2011年12底前,人民银行、商务部等有关部门要联合开展一次商业预付卡市场专项检查,以检查促整改,促进商业预付卡市场规范发展。

到了2011年12月底,我与十几位法学院研究生一起,在校园周边的商业机构做了实地调查。我们访问了十多家商业单位,包括服装店、餐厅、健身房和超市等。除一家合资超市以外,其他商业单位都不知道有该规定,没有执行,也没有受到任何检查。

如此条款完备的规范意见,为什么在我们调研的商业店铺中百分之九十以上都失灵了呢?我只能回到了"部门货币"这个概念中去分析存在的问题。

五、"部门货币"的利益

"部门货币"(商业预付卡)是针对部门市场的支付工具,监管机关没有足够的人力、物力和时间面对数以千万计的商家。所以,主管机关只能发文,在落实环节,政府的监管部门管不过来。如果真的要管,传统上有两种办法:其一,"运动式"突击检查。类似每年"3.15"突击打击假冒伪劣商品运动。其二,通过系统内的老办法,即管住大国企的领导,再由他们去管本企业。此外,还可能管住的是自律程度比较高的合资企业。但是,上述办法难以管住民营商业的中小店铺。这种店铺数量大,经营规模小,自律程度低。而且,他们不容易从银行获得贷款,缺乏融资渠道,发预付卡的办法,可获得一部分发展资金。所以,后者的部门利益与政府监管产生激烈的博弈。这种博弈的后果大多数是法律失灵。

商业预付卡不仅影响上述政府规范的实施效果,还可以对其他法律法规的执法效果产生负面影响。我举一个例子,最近修改了《个人所得税法》和《企业所得税法》,修订后的效果并不太理想。因为有商业预付卡的存在,某单位用预付卡去买100万生活用品,然后,开一张办公用品的发票计入成本,然后,将生活用品发给职工做福利,就规避了一部分企业所得税和个人所得税。像类似的例子还有很多可以举。所以,我们国家颁布的很多法律法规,大部分与房地产、商业和金融行业有关,但是执行的效果都很差。就是因为部门利益在与政府博弈时,相关法律执行效果都不是令人满意的。最后就形成了报纸上关于一些执法难的报道。

六、我国发行"部门货币"机构的分类

我花了几年时间研究,大致形成一个分类:

第一类,在我国能发预付卡的是垄断性机构,比方说中石油、中石化、电信公司、地铁公司,这些商业部门带有公共服务的属性,在老百姓心目中它们都是独一无二,离开它不行,它们好像代表国家,它发卡消费者就必须买卡,没有什么选择。这些公告服务部门当然质量还可以,老百姓也是信得过的,企业形象也不错,都是上市公司,所以我们第一个判断是这样的国家垄断部门一定能发"部门货币",它们虽然不是银行,但是它的金融实力与银行相差无几。

第二类,能发卡的部门大多有一定的品牌和美誉度。比如说某些健身品牌,说出名字,大家都听过,而且口碑不错。消费者基本上信得过,它们发卡就买了。

第三类,生活社区和工作单位发卡。如居民小区,我们生活在一个熟人社会,小区内有餐饮店、送水站、健身房、小超市等,它们发的卡,小区居民基于对它的信任都会购买。而且,这些小店经营者也得跟当地的居委会搞好关系,不然没法在小区开店。另外工作单位,如高校的校园卡,还有健身卡、游泳卡、咖啡卡、理发卡、洗衣卡,各个都可能发。这个单位同事们都买,外来人不卖这个优惠,是这样的一个情况。

所以,上述三种都可能达到发卡程度。但到此为止,不能回答我前面的问题,美国也有垄断,美国也有商业美誉度、品牌好的单位,美国也有小区,美国也有高校,他们为什么不发预付卡呢?

七、"部门货币"深层原因

我国出现众多"部门货币"的原因有多个,其中之一,就是我国行业协会没有发挥作用。相比之下,美国等市场经济发达国家和地区的商业协

会或行业协会的制约力比我们的制约力都要大。比如说我们这些商业协会一旦发卡了，我们的银行协会会不会立即跟他们去谈判，因为你做的这个行为，影响了我的市场。而我做的市场是有法律规范的，你的却没有。我们虽然也有银行业协会，但是当内地出现替代银行卡的商业预付卡时，银行业协会不敏感，没有立即反应，也不去跟后者谈判。为什么？还举香港"八达通"的例子，"八达通"磁卡可以在香港地铁站周边店铺商业消费，影响银行信用卡的市场。香港地铁公司不是金融机构，法律要求防范风险成本很低，发行"八达通"的成本更低。因此，地铁公司以很低的成本就将银行客户吸引走了。香港银行公会立即与地铁公司谈判，双方达成市场划分："八达通"一次充值不得超过1000港币。这样就限制了"八达通"的大额消费。大额消费还得使用银行信用卡。而我们内地的许多商业预付卡充值可以超过1000元人民币，没有上限。现在即便有了行政规范，也不能很好的执行。

另一原因是，便利问题。银行卡消费越来越被预付卡所竞争。以2010年上海世博会期间为例，世博去了很多人，但上海世博会期间前6个月的刷卡只有2千多亿，只有小幅度增加，本来预计应该有大幅度增加的。上海消费者刷银行卡排序是：房地产排第一，买车排第二，然后是家电、百货、饮食、服饰，再排后的是成品油和超市购物。前两项都有政策限制，因此，大额刷卡减少很多。购买家电等，用预付卡有打折优惠。百货店有发卡，餐饮都有卡，连买衣服都有卡了，减少了银行卡的使用。然后，再到成品油有加油卡，社区超市有卡，都可以不用银行卡了。消费市场发生了如此大的变化，但是，在此之前，银行业协会有没有与商业部门去谈判呢？没有。或者后者是分散的可能还没有它们的行业协会，例如，全国健身行业还没有协会。但是，可以找工商管理部门去谈，也没有谈。于是，各商业部门自行发卡，自由进入银行卡的市场，如入无人之境。

还有一个深层原因，内地的个人商业信用几乎是空白。因为多数消费者使用现金和预付卡，很少使用银行信用卡，个人信用记录难以征集，或实际意义不大。这与欧美信用卡市场相比，情况截然相反。例如，银行信用卡和商业预付卡，用钱的方向刚好相反：银行信用卡是客户无息使用银行贷款，是消费者欠银行的钱，可以欠半个月到期之后才偿还。预付卡是消费者先把钱存到商店，相当于无息存款，然后你再慢慢地花。美国人喜欢用信用卡，而我国内地居民喜欢用预付卡，刚好相反，这不是很奇怪吗？其实，这一点都不奇怪。内地消费者与外国人一样聪明，各自选择偏好肯定是有原因的。从消费者来看，是打折的诱惑力。从商店来看，是获得无息存款。如果消费者使用银行卡购物，银行、消费者和商店三者之间的支付路径是：消费者的钱先进银行，然后，银行再转给商店。银行转账需要一定时间，商店不愿意等一天的时间。小店不愿意接受银行卡的另一个原因是：银行要收商店POS机的刷卡服务费。而使用商业预付卡的情况不同：钱先入商店的账，商店第一时间就得到一笔"无息贷款"。再加上商家还要压供货商的货款，这样商家可以抓紧时间扩大营业，或开更多的连锁店。所以，商店宁可打折给消费者，换得提前回笼资金，也不想给银行交服务费。所以，商店自行发卡就大行其道了。商家手里有了钱，还可能将钱用于民间借贷获得高息收入。内地商店通过发卡，拥有了一个"资金池"，例如，开仓储商店的老板，即便一分钱不赚，他有一个月或几个月的现金在手上，需要资金的其他商人就来找他借钱，不用去求银行了。因为去银行申请贷款，要抵押这个，担保那个，手续繁多。而民间借贷，利息比银行高，手续简单，全凭个人信用，就可以借到钱了。内地商店的这种做法，在美国没有可能，也不需要。因为在美国，商家可以去银行做小额贷款，手续很简便。但在我们这里，银行很少给小店铺做小额贷款，小店铺只能走民间金融渠道。

我国与外国消费文化差异也很大。外国消费者习惯于超前消费，其商业文化鼓励今天的钱今天花，因为明天的钱已有少许贬值。所以，西方商业文化方面鼓励借钱消费观念，我国从1995年房屋货币化之后，才有不动产抵押房贷的做法。西方人不热衷于储蓄存款，信用卡透支是常态。美国政府也是如此，政府发行巨额外债，债务超过年生产总值，国家机器依靠借钱运行。中国政府和家庭均不接受这样的观念，因为，这不符合我们的有余文化。

还有一个更深层的原因，美国市场经济的基础是个人信用，我们市场基础不是个人的信用，是公司的信用、或单位的信用、或社区的信用等，最终是政府的信用。在我国市场上，个人信用不处于重要位置。这一点是我国与西方市场经济国家的一个差别。

所以，在西方的市场上，对个人信用还有一个理解：不用信用卡的人是因为他没有信用。信用在西方社会相当于人的"第二生命"。在我国，个人到银行开信用卡账户一直到今天都很麻烦。从信用卡开户时间上来比较，我国银行在 2010 年开信用卡账户的时间是美国 20 多年前的 4 倍多。所以，我国大部分居民持有的是银行储值卡，而非信用卡。

我觉得"部门货币"的量极大，是数万亿级的规模，而且它的花样繁多，我们现有的金融体制、银行小微企业服务、现有的税制，公共服务垄断和工作人员福利以及消费者打折优惠措施等，都会刺激"部门货币"的发展，我们的社区和单位也会产生"部门货币"，我们的个人没有个人信用的现实，也会促使"部门货币"多发，所以这些因素都是我们与国外或港台市场不同的地方。尽管我们是法治国家和法治社会，也是市场经济，但支付模式和特点完全不一样。

结　　论

在国际范围内，市场经济发达的国家和地区很好见到"部门货币"，如果有的话，也只限公共交通等公用服务领域，而且限于小额。这是那里的银行业协会与商业协会之间博弈的结果，与政府无关。而在我们这里，部门货币多发的情况是商业机构与政府博弈的结果，好像与银行业协会无关。

"部门货币"有它的便利，也有其他的负面影响。我们不否决它的便利，也不能忽略他的负面影响。由于它的便利，促进消费和商业市场的繁荣，有利于小微企业的发展。但是它也牵涉非常复杂的金融风险和法律风险问题。所以，在我国，如果出现风险，老百姓有习惯在找出跑路公司的同时，也会找政府协助解决。我国政府是为人民服务的，而且，"群众利益无小事"，政府有责任帮助群众排忧解难。这也是我国政府与西方政府不同之处。既然我国政府有此工作职责和道德义务，政府就要提前地关注有关风险问题，否则，当群众集体到政府上访，严重影响政府形象，甚至个别公务员还可能因为懒政、怠政和不作为而受到追责。

我们要从根本上解决问题，最终还是要市场的归于市场，政府的归于政府。我国的市场信用最终还是要回归以个人信用为基础，而不是以部门信用为基础的。我们现在出台相关政策法规，有从商业管理角度出发的，也有从廉政角度出发的，但这都不是从金融安全，个人财产安全角度出发的，而后者也应该成为我们制定法律规范的重要出发点。

理解有限公司中的股东压迫问题

——最高人民法院指导案例 10 号评析[*]

彭 冰[**]

自最高人民法院 2010 年宣布建立指导性案例制度以来,至 2014 年 2 月已经公布了 6 批共 26 个指导性案例[①],其中《李建军诉上海佳动力环保科技有限公司公司决议撤销纠纷案》(以下简称"李建军案")为指导案例 10 号[②]。指导案例是解释法律的一种形式,可以"明确、具体和弥补法律条文原则、模糊乃至疏漏方面",建立指导案例制度的目的在于"总结审判经验,统一法律适用"。[③] 从这个角度看,李建军案具体化了《公司法》第 22 条第 2 款的适用,起到了解释的作用。但指导案例同时还"要把那些具有独特价值的案例发现出来、公布出来、树立起来、推广开来,充分发挥这些案例独特的启示、指引、示范和规范功能,让广大法官能够及时注意到这些案例,及时学习借鉴这些案例所体现的裁判方法和法律思维,并参

---

[*] 原文刊于《北大法律评论》第 15 卷第 1 辑(2014),北京大学出版社 2014 年版。由于《公司法》2013 年 12 月修订,下文如无特别指明,《公司法》的条文序号均指 2013 年修改后的《公司法》。

[**] 北京大学法学院教授、博士生导师。

[①] 《最高人民法院关于案例指导工作的规定》(法发〔2010〕51 号),该文件于 2010 年 11 月公布,一年后,2011 年 12 月最高人民法院开始发布第一批指导性案例。

[②] 《最高人民法院关于发布第三批指导性案例的通知》(法〔2012〕227 号),"指导案例 10 号:李建军诉上海佳动力环保科技有限公司公司决议撤销纠纷案"(最高人民法院审判委员会讨论通过,2012 年 9 月 18 日发布)。

[③] 参见蒋安杰:《最高人民法院研究室主任胡云腾——人民法院案例指导制度的构建》,《法制日报》2011 年 1 月 5 日。

照指导性案例的做法，公正高效地处理案件"。[①] 从这点来说，李建军案简单化处理了案件诉求，机械适用了法条，却没有积极应对该案所反映出的特殊问题，未能把握机会发掘本案的独特价值，甚是遗憾。

李建军案的争议点不仅仅在于公司董事会解聘经理是否需要理由以及该理由是否恰当这个简单问题。综观该案，佳动力公司只有三名股东，同时均为董事，结果持股第二和第三的两名股东联手，通过董事会决议解聘了第一大股东所担任的公司总经理职务，这更像一起典型的公司股东之间的斗争。法院是否需要介入股东之间的斗争？这不是一个能够轻易用"公司自治"来简单回答的问题。像本案这样仅从表面上机械适用法条并不能解决公司股东之间的矛盾，也没有回应原告的合理诉求，更没有积极应对本案所揭示出的有限责任公司（以下简称"有限公司"）普遍面临的独特问题。

一般而言，法院往往会尊重公司董事会的商业决策，此即所谓的公司自治。但对于可能涉及利益冲突的决策，公司法则往往有更高的程序要求，法院也可能进行相应审查。因此，法院在面临是否需要对公司董事会决议进行审查的问题时，往往会结合不同情况给予不同处理，并非一味坚持公司自治。

同时，与股份有限公司（以下简称：股份公司）相比，有限公司更具人合性特征，在公司治理方面体现出许多不同。其中最为显著的就是：股东同时担任公司职务参与公司经营管理，而这一职务很可能构成该股东的主要事业和重要收入来源。在这种情况下，往往很难界定公司董事会解除股东所担任公司职务的决议的性质——是一个基于股东不称职而作出的正常商业决策，还是一个大股东滥用股权排挤小股东的压迫行为？由于中国《公司法》在这方面规定的含糊不清，本案恰好给法院提供了一个机会揭示问题，提出分析和解决的思路，为未来的公司法发展提供更多可能性。

但李建军案的二审判决忽视本案隐含的深层问题，简单机械地适用公司法条文处理表面问题，既没有推进对《公司法》第 22 条的深入理解，也没有挖掘本案的独特价值。这是法官在快速处理案件时保护自己的一

[①] 参见蒋安杰：《最高人民法院研究室主任胡云腾——人民法院案例指导制度的构建》，《法制日报》2011 年 1 月 5 日。

般本能①,而最高人民法院将本案提升为指导案例,则有过于拔高之嫌,甚至最高人民法院在指导案例颁布时对"裁判要点"和"裁判理由"的总结,还可能对未来案件的审判带来误导,因此本文不得不对李建军案做进一步的详细分析,以廓清问题。

本文以下将分为六个部分:首先简单介绍基本案情和最高法院总结的裁判要点和裁判理由(第一部分);其次将分析本案揭示的问题,《公司法》第 22 条 2 款的适用前提,并重点分析本案揭示出来的深层问题:有限公司基于其人合性特征,在公司治理方面具有特殊性需求(第二部分);第三部分则介绍美国的一个与本案类似的案例——Wilkes 案,以展现美国法院如何处理类似问题,以及 Wilkes 案如何成为著名判例;第四部分则更进一步分析有限公司在公司治理方面有何特殊性,为什么需要司法介入;第五部分介绍美国公司法中处理封闭公司中大股东压迫的一些经验,并在中国法的环境下讨论解决股东压迫的可能法律适用,以及未来中国公司法如何完善相应的制度;最后是一个简单结论(第六部分)。

本文的基本观点是:司法作为社会公正的最后屏障,是股东纠纷的最终裁决者。虽然有"清官难断家务事"的说法,但无数的家庭纠纷最终还是会走上法庭通过司法裁决得以解决。同样,有限公司股东之间的纠纷也需要法院的介入和裁决。即使该解决方案以"离婚"的方式表现出来,那也是维持社会秩序稳定和社会公正所必需的救济措施,是司法机关不可推卸的责任。否则,有限公司的小股东们将因担心自己的权益不能得到保护,或者必须投资为大股东,或者干脆不投资。这将极大地阻碍企业家的创业热情,也会极大地推高中小企业的融资成本,阻碍中国经济的未来发展。

---

① 如有学者认为,在现行的司法环境下,法官不得不谨慎行事,对承担的公司纠纷案件小心论证,绝不轻易下判。参见张学文:《有限责任公司股东压制问题研究》,法律出版社 2011 年版,第 118—119 页。另外,因为各种原因,法官面临大量涌来的案件,不得不快速处理;同时在错案追究等审判管理制度下,法官还要考虑考评的各种要求。这种情况下,法官当然倾向于直接从表面上适用法条,而不是去考虑和挖掘案件背后的法理。虽然这都是可以理解的常情,但我们对于指导案例的要求总要高一些。

一、李建军案的基本案情和法院裁决要旨[①]

（一）基本案情

原告李建军系被告佳动力公司的股东，并担任总经理。佳动力公司股权结构为：李建军持股46%，葛永乐持股40%，王泰胜持股14%。三位股东共同组成董事会，由葛永乐担任董事长，另两人为董事。公司章程规定：董事会行使包括聘任或者解聘公司经理等职权；董事会须由三分之二以上的董事出席方才有效；董事会对所议事项作出的决定应由占全体股东三分之二以上的董事表决通过方才有效。2009年7月18日，佳动力公司董事长葛永乐召集并主持董事会，三位董事均出席，会议形成了"鉴于总经理李建军不经董事会同意私自动用公司资金在二级市场炒股，造成巨大损失，现免去其总经理职务，即日生效"；"现聘任王泰胜为佳动力公司代总经理"[②]等内容的决议。该决议由葛永乐、王泰胜及监事签名，李建军未在该决议上签名。

同月27日，李建军向法院提起诉讼，诉称：佳动力公司董事会决议依据的事实错误，在召集程序、表决方式及决议内容等方面均违反了公司法的规定，请求法院依法撤销该董事会决议。

（二）法院裁决及理由

上海市黄浦区人民法院一审认为：佳动力公司董事会决议的召集程序和表决方式都符合法律规定，只是决议解聘李建军总经理职务所依据的事实并不存在——李建军炒股的行为都是在经过佳动力公司董事长葛永乐同意后进行的，董事王泰胜也知情，并非"未经同意，擅自动用公司资金炒股"。因此，"在该失实基础上形成的董事会决议，缺乏事实及法律依据，其决议结果是失当的"。"从维护董事会决议形成的公正、合法性角度出发"，一审判决支持李建军撤销董事会决议的主张，"至于佳动力公司董

---

① 本部分关于案情和裁决的内容，主要来自李建军案的二审判决书，(2010)沪二中民四（商）终字第436号，除特别注明来自别处外，不再一一注明出处。

② 注意："聘任王泰胜为代总经理"这一决议内容在最高人民法院将本案作为指导案例发布时被删除了。

事会出于公司治理需要,需对经理聘任进行调整,应在公司法及公司章程的框架内行使权利"。

二审法院上海第二中级人民法院则不同意一审法院的意见,驳回了李建军的诉讼请求。二审法院认为:董事会决议是否撤销,须依据《公司法》第22条第2款的规定进行审查。该条规定董事会决议可撤销的事由包括:(1)召集程序违反法律、行政法规或公司章程;(2)表决方式违反法律、行政法规或公司章程;(3)决议内容违反公司章程。从召集程序看,佳动力公司于2009年7月18日召开的董事会由董事长葛永乐召集,三位董事均出席董事会,该次董事会的召集程序未违反法律、行政法规或公司章程的规定。从表决方式看,根据佳动力公司章程的规定,对所议事项作出的决定应由占全体股东三分之二以上的董事表决通过方才有效,上述董事会决议由三位股东(兼董事)中的两名表决通过,故在表决方式上未违反法律、行政法规或公司章程的规定。从决议内容看,佳动力公司章程规定董事会有权解聘公司经理,董事会决议内容中"总经理李建军不经董事会同意私自动用公司资金在二级市场炒股,造成巨大损失"的陈述,仅是董事会解聘李建军总经理职务的原因,解聘李建军总经理职务的决议内容本身并不违反公司章程。

二审法院认为:董事会决议解聘李建军总经理职务的原因不存在,并不会导致董事会决议撤销。首先,公司法尊重公司自治,公司内部法律关系原则上由公司自治机制调整,司法机关原则上不介入公司内部事务;其次,佳动力公司的章程中未对董事会解聘公司经理的职权作出限制,并未规定董事会解聘公司经理必须要有一定原因,该章程内容未违反公司法的强制性规定,应认定有效,因此佳动力公司董事会可以行使公司章程赋予的权力作出解聘公司经理的决定。故法院应当尊重公司自治,无须审查佳动力公司董事会解聘公司经理的原因是否存在,即无须审查决议所依据的事实是否属实,理由是否成立。综上,原告李建军请求撤销董事会决议的诉讼请求不成立,依法予以驳回。①

最高人民法院在将本案提升为指导案例第10号时,还总结了具有指

---

① 这段理由的表述是最高人民法院在发布指导案例10号中的重新表述,与二审判决书上列出的理由在顺序上有所不同。参见《最高人民法院关于发布第三批指导性案例的通知》(法〔2012〕227号)中关于"指导案例10号"的"裁判理由"部分。不过,二审判决书中的理由表述略显重复,最高人民法院的重新表述更符合逻辑,因此本文采纳了后种表述。

导意义的"裁判要点":"人民法院在审理公司决议撤销纠纷案件中应当审查:会议召集程序、表决方式是否违反法律、行政法规或者公司章程,以及决议内容是否违反公司章程。在未违反上述规定的前提下,解聘总经理职务的决议所依据的事实是否属实,理由是否成立,不属于司法审查范围。"①

二、对李建军案的具体分析

从表面来看,李建军案的二审裁决似乎并无不当。

原告诉请的是撤销董事会决议,看起来应该适用《公司法》第22条第2款关于公司决议撤销之诉的条款。该条规定的撤销事由恰如二审法院及最高人民法院所归纳,仅包括三项:召集程序、表决方式是否违反法律法规或者公司章程,以及决议内容是否违反公司章程。法院分别考察了这三项事由,发现:(1)对于本案所涉董事会决议,召集程序合法。(2)表决方式上的争议,主要涉及公司章程中规定的"对所议事项作出的决定应由占全体股东三分之二以上的董事表决通过方才有效",其中所指董事会表决权是以占股份三分之二的比例还是以一人一票来确定不太明确。一审法院认定章程既然规定不明确,就应当遵守公司法,《公司法》第48条明确规定"董事会决议的表决,实行一人一票",因此,本案董事会决议的表决方式符合规定。二审法院也对此表示赞同。(3)本案最大争议在决议内容上,即董事会能否以错误的理由作出解聘总经理职务的决议?对此,一审法院和二审法院作出了不同判断。一审法院认为,既然是"有故"罢免李建军的总经理职务,该"故"就应当是真实的,"在该失实基础上形成的董事会决议,缺乏事实及法律意见,其决议结果是失当的"。而二审法院认为,既然《公司法》和公司章程都未规定解聘总经理职务需要理由,公司就可以无故解除总经理职务。既然公司都可以无故解除总经理职务了,那么董事会解除李建军总经理职务的理由是真实还是虚假,也就没什么关系了,不应当影响决议效力。

如果这样简单理解《公司法》第22条的规定,显然二审法院的推理是

---

① 参见《最高人民法院关于发布第三批指导性案例的通知》(法〔2012〕227号)中关于"指导案例10号"的"裁判要点"部分。

正确的。本案中,佳动力董事会以"总经理李建军不经董事会同意私自动用公司资金在二级市场炒股,造成巨大损失"为由免去其总经理职务,其实只是借口。从一审法院认定的事实来看,李建军动用公司资金炒股,是公司董事长葛永乐同意并委托其代表佳动力公司具体实施的,并且反映股票交易的相关资金流转均在佳动力公司账上予以记载。对于李建军炒股的事实,王泰胜也都知情。按照佳动力公司章程的规定,董事会决议只需要经三分之二以上的董事表决通过,这两人联手本来就可以直接解聘李建军的总经理职务,也可以使公司董事会的一切决议获得通过。因此,以李建军"未经同意私自动用资金炒股"作为解聘理由,只是一个说法而已,对这两人同意解聘李建军总经理职务的决定并无影响。换句话说,这两人本来就可以无理由直接通过董事会决议解聘李建军的总经理职务。

从这个角度来说,二审法院判决认为不需要审查解聘理由的真伪,看起来确有一定的合理性。因为即使以理由所依据的事实虚假为由而撤销董事会决议,只要解聘总经理不需要理由,这两人完全可以再开一次董事会,直接宣布无理由解聘李建军的总经理职务。从这个角度来看,一审判决撤销董事会决议对结果并无影响,也无意义。

然而问题是,本案应该适用,甚至只能适用《公司法》第22条第2款吗?法院在本案中这样机械适用第22条第2款合适吗?需要注意的是,尽管原告诉求的是撤销董事会决议①,但本案一审法院并未适用《公司法》第22条第2款,而是依据《公司法》第46、47、48条作出了一审判决。本案必须适用《公司法》第22条第2款,是被告在上诉时提出的观点,二审法院予以认可。

按照二审法院对第22条第2款的理解,法院在考虑是否撤销董事会决议之诉时,只需要从形式上审查召集程序、表决方式是否符合法律法规和公司章程,对于决议内容也只需要考虑是否在公司章程规定的职权范围内。这样适用该条,其结果实际上类似于"商业判断规则"(Business

---

① 虽然民事诉讼采取"不告不理原则",原告的诉求决定了法院的审理范围,但实际上,在审理过程中,当法院基于案件事实发现原告的诉求不当时,法院应当告知原告可以变更诉讼请求,见《最高人民法院关于民事诉讼证据的若干规定》第35条。相关分析,参见王彦:《谈法官的释明义务》,http://court.gmw.cn/html/article/201309/13/137331.shtml,2014年1月25日访问。

Judgement Rule)①。按照此方法审查,只要董事会决议在召集程序、表决方式方面不违反法律、行政法规和公司章程的规定,决议内容未超出公司章程规定的职权范围,法院就不会去审查决议的具体内容,尊重公司自治。这样做的道理很清楚:公司董事会做的是商业决策,完全依赖于决策时掌握的信息,并且需要冒商业上的风险,只要决策时当事人是善意的,法院就不能在事后对其作二次判断。

但我们都知道:"商业判断规则"的适用是有前提的:(1)董事会所作的决策是商业决策;(2)董事会决策是在无利害关系的情况下善意作出的。② 证之本案,这两个前提条件都不成立。

在一般情况下,聘任和解聘公司总经理只是一个商业决策,因为这主要涉及担任总经理的人选是否具有相应的资质和是否契合本公司的环境。但这是在管理权和公司所有权相分离的股份公司下的假设,在这个假设中,股东只提供资本,并不参与公司的经营管理,只通过股东大会对涉及公司的重大事项作出决定。公司由以职业经理人为代表的管理层负责经营,董事会则负责监控公司的管理层。③ 在这种公司治理结构下,董事会聘任和解聘总经理职务的决议,只是一个简单的商业决策,一般不涉及公司内部的权力和利益分配。但本案所涉及的佳动力公司并非是一个典型的股份公司,而是有限公司,并且是股东参与公司经营的有限公司。从本案事实来看,佳动力公司只有三名股东,李建军持股 46% 为第一大股东,但葛永乐和王泰胜分别持股 40% 和 14%。这三人同时组成了公司的董事会。其中葛永乐担任公司董事长、法定代表人,李建军担任公司总经理,王泰胜担任公司董事和总工程师。在类似佳动力公司这种公司治理结构下,作为公司所有者的股东同时担任公司的管理者,并且这很可能构成了他们主要从事的事业和主要的收入来源。这时,聘任和解聘某个股东所担任的公司职务,就不简单是一个商业决策,而可能构成对股东权益的重新调整和分配,在这种情况下,能否简单适用"商业判断规则",能否简单适用《公司法》第 22 条第 2 款的规定,就很值得怀疑了。

---

① 关于商业判断规则,参见邓峰:《普通公司法》,中国人民大学出版社 2009 年版,第 519—527 页。

② 同上注,第 523 页。

③ Kraakman et al., *The Anatomy of Corporate Law: A Comparative and Functional Approach* (2nd edition), Oxford University Press, 2009, pp. 13—14.

在一般情况下,总经理由职业经理人担任,因此,如果公司以不存在的理由解聘该总经理的职务,可能侵害了该职业经理人的名誉,对其未来的职业发展造成损害。不过,这种名誉权纠纷显然不属于公司法范畴,因此,二审法院才会在判决书中说:如果李建军"认为董事会免去其总经理职务的理由侵害其民事权益的,可另行通过其他途径主张自己的权益"①,看起来已经为李建军提供了其他救济途径。但本案中因所涉公司结构的特殊性,与上述假设完全不同。原告李建军感觉权益受到侵害,并不在于其名誉受损,使得其未来的职业发展受到不当影响——李建军并非职业经理人。从本案的相关事实来看,原告在本案中受到侵害的主要是其股东权,而不是所谓名誉权——李建军作为公司的第一大股东,被剥夺总经理职务后,很可能因此丧失了对佳动力公司实际经营的控制和介入,其作为第一大股东的权益受到了严重的侵害。因此,本案二审判决才荒谬至极,仿佛是病人因头疼请求治疗,医院却既不诊断头疼的根本原因,也未开出减轻或者暂缓头疼的药物,而是建议病人去理个新的发型。

"商业判断规则"得以适用的另一个前提是董事们在无利害关系的情况下善意地作出决策。但在本案中,董事会决议一方面罢免了李建军的总经理职务,另一方面又任命王泰胜为代总经理。王本人则是作出该决议的两名董事之一,并且在一人一票的表决方式下,其投票与否直接决定了决议能否通过。这种情况下这个决议中涉及的利益冲突难道还不明显?② 虽然中国公司法对于利益冲突下的董事会决议如何审查,并无明确规定,但依据一般的公司法原理,在董事忠实义务下,与决议有利害关系的董事应当回避表决。如果这样,因为3名董事中只有2名董事参与,

---

① 参见本案二审判决书,(2010)沪二中民四(商)终字第436号。另可参见本案二审主审法官的分析,顾继红、何云:《罢免公司高管的董事会决议效力之司法审查》,载《人民司法·案例》2010年第22期。该文进一步从劳动法角度对本案作出了分析,并为此后的最高人民法院所采纳,参见最高人民法院案例指导工作办公室:《指导案例10号〈李建军诉上海佳动力环保科技有限公司决议撤销纠纷案〉的理解与参照》,载《人民司法·应用》2013年第3期。不过实际上,主审法官的文章还进一步提出总经理作为公司特殊的高级雇员,与公司的关系在一定程度上突破了劳动合同法。这种说法具有相当的合理性,可惜该文未能对此深入展开分析。参见顾继红、何云,上引文。

② 有人可能会说,罢免李建军的总经理职务和任命王泰胜担任代总经理是两个不同的决议,在罢免李建军职务的决议中,王泰胜并无利害冲突。但这种形式上的机械解释,和本案二审判决对法条的机械适用一样,不能让人信服。如果指导案例的力量在于说服,则这样的解释显然缺乏说服力。最高人民法院在发布指导案例10号时特意删除了这一决议内容,是否是因为认识到了这种潜在的利益冲突可能?

此决议就无法获得三分之二的同意,结果就会完全不同。

实际上,本案揭示了更为复杂,也更为困难,但也更符合现实的有限公司经营困境——大股东对小股东的压迫问题。本案中的佳动力公司只有三名股东,李建军持股46%为第一大股东,葛永乐和王泰胜分别持股40%和14%。李建军因此担任了公司总经理,负责公司的日常经营。但在本案所争议的董事会上,两名小股东联手,罢免了第一大股东的总经理职务。这实际上可能构成大股东排挤(squeeze out)小股东的一种手段——取消李建军作为第一大股东直接参与公司经营的权力。

有限公司具有相当的人合性,股东之间一般都相互熟悉和信任,因此才会有《公司法》第71条对有限公司股东对外转让股权的限制。本案中,李建军和葛永乐为佳动力的创始股东,两人显然曾经有过一段较为友好的合作关系(从2001年公司创立至2009年董事会决议罢免李建军职务)。尽管从判决书中看不出这两人之间的关系如何转坏,但仍有一些蛛丝马迹:佳动力公司炒股动用了上海科学院的科研经费,后在挪用科研经费炒股被追查的情况下,李建军抛售股票将资金用于归还科研经费,使得佳动力公司炒股亏损,这可能是导致两派不和的主要原因。[①] 在友好关系破灭后,大股东往往利用其优势地位对小股东进行排挤,本案很可能就是这样一个排挤案例。李建军愿意提供最多的出资,其合理的期盼可能就是以公司总经理的身份负责公司的日常经营,结果却因为关系不和,被其余两个股东联手以"莫须有"的理由罢免了总经理职位。可以预期,被罢免总经理职位之后的李建军,尽管还是第一大股东并保留了董事席位,却无法参与公司经营,其能否在此后顺利得到投资回报实在是前景堪忧,而由于其持股量虽大却未到控股程度,此股权也很难转让给别人,最终结果可能只能以低价卖给控股股东,甚至完全"打水漂"。

有限公司具有人合性特征,较之股份公司,有着较为不同的股东关系和公司治理需求,需要法院在适用法律时给予特殊对待。中国立法者对此有所认识,在2005年修改《公司法》时加入了包括公司连续5年不分配利润股东有权要求公司回购其股权的规定[②],以及强制解散公司的条

---

① 参见本案二审判决书,(2010)沪二中民四(商)终字第436号。
② 参见《中华人民共和国公司法》(2013)第74条。

款①，并在第20条对股东滥用权利规定了原则性的禁止。因此，本案法官如果想要更为积极地回应原告的诉求，真正解决本案争议背后的问题，其实可以考虑适用《公司法》第20条和第22条第1款。法官首先应该讨论争议中的董事会决议是否违反了第20条规定的股东不得滥用股东权利，如果答案是肯定的，则可以适用第22条第1款的规定，宣布董事会决议无效；而不是像现在这样机械适用第22条第2款的规定，看起来适用了法律，却没有根本解决问题。

从这个角度来说，本案其实具有独特的价值，如果法院能够在审理时予以发掘，给予特别关注和处理，作为指导案例也就具有了重要意义。但本案两审法院对此问题未能关注，最高人民法院在将本案提升为指导案例时也未能发掘反而掩盖了这一问题，甚是遗憾。本文下面的分析将就此问题展开讨论，首先介绍美国法院曾经面临的一个类似案例，美国法官对该案的积极应对，使得该案判决成为美国公司法上的经典案例；然后分析李建军案背后展现的理论问题，揭示这一案例实际上具有的独特价值，以补"遗珠之憾"。

三、美国的类似案例——Wilkes案

1976年，美国马萨诸塞州法院也面临一个和李建军案类似的案例——Wilkes案②，马萨诸塞州最高法院在此案中的判决，连同一年前的另一个案例——Donahue案③，成为美国公司法上的经典判例，改变了美国封闭公司④的相关法律制度。因为Wilkes案的案情与李建军案极为类似，我们在这里主要介绍Wilkes案的判决。

---

① 参见《中华人民共和国公司法》(2013)第182条。
② *Wilkes v. Springside Nursing Home, Inc. & Others*, 370 Mass. 842 (1976).
③ *Donahue v. Rodd Electrotype Company of New England, Inc. & Others*, 367 Mass. 578 (1975).
④ 封闭公司，英文可以表述为closely held corporation和close corporation，后者往往特指在州公司法上有特别规定的一种公司类型，但为表述方便，除非文章特别指明，本文在此两者混用。另外，封闭公司的概念与中国公司法中的有限公司在性质上极为类似，参见张学文：《有限责任公司股东压制问题研究》，法律出版社2011年版，第10—15页，本文因此也混用这两个概念。

（一）案件事实[①]

1951年，Wilkes和Quinn，Riche，Pipkin四个熟人共同组建了一个护理公司（Springside Nursing Home，Inc.，以下简称Springside公司）。本来他们是准备成立合伙企业的，但在律师建议下，为了获得有限责任的保护，他们最终注册成立了公司。四人出资相同，也持有相同的股份。股东们当时达成的谅解是：四人应该都担任公司的董事，并积极参与公司的经营和管理决策。只要四人都积极承担了公司营运的任务，四人应该平分公司收益。护理公司的建立和运营工作被大致分为了四份，每人都承担相应的一份，其中Wilkes一开始担任公司的财务主管、董事，还利用其专长，负责公司的房屋维护和修缮工作。

公司运营情况不错，从1952年开始，四个股东基本上每周都可以从公司获取收益（从1955年开始，维持在每人每周100美元的水平上）。在1965年，因业务需要，股东们决定将公司部分房产卖给Quinn。在Wilkes的鼓动下，房产最终售价明显高于Quinn预期的价格，这导致了两个股东之间的关系恶化，并最终影响了另外两个股东的态度。

1967年2月，Springside公司召开了董事会，确定公司管理层和雇员们的薪水：Wilkes不在薪水名单上，Quinn获得了更高的薪水，而另外两名股东维持每周100美元的水平不变。此次董事会还决定在1967年3月召开年度股东大会。在此后按时召开的股东大会上，Wilkes没有被再次选为董事。Wilkes没有亲自参加此次董事会和股东大会，而是派了一名律师代表其参加股东大会。其后，公司通知他说，公司不再需要他的服务了。

1971年8月5日，Wilkes对Springside公司和其余三名股东提起了诉讼，声称他和三名股东在成立Springside公司前曾经签订了合伙合同，而1967年公司停止支付Wilkes薪水和拒绝其担任公司董事和管理人员的行为违反了该协议，请求获得相应赔偿。

初审法院发现，在1967年董事会决议停发Wilkes薪水时，并未说明是否因为Wilkes有不当行为或者责任疏忽，法院认为，不是因为Wilkes

---

[①] See *Wilkes v. Springside Nursing Home, Inc. & Others*，370 Mass. 842 (1976)，以下案件事实均来自该案判决书，文中不再一一注明。

履行职责不当或者疏忽,而是其余三名股东不愿让其从公司获得收入才导致 Wilkes 被排除在薪水支付之外。实际上,虽然 Wilkes 与其他三名股东的关系持续恶化,但 Wilkes 一直像以往一样履行了其对公司的职责。如果公司允许,并且 Wilkes 也能获得薪水,其也愿意继续为公司提供服务。因此,初审法院认定,在 1967 年初 Springside 公司召开的董事会和股东大会,不过是用来将 Wilkes 排除出公司经营管理并排除其获得公司收入的手段。

(二) 马萨诸塞州最高法院的裁决①

初审法院尽管认定了上述事实,却驳回了原告 Wilkes 的诉讼请求。

不过,马萨诸塞州最高法院(以下简称:麻省最高法院)却有不同的看法。在上述事实认定的基础上,麻省最高法院主要考虑 Wilkes 提出的其余三名股东违反了对其负有的信义义务,并因此要求获得赔偿的主张。法院认为,首先,对于股东是否相互负有信义义务的问题,在一年前的 Donahue 案中已经作出了回答。在 Donahue 案中,法院判决认为,在封闭公司中,所有股东相互之间负有像合伙人一样的信义义务(stockholders in the close corporation owe one another substantially the same fiduciary duty in the operation of the enterprise that partners owe to one another),这一信义义务的内容被概括为最大的善意和忠诚(utmost good faith and loyalty),在公司运营决策可能涉及对其余股东的权利和投资的影响时,封闭公司中的股东必须遵守这一严格的信义义务标准。②

麻省最高法院认为,封闭公司会在大股东对小股东的压制、排挤方面存在特殊的问题。压制和排挤有很多种手段,其中之一就是大股东剥夺小股东在公司担任的职务。这一方法之所以有效,就是因为法院一般认为类似选举、留任、罢免、聘任或者解聘公司管理层、董事或者雇员的这些事项都属于公司内部管理事务,由公司依据多数决原则来决定即可,法院不愿进行干涉。这为封闭公司的小股东带来了巨大的危险。麻省最高法院注意到:在本案中,Springside 公司自成立以来,从来没有向其股东分

---

① Id., 本案裁决内容均来自该案判决书,文中不再一一注明。
② Donahue v. Rodd Electrotype Company of New England, Inc. & Others, 367 Mass. 578 (1975).

配过利润。实践中,封闭公司为了避税,其收入主要以工资、奖金和退休金的形式发放而不是利润分配,因此薪水是小股东投资的主要回报来源。小股东愿意将资本投入到一个公司的主要原因可能就是公司会为其提供工作。此外,剥夺小股东在公司的职务,也限制了小股东参与公司经营管理,使得其享有的股权受到了严格限制。大股东剥夺小股东在公司担任职务的行为严重挫败了小股东投资时的最初目的,也使得小股东无法从其投资中获得收益。

不过,麻省最高法院在本案中认为,完全适用 Donahue 案中确立的股东之间最大善意和忠诚的信义义务标准,对封闭公司中的大股东过于严格了。大股东在经营公司时,毕竟还有自己的合理利益诉求,不是完全利他主义的圣人。因此,麻省最高法院在本案中确立了一个新的审查标准,一般可以概括为三个步骤[①]:

首先,在封闭公司的小股东对大股东的行为提出违反信义义务的诉讼时,法院应当要求大股东为其行为提供合法的商业目的(legitimate business purpose)。对于何谓合法的商业目的,法院认为必须承认大股东在经营公司的商业决策中有一定的自由空间,在诸如是否分配利润、是否与其他公司合并、确定职工的薪资水平、罢免某个董事是需要理由还是不需要理由方面,大股东享有相当大的自由裁量余地。

其次,当大股东解释了其行为的合法商业目的之后,小股东还有机会证明该目的可以通过其他对其伤害更少的方式来达到。

最后,法院必须衡量合理商业目的、可能更少伤害的其他方法,以判断大股东是否违反了对小股东的信义义务。

具体到本案,法院发现 Springside 公司开除 Wilkes 的公司职务和董事职务,并无合法的商业目的。Wilkes 作为公司的董事、管理人员和职员,从未有过不当行为,其称职完成了所有分配的工作,并且愿意继续为公司提供服务。一切事实都证明,这只是大股东在压迫小股东。因此,法

---

① See *Wilkes v. Springside Nursing Home, Inc. & Others*, 370 Mass. 842 (1976). 也可参见 Lyman Johnson, "Enduring Equity in The Close Corporation", 33 *Western New England Law Review* 313 (2011). 也有人概括为四个步骤——在这三个步骤之前增加了一个步骤:小股东首先需要证明其在公司获得职务是一项合理期待,因此,大股东将其开除才可能构成信义义务的违反,参见 Douglas K. Moll, "Reasonable Expectations v. Impliedin-Fact Contracts: Is the Shareholder Oppression Doctrine Needed?", 42 *Boston College Law Review* 989 (2001).

院判决，Springside 公司的三名股东违反了对于小股东 Wilkes 的信义义务，应当向 Wilkes 赔偿，具体赔偿数额则发回原审法院重审确定。

(三) Wilkes 案的影响和讨论

麻省最高法院在 Wilkes 案中的判决，连同该院在一年前 Donahue 案中的判决，被认为确立了新的公司法范式，其中主要贡献体现在两个方面：(1) 封闭公司与公众公司不同，传统公司法主要处理的是公众公司的问题，对于封闭公司应该在传统公司法之外特别对待；(2) 如何特别对待？Donahue 案提出应该通过确立封闭公司股东之间的信义责任来解决小股东受到压制的困境，其理论基础是封闭公司应当被视为"具有法人资格的合伙企业"，股东之间应当像合伙人一样互相负有最大善意的信义义务。而 Wilkes 案则进一步限制了 Donahue 案中对于信义义务的宽泛提法，认为应当承认大股东在管理经营封闭公司时可以有自己的合法利益追求，也应当有相当的自由裁量空间，因此提出了更具有操作性的三步检验法。

对于 Donahue 案提出的股东加重信义义务，以及 Wilkes 案提出的三步检测方法，各州法院可能有不同的看法。例如，特拉华州法院就拒绝适用 Donahue 案和 Wilkes 案作为判例，纽约州则发展出了更广为接受的小股东"合理期待原则"[①]，甚至麻省最高法院在此后自己的案例中，也进一步细化和发展了 Wilkes 案的检验方法。[②]

但在这两个判例之后，无论是立法机关，还是各地法院都基本上承认了封闭公司应当受到特别对待。美国各州或者通过立法授权法院，或者由各州法院自觉运用衡平法上的权力，对于封闭公司中大股东压制小股东的现象给予干预处理，而不是仅仅将其视为公司内部事务，由所谓的公司自治予以解决。即使是最为顽固的特拉华州法院，尽管其坚持认为小股东应当通过合同来保护自己在公司中的职务，也不得不承认：大股东对

[①] See Matter of Kemp & Beatley, Inc., 64 N.Y.2d 63 (1984). 关于合理期待原则的介绍，可参见张学文：《有限责任公司股东压制问题研究》第一章第二节的介绍，法律出版社 2011 年版，第 50—69 页。

[②] 对 Wilkes 案的批评和此后的发展，可参见 Benjiamin Means, "The Vacuity of Wilkes", 33 Western New England Law Reivew 433 (2011).

于小股东具有信义义务。①

回到我们讨论的李建军案。Wilkes案与李建军案虽然非常类似,但也有所不同。首先,Wilkes案中涉及的股东在公司的职位虽然并不明确,但肯定不是公司总经理这样重要的职务。根据美国学者的阐述,总经理的职位有一定的特殊性。② 其次,Wilkes案的适用也有一定前提条件,包括:(1)股东在公司担任职务是股东在投资之初的合理期待③;(2)股东在公司担任职务是其主要的事业和收入来源;(3)公司主要采用薪酬和奖金的方式分配公司的收入,很少或者基本不发放利润。

证之李建军案,则上述几个事实问题都不清楚。首先,李建军担任公司总经理时,是否与公司签订劳动合同或者雇佣合同,案件并不明确。其次,李建军在投资时是否对于担任公司总经理这一职务有合理期待?从判决书中也看不出来。再次,虽然从判决书看起来,佳动力公司的总经理职务似乎是李建军的主要事业和工作,但并不明确。最后,对于佳动力公司多年来是否分配利润,是否以薪酬奖金作为分配其收入的主要方式,判决书中没有任何讨论。

因此,在目前判决书认定的事实基础上,我们还很难明确得出罢免李建军总经理职务只是大股东排挤李建军的一种手段的结论,但从目前判决书中提到的事实,我们至少可以看出:李建军是佳动力公司第一大股东,并且同时担任公司的董事和总经理,但在2009年的董事会上,第二大股东和第三大股东捏造理由,联手罢免了李建军的总经理职务,使得李建军不能再直接控制公司日常经营。虽然我们尚不能确定总经理职务是否为李建军追加投资成为第一大股东时的合理预期,也无法知道这是否构成了其获得投资回报的主要渠道,但至少从现有事实中可以发现,本案中大股东压迫小股东的嫌疑相当大。一审法院简单以罢免理由不成立撤销董事会决议当然存在问题,但二审法院进一步将问题简单化为——既然是无理由解聘,理由是否真实就在所不问,根本没有注意到大股东编造罢

---

① Riblet Products Corporation, etc. v. Ernest J. Nagy, 683 A.2d 37 (1996).
② 实际上就像本案二审主审法官所说的,从劳动法角度分析本案也会是一个有趣的尝试,顾继红、何云:《罢免公司高管的董事会决议效力之司法审查》,载《人民司法·案例》2010年第22期。关于Wilkes案引发的劳动法问题,参见Deborah A. DeMott, "Investing In Work: Wilkes as an Employment Law Case", 33 *Western New England Law Review* 497 (2011).
③ See Douglas K. Moll, "Reasonable Expectations v. Impliedin-Fact Contracts: Is the Shareholder Oppression Doctrine Needed?", 42 *Boston College Law Review* 989 (2001).

免理由本来就可能是压迫小股东的一种表象,则显然是在错误的道路上走得更远,完全无视本案原告所面临的困境,忽视了本案的独特价值。最高人民法院将本案提升为指导案例,更是为全国法院作出了一个错误的示范:法官不去面对争议的本质,不去理解当事人的真实诉求,而是将活生生的现实简单化为机械的法条适用。

上面对李建军案和Wilkes案的分析,都只是从案例的角度简单分析了封闭公司所面临的问题,对这一问题的认识还需要通过具体的分析来展开。下文将分析有限公司(封闭公司)所具有的特殊性,以及为什么需要司法介入(第四部分);进而介绍美国处理相关问题的一些经验,在中国公司法下处理该问题的可能进路,以及未来如何改进中国公司法(第五部分)。

四、有限公司的特殊性与司法介入

有限公司是德国法学家于1892年创造出来的一种特殊的公司形态。当时,1870年的德国股份公司法奉行严格的规制主义,使得股份公司变成一种设立程序复杂而且运行成本高昂的法律形式。对于需要公开融资的大企业,这些规定也许是必需的,也是可以忍受的。但对于没有公开融资需求,股东人数少而且相对稳定,彼此相互认识并且信任的小企业,这样的法律形式就显得成本太高了。但许多股东也不愿意承担无限责任成立无限公司。在这样的背景下,考虑当时的实践和客观需求,德国议会设计了一种其资本不需要上市而仅限于小范围的会员设立的,并能由会员自行保护其权利的公司形式——颁布了只有84个条文的十分简略的1892年《有限责任公司法》,创设了有限公司这种新的企业形态。[1] 因此,立法者当初设计有限公司就是为了提供一种适合中小企业的并且其会员能够享受有限责任待遇的公司形式。有些学者比喻说,有限公司有点像"承担有限责任的个体企业"。[2]

有限公司制度在被各国移植过程中有所发展和变化,其中中国的移

---

[1] 吴越编译:《德国有限责任公司法的学说及其实践》,载吴越主编:《私人有限公司的百年论战与世纪重构——中国与欧盟的比较》,法律出版社2005年版,第310页。

[2] 同上注。

植变化最大。1946年民国《公司法》修订时引入有限公司制度,虽然参照了日本和德国的《有限责任公司法》,但在基本术语的适用上已经抹掉了德国本土有限公司中人合公司的痕迹,无论是股份公司还是有限公司,都统一适用股东、股份、章程等术语。① 1993年中华人民共和国颁布的《公司法》,虽然将有限公司的专章置于股份公司之前,但"可以明显看出有限公司基本上是股份公司的派生之物"。②

(一) 有限公司的特殊性

不过,从公司特征的角度来说,一般认为股份公司具有的5大特征③有限公司并不全部具备,特别是股份不能自由流通与缺乏董事会集中管理这两大特征,决定了有限公司在公司治理结构上具有与股份公司不同的特点和要求。有限公司最重要的特征是投资者人数很少而且彼此熟悉,因此具有相当的人合性。

有限公司的根本特征是人合性,换句话说,有限公司主要是基于股东们之间的相互信任而创立的。就像Wilkes案所显示的那样,本来这些熟人完全可以创设一个合伙企业,但基于有限责任、税务和交易便利的考虑,注册成了法人型的公司。这些"法人型合伙"虽然采取了公司形态,但并没有改变股东之间相互熟悉和信任的关系基础和现实。股东们对于合作伙伴,有着充分的信任。因此,才会有股权对外转让的限制。

人合性说明了公司股东之间的关系主要靠信任来维系。为公众公司设置的公司组织架构,在相互信任的股东关系下就显得多余、复杂和昂贵。所以才会有德国立法者对于有限公司的创设,并为大陆法系国家所广泛采用,英美法系也相应创造出了封闭公司(close corporation)④或者私人公司(private company)的概念。同时,股东之间关系的不同和

---

① 吴越编译:《德国有限责任公司法的学说及其实践》,载吴越主编:《私人有限公司的百年论战与世纪重构——中国与欧盟的比较》,法律出版社2005年版,第310页。
② 同上注。
③ 一般认为股份公司具有独立人格(永久存续)、有限责任、董事会监督下的授权管理、股份自由转让、投资者所有这5大特征。See Kraakman et al., *The Anatomy of Corporate Law: A Comparative and Functional Approach* (2nd edition), Oxford University Press, 2009。
④ 美国不少州的公司法中专门设有封闭公司(close corporation)专章,如果企业在注册时标明其属于该种封闭公司,则直接适用该特别法规定。主流观点则认为即使某企业没有注册为封闭公司,只要在性质上也属于封闭(closely held corporation),司法就应当对其给予特别对待。

多样,也导致无法采用单一、固定的模式来运作公司和维持关系,因此无论是大陆法系对有限公司的专门立法,还是英美国家的封闭公司法或者私人公司法,都大幅度增加了股东协议的自由空间,鼓励股东通过协议安排来处理股东之间和股东与公司之间的关系。

股东之间的信任大幅度降低了公司的运作成本,但信任的维系却很困难。在面对利益冲突时,信任往往显得脆弱,不堪一击。握有权力的大股东很可能为了追求更多的利益而侵害小股东。但与合伙企业不同,在有限公司中的小股东却缺乏足够的手段来保护自己。因此,在人合性特征下,有限公司表现出两个特征:一方面是简化了股份公司中的公司组织结构,股东往往积极参与公司管理和经营,用以强化股东之间的信任关系;另一方面,股权不能流动,使得小股东往往暴露在大股东的机会主义行为之下,面临大股东的压迫。

1. 股东积极参与公司管理,股东会和董事会混为一体

在传统公司法的架构下,公司权力被区分为股东大会、董事会、监事会和经理的多层架构,其中股东并不直接参与公司经营,只对重大事项作出决定;董事会对公司的经营负有主要职责,具体的公司日常经营则由总经理负责;监事会负责监控。但对于有限公司来说,因为股东人数较少,股东一般都会积极参与公司经营。股东往往同时担任公司董事,甚至同时还要在公司内担任具体职务,以便掌握公司的相关信息,并对公司的经营作出自己的贡献。虽然《公司法》考虑到了这一问题,规定说股东人数较少或者规模较小的有限公司可以只设一名执行董事,不设董事会,并且执行董事可以兼任公司经理。但实践中就像本案所显示的,有限公司其实更愿意保留董事会的设置,并由所有股东同时担任董事职务,以便股东们都参与公司经营决策,了解公司的相关信息。这样做有助于维系股东之间的信任关系。

在某些情况下,股东们除了董事之外,还需要在公司直接担任具体职务。这可能主要是基于几种考虑:一是参与创立公司的股东人选本身就是因为各自具有的某种特长而被挑选出来的,因此,参与公司经营,为公司提供相应的服务,本身就是选择该人作为股东的原因。例如,在Wilkes案中,几位股东各有特长,也为公司提供了各种公司运营所必需的服务。二是基于税务的考虑,以工资或者劳务报酬方式支付的薪酬可以在税前支出,并且通过这种薪酬支付减少了公司账面利润,有助于避

税,因此为很多有限公司采用。① 第三,还可能是因为股东在有限公司中投资较多,无法分散风险,股东必须通过直接参与经营来监督公司或者互相监督。

在股东积极参与公司经营的情况下,股东之间在公司利益分配上往往面临直接的利益冲突。在合伙企业中,合伙人之间的利益冲突往往通过协商解决,协商不成,则通过投票的方式来解决,合伙企业法的缺省规则是一人一票,对于一些重大事项的表决,必须全体合伙人一致同意。但现代公司法出于对效率的考虑,抛弃了原有的一致同意原则,而采用多数决的方式来投票,只有少量重大事项才规定了特别多数决。表决权的分配也不是一人一票,而是按出资比例来分配表决权。② 这就为大股东压迫小股东留下了大量空间。

传统公司法主要规定董事和公司的高级管理人员对公司负有信义义务,其前提基础是董事具有相对的独立性,不是只代表某个股东的利益,而是考虑公司的整体利益。③ 在这种情况下,即使董事持有公司的部分股票,也只是少量。其个人与股东之间的利益冲突,往往可以通过信义义务来解决。但在有限公司中,股东本人直接担任公司董事,股东的身份不可能不影响其担任的董事身份,其作为股东的个人利益与作为董事的职责之间也不可能不发生冲突。传统的信义义务很难处理这一矛盾。例如传统公司法往往对于无利害关系的董事作出的商业决策,采取较为尊重的态度,即所谓的"商业判断规则",只有在董事存在利益冲突的情况下,才会采用举证责任倒置、特别程序要求或者完全禁止的方式来加以规范。但当股东同时是董事的时候,原先一些明明是商业性的决策,却可能表现为股东之间的利益冲突,对该股东在董事会上的投票就不再能够适用商业判断规则。在有限公司中,由于股东普遍担任董事职务,董事会的大量

---

① 也有分析认为,投资于有限公司的目的之一可能就在于获取工作,因为投资于此类公司作为小股东风险极高,并不符合经济理性,除非有稳定的工作、较高的报酬作为补偿。参见 Robert A. Ragazzo, "Toward A Delaware Common Law of Closely Held Corporations", 77 *Washington University Law Quarterly* 1099 (1999). 在中国 20 世纪 90 年代曾经兴起过的某种单位集资就类似此类安排——向某公司缴纳一定金额的资金,就可以在该公司获得一份工作。后来此类做法作为乱集资的表现被叫停。

② 董事会是按照一人一票来决定的,但因为董事会和股东会在有限公司中合而为一,这种奇怪的投票权分配方式反而可能对股东造成误导。例如本案中的李建军明明持有最多股权数,在董事会的投票中却因为一人一票而处于任人宰割的地位。

③ 因此,在公司法的当代发展中,越来越强调董事会的独立性,发展出了独立董事的概念。

决策在定性上不免存在种种困难。

2. 股权不能自由转让，股东压迫问题突出

人合性强调股东之间的信任，但信任关系的维系很困难，信任的基础也很脆弱。在面临利益诱惑时，大股东很容易采取机会主义行为，压迫小股东，为自己获取更多利益。对于大股东的压迫，小股东自身可能采取的策略主要是两种：呼吁和退出。① 在决议时投票反对是呼吁。合伙企业法对全体一致同意的要求，使得小合伙人的呼吁能够在一定程度上发挥效果。但在有限公司的"资本多数决"规则下，小股东的呼吁要想发生效果，就必须通过一些特别的协议安排，但往往很困难。

另一种方式是退出。传统合伙企业法中往往规定合伙人可以随时宣布退出合伙企业，而任一合伙人的退出，都将导致合伙企业清算。合伙人的这一随时解散权，可以保护合伙人不会受到其他合伙人的压迫。② 但在公司法下，公司具有永久性人格，并不会因为某一股东的离去而解散。这当然具有商业效率上的考虑——可以保护交易相对人，但也带来了股东被锁定在公司内的弊端。③ 传统公司法主要考虑的是公众公司，这些公众公司往往通过将其股票上市交易，为其股东提供具有高度流动性的交易市场，来弥补股东投资被锁定所带来的困难。因此，传统公司法中往往都特别规定股份可以自由转让，同时法院对限制股份转让的协议也往往严格审查其效力。④

但对有限公司来说，基于其人合性特征，股东之间以信任作为维护其关系的基础，因此，股东对于外部人加入公司往往持谨慎的态度，对于股东向公司外部转让股权往往要加以限制。这种限制或者通过股东之间的协议来加以约束，或者直接就规定在公司章程中，我国《公司法》干脆将其作为缺省规则规定下来。除了股权转让限制，有限公司的股权由于缺乏公开交易的市场，即使满足限制条件的转让也很难达成。基于有限公司的特性，有限公司的股权往往不能在证券交易所上市交易，甚至很多国家

---

① See Albert O Hirschman, *Exit, Voice, and Loyalty: Responses to Decline in Firms, Organizations, and States*, Harvard University Press, 1970.

② See Larry E. Ribstein, *The Rise of the Uncorporation*, Oxford University Press, 2010, pp. 53—55.

③ *Id.*, p. 97.

④ See Franklin A. Gevurtz, *Corporation Law* (2nd edition), West, 2010, p. 542.

出于证券监管的考虑,在立法上对于公开出售有限公司(封闭公司)的股权直接予以限制。① 因此,有限公司的股东要想出让股权,就必须通过私下协商的方式寻找购买者,交易成本很高。并且由于小股东缺乏足够的保护,对于不构成控制权的股权,购买者往往寥寥无几。

这一切都使得有限公司的小股东在面临大股东压迫时,处于手足无措的困境。

(二) 司法介入的需求

理论上来说,理性的小股东考虑到大股东压迫的可能,应该在事前通过协议安排来保护自己。随着现代公司法的发展,公司章程中的特别安排、股东协议等可以被用来作为小股东的保护手段。② 特拉华州法院就认为,小股东在决定是否投资封闭公司(closely held corporation)时,可以通过谈判在章程或者章程细则设置特别条款,也可以通过股东协议来保护自己,包括盈利测试、回购条款、投票信托或者投票协议等。③ 如果股东在事前没有类似安排,仅仅在事后通过法院来确立特别规则会对公司法和正常的公司运营造成损害。④

但从实践来看,这一理性假设存在两大缺陷,并不足以为小股东提供充分保护。首先,低估风险是人的本性。行为学家们发现,人们都有低估未来困难、过于乐观的倾向。因此,在创业初期,创业者们都被创业的热情所鼓舞,很少能够想到未来合作的困难。特别是考虑到成立有限公司的基础是创业者们之间的信任关系,要求小股东们在加入有限公司时就冷静地评估未来被压迫的风险,通过理性的谈判来设置各种保护自己的协议机制,未免有些强人所难。实际上,正是基于信任,小股东们才会愿意加入自己并不能获得控制权的有限公司,而这种信任的存在,本身也减弱了小股东进行理性谈判的可能性——一旦小股东对未来可能存在压迫

---

① 例如,2006 年,国务院办公厅在《关于严厉打击非法发行股票和非法经营证券业务有关问题的通知》(国办发〔2006〕99 号)中明确规定:"严禁任何公司股东自行或委托他人以公开方式向社会公众转让股票。"
② 参见王月、刘倚源:《冲突与衡平:契约视角下股东不公平损害问题研究》,中国政法大学出版社 2013 年版。
③ *Nixon v. Guy C. Blackwell*, 626 A. 2d 1366 (1993), p.1380.
④ *Id.*

进行谈判,信任关系也就不复存在。①

其次,人类的理性是有限的,对于未来可能发生的各种情况,人们总是缺乏足够信息,无法进行充分的估计。同时,基于成本的考虑,人们也不可能在创立企业时就对所有能够估计到的风险都通过谈判作出安排。而在有限公司中,由于大股东直接控制公司的董事会,公司的所有运营决策都可能在大股东的控制之下,都可能成为大股东压迫小股东的手段。要求小股东在事前考虑到所有大股东压迫的可能性,对此通过谈判作出协议安排,既在理论上不可能,也会由于成本太高而无法实现。实际上,合同本身也有一定的局限性。所以,才会有"合同不完备"的说法,现代合同法才会发展出"诚实信用原则"作为"帝王条款"。② 在界定大股东的行为是否构成压迫时,小股东的合理期待是多数法院所接受的重要的检验方法。其实,合理期待理论就可以被视为是对股东之间隐含的一种协议的扩大解释。从这个角度来看,司法介入干预股东纠纷,为被压迫的小股东提供保护,不过是基于公平观念,对股东间协议隐含条款的解释,也不过是传统的合同解释方法的变形而已。

在中国,由于商业企业的自由设立与创业经济的浪潮起步很晚,股东们利用公司章程和股东协议来保护自己的意识非常不足,因此,小股东们利用事前协议来保护自己的实践本来就很稀少。③ 在有限公司中大股东压迫的问题也就相应地更加突出。据统计,最近几年来,公司纠纷中有限公司股东纠纷一直占据了主流。④ 司法介入保护的需求极为突出。

司法机关积极介入有限公司的股东纠纷,公平保护小股东的利益,是能动司法、司法公正的体现。在有限公司中,小股东处于话语权弱势,表决权因为居于少数而无法发挥作用,同时,股权转让限制和缺乏公开的二级市场,又导致小股东被锁定在公司中无法退出。面临大股东的压迫,小股东除了求助于司法机关外,基本上处于完全无助的境地。小股东基于对大股东的信任而投入资本加入公司,却在事后被所信任的大股东压迫,

---

① See Robert B. Thompson, "Allocating The Roles for Contracts and Judges in the Closely Held Firm", 33 *Western New England Law Review* 369 (2011).
② 参见韩世远:《合同法总论》(第3版),法律出版社2011年版,第40—42页。
③ 参见张学文:《有限责任公司股东压制问题研究》,法律出版社2011年版,第119—125页。
④ 参见甘培忠、刘兰芳主编:《新类型公司诉讼疑难问题研究》,北京大学出版社2009年版,第1—2页。

这无论如何都是不公平的事情。司法机关以此为公司内部事务、尊重公司自治为由不予干涉,完全就像司法机关对于夫妻纠纷不予干涉一样荒谬。尽管自古以来就有"清官难断家务事"的说法,但现代婚姻法却没有对夫妻纠纷置之不理,而是允许在"夫妻感情破裂"时准予离婚,甚至在一方有过错时,还要裁判其对无过错方进行赔偿。① 相比婚姻关系这种更具人合性的关系,司法机关对于有限公司的股东纠纷完全置之不理,将置小股东于极为悲惨的境地——因为在缺乏退出通道的情况下,小股东将被永远锁定在有限公司中受到大股东的压迫,除非其完全抛弃所投入的资本。

小股东基于对大股东的信任才投资入股。信任对于社会的正常运行和经济发展极为重要——信任能够大幅度降低交易成本。② 但在商业领域,被信任者往往很难抵挡各种利益诱惑。在有限公司中,由于小股东缺乏足够的自治手段保护自己,大股东本来就有很强的机会主义动机。如果司法再不予以干涉,大股东的压迫行为几乎就不受外部制约。"绝对的权力意味着绝对的腐败",长此以往,小股东被压迫将成为创业者的噩梦,信任关系将受到严重挑战。创业者之间的信任将大幅度缩减,甚至不复存在。这将极大抑制创业者的创业热情,增加创业者的创业成本。可以想象:考虑到事后无法得到救济,能够支撑创业的信任门槛将大幅度提高。除非投资者能够成为控股股东,否则,将没有人愿意投资入股,或者至少投资入股的条件将被明确约定,必须能够补偿未来被压迫的风险。如此一来,创业者必须自己拥有足够的资金才能创业,或者必须付出极高的成本才能获得资金的支持。一国的经济发展将因为人们缺乏创业的热情而受到严重影响。

司法机关在事后对压迫行为的干预是维系信任关系、降低创业成本的重要因素。这是司法机关维护公正的商业交易环境所应当承担的职责。司法机关其实可以通过干预程度的选择,只对合理信任关系予以维系(例如合理期待理论),不至于通过司法介入不当干预商业安排。因此,问题不在于司法机关是否应当介入公司的内部事务,维护所谓的公司自治,而在于何时介入、如何介入。本文下一部分将介绍美国公司法对于大

---

① 参见《中华人民共和国婚姻法》(2001)第32条和第46条的规定。
② See Francis Fukuyama, *Trust: The Social Virtues and the Creation of Prosperity*, Simon & Schuster, 1995;另参见张维迎:《信息、信任与法律》(第2版),生活·读书·新知三联书店2006年版。

股东压迫问题的一些处理经验,并结合中国公司法的相关法条,分析在中国现行法下可能的解决方案。

五、解决大股东压迫的可能方案

正如以上分析的,大股东压迫成为有限公司的特征。实际上,这一问题迫使各国发展本国的公司法,提出解决这一问题的方案,而不是对此视而不见,以公司自治的名义留给当事人自己解决。美国公司法属于州法,各州都有自己的公司法,形成了各州公司法之间的竞争。对于大股东压迫,美国公司法上至今并未有统一的对策,各州立法者和法院基于不同的思路,形成了各自不同的处理方法,因此,美国公司法对大股东压迫问题的处理较为有代表性,本文将就美国公司法中对大股东压迫的处理方法作一个简单介绍。

(一) 美国处理大股东压迫的方法

美国各州公司法对于封闭公司中的压迫问题的处理主要有两大派,一派以上文介绍的麻省法院为代表,从 Donahue 案和 Wilkes 案开始,提出要对封闭公司中的股东压迫问题特别处理,在传统公司法之外适用特别规则,目前这是主流观点,为多数州所追随,尽管各州在具体方法上还有所不同。另一派以特拉华州为代表,从 Ueltzhoffer 案开始,至 Nixon 案明确:除了成文法中关于封闭公司的特殊章节之外,特拉华州法院不认为需要针对封闭公司设置特别的规则,对于那些没有选择注册为成文法中的封闭公司的公司,尽管其具有封闭公司的特征,也不应当被特别对待,特拉华州的观点属于少数派。[①]

1. 主流观点:封闭公司应适用特殊规则

在 Donahue 案和 Wilkes 案之前,有些州已经在成文法中设置了强制解散的条款:股东压迫可以作为强制解散公司的原因。但因为强制解散的方法比较激烈,法院一般很少适用。不过,马萨诸塞州当时的公司法中

---

① 明确提出此种分类的是 Siegel 教授,参见 Mary Siegel, "Fiduciary Duty Myths in the Close Corporate Law", 29 *Delaware Journal of Corporate Law* 377 (2004)。不过 Siegel 教授在文章中认为特拉华州的观点实际上并非少数。

没有类似强制解散的条款,因此,当麻省法院在 Donahue 案和 Wilkes 案中面对封闭公司中的股东压迫问题时,不得不创造性地发展出特殊的信义义务理论来解释封闭公司中股东之间的相互关系,并为受压迫的股东提供救济。在此之后,尽管其他各州法院并不一定满意特殊信义义务理论的说法,但多数法院都承认:封闭公司具有其特殊性,无论是否注册为封闭公司,面临相似困境的小股东都应当得到公正的对待和救济。按照 Thompson 教授的总结,大体来说,在 Donahue 案和 Wilkes 案之后,美国主流公司法对待封闭公司中的压迫问题,有 5 个方面的发展①:

(1) 更多法院允许小股东直接针对大股东违反信义义务提起诉讼,而不再需要通过派生诉讼的方式,这使得法院更关注封闭公司中的股东关系,虽然各州法院允许直接诉讼的理由不同;例如有些法院在只存在两个或者两派冲突股东的情况下才允许直接诉讼,有些法院将封闭公司类比合伙企业,认为合伙人之间可以直接诉讼,还有些法院则认为在股东压迫情况下,只有受压迫股东的利益受损,因此没有必要适用派生诉讼。

(2) 有将近半数州的法院或者立法机构使用"合理期待"(reasonable expectations)作为界定压迫的标准。合理期待标准是纽约州法院在 Kemp & Beatley 案②中发展出来的,认为股东在投资时的合理期待应当得到保护。即使某些决策依据公司法规定通常在董事会和股东会的决策权限范围内,但在封闭公司中,如果这些决策违反了股东投资入股时的合理期待,也构成压迫行为。某些州将合理期待或者类似的字句写入公司法,将其作为界定压迫的标准,使得关于压迫的条款得到更为有效的适用。

(3) 相比合理期待标准,麻省法院在 Donahue 案和 Wilke 案中提出的加重信义义务标准得到接受的程度反而较少。多数州法院都承认:在封闭公司中,股东之间相互负有信义义务,当股东之间吵翻了时,法院应为小股东提供救济。不过,对于股东之间信义义务的内容为何,各州法院还有不同意见。

(4) 除了 11 个州之外,其他州都在公司法中明确规定了强制解散条

---

① 这 5 个方面的发展来自 Thompson 教授的总结,不过出于叙述的方便我更改了顺序,参见 Robert B. Thompson, "Allocating The Roles For Contracts and Judges in the Closely Held Firm", 33 *Western New England Law Review* 369 (2011).

② *In re Kemp & Beatley, Inc.*, 473 N.E. 2d 1173, 1180—81 (N.Y. 1984).

款,大股东压迫是强制解散的主要原因,并且这些条款得到了较为广泛的适用。即使在没有此类立法的那 11 个州,很多法院也并不拒绝采用某种衡平法上的救济措施来终止公司,解救受压迫的小股东。

(5)多数州达成基本共识:股权回购在压迫时是更为合适的救济方式。考虑到法院惧怕解散公司的巨大影响,股权回购为小股东提供了更为有效的救济方式,使得法院更愿意介入股东压迫纠纷,提供相应的救济措施。研究发现,有些州是在立法中直接规定了股权回购的措施,有些州则是由法院利用了其衡平法上的权力,结果是一半的州法院具有要求股权回购的权力。

2. 特拉华州的态度

在上述主流观点之外,特拉华州的态度比较特殊,因此被称为"少数观点"。特拉华州的观点非常简单:如果注册为封闭公司,可以适用特拉华州公司法中的专章规定;除此之外,无论是否注册为封闭公司,都必须和公众公司同等适用公司法,法院不会为封闭公司或者类似封闭公司的企业提供任何特殊规则。①

不过,尽管与主流观点存在本质上的差别,但在很多大股东压迫的案例中,特拉华州法院对案件的判决结果并不会与主流观点产生很大的差异。② 因为即使按照一般的公司法原则,基于封闭公司中股东直接参与公司经营的现实,大股东对董事会的控制也会导致大股东以董事身份承担信义义务,虽然该信义义务指向公司,而不是像主流观点那样直接指向小股东。对于大股东在董事会中的行为是否符合信义义务,按照特拉华州公司法的基本原则,法院会适用"商业判断规则"或者"实质公平测试"(entire fairness test)。因此,决定案件结果的关键在于如何确定董事会决策的检验标准。特拉华州的一般原则是:对于董事作出的无利害关系的商业决策,应当适用"商业判断规则";对于董事作出的存在利害关系的决策,则应当适用"实质公平测试"。不过,董事会的很多原来只是一般性的商业决策,在封闭公司环境下,当大股东控制董事会时,都可能演化为

---

① See Mary Siegel, "Fiduciary Duty Myths in the Close Corporate Law", 29 *Delaware Journal of Corporate Law* 377 (2004), pp. 409—412.

② See Robert A. Ragazzo, "Toward A Delaware Common Law of Closely Held Corporations", 77 *Washington University Law Quarterly* 1099 (1999). 不过,Siegel 教授在其文章中认为尽管两者结果在很多时候可能类似,但差异还是本质性的。See *id*.

具有利害关系的决策,例如高管人员的薪酬问题,本来只是一个正常的商业决策,但在大股东同时也担任高级管理人员的时候,就会演化为一个具有利益冲突的决策,必须适用"实质公平测试"。这不是因为特拉华州法院对封闭公司特别对待,而是由封闭公司的本质特征所决定的。

并且,因为特拉华州法院具有丰富的公司法经验,其不但在适用"实质公平测试"时可以限制大股东的压迫行为,其在适用"商业判断规则"时也不是简单地放任不管。"商业判断规则"下的董事会尽管具有很大的自由裁量空间,但仍然受制于信义义务,必须善意行事(in good faith)。[①] 即使在"商业判断规则"下,特拉华州法院也会仔细地审查董事会的行为,看其是否超出了界限。例如,在 *Baron v. Allied Artist Pictures Corp.* 案中[②],原告称由优先股股东选举产生的现任董事会可以通过不向优先股股东分配利润来使自己可以永久任职,因此要求法院命令重新选举董事。尽管法院承认是否分配利润的决策属于董事会的自由裁量范围,但法院并没有因此直接驳回原告的诉求,而是仔细审查了该公司的财务状况,以发现董事会是否有充足的理由在有利润可分配的情况下却不分配利润。因此,尽管法院最终驳回了原告的诉求,但也同时警告公司董事会:其负有的信义义务要求其应当在适当时候支付优先股的股息,以尽快将公司控制权归还给普通股股东。[③] 可见,即使在"商业判断规则"下董事会具有很大的自由裁量权,特拉华州法院还是会仔细审查那些看起来很正常,但却可能被用来压迫小股东的商业决策。[④]

美国法对待封闭公司中的股东压迫问题,尽管区分为两大类别,但实际上各州的态度并不完全相同,因此具有相当的代表性。查看其他国家,可以看到各国基本上都对封闭公司采取了较为特殊的态度,无论是立法机关还是司法机关,都积极应对封闭公司所带来的特殊问题。以德国为例,对于有限公司中发生的股东压迫问题,德国不但在立法上有所考虑,在司法上也积极应对。德国《有限责任公司法》第 61 条规

---

① Mary Siegel, "Fiduciary Duty Myths in the Close Corporate Law", 29 *Delaware Journal of Corporate Law* 377 (2004), p. 452.
② *Baron v. Allied Artist Pictures Corp.*, 337 A. 2d 653 (Del. Ch. 1975).
③ Id.
④ 实际上,尽管特拉华州法院在封闭公司中仍然坚持其一视同仁的态度,但在整个公司法领域,特拉华州法院自 1970 年代以来越来越倾向在个案中追求实质公平,参见 Jack B. Jacobs, "The Uneasy Truce Between Law and Equity in Modern Business Enterprise Jurisprudence", 8 *Delaware Law Review* 1 (2005),作者当时为特拉华州最高法院大法官。

定：公司的目的不能完成的，或存在其他由公司的情况决定的，应予解散的重大事由的，公司可以因法院判决而解散。不过由于解散公司的救济过于严厉，德国法院通过判例发展出了两种救济措施——退股和除名，法院可以通过股份购买的方式对有限公司的股东压迫行为提供救济。实际上，德国有限公司的股东救济更多是基于判例法而不是成文法。①

（二）现行中国法下对股东压迫问题的处理路径

有限公司具有特殊性，与股份公司不同，这在中国《公司法》的立法中已经有所体现。不过，应该说《公司法》对此还是考虑不足。有限公司的封闭性特征，使得股东压迫问题突出，这在1993年颁布的《公司法》中基本没有涉及。随着实践的发展，相关问题逐步暴露，2005年修订《公司法》时对此有所考虑，设计了几个具体条款来处理股东压迫问题，包括：具体规定了有限公司股东的知情权②；明确规定了有限公司有能力分配利润但连续5年不分的，异议股东可以请求公司回购其股权③；以及在公司经营管理发生困难时，法院可以强制解散公司④等。

但这些具体条款的规定并没有完全发挥保护有限公司中被压迫股东的效果。股东知情权的范围从条文上看，仍然受到限制，直到2011年《最高人民法院公报》刊登了一个案例，才扩展了股东知情权的范围。⑤ 连续5年不分配利润的规定也显然过于形式化，很容易被大股东所规避，完全不足以为小股东提供保护。⑥ 而最高法院通过司法解释，又将强制解散的事由主要局限于公司僵局的情况⑦，而公司僵局不过是股东内部斗争

---

① 参见张学文：《有限责任公司股东压制问题研究》，法律出版社2011年版，第168—172页。
② 《中华人民共和国公司法》（2013）第33条。
③ 《中华人民共和国公司法》（2013）第74条。
④ 《中华人民共和国公司法》（2013）第182条。
⑤ 参见"李淑君、吴湘、孙杰、王国兴诉江苏佳德置业发展有限公司股东知情权纠纷案"，载《最高人民法院公报》2011年第8期。在该案中，二审法院没有机械按照《公司法》（2005）第34条的规定将股东查阅的范围局限于会计账簿，而是通过解释将知情权的范围扩展到了会计凭证（包括记账凭证和原始凭证）。
⑥ 参见张学文的相关分析，张学文：《有限责任公司股东压制问题研究》，法律出版社2011年版，第188—190页。
⑦ 参见《最高人民法院关于适用〈中华人民共和国公司法〉若干问题的规定（二）》（法释〔2008〕6号）。

的一种形式,而且往往是势均力敌的情况。在很多国家被作为司法强制解散主要事由的大股东压迫,则完全没有规定。

在这个法律背景下,回看李建军案,如果想真正解决原告面临的困难,审理上确实存在一定的法律适用困难。一方面,原告李建军在本案中的诉求就是请求撤销董事会决议,看起来应当直接适用《公司法》第22条第2款的规定。但上文已经分析过,直接适用该条的结果类似"商业判断规则",而该条适用的前提在本案中并不存在,机械适用该条形式化审查的结果并不令人满意,既没有直接应对本案中的真正问题,也不能得到令人满意的诉讼结果。

另一方面,如果确认本案中确实存在股东压迫的情况,则中国《公司法》中并无直接可以适用的条款。这就需要法官们发挥一定的创造力,通过对相关条款的解释来为有限公司中的受压迫股东提供合适的救济方式。对此,至少有三个思路可以考虑:

1. 司法强制解散

我国《公司法》第182条规定,当公司经营管理发生严重困难,继续存续会使股东利益受到重大损失,通过其他途径不能解决的,持有公司全部股东表决权10%以上的股东,可以请求法院解散公司。这被称为司法强制解散。在其他国家,司法强制解散主要被用于处理有限公司或者封闭公司中的股东压迫问题和公司僵局问题。例如美国《模范公司法》第14.30条的规定。[①] 德国《有限责任公司法》中虽然没有明确规定,但在司法实践中,法官一般也把压迫解释为"公司目的不能完成"的一种主要原因。[②]

这么做的道理甚为明确:有限公司中股东压迫之所以会成为一个严重问题,是因为受压迫的股东没有退出的机会。合伙企业中虽然也可能面临压迫问题,但合伙人可以随时退伙甚至要求解散合伙企业的权利使得压迫问题不会这么突出。但在法人制公司下,股东不能随意请求解散企业,也不能随意退出企业,股东被锁定在公司内。这虽然加强了交易安

---

① 该条规定了4种依股东请求裁判解散公司的理由,分别是:董事会僵局,董事或者公司的控制者已经、正在或者将会以不法的、压迫性的或者欺诈性的方式行为,股东会僵局,该公司的资产正在被滥用或者浪费。参见张学文:《有限责任公司股东压制问题研究》,法律出版社2011年版,第133—134页。

② 同上注,第137—138页。

全,却让股东面临严重的压迫问题。

因此,通过对我国《公司法》第 182 条的解释,将压迫解释为强制解散的事由,本来可能是一个可行的,也是各国通用的救济方案。2008 年,最高法院发布《关于适用〈中华人民共和国公司法〉若干问题的规定(二)》,对《公司法》第 182 条(原第 183 条)作出司法解释,明确将强制解散的事由规定为四项:(1) 公司持续两年以上无法召开股东会或者股东大会的;(2) 股东表决时无法达到法定或者公司章程规定的比例,持续两年以上不能作出有效的股东会或者股东大会决议的;(3) 公司董事长期冲突,且无法通过股东会或者股东大会解决的;(4) 经营管理发生其他严重困难,公司继续存续会使股东利益受到重大损失的。① 其中前两项标准表述明确,主要是指公司僵局的情况,后两项比较模糊——公司董事长期冲突和公司经营管理发生其他严重困难,是否可以从中解释出股东压迫的情况?例如,本案争议中的董事会决议,是否构成了董事之间的冲突?

不过,最高法院在发布的指导案例 8 号中,明确指出:判断公司经营管理是否发生严重困难,应从公司组织机构的运行状态进行综合分析,公司虽处于盈利状态,但其股东会机制失灵,内部管理有严重障碍,已经陷入僵局状态,可以认定为公司经营管理发生严重困难。② 可见,《公司法》第 182 条的主要适用条件还是公司僵局。

2. 适用董事信义义务条款

《公司法》第 147 条规定了董事应当遵守法律、行政法规和公司章程,对公司负有忠实义务和勤勉义务,这被视为是公司法中对董事信义义务的明确规定。如果扩大解释该条的信义义务内涵,将大股东对小股东的压迫视为同时作为大股东的董事的信义义务的内容,也许可以包括股东压迫的情况?

不过这种解释受限于第 147 条的文字表述。该条在表述上没有使用一般性的语言,而是明确将信义义务的内容具体化为"忠实义务"和"勤勉义务",并明确义务的指向对象为公司。因此,即使将股东压迫行为解释为忠实义务的违反,但因为义务指向的对象是公司而不是股东,也很难做

---

① 参见《最高人民法院关于适用〈中华人民共和国公司法〉若干问题的规定(二)》(法释〔2008〕6 号),第 1 条。

② 参见《最高人民法院指导案例 8 号:林方清诉常熟市凯莱实业有限公司、戴小明公司解散纠纷案》(最高人民法院审判委员会讨论通过,2012 年 4 月 9 日发布)。

到自圆其说。

本案中的情况看起来也无法直接适用《公司法》第 147 条来予以解决。

3. 禁止股东滥用股权

《公司法》第 20 条明确要求股东应当依法行使股东权利，不得滥用股东权利损害公司或者其他股东的利益，并规定对于股东滥权造成公司或者其他股东损失的，应当承担赔偿责任。该条被一些学者认为规定了股东之间的信义义务。① 不过，因为第 20 条只是原则性规定，如果没有配套的具体司法解释，或者相应的司法判例加以指导，则"公司法中这一创造性的规定要么沦落为无牙的老虎而难以适用，要么会因为被肆意运用而危及公司制度大厦的稳固，打击投资者的积极性"。②

实际上，该条确实已经被法院在实践中采用。例如，在媒体披露的一个案件中，大股东利用股东会决议引入了一个战略投资者。当时公司经营状况良好，利润丰厚，但决议却明显低估了公司股权价值，以低价引入该战略投资者，对小股东的股权价值造成了稀释和低估。因此，一审法院认为：尽管争议中的股东会决议召集程序合法，决议内容也是按照"资本多数决"的原则作出的，但股东会决议应当公平维护小股东的权益，大股东滥用股权权利，违反了大股东对小股东的信义义务。一审法院依据《公司法》第 20 条第 2 款的规定，判决大股东赔偿小股东损失。③

在《最高人民法院公报》刊登的另一个案例中④，有限公司的章程中授权股东会可对股东处以罚款，当公司发现某股东（同时为公司职工）有违反公司章程以及侵害公司利益的行为时，股东会决议对该股东予以罚款。后因该股东不缴纳罚款，公司起诉至法院，请求法院强制履行；该股东也同时提起反诉，要求法院确认该股东会决议无效。该案一审法院，江苏省南京市鼓楼区法院首先判断股东会是否有权对股东处以罚款。法院认为：公司章程中关于股东会对股东处以罚款的规定，系公司全体股东所

---

① 参见朱慈蕴：《对股东诚信义务的再思考》，载《中国法律》2007 年 8 月号。
② 同上注。
③ 参见李鸿光：《小股东话语权被大股东剥夺诉请法院维权获支持》，http://www.chinacourt.org/article/detail/2008/03/id/290941.shtml，2014 年 1 月 25 日访问。
④ 《南京安盛财务顾问有限公司诉祝鹊股东会决议罚款纠纷案》，载《最高人民法院公报》2012 年第 10 期。

预设的对违反公司章程的股东的一种制裁措施,符合公司的整体利益,体现了有限公司的人合性特征,不违反《公司法》的禁止性规定,应合法有效。①

但在确认该股东会罚款的职权属于公司章程授权范围的情况下,一审法院并没有直接适用《公司法》第 22 条来确认股东会决议的效力,而是进一步讨论了罚款设置的公平性问题。法院认为:有限公司的公司章程在赋予股东会对股东处以罚款职权的同时,应明确规定罚款的标准和幅度,否则股东对违反公司章程行为的后果无法作出事先预料。股东会在没有明确标准和幅度的情况下处罚股东,属法定依据不足,相应决议无效。②

可见,在该公报案例中,一审法院并没有机械适用《公司法》第 22 条的规定——如果按照该规定,争议中的股东会决议在召集程序、表决方式和决议内容上都符合法律、行政法规和公司章程的规定,应当合法有效,而是援引了《公司法》第 20 条的规定宣布股东会决议无效。其分析将公司章程中规定的罚款,与行政法上的罚款做了类比,法院认为:

> 章程规定的"罚款"是一种纯惩罚性的制裁措施,虽与行政法等公法意义上的罚款不能完全等同,但在罚款的预见性及防止权力滥用上具有可比性。而根据我国《行政处罚法》的规定,对违法行为给予行政处罚的规定必须公布;未经公布的,不得作为行政处罚的依据,否则该行政处罚无效。本案中,安盛公司在修订公司章程时,虽规定了……股东会有权对股东处以罚款,但却未在公司章程中明确记载罚款的标准及幅度,使得祝鹃对违反公司章程行为的后果无法作出事先预料,况且,安盛公司实行"股东身份必须首先是员工身份"的原则,而《安盛员工手册》的《奖惩条例》第 7 条所规定的 5 种处罚种类中,最高的罚款数额仅为 2000 元,而安盛公司股东会对祝鹃处以 5 万元的罚款已明显超出了祝鹃的可预见范围。故安盛公司临时股东会所作出的对祝鹃罚款的决议明显属法定依据不足,应认定为无效。③

---

① 《南京安盛财务顾问有限公司诉祝鹃股东会决议罚款纠纷案》,载《最高人民法院公报》2012 年第 10 期。
② 同上注。
③ 同上注。

可见各地法院早就在面对有限公司的特殊问题,并试图发展出解决这一问题的特殊方法。只要勇敢地直面问题,中国法官并不缺乏创造性和应有的司法智慧。在禁止股东滥用股权这一原则下,针对现实中有限公司发生的形形色色的股东压迫行为,法官完全可能创造性运用《公司法》第 20 条,发展出适合中国现实经济和商业环境的救济措施来。

回到李建军案,一个真正希望解决问题的法官,首先应当认识到有限公司具有一定的特殊性,股东压迫可能是其中比较突出的问题,因此,法官应当在审理时确认佳动力公司中是否存在股东压迫的情况:董事会捏造借口解聘李建军总经理的职务,是一个纯粹的商业决策,还是大股东排挤、压迫小股东的一个手段?这需要讨论很多事实问题,例如股东当初投资时的合理期待是什么?公司的利润分配方式如何?等等。

如果认为佳动力公司中不存在股东压迫,则应当直接适用《公司法》第 22 条第 2 款来确认董事会决议的合法性。

如果确认佳动力公司中存在股东压迫,争议中的董事会决议不过是压迫的一种手段,则应当适用《公司法》第 20 条来讨论大股东在这里是否存在滥用股权的行为。不过,与上面讨论的最高人民法院公报案例不同的是,这里讨论的是董事会决议,而不是股东会决议,而《公司法》第 20 条禁止的是股东滥用股权。股东在股东会上投票,行使的是股权,在董事会上投票,行使的却是董事的权利,后者能否适用禁止滥用股权的条款?这需要法官作出进一步的解释。① 股东会和董事会的混合,正是有限公司特殊性的体现:在有限公司中,由于股东直接参与公司经营和管理,有时股东的身份和董事的身份合二为一,股东在董事会中的投票很难区分是在行使股东权利还是董事权利。实际上,在本案中,佳动力公司只有三名股东,而这三名股东又都同时担任公司仅有的三名董事,股东身份和董事身份完全重合。佳动力公司章程进一步规定:"董事会对所议事项作出的决定应由占全体股东三分之二以上的董事表决通过方才有效",进一步模糊了股东投票计算方式和董事表决计算方式,在本案中甚至一度成为重要的争议问题。

至于在认定大股东构成滥用股权的情况下,如何为原告李建军提供

---

① 实际上这也可能是李建军案在最高人民法院公报公布的上述案例之外可能发挥创造性的地方。

救济,则还需要进一步讨论。宣告董事会决议无效(因为违反了第 20 条关于禁止滥用股权的规定),是一个看起来最直接的做法,但实际上,因为股东之间的关系已经破裂,双方很难再持续相处下去,李建军即使在法院支持下恢复原职,因为其持股未达到控股的程度,未来仍然避免不了与其他两名联合起来的股东之间的持续斗争。因此,一个更为合理的救济手段,是要求争斗的双方股东一方退出,另一方购买其股权。① 换句话说,就像法院对感情破裂的夫妻经常提供的救济手段那样——离婚。至于由哪方购买另一方的股权,以什么样的价格购买,在很多文献中都有讨论②,本文限于篇幅,就不再赘言了。

六、结　　论

看似简单的李建军案其实并不简单。本文只是揭示了李建军案的一个视角——有限公司的特殊性所导致的股东压迫问题。希望通过对这个视角的分析,让大家能够认识到有限公司的特殊性,在法律缺乏明确规定的情况下,司法仍然需要应对这一现实中普遍存在的问题。

实际上,本案还可以有其他视角的解读。如公司法和劳动法重合的视角③;又如董事决策的信息获得问题④。如果董事们是基于错误的信息作出的决议,董事会决议作出的事实基础错误,该决议的效力如何?例如可以想象这样的情况:假设某个内部董事通过捏造罪名的方式来欺骗其他董事,而形成一个解聘总经理的决议——但实际上,如果其他董事明白真相,就不会通过该决议。此时,董事会的召集程序和表决方式虽然都符合规定,决议内容也在授权范围内,但决议结果却并非表决董事的本意。董事会决议得到尊重的前提是信息的真实性——所有参与决议的董事都

---

① 不过,除了第 74 条,《公司法》中没有提供此类救济手段,法院能否创造性地使用此类救济措施还值得进一步讨论。

② See Franklin A. Gevurtz, *Corporation Law* (2nd edition), *supra* note[42], pp. 499—502.

③ See Deborah A. DeMott, "Investing In Work:Wilkes asan Employment Law Case", 33 *Western New England Law Review* 497 (2011).

④ 董事会决议的信息问题一直没有得到充分重视,公司法一直将其作为董事勤勉义务的内容来考虑,参见 Franklin A. Gevurtz, Franklin A. Gevurtz, *Corporation Law* (2nd edition), West, 2010. 不过,最近有篇论文重新提出了这一问题,参见 Nicola Faith Sharpe, "Informational Autonomy in the Boardroom", 2013 *University of Illinois Law Review* 1089 (2013).

应当得到了真实信息。那在错误信息下作出的决议,如何处理?是撤销?无效?还是有效,但董事会可以在正确的信息基础上再作出一个决议?

对本案的分析,还可以使人们对现行《公司法》第22条的合理性进行反思:首先,立法者将该条置于《公司法》的"总则"部分,统一适用于有限公司和股份公司是否合适?就像本文所分析的,股份公司和有限公司在董事会,甚至在股东大会和股东会的运作上都有诸多不同,两类公司显然很难适用同一的审查标准;其次,该条将股东会或者股东大会与董事会统一规定的做法是否恰当?本案虽然分析展现了在有限公司中股东会和董事会可能性质相同、混而为一,但进而引发的思考就是:在股份公司中,因为所有权和控制权分离的假设,股东大会和董事会往往具有质的差异——董事在投票时受到信义义务的约束,而一般股东则无,因此对于股东大会决议的审查可能是形式上的,而对于董事会决议的审查则需要考虑是否违反信义义务。两者适用同一标准,似乎不太符合股份公司法的基本假设。上述这些问题在这里都无法展开讨论。但如果不面对具体案例做具体分析,光从法条的逻辑上很难发现这些问题,而这正是指导案例的功能。

对本案的分析,也可以为将来的公司法修改提供一些素材:多年来中国公司法的实践表明,公司纠纷发生最多的领域就是有限公司,这其实反映了现行《公司法》不能为有限公司运作提供合适法律基础的现实。有限公司基于其人合性特性,与传统公司法设想的股份公司具有质的差异,公司法修订时有必要认真考虑和回应有限公司的特殊需求。实际上,查看最高法院公布的4个有关公司法指导案例,可以发现都是有限公司的案例。这4个指导案例中讨论的一些特殊规则,无论是强制解散公司[1],刺破公司面纱[2],还是股东承担清算责任[3],包括本案中应当讨论的股东间信义义务,其实都只能适用于有限公司,而非股份公司。这说明最高法院其实已经在实践中认识到了有限公司对规则的需求,通过指导案例尽力

---

[1] 参见《最高人民法院指导案例8号:林方清诉常熟市凯莱实业有限公司、戴小明公司解散纠纷案》(最高人民法院审判委员会讨论通过,2012年4月9日发布)。

[2] 参见《最高人民法院指导案例15号:徐工集团工程机械股份有限公司诉成都川交工贸有限责任公司等买卖合同纠纷案》(最高人民法院审判委员会讨论通过,2013年1月31日发布)。

[3] 参见《最高人民法院指导案例9号:上海存亮贸易有限公司诉蒋志东、王卫明等买卖合同纠纷案》(最高人民法院审判委员会讨论通过,2012年9月18日发布)。

为有限公司的纠纷解决提供相关指导,虽然就像本文所分析的,这种认识还不明确。

美国除了发展出封闭公司的特殊规则外,在 20 世纪 70 年代,还创设了一种新型的公司形态——有限责任公司(limited liability company, LLC)来回应封闭公司的需求。① LLC 具有合伙的本性,但被赋予了法人资格和有限责任保护,本质上是一种典型的法人型合伙。LLC 自创设以来,在美国得到了中小企业的广泛适用,数量迅速增加,成为了中小企业创业的首选。②

中国目前正处于鼓励人们创业的时期,有限公司作为人们创业的首选企业形态,如何满足创业者们的需求,是立法者应当首先考虑的问题。李建军案的分析表明,有限公司具有其独特的特性,美国对封闭公司的处理经验,以及 LLC 立法的经验,应当都可以为中国立法者和司法者提供参考借鉴。

针对简单的李建军案,本文作出了这么冗长的分析,只是想揭示现实的复杂性,批评法院在该案中表现出来的躲避现实、机械适用法律的态度。我们当然理解,法院这种保守态度,可能来自于现实中残酷的司法环境和同样机械的审判管理体系。但我们同样通过一些案例表明了:法官,即使是中国法官,从来不曾缺乏直面现实的勇气和解决问题的智慧。最高法院选择将李建军案提升为指导案例,而不是那些更能体现法官智慧的案例,只会误导法官,将公司法的司法裁判引领上错误的道路。

---

① 对这一问题作出最全面讨论的是 Larry E. Ribstein,参见 Larry E. Ribstein, *The Rise of The Uncorporation*, Oxford University Press, 2010.

② *Id.*

证券集团诉讼的功用与借鉴

——一个基于现实的批判性解读[*]

郭 雳[**]

集团诉讼(class action)是指由一个或者数个代表人,为了集团全体成员共同的利益,经法院许可,代表所有成员进行的诉讼。虽然也存在由众多被告组成的被告方集团诉讼(defendant class action)或原被告均为集团形式的双方集团诉讼(bilateral class action),实践中最普遍、影响最大的还是本文所讨论的(原告方)集团诉讼。对集团诉讼的讨论在我国其实由来甚久,初步的学术主张于上世纪八十年代就已提出。[①] 随着最高人民法院 2003 年出台"虚假陈述司法解释",[②]在证券领域引入集团诉讼的建议和争论更趋热烈。[③] 其中一些论文相当深刻地从跨学科角度检讨了集团诉讼的功能及可移植性,[④]一些则在观点综述的基础上围绕制度

---

[*] 本文初稿曾以"美国证券集团诉讼的制度反思"为题发表于《北大法律评论》(第 10 卷 2 辑),修订版被收录于《证券法苑》(第二卷,法律出版社)。

[**] 北京大学法学院副院长,教授、博士生导师。

[①] 例见,朱思东:《集团诉讼初探》,载《法学》1986 年第 7 期;王祺国:《论建立集团诉讼的必要性》,载《法学杂志》1986 年第 4 期。

[②] 最高人民法院《关于审理证券市场因虚假陈述引发的民事赔偿案件的若干规定》(法释〔2003〕2 号,自 2003 年 2 月 1 日起施行)。

[③] 例见,汤维建、陈巍:《缝隙策略:我国集团诉讼制度的移植路径探析》,载《政治与法律》2008 年第 1 期;整体持否定意见的例见,蓝燕:《证券民事赔偿诉讼方式探究》,载《法制与经济》2006 年第 4 期。

[④] 范愉:《集团诉讼问题研究——一个比较法社会学的分析》,载《法制与社会发展》2006 年第 1 期。

借鉴进行了比较细致的分析。① 然而关注中美两国相关的理论和现实，则不难发现国内现有研究仍存在不少遗憾。其一，在从一般到特殊的推演论述过程中，容易忽略"证券"集团诉讼所特有的根本性问题。其二，在论及其制度流弊时往往囿于某一特定专业视角，系统性的、具纵深感的挖掘拓展不够。其三，对美国相关立法演进已有比较及时的介绍，但同样在更宽视野上的剖析尚有所欠缺，对最近两三年的动向跟踪把握不足。本文无意针对证券集团诉讼的引进提供具体的实施指南，仅希望补充部分笔者业已察觉并有所思考的若干信息，在一定程度上减少上述缺憾。

必须首先指出，无论是制度移植还是比较研究，美国的集团诉讼都没有理由作为唯一的参照系，诸如德国的团体诉讼、②台湾地区的特定组织诉讼③、日本的选定代表人诉讼等其他做法亦应得到同样的重视和研究。④ 同时为聚焦主题，本文暂将证券集团诉讼的讨论缩窄至目前我国实际可操作的受案范围——虚假陈述，并进一步将其集中于针对上市公司相关行为所提起的侵权之诉⑤，而这恰也是集团诉讼的最大功用所在。下文首先概述集团诉讼及证券集团诉讼在美国的应用，其次扼要介绍针对集团诉讼弊端、相继采取但成效不彰的联邦立法、司法举措，第三部分着重分析证券集团诉讼在美的制度异化和功能失效——在填补投资者损害和惩戒阻却违法者方面的双重失败，第四部分阐释问题根源、相应动态和美国进一步改革的方向，第五部分以其他国家和地区为例说明该项制度移植中应有的考虑，第六部分就我国现实提出若干见解，最后附以结论。

一、美国式集团诉讼的发展和应用

集团诉讼制度起源于英美衡平法下英国的代表诉讼（representative

---

① 陈明：《构建我国证券侵权的集成式诉讼制度》，载《兰州学刊》2004 年第 5 期。

② *See for example*, Curtis J. Milhaupt, "Nonprofit Organization as Investor Protection: Economic Theory and Evidence from East Asia", 29 *Yale J. Int'l L.* 169 (2004).

③ 王文宇、张冀明：《非营利组织主导的证券团体诉讼——论台湾地区的投资人保护中心》，载《月旦民商法杂志》第 15 期（2007 年）。

④ 例见，汤维建：《论团体诉讼的制度理性》，载《法学家》2008 年第 5 期。

⑤ 原告证券欺诈受害人有时也可提起违约之诉（往往见于证券一级市场发行活动），其区分可参见 John C. Coffee, Jr. & Joel Seligman, *Securities Regulation: Case & Materials*, Foundation Press (9th ed.), 2003, p.21.

proceeding),即由具有"相同利害关系"的多数人推选诉讼代表人,判决适用于全体被代表人;法院对是否构成集团诉讼享有审查权,对于符合集团诉讼条件的,则颁发集团诉讼令。① 由于英国总体上仍倾向于"一对一"的诉讼模式,真正令集团诉讼大放异彩的还是美国。1848—1850 年间,大卫·达德利·菲尔德(David Dudley Field)在美推进法律成文化,编撰《纽约州民事诉讼法典》(Field Code)时将其纳入。1853 年联邦最高法院通过判例确立了集团诉讼制度,②1938 年美国《联邦民事诉讼规则》打破集团诉讼只适用于衡平法救济的传统,将集团诉讼引入普通法救济领域,③1966 年国会修订该法第 23 条,增立了集团成员范围的"声明退出"(Opt-out)规则,美国现代版的集团诉讼终告成型。④

当收到集团案件起诉请求后,联邦或州法院需要决定是否给予许可(class certification)。《联邦民事诉讼规则》要求法院考察先决条件和维持条件。第 23(a)条规定的先决条件有四项:(1) 人数众多,不可能将全体成员合并诉讼。(2) 集团成员间存在共同的法律或事实问题。(3) 集团代表的请求(或抗辩)在集团成员中具有代表性。(4) 集团代表能够公平和充分地维护集团成员的利益。四项缺一不可,由请求提出方举证。第 23(b)条规定的维持条件则属于三类中择一,可归纳为:必要型、共同型和普通型,证券集团诉讼大多属于第三类,即不是非此方式不可,因此法院实际上保有较大的裁量权。接下来,集团代表及集团律师需要向已知或潜在的集团成员发布通知(notice),又分为"许可通知"与"和解通知",两者常可稍后合并进行,一般采取邮寄加报纸公告的方式。前述"声明退出"规则意味着,经有效通知后,集团诉讼所涉及成员在规定时间内明确表示不参加该诉讼的,可于诉讼时效期内向有管辖权的法院就此纠纷自行起诉,不受集团诉讼结果拘束:既不分享集团诉讼获得的赔偿,也不承担集团诉讼所涉义务;没有明确表示退出集团诉讼的当事人则自动成为集团成员,诉讼结果对其发生效力。"声明退出"规则将美国集团诉讼与其他国家的群体性诉讼机制真正区分开来。⑤

---

① 李娟、王阳:《美国集团诉讼研究》,载《法制与社会》2008 年第 12 期(上)。
② See Smith vs. Swormstedt, 57 U.S. (16 How.) 288 (1853).
③ 陆文婷、李响:《美国集团诉讼制度与文化》,武汉大学出版社 2005 年版,第 22—26 页。
④ 该条后又经 1987、1998、2003 年等多次修订,至今仍为规范美国集团诉讼的核心程序条款。
⑤ 杜要忠:《美国证券集团诉讼程序规则及借鉴》,载《证券市场导报》2007 年第 7 期。

同时,美国式诉讼操作——无论胜负,原被告双方需自行负担律师费,且广泛采用律师胜诉酬金(风险收费代理,contingent fee)方式——更助长了集团诉讼的风行。① 为分摊个案败诉白忙活的风险及负担持续全面盯市、搜索诉讼目标的成本,律师往往要求并能够从诉讼(和解)赔偿金额中实际获得约三分之一,颇具吸引力。② 两大要素彼此强化,胜诉酬金制度为当事人提供了末端保障,激励其不妨一试地参加集团诉讼;"声明退出"规则有助于确保集团的规模,增加集团律师与被告公司博弈时的要价和筹码,提高其按比例分成的所得。因此美国存在着不少律师和律所,专长于发动集团诉讼,主动甚至是违法联络征集侵权受害人,以求担任集团律师获利。③

美国著名法学家理查德·爱泼斯坦曾评论道:"略带夸张地说,通过诉讼形成之责任领域的任何主要创新,都源自或反映在集团诉讼。"④集团诉讼的优势不难理解:第一,提高诉讼效率,节约诉讼成本。第二,能够避免针对同一情形,不同受案法院依不同标准作出不一致的裁决。第三,在被告资产有限的情况下,使受害原告能够相对公平地受偿,部分地起到类似于破产程序的秩序功能。第四也是最重要的,在现代社会大规模侵权频发的环境下,为以"小额多数"为特征的受害者提供了诉讼激励,克服个别诉讼的风险和不经济,减少对"搭便车"的顾忌,缓和了"集体行动困境"。⑤ 于是,最初主要适用于种族歧视所引发民权纠纷的集团诉讼案件⑥,迅速扩展到反垄断、产品侵害、环境保护、劳动权益、证券欺诈等诸多领域。⑦

---

① 胜诉酬金及类似制度(No win no fee)在英美法系较为普遍,大陆法系国家允许这种做法的主要有法国、日本和巴西等。
② See John C. Coffee, Jr., "The Regulation of Entrepreneurial Litigation: Balancing Fairness and Efficiency in the Large Class Action", 54 *U. Chi. L. Rev.* 877, 889—90 (1987).
③ 目前存在着许多推介、组织集团诉讼活动的网站,如 http://classactionworld.com/public/lawfirmratings.php 就罗列有积极从事集团诉讼业务的美国律师和律所(2009年1月20日访问,下文中出现的网络资源,亦同)。
④ See Richard A. Epstein, Class Actions: The Need for a Hard Second Look, Civil Justice Report No. 4 (March 2002).
⑤ See *Amchem Prods., Inc. v. Windsor*, 521 U.S. 591, 617 (1997).
⑥ 截至目前最大金额的单宗集团诉讼 *Dukes v. Wal-Mart Stores*,即基于被告被指歧视女性员工。
⑦ See Senate Report (Judiciary Committee) No. 109—14, The Class Action Fairness Act of 2005: Dates of Consideration and Passage, p. 8 (February 28, 2005).

证券集团诉讼堪称重中之重。例如,2004年的数据显示,在所有集团诉讼中证券案件占到48%,数量是处于第二位的大规模损害侵权案件的四倍多。[①] 1998—2007年十年间,每年提起的联邦证券集团诉讼约260件,《纽约时报》披露不完全统计的2008年诉案量也达255件。[②] 1996年至今,在美国三大证券交易所上市的6000家公司中,有五分之二以上至少在一次证券集团诉讼中被列为被告。2007年一年内,总数约2%的上市公司在新提起诉讼中被告,针对其中非美国公司的诉讼比上年增长了73%。同时,通常以和解结案的证券集团诉讼产生的赔偿金额也非常惊人。著名的安然和世通案的和解金额分别达到71亿和61亿美元,1998—2007年十年间的和解金额总计518亿美元。而且,史上最大金额的十宗证券集团诉讼和解中,有九起出现在最近三年内;2007年的和解总额是1998年的约15倍。[③]

二、集团诉讼的弊端和美国的遏制努力

需要强调的是,集团诉讼特别是证券集团诉讼如此扩张的态势,其实甚至是在近十五年间美国国会和最高法院不断打压下出现的。集团诉讼的内生弊端也很明显:第一,某些类型的案件如大规模损害侵权(Mass torts)中,不同成员身上的事实差异较大,同等处理有时并不科学和公平。第二,即使集团诉讼实现了对某一个案的一体对待,不同法院对此模式的态度却不尽相同。整体上州法院更倾向原告,而在联邦法院诉讼一般有利于被告;而且,不同地区法院尺度各异,一些地区法院非常容易认可巨

---

① See Interim Report of the Committee on Capital Markets Regulation, p. 74 (Nov. 2006).
② 据斯坦福大学法学院研究机构统计,经合并计算后的诉讼则为210起(截至2008年12月15日),其中约半数案件指向金融服务业公司,http://securities.stanford.edu/scac_press/20080106_YIR08_Press_Release.pdf.
③ See http://securities.stanford.edu/index.html,斯坦福大学法学院研究机构Securities Class Action Clearinghouse及其合作单位Cornerstone Research在此提供了有关美国证券集团诉讼的详尽统计。

额的和解,导致很多集团律师刻意挑选(Shop)某地法院申请诉讼。[①] 第三,美国宪法中重要的正当程序原则往往受到削弱,集团内个案间有意义的细节差异容易被忽略,和解动机常被不当地强化,在州法院系统审理集团诉讼时尤为明显。第四,集团诉讼虽能激励受害者参加,但集体行动困境并未消除,小额多数的本质使成员依然缺乏动力去监督和约束集团代表和集团律师,尤其是后者往往完全主导了和解谈判,令集团诉讼沦为其谋取私利的工具。

美国法律界对于这些弊端并非没有认识。事实上,从《联邦民事诉讼规则》本身开始就试图有所限制。传统上英美法系的法官审案时持中而立,多倚仗诉讼双方发挥对抗功能,但在集团诉讼下法院的角色则要积极得多。[②] 第23(b)条规定法院在集团诉讼各阶段上都可以作出裁定进行调整,如要求提供证据、审查动议、规定通知方式等。更重要的是,第23(e)条对集团诉讼的撤诉与和解专门规定:未经法院批准、或者未将拟议中的撤诉或和解方案通知法院认定的应被通知的所有成员、并为集团成员提供法庭听证的机会之前,集团诉讼不得撤诉或者达成和解。法院在批准和解方案前,要召开听证会听取所有对和解协议的质疑。在确认和解协议符合集团成员最大利益的情况下,法院方可批准集团诉讼的和解。[③]

强化法院干预的首波制度安排在运行中未产生显著成效,社会对于集团诉讼的批评日增。一个显著例子是在消费者集团诉讼领域,代金券(coupon)和解的方式逐渐流行:被告公司以代金券而非现金支付赔偿集团成员,集团律师则仍可获得现金。对被告而言,这种纠纷解决方案降低了实际支出,更平添了广告促销的效用。众多集团成员却面临代币券价值被高估、使用受到不合理条款限制等不利局面,成为唯一的输家。[④] 另一方面,不少基于抽象反欺诈、反不公平商业做法等州法条款、实际并无

---

① 例如伊利诺伊州的麦迪逊县法院,1998 年时只受理过两宗集团诉讼案件,但在其判决被告烟草公司赔偿 101 亿美元之后,各类集团诉讼纷至沓来,2003 年时达到 106 宗。类似的地区还包括佛罗里达州棕榈滩县、得克萨斯州杰斐逊县等,它们被戏称为对集团诉讼具有磁石吸引力或神奇的法院(magnet or magic courts)。

② 汤鸣:《美国集团诉讼的确认与通知程序》,载《学海》2006 年第 5 期。

③ 杜要忠:《美国证券集团诉讼程序规则及借鉴》,载《证券市场导报》2007 年第 7 期。

④ 法院也有努力试图干预,例如在一个案例中法官就未批准支付购买通用汽车公司卡车的诉讼集团成员 1000 美元代币券的和解协议,See In re Gen. Motors Corp. Pick—Up Truck Fuel Tank Prods. Liab. Litig. , 55 F. 3d. 768, 788 (3d Cir. 1995)。

多少损害的集团诉讼却通过州法院获得天价赔偿,引发工商界的强烈反对。① 有鉴于此,2005 年 2 月,主要代表工商界利益的共和党所主导美国国会通过、同属共和党的小布什总统签署生效了《集团诉讼公平法》(Class Action Fairness Act)。②

该法第 2 条指出,过去十年中出现的集团诉讼滥用现象,是其立法目的所在;这些滥用损害了包括消费者在内原告集团成员的利益、阻碍了州际商业发展,降低了公众对美国司法体系的信任,导致消费价格上升和企业创新减少。③ 该法的核心条款一是针对消费者集团诉讼,要求法院进一步加强对和解方案公平性的审查;明确了集团律师收费的计算方式,限制了其在代金券和解下的所得,客观上抑制了这种方式;增加被告就和解进行通知的义务,保护了集团成员的利益。④ 另一核心条款则扩大了联邦对集团诉讼的初始和移送管辖权,被告更易基于州籍不同的最低要求将大多数跨州集团诉讼案件移至联邦法院,以恢复立宪者创设异籍管辖、促进州际商业发展的目的,并缓解各州裁判尺度不一、当事人挑选法院地起诉的问题。⑤

身为排头兵,证券集团诉讼实际上遭遇到更大的关注和质疑。从 80 年代中期起,就有学者相继提出⑥:证券集团诉讼对投资者虽然可起到一定保护作用,但大肆滋生的扰诉(strike suit)、滥诉(frivolous or nonmeritorious suit)却在将情况推向反面⑦;工商界已难堪其负,无论判决还是和解,社会效益都很可能失大于得。⑧ 美国国会于 90 年代中后期连续通过

---

① See generally, Michael S. Greve, *Harm-Less Lawsuits*, AEI Press, 2005.
② See Juliana Kreese & Benjamin Rosenbaum, "The New Face of Class Action Litigation", 6 *U.C. DavisBus. L. J* 12 (2005).
③ 如下所述,由于针对证券集团诉讼领域美国国会已先行立法两部,《集团诉讼公平法》规定原则上将不适于该领域。See Jeffrey T. Cook, "Recrafting the Jurisdictional Framework for Private Rights of Action under the Federal Securities Law", 55 *Am. U. L. Rev.* 621, 642 (2006).
④ 任自力:《美国〈2005 年集团诉讼公平法〉及其启示》,载《国家检察官学院学报》2007 年第 4 期。
⑤ 王承志:《美国集团诉讼中的法律选择问题》,载《法学评论》2007 年第 2 期。
⑥ See David Rosenberg, et al, "A Model in Which Suits Are Brought for Their Nuisance Value", 5 *Int'l Rev. L. & Econ.* 3, 3—4 (1985).
⑦ See James Bohn & Stephen Choi, "Fraud in the New-Issues Market: Empirical Evidence on Securities Class Actions", 144 *U. Pa. L. Rev.* 903, 979 (1996).
⑧ See generally, Janet C. Alexander, "Do The Merits Matters? A Study of Settlements in Securities Class Actions", 43 *Stan. L. Rev.* 497 (1991).

了两部法案予以回应。1995年《私人证券诉讼改革法》(Private Securities Litigation Reform Act)旨在限制:不问缘由对任何股价显著波动兴诉;无端地扩大被告范围;滥用证据开示程序(Discovery process)逼迫和解牟利;集团律师操控敛财。此外,立法者还对高科技和成长类公司频频作为被诉对象,表达了特别的忧虑。① 该法在实体方面的变动包括:确认了因果关系原则,限定了"欺诈市场"原则下的最高赔偿,为预测性披露提供了安全港规则,规定了轻率放任情况下有例外的比例责任。同时,该法主要从诉讼程序方面着手,包括提高原告起诉证明义务、中止证据开示程序。限制诉权滥用的重要手段还在于改革集团代表的产生办法(由先到先占改为存在最大利益关系),规定其受偿额不得超出在集团中所占比例,任何人(机构投资者一般除外)3年内担任集团代表不得超过5次。针对集团律师,该法强调其须经法院审查同意方可出任,控制律师收费比例(一般为30%以下),加大对其提起滥诉的处罚,增加其通知义务以便集团成员提出异议。② 此外,法案还试图通过强化审计师外部监督来弥补对私人集团诉讼的削弱。③

《私人证券诉讼改革法》实施后评价参差。有实证研究指出:其立法目标并非达到,证券集团诉讼的数量未降反升④,起诉速率亦无降低;但对象更趋集中于大公司以及违法迹象较明显的公司,使案件整体质量有所提高。⑤ 鉴于新增的诉讼限制,一些原告集团于是转向州法院起诉或者申请仲裁,通过其他系统寻求证券法救济。⑥ 为抑制该倾向及由此带来的司法不一致,国会不得不在1998年制定《证券诉讼统一标准法》

---

① See US H. R. Rep. No. 369, p. 31 (1995).

② See Stephen J. Choi, "The Evidence on Securities Class Actions", 57 *Vand. L. Rev.* 1465, 1468—76 (2004).

③ 随后发生的安然、世通等一系列重大公司丑闻似乎表明这一替代策略并不成功。See for example, John Coffee, Jr., "What Caused Enron?: A Capsule Social and Economic History of the 1990s", 89 *Cornell L. Rev.* 269 (2004). 此外,有关《私人证券诉讼改革法》实施后的效果,下文将有进一步的讨论。

④ 该研究样本期是1996—2001年。之后案件数量曾从2004年的213起大幅下降到2006年的110起,但如前所述,随即又呈现反弹。因此整体观察,证券集团诉讼在近十多年间数量变化不大,限制举措在这方面的效用不显著。

⑤ See Michael Perino, "Did the Private Securities Litigation Reform Act Work?", 2003 *U. Ill. L. Rev.* 913 (2003).

⑥ See Michael Perino, "Fraud and Federalism: Preempting Private State Securities Fraud Causes of Action", 50 *Stan. L. Rev.* 273 (1998).

(Securities Litigation Uniform Standards Act),扩张了《私人证券诉讼改革法》规定的适用范围,明确了联邦法院在大多数情况下的管辖权(特别是对集团成员超过 50 人的)。① 有必要指出的是,国会的这些限诉倾向并非孤立,联邦最高法院就此给予了积极的呼应。在证券领域的最近三则重要判例中——Dura 案②、Tellabs 案③、Stoneridge 案④,都就《私人证券诉讼改革法》意图加以重申,一再表达对集团滥诉的持续警惕,并给出了相应的判决。

三、证券集团诉讼:数度伤害、两头落空

就证券集团诉讼而言,集团诉讼制度的四大弊端不同程度地全都有所显现,最突出的是证券集团律师的主导和操控。如前所提及,美国证券集团诉讼几乎都以和解结局⑤,原因就在于当获得法院许可、诉讼展开后,尽快达成和解了事、避免长期诉斗直至法院最终判决符合对抗双方主导者的最大利益。长期诉讼对被告公司的不利影响在于:(1)诉讼成本高企,且由于案件性质,证据开示程序对双方影响很不对等,被告往往被要求提供大量并不必要的资料,特别是原告集团律师刻意刁难的情况下;(2)一旦被判决败诉,潜在的赔偿金额不易控制,尤其是当法院依法可适用三倍惩罚性赔偿规则的情况下;(3)和解中可约定由其他被告如会计师、投行等分担赔偿,如果判决则公司可能基于连带责任要实际付出更多⑥;(4)被告须聘请己方的辩护律师(通常少见采用胜诉酬金制),虽不太惹眼但费用亦惊人,有研究称可达和解金额的 25%—35%⑦;(5)诉讼

---

① See Adam Pritchard & David Levine, "The Securities Litigation Uniform Standard Act of 1998", 54 *Bus. Law.* 1 (1998).
② See *Dura Pharmaceuticals, Inc. v. Broudo*, 544 U.S. 336 (2005).
③ See *Tellabs, Inc. v. Makor Issues and Rights, Ltd.*, 127 S. Ct. 2499 (2007).
④ See *Stoneridge Investment Partners, LLC v. Scientific-Atlanta, Inc.*, 128 S. Ct. 761 (2008).
⑤ 据统计从 1996 年至今,只有 13 起证券集团诉讼案件最终是以法院判决结束,而其中只有 3 起对原告有利。See Adam T. Slavett, Risk Metrics Group, Securities Class Action Trials in the Post-PSLRA Era (Feb. 2008), http://slw.riskmetrics.com/SCAS%20Trials.pdf.
⑥ 这三项不利影响在上述两项法案实施后已有所缓解。
⑦ See Baker Tom & Sean J. Griffith, "The Missing Monitor in Corporate Governance: The Director' & Offices' Liability Insurer", 95 *Geo. L. J.* 1795 (2007).

不可避免会牵扯经营者精力，干扰正常经营，对公司声誉造成破坏。① 另外学者还从信息不对称的角度②、认知心理学风险厌恶的角度③，解释被告公司在即便原告胜算不大情形下和解的动机。

实际上，一个更为关键的决定因素很可能是被告公司董事、高管的自利。因为他们享有的职务保险和责任补偿协议依照法律和判例不得适用于判决赔偿，但可以用于和解。④ 显然自保心态足以令被告的这些实际决策者在面对即便是牵强的诉讼时积极和解。⑤ 反观原告集团律师，同样基于自利，一方面会全力争取法院许可集团诉讼，另一方面在此之后，就不会再和被告拼死相搏，因为此时两者利益趋向靠拢，将对方逼向绝境很可能会增加自己取胜的难度，何况判决记录对原告也并不特别有利；考虑成本收益，尽快达成和解、将精力转向下一个目标更为合算。虽然和解可能不符合集团成员的最大利益，但集体行动困境决定了他们难以对集团律师形成有效约束。被告公司投资者（现在或曾经的股东）于是往往在两位代理人——董事、高管和集团律师的默契中被出卖。

集团律师的自利和滥权是如此恶劣和嚣张，以致截至目前的批判和改进大多聚焦于此，以致证券集团诉讼制度的某些本质悖论常常被忽略。填补投资者损害和惩戒阻却违法者，是证券集团诉讼及其所创制责任的两大目标，遗憾的是在现行制度下它们却遭遇了双重失败。1995年美国国会的报告显示：原告投资者实际能从和解中所获赔偿只相当于其损失的百分之几⑥，有研究机构佐证：1991—2004年间每年的这一比例从未超过7.2%（该峰值出现在1996年），2002—2004年甚至都低于3%。⑦ 造成比例之低首先的（尽管间接）影响因素是损失巨大，而损失巨大的原因

---

① 任自力：《美国证券集团诉讼变革透视》，载《环球法律评论》2007年第3期。
② See Lucian A. Bebchuk, "Suing Solely to Extract a Settlement Offer", 17 J. Legal Stud. 437, 440 (1988).
③ See Chris Guthrie, "Framing Frivolous Litigation: A Psychological Theory", 67 U. Chi. L. Rev. 163, 179—81 (2000). 另一方面，认知心理学也可提供集团律师热衷提起诉讼的解释：哪怕概率低，但回报太具吸引力。
④ See Joseph P. Monteleone & Nicholas Conca, "Directors and Officers Indemnification and Liability Insurance: An Overview of Legal and Practical Issues", 51 Bus. Law. 573 (1996).
⑤ 就职务保险和责任补偿协议存在的问题，下文将有进一步的讨论。
⑥ "Pennies on the dollar", See S. Rep. No. 104—98, at 6 (1995).
⑦ See NERA Economic Consulting annual report, 转引自 John C. Coffee, Jr., "Reforming the Securities Class Action: An Essay on Deterrence and Its Implementation", 106 Colum. L. Rev. 1534, 1545 (2006).

在于股价"超"跌。当欺诈曝光、纠正信息公布后,股价深调中不仅包含针对虚假陈述内容等的调整,更涵盖了对随之而来证券集团诉讼的合理预期。未来的巨额和解如下所述,最终实际上又将由公司负担,这种正反馈的叠加效应必然使股价调整超过单纯欺诈内容的影响。[①] 股东诉讼维权机制本身某种程度上自动扩大了其损失。

接下来,至少四重因素直接导致了受偿比例低下。首先,受举证要求、诉讼技术的影响,并非所有的股价差异都能被认定为可归因于欺诈的损失,即事实上的损失和法律上可确认的损失存在不一致。其次,为了尽快达成和解,集团律师通常不会竭力地主张损失,最大限度地争取原告所得,因其与自己利益并不太相符。再次,诉讼争议事件发生期间,在原告受损的同时,必定存在着对手幸运地从交易中净获益,而这部分收益在现行法律下并不被追索及要求吐出。[②] 假定被告公司在此期间没有开展过再融资或并购而使自身获益,这一部分是否也应由其承担实际上大可商榷。[③] 最后,在已大幅缩水的和解金额中,将近一半(47%)要被用于支付制度交易成本;除了集团律师的约三分之一,还包括专业通知机构、原告管理人和顾问等各种中介。[④]

始料未及并未到此结束。甚至在可怜的投资者内部,证券集团诉讼制度仍进一步加剧不公。理论上,理性投资者应该分散(Diversified)、组合(Portfolio)投资,而通过投资于20家公司就可能将非系统风险有效降低99%,因此基本无需证券诉讼的保护。[⑤] 换言之,证券集团诉讼整体上是在由分散投资者补贴非分散投资者,产生鼓励非理性的效果。[⑥] 同时,一般认为,证券集团诉讼是保护小投资者的利器,其实未必。小投资者往

[①] See Jennifer Arlen & William J. Carney, "Vicarious Liability for Fraud on Securities Markets: Theory and Evidence", 1992 *U. Ill. L. Rev.* 691 (1992).

[②] 当然,公司董事、高管等通过内幕交易等借机取得的利益可以被追究。

[③] 即便假定由公司董事、高管来承担,如下所述,他们往往也可通过保险间接地转嫁给公司。

[④] See Eleanor Laise, "Picked Clean-Plaintiff's Attorneys and Middlemen Thrive under the Securities Class-action System: What's in it for you? Pretty Much Bupkis", *SmartMoney* (May 1st, 2005).

[⑤] See Richard A. Booth, "The End of Securities Fraud Class Action?" *Regulation* (Summer 2006), p.48.

[⑥] 同样,这里假定没有利益通过再融资或并购输送给被告公司,或者通过内幕交易等溢出给公司董事、高管等或其可以被追回,即只在投资者之间转移。

往选择长期持有,因此恰在诉讼争议事件发生期间买或卖的可能性都较低,相比对冲基金等频繁交易者,成为上述幸运净获益者的可能性就低;相比共同基金,刚好买入有资格成为原告求偿的可能性也低。① 他们通常是"抱股"被动经历事件始终,空欢喜一阵子后又被超跌打击个结实,受伤最深;不仅如此,如下所述,管理者违法的责任通过层层转嫁(通过保险公司、被告公司)最终还会落在这些最"忠诚"的股东身上。无论如何,从概率上分析,小投资者将补贴机构投资者。小投资者当然可以通过共同基金参与,但后者即使通过和解获赔,其如何分配仍存变数,而且基金持有人也在随时变化,受害人和受偿人不匹配的问题可能还会加重。②

在惩戒违法者方面,证券集团诉讼同样令人失望,对潜在行径的阻却自然乏善可陈。虽然个人如公司董事、高管常常也被列为被告,虽然投行、会计师等有时也会分担责任③,但总体上和解赔偿绝大部分来源于保险公司④,其余多由被告公司负担,个人被告负担的部分不超过0.5%。⑤ 2000年著名案例——酒店租车业巨头胜腾公司(Cendant)会计违规造假诉讼中,32亿美元和解中的28.5亿出自胜腾公司,其余由审计事务所负担,个人被告没有实际支出。⑥ 如今保险公司提供的保障更为周全,不仅覆盖了董事、高管需自付的部分(Side A coverage)、公司依照责任补偿协议需支出的部分(Side B coverage),更延伸到公司自己需承担的责任

---

① See Anjan Thakor, The Unintended Consequences of Securities Litigation (US Chamber institution for Legal Reform, Oct. 2005), pp. 10—11.

② See James D. Cox & Randall S. Thomas, "Letting Billions Slip through Your Fingers: Empirical Evidence and Legal Implications of the Failure of Financial Institutions to Participate in Securities Class Action Settlements", 58 Stan. L. Rev. 411, 449 (2005).

③ 这种情况多出现在被告公司破产的情况下,且投行、会计师等越来越多地受到比例责任的保护。此外,对于被告公司及其内部人之外的次级(Secondary)主体,联邦最高法院目前的倾向是限制其承担责任甚至成为被告, See Stoneridge Investment Partners, LLC v. Scientific-Atlanta, Inc., 128 S. Ct. 761 (2008).

④ 例如,一项研究表明:90年代中期,保险公司、被告公司、其他被告负担和解赔偿的比例分别是68.2%、31.4%和0.4%。See Frederick C. Dunbar et al., NERA Economic Consulting report (1995), 转引自 John C. Coffee, Jr., "Reforming the Securities Class Action: An Essay on Deterrence and Its Implementation", 106 Colum. L. Rev. 1534, n. 61 (2006).

⑤ See Donald C. Langevoort, "Capping Damages For Open Market Securities Fraud", 38 Ariz. L. Rev. 639, 648 & n. 43 (1996).

⑥ See Donald C. Langevoort, "On Leaving Corporate Executives "Naked, Homeless and Without Wheels": Corporate Fraud, Equitable Remedies, and the Debate over Entity Versus Individual Liability", 42 Wake Forest L. Rev. 627, 628 n. 2 (2007).

(Side C coverage)。① 同一家保险公司往往打包提供所有上述保险。

当然,保险机构这样做并非仅仅出自好心,因为保费也会相应提高。董事、高管当然乐意使自己得到保护,同时也不会介意慷公司之慨花重金保费换取保险公司不来干预自己的行为,既包括在做决策时更加随心所欲,也包括被诉之后聘请最好的律师不计成本地周旋。② 这也部分地解释了为什么一家财富 500 强公司在美国支付的相关保费超过其在欧洲花费的 6 倍。③ 然而,无论是被告公司支付,还是保险公司负担,违法行为通常的罪魁祸首——董事、高管及其控制人大都可全身而退,损失体现为公司成本最终转嫁给股东,差别无非是在无辜投资者之间如何分摊。难怪有学者评论"集团诉讼的问题并非是什么治疗使病情加重,疗法就是病因所在"。④

四、失灵探源与制度重塑

证券集团诉讼绝非始自蹩脚或恶毒的设计,但一项精巧的制度如何在合成谬误下难堪地距其初衷渐行渐远,的确发人深省。诉讼可以维权,在美国尤其如此;为克服集体行动困境,集团律师被引入。然而新的委托代理问题就此产生⑤,而且同样基于集体行动困境,对集团律师的激励很快走向过度,而约束无几,其出于或自利或推诿,与先一拨委托代理人——公司董事、高管的谈判迅速演化为默契⑥,原告投资者遭受二次背叛,利益被再度边缘化。数目有限的剩余和解金最终在投资者间被不太

---

① See Baker Tom & Sean J. Griffith, "The Missing Monitor in Corporate Governance: The Director' & Offices' Liability Insurer", 95 Geo. L. J. 1795, 1802 (2007).
② See James D. Cox, "Making Securities Fraud Class Actions Virtuous", 39 Ariz. L. Rev. 497, 512 (1997).
③ See Committee on Capital Markets Regulation, Interim Report, p78 (Nov. 2006), http://www.capmktsreg.org/pdfs/11.30Committee_Interim_ReportREV2.pdf.
④ See Richard A. Booth, "The End of Securities Fraud Class Action?", Regulation (Summer 2006), p.51.
⑤ See Oliver E. Williamson, "The Modern Corporation: Origins, Evolution, Attributes", 19 J. Econ. Literature 1537, 1544—46 (1981).
⑥ See John C. Coffee, Jr., "Understanding the Plaintiff's Attorney: The Implications of Economic Theory for Private Enforcement of Law through Class and Derivative Actions", 86 Colum. L. Rev. 669, 679—80 (1986).

公平地分配,形成了不合理方向上的补贴,补偿功能变得微弱。① 由于主要由公司而非个人被告支付和解金,集团诉讼打击的不是实际加害者而是公司,特别是对于持续持股的投资者,实质无异于责任循环自我负担(Circularity problem),财产从左口袋换到右口袋(Pocket shift);保险机制则进一步加剧了道德风险②,委托代理人与理应的监督者再次实现共谋,把以费用面目出现、膨胀后的损失无情地透过公司甩给股东们。

证券集团诉讼及其周边机制就像一支杠杆,支起的却是快速放大的交易成本。集团律师(及附属其的集团代表)、保险公司从中渔利,公司主事者获得不适当的保护③,违法者得不到追究因而不可能止步只会变本加厉,投资者的境遇没有显著改善甚至有些人变得更糟。诉讼转化成商业风险,和解沦落为分配机制,而且都趋向负面。长此以往,美国的经商环境当然会恶化,外国公司和投资者会被吓跑,资本市场将在全球竞争中处于不利。④ 如果不加以限制,证券集团诉讼恐彻底演变为一门生意,社会风气将向下沉沦。

阻断通向毁灭或者荒谬之路,笔者以为可以从三个层面考虑。微观上自然是在诉讼自身中求出路,特别是继续加强法院对证券集团诉讼的审查和干预,主要着眼点是限制和打击集团律师的不当行为,同时找到或培养原告投资者利益的切实代言人,既对前者形成内部制衡和监督,又更好地实现受害者补偿的功能。这其实也是《私人证券诉讼改革法》以来美国主要努力的方向,十几年间确收到一些成效。集团代表产生由先到先占改为存在最大利益关系后,机构投资者更频繁地作为集团代表提起了集团诉讼⑤,对于提高和解受偿金额也有些作用。⑥ 司法机关对于集团律师违法行径的追诉大大强化,尤其是 2007—2008 年对于集团诉讼头号律

---

① See Merritt B. Fox, "Demystifying Causation in Fraud-on-the-Market Actions", 60(2) Bus. Law. 507 (2005).
② See Tom Baker, "On the Genealogy of Moral Hazard", 75 Tex. L. Rev. 237 (1996).
③ See Kent D. Syverud, "On the Demand for Liability Insurance", 72 Tex. L. Rev. 1629, 1640—49 (1994).
④ See John C. Coffee, Jr., "Foreign Issuers Fear Global Actions", Nat'l L. J. (June 14, 2007).
⑤ See Stephen J. Choi & Robert B. Thompson, "Securities Litigation and Its Lawyers: Changes During the First Decade After the PSLRA", 106 Colum. L. Rev. 1489, 1530 (2006).
⑥ See James D. Cox & Randall S. Thomas, "Does the Plaintiff Matter? An Empirical Analysis of Lead Plaintiffs in Securities Class Actions", 106 Colum. L. Rev. 1587—88 (2006).

所 Milberg Weiss、标志性律师 Bill Lerach、Melvyn Weiss 等人的刑事追诉①,全面曝光了 1979—2005 年间他们支付回扣"雇佣职业原告"充当集团代表、虚增客户损失额以争任集团律师等劣迹,这些律师和集团代表全部认罪或入狱。此外,法院还可通过一些技术性手段,如提高原告集团举证、通知标准,赋予被告更灵活的上诉权利,限制滥诉的发生。

然而正如前文数据所揭示,证券集团诉讼从数量到规模并没有减少。新近发表的学者实证研究也大多表示《私人证券诉讼改革法》等立法意图整体上尚未实现。例如,机构投资者对集团律师更强的监督作用理论上成立但未得到统计证实,和解赔偿占损失的比例反而呈现下降②;集团诉讼主流专业律所的构成和市场份额变化不大,只是基于新规定下扩大客户源的需要③,出现了不同性质、等级律所合作共同出任集团律师的趋势。④ 机构投资者与集团诉讼专业律所的持续紧密互动其实令人亦喜亦忧,最大利益关系的要求已使后者"收买"集团代表(pay to play)的目标更多地锁定在机构投资者。⑤ 接近利诱共同基金、向对公共养老基金有着决定权的官员提供竞选献金(主要通过其顾问机构)等均有证可查⑥,知名者如在胜腾公司案中纽约州基金主管官员收取的约 10 万美元献金。⑦ 已有国会议员提交法律草案,要求立法规定对类似支付、捐献进行披露,并对集团律师选任进行竞标。⑧ 除了在这一端受到影响,机构投资者基于资本市场反复博弈者的定位,需要考虑与上市公司群体的长期关系,顾忌"不合作""难相处"的圈内名声,在面对被告公司时未必只针对个

---

① See Peter Lattman, "Closing Argument: Mr. Lerach Mulls Life Behind Bars", *The Wall Street Journal* (Feb. 12, 2008).

② James D. Cox & Randall S. Thomas, "Does the Plaintiff Matter? An Empirical Analysis of Lead Plaintiffs in Securities Class Actions", 106 *Colum. L. Rev.*, at 1587.

③ 集团诉讼中,集团律师向其他律师支付"介绍费(分成)"的做法由来已久,虽然后者并不实际参与工作。这种操作可能进一步蚕食了原告本可获得的和解份额。

④ *Supra note*, Stephen J. Choi & Robert B. Thompson, at 1530.

⑤ See John C. Coffee, Jr., "Nobody Asked Me, But …", *Nat'l L. J.* (January 18, 2007).

⑥ See Kevin McCoy, Campaign Contributions or Conflicts of Interest, USA Today (Sept. 11, 2001).

⑦ See Shaila K. Dewan, "Donors to McCall Profit in Cases State Pursues Against Corporate Wrongdoers", *New York Times* (Aug. 14, 2002).

⑧ See John Cornyn (Senator) & Jeb Hensarling (Congressman), The Securities Litigation Attorney Accountability and Transparency Act, S. 3033, H. R. 5463.

案盘算,消极甚至背叛(集团)都可能是"理性选择"[①];此外,前文已论及机构投资者受损机会其实可能相对更小、更易被分散,代表性也许不像乍看上去那样充分。总之,机构投资者作为集团代表时面临的利益冲突更为复杂,倒是非常值得警惕。这也解释并预示了美国只依靠现有思路,局部地医头医脚难以解决问题。

中观上的改进需要跨出诉讼一隅,结合公司证券法乃至商业机制的整体变革来做文章。目前突出的一个问题是惩戒阻却违法者功能的失灵,证券违法行为的主谋和最大受益者——公司董事、高管、控股股东及其控制人在很大程度上被隔绝了责任,公司成为"替罪羊",风险间接地被转回股东身上,并且此时损失还经过了集团诉讼的放大。公司承担这种雇主责任既不公平,同时由于无法通过合同有效限制内部人和控制人而没有效率。[②] 公司其实也是受害者,当初主要基于补偿投资者的便利被拖入被告席,既然这个目标远未实现,没有理由继续让方便的、更深的口袋成为实际上唯一的口袋,进一步"惩罚受害者"——作为群体的股东。对于欺诈市场下的证券集团诉讼,追究个人被告及控制人的责任更加合理,尤其是就惩戒阻却实际违法者的目标而言。[③] 因此,一方面可以限定诉讼(和解)金额规模,驱动集团律师更积极地去对抗被告[④],另一方面,可以通过比例责任限制公司本身的负担并将其适用于和解[⑤],甚至可考虑将在诉争涉及期间没有参与交易(通过再融资或股份并购)的公司排除出证券集团诉讼,至少是最常见的规则 10b-5 诉讼。[⑥]

与此相关联的还有保险机制。理论上,保险公司应当起到对投保公

---

① See James D. Cox & Randall S. Thomas, "Leaving Money on the Table: Do Institutional Investors Fail to File Claims in Securities Class Actions?", 80 *Wash. U. L. Q.* 855, 879 (2002).

② See Alan O. Sykes, "The Boundaries of Vicarious Liability: An Economic Analysis of the Scope of Employment Rule and Related Legal Doctrines", 101 *Harv. L. Rev.* 563, 571—81 (1988).

③ See Jennifer H. Arlen & William J. Carney, "Vicarious Liability for Fraud on Securities Markets: Theory and Evidence", 1992 *U. Ill. L. Rev.* 691, 694—700 (1992).

④ See Donald C. Langevoort, "Capping Damages For Open Market Securities Fraud", 38 *Ariz. L. Rev.* 639, 658 (1996).

⑤ See John C. Coffee, Jr., "Reforming the Securities Class Action: An Essay on Deterrence and Its Implementation", 106 *Colum. L. Rev.* 1534, 1573—79 (2006).

⑥ Ibid., at 1582—84. 关于规则 10b-5 诉讼的情况,可参见郭雳:《证券欺诈法律责任的边界》,载《中外法学》2010 年第 4 期。

司的监督功能①,但如前所述两者之间却往往形成皆大欢喜的共谋,这种格局必须改变。有学者建议首先要求详细披露保险费用和合同②,很有必要但仍不够。一家保险公司同时为被告公司与其董事、高管提供保险,即便可以提出效率方面的理由,但鉴于利益冲突过于明显,有必要予以禁止或严格限制。对于公司董事、高管职务保险,应当施加更严厉的审查,扩大免赔范围,压缩承保额度,真正落实其个人责任。同样的审查也应适用于公司与他们签订的责任补偿协议。当然,实现这些变化的过程将非常复杂,需要国会新立法和最高法院对已有案例进行重新审视。的确,这样做不利于董事、高管放手工作,但在"商业判断规则"的总体呵护下,对非违法者的保护并不会削弱太多。也唯其如此,保险在公司治理中的监督作用才有望发挥,现行集团诉讼下的扭曲才可能被矫正。③ 包括保险问题在内,股东都应该被赋予更大的决定权,这实质上也涉及美国公司治理范式的整体性调整。④

宏观上,私人诉讼与公共执法在法律实施中的关系,有必要借此作进一步深思。美国证券领域素来是两条腿走路,公私并举,私人民事诉讼的案件金额往往超过联邦证交会(SEC)、州证券监管机构的执法金额。⑤ 集团律师也往往自诩为代表私人利益的"检察官"、证券市场上的"警察",嘲笑SEC等作风官僚、非议其资源有限、指摘其激励不足、质疑其监管俘获,这些情况的确存在,但事实也已充分展示了证券集团诉讼的制度扭曲,促使人们认识到:其一,私人诉讼同样存在着根本性局限。既然集团律师打着"检察官、警察"的招牌,是否也应遵守类似公务员的伦理操守、接受类似的监督特别是报酬呢?⑥ 而且,诉讼占用司法资源,同样会增加

---

① See Clifford Holderness, "Liability Insurers as Corporate Monitors", 10 *Int'l. Rev. Law & Econ.* 115, 116 (1990).
② See Sean J. Griffith, "Uncovering a Gatekeeper: Why the SEC Should Mandate Disclosure of Details Concerning Directors' and Officers' Liability Insurance Policies", 154 *U. Pa. L. Rev.* 1147 (2006).
③ See Tom Baker & Sean J. Griffith, "Predicting Corporate Governance Risk: Evidence From the Directors' & Officers' Liability Insurance Market", 74 *Chi. L. Rev* 487, 543—44 (2007).
④ See Lucian A. Bebchuk, "The Myth of the Shareholder Franchise", 93 *Va. L. Rev.* 675, 732 (2007).
⑤ See Howell E. Jackson, "Variation in the Intensity of Financial Regulation: Preliminary Evidence and Potential Implications", 24 *Yale J. on Reg.* 253 (2007).
⑥ See John H. Beisner, et. al., "Class Action 'Cops': Public Servants or Private Entrepreneurs", 57 *Stan. L. Rev.* 1441 (2005).

社会成本,却往往不为人所在意。诉讼滥用还可能扰乱政府的监管策略,造成执法过度或浪费。① 其二,公共执法不仅因其性质具有公正、专业、受监督等优势,更有利于克服私人诉讼下的一些弊端。例如,SEC 实施处罚或和解中的罚款,不得由保险支付②;又如,监管措施可以非财产性的方式作出(如责令对象完善其公司治理)。③ 其三,两者之间应形成补充而非替代的关系。一些美国学者提出了公私协作的建议,例如由 SEC 对拟提起的私人诉讼进行事先过滤④,又如在通过两种方式获得的民事赔偿间建立某种分享机制⑤,在 SOX 法案授权 SEC 建立用于补偿投资者的公平基金(Fair fund)后,相关协调变得尤为重要。虽然安然事件后,SEC 的规模扩张了约三分之二,但最近饱受监管松弛的批评,所提指控也创 1991 年来新低⑥,自身不乏有所作为的变革动力,而民主党主导的新政府和国会也为加强监管提供了有利契机。公共执法的改善以及与私人集团诉讼间的更多互动,应当是可以预见的。

五、移植借鉴及它山之石

尽管问题重重,美国不会放弃(证券)集团诉讼。事实上,改变往往都相当艰难。克林顿总统就曾基于投资者保护否决过《私人证券诉讼改革法》(后经国会特别多数表决才最终通过);《集团诉讼公平法》的序言开篇也不忘强调:"集团诉讼是法律体系中重要和有价值的组成部分,是将众多分散原告诉求合而为一、得以公平有效解决争议的手段"。⑦ 集团诉讼

---

① See Matthew Stephenson,"Public Regulation of Private Enforcement: The Case for Expanding the Role of Administrative Agencies", 91 *Vir. L. Rev.* 93 (2005).

② See Baker Tom & Sean J. Griffith, "The Missing Monitor in Corporate Governance: The Director' & Offices' Liability Insurer", 95 *Geo. L. J.* 1795, n16 (2007).

③ See Jayne Barnard, "Corporate Therapeutics at the Securities and Exchange Commission", 3 *Colum. Bus. L. Rev.* 793 (2008).

④ See Amanda M. Rose, "Reforming Securities Litigation Reform: Restructuring the Relationship between Public and Private Enforcement of Rule 10b-5", 108 *Colum. L. Rev.* 1301 (2008).

⑤ See Janet C. Alexander, "Rethinking Damages in Securities Class Action", 48 *Stan. L. Rev.* 1487, 1489 (1996).

⑥ See Eric Lichtblau, "Federal Cases of Stock Fraud Drop Sharply", *New York Times* (Dec. 25, 2008).

⑦ See The Class Action Fairness Act, § 2(a)(1).

制度在美国有着深刻的繁荣基础,包括:(1)浓重的对抗传统;(2)充满进取心、高度激励的律师行业;(3)强大的司法创制文化;(4)联邦制下的双重法院体制。[1] 很自然地,这项制度也在向全世界辐射并引发热烈反响。英国、加拿大、澳大利亚等普通法系的部分地区已建立该制度,南非、苏格兰、斯堪的纳维亚半岛国家等也在探讨尝试。大部分国家则由于理论、文化、经济、制度等各种原因多停留在讨论阶段。[2] 特别是在大陆法系国家,该制度遇到更多阻力,值得关注。有日本学者认为引进难以成功,因为这项"着眼于解决原发性纠纷的事实出发型制度,并不能与规范出发型的日本制度相融合"。[3] 德国移植的困难也类似地源于:(1)既判力向第三人扩张与其民诉原理不符;(2)诉讼费用及律师报酬制度与美不同;(3)损害计算及赔偿分配困难。[4]

近年来,集团诉讼的移植借鉴出现了新进展。为促进统一市场和电子商务,欧盟正在考虑参考集团诉讼,建立保护消费者的"集体救济"(Collective redress)机制。[5] 证券领域,德国于2005年11月1日实施了《资本市场示范案例法》(Capital Markets Model Case Act)开展试点,适用于证券虚假陈述和违约案件,并规定了5年的有效期间,届满后检讨效果以决定是否继续乃至推广。该法提供了与德国现行民事诉讼并行的一种机制:原告可以通过新设立的电子系统查询、登记,便捷地参与案件,分摊诉讼费用;先由一级特定法院(Higher Regional Court)审理后给出示范性案例判决,受理法院据此再针对每一个案裁决。不同于美国集团诉讼,原告不能代表未实际授权其的未知受害者,律师不得采取胜诉酬金;

---

[1] 史蒂文·苏本、玛格瑞特·伍:《美国民事诉讼的真谛》,蔡彦敏、徐卉译,法律出版社2002年版,第194页。

[2] See Thomas D. Rowe, Jr., "Debates over Group Litigation in Comparative Perspective: What Can We Learn from each other?, Forward", 11 *Duke J. of Comp. & Int'l L.* 157 (2001); *See also*, Stefano Grace, "Strengthening Investor Confidence in Europe: U.S.-Style Securities Class Actions and the Acquis Communautaire", 15 *Journal of Transnational Law & Policy*, 281—304 (2006).

[3] 中村英郎:《新民事诉讼法讲义》,陈刚、林剑锋、郭美松译,法律出版社2001年版,第85页。

[4] 上原敏夫:《团体诉讼与集团诉讼研究》,日本东京商事法务研究会出版2001年版,第244—45页。

[5] See George Parker, "EU Considers Consumer Class Action", *Financial Times* (Mar. 4, 2007).

德国的实体法规定也没有改变,例如判决不能包括补偿之外的惩罚性赔偿。① 整体来看,德国的尝试举措非常谨慎,尽力减少对既有诉讼体制和理论框架的冲击,小心约束律师活动的空间;而充分利用技术进步、注意发挥专业法庭的作用,则是其亮点所在。

较积极、完整地引进美国集团诉讼的例子是韩国。在美国学者的建议下②,2003年年底韩国国会通过《证券集团诉讼法》,自2005年1月1日起分阶段实施(首先适用于总资产两万亿韩元(约17亿美元)以上的公司,2007年起适用于所有上市公司;对某些案件类型有例外)。该法呈现出下列特点:受案范围采列举方式;原告50人以上、合计持有公司股份万分之一的方可提起集团诉讼;对集团实行"声明退出"规则,但要求法院给予成员逐一通知;诉讼费用按普通诉讼打五折并规定上限,只在法院认为必要时要求原告提供担保,但其败诉需负担被告诉讼费用;律师持有被告公司股份的则不能担任集团律师;防止滥诉上,3年内3次的限制较美国更严厉,且不仅适用于集团代表,还包括集团律师。由于门槛设定较高,限诉方面又几乎照搬了美国《私人证券诉讼改革法》,该诉讼目前在韩国的实际应用情况很少,制度功效尚未充分显现。③ 韩、美两国学者就此也进行了比较研究。④ 纽约大学韩裔美籍教授斯蒂芬·崔提出制度移植需要考虑的因素包括:资本市场与公司规模、政府类型与公共执法能力、法律界(律师、法官等)水准、实体法规定,通过分析韩国现状,他认为该项借鉴努力是有益的,此外:韩国的市场规模和法律服务群体制约着集团诉讼;⑤同时诉讼风气不盛、律师职业操守和团体凝聚力强,滥用风险较美国远小,可考虑稍放宽限制;韩国公务员素质高,公共监督可以倚仗;现行规定将集团诉讼引向财阀大公司,而这恰是政府执法的软肋,或可有助于促进公司治理。⑥

---

① See http://www.bmj.bund.de/kapmug.
② See Bernard Black, et. al., "Final Report and Legal Reform Recommendations to the Ministry of Justice of the Republic of Korea: Introduction to the Report", 26 *J. Corp. L.* 546, 569 (2001).
③ 汤欣:《私人诉讼与证券执法》,载《清华法学》2007年第3期。
④ 例见,权赫在:《证券集团诉讼的研究:韩国的经验》,载《河北法学》2007年第2期。
⑤ 韩国同时也存在传统的选定当事人诉讼,以及由民间公益性组织发动的团体诉讼,例如著名的"参与民主人民联盟"(PSPD)。
⑥ See Stephen J. Choi, "The Evidence on Securities Class Actions", 57 *Vand. L. Rev.* 1465, 1507—25 (2004). 对于最后一点,本文作者以为是更多地体现了理想色彩。

六、公私协同的"中国思路"

中国的取舍决断亦应如此。如前所述,对于集团诉讼整体及其与现行民诉制度的龃龉和衔接,国内已有不少讨论,下文评述仍拟主要集中于证券法实体领域;同时,针对诉因要件、集团组成、诉讼各阶段举证配置、损害赔偿额确定、责任分配等技术性细节值得专文详论,笔者在此仅从宏观政策性层面简述观点。基本立场是:发展阶段和国情实际不同,对美国(或任何国家)的做法不宜轻率进行判断,既不可盲从套用集团诉讼模式,也不宜对《私人证券诉讼改革法》等所有倾向都亦步亦趋,尤其是后者。美国体制存在着独特的因素(如联邦制;商业性诉讼文化),证券领域也有着自身特点;例如不同于消费者案件,代金券赔偿较少出现;又如不同于环境、产品侵害案件,一般不存在大量的潜在未知受害者,因此其实比较适合作为集团诉讼在我国的试点类型。更重要的是,虽然值得持续警惕,造成美国制度异化的主要因素——激进的律师群体、胜诉酬金、和解和保险机制,在我国目前都并不突出;滥诉也远非制约中小、高科技企业的主要问题。这些总体上应属远虑而非近忧。

证券法制实现方式的选择,既要考虑资源分配(如选择侧重保护国有资产还是一般投资人)[①],也受路径依赖的制约(新的制度供给难以一蹴而就)。如果说美国是私人诉讼过度膨胀,需要抑制,我国现状则是过分倚重证监公共执法,两者都需寻求平衡。资本市场由政府推动的发展路径、大量上市公司的国有属性、行政干预的思维和行为定势,客观上形成了对我国私人证券诉讼的天然制约。然而以发展的眼光来看,集团诉讼、团体诉讼[②]、证券仲裁、(证监会)行政审裁(包括和解)都有必要尝试,与传统方法一道构建多元化的纠纷解决体系;只有竞争才能激发各自优势的充分发挥,彼此间呈现补充而非完全替代的关系,并在某一特定阶段发现针对某类特定问题的最优解。德国的思路也非常有益:借助技术创新,寻求集团诉讼有益因素与主流路径嫁接,同时划定范围、期限观察实施效

[①] 钟志勇:《美国证券集团诉讼与我国证券民事诉讼形式之完善》,载《现代财经》2005年第11期。

[②] 关于团体诉讼的利弊,可参见汤维建:《论团体诉讼的制度理性》,载《法学家》2008年第5期;另见汤欣:《私人诉讼与证券执法》,载《清华法学》2007年第3期。

果。具体而言,当下我们期待的应是一个"做小做实"的证券集团诉讼机制,需要思考的环节和问题主要包括:

• 原告端。投资者保护在我国整体上无疑需要加强,但不宜照搬或冒进①,私人集团诉讼不应作为唯一甚至首要的方式。其补偿功能并非直观上那样可靠,需要与分散投资(投资者教育)、公共执法互相配合。机构投资者的作用会越来越突出,但其身负的多重利益冲突有必要引起全面重视。这些年围绕证券投资基金的争议已显现出端倪,随着其"一对多"等新业务的开展,矛盾恐将更突出;此外,社保、年金、QFII、保险资金等各自问题亦不应不被意识。

• 被告端。特别是从惩戒阻却违法者着眼,责任的主要承担者应该是证券违法行为的主谋和受益者——董事、高管(在我国,大股东、控制人问题也很突出)。被告范围不宜过分扩张、链条并非越长越好,否则不仅在技术上容易引起因果关系认定上的瑕疵,更有可能会助长虚幻的安全感,到头来加重失望。对于打击和救济的效果有必要进行绩效分析,应考虑比例责任和连带责任的协调使用。② 责任保险方面,美国的教训深刻,当早引以为戒;如果拖到积重难返,则改革的阻力将倍增,其当下医疗改革亦是一例。

• 法院端。即便在美国,证券集团诉讼中的法官介入程度也高乎寻常。集团诉讼开展后,我国法院亦应积极发挥审查职能(尤其是对撤诉与和解)。同时,法官应注意识别其他因素导致的价格波动,合理认定损失金额;根据主要侵害对象,投资者集团诉讼和股东代表诉讼需要适当区分。建立特别法院或者专业法庭来处理证券(金融)类案件值得认真考虑,上海等地开展的尝试可以进一步推广。

• 律师端。证券专业能力和专门律师人才都有待扶植。鉴于其道义色彩和实际影响较小,在证券领域或可率先试行有限制的胜诉酬金,英国等推行的改革试验有必要进一步研究关注。对律师利益冲突的审查应较韩国规定更为周详,但次数限定不宜那般僵化。和解无需全盘否定,但美国式的为和解而和解、甚至为和解而开展诉讼的殷鉴③,必须警惕。从

---

① See Bernard S. Black, "The Legal and Institutional Preconditions for Strong Securities Markets", 48 *UCLA. L. Rev.* 781, 822 (2001).
② 可参见郭雳:《证券欺诈法律责任的边界》,载《中外法学》2010 年第 4 期。
③ 杨严炎:《论美国的和解集团诉讼》,载《环球法律评论》2006 年第 4 期。

思路而言,有效的披露和独立第三方审查(意见)有助于抑制其弊端。

• 执法端。长期来看,虚假陈述司法解释中的前置程序应从强制性改为选择性,但也不宜轻率地一废了之。① 现阶段,可考虑将律师向证监稽查提供的举报,与嗣后诉讼集团律师资格的取得相挂钩,以激励律师投入进行监督。同时,对于违法行为的财产性处罚必须能落到实处,晚近如汪建中、徐翔等案的执行显然比早期的"亿安科技"案更能维护监管者应有的权威。行政处罚与民事赔偿间应当有更合理的衔接,特别是在财产有限的情况下,其具体配置模式应根据执行实效来确定。

• 政府端。正如美国也正在积极尝试公私携手,我国行政当局总体上应消除对集团诉讼不必要的恐惧,探索与法院、律师界的协作,理顺司法救济渠道。对待社会矛盾特别是群体性的事端,实际上疏易堵难,相对而言,司法仍不失较为理性透明和具有公信力的问题解决方式。很清楚,没有人愿意看到成都拆迁自焚悲剧的再度上演,相反,广州垃圾焚烧争议的平和处理更符合各方的利益。当然,我们更期待的还是制度化的途径,在这方面,较之上访等,法院的优势是明显的。②

以上初步的思路和建议显然还需要继续的论证或质疑。更多全面的、高质量的实证、比较、个案或访谈式的工作也是目前美中两国学术研究中的重要差异所在。本文的另一方法论用意在于抛砖引玉,提示:在就集团诉讼整体较充分把握的基础上,针对各个具体类型的深入讨论日见必要。

结 论

美国集团诉讼通过"声明退出"规则和胜诉酬金制度,克服大规模侵权案件中小额多数分散原告的集体行动困境。其中,证券集团诉讼既具有一般特征,也呈现出独特问题。相比其他类型,其被害者更易在数重合成谬误下反复受损;同时,类似过度金融创新之于目前的全球危机,这项制度实施常恐过犹不及,甚至沦为操控工具。美国现行和解与保险机制

---

① 王光平:《取消证券民事诉讼前置程序建议已报最高法院》,载《中国证券报》2008年12月9日。晚近亦多有此动议或传闻,但未见正式公布实施。

② 近年来,中证中小投资者服务中心有限责任公司开展的持股行权和支持股东诉讼等活动,对于运用司法渠道保护投资者利益,有着积极的探索。

集中并放大了其弊端,给予集团律师过度激励,纵容了被告公司管理者的恶行,令代理人与其雇主利益背离,委托代理问题再度凸现。其结果形象地说,如同众多搭便车者遭遇不请自来、要价昂贵的路边擦车人,于是诉讼变成商业风险、和解沦为转移渠道,社会成本激增;同时,填补投资者损害和惩戒阻却违法者两大目标一一落空,股东循环地承受着经叠加效应放大了的损失,而在其间的分担既无效率又欠公平。

美国时至今日的应对主要是加强法院的审查干预、约束和惩治集团律师和代表,但限制滥诉的成效不彰。未来出路在于全面地改革相关和解、保险、酬劳、责任制度,体察和遏制利益冲突,使违法者真正受到惩罚。其核心是让集团诉讼重新"对抗"起来,而不再是各方代理人合谋肆意分食股东——事实上缺席的原告——利益的二次伤害。证券法制的建立需要私人诉讼与公共执法的配合,美国的困境也展现出以定分止争为根基的法院系统在建章立制、资源分配方面的局限,司法能动主义不可能总单骑突进。

启示并不意味着简单地套用或排斥。得益于后发优势和旁观者清,我国可对美国出现的问题深入剖析并保持警惕,但没有必要盲目恐惧而踯躅不前,国情差异决定了美国所暴露的一些主要矛盾在我国现阶段并不突出。做小做实的集团诉讼有理由成为证券领域竞争性多元化纠纷解决机制的并行选项之一。同时,德国、韩国、我国台湾地区等开展的借鉴试点实验当为参考,积极探索体现当前资本市场结构和制度供给特征的兼容和改良方案意义重大。总之,投资者利益保护必须以分散风险为前提,监管与诉讼执法并举,惩戒与救济功能同彰。

公司的信用与评价：以公司债券发行限额的存废为例[*]

洪艳蓉[**]

在公司法的研究上，主流观点认为，有限责任的引入使股东将其经营风险转移给了公司债权人。[①] 因此，公司法的一项重要任务是保护公司债权人，并发展出公司事务公开、资本维持及清算规则等制度作为基本的保护手段。[②] 从公司融资的角度看，其主动性债权人[③]主要有两类：一类是通过贷款这种间接融资方式形成的银行债权人，另一类是通过发行债券这种直接融资方式形成的公司债券投资者。在性质上，他们都是公司债权人，由于公司形式锁定了担保所有公司合同履行的总资产，其债权建立在公司信用基础上，需要公司在债权到期时具备清偿能力才能实现。然而，"公司债具有对公众发行债券所产生的集团性质"[④]，投资者存在集体行动难题，不如银行债权人是一家或少数几家银行组成的银团，便于形成决议和采取行动，并常常可以利用长期积累的风险管理经验保护自己。因而，在一般合同法和传统公司法保护债权人的手段之外，作为《公司法》特别法和规范公募融资问题的《证券法》，如何发挥维护公司信用，保障债

---

[*] 原文刊于《中外法学》2015年第1期。
[**] 北京大学法学院副教授。
[①] See D. W. Leebron, "Limited Liability, Tort Victims, and Creditors", 91 Columbia Law Review, 1565, 1584 (1991).
[②] See K. R. Abbott, Company Law, D. P. Publications, 1981, p. 20.
[③] 根据缔约的主动性与否，可以将债权人分为自主性债权人和非自愿性债权人。凡是债权债务关系是基于其意思自治而形成的，则为主动性债权人，反之则归为非自愿性债权人。参见虞政平：《股东有限责任——现代公司法律之基石》，法律出版社2001年版。
[④] 神田秀树：《公司法的理念》，朱大明译，法律出版社2013年版，第152页。

券投资者如期受偿的作用,成为一个备受关注的问题。

实证研究表明,投资者保护水平与市场繁荣程度呈现正相关关系①,债券投资者受到的保护水平越高,公司就越容易以更低成本在资本市场融资,也就越能发展壮大公司债券市场。近年来,在国家政策支持下,我国公司债券市场获得了"跨越式"发展②,早在2011年底我国信用债市场规模就已位居世界第三,亚洲第二③,催生了数量庞大的债券投资者群体。但我国公司债券制度的改革并未跟上债券市场化的步伐,《证券法》至今保留了严格的"累计债券余额不超过公司净资产40%"的发债限额规定。这一延续自计划经济时期的债券投资者保护方式,能否协调好市场化背景下公司自主发债权与债券投资者保护之间的利益平衡,一如既往地起到维护公司信用的作用,正在遭受越来越多的质疑。④

基于在股东有限责任下保护债券投资者的必要性和重大意义,考虑到我国公司债券市场化过程中呈现的公司债券持有人保护的巨大需求,本文拟选取公司债券发行限额为切入点,深入探讨市场化条件下公司信用的内涵及其评价标准,以寻求在传统方法之外保护公司债权人,尤其是债券投资者的有效途径,借以推进《证券法》的修改和我国公司债券市场的健康发展。

一、公司信用的监管思路:以发行规模限制市场准入

(一)公司债券的发展状况与市场化改革

公司债券是具有独立法人资格的公司依法发行的,承诺在一定期限内还本付息的有价证券。其本质是公司以商事信用为融资基础,在资本市场上通过债券合同与投资者建立起来的一种借贷性的金钱债权债务

---

① 参见弗兰克·B.克罗斯、罗伯特·A.普伦蒂斯:《法律与公司金融》,伍巧芳、高汉译,北京大学出版社2011版,第五章"法律与公司金融的实证研究",第173—213页。
② 周小川:《中国债券市场实现跨越式发展 地位日益突出》,资料来源:中国人民银行网站http://www.pbc.gov.cn/publish/goutongjiaoliu/524/2012/20120831191208291109937/20120831191208291109937_.html,2014年9月5日访问。
③ 时文朝:《扩大直接债务融资 服务实体经济发展》,载《求是》2012年第10期。
④ 参见杜俊生:《债券市场'40%天花板'问题及其解决路径》,载《银行家》2010年第11期。

关系。

在信息匮乏的年代,由于债券合同可以赋予投资者以债权人地位,确定债务的固定期限和利息支付来帮助投资者应对经济发展中的不确定性,债券融资因此成为公司可获得的最早和主要的直接融资方式;[1]在社会信息透明度大为增强的晚近时期,"融资优序理论"(picking order theory)等资本结构理论揭示,债券融资具有利息税前扣除和不削弱公司控制权的比较优势,成为公司直接融资的优先选择。[2] 而从一国金融市场的建设来看,公司债券在丰富投资品种、拓展公司融资渠道的同时,可以推动利率市场化进程、平衡直接与间接融资、健全社会信用体系,调控宏观经济并降低金融系统性风险,是一国多层次资本市场建设的重要组成部分。

就我国情况而言,公司债券市场发端于计划经济时期。1985年,沈阳市房地产开发公司向社会公开发行第一只5年期企业债券,开启了这一市场;1987年国务院制定的《企业债券管理暂行条例》,成为第一部调整企业债券关系的行政法规。但受到我国社会信用体系不健全、银行主导间接融资的传统和制止企业乱发债、维护社会稳定的指导思想影响,公司债券市场多年来一直处于边缘,未能得到应有的重视。近年来,为配合我国金融体制改革进程,充分发挥公司债券市场的积极作用,并调整我国不合理的金融市场结构[3],公司债券市场在国家政策的大力支持下启动放松管制,以市场化[4]为导向的改革,获得了蓬勃发展。

目前,我国形成了三足鼎立而又相互竞争的公司债券制度和市场[5]:一是由国家发展改革委员会负责监管,延续1985年首单债券发行而形成的企业债券市场;二是中国证券监督管理委员会(以下简称"证监会")负

---

[1] See Jonathan Barron Baskin & Paul J. Miranti, Jr., *A History of Corporate Finance*, Cambridge University Press, 1997, p.306.

[2] 参见汪红丽:《中国企业债券融资与公司治理实证研究》,复旦大学2003年博士论文,"2 资本结构与公司治理关系的理论文献回顾",第7—29页。

[3] 这种不合理表现在:(1) 在融资体系中,以银行贷款的间接融资为主,直接融资不发达;(2) 在直接融资中,以股票融资为主,债券融资不发达;(3) 在债券融资中,以国债、金融债为主,公司债不发达。

[4] 市场化是指"使市场在资源配置中起决定性作用",参见《中共中央关于全面深化改革若干重大问题的决定》(2013年11月12日)。

[5] 参见洪艳蓉:《公司债券的多头监管、路径依赖与未来发展框架》,载《证券市场导报》2010年第4期。

责监管,主要以上市公司为试点对象,在证券交易所交易的公司债券市场;三是中国人民银行授权银行间市场交易商协会自律监管,在银行间债券市场交易的非金融企业债务融资工具(以下简称"中期票据")市场。三类债券本质上都是以公司商事信用对外融资的同一类金融工具,投资者能否如期获得本息,取决于公司在债券到期时的清偿能力。限于篇幅,本文拟将三类债券作为一个整体,统称为"公司债券"进行研究。如此,作为调整公司法律关系基本法的《公司法》,以及作为调整证券法律关系基本法的《证券法》,理应成为指导公司发行和交易债券的基本法。[①] 评估《证券法》中关于公司债券发行限额的规定对维护公司信用、保护债券投资者的效用,也就具有了普遍意义。

(二)《证券法》中的公司债券发行限额条款

《证券法》第16条第1、2款规定:公开发行公司债券,应当符合下列条件:"(1) 股份有限公司的净资产不低于人民币3000万元,有限责任公司的净资产不低于人民币6000万元;(2) 累计债券余额不超过公司净资产的40%;(3) 最近3年平均可分配利润足以支付公司债券1年的利息;(4) 筹集的资金投向符合国家产业政策;(5) 债券的利率不超过国务院限定的利率水平;(6) 国务院规定的其他条件。公开发行公司债券募集的资金,必须用于核准的用途,不得用于弥补亏损和非生产性支出。"根据这一规定,在证券公开发行核准制的监管体制下,累计债券余额不超过公司净资产的40%"的发行限额,与其他条件共同构成对公司债券的市场准入限制,成为制约公司过度负债,维护公司信用稳定的监管手段。

但上述发行条件并非都固若金汤,一些条款已被近年来公司债券的市场化改革所突破。例如,由于允许公司债券私募发行,符合条件的中小企业可以向合格投资者发行私募债券[②],摆脱了债券发行主体限制;再如,债券利率在引入发行保荐制之后逐步采用市场询价机制定价,而利率市场化改革进程的加快正在瓦解发债利率限制;在债券市场监管竞争下,银行间市场交易商协会允许中期票据发行人在债券存续期间调整募集资

[①] 参见陆文山:《推动我国债券市场发展的若干问题再认识——兼论资本市场功能的完善》,载《证券市场导报》2010年第4期。

[②] 参见上海证券交易所、深圳证券交易所2012年颁布的《中小企业私募债券业务试点办法》。

金用途,证监会采用较宽松的融资用途核准标准,允许公司将募集资金用于偿还银行借款等,也使得对募集资金投向的限制有所松动。第 16 条中对公司"最近三年平均可分配利润足以支付公司债券一年的利息"的偿债能力要求,因契合公司应当具备清偿能力的经济标准而不易招致非议。因此,当讨论公司债券发行限制条件对公司信用的维护效用时,更多的问题和争议集中在"累计债券余额不超过公司净资产的 40%"的发行限额条款上。

根据证监会《公司债券发行试点办法》及相关行政许可要求,申请公开发行公司债券时,发行人要向证监会提交近三年经审计的财务报告和审计报告,并且其最近一期末经审计的净资产应符合法律、行政法规和证监会的有关规定,也即公司在此次发行后,其累计的公司债券余额不得超过最近一期末净资产额的 40%。[①] 在股东有限责任下,公司净资产构成公司对外承担债务的财产基础。将债券规模限制在公司净资产的一定比率内,可以直观地反映债券投资者投入的资金受股东权益保障的程度,从而制约公司过度举债,减少股东在有限责任保护下向债券投资者转移经营风险的可能性。在这个意义上,公司债券发行限额条款发挥了维护公司信用的作用。

(三) 公司债券发行限额的一脉相承

追溯我国公司债券的法律调整历程,40%发债限额条款或类似条款由来已久,最初与计划经济下国家控制企业债券发行总量的举措相配合使用,调控企业负债水平;在 1998 年国家取消信贷规模控制以及 2005 年国家取消企业债券发行总量限制后,尽管企业对外融资已从计划经济下的配给制向市场经济下的自主供需调节转变,但针对单一融资主体的发债限额作为公开发行债券的条件仍得到保留,并适用至今。

申言之,最早调整企业债券法律关系的 1987 年《企业债券管理暂行条例》,在第 16 条规定"企业发行债券的总面额不得大于该企业的自有资产净值",贯彻了"资债相抵"的资本信用观。此后,1993 年取代《企业债券管理暂行条例》的《企业债券管理条例》在第 16 条对此作了原文保留,成为指导企业债券发行的硬性标准。与此同时,具有更高法律效力的

[①] 《公司债券发行试点办法》第 7 条第 1 款第(6)项。

1993年《公司法》借鉴了这一从发行规模上控制企业过度负债的监管方法,其第161条明文规定,发行公司债券"累计债券总额不超过公司净资产额的40%"。这一规定尽管注意到公司可能并存银行贷款等其他负债,首次将债券发行规模限制在公司净资产额的40%之内,却未考虑到债券会因清偿而不再构成企业债务,"累计债券总额"的提法存在漏洞。在2005年开启的以放松管制为特征,以市场化为目标的《公司法》《证券法》的修改中,有关公司债券发行的章节从《公司法》调整到《证券法》进行规定,虽然明确了法律调整的边界,避免再次出现"一律两法"的现象[①],但从内容来看,除了合理地将"总面额"调整为"累计债券余额"之外,发债规模不超过公司净资产40%的要求得到了坚守。

总之,限制公司债券发行规模的做法,从计划经济时期沿用到市场经济时代,成为目前统辖公司债券公开发行不可逾越的法定条件。这种一成不变的监管沿革,一方面是过去债券市场不受重视,造成立法被边缘化,另一方面是《公司法》《证券法》更多的是调整"股票"而非"证券",导致立法"无暇顾及"。但在近三十年时间里不同经济体制下采用相同的监管方法,更合理的解释是对公司信用的认知和评价始终如一,支撑这种一贯性的,是源于"资债相抵"的公司资本信用观。因此,评判公司债券发行限额的正当与否,需要从公司信用的内涵及其评价上寻求依据。

二、公司债券发行限额的本质与弊端

(一) 业主论指导下的公司资本信用观与发债限额

公司外部融资主要来自股东和债权人,这些资金进入公司之后被转化为各种资产形式,构成公司生产经营的基础。在法律属性上,股东投入的资金构成公司的自有资本,是公司对外承担责任的基础和对债权人的保障;债权人投入的资金构成公司的对外负债,需要在债务到期时由公司还本付息。由于主导公司控制权的股东受到有限责任的保护且享有剩余财产索取权,公司法需要为只享有现金流请求权的债权人提供对抗股东

[①] 许健:《修改工作小组组长许健独家解读证券法》,2005年11月7日,资料来源:http://stock.hexun.com/2005-11-07/100323643.html,2014年8月26日访问。

机会主义的保护,确保债权到期时公司具备债务清偿能力,也即确立并维护公司信用,以吸引债权融资。

在解决股东有限责任与债权人保护的利益冲突这一问题上,"累计债券余额不超过公司净资产的40%"的规定,本质上是用发债之时债券余额与公司净资产的比率衡量公司未来的债务清偿能力,通过限制公司超出其净资产过度负债来保护债权人,"公司成立之初的实收资本,即股东们的实际出资,构成公司的原始资本信用基础;而公司存续期间的净资产,即与实收资本(包括公司成立后股东继续缴纳的资本)比较之盈亏,构成公司实际资本信用能力"①,体现了一种"资债相抵"的资本信用观。一如台湾学者指出的,"在股份有限公司股东有限责任原则下,公司财产为全体债权人之总担保,为避免发生公司资产不足清偿债务,宜对发行公司之举债行为加以限制,使发行公司有稳固之财务基础"。②

"资债相抵"的公司资本信用观,其根源在于业主论(proprietary theory)指导下的公司地位及其资产属性。根据公司法一般理论,股东对作为法人的公司享有所有权,作为法人的公司对公司资产享有所有权;公司法人作为这种"双重的所有关系"的中间项,同时起着人和物的作用:对于本来是物的公司资产而言,是所有关系的主体,起着人的作用;对于本来是人的股东而言,是所有关系的客体,发挥着物的作用。③ 但在业主论看来,公司成为股东投入资本进行运作而形成的一个财产集合,是股东能够共同、方便地从事经营活动的手段,其资产抵偿一切负债之后的余额(净资产)都属于股东,公司更多的是发挥一种承载股东投入的资本并以此为债务提供担保的"物"的作用。只要自始至终维护股东投入并沉淀于公司的资本的充足和稳定,并使债务不超过这个净资产总额,就能使公司保持良好的信用评价,保护公司债权人。由此,公司资本被赋予保护债权人的重要功能,并发展出法定最低资本制、资本确定、资本维持、资本不变三原则和债权优于股权受偿、资不抵债的清算规则等相关制度。回看发债限额,《证券法》使用"净资产"作为公司信用衡量基准,这一直接来自会计准

---

① 朱慈蕴:《公司资本理念与债权人利益保护》,载《政法论坛(中国政法大学学报)》2005年5月第23卷第3期。
② 柯芳枝:《公司法论(下)》,台湾三民书局2004年版,第391页。
③ 参见神田秀树:《公司法的理念》,朱大明译,法律出版社2013年版,第6—7页。

则的术语①代表着"所有者权益＝资产－负债"的会计等式,体现了业主论思维下以公司发债这一特定时点的清算价值(净资产)为债权人提供债务履行担保的制度逻辑。

如果资债相抵是公司信用的边界,那么如何解释我国独有的40%发债上限？有学者认为这是晚近以来受公司稳健财务结构影响而确立的公司负债合理水平,也有学者认为这是根据公司资产在破产时通常只有不超过四成的变现率而确定的比率。②在笔者看来,40%发债上限的规定配合债券利率限制③等政策的综合运用,还起到了限制公司债券融资优势,确保银行融资主导地位的作用,以便国家通过控制信贷资源调控宏观经济。申言之,如果公司能够以全部净资产对外举债,那么最多只能发行不超过其净资产额40%的债券,剩余60%资金可能由银行供给。考虑到债券融资更复杂的操作带来的成本,以及与银行贷款利率相比无明显优势的债券利率水平,即使公司的信用再良好,也会优选银行融资。这种确保银行融资地位的政策目标或许是造成我国独有40%发债上限的根本原因。

(二) 发债限额背后的监管理念与政府作用

公司债券发行限额产生于我国计划经济时代,并沿用至市场经济时期;从海外市场来看,日本曾设有严格的公司债券发行规模限制,我国台湾地区至今仍保留着对公司债券发行规模的限制。④如下文所要阐述的,发债限制可能在计划经济下得到强化,但未必是计划经济的特产。更

---

① "由于我国是实行立法会计制的国家,会计术语直接反映在国务院或财政部制定的会计法规中,在一定意义上变成了法律词汇。因此,我国《公司法》在规范所有者权益的构成项目时,大部分情况下都是直接使用相关的会计术语,如净资产、资本公积金等。因此,二者之间的差异不太显著。"参见刘燕:《会计法》(第2版),北京大学出版社2009年版,第296页。

② 在2012年10月27日召开的清华大学第12届商法论坛上,针对笔者的发言与问题,北京大学法学院的刘燕教授和中国政法大学的管晓峰教授分别提供了上述两种解释。笔者目前尚未找到相关文献中的解释。

③ 从1987年《企业债券管理暂行条例》第18条规定的"不得高于同期居民储蓄定期存款利率的40%",再到1993年《企业债券管理条例》的原规定保留,最后到1993年《公司法》第161条、2005年《证券法》第16条规定的"债券的利率不(得)超过国务院限定的利率水平"。

④ 参见廖大颖:《公司债法理之研究:论公司债制度之基础思维与调整》,台湾正典出版文化有限公司2003年版,第37、111页;我国台湾地区2013年1月30日最新修订的"公司法"第247条规定:"公司债之总额,不得逾公司现有全部资产减去全部负债及无形资产后之余额。无担保公司债之总额,不得逾前项余额二分之一。"

理性的解释是,市场发展的不同阶段决定了由政府还是市场来解决债券融资中的信息不对称和风险规避问题。

作为一种直接融资,债券能否成功发行取决于发债公司与投资者之间如何建立信任。由于无权参与公司经营管理,债券投资者只有在能够获取公司有效信息并确信公司具备还本付息能力的情况下才会作出投资决策。一旦公司财务制度及信息披露制度不完善,社会信用体系不健全,成熟投资者群体远未成型,那么"为了维持正常的市场交易秩序(信任),如果企业或个人不讲信誉,基于信誉的信任就不存在,市场要运行的话,就只能依靠管制的信任"。[①] 在债券发展史上,债券品种经历了从政府债券向公司债券,从担保债券到信用债券再到垃圾债券的发展轨迹,其实蕴含着债务融资最早依靠政府、财产提供信息与信用,再到市场自我信息供给和信用建构的过程。

在债券市场培育初期,政府优位的监管理念决定了政府的主导作用,作为投资者公共利益的代言人,政府需要选择"有效"的公司信用维护手段。相比其他监管方法,发债限额以净资产作为公司信用本身,以负债占净资产的比率作为评价公司信用的指标,容易理解也便于监管操作。将发债限额作为债券发行条件规定于《证券法》中,可以直观地呈现给投资者简单明了的公司负债信息,再通过政府监管的实质审查替代市场判断,构建所谓的公司"安全"信用,达到赢取投资者信心和保护投资者的目的。

在中国语境下,发债限额除了作为一种信用监管手段,更被政府用来确保银行融资的主导地位和维护债券市场的稳定。在计划经济时期,由于国家把债券融资作为筹集社会闲散资金以支持基础设施和重大项目建设的工具,企业没有自主发债权,发债与企业信用脱钩,限制发债规模成为调控固定资产投资和制约银行存款流失的措施。与此同时,个人长期以来是我国债券市场的投资主体,在 20 世纪 90 年代中期曾发生过大量企业滥举债陷入偿付危机,国家为维护社会稳定最终动用财政资金兜底的状况,由此导致更严格地执行发债限额并强制企业发债时提供担保以

[①] 张维迎:《信息、信任与法律》,生活·读书·新知三联书店 2003 年版,第 17—18 页。

强化债务的自我清偿。[1] 在债券市场化改革趋势下,虽然取消了债券总体规模限制并开始承认企业的自主发债权,但随着担保要求被突破[2],信用债成为主流且债券市场规模日益扩大,"积极稳妥化解风险隐患,守住不发生系统性、区域性金融风险底线"成为政府介入资本市场的主要目标。[3] 在监管的路径依赖下,政府沿用发债限额这一简便直观的控制公司信用透支的监管方式,却没有注意到随着债券市场的发展,企业信用约束条件的改善和投资者机构化趋势的形成对监管基础的冲击。

(三)发债限额保护债券投资者功能的空洞化

限于篇幅,本文对发债限额制约债券市场发展和延缓利率市场化改革等宏观层面的负作用,以及其因漠视公司差异性并牺牲公司融资自主权对融资主体产生的不良影响从简处理,主要分析发债限额作为一种信用监管手段,在保护债券投资者上的效用。

如上所述,发债限额建立在资债相抵的公司资本信用观上,以发债之时的公司净资产衡量债券到期时公司的清偿能力。根据"所有者权益=资产-负债"的会计等式,"资产""负债""所有者权益"(净资产)是对资金存在状态的静止反映,"它揭示了企业在一个特定时点上占用的资源与承担的债务"[4],这种"以静制动"的信用衡量方法,在笔者看来不能真实反映公司偿债时的信用状况,其保护债券投资者的功能容易趋于空洞化并诱发道德风险。

从资产的角度看。公司通过外部途径融通的资金投入生产经营之后,转化为形态各异的资产。在公司持续经营中,难以保证这些资产不受市场变化影响仍保持期初价值或其价值不发生激烈波动,同时也难以遏制股东利用各种方式从公司转移或置换资产。理论上公司以净资产作为偿债基础,实际操作时却需要变现净资产所代表的资产才能偿债。但许多资产只有在正常经营的企业中使用才有价值,或者因其专用性需要配

---

[1] 参见安义宽:《中国公司债券:功能分析与市场发展》,中国财政经济出版社2006年版,第216—217页。

[2] 2006年5月,中国长江三峡工程开发总公司发行第一只真正意义上的无担保债券,公司发债的强制性担保被取消。

[3] 参见《金融业发展和改革"十二五"规划》第七章"强化监管 维护金融稳定和安全"。

[4] 刘燕:《会计法》(第2版),北京大学出版社2009年版,第93页。

套资产或在特定环境下才能产生价值,因此可能存在高价值的账面资产难以变现或在变现中大打折扣,导致清偿能力急剧下降的情形。

从负债的角度看。公司作为一个经营实体,其债务可能是多元且持续的。发债限额只考虑公司发债之时已存续的债券余额,无法遏制公司此后直至债券到期时新增负债。同时,发债限额只统计了债券债务,未涵盖公司可能的银行贷款或向信托公司等金融机构举借的债务;而由于债券市场的监管竞争和债券法制的不统一,公司在银行间债券市场发行的短期融资券、中期票据等债券并未统计在内,"累计债券余额"反映的可能只是公司债务的"冰山一角"。另外,即使公司不再主动负债,也可能因产品责任、环境侵权等因素造成非自愿负债,这类债务数额难以预先估算,有时需要耗费公司大量资金,甚至超出公司的支付能力。

从净资产的角度看。许多大陆法系国家在公司法发展初期,"由于资本被设定为担保功能,因此较低的公司资本意味着其偿债能力相对不高……公司拥有的自有资本比例越高,这个公司的安全度和信用度就越高"[①],为此采用法定资本制(及修正的折中资本制)并执行资本维持三原则,建立以资本为信的公司信用观。正如韩国学者所指出的,"公司的对外信用的基础是意味着实质性清偿能力的净财产。但是,在判断公司的信用程度时,资本起不次于净财产的重要的作用……对外来说,净资产并非经常公示,因此资本额成为衡量公司信用及活动能力的尺度"[②]。股东投入的资本虽然构成净资产的主要来源,但如果公司持续亏损或者出现巨额亏损,必然侵蚀资本,导致净资产变为负值,仰赖注册资本作为公司承担责任的最后一道防线并不牢靠。晚近以来,以资本为信被质疑为保护债权人的伪命题[③],法定资本制更被认为对保护债权人并无显著效果,"经济发达世界中的许多其他国家已经抛弃了这些规则,转而采取一套结

[①] 仇京荣:《公司资本制度中股东与债权人利益平衡问题研究》,中信出版社 2008 年版,第 65—66 页。
[②] 李哲松:《韩国公司法》,吴日焕译,中国政法大学出版社 2000 年版,第 546 页。
[③] 参见傅穹:《重思公司资本制原理》,法律出版社 2004 年版,第三章第一节"公司资本信用悖论",第 81—90 页。

构更为开放的,以偿债能力为基础的标准"。[①] 我国在2013年底修改公司法,彻底废除法定资本制,实行尊重公司自治的授权资本制[②],可以说是从法律上瓦解了依靠法定资本保护债权人的信用基础。"公司资本制度的缓和在适应现代企业融资的同时,也有利于重新架构新型的债权人利益保护的制度,并约束债权人怠于采取自我保护措施的行为"[③],债权人需要重新寻找确信公司具备清偿能力的根据。

从监管的角度看。由于采用政府实质审查发债条件,预判和控制公司信用的方式,容易诱发市场主体的道德风险。发行人可能在发债时点通过监管套利、创新融资工具规避[④]或财务造假满足"累计债券余额不超过净资产40%"的要求,而不必担忧发债之后的公司信用核查问题,但事实上公司并不具备未来的债务清偿能力。而投资者基于实质审查下政府信用的隐性担保,确信公司高额"净资产"保护下的清偿能力,而放松对债券信用风险的审查或者盲目买入更多高风险高收益债券,埋下市场不稳定的风险隐患。

三、市场化条件下公司信用的诠释与监管重构

(一) 公司信用的内涵与新的衡量方法

1. 基于公司持续经营的债券投资者保护

公司外部融资根据融资人享有的是对公司的控制权或现金流请求权而区分为股权融资与债权融资,并对应股东和债权人两类投资者身份。作为授予掌握公司控制权的股东有限责任的交换条件,公司法必须保护只享有现金流请求权的债权人,才能取得利益平衡。换言之,保护债权人

---

① G. Hertig and H. Kanda, "'Creditor Protection' in RR Kraakman", P. Davies, H. Hansman, G. Hertig, KJ. Hopt, H. Kanda, and EB Rock, *The Anatomy of Corporate Law: A Comparative and Funetional Approach* (OUP, 2004)ch4. 转引自艾利斯·费伦:《公司金融法律原理》,罗培新译,北京大学出版社2012版,第180页。
② 参见2013年12月28日全国人大常务委员会对修改《中华人民共和国公司法》的决定。
③ 朱慈蕴:《公司资本理念与债权人利益保护》,载《政法论坛(中国政法大学学报)》2005年5月第23卷第3期,第131—132页。
④ 例如,利用三足鼎立的债券监管格局,在银行间债券市场发行大量中期票据,但又不记入《证券法》上的"累计债券余额";再如,创设没有偿还期限的"永续债",产生公司虽然举债但无需纳入负债统计的效果。

的理由在于其不能参与公司经营管理,难以对抗股东在有限责任保护下的机会主义行为。因此,在考虑是否需要保护债权人时,需要考察其是否拥有公司的控制权,否则将丧失权益保护的正当性。

如上所述,发债限额以净资产为公司信用基础,为核查公司负债是否超标,需要公司提供发债时点经审计的资产负债表。"为计量净值的变化而对资产和负债进行清算是业主权学说的预兆"①,这种做法无异于对公司进行了一次清算,是以公司清算之后的价值,也即净资产来保护公司债权人。然而,"就控制之观点而言,基本上公司之经营管理控制权,由股东以资本多数决方式决定之,而于公司破产时,控制由股东转移至债权人"。② 债权人由于在公司破产之时掌握对公司事务与资产的控制权,丧失了受到专门保护的正当性,此时破产法的主要功能是保证全体债权人公平受偿③,而不再是像公司法那样保护在公司持续经营时处于弱势的债权人。

如果以此衡量,发债限额以公司清算基础上的净资产为债权人提供专门保护,在制度逻辑上是自相矛盾的。为此,必须基于公司持续经营的假设考察和评价公司信用,此时公司法才具备保护只享有现金流请求权的债权人的正当性。否则,一旦公司陷入破产,不仅公司已丧失信用再无评价之必要,债权人必须承受公司失信风险,而且控制权发生反转,债权人可以运用所掌握的控制权从公司破产财产中获得优先于股东的受偿,无需再进行专门保护。

2. 企业主体论指导下的公司资产信用观及其衡量方法

根据企业主体论(entity theory),公司作为"法律上的人"的地位得到肯定和尊重,不仅仅是相对于股东的"物"。申言之,公司是具有独立意志与持续经营活动的市场主体,对股东投入公司的资本和运营产生的利润享有法人所有权,自主经营、自负盈亏,不是单纯装载股东所投入资本的财产集合。股东与债权人作为提供公司融资来源的两大主体,同样要承受公司经营过程中信用的变化,需要从公司动态的资金运动中主张各自

---

① 迈克尔·查特菲尔德:《会计思想史》,文硕、董晓柏等译,中国商业出版社1989年版,第343页。
② 黄铭杰:《公司治理与企业金融法制之挑战与兴革》,台湾元照出版社2006年版,第147页。
③ 安建主编:《中华人民共和国企业破产法释义》,法律出版社2006年版,第3页。

的权益。如果公司经营良好,现金流充沛,债权人可以如期收回债券本息;如果公司经营亏损,耗尽股东投入的资本,债权人到时只能承受债券违约的损失;股东只有股利分配的期待权,除非公司进入清算并有结余,否则不能主张对公司净资产的权利。二者都无法在向公司投资之时预设投资回报或者确保放贷本息的安全回归。

将公司看作是一个自主的持续经营的市场主体,公司的信用将在此基础上建立,与其商事活动密不可分,并随着市场环境的变化而波动。一个公司在不同发展阶段,其信用可能不同;同一行业内竞争力有差异的公司,其信用也会分化;不同行业的公司,信用更是千差万别。如此,很难预设通用的、数量化的公司信用衡量指标,否则要么是制约了公司运用财务杠杆的能力和权利,要么是放任了公司滥用举债权并滋生财务造假。公司动态经营状态下的信用"含金量",取决于公司未来的盈利能力,也即公司拥有的各类"资产"①综合作用下能够创造的现金流,体现的是一种基于盈利能力的公司资产信用观。正像美国 Manning 教授深刻指出的,"企业债务最终并非源于资产负债表上的资产,而是源于现金。这往往意味着经营利润。担保权益、抵押、清算优先权等等,不过是灾难性补救——就像紧急出口"。②

以公司在持续经营中创造的现金流为公司信用,那么衡量公司信用的手段将从对净资产的计量转移到对现金流的分析上。经济全球化可能使投融资双方相距甚远,分析公司信用将变得更加困难,但一个达成共识的趋势是"分析重点的转变:从资产负债表转向现金流……现金流分析是一个强有力的工具。它之所以是强有力的,因为它几乎总是能够揭示出一个公司存亡的关键机制"。③ 由此,公司的现金流量表取代资产负债表的地位,成为第一财务报表。更进一步的,不同于以累计债券余额与净资产的比率来衡量公司未来的清偿能力,现代"标准的证券分析技术用债务保障比率(息税前利润/利息费用)来衡量公司偿还债务本息的能力,这个比率越大,偿债能力越强。债务保障比率指标受到欢迎,是因为它用动态

---

① 这里的资产应做广义解,包括管理经验、人力资本、品牌、销售渠道等各种未必可具体计量或列入资产负债表的资产。
② 转引自傅穹:《重思公司资本制原理》,法律出版社 2004 年版,第 88 页。
③ 约翰·B.考埃特、爱德华·I.爱特曼、保罗·纳拉亚南:《演进着的信用风险管理——金融领域面临的巨大挑战》,石晓军、张振霞译,机械工业出版社 2001 年版,第 114~115 页。

的现金流充做偿付债务本息的手段,而不是用一个时点上的资产,因而更具有科学性"。① 当然,债务保障比率只反映了公司偿付短期债务的能力,并非完美无缺的公司信用衡量手段。回到公司现金流产生的本源,"真正应当关注的是用以评估业绩和证实公司价值的盈利性比率"。② 尽管这些衡量公司信用的手段不尽相同,但共同的特征却是紧随公司的经营状况,"以动制动"诠释公司信用的真谛。

在以公司持续经营产生的现金流作为公司信用的情况下,有必要澄清资不抵债与丧失清偿能力之间的关系。正如上述,公司拥有账面价值很高的资产,不一定意味着信用有保障,债务的清偿有赖于资产的可变现性和变现率;高负债率的公司即使拥有的只是"轻资产"而非传统意义上的"重资产"③,只要商业模式具有竞争力,经营良好能够产生可观的现金流,也是很有市场信用的公司,例如许多高负债高增长型的科技公司和互联网公司。因而,当出现资不抵债时,不是直接将公司推向破产,而是要评估公司的可持续经营性。一旦公司被认为能够通过未来的经营产生现金流偿还债务或者通过筹资等途径还债,度过流动性危机,就不宜被认为丧失了清偿能力。这正是我国现行《企业破产法》第2条同时采用"资不抵债"标准和"明显缺乏清偿能力"标准作为破产原因的理由。④

注意到公司债务清偿能力高低与净资产多寡的背离,一些原先实行严格的公司债券发行限额的国家/地区要么废除这一规定,要么适度松绑发债限额。前者如日本,其《商法典》第297条第1款曾规定"公司债不得超过最近资产负债表上公司现存净资产额而募集"⑤,这一内容于1993年修法时被完全废除,公司得以自主发债。后者如我国台湾地区,其"公司法"最早在第237条规定"公司债之总额。不得逾公司现有全部资产减

---

① 杨如彦、魏刚、刘孝红、孟辉:《可转换债券及其绩效评价》,中国人民大学出版社2002年版,第205页。

② 布莱·甘吉林、约翰·比拉尔代洛:《公司信用分析基础》,魏巍、许勤译,上海财经大学出版2007年版,第68页。

③ 从企业拥有的资源角度看,轻资产指企业品牌、管理经验、客户关系、人力资本、研发能力、渠道控制等可变资本或无形资产;重资产指机器设备、厂房、原材料等有形资产。从经营管理角度看,轻资产公司是能摆脱对重资产的依赖,高效运用企业资源来获得发展的公司,所体现的是一种充分挖掘公司拥有的所有生产要素潜能和作用的商业模式和经营理念。

④ 参见《最高人民法院关于适用〈中华人民共和国企业破产法〉若干问题的规定(一)》(2011年9月)第1—4条。

⑤ 王书江、殷建平译:《日本商法》,煤炭工业出版社1994年版,第79页。

去全部负债后之净额";1966年修改"公司法"时,改为"公司债之总额,不得逾公司现有全部资产减去全部负债及无形资产后之余额。无担保公司债之总额,不得逾前项余额二分之一"并调整为第247条,2013年1月30日最新修订的"公司法"继续保留该条内容。可见,台湾地区的"公司法"虽然注意到担保对公司信用风险的分流作用,但仍固守净资产信用观。然而,2000年修订"证券交易法"时,新增第28—4条,规定"已依本法发行股票之公司,募集与发行有担保公司债、转换公司债或附认股权公司债,其发行总额,除经主管机关征询目的事业中央主管机关同意者外,不得逾全部资产减去全部负债余额之百分之二百,不受"公司法"第247条规定之限制",开始注意到受到更多监管的公募公司优于普通公司的经营能力足以更好地保护债权人,因此允许其在净资产两倍范围内举债,2013年6月5日最新修订的"证券交易法"继续保留该条内容。除了从公司角度防范信用风险,法律制定者尝试从投资者角度提升他们分析公司信用和应对风险的能力,以便在更开放的市场条件下建立有竞争力的债券制度。2001年修订"证券交易法"时,法律制定者增补了第43—6条并沿用至今,该条规定"普通公司债之私募,其发行总额,除经主管机关征询目的事业中央主管机关同意者外,不得逾全部资产减去全部负债余额之百分之四百,不受"公司法"第247条规定之限制",充分考虑私募债投资者通常具有更高的风险识别、衡量和承担能力的特点,允许公司大幅度提升私募债券发行额。台湾地区"立法"的上述演进,尽管还保留发债限额的监管思路,但已突破了传统资债相抵的资本信用观,开创了根据公司债券有无担保、公募私募发行与否等多途径衡量公司信用的方法,事实上承认了公司信用根植于资产盈利能力的道理。

(二) 债券市场发展的基石:当事人自己责任

承认公司是以未来经营创造的现金流来履行对投资者还本付息的承诺,那么建立这种直接信用关系,无法由政府预判或事先划定统一的标准,而是需要投融资双方自主决定达成共识,并对基于自己意思表示的行为负责,承担决策后果。也即一个正常的可持续发展的债券市场,应当建立在当事人自己责任之上。

对作为融资方的公司而言,当事人自己责任的要义是赋予公司自主发债权。由于公司最了解自身经营状况并掌握未来的经营规划,是否发债、何时发债、发多少债、设定怎样的债券条款,都应由公司自行决定。"依据证券设计研究之主张,公司融资并非一条直线上的负债或权益之选择关系,而系以现金流量与控制为轴所构成的坐标关系;融资方式并没有固定形态,而系于效率最大化目标下,设计出符合特定状况的证券或融资契约"①,公司应当成为自身最佳财务结构的规划者和责任担当者,其享有自主发债权是债券市场化的应有之意。

在新兴市场国家,政府对发行债券的严格管制和过分干预严重制约了债券市场的发展,导致新兴国家债券市值占 GDP 的比率远远低于实行市场化的发达国家的这一比率②,阻碍了债券市场充分发挥促进经济发展的功能。反观国内,计划经济下严格的发债限额使债券从属于银行贷款,金融系统性风险仍然滞留银行体系;而脱离企业信用的发债规模分配在政府信用的过度保护下,反而滋生企业的赖账机制,制约了债券市场的良性发展。③ 由于漠视公司信用与举债自主权之间必然的责任联系,国内债券市场一度陷入停顿且困难重重。为此,恢复公司自主发债权应成为监管者推动公司债券市场化改革的逻辑起点,正如证监会在阐述《公司债券发行试点办法》的监管思想时指出的,"放松行政管制,建立以发债主体的信用责任机制为核心的公司债券市场体系"。④

对提供资金的投资者而言,当事人自己责任的要义是落实投资者的"买者自负"(Caveat emptor)。"中国法律目前的思路是通过行政审核方式来过滤投资风险,偏重行政保护。这种保护方式不可靠之处在于——行政机关的审核人员无论是在智力还是体力上,都不可能超越市场力量,而其责任心又必然低于利益直接相关的市场参与者"⑤,只有投资者才是自身利益和风险承担能力的最佳判断者。"以何种价格?以何时?买卖何种有价证券?基本上皆系投资人自己作成之投资判断。对于因自己之

---

① 黄铭杰:《公司治理与企业金融法制之挑战与兴革》,台湾元照出版社 2006 年版,第 147—148 页。
② The World Bank & International Monetary Fund,*Developing Government Bond Markets*, *an Handbook*, World Bank Publications, 2001, p.366.
③ 参见吴腾华:《新兴债券市场发展》,社会科学文献出版社 2005 年版,第 212—213 页。
④ 中国证监会:《〈公司债券发行试点办法〉颁布实施》,2007 年 8 月 14 日,资料来源:中国证监会网站 http://www.csrc.gov.cn/pub/newsite/zjhxwfb/xwdd/200708/t20070814_68516.html,2014 年 9 月 5 日访问。
⑤ 蒋大兴:《被忽略的债券制度史——中国(公司)债券市场的法律瓶颈》,载《河南财政政法大学学报》2012 年第 4 期。

判断所造成之盈亏,投资人理应自负其责任,政府无须也不应在证券市场上担任保险公司之角色。"①

当然,投资者"买者自负"需要以投资者具备相应的风险识别和承担能力为前提,如此才能真正使投资者对自己意思而为的投资结果负责,否则投资泛大众化带来的是风险承担的法不责众,政府出于市场发展和社会维稳目的考虑只能最后兜底。公司债券作为一种固定收益类金融工具,收益相对稳定且安全度较高,是金融资产配置的必要组成部分,但其收益较低,需要通过大额交易取得规模效应,扣除交易成本获利。而且,公司以自身信用举债,不同公司之间信用差异很大,债券条件各不相同,交易机制灵活多变,债券到期收益易受国家宏观调控、市场环境和利率变化等多种因素影响,这些属性决定债券投资更适合具有较强市场分析能力和风险承担能力,拥有大量资金的机构投资者。② 从海外经验来看,20世纪70年代机构投资者发展起来之后,债券市场以共同基金、养老基金和保险公司等机构投资者为主体的特征越来越明显,"在英、美、日三国债券市场中,机构投资者持有债券的绝大部分,个人投资者(大多是富有的个人或家庭)持有债券存量不超过债券总存量的5%"③,其他普通投资者主要通过参加机构投资者管理的基金或理财产品间接持有债券,分享债券市场成长收益。我国"在计划经济的思维主线和不完善的市场环境主线下,错误地将公司债券市场定位于个人和中小投资者的投资者定位错误是导致我国公司债券市场一系列失误的最重要的逻辑根源,也是造成目前公司债券市场发展严重滞后的主要原因"。④ 因此,不宜只满足投资者作为"经济人"的诉求,使之像存款那样投资债券,而应强调投资者的"理性人"责任,设立必要的债券投资准入。这种从债券发行准入到投资准入的监管思维转变,在为公司松绑发债约束的同时,可以更好地让投资者自负其责,并构成维护公司与债券投资者之间信用关系的最强有力的市场硬约束。

---

① 林国权:《证券交易法研究》,中国政法大学出版社2002年版,第23页。
② 洪艳蓉:《公司债券制度的实然与应然——兼谈〈证券法〉的修改》,载张育军、徐明主编:《证券法苑》(第五卷),法律出版社2011年版,第777页。
③ 冯光华:《中国债券市场发展问题研究》,中国金融出版社2008年版,第49页。
④ 同上注,第198页;参见周小川:《在2005年10月20日中国债券市场发展高峰会上的讲话——吸取教训,以利再战》,资料来源:中国人民银行网站,http://www.pbc.gov.cn/publish/hanglingdao/2950/1151/11519/11519_.html,2014年9月5日访问。

(三) 市场约束与政府监管的协调

在当事人自己责任基础上建立债券市场,意味着由市场主导处理债券信用关系中投资者的信息不对称和风险规避问题,政府退出替代投资者预判公司信用和兜底风险的角色。"随着企业和个人信誉的提高,对管制的需求就相应减少;当信誉高过一定点后,管制就不再必要,市场可以自行正常运转。"[1]

由于以公司未来经营产生的现金流作为公司信用,投资者在这种动态的信用评估中取代没有比较优势的政府成为主导者,但面对多样化的公司及其业务经营,投资者该如何解决获取信息和评估风险的问题?公司债券发展史揭示,"在有关企业绩效或企业经营状况的信息来源非常有限的年代,分红,或者可理解为暗示将发布分红公告的事件,似乎都成了重要的反映企业盈利能力和偿付能力的客观线索"[2],信息匮乏的投资者在很长时间内依赖分红作为获取公司信息的重要途径;而规避风险的诉求,促进了公司信用与国家信用的联合,那些具有准公有性质、天然垄断的行业或者享有某项垄断权的公司发行的债券最受投资者青睐。然而,这种完全依靠投资者个体力量解决问题的方式效率并不高,也遏制了公司债券总体规模的有效增长。"降低风险与提高信任需要有比较充分的信息分享机制,如果交易者相互之间缺乏建立信用关系的基本信息,显然无法在信任的基础上达成交易"[3],现代财务会计制度的规范化和普及解决了衡量公司信用的方法和标准问题,但专业而复杂的会计报表可能使投资者在摆脱信息匮乏之后陷入信息噪音的困扰,发债公司能否严格执行财会制度并真实、准确、完整而及时地对外披露,也会关系信息不对称的解决效果。

在市场化条件下,享有自主发债权的公司可能更容易滋生机会主义行为。尽管投资者可以采取自助措施,但一方面"公司债具有整体债务性,债券契约中的条款对所有债券持有人都有效,债券投资者往往并无法

---

[1] 张维迎:《信息、信任与法律》,生活·读书·新知三联书店 2003 年版,第 18 页。
[2] Jonathan Barron Baskin & Paul J. Miranti, Jr., *A History of Corporate Finance*, Cambridge University Press, 1997, p.87.
[3] 王坤:《财产、契约与企业——商事信用形成的法理分析》,法律出版社 2012 年版,第 161 页。

与发债公司个别协商公司债券契约内容,而只能附从合同约定"[①],未必事先能获得有利的债券条件;另一方面投资者人数众多且分散各地的特点加剧了集体行动的困难,可能延误制衡公司机会主义行为的时机。而且,投资者的有限理性与行动上的"羊群效应",容易造成非常情况下债券价格巨幅波动和引发系统性风险,这是滞后的市场优胜劣汰作用无法应对的。

市场可以主导投融资双方信用关系的建立,却未能解决所有问题。"政府管制是一种制度安排。基于这种制度安排的信任和基于企业信誉的信任之间存在着一定的相互关系,这种关系可能是替代的,也可能是互补的"。[②] 在市场化条件下,政府不应也无需再替投融资双方做主,却可以给予必要的辅助,"由于公司形式锁定了担保所有公司合同履行所需的总资产,公司所有的缔约方都会从债权人保护措施中获益"。[③] 市场自治主导的监管思维和当事人自己责任的基石限定了政府干预的合理边界,起互补作用的政府监管行动,应致力于帮助投资者提高市场信息透明度和信息处理的有效性、惩戒公司机会主义行为、提升投资者自助行动的效率、拓展信用风险规避途径,以及维护市场公平秩序等方面。这些由政府建立并维护的市场化配套机制包括但不限于:引入债券发行保荐制,由投资银行作为资本市场"看门人"(gatekeeper),帮助投资者核实公司信息,督导公司建立规范的法人治理制度并依法履行信息披露义务;引入强制性债券信息披露制度,使投资者可以及时获得影响债券价格的重大信息;引入债券评级制度,借助评级机构的专业能力帮助投资者收集公司信息并评估信用风险;引入债券信用增信和风险对冲机制,为投资者提供分流或者转移投资风险的多元化途径;引入有组织的债券投资者集体行动机制,例如设立债券受托管理人制度和债券持有人会议制度,帮助投资者提高监督公司和处置风险的效率;强化证券市场执法,制裁并威慑公司的机会主义行为,构建市场中介的诚信档案并规范其营业活动,避免利益冲突,维护债券市场的公平竞争和有序运作,等等。

[①] 林国全:《公司债之整体债务性》,载《月旦法学杂志》2001 年 7 月第 74 期。
[②] 张维迎:《信息、信任与法律》,生活·读书·新知三联书店 2003 年版,第 17 页。
[③] 莱纳·克拉克曼、保罗·戴维斯、亨利·汉斯曼、杰拉德·赫蒂格、克劳斯·霍普特、神田秀树、爱德华·洛克:《公司法剖析:比较与功能的视角》,刘俊海、徐海燕等译,北京大学出版社 2007 年版,第 83 页。

四、代结论:公司债券发行限额的废除与《证券法》的修改

在公司法上,股东掌握经营控制权与债权人只享有现金流请求权的权利分野,决定了同为公司资金提供方的股东与债权人之间必然的利益冲突。由于公司形式锁定了履行所有公司合同的资产范围,作为赋予股东有限责任的交换条件,公司法必须建立一套维护公司信用的有效方法,以保护债权人免受股东机会主义行为的侵害。这种股东与债权人的权利失衡在公司破产时因控制权转移至债权人而被打破,因此只有在假设公司持续经营的情况下,才有必要讨论公司法维护公司信用为债权人提供保护的问题,并获得正当性支持。

在世界范围内,不少新兴市场国家采用类似我国《证券法》第16条的"累计债券余额不超过公司净资产40%"的发债限额条款预防公司过度负债。这种源于资债相抵的资本信用观,以发债之时的净资产作为公司信用,是业主论指导下物化公司人格,把资本视为公司债务担保的必然结果。由于从财产法角度静态地衡量公司信用,不能实时地反映公司作为一个独立的、持续经营的市场主体商事信用的变化,发债限额条款落空了对债券投资者的有效保护。政府采用便于操作的发债限额条款,虽然反映了在市场发展初期,借助政府信用帮助公司建立与债权人之间信任关系的必要性,但这种监管方法实质上是政府替代投资者预判公司信用并隐含政府信用的风险兜底,不可避免地会诱发投融资双方的道德风险,也会阻碍债券市场未来的健康发展。

相反地,许多发达国家早已放开了债券发行规模限制,赋予公司自主发债权,以便其权衡生产经营需要和融资成本规划最佳财务结构,提升市场资源的运用效率。在企业主体论看来,公司是具有独立意志与持续经营活动的市场主体,不仅仅是股东眼中的"物",更是相对于公司资产的"人",自主经营,自负其责。与公司的持续经营活动相一致,公司信用呈现动态性,取决于公司所拥有的资产在综合作用下在未来创造的现金流,体现的是一种基于公司盈利能力的资产信用观。因此,不同于业主论下采用累计债券余额与净资产的比率衡量公司信用的做法,企业主体论下采用营业现金流分析来评估公司的清偿能力,"以动制动"实时诠释公司信用。作为自身利益的最佳判断者,投资者取代在这种动态信用风险评

估中没有优势的政府,成为与公司的信用关系中解决信息不对称和风险规避问题的主导者,并对基于自己意思表示的行为后果负责。在市场化条件下,赋予公司自主发债权与要求投资者自负其责,构成了债券市场可持续发展的基石,但这不意味着政府将无用武之地,对于维护公司与债权人之间信用关系的平衡,政府的作用可以是互补性、辅助性的。

反观我国《证券法》第 16 条关于"累计债券余额不超过公司净资产 40%"的规定,这一从计划经济时代承继至今的监管手段,不仅因为目前债券市场的监管竞争在某种程度上已被突破,更因为落后的监管理念和僵化的衡量标准,已难以准确揭示公司信用,保护债权人。因此,在我国公司债券市场化改革已成趋势和市场条件逐步完善的时代背景下[1],理性的做法不是保留,而是废除"累计债券余额不超过公司净资产 40%"的管制规定,通过引入债券发行注册制赋予公司自主发债权,建立以发债公司的信用责任为核心的市场约束机制,打破投资者对政府预判信用和兜底风险的预期,真正落实投资者买者自负责任。当然,在强调基于当事人自己责任发展债券市场的同时,需要政府转变监管职能。目前在监管机构部门规章层面,虽然设置了债券发行保荐、信息披露、信用评级、债券受托管理人和债券持有人大会等制度,但这些规定的效力层级过低,也存在诸多不完善之处:要么依附股票的规定而没有针对债券的特点,例如债券信息披露制度;要么存在利益冲突难以有效保护投资者,例如证券公司同时充任保荐人、承销人和受托管理人;要么过于原则无法操作,例如债券违法违规行为的惩处等。因此,在《证券法》废除公司债券发行限额规定的同时,有必要同时在《证券法》中增加规定保护债券投资人的具体制度和惩处公司背信行为的责任条款。[2] 限于篇幅,本文只提出了废除公司发行限额条款之后的市场化约束机制和政府监管的建设路径,对其中可能涉及的各项具体制度的完善,留待日后进一步撰文探讨。

---

[1] 我国债券市场经过 30 多年发展,在法律制度、市场结构和市场运行机制等方面已发生重大变化,初步建立了市场化的框架体系。可参见沈炳熙、曹媛媛:《中国债券市场:30 年改革与发展》,北京大学出版社 2010 年版;时文朝主编:《中国债券市场:发展与创新》,中国金融出版社 2011 年版。

[2] 2014 年 12 月 5 日,证监会发布《关于就〈公司债券发行与交易管理办法(征求意见稿)〉公开征求意见的通知》,对《公司债券发行试点办法》进行修订,其中涉及取消发债限额、允许债券非公开发行、建立投资者适当性制度、加强信息披露和强化债券持有人权益保护等多项改革,可谓先行一步。参见证监会网站公告,资料来源:http://www.csrc.gov.cn/pub/zjhpublic/zjh/201412/t20141205_264785.htm,2014 年 12 月 5 日访问。

选择制度、协调冲突和国家的制度性补贴

——为什么执行程序处理破产问题？*

唐应茂**

引　言

从过去十几年的情况来看，中国执行制度的发展有一个非常有趣的现象。一方面，执行体系从无到有，规模越来越庞大。全国三十多万法院工作人员中，大约有三万六千人专门从事判决和其他法律文书的执行工作。并且，法院每年受理的执行案件非常多，超过 200 万，大约占全国法院受理案件的三分之一。① 另一方面，执行效果非常不好，执行法官白忙活一阵，什么也讨不回来。② 据法院内部的统计，大约 30% 到 40% 甚至更

---

* 本文的简版以《为什么执行程序处理破产问题》刊于《北京大学学报（哲学社会科学版）》2008 年第 6 期。

** 北京大学法学院副教授。

① 最高人民法院（以下简称"最高法院"）原副院长曹建明法官指出，2005 年左右，全国法院共有执行工作人员 36000 人。参见曹建明：《在"规范执行行为促进执行公正"专向整改活动电视电话会议上的讲话》，载《强制执行指导与参考》2005 年第 2 集（总第 14 集），第 2 页，法律出版社（2005 年）。关于全国执行工作人员的比例，截至 2001 年 12 月底，全国法院共有执行工作人员 34028 人，占全国法院工作人员的 11%。参见沈德咏：《全面推进执行工作改革》，载《强制执行指导与参考》2003 年第 1 辑（总第 5 辑），法律出版社 2003 年版，第 2 页。关于全国法院每年执行的案件数量和比例，最高法院执行工作办公室主任俞灵雨法官在 2004 年的一次讲话中指出，"这几年来，全国法院平均每年处理的具有财产内容的民事案件约 450 万件左右，进入到执行阶段的案件大约 250 万件"。参见俞灵雨：《在全国法院执行信息管理现场会上的讲话》，载《强制执行指导与参考》2004 年第 3 集（总第 11 集），法律出版社 2004 年版，第 6 页。

② 在执行程序中，债权人通常被称为申请执行人，债务人被称为被申请执行人。为了简化起见，本文一律用债权人和债务人来指称执行程序中的双方。

多的案件中,债务人没有财产还债,执行到位率或者债权回收率非常低。①

债务人如果没有财产,且已经正式破产,或者失去法律意义上的身份,那么,执行法官忙活一阵,大概还讨回了一个说法。起码,案子可以算了结了。从好的方面说,债权人申请执行这样的案件,可能表明它缺乏信息,不知道债务人已经破产,执行程序起到了一个发现信息、确认事实的作用。但是,债务人如果没有财产,但又没有破产,而是处在半死半活的状态,执行法官会感到非常头疼。讨不回来债,没法向债权人交差;债务人又明明在那里,案子结不了,没法向领导交代。前几年,这种情况非常普遍,全国法院系统上上下下都感到头疼。一是数量大。这种案件,大部分就是法院讲的"中止"执行的案件,或者说暂时停止执行的案件,数量相当可观,占执行案件数量的20%,30%甚至40%。② 二是统计"定性"困难。这类案件究竟算不算结束,法院还需不需要做进一步工作,法院上上下下一度对此非常困惑。③ 三是变通办法引起人们误解。法院内部把这类案件"定性"为结案,从而解决了司法统计上的难题,但为了确保债权人的权利不受到侵害,法院一度给债权人发放一份"债权凭证"。如果债务人哪一天有钱了,债权人可以拿着这份债权凭证来找法院,恢复执行,而

---

① 见葛行军:《再议"执行难"》,载《强制执行指导与参考》2003年第1辑(总第5辑),法律出版社2003年版。

② 这里的数字基本上都是大概的估计,主要原因可能在于应该如何对中止案件进行统计,法院系统并没有一个统一的做法。见葛行军:《全国法院执行工作座谈会总结讲话》,载《强制执行指导与参考》2002年第1辑(总第1辑),法律出版社2002年版,第86页。关于中止案件的比例,最高法院原主管执行工作的副院长沈德咏法官2000年在一次内部讲话中提到,"有的地方中止案件数量过大,中止执行案件数竟然占该省结案数的近1/3"。参见沈德咏:《在全国法院执行工作座谈会上的讲话》,载《强制执行指导与参考》2002年第1辑(总第1辑),法律出版社2002年版,第23页。最高法院执行办公室主任俞灵雨法官在2004年的一次内部讲话中也提到,"我们有些地方中止执行的比例已经达到了20%、30%甚至达到了40%"。参见俞灵雨:《在全国高级人民法院执行局(庭)长座谈会上的总结讲话》,载《强制执行指导与参考》2004年第2辑(总第10辑),法律出版社2004年版,第19页。

③ 如何统计"中止"案件,应该把中止案件看作是执行结案的案件,还是没有结案的案件,最高法院前后出过互相矛盾的通知。比如,最高法院原执行工作办公室副主任葛行军法官在2000年的一次内部讲话中提到,"关于中止执行是否按结案计算的问题,代表们在讨论司法解释条文时,对此意见不一。……因为最高法院有两个通知,互相矛盾,所以,各高级法院辖区内仍将中止执行按结案计算的,暂时不变;已改变方法,不按结案计算的,也可照此统计。但不管按何标准统计,都需在上报统计表中加附说明"。参见葛行军:《全国法院执行工作座谈会总结讲话》,载《强制执行指导与参考》2002年第1辑(总第1辑),法律出版社2002年版,第86页。

不需要重新申请立案。但是,对于这种做法,社会似乎并不认可。一段时间里,这种做法被称为法院"打白条",还一度引起了原主管中央政法工作的政治局常委罗干同志的关注。①

一方面,国家对执行资源进行了大量投入,执行机构越来越庞大,并且,当事人对执行的需求增加,执行案件数量不断增多;另一方面,执行效果非常不好,给当事人和法院,甚至社会都提出了各种各样的难题,带来各种各样的困扰。对于这种投入和产出不相匹配的现象,对当事人不理性的申请执行的决定和行为,我在以往的文章中曾经提出过部分解释。②比如,国有银行债权人从处理不良贷款、核销呆账的动机出发,通过向法院提起诉讼和执行,取得相关诉讼和执行文书,作为管理不良贷款、核销呆账的依据。这一解释强调国家对国有银行在呆账核销上的"补贴",国有银行通过法院实际执行回来的债权数额,不完全等于国有银行的收益,国有银行的收益还包括通过申请核销呆账从国家获得的"补贴"。因此,尽管诉讼和执行是一个有成本的行为,尽管法院的执行效果不好,国有银行的执行"净收益"不高,甚至可能是赔本的买卖,但他们仍然有动机前赴后继的申请法院执行。

"呆账核销动机"这一解释隐含了一个假设,但没有进一步讨论为什么会有这个假设。这个假设是,对于国有银行来讲,从不良贷款管理和呆账核销角度来看,破产程序和法院执行程序是可以相互替代的。从规则层面来看,这个假设是合理的。有关呆账核销的管理规则明确规定,银行既可以用破产法律文书作为核销呆账的依据,也可以用执行文书作为核

---

① 最高法院葛行军法官在一次内部讲话中提到,"今年(指 2002 年——本文作者注)四月,我随沈德咏副院长向中央书记处书记、中央政法委书记罗干同志汇报一个案子。当时,罗干同志提出,怎么北京法院执行当中还给当事人打白条? 当场我介绍了债权凭证是在什么背景下发的,发债权凭证的条件是什么,它的好处是什么,当前还应当如何完善,以及立法例的内容,罗干同志说,这个做法挺好的,你们写出来,等有机会给中央领导看一下"。参见葛行军:《更新执行观念推进执行改革》,载《强制执行指导与参考》2002 年第 4 辑(总第 4 辑),法律出版社 2003 年版,第 48 页。关于债权凭证的做法,请参见葛行军:《在全国法院执行理论研讨会上的总结》,载《强制执行指导与参考》2002 年第 1 辑(总第 1 辑),法律出版社 2002 年版,第 110 页;郭建平:《执行债权凭证制度的建立与施行之探讨》,载《强制执行指导与参考》2002 年第 3 辑(总第 3 辑),法律出版社 2002 年版,第 299—307 页。

② 唐应茂、盛柳刚,《民商事执行程序中的"双高现象"》,载《法律和社会科学》(第一卷),苏力编,法律出版社 2006 年版,第 14—21 页。

销呆账依据。① 但是，"呆账核销动机说"没有解释为什么两者是可以互相替代的，为什么在债务人没有财产、半死半活、事实上已经破产的情况下，债务人或者债权人不申请破产、通过破产程序来解决问题，而是选择执行程序来解决问题？为什么当事人一年申请法院执行200多万件案件，但每年进入法院的破产案件才不到一万件？如果按照上面提到的40%的中止率计算，或者按照40%没有财产案件的比例计算，全国法院的执行机构每年大约要处理将近80万件左右债务人事实上已经破产的案件。即便按照20%计算，每年也有大约40万件。虽然我们不能把一件执行案件简单等同于一件破产案件，但是，从下文的讨论我们可以看到，很多执行案件的标的额并不比破产案件的标的额（债权额）小，涉及的债权人数量并不比破产案件少。

在这篇文章里，我试图弥补"呆账核销动机说"的不足，并希望从两个层面推进我们对中国执行和破产程序的认识。

第一个层面是事实层面，或者对事实的重新理解和诠释层面。我希望对执行案件、执行程序和执行机构重新进行诠释。这个诠释的核心意思是，执行法官事实上在做破产法官做的事情，他们事实上是在处理破产案件，执行程序承担了破产程序的功能。同时，破产案件进入执行程序不仅仅是一个有趣的现象，它还影响了执行法官讨论的话题，影响了执行组织形态的构建。执行法官讨论的很多问题，在我看来，实际上是破产法问题，甚至是破产法的核心问题，例如，多个债权人利益的协调问题。有的时候，他们讨论和处理的甚至是中国破产法的前沿问题，比如个人债务人能够享受多大程度的执行豁免？法院能不能强制执行、拍卖他们的房屋？

---

① 2001年财政部颁布了《金融企业呆账准备提取及呆账核销管理办法》（以下简称"《呆账管理办法》"）。从《呆账管理办法》来看，金融机构核销呆账的依据很多，不仅包括证明债务人破产的文件，也包括法院执行终结的裁定。《呆账管理办法》第3条。法院作出这里提到的执行终结裁定所依据的情形很多，既包括公民死亡或者没有财产执行，也包括法人已经破产，或者法人已经因各种原因终止，比如被清算、歇业等。1991年的《民事诉讼法》第235条规定（即2007年《民事诉讼法》第233条，二者的具体内容一致）："有下列情形之一的，人民法院裁定终结执行：申请人撤销申请的；据以执行的法律文书被撤销的；作为被执行人的公民死亡，无遗产可供执行，又无义务承担人的；追索赡养费、扶养费、抚育费案件的权利人死亡的；作为被执行人的公民因生活困难无力偿还借款，无收入来源，又丧失劳动能力的；人民法院认为应当终结执行的其他情形。"最高人民法院《关于人民法院执行工作若干问题的规定（试行）》第105条进一步规定，在执行中，被执行人被人民法院裁定宣告破产的，执行法院应当依照《民事诉讼法》第235条第6项的规定，裁定终结执行。

这和美国学者讨论的个人破产的财产豁免问题没有本质区别。但由于中国破产法不允许个人破产,因此,执行法官讨论的是破产法官都没有碰到的问题。

我希望指出的是,执行程序行使破产法的功能这个想法并不是我的独创。我们很少看到审理破产案件的法官讨论这样的问题,也很少看到从事破产法研究的学者提出这样的问题。但是,从事执行工作的法官,包括负责全国执行工作的法官,却经常讨论这样的问题,只是他们提出和讨论问题的角度不同。比如,有的法官讨论执行是否可以替代小型破产[①],负责全国执行工作的最高法院副院长讨论如何处理强制执行法与破产法的关系[②],等等。有的法官还谈论更高层次、涉及法院执行的能动性问题:执行法官应该积极介入债务人破产问题的处理,还是把执行中遇到的破产问题交给破产制度来解决。[③] 在我看来,执行法官讨论这些问题不是偶然的,这是破产案件进入执行程序的直接后果。并且,这反映出执行制度和破产制度的界限是模糊的、变化的,不清楚的。否则,我们很难解释为什么大量债务人事实上破产的案件能进入执行程序,由执行法官来解决。实际上,从本文以下部分引用的许多案例和法官撰写的文章中也能看出,执行法官自己也非常困惑:为什么明明是资不抵债、应该由破产程序解决的案件,要由执行法官来解决?[④]

第二个层面是解释层面,或者说解释为什么会出现上述现象的层面。我希望解释当事人为什么不选择破产程序,而是选择执行程序来解决事实上属于破产法的问题,执行制度为什么能够替代破产制度解决破产问题?因为这个现象涉及两个制度,因此,解释这个现象为什么发生涉及两个方面。一方面,我希望解释为什么当事人对破产制度没有强烈需求,破产制度为什么"不受欢迎"?另一方面,我希望解释为什么当事人对执行

[①] 参见葛行军、刘文涛:《关于执行财产分配的立法思考》,载《强制执行指导与参考》2002年第3辑(总第3辑),法律出版社2002年版,第267—269页。

[②] 参见黄松有:《在全国高级人民法院执行局(庭)长座谈会上的讲话》,载《强制执行指导与参考》2004年第2集(总第10集),法律出版社2004年版,第7—8页。

[③] 在执行程序中,法院经常遇到债务人资不抵债的情况。根据法律和司法解释的规定,出现这种情况时,法院应该告知债权人申请债务人破产,而不是通过执行程序解决。有的法官指出,这在实践中"几乎或者根本没有得到有效的实施"。该法官呼吁建立强制破产制度,把那些应该由破产程序解决的案件交由强制破产制度解决。参见金殿军:《论强制破产制度的创设》,载《强制执行指导与参考》2005年第1集(总第13集),法律出版社2005年版,第119—138页。

[④] 参见上注。

制度有强烈需求,执行制度有哪些破产制度不具备的优点。

破产制度为什么"不受欢迎",我认为,这是国有企业改革的直接后果,是中国社会转型过程中的产物。当事人对破产制度没有强烈需求,主导因素是国家对国有企业破产的控制。国有企业破产必须在政府的计划调控下、在政府的主导下逐步进行,从而导致国有企业对破产的需求受到抑制。同时,这种抑制不仅影响了国有企业对破产的需求,也影响了其他经济组织对破产的需求。对后者的影响是间接的,并不容易一眼看出来。比如,政府主导国有企业的破产,不仅控制结果,而且控制过程。许多破产法意义上的组织和协调工作,比如召开债权人会议、组织清算组等,甚至许多破产法意义上的决策和裁判工作,比如如何分配破产财产,实际上由政府承担了,变成了政府日常工作的一部分。政府部门、行政机构承担了大量的破产制度运行的成本,对破产制度提供了事实的"制度性补贴"。

但是,国有企业以外的其他机构,在他们寻求破产保护的时候,却没有这种便利,没有政府部门站出来替他们张罗。他们需要从自己的腰包里掏钱,做一些看似简单、但却是破产程序必不可少的工作。对于成长中的私营企业和其他经济实体来讲,这并不是一个简单的事情。在国家没有对法院破产资源加大投入,增加破产法官数量、加强审理破产案件的力量,让法院多做一些事情,从而对国有企业以外的经济组织申请破产提供类似"补贴"的情况下,当事人对破产制度的需求就更加受到限制。如果不仅不加大投入,反倒事实上提高进入破产制度的门槛,当事人对破产制度的需求就会进一步受到抑制。不管这种提高破产制度门槛是直接的、放在纸面上的,比如法院在受理非国有企业破产时,直接沿用国家为了控制国有企业破产而设定的高准入标准,要求非国有企业也需要满足一系列条件才能申请破产;还是间接的、没有放在纸面上的,比如法院意识到破产资源缺乏的情况下,对自身破产功能的"潜意识"的自我抑制,不愿意过分介入破产问题的解决。

与破产制度的"不受欢迎"相比,中国的执行制度可以说是"供求两旺"。这种"供求两旺"的局面,反映了执行制度具备很多破产制度不具备的优点。比如,随着20世纪90年代国家对法院执行资源的大力投入,执行机构"兵强马壮",要人有人、要装备有装备、要政策有政策。1999年,中共中央《关于转发〈中共最高人民法院党组关于解决人民法院"执行难"问题的报告〉的通知》(以下简称《11号文件》)发布,这在新中国成立以来的法院历史上是从未有过的。尽管法院执行遇到很多困难,常常成为社会谈论的焦点,但是,这种国家的大力投入使得执行制度具备很多吸引当事人的特点。比如,执行程序进入门槛低、效率相对较高,并且许多协调和组织及制度运行的成本由法院承担而不是由当事人承担。这些特点都大大降低了当事人使用执行程序的成本,刺激了当事人通过执行程序解决事实上是破产问题的动机。

在这篇文章里,我分六个部分来讨论上面提到的两个层面的问题。前三个部分讨论第一个层面问题,第四和第五部分讨论第二个层面的问题。具体而言,第一部分介绍破产案件进入执行程序的现象;第二部分解释为什么执行法官讨论的许多问题实际上是破产问题;第三部分讨论为什么执行机构形态的变化也越来越向着解决破产问题需求的方向发展;第四部分解释为什么当事人不选择使用破产制度;第五部分解释执行程序的优势以及当事人为什么选择执行程序解决问题;第六部分为结束语。

一、破产案件进入执行程序

破产案件进入执行程序是中国司法领域的一个有趣的现象。从本世纪初开始,最高人民法院(以下简称"最高法院")负责人在不同场合都提到,从全国范围来看,在很多执行案件中,债务人根本没有财产可供执行。比如,最高法院执行工作办公室前副主任葛行军法官在2003年的一篇文章中提到,"大约百分之三、四十确无财产可供执行的案件,应依法中止或终结执行"。[①] 在这篇文章中,葛行军法官分析了"执行难"的表现和成因。他认为,这种债务人没有财产可供执行的案件,应该不视为执行难案件。换句话讲,不是法院能力不行造成执行效果不好,而是本来就没有办法执行。

这里提到的30%到40%确无财产可供执行案件的比例,葛行军法官随后在类似文章或讲话中也反复提到。比如,2003年9月最高法院举行了一次全国范围的执行工作会议,葛行军法官在会议中提到,"对于被执

---

① 参见葛行军:《再议"执行难"》,载《强制执行指导与参考》2003年第1辑(总第5辑),法律出版社2003年版,第253页。

行人确无财产可供执行的,就全国的情况看,大约占执行案件的 30% 左右;天津海事法院的调查报告确认此类案件占 45%,比例很大"。① 2004 年,葛行军法官发表了一篇文章,再次谈到这个问题,并且认为,法院不应该受理被执行人没有财产可供执行的案件。在这篇文章中,葛行军法官写到,"全国各级法院的调研结果均表明:债权人申请执行时,被执行人即无财产可供执行的案件占受理执行案件的 30%—40%。这部分案件的执行不能是申请执行人的经营风险注定了的,是任何国家公权力无法救助的。严格意义上讲,对这类申请执行案件,人民法院本不应受理"。②对于确无财产可共同执行的案件比例,其他最高法院负责执行工作的法官也有类似说法,只是比例略有不同。③

不管没有财产可供执行的案件比例是多少,是 30%、40%,还是 20%,这都是大概估计的情况。之所以只能估计,也反映了这类案件给司法统计带来的困难。即便没有财产而无法执行的案件只占法院受理执行案件的 20%,考虑到全国法院每年受理 200 到 300 万件执行案件,这类案件的数量相当可观。

从各地方法院的报道来看,没有财产可供执行的案件,或者说执行时债务人已经资不抵债的案件,数量也相当的多。

比如,北京市高级人民法院(高级人民法院以下简称"高院")2003 年做了一个调查。④ 从北京市高院的调查报告来看,没有财产用于执行的案件几乎涉及各个领域,涉及各种类型案件,无论是标的额较大的金融类案件、还是标的额不大的"三费"案件(赡养费、抚养费和抚育费)。并且,没有财产用于执行的案件涉及各种类型的债务人,不论是个人,还是企业或政府机关。比如,在金融案件中,"银行和非银行金融机构起诉时,被执

---

① 参见葛行军:《在全国海事法院执行工作会议闭幕式上的讲话》,载《强制执行指导与参考》2003 年第 3 集(总第 7 集),法律出版社 2003 年版,第 82 页。

② 参见葛行军:《杂议解决执行难问题》,载《强制执行指导与参考》2004 年第 1 集(总第 9 集),法律出版社 2004 年版,第 100 页。

③ 最高法院另外一位负责人在 2004 年 7 月的一次讲话中也提到这个问题。这位负责人指出:"没有财产而无法执行的案件,占执行案件的比例不到 20%,这是我们初步了解的情况"。参见俞灵雨:《在全国法院执行信息管理现场会上的讲话》,载《强制执行指导与参考》2004 年第 3 集(总第 11 集),法律出版社 2004 年版,第 9—10 页。

④ 参见田玉玺:《正确认识产生执行难问题的思想根源和社会基础,建立和完善执行生效法律文书的社会保障机制》,载《强制执行指导与参考》2003 年第 4 集(总第 8 集),法律出版社 2004 年版,第 304—318 页。

行人就已经资不抵债,进入执行程序后,根本没有财产可供执行",而"金融资产管理公司从银行接收了大量不良资产,以这些公司作为申请人的案件,其被执行人基本上都没有履行能力";在房地产案件中,"债权人平均受偿比例只有40%—50%。房地产公司的建筑物被拍卖后,变成了空壳公司,另一半标的无法追回";在集团性案件中,"这类案件执行难,主要是商厦、酒店、超市等亏损严重,僧多粥少,即使把其财产全部拍卖,其变现款最多的也只有案件标的额的60%,少的则不足30%";在涉及党政机关及其原开办的企业和公司的案件中,"这类案件难以执行,主要是一些政府机关对开办的企业没有投入注册资金,或投入注册资金后又抽逃,企业实际上没有用以维持基本经营活动的财产,其日常的经营活动主要靠贷款和借款,发生纠纷后,企业没有还债能力,机关和团体又拒绝承担其应当承担的法律责任,法院执行企业,企业没有财产,执行机关团体,机关团体除行政拨款和事业费外,没有其他资金"。① 因此,在分析执行难的客观原因时,北京市高院认为,"在法院难以执行的案件中,有很大一批被执行企业早已资不抵债,按照破产法的规定,应该进行破产清算。但因种种原因,却长期不能启动破产程序","应当破产的企业没有依法及时进行破产是造成执行难的主要弊端"。

债务人没有财产可供执行并不仅仅是北京市法院碰到的情况。其他地方法院法官也发表过不少报告或文章,谈及执行中存在的债务人没有财产可供执行的现象。比如,上海一位法官在2004年的一篇文章中提到,"没有财产或财产状况不清无法执行的占34.97%"。② 有的法官也把这种没有财产而无法执行的案件叫做"无履行能力的案件",呼吁限制这

---

① 其他类型案件也有类似情况,比如,在赔偿案件中,"被执行人有的是外地民工、有的是靠工资生活的司机,有的在监狱服刑,民工和司机经济状况并不富裕,服刑人员没有生活来源……这样巨额的赔偿费对多数被执行人来讲,的确无力负担";在涉及赡养费、抚养费和抚育费等"三费"案件中,"负有赡养或抚养、抚育义务的被执行人有的下落不明,无处查找;有的本身没有经济来源,生活无着落;还有的身患重病或残疾,自己还亟待社会救济,根本无法承担对亲属的赡养、抚养和抚育义务"。田玉玺:《正确认识产生执行难问题的思想根源和社会基础,建立和完善执行生效法律文书的社会保障机制》,载《强制执行指导与参考》2003年第4集(总第8集),法律出版社2004年版,第304—318页。

② 陈旭明:《案件中止执行转终结执行之我见》("笔者理解,即34.97%(当事人没有财产)无法执行的案件都将依此规定,在执行期限内裁定中止执行"),中国法院网,2004年8月3日,http://www.chinacourt.org/html/article/200408/03/126053.shtml,2008年6月18日访问。

样的案件进入执行程序。这位法官的逻辑和上面提到的最高法院葛行军法官认为法院不应该受理这类案件的逻辑基本一致。①

二、执行法官讨论破产问题

破产案件进入执行程序,除了给执行法官带来诸多困扰之外,也直接影响了执行法官谈论的话题。在执行实践中,执行法官经常讨论的问题,在我看来,许多实际上是破产法的核心问题。我不打算在一一例举这些问题。我只在这里举四个例子,即执行中多个债权人的协调问题、执行中债务人财产的确定问题、执行中债权人的清偿顺序问题,以及执行中债务人的管理问题。这四个执行问题都可以与破产制度的类似问题相对应。并且,在我看来,相对应的破产法问题都算得上是破产法的核心问题。我希望通过这几个例子说明,执行程序讨论的很多问题实质上就是破产法的问题,执行程序和破产程序不仅"形似",而且"神似"。

1. 多个债权人的协调和参与分配制度

美国破产法研究的领军人物之一,芝加哥大学法学院的道格拉斯·白尔德(Douglas Baird)教授认为,现代社会破产法存在的理由是处理多个债权人的协调问题或集体行动问题(collective action problem)。②这个观点许多人难以接受,主要是由于人们容易关注对破产企业的保护、对破产企业员工利益的保护等问题,从而轻而易举的举出一大堆例子反驳这个似乎过于简单的论断。但不管接受还是不接受白尔德教授的观点,有一点似乎是普遍认同的,那就是破产法涉及两个或两个以上的债权人。两个或者多个债权人的存在是破产法存在的前提。

从执行程序来看,一个债权人申请法院强制执行一个债务人的情况

---

① 王剑:《限制无履行能力案件进入执行程序探析》("无履行能力案件进入执行程序后,法院在付出大量劳动仍无法执行的情况下,一般都按中止执行处理"),中国法院网 2004 年 3 月 3 日,http://www.chinacourt.org/html/article/200403/03/106001.shtml,2008 年 6 月 18 日访问。

② 据我所知,白尔德教授是最早提出破产法的存在是为了避免债权人的自私自利行为引起的协调问题或者集体行动问题(collective action problem)。他的文章很多,比较早的参见 Douglas G. Baird, *A World Without Bankcruptcy*, 50-SPG Law & Contemp. Probs. 173, p. 184 ("In short, we may not desire a world without bankcruptcy because the self-interest of creditors leads to a collective action problem, and a legal mechanism is needed to ensure that the self-interest of individuals does not run counter to the interests of the group").

当然并不少见。但是,我们也几乎随处可以看到涉及两个或者多个债权人的执行案例。在有的执行案件中,涉及债权人的人数之多、涉及债权的种类之复杂,几乎并不亚于目前国内任何一个破产案件。

比如,上海市高院 2003 年处理了涉及同一债务人的一系列执行案件。①该法院一位法官发表了一篇案例分析文章。这篇文章提到,整个上海市法院系统受理了针对同一债务人的案件共计 128 件。在这 128 件案件中,债权人数最多的一类是个人请求返还购房款的案件。这类个人共有 115 人,涉及本金将近 3300 万元。本金数额最大的一类债权是银行抵押贷款。7 家银行有这样的抵押贷款债权,本金将近 4300 万元。此外,还有要求支付建设工程款的债权人、要求支付劳动报酬的债权人、要求支付材料款和其他工程款的债权人,以及其他诸多普通债权人。整个执行案件涉及标的额本金共计 8000 多万元。

这样一起案件,无论从标的额大小,还是从债权种类,或者是债权人数量,根本就是一起破产案件。实际上,文章作者也指出,该案的债务人已经严重"资不抵债"。在这个执行案件中,执行程序其实就是一个破产程序,只是我们没有把这个案件叫做破产案件而已。也许是有鉴于这个案件耗费的执行资源,在论及是否应该支持债权人迟延履行金时,该文章作者感叹道,"在被执行人严重资不抵债的情况下,应交由破产程序等其他程序予以解决,而不应该苛责于强制执行活动,要求其面面俱到"。类似的案件在其他地方法院也能看到。②

执行法官寄希望于破产程序解决这样的执行案件,但为什么这样的案件能够进入执行程序呢?从目前最高法院关于执行的司法解释来看,执行制度中的所谓参与分配制度实际上是这类案件进入执行程序的基础。根据最高法院的司法解释,当债务人(被执行人)的全部财产、或者主要财产已经被一个法院强制执行,债务人没有其他财产可供执行的时候,那么,其他债权人可以申请参与分配。不过,从规定来看,这里的债务人

---

① 参见金殿军:《上海××大厦置业有限公司被执行案——"参与分配"于法人的适用及其相关问题分析》,载《强制执行指导与参考》2004 年第 3 集(总第 11 集),法律出版社 2004 年版,第 53—60 页。

② 比如,广州市中级人民法院 2004 年处理的烂尾楼案件,多家基层法院对同一烂尾楼进行查封,最后由广州市中级人民法院来统一协调和统一执行。参见广州市中级人民法院课题组:《涉及烂尾工程案件执行若干问题研究》,载《强制执行指导与参考》2005 年第 1 集(总第 13 集),法律出版社 2005 年版,第 90 页。

必须是公民或者非法人的组织。如果是法人,比如有限责任公司,最高法院要求通过破产程序而不是执行程序处理。① 但在实践中,这种文字上对破产和执行程序适用范围的区分似乎作用不大。比如,上文提到的上海高院处理的这起执行案件,债务人是公司,按道理似乎应该通过破产程序处理,而不应该进入执行程序。

2. 债务人财产范围的确定

破产程序启动以后,一个重要的问题是破产财产的确定,从而确定债务人有多少钱可以用来还债。对于有多个债权人的执行案件,被执行人财产范围的认定也是执行程序中的一个重要问题。在确定债务人财产这个问题上,同破产程序相比,无论是对待债务人已经抵押的财产②,还是对待没有抵押的财产,执行程序似乎没有什么不同。但在对待个人债务人的财产,或者需要考虑执行其他相关人财产的时候,比如执行债务人企业的股东财产,或者执行开办人财产时,执行程序似乎比现行的破产程序更加"超前",发展出不少中国目前破产法没有涉及、但其他国家破产法却时常涉及的问题。

比如,在被执行人没有财产清偿债务,而其开办人在开办时投入的注册资金不实,或者抽逃注册资金的时候,执行法院可以对开办单位的财产进行强制执行。③ 1998年最高人民法院发布的关于执行工作的司法解释,对上述问题作了明确说明。前面提到的上海高院执行的案例中,债务人的出资人中有一个城建公司。在债务人已经资不抵债的情况下,执行法院判定城建公司在其抽逃的600万元注册资金范围内,向债权人承担

---

① 关于执行中的参与分配制度,请参见刘小勇、张宁:《浅论执行程序中的参与分配制度》,载《强制执行指导与参考》2004年第3集(总第11集),法律出版社2004年版,第124—129页。

② 就抵押财产而言,债务人已经抵押的财产,中国破产法将其排除在破产财产之外,不在债权人之间进行分配,即认为抵押权人享有别除权。对于被执行人已经抵押的财产,执行程序虽然没有创设新的术语,但对于抵押权人的尊重程度是一样的。比如,上面提到的上海高院处理的案例中,债务人欠长城资产管理公司4383万元的银行贷款,债务人抵押了自己拥有的大约8、9层楼房作为贷款的担保。这笔有抵押的贷款债权,负责执行的法院认为应该优先受偿,不属于可供执行的财产。参见金殿军:《上海××大厦置业有限公司被执行案——"参与分配"于法人的适用及其相关问题分析》,载《强制执行指导与参考》2004年第3集(总第11集),法律出版社2004年版,第55页。最高法院关于执行工作的司法解释也有规定,认为有优先权、担保权的债权人,可以申请参加分配,主张优先受偿权。参见最高法院1998年7月通过的《关于人民法院执行工作若干问题的规定(试行)》(以下简称"《1998年执行司法解释》")第93条和第94条。

③ 参见《1998年执行司法解释》第80条。

责任。① 执行中的这种做法有的像公司法中的"刺破公司面纱"做法,在其他执行案件中也不少见。比如,2005 年北京市法院有一个执行案件,发现债务人周氏公司没有财产可供执行,而该公司的个人股东为虚假出资,于是法院裁定执行该个人股东的财产。②

执行中有"刺破公司面纱"的做法,有第三人异议制度,也就是允许债务人以外的第三人(比如前述的开办人)在其财产被执行时有机会提出不同意见③,这些做法和制度虽然有意思,但也许还算不上执行程序的独创。最高法院对个人生活必需品执行的限制,以及随后引起的不小的新闻效应,在我看来,可以算得上执行程序对于个人破产问题的独创性发展了。

最高法院 2004 年 10 月份发布了一个司法解释,涉及执行中财产的查封问题。④ 在这个司法解释中,最高法院规定了禁止查封(执行)的财产种类。其中,如果被执行人是个人,那么,对于被执行人及其抚养家属生活所必需的物品,法院不能查封和执行。这里提到的生活必需品,尤其是个人的住房是否属于生活必需品,成了这个司法解释颁布前后各方争议的焦点。为什么会成为焦点?这主要和银行对此的强烈反应有关。从上个世纪 90 年代末开始,银行大力发放个人住房贷款,个人住房贷款成为银行的一个重要的业务领域和利润增长点。如果贷款人违约,不能向

---

① 参见金殿军:《上海××大厦置业有限公司被执行案——"参与分配"于法人的适用及其相关问题分析》,载《强制执行指导与参考》2004 年第 3 集(总第 11 集),法律出版社 2004 年版,第 56 页。

② 参见《中艺进出口实业公司申请执行北京周氏贸易有限公司案》,载《强制执行指导与参考》2005 年第 1 集(总第 13 集),法律出版社 2005 年版,第 46—50 页。

③ 关于执行中第三人异议制度,请参见梁向阳:《执行程序中保护第三人权利的规则比较与制度重构》,载《强制执行指导与参考》2002 年第 3 辑(总第 3 辑),法律出版社 2002 年版,第 276—298 页;《工商银行福建省厦门市分行对陕西省高级人民法院执行厦门宏都大饭店异议案》,载《强制执行指导与参考》2004 年第 1 集(总第 9 集),法律出版社 2004 年版,第 82—87 页;范向阳:《代位执行程序中的理论和实践问题探悉》,载《强制执行指导与参考》2005 年第 2 集(总第 14 集),法律出版社 2005 年版,第 76—83 页。

④ 参见最高法院 2004 年 10 月通过的《最高人民法院关于人民法院民事执行中查封、扣押、冻结财产的规定》。关于这个司法解释的内容和背景,请参见《规范查封、扣押、冻结秩序,依法保护执行当事人的合法权益——最高人民法院副院长黄松有就〈关于人民法院民事执行中查封、扣押、冻结财产的规定〉答记者问(2004 年 11 月 11 日)》,载《强制执行指导与参考》2004 年第 4 集(总第 12 集),法律出版社 2004 年版,第 7—15 页;王飞鸿:《〈最高人民法院关于人民法院民事执行中查封、扣押、冻结财产的规定〉的理解与适用》,载《强制执行指导与参考》2004 年第 4 集(总第 12 集),法律出版社 2004 年版,第 16—28 页。

银行归还房屋贷款,那么,根据这个司法解释,银行没有办法申请执行贷款人购买的房屋。反过来,如果银行不能执行违约人抵押的房产,那么,也会影响银行发放个人住房贷款的积极性。在整个金融界乃至整个社会,这个司法解释都引起了轩然大波。最高法院负责执行的法官谈到,银行系统把这个问题上报了国务院,作为一个重要的问题来研究。此外,当时国内主要大银行正处在海外上市的关键时刻,这个司法解释在海外投资者范围内也引起了不小震动。从 2005 年 6 月上市的交通银行,到当年 10 月上市的建设银行,以及 2006 年后半年上市的工商银行,几乎没有例外的在招股书详细描述这个司法解释,并强调这个司法解释可能给上市银行和投资者带来的风险。

在整个"事件"的发展过程中,最高法院负责人一再强调,类似的要求在 20 世纪 90 年代的民事诉讼法中就已经有了规定,是以人为本的中国社会一直遵循的理念。① 当然,20 世纪 90 年代初的时候,个人拥有住房还没有成为一个普遍的城市社会现象。同时,我们也不难在这个司法解释颁布前发生的执行案例中找到类似的情形。比如,最高法院针对天津高院的一个请示,对是否应该执行债务人离退休金的问题作了答复。② 但是,关于财产查封的这个司法解释造成的社会轰动,在其他场合仍然不多见。在我看来,这虽然是一个关于执行问题的司法解释,但它实际上涉及个人破产法领域的核心问题,也就是如何确定个人破产财产的范围,并且确定多少个人的财产可以得到豁免。③ 由于目前的破产法仅仅局限在有法人资格的企业上,个人破产基本不属于破产法考虑的范围。因此,就

---

① 参见《规范查封、扣押、冻结秩序,依法保护执行当事人的合法权益——最高人民法院副院长黄松有就〈关于人民法院民事执行中查封、扣押、冻结财产的规定〉答记者问(2004 年 11 月 11 日)》,载《强制执行指导与参考》2004 年第 4 辑(总第 12 辑),法律出版社 2004 年版,第 7—15 页。最高法院执行工作办公室主任俞灵雨法官在 2005 年的一次内部工作讲话中也提到银行方面的强烈反应。参见俞灵雨:《在〈强制执行指导与参考〉特邀编辑研讨会上的讲话》,载《强制执行指导与参考》2005 第 1 集(总第 13 集),法律出版社 2005 年版,第 6 页。

② 参见《关于执行程序中能否扣划离退休人员离休金退休金清偿其债务问题的请示与答复》,载《强制执行指导与参考》2002 年第 3 辑(总第 3 辑),法律出版社 2002 年版,第 214—219 页。

③ 关于个人财产在破产法下的豁免的文章很多,可以参见 Barry Adler, Ben Polak and Alan Schwartz, "Regulating Consumer Bankruptcy: A Theoretical Inquiry(1999)", *The Journal of Legal Studies*, vol. 29 (June 2000),引言部分。也可参见, Wei Fan, "Michelle J. White, Personal Bankruptcy and the Level of Entrepreneurial Activity", *The Journal of Law and Economics*, vol. 46 (October 2003)。

个人破产而言,执行的司法解释实际上已经超越了现行的破产法,试图解决破产法都未能解决的、实际上属于破产法范畴的问题。

3. 债务人财产的分配顺序和债权人的优先权

确定了债务人财产范围之后,在存在多个债权人的情况下,另外一个核心问题就是财产在多个债权人之间的分配顺序。这是破产法的另一个核心问题,也是执行程序中经常讨论的问题。

比如,在房地产执行案件,尤其是所谓的"烂尾楼"执行案件,债务人财产的分配顺序经常被涉及,是一个令执行法官非常头疼的问题。针对涉及烂尾楼工程案件的执行,广州市中院 2004 年做了一个调查。① 调查报告指出,"被执行人债务众多,但拥有财产远远不足清偿债务,分配份额、顺序难以确定。尤其对涉及拆迁户、个人购房人的债权、土地出让金、税款等的分配顺序问题,法律规定并不完善,执行法官往往陷于法与理、法与情的纠缠之中"。执行制度本身已经有一些关于分配顺序的规定。有的与破产制度中的分配有所不同,比如,对于没有担保的债权人,根据最高法院司法解释,按照法院采取执行措施的先后顺序受偿,或者说那个法院查封在前,所涉及的那个债权就优先受偿。最高法院负责执行工作的法官认为,这主要适用于债务人有财产可供执行所有类似债权的情况。②

不过,执行中不少关于分配顺序的规定,同破产法有相同之处,甚至直接从破产法借鉴过来。比如,有优先权、担保物权的债权人,可以优先于其他债权受偿;债务人财产不足清偿多个债权的,如果这些债权人都没有担保,那么,大家按照比例受偿。同时,执行法官还经常借鉴破产法中的做法,来处理执行中的优先权或者债权分配顺序问题。比如,对于执行中变现烂尾工程产生的各种费用。应该如何处理的问题,广州市中院的这份报告认为,"这些费用是为了实现各种债权而必须发生的费用,是共益费用。《企业破产法》(试行)第 34 条规定,为债权人的共同利益而在破产程序中支付的其他费用应该列为破产费用,并规定'破产费用,应当从破产财产中优先拨付'。参照破产法的规定,对于第二类(变现费用),在

---

① 参见广州市中级人民法院课题组:《涉及烂尾工程案件执行若干问题研究》,载《强制执行指导与参考》2005 年第 1 集(总第 13 集),法律出版社 2005 年版,第 81 页。

② 参见葛行军、刘文涛:《关于执行财产分配的立法思考》,载《强制执行指导与参考》2002 年第 3 辑(总第 3 辑),法律出版社 2002 年版,第 260 页。

执行程序中应当得到最优先的清偿"。

房地产执行案件的优先权或者分配顺序问题,不仅广州市中院的执行法官遇到,其他地区的法官也经常遇到。比如,上海市高院针对执行案件中建设工程价款是否享有优先权的问题,在 2001 年的时候请示最高法院。最高法院 2002 年作出了批复,认为建筑工程的承包人的优先受偿权优于抵押权和其他债权,但消费者如果已经支付商品房的全部或大部分价款,则承包人的优先权不能对抗商品房的买受人。也就是说,买了商品房的人,其债权又优先于承包人。① 这个批复确定的债务清偿顺序,最高法院当时负责执行工作的葛行军法官也在一次内部工作会议上作了强调,要求各级法院按照这个批复规定的顺序,尽快执行有关案件,不得拖延。②

虽然房地产或者烂尾楼执行一度成为关注的焦点,但债权分配顺序并不仅仅局限于房地产案件,而是在出现在几乎各种类型的执行案件中,并以各种形式的问题出现。比如,有的执行法官在讨论"优先权"的时候,不仅仅讨论大家熟悉的担保物权这样的优先权,比如银行在借款执行纠纷中是否享有质权优先权③,而且,还讨论执行中的哪些债权应该被视为优先债权。比如,被执行财产的评估、拍卖费、前面提到的被执行人的必须生活费,被执行企业的职工工资、社会保险费等债权是否享有优先权,这类债权是否应该优先于其他债权得到受偿。对于职工工资、社会保险费等债权的清偿顺序,有的执行法官指出,"在执行实践中存在的问题是,被执行人虽然没有进入破产或清算,但实际处于停产、歇业状态,法院一旦强制执行,企业将一无所有。在此情况下,执行中遇到的一个难题往往就是失业工人聚集起来,阻止人民法院对企业财产的执行,要求优先支付企业拖欠的工资等等。那么,人民法院如何处理呢?实践中,人民法院在执行类似案件中,往往从维护稳定的大局出发,对失业工人一部分工资等

---

① 参见《最高人民法院关于建设工程价款优先受偿权问题的批复》(法释〔2002〕16 号),《强制执行指导与参考》2002 年第 3 辑(总第 3 辑),法律出版社 2002 年版,第 90—91 页。也请参见汪治平:《〈最高人民法院关于建设工程价款优先受偿权问题的批复〉的理解与适用》,载《强制执行指导与参考》2002 年第 3 辑(总第 3 辑),法律出版社 2002 年版,第 170—190 页。

② 参见葛行军:《在全国法院执行队伍建设工作会议上的总结讲话》,载《强制执行指导与参考》2002 年第 3 辑(总第 3 辑),法律出版社 2002 年版,第 26 页。

③ 参见刘涛:《执行程序中的优先权保护问题研究》,载《强制执行指导与参考》2004 年第 3 集(总第 11 集),法律出版社 2004 年版,第 80 页。

费用给予补偿,作好安抚工作后依法执行。此做法,虽然没有法律规定,但是,它是从实际出发,遵循职工工资、社会保险费用作为先取特权优先支付的原则,不为法律禁止,是可行的"。① 从这些文章或报告来看,执行程序对执行财产分配顺序的讨论,和破产法对破产财产分配顺序的讨论非常接近,甚至就是破产分配顺序在执行中的直接应用。

4. 强制管理、破产清算和重组的选择

多个债权人的出现、债务人财产的确定和债权人的清偿顺序,这些问题在执行制度中都能找到明文规定,不管是法律规定,还是司法解释,都有制度性的基础。这样,我们比较容易看到执行法官是如何讨论破产法意义上的问题的。实践中,执行法官还采取了一些具体操作办法,这些办法不一定能直接找到依据,在我看来,很多这样的操作办法实际上也是在处理破产问题。有的时候,执行法官其至在处理破产法的核心问题。

比如,破产法研究中的一个重要问题涉及应该宣告债务人破产还是对债务人进行重组。有的美国学者认为,破产法制度的一个重要功能就是促进这个决定的形成。② 换句话说,破产制度应该促进那些没有经营前途、没有能力还债的企业宣告破产,而对于那些有经营前途,只是暂时遇到财务困难的企业,则应该促成债务人和债权人进行谈判,达成一个重组的方案,从而使这些企业走出困境。美国"911事件"后的一段时间里,由于反恐形势紧张,我们在新闻报道中看到美国航空公司申请破产保护,主要就是希望与债权人达成重组协议,以度过暂时的财务困难。我国破产法中虽然规定了重整制度,但在实践中几乎很少用到。主要原因在于国内进入破产程序的企业,基本上都是注定没有前途的企业,唯一的选择就是宣告破产,几乎不存在所谓重组的问题。

执行制度中没有关于重组的明文规定,但是,在新闻报道中,我们却能看到执行法官在实际承担重组或者管理债务人的角色。比如,新浪网上2006年有一篇对上海市第二中院几位执行法官的专访,报道了一位所谓当"经理"的法官前后5年协助债务人收取租金,用以支付相关债权的

---

① 同刘涛:《执行程序中的优先权保护问题研究》,载《强制执行指导与参考》2004年第3集(总第11集),法律出版社2004年版,第88页。

② 参见 Barry Adler, Ben Polak and Alan Schwartz, "Regulating Consumer Bankruptcy: A Theoretical Inquiry(1999)", *The Journal of Legal Studies*, vol. 29 (June 2000), 引言部分。

故事。① 从报道来看,债务人是一个物业租赁和管理公司,拥有一座写字楼的经营管理权。债务人从商业租户收取租金和管理费,然后再按照合同支付给合作方(写字楼的所有权人)相应费用(类似于承包费)。2000年左右,债务人经营出现困难,无法及时按照合同支付"承包费",被发包方(所有权人)告上法庭。由于各种原因,包括双方在大楼权属方面的一些争议,执行法院认为不适合立刻拍卖写字楼的经营管理权,不适合通过强制执行来实现发包人的债权。因此,从2001年起,负责执行的一位法官采取了变通的办法:法院对写字楼的所有租户发出协助执行通知书,要求所有租户把租金每月按时交给法院。然后,这位法官每月负责审核维持大楼正常管理、运营所需要的日常费用(水电费、物业管理费等),按照审核结果支付相应费用,剩下的则付给债权人(发包方)。从这个报道来看,这位法官在债务人出现财务困难的时候,承担起了物业公司经理的角色,"管理"这座写字楼前后长达5年。

很明显,执行法院2001年决定不立即强制执行债务人财产(经营管理权),带有很浓的促进债务人进行"财务重组",而不是宣告其立刻死亡(强制执行)的色彩。债权人原来要求法院执行债务人财产(经营管理权),然后偿还其债权,但实际上拿到的是5年期的分期付款。分期付款实际上就相当于一份债务重组的安排。执行法院和执行法官的行为接近于破产制度场景下的重组或者重整行为。

虽然这是一篇新闻报道,但似乎不是孤立的现象。有的法官可能意识到这种执行"重组"行为的普遍性,呼吁建立执行中的"强制管理"制度。② 这位法官指出,"执行实践中常遇到债务人的财产经拍卖不能卖出,或者财产价值很大但债权数额较小,拍卖有损于债务人的正当利益等情况……应对上述情况,笔者以为可以借鉴外国民事执行的成熟经验,采取强制管理的执行方法"。具体到如何管理,这位法官提到了各种措施,比如法院选任管理人、制定管理方案、张贴强制管理公告、审查管理收支

---

① 《3位普通上海法官讲述执行故事》,新浪网,http://news.sina.com.cn/c/l/2006-09-27/162011120055.shtml,2006年09月27日,2008年6月20日访问。

② 参见唐卓青:《试论执行中的强制管理》,载《强制执行指导与参考》2004年第3集(总第11集),法律出版社2004年版,第108—112页。其他讨论强制管理的文章,请参见张榕、杨兴忠:《强制管理制度的反思与重构》,载《强制执行指导与参考》2004年第3集(总第11集),法律出版社2004年版,第113—123页。

报告,等等。从这些报道或者文章来看,虽然没有明文的规定,执行法官的做法实际上与破产中的重组制度非常接近,和破产法的管理人制度非常接近。从制度层面来看,执行制度中也允许债务人和债权人达成执行和解协议,从中能看到一点债务重组的影子。实践中,执行和解也出现这样或者那样的问题,只不过当事人达成执行和解后,法官通常就不闻不问了,不像上海这位法官仍然积极参与执行"和解"或者"重组"协议。

除了多个债权人协调、执行财产的确定、执行财产的分配顺序,以及执行和解和执行"整顿"外,执行法官讨论的许多其他问题,在我看来,都或多或少涉及破产法的问题,或者就是破产法的问题。我在这里不一一列举。① 执行法官讨论破产问题,执行制度规定破产问题,我认为,这都是破产案件进入执行程序的直接表现和结果。从这个意义上来讲,执行程序实际承担了破产程序的功能,执行程序和破产程序不仅形似,而且神似。

三、执行组织机构的"破产化"

如果形似以及神似还不足以说明两种程序的共同之处的话,执行程序在组织形态的发展,尤其是强化上级执行机构对下级执行机构的领导,强调不同地域法院之间在执行工作上的协调,在我看来,实际上就是在通过对执行机构的改造,来达到处理本质上是破产案件的执行案件中出现的问题,特别是多个债权人利益的协调问题。

1. 执行工作的统一管理和统一协调

哪个法院查封在先、哪个法院执行的债权就优先受偿,这是最高法院司法解释中定下的原则。但实践中因此出现了所谓"执行乱"问题,以及"乱执行"问题,比如动辄执行案外人财产、给债务人通风报信、消极执行、

---

① 这方面的例子很多。比如,执行程序中有关于执行被执行人到期债权的规定,被执行人不能清偿债务,但对本案以外的第三人享有到期债权的,人民法院可以依申请执行人或被执行人的申请,向第三人发出履行到期债务的通知。参见《1998年执行司法解释》第七节的规定。在破产法中,也有类似制度。比如,1986年《企业破产法》(以下简称《老破产法》)第31条规定,破产宣告时未到期的债权,视为已到期债权,但是应当减去未到期的利息。

久拖不执等,还出现了诸多执行难问题,比如应执行财产难动等[①],在我看来,这实际上就是前文提到的白尔德教授所说的多个债权人为了自己的利益所采取的"自私自利"行动、不顾整体利益的后果。在那些债务人没有财产供执行,或者没有足够财产供执行的情况下,这些"执行乱""乱执行"或者"执行难"问题,从很大程度上来讲,和破产法下的多个债权人协调问题是一个性质的问题。

在破产法下,法律原则比较清楚,一旦破产程序启动,其他民事审判和执行程序必须停止。但是,在执行程序中,这个原则可能并不一定清楚,某一个地方的法院并不一定买另外一个地方法院的"账"。这里讲的地方可以小到区县,也可以大到一个省、直辖市。所以,执行中出现的协调问题往往带有很多中国的特色。比如,由于地方"债权人"存在出现地方保护问题,多个法院"竞争"出现法院内部需要协调的问题。因此,执行程序中多个债权人的协调需要通过协调法院自己的行动来实现。就最近十来年执行机构的发展来看,法院强调执行工作的统一管理和统一协调,强调省一级高院统一领导辖区执行工作,在我看来,实际上就是通过带有中国特色的执行机构的变革来解决或部分解决的执行中遇到的多个债权人的利益协调问题,从而适应执行机构处理破产问题的需要。

一方面,执行机构的上下级关系变成领导和被领导关系,强调上级的权威,这和法院原来的上下级关系完全不同。在中国目前的司法体制下,上下级法院之间原本是审判监督关系,下级法院相对独立于上级法院,上级法院主要通过二审程序对一审法院的审判进行监督。20世纪90年代末以后,出于统一协调的需要,法院的执行体系向着上下级领导和被领导的方向发展,出现了与原有体制完全不同的发展趋势。1999年,中央出台了关于执行的《11号文件》。这个文件是专门针对执行工作的,是新中国成立以来唯一的一份专门针对执行乃至司法的中央文件。根据这个文件,法院要建立统一管理、统一协调的执行工作新体制。统一管理、统一协调是一个新提法。如何理解统一管理和统一协调,法院内部和法院之外的其他机构有很多不同意见。

---

① 关于执行难和执行乱的情况,最高法院负责人在不同场合都有非常详细和生动的描述。请参见沈德咏:《在全国法院执行工作座谈会上的讲话》,载《强制执行指导与参考》2002年第1辑(总第1辑),法律出版社2002年版,第22—23页。

在2000年的一次法院工作会议中,最高法院原主管执行工作的副院长沈德咏法官提到,"统一管理、统一协调,实质就是统一领导……但中央发文时,考虑到周边的关系、兄弟部门的意见,要我们找一个中性的词。因为其他兄弟部门提出来,法院工作讲统一领导,没有法律依据。但是他们忽视了执行工作是有特殊性的,虽然是我们法院工作的一个组成部分,但是它是有特殊性的。在这一块讲统一领导,没有错。根据中央的意见,我们做了调整,用了'统一管理、统一协调'这几个字,但实质是'统一领导',这是非常明确的"。①在另外一个讲话中,沈德咏法官再次强调了"统一领导"的说法,并具体阐释为什么有这种特殊性。他提到,"我个人认为,统一管理就是统一领导。因为从执行的实施权、命令权的角度讲,它是一种司法行政权。行政权就其基本性质而言是一种管理权,上下级关系是管理与被管理、命令与服从的关系。因为行政权是一种管理权,所以讲统一管理实际上就是统一领导"。

另一方面,在实际操作中,上级对下级的统一领导,主要通过强调省一级高级法院对辖区内执行工作的统一管理,以及其他相应的制度性配合措施实现。2000年初,最高法院专门发了一个文件,叫《关于高级人民法院统一管理执行工作若干问题的规定》(以下简称"《2000年规定》")。②从这个规定来看,省一级高级法院统一管理辖区内执行工作,包括各个方面的工作,比如执行工作的整体部署,执行案件的监督和协调,执行力量的调度以及执行装备的使用等。最高法院的第一个《人民法院五年改革纲要》更是规定了具体的改革到位时间,要求1999年底以前,省一级高院对辖区内的法院执行工作实行统一管理和协调体制。当然,沈德咏法官在一次讲话中也承认,这个改革举措,不要说1999年底,2000年底也没有到位。③除此之外,还有很多其他配合性的制度措施,比如,前述《2000年规定》不仅强调省一级高院对辖区内法院的统一管理,还强调最高法院对省一级高院的监督和指导,强调上级法院对下级法院执行机构主要负责人任免的同意权,或者建议调整、撤离或者免职的权利。④

---

① 参见沈德咏:《在浙江省法院执行工作改革会议上的讲话》,载《强制执行指导与参考》2002年第1辑(总第1辑),法律出版社2002年版,第48页。
② 同上注,第48—49页。
③ 同上注,第49页。
④ 同上注,第48—49页。

2. 委托执行、指定执行和提级执行

与纵向的统一领导相适应,如果跨地域的法院之间产生了执行争议,执行制度强调通过改变执行方式来解决,依靠法院之间相互委托执行,而不是外地法院直接执行本地债务人来解决,并辅之以上级法院指定某一下级法院执行,或者上级法院主动把案件提级给自己来执行等方式。在法院内部,这些办法通常当作执行方式的改革加以讨论。这些办法的实施,实际上是在确认同一级执行机构的权威等级相同的情况下,通过平级法院的协调,来协调跨境债权人的权利冲突。

比如,委托执行希望解决的是异地执行的问题。执行法官到外地去执行债务人的财产,经常遇到阻碍执行、地方保护的问题。有的时候,地方保护不仅仅以领导个人不当干预的形式出现,而且常常表现为某种有领导、有组织的阻挠、干预执行的行为,继续制发土政策、对本地企业搞"挂牌保护"。① 更为严重的是,有的时候,法院自己成为阻碍外地法院执行的罪魁祸首。有的法院以执行本地案件为名,将债务人的财产全部查封,保护起来,对抗外地法院的执行。有的法院与当地债务人同谋抗拒执行,甚至函告本地的金融行政部门不协助外地法院执行。②这些问题,虽然被冠以地方保护、阻碍执行的标签,但实质上反映的是不同债权人或者利益关系人之间利益的冲突问题。在债务人能够偿还所有债务的情况下,这种冲突不明显,甚至根本不存在;但当债务人没有能力偿还所有欠款的时候,这种冲突就公开化了。委托执行实际上是通过法院内部的协调,来解决债权人之间的利益协调问题。这种协调有一定的前提条件。比如,判决执行跨省一级辖区。否则,由于存在省一级高院对辖区内所有法院的统一领导,省高院辖区内的跨地域执行,如果遇到问题,理论上执行法院可以通过省高院来内部协调解决。

从效果来看,1999年中央《11号文件》就已经提出了委托执行的概念,但是,最初几年的运作不是非常理想。一方面,省级高院的辖区范围并不小,什么事情都要通过省级高院来解决,比如一个基层法院要通过本省的高级法院,再与外省的高级法院联系委托外省某一基层法院执行判

---

① 沈德咏:《在全国法院执行工作座谈会上的讲话》,载《强制执行指导与参考》2002年第1辑(总第1辑),法律出版社2002年版,第22页。

② 见葛行军:《在全国部分高级法院执行局局长座谈会上的总结讲话》,载《强制执行指导与参考》2002年第2辑(总第2辑),法律出版社2002年版,第26页。

决,似乎效率并不是很高;另一方面,一个基层法院直接向跨省级辖区的另外一个基层法院要求委托执行,外地基层法院出于同样的地方保护倾向,可能不会积极去执行外地法院的判决。关于委托执行工作推动不利,最高法院负责执行工作的法官在不同场合都提到。① 后来,法院发展出各种辅助的执行方式,来具体实现委托执行。比如,省级高院在接受外地法院委托后,指定辖区内某一法院具体执行;省级法院或者上级法院把本应该有下级法院执行的案件,主动提级到本院来执行等。这些新的执行方式,归根结底,仍然是依赖省级高院对辖区内法院的统一管理权,通过上级法院对下级法院的领导权威,来协调解决跨地域的多个债权人主张债权时的协调问题或集体行动问题。

不管是上级执行机构对下级执行机构的领导,还是跨地域的执行机构之间的合作和协调,还是强调省一级高院对辖区内执行工作的统一领导,这些措施都是在强化机构内部的协调和统一。破产法中的所谓自动中止原则(automatic stay)非常确定,一旦破产程序启动以后,所有针对债务人的法院执行程序必须中止。这也就是美国破产法学者强调破产法协调多个债权人利益冲突的制度基础。从某种意义上来讲,破产程序"高于"一般的司法审判和执行程序,破产程序的启动,也就意味着单个债权人个人救济行动必须暂时停下来,必须通过破产程序这个中介来集体解决问题。而在执行场景下,似乎并没有一个这样的原则。实际上,执行乱、执行难,在一定程度上说明执行中没有一个大家认可的原则,因此,最好的办法就是各做各的,能抢到什么就抢什么。从根本上讲,执行机构的改革是通过内部的改革,来确定一个统一的规则;如果债权人通过法院的执行机构在争抢债务人的财产时,谁有权威来解决不同法院执行结构之间的争议。

四、为什么不申请破产?

我花了很多篇幅来描述大量破产案件进入执行程序的情况,解释执

---

① 例如,葛行军:《在全国法院执行理论研讨会上的总结》("(委托执行)工作是最高法院几年来致力推进的一项工作,并且为旨在'建立委托执行工作新格局'曾发过通知,但是在实践中收效甚微,各地法院纷纷提出质疑"),《强制执行指导与参考》2002年第1辑(总第1辑),法律出版社2002年版,第109页。

行程序处理的很多问题实际上是破产法上的问题,讨论执行组织形态如何得到发展和强化,从而适应其处理破产问题的需要。那么,下一个自然的问题是,为什么会这样?为什么破产案件不通过破产程序解决,而是进入执行程序,通过执行程序解决,并给执行法官带来各种各样的难题?目前的破产制度哪里出了问题,把那些或许本来应该通过破产制度解决的案件排除在外,把他们推向了执行程序?

破产制度的问题,在我看来,主要在于国家对国有企业破产的控制甚至抑制带来的直接和间接的影响。就直接的影响而言,国家对国有企业破产的控制,造成破产制度的作用小、破产制度处理国有企业问题的能力小,因此催生了其他方式,比如法院执行程序,解决国有企业问题的作用。就间接的影响而言,国家对国有企业破产的控制,实际上体现了国家对国有企业破产的补贴,而这种补贴并不能惠及于国有企业以外的其他组织;在国家对法院破产资源没有相应加大投入的情况下,并且还进一步提高非国有企业破产的门槛的情况下,国有企业以外的其他组织使用破产制度的成本大大提高。

1. 国家对国有企业破产的控制和执行程序作用的提高

中国的破产制度是国有企业改革的产物,是国有企业改革的一个渠道、一个工具。破产制度的发展受到国有企业改革进程的制约,国有企业破产的需求受国家的计划控制、受国有企业改革进程的影响。多少企业可以破产、哪些企业可以破产、哪些地方的企业能够破产,这都是国家在国家管理和控制下进行的。

从破产法发展的历史来看,《企业破产法》(试行)颁布以后,一直到1993年,破产制度实际上没有太多派上用场。1989年全国法院处理的破产案件只有不到100件,到1993年也才增加到710件。破产制度真正开始发挥作用是从1994年开始的。这一年,根据当时国有企业改革"抓大放小"的方针,国务院发布了一个《59号文》①,开始在18个城市试行国有企业破产。1997年的时候,随着国有企业改革进程的进一步深化,国务

---

① 参见《国务院在若干城市试行国有企业破产有关问题的通知》(1994年10月25日,国发〔1994〕59号)(以下简称"《59号文》")。李曙光教授在2008年的一次采访中,谈到他参与《59号文》起草和颁布的过程以及这个文件出台的一些背景材料。参见《国企政策性破产的发端——李曙光:59号文件出台前后》,载《新闻午报》2008年3月29日。

院发布了一个《10号文》,把试点城市扩大到100多个。① 大约到了2000年的时候,国有企业的破产才开始在全国范围内展开。因此,从整个90年代中后期来看,破产案件开始急剧增多。1994年的时候,全国法院受理了1600多件破产案件,而1998年的时候,则上升到6000多件。

除了地域限制以外,国家还通过一系列的计划控制,通过各式各样的计划来管理国有企业破产工作。比如,从1997年的国务院《10号文》颁布开始,国有企业破产工作必须纳入计划管理。中央有全国的破产计划,地方有地方的破产计划。地方政府每年要提出破产计划,考虑哪些企业可以破产,这个计划经过层层上报、批准、协调,形成全国性的破产计划,然后再具体落实和执行。与此相适应,作为主要债权人的国有银行也有银行方面的呆账核销计划,管理每年受破产影响需要核销的银行的呆账、坏账情况。② 与计划管理配套的是机构的设置。从中央到地方,上上下下都有政府负责人牵头成立的破产工作领导小组,具体管理国有企业破产工作。领导小组成员包括政府各个部门,银行以及法院等司法部门。③ 这类领导小组权限很大,大到负责决定哪个企业可以破产,小到负责制定破产预案,职工安置方案等等具体文件。

国家对国有企业破产进行管理和控制,直接的后果是对国有企业破产需求的控制,甚至是抑制。从90年代中后期开始,全国法院每年受理的几千件案件中,大约一半左右是国有企业的破产案件。这个数量不算多。控制国有企业破产的数量、节奏,好处是和国有企业整体改革进程保持一致,尤其是国有企业改革遇到困难的时候。比如,90年代中后期的

---

① 参见《国务院关于在若干城市试行国有企业兼并破产和职工再就业有关问题的补充通知》(1997年3月2日,国发〔1997〕10号)(以下简称"《10号文》")。

② 李曙光教授在一次采访中谈到,90年代初银行反对国有企业破产,主要是因为呆坏账冲销没有资金来源。于是,当时《59号文》的起草者想到并提出建立呆坏账准备金制度,从贷款额中提取1%,作为准备金来源冲销银行的呆坏账。有了这个制度,银行也不反对破产了。参见《国企政策性破产的发端——李曙光:59号文件出台前后》,载《新闻午报》2008年3月29日。

③ 比如,《59号文》规定,"有关城市的人民政府要加强对这项工作(破产工作)的组织领导,由一名政府负责人牵头,经贸委(经委、计经委)、计委、财政、银行、劳动、审计、税务、国有资产管理、土地、工会等部门和单位参加的工作机构,统一负责组织、协调、解决实施企业破产中遇到的问题"。《10号文》规定,试点城市成立由市经贸委(组长)、体改委、财政局、中国人民银行和各债权银行分行、劳动局、土地局、国有资产管理等部门组成,并邀请市人大法工委、人民法院参加的试点城市企业兼并破产和职工再就业工作协调小组。其主要职责包括负责企业兼并及进入破产程序前、终结后和职工再就业工作的组织协调;制定本市《企业兼并破产和职工再就业工作计划》;负责制定企业破产预案;等等。

一段时间,国有企业破产兼并过程中职工安置成为主要瓶颈,而国家控制企业破产的数量和节奏可以使之与国企改革其他环节的进程互相协调,避免破产走得太快,影响社会的稳定。但是,通过控制可以解决一方面问题,但可能也会使其他问题显得更为突出。比如,国有银行系统给国有企业贷款形成的不良贷款,数量越来越大,1998年亚洲金融危机以后,政府开始意识到金融风险潜在的巨大危害,因而国有银行的不良贷款处理问题的显得非常突出。但即便政府愿意掏钱,替国有银行的不良贷款买单,仍然需要通过具体方式来处理数量庞大的不良贷款。这些具体方式很多,比如,国家直接将银行的不良贷款剥离给国有独资的资产管理公司,让资产管理公司来承受不良贷款,或者允许银行和资产管理公司采取灵活的方式处理不良贷款,包括债务重组、打包拍卖等方式。

国家对国有企业破产的管理和抑制,使得破产这个方式和渠道的作用受到很大的限制,从而提高了其他方式和渠道的作用,包括执行的作用。这是因为,问题总是需要解决,破产走不通,那么就需要采取其他方式来解决问题,包括通过法院的审判和执行来解决问题。

比如,2002年"中国发展高层论坛"上,时任中国人民银行行长戴相龙宣布,中国国有商业银行2001年底的不良贷款率为25.37%,大约相当于2.3万亿元人民币。虽说不是所有不良贷款都会成为呆账,但是哪怕只有10%成为呆账,需要政府拿钱出来核销,也有2000多亿元。何况,这已经是1999年资产管理公司从国有银行一次性受让大量不良贷款以后的不良贷款情况。这么大量的问题贷款,国家控制下的破产制度能起的作用明显有限。例如,从1994年到2004年这十年间,中央政府累计拨付了493亿元用于国有企业的政策性破产,累计核销债务2238亿元。①493亿相当于政府给破产企业的补贴,2238亿相当于政府给银行核销呆坏账的补贴,两个数字加起来大约2800亿元,平均每年280亿元。法院方面的报道不太多,但有一些。比如,1997年是受理和审理全国破产案件的高峰期,全国法院共审结5697件破产案件,其中大约一半为国有企业破产案件,所有案件涉及破产企业资产358亿元(没有报道涉及银行债

---

① 参见段晓燕:《1828户国有企业:国家最后一次"埋单"》,载《21世纪经济报道》网站(2005年4月30日),http://www.nanfangdaily.com.cn/jj/20050502/zh/200504300007.asp,2008年6月18日访问。

权的数额)。①国有企业的破产案件,国家补贴债务人企业和国家补贴银行核销的债务数额看起来不小,但如果放在有困难的企业和有问题的银行贷款这个大背景下来看,破产的作用并不大。比如,从报道的中央政府对破产企业和银行的补贴情况来看,每年平均也就不到 300 亿元。

在破产受到抑制的情况下,其他方式的作用就凸现出来。比如,进入本世纪以来,全国法院每年受理的执行案件在 200 万件以上,每年执行结案案件的标的额都在 3000 亿以上。粗略估算,如果 20%—30% 的执行案件中,债务人没有财产可供执行,并且假设案件的标的额分布均匀,那么,每年有 600 亿到 900 亿的债权没法收回。和前面提到的中央政府平均每年补贴的 280 亿元来比,600 亿或 900 亿都不是小数。其中,银行,包括五大国有银行,是执行程序的最大的使用者和受益人。② 从 20 世纪 90 年代中后期开始,银行发起的所谓"依法收贷"运动,在我看来,实际上就是国有企业破产受到抑制的背景下,银行通过诉讼和执行渠道来解决不良贷款问题的产物。国家不良贷款和呆账核销管理规定明确破产文书和执行文书都可以作为核销呆账的依据,实际上是就是国家对破产受到抑制而执行作用凸现的确认。

2. 政府对国有企业破产的"补贴"带来的影响

国家对国有企业破产进行管理和控制,直接影响了国有企业,包括国有银行,对破产制度的需求。当国家控制不严甚至是鼓励国有企业破产的时候,比如 20 世纪 90 年代中后期,法院受理的破产案件数量就大幅上升;当国家控制很严、或者不鼓励国有企业破产、或者国有企业改革进入新的阶段的时候,比如 20 世纪 90 年代初期以及进入本世纪以后,法院受理的破产案件数量就开始下降。那么,国有企业以外的其他组织呢?理论上,他们应该有自己独立的需求,不受国家对国有企业破产控制的影响。

但实际上,国有企业以外的其他组织对破产的需求也不高。最近几年,法院每年受理几千件破产案件,大约国有企业破产占一半,另外一半为国有企业以外的其他组织的破产案件。之所以其他组织,尤其是私营

---

① 参见《中国法律年鉴》(1998 年)第 133 页。
② 根据笔者自己对沿海某中院的 1998 年到 2001 年执行情况的调查,银行申请执行的案件数占所有执行案件数的 85.1%,其中,五大国有商业银行申请执行的案件数占所有执行案件数的 51.8%。参见唐应茂、盛柳钢:《预算软约束和中国的司法之行之谜》,未刊稿。

企业，对破产制度的需求也不是很高，一方面在于这些企业还不够大，在整个90年代乃至现在，还处在发展时期，对于昂贵的破产制度，这些组织还没有很强的购买力。比如，在法院统计中，国有企业和非国有企业的破产案件分别统计，国有企业破产主要是指适用1986年颁布的《企业破产法》（以下简称"《老破产法》"）的国有企业破产，也就是20世纪80年代成立的全民所有制企业的破产；而非国有企业并不是完全意义上的私营企业，实际上包括与国有企业和政府有很紧密联系的很多类型的"准国有"企业，比如集体企业、国有控股的有限责任公司等。这些企业的破产并不适用《企业破产法》（试行），而是适用1991年的《民事诉讼法》规定的破产程序。另一方面，在我看来更为重要的是，政府在对国有企业进行计划控制和管理的同时，也在对国有企业的破产进行隐性的"补贴"，而非国有企业却没有这种便利，这在一定程度上抑制了国有企业以外的其他组织对破产制度的需求。

为什么这么说呢？从国有企业的破产来看，破产属于整个国有企业改革中的一个环节，破产成为从中央到地方政府工作中的一个部分，破产制度的很多程序不是由法院主导，也不需要破产企业或者其债权人来张罗，而是由政府来组织实施。比如，就组织形态而言，如前所述，从地方到中央，上上下下都有政府负责人牵头成立的破产工作领导小组，其小组成员包括政府各个部门，银行以及法院等司法部门。这类领导小组权限很大，职能很多，大到负责决定哪个企业可以破产，小到负责制定破产预案，职工安置方案等具体文件。他们实际上起着债权人会议功能、清算组功能，甚至行使破产财产如何分配、债权之间的分配顺序等等类似裁判的职能。因此，如果我们从广义上理解破产程序，不把破产程序局限在破产案件进入法院之后的破产法意义上的破产程序，而是把破产程序理解为包括从政府开始形成哪些企业可以破产的决策，到最后由法院正式宣告破产的所有环节的话，毫无疑问，法院的作用可以说微乎其微，政府的破产工作领导小组，以及整个由政府主导的程序实际上起着核心的作用。债权人利益的协调、组织工作，乃至于绝大部分破产意义上的工作，都是由这个程序承担和完成的。

换句话讲，行政机关或者准行政机关（比如银行），不管是作为债权人身份、还是作为潜在利益相关着的身份（破产企业职工不满影响社会稳定，从而对政府产生压力），他们承担了破产程序下的协调和组织的职能，并同时也承担了协调和组织的成本,承担了制度运行的成本。我们也许很难说政府替债权人承担了协调组织的成本,从而使得国有企业的破产变得相对容易(与下面讲的非国有企业破产而言),因为政府自己本身可能就是债权人。但是,破产法意义上的协调和组织成本以及制度运行的成本由政府来承担,政府事实上在补贴国有企业的破产。因此,国有企业的破产成本,不管从破产企业或者债权人角度,还是从法院角度,都大大降低了。

相反,同国有企业相比,其他企业,不管是集体企业,还是私营企业,或者是其他形式的企业组织,都没有这个便利。进入本世纪后,私营企业得到了很大发展,我们开始看到像腾讯、阿里巴巴这样市值上百亿美金的重量级私营企业。但是,这些私营企业是否真的有破产的需求,其实还很难讲。比如,阿里巴巴以及许多其他近十年发展起来的互联网、高科技公司,很难从银行获得贷款,甚至根本就没有银行贷款,日常经营通过最初的风险投资和经营收入来维持和发展。[①] 在没有比较大的债权人的情况下,债权人申请破产的可能性很小。即便是这些"富裕"壮大起来的私营企业有一定的破产需求,他们能不能进入破产程序,既取决于进入这个程序的门槛(下一部分详述),同时还要取决于进入这个程序后使用这个程序的成本。对于这些企业而言,破产意义上的协调和组织问题,仍然是使用破产制度的一个重要成本因素。实际上,对于非国有企业而言,由于国家主导力量的退出,破产意义上的协调和组织工作,基本上都由自己承担。从市场经济意义而言,这无可厚非。但从制度发展和制度使用的角度而言,对于这些随同中国社会市场经济一起发展起来的经济组织而言,这些工作都是全新的。召集债权人开个会,组成清算组,这些看似程序性和简单的工作,实际上并不简单。我们经常可以看到各种报道,介绍在没有政府主导的情况下,破产程序中看似简单的工作如何在实践中变得复杂,乃至出现各种各样的问题。

比如,常州市中院对 2003 年审理破产案件的情况作了一个总结报

[①] 很多到纽约或香港上市的国内高科技、互联网公司的招股书中都披露,他们没有银行贷款。比如,参见阿里巴巴 2007 年 10 月 23 日在香港上市时发布于香港联交所的招股书关于财务信息的章节。

告。① 这个报告提到,常柴集团江南运输机械有限公司是一个有限责任公司,该公司的破产属于非国有企业破产。这个报告还提到,在该公司的破产案件中,"债权人到清算组吵闹时有发生,9月24日召开第一次债权人会议过程中,会前就有人大声发泄不满,会后就不散场,在本院喧哗、冲击食堂,下午又群体去清算组哄闹,至晚上7点多才离散,会后一个星期内本院、清算组专门安排人员接待、解答问题,且在近一个月的清偿分配过程中进一步进行解释疏导,事态才逐步平息"。

这种吵吵闹闹、乱哄哄的场面有点像一些新兴国家或地区议会开会的场面,尽管议员们都是有地位、有身份的人,但争论到激烈处,也难免斯文扫地、大打出手。这同我们在电视中看到的英国或者美国议员们开会时井然有序的场景完全不一样。破产程序中债权人打打闹闹的场面,实际上反映出国家力量退出后,非国有企业,不管是企业自己(破产程序启动后由清算组代表),还是债权人,他们都还处在很原始的学习使用制度的阶段,还没有学会比较文明的参与程序。而在这个过程中,法院自己也还没有树立其权威,成为这种乱哄哄的失控场面的直接"受害者"。我们很难想象,在政府召开的国有企业破产领导小组协调会上,某银行的行长,或者供电局的局长,会在市长、副市长面前,为了各自的债权利益大打出手。我们也很难想象,美国的债权人会在破产法院"喧哗",冲击破产法官吃饭的餐厅。

2007年颁布的《企业破产法》新推出的管理人制度,在我看来,实际上是在一定程度上,将破产意义上的协调和组织工作交给法院监督下的社会中介结构承担,从而减少破产企业,尤其是非国有破产企业及其债权人创设和维持协调组织制度的成本。但这也仅仅是减少债权人和债务人使用破产制度的成本。同国有企业破产制度下直接由行政机构承担协调和组织成本相比,同下面提到的执行制度下法院承担协调和组织成本相比,对于非国有企业而言,破产制度需要自己承担协调和组织成本,从而导致使用制度的成本高。而前两者都是政府在直接补贴制度参与人,使用制度的成本降低。

---

① 参见《2003年我院破产案件审理情况简析》,江苏省常州市中级人民法院网,http://www.jsczfy.gov.cn/plus/view.php？aid=15786,2008年6月18日访问。

3. 法院破产功能的自我抑制和破产制度的准入门槛

国有企业能够通过将参与破产制度的成本转移到行政机构身上,通过这种政府的隐性补贴来减少参与破产制度的成本,而非国有企业没有这种便利,也许这还只是一个发展中的问题,还不算不"公平"。法院主持下的破产制度虽然不像国家有计划来控制和管理国有企业破产,但由于存在事实上的准入障碍,不管是诉诸文字的、放在纸面上的高准入门槛,还是由于法院破产资源缺乏、自我抑制破产功能而形成的事实上的高准入门槛,这都进一步抑制了国有企业以外的其他组织对破产的需求。

就诉诸文字、放在纸面上的来讲,比如,《企业老破产法》(试行)只允许全民所有制企业,也就是国有企业破产,而 1991 年的民事诉讼法虽然把破产程序扩展到法人组织,但是,对于那些形形色色的非法人组织和个人,破产程序并不适用,这从制度上提高了破产制度的进入门槛。就事实上的高准入门槛来讲,无论是针对债权人,还是针对债务人,法院往往都会有一些操作上的做法,来实际限制破产案件进入法院。比如,就债权人申请破产而言,1991 年的《民事诉讼法》虽然有所进步,但基本沿袭了《企业破产法》(试行)对企业破产原因的做法,要求债权人既要证明债务人无力还债,还要证明债务人严重亏损、或者资不抵债。[①] 要在申请法院立案时,在短短几天内,证明债务人严重亏损或者资不抵债,实际上是很困难的事情。2007 年《企业破产法》颁布后,王欣新教授在一次论坛中谈及破产原因问题也提到,如果要求债权人这么做,"债权人要想申请破产,要想让法院受理,那将会比登天还难"。[②] 实际操作中,也许受了这些规定的影响,一些法院对债权人申请破产采取各种各样的限制。比如,江苏省徐州市中院 2002 年有一个调查报告,总结 1999 年以来该院审理破产案件的情况。[③] 这个报告提到,"近两年来,破产案件大幅上升,其数量是《企业破产法》(试行)实施后十年的 20 倍。这些破产案件中,绝大部分是企业自身或其主管部门申请的破产。目前我市对债权人申请和未经当地政

[①] 比如,参见黄赤东、杨荣新:《破产法及配套规定新释新解》,人民法院出版社 2002 年版,第 74—75 页。

[②] 参见王欣新:《新〈破产法〉透析》,中国财税法网,http://www.cftl.cn/forum/showtopic.asp?topic_id=958&forum_id=21,2008 年 6 月 18 日访问。

[③] 参见徐州市中级人民法院民三庭:《审理破产案件的调查报告》,江苏法院网站,http://www.jsfy.gov.cn/cps/site/jsfy/lilunyanjiu/dc_content_a200209267111.htm,2008 年 6 月 18 日访问。

府批准的破产暂不予受理。如果取消上述限制,破产案件还会成倍攀升。"①

就非国有企业债务人而言,法院常常把对国有企业申请破产的条件移植到非国有企业破产身上,从而使得非国有企业申请破产变得困难。例如,1997年后,国有企业破产案件必须纳入全国和地方各地的破产计划、比须有一个比较完整的解决几乎所有破产问题的破产预案、必须有解决职工安置问题的职工安置方案等等,法院才能正式受理这些国有企业的破产申请。换句话讲,进入法院正式破产程序的前提条件多,门槛高;同时,法院的作用也受到相应限制,大部分问题在进入法院正式破产程序之前必须得到解决,否则,破产案件进不了法院。而这些形形色色的限制破产的条件,虽然很多是针对国有企业的,但却常常被法院移植到非国有企业的破产受理条件中。比如,2002年最高法院发布了一个的司法解释,专门针对破产案件。这个司法解释试图改变1986年《企业破产法》(试行)只解决国有企业破产问题的做法,对非国有企业的破产程序作了一些更为细致的规定。在这个司法解释中,企业职工情况和安置预案也被作为法院受理破产案件的一个先决条件,企业必须提供这个东西,法院才能受理破产案件。② 实际上,许多法官和学者都指出,对于那些已经经营困难、前途渺茫的企业来讲,如果能够有办法妥善安置职工,也许就不存在破产问题了。因此,许多企业主干脆一走了之,既不申请破产,也不采取其他措施。企业还存在,但往往处于不死不活的状态。

在我看来,这种额外的要求主要是1993年到1995年年间出现遍及全国的所谓"假破产""真逃债"现象后,债权人银行和在一定程度上代表职工利益的地方政府博弈后的结果。国企改革实际上是重新确定财产分配顺序。完全支持银行贷款的抵押权有先,破产财产优先偿还贷款,或者完全支持安置职工费用优先,维护社会稳定,破产财产优先支付职工工资

---

① 2002年,最高法院颁布了一个司法解释,专门针对破产案件的审理问题。至少从字面上看,这个司法解释放宽了受理条件,起码没有明确要求债权人要证明债务人资不抵债,只是要求债权人证明债务人不能清偿到期债务等。参见《最高人民法院〈关于审理企业破产案件若干问题的规定〉》(2002年9月1日施行,法释〔2002〕23号)第7条。

② 参见《最高人民法院〈关于审理企业破产案件若干问题的规定〉》(2002年9月1日施行,法释〔2002〕23号)第6条。

和各项费用,可能都不是一个各方能接受的结果。① 通过国企改革各方进行重新讨价还价,确定一个各方都能接受的结果后,法院仅仅通过正式的破产程序确认这个结果,似乎是一个对法院而言比较经济的做法。尽管是国有企业破产中发展出来的做法,法院却几乎完全借鉴了这种做法,并把它移植到非国有企业破产案件中。

我没有看见比较有说服力的解释,说明为什么法院会把国有企业破产的做法"移植"到非国有企业破产上来。② 可能的理由涉及两个方面。一方面,直接把国有企业破产的做法"移植"过来,不太容易受到政府其他部门和社会公众的质疑,或者即便受到质疑,也比较容易解释。在不改变制度设置,比如加大法院破产资源投入的情况下,希望法院解决一些他力所不能及的问题,这对于法院也是不公平的。另一方面,这种"移植"做法,也可能反映了法院破产功能和作用受到限制背景下,是法院破产资源的缺乏的"潜意识反应"。比如,20 世纪 90 年中后期一段时间,由于债权人银行对于"假破产"案件的强烈反弹,担心地方法院和地方政府一起合谋,通过破产损害银行利益,整个法院系统一度只能由中级法院才能受理破产案件。

直到现在,即便在有资格受理破产案件的法院里,几乎都没有专门审理破产案件的法官。破产案件通常都是由经济庭或者民商庭的法官"兼职"审理。当然,从供求来讲,这并不算不合理。即便最近一些年破产案件增多,全国法院每年受理大约 1 万件破产案件,但分到全国各个法院头上,一个法院一般一年也就审理几十件破产案件。案件数量不多,没有太多专业化的必要。③ 没有专业化的分工,从一定程度上讲,也加剧了审理

---

① 《10 号文》第 5 条规定,安置破产职工的费用,从破产企业依法取得的土地使用权转让所得中拨付。破产企业以土地使用权为抵押的,其转让所得也应首先用于安置职工。由于银行的债权多为抵押债权,此条规定实际上将职工安置费用优先于抵押债权偿付,引起银行的强烈反弹。

② 从司法解释来看,1992 年最高法院《关于适用〈中华人民共和国民事诉讼法〉若干问题的规定》第 253 条规定,人民法院审理破产还债案件,除适用民事诉讼法第十九章的规定外,并可参照《企业破产法》的有关规定。这里讲的"参照",大概是"移植"做法的一个制度基础。

③ 比如,1999 年到 2002 年三年多的时间里,徐州中院以及辖区内法院共审理了 286 年案件,平均每年八九十件。平均到每个法院,案件数量更少。见参见徐州市中级人民法院民三庭:《审理破产案件的调查报告》,江苏法院网站,http://www.jsfy.gov.cn/cps/site/jsfy/lilunyanjiu/dc_content_a200209267111.htm,2008 年 6 月 18 日访问。常州中院 2003 年度共审理破产案件 12 件。参见《2003 年我院破产案件审理情况简析》,江苏省常州市中级人民法院网,http://www.jsczfy.gov.cn/plus/view.php?aid=15786,2008 年 6 月 18 日访问。

破产案件时间长、成本高的状况。① 因此,"移植"的做法反映了法院破产资源缺乏的现实约束:就那么几个人审理破产案件,法院和法官都没有精力陷入费时费力的事情上,与情绪激动的成百上千职工打交道。在国家力量退出,行政机构不再提供补贴,而破产制度的潜在使用者,比如非国有企业,又没有充分购买能力情况下,自我抑制明显是对自己的一个比较有效的保护。

五、为什么要申请执行?

法院破产制度的正式化、昂贵化,并且没有政府的补贴,只是为什么破产案件进入执行程序的一个方面因素。问题的另外一个方面是执行程序的简易化、大众化和法院对制度参与人的补贴,从而使得执行程序便宜、快速和受众范围广。与破产制度的昂贵相比,执行制度更像是一个"草根型"的制度:什么人、什么机构都可以进入,效率比较高,并且大部分的协调和组织成本由法院自己承担,而不是由参与人自己承担。并且,与法院破产资源的匮乏相比,全国执行力量非常可观,已经发展成为一支遍布全国、从基层法院到最高法院覆盖范围广泛的几万人队伍。

1. 进入门槛低

执行制度几乎没有什么进入门槛。对于什么主体可以申请法院执行,法律或者司法解释几乎没有任何限制。无论是正式的法人机构,比如公司、企业,还是非法人组织,比如上面提到的开办单位、政府部门、街道办事处,或者是个人,都可以申请法院执行,也同时可能成为被执行的对象。与破产制度对于什么机构能够成为破产主体有正式或者非正式的限制相比,执行制度基本没有任何限制。因此,我们可以看到,执行案件的平均标的额并不大,反映出执行程序的准入标准低。比如,最高法院报道,2002年前5月,执行案件的标的额平均为7万余元,未执结标的额平

---

① 比如,江苏省高院2002年有一个调查报告提到:(破产案件)审理期限普遍较长。1999年到2001年,全省法院审结的破产案件中,六个月内结案的27件,仅占1.4%。许多案件的审理期限超过一年,最长的达五年之久。参见江苏省高级人民法院民二庭:《关于全省法院破产案件审理情况的调查报告》,载《中国民商审判》2002年第二卷。

均为107万元,这都算不上很大的案件。① 即便到了2005年,全国共执行完结大约204万件案件,执行结案案件的标的额总额大约为3120亿元。平均每个案件也就十五万元,相当于一辆小轿车的金额。②

因此,执行程序几乎就是一个大杂烩,什么案件都可以看到。既有几千万、上亿元的大案子,也有几千元、几万元的小案件。同破产程序对案件受理条件的层层限制相比,执行程序基本没有任何限制。唯一的前提是当事人需要拿到有法律效力的文书,比如,法院的裁判文书。但由于审判效率的提高、审判程序对于立案条件的相对宽松,比如从来没有规定非国有企业、或者个人就不能起诉,这种前置性的程序也不是一个不可逾越的障碍。何况,这种障碍还有逐渐减小的趋势。比如,法院系统从2002年就开始尝试执行收费改革,允许当事人缓交、甚至不交执行费,尤其是在没有执行回来债权的情况下。这些实验性、改革性的措施,到2007年进一步成为了正式的制度,执行程序的进入门槛越来越低。

2. 执行效率高

法官执行案件拖拖拉拉,一直是社会批评司法没有效率的重要论据,法院自己也承认执行的效率很成问题。但是,如果拿破产程序作为参照物,执行程序可能并不算差,甚至还可以说效率比较高。

一方面,同审判程序一样,法律对于执行程序也有强制性的时限要求,要求在6个月内执行完毕案件。不管实际情况怎么样,法律强制性的要求仍然是一个重要的约束因素。有这个硬性的约束条件,如果没有比较合理的理由,法院和法官都很难轻易突破。不像破产程序,本来涉及的环节就比较多,在完全没有外部约束的条件下,三四年才审理完破产案件,几乎成了家常便饭。

另一方面,从20世纪90年代末开始的执行改革,也都或多或少改善了执行效率。比如,最高法院2002年发布了一个执行工作动态的报告,对执行的结案情况作了一个小结。这个报告提到,1992年到1998年,全国法院执行案件收案数量每年都在上升,结案数量也每年都在上升。但是,由于结案的数量一直少于收案的数量,所以,没有结案的数量越来越

---

① 参见葛行军:《在全国法院执行队伍建设工作会议上的总结讲话》,载《强制执行指导与参考》2002年第3辑(总第3辑),法律出版社2002年版,第24页。

② 参见《中国法律年鉴》(2006年)第125页。

多。到了1998年的时候,没有执行结案的案件达到50多万件,达到历史的最高点,是1992年的两倍多。1999年中央11号文件出台后,1999年被定为执行年。1999年全国法院执行结案的数量首次超过受理案件的数量,没有结案的案件数量开始下降,走上所谓的良性循环。①

同时,在执行改革的大背景下,各种各样的执行改革措施的采用,也使得案件的平均时间越来越短。比如,上海普陀法院对执行案件采用流程管理,2003年部分月份案件的平均结案时间只有67天,差不多两个月就结束一个执行案件。②昆明中院也有类似报告。比如,2002年的时候,昆明中院案件平均执行结案时间为125天,大约4个月执行完毕案件,到了2003年的时候,案件平均执行时间只有90天,差不多3个月就执行完毕。③ 这里提到的上海或者昆明属于执行情况比较好的法院。但不管是平均2个月,还是平均4个月执行完毕一件案件,或者甚至更长的时间,如果同破产案件的处理情况相比,后者的"拖拖拉拉"更为明显,执行效率和破产审判效率有天壤之别。

3. 大部分协调成本由法院承担

国企破产占主导地位的背景下,行政机构承担主要的协调和组织成本;在国企破产向非国企破产转型的过程中,破产制度还处在一个开始转向由社会(实际上是当事人)承担协调和组织成本的阶段。法院虽然有所作为,比如,根据《企业破产法》要求法院对破产管理人进行管理,但总的而言,国家和法院对当事人的补贴都非常有限。与此相反,从执行制度的发展来看,通过对执行的行政性质的强化,法院自己承担了大部分的协调和组织成本。

比如,省级高院统一领导辖区内的执行工作、上级执行机构领导下级执行机构,这实际上是用行政命令的方式来减少法院内部的协调问题,而法院内部的协调问题,从破产法意义来讲,归根结底是由于多个债权人、特别是跨辖区的债权人的协调问题。通过权威(上级法院)来解决利益的

---

① 参见王惠君:《十五大以来全国法院执行案件特点分析》,载《强制执行指导与参考》2002年第3辑(总第3辑),法律出版社2002年版,第325—326页。
② 参见《严抓执行流程管理促进公开、公正、高效——上海市普陀区法院执行流程改革见成效》,载《强制执行指导与参考》2003年第4集(总第8集),法律出版社2004年版,第332页。
③ 参见昆明市中级人民法院调研课题组:《昆明中院执行改革中的"两权分立"运行模式的构建》,载《强制执行指导与参考》2005年第1集(总第13集),法律出版社2005年版,第158页。

冲突。这同西方破产制度上强调通过破产法院的权威,来处理债权人利益冲突的问题道理是一样的,只不过中国执行制度场景下,法院自己成为一个产生利益冲突的来源,因此,需要其上级法院来协调、通过命令来解决协调问题。同样道理,委托执行、提及执行等等所谓新的执行方式,也是通过全国范围内的法院之间的协调,来解决更大地域范围内的多个债权人利益冲突的问题。像行政机构协调国企破产一样,通过法院机构及权力行使方式的重新组合来协调处理执行问题,实际上是法院自己承担成本、对参与执行制度的当事人进行补贴,从而降低当事人使用执行程序的成本。

进一步讲,与法院破产资源受到限制相比,法院的执行资源几乎呈现爆炸性的发展,这也使得法院有办法消化协调和运行的成本、使得法院对当事人进行补贴成为可能。针对当时社会普遍关注的执行难和执行乱问题,1999 年中央的《11 号文件》除了为随后的执行机构改革定下调子以外,最重要的是为执行机构的扩张和强化提供了最高层的支持。根据这个文件,执行人员的编制要占到法院编制的 15%,并要求对提供相应的经费和物资设备的支持。[①] 随后不久,法院系统开展了执行局改革,也就是法院内部设立专门的执行局,提高执行局领导在法院的地位,让执行局领导进法院党组或者给予更高的行政待遇,进一步强化了执行法官的地位和执行的力量。在中央的大力推动下,执行人员的数量在几年间几乎成倍的增长。在 1996 年的时候,全国大约有 1 万多名从事执行的法官和其他工作人员,到了 2001 年底的时候,已经增加到了 3 万多人。[②]

执行机构的大发展有特殊背景,是在执行难和执行乱的背景下产生的。从客观上讲,这种迅速的发展使得法院有能力对当事人提供补贴,降低当事人参与和使用制度的成本。不管是国有背景的企业或机构,还是非国有背景的企业、机构和个人,都能普遍受惠于国家对法院执行制度的投入。不像破产程序,在国家力量退出、市场力量尚未形成足够的"购买

---

① 参见葛行军:《杂议解决执行难问题》("各级人民法院按照中央 11 号文件的要求,按在编干部 15%的比例配备执行干部,现在的配备数额已达 13%"),载《强制执行指导与参考》2004 年第 1 集(总第 9 集),法律出版社 2004 年版,第 97 页。

② 1996 年,全国法院共有执行人员 16000 余人。参见李国光:《坚持严肃执法,全面加强和改进执行工作》,载《强制执行指导与参考》2002 年第 1 辑(总第 1 辑),法律出版社 2002 年版,第 2 页。

力"而又有需求的情况下,法院资源的匮乏以及与此相适应的法院对破产功能的自我抑制则把破产案件排除在正式的破产制度之外。

六、结束语:破产法和强制执行法的对决

形形色色的破产案件进入执行程序,这是中国执行制度发展过程中的一个有趣现象,也是破产制度发展过程中的一个无奈的现象。破产问题为什么不通过破产制度来解决?破产问题为什么通过似乎风马牛不相及的执行制度来解决?研究破产问题的学者似乎没有意识到需要从执行案件中吸收研究中国破产问题的素材,从事执行实践的法官似乎没有意识到他们在解决破产法问题、创设破产法规则和形成破产法制度。

尽管如此,从立法层面看,同破产相比,执行受到的重视远远不够。在破产和执行的对决过程中,就正式的制度层面而言,破产制度无疑是胜利者。破产法虽然历尽艰辛,但终成正果,2007年得以顺利出台。而与此相对应的,最高法院从2000年就已经起草好的强制执行法,距离正式出台,似乎还是遥遥无期。① 在破产法和强制执行法的对决中,破产法明显已经胜出。

不过,尽管各方对于破产法的颁布和施行寄予厚望,我仍然对于破产法的前途充满忧虑。很多学者都预测,破产法的颁布会引起企业破产案件的高潮,会进一步促进破产制度和破产研究的发展。但是,《新破产法》的潜在使用者——国有企业以外的私营企业——对制度的购买力是否有这么强,我仍然有很大的疑虑。虽然中小企业对国家经济的贡献、对就业的贡献、对进出口的贡献很大,但他们的成长仍然有一个过程。即便他们成长到足够大,有了潜在的购买能力,我在前面提到的建立和维系制度的成本、协调的成本,对于他们来讲,仍然是不小的负担。尤其是我们的私营企业、或者中小企业,还处在学习使用制度的阶段。通知开会、记录结果、协商问题,这些国有企业和政府机构习以为常、已经形成制度东西,在私营企业、中小企业中不一定存在。他们在创造财富的过程中,还需要学

---

① 最高法院前副院长沈德咏法官在2000年的一次讲话中提到,"全国人大非常重视执行立法工作,已将《强制执行法》列入近期的立法计划……最高人民法院目前正在由执行办抓紧起草《强制执行法》……现已形成初稿"。参见沈德咏:《在全国法院执行工作座谈会上的讲话》,载《强制执行指导与参考》2002年第1辑(总第1辑),法律出版社2002年版,第38页。

习如何同时创造制度。如果这些成本由这些企业自己负担,不管是这些企业作为债务人,还是作为债权人,而法院只是起到一个被动的协调作用,私营企业、中小企业的破产需求可能不会很短时间内被刺激起来。

在我看来,《企业破产法》在这方面并没有太多的改变,仅有的对破产管理人的管理,似乎也是在全国人大常委会的督促下进行的。法院对于破产的投入、国家对法院破产制度的投入,基本都没有太多变化。这或许是对公共资源的有效的节约,但它的后果则非常明显:参与破产制度的成本并没有因为破产法的颁布有显著的变化。因此,破产法的胜利,更多的是在改革开放的背景下,在努力争取国际对中国市场经济地位认可的迫切需求下,一项成本相对较低的法律移植活动的结果。[①] 对于任何一项法律移植活动,其实际功效如何,我们都需要有比较清醒的认识。

相反,强制执行法的"失败",在我看来,并不意味着执行制度的失败。实际上,中国执行机构的庞大力量、覆盖网络,以及执行局领导在法院内部比负责审理破产案件法官高得多的地位,使得执行程序在处理破产问题上具有比破产程序更多的优势。这种优势在司法为民、减少诉讼和执行成本,以及在不断强化的程序管理的背景下得到了进一步的强化。执行制度有执行制度的问题,但就其承担的破产功能而言,执行制度的优势可能还将继续存在,执行程序解决破产问题的现象可能还不会很快消失。如果把破产制度比作贵族制度、海归制度的话,执行制度更像是平民制度、草根制度。贵族制度、海归制度的发展要取决于制度使用者消费能力的提高,在国家没有补贴的情况下,尤其如此。而平民制度、草根制度有先天的成本优势,加上政府的补贴,这种低成本对于还不非常富裕的中国消费者来讲尤其具有吸引力。

[①] 王欣新教授在2007年《破产法》颁布以后的一次论坛中提到,"2004年时,中国破产法的起草有一个突然加速的过程。据我了解,当时是2004年年初的时候,温总理到欧盟去访问,提出希望欧盟能够给予中国完全市场经济地位。后来欧盟派来一个代表团到中国进行考察,考察完以后,得出的结论是:不能给中国完全市场经济地位。理由有四条,其中很重要一条就是中国没有市场经济化的破产法。可能这个结论也引起了领导们的重视,一下子破产立法速度加快"。参见王欣新:《新〈破产法〉透析》,中国财税法网,http://www.cftl.cn/forum/showtopic.asp?topic_id=958&forum_id=21,2008年6月18日访问。

人格权独立成编的再批评*

尹 田**

伴随中国民法典的编撰进程,人格权应否独立成编的问题再次引发学界热议。与其他对之持反对意见的学者不同,从2003年起,笔者主要从对自然人人格权的性质分析着手,提出此种权利非为与物权、债权、知识产权以及身份权相同性质的民事权利,而是由基本法(宪法)赋予每个个人的基本权利,民法应从人格权保护而非权利创设的角度作出规定,并据此进行了各种分析和阐述。① 十多年来,对于笔者所指出的人格权具有宪法权利性质的观点,无人明确反对,但就一些学者所提出的有关人格权"既是宪法权利,也是民事权利"的意见,则赞成者较多。很显然,由于人格权为人格的派生物,而人格又涉及许多古老且复杂的法哲学理论,涉及自然法学与实证法学以及其他法学流派的各种争端,在现代法学阐述宪法和民法的相互关系及其规范属性和功能的理论中,也存在诸多理论纠结。因此,即使该说的都说了,学界想要在纯粹理论的层面对人格权的本质达成基本共识,殊无可能。于此中国民法典立法在即之际,暂且搁置深刻但抽象的理论研究,从法律之实用价值的角度审视人格权独立成编的利弊,以供须及时作出决策的立法机关参考,应属必要。

---

* 原文刊于《比较法研究》2015年第6期。
** 北京大学法学院教授、博士生导师。
① 参见尹田:《论人格权的本质》,载《法学研究》2003年第3期;《论"法人人格权"》,载《法学研究》2004年第4期;《论人格权独立成编的理论漏洞》,载《法学杂志》2007年第4期;《论人格权民法保护范围扩张之途径》,载台湾《月旦法学》2013年第4期等。

一、人格权之独立成编,限缩了人格权的民法保护范围

强化对人格权的民法保护,是民法现代发展的重要特征。但综观现代各国立法例,除《乌克兰民法典》之外,绝大多数国家的民法主要是从保护的角度而非权利确认(赋权)的角度对人格权作出规定。

在不设总则的《法国民法典》中,从 1970 年起,立法者在其"人法"部分陆续增设了许多保护自然人隐私权、生命权、身体权等人格权的条文,该法典于 1994 年 7 月 29 日对其第一卷(人)之第二编(民法权利)进行了大规模的修订,以其第二章和第三章对"尊重人之身体"及"对人之特征的遗传学研究以及通过遗传特征对人进行鉴别"等分别作出极为详尽的规定,这些规定,基本上均属"禁止性规范"①,或者可直接作为认定合同无效的根据②,或者可直接作为该法典有关侵权责任的第 1382 条的适用依据③;或者可直接作为法官采取诉讼强制措施的根据④。而在设置总则的各国民法典中,《德国民法典》对其原有的规定未作修订⑤,其对人格权的现代保护,主要表现为由联邦法院直接根据于二战以后颁布的《基本法》(宪法)第 1 条和第 2 条的明文规定⑥,以裁判方式发展出的"一般人格

---

① 如该法典第 16 条规定:"法律确保人的首要地位,禁止任何侵犯人之尊严的行为,并且保证每一个人自生命一开始即受到尊重。"第 16-1 条第 3 款规定:"人体、人体各部分以及人体所生之物,不得作为财产权利之标的。"(第 3 款)第 16-4 条规定:"任何人均不得侵害人种之完整性。"(第 1 款)"旨在组织对人进行选择的任何优生学实践活动,均予禁止。"(第 2 款)"除为预防与治疗遗传性疾病之目的进行研究外,旨在改变人的后代,对人的遗传特征进行任何改造,均予禁止。"(第 3 款)

② 如第 16-5 条规定:"任何赋予人体、人体各部分以及人体所生之物以财产价值的协议,均无效。"第 16-7 条规定:"为他人之利益生育或怀孕的任何协定,均无效。"

③ 如该法典第 16-8 条规定:"可以鉴别捐献其身体之一部分或身体所生之物的人的任何信息,以及可以鉴别接受此种捐献的人的任何信息,均不得扩散之。捐献人不得了解受捐赠人的身份,受捐赠人亦不得了解捐赠人的身份。"(第 1 款)

④ 如该法典第 16-2 条规定:"法官得规定适于阻止或制止对人体非法侵害的任何措施,或者规定任何相应措施,以阻止或制止对人体之部分或人体所生之物的非法行为。"

⑤ 该法典将在侵害自然人生命、身体、健康、自由等具体人格利益的行为,作为侵权行为的种类于分则中加以规定。(第 823 条至第 833 条)

⑥ "人类尊严不得侵犯。尊重并保护人类尊严,系所有国家权力(机关)的义务";(第 1 条)"在不侵害他人权利及违反宪法秩序或公序良俗规定的范围内,任何人均有自由发展其人格的权利。"(第 2 条)

权"。值得注意的是,1907年《瑞士民法典》首次在其总则部分(第28条)就人格权的一般保护作了规定①,该法典后来经过修订,在其第28条以后增设了7个条文,涉及对人格权在实体上和程序上的保护,但这些条文,全部属于保护性的而非赋权性的规范。② 该法典的做法,为《土耳其民法典》(第23—26条)、《意大利民法典》(第5—10条)所效仿。

很显然,即使不考虑人格权的基本性质,仅从法律适用的层面上看,上述立法模式的选择显然与人格权的开放性及其边界的模糊性密切相关。

就民事权利的保护对象而言,财产权和身份权所保护的对象分别为物质利益与身份利益,此两种利益的边界十分清晰:首先,就利益产生和存在的社会生活领域而言,民法有关财产权和身份权的规定主要适用于私生活领域(民事领域),故该两类权利的"民事权利"的属性毋庸置疑;其次,从利益的内容而言,尽管财产利益的表现形式在现代社会呈现多样化特点(如各种无形财产尤其是网络"虚拟财产"的出现),但其最终均可还原为可用货币予以衡量的经济利益。而身份权所保护的对象为婚姻家庭及亲属关系中的身份利益,此种利益具有传统型、民族性和保守性的特点,其内容更不具有开放性。因此,对财产权和身份权不仅可以进行类型化处理,而且,以此种权利类型化为基础而建立的财产权体系(无论是以所有权为中心而一体建立的法国民法的财产权制度,抑或是以物权和债权的区分为基础而建立的德国民法的二元化财产权体制)和身份权体系,尽管必然具有某种封闭性,但通过在侵权责任制度中设置开放性保护的一般条款的方法,将未被权利类型化的财产利益和身份利益纳入保护范围,则前述封闭性的弊端即可得以补救。

但人格权则不同。人格权的保护对象为人的自由、安全和人格尊严,此种所谓"人格利益"的边界是模糊的:

1. 人格利益的范围具有不确定性。自德国民法理论创制"人格权"

---

① 《瑞士民法典》第28条第1项:"人格受到不法侵害时,为了寻求保护,可以向法官起诉任何加害人。"第2项:"除受害人允许的,或因重要的私利益或公利益或依法律规定能提供正当理由的情形外,其他侵害行为均为不法的。"

② 这些条文的内容具体涉及人格侵权之具体诉讼请求(第28a条);保护人格之诉之诉讼管辖(第28b条);法官得对人格侵权采取的措施(第28c条);人格权诉讼之审理程序以及法官得采取的紧急措施(第28d条);预防措施命令之强制执行(第28e条)及其申请不当之损害赔偿(第28f条)等。

概念之后,从未有人试图指出人格权保护的"人格利益"的具体边界。理论上有关人格利益系由"被认识的人之为人的那些属性或性质,例如生命、健康、身体、名誉等"构成[①],以及人格权是"人作为人的自由实现"的权利等种种论述[②],无一例外地指出了人格权是"人之成其为人"的法律保障。而"人之成其为人"的范围,则当然不仅涉及私的生活领域(所谓"市民社会"),更要涉及公的生活领域(所谓"政治国家")。因此,人格权所保护的并不仅限于人们在民事生活领域内的人格尊严,而是要保护人们在其社会生活中的全部领域范围内的人格尊严。而人的"自由、安全和人格尊严"是一种最为宏大和深刻的命题,指出其具体范围或者边界,殊无可能。

2. 人格利益的范围具有持续的扩张性。法律对公平正义的追求,其终极目的实际上是保护人实现其社会存在价值,而社会的发展和进步,则以人类社会向"自由王国"的接近而得以表现。因此,人们追求自由的渴望和激情是无穷无尽的,人格尊严的表现形式也会伴随社会经济、政治、道德、文化和教育的进步而不断扩张和发展(例如,现代社会中个人隐私保护需求的激增,就是"'生活的紧张和复杂度'以及'文明演进'的必然产物"[③])。由此,人格利益呈现出一种开放性的特征。

上述分析表明,在以私生活领域为规范对象的民法典中,如果以与物权、债权、身份权等民事权利相同的构造方法设置人格权制度,显然会背离人格利益的本质属性,限缩和封闭人格权的保护范围。而以权利保护的角度对人格权作出救济性的规定(无论采用《法国民法典》设置禁止性规范的方法,或者采用德国以直接依据基本法而创制"一般人格权"以弥补《德国民法典》对侵权客体列举规定之不足的方法),以达成"凡是人格尊严遭受私权主体不法侵害的,即可发生损害赔偿及其他侵权责任"的效果,则可以使人格权的民法保护具备开放性的特点和功能。

根据我国民事立法的实际情况,已经颁布的《侵权责任法》肯定会在

---

① Savatier, Metamorphoses économique et socials du droit privé d'aujourdui, III, n. 335,转引自星野英一:《司法中的人——以民法财产法为中心》,王闯译,载梁慧星主编:《民商法论丛》第8卷,法律出版社1997年版,第176页。

② 转引自徐国栋:《"人身关系"流变考》,载《中国民法百年回顾与前瞻学术研讨会文集》,法律出版社2003年版。

③ 美国学者布兰代斯(Luois D. Brandeis)和沃伦(Samuel D. Warren)语。转引自王利明等编著:《人格权法》,法律出版社1997年版,第144页。

未来的民法典分则中单独成编,因此,与物权、债权、身份权以及侵权责任等编并列规定的人格权编只能由一系列赋权性规范而非救济性规范所构成,因此,如果人格权独立成编,其实质效果无疑是对"人格权仅仅是一种依据民法而取得的民事权利"的结论的盖棺论定。须知,依照法典编撰的逻辑体系,在设置人格权编的条件下,人格权编就是人格权侵权责任规范适用的依据和基础,而人格权编对人格权种类及范围的封闭性构造,当然限制了侵权责任法的适用范围,换言之,即使在人格权编中设置人格权保护的一般条款,侵权责任的适用范围也无法及于民事生活领域之外,也就是说,人们在私生活领域之外所普遍享有的、由宪法和其他公法所直接赋予的人格权即使遭受私主体的不法侵害,仍然无法获得民法保护。在此,我国于20世纪90年代末发生的轰动一时的"中国宪法司法化第一案"(山东齐玉苓案),便是极好的范例。

在该案中,齐玉苓经考试合格被某中等专科学校录取,但被他人冒名顶替上了学,由此前程尽毁。尽管该案加害人的行为具备侵权责任的全部构成要件,但由于无法在民法上找到受害人被侵害的权利的具体种类,最高人民法院在有关批复中直接根据《宪法》第46条的规定,认定加害人以侵犯受害人姓名权的手段侵犯了受害人的"受教育权",基层法院据此判令加害人承担侵权赔偿责任。[①] 此案判决引起学界有关"宪法应否司法化"的激烈争论。时至今日,最高人民法院就齐玉苓案所作出的司法解释于2008年12月18日被公告废止,而鉴于齐玉苓所遭受侵害的人格利益(无论将之称为"受教育权"或者其他什么权利)明显不在民事领域的范围之内,故学者提出的人格权编草案建议稿中,也自然不会出现"受教育权"之类的人格权种类。这就意味着,时至今日,其在"公法领域内的人格利益"遭受私主体不法侵犯的齐玉苓们既不可能依据宪法的规定获得保护,也不可能依据民法的"人格权编"以及"侵权责任编"获得保护。

由此可见,如果将人格权在民法典中独立成编,齐玉苓及其他公民因其宪法赋予的各种人格权利遭受他人侵害所面临的法律适用问题,依然无法依据民法规范得到解决。事实就是,人格权的独立成编完全排除了民事领域之外的社会生活领域中人格尊严的民法保护;假如有作家在其

---

① 参见最高人民法院《关于以侵害姓名权的手段侵犯宪法保护的公民受教育的基本权利是否应承担民事责任的批复》(法释〔2001〕25号)。

出版的著作中否认南京大屠杀的历史事实,主张其人格尊严受到侵害的该大屠杀的幸存者或者相关组织肯定无法通过民事诉讼而追究该作家的侵权责任;假如有企业以合格的应聘者为女性为由拒绝录用,则受害人有关其人格权遭受侵害的索赔请求,也断然不会被民事法庭所支持。这是因为,前述侵权行为的客体均明显不在民事生活领域之内,独立成编的人格权无法提供与之相吻合的人格权类型,而其人格权保护的一般条款为人格权类型化的基础和来源,其"民事"属性也排除了将之适用于民事生活领域范围之外的其他领域的可能性。但在德国,其司法实践根据《基本法》所创制的所谓"一般人格权"之最为重要的价值,便在于将人格权的民法保护扩张至民事生活领域之外的广阔空间(在相关判例中,根据德国联邦法院的判决,"否认屠杀犹太人历史,便是侵害了犹太人的一般人格权","因性别而拒绝向应聘者提供工作岗位,便是侵害了应聘者的一般人格权",侵权人必须依照《德国民法典》第823条第1项之规定向受害人予以损害赔偿)。① 质言之,人格权在民法典中的独立成编,"完全截断了在自然人基本权利的保护领域,民事司法直接向宪法寻找裁判规范之依据的进路,完全否定了被我国宪法直接赋予自然人的许多被视为'公法权利'的人格权(如宗教信仰自由权、劳动权和劳动者休息权、受教育权等)获得民法保护的可能"。② 反之,从保护和救济的角度规定人格权,拆除《人格权编》为人格权保护范围所设置的栅栏,将人格权保护的一般条款和具体条款移入侵权责任制度,使其对人格尊严的保护范围扩及至人们社会生活的全部领域,才有可能达到强化和全面保护人格权的立法目的。③

---

① 《联邦最高法院民事裁判集》第75卷,第160页;《联邦劳动法院,新法学周报》1990年,第67页。转引自迪特尔·梅迪库斯:《德国民法总论》,邵建东译,法律出版社2000年版,第811页。

② 引自尹田:《论人格权的本质》。

③ 应当指出,我国现行《侵权责任法》第2条规定:"侵害民事权益,应当依照本法承担侵权责任"。(第1款)"本法所称民事权益,包括生命权、健康权、姓名权、名誉权、荣誉权、肖像权、隐私权、婚姻自主权、监护权、所有权、用益物权、担保物权、著作权、专利权、商标专用权、发现权、股权、继承权等人身、财产权益。"(第2款)前述规定将侵权责任法的保护范围限制于"民事权益",实属错误。

二、人格权编的内容不具有行为规范性质，不能成为司法裁判的依据

如果将须经主体的积极行为才能取得并实现其利益的权利称之为"积极权利"，而将其利益实现仅仅表现为抵御他人之不法侵害的权利称之为"消极权利"的话，财产权和身份权应属前者，而由民法典上的人格权编所规定的人格权应属后者。

作为一种"积极权利"的财产权和身份权，其权利的取得和行使，必须借助于人们的积极行为，为此，财产法和身份法具有行为规范的性质，亦即财产法和身份法必须具体标明权利主体的行为内容、范围和方式，必须对各种财产权和身份权的具体种类和变动依据等事项作出规定。由此，民法典中的物权编、债权编和身份权编的规范多为行为规范，尤其是在将物权与身份权（所谓"绝对权"）遭受侵害所生之侵权责任独立成编的情况下，物权编与身份权编的规范自然主要是行为规范。也就是说，物权编和身份权编的具体内容，主要是确认权利的具体权能（权利的内容）、权利的得丧变更以及权利行使的方式及其限制，这些规范，具有"定分止争"从而引导人们在民事活动中实施各种可为法律所保障的行为的功能，可以成为法院裁判权属争议、强制义务履行的法律依据。诚然，物权编和身份权编也有可能规定一些保护性规范，但这些原则性的少量规范，仅具指引作用。其权利救济的具体规范，系由侵权责任法加以规定。[①]

然而，由人格权编所规定的人格权为一种"消极权利"，是人们与生俱有、终生相伴的法定权利，其取得无需主体的积极行为，也不能发生任何变更、转让和放弃，且此种权利仅存在不受侵害的问题，其本身并不存在需要权利人以积极行为"行使权利"的问题。[②] 事实上，有民法所规定的人格权的实现，是以人格尊严之不受侵害而加以表现的。因此，将人格权救济方法（即侵权责任）排除之后，人格权编的内容，原则上只能是对人格

[①] 例如，我国《物权法》设置了"物权的保护"一章（第三章），但在其7个条文中，仅两个条文涉及侵权责任。

[②] 由此可见，既有人格权理论将人格权定性为"支配权"而无法自圆其说，系因忽略了此种权利的消极性质。与此同时，自然人对其姓名或者肖像的某种利用（如有偿许可他人使用其姓名或者肖像），是某些人格权"商品化"的结果，不能以之证明人格权的"积极权利"性质。

权的单纯确认,而不可能去规定人格权之权利变动和权利行使的任何内容,亦即人格权编的规范不具有行为规范的性质。

问题在于,由于由人格权编所规定的人格权纯属"防卫型"权利,被类型化的几种具体人格权只有在其被侵害时方可展示其权利内容,故立法者无法以通常的方式对其作出定义性规定,例如,对于生命权,只能规定"人的生命受法律保护",或者"自然人享有生命权"[①],但此种表述并未揭示生命权自身的内容,因此,人格权编所能完成的工作,只能主要是对人格权的类型化确定即固定具体人格权的种类,但其难以指明各种人格权的具体内容。从一些学者所提出的"人格权法编专家建议稿"的内容来看,其所列举规定的各种人格权大都缺乏实质性的定义,对具体人格权的辨认,基本上只能通过对该种人格权的救济性规范的描述来完成。例如,对于生命权,系通过"非依人民法院生效的死刑判决,不得剥夺自然人的生命"的禁止性规定来加以辨认;对于肖像权,系通过"制作他人的肖像,应当征得本人同意,未征得本人同意,本人可以请求停止侵害,但公益性拍摄等合理使用除外"等禁止性规定来加以辨认;对于名誉权,系通过"禁止任何人利用网络或其他即时通讯工具散布侮辱、诽谤他人的言论,毁损他人名誉"等禁止性规定来加以辨认[②],等等。但是,同样依据民法典体系的编撰逻辑,在侵权责任独立成编的条件下,作为人格权侵权责任的构成要件,对人格权主体的加害行为(禁止性规定指向的行为)应由侵权责任法加以规定。

由此一来,在剔除禁止性或者救济性规范之后,人格权编中所规定的多数具体人格权,便只能仅仅剩下为数甚少的几条乃至一条关于"某种权利受法律保护"的"宣示性"规范了。此种规范,无法直接作为人格权侵权纠纷的裁判依据。

应当指出,在既有被类型化的几种人格权之中,因人的生命健康涉及人自身的物质存在,文明社会对之予以法律保护不言而喻,故无论有无生命权、健康权、身体权的称谓,其从来就是包括侵权责任法在内的一切法律部门所保护的主要对象,民法赋予其权利种类的称谓,仅具形式上的意

---

① 参见中国法学会民法学研究会:《人格权法编专家建议稿(征求意见稿)》第 7 条第 1 款。
② 同上注,第 7 条第 2 款、第 34 条、第 39 条。

义而无实质意义①,而姓名权的主要内容(姓名的选择和变更等),纯为家庭亲属关系中的事项,故其更具备身份权属性,并非一种典型的人格权,其存在早已有之,本来就应当在亲属法中加以规定。因此,民法就人格权类型化所作出的贡献,主要在于创制了"名誉权""肖像权"和"隐私权"等三种人格权类型。② 其中,名誉权和肖像权纯属"防卫型"权利,但肖像权却因肖像在现代社会的商品化(肖像许可使用等)而具有了某种"积极权利"的因素,从而使肖像权所涉及的某些规范具有了行为规范的性质。不过,前述肖像权的特殊性不能成为否认独立的人格权编内容空泛、对于司法裁判毫无实用价值的理由。

鉴于独立的人格权编基本不具有裁判规范的内容,其对于人格权所作出的类型化处理可以通过在自然人篇章中以对各种具体人格权列举规定的方式加以安排(包括对肖像使用许可规则的安排),也可以在侵权责任编中以救济规范的方式得以安排,故人格权的独立成编,并无应用价值。

最后应当指出,独立的人格权编必然要纳入法人人格权的内容,姑且不论法人人格权与自然人人格权具有本质的不同,仅从法律适用的角度而言,对法人名称权、名誉权简单的宣示性规定③,同样是毫无应用价值的。

综上所述,人格权在我国民法典中应否独立成编加以规定,并不仅仅是就人格权本质所引发的理论争议的问题,也不仅仅是单纯的立法技术或者法律逻辑如何科学运用的问题,而是关涉人格权保护能否满足中国社会现在和未来发展需求、能否为司法实务提供真正有用的裁判规范的重大问题。独立的人格权编如果仅仅是"中看不中用",鉴于其宣示权利的积极功能,尚可具保留价值,但如其反而限制了人格权的保护范围,则非废不可。

---

① 《人格权法编专家建议稿(征求意见稿)》将"器官捐献""遗体处置"等纳入"身体权"范围(第13—18条),其做法殊值存疑:作为一种公益行为,器官捐献应不属民事行为,不应由民法调整。而无论遗体处置方法是基于生者的意愿抑或死者的遗愿,生者对死者遗体的处置只能发生于死者死亡之后,况且死者生前有关其遗体处置方法的意愿是否能够产生一项具有法律强制力的"权利",殊值存疑,故将之在"身体权"中予以规定,未必妥当。

② 《人格权法编专家建议稿(征求意见稿)》还创制了荣誉权、信用权、个人信息权、人身自由权以及贞操权等几种人格权,但荣誉权可包含于名誉权之内,个人信息权可包含于隐私权之内,信用权则因主要具备财产因素而不大符合人格权特征,人身自由权明显具有公法因素,而贞操权的观念未免过于陈旧,因此,前述人格权种类能否成立,尚不可知。

③ 《人格权法编专家建议稿(征求意见稿)》在法人名称权的章节中纳入了有关法人名称的登记、变更、转让程序的规定等,明显不妥。

剪不断,理还乱:民法典制定中民法与商法关系的再思考[*]

刘凯湘^{**}

在所有的法律部门中,恐怕没有哪两个法律部门之间的关系能够像民法和商法这样错综复杂,你中有我,我中有你,说不清,道不明。它们有时像兄弟俩,旁人很难分清楚谁是兄谁是弟(比如刑法学者经常会问到这样一个问题:你说说你们民法跟商法到底是什么关系啊? 很多的时候,民法学者或商法学者自己可能回答说:这得看你怎么看。听到这个答案后,刑法学者只会感到更加的茫然);它们有时像父子,尽管很多的时候法律圈内的人可能认为民法是父,商法是子,或者用行内话说类似于民法是一般法,商法是特别法,但是如果仔细辨认,有时候你又很可能觉得这"儿子"跟他"父亲"相差也太远了,就算是亲子鉴定的结论是肯定的你也仍然可能持怀疑态度;有时它们也像夫妻,在旁人看来它们如影随形,难分彼此,恩爱有加,但旁人分明也看得出它们很多的时候貌合神离,或者干脆相互指责,水火不容。

商法与民法关系的如此复杂主要是因为商法的地位和立法体例在不同国家的表现差异太大而导致的,就像有的学者指出的那样,"在当代法律中,也确实没有哪一个法律像商法这样,在不同国家的法律体系中的地位存在着如此巨大的差异"。① 而商法与民法关系的核心在于商法能否独立于民法而存在,恰如有的学者所追问的:"在有商法典的国家,商法与

---

* 原文刊于《环球法律评论》2016 年第 6 期。
** 北京大学法学院教授、博士生导师。
① 参见范健:《当代主要商法体系论纲》,载《法律科学》1992 年第 6 期。

民法是一种什么样的关系(商法内容上、精神实质上的独立性。或曰内在独立性)?"并进一步指出:"专门的商法典之存在,充其量只能证明商法在形式上有可能独立存在(商法的形式上的独立性,或曰外在独立性),至于能否证明商法在内容上、基本特征上也可以舍民法而自主自足,尚有未足。"①

民法与另一个法律门类经济法在很多年以前(主要是20世纪80年代初期和中期)也有过错综复杂的关系,但与商法之间的这种错综复杂的关系的本质是不一样的,民法与经济法之间既无可能是兄弟,也无可能是父子,更无可能是夫妻。它们压根就不是一家人,至多是关系较为密切的邻居。

民法与商法的关系素来众说纷纭,学者间各持己见,而自从2014年民法典的制定被再一次正式列入我国的立法议程以来,民法与商法的关系很自然又一次被热烈、深入地讨论。而且,至少民法学者和商法学者在这一点上是达成了共识的:在民法典起草与制定过程中,必须处理好民法与商法的关系。这一关系已经被学者看做我国民法典编纂得失成败的最为关键的因素之一。②

问题在于:如何才能(或者说才算是)摆正了民法与商法的关系呢?在民法典编纂工作启动之后的这两年,民法学界和商法学界都进行了广泛的讨论,其中商法学界的讨论最为热烈和严肃,中国商法学研究会2015年年会的主题即为"商法的现代化与民法典的编纂",2016年年会主题继续深入且更为鲜明:"民法典编纂与商事立法的独立性。"

当然,学术探讨是学者的本分工作,观点很难说对与错,就算是将来民法典采纳了某一观点或主张而舍弃了某一观点或主张,被舍弃一方的学者可能会依然坚持己见,继续为自己的学术主张辩护与鼓吹。惟其如此,民法与商法才能借此次民法典立法之机而获得共同的进步。

---

① 参见张谷:《商法,这只寄居蟹——兼论商法的独立性及其特点》,载《清华法治论衡》第6期,第4页。
② 相关观点可集中参见赵旭东:《民法典的编纂与商事立法》,载《中国法学》2016年第4期;崔建远:《编纂民法典必须摆正几对关系》,载《清华法学》2014年第6期;赵万一:《中国究竟需要一部什么样的民法典——兼谈民法典中如何处理与商法的关系》,载《现代法学》2015年第6期等文章。

一、纠缠不休且必将长久存在的争论:民商合一与民商分立的考量因素

此乃民法与商法关系中最为关键性和本质性的争论。尽管至少暂时还不可能达成共识,但下列问题需要在不断的争论中逐渐得到澄清:

(一)民商合一与民商分立的判断标准是什么?

通说认为,在民法与商法两个法律部门的立法体例上,大陆法系存在两种基本的模式,即民商合一和民商分立。① 当然,第三种体例也是存在的,即折中的体例,但如何折中,差别仍然是存在的。其实,进一步而言,即便是民商合一体例,如何合也存在差别;即便是民商分立体例,如何分也存在差别。

1.以法国、德国为代表的民商分立体例

法国于 1804 年颁布《法国民法典》,三年后的 1807 年颁布《法国商法典》。众所周知,法国是欧洲大陆法典化运动的鼻祖,包括刑法、刑事诉讼法在内的主要法律门类在 19 世纪初期的法国都进行了法典化。在私法领域,作为法典化运动的先驱,法国开创了在私法领域同时分别制定民法典和商法典的立法例。

德国的情形大体相似,尽管法典的起草过程有很大的不同,民法典花费了几十年的时间,商法典仅用了几年时间,但《德国民法典》和《德国商法典》同时于 1900 年颁布。当然,《德国商法典》的制定其实是以 1861 年的《普通商法典》为基础的,或者说它就是《普通商法典》的修订版,所以《德国商法典》的制定时间事实上也用了几十年的时间,并不比民法典制定的时间短。②

法国和德国尽管都对商法进行了法典化,采取了民法与商法分别法

---

① 参见王保树:《商法总论》,清华大学出版社 2007 年版,第 36—40 页;范健主编:《商法》(第 3 版),高等教育出版社、北京大学出版社 2007 年版,第 18 页;周林彬、任先行:《比较商法导论》,北京大学出版社 2000 年版,第 69—81 页;施天涛:《商法学》,法律出版社 2006 年版,第 33—36 页;赵中孚主编:《商法总论》,中国人民大学出版社 2007 年版,第 45—52 页;梁宇贤:《商事法论》,中国人民大学出版社 2003 年版,第 9—10 页。

② 参见赵守政:《19 世纪德国商法法典化历史考察》,载《中国商法学研究会 2016 年年会论文集》(上册),2016 年 5 月北京印刷,第 167 页。

典化即民商分立的立法例,但具体到法典的体例和内容上,两部商法典存在较大的差别。《法国商法典》由通则、海商、破产和商事法院四章组成,《德国商法典》则分为商人、商事公司及隐名合伙、商行为、海商四章。

必须指出,《法国商法典》与《德国商法典》在体例与内容方面的较大差异不能被解读为商法法典化的困难或者不成功,因为非常类似的是,《法国民法典》与《德国民法典》同样在体例与内容方面存在较大甚至更大的差异:《法国民法典》分为三编(卷),即第一卷人、第二卷财产以及所有权的各种变更,第三卷取得财产的各种方式,得罗马法《法学阶梯》之真谛[①],而《德国民法典》则为自创的潘德克吞体系,分为五编,即第一编总则,第二编债务关系法,第三编物权,第四编亲属,第五编继承,传罗马法《学说汇纂》之衣钵。它们都是成功和优秀的民法典。[②]

2. 以瑞士、意大利为代表的民商合一体例

通说认为,瑞士在大陆法系首开民商合一之先河,因为之前尚未有此立法例。所谓民商合一之先河,是指瑞士在私法领域仅制定了民法典,没有单独另行制定商法典。

步瑞士之后尘,原本实行民商分立的意大利于 1942 年修订《意大利民法典》时未再另行修订商法典,原来规定于商法典的主要内容被吸收在民法典的劳动编之中,包括企业、公司、合作社等,此外债编也包含有一些商法的内容。

3. 以俄罗斯为代表的折中体例

折中体例的最典型代表是 1926 年的《苏俄民法典》,1995 年 1 月 1 日施行的《俄罗斯联邦民法典》沿袭了此种立法例,其特征是仅制定民法典,不另行制定商法典,但是民法典中并不像瑞士、意大利民法典那样含有大量的商法规范,而只有民法的内容,在民法典之外另行制定大量的单行商法规范,如公司法、破产法、海商法、保险法、证券法等。[③]

上述三种处理民法与商法立法安排的体例,后来被学者归纳为民商

---

① 参见《法国民法典》(上册、下册),罗结珍译,法律出版社 2005 年版。
② 参见《德国民法典》(第 4 版),陈卫佐译,法律出版社 2015 年版。
③ 参见《俄罗斯联邦民法典》,黄道秀译,北京大学出版社 2007 年版。该法典涉及商法规范的内容主要是第一编《总则》中第四章《法人》中的商合伙与商业公司、第七章《有价证券》,第四编《债的种类》中关于借贷与信贷、保险、行纪、代办、商业特许、普通合伙等,但诸如海商、破产等内容并不在法典中,商业公司的内容也比较简单,有关公司、证券、票据等方面的规定都有单行的商法规范。

分立体例、民商合一体例和折中体例。其最重要的判断标准是在民法典之外有无单独的商法典,若有,则称之为民商分立;若无,则称之为民商合一。所以,如果仅以是否单独制定商法典为依据进行判断,折中立法例仍然属于民商合一,因为它没有独立的商法典,只有民法典。

但是,首先,折中的立法例尽管没有单独的商法典,但其民法典中也没有商事规范或者只有少量的商法规范,商法并没有真正完全融合或者合并到民法中去,相反,商法规范大部分是独立于民法典而存在的,它只是没有形式意义上或者法典意义上的商法而已,实质意义上的商法显然是独立存在的。例如,《俄罗斯联邦民法典》中只有关于商合伙与商业公司的简单规定,公司法的实体性规范只能另行制定单行法,俄罗斯联邦分别颁布了《俄罗斯联邦有限责任公司法》和《俄罗斯联邦股份公司法》。①

其次,即使是在民商合一体例的国家,民法典也没有包含全部的甚至是主要的商法规范,不少商法规范仍然是单独颁布的,独立存在的。例如,作为《瑞士民法典》组成部分的《瑞士债法典》,尽管规定了公司(第三编)、商事登记、公司名称与商业账簿(第四编)、有价证券(第五编),但是破产、海商、保险等重要的商法规范并不在该法典中。② 再如在意大利,由于民法典中的商法规范集中在公司、合作社等商事主体领域,有关破产、海商、证券等商法规范也没有包含在民法典中。③ 换言之,形式意义上或者法典意义上的民商合一,其实都是不彻底的合一,无法做到真正的合一。就实质规范而言,仍然是分立的,或者是以分立为主的,只有部分或者少部分的合一。

由是观之,民商分立与民商合一的判断标准只能是私法法典化的模式,即民法与商法是否分别单独制定法典,若是,即为民商分立,若否,即为民商合一。以此为标准,所谓民商分立或民商合一只能是形式意义上的划分,而非实质意义上的划分。就实质意义上的划分而言,无论是大陆

---

① 参见王志华:《俄罗斯联邦公司法》,北京大学出版社2008年版。
② 参见《瑞士债法典》,吴兆祥、石佳友、孙淑妍译,法律出版社2002年版。
③ 参见《意大利民法典》,陈国柱译,中国人民大学出版社2010年版;《意大利民法典》,费安玲、丁玫译,中国政法大学出版社1997年版。根据上述两个译本的《意大利民法典》,特别是后者,《意大利民法典》真正关于商法规范的内容主要是第四编《债务关系》中的《第三章》之第十七节"银行契约"、第十八节"永久年金"、第十九节"终身年金"、第二十节"保险"、第二十三节"信托"、第五章《有价证券》、第五编《劳动》中的第五章《公司(合伙)》、第六章《合作社与保险合作社》、第七章《入股》、第八章《企业》、第十一章《对公司与康采恩的处罚》等。

法系还是英美法系均不存在真正意义上的民商合一立法例,而只有民商分立的立法例。但在民商分立体例之中,事实上存在彻底的分立、相对彻底的分立、形式合一的分立三种情形。彻底的分立就是分别制定民法典和商法典,法国、德国、日本等大多数大陆法系国家如是;相对不彻底的分立就是仅制定民法典,不制定商法典,但民法典中并不含有商法规范的内容或者仅含有极少的商法规范内容,绝大部分商法规范另行制定单行法,俄罗斯、中国大陆、中国台湾地区等少数国家或地区如是,此种情形其实并不能称之为民商合一,而是实质意义的民商分立①;形式合一的分立就是只制定民法典,不制定商法典,商法规范尽可能包含在民法典之中,但仍有相当部分的商法规范通过颁布单行法的方式实施,瑞士、意大利等少数国家如是。

(二) 民商合一与民商分立有无优劣之分?

法国、德国、日本、奥地利、西班牙、葡萄牙等主要大陆法系国家都是采民商分立的立法例,此种立法例从 19 世纪初期开始形成,逐渐被很多其他国家所采纳,采纳此种立法例的国家,就私法之于一国经济、社会发展所起的作用而言,几乎可以肯定地说,将商法典加以单独制定、突出商法的重要性及其与民法的不同之处,对商事交易关系和民事关系适用不同的原则与规则,这种立法例极大地促进了一国经济尤其是商业的发展与发达,增强了一国商业与经济创新的能力,提高了社会资源与财产的利用效率,加快了财富的创造与积累,同时也推进了商法本身的现代化。法国、德国、日本等在 19 世纪中后期和 20 世纪初中期的快速发展并成为商业、经济强国继而成为军事、政治大国,私法包括民法和商法的作用功不可没,而民商分立的立法例的优势尤为显突。

相反,采民商合一体例的瑞士、意大利等国尽管 19 世纪以后也在经济、商业、军事等方面取得了长足的发展,但是显然无法与法国、德国、日本等比肩。二战以后直至现在的情况也能或者更能佐证这一点。

英美法系本无民法的传统与观念,立法例上并不存在民商合一或者民商分立之体例,但若论实质意义上的法律规范,并且与大陆法系相对应

---

① 参见石少侠:《我国应实行实质商法主义的民商分立——兼论我国的商事立法模式》,载《法制与社会发展》2003 年第 5 期。

的法律规范进行分析,并进一步参照大陆法系的标准进行分类判断的话,则英美法系只能归入民商分立。例如在英国,除判例法外,就制定法而言,对应大陆法系的民法规范如财产法、契约法、侵权法、亲属法、继承法等与对应大陆法系的商法规范如公司法、海商法、保险法、信托法、证券法、合伙法、票据法等,都是分别以单行法律规范的形式颁布的,亦即民商分立。而在美国,甚至制定了著名的《统一商法典》,尽管其与大陆法系的商法典存在较大的区别。

不同的立法例其实各有千秋,利弊互见,优劣并存。或者,如有的学者指出的,这两种立法例都不是最好的选择。① 当然,从每个人包括每个学者的角度去观察和判断,自然会得出不同的结论,此所谓见仁见智。以笔者之间,就法律之于一国经济与社会发展所起的作用而言,用相对客观的现实与现状去衡量,高低可见一斑。有的学者明确指出:民商合一体例没有成功的先例②,至少,不能过高估计民商合一体制的优越性。③

(三) 民商合一与民商分立体例的形成背景是什么?

在大陆法系的不同国家,是采民商合一还是民商分立的立法例,其实既有必然的因素,也有偶然的因素。法律的内容与形式都与制定法律当时的一国历史与现实情况密切相关。对大陆法系主要国家私法法典化的历史考察和理性评析,对于我们进行民法典制定时如何处理好民法与商法的关系应当是裨益的。

就民法典与商法典的关系而言,我们通常习惯于说"是否在民法典之外另行制定商法典",但是,就法典的起草或者制定的立法程序和顺序上考察,其实欧洲大陆的法典化运动时往往都是先有了商法典草案,再准备民法典草案。与其说是在民法典之外另行制定商法典,不如说是在商法典之外另行制定民法典,或者,至少应当说,是同时制定民法典和商法典的。

---

① 王保树:《商法总论》,清华大学出版社 2007 年版,第 37 页;施天涛:《商法学》,法律出版社 2006 年版,第 42—46 页。
② 参见赵旭东:《民法典编纂与商事立法》,载《中国法学》2016 年第 4 期;童列春:《民商分立:民法典总则制定体例的理性选择》,载《中国商法学研究会 2016 年年会论文集》(上册),2016 年 5 月北京印刷,第 28—30 页。
③ 郭锋:《民商分立与民商合一的理论评析》,载《中国法学》1996 年第 5 期。

法国在制定民法典之前已经有成文法形式的商法了,以1673年的《陆上商事条例》和1681年的《海事条例》为代表。① 这也是欧洲大陆最早的一批商法规范,并且成为后来法国制定商法典的主要依据。在商法规范已经成文化甚至法典化时,民法并没有进入成文法阶段,而是适用罗马法及习惯法。② 后来开始起草民法典,1793年出现了第一份民法典草案。③ 1804年《法国民法典》颁布,1807年《法国商法典》颁布。《法国商法典》当时的主要内容涉及公司、破产、海商、票据、保险、商事法院等,尽管很不完善,但首次正式确立了民商分立的立法例,并且奠定了近现代商法典的基本结构与规范内容,正如学者指出的,《法国商法典》"不仅在形式上而且更在实质上奠定了民商分立的基础。法典确立了以调整商事组织和商行为为主要对象的现代商法体系"。④

《德国商法典》的制定过程如同《德国民法典》的制定过程一样充满争论。1861年德国联邦议会通过了德国历史上的第一部《普通商法典》,此时民法典的制定仍处于激烈的争论之中。除了民法本身的争论特别是蒂堡与萨维尼之间关于民法的民族精神性问题的争论,现在又加入了民法典与商法典关系问题的争论,这一争论集中在两个层面:一个是法教义学或法学学科方法论层面,商法是否可以作为一个独立于民法学建构其独立的适用范围与学科体系,另一个是立法政策的考量,即在法政策方面是否有必要制定独立的商法典。民法典起草进入关键阶段后,主张民商合一的学者与主张民商分立的学者几乎势均力敌,但主张民商分立的学者戈尔德斯密特法官成功地说服了民法典立法筹备委员会,后者对民商法争论的答复是"商法作为私法的一部分将被单独做立法规划,最终也以制定一部和《民法典》并行并保持其目前独立性的通行法律即商法典为目的"。⑤

瑞士民法典制定的过程比较特殊。瑞士联邦体制于1848年确立,但联邦议会当时仅有起草和制定民法典的权力,未被赋予制定商法典的权

---

① 施天涛:《商法学》,法律出版社2006年版。
② 克洛德·商波:《商法》,刘庆余译,商务印书馆1998年版,第8—9页。
③ 参见《法国民法典》(上册),罗结珍译,法律出版社2005年版,第7页。
④ 范键、王建文:《商法的价值、源流及本体》(第2版),中国人民大学出版社2007年版,第94页。
⑤ 参见赵守政:《19世纪德国商法法典化历史考察》,载《中国商法学研究会2016年年会论文集》(上册),2016年5月北京印刷,第169—171页。

力。1874年以后才被赋予制定商法典的权力,但民法典的起草工作已经开始,并且是从债务关系法开始起草的,即《瑞士联邦债法典》。由于之前立法机构没有制定商法典的权力,所以起草者在《瑞士联邦债法典》中加入了大量的有关商事方面的规范,而债法典后来又被统一到《瑞士民法典》,于是使得瑞士没有必要再单独制定商法典,商法规范直接进入了民法典,民商合一体例得以创立。①

意大利在1865年即制定了《意大利民法典》,由于民法典中并没有多少关于商事方面的规范,对商事活动和商事法律关系不敷使用,于是1882年又制定了《意大利商法典》,形成了与法国、德国一样的民商分立格局,而且这一民商分立的格局早于法国、德国形成。但是,到了二战期间的1942年,意大利立法机构决定废除《意大利商法典》并将商法典的内容统一纳入到《意大利民法典》中,由典型的民商分立体例转变为民商合一模式。②

日本的私法法典化受法国、德国影响,采民商分立体例,同时起草民法典和商法典,1890年先制定出商法典,但"由于受到实务界过度模仿外国立法而无视本国习惯的指责以及学界提出的该法典内容与颁布施行的民法典存在冲突等原因,法典的大部分内容被延期施行",并于1899年由议会通过了新的商法典取代之前的旧商法典。新商法典基本上效法《德国商法典》,由总则、公司、商行为、票据和海商五编组成。③

1949年之前的中国,清末受域外影响而进行变法,集中体现在法典化进程,起草了一批法律草案,其中就民法与商法的法典化关系,清政府决定采法、德、日等国的体例,即民商分立模式,分别起草了《大清民律草案》和《大清商律草案》,但均未及颁行。北洋政府继受了清政府的民商分立体例,但亦未及正式颁布法典。至中华民国,一改之前的立法例,转而采民商合一模式,于1929年开始制定和颁布民法典,将商法的部分内容规定在民法典中,但同时制定和颁布了大量的商事单行法规,包括公司法、票据法、海商法、保险法、银行法、证券交易法等。此一体例至今在我

---

① 范键、王建文:《商法的价值、源流及本体》(第2版),中国人民大学出版社2007年版,第97—98页。
② 《意大利民法典》,费安玲、丁玫译,中国政法大学出版社1997年版,第3页。
③ 《日本最新商法典译注》,刘成杰译注、柳经纬审校,中国政法大学出版社2012年版,第4—5页。

国台湾地区有效实行。

上述大陆法系主要国家商法典的制定与形成背景告诉我们:商法典的制定与民法典的制定背景存在着极大的不同:由于有罗马法的精神传统和规则样本,民法典从欧陆法典化运动伊始就打上了罗马法的深深烙印,形式理性、逻辑、体系成为法典的基本要求,而民族精神、文化传承、意思自治成为法典使命。商法典却不同,商事立法包括商法典才产生纯粹是由于现实的需要,是由于商业发展的需要,是以商人们在商事交易实践中自我发现和创造的商事习惯为基础的,它基本上不是体系与逻辑的结果,它基本上不需要所谓的体系与逻辑,甚至,体系和逻辑极可能扼杀它的价值和生命力。诚如有的学者指出的:"针对商法,人们交易的规则是从交易实践中得来的,没有交易实践,就不可能发现交易的规则";"商法的发现方式是交易实践"。[1] 商法包括商法典形成的这一根基,到今天依旧如此,今天的现代化的市场经济更不可能离开商法的规制与调整,而现代商法和商法典更是市场经济和商业实践的最重要规则,恰如学者所言:"市场经济繁荣离不开商法,商法根植于市场经济的土壤,由此,当一个国家在走上市场经济道路时,就有必要从本国的实际出发,建立自己的商法。"[2]

(四)未来的立法趋势是民商合一还是民商分立?

就大陆法系而言,采民商分立立法例的国家明显属于多数。法国、德国、日本、韩国、奥地利、比利时、荷兰、卢森堡、希腊、西班牙、葡萄牙、土耳其、埃及、巴西、智利、阿根廷等,遍及欧洲、亚洲、拉丁美洲、非洲。采民商合一立法例的国家也不少,包括意大利、瑞士、北欧五国等,但从数量上而言绝对少于采民商分立体例的国家。有学者统计,欧洲有20多个国家实行民商分立,南北美洲和大洋洲有20多个国家有独立的商法,非洲有20多个国家采民商分立体例。[3] 显然,仅就数量而言,民商分立的体例明显占优,代表着民法与商法立法体例的基本趋势。[4]

---

[1] 徐学鹿、梁鹏:《商法总论》,中国人民大学出版社2009年版,第56、第70页。
[2] 范健、王建文:《商法的价值、源流及本体》(第2版),中国人民大学出版社2007年版,第128页。
[3] 周林彬、任先行:《比较商法导论》,北京大学出版社2000年版,第72页。
[4] 范健:《德国商法:传统框架与新规则》,法律出版社2003年版,第5—6页。

值得注意的是,民商分立国家的商法典一直处在变动、修订之中。其实,民法典也在不断的修订之中,但相比于商法典,民法典的修订规模和程度小于商法典,商法典的变动起伏很大。以《日本商法典》为例,旧商法典颁布不到十年就被新商法典完全取代,而新商法典自1899年至今也是屡屡修订,先是1934年票据法整体被移出了《商法典》,接下来2005年"公司法编"被删除,以单行的《公司法》取而代之,2010年"商行为编"中的保险法又被废止,现在的《日本商法典》仅剩下商法总则、商行为和海商法,商法的实体内容包括公司、破产、票据、保险、海商等均不再在商法典当中。[①]

但即使这样,日本并没有宣布废除《商法典》,《商法典》从形式上仍然保留了下来,仍然属于法律体系的独立组成部分。事实上,自二战以降,大陆法系采民商分立体例的国家并没有任何一个宣布废除商法典,尽管商法典一直在修订当中。

同样,《法国商法典》《德国商法典》从颁布到现在也都经过了多次的修改,但商法典并没有因此被废除,并没有像意大利、瑞士等少数国家那样把商法并入民法典。"二战以后,不少国家越来越加强了对商法典的修订,而并未找出理由改变民商分立之体例,民商分立的态势依然。"[②]

大陆法系将来关于民法典与商法典的立法体例会走向何方?这是很难预料的事情,一国立法例的取舍本身就带有很大的偶然性,但是基本上可以得出结论的是:第一,彻底的、形式意义上的民商合一是几乎不可能的,民商合一体例的国家必须通过颁布大量的独立的商事单行法以应对社会需要。第二,已经实行民商分立体例的国家,商法典一直会被保留下来,但是商法典的内容有两种走向,一种是越来越被解构,被去法典化,商法典越来越"瘦身",越来越苗条,如《日本商法典》;另一种则相反,商法典只会在原有结构框架内进行修订,其内容(条款)可能越来越多,很多新的商事法律会进入到商法典中,如《法国商法典》。第三,即使在最为完善、条款与内容最多的商法典国家,也依然需要在商法典之外颁布大量的商事单行法,这与民事法律有很大的不同,民事法律的绝大部分都会进入民

---

① 《日本最新商法典译注》,刘成杰译注、柳经纬审校,中国政法大学出版社2012年版,第7页。

② 刘凯湘:《论商法的性质、依据与特征》,载《现代法学》1997年第5期。

法典,商法典则难以做到这一点,这是由民法的相对稳定性和商法的动态性、灵活性、发展性决定的,也是商法与民法的不同之处。

(五) 我国目前的状态到底是民商合一还是民商分立?

很多学者认为我国目前的立法例属于民商合一,这几乎成为定论,但笔者认为,其实现在对我国作出是民商合一还是民商分立的结论还为时过早,因为立法的现状还不能提供准确、全面的信息以作出肯定性的判断。

持我国属于民商合一立法例的观点所依赖的主要依据,笔者归纳为如下几条:第一,《民法通则》作为最主要的私法规范,包含了商法规范,或对商事关系进行调整的规范,体现了立法者民商合一的选择;第二,《合同法》没有区分民事合同与商事合同,而且在分则中规定了商事合同色彩很浓的合同类型,如行纪合同、仓储合同、居间合同、货物运输合同、融资租赁合同、间接代理制度等,是典型的民商合一的体例;第三,其他的一些民事单行法也有关于对商事关系调整的规定,例如《物权法》第231条规定的企业之间的留置权不受与其所担保的债权属于同一法律关系的限制,即属于商事留置权的规定;第四,民法典的起草正式列入了立法机关的立法规划并且一直在进行之中,包括1979年的民法三稿、1982年的民法典起草、1984年的民法通则起草并颁布、1998年民法典起草并于2002年公布立法草案以征求意见、2014年"编纂民法典"被写入中共中央十八届四中全会的决定并由立法机关再次正式启动民法典的制定,而商法典从未被列入立法机关的立法规划。

上述理由或依据,有其一定的合理性和说服力,但更值得质疑:

第一,《民法通则》起草的时候,学界和立法机关讨论和考虑的重点是民法与经济法的关系问题,如何确立民法作为调整平等主体之间的财产关系、商品经济关系的基本法地位问题,彼时经济法的呼声颇为高涨,更有人提出中国不需要制定民法典而应当制定经济法典或者经济法纲要,商法的概念还极少有人提及,立法者也根本无从考虑民法与商法的关系问题,更遑论采纳民商合一还是民商分立的立法例,何以认为《民法通则》体现了立法者对民商合一体例的选择?

至于《民法通则》的具体内容,则更难谓其体现了民商合一。笔者选择与商法关系最为密切的几项规定说明之:(1)《民法通则》第4条将"等价有偿"与自愿、公平、诚实信用并列作为一项基本原则加以规定,容易与商法的营利性原则混淆,继而得出对商事关系调整的结论,但一则该条并未明确提出营利性的概念,二则当时主要是为了解决对国有企业的财产无偿进行调拨的行政做法,三则是为了鼓励有偿性的交易。等价有偿其实也不应当是民法的基本原则。(2)《民法通则》将个体工商户、农村承包经营户、个人合伙统一规定于公民(自然人)一章,并未将此三种主体作为不同于一般公民(自然人)的民事主体加以规定,更未特别规定此种主体参与商事活动的规则,无法体现民商合一的思路。(3)《民法通则》在民事法律行为中没有任何关于营利性行为的特别规定,没有任何对商事行为的规制。(4)《民法通则》第91条规定:"合同一方将合同的权利、义务全部或者部分转让给第三人的,应当取得合同另一方的同意,并不得牟利。"此一规定不仅仅反映了当时的立法者对商品经济、市场经济的错误认知,而且明显地揭示出营利性的商事行为是为民法禁止的,这种与商法理念完全相悖的规定怎么可能被解释为是民法与商法的合二为一呢?(5)《民法通则》在代理制度的规则中,不仅没有关于间接代理的规定,也没有关于表见代理的规定,这种具有外观主义功能的商法规则没有被规定于民法典中,也说明《民法通则》不可能是民商合一的体例,它也没有向外宣示中国将采民商合一立法例的立法指导思想。(6)《民法通则》在诉讼时效制度中仅规定了适用于民事权利的一般诉讼时效,没有针对商事行为、商事法律关系的特殊时效制度,其第136条规定的四种短期时效也是针对一般民事法律关系设计的。①

第二,《合同法》的确是我们目前民事立法中最能体现民商合一特色的,这不仅表现在其分则部分有大量的以营利性为目的的商事合同的规定,如融资租赁合同、仓储合同、行纪合同等,而且在其总则部分也有能够体现调整商事法律关系的普适性规则,包括鼓励交易的原则(第6条)、合同履行规则(第61、62条等)、合同解释规则(第125条)、违约损害赔偿的范围(第113条)等。但是,即便如此,仍然难谓中国选择了民商合一的体例,因为其一,《合同法》只是民事法律体系的一个组成部分而非全部,不能认为《合同法》中含有较多的商事规范就认为整个商法被融合到了民法

---

① 这四种短期时效分别是:(1)身体受到伤害要求赔偿的;(2)出售质量不合格的商品未声明的;(3)延付或者拒付租金的;(4)寄存财物被丢失或者毁损的。

典中，就得出民商合一的结论；其二，合同关系本身就难以区分民事合同与商事合同，相互交织缠绕，已有的大陆法系的《商法典》也都没有把合同纳入商法典中加以规定，个别的也只是从商行为的角度对与合同有关的商行为进行规定而已，说明即使是在民商分立的体例下合同法律仍然是主要由民法典来进行调整，而不由商法典进行规定；其三，很多新型的商事合同如电子商务合同、金融消费合同、动产担保交易等，通常仍然需要以制定单行法的方法予以解决，而不可能在民法典中统一解决。所以，不能以我国《合同法》的内容安排得出民商合一的结论。

第三，其他民事法律对商事关系调整的规定，均不及《合同法》范围广、程度深，而且也不可能再把范围拓广、把程度加深，例如《物权法》关于企业之间留置权的例外规定，仅有一句话的简单表述，它恰恰说明，商事留置权是无法在民法典中加以详细规定的，而应当通过商事立法加以规定，由此进一步说明了民商合一体例的不足与民商分立体例的长处。

第四，自改革开放以来的数次民法典起草，包括这一次民法典的编纂，立法机关并没有在任何正式的立法文件或者其他官方文件或者声明中，或者通过其他正式的渠道，来向社会说明中国将来只制定民法典，不会制定商法典。民法典的制定历来得到立法机关的重视，除了民法典本身的重要性使然，还有一个重要原因就是商法不像民法那样发达与完善，大陆法系都存在要不要单独制定商法典的争论，再加上我国现代市场经济尚处于初级阶段，计划经济刚刚退出，真正意义上的商业制度、商业文化、商人阶层等处于初始发育当中，立法机关还难以专题考虑民法与商法的关系问题，无从对此给出肯定性或者否定性的判断与结论，此属正常，大陆法系国家基本上都走过这个过程。将来到底是民商合一还是民商分立，其实现在只能说是未知数。

上述对民商合一与民商分立的历史考察与理论分析，可以形成如下基本的判断：

首先，在大陆法系，存在形式上的民商分立、形式上的民商合一、形式上的民商合一而实质上的民商分立三种主要的立法例。其中，采第一种体例的国家和地区数量最多。同时，即使是形式上的民商合一的国家和地区，也不同程度地存在商事单行法。实质意义的民商合一基本上是不存在的。《意大利民法典》是相对比较纯正的民商合一，但仍然没有做到彻底的民商合一，仍然存在一定程度的民商分立。形式意义上的民商合一而完全实质意义上的民商分立的最典型代表其实就是我国台湾地区的"民法"及其系列单行商事立法的立法体例。

其次,大陆法系民法典的制定有罗马法的基础,其形式理性都有相对确定的历史借鉴依据,而商法典不同,它完全仅仅是社会现实需求的产物,是法律因应和解决社会问题的自然结果,而不是理性考量与逻辑思维的结果。

再次,采民商分立的国家,其商法对社会经济尤其是的商业的发展所起到的推进作用是已被事实充分证明了的,特别是德国、法国、日本等国。而采民商合一体例的国家,没有一个成为当时或者今天在世界范围内市场经济中具有领先优势与地位的国家,意大利也好,瑞士也罢,其在国际范围内市场经济中的地位显然是无法与德国、法国、日本等比肩的。

最后,迄今为止我国的立法机关并未明确采纳何种立法例,而已有的立法现象和事实并不能得出我国属于民商合一的立法例,将来会作出何种选择是难以预料的。

二、商事通则:立法目的与参照物的选择

(一) 商事通则能够解决什么问题?

不少商法学者意识到:既然目前不可能制定商法典,那么先制定商事通则或者商法通则是理智的选择。[①]

然而,商事通则呼吁了这么多年,《商事通则》的立法建议稿也已经公开很多年了,似乎并没有引起法律界多大的反响,更没有引起立法机关的重视。个中缘由,恐非简单,既有来自民法学界的不同意见,也有商法理论自身的欠缺,还有立法机关的过度审慎。但是,有一点可能是原因之一:我们没有完全说清楚为什么要制定商事通则,商事通则到底能够解决什么问题。

笔者以为,在目前的情境下,尽快制定商事通则可以解决以下问题:

---

① 参见王保树:《商事通则:超越民商合一与民商分立》,载《法学研究》2003年第1期;赵旭东:《商法通则立法的法理基础与现实根据》,载《吉林大学社会科学学报》2008年第2期。

第一,解决商事单行法法律法规林立却群龙无首、互不协调的窘境。自改革开放以来,全国人大及其常委会、国务院颁布了大量的商事单行法律法规,举其要者,如《公司法》《破产法》《合伙企业法》《海商法》《票据法》《证券法》《信托法》《保险法》《证券投资基金管理法》《个人投资企业法》等,国务院相关主管部门包括商务部、中国证监会、工商总局、交通运输部、中国保监会、中国银监会等颁布的商事部门规章则数量更为众多。这些法律法规、部门规章尽管各自有自己的规范范围,但都属于对营利性为主的商业投资交易及与之相关的商事活动的法律规制,由于没有统领这些庞大、庞杂的法律法规规章的总则性或通则性法律文件,使得这些商事单行法之间不仅缺乏一以贯之的立法主线,甚至相互之间抵牾掣肘。例如,《公司法》第15条规定:"公司可以向其他企业投资;但是,除法律另有规定外,不得成为对所投资企业的债务承担连带责任的出资人",而根据《合伙企业法》第2条的规定,任何法人都可以成为普通合伙企业的合伙人(除第3条规定的国有独资公司、国有企业、上市公司、公益性的事业单位和社会团体外),尽管《公司法》第15条后半句附加了适用条件即"法律另有规定外",但是《合伙企业法》已经明确了任何企业都可以成为普通合伙企业的合伙人,而所谓的"法律另有规定外"主要甚至唯一的就是指《合伙企业法》所规定的公司向普通合伙企业投资,所以,《公司法》第15条的规定完全成了毫无意义的无害条款而已。

如同民法,现在单行的民事法律法规也是非常庞杂,《合同法》《物权法》《婚姻法》《继承法》《侵权责任法》《担保法》等,需要一个统领性的法律文件,相互之间也有逻辑上或者适用上的冲突,《民法通则》已经无法担当起这种统领作用,所以迫切需要制定民法典。商法的情形也一样,只是商法现在还没有达到制定商法典的成熟时机,但制定商事通则的时机是完全成熟的,有的商事单行法已经实施了二十多年了。当年《民法通则》制定时还只是颁布了《婚姻法》《继承法》《经济合同法》等少数几部重要的民事法律,而现在商法的情形大不一样了,商事立法比起当年《民法通则》制定时的民事立法已经不知成熟了多少倍。

第二,通过商事通则的制定,尽可能地在民法与商法之间建立通畅的互补关系,完善我国的私法法治体系,科学地、理性地区分民法与商法。民法与商法一方面具有极强的共性与互通性,共同构成完整的私法体系,缺少商法的私法体系绝对是残缺不全的,是无法担负起保障私权的私法及法律制度的终极目的。商法和民法都是关于私权（民事权利）、私人利益（民事主体的利益）的法律，而私权、私人利益是一切法律制度乃至政治制度得以存在的唯一正当性依据，民法和商法共同担负着这一法律制度的使命。同时，商法与民法又是各不相同的，不能相互取代。民法不可能包含商法的理念与原则，《民法典》不可能把商法的规则规定进去，那样只会徒增民法典内部的不协调，降低民法适用的效率与效益，混淆民法与商法的客观存在的界限与区别，最终使得民法与商法两败俱伤。以《意大利民法典》和《瑞士民法典》比之于《法国民法典》和《德国民法典》，孰优孰劣，是无需论辩的。

第三，通过商事通则完善商法体系，提高商法的适用效率与效益，促进我国市场经济的进一步发展。现代市场经济中的商业模式可谓日新月异，互联网、大数据时代的交易方式也快速地推陈出新，这些具体的商业模式与交易方式的规则随时可能更新，创新规则本身就是创新商业发展，而这些商业模式与交易方式的规则绝大部分集中在商法规范的领域，如P2P网贷、B2C交易、股权众筹、第三方交易平台、各种信托计划、新型的保险产品、企业重组与破产、各种证券投资基金、风险投资与估价调整协议等，只有不断调整和完善相关的商事交易规则，才能促进我国新型商业模式与交易方式的不断创新，而制定能够统领整个商事法律规范的商事通则或商法通则，是完善我国商事法律体系和商事交易规则的不可或缺的环节，这就如同制定民法典是完善我国民事法律体系和市民社会规则不可或缺的和解一样。

第四，通过制定商事通则，对所有商事法律规范、不同商法分支进行梳理，发现其共同性或共通性的制度理念与规则，再进行抽象与归纳，从而使商法的内在逻辑体系逐渐趋于严谨，形成既有商事通则又有各种商事单行法、既有普遍适用于各个商事交易领域的共同制度又有分门别类的具体商法分支领域的专门性规则、既有体现商法理念与商法价值的原则性规范又有极具操作性与灵活性的具体性规范的商法体系结构。

（二）如何对商事法律制度进行抽象？

要制定一部相对科学和实用的商事通则，如何对所有的商事法律规范和各个商法分支领域进行抽象是关键。

是否可以借鉴潘德克吞体系的思路，在商事通则中抽象出《德国民法典》那样的总则编来？商事通则是否就是相当于民法典的总则编（或者，如果有可能的话，就是未来商法典的总则编）？还是像《民法通则》那样的准法典，既有通过提取公因式而形成的普适性规则又有各个领域的具体制度？

笔者以为，目前制定商事通则进行立法抽象时需要考虑到一下几个因素：

第一，商事通则不能仿照大陆法系民法总则的思路进行编纂。尽管我们将商事通则定位于商法领域中共同性或共通性的、具有一般或普遍适用性的法律，而大陆法系民法典中的总则编尤其是潘德克吞体系下的民法典总则编正是这种内容安排与立法抽象，但是，它们与我们设想中的商事通则都不是一回事，并且，法国法系的民法典与德国法系的民法典在总则编的编纂上也存在极大的差别。以《法国民法典》为例，严格来说它没有总则编，它的"总则编"被称为"序编"，一共只有六个条文，内容只是关于"法律颁布、效力与适用之通则"，并没有任何实体法律制度的条文。① 而《德国民法典》大异其趣，创造了复杂的总则编，条文多达240条，主要包括权利主体、权利客体、法律行为和其他规定。

中国的商事通则当然不可能像《法国民法典》的总则编那样只有六个条文，但也不可能像《德国民法典》的总则编那样。潘德克吞体系下的民法典总则编是概念法学的产物，它试图抽象出整个民法的普适性规则，也确实取得了较大的成功，但存在晦涩难懂的弊端，与商事通则担负的使命并不一致。其实，有的德国民法学者对其很不以为然，梅迪库斯就指出："对于总则编的内容，不可能作出积极的评价。一方面，总则编没有对一些重要的内容作出调整……另一方面，总则编中的有些规定被人为地从它们所属的特别的联系中割裂开来，最后变成了纯粹的概念解释或立法技术。"②

商事通则不能仿照潘德克吞体系下民法典总则编的模式的最主要原因，在于商事通则是要解决公司、合伙等商事主体从事营利性行为时的主体资格、特殊资质准入、对外公示、行为的营利性判断因素、权利的特殊变动因素、商业信誉的保障等问题与规则，而不是对整个商事法律规范进行

---

① 参见《法国民法典》（上册），罗结珍译，法律出版社2005年版，第1—40页。
② 迪特尔·梅迪库斯：《德国民法总论》，邵建东译，法律出版社2001年版，第28页。

逻辑与概念层面的抽象。商法的生命力和价值不在于法律逻辑与概念体系,而在于它对营利性的商业模式与商业交易的鼓励、保障与规制。

第二,商事通则不能以大陆法系的商法典的总则或通则编为仿照对象。众所周知,大陆法系的商法典存在以《法国商法典》为代表的客观主义(或商行为主义)模式和以《德国商法典》为代表的主观主义(或商人主义)模式,差异巨大。中国的商事通则是在上述商法典经过了一百多年后制定,商业环境、商业模式、交易方式、立法技术等等方面已经有极大的发展与超越,而上述商法典也经过了无数次的修改,难以成为效仿的对象。当然,应当承认,中国的商事通则可以从上述商法典的总则编或通则编中进行适当的借鉴。

具体到制度层面,如何从大陆法系典型的商法典中汲取有益的成分,作为我国商事通则的立法借鉴,下文将详加论述。

第三,商事通则不能参照《民法通则》的体例。如前所述,《民法通则》其实是一部准法典,既有通过提取公因式而形成的普适性规则,又有各个领域的具体制度,尽管对这些制度的规定极其简单。商事通则不是准法典,它不会涉及商法各个分支领域的内容,即便是极其简单的规范也不会。《民法通则》的准法典结构是与制定这部法律当时的历史条件密切相关的,当时在物权法、债权法、人身权法、亲属法等领域缺少基本的法律规范调整,只有《经济合同法》《婚姻法》《继承法》等少数几部法律。而今天的商事法律完全不可同日而语,商事领域的绝大部分都已经颁布了相应的法律规范,现在缺乏的不是商事领域的基本法律规范,而是统领整个商事法律领域的灵魂与总纲。商事通则或商法通则与《民法通则》不是一回事。

(三)典型商法典对于商事通则体例与内容的借鉴意义

1.《法国商法典》对商事通则可能存在的借鉴意义

作为世界上第一部独立的商法典,《法国商法典》具有真正划时代的意义,因为它不仅标志着民商分立的立法体系的确立,而且确立了以商事行为与商事组织为主要调整对象的商法体系。[①] 根据罗结珍教授的最新《法国商法典》译本,2009年最终推出的《法国商法典》并未废除1807年的《商法典》,而是对旧法典的改革,它的第一卷仍然是总则(商事总则),

---

[①] 《法国商法典》(上册),罗结珍译,北京大学出版社2015年版,译者序第6页。

由四编组成,分别是:①

第一编:商事行为。共有4个条文。

第二编:商人。包括以下各章:第一章商人定义及地位,第二章外国商人;第三章商人的一般义务,第四章零售商合作社,第五章独立商人同名商店,第六章合作担保公司,第七章对创业或恢复经济活动的企业计划提供扶持的合同,第八章全国被禁止担任管理职务的人员的信息检索系统,第九章有报酬的企业监管制度。

第三编:居间商、行纪商、承运人、商业代理人与独立的上门销售人。

第四编:营业资产。包括第一章营业资产的买卖,第二章营业资产的设质,第三章营业资产的买卖与设质的共同规定,第四章营业资产的租赁经营,第五章商业租约,第六章委托经营管理人。

《法国商法典》总则卷的上述内容,至少可以为我国的商事通则的制定提供以下有价值的考虑因素:

首先,总则涉及商法中最为重要的商主体制度、商行为制度和营业资产制度,这是整个商事法律制度存在的根基,我国的商事通则也应当主要围绕此三项主要制度进行规范。

其次,对于商行为,该法典采用列举式的体例,其中第1条列举了10种主要商行为,第2条列举了7种与海事、海商有关的商行为,涉及动产与不动产的买卖、动产租赁、制造业、行纪业、运输业、代理业、银行业、票据行为、海运业等。法典未对商行为进行抽象进而得出一般性的条款表述,是一种缺陷,直接的列举难以穷尽所有的商行为类型。建议我国的商事通则采取一般性条款表述加列举的方式,对商行为作出界定。

再次,学理上一般认为《法国商法典》是商行为法模式,即客观主义模式,但实际上该法典也对商主体即商人进行了详细的规定,包括商人的定义与地位、商人的一般义务、不同类型的商事组织等,甚至规定了那些不能担任商事组织的管理人员的全国信息检索系统,这对于反商业欺诈与商业贿赂以及保障商事行为的合法性与有效性很有积极意义,值得我们借鉴,尽管在我国实行这种制度可能有太多的困难,但至少可以作为将来努力的方向。

最后,该法典在总则中设立"营业资产"编,颇有启发意义。尽管该法

---

① 《法国商法典》(上册),罗结珍译,北京大学出版社2015年版,第1—202页。

典并未对营业资产的定义作出规定,但其性质是明显区别于企业资产的,法典对营业资产的买卖或转让、质押、租赁经营、委托管理等作出了完善的规定。营业资产及其商业运营不同于公司、合伙、破产、票据、保险、证券、海商等商法体系中的内容,无法将其纳入上述各部分,而它又不像保险、票据、证券、海商那样构成独立的商业领域,而是可以普遍性地发生于任何商事主体之间,进而成为一般性的商行为,同时营业资产之于任何商事主体都是不可或缺的基础性条件,故而将营业资产作为商法典总则的内容予以规定反映了商法随着商业发展而进行调整与改良的进步性[①],同时又适应并促进了营业资产的运营效益。

2.《德国商法典》对于商事通则可能存在的借鉴意义。

《德国商法典》与《法国商法典》在体例与内容上存在较大的差异。根据杜景林、卢谌教授最新的2010年译本的《德国商法典》,该法典不像《法国商法典》那样有一个统揽全法典的总则编,其第一编即为"商人身份",接下来第二编为"非独资的商业企业与隐名合伙",实质是关于普通合伙、有限合伙及隐名合伙这种商事主体的规定,但是,再接下来,第三编为商业账簿,第四编为商行为。最后一编为海商。[②]

细究《德国商法典》的上述体例与内容,于我国商事通则有借鉴之处可能存在于:

首先,尽管《德国商法典》没有像《法国商法典》那样的总则编,其实它只是没有被冠以"总则"或"商事总则"名义的编目而已,并非没有关于商法典总则或商法一般性规定的内容。除了第二编商事合伙与第五编海商外,法典的另外三编其实都是关于商事总则的规定。而其第一编"商人身份",其实已经是符合法典总则编的立法体例。所以,《德国商法典》与《法国商法典》一样告诉我们,商法与民法一样,有统领全部法律体系的普适性规则,能够抽象出商事法律规范的共性,而并非众多单行法的拼凑,尽管其普适性的共性规范不如民法那样繁多而严谨。

其次,与《法国商法典》创立的商行为模式不同,该法典确立了新的商主体模式,即以商人身份作为判断交易关系是否由商法调整的标准。该

[①] 1807年的《法国商法典》的总则编并没有营业资产的规定,这是《法国商法典》总则编最大的变化。

[②] 参见《德国商法典》,杜景林、卢谌译,法律出版社2010年版,第1—4页。

法典关于商人身份的规定不仅确立了商法的调整对象与范围,而且非常系统地对商人的概念、商人资格的取得、商事登记、商业账簿、经理权与代办权等与商人身份相关的制度进行了规定,对商业辅助人、商业代理人、商业居间人等商主体也给予了规定。

再次,尽管《德国商法典》开创了商人主义的立法模式,但法典同样有对商行为的规定,且在第四编专设一编规定商行为,这与商行为模式的《法国商法典》专设一编规定商人有异曲同工之妙。《德国商法典》关于商行为规定的内容与体例均值得我国商事通则借鉴,而其关于商行为的定义又紧密地与商人联系在一起,并且从有利于扩大商法典对交易行为适用的标准与目的解释有争议的行为,其第343条规定:"商行为是指一个商人所实施的、属于其商事营利事业经营的一切行为。"第344条接着规定:"由一个商人所实施的法律行为,在有疑义时,视为属于其商事营利事业经营。"①商行为编最为特殊之处是作出了对商行为的一般规定,不仅对商行为进行了立法定义,而且对与民法容易发生关联与混淆的重要制度在一般规定中作出了特别处理,突出了商事规则与民事规则的不同,例如违约金的绝对性②、法定利率、无佣金与费用及利息约定时的请求权③、允诺方式的自由、金钱债权转让的效力、继续性计算与交互计算的适用条件与效果、担保与继续性计算的关系、给付时间仅限于营业时间的特别规定、对要约的沉默之肯定性推定④、质物变卖的期间⑤、商事留置权的成立与行使等。我国商事通则也应当对民事与商事交叉的领域与制度进行梳理,对应当适用商法的特殊规则给出明确的规定,防止在司法实践中混淆民法上的法律行为与商事行为,以期达致更好的法律适用效果。

---

① 《德国商法典》,杜景林、卢谌译,法律出版社2010年版,第211页。

② 《德国商法典》第348条规定:"一个商人在自己的商事营利事业的经营中所允诺的违约金,不得依《民法典》第343条的规定减少。"

③ 《德国商法典》第354条规定:"(1) 在从事自己的商事营利事业时,为另外一个人处理事务或者提供服务的人,即使无约定,仍然可以按照在该地点为通常的率值,为此请求佣金,并且在涉及保管时请求仓储费用。(2) 对于借贷、预付款项、垫付款项和其他费用,其自给付之日起,可以计算利息。"

④ 《德国商法典》第362条规定:"(1) 由一个商人的营利事业经营产生为他人处理事务,并且处理此种事务的要约由某人到达该商人,而该商人与此人具有交易关系的,该商人有义务不迟延地作出答复,其沉默视为对该要约的承诺。处理事务的要约由某人到达一个商人,并且该商人已经向此人请求处理此种事务的,适用相同规定。"

⑤ 《德国商法典》第368条规定:"在变卖质物的情形,以出质在质权人和出质人一方为商行为为限,以1周的期间,取代《民法典》第1234条中所指定的期间。"

最后,《德国商法典》创设了专门的商业账簿编,这是《法国商法典》所没有的新的制度。该编既有关于商业账簿的一般规定,即第一章"对所有商人的规定",又有对几种主要的商事主体的商业账簿的特别规定,包括公司、商事合伙、合作社、特定营业的企业(金融机构、保险公司、养老基金)等。商法以营利性为原则,商事组织以营利为宗旨,而商业账簿既关乎商事组织自身的经营状况与财务状况,又涉及交易相对方对商事组织资信能力的了解,还涉及国家税收和交易安全,故其应当成为商事通则中的重要内容。由于我国制定有专门的《会计法》,该法具有形式意义上的商业账簿法的地位①,还有针对企业的《企业会计准则》,商事通则中仅需要对商业账簿的设置原则、设置主体、法律效力、制作与保管、信息查阅、违反商业账簿规定的法律后果等作出规定。

3.《日本商法典》对商事通则可能存在的借鉴意义

《日本商法典》自1899年实施后,至2010年,中间经过数十次的修订,第四编票据首先分离出去成为单独的立法,特别是2005年第二编公司移出法典成为单独的立法,该法典仅剩下第一编总则、第二编商行为和第三编海商。②

细究《日本商法典》,几乎可以认为,它俨然已经就是一部商事通则。除去海商,另外两编总则和商行为,都是关于商法普适性和共性规则的规范。《日本商法典》的总则编和商行为编比较好地借鉴了《法国商法典》和《德国商法典》的合理内容,结合了二者的优点,兼顾了商行为主义和商人主义两种立法模式的各自优劣长短,是比较成功的折中与协调。有的学者甚至认为,《日本商法典》具有"体系科学、内容翔实、协调性好,可操作性强"的优点,"是一部具有高度科学性的法律"。③

《日本商法典》的第一编总则,由八章组成,分别是:通则;商人;商业登记;商号;商业账簿;商业雇员;代理商;杂则。《德国商法典》第一编由九章构成,分别是:商人;商事登记簿与企业登记簿;商号;商事账簿;经理权与代办权;商业辅助人和商业学徒;商事代理人;商事居间人;罚则。对比这两部商法典,可以发现:首先,商人、商事登记、商业账簿、商号、商事

---

① 范健主编:《商法》,高等教育出版社、北京大学出版社2007年版,第87页。
② 《日本最新商法典译注》,刘成杰译注、柳经纬审校,中国政法大学出版社2012年版,第4—6页。
③ 任先行、周林彬:《比较商法导论》,北京大学出版社2000年版,第166页。

代理、商业辅助人与商业雇员(仅在表述略有不同)等内容成为商法典总则编的共同规则,并且由此奠定了经典的大陆法系商法典总则编的立法例。其次,商行为都是在总则编之外独立成编,并且基本体例都是由一般规定加具体的列举方式(《日本商法典》列举了买卖、往来账、隐名合伙、居间营业、行纪营业、货运行纪营业、运输营业、保管和保险,《德国商法典》列举了商事买卖、行纪营业、货运营业、运输代理营业和仓库营业)。再次,总则编的规则大都体现了商事规范与民事规范的不同之处,商事规范优先于民事规范适用,既反映了商法与民法的渊源关系和二者均属于私法的共同属性,又体现了商法不同于民法的独立部门法属性以及二者在价值追求、法律理念、规制对象、规制方式等方面的差异。

(四) 商事通则的内容与体例建构及其与民法典的关系

在我国,即使是完全否定商法独立性的学者,也都清楚商法的分支法律部门如公司法、票据法、保险法、证券法、海商法等不可能进入民法典,但是,商法总则或商事通则部分的内容与民法典总则编存在可能的交叉或重叠,民法典分则部分特别是合同法又与商事通则中的商行为存在交叉关系,而且民法典总则编涉及如何宣示民法与商法之间的关系的重大问题,故在起草民法典尤其是民法典的总则编时,需要立法者高瞻远瞩,统筹兼顾,防止因为民法典的制定阻碍而商法的发展或是制造二者在法律适用上的矛盾。为此,笔者有如下粗略的建议:

第一,就调整范围与规制对象而言,民法典是市民社会人身关系和财产关系(经济关系)的基本法,市民社会中的人身关系悉由民法调整,但市民社会中的财产关系(经济关系)具有多样化的特征,并非所有的财产关系都有民法调整。商法形成的历史告诉我们,市民社会中的经济关系主要地可以区分为两种:一种是满足民事主体基本生存、生活、工作、生产经营等需要的经济关系,如消费品的生产、销售,民间借贷,建筑物的工程建造,雇佣,旅游服务,住房租赁,动产租赁,公用服务品的供应,等等。另一种则是为了获得额外经济利益、以营利为目的的经济交往关系,以及为了实现此种营利性经济活动而发生的相关财产关系,前者如企业的融资租赁行为,商业银行的借贷关系,旅客与货物的承运行为,仓储行为,支付佣金的中介服务活动包括行纪、居间等,职业代理行为,后者如公司行为包括公司设立行为、公司治理行为等,商业目的的合伙关系,票据关系,保险关系、信托关系、证券发行与交易关系、海商海事活动,等等。对于此种为了获得额外经济利益、以营利为目的的经济交往关系,其规则的产生不同于传统民法规范,它们主要是通过商人自治规约、商业惯例而逐渐形成的,是完全根植于商业交易活动和商品经济、市场经济的环境的,民法典难以对上述两种经济关系采用相同的理念与方法进行调整。所以,笔者主张在民法典中最好不要规定商法总则的内容,甚至最好不要涉及商法总则的内容。例如,有的学者建议,在民法典总则编关于民法调整对象的条文中加入如下内容:"本法调整自然人、法人和非法人团体之间的人身关系和财产关系。因自然人、法人和非法人团体实施营利行为而发生的财产关系,适用本法,其他法律另有规定的除外。"[1]这种观点尽管有其一定的合理性,为商法的适用预留空间,但将营利行为作为民法的调整对象,商法只是在民法没有相关规定时的补充适用规则,殊值商榷。因营利行为发生的财产关系应当均由商法调整与规制,民法典中不应当规定商事主体之间的营利行为规则。

第二,就法律原则而言,民法典应当规定民法的基本原则,包括平等、诚实信用、公序良俗、禁止权利滥用等,但商法也有其作为独立法律部门的基本原则,这些基本原则不应当规定于民法典中,例如商法的营利性原则、营业自由原则、鼓励交易与效率原则、交易安全原则等。平等原则、诚实信用原则、禁止权利滥用原则其实也是商法的基本原则,但其更主要的是民法的基本原则,并不体现商法的特性。所以,商法的原则应当将来由商事通则加以规定,不应当规定于民法典之中。例如,有的学者建议在民法典总则编基本原则中加入"国家保护民事主体的营业自由"的条款[2],笔者认为,在民法典规定"营业自由"的原则并且作为民法的基本原则,与民法的价值追求与内在逻辑并不契合,最好还是不要规定在民法典中。

第三,就法律渊源而言,民法典和商事通则应当如何分别作出规定,需要进行立法协调。这里需要处理好两个方面的关系:一是,民法典中不要规定商法的渊源,不要把商法的渊源作为民法的渊源加以规定,不要把民法规范规定为商事关系和商事活动的依据,商事关系和商事活动应当

---

[1] 代表性的观点可以参见周林彬:《我国民法总则制定中商法总则内容的加入——以民法总则专家建议稿一般规定立法条款的修改意见为例》,载《中国商法年刊(2015年)》,法律出版社2015年版,第215页。

[2] 同上书,第216页。

适用商法;二是,在商事通则中,应当规定:对于商事关系和商事活动,商法有规定的适用商法的规定,商法没有规定的应当适用商事惯例,没有商事惯例的应当适用商法原理,而不应当规定商法没有规定时适用民法规范。只有这样,才能分清楚民法与商法,才能让民法和商法各司其职,各负其责,才能有利于司法实践中法律的准确适用,才能使民法和商法共同实现对市民社会财产关系的调整,共同实现保护私人合法权利和利益的目的。

第四,如前所述,商事通则的主要立法目的是要解决公司、合伙等商事主体从营利性行为时的主体资格、特殊资质准入、对外公示、行为的营利性判断因素、权利的特殊变动因素、商业信誉的保障、商事纠纷的特别解决程序等问题与规则,而不是对整个商事法律规范进行逻辑与概念层面的抽象。换言之,"它是关于商事主体和商事活动的一般法律规定,是适用于所有商事法律领域和所有商事活动的共同性法律规则"。① 根据此一认识,结合最近二十多年来我国商法学者在学理上达成的基本共识,商事通则的大体结构与内容应当如下:(1)关于商事主体资格、特殊资质准入的规定,包括公司、合伙、个人独资企业、个体工商户等商主体的资格制度以及从事特殊商事行为如证券、期货、保险、信托等需要的特殊资质制度,商法中主体资格法定原则的确立制度,商事登记制度,商号等;(2)关于商行为的规定,包括商行为的判断标准,商行为的类型化,商行为效力等制度;(3)关于商事代理的规定;(4)关于营业与营业转让的规定,包括营业自由原则的确立,营业的性质,营业的范围,营业的类型,营业的转让等制度;(5)关于商事账簿与商事救济的规定;(6)关于特殊的商事诉讼时效的规定;(7)关于商事纠纷解决的制度,包括商事法院、商事仲裁、替代性纠纷解决机制等方面的规定;(8)商法的适用,包括商法的适用规则,商法的渊源,商法规范的解释规则等制度。

中国的民法典已然处于呼之欲出之势,这是中国法治进程中的具有里程碑式的重大事件;而商事法律体系的完善尤其是商事通则的尽早出台,将无疑使我国的私法二元结构得以在形式上达致协调之境,更将在实质意义上促进中国市民社会的发育与现代市场经济的进步,可谓民商二法比翼齐飞,相得益彰,则吾辈幸矣,法治幸矣!

---

① 赵旭东:《民法典编纂与商事立法》,载《中国法学》2016年第4期。

纯粹经济损失的赔偿与一般侵权行为条款[*]

葛云松[**]

一、问题的提出

一个人可能因为很多原因而发生财产利益的损失。他可能在路上被偷走了100元钱,或者被他人不小心损坏了价值100元钱的衣服,或者因为他人交通肇事使交通堵塞而上班迟到、被单位扣了100元奖金,或者为及时赶到单位被迫打车而多花了100元车费。在这四种情形下,受害人所受损失在实质意义(财务意义)上没有区别——他的总财产减少了100元钱。可是,法律上对这几种损失的对待方式是否一致?受害人是否都有权请求损害赔偿?后两种损失,就是本文所要讨论的纯粹经济损失问题。

"纯粹经济损失"的概念,对于我国法院来说可能还极为陌生,但是中国法院早已经在处理这类问题,只不过没有使用这个概念而已。

以下是几个具有代表性的案件:

1. 莒县酒厂诉文登酿酒厂不正当竞争纠纷案[①]

原告莒县酒厂生产的"喜凰牌"白酒在当地十分畅销。被告文登酿酒

---

[*] 原文刊于《中外法学》2009年第5期。
[**] 北京大学法学院教授、博士生导师。本文的写作,受惠于向王泽鉴教授的请教,得益于与贺剑同学、张谷博士、凌斌博士、薛军博士、许德峰博士、张必将同学的讨论,得到朱晓喆博士在案例材料上的帮助,特别是获得了贺剑同学在资料搜集和整理上的出色协助。本文的初稿曾在2008年11月的北大法学院"昌言民法论坛"上宣读,与会师友提出了很多意见。谨致谢忱!并感谢匿名审稿人提出的批评和建议。

[①] 《最高人民法院公报》1990年第3期。

厂为了与其争夺市场,自 1987 年 2 月至 1988 年 8 月,在自己生产、销售的白酒上采用构图、字型、颜色方面均与原告的设计近似的瓶贴,并以"喜风酒"作为自己白酒的名称。同时,被告在同一市场中还采取压价的手段与原告竞争,造成消费者误认误购,使莒县酒厂的产品销量下降、库存积压。但文登酿酒厂未仿冒莒县酒厂的"喜凰牌"注册商标。山东省高级人民法院二审依据《民法通则》第 4、5、7 条判决文登酿酒厂停止侵害、赔偿损失。

2. 王保富诉三信律师事务所见证遗嘱无效案①

2001 年,王守智聘请被告三信律师事务所为自己所立遗嘱进行见证。遗嘱内容包括:将自己享有的某房屋的共有部分以及部分其他财产留给儿子王保富继承。被告所指派的律师出具了见证书。2002 年王守智去世后,王保富在其他法院起诉请求按照王守智的遗嘱继承遗产,但是,法院终审认定遗嘱不符合法定形式要求而无效,并判决王守智的遗产按法定继承处理。王保富因遗嘱无效而少继承遗产合计 11 万余元。北京市第二中级人民法院二审依据《民法通则》第 106 条第 2 款、《律师法》(2001 年)第 49 条,判决三信律师事务所赔偿上述 11 万余元的损失。

3. 山西晚报不实报道案②

原告太原市外企公司拟于 2001 年 5 月 25 日组织一场演唱会,演员包括歌星毛阿敏。5 月 17 日,被告《山西晚报》转载了其他报纸关于毛阿敏在日本突患阑尾炎的报道,并称"毛阿敏八成不来太原"了。尽管毛阿敏本人和原告作出澄清后,被告很快刊载了更正性报道,但仍有大量观众退票。5 月 25 日,毛阿敏和其他歌星如期参加了该场演出。原告因为大量观众退票以及为了澄清信息而公开宣传,发生了一定损失。太原市中级人民法院一审判决认为被告报社构成了对原告合法权益的侵犯,应承担侵权责任,赔偿原告的损失。

4. 海南玉龙虚假验资赔偿案③

1994 年,原告某旅游公司与被告玉龙旅行社签订了关于机票销售代理业务的合同,后来,玉龙旅行社欠旅游公司票款 52 万余元未付。在

---

① 《最高人民法院公报》2005 年第 10 期。
② 赵枫:《推测"毛阿敏不能赴演"惹来 87 万赔偿》,载《民主与法制》2002 年第 5 期上半月刊。
③ 《最高人民法院公报》2000 年第 2 期。

1993 年设立时,玉龙旅行社的注册资本应为 50 万元;在验资过程中,玉龙旅行社在被告建设银行海府支行的实际存款仅为 500 余元,但该银行为玉龙旅行社出具的存款证明书,却证明其当日在该行的存款余额为 10 万元。玉龙旅行社进而将该金额涂改为 50 万元。而被告海南中华会计师事务所对该存款证明书未经核实,就轻率出具了验资报告书,证明玉龙旅行社已经投入现金 50 万元。现玉龙旅行社已经无力偿还债务。海南省海口市中级人民法院二审依照最高人民法院《关于会计师事务所为企业出具虚假验资证明应如何承担责任问题的批复》,判决建设银行海府支行在虚假存款证明的金额 9.94 万余元范围内、中华会计师事务所在其验资不实的 40 万元范围内,对债权人承担连带赔偿责任。

5. 陈丽华等 23 名投资人诉大庆联谊公司、申银证券公司虚假陈述侵权赔偿纠纷案①

1997 年 4 月 26 日,大庆联谊石化总厂以上市公司大庆联谊公司的名义发布《招股说明书》,申银证券公司是大庆联谊公司股票的上市推荐人和主承销商。1997 年 5 月 23 日,大庆联谊公司股票在上海证券交易所上市。1998 年 3 月 23 日,联谊石化总厂又以大庆联谊公司的名义发布《1997 年年报》。2000 年 3 月 31 日,中国证监会分别作出《关于大庆联谊公司违反证券法规行为的处罚决定》和《关于申银证券公司违反证券法规行为的处罚决定》,认定大庆联谊公司的《招股说明书》有欺诈性虚假陈述、《1997 年年报》内容虚假;申银证券公司在编制《招股说明书》时,未经认真审核,将重大虚假信息编入申报材料。从 1997 年 5 月 23 日起,原告陈丽华等 23 人陆续购买了大庆联谊公司股票,遭受的实际损失为 425,388.30 元,其中 242,349.00 元损失发生在《1997 年年报》公布之前。一审哈尔滨市中级人民法院依据《股票发行与交易管理暂行条例》和最高人民法院《关于审理证券市场因虚假陈述引发的民事赔偿案件的若干规定》,判决被告大庆联谊公司赔偿原告陈丽华等 23 人实际损失 425,388.30 元,被告申银证券公司对上述实际损失中的 242,349.00 元承担连带赔偿责任。二审维持原判。

---

① 《最高人民法院公报》2005 年第 11 期。

6. 重庆电缆案①

某建筑公司在其某河堤工程的施工过程中,不慎损坏埋藏在该地段的某供电公司的电力电缆,致使输电线路中断,造成某医院停电26小时,影响其正常营业。医院主张其营业收入减少,要求建筑公司、供电公司赔偿3万余元。一审法院判决建筑公司赔偿25000元。二审重庆市第四中级人民法院于2005年终审判决认为,除经济损失系因用户的人身或所有权遭受侵害而发生外,原则上不予赔偿,因此驳回医院对建筑公司的诉讼请求。

上列案例,都涉及所谓的"纯粹经济损失"问题。

纯粹经济损失是一种财产利益的减损,但是各国法律的态度大多与处理侵害绝对权时不同,我国现行的立法和司法、学说上也是如此。但是,这一问题虽然在我国已经获得一定的讨论,却仍然存在大量的疑义,很多根本性的问题仍然有待澄清或者深化。

二、纯粹经济损失的含义

"纯粹经济损失"是对英文 pure economic loss 的汉译(也有学者译为"纯经济上损失"或者"纯粹经济上损失")。相同的概念,在德国称为"纯粹财产上损害"(reine Vermögensschaden)。从比较法来看,"纯粹经济损失"基本上是一个理论概念,并非法律概念。②

对于纯粹经济损失的定义,不同国家以及不同学者之间的表述尽管大体相同,但仍有一定的差异。③ 究其原因,除了表述的角度之外,

---

① 重庆市高级人民法院编:《重庆审判案例精选》(第二集),法律出版社2007年版,第191—196页。

② 极为罕见的例外性立法例似乎是《瑞典侵权责任法》(第1章第2条)和《芬兰侵权责任法》(第5章第1条后段)。参见毛罗·布萨尼、弗农·瓦伦丁·帕尔默主编:《欧洲法中的纯粹经济损失》,张小义、钟洪明译,法律出版社2005年版,第116—117页。不过,这两部法律规定的目的主要是排除纯粹经济损失的赔偿(主要的例外是犯罪行为导致的纯粹经济损失)。此外,《欧洲侵权法原则》第2:102条(法律保护的利益)中规定了"纯粹经济利益"的保护问题,2005年《奥地利损害赔偿法草案》第1298条也有关于"纯粹经济利益"保护的规定,但是两者没有给出明确的定义。参见海尔穆特·库齐奥:《欧盟纯粹经济损失赔偿研究》,朱岩、张玉东译,载《北大法律评论》第10卷第1辑,北京大学出版社2009年版,第241—266页。

③ 李昊博士总结了五种定义。参见李昊:《纯经济上损失赔偿制度研究》,北京大学出版社2004年版,第5—8页。

主要是因为各国学者乃是从本国法律出发来研究这个问题,而各国法律有差异,因此,能够作为一个独立问题出现的纯粹经济损失问题,在各国就会有所不同。对于纯粹经济损失的恰当定义,特别是在我国起草民法典过程中以适当的定义为起点来探讨纯粹经济损失问题,需要非常的慎重。

笔者以为,对纯粹经济损失的定义,最坚实的起点应当是从侵权行为法的保护对象谈起。

宽泛地说,侵权行为就是侵害了法律所保护的利益、依法应承担侵权责任的行为。那么,哪些利益受到侵权行为法的保护?

在探讨这个问题之前,可以首先将一个民事主体可能享有的所有利益穷尽地罗列;然后,再一一探讨其是否以及如何受到侵权行为法的保护。

民事权利的本质是利益,但权利之外还有其他利益。所以在理论上,根据一种利益是否被权利化,可以将利益区分为权利(民事权利)和其他利益。此外,根据利益的不同类型,可以大体区分为人身利益和财产利益。对于民事权利,可以有很多种不同的分类。其中之一是,将民事权利区分为绝对权和相对权,这是一个普遍认可的区分。绝对权是可以对抗一切人的权利,任何人都负有不得干涉该权利的消极义务。相对权是仅得向特定人主张的权利,主要指债权。尽管这一区分也存在着模糊之处,但大体上是公认的区分。

综合上述分类,民法上的利益可以有四种类型:(1)绝对权,包括具有绝对权性质的人身权和财产权,如各类具体人格权、各类物权、专利权、商标权等;(2)相对权;(3)其他人格利益;(4)其他财产利益。①

为了简便起见,可以将上述第(2)、(4)两类利益,即绝对权之外的财

---

① 绝对权具体包括哪些权利类型,本文不作具体研究。稍作说明的是,人格权和身份权合称人身权。但是,身份权和人格权有重要的区别。笔者同意传统见解,身份权是基于身份地位而发生的各种权利的集合,其内容可以包括形成权、支配权和请求权。参见史尚宽:《亲属法论》,中国政法大学出版社 2000 年版,第 34—41 页。所以,身份权并非单一性质的权利,其中支配权内容的性质为绝对权,但是请求权的内容则仅为相对权。因此,侵害他人致死后,死者的未成年子女原本对死者所享有的扶养请求权的丧失,仅构成纯粹经济损失,其性质并非绝对权受侵害。限于篇幅,本文不予详论。本文这里所称的人身权仅涉及身份权中的支配权内容。

另外,从分类的全面性来看,本文在人格权之外讨论了"其他人格利益",似乎遗漏了"其他身份利益"问题。但从比较法来看,哪些身份地位应受法律调整应是确定的,法定的身份权之外,其他身份利益(比如叔侄之间的利益)不受法律保护,并无疑问,所以不予涉及。

产利益,定义为"纯粹财产利益"或者"纯粹经济利益"。对这种纯粹经济利益的侵害,或者说,非因绝对权受侵害而发生的财产上的损害(不利益),可以称为"纯粹经济损失"。①

在前文所举各案例中,受害人的收入减少,或者支出增加,或者债权未能实现,都是实际发生的损害,但是这些损害并非因为任何绝对权受侵害而发生。

那么,"纯粹经济损失"问题,在民法上到底居于何种地位?

我们可以简略地全面考察一下,在哪些情形下、侵害哪些利益时,应承担损害赔偿责任。

由于是否以过错为要件是决定侵权行为构成与否的一个基本问题,所以,结合上面所列举的民法上的利益类型,我们可以将上述问题分解为:

1. 对绝对权(包括财产权和人身权)的保护。其中,(1)因过错侵害绝对权时,是否应当承担损害赔偿责任?(2)无过错侵害绝对权是否应承担损害赔偿责任?

尽管不同国家的绝对权的范围不尽相同,但是从比较法来看,第(1)类情形应予赔偿应无任何疑问。关于(2),在各国法律原则上持否定态度,但是在认为必要时,特设个别规定。比如我国法律上的产品责任、动物饲养人责任等。

在此需要注意的是,绝对权在侵权法上受保护的范围,不仅包括权利

---

① 库齐奥教授将其界定为一种并非因为人格权(生命、身体、健康自由以及其他人格权)或者财产权(有体财产权和无体财产权)受侵害而发生的损害。海尔穆特·库齐奥:《欧盟纯粹经济损失赔偿研究》,朱岩、张玉东译,载《北大法律评论》第 10 卷第 1 辑,北京大学出版社 2009 年版,第 243 页。王泽鉴教授认为,"所谓纯粹经济上损失,系指被害人直接遭受财产上不利益,而非因人身或者物被侵害而发生。"王泽鉴:《挖断电缆的民事责任:经济上损失的赔偿》,载《民法学说与判例研究》(第七册),中国政法大学出版社 1998 年版,第 79—80 页。李昊博士认为,纯粹经济损失的特征是:它是一种加诸受害人整体财产,而不是基于其所享有的某项具体权利(包括人身权和物权)被侵害而发生的损失;它具有直接性,而不是受害人的人身或有形财产(物)遭受损害后间接引起的损失。李昊:《纯经济上损失赔偿制度研究》,北京大学出版社 2004 年版,第 5—8 页。

笔者所提出新定义可能的优点是,不对绝对权的范围进行列举,避免遗漏(比如上述李昊博士的定义,将"具体权利"局限在人身权和物权不完全妥当,忽略了物权以外的大量财产权);体系上清楚明了,将财产利益分为绝对权上的财产利益和其他财产利益,后者就是纯粹经济利益,对它的侵害导致的就是纯粹经济损失);避免了这种误解的可能性;绝对权以外的财产利益,除了纯粹经济利益之外还有其他财产利益。这种可能的误解,参见下文第 405 页脚注①、第 378 页脚注③。

本身，还包括因为该权利受侵害而发生的"间接财产损失"。① 例如，因过失毁损他人的房屋装修工程，导致房屋所有权人额外支出装修费用并因不能按时开业而损失了预期的营业利益，这些装修费用和预期利益的损失都是因为所有权受侵害而发生的间接财产损失；又如，因过失烧毁他人房屋导致房屋所有权人无法继续出租的，租金损失是房屋所有权受侵害而发生的损害，不属于纯粹经济损失。② 就人身权而言，侵权法的保护的范围也包括相应的财产利益。比如，因为健康权受侵害而发生的医疗费、误工费等损失固然是财产利益的损失，但是它们属于健康权的保护范围，不属于纯粹经济损失。

从比较法上来看，绝对权受到侵害而构成侵权行为时，因此而发生的间接财产损失，普遍可以获得赔偿。③ 当然，哪些间接财产损失能够获得赔偿，仍必须满足因果关系的要求。④ 在我国，法律、学说和司法实践也普遍承认，因为绝对权受侵害而发生的间接财产损失可以获得赔偿。比如人身侵害的损害赔偿范围就包括医疗费、误工费等财产损失。⑤

2. 对于其他人格利益的保护。其中，(1) 因过错侵害其他人格利益时，是否承担损害赔偿责任？(2) 无过错侵害其他人格利益时，是否承担损害赔偿责任？

这里，涉及一个国家关于人身利益的保护模式。其中主要的问题是，法律是否在具体人格权之外，保护其他人格利益？在德国法上，由于"一般人格权"理论的发展，已经可以将所有应受保护的人格利益"一网打

---

① 毛罗·布萨尼、弗农·瓦伦丁·帕尔默主编：《欧洲法中的纯粹经济损失》，张小义、钟洪明译，法律出版社2005年版，第5页。邱琦博士称之为"附随经济上损失"。参见邱琦：《纯粹经济上损失之研究》，台湾大学法律学研究所2002年博士论文，第6页。间接经济损失与纯粹经济损失在实务中并非如理论上那般泾渭分明，因而需要大量的案例法加以具体化。例如，电脑硬盘中的信息被电脑病毒改变是否能构成对有体物的损害（进而成立间接经济损失）？建造不当导致的返工费用，是建筑工程遭受的实际损害，还是纯粹经济损失？等等。See Willem H. van Boom, "Pure Economic Loss: a Comparative Perspective", in Willem H van Boom, Helmut Koziol & Christian A. Witting eds., *Pure Economic Loss*, Viena: Springer Wien New York, 2004, p. 3.

② 邱琦，同上注，第6—7页。

③ 毛罗·布萨尼、弗农·瓦伦丁·帕尔默主编：《欧洲法中的纯粹经济损失》，张小义、钟洪明译，法律出版社2005年版，第5—7、398页。

④ 在德国和我国台湾地区，这就是所谓的"责任范围因果关系"问题。参见王泽鉴：《侵权行为法》（第一册），中国政法大学出版社2001年版，第89、218—221页。

⑤ 参见《最高人民法院关于审理人身损害赔偿案件适用法律若干问题的解释》第17条。

尽"。所以,在逻辑上已经不存在绝对权之外应受保护的人格利益了。也就是说,有过错或者无过错侵害其他人格利益的侵权责任问题,已经在技术意义上或者说逻辑意义上完全解决。至于我国应采何种方式,限于本文主题,在此不作探讨。①

3. 对于其他财产利益(纯粹财产利益)的保护。其中,(1)因过错侵害纯粹经济利益(包括债权在内)时,是否承担损害赔偿责任?(2)无过错侵害纯粹经济利益(包括债权在内)时,是否承担损害赔偿责任?

债务人违反其债务而使债权人发生损害时,应当赔偿其损失(当然,各国采用过错责任还是无过错责任有一定的差异),这是债权法最为基本的要义,当代各法系对此无不认同。债权人因为债务不履行而发生的损害,其类型通常为纯粹经济损失(不论期待利益的损失还是信赖利益的损失)。各国通常不将一般的债务不履行看作一种侵权行为。

债权以外的纯粹经济利益,在上面第(2)种情形下甚少争议。由于侵害绝对权时原则上应当有过错才承担责任(无过错责任必须通过立法或者判例特设规定),从利益衡量角度来看,纯粹经济利益的受保护程度,不可能高于绝对权,所以,无过错而侵害纯粹经济利益时,原则上也不应承担损害赔偿责任(除非有特别规范)。②

---

① 从德国民法的发展过程来看,《德国民法典》制定之时,立法者有意地只对生命、健康、身体、自由、姓名这几种具体的人格利益进行了权利化,其他人格利益则不受保护(除非有其他法律提供保护时,可以依照第 823 条第 2 款构成侵权行为)。但是第二次世界大战以后,德国的司法和学说上逐渐承认一般人格权为第 823 条 1 款意义上的权利。一般人格权作为一种"框架性权利"(Rahmenrecht),使得所有在政策上认为应受保护的人格利益即使没有被规定为具体人格权,也可以被纳入第 823 条 1 款的保护范围。参见马克西米利安·福克斯:《侵权行为法》,齐晓琨译,法律出版社 2006 年版,第 48 页以下。薛军博士指出,德国法上一般人格权概念的实质,在于为具体人格权之外的人格利益寻找一个请求权基础(《德国民法典》第 823 条第 1 款),其实质是一种一般条款。他不赞同在中国法律和理论上简单照搬德国的一般人格权概念,因为中国的一般侵权行为条款与德国不同。参见薛军:《揭开一般人格权的面纱》,载《比较法研究》2008年第 5 期。笔者大体赞同薛军教授的实质性观点。但是,下文将会探讨,笔者在一般侵权行为条款上基本赞同德国模式,进而,关于人格利益的保护,笔者认为在立法上,一方面应当尽量将内涵清晰、政策上有必要保护的人格利益确定为具体人格权,与其他绝对权一起获得侵权法上最清晰的保护,另一方面,对于其他人格利益,可以不必求助于"一般人格权"概念,而是直接规定:对于具体人格权之外的其他人格利益,法院可以在利益衡量的基础上决定是否给予保护。这样,其他人格利益的保护问题获得了解决,并且不会出现薛军博士所担心的对"权利"概念的误用。

② 从比较法和我国立法来看,至少不存在单独以纯粹经济利益为保护对象的无过错侵权类型。一般的无过错侵权类型之下,比如污染环境致人纯粹经济损失时是否应当赔偿,参见下文第 404 页脚注①。

所以，从比较法和理论来看，真正具有争议性的，主要是因过错而侵害绝对权之外的财产利益时的赔偿责任问题，也就是因过错所致纯粹经济损失（但一般表述时不再特别地赘述"过错"）的赔偿问题。

纯粹经济损失是否可以获得侵权法上的救济，是侵权行为法上最为核心的问题之一。从政策上来说，它关系到范围极其广泛的各种利益获得法律保护的程度问题，与一般人民的利益关系极为重大。从技术上说，它关系到一般侵权行为条款的规范方式，进而关系到整个侵权法的框架结构。

三、关于纯粹经济损失之赔偿问题的主要立法模式

在当代[①]，从比较法来看，没有哪个国家是对所有的纯粹经济损失提供法律救济，也没有哪个国家对纯粹经济损失完全不提供法律救济。但是，从法律政策的角度看，立法上到底是原则上不提供救济、但例外性地提供救济，还是原则上提供救济、但例外性地予以排除，进而，从法律技术上说，采用何种规范模式来体现上述政策，不同国家对此采取了不同的模式。[②]

（一）德国法

德国民法对于不同的利益类型提供了不同程度的保护。

《德国民法典》第 823 条第 1 款规定，故意或者过失部分侵害他人的生命、健康、自由、财产所有权或者其他权利的人，有义务向他人赔偿因此

[①] 在罗马法上，只有因故意或者过失而直接侵害有体财产时才承担损害赔偿责任。纯粹经济损失是明确不能获得赔偿的。Reinhard Zimmermann, *The Law of Obligations: Roman Foundations of the Civilian Tradition*, Oxford University Press, 1996, pp. 1022—1024. 另参见戈德雷：《私法的基础：财产、侵权、合同和不当得利》，张家勇译，法律出版社 2008 年版，第 434—436 页。

[②] 需要注意的是，"原则""例外"的表述，可能具有一定的误导性。本文表明，无过失所致的纯粹经济损失，各国几乎无例外地不予救济；故意违反善良风俗所致的纯粹经济损失，各国几乎都予以救济。差别主要在于过失所致纯粹经济损失，如果并无法律的具体规定，是否应当救济。所以，"原则"和"例外"，是指对于因过失导致的纯粹经济损失，如果只有法律（包括判例学说）明确规定的类型才能够获得赔偿，其余不特定的类型不予赔偿，就叫做"原则不赔、例外赔偿"；如果无须具体规定即可获得赔偿，除非法律明确将具体类型排除在外，就叫做"原则赔偿，例外不赔"。

而造成的损失。这里所列举的权利都是绝对权,这里所说的其他"权利",解释上也仅仅指绝对权,不包括一般财产。

对于绝对权之外的财产利益,德国民法并没有提供如同绝对权一样程度的保护。而是进行了细致的区分。

1. 立法上的补充。

(1) 以概括的方式补充。首要的概括性补充,是德国《民法典》第 823 条第 2 款的规定:"违反以保护他人为目的的法律的人,负同样的义务"。该款的根本的任务(也是它与 823 条 1 款的主要功能区别)在于,当违反保护他人的法律导致纯粹经济损失时,该款提供了第 1 款所无法提供的保护。比如,董事违反《有限责任公司法》第 64 条第 1 款的规定,因过失而迟延申请进入破产程序,导致债权人损害的(其性质为纯粹经济损失),债权人可以依第 823 条第 2 款向董事请求赔偿。[①]

另一个概括性的补充,是《德国民法典》第 826 条:"违背善良风俗的方式故意致人损害的,承担损害赔偿义务。"。尽管满足该条的构成要件也可能侵害绝对权,但是该条的主要意义在于加害行为没有造成绝对权侵害,而仅仅造成纯粹经济损失时,受害人可以据此请求赔偿。[②]

第 823 条第 2 款和第 826 条都具有广泛的适用范围,而非具体保护某一种特定的利益。因此,它们与第 823 条第 1 款一并被认为属于德国民法上的三种一般侵权行为。

(2) 以特别法补充。当立法者明确认为某种纯粹经济损失应获赔偿时,常常通过特别法条或者特别立法的方式来规定损害赔偿责任。此时,这些规定构成独立的请求权基础,而非作为第 823 条 2 款所规定情形而构成侵权行为。[③]

在《德国民法典》上的体现主要有:《德国民法典》第 824 条规定了因过错侵害商业上的信用造成纯粹经济损失时的赔偿责任(该条并未承认信用权为一种人格权,否则对信用的保护应依第 823 条第 1 款)。[④] 第

---

① 马克西米利安·福克斯:《侵权行为法》,齐晓琨译,法律出版社 2006 年版,第 141 页以下。
② 同上注,第 162 页。
③ 参见苏永钦:《再论一般侵权行为的类型》,载苏永钦:《走入新世纪的私法自治》,中国政法大学出版社 2002 年版,第 311 页。
④ 王泽鉴:《侵权行为法》(第一册),中国政法大学出版社 2001 年版,第 125 页;马克西米利安·福克斯:《侵权行为法》,齐晓琨译,法律出版社 2006 年版,第 156 页。

844 条规定了侵害他人导致死亡时,应当对有义务支付丧葬费的人,以及死者的被扶养人赔偿损失。第 845 条规定,侵害他人的生命、身体、健康或者自由时,如果受害人不能履行其对第三人的特定义务,那么该第三人有权就不能获得的劳务向加害人请求赔偿。在这两条之下,第三人要么并无任何权利受侵害(比如应支付丧葬费的人),要么只是相对权丧失(对死者的扶养请求权,或者对直接受害人的劳务请求权),都不是绝对权受侵害,受害人不能依第 823 条获得赔偿,所以立法上特设例外,允许其就此等纯粹经济损失获得赔偿。①

特别法中直接规定的侵权损害赔偿义务,可能包括对特定纯粹经济损失的赔偿。比如《德国反不正当竞争法》第 1 条规定:"在营业中为竞争目的采取违反善良风俗的行为者,可请求其制止或赔偿损害。"该法规定的不正当竞争行为所造成的损失,主要是纯粹经济损失。又如德国《水务法》第 22 条第 1 款和第 2 款规定,导致水质下降并致人损害的,应赔偿损失。这里的损害可以是纯粹经济损失,比如造成油污事故的人应赔偿海滩附近旅馆店主的营业损失。②

2. 判例、学说对第 823 条第 1 款的扩张解释

尽管立法上已经对纯粹经济利益提供了上述保护,但是法院和学者都发现此外仍有值得保护的纯粹经济利益。判例和学说通过扩张解释第 823 条第 1 款所规定的"权利",来提供额外的保护。

其一,借助于持续的判例与学说之发展,德国法院相继创设了"一般人格权""营业权",并在解释上置于"其他权利"之下。其二,扩张所有权的保护范围,使侵害所有权的情形包括"物之使用不能"案型,例如,擅自停车于他人车库之前,致所有人不能使用其车库。其三,在瑕疵产品所致损害问题上,德国的判例学说还创造了"继续侵蚀性损害"概念,即,产品中一部分(应为功能上可以限定的一部分)有瑕疵而导致其他部分发生损害时,可以构成对产品所有权的侵害。③

---

① 毛罗·布萨尼、弗农·瓦伦丁·帕尔默主编:《欧洲法中的纯粹经济损失》,张小义、钟洪明译,法律出版社 2005 年版,第 251—252 页;福克斯,同上注,第 196—204 页。

② 福克斯,同上注,第 288—293 页;李昊:《交易安全义务论》,北京大学出版社 2008 年版,第 195—196 页。

③ 参见李昊,同上注,第 182—192 页;郭丽珍:《瑕疵损害、瑕疵结果损害与继续侵蚀性损害》,台湾翰芦图书出版公司 1999 年版,第 43 页以下。

3. 判例和学说对合同法的扩张

德国法的一个特色是,通过判例、学说对合同法上的义务的扩张,为纯粹经济利益提供广泛的保护。

缔约过失理论德国发展的主要原因包括:(1)《德国民法典》第 823 条第 1 款不保护纯粹经济损失,第 826 条则要求主观故意,范围狭窄;(2)《德国民法典》第 831 条第 1 款下的雇主免责。而今,尽管雇主免责的机会已经很少,但第一个原因始终存在。因此缔约过失责任制度仍然扮演着独特的、侵权法不可替代的功能。并且,学说、判例上还将债权人和债务人都扩及于第三人(并已经在 2002 年的债法修订中被成文化)。[①] 德国的学说和判例还依据诚信原则发展出"后合同义务",比如雇佣关系终止后雇员仍应付保密义务,其保护的利益,主要是纯粹经济利益。[②]

德国的判例和学说还发展出了"附保护第三人作用的合同"制度——合同关系中的当事人对他方当事人的权利领域负有保护义务,这种保护义务应当延伸到他方权利领域内的第三人,如草拟遗嘱中可能的受遗赠人,房屋租赁合同中承租人的亲属等,保护范围包括纯粹经济利益。[③] 此外,积极侵害债权理论、"第三人损害清算理论",也具有保护纯粹经济利益的意义。[④]

英美法对纯粹经济损失的赔偿[⑤]与德国模式极为类似,所以于此附带说明。

英美法系的侵权法在总体上来说没有法典化,主要是由判例确立的

[①] 参见王泽鉴:《缔约上之过失》,载《民法学说与判例研究》(第一册),中国政法大学出版社 1998 年版,第 86 页以下;李昊,同上注,第 204 页以下;齐晓琨:《德国新、旧债法比较研究》,法律出版社 2006 年版,第 42 页以下。

[②] 参见王泽鉴:《债法原理》(第一册),中国政法大学出版社 2001 年版,第 46 页;侯国跃:《契约附随义务研究》,法律出版社 2007 年版,第 63 页以下。

[③] 参见王泽鉴:《契约关系对第三人的保护效力》,载《民法学说与判例研究》(第二册),中国政法大学出版社 1993 年版,第 32 页以下;王文钦:"德国法上附保护第三人作用契约制度的新发展",载《中外法学》1994 年第 2 期,第 67 页。

[④] 参见李昊:《交易安全义务论》,北京大学出版社 2008 年版,第 212 页以下;邱琦:《纯粹经济上损失之研究》,台湾大学法律学研究所 2002 年博士论文,第 73—75 页。

[⑤] 参见李昊:《纯经济上损失赔偿制度研究》,北京大学出版社 2004 年版,第 16—60 页。另参见 Simon Deakin, Angus Johnston and Basil Markesinis, *Markesinis and Deakin's Tort Law*, 5th, Clarendon Press, 2003, pp. 112—148, 224—230.

各种类型的具体侵权行为组成。就本文所定义的纯粹经济损失而言①，英美法上的救济主要体现在三个方面：(1) 各类故意侵权行为。诸如欺诈、胁迫、干预合同关系、不正当干预交易、恶意诉讼、诽谤等。(2) 违反制定法上的义务(breach of statutory duty)的侵权行为。该法定义务必须由议会通过的法律确立，法律的目的也必须包含对纯粹经济损失提供侵权法上的救济，并且法律的保护对象包括原告。(3) 过失侵权(negligence)。纯粹经济损失能否获得赔偿，关键在于被告是否对原告有相应的注意义务(duty of care)，也就是是否有避免损害对方纯粹经济利益的义务。最初，两国的法院都坚持排除性规则(exclusionary rule)，对纯粹经济损失完全不予赔偿。后来，英国曾经在几种不同的案型中承认了纯粹经济损失的赔偿，但是逐渐又出现了相反的潮流，诸多先前的案型遭到推翻，现在，只有过失虚假陈述、过失提供服务等少数案型作为排除性规则的主要例外。在美国，例外情形稍多。现在，两国法院尽管在过失侵权类型中已经不从注意义务的一般判断标准上直接排除对他人纯粹经济损失的注意义务，但是，具体到各种类型的纯粹经济损失，仍然仅在极其例外的情形下才具体承认之。并且，在可以预见的将来，也仅有少数领域可能有进一步的发展。②

也就是说，迄今为止，在过失侵权类型之下，英美法从20世纪初之前的完全不赔偿，发展成为原则不赔、例外赔偿的模式。但是，例外情形仍然非常之少。

总的来说，就实质而言，英美法的做法与德国非常类似。就故意侵权而言，英美法明定的各种具体类型在德国法上主要可以通过第826条的概括规定获得救济，少数情形还有特别法的规定，从实际效果来看二者几乎没有差别。因违反制定法上的义务而应承担的损害赔偿责任，与德国法的框架更是几乎完全一致。过失侵权的实质与德国也相差无几，差别仅在于例外情形(纯粹经济利益受保护的情形)的具体场合有一定差异，

---

① 英美法上的"纯粹经济损失"概念主要出现于关于过失侵权的讨论，这仅仅是因为故意或者过失违反保护他人之法律所导致的纯粹经济损失，有各自独立的侵权类型来具体处理，并且至少在框架层面上不发生疑问。而过失侵权类型的保护范围是否包括纯粹经济利益则有一定疑问。

② 关于有关法律的将来发展的预测，See Deakin, Johnston & Markesinis, Angus Johnston and Basil Markesinis: *Markesinis and Deakin's Tort Law*, 5th, Clarendon Press, 2003, p. 148.

或者只是具体法律技术的差异。①

(二) 法国法

《法国民法典》第 1382 条规定,"任何人因其行为致人损害,如果对其发生有过错,应承担赔偿义务。"在解释上,加害人因过错而导致他人的任何类型的损害,都应当予以赔偿。其范围,也包括了其他国家所称的纯粹经济损失。这一条规定可能是世界上最开放、最自由的侵权责任条款。②正是因为这种广阔性,德国法上适用缔约过失责任、附保护第三人作用的合同等制度才能获得赔偿的纯粹经济损失,在法国都是适用第 1382 条而获得赔偿。并且,该条的保护范围还及于许多在德国难获赔偿的情形。③

但是,这并不意味着法国成了纯粹经济利益的天堂。在侵权法上,纯粹经济损失的赔偿受到了来自司法实务的限制,主要途径包括过错(faute)、损害和因果关系等构成要件。

其一,在一定情况下,被告的行为按照通常的标准明显构成过失(negligence),但法院也会以其不具有过错而拒绝支持原告的纯粹经济损失的赔偿请求。例如,在滥用诉讼权利的案件中,即使被告(滥诉人)非理性(unreasonable)地认为他有一个正当的权利从而提起诉讼,也不因此而构成侵权从而赔偿对方因参与诉讼所产生的费用。④

其二,任何损害,包括纯经济损失,都必须与加害行为之间存在因果关系。加害行为与损害之间的因果关系是否成立,则通过考察损害的两个重要属性来实现:损害本身的确定性(dommage certain),损害与加害行为之间的直接性(dommage direct)。⑤ 法院就这两个问题发展出了复

---

① 比如,过失虚假陈述案件在德国多数应适用"附保护第三人作用的合同"原理,而在英美法,由于合同相对性原则(privity of contract)的限制和侵权法的灵活性,英美法则以之为一种过失侵权行为。为数不多的一个例外是,《美国统一商法典》第 2-318 条第 3 备选方案。
② 张民安:《过错侵权责任制度研究》,中国政法大学出版社 2002 年版,第 623—624 页。
③ 毛罗·布萨尼、弗农·瓦伦丁·帕尔默主编:《欧洲法中的纯粹经济损失》,张小义、钟洪明译,法律出版社 2005 年版,第 123 页以下。
④ See van Boom, Willem H. van Boom, "Pure Economic Loss: a Comparative Perspective", in Willem H van Boom, Helmut Koziol & Christian A. Witting eds., *Pure Economic Loss*, Viena: Springer Wien New York, 2004, p.8.
⑤ 作为限制纯粹经济损失的手段,损害与因果关系所扮演的功能其实是不分彼此的,因而也有学者仅将因果关系和过错作为法国法的限制纯粹经济损失的两大工具。同上注,第 8—10 页。

杂的理论①,实务中,多数请求赔偿纯粹经济损失的诉讼被法院以损害欠缺确定性或者直接性为由而驳回,而其真正的政策考量可能就是要避免加害人承担过重的责任。②

总的来说,法国的法院对待纯粹经济损失的态度比他们的德国和英美同行更为"友好"③,但是并非没有限制。不过,法国法院主要运用构成要件上的几个抽象概念来限制,这使得有关问题的判断非常不确定。并且,由于法国法院的判决非常简略,并不充分阐述判决理由,人们往往很难从法院支持或者驳回赔偿纯粹经济损失的请求的判决中发现真实的理由和推理过程。④ 比如,一个球员被他人撞伤而无法参赛,导致球队比赛名次下降时,球队可以向加害人请求赔偿损失(与失去的机会相当的价值);但合伙企业因其合伙人受到他人过失伤害而未能完成谈判、达成协议,其损失则不能向加害人请求赔偿。⑤ 这大大增加了法律的不确定性。

此外还应注意,法国的合同法在一定范围内也承担了应付纯粹经济损失的任务。司法上比较严格的控制,导致许多纯粹经济损失的赔偿要通过合同法理论来达成。在这些理论中,有类似于附保护第三人作用合同理论的"可转移的瑕疵担保理论",有类似于利他合同的"暗含的为第三人利益的理论",还有契约链理论及直接请求权理论等。⑥

---

① 张民安:《现代法国侵权责任制度研究》(第2版),法律出版社2007年版,第131—134页。
② See van Boom, Willem H. van Boom, "Pure Economic Loss: a Comparative Perspective", in Willem H van Boom, Helmut Koziol & Christian A. Witting eds., *Pure Economic Loss*, Viena: Springer Wien New York, 2004, pp.9—10.
③ 张民安:《现代法国侵权责任制度研究》(第2版),法律出版社2007年版,第56页。具体案例的比较更直观地反映了这种差异,参见毛罗·布萨尼、弗农·瓦伦丁·帕尔默主编:《欧洲法中的纯粹经济损失》,张小义、钟洪明译,法律出版社2005年版,第121页以下。
④ See Zweigert & Kötz, *Introduction to Comparative Law*, 3rd ed., Oxford, 1998, p.627. 关于法国法院的判决风格,参见同书,第122—123页。
⑤ 参见毛罗·布萨尼、弗农·瓦伦丁·帕尔默主编:《欧洲法中的纯粹经济损失》,张小义、钟洪明译,法律出版社2005年版,第95,180—181页。
⑥ 张民安:《过错侵权责任制度研究》,中国政法大学出版社2002年版,第615页。相关理论,同上注,第36—52页。

四、我国现行法上的纯粹经济损失：
立法、司法和学说

(一)《民法通则》第 106 条第 2 款的解释：几种可能的方案

我国现行法对于纯粹经济损失的赔偿问题采取的是什么态度？

就像法国、德国一样，我们也要从一般侵权行为条款谈起，因为它决定了一个国家对于纯粹经济损失采取的态度是原则上赔偿还是不赔偿。

《民法通则》第 106 条第 2 款规定："公民、法人由于过错侵害国家的、集体的财产，侵害他人财产、人身的，应当承担民事责任。"这是我国关于一般侵权行为的法律规定。该款保护的是"财产、人身"。那么，纯粹经济利益，是否属于"财产"的范畴？或者具体地说，"财产"的含义是否仅指"财产权"？或者，它指的是一般财产，因而可以把纯粹经济利益包含在内？

张新宝教授指出，在制定《民法通则》的时候，立法者并没有考虑过纯粹经济损失问题，所以该款规定并无排除纯粹经济损失的意思。[①] 查阅立法前后的有关学说，也可以发现，有关的讨论都没有直接讨论到相当于纯粹经济损失的问题。[②] 但是，如果仅仅以该款规定的形式类似《法国民法典》第 1382 条就认为我国采取了法国模式，就过分轻率了。如此重大的问题，决不能够仅仅因为与某个外国法看起来相像就轻率地如此解释。必须运用法律解释上的各种方法，特别是实质性的法律政策分析，来澄清其含义。一个有益的例子是，奥地利民法典的一般侵权行为条款（第 1295 条第 1 款）类似于法国法，但是它被按照德国模式来解释，因此纯粹

---

① 张新宝、张小义：《论纯粹经济损失的几个基本问题》，载《法学杂志》2007 年第 4 期。
② 在早期的权威教材《中华人民共和国民法基本问题》中说："侵权行为就是指侵害他人权利的行为。""行为人不法侵害他人的财产权利或人身权利，并造成财产上的损失时……行为人负有赔偿的义务。"中央政法干校民法教研室：《中华人民共和国民法基本问题》，法律出版社 1958 年版，第 179、322 页。佟柔教授主编的《中国民法》(法律出版社 1993 年版)中说：侵权行为所侵害的对象，包括财产所有权、知识产权、公民的身体和人格权，也就是《民法通则》第 117—120 条规定的四种情形，此外还包括各种单行法规所规定的情形。参见该书第 559—560 页。

经济损失不受该款的保护。①

对《民法通则》第 106 条第 2 款的,有几种可能的解释方案。(1) 像法国法一样,纯粹经济利益(包括债权)属于"财产"的范围一致。该条款乃是一般规定因"过错"侵害之即应负责,因此,无论故意还是过失侵害纯粹经济利益,都应当承担侵权责任。也就是说,纯粹经济利益与绝对权的保护程度一致。(2) 这里的"财产"仅被解释为绝对权性质的财产权,不包括债权,更不包括其他纯粹经济利益。这样,它就仅相当于《德国民法典》第 823 条第 1 款。由于我国没有相当于《德国民法典》第 823 条第 2 款和第 826 条的类似规定,这意味着纯粹经济损失完全处于法律明确保护范围之外,仅可以依漏洞补充的方式获得保护。(3) 纯粹经济利益属于"财产"概念的外延范围内,但是,并不能获得与绝对权相同程度的保护,而是仅在满足更加严格的限定条件时,才能获得赔偿。

法律政策分析的任务,本文下一部分来考察。这里将主要从对法律的体系解释、相关学说以及法院在审判实践中的理解等三方面来分析。

(二) 从违约责任与侵权责任的竞合看《民法通则》第 106 条第 2 款

我国的法律和学说都认为违约责任和侵权责任是两种不同的责任,在大多数情况下互无关系,当事人只承担违约责任或者侵权责任,但是在少数情况下,当事人的违约行为同时也构成侵权责任,因此发生两种责任的竞合。《合同法》第 122 条的含义就是,在此种情况下,当事人既发生违约责任,也发生侵权责任,但是在诉讼中应当选择一种来主张。

《合同法》第 122 条规定表明了我国法律与主流学说上的一个共识:违约行为并不必然构成(并且通常不构成)侵权行为。

张新宝教授指出,侵权责任区别于违约责任的根本原因是责任的基础不同,违约责任是因为违反了当事人之间的约定义务,而侵权责任的基础是加害人违反了法律直接规定的法定义务(即侵害他人之法定民事权益)。两者竞合是因为当事人的行为既违反了合同约定的义务,又违反了

---

① 参见毛罗·布萨尼、弗农·瓦伦丁·帕尔默主编:《欧洲法中的纯粹经济损失》,张小义、钟洪明译,法律出版社 2005 年版,第 113—115 页;Willibald Posch, Recoverability of Pure Economic Loss in Austria, in Mauro Bussani(ed.), *European Tort Law*, Staempfli Publishers Ltd. Berne, 2007, pp. 295—311.

法定义务。① 笼统地这样表述似乎并无不可②，但是更进一步的问题是，何时发生这种"法定义务"。就《民法通则》第106条第2款的解释而言，一般人是否负有不得侵害他人之纯粹经济利益的法定义务（并在过失侵害时即应负责）？

违约所造成的损害，在违约没有造成绝对权受侵害的情况下，就属于纯粹经济损失的范畴了。比如，出卖人没有交付标的物，那么买受人的损失首先就是没有取得本来期待取得的物，进而还可能因为迟延而发生其他损害（比如未能及时投入生产而损失利润）。假如按照法国模式来解释《民法通则》第106条第2款，就意味着一般人均负有不得侵害该利益的法定义务，那么债务人此时似乎没有理由置身事外，获得侵权法上的"优待"。因此，债务人不履行债务而使债权人发生纯粹经济损失的行为，岂不是典型的侵害他人民事权益的行为，从而构成该款之上的侵权行为？

可见，将一般的纯粹经济利益作为《民法通则》第106条第2款的保护对象时，会导致绝大多数的违约行为同时构成侵权行为。③ 这样，在绝大多数情形下，违约行为都同时构成该款之上的侵权行为，从而依照《合同法》第122条发生两种责任的竞合。

我国学者似乎无人赞同这样的结论。

所以，如果要消除这种竞合，却仍然试图按照法国模式解释《民法通则》第106条第2款中"财产"，那么只有一种技术上的可能性：继续遵循法国模式，将违约行为视为侵权行为的一种，进而依照特别法优先于普通法的规则，只发生违约责任，不发生侵权责任。这就是"法条竞合说"，也就是禁止竞合的做法。④ 但是，这不符合我国通说，也显然不符合《合同

---

① 张新宝：《侵权责任法原理》，中国人民大学出版社2005年版，第96页。

② "法定义务"的表述过于笼统。因为，各种法定之债（如不当得利之债）也是法定的义务，违反这些债原则上应当只产生债务不履行的责任。所以，这里的法定义务应指不特定的一般人负有的不得他人之特定利益的义务。

③ 一个可能的争论是，违约责任是严格责任，侵权责任是过错责任。其实，这种争辩的出发点就不妥，因为违约责任也可以是过错责任（只不过原则上是严格责任），侵权责任也可以是严格责任。而且，所谓违约责任是严格责任只是意味着构成违约行为的标准较宽松而已，对于是否构成侵权不产生影响。比如，买卖合同是实行严格责任的合同，但是，如果出卖人故意迟延交付标的物，那么它显然在构成违约的同时，也会构成侵权。只不过，如果出卖人无过错迟延交付标的物又没有免责事由时，构成违约但是不构成侵权。

④ 关于法国法上的责任竞合问题，参见王泽鉴：《违约责任与侵权责任之竞合》，载《民法学说与判例研究》（第一册），第402页；张民安，见前注㊴，第19页以下。

法》第 122 条的清楚文义。①

有些学者从"固有利益"角度来分析违约和侵权责任的竞合问题,对此也有分析的必要。

杨立新教授提出,如果一个违约行为侵害了债权人的预期利益(从而应承担违约责任),同时又侵害了债权人的固有利益,例如侵害了人身权益和财产权益,则应承担侵权责任。就侵害固有利益这一点,侵权责任和违约责任竞合。② 笔者认为,这种观点含义模糊,值得商榷。

我国学者通常在"加害给付"问题之下讨论"固有利益"的概念,这是借鉴德国、台湾地区理论的成果。③ "固有利益"是指债权人在履行利益之外的其他利益,比如出售有传染病的鸡导致买受人的其他鸡被传染而死亡,买受人对其他鸡所享有的利益,就是履行利益(作为买卖标的的鸡)之外的利益,属于固有利益。④ 假如"固有利益"仅仅指绝对权(比如生命权、健康权、所有权等),那么只有当违约行为同时侵害绝对权时⑤,才发生竞合问题。但是,固有利益所指范围显然较宽,可能包括纯粹经济利益。比如,买受人在发现所买的鸡患有传染病后(并未传染给自己的其他鸡),请兽医医治而支出了费用(并且很可能未能治愈,鸡仍然死亡),或者发现所购买的机器有质量瑕疵而花钱请人修理,此时的医疗费和修理费支出显然是固有利益的损失。

所以,以"固有利益"来说明两种责任的竞合,就意味着在此范围内的那些纯粹经济利益属于《民法通则》第 106 条第 2 款中"财产"的含义范围。

这种观点难以成立。在上面两个例子里,如果出卖人有过失,买受人是否可以就所发生的医疗费、修理费主张侵权责任?其不妥之处至为明显。

另一方面,侵权法的保护范围又不局限于"固有利益",也可以包括可得利益。比如甲过失损坏乙公司的生产机器,不仅应赔偿其价值,还应赔

---

① 参见韩世远:《合同法总论》(第 2 版),法律出版社 2008 年版,第 638 页以下。
② 杨立新:《侵权法论》(第 3 版),人民法院出版社 2005 年版,第 227 页。
③ 王利明:《违约责任论》(修订版),中国政法大学出版社 2003 年版,第 208—209 页;李永军:《合同法》,法律出版社 2004 年版,第 604—608 页。
④ 王泽鉴:《不完全给付之基本理论》,载《民法学说与判例研究》(第三册),中国政法大学出版社 1998 年版,第 67 页以下。
⑤ 王利明教授似有此意。他认为,固有利益"主要是"债权人享有的绝对权,而加害给付是一种同时侵害债权人的相对权(侵害履行利益)和绝对权(侵害固有利益)的行为。王利明:《违约责任论》(修订版),中国政法大学出版社 2003 年版,第 209—210 页。

偿停产期间的利润损失。即便双方有合同关系也是如此,比如,乙公司的生产机器有故障,请甲公司前来修理,可是因甲的过失导致机器不仅未能修好,而且导致其报废(侵害所有权)。甲依照《民法通则》第106条第2款应承担侵权责任,其赔偿范围除了机器的价值外,还应包括停产的利润损失。① 又如,广告公司在受聘为他人制作、发布广告后,受到对方当事人之竞争对手的巨额贿赂后,竟然故意制作有损产品形象的广告并发布之,此时广告公司的行为应构成侵权行为(从德国法来看,构成以违反善良风俗的方式损害他人;我国法律上也应如此),应赔偿其损害,此时,受害人并无绝对权受侵害,侵权损害赔偿的范围显然也不限于"固有利益"。

可见,用"固有利益"的侵害来说明侵权责任或者它和违约责任的竞合是不妥的。② 结合《合同法》第122条以及有关学说,在解释《民法通则》第106条第2款中的"财产"时,至少不能将其一般性的解释为包括纯粹经济利益(从而获得与绝对权相同的保护),也不宜用"固有利益"这个完全是履行障碍法上的概念来说明"财产"的范围。

(三) 从缔约过失责任看《民法通则》第106条第2款

我国《合同法》第42、43条规定了缔约过失责任的一般规则。③ 从该规则引入的过程以及立法过程来看,主要受到台湾学说的影响,而台湾学说是继受德国法的结果。王泽鉴教授指出,就缔约过失责任所涉及的案型,如果依照侵权行为法来处理会存在缺点,主要是一般侵权行为仅保护权利(台湾地区"民法典"第184条第1款前段,《德国民法典》第823条第1款),除非加害人故意违反善良风俗(台湾地区"民法典"第184条第1款后段,《德国民法典》第826条);并且台湾地区"民法典"第188条和《德国民法典》第831条规定了雇用人对受雇人的侵权行为可以证明自己无

---

① 当然,此时的损害也不是纯粹经济损失,而是所有权受侵害之下的间接经济损失。这里举此例是为了说明难以用"固有利益"来说明侵权行为的构成。
② 关于两种责任竞合的情形,参见下文脚注⑯。
③ 此外,《合同法》第58条后段还规定了合同无效或者被撤销后,有过错的当事人赔偿对方损失的责任。与此类似,《民法通则》第61条第1款后段关于民事行为无效或者被撤销后的赔偿责任。从理论上来看,这一规定的性质与《合同法》第42条相同,是缔约过失责任的一种情形。限于主题,本文对此不予详论。

过失而免责,对受害人保护不周。① 相反,在法国,缔约过失责任的问题则完全属于侵权行为(如果构成的话),因为法国《民法典》第1382条保护的对象不限于绝对权,也包括纯粹经济利益,所以并不存在上述问题。②

应当承认,我国学者自20世纪90年代初开始介绍和引进缔约过失责任理论时,并没有充分注意我国的一般侵权行为条款和雇主责任问题,所以,该理论尽管获得普遍认可,甚至被制定成了法律条文,但是有关的理论基础并不坚实。

缔约过失所致的损害,常常是各种纯粹经济损失(比如增加的交通费、鉴定费、咨询费等费用)。③ 假如《民法通则》第106条第2款平等保护绝对权和纯粹经济利益,过失侵害纯粹经济利益也构成侵权,那么缔约过失责任制度在保护范围上并不宽于该款规定。同时,我国民法上,相当于雇主责任的所有规定④,都没有赋予雇主以证明自己无过失而免责的机会。这意味着德国法上缔约过失责任制度的基础完全不存在,《合同法》第42、43条的规定纯属多余。是否真的应当这样解释呢?

从我国学者研究缔约过失责任时所明确或者隐含表明的观点来看,多数人认为缔约过失责任之所以独立于侵权责任,是因为侵权法主要保护绝对权,不能为缔约上过失所导致的信赖利益损失提供救济。若无该制度,缔约阶段产生的信赖利益就会失去法律保障。⑤ 这一理论清楚地体现了我国多数学者关于一般侵权行为条款保护范围的理解。

更为重要的是,《合同法》第42、43条是现行有效的法律,在法律解释

---

① 王泽鉴:《缔约上之过失》,载《民法学说与判例研究》(第一册),中国政法大学出版社1998年版,第95页。另参见王洪亮:《缔约上过失制度研究》,中国政法大学博士学位论文,2001年版,第8页以下。

② See Friedrich Kessler & Edith Fine, "Culpa in Contrahendo, Bargaining in Good Faith, and Freedom of Contract: A Comparative Study", 77 *Harv. L. Rev.* 401, 407 (1964). 法国学者的表述,参见张民安:《过错侵权责任制度研究》,中国政法大学出版社2002年版,第187—188页。法国法在典型的"缔约过失情境"中的分析过程,参见毛罗·布萨尼、弗农·瓦伦丁·帕尔默主编:《欧洲法中的纯粹经济损失》,张小义、钟洪明译,法律出版社2005年版,第364—365页。

③ 参见韩世远:《合同法总论》(第二版),法律出版社2008年版,第127页。

④ 《民法通则》第43、121条,《最高人民法院关于贯彻执行〈中华人民共和国民法通则〉若干问题的意见》(试行)第58条,《最高人民法院关于审理人身损害赔偿案件适用法律若干问题的解释》第8、9条。

⑤ 比如,王利明:《违约责任论》(修订版),中国政法大学出版社2003年版,第783—784、775页;王利明、崔建远:《合同法新论·总则》,中国政法大学出版社2000年版,第181—182页。有一些学者认为缔约过失责任独立于侵权责任的理由主要在于其注意义务的强度更高。参见李永军:《合同法》,法律出版社2004年版,第152—153页。这可能不太妥当。

的各个方法中,体系解释的目的之一是为了避免或者消除法律规定之间的矛盾。扩张解释"财产",将导致《合同法》的这一规定变得毫无意义。这样不符合体系解释的原则。司法实践中的也从未认为该规定是多余规定,而以《民法通则》第106条第2款为请求权基础。

因此,综合有关立法状况、学说和司法实践,应认为《合同法》规定的缔约过失责任具有独立的规范价值。相应地,《民法通则》第106条第2款中的"财产"至少不能一般性地解释为包括了纯粹经济利益。①

(四) 保护纯粹经济利益的特别立法简析

我国有大量的立法和司法解释涉及纯粹经济损失的赔偿问题。需要分析的,是它们与《民法通则》第106条第2款的关系问题。

以下是现行法上有关规定的不完全清单:

1. 侵权致人死亡、受伤或者致残时,应赔偿丧葬费、护理人员的各种费用(护理费、交通费、伙食费)、受害人的被扶养人的生活费等。这些情形下,发生损害的是人身损害直接受害人之外的其他人,其受侵害的利益形态是纯粹经济利益。

(1) 立法:《民法通则》第119条、《产品质量法》第44条、《消费者权益保护法》第42条等。

(2) 多个司法解释涉及过这个问题,比如《关于贯彻执行〈中华人民共和国民法通则〉若干问题的意见》(试行)(1988年)第145、147条,《关于审理触电人身损害赔偿案件若干问题的解释》(2001年)第4条第1款第4、7、9项和第2款的规定等。最后"集大成"的系统规定是《关于审理人身损害赔偿案件适用法律若干问题的解释》(2003年)第17、21、22、23、27、28条。

2. 各种专业服务机构因过错对利害关系人的赔偿责任。

现行法上的有关规定非常多。比如注册会计师的责任(《注册会计师

---

① 在德国法上,缔约过失责任与侵权责任竞合的场合也非常之多(主要是同时侵害绝对权,或者故意违反善良风俗而致人损害),只不过为了避免侵权法救济上的不足,才在侵权法之外更独立了缔约过失责任。在我国,由于雇主责任制度上雇主无法免责,诉讼时效也无差别,所以,在因缔约上过失而侵害绝对权时,或者违反保护他人的法律时,或者构成故意违反善良风俗时,缔约过失责任的保护程度与侵权责任一致,这与德国法有所不同。但是,如果《民法通则》第106条第2款不能一般性地保护纯粹经济利益,那么在一方因过失导致对方纯粹经济损失时,缔约过失责任制度具有独特价值。这也是不能不注意的。

法》第 42 条),资产评估、验资、验证机构的责任(《公司法》第 208 条),产品质量检验机构、认证机构、质量承诺或者保证机构的责任(《产品质量法》第 57 条第 2 款前段、第 57 条第 3 款前段、第 58 条),种子质量检验机构的责任(《种子法》第 68 条前段),农产品质量检测机构的责任(《农产品质量安全法》第 44 条第 2 款前段),公证机构的责任(《公证法》第 43 条第 1 款前段),证券服务机构的责任(《证券法》第 171 条)。

3. 其他明确保护纯粹经济利益的法律。比如经营者不正当竞争的赔偿责任(《反不正当竞争法》第 20 条第 1 款),经营者垄断行为致人损害的责任(《反垄断法》第 50 条),电网企业、经营燃气管网或热力管网的企业、石油销售企业不按照法律要求收购相应可再生能源时的赔偿责任(《可再生资源法》第 29—31 条),证券内幕交易行为人、操纵市场行为人的责任(《证券法》第 76 条第 3 款、第 77 条第 2 款),等等。

上述法律,保护的主要是纯粹经济利益。主观要件上,可能是过失责任,也可以是故意责任。这些法律与《民法通则》第 106 条 2 款的关系,值得探讨。

以注册会计师为例,由于注册会计师执业上的过错给"利害关系人"带来的损害,通常不会是绝对权的侵害,而是纯粹经济损失。而"利害关系人"与会计师没有合同关系,该赔偿责任的性质不可能是违约责任。从比较法来看,其性质要么是德国法上"附保护第三人作用的合同"之下的责任,要么是侵权责任。我国通说认为《注册会计师法》第 42 条上的责任是侵权责任,司法解释也确认了这一观点。①

《最高人民法院关于会计师事务所为企业出具虚假验资证明应如何承担责任问题的批复》(法释〔1998〕13 号)第 1 条规定:"会计师事务所为企业出具验资证明,属于依据委托合同实施的民事行为。依据《中华人民共和国民法通则》第一百零六条第二款规定,会计师事务所在 1994 年 1 月 1 日之前为企业出具虚假验资证明,给委托人、其他利害关系人造成损失的,应当承担相应的民事赔偿责任。"也就是说,在《注册会计师法》施行之前,依《民法通则》第 106 条第 2 款判决,此后依照《注册会计师法》42

---

① 参见奚晓明主编:《最高人民法院关于会计师事务所审计侵权赔偿责任司法解释理解与适用》,人民法院出版社 2007 年版。

条判决。①

该司法解释是应山东省高级人民法院的请示而作的批复。在请示中,山东高院对于会计师事务所的虚假验资行为如果发生在《注册会计师法》1994年1月1日施行前,是否应当承担赔偿责任的问题,出现了两种不同意见。一种意见认为当时法律没有规定赔偿责任,所以不应赔偿,另一种意见认为,依据《民法通则》规定的诚实信用原则,虚假验资的会计师事务所应当承担赔偿责任。可见,在当时,山东省高院之内可能无人认为《民法通则》第106条第2款是保护纯粹经济利益的。依最高人民法院此处的见解,即便没有《注册会计师法》的明确规定,《民法通则》第106条2款也应当被解释为保护利害关系人的纯粹经济利益。

这时的一个疑问是,既然在《注册会计师法》颁布之前,因虚假验资发生损失的其他利害关系人原本就可以依据《民法通则》第106条第2款获得赔偿,那么《注册会计师法》第42条似乎并没有让受害人获得某种新的权利。法学方法论上在对法条性质进行区分时,认为有一种"说明性法条",其任务在于进一步比较详细地描述其他法条的构成要件的要素(即该构成要件所使用的概念、类型)或其法律效果,或者进一步加以具体化、类型化。② 对该条的一个可能的理解是,它仅仅是《民法通则》第106条第2款的一个说明性法条,意义在于对于该款的一个具体类型进行详细描述。而请求权基础,仍在第106条第2款,而非本条(说明性法条是不完全法条)。那么,《注册会计师法》第42条是不是一个说明性法条?

另一种可能的理解是,《注册会计师法》第42条并非《民法通则》106条2款的说明性法条,而是对于该款所不保护的利益所提供的特别保护,它本身就是独立的请求权基础。

上述司法解释好像倾向于第一种理解,但是,果真如此的话,《注册会计师法》施行后仅仅援引该法第42条就是错误的,每一个案件中都必须同时援引《民法通则》第106条第2款。

可以看出,最高人民法院对于《民法通则》第106条第2款是否保护

---

① 《最高人民法院关于会计师事务所为企业出具虚假验资证明应如何处理的复函》(法函〔1996〕56号)中说:"会计师事务所出具的虚假验资证明……给委托人、其他利害关系人造成损失的,根据《中华人民共和国注册会计师法》第四十二条的规定,亦应当依法承担赔偿责任。"

② 黄茂荣:《法学方法与现代民法》(第5版),法律出版社2007年版,第166页。

纯粹经济利益的问题，缺乏很明确并且逻辑一贯的认识。① 只能说最高人民法院在实质意义上认为会计师事务所应当为虚假验资对利害关系人承担赔偿责任，而完全没有回答《民法通则》第 106 条第 2 款是否一般性地保护纯粹经济利益的问题。

当然，在《注册会计师法》等立法完成之后，这种探讨没有实务上的意义。因为，即使认为《民法通则》第 106 条 2 款保护这些纯粹经济利益，也并非说明这些特别法规定就失去了意义。即使作为说明性法条，仍然有其意义。但是，至少从这些法律制定时，起草机构的负责人在向立法机关进行法律草案的说明的时候，通常未作此种风格的说明——相关的损害依《民法通则》第 106 条第 2 款本可获得救济，只是为了更可操作、为了避免法院发生解释上的困难，或者为了提醒当事人有此请求损害赔偿的权利，才特作如此规定。相反，说明者的语气都似乎表明只有当该法律作出如此规定后，受害人方可获得赔偿。比如，原财政部部长刘仲藜在 1993 年作《注册会计师法》草案的说明时说："草案还决定……（相当于 42 条内容）"。

尽管这个角度的说明并不具有特别强的说服力，但是至少可以表明，立法机关并没有很明显地认为或者注意到《民法通则》第 106 条第 2 款也许可以有极为宽泛的保护范围，所以才会在觉得有必要赔偿损失时，倾向于作出具体的规定。

（五）审判实践中的纯粹经济损失问题

《民法通则》施行至今已将近二十年，法院在审判中遇到不少请求赔偿纯粹经济损失的案件。法院所体现的态度，值得特别重视。

在很长一段时间里，大多数法院将侵权行为直接理解为侵犯他人权利的行为。当然，这种理解之下的"权利"并非如同绝对权那样严格，而常常是极为宽泛的含义，但是，关于侵害的对象，一定要能够套用得上某种

---

① 就会计师事务所虚假验资问题而言，其实，即便在《注册会计师法》实施之前，从理论上来看也并不复杂。上面援引的山东省高级人民法院在请示报告中提及的一种意见是，当时生效的《注册会计师条例》中规定了对此种情形的行政处罚，所以不应承担民事赔偿责任。如果从德国、台湾地区或者英国法的角度看，违反了保护他人的法律而导致纯粹经济损失的，应承担侵权责任（除非该法规的目的并非如此）。也就是说，山东省高级人民法院内持此种见解的人，对于《民法通则》第 106 条第 2 款的保护范围，持的是一种多么狭窄的理解！

"权利",才依照《民法通则》第 106 条第 2 款来判决。如果套不上,就不会依此判决。

在著名的莒县酒厂案件中,法院并没有援引《民法通则》第 106 条第 2 款,是因为受害人的商标权没有受到侵害,所以法院直接援引《民法通则》第 4、5、7 条判决。关于该案,有观点认为被告并没有侵犯原告的任何权利,而案件发生时尚无反不正当竞争的明确法律规定,因此不应承担责任,但支持的观点则认为莒县酒厂的利益受到侵犯,该利益属于《民法通则》第 5 条所成的"合法权益",因此应受保护。① 终审法院山东高级人民法院的夏和明、刘平撰文对该案评述时进一步说,被告文登酒厂"利用了商标法的某些漏洞,钻法律的空子,是不正当竞争行为",直接体现了这一观点。② 也就是,他们认为本案中莒县酒厂受侵害的利益并不属于第 106 条第 2 款所称的"财产"。否则,又有什么"法律的空子"可言?

又比如,在王保富遗嘱无效案件中,法院认为律师事务所侵犯了原告"依遗嘱继承王守智遗产的权利"。这是一种什么"权利"?因为遗嘱未曾生效,它既非物权,也非债权,更不属于其他在法律上明确规定的权利类型。但是,法院却是在把原告受侵害的客体冠以"权利"的帽子后,才放心大胆地援引了第 106 条第 2 款。

以上体现了一部分法院的观点:《民法通则》第 106 条第 2 款只保护民事权利(尽管对于"权利"的界定仍然模糊,并未有意识地限定于绝对权,并可能发生理论错误),涉及纯粹经济损失时,则认为存在法律漏洞,进而援引基本原则弥补该漏洞以判决案件。在弥补漏洞时,通常也并非从"纯粹经济损失"这个极为宏观的层面上进行,而仅仅在较为具体的类型上补充漏洞,比如不正当竞争案型。

从 1980 年代之后,越来越多的纯粹经济损失案件被法院所判决。法院的态度,可以分成这几个方面:

1. 特别法或者司法解释中明确规定了纯粹经济损失的赔偿责任的,

---

① 杨金琪:《对一起不正当竞争案引起的思考》,载《人民司法》1991 年第 8 期。
② 夏和明、刘平:《对一起不正当竞争案的认定》,载《人民司法》1990 年第 6 期。

法院会毫不犹豫地判决赔偿。① 在援引法条时,法院通常只援引相应的特别法或者司法解释的规定。② 至于这些特别法或者司法解释的规定与《民法通则》第106条第2款的关系,判决中不会涉及。

2. 违反了其他法律的规定,而该法律本身并没有规定损害赔偿责任时,法院可能会援引《民法通则》第106条第2款。③

最高人民法院在《关于信用社违反规定手续退汇给他人造成损失应承担民事责任问题的批复》(法(经)复〔1988〕45号)中认为,信用社在汇款业务中违反当时的《银行结算办法》关于退汇条件的规定办理退汇,给收款人造成损失的,根据《民法通则》第106条第1、2款,应当承担民事责任。④

又比如,在广西广播电视报社诉广西煤矿工人报社电视节目预告表使用权纠纷案,二审柳州地区中级人民法院审理认为,一周电视节目预告表不属《著作权法》第5条第2项所指的时事新闻,而国家新闻出版署1988年3月30日《关于广播电视节目预告转载问题的通知》规定:各地报纸、期刊不得一次转载或摘登一周以上的广播电视节目预告,如需要整周转载,应与有关广播电视报社协商。被上诉人报社未经上诉人报社许

---

① 对于证券市场虚假陈述案件,最高人民法院最初的司法解释要求各地法院不予受理,并非认为不发生民事责任,只是说"受目前立法及司法条件的局限,尚不具备受理及审理这类案件的条件"。参见《最高人民法院关于涉证券民事赔偿案件暂不予受理的通知》(法明传〔2001〕406号)。

② 比如上文介绍的海南玉龙虚假验资赔偿案、大庆联谊案,法院判决的主要依据是司法解释。尽管这些司法解释明确以《民法通则》第106条第2款为解释依据,但是审理法院实际上并不注意它。在前文提及的《注册会计师法》第42条之上注册会计师对利害关系人的赔偿责任,有关判决似乎都只援引该条,而不提及《民法通则》。参见"西北房地产投资开发总公司等与济南四建(集团)有限责任公司追偿保证金纠纷案",北大法宝,http://vip.chinalawinfo.com/NewLaw2002/SLC/SLC.asp?Db=fnl&Gid=117488436,2009年6月16日访问;"陈汉滨诉鸿双辉公司、蔡禧福、洪顺利、永大会计公司因虚假出资、虚假验资应支付买卖合同货款案",载最高人民法院中国应用法学研究所编:《人民法院案例选》(2004年商事、知识产权专辑)(总第49辑),人民法院出版社2005年版,第15页。

③ 在上文介绍的王保富遗嘱无效案中,一审法院只援引了《民法通则》第106条第2款,二审法院在判决理由部分援引了《律师法》(2001年)第49条第1款,但是又说一审适用《民法通则》第106条第2款判决并无不当,而对两者之间的关系缺乏说明。笔者分析,《律师法》第49条第1款规定的是律师违法执业或者因过错给"当事人"造成损失时的赔偿责任,而王保富是否属于"当事人"的范围很有疑问。法院似乎有些犹豫,但是又不想直面这个问题,不想费力解释"当事人"的含义,于是"偷懒"直接援引《民法通则》第106条第2款。

④ 最高人民法院同时援引了《民法通则》第106条的第1款和第2款,令人费解。第1款是关于违约和其他不履行债务行为之责任的规定,应与本案无关。

可,擅自转载一周电视节目预告表,违反了该通知的规定。"上诉人通过与电视台订立协议有偿取得在广西境内以报纸形式向公众传播一周电视节目预告表的使用权,受法律保护。被上诉人的行为已构成对上诉人民事权益的故意侵犯,依照《中华人民共和国民法通则》第106条第2款规定,自应承担民事责任。"①在该案中,法院并没有认为电视节目预告表属于作品,但是,其行为违反了国家新闻出版署的规定。②

尽管从理论角度看,这两个法规的层级、目的是否足以导致违反其规定的行为产生侵权责任,不无疑问,但是比较清楚的是,最高人民法院的观点是,在违反法律规定而导致纯粹经济损失时,《民法通则》第106条第2款是请求权基础。

3. 在没有违反特别法规定而造成他人纯粹经济损失时,法院直接判决损害赔偿的案件并不多,但法院的态度最值得重视。

在一些案件里,法院明确判决了此类纯粹经济损失的赔偿。比如,在中国技术进出口总公司诉瑞士工业资源公司侵权损害赔偿纠纷上诉案中,被告以欺诈手段订立合同,目的是骗取巨额货款,两审法院和最高人

---

① 《最高人民法院公报》1996年第1期。
② 有意思的是,《最高法院公报》1996年第1期公布的该案例,对柳州地区中级人民法院的判决书似乎进行了实质性的"加工"。梁慧星教授1995年的论文中(梁慧星:《电视节目预告表的法律保护与利益衡量》,载《法学研究》1995年第2期)对二审判决要旨的介绍中提及:"电视台对(电视节目预告表)……应享有一定的民事权利。……对这一民事权利,应予以适当的法律保护。但电视节目预告表不具有著作权意义上的独创性,因而不宜适用著作权法保护。原告通过协议方式有偿取得的广西电视台和中国电视报一周电视节目预告,在广西地区以报纸形式向公众传播的使用权,应予以保护。"并且,二审法院"依照……《民法通则》第4条、第134条第1款第1、7、10项之规定"判决本案。可是,《最高人民法院公报》对二审判决的介绍中,却出现了关于电视节目预告表不是时事新闻的内容,没有出现电视节目预告表不具有独创性、不受著作权法保护的内容,并且将判决依据改成《民法通则》第106条第2款。于此可见,最高人民法院在公报上发布案例时编辑、加工的"力度"是很大的。暂且不论这种做法是否妥当,显然我们可以将新"加工"的部分视为最高人民法院自己的观点。

也就是说,柳州地区中级人民法院的二审判决思路是:电视节目预告表不是作品,但是电视台和原告都享有"一定"的民事权利,应受保护,但是这一权利似乎又不属于《民法通则》第106条第2款所称的"财产",因此,援引第4条作为主要法律依据。其思路与莒县酒厂案是辑本一致的。至于违反新闻出版署的规定对于决定是否存在民事责任发生何种影响,法院的思路似乎不很清楚。

最高人民法院虽然特别地认为电视节目预告表不属于时事新闻,但是也没有明确地说广西广播电视报应受著作权法的保护,更没有援引著作权法的任何条文。所以,最高人民法院的观点,似乎更倾向于认为被告是因为违反了新闻出版署的规定才应当承担民事责任的。

民法院认为被告的行为构成侵权行为。①

但需要注意的是,尽管法院在这些案件中将纯粹经济利益纳入《民法通则》第106条第2款的保护范围,但是不能据此认为法院将纯粹经济利益与绝对权平等保护。因为,这些法院只是认为它们所判决的案件属于其保护范围,它们并没有作出一般的表述,也不宜如此引申。相反,在一些法院判决未承担侵权责任的案件中,却显示了法院更加清楚一点的观念。

上文讨论了责任竞合以及缔约过失责任问题。在司法实践上,在一般的违约案件中(未侵害绝对权的情形,比如买卖合同上的迟延交付、质量不合格),诉讼当事人从不主张、法院也从来不讨论是否同时构成侵权行为。

在缔约过失责任案件中,在没有造成绝对权侵害的情形下,法院也不会讨论是否有构成侵权行为、适用《民法通则》第106条第2款的可能性。②

如果说在这些案件中,一般法院可能只是无意识地否定《民法通则》第106条第2款一般性地包括保护纯粹经济利益的话,有的法院已经有了很清楚的问题意识,并且明确地回答纯粹经济损失的赔偿问题。

在重庆电缆案中,法院在判决书中说:"纯粹经济上损失,……除加害人系故意以悖于善良风俗之方法致用户受损害的特殊情形外,不在赔偿之列。"在电缆线毁损而导致电力供应中断时,用户所遭受的多属纯粹经济上损失,应否赔偿,一般从以下几个方面进行考量:(1)电力企业是法定的供应者,因过失不能提供电力,不须赔偿消费者经济上损失。(2)电力中断,给人们的生活造成不便,产生经济上损失,但电力供应短期即告恢复,一般人观念中多认为对此应负容忍义务。(3)受害人如均可请求

---

① 《最高人民法院公报》1989年第1期。二审判决没有援引实体法条文,而在叙述一审判决时也没有写明其实体法依据。只能猜测其依据是《民法通则》第106条第2款。

② 例如,在泉州花卉城有限公司诉被告王建建土地租赁合同案中(2004)泉民终字第802号,载《中国审判案例要览》(2005年民事审判案例卷),中国人民大学出版社2006年版,第72—76页)中,王建建与花卉城公司磋商订立土地租赁合同,王建建先支付了一笔租地预付款,可是在此后一年多的时间里,未能及时通知或以明示的方式告知对方是否租赁土地,导致对方在收到预付款后因相信双方能够订立合同而开展丈量、平整土地等前期准备工作,且在一段时间内丧失了与他人另订合同的机会。法院依据《合同法》第42条第3项判决王建建承担缔约过失责任。主审的林海峰法官解说该判决时说:由于合同没有成立无法按照违约责任处理,"而按侵权责任处理也有困难",因此法律规定采用的是缔约过失责任。

经济上损失赔偿,则请求权则漫无边际,加重加害人的赔偿义务,不利于社会经济发展。可以清楚地看到,法院的政策观点完全是德国、英国模式的,其政策考量的角度甚至措辞,都与丹宁勋爵的判决类似。①

在另一个案件中,德正会计师事务所受政府委托对某企业的资产和负债进行评估,其出具的评估报告对于该企业所欠原告的债务评估为零。原告认为这导致使其无法收取该债权,诉请会计师事务所赔偿损失。二审法院认为:我国立法上尚未建立第三人侵害债权制度,但司法实践中认为《民法通则》第4、5、106条可以保护债权,进而提出:"债权侵权问题不宜否认,但限于债权的特殊性,构成债权侵权需严格限定,以避免导致债的不稳定而波及秩序";因此,构成侵权所需满足的要件也应特殊,包括主观要件必须是故意或者重大过失(并非对一般侵权所通常理解的轻过失)。② 可见,法院的观点是,《民法通则》第106条第2款保护纯粹经济利益,但是对它的保护程度与绝对权不同,要更加严格。

关于纯粹经济损失的一个非常系统的司法观点,体现在上海市高级人民法院民一庭2005年3月4日下发上海市各级法院、供其在审判中参考的《侵权纠纷办案要件指南》中。该文件第五条对于纯粹经济损失提出了明确的见解:"请求方只能就现行法律保护的权益受到侵害行使侵权赔偿等请求权。"对该条的"说明"中提出,侵权法保护的对象以权利为原则,以法益为例外。无论故意或者过失侵害权利之行为,均应承担责任,但对于财产利益的损失,侵权行为法并不是一概保护的,原则上仅在行为人故意之场合方予以保护。如对于合同债权的侵害,只有在合同外的第三人明知债权存在而故意侵害的情况下,才要求其承担赔偿相当于合同履行利益的损失。③

山西晚报不实报道案,法院判决被告对于原告的纯粹经济损失承担侵权责任。尽管有专家极力赞扬这个判决,但是更多的专家表示了强烈

---

① 参见下文政策分析部分对丹宁勋爵论点的介绍。法院在判决中,不仅明白无误地将法律解释中的政策考量揭示出来,并且能够参考比较法的研究,提出有说服力的观点。这显示了中国法院的巨大进步!

② "郭占江等与东营市德正会计师事务所有限责任公司债权侵害赔偿纠纷上诉案",北大法律信息网,http://law.chinalawinfo.com/newlaw2002/SLC/SLC.asp? Db = fnl&Gid = 117471424,2009年2月10日访问。

③ 北大法宝中国法律检索系统,http://vip.chinalawinfo.com/newlaw2002/slc/slc.asp? db = lar&gid = 16870082,2009年5月26日访问。

的反对意见。这个案件也可以表明,将纯粹经济利益与绝对权同等保护会发生很大的问题。①

综上所述,我国的最高人民法院和各地法院的立场似乎可以大体进行如下总结:

(1)纯粹经济利益(包括债权)属于《民法通则》第106条第2款的保护范围。

(2)在因过失或者故意违反了《民法通则》第106条第2款之外的特别规定而导致他人纯粹经济损失时,应当赔偿。但是,当有关特别法明确规定了损害赔偿责任时,通常只援引该规定,而这些规定与《民法通则》第106条第2款的关系不够明朗。②

(3)在其他情形下,对纯粹经济利益的保护程度低于绝对权,必须满足更严格的构成要件才能构成侵权行为。但是,具体的条件还缺乏全面的探讨。比如,上海市高级人民法院认为原则上必须有主观故意,而东营市中级人民法院则认为第三人侵害债权时必须有故意或者重大过失。关于是否还应像德国那样"违反善良风俗",重庆电缆案中法院持肯定观点,其他法院则未见说明。

回到本部分开头提出的对《民法通则》第106条第2款的三种解释方

---

① 笔者没有查到该案一审判决书的全文,有关报道(赵枫:《推测"毛阿敏不能赴演"惹来87万赔偿》,载《民主与法制》2002年第5期上半月刊。)中没有说清楚法院援引了什么法条。

杨立新教授认为本案是第三人侵害债权的案件,并支持判决结论。但是,杨立新教授在关于侵害债权的一般观点中,认为必须加害人有主观故意,而本案中似乎无法证明被告有故意。杨立新教授介绍:原告曾经拒绝给被告的一个记者发红包,并暗示这是被告作出不实报道的原因。但是这一情节似乎并没有在判决中体现出来。参见杨立新,见杨立新:《侵权法论》(第三版),人民法院出版社2005年版,第385—388页;杨立新民商法评论,http://www.yanglx.com/dispnews.asp? id=445,2009年4月16日访问;赵枫:《推测"毛阿敏不能赴演"惹来87万赔偿》,载《民主与法制》2002年第5期上半月刊。

法学界和新闻学界的赵中孚教授、刘心稳教授、徐迅女士、魏永征教授、张大昕先生等人对该判决表示了强烈的反对意见。赵枫:《推测"毛阿敏不能赴演"惹来87万赔偿》,载《民主与法制》2002年第5期上半月刊。尽管反对意见集中在山西晚报并无过错,但是,依本文观点,由于原告损害形态为纯粹经济损失,而没有证据显示被告为故意,所以可以很容易地得出否定的结论。

顺便提及,本案原告的损失虽然包括债权侵害(已售出的门票被退回,可理解为相应债权的消灭),但是很多损失并非此类型(为了澄清事实而增加费用进行宣传、没有找到赞助单位、来做广告的企业减少导致收入减少等)。

② 此外,一些重要问题尚未获得澄清。比如,其他国家的法律都认为,所违反的法律必须是以保护他人为目的(并且原告属于该范围),才能构成侵权行为。我国的司法实践还没有就此问题进行深入探讨。

案,司法实践似乎压倒性地倾向于第三种方案。其实质类似德国模式。

(六) 理论界的观点

我国理论界对于《民法通则》第 106 条 2 款保护范围是否纯粹经济损失问题,讨论并不很多。①

王利明教授认为,《民法通则》第 106 条第 2 款使用了"财产""人身"而非"财产权""人身权",意味着侵害任何财产利益的行为人都可能承担侵权责任。对纯粹经济损失原则上应不予赔偿,但是并非没有例外。问题的关键在于合法利益的损害和行为之间是否有因果关系。他认为,应当对于纯粹经济损失进行分类,分别确定是否应赔偿。应当获得赔偿的类型有:故意或者恶意侵权所致的纯粹经济损失;专家责任中的纯粹经济损失;侵害生命权或者健康权时受害人的被扶养人的纯粹经济损失等。②似乎可以这样总结王利明教授的观点:《民法通则》第 106 条第 2 款应当解释为致人纯粹经济损失时应当承担侵权责任,但是,致人纯粹经济损失的行为原则上不能满足因果关系的要求,只有在特定情形下才能够满足。

杨立新教授认为纯粹经济利益是一种财产利益,属于《民法通则》第 117 条和第 106 条第 2 款所规定的"财产"规定的范围,并认为,除了法律有特别规定的情形外,一般的纯粹经济损失,须"以故意加害他人为目的"时才能构成侵权。③

---

① 关于什么是"纯粹经济损失",我国很多学者的研究似有许多遗漏。参见本文关于纯粹经济损失含义的界定。

② 王利明:《侵权行为法研究》(上),中国人民大学出版社 2004 年版,第 368 页以下。王利明教授在同书中提出,"从侵害利益的角度来排斥对纯粹经济损失的赔偿是不妥当的",这似乎和他的上述观点有一定的矛盾。

③ 笔者在概括杨立新教授关于纯粹经济损失问题的总的观点时,参考了他在几个地方的不同分析,有推断的成分,未必准确。杨立新教授认为《民法通则》上侵权行为包括第 117—120 条规定的四种,而 106 条第 2 款是"侵权行为的一般条款",因此可以推知其认为第 117 条中的"财产"就是第 106 条 2 款上的"财产"。但是,杨立新教授又将纯粹经济损失作为侵害物权的一种类型,将其限定为六种情形,但没有明确说明构成侵权应当具备的要件(特别是主观要件问题)。他不认为侵害债权属于纯粹经济损失,其主张的"商业侵权""恶意诉讼和恶意告发"等侵权类型,与纯粹经济损失之间的关系,也没有进行说明。参见杨立新:《侵权法论》(第三版),人民法院出版社 2005 年版,第 14、23、382—389、406—417 页。与上列表述略有不同的是,在杨立新教授在主持编写的侵权责任法建议稿中,将"纯粹经济利益损失",列为"侵害其他财产权"的一种,没有放在"侵害物权"之下,其中规定了"以故意加害他人为目的"的要件。但是仍将商业侵权、侵害债权、恶意诉讼、专家责任等问题在不同地方加以规定,似乎认为它们并无关联。至于这里的"以故意加害他人为目的",与该建议稿第 1 条第 1 款所规定的"故意违背善良风俗"之间的关系,也缺乏说明。参见杨立新:《中华人民共和国侵权责任法草案建议稿及说明》,法律出版社 2007 年版,第 3 页以下。建议稿中的条文和论述主要是基于立法论角度,而非直接解释《民法通则》第 106 条第 2 款的含义,但是在推断其解释论上的观点时应不无意义。

朱广新博士认为,《民法通则》第 106 条第 2 款虽然与法国民法的表现形式类似,但是不宜认为应像法国法一样一般性地对纯粹经济损失予以赔偿,而应当以违反善良风俗作为致人纯粹经济损失时承担侵权责任的一个要件,并且在因果关系上须满足近因原则。①

张新宝教授认为《民法通则》第 106 条第 2 款的保护范围包括了纯粹经济损失,但是,纯粹经济损失能否获得赔偿,还要取决于其他要件是否能被满足。因过失导致的纯粹经济损失,关于因果关系和过错的判断标准都会"收紧"。②

张民安教授认为,《民法通则》第 106 条第 2 款可以作为纯粹经济损失赔偿的依据,其中的"财产"应扩张解释,除动产、不动产等有形财产外,还包括"对契约等无形的经济利益所享有的权利",但是,过错侵权责任法对有形财产和"无形财产"的保护是有程度的差别的,后者受到的保护更为狭窄。③

总的来说,我国学者大多认为《民法通则》第 106 条第 2 款的保护范围包括纯粹经济损失,但是保护程度低于绝对权。关于如何解释或者适用该款规定才能够达到这一低程度的保护,学者们探讨不多,并且意见不一。大体上来说,其基本态度与上述法院的基本做法是一致的。

一个比较不同的见解是,张谷教授认为,《民法通则》第 106 条第 2 款中"财产""人身"的含义,已经被第 117—120 条所具体列举,这里的"财产"的含义仅限于绝对权,不包括债权。因此,对于绝对权以外的财产利益,《民法通则》没有直接规定相应的侵权责任,则属于法律漏洞。④

(七) 小结

《民法通则》第 106 条第 2 款在表述上类似法国模式,初看起来似乎应当采纳上文提到的第一种解释方案。但是,结合《合同法》关于违约责

---

① 朱广新:《论纯经济上损失的规范模式——我国侵权行为法对纯粹经济上损失的规范样式》,载《当代法学》2006 年第 5 期。

② 参见张新宝、张小义:《论纯粹经济损失的几个基本问题》,载《法学杂志》2007 年第 4 期。

③ 张民安:《过错侵权责任制度研究》,中国政法大学出版社 2002 年版,第 627 页。该书对于若干类型的纯粹经济损失进行了分析,但是没有提出一般判断标准。

④ 参见张谷:《作为救济法的侵权法,也是自由保障法》,载《暨南学报》(哲社版)2009 年第 2 期。

任与侵权责任竞合的规定、关于缔约过失责任的规定,并且探悉立法机关在制定诸多专门保护纯粹经济利益的立法时的态度,应当认为,从体系解释和历史解释(法意解释)的角度,不应将该款中的"财产"一般性地解释为包括纯粹经济利益,并给予其绝对权的同等保护。从各级法院在司法实践中体现的观点以及主流学说来看,大体上虽然认为该款规定的保护范围及于纯粹经济利益,但是保护程度低于绝对权。也就是说,第三种方案获得普遍的认可。①

因此,在《民法通则》第106条第2款所确立的一般侵权行为上,我国的实质类似于德国模式(当然也有差异)。

五、纯粹经济损失赔偿问题的法律政策分析

(一) 绪论

我国正在制定侵权法,对于纯粹经济损失这个具有体系性、全局性的问题,为了让有关立法建立在坚实的基础上,为了避免将来的司法实践发生误用,特别需要在价值判断的层面上作彻底的思考。

纯粹经济利益的民法保护问题,涉及民法的几乎所有的重要领域。从历史来看,没有哪个时代或者国家的立法者曾经试图在这样一个极其宏观的层面上形成一个一般规则。因此,下面的分析可能面临的疑问是:假如要对纯粹经济损失问题进行一般性的法律政策分析,那么其结论应当一方面能够说明那些应赔类型的存在理由,又能够说明那些不应赔偿情形的政策依据。这个看起来雄心勃勃的计划是否可行?结论是否可能具有说服力?

笔者并无这样的野心。

违约损害赔偿、缔约过失责任、会计师过失虚假陈述的责任等各种应赔类型,其相互差异巨大。从历史沿革来看,有关的制度大体上是分别演进的,有关的法律政策说明也各不相同。比如,合同法的核心在于违约方应承担违约责任,对此当代各国合同法无不承认,学说上对其法律政策依

---

① 张谷教授的观点(同上注)相当于第二种方案,实质上认同德国模式。这是一种比较保守些的解释论。

据有深入的探讨。① 关于缔约过失责任,学说上需要独立地说明其政策基础。② 关于反垄断和反不正当竞争制度的必要性,文献更是车载斗量。也就是说,立法者对于其认为具有重要性的各种纯粹经济损失类型,已经分别进行了政策考量并制定了各自的具体规则。各国少有学者试图在"纯粹经济损失的可赔偿性"这一角度进行探讨,是因为不可能发展出一个一般规则,想要建立一般理论也极其困难,即使勉强发展出来,也会因为其过分抽象而缺乏对具体类型的说服力。

但是,在具体规定了应赔类型之外③,此外,是否还需要一个"兜底"性的规则来处理其他类型?因为,即使最勤勉、最智慧的立法者也不敢说:自己对当前社会中所有类型的纯粹经济损失都已经充分了解,并且可以充分预见未来社会中出现的纯粹经济损失类型,并且在立法中对它们全都作出规范。也就是说,总是存在着大量的立法者未曾注意、或者将来新出现的纯粹经济损失类型。笔者将这些类型称为"未知"类型。当然,立法者对有关生活事实未必真的不了解或者未预见,但是只要立法者没有经过慎重思考并进行具体规范,那么从法院的角度看,就可能属于"未知"的领域。那么,法院面对它们时应当怎么办?立法机关必须通过制定的法律条文来对法院进行指示,告诉法院在"未知类型"之下是否赔偿。

所以,正是因为立法上需要一个兜底性的规则来处理这些"未知类型",所以才出现了一个需要作为单独问题来直接处理的纯粹经济损失问题。它并不涵盖所有的纯粹经济损失。

那么,立法机关应当在什么地方、以什么形式来指示法院对"未知类型"的处理方式?或者说,这个兜底规则如何体现?由于加害人和受害人之间并无合同关系,因此最可能的赔偿责任是侵权责任。而在侵权法上,

---

① 参见,比如,罗伯特·A.希尔曼:《合同法的丰富性:当代合同法理论的分析与批判》,郑云瑞译,北京大学出版社 2005 年版。

② 参见王洪亮:《缔约上过失制度研究》,中国政法大学博士学位论文,2001 年版,第 90—95 页。

③ 从理论上说,立法者考虑过的纯粹经济损失类型中,常常会得出否定性的结论。是否需要对其明确认为不应赔偿的类型进行规定?在应赔类型之下,立法上通过对其构成要件的设置,自然地划定了同一类型之下不应赔偿的情形。比如,缔约过失责任制度的设计,就显示了缔约过程中发生的不满足其构成要件的损害无须赔偿。反不正当竞争法关于不正当竞争行为的类型和要件的规定,就意味着不符合其要件的竞争行为所致损害无须赔偿。但是,各国立法者似乎极少就不应赔偿的独立类型进行明确规定。其技术上的原因,参见下文第 398 页脚注③。

能够一般性地处理这些"未知类型"的,就是一般侵权行为条款。相应地,在法律政策问题上,也只需要在一般侵权行为条款问题上进行思考。所以,下文的分析不以违约责任为讨论对象。其他"已知"的应赔类型,也不是主要的讨论对象,尽管有关分析或可有助于深化对它们的认识,甚至可以为相关法律政策分析提供一个好的起点。比如,下文援引的苏永钦教授的观点,就直接涉及为什么债权不应获得与绝对权相同程度的保护,以及为什么故意背俗致人损害时应当赔偿。

下文的法律政策研究,主要是为了解决"未知类型"应如何处理。

当然,如果说各种"已知类型"的纯粹经济损失之间差别巨大,那么各种"未知类型"的在社会、经济特征上的差别恐怕有过之而无不及。不过,笔者套用一下托尔斯泰的名言:"不赔的类型都有相似的理由,应赔的类型各有各的理由"。各种未知类型原则上不应获得赔偿的法律政策基础大体相同:为了避免加害人承担过重的责任,维护人们的基本行为自由;这一政策目标可以获得社会的基本伦理观念的支持,并且符合法律经济学上的原理。

有关的政策分析,我国学者已经有所涉及,但是大多比较简略,涉及的角度也较窄。这是为什么笔者在此不吝笔墨。

(二) 避免加害人承担过重的责任

避免一个人因为致他人损害而承担过重的责任,是现代侵权法最为关心的问题之一。就最基本的制度设计而言,非因过错而致人损害的,原则上无须赔偿损失(各国法律上承认的无过错责任类型尽管不断扩张,但都是经过慎重"挑选"并经过很长的演化过程之后才确立下来);即便是过错侵害绝对权,其侵权责任的成立以及责任范围都必须满足因果关系的要求,其中包含了强烈的政策判断因素,特别是避免责任范围漫无边际;[1]在有的国家,加害人的过错程度较轻,或者损害赔偿责任会使其发生过重的负担时,法院可以减轻损害赔偿额。[2]

---

[1] 参见王泽鉴:《侵权行为法》(第一册),中国政法大学出版社 2001 年版,第 185 页以下;陈聪富:《因果关系与损害赔偿》,北京大学出版社 2006 年版,第 1 页以下;程啸:《侵权行为法总论》,中国人民大学出版社 2008 年版,第 256 页以下。

[2] 克雷斯蒂安·冯·巴尔:《欧洲比较侵权行为法》(下卷),焦美华译,法律出版社 2004 年版,第 184 页以下。

原则上排除对过失所致纯粹经济损失的救济的最主要理由之一,也是为了避免加害人承担过重的责任。

如果此类损失大多可以获得赔偿,那么侵权责任就会像洪水暴发一样到处泛滥成灾,而排除规则就像一个防洪闸(水闸)一样,抵御了这种灾难的发生。这就是有关纯粹经济损失问题最常为人所提及的水闸(floodgate)理论。①

一般认为,这种灾难的一个体现是,它会导致法院过重的负担。比如,一个人的行为如果导致高速公路堵塞或者公共市场关闭,因此而发生纯粹经济损失的人可能为数极多,它们如果都涌入法院请求赔偿,司法系统的工作负担和成本将过大,甚至影响整个司法体系的正常运作。② 当然,这一理由的说服力非常有限。因为司法成本固然需要考量,但是产品责任、环境污染导致大量人身损害和所有权侵害时,法律并不拒绝赋予救济,为何偏偏以此为由拒绝赔偿纯粹经济损失?③

笔者认为,水闸效应理论并非主张:本应赋予损害赔偿请求权的情形,法律却仅仅为了减轻法院的工作负担而武断地排斥其中一部分。④水闸效应不过是提醒考虑实施侵权行为法的社会成本问题。如果一个行为造成很多人遭受损害,这种侵权诉讼所消耗的司法成本非常高。假如此类诉讼不确定性高,则更会增加诉讼成本,更加耗费司法资源。从法律经济学的角度看,这个成本也在政策考量的范围内(下文将涉及)。毫无疑问,从法院负担角度论证的水闸理论对于结论的达成并不具有决定性的意义,但是,它所提示的角度无疑也是具有启发性的。

水闸理论更为重要的一个方面是,这样会导致加害人的责任过重。

---

① 在相当长的时间内,水闸理论是关于纯粹经济损失的主要理由。参见毛罗·布萨尼、弗农·瓦伦丁·帕尔默主编:《欧洲法中的纯粹经济损失》,张小义、钟洪明译,法律出版社 2005 年版,第 13—16 页;另参见李昊:《纯经济上损失赔偿制度研究》,北京大学出版社 2004 年版,第 53 页。

② 毛罗·布萨尼、弗农·瓦伦丁·帕尔默主编:《欧洲法中的纯粹经济损失》,张小义、钟洪明译,法律出版社 2005 年版,第 13 页。

③ 关于质疑意见的简单介绍,参见海尔穆特·库齐奥:《欧盟纯粹经济损失赔偿研究》,朱岩、张玉东译,载《北大法律评论》第 10 卷第 1 辑,北京大学出版社 2009 年版,第 247 页。

④ 正如 Prosser 所说:"法律的任务是救济那些应该得到救济的不当行为,即便其成本是'洪水般的大量请求';任何法院因为担心给自己带来太多的工作而拒绝给予救济,这只是对自己无能的一种遗憾的承认。"[0] W. Prosser, "Intentional Infliction of Mental Suffering: A New Tort", 37 *Mich. L. Rev.* 874, 877 (1939). 中文译文,毛罗·布萨尼、弗农·瓦伦丁·帕尔默主编:《欧洲法中的纯粹经济损失》,张小义、钟洪明译,法律出版社 2005 年版,第 15 页,注释 50。

耶林曾经有一段非常著名的话："一项不当的建议，一条被流传的谣言，一份错误的报告，一个糟糕的决定，前任雇主对不合格女佣的推荐，因旅客要求提供的关于道路、时间等事项的信息等等，诸如此类。总之，如果一个人即便他是基于诚信行事而仍认定他存在重大过失，那么，任何事情都可以使他不得不就随之发生的损害作出赔偿……"①卡多佐法官也曾经说过，如果要求会计师对于因为其出具的不当报告而发生损害的人赔偿损失，这将使得被告"在不确定的时间，对不确定的人，承担数额不确定的责任"。②

这种不确定的损害，将会导致人们处于动辄得咎的境地。每个人不可能总是足够谨慎地工作和生活，难免出错。如果一个微小的不谨慎将可能导致巨大的赔偿，人们将会更多地选择"多一事不如少一事"。一个人回答问路者时也许会出错，导致问路者多耗费时间和路费。如果因此就要赔偿其损失（如果对方因此而耽误了生意，可能会是巨额损失），那么这种法律其实是在告诉人们不要为他人指路，因为指路于自己毫无经济上的收益，却可能承担巨额的损害赔偿责任。相反，一个宽松的法律（指错路也不必赔偿），使得绝大多数问路者可以获得适当的指引，对于被指错路的风险，每个人应当有意识并且尽量自己采取措施避免（比如多问几个人，或者提早准备好地图等工具）。③ 在很多时候，潜在的受害人常常居于最为有利的减轻其损害的地位。

所以，纯粹经济损失原则上不予赔偿的规则可以被理解为一种分散风险的机制。

当然，要限制责任、分散风险，其标准不能够任意、武断。以纯粹经济损失为衡量标准，下文将会谈到其优点。它肯定不是一个完美的标准，但是也许是最好的标准。

在一个普遍性的纯粹经济损失应予赔偿的制度下，一方面我们每个人的利益可以获得周到的保护，哪怕纯粹经济损失，也可以向那些"坏蛋"

---

① Jhering Jahrbücher für die Dogmatik des bürgerlichen Rechts, vol. 4 (Jena, 1861), 12—13. 转引自布萨尼等，毛罗·布萨尼、弗农·瓦伦丁·帕尔默主编：《欧洲法中的纯粹经济损失》，张小义、钟洪明译，法律出版社2005年版，第87页。

② Ultramares Corporation v Touche et al (1931) 174 N. E. 441 at 444. ["… a liability in an indeterminate amount for an indeterminate time to an indeterminate class."]

③ 当然，如果故意恶作剧或者故意为了致人损害而指错路，当然应当负侵权责任，这在德国法和法国法上都没有疑问。

主张正义;另一方面,我们每个人都可能因为不当行为而承受巨额的损害赔偿义务。也许有人不认为这有什么不妥。可是,这意味着我们每个人(包括公司)时刻面临着实质破产的危险(除非我们预先支付巨额的保险费),比如一次疏忽造成的交通事故,而这又意味着漫长而复杂的法律程序和难以计数的浪费;同时,我们又要每天紧张地搜索那些给自己的生活带来不利影响的家伙们,并且亲自上门或者委派律师去追讨、谈判甚至起诉。这是一种理想的生活吗?抑或,我们一方面可以对于所造成的他人一些损害不必赔偿,可以免于轻易破产的恐惧,从而获得了更多的自由;同时,我们也要忍受他人给自己带来的诸多损害,而不可以去主张赔偿。在一个不完美也不可能完美的世界上,也许这才是我们想要的生活。

(三) 维护人们的基本行动自由

人在社会之中,就必然互相发生影响。一个社会从来不能奢望每个人只对他人发生好的影响,而不发生坏的影响。甚至,有的"坏"影响还被鼓励,因为这可能对其他人是好的影响。比如提供了更为廉价或者高质量产品的厂家会使竞争对手亏损甚至倒闭,但是消费者因此而得利。

但是,即便某种纯粹经济损失对社会来说是不可欲的,假如为了阻吓之而一律规定损害赔偿,却可能同时严重阻吓了通常来说有利的社会活动。比如耶林所举的那些例子,如果法律要求所有因为过失提供了错误信息、建议的人赔偿损失,这固然可以阻吓一些此类不当行为,但是,原本打算提供信息、建议的人,就可能因为担心承担责任而保持沉默。

拉伦茨和卡纳里斯教授指出,"任何侵权规范的基本问题都存在于法益保护与行为自由之间的冲突上。……侵权法的目标就是根据最合理的平衡或实际合理性来解决这一冲突。"[1]德国法所基于的价值观是:当利益的维护与行为自由发生冲突的时候,行为自由优先。行为自由对于个人发展其人格,特别是从事其职业来说是必要的。一个人因为他人的原因而发生损害即使得不到补偿,却可以从行为自由的方面得到弥补。[2]

关于这一问题,苏永钦教授有一个非常精彩的分析。他认为,民事侵权行为制度的基本功能在分配社会行为的风险,最终追求的主要是财产

---

[1] 参见李昊:《交易安全义务论》,北京大学出版社2008年版,第19—20页。
[2] 马克西米利安·福克斯:《侵权行为法》,齐晓琨译,法律出版社2006年版,第2页。

利益完整的维护。在现代社会,人与人高度地相互依存,侵权行为制度的设计如果不作一定的选择,每个人都将处于动辄得咎的窘境,自由意志很难挥洒,社会也将因无穷的相互诉追而秩序大乱。所以关于一般侵权行为的规定,重点就在对无数造成财产利益减少的行为中,筛选出适合由受害人究责、可以吓阻不当行为,而不至于对自由意志和社会秩序造成不当影响的类型。那么如何筛选呢?首先,私人之间追究责任必须从"期待可能性"着眼:只有对加害于人的结果有预见可能者要求其防免,而对未防免者课以责任,才有意义。法律若课以行为人不得作为或为一定作为的义务,通常会尽力使潜在的行为人有预知的可能,从而对于违反义务者在命其排除违法状态以外,附带地追究财产损害的责任,这样,并未大幅增加"守法成本",也就有合理的期待可能性。狭义的法律是最清楚的,善良风俗是被普遍认同的伦理价值或行为方式,即使非本地人也不难感受查知。而权利之中,必须区分绝对权和相对权。因为债权一般都不具公示性,从而不能合理地期待第三人去防免加害。这所以,原则上只有绝对权才构成侵权法上的"权利"。因此,一般侵权行为包含这三种类型是妥当的。①

一个人的行为有时使他人得利,有时使他人受害;有时,甚至同一行为一方面使他人得利、一方面使他人受害。在相当多的情况下,行为人使人得利时却无法收取报酬,假如要求其对每一个致人损害的行为承担责任,不仅仅不公平,而且常会阻吓人们为此类行为。

举例而言,一个公司开办了工厂后,一直排放有害气体。由于雇员众多,附近商铺随之顾客盈门,住宅也很容易出租,所以,周边房地产的价格上涨很快。可是几年后,越来越多的人不愿意在工厂附近居住,因此周边房地产的发生下跌。显然,该工厂在周边房地产升值时无从向受益的那

---

① 苏永钦:《再论一般侵权行为的类型》,载苏永钦:《走入新世纪的私法自治》,中国政法大学出版社 2002 年版,第 300 页以下。我国的一些法院,对于上述理论也有了深刻的认识,并体现在了司法实践之中。上海市高级人民法院民一庭的《侵权纠纷办案要件指南》关于第 5 条的说明中说:"……对于债权以及权利以外的利益(不能无条件保护)……倘若不然,人们就很难预测自己的行动会产生什么样的后果。比如,当一个人在打碎了别人一个花瓶的时候,他可以预见到自己侵害了花瓶所有人的权利,但他可能无法预测到这个花瓶的主人已经把这个花瓶卖给了别人,他更无法预见这个花瓶的买主甚至还把花瓶卖给了第三个买主,甚至还可能有更多个后来的买主。……(如果应当赔偿这些买主的话)我们每个人无论做什么事,就都要千思万虑,要把所有的情况都考虑好才能行动,否则任何一个看似微小的过失,就可能让你倾家荡产。"

些人请求补偿,那么在污染使周边房地产贬值时,要求其赔偿是不公平的。假如工厂从来没有被开办,周边房屋的价值可能还不及现在这样。

又比如,一个大型百货商场鲁莽改变经营策略而客流锐减,周边那些"寄生"性的小商铺也会因此客流减少,发生亏损。从某个角度看,社会利益的确希望每个企业都谨慎经营,轻率的决策不仅对自己不利,也对社会不利(顾客不得不去其他较差的商场消费,周边商铺发生受损,很多投资浪费)。在这个意义上,提高其鲁莽决策的成本(要赔偿周边商铺亏损的损失、赔偿消费者的损失)似乎有助于促使其更为谨慎地经营。可是,法律政策上果然应当如此吗?这个潜在的责任实在太大,以至于会过分地阻碍企业进行正常的决策。显然,法律上将经营不善的代价局限于企业自身的亏损就足够了。

又比如,一个人开车出门办事时,汽车因为平时疏于保养而发生故障,停在繁华街区无法动弹。如果这意味着他应当赔偿他人因堵车而发生的所有损失,这种巨额的赔偿责任固然可以促使很多人勤于检修汽车,恐怕还可能让更多的人不敢买车、开车了。因为,它会让车主随时可能倾家荡产。

所以,法律所应当赋予人们的自由,也包括了一定范围内损害他人的自由。其中,不仅仅包括进行正当竞争行为这类被认为对社会有益的活动的自由,也包括轻率而为、鲁莽行事而给别人带来的诸多不便和损害的自由。

(四) 伦理观念的视角[①]

罗马法上的一个格言是:损失由所有权人承受(casum sentit dominus)。它体现了罗马法上的法律观念:损害原则上应被认为是一种不幸的命运,法律不应当试图改变这种不幸;只有当他人实施了不正当的行为时,才应当代替受害人来承担这种损失。[②] 欧洲当代多数国家所仍然秉

[①] 美国学者戈德雷基于交换正义原则提出了纯粹经济损失原则上不应获得赔偿的理论基础。不过,他的观点所涉及的纯粹经济损失类型似乎并不广泛,难以作为一般性的理由。戈德雷:《私法的基础:财产、侵权、合同和不当得利》,张家勇译,法律出版社2008年版,第462—469页。

[②] 马克西米利安·福克斯:《侵权行为法》,齐晓琨译,法律出版社2006年版,第2页。

持的基本观念是,纯粹经济损失原则上只能被视为一种坏运气。①

美国的霍姆斯大法官说:"The general principle of our law is that loss from accident must lie where it falls, and this principle is not affected by the fact that a human being is the instrument of misfortune。"他的意思是:法律上的基本原则是,遭受损害的人应当自己默默忍受,并且,如果你命该倒霉,即使命运借着他人之手让你发生损失,你就认命吧,别去责怪那个人。换句话说:发生损失后,原则上应当"怨天",而不可"尤人"。②

丹宁勋爵在一个因道路施工中挖断电缆导致钢铁厂停电而发生纯粹经济损失的案件中指出,电力中断可能因为各种原因而发生,纵有损失,一般人多认为此属应忍受之事;为了避免损害,或者自备发电设备,或者投保,或者明天加班努力,即可弥补,此为健康的态度,法律应当鼓励。③丹宁勋爵的观点也体现了这一观念。

一个问题是:即使认为侵权法上有必要限制损害赔偿责任的发生、不能"有损害就有救济",可是过错原则不就足够了吗?为什么要纯粹经济利益赋予低于绝对权的保护程度呢?为什么绝对权的侵害不被视为一种应当忍受的坏运气呢?

将纯粹经济损失视为坏运气,并非出于这些学者、法官的杜撰或者个人信念,而是有着真实的社会基础。比如本文开头所举的例子,当我们被偷、被抢100元钱或者被损坏了价值100元的衣物时,与我们因为交通堵塞而被扣100元奖金或者花了100元的打车费,我们感到愤怒的程度是否一致?我们是否觉得自己应当有权向罪魁祸首要求赔偿?关于前两种情况,恐怕毫无疑问。但是关于交通事故导致的后两种损害,尽管某种程度上不能不说是因为操作的困难(寻找肇事者、证明自己的损害,并几乎不可避免地会发生争议),但是不论如何,从结果上来说,很少有人认为自己应当去追究责任。换个角度来说,如果法律并没有赋予损害赔偿请求

---

① Nils Jansen, "The State of the Art of European Tort Law", in Bussani (ed.), *European Tort Law*, Staempfli Publishers Ltd. Berne, 2007, p. 20.
② 参见霍姆斯:《普通法》,冉昊、姚中秋译,中国政法大学出版社2006年版,第83、44页。
③ *Spartan Steel and Alloys Ltd. v. Martin & Co(Contractors) Ltd.* 〔1973〕1 QB 27. 中文介绍,王泽鉴:《挖断电缆的民事责任:经济上损失的赔偿》,载《民法学说与判例研究》(第七册),中国政法大学出版社1998年版,第89页。

权,受害人通常并不会认为有违正义。尽管他会痛骂肇事者,但只是会向朋友抱怨自己今天运气不好。

　　伦理观念的视角也许不能直接得出纯粹经济损失原则上不应当赔偿的结论,但是至少可以帮助我们看到,如果对于多数的纯粹经济损失不予赔偿,并不违反普遍的正义观念。

　　行文至此,我们可以回过头来再看看法国模式。法国法赋予了受害人如此广泛的救济,却并没有出现德奥英美等国所担心的诉讼洪流,法院没有被冲垮,一般民众和组织也没有掉进沉重责任的深渊。① 因此,比较法学者认为法国的经验似乎有悖常理,是一个待解之谜。② 不过,法国经验并没有证伪其他国家学者的观点,只不过提出了一个社会学上的有趣课题而已。③

　　法国法院曾经判决,造成交通事故导致交通堵塞,公共汽车因而无法正常行驶而使其运营者减少了收入时,应赔偿其损失。④ 交通堵塞造成了成千上万人的纯粹经济损失,依此原理,他们也都有权请求赔偿。假如他们都涌向法院,不知道法国法院是否还会如此判决。但是其他人没有起诉,并不能在任何意义上使得公交运营者的诉求变得更加正当。也许,法国人通常也是认为纯粹经济损失只是一种坏运气,因此选择忍受。也就是说,法国经验也许更加说明上述伦理观念的普遍性。⑤

　　所以,法国的独特经验没有说明法国模式的妥当性。绝大多数法国人对法律赋予的此种权利没有兴趣,而正是这种消极的"抵制"才使得法国法上没有出现洪水肆虐的"惨状"。法国人拥有"健康的态度",而法国

---

　　① 牛津大学的比较法教授 Bernard Rudden 说:"法国法似乎几乎完全置卡多佐的警告于不顾,却没有发生不利的结果。"See Bernard Rudden, "Torticles", 6 & 7 *Tulane Civil Law Forum* (1991/1992) 105, p.108.
　　② 毛罗·布萨尼、弗农·瓦伦丁·帕尔默主编:《欧洲法中的纯粹经济损失》,张小义、钟洪明译,法律出版社 2005 年版,第 95—97 页。
　　③ 可以研究的是,多数法国人是否真的抱有上述正义观? 法律赋予了人们以权利,为什么多数人并没有受到"引诱"而去提出诉求? 少数提起诉讼的人,具有什么特征? 多数人如何看待这些少数人? 等等。
　　④ 参见毛罗·布萨尼、弗农·瓦伦丁·帕尔默主编:《欧洲法中的纯粹经济损失》,张小义、钟洪明译,法律出版社 2005 年版,第 314 页。
　　⑤ 这是笔者的一个猜想,有待于社会学意义上的证实。另外一个可能的原因是,纯粹经济损失的证明不易,纠纷难免,所以请求赔偿的成本相对较高、胜诉几率相对较低。所以,多数人宁可不请求赔偿。同时,法国禁止律师进行风险代理(胜诉则收费、败诉则不收费,参见"风险代理、风险几何",载《法制日报》2003 年 6 月 25 日第 10 版),因此律师也不会主动挑唆诉讼。

法却不值得仿效。

（五）经济分析的视角

从经济学的角度看，纯粹经济利益和所有权等绝对权都是财富，并无特殊性。但是，运用经济学的一般原理来具体分析纯粹经济损失时，却可能出现不同的结论。

对纯粹经济损失问题的经济分析，要以外部性概念作为起点。所谓外部性（externalities），是指一个人的行为尽管使得他人发生损害却不必予以补偿，或者尽管使他人产生收益却无权收取报酬的现象，因此，此人在进行决策时便无须对于该行为给他人带来的损害或者收益予以考虑。这种行为给他人带来损害的情形，被称为负外部性（外部不经济）（negative externalities），给他人带来收益的情形，被称为正外部性（外部经济）（positive externalities）。存在外部性，意味着行为人的私人成本和社会的总体成本之间发生了分离，因此私人对特定行为的供给会多于或者少于最优的社会水平，因此可能需要加以规制。侵权法所处理的是负外部性的问题。

1. 纯粹经济损失的很多场合，并不存在负外部性，因此无须消除之，也就是说，不应予以赔偿。

一个行为如果导致他人发生损失，并不必然构成负外部性。因为，同一行为可能使得第三人发生收益。假如第三人发生的收益大于受害人的损失时，并没有发生社会损失，因此，要求行为人赔偿该损失（从而负担该成本）会抑制该行为，导致第三人收益不能发生，从而抑制这个原本可以在总体上增加社会财富的行为。

当加害行为侵害的是人身权和物权时，通常并无第三人因此而获益（或者其收益小于该损害），因此该行为导致了负外部性，法律上应当要求行为人赔偿该损失。但是，发生纯粹经济损失时常常不导致社会损失。比如，在一般的市场竞争之下，其他竞争者的损失（均表现为纯粹经济损失）通常小于该行为所带来的社会收益。所以，没有人会认为竞争的胜利者应当赔偿失败者的损失。

在计算一个行为是否导致社会损失时必须进行全面的考量。比如，污染企业的经营固然导致他人发生纯粹经济损失（比如周边的部分房地产价值的减少），但是也给他人带来收益，比如政府获得税收、当地居民获得就业机会、相关产业的发展甚至部分其他房地产的增值（比如用于相关产业的房产）等。这些收益完全可能超过受害人的损失，从而并不存在负外部性。但是这种计算极其困难，个案差别很大，所以，对于那些在平均水平上第三人收益大于受害人损失的纯粹经济损失类型，或者损益影响很难计算的类型，一个比较粗略的处理方法是无须赔偿。这是一个总体上最佳的选择，并且还能避免管理成本。

哪些情形的纯粹经济损失之下存在负外部性，并非没有争议。[①] 但从基本原则来看，没有负外部性时法律不应赋予任何救济，应无疑问。接下来的问题是，对于那些构成社会成本的纯粹经济损失，应当如何消除这种负外部性？

2. 有一些纯粹经济损失构成负外部性，并且可以用损害赔偿的方式来内化。这里不予详述。[②]

3. 即便存在负外部性，也并非都应当以损害赔偿的方式进行内化。

科斯指出，传统的观点是要求加害人对其引起的损害给予赔偿，但这种做法实际上"掩盖了不得不作出的选择的实质。人们一般将该问题视为甲给乙造成损害，因而所要决定的是：如何制止甲？但这是错误的。我们正在分析的问题具有相互性，即避免对乙的损害将会使甲遭受损害。必须决定的真正问题是：是允许甲损害乙，还是允许乙损害甲？"[③]用外部性概念来说就是：允许甲的行为产生负外部性，还是允许乙的行为产生负外部性。比如空气污染导致周边居民和企业的损失，如果要消除污染企业行为的外部性，比如要求其赔偿包括纯粹经济损失在内的所有损失，那就意味着，受影响的单位、个人享有不受污染的权利。而这种权利配置意

[①] 经济学家 Bishop、Rizzo、Harris 和 Veljanovski 关于电缆案型等案型上的纯粹经济损失是否构成社会成本的问题，存在不小的争议。参见邱琦：《纯粹经济上损失之研究》，台湾大学法律学研究所 2002 年博士论文，第 29 页以下。另可参见威廉·M. 兰德斯、理查德·A. 波斯纳：《侵权法的经济结构》，王强、杨媛译，北京大学出版社 2005 年版，第 272 页以下。

[②] 不过，即便存在负外部性，其数额与受害人的损失额并不必然相等，而经济学上要求按照社会损失额而非受害人的损失额来赔偿。参见毛罗·布萨尼、弗农·瓦伦丁·帕尔默主编：《欧洲法中的纯粹经济损失》，张小义、钟洪明译，法律出版社 2005 年版，第 58 页以下，特别是第 66 页以下。这更增加了法律规则设计上的困难。假如不能设计出更好的规则，那么按照受害人的损失额来赔偿就会要么"过"要么"不及"，从而产生错误的激励。参见汉斯—贝恩德·舍费尔、克劳斯·奥特：《民法的经济分析》（第 4 版），江清云、杜涛译，法律出版社 2009 年版，第 285 页以下。既然如此，有的时候还不如不赔偿来得简单，还可以避免管理成本。

[③] 罗纳德·哈里·科斯：《社会成本问题》，载科斯：《论生产的制度结构》，盛洪、陈郁译校，上海三联书店 1994 年版，第 142 页。

味着,这些单位、个人享用更清洁的空气和水的时候,并不需要向为此不得不关闭或者增加治理污染成本的生产企业支付任何费用。这也是一种负外部性。也就是说,并不是是否消除外部性的问题,而是消除哪个外部性、放任哪个外部性的问题。

按照科斯的观点,假如交易成本为零,那么将权利界定给哪一方都无所谓,因为双方会通过交易来达到资源的最佳配置。但是,由于交易成本为正,因此权利的初始配置就非常重要。那么,权利应当配置给谁呢?

卡拉布雷西在分析有关机动车事故的法律制度时认为,法律的首要功能是减少社会成本,具体而言,就是要减少事故本身的成本和避免事故的成本的总和,而后者又包括了采取预防措施的成本和为了减少事故而发生的管理成本。应当由那些能够以最低的成本避免事故的人来承受事故成本,从而激励其采取最效率的预防措施。[①] 将该理论运用于纯粹经济损失,制度的设计应当能够导致损害后果、预防成本以及管理成本的总和最小化。

比如,一条小河流经某个住宅小区,住户很享受河边漫步的生活。而后上游一个新建企业排出的污水其水质变差、景观价值降低,进而导致该小区房地产贬值。假如企业完全不采取净水措施,小区房产贬值的总为1亿元。假如企业应完全赔偿该损失(完全没有污染权),安装可完全净化水质的设备将耗资5000万元,但对该企业来说成本最低的做法是耗资2000万元安装普通的净水设备以消除90%的污染,并赔偿仍然会发生的房地产贬值1000万元。假如企业完全不必赔偿损失(企业拥有任意污染的权利),小区业主可以自行在小河流入小区的地方耗资5000万元安装净水设施以消除全部污染,但成本最低的做法是耗资1500万元(另一假设为3500万元)安装普通的净水设施,同时承受1000万元的房产贬值。也就是说,如果不考虑交易成本,那么企业没有污染权时的污染行为的社会成本是3000万元,企业有污染权时污染行为的社会成本是2500万元(另一假设是4500万元)。

这两种不同的权利配置,所意味的交易成本是不同的。由于小区业主人数众多,即使权利可以交易,双方通过谈判来达成交易的成本都高得

[①] 参见盖多·卡拉布雷西:《事故的成本:法律与经济的分析》,毕竟悦、陈敏、宋小维译,北京大学出版社2008年版,第113页以下。

惊人。特别需要指出的是,由污染企业进行赔偿,会导致额外的管理成本(administrative cost)。将权利界定小区业主,所导致的管理成本必须不高于其试图避免的社会成本,这样才是"划算"的。否则就会"得不偿失",反不如放任这个负外部性的发生。

将权利界定给加害人(无责任)时,不会产生管理成本,这个时候的总社会成本就是受害人的损失。而任何损害赔偿制度都会带来额外的管理成本。而在多数的纯粹经济损失情形下,它会引发比侵害绝对权的赔偿问题高得多的管理成本。损害赔偿制度需要由受害人向加害人提出主张,双方很可能有争议,常常要通过民事诉讼来解决。有些纯粹经济损失类型涉及大量的受害人,比如交通堵塞引起的各种损害。尽管普通的产品责任等类型的侵权行为也有大量受害人,但是相比之下这里更加复杂的是,是否发生损害以及损害的范围在举证上更加困难。从下文所列的纯粹经济损失类型可以看出,很多情况下损失的形态是订约机会减少。比如某人因堵车而误了飞机,他是否真的因此而没有谈成生意、进而发生的损害到底有多大,其不确定性相当高,在证明上非常困难。污染环境所导致的各种纯粹经济损失,情形可能更加复杂。这就增加了争议的几率和诉讼的难度,相应的社会成本将会非常大。这种不确定性还可能诱使潜在的受害人"漫天要价"甚至无中生有。[①] 所以,在相当多的纯粹经济损失情形下,考虑到损害赔偿机制可能导致的高昂的管理成本,不赔偿反而是更有效率的制度安排。

在上例中,房地产市场波动很大,原因各异,并且以复杂的方式相互作用。关于污染到底造成了多少贬值双方难免会有争议,并很可能进入诉讼。即便小区业主的成本是4500万元,高于企业的成本3000万元,但是损害赔偿制度所带来的管理成本可能远高于1500万元。这样,反不如规定不予赔偿。当然,假如小区业主的成本只有2500万元,那么即便不考虑管理成本也不应当要求污染企业赔偿。所以,假如法律在必须将权利全部配置给污染企业或者小区业主之间进行选择,那么考虑到管理成

[①] 丹宁勋爵提出,因为意外事故所发生的纯粹经济损失,真实者固然有之,但也难免伪造、夸张,不易查证。与其让主张损害赔偿者受此引诱、被告造此劳累,倒不如一概否定其请求赔偿的权利。参见王泽鉴,见王泽鉴:《挖断电缆的民事责任:经济上损失的赔偿》,载《民法学说与判例研究》(第七册),中国政法大学出版社1998年版,第90页。

本,配置给污染企业是社会成本更低的制度安排。①

当然,法律还有其他可能的选择。

4. 在存在负外部性时,有时政府干预是比民事损害赔偿责任更好的机制。

以上面的水污染事件为例,假如政府能够以较低的成本估算不同的权利界定的福利影响,那么法律可以在最有效率的污染水平上授予企业以污染权。比如,当污染企业采取预防措施的社会成本更低时,直接赋予企业在10%限度内的污染权,从而激励其安装2000万元的净水设备,并由小区业主承受仍然存在的1000万元贬值。这样所达到的总社会成本可以更低于上面的方案。② 实际上,环境保护法规关于排污标准的设置,就大体达到了这一效果。当然,要让这一标准有效率并不容易,涉及政府方面的成本。

不过,这一方案进而可能意味着,小区业主有90%限度内不受污染的权利,因而假如企业的污染程度超过10%,仍应赔偿小区业主的损失。但这仍然可能带来高额的管理成本。

也许,仍然有必要否定这一赔偿责任,而采取其他更优的措施,也就是政府的直接干预。比如,在企业超标排污时,由政府对污染企业进行罚款或者责令改正。这样,既可以形成有效的激励,而相对于损害赔偿的方法来说,政府的处罚机制的效率通常高得多,因此管理成本较低。

那些因公共市场、运输通道或者公用设施的关闭而发生的纯粹经济损失(参见下文介绍),大多适合用这种方法来解决。比如,交通肇事引发交通堵塞时,法律可以规定政府应当对肇事者课以行政责任(罚款等)甚至刑事责任,罚款的数额应当与其肇事的情节具有一定的相关性。又比如,甲因过失撞毁乙所有的桥梁,导致基于合同关系或者其他原因而利用该桥梁的第三人发生损失。由于这种第三人数量众多,损失程度高度不确定,从管理成本考虑应当否定甲对第三人的赔偿责任,但是在甲对乙的赔偿责任之外,法律上可以规定甲的行政或者刑事责任。

以上经济分析,只是一个非常粗略的说明。有关的经济分析在国内

---

① 此外还应注意,谁能够以更小的成本避免损害在不同的案型下有很大差异,甚至在同一案型下也会不断变化。比如,企业可安装的净水设施的成本可能因为技术发展而不断降低,或者因为某种原因(比如制造该设备的原料涨价而导致设备涨价)而提高。这更增加了规则设计的难度。假如不能很有把握地认为加害人避免损害发生的成本总体上明显低于受害人,就应倾向于认为无须赔偿,以节约管理成本。

② 参见约瑟夫·费尔德:《科斯定理1-2-3》,载《经济社会体制比较》2002年第5期。

基本没有展开①,国外文献也很有限,而且线条比较粗疏。所以这里仅仅是聊备一格,以供参考。

六、一般侵权行为条款的立法选择

(一) 概述

如前所言,没有哪个国家对于纯粹经济损失一概予以赔偿,也没有哪个国家完全不予赔偿。冯·巴尔教授说:任何一个法律制度都需要一个过滤器,将可赔偿的损害与不可赔偿的损害区别开来,差别在于,法律是愿意满足于只向法院提供一个相对模糊的工具(如因果关系),并且相信司法部门能够借此工具合理地权衡当事人之间的利益冲突,还是希望提供一个更加精确的标准。②

显然,法国和德国分别采用的是上述第一种和第二种方法。初看起来,这两者也许可以"殊途同归",但是就两国而言,实际处理结果存在着巨大的鸿沟。③ 这是因为,两者的差别不仅仅在于限制工具的精确性,而且在于根本政策:到底是原则上赔偿,还是原则上不赔偿。而这些,都主要体现在一般侵权行为条款上。

我国的侵权行为法起草工作已经进行了数年,无论是几个已经发表的专家建议稿,还是全国人大法制工作委员会的草案,都大体遵循了大陆法系民法典中关于侵权行为的规定模式,设有一般侵权行为条款。④

---

① 王成博士在国内最为全面地对侵权法进行了经济分析,值得参考。王成:《侵权损害赔偿的经济分析》,中国人民大学出版社 2002 年版。不过其中没有直接涉及纯粹经济损失问题。

② 克雷斯蒂安·冯·巴尔:《欧洲比较侵权行为法》(下卷),焦美华译,法律出版社 2004 年版,第 33 页。

③ 在欧洲学者研究的 20 个典型的纯粹经济损失案例中,法国法在其中 19 个案例之下赔偿损失,而德国只有 11 个。参见布萨尼等,毛罗·布萨尼、弗农·瓦伦丁·帕尔默主编:《欧洲法中的纯粹经济损失》,张小义、钟洪明译,法律出版社 2005 年版,第 121 页以下。

④ 一个目前十分流行的概念,就是"侵权行为法一般条款"或者"侵权行为一般条款"。它似乎源于张新宝教授(张新宝:《侵权行为法的一般条款》,载《法学研究》2001 年第 4 期,并参见张新宝:《侵权立法模式:全面的一般条款+全面列举》,载《法学家》2003 年第 4 期),而后迅速传播开来。部分学者即便不完全赞成张新宝教授观点的学者,也普遍接受这个概念。笔者不赞同这一称谓,不认为一种"作为一切侵权责任请求权之基础的法律规范"有任何技术上的可行性,并且,这种"一般条款"在比较法上从来没有存在过。限于篇幅,笔者将另文讨论。笔者这里将传统上规定一般侵权行为的法律条文,称为一般侵权行为条款。关于张新宝教授主张的"一般条款"模式的一个批评,参见郭明瑞:《侵权立法若干问题的思考》,载《中国法学》2008 年第 4 期。笔者大体同意郭明瑞教授就此问题的见解。

但是，我国学者关于纯粹经济损失的理论观点，与其关于一般侵权行为条款之间的关系问题，却颇值玩味。如前所述，学者普遍认为现行《民法通则》第 106 条第 2 款中的"财产"的含义及于纯粹经济利益，以此推论，由于该规定没有将其保护程度与绝对权区分开来，从字面来看，它就变成了法国模式的条款，可是我国学者又普遍认为纯粹经济损失原则上应不予赔偿，其实质类似德国法。据此推论，我国学者应当对该款规定持批评态度才符合逻辑。因为德国学说在采纳"原则不赔"的实质观点后，一直对法国模式非常不以为然，进而独创了可以体现该观念的德国模式。与此大相径庭并形成强烈对比的是，我国学者对《民法通则》第 106 条第 2 款几乎毫无微词，反而颇多肯定。进而，在提出关于一般侵权行为条款的建议时，却又常常认为德国模式过分狭窄，进而主张法国模式。①

实际上，学者在参与侵权责任法的起草或者研究时，虽然都极其重视一般侵权行为条款应如何草拟，却将纯粹经济损失问题当作与此关系不大的另一个问题。每当从立法论角度讨论一般侵权行为条款的时候，几乎从不探讨它与纯粹经济损失之间的关系。②

---

① 王利明教授认为，法国模式更有助于受害人的救济，因为它没有对受保护的利益类型进行限制，而德国则比较受到限制。参见王利明：《我国侵权责任法的体系建构》，载《中国法学》2008 年第 4 期。张新宝教授在其负责起草的一般侵权行为条款中，也明确抛弃德国模式、采用法国模式。参见中国民法典立法研究课题组：《中国民法典草案建议稿附理由·侵权行为编·继承编》，法律出版社 2004 年版，第 3—4 页。梁慧星教授在评价《侵权责任法》第二次审议稿第二条（"侵害民事权益，应当承担侵权责任"）时指出，两大法系的侵权法，均着重保护绝对权，侵害债权，不发生侵权责任，所谓第三人侵害合同属于例外规则，而该案将一切民事权利和民事利益，均纳入侵权法保护范围，将导致混乱，因而建议删除该条。这一表述具有明显的德国色彩。但是，他对第 7 条的内容未表示不同意见，似乎并不反对这一法国模式的条款。参见梁慧星：《对侵权责任法草案（第二次审议稿）的修改意见》，载中国法学网〈http://www.iolaw.org.cn/2009/showarticle.asp?id=2403〉，2009 年 6 月 5 日访问。

不过，王利明教授的观点最近似乎有所变化，倾向于按照《德国民法典》第 823 条第 1 款和 826 条的模式分两款规定一般侵权行为。参见王利明：《侵权法一般条款的保护范围》，载《法学家》2009 年第 3 期。

② 比如杨立新教授所主张的一般侵权行为条款看起来与德国法有类似之处，但是他在论证该条款时并不提及纯粹经济损失；在说明其关于纯粹经济损失的立法建议时，也不提及它与一般条款的关系；在列举侵权责任法中最重要的问题时，也并不将纯粹经济损失列入其中。参见杨立新：《中华人民共和国侵权责任法草案建议稿及说明》，法律出版社 2007 年版，第 47—48、163—164、339—381 页。王利明教授在对《侵权责任法》第二次审议稿提出建议时，虽然明确提及债权原则上不属于侵权法的保护范围（结合他的其他论著，可以更宽泛地理解为纯粹经济利益原则上不属于侵权法的保护范围），但是他同时又肯定了《民法通则》第 106 条第 2 款的模式。参见王利明：《侵权责任法草案（二次审议稿）若干重大疑难问题》，载中国民商法律网〈http://www.civillaw.com.cn/qqf/weizhang.asp?id=44860〉，2009 年 6 月 19 日访问；王利明：《论侵权责任法中一般条款和类型化的关系》，载《法学杂志》2009 年第 3 期。

所以,在上文从法律政策上研究了纯粹经济损失应否得到赔偿之后,这里必须对于这一问题与一般侵权行为条款之间的关系,作进一步的说明。

(二) 一般侵权行为条款与纯粹经济损失的关系

出现上述现象的主要原因①,可能是很多学者对于纯粹经济损失与一般侵权行为条款之间的关系问题存在认识上的误区。

比如,张新宝教授基于对有关的法律政策的分析,认为纯粹经济损失应当"以不赔偿为原则、以赔偿为例外"。② 但是,具体到立法模式,他又认为德国关于一般侵权行为的规定保护范围狭窄,而法国模式的一般侵权行为条款的"最大优点"在于其包容性,可以避免像德国法院那样创设"营业权""一般人格权"等复杂制度,并可以适用一个统一的检验标准(要件体系)。③ 所以,他主张一个法国模式的一般侵权行为条款,但是"为了从立法的角度给予法官更多的指示",应当在此基础上对"可救济的损害"进行列举,其中包括纯粹经济损失类型。④ 由于对纯粹经济损失只是例外时才能获得赔偿,因此这种列举性规定是"类型化的例外规定",其中最为重要者为第三人侵害债权和虚假陈述的赔偿责任。⑤ 为什么需要用这种方式来规定呢?他似乎认为,只有一般侵权行为条款的保护范围包括

---

① 另外一个主要的原因可能是,我国学者的务实精神似乎有所不足。我国学者提出的立法建议,大体上是建立在比较各国法条的基础上,非常"理论",而对于不同立例以及所建议的法条应如何被适用、处理典型案例时会得出何种结果,探讨很少。这样,对于不同立法模式到底有何种差别,特别是在处理纯粹经济损失问题时有何种差别,认识就可能很不够。其实,我国自己的案例已经不少,比较法上也有很好的资料。比如,在布萨尼等学者关于欧洲法上有关问题的研究中,提供了二十个典型的案例以及各国法律的处理过程与结论,这为我们研究中国法提供了绝好的素材和学术榜样。参见布萨尼等,见毛罗·布萨尼、弗农·瓦伦丁·帕尔默主编:《欧洲法中的纯粹经济损失》,张小义、钟洪明译,法律出版社 2005 年版,第 121 页以下。可惜我国学者很少利用这些案例。

② 张新宝、李倩:《纯粹经济损失赔偿规则:理论、实践及立法选择》,载《法学论坛》2009 年第 1 期。

③ 张新宝:《侵权行为法的一般条款》,载《法学研究》2001 年第 4 期。在该文中,作者将"纯粹经济利益"也列为德国法院创造的不必要制度之一。似乎张新宝教授在当时认为纯粹经济利益原则上应与绝对权同等保护,后来才改变了观点。

④ 张新宝:《侵权责任法的法典化程度研究》,载《中国法学》2006 年第 2 期。

⑤ 同上注。

纯粹经济利益,关于保护纯粹经济利益的具体立法才有了根据。①

笔者不赞同上述见解。

关于纯粹经济利益的保护,首先,无过失所致的纯粹经济损失不应赔偿,这一点应无争议。关于过失所致纯粹经济损失,如果主张"原则"赔偿、"例外"不赔,就应当一般性地规定赔偿责任(像法国法那样),然后就不应赔偿的情形,另行制定法条,其性质为限制性法条。② 如果法律中应有而没有限制性法条,则应以"目的性限缩"的方式来补充法律漏洞。相反,如果主张"原则"不赔、"例外"赔偿,就应当一般性地规定过失所致纯粹经济损失不予赔偿,进而就应当赔偿的情形一一进行例外规定,以排除一般规定的适用。在例外性规定之外,则不应赔偿。但是,在立法技术上,关于不赔偿的一般规定并无实际意义③,所以,应当直接规定那些应当赔偿的情形,分别作为独立的请求权基础。

所以,假如一般侵权行为条款采用法国模式,从其文义来看,过失所致纯粹经济损失可以获得赔偿④,那就没有必要再规定那么哪个具体类型应受保护,没有必要对可赔偿的纯粹经济损失进行类型化,因为这是"例内",而非"例外"。如果非要规定,其性质也是说明性法条或注意规定而已,其必要性的程度不可同日而语。相反,真正必要的特别立法反而是如何将不该受到保护的纯粹经济利益排除出去(限制性法条)。

关于纯粹经济损失与一般侵权行为条款之间的关系,奥地利法提供

---

① 张新宝教授、张小义博士认为,"我国《民法通则》第106条第2款规定并无排除纯粹经济损失之本意。也正因为此,在我国的相关法律、行政法规、司法解释有关规定里,出现了其实质内容为纯粹经济损失之损害赔偿。"进而列举了《证券法》第69、173条等规定。张新宝、张小义:《论纯粹经济损失的几个基本问题》,载《法学杂志》2007年第4期。"正因为此"的表述,似乎显示其认为,《民法通则》第106条第2款保护纯粹经济利益,是特别法中关于纯粹经济损失赔偿的具体规定的前提,后者必须要基于前者才能够成立。

② 参见黄茂荣:《法学方法与现代民法》(第5版),法律出版社2007年版,第162、168—171页。

③ 按照我国通行的法律关系理论,民法规定的是一定的民事法律关系的发生、变更、消灭。参见魏振瀛主编:《民法》(第3版),北京大学出版社、高等教育出版社2007年版,第32页以下。所以,对于那些"法外空间",民法通常保持沉默,不去明确规定法律关系的"不发生"。这是一种"有意义的沉默",须依反面解释的方式决定其意义。当然,民法上保持沉默的情形并不必然属于法外空间,发现有漏洞时应进行漏洞补充。参见黄茂荣:《法学方法与现代民法》(第5版),法律出版社2007年版,第421—425页;梁慧星:《民法解释学》,中国政法大学出版社1995年版,第250页以下。不过,由于社会生活如此纷繁复杂,立法者对于法外空间不得不通常采取沉默方式,并期待法官妥善地进行解释。

④ 法国模式下的因果关系上的限制,并非对利益或者损害类型的限制。

了一个非常有力的说明。如前所述,《奥地利民法典》第1295条第1款从字面来看类似《法国民法典》第1382条。可是,在奥地利接受了德国法的观点后,就通过对不法性概念的界定,将一般的纯粹经济利益排除出了第1295条第1款的保护范围,进而再通过其他规则(包括判例学说发展的规则)来具体保护特定类型的纯粹经济利益。① 奥地利法清楚地说明,只有一般侵权行为条款不保护纯粹经济利益,才能实现原则不赔的法律政策。

当然,张新宝教授的意思似乎是要将立法机关认为可救济的纯粹经济损失进行穷尽式的列举,此外的纯粹经济损失都不能获得救济。果真如此的话,的确可以消除对未经列举的一般纯粹经济利益救济的可能性,实现了"以不赔偿为原则"。可是,这又反过来直接否定了一般侵权行为条款将纯粹经济利益纳入保护范围的必要性,因为这种条款,不能为法律明文列举之外的任何纯粹经济损失提供救济(不具有"兜底"性),又有何实际意义? 从技术上说,将这些具体类型的保护性规定直接作为请求权基础岂不更加简明? 更加重要的是,这种保护程度又失之于过窄,比德国模式还狭窄得多,因为《德国民法典》第826条上故意违反善良风俗的侵权行为,就无须考虑纯粹经济损失的具体类型;《德国民法典》第823条第2款所保护的纯粹经济利益的范围,取决于其他法律的规定(这些法律可能会不断地被制定出来)。②

所以,法国模式和德国模式的根本差别在于纯粹经济损失原则上是否应当赔偿,而这种差别,就是通过一般侵权行为条款来体现的。要想在法国模式的一般侵权行为条款之下实现原则不赔、例外赔偿,在立法技术上是不可行的。

(三)《民法通则》第106条第2款的启示

有学者可能会认为,现行《民法通则》第106条第2款中的"财产",被

---

① See Posch, *European Tort Law*, Staempfli Publishers Ltd. Berne, 2007, pp. 299—301;毛罗·布萨尼、弗农·瓦伦丁·帕尔默主编:《欧洲法中的纯粹经济损失》,张小义、钟洪明译,法律出版社2005年版,第113—114页。

② 张新宝教授认为,法国模式的"一般条款"的优点在于"高度概括性和高度可扩张性。"张新宝:《侵权行为法立法体系研究》,载中国民商法律网,http://www.civillaw.com.cn/qqf/weizhang.asp? id=11148,2009年6月19日访问。笔者认为,高度概括固然不错(但是一种没有实际意义的概括),但"可扩张性"则不存在。《德国民法典》可以通过第826条和第823条第2款来扩张,但此种立法模式则连这种可扩张性都失去了,遑论其他?

普遍理解为没有排斥纯粹经济利益，也就是说，纯粹经济损失的赔偿是以该款规定为请求权基础的；另一方面，如同上面所分析的，司法实践中已经大体形成了"原则不赔、例外赔偿"的原则。这能否表明，"原则不赔"的立场与法国模式的一般侵权行为条款可以兼容？

如前所述，法国模式的特点是一般性的认可过失侵害纯粹经济利益构成侵权，进而利用因果关系、过错等概念来限制赔偿。我国现行法是否属于法国模式，一眼看去就会引人质疑的是，中国法院在限制其赔偿时，为什么没有使用因果关系这些概念？

其实，中国法院并没有将《民法通则》第106条第2款按照法国模式来理解。从最高人民法院到地方各级法院，从来没有在一般意义上明确认为该款中的"财产"包括所有的财产利益并且应和绝对权同等保护。在认为应赔偿时，不过是针对特定类型的纯粹经济损失，而且常常显得犹疑不定。① 《法国民法典》第1382条被首先解释为过失所致的一切损害（包括纯粹经济损失）都应赔偿，这才导致不得不进而通过因果关系等概念来排除赔偿。所以中国法院在决定不予赔偿时自然并不需要通过因果关系概念。

当然，在法院认为特定类型应予赔偿时，通常直接宣布保护，并不阐述理由，好像本该如此、无须多言；在认为不应保护时，就直接依照其关于纯粹经济损失问题的认识来判决，而不是有逻辑地分析该款规定的构成要件有哪些、本案欠缺其中的何种要件，感觉上好像《民法通则》第106条第2款授予了法院以自由裁量权一样。② 这固然体现了中国法院的法律解释和适用水平有待提高，但至少清楚地说明中国现行法模式的实质并

---

① 比如，在莒县酒厂案等较早的案例中，法院不认为本款是赔偿的依据。上文述及，山东高级人民法院就会计师事务所为企业出具虚假验资证明应如何承担责任问题向最高人民法院的请示中介绍，对于《注册会计师法》颁布前虚假验资的责任问题，一种意见认为当时法律没有规定赔偿责任，所以不应赔偿，另一种意见认为，依据《民法通则》规定的诚实信用原则，虚假验资的会计师事务所应当承担赔偿责任。可见，即便是认可的观点，也没有当然地认为《民法通则》第106条第2款中的"财产"含义包括纯粹经济利益，因此逻辑上自然应该赔偿。我们可以想象一下法国法院遇到此类案件的法律适用过程。

② 在本文介绍的范围内，重庆电缆案的法官似乎是按照德国模式来解释该款规定；德正会计师事务所案的法官认为"不宜否认"该款保护范围包括债权，进而认为侵害债权应具备何种特殊要件。这些法院对有关理论的了解以及政策态度值得赞赏，但是对于法律适用的逻辑过程（主要是请求权基础的方法），还欠缺很好的掌握。有关法律适用的方法，参见王泽鉴：《法律思维与民法实例》，中国政法大学出版社2002年版。

非法国模式。

也就是说,尽管中国的司法实践中对于纯粹经济损失的赔偿持谨慎态度,甚至可以认为其已经实现了原则不赔、例外赔偿,但是这一结果也并非有逻辑地解释和适用一个法国模式的一般侵权行为条款的结果,相反,却是在明显背离它的文义。

《民法通则》第 106 条第 2 款的实践和学说提供了什么启示? 第一个启示是,"财产"或者"财产利益"的范围实在太广,它让法院在解释和适用时产生巨大的困难。第二个启示是,从文义来看它是一个法国模式的一般侵权行为条款,但是这是误导性的,应当引以为戒。

在新的立法中,立法机关应当清楚而全面地设想出司法上处理纯粹经济损失问题的理想模式,然后规定一个条文,让人根据其文义就可以清楚地理解应如何解释和适用它。一个法国模式的一般侵权行为条款,不可能让人基于其文义就得出原则不赔、例外赔偿的结论,而是相反。其至,即便立法机关还没有想清楚,只是想延续目前的这种实务模式,那也不能再沿用《民法通则》第 106 条第 2 款①,因为在它们之间是严重背离的。不要让一般侵权行为条款继续误导法院和公众了!

(四) 加法模式还是减法模式:进一步的探讨

意大利的萨科教授有一个形象的比喻。他说,德国和法国采用了两种不同的逻辑模式。德国是加法模式:在逻辑起点上,只承认对权利的侵害构成侵权行为,此外应受保护的利益,再根据其他规定一一加入可赔偿的行列;而法国是减法模式:在逻辑起点上,任何损害均可以获得赔偿,但是有某种抗辩事由的,则被排除出可赔偿之列。②

德国的加法模式上,在保护绝对权的第 823 条之外,通过第 823 条第 2 款、826 条确立了两条保护纯粹经济利益的一般通道,但明确将过失侵

---

① 全国人大法工委草拟的《侵权责任法》第二次审议稿第 7 条第 1 款规定:"因过错侵害他人人身、财产,造成损害的,应当承担侵权责任。"它清楚地继承了《民法通则》第 106 条第 2 款的"遗产"。

② See Rodolfo Sacco, "Legal Formants: A Dynamic Approach to Comparative Law (II)", 39 *American Journal of Comparative Law* 343, 365—366 (1991). 萨科教授说,在具体适用上,两国法院会得出类似的结果。从布萨尼等人的研究来看(毛罗·布萨尼、弗农·瓦伦丁·帕尔默主编:《欧洲法中的纯粹经济损失》,张小义、钟洪明译,法律出版社 2005 年版,第 121 页以下),萨科教授的结论不太准确。

害其他法律未保护的纯粹经济利益排除在外,然后,在特别立法、学说、判例上发现应受保护的纯粹经济利益时,再——承认之(不论将其"隶属"于侵权法还是合同法)。也就是说,"成熟一个、承认一个"。加法模式体现了一种更加慎重的态度,使法律更加稳定和可预见。

相比之下,减法模式在立法技术上要困难得多。

法国的实践说明,在处理结果上,大量在政策上不宜保护的纯粹经济利益未能被法国法院所排除。在处理过程上,法国学者自己也批评说,法官使用因果关系等工具时,并不公开说明这是否出于适度控制纯粹经济损失之赔偿的政策考量,其最高法院也不确立清楚的规则;这种立场"导致了相当的混乱",因为因果关系概念是一个可以主观性很强的弹性工具,与那些公开面对纯粹经济损失问题并因而可以使用更精确工具的国家相比,在法国法上处理此类案件的结果的可预见性就比较差。① 并且,上文介绍法国法时提及,还会出现不可避免的武断。

纯粹经济损失的样态千差万别,如果希望用因果关系等抽象概念来区分应否赔偿,恐怕难以避免法国法上的这些严重问题。如果想在立法层面上获得更高的确定性,那么除了制定一些关于可赔偿的纯粹经济损失的规定外(性质为说明性法条)②,更重要的是,立法者应当将明确认为无须赔偿的纯粹经济损失的类型列举出来,以排除侵权责任。由于不应赔偿的类型要远远多于可赔偿的类型,所以,减法模式下的立法任务反而要艰巨得多。当然,立法机关也可以偷个懒,把做减法的任务全盘交给法院完成。法国民法似乎就是这样做的。但是法国的法院似乎也没有把这个工作做好,因为这原本就是一个 mission impossible。那么,中国的立法机关会不会愿意做减法式立法?至少到现在为止,它们没有体现出这个意愿。

《德国民法典》制定时之所以抛弃法国模式,除了从政策分析角度质疑法国模式外,更从法院司法过程考虑,认为法国式的概括条款隐藏了法律解释适用的困难,广泛授权于法官,不合乎当时德国人对司法功能的认

---

① 参见毛罗·布萨尼、弗农·瓦伦丁·帕尔默主编:《欧洲法中的纯粹经济损失》,张小义、钟洪明译,法律出版社2005年版,第340—341页。

② 制定此类条文的目的是避免法院在解释法律时出现立法机关不愿见到的"错误",减少不确定性。从逻辑上说,此类条文不制定当然也没有关系,因为所有的利益已经"一揽子"的被纳入保护范围了。

知;其立法理由书并特别指出,如果没有较为明确的规则,德国法院必将制造出在法国法院实务上可见的矛盾和零乱。① 比较而言,在中国的政治、宪政、司法和文化的传统与现实条件下,中国法院的社会威望、一般民众对司法职能的认知,恐怕与法国模式更不能兼容。

可见,不论是立法技术还是司法过程,显然加法好做,减法难做。法国模式导致法院的权力更大(不确定性更高)、工作量更大、工作难度更高,而工作结果却更差。当然,在德国、法国之外,还存在某种中间道路,但是同样不值得中国人去走。这一问题下文将简要说明。

所以,我们不仅在价值判断上应认同德国模式,而且,由于该模式在技术上的优点,我国侵权立法上的一般侵权行为条款也应当仿效之。②

(五) 一般侵权行为条款的具体设计

下述内容仅就纯粹经济损失问题的角度来说明一般侵权行为条款的设计。至于这一条款中是否以及如何规定不作为何时构成侵权以及交往安全义务问题③,本文不涉及。

1. 因过错不法侵害绝对权的,应赔偿损失。

《德国民法典》第 823 条第 1 款应当在实质上得到完全仿效,从而对绝对权进行最为周到的保护。④ 也就是,凡因过错不法侵害绝对权的,应当承担侵权责任。

相关的问题是,在产品责任、饲养动物致人损害的责任等无过错责任情形下,其保护的利益也应当仅限于绝对权的侵害。因为,无过错责任的设计目的,仅仅是不再以过错为要件,从而给受害人更多的救济机会,而

---

① 王泽鉴:《侵权行为法》(第一册),中国政法大学出版社 2001 年版,第 45 页。
② 张谷教授和周友军博士所持的观点与本文大体相同。参见张谷:《作为救济法的侵权法,也是自由保障法》,载《暨南学报》(哲社版)2009 年第 2 期;周友军:《论过错侵权的一般条款》,载《法学》2007 年第 1 期。
③ 就此问题,可参见周友军,同上注;李昊:《交易安全义务论》,北京大学出版社 2008 年版。
④ 就该种侵权行为的构成而言,绝对权的范围非常广。有关德国法上的绝对权"清单",参见李昊:《交易安全义务论》,北京大学出版社 2008 年版,第 23—24 页;王泽鉴:《侵权行为法》(第一册),中国政法大学出版社 2001 年版,第 103—182 页。

非扩大其应受保护的利益范围。① 关于这个问题,我国部分法院的观点值得警惕。②

2. 因过错违反保护他人的法律而发生的损害,包括纯粹经济损失,应当赔偿。

因故意或过失违反以保护他人为目的的法律而致人损害的,应当承担侵权责任。像德国法、英美法一样,该法律的目的必须是"保护他人",并且,受害人必须属于"他人"的范围。

需要注意的是,像德国法一样,本条款的性质应是一个"转介"条款。其他法律已经明定了违反其规定的损害赔偿责任时(比如上文所列的我国立法),无须援引这一条款。③

3. 对其他纯粹经济损失的一般性保护方式

如果导致纯粹经济损失的行为既没有违反保护他人的法律,也不满足特别法上独立的侵权损害赔偿请求权构成要件,应当如何处理,这是纯

---

① 在英美法上,严格责任的各种侵权行为,如饲养动物致人损害之责任、逃逸物致人损害之责任,法律均不对纯粹经济损失提供救济。参见 Deakin, Johnston & Markesinis, Angus Johnston and Basil Markesinis: *Markesinis and Deakin's Tort Law*, 5th, Clarendon Press, 2003,第85页以下、第215页以下、第358页以下、第501页以下、第532页以下。有关历史,参见戈德雷:《私法的基础:财产、侵权、合同和不当得利》,张家勇译,法律出版社2008年版,第450—462页。在奥地利法上也是如此。See Posch, supra note 47, p.310. 比较法上的一个罕见的例外,参见上文关于德国《水务法》第22条的介绍。

② 参见"包头市供水总公司诉内蒙古塞外星华章纸业股份有限公司等环境污染损害赔偿纠纷案",北大法律信息网,http://vip.chinalawinfo.com/Case/Result.asp? SFlag=11,2009年6月3日访问。笔者并不排除在严格限定的条件下赔偿环境污染所导致的纯粹经济损失的可能性,但是在解释论上必须极其谨慎。本案法院并未设置任何限制条件,显然并未意识到责任可能过广的问题。

③ 参见苏永钦:《再论一般侵权行为的类型》,载苏永钦:《走入新世纪的私法自治》,中国政法大学出版社2002年版,第312—314页。王利明教授最新的观点主张借鉴德国模式第823条第1款和826条来确立中国的一般侵权行为,但又认为,立法上对于已基本确定的侵权类型,可明确规定,而不必确立"违反保护他人法律"的一般规范。参见王利明:《侵权法一般条款的保护范围》,载《法学家》2009年第3期。对此笔者不能苟同。的确,如果立法机关在制定一个法律时已经注意到违反特定法条的赔偿责任问题,可直接规定该责任并使其构成独立的请求权基础。但是,要求立法者在制定任何一个法律(特别是公法规定)时,都必须同时思考一旦有人违反是否必须承担损害赔偿责任,并且无遗漏地加以规定,这实在过分苛刻了,会过分增加立法者的负担。从比较法来看,各国几乎无不承认违反保护他人的法律是一种独立的侵权责任发生原因。笔者以为,我们对中国的立法者既不更加勤勉,也不更加高明。

粹经济损失问题上最为困难的一部分。①

《德国民法典》第 826 条的规定中"善良风俗"的性质是法学方法论上的所谓"一般条款",其性质是一种"授权补充的漏洞"、一种"法内漏洞"。立法者规定的"善良风俗"概念,并没有被赋予具体的含义,而是立法者明确承认自己的能力不足以将现在和将来所有应发生侵权责任的情形无遗漏地列举出来,并且明确授权法院来补充该漏洞。②

当然,《德国民法典》在对法院进行该授权时并非毫无限制。"善良风俗"固然属于一般条款,"连可能的文义也不可得,而只是一个价值取向的指令",但是"故意"概念则有比较明确的内涵和外延,应属狭义的法律概念。这样,《德国民法典》就限定了法院的以价值补充的方法填补这个法内漏洞的权限:只有当加害人主观故意时,才可以进一步对善良风俗的含义进行补充。③

---

① 王利明教授在讨论绝对权之外受到一般侵权行为条款保护的合法利益时,将其列为四类:(1) 死者人格利益;(2) 纯经济损失;(3) 占有;(4) 其他合法利益,例如股权、信托权、成员权等权利。并认为,就这些利益,只有在故意并且违反善良风俗侵害它们时,才应承担责任。参见王利明:《侵权法一般条款的保护范围》,载《法学家》2009 年第 3 期。首先,笔者不能赞同这种分类。前文在讨论纯粹经济损失的含义时,笔者将财产利益区分为了绝对权和纯粹经济利益。占有是一种财产利益,所以要么将其视为绝对权,否则就应属于纯粹经济利益(但是物权法保护占有的规定可以构成以保护占有人为目的的法律),不可能是独立的一类。参见王泽鉴:《侵害占有之侵权责任与损害赔偿》,载《民法学说与判例研究》(第三册),中国政法大学出版社 1998 年版,第 241 页以下。至于"其他合法利益"名下所列的股权、成员权,德国、台湾地区学说视其为权利的一种,但是对基于该权利的"获利能力"和"企业自身",则仅视为纯粹经济利益。参见李昊:《交易安全义务论》,北京大学出版社 2008 年版,第 23 页;王泽鉴:《侵权行为法》(第一册),中国政法大学出版社 2001 年版,第 172—173 页。"信托权"也不例外。所以,王教授在这里的区分不尽合理,而且由于误将占有、股权等置于权利概念之外,根据其观点,只有故意违反善良风俗的侵权才构成侵权,其保护程度过低,缺乏理由,似不足取。

另外,王利明教授说"有必要在类型化的侵权行为中对侵害合法利益的责任构成要件予以明确"。笔者认为,假如立法者已经发现了某种特定的纯粹经济利益值得保护,自然应当明确规定,但是,此种规定就可以构成独立的请求权基础,而不必依赖一般侵权行为条款。

② 参见梁慧星:《民法解释学》,中国政法大学出版社 1995 年版,第 293、296 页;黄茂荣,见黄茂荣:《法学方法与现代民法》(第 5 版),法律出版社 2007 年版,第 384 页。这里的"一般条款",与张新宝教授所称的"侵权行为法一般条款"并非在同一意义上使用。

③ 违反善良风俗这一要件是不可缺少的,因为这是关于不法性的判断标准,缺少了它,构成该类侵权行为的情形就会不可控制地"扩大化"。比如,普通的竞争行为,都是故意(间接故意)损害其他竞争者的行为,为什么经营者不承担赔偿损失的责任? 就是因为欠缺不法性(不违反善良风俗)。又比如侵害债权,一物二卖之下的后买受人可能明知其他人已经订约在先,因而对于出卖人对先买受人违约的结果存在故意。假如不能一概认为其行为不构成侵权行为,就必须另设"违反善良风俗"这一要件。我国学者对这个问题的认识似乎还不够清楚。

当然，德国的这一做法并非完美。大量应当救济的情形会发生法律适用上的困难。就第 826 条而言，德国的学说和判例已经将"善良风俗"解释得更具有包容性，而非字面所显示的伦理道德的意味。此外，"故意"的要求还在一些场合下被放宽到了重大过失。① 但无论如何，"故意"不能被解释为包含了轻过失。所以，德国法不得不另外发展出各种方法（参见上文介绍）来为许多类型的纯粹经济利益提供救济。所以有德国学者反思认为，《德国民法典》第一草案第 705 条在侵害权利、违反保护他人的法律两种类型之外，在关于违反善良风俗而应承担损害赔偿责任时，并没有将主观要件限定为故意，而仅规定为过失，假如这一规定模式能够被接受，那么，"德国法上将拥有一个既具体准确、又具有灵活性的侵权法体系，从而为纯经济损失的救济和人格权保护留下充足的继续发展空间"。② 新《荷兰民法典》的规定，似乎就是《德国民法典》第一草案第 705 条的一个翻版。③ 这是现行的德国模式、法国模式之外的"中间道路"。④

所以，这一模式看起来非常有吸引力。但是，笔者还是不大赞同。因为，这意味着，只要加害人有轻过失，受害人就可能主张加害人的行为违反善良风俗，而法院就必须具体衡量加害人的行为是否违反善良风俗。

---

① 许德风：《对第三人具有保护效力合同与信赖责任》，载易继明主编：《私法》第 4 辑第 2 卷，北京大学出版社 2004 年版，第 271—272 页。

② 同上注。有关《德国民法典》中一般侵权行为条款的历史的介绍，参见李昊：《交易安全义务论》，北京大学出版社 2008 年版，第 15—20 页。

③ 1992 年《荷兰民法典》第 6:162 条在规定一般侵权行为时，将不法性的判断标准包括侵害主体权利、违反制定法义务，有悖社会接受之行为标准三种，框架上类似于德国。有实质不同的是，在"有悖社会接受的行为标准"（其意义与"善良风俗"并无不同）时，只要有过错即可，而不限定在故意。有关荷兰民法的介绍，See van Boom, "Pure Economic Loss: a Comparative Perspective", in Willem H van Boom, Helmut Koziol & Christian A. Witting eds., *Pure Economic Loss*, Viena: Springer Wien New York, 2004, p.11.

④ 在布吕格迈耶尔教授和朱岩博士提出的立法建议稿中，对于过失所致纯粹经济损失，他们主张，除了法律明确规定应赔偿的类型外，还包括"司法判例所承认的"类型。他们的意思显然是，任何法院均有权尝试启动一个判例形成过程。他们的观点，似乎属于这种"中间道路"，但该建议稿并没有给出作者本打算规定的"可以供法官自由裁量的参照标准"。参见布吕格迈耶尔、朱岩：《中国侵权责任法学者建议稿及其立法理由》，北京大学出版社 2009 年版，第 39—40、61—62 页。徐海燕博士尽管没有提出立法建议，但是她的实质观点是，反对原则不赔的观点，而主张"选择性赔偿"，也就是"具体类型具体分析"。参见徐海燕：《纯粹经济损失赔偿制度研究》，载《甘肃社会科学》2008 年第 3 期。

这是一种"实用主义"的态度,但这也是一种费时费力的态度。①

过失致人纯粹经济损失的情形非常常见(参见下文区分的各类型)。这意味着法院可能在大量的案件中被迫回答:什么是善良风俗(或者荷兰版本的表述:"社会接受的行为标准")的要求。这会大大增加了法院的负担,使得法律判断的过程变得非常复杂。中国的法院的专业训练仍然非常欠缺,显然难以很好地经常性处理此类问题。另一方面,这也大大增加了法律的不确定性。奥地利的库齐奥教授在从最宏观的角度讨论哪些纯粹经济损失应获赔偿时,赞同"动态系统理论",并且提出了十条"戒律"。② 之所以要发展这么一个复杂理论,主要就是为了处理过失导致的纯粹经济损失问题。这一理论也许可以被荷兰法院很好地利用,但是其复杂、灵活的程度,恐怕大大超出了当前中国法院可能的理解范围,也与我国目前的政治传统、司法传统不能契合。

必须注意到,中国的立法机制非常特殊。我们应当理解,《德国民法典》第826条是一个授权法院进行漏洞补充的规范。其必要性在于立法者不可能无遗漏地预见到所有应受保护的纯粹经济利益并明定之。但是,立法者到底授权到什么程度,取决于立法者预想的此类情形的范围到底多大,以及当出现了此类情形时,立法上是否能够及时、有效地作出回应。我国的法制建设虽然仍然没有真正完成其草创阶段,但是,立法机关却常常能够就与社会经济有密切关系的重大问题作出非常迅速的反应。比如上文提及的注册会计师的责任问题、证券法上虚假陈述和操纵市场等责任问题,立法机关的反应速度可以说相当的快。

更加重要的是,中国的司法解释机制在世界上可能独一无二。尽管

---

① 布萨尼等学者将荷兰民法界定为"实用式"(pragmatic regime),其特征是谨慎的个案分析方法,该方法之下,法官要就每一种新的情形进行特别判断,以确定是否存在避免侵害他人纯粹经济利益的义务,在此过程中,法院常常公开地进行政策上的讨论和选择。参见毛罗·布萨尼、弗农·瓦伦丁·帕尔默主编:《欧洲法中的纯粹经济损失》,张小义、钟洪明译,法律出版社2005年版,第92页。所以,适用荷兰民法时,即使是那些最终不予赔偿的案件,从荷兰法角度的分析,大多要经过非常繁琐而困难的实质性利益衡量。甚至像交通事故致他人发生的纯粹经济损失,其法律状况都不能确定,而是要追问肇事司机是否违反了"社会接受的行为标准"。参见毛罗·布萨尼、弗农·瓦伦丁·帕尔默主编:《欧洲法中的纯粹经济损失》,张小义、钟洪明译,法律出版社2005年版,第127页以下,特别是第318—319页。

② 海尔穆特·库齐奥:《欧盟纯粹经济损失赔偿研究》,朱岩、张玉东译,载《北大法律评论》第10卷第1辑,北京大学出版社2009年版,第253—258页。关于动态系统理论的一般介绍,参见山本敬三:《民法中的动态系统论——有关法律评价及方法的绪论性考察》,解亘译,载梁慧星主编:《民商法论丛》(第23卷),法律出版社2002年版,第172页以下。

最高人民法院并非名正言顺的立法机关,但是司法解释的功能除了解释法律外,还实际上担负着补充法律漏洞的重大功能。最高人民法院的反应速度也超过普通的立法机关。其能动性之强,可谓举世罕匹。笔者不准备探讨目前司法解释机制的合宪性问题(也不准备直截了当地认可之),但是显然,在可以预见的将来,最高人民法院的这一职能,恐怕不仅不会削弱,还会巩固甚至加强。

由于最高人民法院在实质上扮演着准立法机关的角色,那种对《德国民法典》第826条关于"故意"的限定过分严格的担心可以减轻大半。因为,一旦出现了有救济之必要的过失导致的纯粹经济损失类型,可以期待最高人民法院可以很快了解,并且在慎重斟酌之后,颁布相应的司法解释。

这样,各级地方法院就可以基本上从其力不从心的解释"善良风俗"的工作中解放出来。

由于故意致人损害的情形要大大少于过失,并且鉴于法律上对法院进行这个范围的授权是不可避免的事情(各国法律在这一点上完全一致),因此,有一个《德国民法典》第826条模式的规范是必要的。至于应否放宽至重大过失,以略微扩张法院的权限,也值得考虑。限于篇幅,本文不作具体讨论,但仍倾向于否定的态度。

七、纯粹经济损失的主要类型以及处理方式

为了深入探讨纯粹经济损失问题,有必要对其主要类型进行比较全面的梳理,以验证上文所提及的政策分析的妥当性,以及关于一般侵权行为条款模式之见解的妥当性。

布萨尼和帕尔默教授将纯粹经济损失分成四大类:反射损失;转移损失;公共市场、运输通道或者公用设施的关闭;对于错误信息、建议和专业服务的信赖。[1] 李昊博士区分为五类。[2] 但是,笔者认为一般学者常常忽略很多类型。这种忽略并非没有原因,因为关于纯粹经济损失问题的比

---

[1] 毛罗·布萨尼、弗农·瓦伦丁·帕尔默主编:《欧洲法中的纯粹经济损失》,张小义、钟洪明译,法律出版社2005年版,第9页以下。

[2] 李昊:《纯经济上损失赔偿制度研究》,北京大学出版社2004年版,第8—10页。

较法研究,关注的是各国法院上处理过的案型,特别是具有争议性的类型。所以,那些很少发生诉讼或者学术争议的类型,则可能逃出学者的视线。

所以,笔者尝试对纯粹经济损失重新进行分类。

(一) 债务人不履行债务,使债权人发生的损害

债务人违反其债务而使债权人发生损害时,债权人所发生的损失(不论是信赖利益的损失还是履行利益的损失),通常并非绝对权的损害,因而属于纯粹经济损失。不仅合同之债如此,其他原因所发生的债务的不履行,所致债权人的损害通常也是纯粹经济损失。

处理方式:债务不履行原则上不同时构成侵权行为,但可能发生竞合。① 其政策理由显而易见,从技术上看,债权法已经足以并且可以更好地保护债权人,无须侵权法的介入。

(二) 第三人侵害债权

因为第三人的原因而导致债权受侵害,其情形很常见。布萨尼和帕尔默所提到的"反射损失"和"转移损失"中的部分情形也属于第三人侵害债权。

从政策角度来关于第三人侵害债权的分析很多(比如上文苏永钦教授的观点),兹不赘。在处理方式上,如同我国学者所一般主张的,第三人侵害债权时,必须具有主观故意才能构成侵权。② 但是不能忽略的是,必须同时违反善良风俗。比如,明知他人订立买卖合同在先,仍然出高价购

---

① 侵权责任和违约责任应分别独立判断,何时竞合难以一概而论。比较常见的情形是违约方有过错且侵害绝对权的情形(通常构成一般侵权行为,但也可能构成产品责任等无过错侵权,比如甲公司生产的产品直售给消费者乙,乙因产品缺陷而发生人身伤害)。如果违约行为同时违反保护他人的法律(该法律保护的可能是绝对权,也可能是纯粹经济利益),会与此种侵权类型发生竞合。

债务不履行常常出于债务人的故意。但是,故意的不履行债务在原则上不应认为违反善良风俗,因为一般来说债务人的目的仅仅是最大程度实现自己的利益,而非为了损害债权人。否则,合同法又将陷入侵权法的"汪洋大海"。

② 尽管理由各不相同,但我国主流学者均认可,只有故意侵害债权导致的纯粹经济损失应当获得赔偿。王利明:《侵权行为法研究》(上),中国人民大学出版社 2004 年版,第 382—383 页;杨立新:《侵权法论》(第 3 版),人民法院出版社 2005 年版,第 383—385 页;张新宝:《侵权责任法原理》,中国人民大学出版社 2005 年版,第 244—245 页。

买的,尽管客观上存在诱使他人违约的故意(间接故意),但是只要并非以损害他人为目的,应不认为构成侵权行为。①

在有些情形下,债权人的利益值得保护,但债权法上的其他制度可能为债权人提供妥当的救济,无须侵权法的介入。比如,债权准占有人接受债务人的清偿,如果没有故意违反善良风俗,固然不构成侵权行为,但是会构成不当得利,应当将受领的给付返还给真正债权人。

(三) 第三人因填补他人侵权行为所致损害而发生的损失

一个人对他人发生侵权行为并应承担损害赔偿责任后,第三人却因为某种原因实际填补了受害人的损害。此时,受害人的损害已经消失,可能无法再向侵权人主张损害赔偿,而第三人是否可以向加害人请求赔偿便成为问题。所谓"转移损失",很多可归入此类。②

第三人之所以弥补受害人的损害,可能基于不同的地位和原因。(1) 私法上的法定义务人。最为常见的案型是,甲侵害乙致伤后,其法定的扶养义务人为其支付了医疗费等费用。(2) 私法上的合同义务人。比如,甲侵害乙的人身或者财产后,乙的雇主基于合同约定而为其支付医疗费,或者乙所投保的丙保险公司弥补了其损害。(3) 公法上的义务人。比如甲侵害乙之后逃逸,乙因为贫困而无钱治疗,当地民政部门基于贫困救济的法定义务而补助了他的医疗费。(4) 无义务人的补偿。比如甲侵害乙致伤后,丙基于无因管理而为其支付了医疗费等费用或者发生误工费等损失。

处理方式:

上述第三人的利益,无须侵权法的介入通常即可获得妥当保护,所以无须特别说明其政策理由。相反,假如直接确定第三人对加害人享有侵权上的损害赔偿请求权,反而会将清晰的法律关系复杂化。

在前三种情形下,受害人在损失尚未获得弥补之前,实际上同时享有对加害人享有损害赔偿请求权和对该第三人的权利。此时,加害人和第

---

① 王泽鉴:《二重买卖》,载《民法学说与判例研究》(第四册),中国政法大学出版社1998年版,第169页。这也是欧洲大多数国家的见解。参见毛罗·布萨尼、弗农·瓦伦丁·帕尔默主编:《欧洲法中的纯粹经济损失》,张小义、钟洪明译,法律出版社2005年版,第269页以下。

② 关于转移损失的概念,参见毛罗·布萨尼、弗农·瓦伦丁·帕尔默主编:《欧洲法中的纯粹经济损失》,张小义、钟洪明译,法律出版社2005年版,第9—10页。

三人构成了不真正连带债务。尽管不无争议,但是完全可以也应当确立不真正连带之债制度上债务人之间的求偿关系规则。通常情况下,加害人是终局责任人,因此第三人通常可以在对受害人提供给付后,向加害人追偿。

如果这里第三人是保险人,则情况更加简单。《保险法》第60条第1款规定:"因第三者对保险标的的损害而造成保险事故的,保险人自向被保险人赔偿保险金之日起,在赔偿金额范围内代位行使被保险人对第三者请求赔偿的权利。"

至于第(4)种情况,如系因为误以为有义务而为给付,则对受害人(受领给付者)享有不当得利返还请求权。如系无因管理,则对受害人享有无因管理上的费用返还请求权。两种情形下,第三人对加害人应无任何直接的权利。需注意的是,在此种情况下,第三人的弥补行为不能导致受害人丧失对加害人的侵权损害赔偿请求权。因为,乙尽管不必自行负担医疗费用,但是发生了上述不当得利或者无因管理上的债务,所以损害仍存在(只不过换了形式)。第三人丙如能从受害人处获得返还,自无问题。如果不能获得返还,可能有机会通过行使债权人代位权而直接向加害人主张权利。

(四)其他纯粹经济损失

上述三种类型,基本上是从受损利益的具体形态角度来看的。此外大量其他损害形态,可是由于同一类行为往往导致多种不同的损害形态,下面将主要从行为类型上进行区分。

1. 缔约过程中的行为。缔约过失责任制度下,损害形态可能是各种纯粹经济损失,上文已经提及。

2. 不履行债务(包括债务的完全不履行和瑕疵履行),导致第三人订约机会减少。

比如甲不向乙公司交付约定出售的机器或者交付的机器不合格,致其不能及时投产,进而导致本拟从乙公司购买产品的丙公司不得不转向他人高价购买产品。

3. 侵害他人财产权,导致第三人订约机会减少或者发生其他损失。

比如甲因过失损坏乙公司的机器,导致本拟从乙公司购买产品的丙公司不得不另行高价购买,从而发生损失,或者,甲因过失烧毁一家大型百货公司的房屋,后者被迫停业数周,致使周边的餐饮等店铺在其停业期间乏人光顾,发生损失。冯·巴尔教授举的一个例子属于此类:一人驾车不慎撞坏铁路桥墩,滞留旅客发生转车费用等损失,因此无法赴约完成交易的人及其对方当事人都可能丧失订约机会,还有人必须绕道或者改乘其他交通工具。①

4."准"利益第三人合同上的瑕疵履行

这里的"准"利益第三人合同,是指合同的目的是使第三人获益,但是又不构成利益第三人合同(第三人不能依合同取得请求债务人给付的权利)。合同期望第三人获益的形态,可以是取得财产权,或者获得信息,或者获得其他服务。比如甲聘请乙律师见证一份以遗赠财产给丙为内容的遗嘱(如王保富案)②,或者甲上市公司聘请乙会计师事务所出具审计报告以公告给投资者参考(如大庆联谊案)。

布萨尼和帕尔默所提出的"对于错误信息、建议和专业服务的信赖",基本属于此类。

5. 无法定或者约定义务而提供的建议、信息,导致对其发生信赖的人遭受纯粹经济损失。部分操纵证券市场行为(如制造、散布虚假信息)、耶林所说的问路,或者朋友之间提供的炒股建议,都属此类。

6. 使无主物毁损灭失,进而使得原本期待取得无主物之所有权的其他人不能取得之。

比如污染海洋环境,导致渔场的鱼类大量死亡,渔民无鱼可捕捞,发生收入减少。这类事情也可能发生在日常生活中,比如一个人抢先将附近田野中的可食用野菜挖走,其他人就无菜可挖,只好不吃或者去市场上买来吃。

7. 广义的环境污染,导致他人发生的损害。

通常意义的环境污染,比如石化企业严重污染河水,除了可能导致河流所经区域发生所有权受侵害的事件之外(比如有人养殖的鱼虾死亡),

---

① 克雷斯蒂安·冯·巴尔:《欧洲比较侵权行为法》(下卷),焦美华译,法律出版社2004年版,第2—3页。

② 从布萨尼和帕尔默对该案型的表述看,似乎第三人的损害是对该服务的"信赖",似有不当。因为第三人基本上是消极状态,而非基于该服务进而采取何的行动。毛罗·布萨尼、弗农·瓦伦丁·帕尔默主编:《欧洲法中的纯粹经济损失》,张小义、钟洪明译,法律出版社2005年版,第11页。

还可能导致了很多人遭受纯粹经济损失:大量的工厂被迫停产(丧失收入,或者不能履行销售合同而不得不赔偿买方损失),或者被迫增加费用来净化河水,人们不得不购买昂贵的瓶装水饮用和生活,河中鱼虾死亡而使渔民丧失捕捞收入,还可能导致附近旅游景点游客减少所发生的连锁损害(公园门票收入减少、旅行社收入减少、酒店出租车等相关业者收入减少),等等。又比如一个工厂排放废气等污染物或者发出噪声,可能导致周边房产价格下跌(或者涨幅低于本应的幅度)。

广义的"环境"被"污染"的情形还很多。殡仪馆、火葬场、丧葬用品商店等设施,尽管不会给周边带来环境保护法意义上的污染,但是由于一般民众的心理原因,愿意住在附近的居民减少,其房屋价值可能下降。附近的经营其他消费品的店铺可能也会客流减少。①

一个地域的居民乱扔垃圾,社区卫生条件恶劣,也会降低该地域的房地产价值。比如某高档小区与某脏乱差的危旧房屋社区相邻,后者的存在会降低前者的价值。

这种活动甚至可能发生在普通民众身上。比如,一个讨人嫌的住户(夫妻时常吵架打架、家中孩子吵闹),可能导致邻居在出售房屋时发生困难(有购买意愿者发现后可能不愿意购买),最后不得不低于正常价格出售。或者,一人在家中自杀,同一单元或者同一楼的房屋都卖不出去或者只能低价卖出。

8. 有缺陷的产品、建筑物或者其他物品价值减少、因为该缺陷而毁损灭失,或者导致其他纯粹经济损失。

产品责任,是指产品缺陷导致产品之外的财产权(绝对权)的损害或者人身伤害的侵权责任。但是,产品缺陷更可能导致各种类型的纯粹经济损失。比如,产品本身价值低于预期(一个人按照普通产品的价格买到了缺陷产品)、产品本身因为瑕疵而毁损灭失(比如电视机因为电路故障而烧毁)、产品使用者(所有权人、承租人、借用人等)因为无法正常使用而发生其他损害(比如支付修理费、因为不能正常使用而另租替代设备所发生的租金、因为停产修理而减少的利润)。

不论建筑物是否被纳入产品责任制度意义上的"产品"范围,建筑物

---

① 所以,在一些地方出现了殡仪馆选址难的问题,拟建的新址附近的居民常常会激烈反对。

上也会发生所有的上述问题。农产品(比如种子)也是如此。

9. 垄断和不正当竞争行为,导致其他竞争者减少订约机会,或者导致消费者的支出增加。

竞争行为的性质就是要"损人利己",也就是说,要通过击败竞争者来为自己谋取更多的利益,所以通常的竞争行为都会致人纯粹经济损失。不正当竞争行为是法律特别予以否定性评价的竞争行为,也会导致该类损害。垄断也可能导致其他经营者的损失。

这两类行为所致损害的形态主要是其他经营者的产品滞销、市场份额下降等(其至被迫停业或破产),此外还可能导致消费者的损失,因为垄断和不正当竞争妨碍了充分竞争,消费者不得不承受更高的产品价格。

从主观状况来看,不正当竞争行为和垄断多数出于故意,但也可能只是有过失。

10. 某种行为导致了公共运输通道、公共市场、公用设施的关闭,导致第三人无法利用这些设施而发生损失。

这里参考了布萨尼和帕尔默的类型区分。

比如,甲因过错导致自己载有危险品的卡车在公路翻车,政府被迫关闭公路12小时,或者因为违章驾驶导致事故,发生交通堵塞。这会导致有人因此而错失订约机会,有人被迫绕路而行,浪费了大量的汽油和时间,有人耽误了航班。

11. 损害某类产品声誉或者行业声誉所导致的同行或者上、下游经营者、相关业者乃至消费者的损失。

比如,某奶粉生产商因为生产的奶粉被政府查出严重质量问题,引发公众对于国产奶粉的高度不信任,其他无辜的生产商的产品也销量大减,不得不削减产量,进而导致奶农所产牛奶销售困难。一些经营奶制品的批发商、零售商也因销售额下降而发生损害。消费者因为不信任国产奶粉而转而购买进口奶粉,费用增加。以上各类经营者的员工可能被解雇或者减薪。又比如某公司出口外国的产品被发现存在质量问题,导致该国政府对于我国其他公司生产的同类产品一律禁止进口,进而发生连锁反应。

此类事件可能因新闻报道而起。比如,2006年某报纸报道广州市场上出现了注射红药水的西瓜,该报道被广泛传播,引发消费者恐慌,各地西瓜大量滞销,瓜农损失惨重。而该报道可能是不实报道。①

12. 各种自主的经营行为所带来的连锁反应。

这类情形看起来很奇怪,但每天都在发生。上文已经举过此类例子,比如,一个工厂的关闭可能影响临近区域的房地产价值,导致工人失业,并影响相关经营者(比如以工厂员工为主要顾客的租房生意会受到影响)。

13. 侵害人身致伤或者致死,受害人的亲属所发生的纯粹经济损失。

比如甲致乙伤残,乙的弟弟丙为照顾乙而停止经营自己的店铺。如果乙死亡,乙的未成年子女失去了扶养费、乙的亲属支出的丧葬费,都是纯粹经济损失。

14. 因提起法律程序而致人损害。

一人对他人提起民事诉讼、刑事自诉、刑事和行政上的告发、仲裁或者其他法律程序(广义的"起诉"),该他人被迫应诉或者采取其他应对措施,因而额外支出律师费、交通费、食宿费等费用,并可能因耽误时间而发生误工费等损失。这些损失的类型一般是纯粹经济损失。如果该起诉最终被裁决为无理由,被诉人所发生的这些费用是否可以请求此方赔偿?从起诉人的主观状态来看,可能无过失(相信并且有理由相信自己的起诉有理由),也可能有过失(虽然相信自己的起诉有理由,但是从"合理人"的角度看理由不充分),也可能故意(明知无理由,仍然起诉)。

处理方式:

上述类型十分庞杂。其中有些类型之下的救济问题已经获得各国法律上的充分考虑。我国的有关特别法已经处理了其中的很多类型。关于缔约过失责任,《合同法》已有明文;关于"准"利益第三人合同上的责任,上文所列的我国多个特别法有关于注册会计师、证券评估机构等专业服务机构的责任的规定。关于垄断行为和不正当竞争行为,有关单行法规定了赔偿责任。关于第 13 类,法律和司法解释认可在限定的范围内(特定的亲属、特定的赔偿项目)的赔偿。② 其政策理由各异,需要深入到各

---

① 《信息时报》的最初报道,见新华网,http://news.xinhuanet.com/food/2006-07/19/content_4853716.htm,2009 年 7 月 13 日访问;《海南日报》的后续报道,见新华网,http://www.hq.xinhuanet.com/misc/2006-08/11/content_7748678.htm,2009 年 7 月 13 日访问。

② 参见《最高人民法院关于审理人身损害赔偿案件适用法律若干问题的解释》第 17 条第 3 款。

种具体类型上才能获得全面的说明。但总的来说,设置赔偿责任并没有让加害人承担过重的责任、没有不合理地限制人们的行动自由、符合伦理观念,并且符合经济学原理。

有的类型,虽然法律没有明确规定,但是有关学说一般认为不发生侵权责任。比如产品瑕疵所导致的纯粹经济损失。[①]

那么其他类型,假如加害人没有过错,或者仅有过失,是否应当承担责任?

关于污染环境(涉及上面第 6 和第 7 类的各一部分),各国环境法律都是原则上不赔偿纯粹经济损失。目前一些国家法律上略有突破,但是都极为谨慎,限制条件很多。[②] 我国也应当持谨慎态度,只能在有限范围内承认。水闸理论在这里较有说服力。

关于第 2、3 类,与第三人侵害债权情形相比,这里只是受害人的只是丧失了订约机会,对订约机会的保护程度恐怕不可能高于对债权的保护。所以,依照学者关于侵害债权问题的通说,这里也必然要求主观故意(此外当然也需要同时违反善良风俗)。关于第 5 类,生活中每天都在发生,以过失为要件将导致不可想象的苛刻,也违反人民的一般正义感。关于第 6 类,无主物的取得原本就是"先来后到",后到者何以能够说别人损害了自己而要求赔偿?甚至在对方是故意之时一般也没有责任(应不认为违反善良风俗)。第 7 类中除了狭义环境污染之外的情形,日常生活所在多有,认为构成侵权显然不当,除非符合故意违反善良风俗的要件。第 10 类和第 11 类,是水闸理论最具有说服力的地方,也应排除过失时的责任,否则将导致加害人责任过重,也过度影响其自由。即便有故意,比如像河北三鹿奶粉事件的情形,也应以责任范围因果关系排除大多数的损害赔偿请求权。第 12 类更不应承担责任,否则导致难以想象的沉重负担。上文对此已有简单分析。第 14 类之下,应认为必须故意(也许可以放宽至重大过失)违反善良风俗才能构成侵权,否则将不适当地阻吓人们

[①] 参见梁慧星:《论产品制造者、销售者的严格责任》,载《法学研究》1990 年第 5 期;王泽鉴:《商品制造人责任与纯粹经济上损失》,载《民法学说与判例研究》(第八册),中国政法大学出版社 1998 年版,第 213—252 页。

[②] 徐国平:《论船舶油污纯经济损失的赔偿范围》,载《法学评论》2005 年第 12 期;宋春风:《船舶油污责任和损害赔偿研究》,北京大学 2006 年博士论文,第 125—132 页。

主张法律救济。这也是各国法律基本一致的见解,我国学者也不例外。①

(五) 小结

以上分类只是述及较常见者,遗漏之处必然很多。并且,限于篇幅,以上分析极其简略,也没有充分说明各自的政策理由。这里只是想展示纯粹经济损失的极端广泛性、相应的政策分析的艰巨性,并且希望提醒注意的是,一个什么样的一般侵权行为条款,才能够让法院在碰到上述类型之时,最为快捷、妥当地得出结论?

法国模式之下,运用什么样的技术工具,才能够将上述分析认为无须赔偿的案型排除出去?——进行排除性的特别立法很难想象。像法国法院那样运用损害的"直接性""确定性"等工具吗?中国法院一定会得出五花八门的不同结论,并且每一次都要大伤脑筋。

德国模式之下,立法者发现值得保护的纯粹经济利益后,不能偷懒,应当一一立法。对于其他没有具体规定的侵害行为,德国模式意味着,只要法院在个案中发现加害人并无故意,就可以不必进行任何利益衡量、价值判断,直接驳回诉讼请求。法律状况明确,法院负担极轻。当然,在加害人有故意时,还是应当进一步考虑善良风俗问题。有时还必须慎重考虑因果关系问题。这个任务,恐怕法院是推托不掉的。

八、结　　语

我们每个人都希望自己的利益获得最大程度的法律保障,包括纯粹经济利益。同时,我们也希望有最大限度的自由,不仅因为市场经济的要求,更因为人格自由发展的需要。

可是,自由和安全,是一种鱼和熊掌的关系。我们不可能都"最大化"地兼而有之。法律需要在在自由和安全之间,寻求一个妥当的平衡点。

---

① 如美国法,参见 William L. Prosser, John W. Wade, Victor E. Schwartz, *Torts*, 8th ed., Westbury, New York, The Foundation Press, Inc., 1988, p. 1002; *Coleman v. Gulf Insurance Group*, 41 Cal. 3d 782 (1986). 上文法国法的观点亦值参照。国内学说,参见中国人民大学民商事法律科学研究中心:《中国民法典学者建议稿及立法理由》,法律出版社2005年版,第75—79页;杨立新:《中华人民共和国侵权责任法草案建议稿及说明》,法律出版社2007年版,第182—189页。

这是一个微妙而艰难的任务。

孟德斯鸠说,"在民法慈母般的眼里,每一个个人就是整个的国家"。[1] 但每一个人的命运也像国家一样,"生于忧患,死于安乐"。[2] 真实的生活充满了风险和危机,而硬币的另一面,却是生机与活力。我们需要一种"健康的态度",一种真正的慈母情怀。

---

[1] 参见孟德斯鸠:《论法的精神》(下册),张雁深译,商务印书馆1997年版,第190页。
[2] 见《孟子·告子下》。

历史视域中私法统一与民法典的未来[*]

易继明[**]

在一部伟大法典的背后,不是某位伟大的政治家,或者某位优秀的立法官员或者学者,而是这部法典赖以产生的社会经济与历史文化传统。当今中国的立法理论,究其法律传统与实证基础,无不从清末民初说起;当下抉择虑及前鉴者,莫不为中国古代传统、近世资本主义思潮与马克思主义三大要素及其在中国的具体实践。本文旨在中国近现代法制与法学"西化"的总体背景之下,寻找统一私法典编制的历史线索,期冀在法律移植及其本土化过程中,把握中国民法发展的历史脉络,寻找中国民法典的未来。

本文从三个方面展开:(1)以法的历史性为基础,提出统一私法典编制的三条历史线索;(2)结合历史与现实,继承并发展 2002 年民法草案"统分结合"的统一模式,提出以"民法九章"作为统一私法典的体例;(3)在民法九章的基础上,提出"四步走"的修复式私法统一的立法方案。本文认为,这种私法典统一的路径和模式,既符合中国国情与民事立法实践,也是重塑民法典(私法典)理性主义的新思维。

一、私法统一的三条历史线索

近代以来,中国大陆民事立法可以归结为 1929—1931 年《中华民国民法》、1986 年《民法通则》和 2002 年"民法草案"三部法律(草案)文本的

---

[*] 原文刊于《中国社会科学》2014 年第 5 期。
[**] 北京大学法学院教授、博士生导师。

历史。1949年之前,清末立宪改制拟定《大清民律草案》(1911年),最后是《中华民国民法》承晚清改制,定鼎中国民事立法的形式理性,形成一整套大陆法系概念及规则体系。1949年之后,《民法通则》扬弃新中国前三次民法草案①,结合改革开放实践及其需求,确立了民事活动的基本原则,并形成"《民法通则》+单行法"的立法模式;2002年"民法草案"在吸收改革开放以来民事立法成就(包括《民法通则》)的基础上,形成了"统分结合"的立法模式。在这一历史脉络中,至少包含几种内在的张力:一是统一与分离;二是继受与抵制;三是大陆法与英美法;四是公权力与私权利;五是传统与现代。此外,还可以加上资本主义与社会主义两种意识形态的对立——尽管它们在私法领域表现出来的张力并不如公法领域那么强烈,或者说其对立中所形成的张力已被具体转化至前述几种张力之中了。这几种张力,呈现并杂糅于当前中国社会,构成影响中国立法的新元素。这些新元素,也是寻找中国大陆统一私法典的历史线索。

晚清以降,法律"西化"由被动到主动,从法律移植到本土化,至今已内化为一种自主性的制度建构。中国古代法律样式及其发达,具有明显的继受关系。② 制度的继受与延续,一方面消解了改朝换代的"革命性"及其对社会的破坏作用,另一方面也昭示了社会治理与民众生活的内在规律性。中华文明及国祚迁延与固守,亦与此息息相关。近代中国遭遇千年未有之大变局,则"破"字当头,各种革命理论大行其道。以今日之眼光反观迄今的历史,社会治理及公私规范分类置之,分类治之,并在私人生活领域贯彻"私法自治"的理念,从而分类由之,实为法律进化之规律。事实上,私法的统一及其形式,由学术法到成文法,进而演化并推动私人生活领域的统一法典化运动,既是人类思维的一种习惯与理性,也是大陆法系民法典演化的经典模式。③ 从历史脉络中寻找中国民法典的未来,

---

① 这三次民法典的制定工作均形成了草案;每次草案起草,又形成了几个文本。历次起草的具体草案文本,参见何勤华、李秀清、陈颐编:《新中国民法典草案总览》(上卷、中卷、下卷),法律出版社2003年版。

② 例如,《汉律》(即《九章律》)是对李悝《法经》六篇的直接继受,变化的只是:在《法经》六篇基础上增加了三篇,改"法"为"律",并在规范上进一步具体化。又如,七门的明清律也是对唐律十二篇的继受。对此,有的学者认为:"唐律中的7篇直接为明清律所采纳;唐律余下的5篇在语词上稍作改动,也为明清律中相应的门类所吸收。总之,唐律12篇的篇目完全被明清律所采纳,其中某些篇目毫无变化,某些篇目则合二为一。"参见 D. 布迪、C. 莫里斯:《中华帝国的法律》,朱勇译,江苏人民出版社2003年版,第41—44页。

③ 参见易继明:《民法法典化及其限制》,载《中外法学》2002年第4期。

涉及历史观、价值观及其对民法制度未来发展的判断。笔者认为,应从以下三条大的历史线索中,去构建未来中国的民法典。

第一,树立历史合理性的历史观。尽管在历史的脚印中寻觅,我们总是要以批评的眼光去汲取营养,但法律人应该有一个基本的历史观:既有法律总是具有一定的合理性,总有其社会和历史成因。历史哲学告诉人们:体现在法律之中的"理性",是"一切自然的和精神生活的基础";"由于'理性'和在'理性'之中,一切现实才能存在和生存"。[1] 这说明法所具有的历史性和继承性。法,特别是私法的历史性,决定了民法制度形成的路径依赖。

从1986年《民法通则》到2002年"民法草案",在"两条腿"走路的立法方针之下,选择了"《民法通则》+单行法"的立法模式;至2002年"民法草案"之时,已逐渐过渡并形成法典化的"统分结合"模式。这两种模式置身于、并致力于中国的改革实践,其继承性及关联性极强。张新宝认为,中国民法典欲立于人类优秀民法典之林,应以"改革的法典和进步的法典"[2]为要旨,这个理想其实已经体现在民法典形成的过程中。中国民法典形成的历史,既是中国民法制度发展的历史,也是历经大陆法、英美法、苏联法等法律移植与抵制之后,审思明辨地进行甄别、遴选、调试,再加以本土化的历史。近代以来的中国法律的思想渊源是多元的,中庸哲学中又具有浓厚的现实主义色彩,这使得中国融入全球经济一体化进程没有本质上的障碍。一位经济学家说,"值得注意的是,同其他亚洲、拉丁美洲和前苏联的那些加盟共和国相比,中国同世界经济的接轨几乎没有遇到什么大的困难"。[3] 这种状态导致的现实法律场景——既不固守某种恒一的观念,也不仅仅依赖某一单一法系的移植主张。

总体上讲,从抚有"天下"的皇权专制体制到近代民族国家为基础的民主法治政制,中国尚处于19世纪以来国家构建为中心的法律多元主义模式之中。无论在客观层面还是在社会心理层面,中国都需要一个强大的政府;但众口难调,体制之下的人们时常流露出对各种政治或法律方案的不满足或不满意。在此种局面下,官方与学者存在两种不同倾向的思

---

[1] 参见黑格尔:《历史哲学》,王造时译,上海书店出版社1999年版,第9页。
[2] 张新宝:《民法典的时代使命》,载《法学论坛》2003年第2期。
[3] 安格斯·麦迪森:《中国经济的长期表现:公元960—2030年》,伍晓鹰、马德斌译,上海人民出版社2011年版,第7页。

路:政府以改革办法式措施面对现实,旨在解决实际中的立法与司法问题,但很难满足各种利益诉求和各色厢愿;学者以权利为基础提出的解决之道,一方面稀释了政治权威,另一方面也被相互冲突的个体利益所肢解。前者是以解决现实问题为出发点的实践性方案;后者则是建立在权利科学基础上的理论性方案。两种方案,看上去都各有其合理性,都面临深刻的困扰。失去价值目标和理想模式的追求,政府主导下的秩序看似有序,实则因缺乏制度化、部门利益冲突等变化无常;而建立在理想图景中的演绎和推理,不仅因为逻辑起点不同导致顾此失彼,也因其缺乏现实根基而容易化为幻影。在"有秩序的混乱"中,在"看上去很美"的设计里,惟有遵循历史规律,才能找到成就中国民法典屹立在历史之中的方式。事实上,解法典化时代法律渊源多元化,特别法频出,针对的是德国、法国、意大利等已经拥有严谨逻辑结构法典的欧陆国家。而即便是19世纪欧陆法典化的第一阶段,那些大陆法系国家也是遵循自然理性,根据本国的特殊情况制定自己的法典。①

第二,贯彻私法形式理性和实质理性的私的理念(即私法理性)。"私法涉及的关系,是发生在非政治性社会中的关系。"②私法规范涉及私人生活的全部,内容广大。而私法在形式上的"统"与"分",一则据以私人生活所具之自然理性;二来顺应一定的社会历史文化潮流。中国古代法典的"诸法合体",在近现代化进程中一直沿着"分"的路线演进:第一步,先是私人生活(民法)独立出来,如1911年《大清民律草案》和《中华民国民法》;第二步,继而是家庭性法律(婚姻、收养、家庭关系及继承等)、劳工性法律(劳动合同、社会保障等)从民法典中分离出来,如1950年《婚姻法》及1994年《劳动法》③;第三步,是改革开放中的"摸着石头过河",民事法

---

① H. Patrick Glenn, "The Grounding of Codification", *U. C. Davis Law Review*, vol. 31, (Spring, 1998), pp. 765, 768—770.

② 科耶夫:《法权现象学纲要》,邱立波译,华东师范大学出版社2011年版,第512页。

③ 将《婚姻法》《收养法》和《继承法》等身份性质的法律独立于私法典之外,自1949年中华人民共和国成立之后开始。将劳动法从传统民法典中分离出来,亦源自苏俄十月革命之后的立法模式,如苏俄1918年12月颁布第一部《苏俄劳动法典》,新经济政策时期的1922年10月又颁布新的《苏俄劳动法典》。中华苏维埃参考1922年《苏俄劳动法典》,于1931年颁布《中华苏维埃共和国劳动法》,自次年1月1日起生效,1933年又加以修订。中华人民共和国成立后,以1951年《劳动保险条例》等行政法规、部门规章及规范性政策性文件为基础形成的劳动法律规范,脱离了传统劳资关系的范畴,具有较强的独立性。1994年《劳动法》及其后的《劳动合同法》等,公私法融合,社会法性质显著。

律终于碎片化。第一步是循着近代法区隔公私法域,以抵制公权力对私人生活的干预;第二步是在社会治理理念上区分人身性法律与财产性法律,使得人们对民法典的认识仅仅建立在纯粹的财产性法律关系之上;第三步更多的是在执行一种改革办法式的立法方针。尽管第二步区别家庭法法典与私法法典并非只是社会主义运动之后才发生的事情①,但或多或少地,后两个步伐也是伊尔蒂所说"逃离民法典现象"②的某种体现。不过,随着在私人生活中理性的确立,碎片化的民事法律开始出现整合的倾向,如1999年统一《合同法》的制定、2002年"民法草案"的出台等。总体而言,无论是从大陆法私法古典模式来说,还是从某一国家的成文法发展来看,法的理念或价值目标趋于一致的法律,都存在一种内在的统一化、体系化的趋势。③

这种形式上的统一与体系化,其实质内涵则统一在私的理念之下。"民法作为'私的本位'的核心:关注人,关注自己!民法的变迁实际上是一种思想的变迁,一种理念的变迁。而无论如何变化,民法理念问题归根到底就是民法中怎样来对待人、如何实现自由人的问题。这是民法不变的理念。"④比如"劳动合同"独立于普通合同,其重要特性有两点:一是其所具有的集体性或社会性;二是其所具有的人身性。2008年《劳动合同法》的颁布实施,标志着"市场化的劳动关系"的初步形成:"标志着中国劳动关系的个别调整在法律建构上已经初步完成,同时,又开启了劳动关系集体调整的新起点,并为劳动关系的集体调整提供了法律基础。"⑤但是,无论是个别劳动关系还是集体劳动关系,也无论其相互间如何转换,劳动力市场所体现出的,乃是劳动合同的人身与财产的双重属性。即使在用

---

① 例如,1859年意大利王国统一后,在统一立法的过程中,波萨内里(Pisanelli)曾提出家庭法法典与私法法典分离开来,将后者仅视为涉及经济关系的法典。
② 那塔利诺·伊尔蒂:《解法典的时代》,薛军译,徐国栋主编:《罗马法与现代民法》第4卷(2003年号),中国人民大学出版社2004年版,第103页。
③ 近代自然法运动存在某种完美主义倾向,试图通过一部完美形式的法典统摄人类的所有生活,但最终的法律生活还是循着古希腊与古罗马形成的私人生活法律与政治生活法律相区别的路径,成就了一批近代大陆法系国家优秀的私法典。参见易继明:《私法精神与制度选择——大陆法私法古典模式的历史含义》,中国政法大学出版社2003年版,第254—256页。
④ 易继明:《私法精神与制度选择——大陆法私法古典模式的历史含义》,中国政法大学出版社2003年版,第199页。
⑤ 常凯:《劳动关系的集体化转型与政府劳工政策的完善》,载《中国社会科学》2013年第6期。

工工作层面的制度事实中存在劳动关系的从属性,然而,《劳动合同法》《工会法》和《劳动法》等旨在透过法律矫正这种事实上的不平等,使得劳动者与用人单位之间建立起法律意义上的平等和自愿的关系。脱胎于政府的行政安排,中国劳动制度改革的主要成就是建立起劳动力市场,从法律层面确认了劳动合同关系的私的理念和制度基础。

第三,顺应现代社会的私权生长的规律。1986年《民法通则》本身是一部顺应改革开放所具有的不确定性而创立的原则性法典,其顺应的是中国特定历史时期的私权扩张。这是计划体制向市场体制转换过程中私权生长的规律。从现代社会权利观的角度看,也可以称为私法精神的重塑与再造。不过,中国与传统欧陆国家相比,有不同的逻辑起点。19世纪的传统欧陆国家,已经通过一部具有确定性、系统性和完整性的民法典,建立起维护市民生活的基本法理念,即个人主义、立法至上、私法自治等以"民事自由"为核心的价值体系。[①] 但是,由于法典的世界是一个安全的、超稳定性的世界,需要通过特别立法适应现代社会发展以扩张私权利。[②] 中国的情形则不尽相同,改革开放是一个民事自由不断扩大,或者说私权利不断生长的过程;配合这一过程,各种单行的民事立法不断涌现。在单行法林立的中国,需要通过一部民法典消弭单行法之间的冲突,并建立起一整套完整的私人生活的基础价值体系。《民法通则》的意义,正是在这一层面得到极大彰显。事实上,从早期的"两条腿走路"到2002年"民法草案"的"统分结合",其实很难在第三次民法典编纂与第四次民法典编纂之间找到它们真正的历史分期点。在这一过程中,有两条线索一直在私法统一问题上交织与博弈:实质上,市场经济逐步成熟,各种民事法律生活样态显现,但仍唯恐因法典僵化而妨碍发展;形式上,私权理念和私法精神渐趋形成,成文法累积至一定程度,私法典的统一运动亦如大

[①] Maria Luisa Murillo, "The Evolution of Codification in the Civil Law Legal Systems: Towards Decodification and Recodification", *Journal of Transnational Law & Policy*, vol. 11, (Fall, 2001), pp. 63, 175.

[②] 伊尔蒂说,"稳定性被认为是民事立法的首要和基本的特征:中断传统和变动不居不仅改变个人的规划,使预期落空,而且违反自然法,这些自然法一劳永逸地授权了个人特权。所有权、契约自由、死因继承,这些都是永恒的制度,对此法典可以加上国家权力的保障,但是既不能取消也不能修改。"也正因如此,欧陆民法典在适应现代社会发展过程中失去了法律渊源体系中的核心地位,在宪法已经具备权利保障功能的前提下,"在立法变迁的脉络下面有一个快速的离心趋势"。参见那塔利诺·伊尔蒂:《解法典的时代》,薛军译,徐国栋主编:《罗马法与现代民法》第4卷(2003年号),中国人民大学出版社2004年版,第82—83,103页。

潮涌来。不能因法典的形式而影响到社会进步之实质,也不能因民事生活样态各显而导致法律之间冲突、抵牾,甚或失去私人生活的基本的法理念。

这三条历史线索彰显了私法的基本理念,兼及民事制度的历史性和未来性。这就意味着,在私法统一运动中首先要确立私法理性,贯彻私人生活的基本理念。在此基础上,一方面要尊重从历史中走过来的制度成果和制度事实,注意点滴制度及其历史文化的积累;另一方面要面向未来,通过凝炼规则和理论创新,建立一个开放的民事制度结构和法典体例。

二、民法九章:统一私法典的体例

1847年以来,德国的法律人,尤其是法学家,一直非常认真地对待冯·克希曼(Julius von Kirchmann)的警示:"法律人被实在法变成了蠕虫,他们避开健康的木头,而以腐烂的木头为生,在其中做窝,繁衍。按照这样的方式,法学将本属偶然性的(规则)作为自己研究的对象,使法学本身变成了'偶然性的事物'——立法者改正法律规则的三个词,就能使整个图书馆变成废纸。"[1]结尾的比喻,多少有些俏皮话的成分。不过,对于2002年民法草案前后出台的各种学者建议稿来说,这句警示无疑是沉重的。草案出台前,梁慧星、王利明和徐国栋等提出了自己的建议方案[2];草案出台后,仍有不少学者提出自己的建议。[3] 本文循着历史的脉络,提

---

[1] Julius von Kirchmann, Über die Wertlosigkeit der Jurisprudenz als Wissenschaft, Herausgeben von Anton Schäfer, 1. Aufl., 1848, BSA Verlag, 2003 (Nachdruck), S. 20 f.

[2] 梁慧星主持的民法典建议稿文本,参见梁慧星主编:《中国民法典草案建议稿》,法律出版社2003年;其后,其七编制民法典建议稿附理由书,除第四编《合同》外,其他《总则》《物权》《债权总则》《侵权行为》《亲属》《继承》六编附理由书均已出版。王利明主持的民法典建议稿文本,参见王利明主编:《中国民法典草案建议稿及说明》,中国法制出版社2004年版;其后,分别出版了其《总则》《人格权》《婚姻家庭》《继承》《物权》《债法总则》《合同》《侵权行为》八编制民法典建议稿及立法理由书。徐国栋主持的民法典建议稿文本,参见徐国栋主编:《绿色民法典草案》,社会科学文献出版社2004年版。

[3] 例如,余能斌与余立力提出制定"民商法律总纲",以此统摄民商法,形成一部《民商法律合典》;覃有土和麻昌华提出《人法》《权利法》和《侵权行为法》三编制体例;陈小君提出《总则》《人》《亲属》《继承》《财产法总则》《物权》《债权总则》《合同》和《侵权行为》九编制设想;陈华彬坚持潘德克吞(Pandekten)式编纂体系,并将人格权和侵权行为单独成编。具体论述,参见余能斌、余立力:《制定"民商法律总纲"完善民法律体系》,载《余能斌法学研究文选》,法律出版社2007年版,第89—97页;麻昌华、覃有土:《论我国民法典的体系结构》,载《法学》2004年第2期;陈小君等:《民法典结构设计比较研究》,法律出版社2011年版,第398—404页;陈华彬:《中国制定民法典的若干问题》,载《法律科学》2003年第5期。

出一个统合性的方案。

　　从宽泛意义上讲,世界范围内有两种意义上的法典化(codification)。一种为实质意义上的法典化(traditional substantive codification),就某一或某几个特定调整对象,制定系统的、创新性的成文规则体系,奠定特定领域法律成长的逻辑关联和基础。这是大陆法系国家的一种主要立法模式。另一种为形式意义上的法典化(formal codification)。在普通法系国家,法典被认为是一种"汇编"(consolidation)或"重述"(restatement),立法者仅仅是从法学研究成果中抽取出规则进行叙述,如美国、加拿大以及其他英语语系国家所谓的"法典"(codes)、"修订法律"(revised laws)、"编纂法律"(consolidated laws)之类的汇编,并不是欧陆意义上真正的法典。当然,普通法系国家也有一些类似实质意义上的法典化动作,美国制定的《统一商法典》即属此例;大陆法系国家也有仅仅将既存的文本编纂在一起进行法规汇编的情形。① 从总体上讲,未来中国民法典自然循继受欧陆法的传统,应在实质意义上推行民法法典化。不过,20世纪以来全球一体化进程加剧,法律媒介社会生活的方式呈多样性特征,法律实践中已不再严格区隔成文法与判例法,大陆法系和英美法系逐渐融合。正如有的学者所说,"21世纪将继续上演这样的总趋势,也许最终只有法律史学者们才会发现普通法系和民法法系这种对立二分法的有用之处。"② 正如前面所提到的,在18、19世纪欧陆第一轮法典化之后,20世纪特别立法频繁,法律渊源多元化,已进入了法典化第二阶段即解法典化阶段。"第三阶段则是伪(pseudo)法典化阶段,也被称为全方位法典化(omnicodification)、多极法典化(multi-codification)甚至全球法典化(global codification),这已经不是19世纪的传统法典化的概念了。"③《民法通则》历史地顺应了解法典化时期,并为第三阶段的"再法典化"做好了准备。因此,未来民法典在体例上保留《民法通则》既是遵循本国传统与实践需求,也是适应法典化未来趋势之世界潮流。另一方面,现代法典是启蒙思

---

① Jean Louis Bergel, "Principal Features and Methods of Codification", *Louisiana Law Review*, vol. 48, (May, 1988), pp. 1073, 1075—1076.

② Arthur T. von Mehren, "Some Reflections on Codification and Case Law in the Twenty-First Century", *U.C. Davis Law Review*, vol. 31, (Spring, 1998). pp. 659, 670.

③ H. Patrick Glenn, "The Grounding of Codification", *U.C. Davis Law Review*, vol. 31, (Spring, 1998), pp. 765, 771.

想的产物。在自然法法典的理念之下,法典应是完整的,它覆盖市民社会全部领域;法典应是理性的,是从不证自明的预设条件中自然推演出来的;法典也是普适的,甚至可以适用于所有时间、地点发生的一切人际关系和交易。法典的来源只有一个:普适而不变的实证法的基础,即自然理性。这就是启蒙思想对于法典的认识。只不过,现实生活中,我们在制定法典的过程中,往往会因为各种各样的原因而偏离启蒙思想的这一认识。① 其实,也正是在此意义上,本文提出统一私法的运动,强调传统民法典所应该遵循的私人生活的形式理性主义。所以,本文所提出的民法典体例方案,以《民法通则》为基础,最大限度地囊括私人生活领域的法律,同时较之 2002 年"民法草案"的"统分结合"模式更加紧凑,避免其落入纯粹的"汇编式民法典"。

总的来说,本文提出的这一方案,承接 1986 年《民法通则》以来形成的中国民法编纂史,同时顺应现代社会中私法的扩张,克服德国潘德克吞体系的僵化,以《民法通则》作为民事基本法,形成统一的、开放的、结构严谨的中国民法体系。具体结构及编排如下:

  第一编 民法通则
  第二编 婚姻家庭法
  第三编 继承法
  第四编 物权法
  第五编 知识产权法
  第六编 合同法
  第七编 劳动合同法
  第八编 侵权责任法
  第九编 涉外民事关系法律适用法

结合上文分析,这一九编制体例,按照近代自然法运动所开创的理性主义路线编排,具有历史性、通融性和时代性的特点。第一,历史性。延续 2002 年"民法草案""统分结合"立法模式的基本思路,藉既有立法成果统合而成。第二,通融性。表现在三个方面:一是采用具有开放性的《民法通则》而不是相对封闭的《民法总则》,拓展传统民法典总论部分的整合

---

① H. Patrick Glenn, "The Grounding of Codification", *U. C. Davis Law Review*, vol. 31, (Spring, 1998), pp. 765, 766—771.

力,使之更具包容性①;二是民法典在总体结构上更具开放性,最大限度地实现了绝对理性与相对理性之间的调和②;三是增强了民法典通则部分与分编之间的融通与互动关系。第三,时代性,即在涵盖传统民法典主要内容的基础上,将现代社会中社会化色彩较为浓厚的《劳动合同法》和体现知识经济时代特征的《知识产权法》都纳入民法典体系,重新塑造统一私法典的理性主义形象。

就总的思路来看,这种具有历史性、通融性和时代性的设计方案,与苏永钦提出的两种方案一样,具有较大的弹性和现实性。③ 这是任何一部优秀的法典都需要具备的品质。博登海默说,"法律可以作为一种可被称之为渐进分化(progressive differentiation)的工具的性质,换言之,使法律的分类和区别日益适应生活的复杂多样性和变幻无穷性。"④否则,就会出现众多游离于法典之外,同时又相互冲突、抵牾或混乱的单行法律和法规。那个时候,要解决这些问题,可能就需要发展一套类似英美法系中衡平法的裁判技术了。⑤ 苏永钦提出的两种可供选择的体例建议,一是九编制,依次为《财产法通则》《物权法》《合同法》《人法通则》《婚姻法》《收养法》《继承法》《民事责任法》和《涉外民事关系的法律适用法》⑥;二是八编制,依次为《财产法通则》《合同法》《知识产权法》《人法通则》《亲属

---

① 在商法独立倾向日益明显、甚至有学者提议制定独立的《商法通则》的呼声之下,通过《民法通则》吸纳商事通则性质的规范,对坚守民商合一的统一私法典模式,具有积极的意义。关于制定《商法通则》的建议,参见石少侠:《我国应实行实质商法主义的民商分立——兼论我国的商事立法模式》,载《法制与社会发展》2003 年第 5 期。

② 有的学者从绝对理性的角度分析,认为在形式上制定一部民法典作为规范私法领域法律关系的根本法的设想,根本不可能实现。因此,基于相对理性的考虑,认为民事立法应完全开放,采取单行法立法模式。笔者认为,这不是基于私法统一的一种调和与平衡,仅是一种单行法的选择。主张单行法立法模式的观点,参见冯乐坤:《从绝对理性到相对理性——民法法典化的思路》,载《现代法学》2003 年第 6 期;冯乐坤:《民法设计思路之检讨——从法人角度观察》,载《法学评论》2004 年第 2 期。

③ 如下文所述,苏永钦的两种立法方案仍有一定区别。前者九编制,将物权法独立,婚姻法和收养法分别成编;后者八编制,物权法进入财产法通则,而知识产权法独立,婚姻法和收养法统一为亲属法一编。不过,在财产法通则和人法通则之设计上,两种方案均表现出较大的弹性。参见苏永钦:《寻找新民法》,台湾元照出版有限公司 2008 年版,第 34—37 页。

④ E. 博登海默:《法理学:法律哲学与法律方法》,邓正来译,中国政法大学出版社 1999 年版,第 322 页。

⑤ 如姚辉所说,法典也应该或者说不可避免地会留下一些缝隙,留给判例去解决,留给经验去填补。参见姚辉:《法典化的趋同与鸿沟》,载《法学杂志》2004 年第 2 期。

⑥ 参见苏永钦:《寻找新民法》,元照出版有限公司 2008 年版,第 32—34 页。

法》《继承法》《民事责任法》和《涉外民事关系的法律适用法》。① 这两种体例均重视"财产法通则",同时保留了《民法通则》建立起来的"民事责任法"作为专编。马俊驹和吴汉东都对设"财产法通则"专编持积极的态度,提出了各自的主张及其理由,且与苏永钦的方案有些相通之处。马俊驹对"财产法通则",有时称之为"财产法总则"②,有时称之为"财产与财产权"。③ 这一主张,实际上修正了他在早些时候曾提出过的七编制的设想。④ 吴汉东从整合三类财产权(即以所有权为核心的"有体财产权",以知识产权为核心的"无体财产权",以及以债权、继承权等为核心的"其他财产权")、建立财产权体系的角度出发,提出未来民法典应该设"财产权总则"专编,以此整合财产权体系,并对各类财产权作出一般规定。⑤ 本文认为,民法典中设置"财产法通则"(或称之为"财产权总则"、"财产法总则")专编,与欧洲新近制定的《荷兰民法典》⑥有些类似,是大陆法向英美法靠拢,或者说二者融合的一种表现。这种做法,是对传统潘德克吞体系的一种扬弃,既保留了物权和债权体系,又适应了现代社会财产权体系的多元化。在苏永钦的这两种设计中,第二种方案中的《财产法通则》,甚至将传统物权法的主要内容直接纳入其中。不过,中国物权单行立法已然出台,且在民法草案中已经独立成编的情况下,就没有必要再叠床架屋,单独规定《财产法》专编了。所以,苏教授提出的"人"和"财产"的通则部分,均可并入《民法通则》之中,置于笔者建议的九编制之首编。自然,马

---

① 参见苏永钦:《寻找新民法》,元照出版有限公司 2008 年版,第 35—37 页。
② 参见马俊驹、曹治国:《守成与创新——对制定我国民法典的几点看法》,载《法律科学》2003 年第 5 期。
③ 马俊驹提出的设"财产法通则"专编,以"财产与财产权"为编名的九编制结构分别是:《总则》《财产与财产权》《物权》《合同》《人格权》《亲属》《继承》《侵权行为》和《民法的适用》。参见马俊驹、梅夏英:《我国未来民法典中设置财产权总则编的理由和基本构想》,载《中国法学》2004 年第 4 期。
④ 马俊驹早期的七编制设想,积极地接纳"人格权法"作为专编,但未设置"财产法通则"。这七编分别是:《总则》《人格权法》《亲属法》《物权法》《合同法》《继承法》和《侵权法》。参见马俊驹:《现代民法的发展趋势与我国民法典立法体系的构想》,载《法律科学》1998 年第 3 期。
⑤ 参见吴汉东:《论财产权体系——兼论民法典中的"财产权总则"》,载《中国法学》2005 年第 2 期。
⑥ 1992 年《荷兰民法典》,原设计为十编制,分别是:《自然人法和家庭法》《法人法》《财产法总则》《继承法》《物和物权》《债法总则》《特殊合同》《运输法》《智力成果法》和《国际私法》。其中,《智力成果法》部分,因为欧洲谋求一体化的专利和商标制度,加上法技术上的原因,这一编被搁置。参见亚瑟·S. 哈特坎普:《荷兰民法典的修订:1947—1992》,汤欣译,《外国法译评》1998 年第 1 期。

俊驹和吴汉东建议的《财产权总则》(或《财产法总则》)的实质内容,同样可以纳入《民法通则》。另外,苏永钦将《民事责任》单独成编的设计,在《民法通则》依然保留"民事责任"一章和《侵权责任法》已然成编的情况下,也就没有必要再单独设计了。①

笔者设计的九编制的体例安排,一方面传承《民法通则》以来形成的历史,整合并修订既有的民事单行法;另一方面,重塑民法典作为市民生活基本法的表征性,让民法典尽可能地囊括私人生活的主要部分。这是在2010年中国社会主义民法体系形成之后,以最小的立法成本,采取"整合式"或更准确地称为"修复式"立法方法来完成私法统一的一种建设性方案,同时顺应了现代社会私法扩张、法典化运动发展方向和中国渐进式社会变革的历史潮流。

三、"四步走"的立法步骤

按照先易后难的顺序,本人九编制统一私法典的制定,可依次采取"四步走"的立法步骤。这里,针对具体步骤及相应的编排结构,分次简要说明如下:

第一,《婚姻家庭法》的统一。统一即指合并《婚姻法》和《收养法》,制定统一的《婚姻家庭法》。2002年"民法草案"审议期间,全国人大常委会有的委员也有此提议。② 在《婚姻法》与《收养法》合并问题上,学界观点几乎一致。但在合并之后的编名上,尚有分歧,如梁慧星建议为"亲属"③,王利明建议为"婚姻家庭"。④ 笔者之所以定名"婚姻家庭法",而非"亲属法",一者"婚姻家庭"通俗易懂,且前有名曰"婚姻法"的立法传统;二者中国家庭因计划生育导致"少子化"现象,已然淡化了早期具有浓厚

---

① 魏振瀛从民法典应建立请求权体系的角度,分析了民事责任在总则部分保留,同时侵权责任法独立成编的观点。参见魏振瀛:《论请求权的性质与体系——未来我国民法典中的请求权》,载《中外法学》2003年第4期。

② 根据时任全国人大常委会委员长李鹏记载,在2002年12月25日全国人大常委会第一次审议民法草案时,周强委员提出过合并《婚姻法》和《收养法》两编,作为《婚姻家庭法》编。参见李鹏:《立法与监督——李鹏人大日记》,新华出版社、中国民主法制出版社2006年版,第745页。

③ 梁慧星主编:《中国民法典草案建议稿》,法律出版社2003年版,第六编《亲属》。

④ 王利明主编:《中国民法草案建议稿及说明》,中国法制出版社2004年版,第三编《婚姻家庭》。

家族色彩的亲属结构。至于编排顺序,囊括私人生活之全部的民法典应从人生起始点即温情脉脉的家庭开始,因此将《婚姻家庭法》置于首编《民法通则》之后。自然,《继承法》仍采取传统大陆法系独立成编的模式,不纳入《婚姻家庭法》,而是作为独立一编,置于《婚姻家庭法》之后;同时,作为兼具财产性质的继承权,也与下一编规范财产关系的基本规范即《物权法》之间,相互衔接,自然过渡。

第二,《劳动合同法》的回归。之所以称"回归",主要基于劳动合同的私法属性,以及从私法角度平衡劳动者与用人单位之间利益的必要性:一方面,作为个体的劳动者参加工作,获得相应的劳动报酬、社会福利和社会保障,是市民社会存在与发展的基础,理应纳入统一私法典;另一方面,在进一步加强市场经济和面向民生的社会建设中,规范用工制度和改善民生的私法切入点就是劳动合同制度。[①] 之所以要独立成编,是因为《劳动合同法》兼具身份性质[②],且在现代社会具有人权保障意义之"社会化"和"积极化"法理念[③],不完全等同于《合同法》。现代社会中的劳动者,其劳务已经不是简单的商品,其与用人单位之间是一种比较特殊的合同关系。事实上,杨振山教授的研究表明,现代工商业发展依赖于"劳动力"及劳务具有私人性、可交易性,也符合早期民法是商品经济法的论述框架,强调的是纳入民法学说,纳入统一私法典之框架。[④] 1942年意大利《民法典》将商法纳入其中,第四编和第五编分别规定债和劳动,则是在私法统一的框架之下突破了商人之间的形式平等,以实质平等为基础强调"有利

[①] 笔者认为,在经历三十多年的经济增长及其制度建设之后,下一步制度建设的重心在于社会建设,特别是改善民生领域。参见易继明:《当代法学的历史使命——以中国法治建设为指向的法政策学思考》,载《法律科学》2011年第1期。

[②] 参见史尚宽:《劳动契约法论》,吴经熊、华懋生编:《法学文选》,中国政法大学出版社2003年版,第499页。

[③] 参见孙晓楼:《近代劳动立法之新趋势》,吴经熊、华懋生编:《法学文选》,中国政治大学出版社2003年版,第533—536页。

[④] 杨振山在1991年提出,在社会主义条件下,劳动力具有私人性;正是此私人性,决定了劳动产品的商品性。因此,"劳动者之间、劳动者联合劳动组织之间,以及他们相互之间,如果要进行产品交换,只能是社会主义的商品交换,即等量劳动相交换,债和合同则是商品交换的一般法律形式,因此,建立财产在运动中增殖的债和合同制度就是非常必要的了"。此论意在将劳动合同纳入传统债和合同法律体系。参见杨振山:《社会主义劳动论与我国的民法学》,载《法学评论》1991年第6期。

于债务人原则"(favoar debitoris),以保护合同中处于弱者地位的劳动者。①

艾森伯格(Melvin A. Eisenberg)的合同理论为"劳动合同"作为一种合同法规则及其独立性提供了一定的理论支撑。他考察了所有类型的合同理论,批评了迄今为止的两种规范理论:自治理论和公示的偏好理论,即通常所说的自治和福利理论。他认为,合同法的这两种理论都存在单一的价值取向,都不足以构成合同法的完整的规则体系,从而提出了合同的多元价值理论。② 公示的偏好理论从福利经济学(welfare economics)角度认识合同,虽未脱离"私法自治"的理念,但对"劳动合同"的正义需求提供了解释。诚然,将《劳动合同法》纳入统一私法典的框架体系,或许能够为合同法形成第三种规范理论提供立法阐释。但不同的价值偏好、规范的强制性及人身性特征,为"劳动合同"独立于普通合同也提供了某种注解。因此,将现有独立的《劳动合同法》纳入民法典,并置于《合同法》规范基本合同制度之后,较为适宜。

第三,《知识产权法》的纳入。作为兼具人身属性的新型财产形态,同时也是先进生产力之表征,《民法通则》与传统社会主义民法家族一样,已将知识产权纳入其中。③ 在 2002 年"民法草案"拟定的过程中,有过这种努力及其失败的尝试。④ 不过,意大利、俄罗斯和越南等国家民法典吸纳

---

① 参见桑德罗·斯奇巴尼:《〈意大利民法典〉1997 年版前言》,载《意大利民法典》(2004),费安玲、丁玫、张宓译,中国政法大学出版社 2004 年版,第 6 页。

② 参见 Melvin A. Eisenberg:《合同理论》,载 Peter Benson 主编:《合同法理论》,易继明译,北京大学出版社 2004 年版。

③ 例如,脱胎于苏联的俄罗斯,现行《俄罗斯联邦民法典》第 7 编《智力活动成果和个别化手段的权利》分 9 章,包括著作权及邻接权、专利权、育种权、集成电路布图权、商业秘密(Know-How)权、商业标识权、技术标准化中的智力活动权等知识产权权利形态。现行《越南社会主义共和国民法典》第 6 编《智慧产权与技术转让》分 3 章,不仅包括著作权和工业产权,还包括技术转让合同部分。两部民法典中译本,参见《俄罗斯联邦民法典》,黄道秀译,北京大学出版社 2007 年版;《越南社会主义共和国民法典》(徐国栋主编民法典译丛·亚洲系列),吴尚芝译,中国法制出版社、金桥文化出版(香港)有限公司 2002 年版。

④ 郑成思说,"不仅仅我自己在 2002 年 1 月同意了这项起草工作,在 2002 年 9 月法工委召开的民法典专家讨论会上,与会的知识产权专家们,包括已经发表文章明确不赞成将知识产权整体纳入民法典的教授,也都表示不反对,并且积极参与民法典知识产权篇的起草。"但他同时又认为,最终提交给九届全国人大常委会第 31 次会议审议的民法草案中没有按照原计划纳入知识产权,"是一个十分令人满意的选择"。参见郑成思:《民法草案与知识产权篇的专家建议稿》,载《政法论坛》2003 年第 1 期。

知识产权部分的经验,是值得关注的私法发展方向。① 笔者秉持社会主义传统和先进文化方向,顺应知识社会的发展趋势,将《知识产权法》纳入统一私法典且独立成编。其实,不少全国人大常委会委员也有此建议。②

关于知识产权法纳入民法典的讨论,有四种不同模式及相应的主张:一是分离式;二是纳入式;三是链接式;四是糅合式。③ 总体上,笔者持"纳入式"的主张。知识产权立法较多地属于技术性立法,存在大量授权性立法,比如专利授权审查,很大一部分规范实际上交给《专利法实施细则》和技术操作层面的《专利审查指南》规定,这是技术性立法的一个特点。在民法典设立知识产权法一编之后,并不妨碍这些具体实施细则及技术性指南的颁布施行。事实上,知识产权法整体纳入民法典较为难处理的地方,是其中所涉及的具有行政性质的复议(如专利复审委员会、商标评审委员会所进行的行政复议)如何剥离并契合民法典的问题。这涉及一个基本判断,即世界知识产权体系的发展趋势及我国知识产权体制改革的方向性问题。从欧洲专利一体化、TPP(Trans-Pacific Partnership Agreement,即《跨太平洋伙伴关系协定》)谈判、中日韩知识产权对话机制来看,知识产权事务已逐渐脱离国家法框架下的行政治理(或称外部治理),其产生、确认、保护等更多地体现为企业按照自然法原则所进行的行业协会治理(或称内部治理)。1961年,联邦德国将专利商标局内设的申诉委员会和无效委员会独立出来,在此基础上设立联邦专利法院。④ 此举虽是为了解决行政终局裁决有违司法审查原则的非议,但客观上也起到将知识产权事务"去行政化"的作用。目前,中国的专利审查机构人员编制属于参照公务员序列,正在谋求区域知识产权一体化;《中共中央关

---

① 在这个问题上,郑成思的一些说法值得商榷。例如,他说,"世界上除了意大利不成功的经验之外,现有的稍有影响的民法典,均没有把知识产权纳入"。其实,《意大利民法典》将知识产权视为一种智力劳动成果,纳入"劳动"一编;《俄罗斯民法典》和《越南民法典》均设专编规范知识产权。《荷兰民法典》搁置或放弃知识产权编的方案,也主要是因为欧洲专利法一体化正在进行之中。参见郑成思:《民法草案与知识产权篇的专家建议稿》,载《政法论坛》2003年第1期。
② 根据李鹏记载,在2002年12月25日全国人大常委会第一次审议民法草案时,王家福委员、伍增荣委员和甘肃省人大常委会副主任杨作林等,均建言将知识产权等纳入民法草案。事后,王家福委员将其发言公开发表在报纸上,也印证了其观点。参见李鹏:《立法与监督——李鹏人大日记》,新华出版社、中国民主法制出版社2006年版,第745—748页;王家福:《对民法草案的几点意见》,载《法律服务时报》2003年1月17日,第6版。
③ 参见曹新明:《知识产权与民法典连接模式之选择》,载《法商研究》2005年第1期。
④ 参见范长军:《德国专利法研究》,科学出版社2010年版,第84页。

于全面深化改革若干重大问题的决定》提出"探索建立知识产权法院"[①]，为知识产权体制改革带来契机，也为解决知识产权法进入民法典的难题提供了机会。

由于知识产权仍以智力成果[②]（或称"智慧财产"）的所有权为基础，应先透过《物权法》阐明财产权之一般规则，再规范知识产权为宜。因此，《知识产权法》编置于《物权法》编之后。另外，在《物权法》编和《知识产权法》编界定产权之后，设以产权流转为主要内容的《合同法》一编。

第四，《民法通则》的统合。《民法通则》一方面是民事法律的总纲，自然包括传统大陆法系民法典的总则部分，同时发挥私法统摄市民生活基本样态的基本功能，并充当具有兜底功能的"大口袋"，使统一私法典具有最大的弹性。循此目标，《民法通则》在保持现有结构基本不变的情况下，对学者们提出的各种另案独立成编或独立于法典之外的部分，采用不同方案予以整合。初步建议如下：(1) 扩张"自然人"和"民事权利"两章，将人格权法主要部分纳入其中；(2) 扩张"法人"和"法律行为和代理"（"民事法律行为"一词不再使用，"法律行为"和"代理"或可分两章）两章，将"商法通则"主要部分纳入其中；(3) 扩张并重述"民事权利"和"民事责任"两章，将涉及"债之关系总则""财产法通则"（或"财产权总则"）主要部分纳入其中。重述后的民事权利和民事责任，无论采取何种责任理念，都需要处理好民事权利、义务及责任的关系，消除中国民法体系中的矛盾；[③]同时，在合同和侵权独立成编之后，将债的一般问题以及其他种类的债，如不当得利之债、无因管理之债、缔约过失之债等予以规范。

按照诺森的说法，法学研究中的法典化现象可以分为四类：全方位综合性法典化（Fully Comprehensive）、特定领域综合性法典化（Field

---

[①] 《中共中央关于全面深化改革若干重大问题的决定》，人民出版社2013年版，第15页。

[②] 1982年"民法草案"将知识产权称为"智力成果权"（第5编），其对应的权利对象称为"智力成果"，比较容易表述和理解。但是，1986年《民法通则》借用经济学的"产权"概念，使用"知识产权"（第5章第3节）一词，其权利对象不易直接进行对应性表述。对此，吴汉东以"知识产品"作为权利对象进行了对应性表述。吴汉东：《无形财产的若干理论问题》，载《法学研究》1997年第4期。不过，在《民法通则》"知识产权"一节，又使用了"科技成果"一词（第97条第2款）作为兜底条款予以概括性使用。1993年《科学技术进步法》经过2007年修订之后，不再使用原"科学技术成果权"的概念，但却仍使用其对应的权利对象概念"科学技术成果"（该法第1条、第23条、第27条、第60条和第70条）。

[③] 参见魏振瀛：《两种责任理念的碰撞与三种不同的思路——我国民法体系矛盾的解决方案》，易继明主编：《私法》第10辑第2卷，华中科技大学出版社2013年版，第25—44页。

Comprehensive)、永久索引形式法典化(Perpetual Index)以及元模式法典化(Meta-Scheme)。① 不过,从现代立法学的角度看,只有前两种属于立法层面:第一种,属于综合性质的立法;第二种,属于部门性质的立法。第三种虽然如《美国法典》具有一定的编纂意义,便利索引、引征等,但毕竟不属于创制法律即立法层面的事情。第四种模式,典型的如《罗马法大全》,在立法学与法律解释学相区别的年代,已经不再是现代意义上的立法问题了。本文九编制民法典编纂体例,目标指向的是第一种全方位综合性法典化;但在这一综合性法典形成的过程中,部门性质的立法(第二种)仍然需要不断制定与完善;而作为一种法典化的元模式(第四种)和索引汇编(第三种),在立法准备阶段则显得尤其重要。因此,在以上"四步走"的立法过程中,各编仍然需要加强单行立法,通过单项立法的形式进行立法、整合或修订。在"四步走"立法步骤完成之后,或者在第四步即《民法通则》进行大的修订之际,同时颁布《中华人民共和国民法施行法》,将九部以部门法为基础的单行法在体例结构、条文编号及条款内容上正式合并,形成一部统一的私法典。

四、结　　论

历经 2002 年"民法草案"及随后十年的民事立法,基于私法统一的目标,笔者提出九编制的统一私法典,既继承了清末民初至今百年民法发展的立法成果,又顺应业已成就的社会主义民法体系,是"非法典化"思潮之下民法典发展的另一种思维。安格斯·麦迪森在评价新中国时说,"中国的新政权具有三个主要目标:第一是改变社会政治秩序,第二是加快经济

---

① 诺森所说的这四种法典化现象,分别有不同的定位:一是全方位综合性法典化模式,从规则角度说,法典是整个私法的全部构成体,如法国民法典和德国民法典;二是特定领域法典化模式,法典不必囊括私法的全部,但在特定领域,它必须综合全部规范的法典;三是永久索引形式法典化模式,认为即便是在特定领域,也无法制定全面而最终不变的规则,法典只能是根据既存法律确定的一个索引,在这些索引下,规则要经过不断翻新、扩展和修改,同时将这些规则以简洁的实证规范的形式提供给公众使用;四是元模式法典化,与其他三种模式相似,但强调一个特殊的决定性特征,这种模式的主张者提出法典的意义在于组织立法资料,使符合哲学逻辑原理的国法大全的形成成为可能。Mark D. Rosen, "What Has Happened to the Common Law? —Recent American Codifications and Their Impact on Judicial Practice and the Law's Subsequent Development", 1994 *Wisconsin Law Review* 1119, 1127—1136 (1995).

增长,第三是改善中国的地缘政治地位,恢复中国的民族尊严"。① 应该说,这三个目标从形式上,我们今天都实现了。但民族尊严仰赖的社会心理及文化传统,尚须诸多元素及培育,还得假以时日,方能养成。法律制度及法文化传统,即为其中重要元素之一。资讯发达,民族傲然,中国早已不只是寻逐外邦立法模式,在大陆法系与英美法系之间,或者是在德国法与法国法之间,进行某种非此即彼的选择了。历经百余年继受之后,在总结继受法与本国政治、经济、社会与文化传统相结合的历史经验基础上,发现那些已经植根于本土实践的规则与观念,并形成契合自身发展和民族特质的民法典,这才是我们的目标。我们所追求的目标,如同回答一个最简单的问题:穿什么样的鞋子最好?答案就是:合脚的就是最好的。对于一部适用于老百姓私人生活的法典来说,这个道理同样是适用的:合适的就是最好的。

考究民法典编纂史,见仁见智;于今日之启迪,亦人言人殊。明辉在论子产铸刑书时说,"它在颠覆传统的同时,又重新塑造了传统。"② 中国固属历史大国,在碰撞、撕裂之后,继之以修复、整合,法文化传统与现代经验相结合,探求中国法系之使命落实于统一私法典之中,自为应有之义。在这样一个解法典化时代,在这样一个民法法典化前途莫测的暧昧时期,学者的使命并非只是在重回罗马法或者回到潘德可吞体系中去顾影自怜,而是如伊尔蒂所说,"他有不容推却的'理解'的义务,以及运用自己所处的时代的逻辑,将过去的废墟与未来的微弱与不确定的征兆之间进行重新整理的义务"。③ 尽管我们与他们所处的国度及背景不一,结论可能并不相同,但于法典化的情感与理念则完全一致。

原诸史乘,笔者认为,清末改制至今,民法制度从仿效德国式严谨的五编制民法典,到婚姻家庭法的分离和民法典编纂三次中断,再到"《民法通则》+单行法"立法模式,统一私法典经历了由"统"到"散"的过程。2002年"民法草案"延续而致,实则开创了一个"统分结合"的法典模式。

---

① 安格斯·麦迪森:《中国经济的长期表现:公元960——2030年》,伍晓鹰、马德斌译,上海人民出版社2011年版,第5页。
② 明辉:《社会变迁中的法律——对影响中国古代法演进主要因素的历史分析》,载张晋藩主编:《社会转型与法律变革研究(古代部分)》,中国政法大学出版社2011年版,第303页。
③ 那塔利诺·伊尔蒂:《解法典的时代》,薛军译,徐国栋主编:《罗马法与现代民法》第4卷(2003年号),中国人民大学出版社2004年版,第103页。

以此为基础,稍加改造和整合,仍然坚持《民法通则》作为民事基本法的统摄地位,建立《民法通则》《婚姻家庭法》《继承法》《物权法》《知识产权法》《合同法》《劳动合同法》《侵权责任法》和《涉外民事关系的法律适用法》九编制体例结构,通过修复式立法完成私法的统一,不仅立法成本大大降低,而且也顺应了现代社会私法之扩张和改革开放的实践。2002年"民法草案"沿袭《民法通则》而来,虽未以"成套设备"形式出台,但发展至今,极大地推动了社会主义民法体系的形成。对于制定一部新的民法典来说,政治家、立法官员及学者无疑是自由的,甚至可以任意挥洒激情与才智。但是,置身历史和时代背景之中,我们所能够做到的,一方面是尊重既有的社会经济与历史文化传统,另一方面是在这种传统中寻找或发现中国式法治,期冀融通中外古今,实现统一私法典的重述或再造。今日之中国,早已不是清末仿效西方,力求"改同一律"之时。我们本已置身世界,并融入全球一体化进程之中。此间重新发现中国法系的过程,实为探求大陆法系法典模式适应现代社会新思维的过程。这一过程的开启,不仅是在2002年推出"民法草案"之时,也不仅是在1998年启动第四次民法典编纂之际,而是在1911年《大清民律草案》改弦更张,抛却中华法系传统之始。有时候,失去就是为了找回。彼时之中国法系,又将是丰富多彩,别样风景。

中国民法典编纂：观念、愿景与思路[*]

薛 军[**]

一、导　言

伴随着中国民法典编纂工作的重新启动，与此相关的理论问题逐渐引发民法学界密切关注。虽然学界对民法典编纂的价值和意义，已经有高度共识，但对于未来中国民法典应该呈现出来的样态，或者说中国民法典的"愿景"，却并没有相对清晰、一致的判断。[①] 这就导致在一些与民法典编纂相关的重大问题上，存在不同认识。具体来说，未来中国民法典是否应该整合现行有效的民事单行法、各种类型的法律、法规中所包含的民事规范以及最高法院颁布的所有类型的司法解释？[②] 如果是这样的话，我们所试图编纂的就是一个体量较大、规则相对细密，更多地着眼于规则的可适用性的民法典。如果我们不追求这种类型的民法典，而是把未来中国民法典定位为一个基本法典，也就是限于提供一些基础性的、抽象性的规则，同时把细则性、操作性的规范仍然保留给民法典之外的民事单行法或司法解释，那么未来中国民法典就必然会呈现出某种"纲要性"的特

---

[*] 原文刊于《中国法学》2015 年第 5 期。
[**] 北京大学法学院副院长，教授、博士生导师。
[①] 最近一段时间，关于民法典编纂的主要论文，可参见，朱广新：《超越经验主义立法：编纂民法典》，载《中外法学》2014 年第 6 期；王利明：《民法典的时代精神与编纂步骤》，载《清华法学》2014 年第 6 期；陈卫佐：《现代民法典编纂的沿革、困境与出路》，载《中国法学》2014 年第 5 期；易继明：《历史视域中的私法统一于民法典的未来》，载《中国社会科学》2014 年第 5 期；茅少伟：《寻找新民法典："三思"而后行》，载《中外法学》2013 年第 6 期。
[②] 参见谢鸿飞：《民法典与特别民法关系的建构》，载《中国社会科学》2013 年第 2 期。

征,它必须通过与民法典之外的民事规范的配合——这种配合可以采取参照、转引等立法技术来实现——才能够实现对民事生活的实际调整。①另外一个需要解决的问题是,中国民法典的编纂将呈现出更多的对现行的民事法律体系的革新和改造,因此是一种严格意义上的原创性的法典编纂,抑或呈现出更多的汇编性、重述性的特征,从而在很大程度上体现出对现行民事法律体制的维持。这一选择意味着未来中国民法典体系性特征上的重大差别。具有汇编性特征的民法典,更多的是把现行有效的民事法律规范汇编在一起,不刻意追求各部分之间的体系性关联。原创性的民法典编纂,往往要根据严密的理论体系,将所有的法律材料进行重新排列组合,这意味着对先前的民事法律体制的重大变动。

以上问题,如果不能在中国民法典编纂工作展开之际,得到深入讨论,相关的工作实际上无法有效推进,也无法形成合理的民法典编纂的工作方案。而这些问题的解决,在很大程度上取决于在中国民法典编纂中,究竟选择采纳何种法典观念作为我们的目标。有不同的法典观念,自然就会有不同的法典编纂的工作规划。基于这一考虑,本文围绕大陆法系中的法典编纂思路展开分析,梳理出两种发端于罗马法,后来在大陆法系发展历史上一直不绝如缕的法典理念,然后以此为参照,讨论中国民法典编纂的应然选择。这一研究,最终以提出中国民法典编纂的愿景与思路来结束相关的论述。

二、大陆法系二元化法典编纂思路的产生

虽然法典编纂(codification)一词是英国著名哲学家和法学家边沁所创造②,但这并不意味着法典编纂是一个相对晚近的历史现象。欧洲的法典编纂运动,可以追溯到作为欧洲大陆法系之历史基础的罗马法时代。罗马法上丰富的法典编纂经验,深刻影响了大陆法系法典编纂的基本思路和模式。

罗马法在其发展历史中,曾经出现过不同类型的法律编纂活动。例

---

① 苏永钦:《寻找新民法》,北京大学出版社2012年版,第18页以下。
② Cfr., Helmut Coing, "An Intellectual History of European Codification in the Nineteenth Centuries", in *Problem of Codification*, edited by S. J. Stoljar, the Australian National University of Canberra, 1977, p. 19.

如著名的《十二表法》的制定,就是法律成文化运动历史上非常重要的标志性事件。① 古典时期的法学家尤里安受哈德良皇帝的委托,对裁判官告示进行编纂,产生了《永久告示》,这一编纂工作对罗马法的法律渊源体系产生了深刻影响,最终促成了裁判官法与市民法的融合。② 但总的来说,罗马法上最具典型意义,而且对大陆法系产生了最为深刻的历史影响的法典编纂是东罗马皇帝优士丁尼所开展的法典编纂。③ 这一法典编纂运动中所产生的法律文本:《法典》《学说汇纂》《法学阶梯》连同后来的《新律》,合在一起,在中世纪被称为《民法大全》,成为奠定欧洲大陆民法秩序的基础性材料。④ 对此,学界早有公论。但同样值得重视的是,由优士丁尼所推动的这次法典编纂运动,也对欧洲大陆后世的法典编纂历史产生了深刻影响,这一点往往被学界忽视。正是优士丁尼法典编纂活动中所展现出来的二元化的法典编纂思路,催生了大陆法系两种不同的法典观念。⑤

1. 优士丁尼法典编纂的过程

优士丁尼正式继位之后立即开始其庞大的法典编纂计划。优士丁尼法典编纂的第一步是整理汇编到那个时代为止,仍然有效的所有的皇帝敕令。这就意味着先前存在的,主要收集皇帝敕令的私人性质的法典,例如《格里高利法典》《赫尔摩格尼法典》以及官方性质的《狄奥多西法典》都将被完全取代。这一编纂计划在公元529年完成,其成果叫做《优士丁尼法典》。在534年,这一法典被重新修订,出了一个新的版本。534年的新版本是这一编纂成果的最终形态。

在完成第一版《法典》的编纂之后,优士丁尼于530年颁布了 Deo

---

① Cfr., Mario Talamanca(sotto la direzione di), *Lineamenti di storia del diritto romano*, seconda edizione, Milano, 1989, 99ss.
② H.F.乔洛维茨、巴里·尼古拉斯:《罗马法研究历史导论》,薛军译,商务印书馆2013年版,第459页。
③ 从历史传承来说,优士丁尼的法典编纂工作,在一定程度上的确受到了先前时代的狄奥多西的法典编纂思路的影响,但由于后者没有完成其宏大的法典编纂计划,所以没有产生重大的历史影响。Cfr., A. Petrucci, *Corso di diritto pubblico romano*, Torino, 2012, p.255.
④ 格罗索:《罗马法史》,黄风译,中国政法大学出版社1994年版,第453页。
⑤ 参见薛军:《优士丁尼法典编纂中"法典"的概念》,载徐国栋主编《罗马法与现代民法》(第2卷),中国法制出版社2001年版,第5页。

autore 敕令，迅速启动了编纂《学说汇纂》的工作。① 优士丁尼为此特别任命了一个以司法大臣特里波尼安（Tribonianus）为首的编纂委员会来负责这一工作。与专门收集皇帝敕令的《法典》不同，《学说汇纂》主要收集古典时期的法学家著述的片段。根据罗马法的法律渊源体系，古典时期的一些著名法学家的著作也被认为是一种具有法的效力的法的渊源。② 但优士丁尼时代距离古典法学家生活的时代已经有三个多世纪了。随着时间的流逝，法学家著作的文本在流传中往往发生了变异，或者已经不能适应当下的需要，因此优士丁尼《学说汇纂》编纂委员会的主要任务是，从留存的古典时代的法学家著作中抽取被认为仍然有用的片段，汇编在一起，以此来实现对法学家著作这一法律渊源形态的彻底整理和归纳。这一庞大的工作以令人不可思议的速度迅速完成。公元533年，通过 Tanta 敕令，优士丁尼正式颁布了《学说汇纂》。

严格来说，通过《法典》与《学说汇纂》的编纂，优士丁尼已经完成了当时罗马法上的两大类型的法律渊源，也就是皇帝敕令（leges）和法学家学说（iura）的编纂，但他的法典编纂计划并未就此终结。在完成《学说汇纂》的编纂之时，优士丁尼通过颁布 Omnem 敕令，组建了一个三人委员会，其中特里波尼安担任监督者，另外两人分别是来自康斯坦丁诺波里的特奥菲罗（Teofilo）与来自贝鲁特的多罗特奥（Doroteo）两位法学教授。二者合作编写了一本叫做《法学阶梯》的著作。在罗马法史上，这种类型的著作在古典法时期就已经出现而且非常流行，其中最著名的是由法学家盖尤斯撰写的《法学阶梯》。③ 但在优士丁尼的组织之下撰写的《法学阶梯》却呈现出一些异乎寻常的特点：它以优士丁尼皇帝第一人称的口吻来撰写，因此可以称得上是皇帝口授律法，事实上它也的确被优士丁尼通过 Imperatoriam 敕令正式颁布，因此具有完全的法律效力。更加重要的

---

① 优士丁尼在组织法典编纂的过程中发布了一系列的敕令。这些敕令对于理解优士丁尼法典编纂的指导思想具有重要价值。相关敕令的汉语译文，参见"优士丁尼组织编订并颁布《学说汇纂》和《法学阶梯》的四个敕令"，程虹等译，徐国栋校，载《民商法论丛》第10卷，法律出版社1998年版，第823—852页。其中，关于《学说汇纂》的编纂的 Deo auctore 敕令由范敏翻译，徐国栋校对；关于《学说汇纂》的批准的 Tanta 敕令由程虹翻译，徐国栋校对；关于《法学阶梯》的编纂的 Omnem 敕令由范敏翻译，徐国栋校对；关于《法学阶梯》的颁布的 Imperatoriam 敕令由徐国栋翻译。下文只引用相关敕令的拉丁文名称。

② Gai.1,2. J.1,2,8.

③ 盖尤斯：《盖尤斯法学阶梯》，黄风译，中国政法大学出版社2008年版。

是,优士丁尼将这一《法学阶梯》视为其法典编纂计划的有机组成部分,只是在颁布《法学阶梯》之后,优士丁尼才认为他的法典编纂工作最终完成。①

2. 优士丁尼法典编纂活动中所产生的三大法律文本的基本特征

在优士丁尼所推动的法典编纂运动中产生了三大法律文本,分别是《法典》《学说汇纂》与《法学阶梯》。分析这三个文本的结构和基本特征,有助于理解优士丁尼法典编纂的基本思路。

《优士丁尼法典》在结构上分为 12 编,据说这是为了纪念《十二表法》。② 从总体内容来说,第 1 编规定的是法的渊源与宗教法;第 2—8 编为私法;第 9 编是刑法;第 10—12 编是行政法。从包含的领域来看,《优士丁尼法典》包括了宗教法、官职法、诉讼法、私法、刑法、行政法、军事法等领域,因此并非针对某一特定的法律领域的法律规则的汇编。在这个意义上,这部法典是一部"总法典"而非部门法典。就进一步的结构划分和相关材料的编排而言,法典在每一编之下,分为若干题,每题之下收集的敕令则按照颁布的年代顺序来予以排列。这样的结构安排,突出地表现出其汇编式的结构特征。按照发布的年代顺序来编排敕令的做法,主要是为了求得完整和全面。

《优士丁尼学说汇纂》共包括 50 编的内容,每编之下分为若干题(关于遗赠和遗产信托的第 30、31、32 编除外,这些编之下没有题的设置),题之下又划分为若干片段。关于《学说汇纂》的结构,在 Tanta 敕令中,优士丁尼将其划分为 7 个大部分。但这些部分的划分并没有一个严格的逻辑关系。根据学者研究,这样的划分其实是受到先前存在的教学汇编材料的影响。优士丁尼的划分方法对于理解《学说汇纂》内容之间的逻辑关系帮助不大,"只是前 3 部分有名称并且内容具有系统的联系。在其他各部分中,第 5 部分是最系统的部分,而第 4 部分、第 6 部分和第 7 部分则把各种不同的制度混杂在一起加以论述"。③ 具体到每个题下面的内容,《学说汇纂》的编纂者对其中的法律片段并未进行深度加工,大量的真实判例和设想的案例充斥其中,与被评注的文本并列,简洁的法律原则、精

---

① Cost. Imperatoriam, 4.
② 参见周枏:《罗马法原论》,商务印书馆 1994 年版,第 68 页。
③ 参见格罗索:《罗马法史》,黄风译,中国政法大学出版社 1994 年版,第 444 页。

炼的法律概念和法律划分杂然相陈、共处一处。总的来说《学说汇纂》的体系化程度非常有限。

《优士丁尼法学阶梯》分为4编,篇幅上显然比《法典》与《学说汇纂》要简短得多。这一著作沿用了由著名法学家盖尤斯所创立的"人—物—诉讼"的宏观结构模式。优士丁尼对这一结构给出了如下解释:"我们所适用的全部法律,或是关于人的法律,或是关于物的法律,或者是关于诉讼的法律。首先考察人,因为如果不了解作为法律对象的人,就不可能很好地了解法。"[①]这一表述非常值得重视,因为优士丁尼在这里明确地强调了法律的认知问题,并且认为法律体系的结构安排必须有助于理解法律的内容。

《优士丁尼法学阶梯》中每一个编之下各题的安排,都遵循着严格的逻辑顺序。这一逻辑顺序表现为从一般到具体,由总到分的演绎式的、分析式的结构。《法学阶梯》的文本脉络因此也建立在一些提纲挈领并且主要服务于体系化之建构的法律分类之上。例如,在人法部分,人首先被划分为自由人与奴隶,自由人分为生来自由人与解放自由人;人还被划分为自权人与他权人。在物法部分,有可有物与不可有物的划分,从取得方法上有按照自然法取得物和按照市民法取得物的划分,从物的性质角度则存在有体物与无体物的划分。在债的领域将债划分为市民法上的债与裁判官法上的债。基于债的发生根据将债划分为契约之债、准契约之债、不法行为之债和准不法行为行为之债。契约之债又进一步划分为要物、口头、书面和诺成之债。[②] 总的来说,《法学阶梯》在法律材料的安排上采用的技术,成熟而且高超,体系化建构的成效十分突出,各种法律材料被有机地组织在一起,成为一个体系,法律的各个部分之间的逻辑关系被清楚地揭示出来。

3. 优士丁尼法典编纂中三大法律文本之间差异的根源

通过上文的分析,可以看到优士丁尼法典编纂运动中产生的三大法律文本之间存在显著的差异。由此可以提出的问题是:为何在一个连续展开的法典编纂活动中,会产生在结构和类型上差异如此显著的文本?

[①] J.1,2,12.

[②] 关于《优士丁尼法学阶梯》的文本,可参考优士丁尼:《法学阶梯》(第2版),徐国栋译,中国政法大学出版社2005年版。上述分类,可以在这一著作的目录中清晰地看到。

答案在于，优士丁尼的法典编纂活动中其实贯穿了两种不同的关于法典的观念。正是不同的法典理念，导致三大法律文本之间的巨大差别。

优士丁尼编纂《法典》(Codex)与《学说汇纂》(Digesta)的主要目的是收集和整理现行有效的法律规则，消除现行法之中可能存在的矛盾和冲突之处（虽然未必一定能够做到这一点，但至少尽量追求这一点）。为此在与法典编纂有关的一系列敕令中，优士丁尼反复阐明其编纂法典的目的是为了追求法律文本的确定性和唯一性，并且在《法典》（第一版）编纂结束之后，明令禁止争议的当事人和律师援引已经被废止的敕令汇编，违反者将被视为构成了伪造罪。[①] 为了确保文本的本真性，优士丁尼禁止对法律文本加以评注。这主要是因为在古代的手抄本的技术条件之下，夹杂在法律文本中的评注文字，很可能被后来的抄写者混淆到法律的正式文本之中，从而损害法律文本的原貌和权威性。

优士丁尼时代存在的两大法律渊源就是皇帝敕令(leges)与法学家学说(iura)，所以通过汇编式的《法典》来实现对皇帝敕令的收集和整理，通过重述式的《学说汇纂》来实现对古典时代法学家学说的整理，自然而然地成为其法典编纂计划的核心内容。在完成这一类型的法典编纂时，优士丁尼念兹在兹的是通过法典编纂实现法律渊源体系的合理化，提高法律的确定性，尽量避免法律文本之间的冲突。相比之下，法律规范的可接近性问题，体系化构造问题，并不是其关注的重点。事实上，《法典》与《学说汇纂》也没有在这方面作出值得重视的尝试。[②]

但《法学阶梯》则呈现出完全不同的特征。优士丁尼也将其称为"法典"，但却基于完全不同的理念来编纂这一法律文本。《法学阶梯》从起源来看，是罗马法学家撰写的一种入门性质的法学教科书。在罗马法古典法时代，就已经出现了不少由法学家撰写的《法学阶梯》，其中最著名的一本系由盖尤斯撰写，它奠定了后世所有大陆法系的民法学理体系的基础。优士丁尼《法学阶梯》无论从体例还是从结构上，都借鉴了盖尤斯的《法学阶梯》。[③] 而且优士丁尼的《法学阶梯》事实上也是由两位法学教授所撰

---

① Const. Summa rei publicae, 1,3.
② Cfr., Casavola, *Verso la codificazione traverso la complilazione*, in La codificazione del diritto dall'antico al moderno, Napoli, 1998, 303ss.
③ 关于优士丁尼《法学阶梯》对盖尤斯《法学阶梯》的借鉴，参见徐国栋：《优士丁尼〈法学阶梯〉评注》，北京大学出版社 2011 年版，作者序言。

写,这代表了自罗马古典法时期以来,一以贯之的法学教科书的撰述传统。但优士丁尼的独特之处在于,通过把《法学阶梯》纳入他的法典编纂框架,在事实上引入了一种独特的法典观念。这种法典观念,不追求对法律规范面面俱到的搜罗,甚至有意识地限制法典所涵括的法律领域的范围①,但这种法典观念,高度强调法律规范的可接近性,以及严密的具有逻辑性的体系化构造。这种法典观念不特别关注法的完备性以及由此带来的法的安全价值的维护,但却关注将法律规范以法典法的形式加以呈现出来之后,所能够发挥的教化与认知功能。对于这一目的,优士丁尼在颁布《法学阶梯》的 Imperatoriam 敕令中有明确阐述。在关于编纂《法学阶梯》的 Omnem 敕令中,优士丁尼则更加强调了作为其法典的一部分的《法学阶梯》在其法学教育改革计划中的重要地位。

如果说优士丁尼的法典编纂运动中的《法典》与《学说汇纂》的编纂,与先前时代的《十二表法》的编纂,《永久告示》的编纂,类型上相似,主要服务于现行法渊源的整理,但其法典编纂规划中,《法学阶梯》的编纂则是一个具有原创性的关于"法典"的样态与功能的观念。而且恰恰正是这一观念,深刻影响了后世欧洲大陆法系国家的民法典编纂史。因为当近现代的欧洲进入大规模的民法典编纂时代之后,更多地追随了《法学阶梯》所体现的法典观念,而且欧洲后世几乎所有的民法典,从体系和结构上,都受到《法学阶梯》体系的影响。② 就此而言,进一步阐述罗马法上的"二元"法典编纂观念的内涵,对于分析大陆法系法典观念的历史沿革,以及定位中国民法典编纂的基本思路,具有重要的理论意义。

三、二元化法典编纂思路的内涵及其现代影响

通过对优士丁尼法典编纂历史以及编纂中产生的文本的结构特征和

---

① 事实上,相对于《法典》与《学说汇纂》所涵盖的领域,《法学阶梯》往往只涉及私法领域中的一部分内容。因为完全可以认为《法学阶梯》为了体系化以及可接近性的追求,牺牲了全面性、具体性的要求。

② 《法国民法典》的体系显然受到《法学阶梯》所采纳的"人—物—诉讼"的三分法的影响,可以说是《法学阶梯》模式的忠实追随者。但事实上,即使是《德国民法典》所采纳的潘德克吞体系,也同样建立在《法学阶梯》体系的基础之上。参见薛军:《略论德国民法典潘德克吞体系的形成》,载《中外法学》2003年第1期。方新军:《盖尤斯无体物概念的建构与分解》,载《法学研究》2006年第4期。

功能的分析，我们可以看到，是两种不同的法典观念，支持着优士丁尼的法典编纂活动。大体来说，以优士丁尼《法典》和《学说汇纂》为中心的编纂工作，代表了一种汇编式、重述式的法典观念。这种类型的法典编纂的目的主要是为了提高法律规范的确定性，为此就试图通过法典编纂将既存的主要法律规范予以收集整理，消除其中存在的重复、矛盾和不协调之处。就其功能而言，这种类型的法典编纂主要解决服务于法律实践的法律形式渊源问题，它为法律的实践活动提供"法律在哪里"（where is the law）的答案。以优士丁尼《法学阶梯》为中心的法典编纂工作的目的则在于为法律的学习者提供一部教材，它所要解答的是"法律是什么"（what is the law）这一问题。①

由于不同的编纂目的，导致这两种类型的法典设立的阅读主体存在区分。汇编式、重述式的法典关注的是实际的法律工作者或者说是法律从业人员。他们已经被推定具备了相当程度的法律知识，因此法典的主要目的是提供清晰、完备和具有可操作性的法律规范。但教科书式的法典预设的阅读主体则是普通人，正是因为普通人不具备法律知识，所以对法律规范的存在形态，提出了更高要求。法典的内容必须追求体系化和逻辑化，以实现更高程度的可接近性。进一步而言，从优士丁尼法典编纂的二元结构中可以看出对"法律"存在两种不同的角色定位。一种是"职业化"的法律形态，它考虑得更多的是法律的适用，以及为此而追求法律规范的完整和具体。另外一种则是"大众化"的法律形态，它认为法律必须能够为普通大众理解和接受，为此法律必须具有高度的可接近性。体系化的建构其实也是为达到这一目的而作的努力。

当然，汇编式的法典编纂并不全然放弃对于体系化的追求，但是如果法典编纂必须同时满足其他的条件，例如全面、完整，法律的可操作性的时候，可以在一定程度上牺牲体系化的程度。法律的适用当然需要体系化的支持，但只具有较低的体系化的法律文本通常不构成对法律适用的妨碍，因为可以推定法律家的心中自有学理体系的存在。但是对于教科书式的法典编纂而言，它必须将体系化的特征直接体现在法典的文本和

---

① Gianmaria Ajani, *The Soviet Experience with Codification: Theoretical and Comparative Perspectives*, Edited by Richard M. Buxbaum and Kathryn Hendley, University of California at Bekeley 1991, p. 185.

结构之中,并且这种要求相当严格,以至于当与其他方面的要求发生冲突时,体系化必须成为优先满足的目标。从立法技术来看,同时赋予法典以司法文本与公民法律教育读本双重的内涵,实际上是为法典设定了可能相互冲突的不同目标。作为司法文本的法典所要求的全面、完整乃至具体决疑与作为公民法律读本而要求的简明性和可接近性是一对矛盾。对于这一矛盾,优士丁尼的解决办法是文本分立,也就是,为了不同的目的分别编纂法典。从这个角度来看,二元化的法典编纂可以看作是为了解决相互冲突的法典编纂的价值目标而采纳的一种法典编纂技术。

由罗马法所开创的这种二元化的法典编纂思路对现代欧洲的民法典编纂运动产生了深刻影响。在相当长的历史时期中,优士丁尼法典编纂中的《法学阶梯》被认为是其法典编纂工作的一个次要部分。虽然它在教学中一直处于中心地位,但由于包含在《法典》和《学说汇纂》中的对具体的法律问题较多的详细说明和深入论述,使得《法学阶梯》没有成为注释法学和评注法学时代的法学家的研究重点。这一时期,人们关注的焦点主要集中于《学说汇纂》和《法典》。但在后来的岁月中,《法学阶梯》的重要性日益增加。这要归结于其高度的体系化特征,"从 17 世纪开始的现代的被强调的体系化精神在《法学阶梯》中找到了比《民法大全》的其他部分更加得到发展的基础"。①《法学阶梯》的强烈体系化特征和隐含在这种体系化之后的法典的教科书功能,使它成为近代大陆法系强调体系化和学理化特征的法典编纂的精神渊源。经过优士丁尼《法学阶梯》所引入的教科书与法典之间的联系也成为大陆法系民法典编纂中挥之不去的一个话题和关切。

近代欧洲法典编纂运动的先驱者对罗马法所开创的二元化的法典编纂思路,有着清晰的认知,并且试图予以仿效。作为普鲁士法典编纂的领袖之一的苏亚雷斯(Suarez)为了解决法律的普遍性与特殊性之间的冲突,在其论文《法律可以而且应该简短》中提出,最好有两部法典,一部用于实际的法律实践,另一部发给每个公民;前者应该全面,甚至是个案决疑式的;后者则采用能为每个公民都能学习的问答式。② 这一法典编纂

---

① 桑德罗·斯奇巴尼教授为徐国栋教授所翻译的《优士丁尼法学阶梯》所写的序言,参见优士丁尼前引书,序言,第 III 页。
② Cfr., Helmut Coing, op. cit., p. 21.

计划可以看作是对优士丁尼二元化的法典编纂思路的直接移用。英国著名的法典编纂专家边沁也考虑过采用不同的法典文本来解决类似问题。他曾经主张普通法典与特别法典的分离,普通法典包括与所有公民有关的规则,特别法典只包括与特殊职业有关的规则。但后来边沁放弃了分别编纂法典文本的设想,而试图在同一部法典中来实现不同的目的。他所设想的法典由简短的法律规则组成,这些法律规则可以很容易地为公民个人所理解,同时应该对这些法律规则加上具有权威性的评注,以便于法律规则在具体的司法案件上的适用,另外详细的评注还可以限制法官在司法中的自由裁量权。显然边沁已经注意到法典的司法文本角色,在一定程度上与法典的教科书角色难以协调,因此想方设法解决这一问题。① 事实上,带有注释的法典这一思路,后来的确有仿效者,1861年的《阿根廷民法典》以及美国的《加利福尼亚州民法典》就带有大量的注释。② 如果我们不那么形式主义地来对待法律规范的存在形态,就可以注意到,在欧洲大多数国家,民法典中的抽象规则之上往往附带有大规模的阐释性的评注,这些评注为司法实践提供了实质性的规范。从这一点来看,边沁毫无疑义具有先见之明。

虽然在欧洲大陆民法典编纂运动之中,采取"文本分立"的方法来贯彻法典编纂所要追求的不同价值目标,并未成为主流做法,但通过民法典来实现公民法律启蒙与教育的诉求,却一直不绝如缕。《法国民法典》编纂时,拿破仑曾经追求能够做到法国农民人手一册,能够在烛光之下阅读。③《德国民法典》虽然被认为具有高度的技术性,但在《德国民法典》第一稿草案出台之后,主要的批评意见恰恰就是:这一法典更加像是一本潘德克吞法学教科书而不是法律。④ 作为公民的法律教育读本的法典观

---

① Cfr., Helmut Coing, op. cit., p. 22.
② 参见《最新阿根廷共和国民法典》,徐涤宇译,法律出版社 2007 年版。值得注意的是,《阿根廷民法典》所带的注释不是边沁意义上的法条评注功能,而是指出相关法律规范的罗马法原始文献来源以及相关的比较法上的类似或相同条文的参考,因此相关的注释虽然没有正式的法律效力,但普遍被认为具有高度的法解释学上的价值。关于对这一民法典的注释的学理分析,参见桑德罗·斯奇巴尼教授为该法典的汉语译本所撰写的导言《在阿根廷生效的萨尔斯菲尔德民法典》,薛军译,第 15 页。
③ 参见比较法研究杂志编辑部编后小记:《文章大小论》,载于《比较法研究》1990 年第 3 期。
④ Cfr., K. Zweigert & H. Koetz, *Introduction to Comparative Law*, translated by Tony Weir, third edition, Oxford, 1998, p.142.

念,也对中国学者产生了深刻影响。在梁慧星教授提出的中国民法典编纂大纲中,在解释法典的逻辑性和体系性的时候,他明确提到,"着重法律的逻辑性和体系性,法律规则明确、人民易于学习、了解,可以达到通过民法典教育人民的目的"。① 这显然是延续了自优士丁尼以来的教科书特征的法典概念的传统。

梳理罗马法的法典编纂思路,其实也是对大陆法系的法典编纂理论传统和法典观念的追根溯源的反思。二元化的法典编纂思路背后其实是对法典功能与意义的不同设定。优士丁尼以及现代法典编纂运动的开创者们,对于不同的法典观念,应该以不同的法律文本类型来予以对应,这一点有着清晰的认识。但在 18 世纪兴起的自然法学派的理性主义的影响之下,法典编纂中对于法典的体系化和抽象化的追求,与演绎理性联系起来,被视为理所当然,甚至成为法律理性化程度的标志。② 高度体系化和抽象化的法典,被认为创造了一种理性化程度更高的法律规范存在的形态——法典法。相比之下,没有实现法典编纂的普通法,则被认为是理性化程度较低,因此饱受诟病和冷落。③ 法典编纂也与启蒙运动所推崇的民众启蒙教化联系起来,民法典被看作是普通市民的法律教科书。④ 法典化的形态增加了法律的可接近性,提高了法治的水平。大陆法系的民法典编纂运动正是在这样的观念之下进一步发展,并且随着法典继受和法律移植,在全世界范围内流播。⑤ 这些来自欧洲大陆的法典观念深刻影响了中国学者对理想型的"民法典"形态的认知。在很多时候,我们对其如此习焉不察,甚至认为理所当然。但毫无疑问,我们应该对这种法典观念加以深刻反思。这乃是中国民法典编纂工作最重要的前提性工作。

---

① 参见《中华人民共和国民法典大纲(草案)》,载《民商法论丛》(第 13 卷),法律出版社 2000 年版,第 804 页。

② Cfr., G. Tarello, *Codificazione*, voce in Digesto delle Discipline Privatistiche (sezione civile), UTET, Torino, 1989, 465ss.

③ 关于理性主义对大陆法系民法典编纂运动的影响,参见 Giovanni Tarello, *Le ieologie della codificazione nel secolo XVIII*, Genova, 1971. Armando De Martino, *Illuminismo e codificazione*, in La codificazione del diritto dall'antico al moderno, Napoli, 1998, 339ss.

④ Cfr., Franz Wieacker, *Storia del diritto privato moderno*, volume primo, Milano, 1980, 493ss.

⑤ Cfr., John Henry Merryman, *La tradizione di civil law*, a cura di Anna De Vita, Milano, 1973, 43ss.

四、二元化法典编纂思路与中国民法典编纂

把中国民法典的编纂放在世界民法典编纂史的宏观背景之中来加以考察,需要根据时代的变化以及中国现实的需要,调整我们的法典观念。本文开篇之处已经提到,没有恰当的法典观念的指导,我们就不可能有效地开展民法典编纂工作。围绕中国民法典编纂发生的许多讨论,其实是不同的法典观念在发生碰撞的表现。[①] 只有厘定清晰了一些前提性的问题,才能够真正统一思想认识,减少一些无谓的,也不可能有结果的争论,中国民法典编纂才可能真正"上路"。

首先需要解决的问题就是,如果以罗马法二元化的法典编纂思路作为分析框架,那么中国民法典编纂是更加倾向于由优士丁尼《法典》与《学说汇纂》所代表的汇编式、重述式的编纂思路还是倾向于由优士丁尼《法学阶梯》所代表的编纂思路?虽然在欧洲大陆的民法典编纂传统中,任何一次法典编纂都或多或少会融合这两种思路,都对两种思路所追求的法律价值试图有所兼顾。但不可否认,我们的基本立场和出发点,仍然需要得到清晰的界定。

笔者认为中国民法典的编纂工作,应该以现行民法规范的汇编与重述为中心来展开。换言之,当下中国民法典的编纂更多的应该是汇编式(compilation)、重述式(restatement)性质的法典编纂。

首先,就中国民法典编纂的基础和前提条件来说,最主要的问题并非民商事领域的法律规范的欠缺。事实上,在主要的民法领域,我们已经制定和颁布了一系列民事单行法。《婚姻法》《继承法》《民法通则》《担保法》《合同法》《物权法》《侵权责任法》等即是著例。这些民事单行法有些已经适时修订,即使没有经过修订,也通过颁布相应的司法解释的方法,大体上能够适应现实生活的需要。就此而言,中国民法典编纂的主要任务并不是大规模地创制民事法律规范,而是对现有的民事法律规则进行整理,消除其彼此之间存在的矛盾冲突和不一致之处。这样的工作比较适合通过汇编式、重述式的法典编纂来实现。

当然,不可否认的是,需要以民法典编纂为契机,引入一些制度,完善

---

① 参见梁慧星:《当前关于民法典编纂的三条思路》,载《中外法学》2001年第1期。

一些制度,特别是先前系列单行民事立法中留下来的缺憾,应该得到全面的弥补。举例来说,民法学界长期呼吁的,建立一个完善的人格权民法保护制度,这一历史任务毫无疑问应该在民法典编纂中得到完成。其实,关于建立人格权保护制度的必要性,学界并没有分歧,存在不同看法的只是针对这一部分在民法典中的体系结构安排问题,而这种形式上的问题只具有比较有限的意义。但即使如此,人格权制度的建立和完善工作,仍然是整理和重述性质的。因为从《民法通则》以来,无论是立法文本还是司法解释还是典型案例,都已经非常全面地涉及了人格权制度中的各种具体人格权。就此而言,人格权立法并非我们所想象的那样,是一个全新的工作,而仍然主要是整理与重述现有的人格权法规范。[1]

其次,就维持中国民事法律秩序的稳定性与连续性而言,汇编式的、重述式的法典编纂更加契合当下需要。由于历史因素,中国民法的发展走了一条民事单行法先行,然后再统合为民法典的发展道路。这一发展路径的形成,在很大程度上与中国渐进式、探索式的经济体制改革模式有关。[2] 在"摸着石头过河"的改革模式主导之下,作为上层建筑的民法体制,的确不存在进行大规模的民法典编纂的外部条件。严格说来,只有在1992年真正确定了社会主义市场经济的主导性地位之后,中国民法典编纂的体制性条件才真正成熟。这是一个既定事实,我们只能在这一前提条件之下来考虑我们的民法典编纂工作。围绕着自20世纪80年代以来颁布的一系列民事单行法,经过十年到三十年不等的司法实践和学术研究,中国民法学界已经逐渐形成了自己的司法实践和理论学说的积累,虽然短暂,但也已经有了自己的传统。虽然这一传统不可避免地存在各种问题,但它毕竟立足于中国现实生活而发展起来,弥足珍贵,不能忽视其价值,更不应该通过法典编纂予以抛弃。从这个角度来说,在中国民法典编纂中应该尽最大努力,避免推翻既有的民事法律体系框架。[3] 这一点通过汇编式、重述式的法典编纂可以做到。

---

[1] 关于债法总则的问题,相对比较特殊,在下文相关部分再予以详细讨论。
[2] 关于中国民法发展与经济体制改革之间的关系模式,参见薛军:《两种市场观念与两种民法模式》,载《法制与社会发展》2008年第5期。
[3] 欧洲著名的比较法学家鲁道夫·萨科在一篇面向中国读者的、讨论法典编纂的学术论文中以这样的一句话结尾:"不要改变那些市民们以及法学家们已经习惯了的体系,这应该是个明智的规则。"参见鲁道夫·萨科:《思考一部新民法典》,薛军译,载《中外法学》2004年第6期。

再次,从现实可能性的角度看,如果把现有的以民事单行法为中心的民法体系结构全部揉碎打乱,然后按照一个全新的体系框架来重塑中国的民法体系,换言之,中国民法典编纂采取一种原创性、革命性的编纂思路,这一工作很难在可以预见的短时期内完成。在很多涉及民法典的体系建构的问题上,民法学界一直存在激烈争议,光是人格权是否单独成编,知识产权法是否纳入,是否需要债法总则等问题,学界已经展开了许多学术讨论,但仍然难以达成一致意见。从实际操作的角度看,采纳原创性的编纂思路也存在不小的障碍。原创性的法典编纂,由于工作量巨大,不太可能把所有各编全部编纂完毕之后,一起推出,而很可能是逐编渐次推出,这就意味着必然存在一个相当长的过渡期。在此期间,法律规范的适用问题,尤其是法典中的规范与既存的规范之间的关系,会变得极度复杂。在中国当下的语境中,民法典编纂必须要"趁热打铁",利用体制层面上存在推动民法典编纂的强有力的政治意志的有利条件,抓紧完成编纂工作。① 如果推进过于缓慢,在现实情况发生变化之后,各种不可预测的因素很可能使得民法典胎死腹中,法典编纂功亏一篑。这样的例子在世界法制发展历史上并不鲜见。

当然,以上理由更多的是基于中国民法典编纂所面临的现实处境和前提条件,因此表现出强烈的权宜之计的色彩,很容易遭受不纯粹、实用主义、没有追求之类的批评。但从某种意义上来讲,这些考虑尚不构成笔者支持中国民法典编纂应该采取汇编式与重述式的法典编纂思路的最根本的理由。更加实质性的理由在于,优士丁尼以来教科书式的法典观念,也就是民法典必须在某种意义上充当公民的法律读本,具有法律启蒙教化的价值,民法典编纂必须追求让民法典对于普通民众明白易懂,为此要通过法律概念的层层分类和推演,来建构严格的体系化的,以抽象规则为的法典法的构架,这样的法典观念在现代民法典编纂中已经逐渐被超越。② 如果中国民法典的编纂者对世界范围内法典编纂运动的最新发展趋势,有清醒的认知,必然会支持笔者提出来的汇编式、重述式的法典编纂思路。

---

① 从欧洲大陆的民法典编纂历史来看,很多情况下,政治层面上的强有力的推动,是民法典编纂成功的重要因素。拿破仑对于《法国民法典》的编纂,俾斯麦对于《德国民法典》的编纂,格郎蒂(时任意大利司法部长)对于1942年《意大利民法典》的编纂都是著名的例子。

② Cfr., Pio Caroni, *Saggi sulla storia della codificazione*, Milano, 1998, 93ss.

法典编纂历史的事实表明，无论编纂者以何种方式试图使得其编纂的民法典晓白易懂，对于普通民众来说，如果不接受专门的法律教育，民法典仍然是个不可接近之物。在很多情况下，即使普通人能够读懂民法典中的条文的字面含义，但要达到对其规范含义的全面和准确把握，距离还是非常遥远。从这个意义上来说，即使法国的农民能够在烛光之下阅读拿破仑主持编纂的《法国民法典》，这样的阅读对于实际的法律运行来说，作用并不大。① 在遇到具体的法律上的专业问题时，通过这样的阅读所获得的对于法律的认知，其实是不可靠的，仍然需要接受专业律师的帮助才会靠谱。事实上，由于法学具有强烈的解释学的特征，根据现实生活的需要，针对法律文本中的含义和表达，进行精细的法解释论层面上的辨析和界定，是一项高难度的实践性技艺（ars）。对于这一技艺，很多法律门内之人都未必掌握得很好，怎么可能期待一个普通人仅仅通过阅读民法典的条文字面，就能够把握法律的准确含义？任何强调民法典需要承担公民的法律启蒙、教化功能，应该"平易近人"，避免采用专门术语的说法，都是不现实的。② 将相关的功能设定为民法典编纂所试图追求的目标，也注定不可能实现。法治社会的建设当然需要公民具有尽可能高的法律素养，但这样的素养只有通过系统的法律教育才能够养成，而不应该指望通过让法律文本的通俗易懂来实现。在民事立法史上，虽然的确曾经有过类似尝试，但最终都是以失败结束。将民法典定位为一个比较纯粹的、服务于法律实务活动的文本，将其所承载的多元化的功能予以纯化，给民法典"减负"，或者说更加现实主义、实用主义地来对待民法典，是大陆法系法典编纂历史发展的明显趋势。③ 一言以蔽之，大陆法系关于法典的"迷思"（myth）正在消退之中。

作为这样的趋势的表现，首先需要提到的当然是所谓的解法典化（Decodification）理论。这一理论强调，现代民事领域日益增多的特别法现象，正在侵蚀民法典在民事法律体系以及司法实务中的地位，使其沦为

---

① 关于法国著名作家、《红与黑》的作者司汤达，每天阅读几页《法国民法典》，以改善自己的文风的故事，恰恰说明这样的阅读不是以获取民法典中的条文的规范性含义为目的的。对于民法典的内容来说，有意义的是几个条文，而不是几页。

② Cfr., Ungari, *Per la storia dell'idea di codice*, in Quaderni fiorentini 1972, Milano, 1972, 207ss.

③ Cfr., Patti, *Tradizione civilistica e codificazione europee*, in Rivista di diritto civile, 2004.

实质上的剩余法(residual law)。如果只是在没有特别规定时,民法典中的一般性的、抽象性的规定才有适用的机会,那么随着特别法规定越来越多,民法典的地位和意义实际上也日益下降和趋于边缘化。① 民事领域特别法现象的增加,在很大程度上与议会民主制的政治结构导致立法的零散化、碎片化有关。应该说,这一理论相当准确地描述了民法典在发展过程中所遇到的新问题以及面临的新处境。学界对于解法典的理论提出了很多批评意见。例如有学者认为法典作为一种立法组织方式,并没有过时,其表现就是,大陆法系国家仍然继续不断地在进行法典重编(recodification)活动。② 的确如此,大陆法系国家的民法典,都或多或少地接受了重编。但经过重编之后的民法典,无论在体系建构还是在精神气质方面,都与先前的民法典存在很明显的差别。

举例来说,1992年《荷兰民法典》是对1838年民法典的重编。二者相比,在结构上发生了重大变化。新的《荷兰民法典》包括了10编的内容,其中第1编是人法和家庭法,第2编是法人,第3编是财产法总则,第4编是继承法,第5编是物权法,第6编是债法总则,第7编是有名合同,第8编是运输法,第9编是智力成果法,第10编是国际私法。③ 暂且不说具体内容上有什么变化,仅就大结构而言,新的《荷兰民法典》已经呈现出浓厚的汇编性的特征。智力成果法(也就是知识产权法)和国际私法都被纳入,而运输法(包括涉及内河航运、道路运输、航空运输和铁路运输的法律)作为单独的一编,纳入民法典的体系之中,则更加显示了新民法典已经不那么严格地对待体系性建构问题。2002年《德国民法典》经历了一次重大修订,涉及消费者保护的一般交易条款法、上门交易撤回法、异地交易法、分时度假居住权法和消费者贷款法等法律,都被纳入《德国民法典》的文本之中。这次修订,有的是将相关特别法的内容,整体纳入民法典文本,成为单独的一个部分,例如德国《债法现代化法》第2章的内容,

---

① "解法典"(decodification)是意大利学者民法学家那塔利诺·伊尔蒂(Natalino Irti)教授在《解法典的时代》(L'età della decodificazione)一文中提出来的。参见那塔利诺·伊尔蒂:《解法典的时代》,薛军译,载于徐国栋主编《罗马法与现代民法》(第四卷),中国人民大学出版社2004年版,第80页以下。

② Cfr., Sacco, *Codificare: modo superato di legiferare?* In Rivista di diritto civile, 1983, I, 117ss.

③ 参见《荷兰民法典》(第3、5、6编),王卫国译,中国政法大学出版社2006年版,译者序,第3页。

直接转化为《德国民法典》第 2 编第 2 章。有的特别法上的规定,直接以增加条款的方式被纳入民法典,例如关于上门交易、异地交易的特殊规定,直接以第 312a 到 312f 条的方式纳入民法典。这种重编技术,不仅深刻地影响了《德国民法典》的文本结构特征,而且直接打破了《德国民法典》先前统一的关于民事主体的设定,引入了消费者与经营者的区分。①虽然《德国民法典》的修订方法遭受了不少批评,但这也从一个侧面表明,即使在德国,人们也更多地从实用主义的角度来看待民法典,并不是那么在意体系性的诉求。

《法国民法典》在颁布之后,一直没有经历过大的修改,但受其深刻影响的 1865 年《意大利民法典》以及 1866 年《魁北克民法典》都经历了法典重编。通过这些重编,也可以大致看出某种发展趋势。在 1942 年《意大利民法典》采取的 6 编制(人与家庭、继承、物、债、劳动、权利的保护)的结构中,除了民商合一的因素之外,最明显的特征就是把关于劳动法的一些内容放在第 5 编,而第 6 编关于权利的保护,基本上是一个大杂烩,没有什么体系性因素可言。② 1978 年《魁北克民法典》内容上分为 10 编,分别涉及了人、家庭、继承、物、债、优先权与抵押、证据、时效、权利的公示、国际私法等内容。除了前面的几编还有些体系性的因素之外,后面完全采用了汇编的思路。③ 这样的例子还有很多。在一些新兴经济体晚近进行的民法典编纂中,同样可以看到这样的趋势。例如 1994 年《俄罗斯联邦民法典》的结构安排就是总则、所有权和其他物权、债法总则、债的种类、继承法、国际私法、智力活动成果。④ 一些是否应该纳入民法典,在我们这里存在激烈争议的内容,例如知识产权、国际私法等,在俄罗斯那里,毫不费劲地被纳入到民法典之中。

总体而言,越是编纂得晚近的民法典,越是呈现出结构松散、内容汇编的特征。19 世纪法典编纂中的那种理性化、教科书化的法典观念已经

---

① Cfr., Reimann, "The Good, the Bad, and the Ugly: the Reform of the German Law of Obligation", 83 *Tul. L. Rev.* 877 2008—2009. 另外可参见莱茵哈德·齐默曼:《德国新债法》,韩光明译,法律出版社 2012 年版,第 267 页以下。
② Cfr., Recigno, La "*forma*" *codice: storia e geografia di una idea*, in Rivista di diritto civile, 2002, 31ss.
③ Cfr., Jean-Luois Baudouin, "Reflections on the Process of Recodification of the Quebec Civil Code", 6 & 7 *Tul. L. F.* 283.
④ 参见《俄罗斯联邦民法典》,黄道秀译,北京大学出版社 2007 年版。

不再具有强大的规定性力量。[①] 在欧洲大陆,即使在立法和日常用语的层面上,人们也越来越认可将某一领域的法律整理、归纳于一处的法律文本叫做法典。例如法国与意大利,都将关于消费者保护有关的法律汇编于一处,称之为《消费法典》(Codice di Consumo)。类似这种用法,已经进一步延伸到《建筑物区分共有法典》《城市房屋租赁法典》《交通运输法典》等领域,"法典"这一用语遍地开花,但没有人去指责这种用法名不副实。语用习惯的变化,其实揭示了人们对法典所应该具有的规定性内涵,在认知上的变化。

不仅如此,在新近的比较法律经济分析的学术运动中,法典编纂与法律理性的联系也被无情斩断。曾经因为欠缺法典化而认为理性化程度不高的普通法体系,不再受到嘲弄,反过来,以法典化为特征的大陆法系遭受严厉批评,被认为过于僵化,影响了经济发展的效率。这是LLSV学派提出来的法系理论(legal source theorem)的核心观点。在该学派看来,大陆法系国家核心法律部门,尤其是民法与商法的法典化,导致法律体制的灵活性下降,不能有效回应市场的需要,抑制了私人自治的活力,这是导致其证券交易等资本要素市场不发达的主要原因。[②] 对于这种观点,大陆法系学者当然予以坚决的驳斥[③],但基于法律体系的经济效率比较,对各国的法律体系进行绩效排名的做法,却被世界银行接受,成为其每年发布的"营商环境报告"(Doing Business Report)的基础。在这种大背景之下,即使是大陆法系的学者,对于法典这种立法形态,也不再强调其相对于普通法的优越性,而是反过来强调,法典化的形态并不影响法律体系的发展和应对现实生活时所具有的灵活性。关于两大法系融合的理论,从大陆法系这一侧来说,强调的恰恰是法官创法作为一种事实,在大陆法

[①] Cfr., Vernon V. Palmer, "The Death of a Code: The Birth of a Digest", 63 *Tul. L. Rev.* 221.

[②] LLSV是这个学派的最初作者名字的简称。Cfr., R. La Porta, F. Lopez de Silanes, A. Shleifer & R. W. Vishny, "Legal Determinants of External Finance", in *J. of Finance*, 1997, 52, p.1131; Ibid., Law and Finance, in *J. Pol. Econ.*, 1998, 106, p.1113. 国内的一个相关文献可参考马克·J.洛:《法系渊源、政治与现代股票市场》,谈萧译、朱慈蕴校,载《北大法律评论》(2008年),第9卷第2辑,北京大学出版社2008年版,第328页以下。但这篇发表于《哈佛法律评论》(2006年)试图反驳LLSV学术观点的论文,其说服力其实相当一般。

[③] Cfr., Benedicte Fauvarque-Cosson & Anne-Julie Kerhuel, "Is Law an Economic Contest? French Reactions to the Doing Business World Bank Reports and Economic Analysis of the Law", 57 *Am. J. Comp. L.* 811 2009.

系同样广泛存在。相比之下,法典编纂作为大陆法系的法的形式性特征,已经不再被予以强调,甚至被刻意回避。①

在这样的宏观背景之下,如果中国民法典的编纂者,仍然要去坚守19世纪的欧洲法典观念,以之来指导21世纪的中国民法典编纂,显然存在巨大的时代错位。我们现在急需要做的,是基于我们的现实情况,界定出需要通过民法典编纂来解决的中国的具体问题,以此来设定中国民法典编纂的合理且可行的愿景,然后基于我们的愿景,来确定这一次民法典编纂的基本方略。

五、中国民法典编纂的愿景

在上文的分析中,笔者通过论证指出,发端于罗马法,在欧洲大陆法系19世纪的法典编纂运动中得到推崇的教科书式的,追求法典文本对于普通民众的可接近性,试图让法典发挥民众的法律启蒙与教化功能的以抽象规则为主的法典观念,已经趋于衰落。相比之下,另外一种相对务实的,强调法典编纂本质上是整合和重述法律规范,消除现行法中存在的矛盾、冲突,优化和改良法律规范以及引入新的适应社会现实之需要,而且具有可操作性的法律规范的工作,法典的核心功能是为司法裁判提供文本依据的观念,得到更多认同。

对于中国民法典而言,接受这样的法典观念,就意味着必须基于内部视角,来分析目前中国民法实务中所面临的,可以而且也应该通过民法典编纂来予以解决的主要问题是什么。只有抓住了真正的问题,才可能确定合理的民法典编纂思路。

中国的民法实务所面临的问题,首先来自民事立法层面上。中国现有民事立法产生于不同历史时期②,贯彻了不同的社会、经济政策导向,彼此之间多有冲突而不能融洽无间。这些相互冲突的法律需要彼此协调,形成一个逻辑严密、价值自洽的规范群,才能便于司法适用,有效规范社会生活。民事领域的法律规则彼此勾连,牵一发而动全身,必须秉持科

---

① Cfr., Catherine Valcke, "Comparative Law as Comparative Jurisprudence—The Comparability of Legal systems", 52 *Am. J. Comp. L.* 713 2004.

② 从计划经济时期,到有计划的商品经济时期,再到市场经济时期,都有民事基本法律的颁布。

学精神,摒弃长官意志和拍脑袋做决策的任性,从民法整体的角度,设定合理的架构,明确各项制度的功能定位,使之相辅相成,才能做到规范有序。民事立法领域的此项工作,就是民法典编纂。唯有民法典编纂,才能够真正实现民事立法的科学化。回归科学立法的思路,真正尊重学术研究,以理性的态度深入民法学说的内在机理,发挥学者在立法中真正的主导性地位,以民法典编纂这一系统工程,引导中国民事立法真正走向科学化。这是就立法而言,需要通过民法典编纂予以实现的问题。①

其次是民事的法源体系存在的问题。除了立法层面上的问题之外,中国民事领域存在的另外一个严重问题是立法者与裁判者角色错位,法源体系混乱,各种类型的法源之间,尤其是制定法与各种类型的司法解释之间的效力关系界定不清,法律适用的确定性因此受到损害。尽管在21世纪的今天,再也不会有人相信民法典能够囊括民法领域所有的法律规范,一个包罗万象、毫无漏洞的民法典,也没有人信奉。但即使如此,民事立法为裁判者提供一套相对细致、严密、具有可操作性的规范,仍然是一个值得追求的目标。这也是依法裁判的最低限度要求。即使在这一点上,总体而言,中国的现状是不合格的。由于立法者规则供给能力的欠缺,导致中国民事法律规范的创制权,实质性地向以最高法院为代表的裁判者转移,由此催生了蔚为壮观的司法解释现象。虽然在现代社会,几乎不再有人去认真地反对法官可以参与法规范的发展,但通常所说的法官造法,是那种通过具体个案的裁判来实现的法的日积月累的发展,而绝不是目前在中国普遍实践而且愈演愈烈,由最高法院颁布大规模的条文式的司法解释的做法。这无论如何都会模糊立法者与裁判者的职能划分,使得裁判者滥权的机会大大增加。这么说,当然不是批评最高法院。就其本意而言,最高法院并不追求如此宽泛的规则创制权,恰恰是由于民事立法领域缺乏一个相对完整、细密和可操作性的法典,才导致最高法院不得不去履行其后续性的、补充性的规则创制功能。

虽然说中国式的司法解释,的确能够快速地回应现实生活对于民商事规则的迫切需求,但这种"立法+司法解释"的运作模式,在现实生活中也导致了二者之间的效力关系不清晰,法律适用的确定性受到损害的弊端。由于相关的民事立法在颁布时并不注意清理此前存在的相关规则与

---

① 孙宪忠:《我国民事立法的体系化与科学化问题》,载《清华法学》2012年第6期。

新颁布的法律文本之间的关系[①],而最高法院在颁布司法解释的时候,通常并不明确指出,相关的规定究竟是针对哪一部法律的那一个具体条文的解释,这就导致法律适用中的不确定性。这种不确定性,主要来源于司法解释在法律渊源体系中的定位不明确,特别是它与制定法的关系没有得到清晰的界定。

对于中国最高法院司法解释的法源地位,学界有很多讨论。一些学者试图将其纳入到制定法的法源框架体系之中,在由"法律—行政法规—部门规章—地方性法规"构成的金字塔式的制定法效力等级体系之中,为其谋求一个定位。[②] 但这样的努力注定不可能获得成功。因为最高法院在性质上是一个司法机构,并没有法律上的立法权,因此不可能,也不应该把最高法院创制的规范,纳入到制定法体系之中。此外,如果把司法解释纳入到制定法规范效力等级体系之中,那么它就必然受到上位法优先于下位法,特别法优先于普通法,后法优先于先法等制定法适用规则的约束,但要确定司法解释在上位法/下位法,普通法/特别法,先法/后法之中的定位是极其困难的。此外还需要注意的是,最高法院的司法解释,在不少情况下对民事基本法中所确立的规则进行了突破,有时候其实就是修改,例如,最高人民法院《关于审理买卖合同纠纷案件适用法律问题的解释》(以下简称《买卖合同司法解释》法释〔2012〕第 7 号)第 3 条对《合同法》第 51 条的规定的修改就属于这样的例子。面对这样的情形,如果坚持用上位法/下位法的关系来处理,由于司法解释的效力不可能高于《合同法》的效力等级,所以司法解释中的这一条就应该是无效的。事实上,就有学者为了坚持自己对于无权处分合同效力的理解,坚持认为司法解释相对于合同法而言,是下位阶的规范,不应与合同法的规定相抵触,发

[①] 虽然最高法院会定期展开司法解释的清理工作,宣告一些司法解释因为情况发生变化,不再适用。但仔细观察被废除的司法解释的列表,可以发现很多是颁布于几十年前的规定。由此可以提出来的问题是:这些司法解释不适应现实情况究竟是很久就已经发生的,还是最近才表现出来的?

[②] 至于如何定位,有学者主张依据司法解释所依托的法律的效力等级来确定其地位。但事实上有不少司法解释并不依托于某个具体法律。例如关于人身损害赔偿的司法解释就是如此。在这种情况下,确定其效力等级就成为一个难题。当然,从本质上来说,由于司法解释的造法特征,以法律解释的角度来确定其法源地位本身就是一种方向性的错误。关于司法解释的法源地位的研究,可参见陈春龙:《中国司法解释的地位与功能》,载《中国法学》2003 年第 1 期;曹士兵:《最高人民法院裁判、司法解释的法律地位》,载《中国法学》2006 年第 3 期。

生抵触的,不应有效。① 但如果坚持这一原则,事实上就会导致司法解释失去了发展和完善法律的功能。而这一点本来恰恰是司法解释的最主要的价值之所在。基于此,即使坚持司法解释属于下位法规范的学者也认为,"应当承认,此类情形在我国较为普遍,司法解释的若干规定又确实具有优越性,一律机械地按照《立法法》及其理论处理,其效果不见得最佳"。②

既然最高法院并非立法机构,由最高法院颁布的司法解释当然无法纳入到制定法效力等级体系之中去,这一点毋庸置疑,只能认为其构成一种与制定法平行并存的独立类型的法源。从这个角度来说,中国的司法解释在性质与地位上,非常类似于罗马法上的裁判官法,它不能取代制定法,但是可以补充、完善和发展制定法。如果接受这种解释,那么势必要认可中国法上存在一种多元化的法律渊源体制。这与历史上曾经出现过的罗马法上的市民法与裁判官法,英国法上曾经出现过的普通法与衡平法的规则多元现象有类似之处。这种规则多元现象,虽然能够在一段时期内促进法律体系的发展,但毕竟会造成法律适用上的不确定性。

这一点在中国的民法体系中尤其突出。举例来说,《担保法》颁布于1994年,后来在2000年颁布了最高人民法院《关于适用〈中华人民共和国担保法〉若干问题的解释》(以下简称《担保法司法解释》(法释〔2000〕第44号)),在2007年则颁布了《物权法》。这三个规范性文件中对有些问题都作出了规定,但表述并不完全一致,甚至差别很大。例如已经设立抵押的财产的转让问题,关于设立了担保物权的主债权超过诉讼时效时如何处理的问题,都引发了理解与适用上的困惑。③ 类似问题在《侵权责任法》与此前颁布的侵权领域的司法解释,尤其是最高人民法院《关于审理人身损害赔偿案件适用法律若干问题的解释》(以下简称《人身损害赔偿司法解释》(法释〔2003〕20号))与《关于确定民事侵权精神损害赔偿责任若干问题的解释》(以下简称《精神损害赔偿司法解释》(法释〔2001〕7

---

① 参见崔建远:《无权处分合同的效力、不安抗辩、解除及债务承担》,载《法学研究》2013年第6期。在这里崔建远教授还援引了梁慧星教授的观点。梁教授认为,就算退一万步,承认合同法第51条无权处分合同规则错误,也不能由最高人民法院通过制定司法解释予以修改,理由很简单:最高人民法院无权修改法律。

② 参见崔建远,同上注。

③ 参见徐洁:《担保物权与时效的关联性研究》,载《法学研究》2012年第5期。

号))之间,同样存在。举例来说,《人身损害赔偿司法解释》第 9 条关于雇主责任的规定,强调了雇员在故意与重大过失情况下要承担连带责任,并且雇主在承担责任之后,还享有内部求偿权。但相关规定,在《侵权责任法》关于雇主责任的规定中并没有出现。那么这种差异究竟应该理解为是一种有意的沉默,也就是说,《侵权责任法》否定了先前司法解释的立场,还是应该理解为一种无意的沉默,因此先前的规定仍然应该得到适用。[①]《精神损害赔偿司法解释》第 4 条关于具有特定的人格纪念意义的物品在遭受损害之后,可以要求精神损害赔偿。但《侵权责任法》第 22 条则明确将精神损害赔偿的前提条件限定为对人身权益的侵害。那么究竟应该如何理解这二者的关系,先前的司法解释所创设的这样一个例外,是否仍然应该得到支持,这就成为一个问题。[②] 要解决这类问题,就必须通过民法典编纂,将到目前为止已经颁布的司法解释进行系统的整理、清理,对于其中合理的部分,应该直接吸纳到民法典的文本之中,使之成为正式的法律,而对于其余不合理的部分,以及重复的内容,则应该予以全部废止。

进一步来说,我们还需要回答如下的关键性问题:中国民法典编纂之后,最高法院是否还应该继续颁布司法解释,最高法院应该以何种方式参与民事法律规范的发展? 对这个问题,理想主义的回答是,最高法院应该利用这次民法典编纂的契机,在根本上转变自己参与法律规范发展的方式,不再颁布脱离于具体案件的大规模的、条文化的司法解释,而是专注于通过高质量的针对具体个案的判决,借由学界的协力,以日积月累的渐进性的方式来推动中国民法规范的发展。这样的定位也是绝大多数大陆法系国家最高法院的定位,事实上也是最合理的定位。[③] 如果选择这样的策略,那么伴随着中国民法典编纂,先前所有的司法解释,都应该被清理,具体的有益的条文纳入民法典之中,其他的都一概宣布废止,并且从此之后,最高法院不再颁布条文式的司法解释。民法典因此成为中国民

[①] 王胜明主编:《中华人民共和国侵权责任法释义》(第 2 版),法律出版社 2013 年版,第 191—192 页。

[②] 程啸:《侵权责任法》,法律出版社 2011 年版,第 575 页。作者似乎认为先前的司法解释的规定仍然可以适用。

[③] 参见薛军:《意大利的判例制度》,载《华东政法大学学报》2009 年第 1 期。关于德国、日本的最高法院的情况,参见同一期的热点笔谈《大陆法系判例制度及其借鉴意义》。

法体系的真正的中流砥柱以及立法、司法和学术研究的共同的话语平台。① 如果认为上述方案过于激进,而且在不少人看来,在中国的语境之下,司法解释的存在仍然不可或缺②,那么退而求其次的方法是,借助民法典编纂,将先前存在的司法解释进行彻底的清理和归并。有关的内容,能够纳入民法典的,予以纳入,不合适的,全部予以废弃,将先前的司法解释全部归零。民法典编纂之后,基于实务发展的需要,以非常慎重的态度,在一个新的起点上,重新开始发布针对民法典中的规范的司法解释。同时,为了避免可能的规范层面上的不确定性,司法解释以对民法典具体条文的阐明、补充的功能为主,不适宜通过司法解释,变相废弃民法典的条文。发布相关的解释时,应该指出针对的是哪一个法律条文的解释。同时,应该建立对民法典条文进行定期修订的机制。在修法的过程中,尽量将先前的司法解释纳入到民法典的条文体系之中。在这种模式下,司法解释的功能,类似于一个临时性的、过渡性的、前置性的修法措施。这种方法如果运用得当,可以在一定程度上弥补由于中国目前立法体制的缺陷所导致的法律规则供应不足,回应社会需求过于缓慢的问题。无论如何,中国民法典编纂中最应该避免的现象是对目前业已存在的规模庞大的司法解释规范群,态度不明确。既不明确予以废止,也不表明哪些规定可以在民法典编纂之后得到继续沿用。如果是这样,那么民法典编纂不仅没有任何实质意义,而且会进一步增加目前已经存在的规范适用上的混乱。③

总而言之,基于对中国民事法律体系现状的分析,可以说中国民法典编纂所要实现的最主要的愿景有两个:(1)借由民法典编纂,实现中国民事立法的科学化,消除既存民事立法中存在的冲突,不协调,废除不合理的规定,补充立法上的明显缺漏。(2)重构中国民法的法源体系,厘定立法与司法的边界,建立一个分工合理,规范有序的法律发展模式,抛弃目前存在的立法者与裁判者错位的现象,让最高法院回归其裁判者的角色,通过具体的判例来日积月累地发展法律,而非发布大规模的条文化的司法解释来行使事实上的立法权。

---

① 参见薛军:《当我们说民法典,我们是在说什么?》,载《中外法学》2014 年第 6 期。
② 如果中国立法机构和立法机制不进行结构性的改善,这一问题的确是不可回避的。
③ 参见薛军:《民法典编纂与法官造法》,载《法学杂志》2015 年第 6 期。

以上愿景如果能够通过民法典得以实现,还可能顺带实现另外一个重要目标:通过民法典编纂,为中国民事领域的立法者、法官和法学家建立一个共同的实践性的话语交流平台,并且以此为基础形成真正的法律人共同体。在大陆法系国家,立法者、法官与法学家是三股不同的建构法律体制的力量,他们彼此之间既分工又配合,形成良性互动的关系。立法者提供基本的法规范,司法者将规范适用于具体的社会生活事实,法学家则解释法律规范、整理判例、形成学说体系,一方面以学术研究引导立法和司法;另一方面通过法学教育,将法学思想和方法传承下去,为社会培养一代又一代的立法者、法官以及其他法律工作者。① 但在中国当下的民事法律领域,这一良性的知识循环和互动并没有形成。立法者缺位,该完成的立法工作拖拉滞后,制定的法律质量堪忧。司法者越位,不集中精力打磨具体个案的裁判,反而热衷于颁布司法解释,再拉上一些人,针对相关的司法解释,去编写一些质量参差不齐的书籍。法学家则在立法论与解释论之间三心二意、犹疑不决。这样的态势显然不利于建构一个真正的共同话语平台,当然也不可能形成真正的中国民法学知识传统。要解决这一问题,唯一可行的方案就是集法学界全力,认真编纂一部民法典,通过民法典编纂凝聚共识,然后以中国民法典作为立法者、法官和法学家共同的话语平台,各有分工与侧重,但也有相互砥砺与交流。立法者关注社会发展、学理的推进,着重于民法典的修订和更新。法官潜心于民法典中的法律规则在个案中的适用。法学家则集中关注民法典的学理研究。这样的民法典及其具体内容,被法律共同体中的每一个人发自内心地认真对待,是学术讨论的出发点和落脚点。如此,中国民法学知识传统的建立就具有了一个坚实的基础。

六、中国民法典编纂的思路

　　立足于上文论述,笔者认为中国民法典编纂应当选择一条更具现实主义的思路。这一思路强调,民法典就其核心功能而言,主要是一个服务于司法实践的法律文本,除此之外,没有必要,也不应该赋予民法典以其他诸如启蒙、教化之类的公民法律教科书功能。关于中国民法典是否能

---

① 参见卡内冈:《法官、立法者与法学教授》,薛张敏敏译,北京大学出版社 2006 年版。

够引领世界范围内的民法理论发展潮流,是否有机会成为21世纪的范式民法典等等,此类的诉求应该本着"功夫在诗外"的平常心态来看待。只要我们能够把握中国法治发展的现实需要,通过民法典编纂,实际解决了中国民事法律体系所面临的问题,那么这就必然是一个成功的民法典编纂,它也会因为中国无可否认的大国地位,而受到外界的普遍关注。从根本上来说,中国民法典的意义和价值在于它是否能够服务于中国现实的需求,而不在于是否迎合了某些域外学者的评价标准。在这一点上,中国民法典的编纂者应当具备足够的自信。

现实主义的思路意味着,必须要现实主义地对待现行有效的民事法律体系,在民法典编纂中,要尽量维持现行法体系的连续性,在没有必要的情况下,不要仅仅基于学理上的体系性诉求,而对现行法进行大幅度的拆建和重构。虽然说民法典编纂中的确需要追求现行法的体系化,但对于这种体系化,仍然应当持有一种现实主义的态度。这种现实主义的态度,绝非否认体系化努力的价值,而是认为体系化的诉求,可以在不同的层面上展开。立法体系,学理体系以及法学教育体系,都构成法的体系化工作的组成部分。它们之间应该基于各自的功能,有所分工,有所侧重,相互配合。

就立法体系与学理体系的关系而言,二者并不一定要完全等同。法学理论层面上的体系建构,并不一定要落实为立法层面上的建构。举例来说,由19世纪德国的罗马法学者与民法学者发展出来的潘得克顿体系,是一个重要的民法学理体系。这一理论体系对欧洲大陆法系国家都产生了重大影响。但这并不意味着潘得克顿体系,也必然成为民法典的体系。事实上,在一些欧洲国家,其民法典的体系是法国式的,但是其民法学理体系却具有明显的潘得克顿体系的色彩。在1942年意大利民法典的编纂中,虽然在那个时代,从民法学理的层面上看,来自德国的潘得克顿学说体系占据主流地位,一些重要的民法典编纂者深受德国民法学理的影响,但这并没有使得他们认为新的民法典必须在立法上也采取潘得克顿体系。出于维持法律秩序的连续性与稳定性的考虑,新编纂的民法典基本上仍然大体上维持了1865年《意大利民法典》所采纳的具有《法国民法典》特色的结构体系,尤其是没有采纳德国式的抽象大总则的立法模式。① 1992年的《荷兰民法典》也是如此。虽然荷兰的民法学说深受德国影响,但荷兰新民法典并没有照搬德国潘得克顿体系,而是根据自己的实际需要,一方面超越了《德国民法典》以法律行为为核心的大总则体系,另外一方面基于实践的需要,甚至将运输法也作为一编整体纳入民法典之中。这些例子说明,民法典编纂中对于体系的关注,首先需要考虑的是实务需要,而不是通过民法典编纂来实现学者的某种学理层面上的理想。

就中国当下正在进行的民法典编纂而言,关于民法典体系建构的讨论,在十多年前就曾经热烈展开。② 现在看来,相关的讨论并没有把民法典的体系与民法的学理体系之间的关系弄清楚,很多讨论在纯粹学理层面上展开。这种讨论对于中国民法学理的发展固然有益,但也基本上忽视了民法典的体系选择与民法学理的体系建构,是两个不同的问题。经过十多年发展之后,当下的民法典编纂所面临的情况又有了新的变化。如果我们仍然维持先前的思维定式,把民法学理体系与民法典体系捆绑在一起,加以讨论,毫无疑问,会给民法典编纂的顺利进行增加无谓的困难。

具体来说,当下中国民法典编纂中的体系选择,首先需要考虑的就是确保民法体制的连续性与稳定性。以物权法为基本内核,加以适当补充与完善,形成中国民法典的物权编;以婚姻法及相关司法解释的规范为核心,形成中国民法典的家庭法编;以继承法及相关司法解释的规范为核心,形成中国民法典的继承法编。对于这几大块,学界应该不存在什么争议。存在分歧的是总则编以及债法编如何处理。

关于总则编,现在的主流观点认为应该编纂出一个大的、德国式的、抽象化的、所谓"在括号之外"的总则编出来。笔者在总体上反对这种思路,认为"总则——分则"模式其实已经是一种逐渐被抛弃了的过于教科书化的民法典结构模式。③ 但退一步来讲,如果我们在民法典编纂中,一

---

① 关于意大利民法典编纂历史细致论述,参见 R. Bonini, *Premessa storica*, in *Trattao di diritto civile*, vol.1, diretto da Pietro Rescigno, Torino, 1982, 53ss.

② 关于中国民法典编纂的学理讨论,基本的论述可参见徐国栋:《民法典与民法哲学》,中国人民大学出版社2007年版。

③ 对于总则的立法模式的反思,参见 Giuseppe Gandolfi, *La parte generale del codice civile germanico e il suo ruolo in questo secolo*, in I cento anni del codice civile tedesco, Padova, 2002, 237ss.

定要设计出这么一个结构的话,总则编应该包括什么内容,还主要取决于实务性的考虑。建立在抽象化学理之上的总则-分则模式,主要是一种学理体系,而在民法典编纂中,并没有必要那么严格地来对待总则的内涵。事实上,即使在德国民法典的结构中,其总则的内容也并不都是严格意义上的一般性的、总则性的规定。所以,中国民法典的总则编在内容安排上,维持以《民法通则》为核心来考虑总则的内容,相对来说比较可行。这就意味着,总则编可以包括其他一些国家通常用序编和附则来处理的内容,前者包括关于法源体系的规定,关于民法的一般原则,以及关于民事权利的行使等内容,后者包括时间与期日的计算,关于民法的时空效力等内容。[1] 关于民事主体的规定(自然人、法人、非法人组织),严格来说,并不属于一般规定,只是属于前提性的规定,但将其规定于总则编也没有什么大的问题,只要我们更多地把总则编看作是民法典第一编,这样的安排其实也是可以接受的。

在这种"民法典第一编"意义上的总则编中,还可以考虑在自然人法中纳入自然人的人格保护的内容,也就是学者呼吁已久的人格权法。虽然学者关于这一部分内容在体系上如何安排,曾经发生过旷日持久的争论[2],但正如前文已经讨论的,学理体系建构上的讨论,不应该成为民法典编纂中考虑的唯一因素。理论的逻辑在一定的情况下,必须服从于现实可行性的考虑。无论从人格权制度与自然人法制度的契合度,还是内容和篇幅均衡的角度来说,整合目前各种法律法规以及司法解释中关于人格权的规范,将其作为独立的一章,以自然人的人格保护为题,规定于民法总则中的自然人法部分,都是相对稳妥的做法。将人格权作为独立的一编,当然也有充分理由,但毕竟篇幅较短,与其他部分不成比例。现在一些有影响力的民法总则教材,已经将人格权法纳入自然人法中予以论述,效果也是不错的。[3] 至少从教学体系来看,这样的安排使得关于人格权的教学,与总则的教学联系在一起,从而有了一个确定的位置。而如果将人格权单独成编,其实也不太可能成为单独的一门课程,也仍然会被以某种方式归并到一个大的教学单元之中去。如果是这样,反而不如将

---

[1] 参见陈小君:《我国民法典:序编还是总则》,载《法学研究》2004年第6期。
[2] 参见王利明:《人格权法研究》,中国人民大学出版社2005年版,第108页以下。
[3] 参见梁慧星:《民法总论》(第4版),法律出版社2011年版,第91页以下;朱庆育:《民法总论》,北京大学出版社2013年版,第390页以下。

其安排在自然人法部分显得直接和明确。从另外一个角度来说,如此设计人格权法,同样体现了对于这一部分内容的重视,在作为民法典第一编的总则部分就加以涉及,对其重要性的强调,其实也不亚于将其独立成编。

关于时效的内容,涉及取得时效的部分,是民法典编纂中在物权法编必须予以补充规定的一个现行立法层面上存在重大缺漏的问题。关于消灭时效部分,有学者主张可以回归到债法部分,这是因为消灭时效的问题,主要与债权请求权相联系。[①] 但由于从《民法通则》以来,关于诉讼时效的内容一直被安排在民法总论的部分,这已经成为一个惯例,没有必要做大的改动。另外要考虑到,关于是否要建构一个规模较大的债法总则体系,也不无可议之处(下文将详细讨论),所以不妨仍然将关于消灭时效的部分置于民法总则编之中,放置在关于民事权利的(限制)部分,也是可以接受的。当然,最高法院发布的关于诉讼时效的司法解释,在法典编纂中必须予以认真清理,这个司法解释中的不少规范值得商榷,而且实际上不具有可操作性。

总则部分最需要研究的是关于法律行为的规范应该如何处理。对这一问题的普遍看法是,关于法律行为的规定,应该构成我们拟议中的民法总则的核心内容。但笔者认为,这种思路值得反思。虽然《民法通则》第四章关于民事法律行为有比较详细的规定,但从中国民事立法的实际展开来看,可以认为我们已经基本上放弃了德国式的,试图从合同、遗嘱以及婚姻合意中抽象出意思表示一般规则的做法,而更多地倾向于在合同、婚姻以及遗嘱等部分,规定更加具体的、有针对性的意思表示规则。[②] 这一点在《合同法》颁布之后,表现得更加明显。《合同法》第三章关于合同效力的规定,其实是一个相当完整的关于双方法律行为的规定。如果我们要仿效德国式的做法,规定抽象的法律行为规范,那么势必要拆解现有的《合同法》,将第三章的大多数内容移到总则之中去。这样做其实没有任何必要。比较合适的做法是,维持合同法现有的体系基本不变化,放弃在总则中规定抽象的法律行为规范,而是将重点转向针对合同、遗嘱、婚姻合意等设置更加具体的,针对特定意思表示类型的更具有可操作性的

---

① 朱庆育:《法典理性与民法总则:以中国大陆民法典编纂为思考对象》,载《中外法学》2010年第4期。

② 薛军:《法律行为理论:影响民法典立法模式的重要因素》,载《法商研究》2006年第3期。

法律规范。至于说单方行为,在可以作出具体规定时,设置具体规定,没有具体规定时,可以准用合同中的相关规范。① 相应的,《民法通则》中关于代理的规范,也应该转移到合同法之中去,因为就其适用的场景而言,代理制度也主要适用于合同领域。

笔者之所以主张采取这种方法来处理关于法律行为的规则,仍然是考虑到立法体系与学理体系可以,而且应该有所区分。法律行为概念作为一种有力的法学分析和研究的工具,没有人否认其学理性的价值。但这并不必然意味着要在立法的层面上将其作为立法概念来予以使用。在一些国家的民法学理上,法律行为概念占据重要的地位,但是这些国家的立法并没有将其作为立法概念来使用。② 之所以不在立法层面上采用法律行为概念,一方面是因为具体国家的法律传统和法典编纂时所面临的语境上的差别,出于维持法律秩序的稳定性以及因此而带来的可预见性的考虑,没有必要为了纯粹的理论上的诉求,而去改变已经被司法实务所习惯的法律体系。另外一个考虑则是立法的逻辑与理论的逻辑之间的区分。就立法而言,其主要功能是为法律适用提供具体的,具有可操作性的规则,这是立法活动的基本诉求。总则层面上的法律行为规范,因为过于脱离法律规范具体适用的情景,在实践中得到适用的机会本来就非常少。设置抽象的法律行为规则,几乎必然导致在具体适用时,抽象的规则会被一系列的具体规则所取代,或者要针对抽象规则创设一系列的例外规定。抽象规则的存在,还可能导致法律适用时的一种大而化之,不注意区分具体情形的倾向。这一点可以说是大陆法系过度抽象的法律规则,在司法适用中必然导致的一个缺陷。③

---

① 事实上,《意大利民法典》第1324条就规定关于契约的规则可以准用于具有财产内容的单方行为。如此一来,关于契约的规则,以间接的方式,基本上就取代了关于法律行为的规定。意大利民法典的处理方式与立法上采纳法律行为的处理方式可谓殊途同归。因为,即使在立法上采纳法律行为概念,有关的规则,本来也就主要适用于契约。Cfr., G. Mirabelli, *Negozio giuridico*(*Teoria del*), voce in Enciclopedia del Diritto, Vol. 28, Milano, 1978, 13ss.

② G. Ferri, *Il Negozio giuridico*, seconda edizione, Milano, 75ss.

③ 对于德国民法总则立法模式的批评,即使在德国民法学者之中,也一直不绝如缕。参见齐特尔曼:《民法总则的价值》,王洪亮译,载《中德私法研究》2014年(总第10卷),北京大学出版社2014年版,第70页以下。卡纳里斯:《民法典总则的功能及其作用的限度》,陈大创译,载《中德私法研究》2014年(总第10卷),北京大学出版社2014年版,第86页以下。梅迪库斯:《德国民法总论》,邵建东译,法律出版社2000年版,第30—35页。关于总则的价值,也是欧洲学者讨论的热点问题之一。Cfr., Eric Jayme, *Il significato della parte generale nel Sistema del Codice*, in I cento anni del codice civile Tedesco, Padova, 2002, 141ss.

总的来说,关于民法总则的内容安排,根据笔者上文论述,它基本上是"民法典第一编","民法典相关前置性规定"意义上的民法典总则。如果有人批评这种意义上的总则,名不副实,不伦不类,那只表明在其思维中,仍然没有能够接受立法体系的建构与学理体系的建构逻辑,这二者的区分,以及没有注意到,在现代立法中,基于学理体系建构的目的,而创造出来的"抽象——具体"的规则模式,作为一种立法方法,已经趋于衰落这一事实。体系化的诉求,主要在法学理论层面上展开。法学与法律,二者应该有所分离,没有必要完全合二为一。现代的法典编纂运动中的法典观念,恰恰是要逐渐破除学理体系应该毫无例外地落实为立法体系的19世纪法典观的"迷思"。立法需要关注的是具体情景,针对具体情境提供更有针对性的具体规范的调整,这是一种值得追求的法律价值。高度抽象化的法律规则,"看上去很美",但却过于脱离实际,不能关注具体情境之中相关当事人之间千差万别的利益格局,反而导致僵化。这也是大陆法系备受批评之处。法典编纂中对于体系化的追求,即使可以有,应该是实用主义的,是因地制宜的。不是说体系化不重要,而是不要把学理研究与立法活动这二者混淆起来,这就是现实主义地对待民法典的体系化诉求的核心要义。

在这个意义上来思考债法体系问题,可以得出类似结论。由于我们已经有相对完整的合同法与侵权责任法,从维持法律秩序稳定性的角度来看,似乎不宜将现有的体制完全破坏。比较适宜的做法是将合同法与侵权法仍然保留为债法体系之下的两个相对独立的结构单元,在此之外增加一个规模较小的债法总则[1],在其中规定除了合同、侵权之外的其他债的发生根据(包括不当得利之债、无因管理之债的相对详细的规则以及单方允诺等制度),另外规定各种债的形态(连带之债、按份之债、货币之债、选择之债等等)。关于债的履行、债的消灭、债权让与、债务承担等原先在合同法之中的内容,则可以放到债法总则之中予以规定。[2]

以上所讨论的是中国民法典编纂的宏观思路。基于这种思路,笔者认为就民法典编纂工作的具体展开方式而言,似乎没有必要严格地遵循

---

[1] 梁慧星教授等人也主张一种三分法的债法体系结构,而没有再将其处理为债法总则——合同法总则——合同法分则的结构模式。参见《中华人民共和国民法典大纲(草案)》,载《民商法论丛》(第13卷),法律出版社2000年版。

[2] 参见王利明:《民法典体系研究》,中国人民大学出版社2008年版,第609页以下。

"逐编展开,渐次颁布"的模式。根据目前的规划,民法典编纂的第一步工作是编纂总则编,至于后面的工作如何进行,并没有明确。仍然是基于上文的分析,考虑到中国民法典编纂主要是汇编式的、重述式的法典编纂,因此相关的工作可以同时展开。这就意味着首先要有一个民法典编纂的整体规划,然后组成几个分别的委员会,各自分头去展开编纂工作。编纂工作的重点是整理、汇编、分析、提炼,重述已经存在的各种类型的具体的法律规范,主要从法律实际适用的角度确定其取舍。由于各编内容相对独立,因此在民法典编纂工作的第一阶段,就可以分别展开工作,在完成各编草案之后,再从整体的角度审查其是否存在重复、矛盾、缺漏之处。然后将民法典作为一个整体,一次性予以颁布。颁布的同时,附带相应的施行法,宣告先前民法领域的一切司法解释和相应的哪些具体的规范性文件,随着民法典的颁布已经不再适用。这样来开展工作比较高效,而且处理起来比较简单。相比之下,如果采用分编渐次颁布的方法,可能会导致大约有5到7年的过渡期(如果我们设定的最后期限是2022年前后最终完成民法典编纂的话)之中的法律规范的适用,会变得非常复杂。考虑到目前已经有的基础,其实我们完全可以避免这样的过渡期。一次性全部推出民法典的全部内容,必然意味着要动用更多的学界力量来参与民法典编纂工作,这也有助于避免这项工作因采取"挤牙膏式"的工作方法,被一个小圈子的人所把持和垄断。更多的专业人士,更广泛的参与,有助于未来的民法典获得道义上的支持和认可。这也是民法典是否能够获得成功的一个不容忽视的因素。

七、结　　语

民法典编纂是中国法治发展的重要历史时刻。但这种重要性并不在于民法学者获得了将自己学理上的理想和见解写入民法典,使其成为法条的契机。中国民法典编纂,其成功的唯一标准在于是否能够有效地回应中国法治发展中存在的现实问题,以及是否能够给出妥当的答案。从这个意义上来说,中国民法典编纂必须立足于中国现实语境,尊重既有的实践经验的积累,主要采取汇编式和重述式的方法,一方面查漏补缺,引入新的制度,另外一方面则是归纳和总结近三十年的发展中取得的有益经验。教科书式的民法典观念,已经逐渐被抛弃,不值得中国民法典编纂去追随。基于学理的体系而构造立法体系,应该有其限度。基于实用主义的考虑,将法典更多地看作是为司法裁判提供具体规范依据的文本。过度抽象的一般规则,不应该在民法典编纂中占据主导性的地位。无论是体系建构还是内容取舍,是否能够最大程度地服务于司法实践的需要,应该是中国民法典编纂中最主要的考量因素。

民法典编纂,既是中国民法学人的历史机遇,也是一个重大的挑战。是否能够获得成功,是中国民法学界是否从此走向成熟的历史分水岭。一场大考的铃声已经敲响,我们是否能够交出一份满意的答卷,取决于我们是否能够准确地审题。这题目不可能是 19 世纪的欧洲观念给我们设定的,而只能来自中国当下的生活世界。

债权与物权在规范体系中的关联[*]

常鹏翱[**]

一、引　　言

作为民法财产权的两大支柱,债权与物权分别以相对权与绝对权的面目示人,前者强调特定权利人对特定义务人的给付请求权,后者强调特定客体归属于权利人,权利人直接支配客体并有权排斥其他任何人的干涉。这种简约的二分使债权与物权在财产法中非此即彼,以其为格式化模板,纷繁多样的财产利益形态能被快速定位,从而为法典编纂、法律适用以及法学研究提供了简便有效的概念工具,重要价值不言而喻。既然债权与物权泾渭分明,债法与物权法也就顺势分离,这被誉为德国民法典编纂体系的真正特点[①],对包括我国民法在内的近现代民法影响深远。

不过,债权与物权的二分只是对财产权进行静态对比分析的结果,其二者并非毫不相干,相互间总有斩不断理还乱的丝丝关联,这无论于交易现实还是在规范体系均触目皆是。在现实语境,离开合同债权,很难想象有所有权移转或抵押权设定,债权堪称催生或改变物权的最大孵化器。正是着眼于物权借助债权之力实现财产价值,以及债权本身就是经济目的和法律生活目的的客观实际,才有了债权在资本主义法中占有优越地

---

[*]　原文刊于《法学研究》2012 年第 6 期。
[**]　北京大学法学院副教授、博士生导师。
[①]　参见霍尔斯特·海因里希·雅科布斯:《十九世纪德国民法科学与立法》,王娜译,法律出版社 2003 年版,第 182 页。

位的理论反思。① 在规范语境,除了债权法与物权法在宏观上的选择与转换、原因与结果、基础与从属、融合与混合等多重互动形态②,债权与物权在细微处也有交错,如买卖之债旨在移转所有权(《合同法》第130条)、权利质权的客体可以是债权(《物权法》第223条)等就是适例。显然,要想全面洞察债权与物权的运行规律,必须跨过二分的入门门槛,在规范互动和交错中全盘审视它们的关系,从而展示和厘清民事财产法的体系架构,更准确地认识和理顺债法与物权法的关系。

为达到这个目的,本文的关注点不在权利本体之间的异同分析,而是立足于承载债权或物权的法律规范,讨论相互关联的债权与物权的关系。这表明,本文尽管给出了债权与物权关系的抽象模式,但分析所针对的权利均在具体规范之中,这当然符合作为法教义学或实证法学的民法学以规范为主要对象的一般规律。③ 更重要的,只有以具体规范为依托,结合文义表述、功能引导和实践运用,才能有的放矢地把握债权与物权在具体情形中的特性,从而为二者关系的一般化提供具体素材,又为二者关系更深入细致的展开奠定基础。以相邻关系及与其相关的损害赔偿请求权为例,若着重于权利本体,相邻关系和损害赔偿请求权均表现出物权和债权的典型特色,但从规范目的出发,正如后文所见,二者的特殊关系相当明显,它们是不能分离的一体存在,简约的权利二分法似乎无法直接套用,探讨空间因此得以拓展。可以说,债权与物权的二分是财产法布局的基础,而结合具体规范对二者的关系进行分析,除了审视二分在规范层面上的延展逻辑,还有验证二分正当性及其限度的重要功能。

不仅如此,民法是包含了众多不同规范的体系架构,无论在学理认识还是法律适用,单一的具体规范并非孤立存在,而是与其他关联规范协力构成规范群体。法学的最重要任务之一,就是清楚指出这些规范的意义关联。④ 受制于这种体系效应,在理解某一制度时,除了应厘清围绕同一目的或对象而有关联的规范范围,明了不同规范的各自分工和接轨或交

---

① 参见拉德布鲁赫:《法学导论》,米健、朱林译,中国大百科全书出版社1997年版,第64页;我妻荣:《债权在近代法中的优越地位》,王书江、张雷译,中国大百科全书出版社1999年版,第5页以下。
② 参见苏永钦:《社会主义下的私法自治》,载苏永钦:《走入新世纪的私法自治》,中国政法大学出版社2002年版,第99页以下。
③ 参见卡尔·拉伦茨:《法学方法论》,陈爱娥译,商务印书馆2003年版,第72页以下。
④ 同上书,第144页。

错的节点,并确定它们的整体协调机制,还应针对具体情形遴选可用的规范,或在法律漏缺时类推适用功能最接近的规范。对债权与物权关系的讨论同样如此,尽管在权利二分的基础上有不同的规范群,但实践问题的发生却往往会交融债权规范和物权规范,要想妥当地进行法律规制,除了体系化地把握这些规范关系,别无良方。以买卖为例,要想理顺其规范适用,首先应界定相关的债权规范与物权规范的功能和关系,再针对买卖合同无效、物权未变动等具体情形,明确有所为或有所不为的具体规范,仅从权利本体入手,显然无法做到这一点。

根据这一认识,本文先考察权利的发生,希冀透过从无到有、从有到无的权利更迭过程,描绘债权与物权之间的引导与发展关系(第二部分),以此作为后文展开的起点。在意定债权引导意定物权发生后,通常还有其他债权与物权携手共处,如地役权设定后,供役地人还有请求地役权人支付费用的债权,这种伴生与协力的关系还及于其他类型权利之间(第三部分)。有些债权还融合了物权的绝对性,并与物权一体存在,对作为第三人的物权受让人产生约束力,相邻关系中的赔偿请求权、地役权人的给付义务、预告登记的债权均如此,表现了融合和并存的关系(第四部分)。这些债权与物权之间具有相对的人与人的关系色彩,其中的权利与义务还有牵制,如地役权人不支付费用会导致地役权消灭,受此约束,不宜再把物权人的法律地位界定为单纯的绝对权和支配权,而应加入人与人的权利义务关系,物权因此与债的关系有了同质性,有一体适用债法规范的可能,从而又有同质与同化的关系(第五部分)。

二、引导与发展的关系

在现实交易中,物权基本上以经由意思自治而生成的债权为引导,没有后者的支持,前者恰似无本之木。着眼于这种无此即无彼的构造,可以说债权是物权的引导,物权则实现了债权目的,是债权的发展结果,两者是引导与发展的关系。这种关系还指向法定的管制领域,法定物权不仅会以债权为引导,反过来也能成为法定债权的引导。

(一) 以债权为引导

1. 自治领域

因意思自治的牵引所发生的物权是意定物权①,它以产生债权债务的债权行为为原因行为。不过,债权行为的效力止步于债权的发生,不直接催生出物权,作为债权实现的后果,物权取决于债的履行。以买卖为例,买方因买卖合同而对卖方享有请求移转标的物所有权的债权,是买卖合同这一债权行为产生了该意定债权,无此基础,买方就没有取得所有权的机会。但仅凭此基础也不会直接移转所有权,还需卖方协力履行,才能使买方如愿。沿循权利发生的顺序,这种关系构造可简化为"意定债权→意定物权"。这也形象地说明物权虽出自实证法的建构,但它是债的结果与发展,在债法关系中得以实现,《德国民法典》因此把债法置于物权法之前。② 在此构造中,债权服务于物权变动,只要物权现实发生,债权除了给债权人保有给付提供法律原因③,别无意义。就此而言,债权不过是物权发生的手段。

以债权与物权的二分来格式化现实中的财产权,相对权与绝对权必然分庭抗礼,无法融通,因此,它们在自治领域中分别对应不同的法律行为方能合拍,前者即买卖合同之类的债权行为,后者是处分既有物权的物权行为。④ 据此划分,意定物权的意思根基只能是物权行为。由于法律行为首先是与法律效果对应的抽象构成要件(Tatbestand)⑤,而非行为举止的客观事实(Tatsache),故而,对债权行为与物权行为的定位也只能局限在规范层面,它们由此是审视与定性现实中某种具体行动举措的工具,

---

① 参见谢在全:《民法物权论》上册(第5版),作者2010年版,第60页。需要说明的是,物权变动的形态包括设立、变更、转让和消灭(物权法第2章),前三种均取向积极意义,设立指向从无到有的新物权,变更指物权内容的更改,转让指物权主体的移转,这些结果均表明物权的发生,与消极意义的物权消灭相对应。故而,意定物权实为经由意思表示而致的物权设立、变更或转让。

② 参见罗尔夫·克尼佩尔:《法律与历史》,朱岩译,法律出版社2003年版,第242页。

③ Vgl. Medicus/Lorenz, Schuldrecht, Bd. I: Allgemeiner Teil, 18. Aufl., Muenchen 2008, S. 10.

④ 参见苏永钦:《物权行为的独立性与无因性》,载苏永钦:《私法自治中的经济理性》,中国人民大学出版社2004年版,第122页以下。

⑤ Vgl. Flume, Allgemeiner Teil des Buergerlichen Rechts, Bd. II: Das Rechtsgeschaeft, 4. Aufl., Berlin u. a. 1992, S. 104 ff; Gauch/Schluep/Schmid, Schweizerisches Obligationenrecht Allgemeiner Teil, Bd. I, 9. Aufl., Zuerich 2008, S. 27 ff.

具体行为因符合不同法律行为的相应构造而各归其位。这无疑是往返于抽象规范与具体事实的认识过程,所得会因制度设计或分析视角的不同而有异。以不动产所有权移转为例,德国需要专门的合意(Auflassung),即当事人双方同时在场向主管机关、公证人或在诉讼和解中表示移转意思(《德国民法典》第 925 条第 1 款),物权行为因此是独立的要式表达;瑞士与此不同,以登记申请为物权行为①;在我国大陆地区,内涵更笼统的当事人过户房屋时的意思表示被视为物权行为。② 这说明物权行为的客观表现并非甄别其独立性的正当维度,重要的是认可意定物权的自治性,只要针对物权的处分源自处分权人的真实意思,物权行为即为独立存在。把行为要素考虑进来,引导与发展的关系就是"(债权行为→意定债权)+(物权行为)→意定物权"。

往行为层面再深挖一点,强调债权行为对物权行为的不可或缺作用,前者不成立或无效不仅导致债权无从发生,物权行为也无意义,物权将丧失存续基础,此即瑞士法所代表的有因性。③ 在此框定下,物权因债权的引导而发展的关系脉络相继相承,债权行为的作用是为物权变动制订计划,物权行为则是执行计划,与此相应,债法的功能是为财货流转与分配提供原因,物权法的功能是为新的权利地位提供起源。④ 德国法所代表的无因性是另一种思路,效力有瑕疵的债权行为只波及债权,只要没有条件关联等例外,照常运转的物权行为仍可促成物权⑤,引导与发展的关系由此被缩限在债权正常实现的情形。

概括而言,沿着意思自治的主线,债权无疑是物权现实化的基座,没有债权行为的创意,就不会有通往物权的起点。正是有了以落实物权为追求的债权,才有了债的履行,有了物权行为与物权公示,最后有了物权发生。就该动态流程而言,债权实为物权发生的手段,物权则是以债权为引导的发展。

---

① Vgl. Deillon-Schegg, Grundbuchanmeldung und Pruefungspflicht des Grundbuchverwalters im Eintragungsverfahren, Diss. Zuerich 1997, S. 30, 37 ff.
② 参见孙宪忠:《中国物权法总论》,法律出版社 2009 年版,第 254 页。
③ Vgl. Schmid/Huerlimann-Kaup, Sachenrecht, 3. Aufl., Zuerich 2009, S. 18.
④ Vgl. Rey, Grundriss des schweizerischen Sachenrecht, Bd. I: Die Grundlagen des Sachenrechts und das Eigentum, 3. Aufl., Bern 2007, S. 7.
⑤ Vgl. Baur/Stuerner, Sachenrecht, 18. Aufl., Muenchen 2009, S. 55 ff.

2. 法定领域

自治为意定债权提供了方向和射程,行为的正当性由此而定。但在自治力所不逮之处,法律必须基于特定目的,通过法定的管制手段来适度更改方向或扩张射程。不以意思表示为根基的法定物权就是管制产品,当它与意定债权衔接时,目的基本上是通过保障债权实现来鼓励交易。留置权、承包人就建设工程的法定抵押权等法定担保物权就是适例,它们不仅不遵循意定物权的设立规则,通常还优先于意定担保物权和普通债权(《物权法》第 239 条,《合同法》第 286 条,最高人民法院《关于建设工程价款优先受偿权问题的批复》第 1 条)。在此基本框架内,管制目的有更细微的差异,如法定抵押权兼有保护劳动者利益、鼓励建造、创造社会财富的政策目的①,承揽合同、保管合同所引导的留置权(《合同法》第 264 条、第 380 条)也有相当的目的,与它们不同,基于货物运输合同的留置权(《合同法》第 315 条)则意在消弭承运人已先给付的交易风险。法定物权之所以不请自来地进入意定债权领域,正是因为有这些正当管制目的的支撑。

若扩大管制的范围,把自治机制之外形成的权利均纳入其中,法定物权就不仅能切入自治领域,形成前述的"意定债权→法定物权",而且,它作为法定债权的保障机制,还能在管制领域内延续,形成"法定债权→法定物权",侵权之债导出的留置权就相当典型,如踢球打破别人窗户玻璃,只要认为损害赔偿债权与债权人占有惹祸足球属于同一法律关系(《物权法》第 231 条),债权人就有权留置足球。② 不过,区分法定物权的诱因是意定债权还是法定债权,除了显示形式差异,实质意义不大,毕竟法定物权以无需自治参与的管制见长,以保障债权为根本指向,至于债权源于自治或管制并非所问,源自合同债权的留置权与侵权债权导出的留置权无本质区别,就是明证。

(二) 以物权为引导

当物权发生的原因是债权行为时,权利变动的利益得失由债权行为

---

① 参见梁慧星:《合同法第 286 条的权利性质与适用》,载梁慧星主编:《民商法论丛》第 19 卷,金桥文化出版(香港)有限公司 2001 年版,第 378 页。
② 参见王利明:《物权法研究》下卷,中国人民大学出版社 2007 年版,第 654 页。

来定,如买卖合同是衡量钱货是否及如何两讫的根本载体,只要记载全面,法律或法官基本上没有介入的必要。即使记载不全面,只要未到否定合同成立的程度,如合同明定了货或钱,而未明确交货或付款的时间地点,对此予以补充解释即可,也无管制的必要。与此不同,法定物权不以意思表示为根基,由此出现的利益亏空无法从当事人意思中寻找弥补之道,法律不得不介入调整,形成旨在平衡利益且带有管制色彩的法定债权。作为配合物权变动的必要环节,法定债权以物权发生为前提。此外,法定债权还要契合于物权变动的功能,只能顺势而为,这就会缩限其自身效用。在此意义上,说这种法定债权是在法定物权引导下的进一步发展应不为过,其关系构造即"法定物权→法定债权"。

在此方面,不动产附合最有代表性。在满足附合的要件后,动产成为不动产的成分,不再是独立的物权客体,其原所有权因被不动产所有权吸收而消灭,而且,为了保持物的整体效用,原则上排除任一方恢复原状的请求权。这提升了不动产所有权的价值,但原动产所有权人却受损失,利益失衡相当明显,救济途径是给原动产所有权人以赔偿请求权(《德国民法典》第946条、第951条;我国台湾地区"民法"第811条、第816条)。该法定的赔偿请求权通常被视为原动产价值的延续,非给付不当得利给它提供了规范支持,即在满足不当得利的构成要件后,不动产所有人应赔偿原动产所有人。① 我国大陆地区缺乏完整的附合制度,但既有的规范思路与上述一致,即抵押物因附合而为第三人所有的,第三人应予补偿,由此产生的补偿金在抵押权的效力范围内(最高人民法院《关于适用〈担保法〉若干问题的解释》第62条)。

不过,尽管赔偿请求权救济了失权人,但债权的法律地位终究不如原来的动产所有权那样实在,不妨再给其相应的物权保障,如用不动产因附合而增加的价值作为法定担保物权的客体,来担保该法定债权的实现,以便两全其美。这样一来,又回到了前述"法定债权→法定物权"的轨迹。显然,在法定范畴中,债权与物权的组合搭配完全受制于规范功能。

---

① 参见曼弗雷德·沃尔夫:《物权法》,吴越、李大雪译,法律出版社2002年版,第307页以下;王泽鉴:《民法物权》,北京大学出版社2010年版,第200页以下。

三、伴生与协力的关系

由意定之债为引导而发生物权,往往不是交易的全部。除了因物权生成而消灭的债权,还有其他债权与物权伴生与协力的格局,即有此有彼,它们相互间还有隔离,无此也有彼或有此却无彼均为可能的形态。这种关系实属物权变动交易构造的常态,在遗失物拾得等法定领域同样明显存在。与此不同,在诸如雇佣加工、承揽加工等交易中,权利伴生与协力关系没有如此明显,只有理顺加工而生的法定物权与雇佣、承揽等意定之债的关联性后才能确定,属于隐性的伴生与协力关系。

(一)以显性为特质

1. 自治领域

与物权相对的债权还是债务的关联词,债权与债务是同一债的关系的两面,彼此内涵相互对应,分别指向不同的特定主体。可以说,在债权与物权相提并论时,债务从未缺席,只是隐身于债权的背面而已,故严格说来,债权与物权的区分应是债的关系与物权的区分。在此所谓的债的关系指向单一的债权债务,如买方请求卖方移转标的物所有权,属于狭义的债的关系,债权是其代言词。债的关系还可包括多数的债权债务,这些不同的债权债务之间存在整体性与关联性,属于广义的债的关系①,合同关系为其典型。两相对比,在意定之债,通常所谓的债权代表了狭义的债的关系,是在广义的债的关系中撇开其他债权债务所得的结果。

仅以狭义的债的关系为引导而推向物权时,后者借助物权行为得到自治正当性,债权与物权的关系止步于"意定债权→意定物权",如抵押合同的内容仅涉及主债权、债务履行期限、抵押财产和担保范围(《物权法》第185条第2款),所生的债权就限定为主债权人对抵押人享有的设立抵押权的请求权,它因抵押权设立而消灭。在上述债权之外,若债权行为还产生其他债权,即产生了广义的债的关系,则意定物权将与其他债权伴生。仍以抵押合同为例,若它除了上述内容,还涉及抵押权顺位的让与,如A与B在抵押合同中特别约定在抵押权设立后,A一旦与后位权利人

---

① 参见 Medicus/Lorenz, Schuldrecht, Bd. I: Allgemeiner Teil, 18. Aufl., Muenchen 2008,第4页以下。

C达成交易,B应把基于自己优先顺位得到的分配金额让与C,由C先受偿,A通过另外的限价交易弥补B的损失。据此,B的抵押权在设立后,就与A在特定条件下请求B让与抵押权顺位的债权携手并立。显然,在意定之债包容多个债权的情形,这些债权因是否引导物权而命运各异,肯定者因物权发生而无意义,否定者则与物权并存,为简便起见,可将前种债权称为意定债权I,后种债权为意定债权II,它们的关系布局为"意定之债→(意定债权I→意定物权)+(意定债权II)"。

同引导与发展关系一样,伴生关系涉及意定物权,但前种关系以意定债权I为对象,后种关系则指向意定债权II,意定物权与意定债权II在此属于同一制度布局中的棋子,彼此虽然不同,但目的方向一致,因而有此也有彼。而且,只要意定债权I与意定债权II无牵连关系,意定物权与意定债权II就不会相互制约,缺少其一也不影响另一的意义,即无此也有彼,如抵押权未设立不影响抵押权顺位让与的债权约束力,只不过该债权无法实现。反过来也是一样,即顺位让与的约定有效力瑕疵,只要不影响设立抵押权约定的效力,仍无碍抵押权的设立,从而不同于无此即无彼的引导与发展关系。意思自治使意定之债蕴含了无限的创意,只要内容溢出意定债权I的范围,就有物权和意定债权II现实伴生的可能,故相比于引导与发展关系,伴生关系在现实中更为常见。

伴生的功能在不同情形会有差异。在前例的抵押权顺位让与,受让人取得了请求就出让人所得的优先分配金额先予受偿的权利,抵押权的归属和顺位并不变(我国台湾地区"民法"第870条之1)。[①] 顺位让与以顺位蕴含的受偿机会为交易对象,不交易、不让与自无不可,有它则多一种选择,对抵押权交易及其制度安排可谓锦上添花。而且,在主债权确定的前提下,只要抵押财产的市值稳定,后位权利人的获利与先位权利人的损失完全相当,再加上通常的额外利益安排,如前述的A对B的补贴,顺位让与在整体成本上就既未改善抵押权顺位布局的功效,也未让它变得更差。这同样适用于有特殊约定的质押,如约定排除质权人的孳息收取权(《物权法》第213条第1款),出质人据此享有的相应债权不会改变质

[①] 参见谢在全:《民法物权论(中册)》(第5版),2010年作者自版,第415页。这与交换抵押权顺位的变更截然有别,后者不止调整优先受偿分配金额,更深入到顺位本身(《物权法》第194条第1款第2句),从而彻底改变了既有的抵押权布局。参见胡康生主编:《中华人民共和国物权法释义》,法律出版社2007年版,第423页。

权的根本属性,但多出来的这份自治使得质押交易更为融通。

伴生还可能出于落实物权利益的必要。共有物的管理合同即如此,如多方主体共同出资购买房屋,约定共有后的管理措施。在共有状态不变的前提下,管理合同通过凝聚共识的方式协调各方行为,是最大化共有物经济效用的最佳手段。作为维系共有的首选,管理合同产生债的关系,违背者承担违约责任。[①] 只有在无法达致管理合同时,法律才退而求其次,为各共有人提供管理的均等机会(《物权法》第 96 条)。但由此带来的利益摩擦仍无消解途径,一旦利益纠结于死胡同,要么共有人出让份额走人,要么分割共有物散伙,原来的共有无法再持续。正因为管理合同对共有的维系如此重要,比较法上才有在特定条件下约束第三人的效力规范(《德国民法典》第 746 条、第 1010 条;《瑞士民法典》第 649a 条;我国台湾地区"民法"第 826 条之 1)。既然管理合同通常为夯实共有利益所必需,其功能显然不同于抵押权顺位的让与。

不过,顺位让与和管理合同要想发挥实益,均需物权的现实发生,这些意定债权 II 因此未必与意定债权 I 共存于同一债权行为,它们在形式上完全可独立存在,如在抵押权设立后再约定顺位让与,在共有现实发生后再约定管理合同。与它们不同,在有偿设立地役权的交易,作为意定债权 II 的费用债权与地役权伴生,它是平衡因物权生成而引起的利益波动的必备要素,与引导物权的意定债权 I 同为合同的必要条款(《物权法》第 157 条第 2 款),无法如同顺位让与或管理合同那样可与抵押权或共有先后生成,相互间显示出更为紧密的关联。与这一关联相符,一旦费用债权不能如约实现,将导致地役权合同解除,结果危及物权的继续存在(《物权法》第 168 条第 2 项),顺位让与和管理合同则无如此波及物权的效果。

但无论如何,意定物权与意定债权 II 伴生存续,相互间的协力作用相当明显。把这种关系同引导与发展关系结合起来,能更清晰地展示物权变动的交易全貌。可以看出,物权的现实发生不再是债权全部离场的标志,因为不同的交易机制和目的既可能使物权为意定债权 II 提供展示自治机能的新起点,如抵押权设立后的顺位让与,也可能使物权成为贯穿交易全程的意定债权 II 的伴生品,如有偿设立的地役权。

---

① 参见黄松有主编:《〈中华人民共和国物权法〉条文理解与适用》,人民法院出版社 2007 年版,第 302 页。

当然,意定债权Ⅱ的实现方式与意定物权有别,如前述的费用债权不一定登记,地役权为了对抗第三人则必须登记(《物权法》第158条),在费用债权未登记而地役权登记时,意定债权Ⅱ无法对抗第三人,只能在相对人之间发生效力。同时,意定债权Ⅱ不会改变物权的权属,也不减损其权能,不会随意定物权之波而逐流,如地役权随建设用地使用权转让的,受让方还需就地役权费用再予协商。故而,尽管在意定物权和与其伴生的意定债权Ⅱ之间,有诸如费用债权实质影响地役权的关系,但它们终究是割裂的两层皮,还不到你中有我、我中有你的程度。

综上所述,债权仅是债的关系的一环,把它复原为债的关系,特别是广义的债的关系,并不改相对性的本色,但会给物权增添债的伴侣。在以物权为目的的债权因物权的发生而消灭后,债的关系中的其他债权还会与物权相伴,会协助或制约物权的保有和实现。它们的关系如此密切,以至于这些债权无法在债法中规范,物权法中因此有了债的身影,债法与物权法在形式上就有了规范交错。不过,尽管有与物权伴生与协力的关联性,债权终究处在相对关系之中,无法与绝对性的物权同命运,后者可由物权人单向支配与处分,前者则要顾及相对人的约束,债权与物权的二分仍很清晰。

2. 法定领域

法定之债与物权也会伴生,遗失物拾得即为例证。只要拾得的规范要素具备,拾得人就有保管、通知、返还等义务,相应地也有请求支付必要费用的权利(《物权法》第109—112条),这样的法定之债约束着拾得人与失主。该格局的基本构造是遗失物所有权与必要费用补偿请求权等法定债权的伴生,即"物权+法定债权"。在拾得漂流物、发现埋藏物参照上述规范而适用时(《物权法》第114条),行为人有请求相对人支付保管费的权利[①],由此形成的权利关系也可归入此类。

在遗失物拾得规范中,所有权为规范设计时已经先在的既定要素,并非规范重点,反而是拾得行为产生的法定债权为规范重心,以求在遗失物脱离失主控制的现实中,力争不被弃于地或藏于己,并在保全物的价值和弥补拾得人亏欠之间达成利益平衡。这的确与无因管理若合符节,也显示出对失主所有权的协力作用。正因为如此,德国民法学理认为,拾得在

---

① 参见黄松有主编:《〈中华人民共和国物权法〉条文理解与适用》,人民法院出版社2007年版,第345页。

规范体系上属于债法,它之所以被置于物权法,主要是因为拾得人在一定条件下可取得遗失物所有权(《德国民法典》第 973—974 条)[①],这与法定债权对拾得人保全物的价值行为的激励完全相当。反观我国大陆地区规范,无人认领的遗失物归国家所有(《物权法》第 113 条),拾得人缺乏取得所有权的激励,其亏欠因此难平,但由拾得人自掏腰包为拾金不昧买单,无论在法理还是于情理都说不过去,法定债权的继续存在应为正途。

这样一来,只要失主保有遗失物所有权,拾得人就有法定债权,两种权利是有此有彼;失主的所有权即便不存,法定债权仍予保持,两者又是无此有彼。这显然异于法定领域的债权以物权为引导而发展的关系,后者虽然也以物权为调整基点,但它不是确定的先在要素,而是从无到有或由此及彼的结果。如附合使原动产成为不动产的成分,对此变局,法律必须先基于鼓励创造或维持效用来配置权属,只有这一步走好,才能迈出债权调整的第二步,所呈现的是无此就无彼的构造。不过,一旦所有权因附合规范的配置而实存,赔偿请求权必将与它伴生,两者在此阶段又进入伴生与协力的关系。

(二) 以隐性为特质

法定物权无需债权行为即可生成,添附中的加工产生的所有权即为适例,若加工材料有明显增值的,加工人将原始取得加工物所有权。在无意定债权参与的背景下,法定物权自成一体地独立运作,没有问题。但它在实践中往往与意定之债相遇,如雇佣他人加工,加工物所有权的归属是否受制于雇佣合同,则问题重重。若依加工规范确认权属,由直接促成加工物的雇员取得所有权,显然背离交易常识。若依雇佣合同确认权属,由雇主取得所有权,一方面合同未必明确约定,其至合同效力有瑕疵,从而缺失归属依据,另一方面排除了加工规范的适用,这在雇主与雇员之间没有障碍,但这种私下的权属协调无法公示,难为第三人知悉,结果会使加工规范的目的落空,至少从理论上讲,它对信赖加工规范法律效果的第三人,如雇佣双方的债权人、债权人的债权人等产生约束力,有失公允。[②]

[①] 参见 Baur/Stuerner, Sachenrecht, 18. Aufl., Muenchen 2009, 第 735 页以下。
[②] 更详细的讨论,参见常鹏翱:《民法中典型事实行为的规范关系》,载《法学》2012 年第 4 期。

单凭规范文义无法为此困局提供合适的解,必须根据交易实际和通常观念,加入规范功能的引申考量。具体说来,法律之所以将加工物所有权配置给加工人,在于材料因加工而明显增值,凸显了鼓励价值创造的功能。沿此主线来看,雇佣加工是雇主一手撑起的价值创造活动,人员、材料、工艺、技术、流程、机器、厂房、工资、税费、风险等无不由其决定与负担,雇员及其劳动只是这些活动的一部分,在雇主主导加工全程的现实中,雇主才是促使材料明显增值的加工人,依加工规范可取得所有权。雇佣合同尽管为雇员提供了进入加工流程的契机,没有它就无雇佣加工,但它只调整雇员与雇主之间就劳务提供而产生的债的关系,与加工物的权属无关。这仍是权利伴生与协力的构造,即在雇佣合同介入下,雇佣加工成为现实,但加工物所有权是经由加工规范而生的法定物权,实际不以雇佣合同为基础。与显性的伴生与协力关系相比,这种"意定之债+法定物权"的构造有雇佣合同排斥法定物权的假相,故称为隐性的伴生与协力。

由定作人提供材料的承揽加工与雇佣加工有同样隐蔽的构造。尽管承揽人提供技能、设备和劳力,但其听命于定作人,所获收益通常与材料及加工物价格涨跌无关,这一地位与雇员极其接近,是主导承揽加工的定作人的服务者。故而,在定作人被视为加工人的前提下,无论定作人提供的材料是否为其所有或可否由承揽人替换,均无碍定作人基于加工规范原始取得所有权[①],当然也无碍承揽合同的实存,其构造同为"意定之债+法定物权(定作人所有权)"。

与上述情形不同,承揽定作由承揽人提供材料(《合同法》第251条)[②],兼具买卖的性质,承揽人依加工规范原始取得加工物所有权后,再依承揽合同移转给定作人。[③] 承揽之债于此是所有权移转的原因,承揽定作的构造因此为"法定物权(承揽人所有权)+意定债权(定作人请求承揽人移转所有权的请求权)→意定物权(定作人所有权)",属于引导与发展的关系。若再考虑承揽合同约定的其他债权,其整体构造又有伴生与协力关系,即"承揽合同→(意定债权Ⅰ→定作人所有权)+意定债权Ⅱ"。

法定物权与意定债权之所以隐性伴生,不仅在于当两者相遇时,后者

---

① 参见黄立主编:《民法债编各论》(上册),中国政法大学出版社2003年版,第396页。
② 参见胡康生主编:《中华人民共和国合同法释义》,法律出版社1999年版,第371页。
③ 参见黄茂荣:《债法各论》(第1册),中国政法大学出版社2004年版,第289页;韩世远:《合同法学》,高等教育出版社2010年版,第489页。

往往有决定权属的意思,不少论者因此倾向于后者排斥前者,殊不知这与前者强制法的属性相悖,为迎合交易目的和现实需求并绕开这样的规范矛盾,就有了稍显周折且不明显的伴生与协力关系;还在于前者通常是事实行为的结果,而事实行为与法律行为绝缘,导致雇员的具体加工行为无法假手代理而由雇主得其实惠,仍需要法定物权规范继续介入才能合理化其后果。

四、融合与并存的关系

与物权不同,债权仅针对特定主体,并以债务人的给付为实现途径,故无论存续或交易,二者均无法共享规范。但若在债权中加入物权元素,使其主体与特定物的所有权人完全保持一致,结果就是债的主体因所有权移转而变更,债权的相对性因此大为减弱。如土地所有人 A 对 B 负债,在所有权移转给 C 后,C 成为 B 的债务人,从 C 处受让土地的 D 同样如此。在这种债的关系中,对债权人 B 而言,只要土地这个特定客体存在,其上的所有人,无论是 A、C 或 D,均为债务人,即各时的(jeweilige)任一所有人[①]均为债的主体。在瑞士民法学中,这种与物权一样依附于特定客体的债被称为物上之债(Realobligation)。[②] 在物上之债关系中,物权人往往是债务人,为了表明相同主体的这一不同法律地位,不妨将物上之债称为物务[③],以示它与物权的区别与对应。[④] 概言之,物务有选择地融合了债与物权的特性,还与物权一体并存、雌雄同株,这种彼此一体

[①] 德语"jeweilig"的汉译通常为"其时的、当时的;在职的",参见《德汉词典》,商务印书馆1985年版,第598页。与此相应,针对德语民法术语"jeweiliger Eigentuemer"(如《德国民法典》第1018条、第1094条第2款;《瑞士民法典》第681b条、第782条),有译为"其时的所有人",参见杜景林、卢谌:《德国民法典评注》,法律出版社2011年版,第528页、第553页;有译为"现时所有人",参见陈卫佐译注:《德国民法典》,法律出版社2006年版,第357页、第376页;有译为"所有人",参见殷生根、王燕译:《瑞士民法典》,中国政法大学出版社1999年版,第189页、第222页。在汉语中,前两种译文容易被理解为是对所有人的限定,即那个时候或现在的所有人,后一种译文则省略了限定语。该术语的德语含义并不用以限定所有人,而是强调只要是所有人,无论是谁或哪个时期均如此,故本文借鉴苏永钦先生的"各时所有人"汉译,参见苏永钦:《重建役权制度》,载苏永钦:《走入新世纪的私法自治》,中国政法大学出版社2002年版,第250页。

[②] Vgl. Tuor/Schnyder/Schmid/Rumo-Jungo, Das Schweizerische Zivilgesetzbuch, 13. Aufl., Zuerich 2009, S. 1013.

[③] 参见苏永钦:《可登记财产权益的交易自由》,载《南京大学法律评论》2010年第2期。

[④] 18世纪的德国学者 Dabelow 把权利分为对物权与对人权,把义务分为随物义务与随人义务,可大致与现代意义上的物权与债权、物务与债务分别对应。参见杨代雄:《古典私权一般理论及其对民法体系构造的影响》,北京大学出版社2009年版,第68页。

的构造体现了债权与物权融合与并存的关系。

(一) 以法定为导向

缺乏绝对性和支配力的物务仍是债[1],但因其主体通常与物权人——在特定情形与占有人——一致,只要是物权人就是债的主体,这种注重物权客体而非主体身份的特性,与物权完全相当,与注重主体身份而非标的物的普通债权形成了鲜明反差。举例来看,A 与 B 是相邻的土地所有权人,A 对 B 的土地有通行权,C 从 B 处受让土地,这一主体移转不妨碍 A 的通行权,因为通行义务受制于相邻的土地,而不在乎土地权利人是谁。相应地,A 对 B 有支付赔偿金的债务,A 把自己土地的所有权移转给 D 后,D 对 B 有赔偿之债,因为该债务作为物务,同样受制于相邻的土地,土地权利人的身份在此意义不大。与前两者不同,在相邻关系之外,B 还许诺 A 可在其土地上放牧,这属于普通之债,只约束 A、B 双方,与从 B 处受让土地的 C 无关,C 没有义务允许 A 利用 C 的土地放牧。

物务与物权不仅以特定客体为共同根基,它们还共享同一规范基础,即物权法。物务必须基于物权法才能对特定客体上的、各时的任一物权人有约束力。以此为标准,虽然租赁能破除所有权让与,租赁物的各时所有人因此均是出租人,但它未被物权法规制,故非物务。[2] 当然,物务中的给付义务为物权所缺失,故而,尽管物务与物权的物化属性都很充分,但物上义务与物上权利的经纬划分仍很清晰。显然,物权法并不以物权为单一的规范对象,还涉及物务,严格说来,物权法应称为物法才名副其实。

物权法既是物务的基础,由法律直接规定的物务当属首要的讨论对象。瑞士的经验表明,物务遍布物权法,以下以相邻关系中的通行权规范为例(《瑞士民法典》第 694 条),来看法定物务的基本规律。通行权以袋地客观上需要通行为前提,权益扩张的通行权人需赔偿邻方的损失,这种减损财产的积极给付义务无法为所有权所容,邻方也无法通过支配袋地来实现该债权,物权的支配力在此荡然无存。而且,赔偿请求权的辐射范

---

[1] Vgl. Gauch/Schluep/Schmid, Schweizerisches Obligationenrecht Allgemeiner Teil, Bd. I, 9. Aufl., Zuerich 2008, S. 22.

[2] 参见 Rey, Grundriss des schweizerischen Sachenrecht, Bd. I: Die Grundlagen des Sachenrechts und das Eigentum, 3. Aufl., Bern 2007,第 67 页。

围局限于通行权人与邻人之间,不特定的社会公众不受影响,缺乏物权的绝对性和排他力。但该请求权不同于普通债权,它依附于相邻的土地,所有权移转只是替换了所有权人,赔偿请求权根本不受影响,即袋地所有权移转使原通行权人摆脱赔偿义务,新通行权人则在受让所有权时原始承担该义务。但新通行权人承受的赔偿义务从受让所有权时起算,不包括原通行权人迟延履行的部分,后者转变为邻方对原通行权人这个特定主体所享有的普通债权。相应地,邻地所有权移转使原所有权人失去债权人地位,受让人原始取得赔偿请求权。这一赔偿请求权的地位恰似限制物权,是长在袋地所有权上的物上负担,而非专对特定债务人的负担,这种渗透力显然为普通债权所缺乏。①

我国大陆相邻关系中的通行权也以通行的客观必要性为前提(《物权法》第 87 条),与它相关的赔偿请求权(《物权法》第 92 条)或补偿请求权(最高人民法院《关于贯彻执行〈民法通则〉若干问题的意见(试行)》第 100 条)也是物务,因为只要有通行权也就有该债权,是相邻的不动产为它提供了存续根基,它因此能对抗不动产物权的继受人,物化特性相当明显。

物务之所以被置于旨在配置物权的物权法当中,目的在于填补债权和物权二分的缝隙,满足法律生活的需要。仍以上例为对象,通行权是对邻方不动产的刚性约束,邻人除了接受赔偿别无选择,这一强制交易的管制好处是节省了相邻各方的交涉成本,在防止邻人利用优势抬高身价之余,还能避免通行权人在不能如愿时强力通行的侵权隐患。就此而言,赔偿请求权是立法配置通行权规范的控制机制,有协调利益冲突的功能。强调物务以物权法为规范基础,原因就在于物务是物权规范配置的必要环节。不过,物权是规范配置的基础,物务是与其伴随的负担,尽管不可或缺,但终究无法从根本上影响作为基础的物权,如通行权人迟延赔偿不会消灭通行权。② 沿上述思路扩展,在物权法中与物权配置相关的赔偿请求权或补偿请求权均属物务。添附中的赔偿请求权也不例外,它是所

---

① Vgl. Meier-Hayoz, Berner Kommentar, Kommentar zum schweizerischen Privatrecht, Bd. IV: Das Sachenrecht, 1. Abteilung: Das Eigentum, 1. Teilband: Systematischer Teil und Allgemeine Bestimmungen, Art. 641—654 ZGB, 5. Aufl., Bern 1981, S. 117 ff.

② 参见史尚宽:《物权法论》,中国政法大学出版社 2000 年版,第 105 页;谢在全:《民法物权论》(下册)(第 5 版),2010 年作者自版,第 292 页。

有权重新配置时自然衔接的负担,本身并非不当得利请求权,只不过其内容和范围按照不当得利规范来定。照此说来,因添附而原始取得的所有权与赔偿请求权之间不再是引导与发展关系,而是生于同根的并蒂莲花。①

除了降低成本和平衡利益,物务还有其他功能。比如,作为实现物权配置目的的基本手段,通行权人有权请求邻方提供通行便利,这是落实通行权的前奏;作为物权状态延续的可选途径,共有人有权请求约定管理合同或实施管理行为;作为物权状态终止的可选事由,共有人有权请求分割共有物以终止共有(《物权法》第 99 条)。无论何者,它们与物权一样以物为本,且与物权共同搭建起物权配置规范,物务与物权的关系因此既非上文中由附合所例证的"法定物权→法定债权",也非由拾得所例证的"法定物权+法定债权",而是"法定物权→+法定物务"。

与普通债权相比,物务的主体尽管也为特定人,但该特定源自特定的物权客体,是受制于客体的特定,即物务主体是特定客体的物权人或占有人。由此特性出发,可将物务主体予以物化,以表明物务是根植于物权客体的债。物务主体的范围当然要根据制度功能而定,相邻关系和共有关系中的物务主体就有差异,前者可涉及所有权人、用益物权人乃至自主占有人,与通行权相关的赔偿请求权主体即如此,后者则通常限于所有权人,如按份共有人承担费用或偿还债务超出应承担份额的,有权向其他共有人追偿(《物权法》第 98 条、第 102 条),这旨在调整共有人内部关系,份额的抵押权人等限制物权人被排除在外。

正因为物务受限于特定的物权客体,物权丧失对物务的存续无异于釜底抽薪,物权移转导致原物权人的物务消灭。物的灭失也有相同后果,如供袋地通行的宅基地因洪水侵袭而灭失,宅基地使用权因此消灭(《物权法》第 155 条),与此关联的赔偿请求权随之消灭。而且,与物权一样,物务通常也不受制于消灭时效,共有人终止共有关系的请求权(《瑞士民法典》第 650 条第 1 款)即为适例。②

说物务不同于普通债权,不是说两者的差异已大得不能弥合,只是说

---

① 参见苏永钦:《论动产加工的物权与债权效果》,载苏永钦:《私法自治中的经济理性》,中国人民大学出版社 2004 年版,第 292 页以下。

② 参见 Schmid/Huerlimann-Kaup, Sachenrecht, 3. Aufl., Zuerich 2009,第 176 页。

它们有是否物化的区分,与该区分有关的机制当然不同,与它无关的给付义务、履行障碍、责任承担等自无差别。如与通行权相关的赔偿请求权可适用债的一般规范,通行权人不赔偿或迟延赔偿,即应承担继续履行等责任(《民法通则》第 106 条第 1 款)。此外,物务也能成为引发物权的动因,以法定抵押权为例,为兼顾交易安全,瑞士强调法定抵押权登记生效(《瑞士民法典》第 839 条),在此起到引导作用的是作为物务的建筑承包人请求土地所有人设定抵押权的请求权(《瑞士民法典》第 837 条第 1 款第 3 项),它与作为意定抵押权登记基础的抵押合同的功能完全相当①,此时的关系构造为"法定物务→法定物权"。我国大陆地区的法定抵押权无需登记,这固然便利了承包人,却无法照料不知该抵押权存在的发包人的债权人。正是为了弥补这样的缺陷,我国台湾地区修法(其"民法"第 513 条)向瑞士法看齐。② 若将来我国大陆地区的法定抵押权也朝登记生效的方向发展,则物务在引发法定物权上与普通债权就有共性。

(二) 以自治为导向

说物务融合了债权与物权,不是要打破财产权的二分,而是强调它在此基础上夹杂了债权与物权的双重特性,填补了二分的空隙。无论物务取向于法定还是以自治为导向,均无不同。

在瑞士法,基于意思表示产生的物务以地役权关系中的物务为典型。供役地人基于地役权要容忍地役权人的使用,地役权人相应地负担支付费用、设置或维修相关设施等积极给付义务(《瑞士民法典》第 730 条第 2 款、第 741 条)。土地负担也是物务,它使各时的任一土地所有人对权利人有给付义务(《瑞士民法典》第 782 条)。这两类物务均与限制物权结合在一起,物化属性非常明显。与它们相比,以租赁权等债权为对象的预告登记无此外形,但债权因预告登记而有对抗力(《瑞士民法典》第 959 条),属于广义的意定物务。③

抛开我国没有的土地负担不谈,与地役权关联的上述义务在我国并

---

① Vgl. Riemer, Grundriss des schweizerischen Sachenrecht, Bd. II: Die beschraenkten dinglichen Rechte, 2. Aufl., Bern 2000, S. 147.
② 参见邱聪智:《新订债法各论》(中册),中国人民大学出版社 2006 年版,第 71 页。
③ 参见 Rey, Grundriss des schweizerischen Sachenrecht, Bd. I: Die Grundlagen des Sachenrechts und das Eigentum, 3. Aufl., Bern 2007,第 72 页以下。

不陌生，它们在地役权合同约定（《物权法》第 157 条第 2 款）的基础上，可通过登记产生对抗力（《物权法》第 158 条，国土资源部《土地登记办法》第 37 条，原建设部《房屋登记办法》第 65 条），完全符合物务的特性。此外，建设用地使用权出让合同通常约定用地人的投资开发、支付出让金等给付义务，它们随该使用权的移转而移转（《城市房地产管理法》第 41 条），也应归入物务。至于预告登记，我国以引致不动产物权变动的债权为登记对象，目的在于保障将来实现物权（《物权法》第 20 条），它融合了债的属性和物权的对抗效力，谁受让负担预告登记的物权，谁就要受该债权的束缚，预告登记无疑也是物务。

与法定物务一样，意定物务也以物权法为规范基础，因此应遵循法定原则，当事人只能从法律列明的物务类型中择一而定，超出范围的属于普通债权。而且，意定物务通常有登记基础，凡被登记即应视为真实存在（《物权法》第 16 条第 1 款），并在登记错误时受公信力约束（《物权法》第 106 条），如地役权人维修设施的义务被漏登，善意的需役地受让人因此免负该义务。再者，只要有登记基础，同一客体的物务与物权或与其他物务相互间有顺位序列，各自的实现机会按登记时间先后排列，如针对同一房屋的两个抵押合同均被预告登记，则先登记者先实现。

意定物务由法律限定类型，当事人并无自由创设的空间。法律在限定时往往会负载特定的管制目标，如建设用地使用权人未履行开发义务，要被征收土地闲置费或被收回土地使用权（《城市房地产管理法》第 25 条），防止土地闲置、提高利用效率的目的相当明显。这种物务显然也有强烈的法定色彩，只不过它实存与否完全取决于当事人，建设用地使用权的出让在此成了控制阀，这正是意定物务与法定物务的差异所在。基于这一差异，二者的内容判断标准就不相同。① 只要不违背法定原则，意定物务的内容可由当事人自由形成，无论地役权人的作为义务，还是预告登记保全的债权，无不如此，只要意思表示有效即有约束力，在理解时遵循意思表示的解释规范。法定物务中的给付义务由法律规定，不仅其发生与否需要甄别，如当事人约定排除的只能是任意法，故其规范基础是强制

---

① 参见 Meier-Hayoz, Berner Kommentar, Kommentar zum schweizerischen Privatrecht, Bd. IV: Das Sachenrecht, 1. Abteilung: Das Eigentum, 1. Teilband: Systematischer Teil und Allgemeine Bestimmungen, Art. 641—654 ZGB, 5. Aufl., Bern 1981, 第 125 页。

法还是任意法就是事先的判断步骤,而且,对其内容的理解需借助法律解释规范。① 当然,意定物务与法定物务可能均有金钱之债的内容,并同有平衡利益的功能,但不同出发点会有不同后果。意定物务着眼于债的必备要素,即便因未登记而只是普通的意定之债,也能影响相关联的物权利益,如地役权人迟延支付费用会导致地役权消灭,用地人支付出让金则有助于促成建设用地使用权的转让(最高人民法院《关于审理涉及国有土地使用权合同纠纷案件适用法律问题的解释》第10条第1款第3项),而法定的赔偿请求权则不是物权产生的原因和对价,实现与否对物权存续没有影响。

总结说来,并非所有的债权都只针对特定的相对人,在特定客体的媒介下,依附于物权的物务就针对各时的任一物权人。即物务针对的是特定客体,再据此将其主体具体化为物权人,这种因物权客体而设的债权与物权绑在一条绳上,完成了从纯粹的相对性到带有绝对色彩的相对性的跳跃,直接约束物权人。与给权利主体带来积极利益的物权不同,物务产生的是消极利益,且在物权配置规范中与物权如影相随,本文讨论的法定领域的债权几乎全被囊括其中,在瑞士法中,甚至与遗失物拾得、埋藏物发现有关的债的关系也属于物务。② 物务除了受制于债法,在物权法中也有广泛的规范存在,并受制于法定、特定、公示等物权法基本规范,就此而言,债权与物权二分在规范层面的缺口有了物务的中间体。

五、同质与同化的关系

作为债的关系的代言词,债权体现了相对的人与人的权利义务关系,物权则是因物归属于人而产生的人对物的绝对支配地位,两者看似不可同日而语。但在与物权一体并存的物务的牵制和约束下,物权与物务在同一客体上形成了权利义务关系,它们不仅存于特定主体之间,有人与人的关系外观,还相互牵连,且能普适于整个物权领域,这种构造甚至在物

---

① 意思表示的解释与法律的解释虽然都在探求言语表达的正确理解,但两者的指导思想和具体方法差异不小,参见卡尔·拉伦茨:《法学方法论》,陈爱娥译,商务印书馆2003年版,第222页。

② 参见Rey, Grundriss des schweizerischen Sachenrecht, Bd. I: Die Grundlagen des Sachenrechts und das Eigentum, 3. Aufl., Bern 2007,第70页,第481页。

权及与其伴生的普通债权之间也很明显,导致债法规范可以顺势而入进行规制。若物权能代表依附于特定客体的权利义务关系,那么,债权与物权同样有人与人的权利义务关系结构,法律适用也有合一的可能,表现了同质与同化的关系。

(一) 以他物权为参照

债的关系仅约束特定的双方,不涉及此外的第三人,这种相对性的人与人的关系,与绝对性的物权看上去有天壤之别,后者是特定主体对特定客体享有的可对抗任何人的法律地位,属于人对物的支配权,表现了人与物的关系。[1] 这样的区别深深地嵌入《德国民法典》。它的第二编是"债的关系法",第三编是"物权法",后者避免规范人与人的关系,而是以物为基点与中心,遵循物的逻辑概念来展开。如在相邻权中,是土地而非所有权人缺乏通往公共道路的联系,用益权存在于物、权利或财产之上,抵押权人享有从土地中获得满足的权利等,表明其整体结构均已物化。[2] 我国台湾地区与德国接近,其"民法"第二编是"债",第三编是"物权"。我国大陆地区虽然没有这样的形式区别,但实质区分如出一辙,即合同表现了财产关系(《合同法》第 2 条)[3],物权被限定为权利(《物权法》第 2 条第 3 款),并无义务成分,债与物权因此是关系与权利的划分。

所有权是最典型的物权,表现了人对物的完全支配,权能具体化为占有、使用、收益和处分(《物权法》第 39 条),它为物权规范提供了模本。他物权的本体构造不出其右,用益物权无非分享了占有、使用和收益的权能(《物权法》第 117 条),担保物权则分享了处分权能(《物权法》第 170 条)。不过,以所有权为模板所描绘的物权图像未必能清晰无误地反映他物权的全部信息,因为从功能上考虑,他物权是包括所有权在内的其他财产权得以实现经济价值的工具,并不完全受制于所有权。以担保物权为例,所有权或用益物权在权属未变的情况下,可凭借抵押权发挥价值(《物权法》第 180 条),质权对债权、股权、知识产权中的财产权也有相同的功能(《物权法》第 223 条)。要实现这一工具价值,他物权就必须存于特定主体之

---

[1] 参见孙宪忠:《中国物权法总论》,法律出版社 2009 年版,第 48 页以下。
[2] 参见罗尔夫·克尼佩尔:《法律与历史》,朱岩译,法律出版社 2003 年版,第 267 页。
[3] 参见胡康生主编:《中华人民共和国合同法释义》,法律出版社 1999 年版,第 4 页。

间,它因此有相当明显的人与人关系的色彩,与债的外观近似,与纯对物的所有权颇有距离。换言之,因为有明确的相对人,他物权首先对该特定主体有意义,所有权显然缺乏这种关系。

当他物权的设立以合同为基础行为时,物权主体与合同主体完全重合。他物权之所以能从设立他物权的合同之债中脱颖而出,主要凭借体现自治的物权行为与表现物权绝对性的公示,前者为物权而非债权的产生提供了正当性根据,后者使社会公众知悉物权,为其绝对性提供了正当性根据,结果使他物权摆脱了合同之债的相对性,这是他物权与所有权有家族相似的共同基因。可以说,他物权有双重的定位参考维度,一是所有权,另一是合同之债。对他物权概念的历史考察就表明,在与所有权的区别过程中,他物权也经历了与设立他物权的合同之债的区别。[1]

在他物权以合同之债为引导而发展的情形,他物权可以当作设定他物权请求权这个单一债权实现的标志,若合同关系中的其他债权债务仍然存在,不妨说他物权是从债的关系中切割出的权利。[2] 以不动产用益物权为例,它们在自治背景下均源自以使用他人不动产为目的的合同之债,在切割时加入了不同的构造元素,结果有了不同类别。土地承包经营权与建设用地使用权均为特定主体而设,虽然作为客体的土地类型被法律强制,有农用地与建设用地之分(《土地管理法》第 4 条第 2 款),在农用地上设定的土地承包经营权只能用于农业(《物权法》第 124 条),在建设用地上设定的建设用地使用权只能用于建筑(《物权法》第 135 条),但具体用益情况由权利主体决定,这是它们的共同点。如用耕地种粮或种菜取决于承包经营权人,在符合规划的前提下建十层还是八层楼房完全由建设用地使用权人决定,土地在此除了作为物权客体别无他用。这两类物权的主体是特定人,客体为特定物,可称为主体为人、客体为物的物权,简称属人权(Personalrecht)。地役权就不同,它看上去也为特定主体而设,但用益要从不动产的客观需要来判断,即地役权的目的是为了需役地使用的便利,而非为了地役权人的与其他需役地无关的个人利益。[3] 这样一来,地役权如同长在供役地和需役地之上一样,只要供役地和需役地

---

[1] See Robert Feenstra, Dominium and ius in re aliena, in: *Legal Scholarship and Doctrines of Private Law*, 13th—18th Centuries, Variorum 1996, p. 122.
[2] 参见苏永钦:《可登记财产利益的交易自由》,载《南京大学法律评论》2010 年第 2 期。
[3] 参见孙宪忠主编:《中国物权法》,经济管理出版社 2008 年版,第 398 页。

的供需关系确定,且地役权未消灭,则需役地的各时的任一所有权人,无论是地役权设定时的所有权人还是此后的需役地受让人,都是地役权人,不动产于此不仅是客体,还物化了物权主体,即主体随客体而定,因此可将地役权称为主体为物、客体为物的物权(subjektiv-dingliche Rechte)①,简称属物权(Realrechte)。② 正是通过自治、公示或物化等要素的综合,用益物权不仅脱离了合同之债,还有了不同的支脉。

不过,仅以权利来定位用益物权仍不确切,因为其中的义务因素相当明显,且不说相对人对用益物权的容忍与尊重等消极义务,重要的是物权人对相对人负有支付费用等积极的债务。若这些债务符合物务的构造,就与物权在同一客体之上,由同一主体保有,还一体地从合同之债中分割出来,形成权利与义务并存的物上关系。由于物务是债,在物权人负担债务时,相对人就是债权人,物权与物务因此是相向关系,物权人可对包括相对人在内的任何人宣示或主张物权,相对人则可对特定客体上的各时物权人主张债权。在支付费用等债务不符合物务构造时,就属于与用益物权伴生与协力的普通债务。在物权人与相对人这对特定主体之间,物权、物务以及其他普通债权往往形影不离,它们常常被一体地当作用益物权的内容来看待。比如,德国地上权的内容除了建造、维护和使用建筑物的权利,据约定还包括地上权人向土地所有权人让与地上权、支付违约金、转让地上权时须请求土地所有权人同意等义务(《德国地上权条例》第 2 条、第 5 条),这些义务经登记即可对抗第三人,否则为普通债务。③ 又如,我国大陆建设用地使用权和台湾地区地上权的内容也分别包含了物权人支付出让金和支付地租的债务。④ 而且,用益物权旨在使用他人之

---

① 针对德语民法术语"subjektiv-dingliche Rechte",有译为"主体物权性权利",参见卡尔·拉伦茨:《德国民法通论》(上册),王晓晔等译,法律出版社 2003 年版,第 394 页;有译为"物权权利",参见曼弗雷德·沃尔夫:《物权法》,吴越、李大雪译,法律出版社 2002 年版,第 466 页;有译为"主体属物"的物权,参见苏永钦:《走入新世纪的私法自治》,中国政法大学出版社 2002 年版。本文在此借鉴了苏永钦先生的译法。

② 参见 Meier-Hayoz, Berner Kommentar, Kommentar zum schweizerischen Privatrecht, Bd. IV: Das Sachenrecht, 1. Abteilung: Das Eigentum, 1. Teilband: Systematischer Teil und Allgemeine Bestimmungen, Art. 641—654 ZGB, 5. Aufl., Bern 1981, 第 112 页。

③ 参见李静译:《地上权条例》,载王洪亮等主编:《中德私法研究》(第 1 卷),北京大学出版社 2006 年版,第 260 页。

④ 参见王利明:《物权法研究》(上卷),中国人民大学出版社 2007 年版,第 130 页;王泽鉴:《民法物权》,北京大学出版社 2010 年版,第 297 页。

物,用益的权限充任了双刃剑,既为物权人提供获取积极利益的机会,表现出权利属性,又为其设置了只能如此而为的限度,表现出了义务属性,这同样也被列入用益物权的内容①,并在不能遵行时影响物权的存在,如建设用地使用权人擅自改变土地用途或地役权人滥用权利均导致物权消灭(最高人民法院《关于审理涉及国有土地使用权合同纠纷案件适用法律问题的解释》第 6 条,《物权法》第 168 条第 1 款)。概括而言,用益物权虽名为物权,但内容已不单纯是物权,还包含有物务或普通债务,其中既有人与物的关系,也有人与人的关系,实为多重的权利义务构造。

与用益物权相比,担保物权也有关系构造,且有过之而无不及。担保物权如同用益物权一样有义务要素,如在债务履行期限届满后,质权人有及时行使质权的义务,违背者要承担责任(《物权法》第 220 条)。而且,因其功能所致,担保物权依附于、并服务于主债权,因应主债权的变化而改变,即便物权行为无因性也不改这种从属性,即只要产生主债权的债权行为不成立或效力瑕疵,担保物权即失去依托,这导致它必须将主债权融入其中,如动产抵押权和权利质权的登记内容就包括主债权(国家工商总局《动产抵押登记办法》第 4 条,国家版权局《著作权质权登记办法》第 7 条、第 21 条,中国人民银行《应收账款质押登记办法》第 10 条第 4 款),否则就无担保物权。根据这些特性,可以说担保物权笼罩在主债权与设定担保物的基础之债当中。这些均表明,担保物权同样是多重的权利义务构造。

他物权经历上述内涵扩张,已悄然质变为特定主体之间的权利义务关系束,名词与实质之间的这一背离,从根本上否定了其单纯的物归属于人、人支配物的权利定性。还要看到,公示在我国大陆地区并不占一元垄断地位,在公示对抗机制下,不公示不影响他物权的产生,但无法对抗第三人(《物权法》第 127 条、第 158 条、第 188 条),这与日本物权变动规范(《日本民法典》第 176—178 条)等同。如何界定第三人争议颇大,但无论如何,未登记的他物权均有相对性,与具有公示外观的绝对性的物权不能划一。② 若将第三人的范围扩至普通债权人,则未登记的他物权不能排

---

① 参见谢在全:《民法物权论》(中册)(第 5 版),2010 年作者自版,第 45 页;崔建远:《物权法》,中国人民大学出版社 2009 年版,第 336 页。

② 参见加藤雅信:《财产法理论的展开》,渠涛译,载渠涛主编:《中日民商法研究》(第 2 卷),法律出版社 2004 年版,第 122 页。

斥债权，无异于普通债权，是有实无名的债的关系。若将第三人的范围缩限为与未登记的他物权人有权属竞争关系之人，如公示的物权人，则未公示的他物权的排他性和支配力大打折扣，其物权地位也不纯粹。

就此而言，他物权实际上是以他物权为核心，又结合物务或普通债务的关系结构。只有在此界定下，才能有机地吸收债务成分，否则，仍在绝对权与支配权的意义上定位他物权，却把物务混同进来，或把与它格格不入的普通债务硬塞进来，会不当打破债权与物权本来泾渭分明的分界。为了能更清楚地理顺物权与相关的债之间的关系，应把一体并存的物权与物务组合成物上关系，把其他债务留在债的关系这一底盘，并用设定物权与物务的自治行为与公示机制来区隔它们。

强调他物权的关系属性，不仅是说它从债的关系中切割而来，带有债务的成分，还表明它有明显的相对性，并非是无约束的绝对的支配权，物权人不能依凭自己意思为所欲为，而要受到相对人的约束，如土地承包经营权的转让应经发包人同意（《农村土地承包法》第41条，最高人民法院《关于审理涉及农村土地承包纠纷案件适用法律问题的解释》第13条）。而且，物权与物务之间以及物权与伴生的普通债务之间有类似于合同关系中给付与对待给付的牵制与攀扯。① 比如，地役权因费用迟延支付而消灭；又如，物权人基于物权获取的利益与作为其原因的债务负担互为调整函数，前者的增减会导致后者相应增减，德国以及我国台湾地区的地上权与地租之间即如此（《德国地上权条例》第9a条；我国台湾地区"民法"第835条之1）。此外，在物权消灭后，占有客体的他物权人不仅有返还原物的义务，还有类推适用债法规范来调整剩余利益的需求，如地上权人就支出的有益费用，可类推适用租赁规范请求土地所有人偿还。② 显然，若将他物权还原成物上的权利义务关系，它与债权所代表的债的关系具有人对人的权利义务的同质，且在产生、存续、终止诸方面有近似的调整机制，同化趋势不容忽视。

物权与物务、物权与普通债务、物务与普通债务、物上关系与债的关系相互间当然不同，但物权与物务组合成的物上关系，以及物权与普通债务紧密的伴生和协力关系，在运作规律上均与纯粹债的关系同质与同化，

---

① Vgl. Stoeckli, Das Synallagma im Vertragsrecht, Zuerich 2008, S. 23 ff.
② 参见谢在全：《民法物权论》（中册）（第5版），2010年作者自版，第66页。

债法因此可类推适用于物权,物权法反过来也可规制包括物务在内的债的关系①,债法与物权法在分离基础上出现了交融。把这种交融再向前推一步,着眼于他物权所处的人与人的关系结构,特别是这种关系与债法的契合性,甚至能用合同关系替代物权法中的他物权制度,如用债权性的用益合同替代用益物权、用债法的给付担保替代担保物权②,也就有了想象空间。

(二) 以所有权为参照

与他物权相比,所有权表现出的人对物的支配更完整、更绝对、更纯粹,看上去与人与人的相对关系绝缘。不过,所有权并非孤立地立于权利的逻辑真空世界,放在社会现实的背景下,所有权被放大的对物性所遮蔽的对人关系会被复原。

作为绝对的支配权,所有权无需借助他力即可实现,所有权人说了算的个人主义色彩相当鲜明,但因各种现实因素的作用,所有权人相互间会有关系连接。在物本身的形态和位置的约束下,相邻的不动产催生出睦邻友好的和谐需求,权利人容让与自谦在此不仅是道德诉求,也是法律限制所有权的表现,由此而有损失者能获取赔偿,这种因物而生的权利义务关系天然地与不动产所有权一体并存,不能分离各归其主,用相邻关系来概括这种与不动产所有权浑然天成的关系恰如其分,德国民法就把它们作为所有权的内容来看待(《德国民法典》第3章第1节)。然而,物权法因此也打开了人与人关系进入的通道,即对土地进行最严格的划分也不能导致土地完全孤立,不仅土地界限相连,超出土地界限的影响也无法避免,必须承认人与人的关系。③

约束要素也可能源自人本身,因资力不足导致的按份共有或基于婚姻产生的共同共有,均使所有权人在同一屋檐下,对共有物的利用、管理、处分等共有人之间的内部关系因此有不言而喻的重要性,教科书把这些

---

① Vgl. Gauch/Aepli/ Stoeckli (hrsg.), Praejudizienbuch zum OR, Rechtsprechung des Bundesgerichts, 6. Aufl., Zuerich 2006, S. 439 ff. 另参见王泽鉴:《民法物权》,北京大学出版社2010年版,第6页。

② Vgl. Saecker, Vom Deutschen Sachenrecht zu einem Europaeischen Vermoegensrecht, in: Festschrift fuer Apostolos Georgiades zum 70. Gebuertstag, Muenchen u. a. 2006, S. 377 ff; Fueller, Eigenstaendiges Sachenrecht?, Tuebingen 2006, S. 558 ff.

③ 参见罗尔夫·克尼佩尔:《法律与历史》,朱岩译,法律出版社2003年版,第267页。

债的关系作为共有制度的主要内容来对待①,有意无意地拓展了所有权的内涵。在这些债的关系因登记而能对抗第三人时,共有还能将所有权转化为他物权②,关系构造更加突出。

相邻关系与共有当然不同,但权利人齐心协力才能成事的团体精神颇为一致,兼顾这两者的建筑物区分所有同样如此,无需赘言。相邻关系、共有与区分所有中的关系或为物务,如与通行权相关的赔偿请求权、登记的共有物管理合同,或为普通债务,如未登记的管理合同。作为所有权保有或行使的必备要素,它们被物权法规制,但债的本性不因此有变,若放大这一本性,它们完全可置入债法,如相邻关系和共有均能被债法中的共有规范所涵盖。③ 而且,区分所有与共有贯彻了团体主义,所有权的行使采用多数决的议事规则(《物权法》第76条、第97条),与合同关系相比,决议更多一层约束,因为多数人的同意溢出了同意人的主体范围,约束到反对者,关系相对更复杂。集体所有权与此类似,欲将虚化的集体坐实,也要运用团体主义的多数决规则(《物权法》第59条,《土地管理法》第15条第2款)。

可以说,只要将视角从抽象的所有权概念转向具体形态的所有权,将其客体的物理关联及主体的人际关联纳入视野范围,就不难看出所有权必然处于关系结构之中。如果说团体主义背景下的上述关系滞留在所有权人的内部,那么,所有权的价值化趋向将迈到外部。所有权的经济功能随着交易变迁更加突出,完全支配权的法律属性淡化不少,忽略用益权能的所有权人往往通过法律行为来控制标的物的价值。如在所有权保留(《合同法》第134条)或以占有改定(《物权法》第27条)和信托(《信托法》第2条)为基础的让与担保,所有权人均不占有动产,无法实际用益,所有权只是用以担保债的关系,所有权人甚至不能自由处分动产,否则要对债务人承担相应责任,故为形式上的权利主体。这些剥离了用益权能的所

---

① 参见王泽鉴:《民法物权》,北京大学出版社2010年版,第223页以下;崔建远:《物权法》,中国人民大学出版社2009年版,第248页以下,第262页以下。
② 参见苏永钦:《可登记财产利益的交易自由》,载《南京大学法律评论》2010年第2期。
③ 参见Saecker, Vom Deutschen Sachenrecht zu einem Europaeischen Vermoegensrecht, in: Festschrift fuer Apostolos Georgiades zum 70. Gebuertstag, Muenchen u. a. 2006,第375页以下;Fueller, Eigenstaendiges Sachenrecht?, Tuebingen 2006,第558页以下。

有权突出了经济效用,被形象地称为"裸体的"担保所有权。[1] 由于这些所有权中的债的因素十分突出,相对性十足,故有相对所有权之称[2],与所有权的理论常态与规范模本显然不符,但交易需求的改变给了其实践正当性。而且,所有权的价值化表现甚至不限于作为担保手段,其整体也可相对空虚化,如在借用他人名义购房的情形,出资而隐名者为实质所有权人,出名但不出资者为形式所有权人,在后者违反借名合同约定处分所有权时,前者甚至能通过主张无权处分来恢复所有权[3],公示的所有权于此真的变成仅有形式却无实质的"裸权"。在这些所有权价值化的表现中,所有权均受债的关系约束,说到底仍是权利义务关系棋局中的棋子。

综括来看,从他物权到所有权的规范检讨表明,物权与物务一体并存地构成物上的权利义务关系,并与其他债权有内在的牵制关系。这说明,在相对的人与人的关系约束框架内,单凭绝对的支配力,物权无法独善其身,也需要像债权向债的关系复原一样,从权利复原为包括绝对的人对物的关系、相对的人与人的关系在内的复数关系。从权利内核来看,债权与物权仍然二分,但在权利义务关系层面,由债权代言的债的关系与由物权代言的物上关系的同质与同化不容忽视。

六、结　　语

对现今的民法学人而言,债权与物权几乎就是先在的概念工具,尽管拘泥于二分的逻辑对它们进行僵化理解会陷入概念法学[4],但不容否认的是,透过它们,现实中繁多的财产利益形态得以简化,法律规范和法学理论也有了清晰的部门划分,因此在生活世界和法律世界中产生了简约而高效的便宜,这反过来又无数次地验证着债权和物权二分的正当性。本文无从脱离这种约束,只是想在二分的根基上再前进一步,从规范体系

---

[1]　参见 Rey, Grundriss des schweizerischen Sachenrecht, Bd. I: Die Grundlagen des Sachenrechts und das Eigentum, 3. Aufl., Bern 2007,第 12 页以下。
[2]　参见 Baur/Stuerner, Sachenrecht, 18. Aufl., Muenchen 2009,第 24 页以下。
[3]　参见詹森林:《借名登记出名人之无权处分及借名人回复登记之请求权基础,兼论出名人之不法管理责任》,载《台湾法学杂志》第 186 期,2011 年 10 月 15 日。
[4]　参见王伯琦:《论概念法学》,载王伯琦:《王伯琦法学论著集》,台湾三民书局股份有限公司 1999 年版,第 40 页。

的关联性角度再看债权与物权的关系。

以上分析较全面地展示了债权与物权的关系,从中也会看到下列颇具理论意义和实践价值的基本问题:

第一,整体把握物权法的实质地位。要想把债权与物权的二分逻辑贯彻始终,无论静态还是动态、权利还是规范,均须有楚河汉界,债权行为与物权行为、债法与物权法因此呈分足鼎立之势。但债权与物权在实态和规范上的衔接、并存、共生与同化,又表明作为财产法的两个主干,债法与物权法无论于功能还是在适用,均无法独善其身,规范的体系效应相当明显。与此相应,尽管物权法在形式上自成一体,但围绕具体问题而对物权规范的学理研讨或司法适用,恐怕还必须相机地加入债法因素,至少应有此意识。这意味着,物权法实质上并不完全自足,它与债法一起构成财产法的有机部分,应被整体把握。

第二,适度扩张物权法的规制对象。物权法直指物权,即直接支配特定客体并排他的权利,包括所有权、用益物权和担保物权,这一限定主导了学理研究范围。但物权并非物权法的唯一调整对象,在债权的攀扯下,物权法还必须处理与物权同根并生的物务及二者关系,还要处理与物权伴生的普通债权及其关系。尽管它们客观上依托于实证法规范,但在认识上却未被提升到规制对象的高度,以至于物权法学理乃至债法学理并未给予它们应有的关注,留下不小的知识薄弱区。而通过深入研究来补足这些对象,除了在维持物权法基本制度不变的同时,能描绘出完整的物权法知识图,如法定原则与公示原则的基本原则地位不变,但适用范围必须扩及物务;还能根据物务或与物权伴生的债权的基本原理,为我国实践中的相关难题,如装修他人房屋的法律适用[①]等,提供更妥当的认识视角和解决路径。

第三,合理配置物权法的规范类型。物权法调整了类型丰富的利益关系,随之也配置了不同类型的规范[②],其中最常见、最有价值的当属任意规范与强行规范。由于物权的归属涉及不特定的第三人利益,为了避

---

① 围绕该问题所引发的讨论,参见《人民法院报》2003年1月16日、2月20日、2月26日、2月27日的专题文章;另参见奚晓明主编:《最高人民法院关于审理城镇房屋租赁合同纠纷案件司法解释的理解与适用》,人民法院出版社2009年版,第115页以下。

② 参见王轶:《论物权法的规范配置》,载王轶:《民法原理与民法学方法》,法律出版社2009年版,第267页以下。

免第三人因当事人约定排除物权归属而预期落空,涉及物权归属的规范只宜是强行法。在依法律行为的物权变动,尽管有意思自治因素,但仍需法定原则和公示原则,交易当事人无法排除它们,这一点属于共识。与此不同,非依法律行为的物权变动规范必有管制目的,如加工旨在鼓励创造财富,为了不致该目的落空,并维系稳定的交易秩序,既不允许当事人约定排除,也不因有法律行为的外衣而丧失适用空间,雇佣加工、承揽加工即为适例。物务是确定物权归属的必要环节,事关其归属的规范同为强行法。尽管与物权伴生,但与物权归属无关的普通债权,只要法律无特殊规定,原则上均为任意规范。

第四,妥当界定物权法的区分原则。用以规范物权变动的原因与结果关系的区分原则(《物权法》第 15 条)并未被普遍认为是物权基本原则。[①] 其实,尽管区分原则在现行法中只调整不动产物权变动,但其基础和内容是债权行为与物权行为的区分[②],它能适用于债权引导物权发生的现象,而该现象是物权变动的主态,故区分原则理应是物权法的基本原则。据此区分,债权行为以债的发生为内容,在相对性的约束下,与他人无关,也不会直接更改物权权属或减损其权能,能产生相反结果的是物权行为。这意味着,在买卖中,即便卖方无所有权或处分权,也只导致债权无法实现,违约成本仍内化于卖方,这与有处分权的卖方不履行债务在后果上没有两样,故有无处分权并非判断债权行为效力的标准(最高人民法院《关于审理买卖合同纠纷案件适用法律问题的解释》第 3 条)。

第五,认真对待物权法的可能危机。一旦债权与物权的同质和同化关系被放大,在债权引导物权发生的功能不变的前提下,债法在民法典中的基础地位不会改变,而物权法中的他物权规范乃至所有权规范中的相邻关系、共有、建筑物区分所有等,却均能为功能相当的债权规范所替换,这将击垮支撑物权法的基本原则,掏空物权法的实质内容。着眼于此,物

---

① 参见王利明:《物权法研究》(上卷),中国人民大学出版社 2007 年版,第 147 页;崔建远:《物权法》,中国人民大学出版社 2009 年版,第 8 页。

② 参见孙宪忠:《中国物权法总论》,法律出版社 2009 年版,第 251 页以下。最高人民法院的判决也持这种见解:"双方签订的《联合开发协议》及《补充协议》作为讼争土地使用权转让的原因行为,是一种债权形成行为,并非该块土地使用权转让的物权变动行为。"参见最高人民法院(2008)民一终字第 122 号民事判决书。

权法能否在民法典自成一编地独立存在,就是问题。① 一旦在学理上完成物权法的分解,逻辑结论就要改变民法典的格局,为了照料不能归入债法的物权规范,就势必以债权规范为根基来设立财产法,在民法中完成从物权法到财产法的转变②,以财产权关系来统和债权与物权。③ 这无疑是物权法的危机,无论它的可能性有多大,都需学界认真对待。

---

① 德国学者 Jens Thomas Fueller 的教授资格论文即以"独立的物权法?"为题,详见 Fueller, Eigenstaendiges Sachenrecht?, Tuebingen 2006。

② 德国学者 Franz Juergen Saecker 提出了"从德国物权法到欧洲财产法"的论题,详见 Saecker, Vom Deutschen Sachenrecht zu einem Europaeischen Vermoegensrecht, in: Festschrift fuer Apostolos Georgiades zum 70. Gebuertstag, Muenchen u. a. 2006,第 359 页以下。

③ 参见苏永钦:《物权法定主义松动下的民事财产权体系》,载苏永钦:《民事立法与公私法的接轨》,北京大学出版社 2005 年版,第 236 页以下。

最高法院司法解释效力研究[*]

王 成[**]

引 言

最高法院司法解释的效力问题主要涉及两个方面,其一是司法解释在我国法律规范体系中的效力定位,其二是司法解释与法律发生冲突时如何确定效力位阶。从目前的规定、理论与实践来看,司法解释的效力是不明确的,换言之,当司法解释与法律发生冲突时,无法根据规范冲突的一般规则加以解决。而这种情况又带来一系列严重的问题。本文以民事司法解释为讨论对象,文章论证及结论能否适用于刑事、行政及诉讼法司法解释,暂不妄下论断。

一、司法解释效力不明确引发的问题

(一) 法律适用混乱

从1949年至今,最高法院出台了大量规范性文件。据统计其数量远

---

[*] 原文刊于《中外法学》2016年第1期。
[**] 北京大学法学院教授、博士生导师。

远多于全国人大及其常委会制定的法律。① 当然,其中哪些文件属于司法解释,本身就是需要研究和讨论的。② 最高法院究竟有多少司法解释,本身就是一笔糊涂账。对此,早有人提出,最高法院的司法解释"重制定、轻清理"的问题突出。③ 当然,也存在着不同的看法。④

整体而言,一部新法律出台后,根据已有规范相同事项、但未明文废止的法律制定的司法解释效力如何,基本上也是一笔糊涂账。例如,《物权法》实施后,解释《担保法》的法释〔2000〕44号司法解释效力如何?《侵权责任法》实施后,根据《民法通则》制定的法释〔2001〕7号、法释〔2003〕20号等司法解释效力究竟是怎样的?在司法实务中,如何适用似乎取决于法官个人的好恶,如数人侵权案件的裁判中,法官更习惯(或者更愿意)引用法释〔2003〕20号第3条,而不是引用《侵权责任法》第10条、第11条或者第12条等等。

司法解释与法律之间的规范冲突问题,至少在以下几个方面有较突出的体现:

1. 司法解释与其所解释的法律就同样事项作出了截然不同的规定。

---

① 抛开统计时间不同的因素,各种统计数字也不太统一。比如,尹艳丹的考察认为,"新中国成立以来最高人民法院发布、与最高人民检察院及其他部委联合发布的司法解释、司法解释性文件,包括解释、规定、批复、决定以及最高人民法院司法政策性文件、与审判工作密切相关的司法文件和最高人民法院各庭室就审判工作所作的答复、复函等共4800余件。与这个数字相比,截止到目前,包括现行宪法在内,全国人大及其常委会制定现行有效法律仅239件。"尹艳丹:《最高人民法院司法解释的法源地位》,载《上海政法学院学报》2011年11月第26卷第6期。纪诚博士的考察是:"根据最高法院研究室编的《中华人民共和国最高法院司法解释全集(第一、二、三卷)》,据初步统计,从建国时开始计算,截止2004年年底,最高法院包括最高法院的庭室发布的各类司法解释、司法解释性文件及其他规范性文件共有2500余件,另有电话答复和庭函形式的文件约有600件左右。1997年至2005年最高法院发布的正式的司法解释(冠以'法释'字样的司法解释)共有235件。"纪诚:《最高人民法院司法解释研究——对最高人民法院司法解释合理性的反思》,中国政法大学博士论文,指导教师舒国滢教授,完成日期2006年4月,第7页。

② "从各类司法解释全书来看,目前我们可以考察的自新中国成立以来最高法院发布的各类所谓司法解释性的文件有数千件之多,究竟哪些文件是司法解释哪些文件不是司法解释,至少在最高法院于1985年《中华人民共和国最高人民法院公报》创刊之前并不容易区分,1997年《最高人民法院关于司法解释工作的若干规定》(法发〔1997〕15号)发布之后,最高法院的司法解释才有更加明确的判断标准。根据三卷《最高人民法院司法解释全集》的编辑说明,最高法院的文件可以大致分为三类:司法解释和司法解释性(规范)文件、最高法院研究室和各审判庭发布的电话答复、函复、个案批复以及《最高法院公报》刊载或最高法院向社会公布的典型案例和裁判文书。"纪诚,同上注,第9页。不单单司法解释如此,何谓法律解释,在我国似乎也是个问题。参见魏胜强:《如何解释法律》,载《河南财经政法大学学报》2013年第3期。

③ 参见罗书平:《中国司法解释的现状与法律思考》,载《中国律师》2000年第7期。

④ 参见黄松有:《司法解释权:理论逻辑与制度建构》,载《中国法学》2005年第2期。

例如,《合同法》第 51 条规定,无处分权的人处分他人财产,经权利人追认或者无处分权的人订立合同后取得处分权的,该合同有效。对本条做反面推论,应当认为,无权处分人于履行期限届满前未取得处分权,权利人又不予追认的,合同应为无效。① 对此,最高法院法释〔2012〕8 号司法解释第 3 条则规定,"当事人一方以出卖人在缔约时对标的物没有所有权或者处分权为由主张合同无效的,人民法院不予支持。"事实上是采取了合同有效的解释,而且,若"出卖人因未取得所有权或者处分权致使标的物所有权不能转移,买受人要求出卖人承担违约责任或者要求解除合同并主张损害赔偿的,人民法院应予支持"。法释〔2012〕8 号是"根据《民法通则》《合同法》《物权法》《民事诉讼法》"制定(该解释导言),但并未指出所解释的具体条文。上述规范对同一事项设置不同规则,显然会对利害关系人产生不同的影响。

2. 根据上位法作出的司法解释与下位法就同样事项作出了不同的规定。例如,最高法院法释〔2001〕7 号司法解释第 1 条第 2 款规定,"违反社会公共利益、社会公德侵害他人隐私或者其他人格利益,受害人以侵权为由向人民法院起诉请求赔偿精神损害的,人民法院应当依法予以受理"。而《侵权责任法》第 2 条第 2 款民事权益列举中包括了隐私权。前者将隐私定位为一种利益,后者则将其定位为权利。按照通说,侵权法对权利和利益的保护门槛存在差异。法释〔2001〕7 号第 1 条第 2 款规定对隐私的侵害需要以"违反社会公共利益、社会公德"作为前提,但对于第 1 条第 1 款列举的权利,则无需这样的条件。

此类事例还很多。

比如,最高法院法释〔2001〕33 号司法解释第 4 条第 1 款第 8 项规定,医疗侵权案件要适用过错推定及因果关系推定。《侵权责任法》第 7 章中则规定了不同的过错推定,同时并未规定因果关系的推定。另外,最高法院法释〔2003〕20 号司法解释中许多规定也都与《侵权责任法》存在不同。

法释〔2001〕7 号司法解释由最高人民法院"根据《民法通则》等有关法律规定,结合审判实践经验"制定。由此可知,法释〔2001〕7 号所解释的是《民法通则》,而法释〔2001〕33 号、法释〔2003〕20 号解释的分别是《民事诉讼法》及《民法通则》。《民法通则》和《民事诉讼法》由全国人大通过,

---

① 参见崔建远:《无权处分辩》,载《法学研究》2003 年第 1 期。

《侵权责任法》则由全国人大常委会通过。根据《立法法》第96条第2项"下位法违反上位法的","由有关机关依照本法第97条规定的权限予以改变或者撤销"。《立法法》第97条第1项即规定"全国人民代表大会有权改变或者撤销它的常务委员会制定的不适当的法律"。可见,全国人大制定的法律,包括《民法通则》《民事诉讼法》,是全国人大常委会制定的法律(包括《侵权责任法》)的上位法。根据《宪法》第62条关于全国人大以及第67条关于全国人大常委会职权的列举,也可以得出全国人大和全国人大常委会并非《立法法》第92条规定的同一机关的结论。

由此引发出一个问题:当最高法院依据上位法作出的司法解释与下位法发生冲突的时候,该如何确定其效力。这一问题(包括下一个问题)或许有其特殊性,即问题的存在有一个前提:全国人大与全国人大常委会不是《立法法》上的同一机关,二者制定的《民法通则》与《侵权责任法》属于上位法和下位法的关系。如果认为二者属于同一机关,则《民法通则》与《侵权责任法》的关系就可以根据新法优于旧法的关系加以解决,根据《民法通则》制定的司法解释与《侵权责任法》的关系就可能简单些。但是也不尽然。《民法通则》与《侵权责任法》的关系固然属于旧法与新法的关系,根据《民法通则》制定的司法解释与《侵权责任法》的关系必然也属于旧法与新法的关系吗?

可见,无论将《民法通则》与《侵权责任法》的关系界定为上位法和下位法,还是界定为同一机关制定的法律,根据《民法通则》制定的司法解释与《侵权责任法》的关系都需要厘清。

3. 后制定的上位法与依据先制定的下位法作出的司法解释之间的冲突。例如,《物权法》第202规定,抵押权人应当在主债权诉讼时效期间行使抵押权;未行使的,人民法院不予保护。而最高法院法释〔2000〕44号司法解释第12条第2款规定,担保物权所担保的债权的诉讼时效结束后,担保权人在诉讼时效结束后的二年内行使担保物权的,人民法院应当予以支持。《担保法》由全国人大常委会于1995年6月30日通过,《物权法》由全国人大于2007年3月16日通过,按照前述思路,后者为上位法、新法,前者为下位法、旧法。关于《担保法》和《物权法》的关系,《物权法》第178条规定,《担保法》与本法的规定不一致的,适用本法。但是,《物权法》与《担保法》的司法解释(即法释〔2000〕44号)之间的关系也能够根据第178条来确定吗?

与上述实例相似的例子不胜枚举,而且不限于合同法、侵权法、物权法,甚至不限于民法,刑法、行政法、诉讼法方面都存在大量这样的例子。因此,问题的症结在于:最高法院司法解释在我国法律体系中的效力究竟如何?

(二)最高法院司法解释效力不明确造成的混乱,还体现在以下方面:

1. 仲裁机关在仲裁案件时是否适用司法解释,一定程度上完全取决于仲裁庭(尤其是首席仲裁员)的好恶。

2. 司法解释对行政机关是否有约束力,基本上也是由行政机关自己来决定。比如,有行政机关就认为,司法解释是指由国家最高司法机关在适用法律过程中对具体应用法律问题所作的解释,对各级司法机关如何适用法律具有约束力。行政机关在办案时可以参考有关司法解释,但不宜直接适用司法解释。①

就现有文献来看,从不同角度研究最高法院司法解释的成果非常多,以此为研究对象的博士论文也有不少。不过,这些文献多是从立法论角度讨论最高法院司法解释的合宪性、合法性、合理性及其意义与价值,讨论最高法院能否造法等等。② 这些讨论无疑具有重要意义,对本文的研究也极具启发性。但专门集中于解决最高法院司法解释与法律发生冲突时如何处理的文献,并不多见。以下先从实证角度考察最高法院制定司法解释的权力渊源、现行法关于司法解释效力的规定,继而考察现有学说观点,最后提出自己的看法。

---

① 参见《国家工商行政管理总局关于行政机关可否直接适用司法解释问题的批复》(工商标字〔2004〕第 14 号)。当然,也有一些行政机关倾向于承认司法解释的拘束力。参见信息产业部《转发最高人民法院〈关于审理破坏公用电信设施刑事案件具体应用法律若干问题解释〉的通知》(信部政〔2005〕18 号)、国土资源部《关于认真学习和贯彻〈关于违反土地管理规定行为行政处分暂行办法〉和〈关于审理破坏土地资源刑事案件具体应用法律若干问题的解释〉的通知》(国土资厅发〔2000〕52 号)、国家外汇管理局《关于转发和执行〈最高人民法院关于适用〈中华人民共和国担保法〉若干问题的解释〉的通知》(汇发〔2001〕6 号)、国家税务总局《关于宣传贯彻〈最高人民法院关于审理骗取出口退税刑事案件具体应用法律若干问题的解释〉的通知》(国税发〔2002〕125 号)、国家旅游局《关于做好〈最高人民法院关于审理旅游纠纷案件适用法律若干问题的规定〉宣传培训工作的通知》(旅办发〔2010〕162 号)、国家广播电影电视总局《关于学习宣传贯彻〈最高人民法院关于审理破坏广播电视设施等刑事案件具体应用法律若干问题的解释〉的通知》等。

② 比如,贺日开:《司法解释权能的复位与宪法的实施》,载《中国法学》2004 年第 3 期;马莉莉:《民事司法解释研究》,人民法院出版社 2012 年版。

二、最高法院制定司法解释的权力渊源

最高法院曾于 1997 年和 2007 年制定过两个关于司法解释的文件，分别名为《关于司法解释工作的若干规定》（法发〔1997〕15 号）以及《关于司法解释工作的规定》（法发〔2007〕12 号）。其中，前者被后者取代而失效。

法发〔1997〕15 号第 1 条规定，为规范司法解释工作，根据《人民法院组织法》和《全国人民代表大会常务委员会关于加强法律解释工作的决议》的有关规定，制定本规定。法发〔2007〕12 号第 1 条则规定，为进一步规范和完善司法解释工作，根据《人民法院组织法》《各级人民代表大会常务委员会监督法》和《全国人民代表大会常务委员会关于加强法律解释工作的决议》等有关规定，制定本规定。由此可知，最高法院制定司法解释的权力渊源即为法发〔2007〕12 号第 1 条列举的《人民法院组织法》《各级人民代表大会常务委员会监督法》和《全国人民代表大会常务委员会关于加强法律解释工作的决议》。那么，这些规范性文件中是否规定了最高法院司法解释的效力呢？以下分别加以考察。

（一）《全国人民代表大会常务委员会关于加强法律解释工作的决议》

1981 年《全国人民代表大会常务委员会关于加强法律解释工作的决议》第 2 条前段规定，凡属于法院审判工作中具体应用法律、法令的问题，由最高人民法院进行解释。同时值得注意的是第 1 条的规定：凡关于法律、法令条文本身需要进一步明确界限或作补充规定的，由全国人民代表大会常务委员会进行解释或用法令加以规定。[1] 实际上，早在 1955 年，全国人民代表大会常务委员会就作出过《关于解释法律问题的决议》。此决议规定：一、凡关于法律、法令条文本身需要进一步明确界限或作补充

---

[1] 很多学者对全国人大常委会有无权力再授权最高法院进行司法解释提出了质疑。比如，周旺生教授认为，该决议关于最高司法机关、国务院及其主管部门有解释法律的职权的规定，属于超越全国人大常委会职权范围的规定，因而都存在合法性乃至合宪性的问题。参见周旺生：《中国现行法律解释制度研究》，载《现代法学》2003 年第 2 期。关于此决议中所谓"凡属于法院审判工作中具体应用法律、法令的问题"以及"凡关于法律、法令条文本身需要进一步明确界限或作补充规定的"之间的关系，参见张志铭：《关于中国法律解释体制的思考》，载《中国社会科学》1997 年第 2 期。

规定的,由全国人民代表大会常务委员会分别进行解释或用法令加以规定。二、凡关于审判过程中如何具体应用法律、法令的问题,由最高人民法院审判委员会进行解释。①

(二)《各级人民代表大会常务委员会监督法》

《各级人民代表大会常务委员会监督法》(2007 年 1 月 1 日施行)第 31 条规定,最高人民法院作出的属于审判工作中具体应用法律的解释,应当自公布之日起三十日内报全国人民代表大会常务委员会备案。

(三)《人民法院组织法》

《人民法院组织法》(2006 年修订)第 32 条规定,最高人民法院对于在审判过程中如何具体应用法律、法令的问题,进行解释。②

(四)小结

从上述规定可以看出,规范最高法院制定司法解释的权力渊源的法律性文件尽管有三个,但是,2006 修订的《人民法院组织法》与 2007 年实施的《各级人民代表大会常务委员会监督法》的规定均是沿袭 1981 年《全国人民代表大会常务委员会关于加强法律解释工作的决议》第 2 条的表

---

① "然而,我们目前并未发现最高法院当时直至 1986 年为止有任何类似于 1997 年最高人民法院《关于司法解释工作的若干规定》这样对'司法解释'作出规定的文件,也没有发现最高法院发布的司法解释性文件中有任何对'司法解释'这个问题作出论述的文件。同时,在我们目前所看到的最高法院工作报告中,也直到 1984 年时任院长的郑天翔所作的最高法院工作报告中才提到'司法解释',而且还是一笔带过。而这已经是全国人大常委会第二次对司法解释问题作出决议之后三年了。直到 1987 年,最高法院才在其发布的一个司法解释中提到司法解释的问题,而且是以'〔1987〕民他字第 10 号'文号发布的。从 1955 年第一次全国人大常委会作出司法解释工作的决议至 1997 年最高法院出台第一个对司法解释进行规范的文件,历时四十余年。"纪诚:《最高人民法院司法解释研究——对最高人民法院司法解释合理性的反思》,中国政法大学博士论文,指导教师舒国滢教授,完成日期 2006 年 4 月,第 31—32 页。如此看来,司法解释似乎经历了一个从丑小鸭变成白天鹅的故事。近年来司法解释大有井喷之势,最高法院积极进行司法解释的动力究竟何在? 值得思考。

② 这一规定自 1979 年《人民法院组织法》第 33 条开始就有规定。此后经过 1983 年、1986 年及 2006 年三次修订,该条文均无变动,只是在 2006 年修订时序号由第 33 条变成了第 32 条。

述,没有任何突破。① 因此,最高法院的司法解释权最终来源还是全国人大常委会这一授权性决议。

如何理解决议第2条中所谓"审判工作中具体应用法律、法令的问题"与第1条中所谓"凡法律、法令条文本身需要进一步明确界限或作补充规定"的关系,需要认真反思。本文认为,对于这两条的并列,可以理解为是全国人大常委会在对最高法院进行授权的同时,也对最高法院进行司法解释的权力附加了某种限制。最高法院无疑注意到了此种限制。法发〔1997〕15号第2条和法发〔2007〕12号第2条都规定:人民法院在审判工作中具体应用法律的问题,由最高人民法院作出司法解释。但是,最高法院所做的司法解释能否经得住此种限制的检验,需要大大打个问号。甚至2015年3月15日修改后的《立法法》第104条对司法解释作出更加明确的限定后,最高法院依然于2015年6月1日又作出了法释〔2015〕12号司法解释。此情此景,似乎已经无法用揣着明白装糊涂来解释了。

需要强调的是,全国人大常委会尽管给予了最高法院进行司法解释的权力,但是,并没有明确此种司法解释究竟具有何种效力。前引《各级人民代表大会常务委员会监督法》以及《人民法院组织法》相关条文对此也只字未提。相反,《各级人民代表大会常务委员会监督法》第32条及33条却规定了司法解释不能同法律抵触以及如果抵触的处理程序。可见,从授权最高法院制定司法解释的规范性文件中,无法看出最高法院司法解释的效力究竟如何。因此,最高法院司法解释的效力,自其源头开始就处于不明确的状态。最高法院司法解释效力不明确引发的各种问题,这笔账似乎也不能仅仅记在最高法院身上。

三、最高法院自身对司法解释效力的认知

最高法院自己对待司法解释效力的态度,也经历了一个变化过程。
1. 最高法院法(研)复〔1986〕31号批复认为,最高人民法院提出的贯

---

① 正如上一个脚注表明的,由于1979年《人民法院组织法》第33条就有现行《人民法院组织法》第32条的内容,因此,《人民法院组织法》的规定是否是沿袭了1981年决议的内容就值得质疑。但是,1981年决议来自1955年的决议,故而,至少从时间的角度,《人民法院组织法》的内容应当可以追溯到全国人大常委会的决议。

彻执行各种法律的意见以及批复等,应当贯彻执行,但也不宜直接引用。之后,又多次变迁,经历了"不宜在裁判文书中写明→可以在裁判文书中写明→可以在裁判文书中引用→与法律一并作为裁判依据时,应当在裁判文书中引用→在某类案件中独立作为裁判依据时,应当在裁判文书中引用→独立作为裁判依据时,应当在裁判文书中引用→作为规范性法律文件,应当在裁判文书中引用"的过程。① 最高法院法释〔2009〕14号司法解释第2条规定,并列引用多个规范性法律文件的,引用顺序如下:法律及法律解释、行政法规、地方性法规、自治条例或者单行条例、司法解释。

2. 法发〔1997〕15号第4条、法发〔2007〕12号第5条规定,最高人民法院发布的司法解释,具有法律效力。对此,有学者认为,法律本身具有法律效力是毋庸置疑的,但是具有法律效力的载体形式却不限于法律,种类众多。比如依法成立的合同、结婚证书、政府批文等。所以"司法解释具有法律效力"的规定,并未给出司法解释所应具有的、区别于其他的唯一品质。没有回答"司法解释是什么"这个问题。② 笔者认为,最高法院的这种说法,一定是将司法解释与法律相提并论,而不是认为司法解释与合同、结婚证书等具有同样的属性。不过,"司法解释具有法律效力"能否理解为:司法解释具有与被解释法律同样的效力? 而这是《立法法》确定的立法解释以及行政机关对行政法规及规章作出相应解释时确定效力的基本规则。最高法院为何不采用同样的措辞呢?

更重要的是,两个规定本身都应当属于两个规定界定的司法解释的范畴,由司法解释自己认定自己具有法律效力,是否妥当,本身就值得推敲。有学者质疑,最高法院以"司法解释"的形式规定司法解释的效力本身就存在合宪性问题。③ 不同法源的效力等级问题涉及立法权的内部配置,属于国家权力的组织问题,一般应由宪法调整,我国则是放在立法法中加以规定。最高法院作为一个司法机关并没有权力对法源的效力层级问题进行规定。由此可知,从我国目前实定法的规定及宪法理论来看,司

---

① 参见刘晓宏:《最高人民法院司法解释权力、程序、文件研究》,吉林大学博士论文,指导教师黄文艺教授,完成日期2012年6月,第88页。

② 参见曹士兵:《最高人民法院裁判、司法解释的法律地位》,载《中国法学》2006年第3期。

③ 参见孙笑侠、褚国建:《论司法批复的解释论证功能及其局限》,载《浙江大学学报(人文社会科学版)》2009年11月第39卷第6期。

法解释并非是一种具有普遍拘束力的行为规范,而是一种有事实效力的裁判规则。

因此,最高法院认为自己的司法解释具有法律效力,但是具有何种法律效力,在全部规范体系中位置如何,仅仅从"司法解释具有法律效力的规定"中无法得出结论。《立法法》第50条规定,全国人民代表大会常务委员会的法律解释同法律具有同等效力。比较一下,"具有法律效力"与"同法律具有同等效力",后者的含义是明确的、确定的;前者的含义则是模糊的、不确定的。难道最高法院在制定两个规定时,没有意识到这个问题?

同样值得注意的是,法发〔2007〕12号第27条规定,司法解释施行后,人民法院作为裁判依据的,应当在司法文书中援引。人民法院同时引用法律和司法解释作为裁判依据的,应当先援引法律,后援引司法解释。本条应当是在呼应司法解释具有法律效力的规定。这一规定能否看作是最高法院对司法解释效力位阶的一种态度;即司法解释的效力低于法律?条文中所谓同时引用法律和司法解释作为裁判依据的,既可能包括被解释的法律条文和解释该条文的司法解释同时援引的情况,也可能包括法律条文和司法解释无关但同时援引的情况。如果属于前者,司法解释当然应当后于其解释的具体法律条文;如果属于后者,则是否意味着,在一般意义上,司法解释的效力要低于各种法律?

最高法院法释〔2009〕14号司法解释第2条的规定似乎佐证了上述结论,即最高法院似乎认为司法解释的位阶不仅要低于狭义的法律,同时还要低于国务院和地方权力机关制定的广义的法律。如此看来,最高法院对司法解释的效力如何的看法,至少不是那么有底气。所谓理直气壮,理不直则气不壮。最高法院气不壮,归根到底还在于理不直。

四、司法解释的效力:文献综述

我国目前关于司法解释效力的学说,主要有如下几种:

（一）类型化说

类型化说认为,司法解释的效力可以采用类型化的方法来认定。[①]对具体法律条文进行解释的司法解释,因有立法机关的授权而具有等同于法律的地位。为法院内部"审判工作需要"而制定的司法解释,相当于最高人民法院颁发的"部门规章",各级法院必须遵照执行。对解释当事人的意思表示(比如合同各方当事人的真实意图)、认定事实进行指导的司法解释因其解释的对象不是法律,可视为最高人民法院为各级法院提供的办案方法、规则,供各级法院在审判中参考,以提高司法能力。根据司法实践的需要,没有法律、法令为依据的"立法性"司法解释,如符合习惯法的内部、外部条件的,则形成我国以司法解释为载体的习惯法,具有法律效力。其他没有法律、法令为依据且不符合习惯法形成条件的司法解释,应视为司法政策,仅在一定时期内指导法院的司法活动。

类型化说具有启发性,尤其是从解释论的角度认定只有对于具体法律的解释因有立法机关的授权而具有等同于法律的地位的观点,值得赞同。但也有几点值得商榷。首先,关于具体法律的解释因有立法机关的授权而具有等同于法律的地位的观点,没有进一步说明该类司法解释在法律体系中的位阶,因此,对于如何处理法律规范之间的冲突,仍有进一步明确的必要。其次,类型化说认为,没有法律、法令为依据的"立法性"司法解释,如符合习惯法的内部、外部条件的,则形成我国以司法解释为载体的习惯法,具有法律效力。问题是,我国现行法律体系中并没有习惯

[①] 参见曹士兵:《最高人民法院裁判、司法解释的法律地位》,载《中国法学》2006年第3期。根据不同的标准,不同学者对司法解释进行了不同的类型化。比如,沈岿教授将司法解释分为具体司法解释和抽象司法解释,参见沈岿:《司法解释的"民主化"和最高法院的政治功能》,载《中国社会科学》2008年第1期。张志铭教授认为司法解释可以分为四种类型,参见张志铭:《中国的法律解释体制》,载梁治平编:《法律解释问题》,法律出版社1998年版,第169—170页。纪诚博士则将其分为五种类型,但其分类与本文所引曹士兵博士的五分法又有不同。纪诚:《最高人民法院司法解释研究——对最高人民法院司法解释合理性的反思》,中国政法大学博士论文,指导教师舒国滢教授,完成日期2006年4月,第34—37页。尹伊君、陈金钊认为,司法解释分为规范性和推导性两大类,其中后者又可以分为修改型解释、补充型解释和创制型解释。参见尹伊君、陈金钊:《司法解释论析——关于传统司法解释理论的三点思考》,载《政法论坛》1994年第1期。刘晓宏博士将司法解释分为释法型、改法型以及造法型三种。参见刘晓宏:《最高人民法院司法解释权力、程序、文件研究》,吉林大学博士论文,指导教师黄文艺教授,完成日期2012年6月。季长龙博士在其博士论文中提出了自己的分类方法。参见季长龙:《规范性司法解释的法源地位研究》,中国人民大学博士论文,指导教师孙国华教授,完成日期2008年5月。

法的位置。从立法论而言,此观点具有启发性。但是,将其认定为习惯法,无法得到实在法的支持,尤其是无法确定其在法律体系中的位阶,无助于处理法律规范的冲突。再次,类型化说认为,为法院内部"审判工作需要"而制定的司法解释,相当于最高人民法院颁发的"部门规章",各级法院必须遵照执行。问题是,根据《宪法》第 127 条以及《人民法院组织法》第 16 条,最高法院与下级法院之间是监督关系,与《宪法》第 110 条第 2 款规定的行政机关的上下级领导关系完全不同。故而,最高法院制定的内部规定,要求下级法院遵守,也会显得底气不足,有违法之虞。

(二) 效力低于法律说

效力低于法律说,又有不同的主张。有学者认为,司法解释的效力,一是不得与宪法和法律的总体精神相违背;二是低于法律和基本法律。这是司法解释作为我国正式法律渊源的两个基本前提条件。[①] 另有学者认为,司法解释具有普遍的司法效力,即司法解释一经作出并予以公布,便具有仅次于法律的效力。这也是司法解释的基本特征之一。[②] 还有学者认为,从《立法法》与《各级人民代表大会常务委员会监督法》均要求司法解释必须向常委会备案并接受审查来看,司法解释的效力应当是低于法律的。[③]

就笔者检索的文献来看,持此观点者均未展开详细论证,故而结论如何得出不得而知。司法解释效力低于法律,此处法律的范围如何理解?如果认为司法解释的效力低于所有法律,则依据上位法作出的司法解释也就低于包括下位法在内的所有法律,就会使得上位法本身的效力可能也会受到下位法的影响。比如,根据《民法通则》具体法律条文作出的司法解释,原本是在解释《民法通则》某条规定是什么意思,如果与《侵权责任法》相抵触,该司法解释的效力该怎么确定?如果该司法解释因为抵触而被修改或者废除,那么该司法解释据以作出的《民法通则》条文的意思必然也会受到《侵权责任法》的影响。这岂不成了下位法的效力高于上

---

① 参见尹伊君、陈金钊:《司法解释论析——关于传统司法解释理论的三点思考》,载《政法论坛》1994 年第 1 期。
② 参见周道鸾:《论司法解释及其规范化》,载《中国法学》1994 年第 1 期。
③ 参见孙笑侠、褚国建:《论司法批复的解释论证功能及其局限》,载《浙江大学学报(人文社会科学版)》2009 年 11 月第 39 卷第 6 期。

位法?

假设如最高法院法释〔2009〕14号司法解释第2条规定中推论的,司法解释的位阶不仅要低于狭义的法律,同时要低于行政法规、地方性法规、自治条例或者单行条例,那么即使是解释基本法律的司法解释,甚至无法与地方性法规相对抗,而它本身又在说该条基本法律是什么意思。这反过来是否也意味着,地方性法规甚至可能否定基本法律的意思。总之,泛泛地说司法解释效力低于法律,无法解决规范冲突的问题。

(三) 效力等同于行政法规说

这种观点认为,根据《各级人民代表大会常务委员会监督法》第32条的规定,最高法院司法解释的效力仅低于"法律"。要确定司法解释在规范性法律文件中的效力位阶,至为关键的一个问题就是分析其与行政法规的适用关系。最高法院的司法解释与行政法规处于同一效力位阶。原因在于:首先,这与我国现行立法和法律解释体制相符。其次,将司法解释与行政法规视为处于同一效力位阶的规范性法律文件,并不必然构成对行政立法权的僭越。[①]

此说的问题在于,司法解释是在解释法律的意思,如果司法解释效力与行政法规处于同一效力,那么司法解释与其解释的法律是什么关系呢?

(四) 小结

上述各说都在讨论司法解释本身是否有效力;但是都没有讨论,或者没有充分讨论,司法解释在法律体系中的效力冲突问题。因此,关于司法解释的效力位阶问题,仍需要进一步思考。在现行法对司法解释的效力未有明确规定,学说也远未形成明确、一致共识的情况下,除了前述类型化的处理外,可能的解释不外还有以下几种。

其一,故意采取模糊策略。模糊策略也是一种选择,有时候还是一种生存之道。比如,某些国家的核武政策就是采取模糊策略。很多要留给后人解决的问题,采取的也是模糊策略。最高法院司法解释是否故意采取模糊策略,或者尽管不是故意,但事实上采取了模糊策略,值得思考。

[①] 参见蒋德海:《司法解释和行政法规的法律效力应规范化》,载《社会科学》2003年第4期。

今后是否依然要采取此种策略,也值得讨论。

其二,随制定机关来确定效力。随制定机关确定规范的效力,是《立法法》中规范效力确定的基本方式。但是,司法解释能否以制定机关来确定其效力？首先,最高法院在我国国家机关权力体系中究竟处于何种地位,不太容易确定。其次,最高法院是司法机关,逻辑上当然没有立法权限。最高法院制定的司法解释自然也无法列入《立法法》确定的规范体系的排序中。故而,随制定机关确定司法解释的效力,存在障碍。

其三,随被解释的具体法律条文确定效力。随被解释的具体法律条文来确定解释的效力,是《立法法》第 50 条规定的立法解释效力的确定方式,也是其他各种有权解释效力的确定方式。比如,2001 年国务院制定的《行政法规制定程序条例》第 31 条第 3 款规定,行政法规的解释与行政法规具有同等效力。同年国务院公布的《规章制定程序条例》第 33 条第 4 款规定,规章的解释同规章具有同等的效力。

五、最高法院司法解释效力的确定

本文认为,司法解释的效力应当随其解释的具体法律条文来确定。但是,这一结论需要满足一定的前提和条件。

(一) 最高法院司法解释的效力必须明确,模糊策略不可取

就现状而言,最高法院司法解释游离于整个法律体系之外,司法解释造成了严重的法律适用的冲突。由于司法解释的数量越来越多,这种冲突日益严重。其根源,就在于司法解释效力的模糊。从最高法院的角度,如果立法不能确定司法解释的效力,模糊策略或许是个不错的选择。模糊策略固然有其可取之处。但是,"(尤其是)最近几年来,立法机关的民事立法活动与最高人民法院的司法解释活动,按照各自的节奏展开,二者形成奇特的'交叉舞步',导致极端复杂的规范叠加现象。"[①]正如本文开始例举的规范冲突现象所表现的,长此以往,其负面影响会越来越严重。

[①] "没有人清楚究竟在什么问题上,《侵权责任法》废除了最高人民法院先前在侵权法领域颁布的司法解释中的哪些具体规定。也没有人清楚,那些《侵权责任法》对其保持沉默,而先前的司法解释已经明确涉及的问题,究竟应该理解为保留了先前的规定,还是废止了先前的规定。"本刊编辑部:《中国民法学科发展评价(2010—2011)》,载《中外法学》2013 年第 1 期。

从依法治国角度,从全民规则意识培养角度,从规则权威、法院权威尤其是最高法院权威考虑,司法解释的效力必须明确。揣着明白装糊涂,实在不可取。

由于最高法院的司法解释事实上起到了立法的作用,根据《宪法》第58条,我国的国家立法权在全国人大及其常委会,故而应当由全国人大及其常委会对司法解释的效力问题进一步加以明确。明确最高法院司法解释的效力,首先需要明确最高法院进行司法解释的权力来源。目前的权力基础,难谓扎实,故而一直被人诟病,也成了司法解释效力的软肋。①

有学者提出,可以通过由全国人大常委会一事一授的方式由最高法院制定立法性司法解释,使立法性司法解释获得合法性。② 也有学者认为,有些法律对最高法院进行司法解释给予了明确的授权。比如,《企业破产法》第22条规定,指定管理人和确定管理人报酬的办法,由最高法院制定。这就是法律对最高法院制定司法解释的授权。为此,2007年最高法院先后制定通过《关于审理企业破产案件指定管理人的规定》《关于审理企业破产案件确定管理人报酬的规定》《关于〈中华人民共和国企业破产法〉施行时尚未审结的企业破产案件适用法律若干问题的规定》,关于适用《企业破产法》的司法解释起草工作也已经展开。③

笔者认为,《企业破产法》第22条从反面证明:在法律没有类似规定的时候,最高法院应当没有权力制定有关办法。否则法律这样的规定就是多余的。而且,第22条只是授权最高法院制定指定管理人和确定管理人报酬的办法。最高法院不能因为第22条就取得就《企业破产法》制定其他司法解释的权力。

(二) 限定最高法院制定司法解释的权力范围

自 1981 年《全国人民代表大会常务委员会关于加强法律解释工作的

---

① 提出质疑的文献很多,比如周旺生,见周旺生:《中国现行法律解释制度研究》,载《现代法学》2003年第2期。更加细致的批评,比如纪诚:《最高人民法院司法解释研究——对最高人民法院司法解释合理性的反思》,中国政法大学博士论文,指导教师舒国滢教授,完成日期2006年4月。肯定的文献也不少,比如刘晓宏:《最高人民法院司法解释权力、程序、文件研究》,吉林大学博士论文,指导教师黄文艺教授,完成日期2012年6月。
② 参见李仕春:《案例指导制度的另一条思路》,载《法学》2009年第6期。
③ 参见吕芳:《中国法院10年(2000—2010年)法律适用问题探讨》,载《法学》2011年第7期。

决议》开始,到《人民法院组织法》《各级人民代表大会常务委员会监督法》,再到2015年的《立法法》第104条,都要求最高法院只能够就"法院在审判工作中具体应用法律的问题"进行解释。"凡关于法律、法令条文本身需要进一步明确界限或作补充规定的","由全国人民代表大会常务委员会进行解释或用法令加以规定"。

对"在审判工作中如何具体应用法律"的理解,就是在确定现行体制下最高法院司法解释权力的范围。对此,存在不同的看法。比如,有观点认为这一规定意味着以下事项都应当由最高法院进行司法解释:第一,程序法的适用问题;第二,实体法的适用问题;第三,法律法规的统一解释。[①] 另有观点认为,司法解释只能以现行法律规定的内容为解释对象。这里讲的"现行法律",指全部法律规范,既包括法典,也包括单行法律。[②]

笔者认为,对"在审判工作中具体应用法律的问题"进行解释时,需要遵守法律解释的规则。即使是最高法院对法律进行解释,同样不能不遵守法律解释规则。如果此处不遵守规则,当然无法指望其就其他法律进行解释时能够遵守规则。更重要的是,最高法院不遵守规则,如何能够要求他人遵守规则?权威在很大程度上来源于自我约束,来源于有限性。最高法院模范地遵守法律,有助于树立最高法院的权威。如果有权者不加以自我约束,就会引致别人的约束。

《全国人民代表大会常务委员会关于加强法律解释工作的决议》第2条前段的"凡属于法院审判工作中具体应用法律、法令的问题"与第1条"凡关于法律、法令条文本身需要进一步明确界限或作补充规定"究竟是何种关系,的确不容易区分。不过,笔者认为,对最高法院司法解释权力范围的解释,除需要遵守文义解释规则外,还需遵守体系解释规则及目的解释规则。

《宪法》第67条规定,全国人大常委会行使解释宪法和法律的职权。《立法法》第45条规定:法律解释权属于全国人大常委会。法律有以下情况之一的,由全国人大常委会解释:(1)法律的规定需要进一步明确具体含义的;(2)法律制定后出现新的情况,需要明确适用法律依据的。从体系解释的角度出发,上述规定,应当与最高法院只能就"法院在审判工作

---

① 参见蒋惠岭:《论司法解释的程序》,载《行政法学研究》1995年第2期。
② 参见周道鸾:《论司法解释及其规范化》,载《中国法学》1994年第1期。

中具体应用法律的问题"进行解释的限制相互呼应。故而,理解和解释最高法院司法解释的权限时,必须从《宪法》和《立法法》规定的角度展开。

从法律限制最高法院司法解释权力的目的考量,虽然法院造法是审判过程的必然并且也未必可怕,但最高法院作出司法解释的主动性及其突破法律规则字面含义的做法却损害了法律的安定性和确定性,并背离了司法权的根本属性。① 尽管法发〔2007〕12 号"史无前例地明文确立了任何公民和组织皆可推动司法解释立项的机制,以及就涉及人民群众切身利益或者重大疑难问题的司法解释向社会公开征求意见的机制",通过司法解释的"民主化"增加了其司法解释的形式及实质合理性。② 但这种程序无论如何不能与立法机关的立法程序相提并论,无法保障其过程的公开透明与民主性,因而纵使认为其抽象司法解释权虽然得到立法机关的默许,也因为其违背民主原则而不具有实质合法性。也正因为这样,最高人民法院在对一些重大问题制定司法解释的时候,容易受到相关利益集团的影响与左右,无法保证其作为审判机关的中立性。③ 与之形成对照的是,《立法法》第 50 条之所以明确地规定"全国人民代表大会常务委员会的法律解释同法律具有同等效力",是因为《立法法》第 46 条到第 49 条规定了严格的法律解释的程序。这种解释程序与立法程序基本无异,故立法解释才同法律具有同等效力。

基于上述文义、体系及目的考量,笔者认为,最高法院在行使其对"在审判工作中具体应用法律的问题"进行解释的权力时,应当自我约束,从严解释其权力范围。所谓从严解释,会体现在很多方面,如有学者提出最

---

① 参见纪诚:《最高人民法院司法解释研究——对最高人民法院司法解释合理性的反思》,中国政法大学博士论文,指导教师舒国滢教授,完成日期 2006 年 4 月,第 87 页。
② 参见沈岿:《司法解释的"民主化"和最高法院的政治功能》,载《中国社会科学》2008 年第 1 期。"最高人民法院司法解释的过程是严谨的,司法解释的工作是谨慎的,一个法律适用中的疑难问题变成司法解释,必须经过对审判经验的总结、征求相关部门和行业的意见以及征询立法机关意见等过程,期间,还要征求法学专家的意见,甚至通过媒体(网络)广泛征求社会意见,最后,由最高人民法院最高裁判机构——审判委员会讨论通过。在严谨和专业程度上,与最高人民法院裁判相比,司法解释无论在广度上还是在深度上都有过之而无不及。"曹士兵:《最高人民法院裁判、司法解释的法律地位》,载《中国法学》2006 年第 3 期。
③ 参见金振豹:《论最高人民法院的抽象司法解释权》,载《比较法研究》2010 年第 2 期。比如,民商事司法解释在溯及力方面的混乱局面,就会让人对其合理性产生怀疑。参见张新宝、王伟国:《最高人民法院民商事司法解释溯及力问题探讨》,载《法律科学》2010 年第 6 期。怀疑最高法院司法解释受特定利益主体影响的,参见陈林林、许杨勇:《司法解释立法化问题三论》,载《浙江社会科学》2010 年第 6 期。

高法院进行司法解释时应结合个案进行具体解释。① 笔者认为,从严解释至少意味着:最高法院只能够就具体的法律条文进行司法解释。

(三) 只能就具体的法律条文进行司法解释,解释应符合立法的目的、原则和原意

2015年《立法法》修订,在第104条中首次出现了关于司法解释的规定。

第104条第1款对司法解释提出三方面的限定。首先,司法解释应当主要针对具体的法律条文。其次,司法解释应当符合立法的目的、原则和原意。再次,遇有法律的规定需要进一步明确具体含义以及法律制定后出现新的情况,需要明确适用法律依据的,应当向全国人大常委会提出要求或者议案。

笔者看来,《立法法》第104条第1款提出的三方面限定对于约束最高法院司法解释的权力,同时树立司法解释的权威,具有重要意义。第104条第1款为解决司法解释的效力问题提供了宪法层面的支撑。另一方面,司法解释应当针对具体的法律条文,也是逻辑的必然。既然,最高法院只能够就"法院在审判工作中具体应用法律的问题"进行解释。"凡关于法律、法令条文本身需要进一步明确界限或作补充规定的",是"由全国人民代表大会常务委员会进行解释或用法令加以规定"的事情。那么,最高法院只能够就具体的法律条文在审判工作中如何具体应用的问题进行解释,而不能泛泛地说,"根据什么什么法,制定本解释"。

值得注意的是,《立法法》第104条第1款要求,司法解释"应当主要针对具体的法律条文",即"针对具体的法律条文"之前有"主要"的限制,似乎对针对具体的法律条文的要求留了一个口子。这是否是意味着司法解释也可以有不针对具体条文的情况?笔者无法揣测如此措辞的目的。但是,笔者认为,为司法解释权威考虑,最高法院应当主动限制自己的权力。司法解释应当符合立法的目的、原则和原意。这要求司法解释不能对法律构成实质的修改,否则就超越了司法解释的权力。

同时也应当看到,第104条的三方面限定只不过是以往规定的重复

---

① 参见沈岿:《司法解释的"民主化"和最高法院的政治功能》,载《中国社会科学》2008年第1期。

而已,不能算是新的限定。因此可以按照这些限定的要求检讨已有的司法解释。在这一过程中,会发现符合要求的例子,也会发现不符合要求的例子。当然,后者更多。

符合要求的例子如《合同法》第114条第2款规定,约定的违约金过分高于造成的损失的,当事人可以请求人民法院或者仲裁机构予以适当减少。对此,法释〔2009〕5号司法解释第29条第2款规定,当事人约定的违约金超过造成损失的30%的,一般可以认定为《合同法》第114条第2款规定的"过分高于造成的损失"。关于违约金超过损失的30%属于明显过高的规定,属于典型的司法解释,因为它是在解释《合同法》第114条第2款。① 又如法释〔2012〕19号司法解释第14条规定,"道路交通安全法第76条规定的'人身伤亡',是指机动车发生交通事故侵害被侵权人的生命权、健康权等人身权益所造成的损害,包括《侵权责任法》第16条和第22规定的各项损害。""《道路交通安全法》第76条规定的'财产损失',是指因机动车发生交通事故侵害被侵权人的财产权益所造成的损失。"本条是在解释《道路交通安全法》第76条,属于最高法院司法解释的权力范围。

不符合要求的例子如法释〔2009〕5号司法解释第26条规定,合同成立以后客观情况发生了当事人在订立合同时无法预见的、非不可抗力造成的不属于商业风险的重大变化,继续履行合同对于一方当事人明显不公平或者不能实现合同目的,当事人请求人民法院变更或者解除合同的,人民法院应当根据公平原则,并结合案件的实际情况确定是否变更或者解除。本条规定的问题在于:首先,它不是在解释任何具体的法律条文。其次,立法者在合同法制定过程中,曾多次讨论到情事变更原则。《全国人大法律委员会关于合同法草案审议结果的报告》提到:情势变更制度"是一个很复杂的问题。在合同法起草过程中,就有不同意见。这次大会审议,不少代表提出,根据现有的经验,对情势变更难以作出科学的界定,而且和商业风险的界限也难以划清,执行时更难以操作,实际上只有在非常特殊的情况下才能适用情势变更制度,现在在合同法中作出规定条件

---

① 当然,也许有反对意见会说,这样的解释实际上是属于"关于法律、法令条文本身需要进一步明确界限"的范畴。也许这正是问题的复杂性所在。从这样的意义上而言,最高法院司法解释的权力范围非常有进一步明确的必要。

尚不成熟。法律委员会经过反复研究,建议对此不作规定,因此,合同法没有对情事变更原则作出规定。"无论这一结论是否值得赞同,它都表明立法者当时考虑到了情事变更而有意不加以规定。在此情况下,法释〔2009〕5号第26条的规定,还能否被称为司法解释,非常值得斟酌。

尤其需要批评的是,《立法法》第104条2个多月前刚刚明确三方面限定、尤其是要求司法解释只能针对具体的法律条文,2015年6月3日实施的法释〔2015〕12号司法解释开篇依旧是"为正确审理环境侵权责任纠纷案件,根据《中华人民共和国侵权责任法》《中华人民共和国环境保护法》《中华人民共和国民事诉讼法》等法律的规定,结合审判实践,制定本解释"。解释中许多条文并未有具体的被解释的法律条文。

将最高法院司法解释的权力限定为只能够对具体的法律条文进行解释,还可以产生倒逼机制,使立法精细化,提升立法水平。假设,最高法院只就审判工作中具体应用法律的问题进行司法解释,那么司法解释的数量会大大减少,相应地"法律、法令条文本身需要进一步明确界限或作补充规定的"问题会大大增加。根据《立法法》第45条、第46条以及第104条第1款,最高法院可以向全国人大常委会提出法律议案或者法律解释要求,由全国人大常委会依法行使其立法权或者法律解释权。

有观点认为我国立法一直有宜粗不宜细的倾向,由此也导致了司法解释扩张的空间。① 一个极端的例子就是,《民事诉讼法》一共才284条,最高法院的司法解释却有552条!问题是,为何司法解释就可以详细,而立法却不能呢?② 立法宜粗不宜细的要求是邓小平在1978年针对改革开放开始当时的社会环境提出的。经过几十年的发展,立法是否还要继续宜粗不宜细,值得斟酌。③ 当司法解释回归其本位后,现实中又存在着规范的需求,除了全国人大常委会积极履职外,也可以倒逼中国的立法精

---

① 参见陈兴良:《司法解释功过之议》,载《法学》2003年第8期。对宜粗不宜细立法政策的批评及其与司法解释之间关系的讨论,还可以参见苗炎、叶立周:《全国人大常委会立法政策反思——以立法修改背景下的司法解释为例的分析》,载《法制与社会发展》2012年第6期。

② 参见李仕春:《案例指导制度的另一条思路》,载《法学》2009年第6期。李仕春教授在文中还讨论了全国人大常委会不愿意进行立法解释的原因。

③ 邓小平的原话是:"现在立法的工作量很大,人力很不够,因此法律条文开始可以粗一点,逐步完善。有的法规地方可以先试搞,然后经过总结提高,制定全国通行的法律。修改补充法律,成熟一条就修改补充一条,不要等待'成套设备'。总之,有比没有好,快搞比慢搞好。"邓小平:《解放思想,实事求是,团结一致向前看》,载《邓小平文选(第2卷)》,人民出版社1994年10月版,第147页。

细化,提升立法的水平。这样中国的法律体系才有可能真正建立起来。

(四) 司法解释应当与其解释的具体法律条文同一效力

笔者认为,在满足上述条件后,最高法院司法解释应当与其解释的具体法律条文具有同一效力。这一结论没有明确的法律根据,但是,可以从《各级人民代表大会常务委员会监督法》第 32 条、第 33 条以及《立法法》第 104 条中推论而出。第 32 条以及第 33 条规定的主要内容是,最高法院"作出的具体应用法律的解释同法律规定相抵触"时,全国人大常委会加以审查的权力、程序和处理结果。依此,国务院、中央军事委员会和省、自治区、直辖市的人民代表大会常务委员会,其他国家机关和社会团体、企业事业组织以及公民,都可以因认为司法解释同法律相抵触而要求或者建议全国人大常委会进行审查。常委会有权要求最高法院修改、废止,或者直接修改、废止同法律相抵触的司法解释。

由此可见,根据第 32 条、第 33 条,司法解释不能同法律规定相抵触。但第 32 条、第 33 条并未明确司法解释不能同什么样的法律相抵触。需要思考的是:首先,此处所谓的"法律"该如何解释? 司法解释是否不能同任何法律相抵触? 其次,司法解释是否具有法律效力? 再次,如果有的话,司法解释具有何种效力?

司法解释只是解释具体法律条文,只是对审判工作中该法律如何应用作出的解释。故司法不能同法律相冲突。当然,是否冲突本身也是需要解释的问题。但是,这是否意味着,解释法律的司法解释不能同法律冲突,仅仅是指司法解释不能同被解释的那个具体法律条文(《立法法》第 104 条)冲突,而不是指不能同所有的法律相冲突。换言之,在司法解释同被解释的那个具体法律条文不冲突,符合其目的、原则和原意的情况下,其就具有法律效力,而且同被解释的具体法律条文具有同样的效力,因此,如果被解释的法律条文属于上位法,解释该条文的司法解释也就应当按照该上位法确定效力。故而,解释上位法的司法解释的效力要高于下位法。

由此或许可以得出一个一般性的结论:即司法解释的效力由被解释的具体法律条文的效力来决定。第 32 条、第 33 条中所谓"最高人民法院作出的具体应用法律的解释同法律规定相抵触的",其中的"法律规定",不是指所有的法律规定,而应当限缩解释为被司法解释所解释的那个具体法律规定。

如果上述推论成立,就可以有如下结论:司法解释只能够针对具体的法律条文进行解释;司法解释与其所解释的具体法律条文具有同一效力。这样,司法解释就可以纳入整个法律体系之中,根据《立法法》确定的规范冲突规则来解决司法解释与其他规范之间的冲突问题。这一结论可以解决既存的关于司法解释的各种问题。比如,不是针对具体的法律条文作出的司法解释,因其无所依托而均不再具有效力。尤其是,立法者在立法当时有意不加以规定的事项,司法解释就不能加以规定。《合同法》制定的时候,有意不规定情事变更,法释〔2009〕5号第26条也就不再具有效力。

再如,根据上位法作出的司法解释,其效力等同于该上位法。这意味着,下位法不得同该司法解释相抵触。根据《民法通则》某条规定作出的解释,其效力要高于《侵权责任法》,如果认为二者的关系属于上位法和下位法的话。如果认为《民法通则》与《侵权责任法》属于同一机关制定的旧法与新法,则解释《民法通则》具体法律条文的司法解释与《侵权责任法》同样构成旧法与新法的关系,二者冲突时,应当按照新法优于旧法的规则适用。同样,根据《侵权责任法》某条法律条文作出的司法解释,其效力要高于行政法规。

除此以外,第32条、第33条还暗含着另一层深意:司法解释是具有普遍拘束力的。否则,为何还要设专门的程序对其进行审查呢?当司法解释与其解释的具体法律条文同一效力时,其普遍约束力就不再是问题了。司法解释与其解释的具体法律条文一样,不仅仅只约束法院,对仲裁机关、行政机关以及整个社会同样具有拘束力。

六、结　　论

在立法论上,最高法院制定司法解释的权力及限制、尤其是司法解释的效力应当由立法机关以立法形式加以明确。在解释论上,最高法院应当自我约束进行司法解释的权力。最高法院只能够就"法院在审判工作中具体应用法律的问题"进行解释;最高法院只能够就具体的法律条文进行解释,并符合立法的目的、原则和原意。在此前提之下,司法解释应当与其解释的具体法律条文同一效力。

论夫妻人身权利义务的发展和我国法律的完善[*]

马忆南[**]

一、引　　言

夫妻法律关系具有一系列的权利义务内容,即通常所谓的"夫妻间的权利和义务",有关夫妻身份上的权利义务,如夫妻冠姓、同居义务、婚姻住所决定权、日常家事代理权等,我国婚姻法学理通常称为"夫妻人身权利义务"。我国《婚姻法》规定的夫妻人身权利义务,包括姓名权、人身自由权、计划生育义务等三个方面的内容。从世界上其他国家的法律规定看,夫妻人身权利义务,除与我国相似的"姓名权""就业自由权"外,主要有"住所决定权""同居义务""配偶权/忠实义务""家庭事务管理权""日常家事代理权"等。就夫妻人身权利义务的种类来看,我国法和外国法有一定差别;具体到各种权利义务的原则和内容,我国法和外国法也有较多不同。在关于完善我国夫妻人身关系法的议题中,有不少学者提出配偶权理论[①],主张在夫妻关系中明定夫妻的忠实义务,以此作为惩罚婚外恋和第三者的理论依据。还有很多学者提出我国婚姻法应增加规定夫妻"同居义务""家庭事务管理权""日常家事代理权"等内容。本文即以夫妻人身权利义务的发展和我国法律的完善为主题,从学理上探讨"配偶权/忠

---

[*] 原文刊于《法学杂志》2014 年 11 期。
[**] 北京大学法学院教授。
[①] 参见李银河、马忆南主编:《婚姻法修改论争》,光明日报出版社 1999 年版,第 259—292 页。

实义务""家庭事务管理权""日常家事代理权"等在现代法律制度中是否有其存在的价值,发展状况如何,试图较全面地、较深层次地针对我国夫妻人身关系立法发表一点意见和建议。

二、夫妻姓名权

姓名虽然只是用来表示个人的特定符号,但有无姓名权却是有无独立人格的重要标志,尤其对已婚妇女而言。在我国封建社会,婚姻多实行男娶女嫁,女子婚后即加入夫宗,冠以夫姓而丧失姓名权(赘夫则冠以妻姓)。1930年国民党政府《民法亲属编》第1000条也规定:"妻以其本姓冠以夫姓。赘夫以其本姓冠以妻姓。但当事人另有订定者,不在此限。"这里虽有但书的规定,但仍带有明显的封建残余。直到1998年6月17日台湾地区《民法亲属编》第1000条被修正,改为规定:"夫妻各保有其本姓,但得以书面约定以其本姓冠以配偶之姓,并向户政机关登记。冠姓之一方得随时回复其本姓。但于同一婚姻关系存续中以一次为限。"

我国1950年和1980年两部《婚姻法》均规定:"夫妻双方都有各用自己姓名的权利。"这里虽然是夫妻并提,但其针对性主要是保护已婚妇女的姓名权和男到女家落户的婚姻中的男方的姓名权。在解释上,此规定并不妨碍夫妻就姓名问题另作约定。只要夫妻双方自愿,无论是夫妻别姓、夫妻同姓,或相互冠姓,均为法律允许。

近现代外国法关于夫妻姓名的立法大致有两种类型:第一种是坚持妻从夫姓的原则。意大利和瑞士规定,妻子须随夫姓或冠以夫姓。① 第二种是可以自由选择或约定。如德国、日本规定,夫姓或妻姓均可作为夫妻姓氏。② 英国和美国规定,妻子可以选择自己的姓氏。③

当代法律制度下,夫妻在法律上的地位已经平等,除少数国家外,有

---

① 《意大利民法典》第143条附加条,费安玲、丁玫译,中国政法大学出版社1997年版,第51页;《瑞士民法典》第160条,殷生根、王燕译,中国政法大学出版社1999年版,第44页。

② 《德国民法典》第1355条,郑冲、贾红梅译,法律出版社1999年版,第300—301页;《日本民法典》第750、751、767、771条,王书江译,中国人民公安大学出版社1999年版,第131页、第133—135页。

③ 宋豫、陈苇主编:《中国大陆与港、澳、台婚姻家庭法比较研究》,重庆出版社2002年版,第172页。夏吟兰:《美国现代婚姻家庭制度》,中国政法大学出版社1999年版,第81页。Sanford N. Katz, *Family Law in America*, Oxford University Press, 2003, p.64.

关夫妻姓名权的问题已越来越变成一个文化传统问题,与配偶是否具有独立人格的关系似乎渐行渐远。欧洲各国民法对于夫妻的姓氏,原来都采取妻用夫姓的原则,后因这一强制性规定有违男女平等原则,而修正为夫妻共同约定婚姓,无约定时,以夫姓为婚姓。这样的规定仍然难逃夫妻不平等的指责,所以各国又修改法律,倾向于男女双方约定婚姓,无约定时,夫妻有权保留各自婚前的姓氏。

我国人民现实生活中,已婚妇女使用自己的姓名已蔚然成风,为巩固反封建成果,婚姻法只需规定"夫妻双方都有各用自己姓名的权利。夫妻双方也可确定一个共同的婚姻姓氏"即可。

三、婚姻住所决定权

当代外国法实行夫妻平等,多数立法例采取婚姻住所"协商一致主义"。如法国和瑞士等国民法均规定婚姻住所应由夫妻双方共同决定,一方不同意他方的决定时,并无服从的义务。① 婚后住所实际上也是依从传统文化而为法律认可的一种现象。不论采用哪一种立法模式的国家,都不可能干预夫妻双方对住所的任意约定。

在中国的传统文化中,男娶女嫁,妻从夫居,婚后住所决定权专属于夫,这既是丈夫的权利,同时更是一种义务,即应由夫提供婚后住所。即使是在今天,许多青年人结婚后即脱离双方父母,成立自己的家庭,住所的提供在大多数人看来仍属夫家的"义务"。从我国民众婚嫁习惯来看,在城乡特别是在乡村一般是由男方准备结婚用房即不动产,女方准备家具、电器等日常生活用品即动产。② 迄今为止,我们尚未见到关于夫妻一方因侵犯对方"住所决定权"而被起诉的案例。相反,由于 2011 年最高人民法院《婚姻法解释(三)》的一些条款没有保护妇女对丈夫或公婆提供的婚房的权利③,被指"不符合夫妻共同财产制的精神"、"没有考虑对妇女更为典型的经历和经验"、"貌似中立的法律推行起来却对男性更加有

---

① 《法国民法典》第 215 条,罗结珍译,中国法制出版社 1999 年版,第 73 页;《瑞士民法典》第 162 条,殷生根、王燕译,中国政法大学出版社 1999 年版,第 44 页。
② 马忆南:《何以用财产法规则处置》,载《法制日报》2011 年 8 月 25 日第 7 版。
③ 最高人民法院《关于适用〈中华人民共和国婚姻法〉若干问题的解释(三)》第 7 条、第 10 条。

利"。呼吁"为了保证妇女的权利能够得到平等的保护和实现,有关离婚住房分割的法律规则应当对妇女的权利给予特别的关注"。① 说明提供住所在现实生活中可能更被视为一种婚姻义务,而非权利。即使婚姻法修改后明确将夫妻双方平等的住所决定权规定为夫妻人身关系的内容之一,其实质仍然为夫妻共同决定,它既不是夫妻一方对另一方享有的权利,也不是应对另一方承担的义务。此外,考虑到我国很多地方特别是农村地区仍然保留着"男娶女嫁,妻从夫居"的传统,为鼓励婚姻定居方式的男女平等,可以保留现行婚姻法的规定:根据双方的约定,女方可以成为男方家庭的成员,男方可以成为女方家庭的成员。②

四、夫妻同居和相互帮助义务

夫妻同居,除了有共同的婚姻住所外,还包括夫妻间的性生活、夫妻共同的精神生活(相互理解、慰藉)、夫妻互相扶助(救助)等内容。法国民法规定,夫妻双方应相互帮助与救助。夫妻双方相互负有在一起共同生活的义务。所谓共同生活,是指夫妻在同一婚姻居所内共同起居饮食以及满足双方合理的性生活要求。③ 意大利民法规定,夫妻应相互给予对方精神和物质扶助。④ 日本民法规定,夫妻互负同居义务。结婚后,夫妻应与对方共同生活。夫妻因婚姻而结合,应当在婚姻共同生活中相互照顾、相互协助,相互给予精神上的支持和物质上的扶助。⑤ 英国婚姻法规定,婚后,夫妻双方均负有与对方同居的义务,双方不得随意解除。只有法院依法定程序发出离婚令或分居令后,夫妻一方便不再负有与对方同居的义务。⑥

夫妻得因法定事由而停止同居。这些事由包括,一方擅自将住所迁

---

① 马忆南:《貌似中立的法律能补偿人生吗?》,载《中国妇女报》2011年8月25日第2版。《离婚住房分割的历史考察》,载《月旦民商法杂志》2012年9月,总第37期,第28页。
② 《中华人民共和国婚姻法》第9条。
③ 《法国民法典》第212、215、299条,罗结珍译,中国法制出版社1999年版,第72—73页、第95页。
④ 《意大利民法典》第143条,费安玲、丁玫译,中国政法大学出版社1997年版,第51页。
⑤ 《日本民法典》第752条,王书江译,中国人民公安大学出版社1999年版,第131页。
⑥ 《英国婚姻诉讼和婚姻财产法(1970)》第40条第(2)款,参见《英国婚姻诉讼法》,丁保庆译,载任国钧等选编:《外国婚姻家庭法资料选编》,中国政法大学民法教研室1984年版,第49页。

至国外或在不适当的地点定居,一方的健康、名誉或经济状况因夫妻共同生活受到严重威胁,一方提起离婚或分居的诉讼以及婚姻关系已破裂等。如《墨西哥民法典》第163条规定:如果一方并非出于公务需要或社团业务需要将自己的住所迁移至国外,或是在不卫生或不恰当的地点定居,法院可以因此免除配偶他方的这种(同居)义务。① 瑞士民法规定:配偶一方,在其健康、名誉或者经济状况因夫妻共同生活而受到严重威胁时……有权停止共同生活;提起离婚或分居的诉讼后,配偶双方在诉讼期间均有停止共同生活的权利。②

西方婚姻法理论一般认为,因婚姻关系的成立,夫妻应以配偶身份共同生活,这是婚姻本质上的当然效果。从西方国家立法例看,夫妻同居均以义务规范的形式出现,而不是将同居规定为夫妻的权利。而且,该项义务一般仅为宣誓性规范,并无形成效力。③ 当夫妻一方无正当理由不履行同居义务时,对方不得请求强制履行,因为这涉及当事人的人身自由权。对于无正当理由不履行同居义务的法律后果,多数立法例仅构成诉请别居或离婚的原因。④

公开而长期同居应当是结婚所要追求的一种合法目标。至于婚后是否同居,应当属于个人及家庭生活隐私的范畴,法律不宜加以过问。从法律上说,配偶双方是否同居也不影响婚姻的效力。如果我国婚姻法把夫妻同居规定为夫妻人身关系的内容之一,那么立法也应以义务为本位。且因涉及夫妻双方的人身自由,这一义务并无法律强制效力,即不能也不可能强制义务人履行同居义务。因为任何强制公民履行同居义务的法律,都是违背宪法所确认和保护的公民基本人身自由权利的,既不符合现代社会尊重和保护人权的基本理念,也构成违宪。对于夫妻一方不履行同居义务的法律后果,可认定为遗弃行为,构成离婚的原因。此外,我国

---

① 参见李志敏主编:《比较家庭法》,北京大学出版社1988年版,第103页。
② 《瑞士民法典》第175条,殷生根、王燕译,中国政法大学出版社1999年版,第47—48页。
③ 王洪:《婚姻家庭法热点问题研究》,重庆大学出版社2000年版,第13页。
④ 《法国民法典》第242条,罗结珍译,中国法制出版社1999年版,第80页;《瑞士民法典》第137—142条,殷生根、王燕译,中国政法大学出版社1999年版,第39—40页;《日本民法典》第770条,王书江译,中国人民公安大学出版社1999年版,第134页;英国1969年《离婚改革法》第1条,参见法学教材编辑部《婚姻法教程》编写组:《婚姻立法资料选编》法律出版社1983年版,第198页。

婚姻法在规定夫妻同居义务时,还应规定夫妻同居义务之免除事由。如在异地工作、出差、身体健康不允许、事实分居或提起离婚诉讼后等。

法国、意大利、瑞士、日本等国民法都规定了夫妻有互相帮助的义务①,这对我国婚姻法有借鉴价值。夫妻是共同生活体,互为人生伴侣。夫妻在日常生活中的相互照顾、相互扶持是非常重要的。我国婚姻法应当规定,夫妻应当在婚姻共同生活中相互照顾、相互协助,相互给予精神上的支持和生活上的扶助。

五、配偶权和夫妻忠实义务

(一)"配偶权"争论

1. 配偶权的产生和演变

配偶权(consortium)的产生和演变有着特定的历史过程,依据维基百科对配偶权之失(loss of consortium)的词条解释,配偶权之失源于18世纪,意为"失去了她的协作与服务(society and services)",其最初用于家长(家父或丈夫)对妻子、孩子或奴仆享有物理意义上的完整权,如家父对在婚外追求自己女儿的男人的损害赔偿请求,家父的损失是女儿因与该男子交往而牺牲了家政服务。配偶权之失作为侵权法诉因,其或以独立诉因进入诉讼,或作为损害之一附和于其他诉因进入诉讼,指的是侵权者造成的损害构成对家庭关系利益的剥夺。夫权取代父权后,配偶权由丈夫一方独立行使,如依据1846年《坎伯尔条例》,他人对妻子人身造成损害时,丈夫可从配偶权之失的诉讼中获得赔偿,该损害赔偿不同于补偿性赔偿,当妻子因受侵害死亡时,丈夫赔偿请求权随之丧失。夫妻地位实现法律上的平等之后,配偶权被平等赋予夫妻双方。依据《牛津法律词典》的解释,配偶权是指一方配偶具有的请求另一方配偶陪伴、帮助和钟爱的权利,此前作为丈夫专享的配偶权之失诉权于1982年《英国司法法

---

① 《法国民法典》第212条,罗结珍译,中国法制出版社1999年版,第72页;《瑞士民法典》第159条,殷生根、王燕译,中国政法大学出版社1999年版,第44页;《意大利民法典》第143条,费安玲、丁玫译,中国政法大学出版社1997年版,第51页;《日本民法典》第752条,王书江译,中国人民公安大学出版社1999年版,第131页。

令》中被废除。①《布莱克法律词典》将配偶权定义为,一方配偶给予另一方配偶的协作、钟爱和陪伴。② 而配偶权之失指的是配偶一方有权从另一方获得的包括配偶合作、救助、钟爱、性关系等利益的损失,配偶权之失可在"人身伤害"和"过失致死"的诉讼中从侵权行为人处获得损害赔偿。美国自1950年起开始承认妻子有权就过失侵害配偶权提起诉讼,如今美国有48个州及华盛顿哥伦比亚特区承认丈夫和妻子具有同等的提起配偶权损失之诉的权利。③

有关侵害配偶权的侵权行为有三种:一为离间夫妻感情、二为通奸、三为侵害配偶的人身。相应的诉讼是引诱之诉、通奸之诉和配偶权损失之诉。尽管有如上三个分类,但是普通法系国家并不将配偶权之失过多地进行分割,因为配偶权所涵盖的物质利益和精神利益事实上难以区分,当他人故意或过失侵害某一项夫妻关系时,物质和精神上的损失大都同时发生。

英国1857年颁布的《婚姻诉讼法》④第59条取消了原先的"通奸之诉"(action for criminal conversation),但保留了丈夫在离婚或别居诉讼中对与其妻子通奸的第三者要求赔偿的权利(一般称之为"action for damages for adultery",即"通奸损害赔偿之诉")。英国《1970年法律改革(杂项规定)法令》(Law Reform[Miscellaneous Provisions] Act 1970)第4条明确规定,自该法生效后,任何人不得再以妻子通奸为由提起损害赔偿之诉。废除的理由是:该诉体现的是将妻子当作丈夫的财产;其过程将会鼓励当事人相互伤害对方的尊严,加剧夫妻双方的痛苦;另外,如果丈夫和妻子串通,此诉还方便了他们合谋对所谓通奸第三者进行敲诈。所谓损害赔偿的风险有助于抑制通奸行为的观点也是不可信的。⑤

近几十年,美国绝大多数州已废止夫妻对第三人以离间夫妻感情或

---

① Elizabeth A. Martin: *Oxford Dictionary of Law*, Oxford University Press, 2002, fifth edition, p. 107.

② Bryan A. Garner: *Black's Law Dictionary*, Thomason West, 2004, eighth edition, p. 932.

③ Ibid., pp. 2768—2769.

④ 全称为《英格兰关于修改涉及离婚和婚姻诉讼法律的法令》(An Act to amend the Law relating to Divorce and Matrimonial Causes in England)。

⑤ The English Law Commission Working Paper No. 9(1967), paras. 128—132,来源:http://www.worldlii.org/ew/o/other/EWLC/1967/c9.html,2014年5月5日访问。

通奸为由的一切诉权。目前只有个别州还保留着通奸之诉。① 废除的理由不外乎防止利用这类诉讼敲诈和勒索或报复,为了人的体面和尊严;通奸行为很少出于刻意的计划安排,损害赔偿无助于对其进行抑制。实际上,废除这类诉权的根本的原因还在于,人权观念越来越多地被接受:配偶任何一方都是一个独立自主的人,谁都不是对方独享的财产。②

由于人权观念的加强,现代人身自由与性自由意识取代传统婚姻观占据上风。当代英美法上因侵害配偶权提出诉讼的主要就是配偶权损失之诉。近期的大部分判例确认夫妻双方有平等的配偶权,当夫妻一方受到第三人的伤害时,他方有权在损害赔偿之诉中一并要求赔偿"配偶权损失",即赔偿因无法享受受害配偶所尽义务而丧失的婚姻利益。美国法认为,如因他人的侵权行为导致配偶受伤害,则间接地造成另一方配偶权益的丧失,即配偶"服务损失"——配偶间有相互提供服务,包括扶助、伴随及性的义务,如果因为配偶一方受到第三方的侵害,则另一方有权依法提出损害赔偿。③

大陆法系国家在法律中从来没有明确规定过"配偶权",在这些国家,配偶权一词纯粹是一个学理上的概念。康德的配偶权理论④对后世的影响很大,不少学者追随康德,主张婚姻关系是一种权利而受法律保护⑤。在一夫一妻制的婚姻制度下,婚外性关系在任何时期都未因法律或道德的惩罚而绝迹,为了从法律上寻求对婚外性行为的制裁之道,配偶权理论作为一种法解释方法,在学说及判例中长期以来扮演着重要的角色。但

---

① 至 2012 年,只有四个州(夏威夷、伊利诺斯、新墨西哥和北卡罗来纳州)还保留着通奸之诉。See Laura Belleau, Farewell to Heart Balm Doctrines and the Tender Years Presumption, Hello to the Genderless Family, 24 *Journal of the American Academy of Matrimonial Lawyers*, 2012, p.372, note 38.

② W. Page Keeton et al. (eds.), Prosser and Keeton on Torts, fifth edition, West Group, 2004, p.930.

③ 参见纪欣:《美国家事法》,台湾五南图书出版公司 2002 年版,第 87 页。

④ 康德认为婚姻双方彼此的关系是平等的占有关系,婚姻主体彼此拥有两种权利,一是对人权,一是对物权。夫妻的对人权是指,婚姻为人格主体间的契约,人格主体在性方面互相有权请求对方履行某种作为或不作为义务,再透过此权利而对于他方的肉体加以占有、使用。夫妻的对物权,即夫妻相互具有物权的支配关系,基于这一支配关系而拥有的权利,即是可以排除第三人的独占的、排他的配偶权。从康德的婚姻理论可知,夫妻相互拥有排他的、独占的配偶权,与有配偶之人通奸,就是侵害被害配偶的排他的、独占的配偶权。参见林秀雄:《婚姻家庭法之研究》,中国政法大学出版社 2001 年版,第 162—164 页。

⑤ 王泽鉴:《民法学说与判例研究》(第一册),中国政法大学出版社 1998 年版,第 344 页。

是，近几十年来，西方国家在经历了"性革命"思潮之后，婚姻观念及两性结合模式的多元化，个人自由权及隐私权的日益重视，配偶权理论受到了空前的挑战。从西方发达国家的发展趋势看，配偶权的适用范围正在逐渐从判例及学说上萎缩，甚至在一些国家已经被抛弃。①

大陆法系国家法律中夫妻身份关系用"夫妻的权利和义务""配偶的权利和义务""婚姻的效力"等表示。如德国当代民法区分"婚姻共同生活"和"婚姻财产法"，其中前者包括共同生活的义务（同居、料理共同事务、共同使用家庭用具和住宅、辅佐、体谅、共同决定家庭事务等）、家务料理和从事职业、日常家事代理权、婚姻姓氏等，而后者的主要内容涉及婚姻在何种程度上构成一个"财产及财产管理"的共同体。② 夫妻忠实或性的权利义务为大陆法系婚姻法中的身份权内容之一，法国、意大利、瑞士民法规定了夫妻忠实义务。各国对夫妻忠实的内涵界定不尽一致，除了性的忠实外，部分国家还规定不得恶意遗弃配偶、不得牺牲、损害配偶他方的利益。③

2. 我国法律是否需要规定"配偶权"？

这个问题曾是 2001 年修订《婚姻法》前后讨论非常热烈的问题。我国学理上对配偶权有诸多不同的见解。广义说认为，配偶权是指配偶双方基于特定的配偶身份而享有的一切权利与义务。④ 狭义说认为，配偶权是指配偶双方基于特定的配偶身份而享有的人身权或身份权。⑤ 有人主张配偶权包括 15 种权利，有同居权、贞操请求权、感情联络权、生活互助权、离婚权、抚养权、财产管理权、日常家事代理权、监护权、收养子女权、住所商定权、行为能力欠缺宣告权、失踪宣告权、死亡宣告权、继承权。⑥ 另有人主张配偶权包括 7 项内容，夫妻姓氏权，住所决定权，同居

---

① 参见林秀雄：《婚姻家庭法之研究》，中国政法大学出版社 2001 年版，第 168—170 页。
② 迪特尔·施瓦布：《德国家庭法》，王葆莳译，法律出版社 2010 年版，第 63—108 页。
③ 《法国民法典》第 212 条，罗结珍译，中国法制出版社 1999 年版，第 72 页；《瑞士民法典》第 159 条，殷生根、王燕译，中国政法大学出版社 1999 年版，第 44 页。
④ 夏吟兰等：《21 世纪婚姻家庭关系新规制——新婚姻法解说与研究》，中国检察出版社 2001 年版，第 248 页、第 253—261 页；邵世星：《简论配偶权》，载《广西政治管理干部学院学报》2000 年第 9 期；罗思荣：《论配偶权的性质和内容》，载《黑龙江社会科学》2003 年第 5 期；张晖：《婚姻法修改再掀高潮》，载《民主与法制》2000 年第 17 期。
⑤ 张俊浩主编：《民法学原理》（第 3 版），中国政法大学出版社 2000 年版，第 163 页、第 254 页；蒋月：《配偶身份权的内涵和类型界定》，载《法商研究》1999 年第 4 期。
⑥ 张俊浩：《民法学原理》（第 3 版），中国政法大学出版社年 2000 年版，第 161 页。

义务,贞操义务,职业、学习和社会活动自由权,日常事务代理权,相互抚养、扶助权。① 最狭义说认为,配偶权是指配偶双方基于特定的配偶身份而产生的同居的权利义务和忠实的权利义务。② 或认为配偶权是指基于合法婚姻关系而在夫妻双方之间发生的,由夫妻双方平等地专属享有对方陪伴生活、钟爱、帮助的基本身份权利。③

可见,我国学者所要表述的配偶权的内容几乎与夫妻权利义务相同。然而遗憾的是,当代英美法上配偶权并非指的是夫妻之间具有的实实在在的权利,配偶权的作用仅在于具有对外效力,即第三人侵害夫妻关系时,配偶另一方可利用该权利提起诉讼(配偶权损失之诉)。而我国婚姻法并无意往此方向发展,事实上,我国基本采用的是大陆法系夫妻身份权利义务制度的有关做法。有鉴于此,笔者认为,不宜用配偶权这一概念指称夫妻之间的权利义务,或用配偶权特指夫妻忠实或性的权利与义务,以免在内涵和外延上引起混乱。

(二) 夫妻忠实义务

外国法中的夫妻忠实义务,又称贞操义务,即专一的夫妻性生活义务。在古代社会,仅片面地要求妻子承担贞操义务。到近代社会,早期资本主义国家立法对贞操义务的要求,是对妻严,对夫宽。如 1804 年《法国民法典》第 229、230 条规定,夫得以妻与他人通奸为由诉请离婚,而妻只能以夫与他人通奸,并在婚姻住所姘居为由诉请离婚。随着男女平等原则的实行,现代一些外国法规定,夫妻互负忠实义务。④ 忠实义务不得强制履行,这是各国立法通例。违反夫妻忠实义务的行为在一些国家被视为离婚时的过错,可以请求离婚损害赔偿。⑤

在近代立法史上,法国、意大利、瑞士、葡萄牙等国民法明定夫妻相互

---

① 杨立新:《人身权法论》,人民法院出版社 2006 年版,第 726 页。
② 吴晓萍:《配偶权若干问题研究》,载《广州大学学报》(社会科学版)2004 年第 6 期。
③ 马强:《配偶权研究》,载《法律适用》2000 年第 8 期。
④ 《法国民法典》第 212 条,罗结珍译,中国法制出版社 1999 年版,第 72 页;《瑞士民法典》第 159 条,殷生根、王燕译,中国政法大学出版社 1999 年版,第 44 页;《意大利民法典》第 143 条,费安玲、丁玫译,中国政法大学出版社 1997 年版,第 51 页。
⑤ 如《法国民法典》第 266 条规定,在因一方配偶单方过错而判处离婚的情况下,该一方对另一方配偶因婚姻解除而受到的物质上与精神上的损失,得负损害赔偿责任。《法国民法典》,罗结珍译,中国法制出版社 1999 年版,第 87 页

负有忠实义务。其他国家民法虽无明定夫妻有守贞的义务,但依民法规定配偶通奸为离婚原因之一,因此学说解释上多认为夫妻互负忠实义务。判例上亦认为夫妻一方违反此义务而与人通奸者,应负债务不履行的责任,他方配偶得对其请求损害赔偿。我国台湾地区"民法"并无夫妻忠实义务的规定,但学说上一致认为夫妻互负忠实义务,判例上亦多认为夫妻一方违反此义务而与他人通奸者,系侵害他方配偶的权利,故以侵权行为责任论之。[1]

关于相奸第三人的责任,近代各国民法虽无明文规定,但学说及实务上多以侵权责任论之。夫妻一方因他方配偶通奸而受财产上的损害时,得向相奸第三人请求赔偿,但受害配偶可否向相奸第三人请求精神上损害赔偿,则有肯定与否定二说。否定说的主要理由是:被害配偶可依民法之规定请求法院判决离婚,并可向通奸配偶请求离婚损害赔偿。为维护婚姻生活的圆满、安全及幸福,法律之保护已相当周密,不需在法律之外,另予精神损害赔偿。而且,民法规定精神损害赔偿仅限于身体、健康、名誉或自由等人格权被不法侵害时,始可请求。仅因通奸而请求相奸第三人给予精神损害赔偿,并无明文根据。肯定说却认为:"在通常情形,与有配偶者通奸而造成财产上之损害,究属不多,纵或有之,赔偿数额亦甚微小,故若不使受害人请求相当之抚慰金,则加害人几可不负任何责任,非特不足保护被害人,对于公益亦有不利。"[2]为了保护被害配偶的利益,肯定说者从不同的角度,来寻求被害配偶得对相奸第三人请求精神上损害赔偿的根据。至于被害配偶因通奸所受侵害的权利,究竟属于何种性质,有的认为是"夫妻共同生活之圆满安全及幸福之权利","基于配偶关系而生之身份法益",有的认为是人格利益,还有的认为是名誉权。[3]

第二次世界大战以来,婚姻观念发生了巨大变化,夫妻应平等友爱,但不妨碍配偶个人的精神、经济自立和独立发展。人们对婚外性关系更

---

[1] 詹森林:《第三人干扰婚姻关系之侵权责任——"台湾法"之经验及比较法之观察》,载《人大复印报刊资料·民商法学》,2013年第9期,第99—109页。

[2] 王泽鉴:《民法学说与判例研究》(第一册),中国政法大学出版社1998年第1版,第376页。

[3] 参见王洪:《婚姻家庭法热点问题研究》重庆大学出版社2000年版,第26页。林秀雄:《婚姻家庭法之研究》,中国政法大学出版社2001年版,第148—155页。詹森林:《第三人干扰婚姻关系之侵权责任——"台湾法"之经验及比较法之观察》,载《人大复印报刊资料·民商法学》,2013年第9期,第99—109页。

加宽容,婚外性关系的道德舆论日渐淡化,惩罚成年人之间自愿发生性行为的法律逐渐被废止。世界上有不少国家的夫妻关系法发生了很大变化,很多国家不再规定夫妻忠实义务和违反忠实义务要承担法律责任。在实行无过错的破裂离婚主义的国家,通奸已不再作为一个离婚的理由,被吸收进婚姻关系无可挽回的破裂这一抽象的离婚理由之中。以通奸为由向干扰婚姻关系的第三人提出的法律诉讼也消失了。如英国《1970年法律改革(杂项规定)法令》(Law Reform[Miscellaneous Provisions] Act 1970),删除了因通奸所生的损害赔偿请求权,仅把一方与他人通奸规定为证明婚姻关系破裂的法定情形之一。[1] 美国司法实务上甚至认为要已婚者因与他人有自然的、自发的性关系而负责任,已非国家所关心之事。[2]

以瑞士法的发展为例,1998年及之后的民法修订深受现代法治观念的影响,在离婚及别居制度方面采用了破裂主义,有关夫妻一方过错的条款相继废止。尽管《瑞士民法典》第159条依旧规定:"夫妻互负忠实和扶助的义务",但通奸、过错赔偿等条款相应删除。改革后的婚姻财产制度采用分别财产制与对家庭或配偶较多贡献的津贴补偿制,因而离婚或别居时的财产分割以及一方对另一方的财产利益补偿主要以照顾弱势方的生活为原则,一方的过错不再作为经济补偿请求权的理由。该制度变革体现出瑞士民法趋向于建构平等的、伙伴型的夫妻关系,对于夫妻忠实义务的实施则相对较为薄弱。

其他国家的态度也在发生变化。对于第三人侵害婚姻关系,有关被害配偶精神损害赔偿请求的立场,日本法的判例和学说有全面肯定说、限制肯定说、基本否定说和全面否定说,无论是判例的立场还是学说的立场,在大方向上都是从肯定说逐渐向限制说演变。[3] 而德国等国家则给予否定,认为唯有在配偶一方配合下才会发生婚姻妨害,婚姻危机的原因总是来自夫妻关系本身,所以其在本质上属于婚姻内部事件,不能将损害

---

[1] The English Law Commission Working Paper No. 9(1967), paras. 128—132,来源:http://www.worldlii.org/ew/o/other/EWLC/1967/c9.html,2014年5月5日访问。
[2] 参见林秀雄:《婚姻家庭法之研究》,中国政法大学出版社2001年版,第168—170页。
[3] 解亘:《第三人干扰婚姻关系的民事责任—以日本法为素材》,载《人大复印报刊资料·民商法学》,2013年第9期,第88—98页。

赔偿的责任转嫁给外部，从而其不适用侵权法的规定。① 依据持否定态度国家的观点，第三人的侵害不算侵害，配偶之间的侵害才是主要侵权事由。

我国现行婚姻法并未规定夫妻忠实义务，修改婚姻法时，是否有必要将其提升为法定义务，这是目前争议很大的问题。2001年修订的《婚姻法》第46条规定了在离婚时配偶一方可向有婚外同居行为的另一方主张损害赔偿责任，但未涉及单纯的通奸行为。对通奸，《婚姻法》未作规定，2010年实施的《侵权责任法》也未作出明确的规定。从司法实践来看，早在2001年《婚姻法》修正之前，就有支持配偶一方对另一方和第三者的精神损害赔偿请求的案例。② 但实践中，也存在否定配偶一方可向另一方和第三者主张精神损害赔偿责任的案例③，有学者在北大法宝和北大法意的司法案例数据库中，以全文中出现"通奸""性行为"或"性关系"，并且全文中出现"损害赔偿"或"不当得利"进行检索，得出相关案例。发现在通奸被告生下孩子的案件中，其配偶都获得了精神损害赔偿，反之，则法院不支持精神损害赔偿。④ 说明我国法院对单纯的通奸行为而引起的精神损害赔偿一般是不认同的。

对于单纯通奸行为的夫妻一方和第三者，笔者亦不赞成依据《侵权责任法》第22条追究其精神损害赔偿责任。对单纯通奸行为的干预，《婚姻法》所表达的克制态度应予尊重，避免因《侵权责任法》之适用而造成两部法律的冲突，以维护法律体系的价值观上的统一。⑤

我国婚姻法仍应继续倡导"夫妻应当互相忠实"，而不是确立"夫妻忠实义务"。具体制度构建，笔者认为德国的做法可供我国借鉴。德国联邦最高法院一贯认为，婚姻关系被第三人干扰时，被害之配偶纵然因此受有精神上之痛苦，仍然不得向加害之配偶及该第三人请求非财产上损害之

---

① 迪特尔·施瓦布：《德国家庭法》，王葆莳译，法律出版社2010年版，第82—83页。
② 例如，江苏省南京市六合县人民法院"(2000)六民初字第731号"案例，载国家法官学院、中国人民大学法学院编：《中国审判案例要览》(2001年民事审判案例卷)，中国人民大学出版社2002年版，第1—4页。
③ 例如，江西省赣州市中级人民法院"(2008)赣中民三终字第314号"案例，参见《受害配偶对第三人主张侵权赔偿欠缺法律依据》，载《人民司法·案例》2009年第22期。
④ 孙建飞：《通奸与干扰婚姻关系之损害赔偿——以英美法为视角》，载《人大复印报刊资料·民商法学》，2013年第9期，第85页。
⑤ 参见于晓：《论干扰婚姻关系的侵害客体》，载《山东社会科学》2011年第1期。

金钱赔偿。在德国,婚姻的空间和内容领域受法律保护,侵害该领域会引起针对第三人的停止侵害请求权和侵权请求权。例如:妻子在外地参加培训,丈夫乘机将情人领到家中居住,不幸被提前回家的妻子撞破。妻子可以要求该情人离开婚姻住宅,也可以要求她将来不得进入该婚姻住宅。另外,妻子还可以从妨害共同占有权的角度提出赔偿请求。① 依据德国法院裁判及学者通说,第三人干扰他人之婚姻关系时,其婚姻关系应受尊重之权利被不法侵害,被害配偶得主张因此所生之财产上损害赔偿。比如,配偶之一方与第三人有婚外性行为或其他不正当之交往时,他方配偶为追查而支出必要之征信费用,得请求该第三人赔偿之。一方配偶如与第三人因性行为而怀胎生下子女者,他方配偶为该子女支出之扶养费用,或他方配偶提起否认婚生子女之诉而支出费用时,得请求该第三人赔偿之;至于该子女之生育费用,则得依不当得利规定请求第三人返还之。②

(三) 夫妻忠诚协议的效力

我国近年出现的"夫妻忠诚协议",是夫妻约定彼此忠诚,不发生婚外性行为,违反即予以赔偿的协议。最高人民法院关于适用《婚姻法》若干问题的解释(三)(征求意见稿)第4条曾经规定了对"忠诚协议"纠纷的处理③,《婚姻法解释(三)》最终出台时删除了该条。但有关夫妻忠诚协议的效力问题的争议并没有停止。

关于协议的效力,有人认为无效,有人认为有效。④ 笔者认为,夫妻忠实义务目前还是一项道德义务。《婚姻法》第4条"夫妻双方应当互相忠实,互相尊重",只是一种倡导性规定,并非强制性义务。最高法院《婚

---

① 迪特尔·施瓦布:《德国家庭法》,王葆莳译,法律出版社2010年版,第76—83页。
② 詹森林:《第三人干扰婚姻关系之侵权责任——"台湾法"之经验及比较法之观察》,载《人大复印报刊资料·民商法学》(北京)2013年第9期,第99—100页。
③ 最高人民法院关于适用《中华人民共和国婚姻法》若干问题的解释(三)(征求意见稿)第4条:"夫妻一方以婚前或婚后双方所签订的相互忠实、违反予以赔偿的财产性协议主张权利的,人民法院不予受理;已经受理的,裁定驳回起诉。"
④ 王歌雅:《夫妻忠诚协议:价值认知与效力判断》,载夏吟兰等主编:《婚姻家庭法前沿——聚焦司法解释》,社会科学文献出版社2010年版,第34—48页;邵世星:《浅谈男女间忠诚协议的性质和效力》,载夏吟兰等主编:《婚姻家庭法前沿——聚焦司法解释》,社会科学文献出版社2010年版,第49—53页;张翼杰:《浅谈夫妻忠诚协议的效力》,载夏吟兰等主编:《婚姻家庭法前沿——聚焦司法解释》,社会科学文献出版社2010年版,第54—59页;吴晓芳:《当前婚姻家庭案件中的若干新情况新问题》,载《民事审判指导与参考》2007年第2集,第79页。

姻法解释(一)》规定:当事人仅以《婚姻法》第 4 条为依据提起诉讼的,人民法院不予受理。当事人自然会转而寻求契约的救济方式。夫妻忠诚协议是双方在平等自愿的基础上用合同方式约定忠实义务后,通过追究对方违约责任来实现救济的。夫妻忠诚协议为广义的民事契约。夫妻忠诚协议符合我国民法及合同法中"合同"之含义,但由于涉及身份关系,所以并不由现行《合同法》来调整。不能因为身份协议不适用合同法就否认它具有"合同"的本质特点。① 笔者认为,应当有限制的承认忠诚协议的效力。

判断忠诚协议的效力时应考虑,当事人是否具有相应的行为能力,意思表示是否真实,以及内容是否违反法律或者公序良俗。无民事行为能力人和限制民事行为能力人订立的忠诚协议无效;一方以欺诈、胁迫手段或者乘人之危,使对方在违背真实意愿情况下签订的协议无效;违反法律或者公序良俗的忠诚协议亦无效。

对忠诚协议的效力审查,要考虑对夫妻基本人权的保护。如人身自由、人格尊严不受侵犯、通信秘密权等。如有的夫妻忠诚协议约定:"每晚十二点之前必须回家","女方有权随时检查男方手机","不许提离婚,谁先提出离婚,谁就净身出户",等等,类似的协议均因限制法律所保护的公民基本人权而归于无效。

符合公序良俗是忠诚协议效力认定的重要标准。凡危害家庭关系的协议应属无效,有违性道德的协议亦无效。前者如断绝亲子关系协议、免除夫妻互相扶养义务协议;后者如夫妻允许配偶包二奶协议,对婚外同居情人的赠与协议等。

对忠诚协议的效力审查,还要考虑对第三人利益的保护,防止协议侵害到第三人的利益。比如,忠诚协议中若把一方丧失分割共同财产的权利作为违约责任,则可能影响到该方对债权人的清偿能力。若把"父母由其自行赡养"或"子女由其自行抚养"作为违约责任,也可能会侵害父母、子女等第三人享受亲属扶养的权益。此类忠诚协议是违反法律或者公序良俗的。

我国现行法律规定的离婚损害赔偿仅限于重婚、有配偶者与他人同居的情形,不包括一般通奸情形。而且笔者也不主张婚姻法将"夫妻应当

---

① 参见王利明:《民法》(第 4 版),中国人民大学出版社 2008 年版,第 431 页。

互相忠实"的倡导变为"夫妻互负忠实义务",并对一般通奸行为给予处罚。但是夫妻在平等自愿的情况下约定相互忠实、违反予以赔偿,可视为意思自治范畴内的财产处分协议,或一种附条件的对夫妻财产关系的约定。通过有限认可协议的效力,对受害方进行一定的补偿和慰藉,对违法者进行惩罚,体现了公平正义的价值,并有助于树立公民健康文明的婚姻观。也许有人会滥用忠诚协议,无过错方为得到协议约定的高额财产,可能会不择手段查找对方出轨证据而侵害他人隐私,故司法实践中对夫妻忠诚协议效力的认定应当特别谨慎,部分忠诚协议的效力是完全被否定的,部分忠诚协议在严格审查下是可以认定有效的。

鉴于对忠诚协议的认识还存在诸多争议,各地法院尚难以形成统一的审判标准。① 笔者认为,在这个问题上短期内还不具备立法的条件,以不写进婚姻法为宜。

六、夫妻就业权、家庭事务管理权

某些外国法有夫妻就业权的规定,例如瑞士民法规定,夫妻双方均有权选择其从事的职业或事业。夫妻一方在选择和从事其职业和事业时,应充分顾及另一方和婚姻共同生活之幸福。②

我国婚姻法的相关规定超越了夫妻就业权,实为人身自由权。新中国成立后,1950年《婚姻法》第9条规定:"夫妻双方均有选择职业,参加工作和参加社会活动的自由。"1980年《婚姻法》第11条进一步规定:"夫妻双方都有参加生产、工作、学习和社会活动的自由,一方不得对他方加以限制或干涉。"该条就其针对性而言,主要是为了保障已婚妇女享有参加生产、工作、学习和社会活动的自由权利,禁止丈夫限制或干涉妻子的人身自由。

许多国家的法律都规定了夫妻共享家庭事务管理权。如法国民法规定,夫妻双方应共同负责保证家庭道德与物质方面的事务管理,负责子女的教育并安排子女的未来。③ 瑞士民法规定,夫妻双方应共同照顾子女

---

① 例如上海市高级人民法院在《上海高院民一庭民事法律适用问答选登(二)》中认为"夫妻忠诚协议"无效;2007年2月25日,安徽省高院法官在安徽法院网"法官热线"栏目解答"夫妻忠诚协议书是否有效",该法官认为"夫妻忠诚协议"有效。
② 《瑞士民法典》第167条,殷生根、王燕译,中国政法大学出版社1999年版,第46页。
③ 《法国民法典》第213、217条,罗结珍译,中国法制出版社1999年版,第72—73页。

和家庭,双方均应维护婚姻共同生活幸福。夫妻双方应就各方为共同生活应作出的贡献达成一致意见,尤其是在关于金钱的支付、家务的料理、子女的照料或协助他方从事职业或经营事业方面。①

对于家庭事务,夫妻双方原则上均有同等的管理权、负同等的管理义务。基于对当事人意思自治的尊重,法律也允许夫妻另行约定,这是合情合理的。但是,如果婚姻生活中出现特殊情形,如夫妻一方不能表达意思或夫妻难以达成一致呢?为此,法国除了在夫妻共同享有家庭事务管理权这一原则性规定之外,另行规定了特殊情形下家庭事务的管理权:如果夫妻一方处于不能表达意志之状态或家庭利益证明其拒绝同意属于不正确行为时,另一方经法院批准后可以单独进行本应经对方协助或同意的法律行为。② 法国的这一立法值得借鉴。

管理家庭事务、从事家务劳动是一种经济活动,人力资本是一种稀缺性资源,当某人把人力资本投入到家庭中时,必然就失去了将该人力资本投入到其他方面的机会,因而也就意味着失去了本来可以将人力资本投入到其他方面所取得的利益。因此,绝不可以无视管理家庭事务、从事家务劳动对家庭以及对夫妻双方的经济价值。

在当代中国,随着妇女就业水平的提高,传统家庭中"男主外,女主内"的社会分工模式发生了一些变化,但在中国广大地区的多数家庭中,依然程度不同地保留着传统的男女分工模式,而且认同"男主外、女主内"等观点的男女两性比例均有所回升。③ 为了推行男女共同管理家庭事务尤其是夫妻共同承担家务劳动的立法政策,我国应在婚姻法中明确增加"夫妻应共同管理家庭事务、共同承担家务劳动"的倡导性条款,以逐渐改变关于劳动分工的传统社会性别观念。也为离婚时,从事家务一方当事人就自己对家庭所做的贡献要求一定的经济补偿,提供法律依据。

中国妇女曾经拥有世界罕见的高就业率,1990 年为 83.7%④,经过经济结构调整中的显著下降,目前中国妇女就业率为 74%⑤,仍远高于世

---

① 《瑞士民法典》第 159、163、175 条,殷生根、王燕译,中国政法大学出版社 1999 年版,第 44—45 页、第 47—48 页。
② 《法国民法典》第 213、217 条,罗结珍译,中国法制出版社 1999 年版,第 72—73 页。
③ 参见全国妇联、国家统计局:《第三期中国妇女社会地位调查主要数据报告》,2011 年 10 月。
④ 1990 年中国人口普查资料,参见中国年鉴网 www.yearbook.hk/4651.html,2014 年 5 月 8 日访问。
⑤ 2010 年世界经济论坛:《全球性别差距报告》,来源:zh.wikipedia.org/zh-cn/全球性别差距报告,2014 年 5 月 8 日访问。

界平均水平。高就业率与社会主义对妇女社会参与的重视有关,妇女应该外出就业,至今仍是主流妇女发展观的鲜明态度,它在上世纪末、本世纪初成功阻击了一波又一波"妇女回家论"。① 妇女得到与男性一样的生产劳动机会与经济自主权,一直被政府和妇联作为妇女解放的重要条件运用到社会主义革命和建设中。但是,法律与政策在赋予女性公领域权利的同时却没有对男性应该承担的私领域义务作出制度安排,这使得女性的双重负担在实质上越来越重,而社会与家庭地位却不一定明显提高。

向市场经济过渡本质上会对妇女产生负面影响,目前,我国由于公共服务的减少、照顾孩子或老人公共护理的减少以及女性就业不稳定性不断增加的压力,家政和护理服务主要还是由家庭里的女性完成的,如果不采取特殊措施,日益老龄化和流动的社会将会给中国妇女带来更重的负担。② "夫妻应共同管理家庭事务、共同承担家务劳动",迄今为止更多是一种提倡;而且这种提倡并不等于同意妇女固守或返回私领域。就业率始终是衡量妇女社会地位的重要标准,在中国,妇女高就业率不仅是社会主义难得留存的遗产,也是妇女克服种种家庭和社会阻碍的毅力与能力的结果,或许是妇女权利特别需要坚守的一座阵地。回到私领域还是留在公领域,妇女和男性一样有自由选择的权力。无论是私领域还是公领域,国家要做的是赋予妇女和男性平等的权利和义务。

鉴于我国婚姻法和外国法的立法经验和妇女从业的必要性,有必要继续坚持《婚姻法》第9条的规定:"夫妻双方均有选择职业,参加工作和参加社会活动的自由。"同时,主张夫妻平等的家庭事务管理权和承认家务劳动价值的目的,是避免妇女就业率低于男性、家务劳动负担重于男性的事实导致对妇女贡献的低评价。这种主张与要求保障妇女就业权、鼓励妇女社会参与的诉求,可谓提高妇女地位的双重战略,或者说,是同时在公私两领域中的展开的斗争:一方面提高仍在私领域中的妇女的地位,一方面要求妇女更多进入公领域。③

---

① 参见彭珮云主编:《中国特色社会主义妇女理论与实践》,人民出版社2013年版,第66—68页。
② 参见2013年12月24日女声网:《联合国歧视妇女问题工作组访华侧录》,来源:http://www.genderwatch.cn:801/detail.jsp?fid=303325&cnID=90050,2014年5月8日访问。
③ 参见彭珮云主编:《中国特色社会主义妇女理论与实践》,人民出版社2013年版,第84—86页。

七、夫妻日常家事代理权

夫妻日常家事代理权,指夫妻因日常家庭事务与第三人为一定法律行为时互为代理的权利。被代理方须对代理方从事日常家事行为所产生的债务,承担连带责任。外国法几乎均规定,在日常家事范围内,夫妻双方互为代理人。[①]

我国婚姻法引入日常家事代理权制度非常必要。

第一,日常家事代理权制度作为一种代理制度,扩张了夫妻双方的意思自治,使夫妻双方在日常家务的处理中不必事必躬亲,从而突破了夫妻双方个人时间、精力上的局限性,满足了夫妻双方处理日趋复杂化、多样化的社会事务和家庭事务的需求。随着我国社会主义市场经济的发展完善,社会和家庭事务日趋繁杂,人们的生活节奏也逐渐加快,夫妻双方对于家庭事务的处理愈来愈追求快捷、便利和安全,我国现行婚姻法要求夫妻双方共同处理财产的规定已经难以满足社会生活的实际需要。日常家事代理权制度确立了夫妻双方在处理日常家庭事务中互享代理权的准则,使夫妻双方在日常家事的范围内,仅凭个人的意愿即可作出决定,从而便利了夫妻生活,提高了夫妻双方处理家庭事务的效率,符合我国社会的发展趋势。

第二,日常家事代理权制度保护第三人利益,维护交易安全,满足了我国市场经济发展的需要。婚姻家庭中的财产关系,由于和人身关系密不可分,具有很大的隐秘性和模糊性,易损害交易第三人的利益。日常家事代理权制度确定了在日常家事范围内夫妻的法定代理权和连带责任,也就为交易中第三方的利益的保护提供了切实的法律依据。

我国婚姻法应当为夫妻处理家庭事务确立这样的原则:夫妻处理共同财产,对于重大事务必须夫妻双方共同协商,达成协议方可进行,对于

[①] 参见《法国民法典》第 220 条,罗结珍译,中国法制出版社 1999 年版,第 74 页;《德国民法典》第 1357 条,郑冲、贾红梅译,法律出版社 1999 年版,第 301—302 页;《瑞士民法典》第 166、174 条,殷生根、王燕译,中国政法大学出版社 1999 年版,第 45、47 页;《日本民法典》第 761 条,王书江译,中国人民公安大学出版社 1999 年版,第 132 页;1970 年英国《婚姻诉讼和婚姻财产法》第 41 条第(1)款,参见《英国婚姻诉讼法》,丁保庆译,载任国钧等选编:《外国婚姻家庭法资料选编》,中国政法大学民法教研室 1984 年版,第 49 页;Harry. D. Krause,*Family Law*,法律出版社 1999 年版,第 111—113 页。

日常家事则可由一方行使法定代理权,以便利日常生活。

日常家事代理权的行使一般认为以日常家事为限。日常家事指夫妻双方及他们共同的未成年子女日常共同生活所必要的事项。通常包括购买家用食物、能源、衣着、正当的保健、娱乐、医疗、子女的教育、保姆的雇佣、亲友之馈赠、报纸杂志的订购等。夫妻的社会地位、职业、资产、收入以及该共同生活所在地的风俗习惯对确定日常家事的范围均有影响。① 德国民法规定的家务权限,不以日常家事为范围,而以"为满足家庭生活需求的事务"②为范围,较之日常家事范围有所扩大。租赁房屋、贷款本不属于日常家事范围,因生活需要,而纳入权限之内。此家务权限似乎更加符合日常家事代理权之立法宗旨。③

对于日常家事的范围,我国婚姻法不宜作过于具体的规定,由于日常家事的范围因各地区客观条件的不同而存在差异,并因时间的推移而发生改变,在这一问题上赋予法官一定限度的自由裁量权,是明智之举;日常家事代理权的行使无须以本人的名义,只要在日常家事的范围内,就应当推定夫妻一方的行为为代表夫妻双方所为的行为;对于夫妻一方因不堪任使日常家事代理权而对权利的滥用行为,夫妻另一方得予以限制,但不得对抗善意第三人。④

八、夫妻生育权

为了贯彻计划生育基本国策,我国《婚姻法》第12条规定:"夫妻双方都有实行计划生育的义务。"强调实行计划生育是夫妻双方的职责,夫妻任何一方都不得拒绝履行该项义务。自1992年《妇女权益保障法》颁行,实行计划生育也被视为夫妻双方的法定权利。夫妻双方也有不生育的自由,任何人包括丈夫不得强迫或干涉。随着我国近年计划生育政策的调整,从"双独"政策到"单独"政策的推行,计划生育政策的侧重点已经发生变化。笔者认为我国《婚姻法》第12条应当确认夫妻有平等的生育权,并

---

① 参见马忆南、杨朝:《日常家事代理权研究》,载《法学家》2000年第4期。
② 《德国民法典》1357条,郑冲、贾红梅译,法律出版社1999年版,第301—302页。
③ 参见马忆南、杨朝:《日常家事代理权研究》,载《法学家》2000年第4期。
④ 参见我妻荣、有泉亨:《日本民法·亲属法》,夏玉芝译,工商出版社1996年版,第66页。史尚宽:《亲属法论》,中国政法大学出版社2000年版,第314—315页。

将重点放在行使生育权的冲突的解决上。

妻子"擅自堕胎",丈夫以生育权被侵犯为由诉至法院要求赔偿的案例在今天的生活中越来越多,不仅法院的判决不一,学界对此问题的认识也争议颇大。最高人民法院《婚姻法解释(三)》专门对此作了规定。[①] 笔者认为,可以将《婚姻法解释(三)》第9条的内容写进婚姻法。

九、结　　语

各国夫妻人身权利义务的发展虽有个别性,更有共通性。不仅于形态上有相似之处,在立法原则和实质内容上,也形成了三个共同基调:第一是男女平等,推动夫妻关系从形式上的平等到实质上的平等,确立夫妻"有相同的权利和义务"的原则;第二是反对任何形式的对妇女的歧视,鼓励妇女在外就业发展独立自主的精神,同时重视妇女以管理家庭事务、从事家务劳动为家庭所作的牺牲与贡献,以保护妻子的利益;第三是维护婚姻共同生活,促进夫妻在两性平等基础上,婚姻家庭共同生活的和谐和美满。我国婚姻法对夫妻人身权利义务的规定尚有一些空白和不足,应在坚持以上三个基调之上进一步完善。

创新点自评:本文指出当代英美法上配偶权仅有对外作用,配偶另一方可利用其提起配偶权损失之诉。我国婚姻法不宜用配偶权指称夫妻之间的权利义务,或特指夫妻忠实或性的权利义务。婚姻法应继续倡导"夫妻应当互相忠实",而不是确立"夫妻忠实义务"。婚姻法对单纯通奸行为仍应坚持克制态度。主张夫妻平等的就业权、家庭事务管理权和承认家务劳动价值,避免对妇女贡献的低评价。婚姻法应当确认夫妻有平等的生育权,并将重点放在行使生育权的冲突的解决上。

---

① 最高人民法院《关于适用〈中华人民共和国婚姻法〉若干问题的解释(三)》第9条规定:"夫以妻擅自中止妊娠侵犯其生育权为由请求损害赔偿的,人民法院不予支持;夫妻双方因是否生育发生纠纷,致使感情确已破裂,一方请求离婚的,人民法院经调解无效,应依照婚姻法第32条第三款第(五)项的规定处理。"

农户承包经营的农地流转的三权分置：
一个功能主义的分析路径[*]

楼建波^{**}

三权分置，也有文献称三权分离①的，是指在坚持农村土地集体所有的前提下，促使承包权和经营权分离，形成所有权、承包权、经营权三权分置，经营权流转的格局。三权分置作为国家层面的政策是 2014 年才正式确立的。但是，围绕三权分置的理论探索和地方实践则可以追溯到更早的时间。对三权分置，经济学界的主流观点一直持倡导的立场。② 如有学者认为，三权分置既是中国特色土地制度的再次创新，也是农村生产力发展的必然结果。③ "法学界对上述'三权分离'理论没做多少回应。在并不多见的论述中，反对的声音居多。"④

笔者试图借鉴比较法上的功能主义分析路径，调和经济学界与法学界对三权分置的认识，并对集体所有农地流转中的权利配置及其在法律上的实现提出自己的看法。

---

* 原文刊于《南开学报》2016 年第 4 期。
** 北京大学法学院副教授、博士生导师。
① 参见丁关良、阮韦波：《农村集体土地产权'三权分离'论驳析——以土地承包经营权转移中'保留（土地）承包权、转移土地经营权（土地使用权）'观点为例》，载《土地经济与管理》2009 年第 4 期，第 3 页。
② 黄娜对有关的文献做了较全面的梳理。黄娜：《农地产权"三权分置"研究综述与展望》，载《农村经济与科技》2015 年第 8 期。
③ 沈叙元、张建华：《农村土地承包经营权流转的思考——以嘉兴市为例》，载《浙江经济》2006 年第 2 期；陈锡文：《关于解决"三农"问题的几点考虑——学习〈中共中央关于全面深化改革若干重大问题的决定〉》，载《中共党史研究》2014 年第 1 期。
④ 丁文：《论土地承包权与土地承包经营权的分离》，载《中国法学》2015 年第 3 期。

一、功能主义分析路径的适用性

（一）功能主义分析路径概述

茨威格特和克茨确立了功能主义的比较法。① 茨威格特和克茨在《比较法总论》中对功能主义作为比较法研究的基础研究方法的意义做了详细的论述。② 简而言之，"每个社会的法律在实质上都面临同样的问题，但是各种不同的法律制度以其极不相同的方法解决这些问题，虽然最终结果是相同的"。③ 因此，"各种不同的法律秩序的法律形式，只要具有类似的功能并执行类似的任务，大概就可以进行有意义的比较。功能是一切比较法的出发点和基础"。④ "任何比较法研究作为出发点的问题必须从纯粹的功能的角度提出，应探讨的问题是在表述时必须不受本国法律制度体系上各种概念所拘束。"⑤

有学者对功能主义分析路径在比较法研究中的局限性做了探讨。他们在把法律文化分为反映人们理智的部分、反映精神的部分和反映本能的部分后，指出对反映理智的法律文化，比较法研究者可以运用功能主义原则寻找不同法律体系中的功能等值物，并运用功利的标准进行有效的评价；对反映精神的法律文化，比较法研究者应结合道义的标准在有限的程度上运用功能主义原则进行评价；而对于反映本能的法律文化，比较法研究者不能运用功能主义原则对其进行评价。⑥

（二）三权分置的背景及确立过程

20世纪80年初，我国农村实行家庭联产承包责任制，将农地所有权与承包经营权分离，实现了我国农地制度第一次伟大创新。肇始于安徽

---

① 大木雅夫：《比较法》，范愉译、朱景文审校，法律出版社1999年版，第86页。
② K.茨威格特、H.克茨：《比较法总论》，潘汉典、米健、高鸿钧等译，法律出版社2003年版，第44—73页。
③ 同上书，第47页。
④ 同上书，第63页。
⑤ 同上书，第47页。
⑥ 参见雷安军：《功能主义原则的缺陷及其克服——兼论法律文化的先进与落后问题》，载《中国政法大学学报》2010年第5期。

小岗村农民的"拼死一搏"土地大包干制度(家庭联产承包责任制),在短时间内解决了农民温饱问题,稳定了农村社会,被誉为三十多年来我国农地制度改革的最大成就。① 十七届三中全会通过的《中共中央关于推进农村改革发展若干重大问题的决定》(中发〔2008〕16号,以下简称《农村改革决定》)更是做了这样的描述:"我们党全面把握国内外发展大局,尊重农民首创精神,率先在农村发起改革,并以磅礴之势推向全国,领导人民谱写了改革发展的壮丽史诗。"与上一轮始于民间,最终得到官方确认的改革不同,在这一轮土地制度改革中,"顶层设计"自始至终存在。其中的三权分置更是经历了一个理论探讨、地方实践、最终形成国家层面的政策的过程。

长期以来,农村承包土地的处分受到诸多限制。② 为了克服这一弊端,理论界(主要是经济学界)早在20世纪90年代就提出了三权分置的设想。③ 随着学术界对农地三权分置研究的深入,地方开始三权分置的实践。④ 2008年《农村改革决定》颁布前后,各地政府更是纷纷出台三权分置的文件。例如,合肥市人民政府2008年8月14日《关于农村土地承包经营权流转的意见》(合政〔2008〕93号)规定:"推进农村土地承包经营权流转,应当坚持在稳定农村土地家庭承包制度不变的基础上,鼓励农村集体土地的所有权、承包权、经营权相分离……"据丁关良和阮韦波的不完全统计,这段时间出台三权分置政策的,仅浙江一省,就有嘉兴市(2007)、宁波市(2008)、余姚市(2008)、台州市(2009)、衢州市(2009)等市,其中台州市黄岩区(2009)、天台县(2009)还出台文件对上级文件进行

---

① 王小映:《赋予农民土地承包经营权——30年农村土地制度改革的最大成就》,载《中国土地》2008年第12期。
② 钱忠好对承包经营权的产权缺陷作为较深入的分析。钱忠好:《中国农村土地承包经营权的产权残缺与重建研究》,载《江苏社会科学》2002年第2期。
③ 黄娜对这一阶段的文献做了全面的梳理。黄娜:《农地产权"三权分置"研究综述与展望》,载《农村经济与科技》2015年第8期。
④ 如浙江乐靖实行"稳制活田",即在承包权稳定不变的基础上,搞活土地使用权,使土地自由流转;广东南海农民的"承包权入股",在保证土地集体所有权的基础上实行农地股份合作制,按股分红;以及安徽等地实行的"反租倒包制"等。进而使农地产权的"两权分置"逐渐演化为三权分置。黄娜:《农地产权"三权分置"研究综述与展望》,载《农村经济与科技》2015年第8期。

细化。①

但是,《农村改革决定》并没有提出三权分置。2013 年十八届三中全会通过的《关于全面深化改革若干重大问题的决定》,虽然被认为是新一轮农村土地制度改革的政治宣言②,但在农地产权问题上也只是原则性地提到"赋予农民对承包地占有、使用、收益、流转及承包经营权抵押、担保权能,允许农民以承包经营权入股发展农业产业化经营"。三权分置作为全国性政策直到 2014 年才得以确立。中共中央、国务院 2014 年 1 月 19 日印发的《关于全面深化农村改革加快推进农业现代化的若干意见》(中发〔2014〕1 号)在"四、深化农村土地制度改革"中要求"在落实农村土地集体所有权的基础上,稳定农户承包权、放活土地经营权,允许承包土地的经营权向金融机构抵押融资"。2014 年 9 月 29 日,在主持召开中央全面深化改革小组第五次会议审议《关于引导农村土地承包经营权有序流转发展农业适度规模经营的意见》(以下简称《规模经营意见》)时,习近平总书记指出:"我们要在坚持农村土地集体所有的前提下,促使承包权和经营权分离,形成所有权、承包权、经营权三权分置,经营权流转的格局。"③会后中共中央办公厅、国务院办公厅印发了《规模经营意见》明确了三权分置的总体要求和具体思路。之后,这一政策又被许多文件确认,包括国务院办公厅《关于引导农村产权流转交易市场健康发展的意见》(国办发〔2014〕71 号)、国务院《关于开展农村承包土地的经营权和农民住房财产权抵押贷款试点的指导意见》(国发〔2015〕45 号,以下简称《抵押指导意见》)、中共中央、国务院《关于加大改革创新力度加快农业现代化建设的若干意见》(中发〔2015〕1 号)以及中共中央办公厅、国务院办公厅 2015 年 11 月 2 日颁发的《深化农村改革综合性实施方案》(以下简称《方案》)。

---

① 丁关良、阮韦波:《农村集体土地产权'三权分离'论驳析——以土地承包经营权转移中'保留(土地)承包权、转移土地经营权(土地使用权)'观点为例》,载《土地经济与管理》2009 年第 4 期。

② 冯海发:《对十八届三中全会〈决定〉有关农村改革几个重大问题的理解》,载《农民日报》2013 年 11 月 18 日。冯海发认为决定在农村改革上:"对一些长期以来议论较多但始终没有触及的改革有了明确提法,对一些过去虽有涉及但意见并不明确又事关重大的问题有了突破性、开创性的改革意见,在理论和政策上取得了一系列新的重大突破,具有鲜明的时代特征"。

③ 李秀中:《习近平定调农村土地制度改革》,资料来源:http://news.sohu.com/20140930/n404774522.shtml,2015 年 10 月 27 日访问。

(三) 功能主义分析路径可用于调和经济学界与法学界对三权分置的认识

"无论是政治的立法或市民的立法,都只是表明和记载经济关系的要求而已。"①细究经济学界和法学界对三权分置的不同态度,不难发现,对于在坚守土地公有性质不改变、耕地红线不突破、农民利益不受损这"三条底线"的前提下,通过农村土地制度改革提高农业生产效率,实现规模化经营,提高农地融资能力这一基本面,大家的认识完全一致。法学界对三权分置的担忧是其"无法在法律上获得表达"。② 或如一些学者所主张的,"经营权的高效流转这一经济目标的实现不是创设私法权利的唯一理由",要遵循"私法的秩序和科学性为私权体系的构建"确立的边界。③

这种对问题的共识为功能主义的分析提供了可能,也为调和提供了基础。更何况,这一轮农村土地制度改革绝对是理性和理智的产物。即使对功能主义的适用性做狭义的界定,功能主义的分析也是可行的。事实上,法律界已经开始了这方面的尝试,并建议"承包权与经营权再分离后的权能划分与性质界定,不能从概念本身去建构,而应从再分离的功能目的去入手"。④

二、三权分置的政策目标分析:大前提的确定

"比较法的一切研究,正如在所有思想活动中一样,都是以提出问题或者规定一种工作假设——简言之,即一种思想——开始的。"⑤那么,三

---

① 马克思:《哲学的贫困》,载《马克思恩格斯全集》(第四卷),人民出版社1958年版,第121—122页。
② 高圣平:《新型农业经营体系下农地产权结构的法律逻辑》,载《法学研究》2014年第4期。
③ 刘征峰:《农地"三权分置"改革的私法逻辑》,载《西北农林科技大学学报(社会科学版)》2015年第5期。
④ 张力、郑志峰:《推进农村土地承包权与经营权再分离的法制构造研究》,载《农业经济问题》(月刊)2015年第1期。
⑤ K.茨威格特、H.克茨:《比较法总论》,潘汉典、米健、高鸿钧等译,法律出版社2003年1月第1版,第46页。

权分置针对的问题究竟是什么呢？

（一）适度规模经营和农地融资的需求无法证成三权分置

黄娜概述了经济学界对三权分置意义的认识[①]：(1) 释放经营权，推动土地市场化流转，促进农业规模化经营，保障粮食安全。(2) 承包权独立于经营权，农民不再被承包经营权束缚，对农地有了更多的选择权，有利于促进农村劳动力转移，推动城镇化建设。(3) 为土地的经营权提供支撑，使农地资本化成为可能，有利于增加农民财产权利。

张红宇则对三权分置的政策目标做了下面的论述[②]：其一，进一步界定和明晰所有、占有、使用、收益等各项权能在不同主体之间的分布；其二，保护承包权以求公平，用活经营权以求效率，实现公平与效率的有效统一。

如果三权分置的政策目标只是这些的话，那么也许大部分法学文章的结论是正确的——"实际上，农村土地承包法和物权法就农地产权的规定已足以说明和证成'三权分离'论所欲解决的问题，完全没有必要借助于理论创新"[③]，因为"以从事农业生产为目的而设立的土地承包经营权可以进入市场进行流转，充分发挥市场在农地资源配置中的决定性作用"。[④] "在新型农业经营体系下，我们所应着力考量的是：我国实定法上对土地承包经营权处分的限制是否正当，应否修改。"[⑤] 换言之，只要法律不限制农户将承包经营权转让给本集体经济组织成员以外的个人和机构，允许承包经营权抵押，两权分离就能够满足适度规模经营和农地融资的需要。

[①] 黄娜：《农地产权"三权分置"研究综述与展望》，载《农村经济与科技》2015 年第 8 期。
[②] 参见张红宇：《农业规模经营与农村土地制度创新》，载《中国乡村发现》2013 年第 2 期。
[③] 高圣平：《新型农业经营体系下农地产权结构的法律逻辑》，载《法学研究》2014 年第 4 期。高文针对的正是张红宇提出的政策目标。
[④] 同上。
[⑤] 高圣平：《新型农业经营体系下农地产权结构的法律逻辑》，载《法学研究》2014 年第 4 期。

(二) 在新的形势下坚持三条底线——三权分置的政策目标

十八届三中全会后,针对社会上对农村土地制度改革的各种声音,2013年12月5日的《人民日报》在第二版的头条刊载专访中央农村工作领导小组副组长、办公室主任陈锡文的文章。陈锡文提出农村土地改革有三条底线不能突破:第一,不能改变土地所有制,就是农民集体所有;第二,不能改变土地的用途,农地必须农用;第三,不管怎么改,都不能损害农民的基本权益。[①] 之后,陈锡文又多次表达了同样的观点。[②] 2014年12月2日的中央全面深化改革领导小组第七次会议审议《关于农村土地征收、集体经营性建设用地入市、宅基地制度改革试点工作的意见》时,强调了"坚持土地公有制性质不改变、耕地红线不突破、农民利益不受损"三条底线。[③] 2015年11月印发的《方案》,明确提出深化农村土地制度改革必须坚守"三条底线",实行三权分置。[④]

三条底线一直存在。农村土地公有制是《宪法》确立的我国农村经济制度的基础,是我国公有制经济的重要组成部分[⑤];而维护农民利益是党和国家的一贯政策[⑥];保护耕地则是法律确认的基本国策[⑦],后又明确为18亿亩耕地红线。[⑧] 事实上,2008年的《农村改革决定》就明确提出"土

---

① 《农村土地改革,底线不能突破》,载《人民日报》2013年12月5日第2版。
② 参见《农村土地改革不能突破三条底线——中央农村工作领导小组副组长、办公室主任陈锡文访谈》,载《宁波经济》2014年第4期,第3—4页。
③ 《习近平:农村土地制度改革坚持三条底线》,资料来源:http://politics.people.com.cn/n/2014/1202/c70731-26135048.html,2016年1月6日访问。
④ 周怀龙:《农村土地制度改革:坚守"三条底线"实行"三权分置"》,载《国土资源报》2015年11月4日。
⑤ 《宪法》第6条、第8条、第10条。
⑥ 1949年的《共同纲领》中明确规定:"保护工人、农民、小资产阶级和民族资产阶级的经济利益及其私有财产。"
⑦ 1998年修订的《土地管理法》第3条规定:"十分珍惜、合理利用土地和切实保护耕地是我国的基本国策。"在此之前,1986年3月,中共中央、国务院《关于加强土地管理制止乱占耕地的通知》中指出:十分珍惜和合理利用每寸土地,切实保护耕地,是我国必须长期坚持的一项基本国策。1991年七届全国人大常委会第4次会议关于我国国民经济和社会发展十年规划和"八五"计划纲要中决定将保护耕地、计划生育和环境保护共同列为我国的三项基本国策。
⑧ 2006年,十届全国人大四次会议通过的"十一五"规划纲要提出,18亿亩耕地是一个具有法律效力的约束性指标,是不可逾越的一道红线。2008年8月,国务院发表的《全国土地利用总体规划纲要》,提出了下列核心指标:2010年,耕地面积保有18.18亿亩;2020年,耕地面积保有18.05亿亩。关于18亿亩耕地红线的战略意义,提出背景和内涵,可以参见王卿、陈绍充:《基于粮食安全视角的"18亿亩耕地红线"的战略意义研究》,载《宏观经济研究》2010年第3期。

地承包经营权流转,不得改变土地集体所有性质,不得改变土地用途,不得损害农民土地承包权益"。

从逻辑上说,从两权分离到三权分置,既可能是由于原有政策目标发生变化而作的调整,也可能是由于情况发生变化,两权分离不能再实现原有的政策目标,还可能是两者的叠加。因此,如果农业的规模化经营、发挥农地融资功能无法证成三权分置的必要性,我们也许应该把三条底线作为三权分置的政策目标。更准确地讲,也许正是由于农业规模化、农地融资等农业生产经营方面的新情况的出现,原来的两权分离不能再有效地保障三条底线,才有了三权分置的改革。

事实上,赞同三权分置的法学界同仁在阐述三权分置的政策目标时,往往都会涉及三条底线中的土地公有制或农民土地权利的落实。例如,蔡立东和姜楠就认为三权分置既能承载"平均地权"的功能负载,又能实现农地的集约高效利用,兼顾了农地的社会保障功能和财产功能,并为建立财产型的农地权利制度、发挥农地的融资功能提供了制度基础。[①] 张力和郑志峰认为,承包权和经营权分离的目的有三:(1)破除初次分离下"农地农民用"和"均田承包"的制度局限,为非农身份主体携带资本进入农业生产提供渠道,变"农地农民用"为"农地全民用""均田承包"为"规模经营";(2)满足当前阶层分化背景下农民生存与发展多层次需求,进一步解放"人"和"地";(3)进一步完善农地承包经营权制度,创新公有制的实现形式。[②]

必须说明的一点是,三条底线作为整个农村土地制度改革的底线,涉及农村土地制度改革的方方面面。但是,三条底线与农业规模化经营下农户承包的农地流转有着密不可分的关系。我们至少可以说,如果没有规模化经营下的农户承包的农地流转,也许就没有必要重申三条底线,集体所有的农地产权配置也许就不需要从两权分离走向三权分置。下图清楚地展示了这种关系:

[①] 蔡立东、姜楠:《承包权与经营权分置的法构造》,载《法学研究》2015 年第 3 期。
[②] 张力、郑志峰:《推进农村土地承包权与经营权再分离的法制构造研究》,载《农业经济问题》(月刊)2015 年第 1 期。

```
2014年         三权分置提出
1月19日    ┌─────────────────────────────────────────────────┐
         ○ │ 中共中央、国务院印发了《关于全面深化农村改革加快推进农业现 │
           │ 代化的若干意见》（中发〔2014〕1号），三权分置作为国家层面的政 │
           │ 策正式提出。                                      │
           └─────────────────────────────────────────────────┘

2014年     ┌─────────────────────────────────────────────────┐
9月29日  ○ │ 在主持召开中央全面深化改革小组第五次会议审议《关于引导农村 │
           │ 土地承包经营权有序流转发展农业适度规模经营的意见》时，习近 │
           │ 平总书记指出："我们要在坚持农村土地集体所有的前提下，促使 │
           │ 承包权和经营权分离，形成所有权、承包权、经营权三权分置，经营 │
           │ 权流转的格局。"                                    │
           └─────────────────────────────────────────────────┘

           重申三条底线
2014年     ┌─────────────────────────────────────────────────┐
12月2日  ○ │ 习近平总书记主持深改小组第七次会议，会议审议了《关于农村土地 │
           │ 征收、集体经营性建设用地入市、宅基地制度改革试点工作的意见》。 │
           │ 会议指出，坚持土地公有制性质不改变、耕地红线不突破、农民利益 │
           │ 不受损三条底线，在试点基础上有序推进。                  │
           └─────────────────────────────────────────────────┘

2015年     ┌─────────────────────────────────────────────────┐
4月14日  ○ │ 《农业部、中央农办、国土资源部、国家工商总局关于加强对工商资 │
           │ 本租赁农地监管和风险防范的意见》（农经发〔2015〕3号）要求坚持土 │
           │ 地公有制性质不改变、耕地红线不突破、农民利益不受损三条底线。 │
           └─────────────────────────────────────────────────┘

           三权分置正式确立
2015年     ┌─────────────────────────────────────────────────┐
11月2日  ○ │ 中共中央办公厅、国务院办公厅印发《深化农村改革综合性实施方 │
         ▼ │ 案》，明确提出深化农村土地制度改革必须坚持"三条底线"，实行 │
           │ 三权分置。                                        │
           └─────────────────────────────────────────────────┘
```

图 1　三权分置与三条底线的关联

（三）两权分离下贯彻三条底线的主要手段：禁止或限制流转

对于集体土地所有权和农户承包经营权的二元权利体系，大家的共识是：这种基于"两权分离"的农地产权制度安排，较好地处理了国家、集体和农民的利害关系，呈现出良好的制度绩效。[①] 虽然法学界对农户承包经营权的性质提出过物权说、债权说、复合权利说等不同观点[②]，但集体土地所有权与土地承包经营权分离这一经济逻辑经由宪法、农村土

[①] 参见张红宇：《农业规模经营与农村土地制度创新》，载《中国乡村发现》2013年第2期。
[②] 参见王金堂：《土地承包经营权制度的困局与解破——兼论土地承包经营权的二次物权化》，法律出版社2003年版，第37—42页。

承包法和物权法,得以转译为法律逻辑,为农业基本经营制度的稳定提供了有力的保障。①

但是,两权分离的成功是以牺牲效率为代价的。为贯彻三条底线,在农村集体经济组织实行家庭承包经营的早期,农户承包的农地的流转在政策上是不允许的,后来虽然逐渐放开了流转,但政策和法律对流转从方方面面进行了限制。这些限制背后的逻辑,笔者认为还在三条底线。

表 1　两权分离下农户承包的农地流转政策法律演变

阶段划分	主要法律政策文件	农地流转政策	三条底线的关系
禁止流转阶段 1978—1983 年	• 1982 年《宪法》第 10 条规定:"任何组织或者个人不得侵占、买卖、出租或者以其他形式非法转让土地。" • 1982 年《全国农村工作会议纪要》	• 禁止农户承包经营的土地以任何形式转让	• **优先保障**:土地公有性质、耕地保护 • **忽略**:农民利益保护
流转作为例外安排的阶段 1984—1994 年	• 1984 年中共中央 1 号文件《一九八四年农村工作的通知》 • 1988 年《宪法》修改允许土地使用权转让有关,许多政策性文件开始用土地使用权有偿转让的提法,并明确农户有权从流转中获益 • 1993 年 7 月 2 日通过《中华人民共和国农业法》 • 1993 年 11 月 14 日通过《中共中央关于建立社会主义市场经济体制若干问题的决定》	• 流转不能超过承包经营的剩余期限 • 只允许合同权利义务关系的转让,原承包经营关系不变 • 只能转让给"其他从事农业生产经营的农户" • 原承包人对其投入可获得补偿 • 所有流转必须得到集体的同意	• **充分保障**:土地公有性质 • **稳定**:耕地保护 • **有所体现**:农民利益保护

---

① 参见陈锡文、赵阳、陈剑波、罗丹:《中国农村制度变迁 60 年》,人民出版社 2009 年版,第 37 页。

（续表）

阶段划分		主要法律政策文件	农地流转政策	三条底线的关系
制度性流转阶段 1995年至今	确立阶段 1995—2002年	• 1995年《国务院批转农业部关于稳定和完善土地承包关系意见的通知》要求"建立土地承包经营权流转机制" • 1996年1月21日《中共中央国务院关于"九五"时期和今年农村工作的主要任务和政策措施》 • 1998年10月14日《中共中央关于农业和农村工作若干重大问题的决定》明确"土地使用权的合理流转，要坚持自愿、有偿的原则依法进行" • 2002年8月29日第九届全国人民代表大会常务委员会第二十九次会议通过《农村土地承包法》	• 流转不能超过承包经营的剩余期限 • 流转不得改变土地所有权，流转后的承包经营权继续保留在农户手中 • 流转时集体经济组织成员享有同等条件下的优先权 • 尊重农民的意愿，流转收益归农户 • 除了转包、出租、互换或其他方式外，采取转让方式流转的仍需经发包方同意	• 首要目标：土地公有性质 • 保持不变：耕地保护 • 明确保障：农民利益保护
	完善阶段 2003年至今	• 2005年3月1日起施行《农村土地承包经营权流转管理办法》 • 2007年1月29日《中共中央国务院关于积极发展现代农业扎实推进社会主义新农村建设的若干意见》明确："规范土地承包经营权流转" • 2008年10月12日十七届三中全会《中共中央关于推进农村改革发展若干重大问题的决定》明确提出："建立健全土地承包经营权流转市场" • 2014年年初，中共中央、国务院印发《关于全面深化农村改革加快推进农业现代化的若干意见》		

从上表可以清楚地看出，我国的农村土地承包制度发端于1978—

1981年[①],但当时的政策和法律,严格禁止农户承包经营的土地以任何形式流转。1982年的《全国农村工作会议纪要》(中发〔1982〕1号)明确规定:"社员承包的土地,不准买卖,不准出租,不准转让,不准荒废,否则,集体有权收回;社员无力经营或转营他业时应退还集体。"

此后,政策逐渐放开农地的流转,但对流转的形式、主体、客体、流转期限和流转后的用途,政策和法律仍加以严格的限制。高圣平将这些限制概括为"方式强制"和"条件限制"。[②] 从具体的限制上,我们可以清楚地看出政策和法律的制定者对三条底线的坚守。在允许流转后,流转不得改变土地的用途是一个既定不变的政策,其背后的逻辑显而易见,是保护耕地和粮食安全。

为守住另外两条底线,在允许流转的各个阶段,流转都不能超过承包经营的剩余期限。更重要的是,政策和法律规定除转让和互换外,以其他方式流转的,流转后原有的承包经营关系不变,承包方仍享有承包经营权。具体地说,"承包方依法采取转包、出租、入股方式将农村土地承包经营权部分或者全部流转的,承包方与发包方的承包关系不变,双方享有的权利和承担的义务不变"(《农村承包经营权流转管理办法》[③]第16条);互换会改变承包关系,但互换只能在同一集体经济组织的承包方之间进行(《流转管理办法》第17条);承包经营权转让后原土地承包关系自行终止,原承包方承包期内的土地承包经营权部分或全部灭失,但转让承包经营权的农户必须"有稳定的非农职业或者有稳定的收入来源",而且只能转让给"其他从事农业生产经营的农户",并且必须向发包方申请并获得发包方同意(《流转管理办法》第35条第1款)。

这样,除转让和互换外,无论怎样流转,农户作为集体组织的成员在流转后都继续享有承包经营权,而互换只是在同一集体组织成员间进行。

---

① 期间,党的十一届三中全会原则通过的《农村人民公社工作条例(试行草案)》和《关于加快农业发展若干问题的决定(草案)》仍然"不许分田单干","不准包产到户"。但这两个旨在维护和完善人民公社体制的文件,却成为打破人民公社体制、创立集体土地家庭承包经营权制度的发端。王景新:《中国农村土地制度变迁30年:回眸与瞻望》,载《现代经济探讨》2008年第6期。全会后,"在全面解放思想的背景下,为摆脱极其贫困的生活状况,家庭联产承包责任制开始自发地、悄然地在个别地区农村出现,并最以承包合同的形式出现",其主要标志是"小岗村事件"。钱影:《土地承包经营权的基本权属性研究》,载《中国土地科学》2008年第11期。

② 高圣平:《新型农业经营体系下农地产权结构的法律逻辑》,载《法学研究》2014年第4期。

③ 以下简称《流转管理办法》。

在实践中,即使转让也很难流转到本集体经济组织成员以外的农户。①这既由于转让时的接包方只能是"其他从事农业生产经营的农户",须经发包方同意(《最高人民法院关于审理涉及农村土地承包纠纷案件适用法律问题的解释》(法释〔2005〕6号)第13条明确"承包方未经发包方同意,采取转让方式流转其土地承包经营权的,转让合同无效");更是由于法释〔2005〕6号第11条规定的本集体经济组织成员的优先权。根据该条:"土地承包经营权流转中,本集体经济组织成员在流转价款、流转期限等主要内容相同的条件下主张优先权的,应予支持。但下列情形除外:(一)在书面公示的合理期限内未提出优先权主张的;(二)未经书面公示,在本集体经济组织以外的人开始使用承包地两个月内未提出优先权主张的。"即使因转让而使承包经营权流出本集体经济组织,但由于期限的限制,这种状态只能维持在本承包经营合同期限内。

政策和法律之所以要做这样的设计——将流转后的承包经营权继续保留在作为集体经济组织成员的农户手中,与我们对集体所有权的理解有关。根据《物权法》第60条,"对于集体所有的土地和森林、山岭、草原、荒地、滩涂等,依照下列规定行使所有权:(一)属于村农民集体所有的,由村集体经济组织或者村民委员会代表集体行使所有权;(二)分别属于村内两个以上农民集体所有的,由村内各该集体经济组织或者村民小组代表集体行使所有权;(三)属于乡镇农民集体所有的,由乡镇集体经济组织代表集体行使所有权。"但是,"农民集体所有是以公有制为基础,以土地为中心的主要生产资料为组织内的农民集体所有。无论是采用统或是分的经营方式,农民集体的生产资料都是由成员即劳动者直接占有和使用,经营目的也是直接为了全体成员的利益,经营成果也是为全体成员所享有。"②正因为此,《物权法》第59条规定"农民集体所有的不动产和动产,属于本集体成员集体所有";并要求重大事项由成员依法定程序决定。在土地上,集体经济组织成员对农地的承包经营权是土地集体所有权的根本体现。这样,通过只赋予接包方或承租方债权性的权利,而将承

---

① 根据罗迈钦在湖南省的调研,在4500个调研的村庄中,绝大多数流转发生在村集体内部的村民之间,甚至很大一部分是亲戚关系或朋友关系。参见罗迈钦:《我国农地流转瓶颈及其破解——基于湖南省225792农户家庭土地流转情况的调查分析》,载《求索》2014年第6期。
② 全国人大常委会法制工作委员会民法室编:《中华人民共和国物权法:条文说明、立法理由及相关规定》,北京大学出版社2007年版,第93页。

包经营权保留在农户手中,三条底线中的集体所有权和农民财产权利保护(利益保护)就得到了落实。

(四)两权分离下的强制和限制与新型农业经营体系的内在矛盾

此轮农地产权制度改革,就是要建立与新型农业经营体系相适应的农地产权体系。党的十八大报告指出,"坚持和完善农村基本经营制度,依法维护农民土地承包经营权、宅基地使用权、集体收益分配权,壮大集体经济实力,发展农民专业合作和股份合作,培育新型经营主体,发展多种形式规模经营,构建集约化、专业化、组织化、社会化相结合的新型农业经营体系"。2012年12月31日中共中央、国务院《关于加快发展现代农业进一步增强农村发展活力的若干意见》对此又做了进一步的规定。2014年印发的《规模经营意见》则把这种经营体系表述为"以农户家庭经营为基础、合作与联合为纽带、社会化服务为支撑的立体式复合型现代农业经营体系"。

新型农业经营体系首先反映在经营规模的扩大上。"自党的十一届三中全会启动农村改革以来,我国逐步在广大农村建立了以家庭承包经营为基础、统分结合的双层经营体制,小规模家庭经营成为农业生产经营的最主要方式。"[①]"进入新世纪以来,我国农业加快发展,已进入从传统农业向现代农业加快转型的重要阶段。与此同时,农业经营体系也发生深刻变革,正由分散的小农经济加快向社会化的生产转变。"[②] 具体地说,构建新型农业经营体系,就是要解决农业小规模的家庭经营下出现的市场化、专业程度不足,农业人口因工业化、城镇化转移后农村无人务农,因土地细碎化而生产效率低下的问题。[③] 解决这些问题的一个重要措施,就是要通过农户承包经营的农地的有序流转,实现农业的适度规模经营。[④]《规模经营意见》明确提出:"伴随我国工业化、信息化、城镇化和农业现代化进程,农村劳动力大量转移,农业物质技术装备水平不断提高,农户承包土地的经营权流转明显加快,发展适度规模经营已成为必然

---

① 赵海:《新型农业经营体系的涵义及其构建》,载《农业工作通讯》2013年第6期。
② 同上。
③ 陈锡文:《构建新型农业经营体系刻不容缓》,载《求是杂志》2013年第22期。
④ 农业部经管司、经管总站研究组:《构建新型农业经营体系稳步推进适度规模经营——"中国农村经营体制机制改革创新问题"之一》,载《毛泽东邓小平理论研究》2013年第6期。

趋势。"

经营规模的扩大意味着经营形式和主体的变化,以及承包经营的农地向这些经营主体的流转。2013年《深化改革若干重大问题的决定》就明确提出要"鼓励承包经营权在公开市场上向专业大户、家庭农场、农民合作社、农业企业流转,发展多种形式规模经营。"这样,再把承包经营权的流转局限在本集体经济组织内,就不太现实了。这样,原来通过对流转的限制来维护三条底线的做法就有些不合时宜了。事实上,许多学者都看到了这一点,并主张取消原来加诸承包地流转的各种限制条件。[1]

新型农业经营体系与农业现代化密不可分。2014年的《规模经营意见》就把现代农业经营体系与"生产技术先进、经营规模适度、市场竞争力强、生态环境可持续的中国特色新型农业现代化道路"并列在一起。农业现代化需要资金。为解决从事规模经营的农业经营主体的融资需求,法律上必须为他们创制出一种可以抵押担保融资的财产权利。正如陈锡文所解释的,"按照现行法律,农民对承包地只享有占有、使用、收益的权利,并没有处分权,所以土地承包经营权是不允许抵押、担保的,因为抵押、担保实际上就是一种处分权,因为一旦抵押担保,到期无法偿还贷款,那土地就变成别人的了,变成事实上的农村土地买卖"。[2] "但是,现实中农民发展现代农业,又需要资金,商业银行每一笔贷款都必须有有效抵押物,而农民又缺乏,造成了贷款难。所以这次中央就把经营权从承包经营权中单独分离出来,允许抵押担保,但承包权作为物权依然不许抵押。这样既能缓解农民的贷款难,又能做到风险可控,即便到期还不上贷款,农民失去的也不过是几年的经营收益,并不会威胁到他的承包权。"[3]

陈锡文的解释能从有关文件的措辞变化中得到佐证。2013年中共中央《关于全面深化改革若干重大问题的决定》就已经意识到了农地抵押融资的需求,提出要赋予"承包经营权抵押、担保权能"。三权分置提出后,2015年国务院《抵押指导意见》就用了经营权抵押的概念,并最终得

---

[1] 参见高圣平:《新型农业经营体系下农地产权结构的法律逻辑》,载《法学研究》2014年第4期。
[2] 陈锡文:《农村土地制度改革不能突破三条底线》,载《国土资源导刊》,2013年第12期。
[3] 同上。

到全国人大常委会的试点授权。①

综上,正是由于新型农业经营体系下不能再用两权分离下对承包经营权流转、抵押的禁止或限制来坚守三条底线,政策制定者才走向了三权分置,试图通过落实集体所有权(即落实"农民集体所有的不动产和动产,属于本集体成员集体所有"的法律规定,明确界定农民的集体成员权,明晰集体土地产权归属,实现集体产权主体清晰),稳定农户承包权(就是要依法公正地将集体土地的承包经营权落实到本集体组织的每个农户),放活土地经营权(就是允许承包农户将土地经营权依法自愿配置给有经营意愿和经营能力的主体,发展多种形式的适度规模经营)来防止"犯颠覆性错误"。

需要说明的是,对 2014 年 11 月 20 日《规模经营意见》中承包权的提法,虽然有观点认为承包权应该就是《物权法》明列的承包经营权②,或者更准确地说,"承包权则为其行使受到经营权限制的土地承包经营权的代称"。③ 但从文件的字面及权威解读看,承包权是一个不同于承包经营权的权利。例如,中央农村工作领导小组副组长、办公室主任陈锡文在2015 年 2 月 3 日国务院新闻办公室的新闻发布会就明确:"在落实土地集体所有权的基础上,需要稳定农民对土地的承包权。因为承包权只有集体的成员才有资格承包,不是谁都有承包权的,承包权一定要稳定,这样才能让农民吃一颗长效定心丸。在这个基础上,要放活农村土地的经营权。现在将农村土地流转,流转的是农村土地的经营权,实行三权分置,这也是为了更好的改革。"④农业部产业政策与法规司司长张红宇也指出:"土地承包权属于成员权,只有集体经济组织成员才有资格拥有,具有明显的社区封闭性和不可交易性。土地经营权属于法人财产权,可以通过市场化的方式配置给有能力的人,具有明显的开放性和可交易

---

① 《关于授权国务院在北京市大兴区等 232 个试点县(市、区)、天津市蓟县等 59 个试点县(市、区)行政区域分别暂时调整实施有关法律规定的决定》(2015 年 12 月 27 日第十二届全国人民代表大会常务委员会第十八次会议通过)。
② 参见甘藏春:《农地三权分离是改革唯一出路》,载于 2014 年 9 月 23 日财新网,网址:http://china.caixin.com/2014-09-23/100732147.html,2015 年 2 月 21 日访问。
③ 蔡立东、姜楠:《承包权与经营权分置的法构造》,载《法学研究》2015 年第 3 期。
④ 《陈锡文、韩俊解读 2015 年中央一号文件》,资料来源:http://www.zgxcfx.com/Article/81695.html,2015 年 12 月 28 日访问。

性。"①很显然,当决策层提出三权分离时,他们把承包权设计成了一种不同于承包经营权的身份权或资格,并试图通过稳定承包权来保护农民的利益,进而落实集体土地所有权。

三、三权分置在法律上的解释与实现

"不容忽视的是,在我国土地法制的演进中,法学并没有提供多少智识贡献,往往都是先有实践中自发的探索,政府主管部门再试点铺开,形成党的文件后,再在经济学界和管理学界的主导下启动法律的制定和修改。"②中共中央、国务院《关于加大改革创新力度加快农业现代化建设的若干意见》把健全农村产权保护法律制度提到了重要地位,要求"完善相关法律法规,加强对农村集体资产所有权、农户土地承包经营权和农民财产权的保护。抓紧修改农村土地承包方面的法律,明确现有土地承包关系保持稳定并长久不变的具体实现形式,界定农村土地集体所有权、农户承包权、土地经营权之间的权利关系……统筹推进与农村土地有关的法律法规制定和修改工作"。三权分置的法律解释和实现正当其时。

(一)三权分置的法律逻辑分析

1. 三权分置与大陆法系固有物权理论的矛盾

《物权法》和正在编纂的《民法典》沿袭大陆法系国家固有的物权理论,已成为不争的事实。法学界对三权分置的批判,也多以物权法定和一物一权这两个物权法的基本原则作为依据。"目前,现行法律中只有国有企业经营权名称,而无土地经营权这一名称。我国的立法既没有单独规定经营权、也没有承认从土地承包经营权中能分离出独立的经营权。"③从物权法定角度对三权分置的批判只能是临时性的,因为只要启动立法程序,对三权分置作出规定,三权分置就有了法律上的依据了。

---

① 张文宇:《从"两权分离"到"三权分离"》,载《新农村商报》2014年1月15日。
② 高圣平:《新型农业经营体系下农地产权结构的法律逻辑》,载《法学研究》2014年第4期。
③ 丁关良、阮韦伟:《农村集体土地产权'三权分离'论驳析——以土地承包经营权转移中'保留(土地)承包权、转移土地经营权(土地使用权)'观点为例》,载《土地经济与管理》2009年第4期。

因此，真正的问题在于，如何处理三权分置与一物一权的关系？一些学者认为"将土地承包经营权分离为土地承包权和土地经营权，缺乏法理支撑"①，更多地也是从一物一权的角度提出的。一物一权原则，又称物权特定主义，即"一个物上原则上只能存在一个所有权、用益物权，不得存在两个以上性质和内容不相容的所有权、用益物权"。② 如果坚守一物一权，农户承包经营的农地流转，原有的集体所有权保持不变，在发生债权性流转时，原承包人继续保有承包经营权，受让方只取得债权性的权利（承租权）；发生物权性流转时，原承包人在流转期限内不再保有承包经营权，受让方取得流转期限内的承包经营权。这正是两权分离下对承包经营权的农地流转的权利配置。

物权性流转能够满足规模化经营和农业经营主体用其土地权利担保融资的需要（如果法律不再禁止承包经营权的抵押）。但是，物权性流转期间农户不再保有承包经营权，与三条底线相悖。债权性流转与三条底线保持了一致，但不能满足农业规模经营主体的需要。

一物一权主义并不缺乏灵活性。有学者借鉴《德国民法典》上物的用益和权利的用益的区分③，主张将农地流转后受让取得的经营权理解为对农户的承包经营权的权利用益物权。④ 作这样的理解避免了对一物一权原则的背离，因为承包经营权权所指向的用益对象为土地，而经营权所指向的用益对象为承包经营权。⑤ 事实上，德国的次地上权或称下级地上权就是以地上权为本权而再次设立的地上权。⑥ 参照德国的做法，农户承包经营的农地流转后，土地的集体所有权不发生变化，农户继续保有承包经营权，受让方取得以农户的承包经营权为用益对象的次承包经营权。这种配置方式较好地平衡了农业规模经营、农地担保融资的需求和

---

① 高圣平：《新型农业经营体系下农地产权结构的法律逻辑》，载《法学研究》2014年第4期。
② 崔建远：《物权：规范与学说——以中国物权法的解释论为中心》（上册），清华大学出版社2011年版。
③ 德国民法上区分物上的用益权（第1030条至第1067条）、权利上的用益权（第1068条至第1084条）、财产上的用益权（第1085条至第1089条）。《德国民法典》（第2版），陈卫佐译注，法律出版社2006年版。
④ 参见蔡立东、姜楠：《承包权与经营权分置的法构造》，载《法学研究》2015年第3期。
⑤ 刘征峰：《农地"三权分置"改革的私法逻辑》，载《西北农林科技大学学报（社会科学版）》2015年第5期。
⑥ 孙宪忠：《德国当代物权法》，法律出版社1997年版，第228页。

三条底线的关系,但仍然无法解释三权分置下农地流转后农民的承包经营权分离为原来没有的承包权和经营权的做法。

2. 三权分置不同于中国传统永佃权制度下的权利安排

永佃权制度是中国传统社会非常重要的一种地权形式,它盛行于明清、延续于整个民国时期。① 新中国成立后随着土地改革的展开,永佃权制也随之被废除。而在我国台湾地区,虽然永佃权被保留了下来,但其功能日渐式微,最终也退出历史舞台,为农育权所替代。② 永佃权制度集中反映了中国明清以来在土地权利分配和地权结构变革当中,土地利用和权利配置如何得到双重优化。

永佃权制度一直是新中国农地产权制度的参考。③ 许多经济学家习惯于将三权分置与中国传统土地制度进行类比。例如,2015 年 5 月 17 日,著名经济学家吴敬琏在第四届中国国际农商高峰论坛上在表达其对三权分置的支持后,解释道所有权就是传统意义上的田底权,经营权就是传统土地所有制度里的田面权,并表示他主张把土地权还给农民,但所谓"还给农民",指的是土地的田面权(经营权),不是田底权(所有权)。④ 这种解释是否成立呢?

在我国传统的永佃权制度安排之下,永佃权人在土地流转中的权利配置主要分为"一田一主"和"一田二主"两种模式。⑤ 在"一田二主"之下佃农享有的权利更为完整和丰富。

具体地,在"一田一主"模式下,佃农取得永佃权,在不欠租的情况下

---

① 参见刘云生:《永佃权之历史解读与现实表达》,载《法商研究》,2006 年第 1 期。
② 1957 年 6 月我国台湾地区实施耕地三七五减租条例,"农地利用权人获致较永佃权更为周密之保障,永佃权的社会作用遂大为减弱"。随着 2010 年 2 月台湾地区"民法"的修订,删去了关于永佃权的规定,在物权编的第四章新设了农育权。台湾地区"民法典"第三编"物权"下第四章之一"农育权"第 850-1 条规定:称农育权者,谓在他人土地为农作、森林、养殖、畜牧、种植竹木或保育之权。农育权之期限,不得逾二十年;逾二十年者,缩短为二十年。但以造林、保育为目的或法令另有规定者,不在此限。来源于"法源法律网",访问网址:http://db.lawbank.com.tw/FLAW/FLAWDAT0202.aspx?lsid=FL001354&modify=1。法规名称:民法;修正日期:2015 年 06 月 10 日。
③ 参见杨立新:《论我国土地承包经营权的缺陷及其对策—兼论建立地上权和永佃权的必要性和紧迫性》,载《河北法学》2000 年第 1 期。
④ 金彧:《吴敬琏:应将土地经营权还给农民》,载《新京报》2015 年 5 月 18 日 A22 版。
⑤ 参见杨国桢:《论中国永佃权的基本特征》,载《中国社会经济史研究》,1998 年第 2 期。杨国桢教授在该文指出:"永佃权既存在于一般地主制下,也存在于'一田二主'制下,始终作为一种独立的土地权利体现于土地租佃关系之中。"

享有永远佃耕的权利①,但这一权利也受到很多限制,除了出租、出典需经地主同意,永佃权人也没有自由转佃的权利。② 随着永佃制度发展到成熟阶段,出现了"一田二主"模式,田底权和田面权相分离,农民取得田面权,同时兼为永佃权人。③ 取得田面权之后,永佃权人获得了自由转佃的权利,即无需经过地主同意,即可处分自己取得的永佃权。

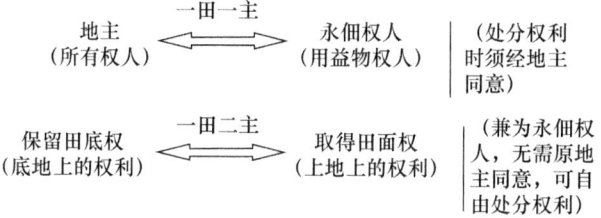

图 2 "一田一主"与"一田二主"两种模式下的地权配置

永佃权制度下土地流转后的权利配置,与当前承包经营权的流转存在区别。首先,永佃权人在取得田面权之前,仅有永久耕作权,不能转让自己的永佃权。佃户之间"私相授受",则是永佃权向"一田二主"转化的过渡形态。④ 其次,佃农取得田面权之后,对自己享有的永佃权便可自由地处分,如继承、出租或出卖,均无需经过田底主同意。最后,田面主兼永佃权人在转佃之后,田面权和永佃权一并发生转移,田底主一般和新田面主成立新的永佃契约关系。⑤

在上述两种模式之下,永佃权人享有的土地用益物权与土地所有人享有的所有权形成对应关系,始终作为土地流转下权利配置的两方。⑥ 一旦永佃权发生流转,新的受让人就整体继受取得原永佃权人所享有的权利。

3. 三权分置不同于英国土地法的权利配置

从比较法上说,我国的农地集体所有和农户用益制度与英国的土地

---

① 杨国桢:《论中国永佃权的基本特征》,载《中国社会经济史研究》1998 年第 2 期。
② 一般在订立永佃契约之初,只规定了永佃权人享有永远耕作权和自由退佃权,而没有自由转佃权和典卖权。
③ 杨国桢:《清代浙江田契佃约一瞥》,载《中国社会经济史研究》1983 年第 3 期。
④ 同上。
⑤ 张明:《民国时期皖南永佃制实证研究》,人民出版社 2012 年版,第 159 页。
⑥ 需要说明的是,也有学者认为永佃制和永佃权是两个独立的概念,在中国古代只存在永佃制,并不存在相对应的永佃权。永佃权这一概念来源于西方的罗马法,而在中国传统法律的理论体系里没有能够与之对应的"永佃权"概念。参见周子良:《永佃权的历史考察及其当代价值》,载《现代法学》2002 年第 2 期。

保有制度有类似之处。国外就有学者认为"与欧洲大陆的传统相比较,苏联财产法的概念体系与英国更为相似"。① 英国的土地权利由保有制度和地产权制度共同调整。

在保有制度下,土地的持有人以其向其领主提供特定的劳役或服务为代价而持有领主土地的权利。在保有制度下,不存在对土地的绝对所有——持有人所持有的土地会因其未适当提供劳役或者对领主不忠而被没收;而领主虽然拥有对持有人的各种权利,但他不能直接占有或利用土地,也不能转让持有人持有的土地。②

地产权原则为协调保有制度下纷繁复杂的、可能同时存在的保有权之间的关系提供了制度保障。要准确理解地产权原则,首先必须明确一点——英国法律上从未把所有权这一概念适用于土地。③ 与此对应,英国法在分析保有人与土地的关系时,不重所有而重占有④,并把占有(seisin)作为英国土地权利的基础。⑤ 根据普通法史学家 Pluknett 的解释:"seisin"是基于权属而对财产的使用,和权利并无实质的区别。换言之,罗马法下对财产权与占有的严格区分并不存在于英国法中;英国法下的"seisin"不是罗马法下的占有,英国法的权利也不是罗马法下的权利。罗马法下的占有和权利在英国法下均表示为"seisin"。很重要的一点是,在英国法下,一些"seisin"优于其他的"seisin"。⑥

在"seisin"下发展出来的两个规则,即根据权利延续时间的长短对地

---

① 原文如下:Soviet socialism is quite unlike English feudalism, but the conceptual structure of Soviet property law is in a curious way more analogous to that of English law than to that of the European tradition out of which Soviet private law came. John Henry Merryman, 'Ownership and Estate: Variations on a Theme by Lawson', 48 *Tul. L. Rev.* 916 1973—1974, note 19 at 928.

② 高富平、吴一鸣:《英美不动产法:兼与大陆法比较》,清华大学出版社 2007 年版,第 37 页。

③ E. H. Burn, *Modern Law of Real Property* (16th Ed.), at 26.

④ 在涉及土地时,英国法用"seisin",而不用"possession"。E. H. Burn, *Modern Law of Real Property* (16th Ed.), at 26.

⑤ E. H. Burn, *Modern Law of Real Property* (16th Ed.), at 26.

⑥ 原文如此:…"Seisin"…is an enjoyment of property based upon title, and is not essentially distinguishable from right. In other words, the sharp distinction between property and possession made in Roman law did not obtain in English law; seisin in not the Roman possession and right is not the ownership. Both of these conceptions are represented in English law only by seisin, and it was the essence of the conception of seisin that some seisins might be better than others. Plucknett, *Concise History of the Common Law* (5th edn), at 358.

产权进行区分,以及允许多人同时在同一土地上享有不同地产权的规则①,很好地处理了在保有基础上的各种地产权的关系。② 一些学者在论述我国经营权与承包经营权的分离时,自觉或不自觉地借用了这两个规则。③

在英国的地产保有制度下,地产权人可以将小于自己享有的地产权授予他人,如授予他人的地产权期限短于地产权人享有的地产权期限,如果地产权人未做其他安排,地产权将回归他本人,此时地产权人享有的未来权益称为归复地产权或归复权(estate reversion)。④ "创设归复地产权不需要特别说明,只要地产权人授予他人地产权时未全部处置其产权,且他人的地产权比其自身所享有的地产权更小,就自动产生一项归复地产权。而且,只有授予人享有的未来权益才称为归复地产权。"⑤

英国地产权的原理能帮助我们理解为何农户承包经营的农地流转后农户的承包经营权变为承包权,但无法解释为何受让方没有取得流转期间的承包经营权,而是只取得经营权。

(二)回归政策本意后的三权分置在法律上的实现:三权分置的四权实现

在法律上实现(或表彰)几乎区别于所有渊源的三权分置,是一个需要仔细考量的任务。任务的实现,需要法律人发挥自己的创造力和想象力,更需要我们对三权分置做进一步的检讨和改进。

三权分置就是要落实集体土地所有权、稳定农户承包权、放活土地经营权。对集体土地所有权性质,虽然理论上仍存在争议⑥,但其属性已由我国《宪法》以及《民法通则》《土地管理法》《物权法》等法律加以确认,并

---

① 关于这两个规则的具体内容,See, e.g., E. H. Burn, *Modern Law of Real Property* (16th Ed.), at 29—34.
② 咸鸿昌:《英国土地法律史——以保有权为视角的考察》,北京大学出版社 2009 年版,第 126—129 页。
③ 例如,蔡立东和姜楠就指出:"经营权设定后,其效果等同于土地承包经营权在时间维度上被分割,并予以部分转让。"蔡立东、姜楠:《承包权与经营权分置的法构造》,载《法学研究》2015 年第 3 期。
④ 何宝玉:《地产权原理与判例》,中国法制出版社 2013 年版,第 33 页。
⑤ 同上书,第 33—34 页。
⑥ 目前,关于集体土地所有权属性的学说,主要包括"共有(或合有)说""新型总有说""组织主体说""新型所有权形态说""私权说"等。参见杨青贵:《集体土地所有权实现的困境及其出路》,载《现代法学》2015 年第 5 期。

且可以通过不动产登记加以公示。① 因此,三权中的集体土地所有权在法律上的实现并无问题。要在法律上实现承包权和经营权,首先必须明确二者的内容和性质。在明确性质和内容后,我们才能决定在法律上如何对承包权、经营权的取得、转移和消灭进行规范。

三权分置提出后,同意三权分置的法学界同仁对三权分置后承包权和经营权的权源、性质和内容进行了研究,但在这三个问题上并未形成完全统一的认识。

对经营权的权源是承包经营权人的承包经营权,大家的认识比较一致。② 但对承包权的权源,有认为是集体经济组织的集体土地所有权的,也有认为是农户的承包经营权的。认为承包权的权源是集体土地所有权的学者多把承包权认为是农户基于集体经济组织成员身份而享有的一种承包经营集体所有农地的资格(或权利能力)③,而认为承包权的权源是承包经营权的,则一般把承包权理解为是其行使受到经营权限制的土地承包经营权的代称"。④ 相应的,大家对承包权的内容也有不同的理解。⑤

---

① 《不动产登记暂行条例》第5条将集体土地所有权列为可以登记的不动产权利的第一项。据国土资源部不动产登记局的介绍,农村集体土地所有权确权登记发证已经基本完成,实现了全覆盖。参见冷宏志:《农村集体土地所有权确权登记发证已基本完成》,资料来源:http://politics.people.com.cn/n/2014/0827/c1001-25551389.html,2015年12月29日访问。

② 需要说明的是,也有观点认为土地承包经营权无法分解为承包权和经营权,力图说明农地三权分离不科学。参见丁关良、阮韦波:《农村集体土地产权"三权分离"论驳析——以土地承包经营权流转中"保留(土地)承包权、转移土地经营权(土地使用权)"观点为例》,载《山东农业大学学报(社会科学版)》2009年第4期。此外,申惠文则认为"按照中央文件的表述,农村土地三权分离改革的核心是将土地承包经营权分离为土地承包权和土地经营权"。这是对权能分离理论的错误理解,将权能等同于权利。参见申惠文:《法学视角中的农村土地三权分离改革》,载《中国土地科学》2015年3月第3期。

③ 例如,丁文认为土地承包经营权包含土地承包权之说会造成理论上的混乱和纷争,导致土地承包经营权的功能超载。参见丁文:《论土地承包权与土地承包经营权的分离》,载《中国法学》2015年第3期。

④ 蔡立东、姜楠:《承包权与经营权分置的法构造》,载《法学研究》2015年第3期。此外,参见丁文:《论土地承包权与土地承包经营权的分离》,载《中国法学》2015年第3期。丁文也认为"土地承包权从土地承包经营权之中分离后,余下的应该是经营权"。

⑤ 主张承包权是身份权利的学者把承包权定义为集体经济组织成员承包经营集体所有农地的资格,自不待言。丁文:《论土地承包权与土地承包经营权的分离》,载《中国法学》2015年第3期。
而认为承包权是经营权剥离的承包经营权的学者一般认为承包权人主要享有承包地位维持权、分离对价请求权、征收补偿获取权、继承权、退出权等,其中承包地位维持权是承包权中最重要的身份性权利,是分离对价请求权、征收补偿获取权等财产性权利的基础。潘俊:《农村土地"三权分置":权利内容与风险防范》,载《中州学刊》2014年第11期。

对经营权的性质,理解上也不尽一致。有认为经营权是物权的①,也有认为经营权是法律特许(质)抵押的债权的。②

这些理论上的讨论当然是有益的,但人为地主观地为三权分置加上许多理想状态的功能、内容,只会使三权分置在法律上的实现变得复杂,最终"无法实现"。从现有政策性文件看,承包权是一种农民集体经济组织成员专有的、承包经营集体所有的农地的资格;三权分置中的经营权只是一种可以抵押的债权,其权源是承包经营人的承包经营权;现有的规定三权分置的政策性文件从未否定过农户流转承包经营的农地后对已经流转的承包经营地的承包经营权。

三权分置的政策本身未对承包权作定性和定义。但从参与政策制定的官员的解读看,承包权似乎不应理解为农地流转后承包经营权的剩余权利,而是农民基于集体组织成员的身份而享有的承包经营集体所有土地的专有资格。之所以要引入承包权这个概念,按陈锡文的解读,是为了"让农民吃一颗长效定心丸"。③ 从理论上说,也是落实集体土地所有权的需要。作者看不到政策制定者试图用承包权取代承包经营权的意图。事实上,三权分置的相关政策性文件几乎都要求通过健全土地承包经营权登记制度,推进土地承包经营权确权登记颁证工作,来稳定完善农村土地承包关系。④

依三权分置的政策:(1)农地流转时,流转的是经营权。《规模经营意见》开宗明义地提出:"伴随我国工业化、信息化、城镇化和农业现代化进程,农村劳动力大量转移,农业物质技术装备水平不断提高,农户承包土地的经营权流转明显加快,发展适度规模经营已成为必然趋势。"文件中谈及流转问题时,用的也是"土地经营权"流转的表述。(2)农民用承包经营的农地入股各类合作社时,入股的是"经营权"。例如,国务院办公厅《关于加快转变农业发展方式的意见》(国办发〔2015〕59号)三(九)就规定"开展农民以土地经营权入股农民合作社、农业产业化龙头企业试

---

① 参见蔡立东、姜楠:《承包权与经营权分置的法构造》,载《法学研究》2015年第3期。
② 参见陈小君:《我国农村土地法律制度变革的思路与框架》,载《法学研究》2014年第4期。
③ 《陈锡文、韩俊解读2015年中央一号文件》,资料来源:http://www.zgxcfx.com/Article/81695.html,2015年12月28日访问。
④ 参见《规模经营意见》"二";农业部等六部门《关于认真做好农村土地承包经营权确权登记颁证工作的意见》(农经发〔2015〕2号)"一"。

点"。(3)金融机构可以对农户承包的土地的经营权享有抵押权。《关于全面深化农村改革加快推进农业现代化的若干意见》作为第一个提三权分置的全国性文件,在四"17"中就是这样表述的:"在落实农村土地集体所有权的基础上,稳定农户承包权、放活土地经营权,允许承包土地的经营权向金融机构抵押融资。"国务院《抵押指导意见》进一步明确了试点地区土地经营权的可抵押性。

依现行法,农户承包的农地流转的方式包括转包、出租、互换、转让、入股以及其他符合有关法律和国家政策的方式。三权分置后,农地流转仍然应该按这些方式进行。《规模经营意见》三(五)就明确规定:"鼓励承包农户依法采取转包、出租、互换、转让及入股等方式流转承包地",国务院办公厅《关于加快转变农业发展方式的意见》三(八)也要求"引导农户依法采取转包、出租、互换、转让、入股等方式流转承包地"。农户用互换、转让等方式流转承包地的,在互换的情况下,互换的承包经营权人各自取得对方的承包经营权,在转让的情况的,接包人取得转让期间的承包经营权。以转包、出租、入股等方式转让的,原承包经营关系不变,换言之,原承包人继续享有承包经营权。正是由于转让会导致承包经营关系的变化,现行法对转让规定了比较严格的限制性条件。仔细阅读《规模经营意见》三(五)中的相关文字——"鼓励农民在自愿前提下采取互换并地方式解决承包地细碎化问题。在同等条件下,本集体经济组织成员享有土地流转优先权。以转让方式流转承包地的,原则上应在本集体经济组织成员之间进行,且需经发包方同意。以其他形式流转的,应当依法报发包方备案"——我们发现这些限制部分得到了保留。当然,变化也是有的,与现行法律相比,三权分置的政策不再要求转让承包经营权的农户"有稳定的非农职业或者有稳定的收入来源",也没规定只能转让给经"其他从事农业生产经营的农户"。这些限制的取消,为农地向从事农业适度规模经营的个人和机构集中创造了条件。综上,承包经营的农户流转其承包经营的农地后,依流转方式的不同,承包经营权或者由原承包人或接受流转的机构或个人享有。未取得流转期间的承包经营权的接受流转机构或个人在流转期间,享有经营权。

需要补充说明的一点是,经营权除可以通过流转产生外,还可能通过抵押产生。国务院《抵押指导意见》明确规定:农村承包土地的经营权和农民住房财产权抵押贷款"由农户等农业经营主体自愿申请,确保农民群众成为真正的知情者、参与者和受益者。流转土地的经营权抵押需经承包农户同意,抵押仅限于流转期内的收益"。事实上,经营权这个概念一开始出现,主要就是为了解决农地融资的问题。这实质上解释了我们前面论述中一个潜在的问题。如果农户可以把自己享有承包经营权的农地上的土地经营权抵押给金融机构,则接受转让取得承包经营权的个人和机构当然也有权把土地经营权抵押给金融机构。

必须强调的一点是,土地经营权可以抵押,并不意味着土地经营权必须是物权。债权抵押和质押在理论不难解释,实务中也不无先例。① 从《抵押指导意见》关于"流转土地的经营权抵押需经承包农户同意,抵押仅限于流转期内的收益"的规定看。经营权似乎更像是一种债权。

如前所述,为回避一物一权原则,主张经营权的一些学者试图将经营权定性为一种权利用益。这种解释理论上当然是无可厚非的。但我国既定法上并不承认权利用益。② 更重要的是,债权作为一种权利,也可以在法律上得到保护。主张经营权是一种物权的学者在论及把经营权界定为物权的必要性时,往往强调只有把经营权界定为一种物权,农业经营机构才有长期投资的动力。言下之意,如果经营权只是一种债权,对接受流转从事农业经营的个人和机构的保护是不充分的。③ 但从司法实务看,经营权人的权利不仅受到合同法的保护,还受到侵权法的保护。④

如果上面的分析成立,则三权分置后农地流转、抵押就会呈现下面三种情形:(1)在农户抵押其承包经营的农地时,农户保有承包经营权,接受抵押的金融机构对土地经营权享有抵押权。(2)在农户的承包经营权发生债权性流转时,流转出去的只是经营权,农户保有承包经营权。此时,接受流转的机构和个人用经营权抵押融资的,必须取得承包经营的农户的同意;(3)在农户的承包经营权发生物权性流转时,农户在流转期限内不再享有承包经营权,但农户仍享有承包权。在流转期限内享有承包

---

① 参见朱广新:《论土地承包经营权的主体、期限和继承》,载《吉林大学社会科学学报》2014第4期。

② 崔建远教授认为,标的物所有权为用益物权产生的母权,用益物权为子权。没有标的物所有权,就不会有用益物权。崔建远:《物权法》,中国人民大学出版社2009年版,第267页。

③ 参见张力、郑志峰:《推进农村土地承包权与经营权再分离的法制构造研究》,载《农业经济问题》(月刊)2015年第1期。

④ 实践中的案例充分表明了这一点。蔡立东、姜楠:《承包权与经营权分置的法构造》,载《法学研究》2015年第3期,"表2经营权的物权化表现"。

经营权的个人和机构有权用经营权抵押。流转期限届满,农户的承包经营权得以恢复。

集体土地所有权主要体现在:(1)农地流转期间不能超出承包经营权的剩余期限,农地流转后不得改变用途;(2)农户转让承包经营权的,必须征得集体经济组织的同意,以其他形式流转的,应当依法报发包方备案。

这样,三权分置中的三权似乎就变成了四权。但承包权作为一种身份权利,其表彰方式是农民的集体组织成员身份。集体土地所有权和承包经营权作为土地物权,其表彰有《物权法》《不动产登记暂行条例》等的规范。经营权作为一种债权,受流转合同的保护,集体经济组织的备案更是为合同的存在提供了另一层证明。如果在承包经营权的登记中,能把经营权作为一种负担加以记载,那就更完美了。[①] 而这个,在技术上应该是可行的。而且,考虑到经营权抵押登记的必要,经营权的登记表彰可能是我们必须探索的课题。但那应该是另一篇文章的任务了。

经济学界的讨论,地方试点,形成国家政策,立法跟进。我们对此已经司空见惯了。令人欣喜的是,在每一轮改革中,法学界都在努力地发声。此次农村土地制度改革也不例外。上层建筑是为经济基础服务的,农地产权结构随农业经营方式的改变而进行调整和变革,是当然之义。但改革更需要共识的凝聚。作者把三权分置偷换成四权,只是觉得保留承包经营权既是三权分置的本意,也使得三权分置的法律实现更符合既有法律的志趣,也算一家之言吧。

---

① 《抵押指导意见》规定:"试点地区要加快推进农村土地承包经营权、宅基地使用权和农民住房所有权确权登记颁证,探索对通过流转取得的农村承包土地的经营权进行确权登记颁证。"

论利息的法律管制*

许德风**

对利息的研究,可以有多重视角。首先,利息作为最重要的货币政策手段,被各国中央银行作为经济调控的杠杆。其次,也是本书所关注的问题,利息规则被作为政策工具,用以管制私人间的借款合同。①

长期以来,我国民间的利息水平普遍较高。1920—1930年代,在近代太行山地区的24个县中,借款年利率在30%以上的有19个县。在甘肃、宁夏、青海、陕西等落后省份,借贷年利率30%以上者占十之八九。当铺利率一般为月利3分、5分,其不满月按散日算息的方法(如不足三日视为三日),更是抬高了利率水平。② 新中国建立后,最高人民法院在1952年颁布的《关于城市借贷超过几分为高利贷的解答》(法办字第

---

* 原文刊于《北大法律评论》第11卷第1辑(2010),北京大学出版社2010年版。发表后,又根据新的研究进展作了修改和补充。
** 北京大学法学院教授、博士生导师。
① 目前对于商业银行对外放款的利息水平,我国法是不直接干涉的,尤其是已不实行上限管理。按照《中国人民银行关于调整金融机构存、贷款利率的通知》(银发〔2004〕251号),"金融机构(城乡信用社除外)贷款利率不再设定上限。商业银行贷款和政策性银行按商业化管理的贷款,其利率不再实行上限管理,贷款利率下浮幅度不变"。"城市信用社和农村信用社贷款利率仍实行上限管理,最大上浮系数为贷款基准利率的2—3倍,贷款利率下浮幅度不变。"当然,该通知同时规定,"个人住房贷款、优惠贷款及国务院另有规定的贷款,利率不上浮"。即,对于以银行等金融机构为贷款人的借款合同,目前实行的是不设定贷款利率上限的政策。见戴孟勇:《关于利息管制的疑问及思考》,载崔建远等(编):《民法九人行》(第6卷),法律出版社2002年版。
② 李金铮:《近代太行山区的高利贷——20世纪二三十年代为中心》,载王先民等编著:《乡村社会文化与权力结构的变迁:"华北乡村史学术研讨会"论文集》,人民出版社2002年版,第96页。另见徐畅:《二十世纪二三十年代华中地区农村金融研究》,齐鲁书社2005年版,第76页;张忠民:《前近代中国社会的高利贷与社会再生产》,载《中国经济史研究》1992年第3期。

〔4095〕号,1952年11月27日)中肯定了政务院财政经济委员会的意见,"关于城市借贷利率以多少为宜的问题,根据目前国家银行放款利率以及市场物价情况私人借贷利率一般不应超过三分。但降低利率目前主要应该依靠国家银行广泛开展信贷业务,在群众中大力组织与开展信用合作业务,非法令规定所能解决问题。为此人民间自由借贷利率即使超过三分,只要是双方自愿,无其他非法情况,似亦不宜干涉"。到20世纪60年代初,政府注意到了高利贷的危害,开始着手强化管制高利贷。1964年颁行的中共中央批转的《关于城乡高利贷活动情况和取缔办法的报告》规定,"高利贷和正常借贷的界限,主要按利息的高低来确定……一切借贷活动,月息超过1分5厘的,视为高利贷"。该报告还特别指出,要"对高利贷活动进行一次坚决的打击和取缔"。[①] 当前,借款交易利息较高的情况仍存在。如在2007年对山西部分地区的分析中,借款年利率在24%—30%的企业占样本企业总数的27.5%,超过30%的占12.5%,年利率在80%—85%的占5%,高利贷在小型企业借贷和政策限制行业中尤其高发。[②]

在管制上,关于交易中的利息,最高人民法院《关于人民法院审理借贷案件的若干意见》(民发〔1991〕21号)第6条曾规定:"民间借贷的利率可以适当高于银行的利率,各地人民法院可根据本地区的实际情况具体掌握,但最高不得超过银行同类贷款利率的四倍(包含利率本数)。超出此限度的,超出部分的利息不予保护";第7条曾规定:"出借人不得将利息计入本金谋取高利。审理中发现债权人将利息计入本金计算复利的,其利率超出第六条规定的限度时,超出部分的利息不予保护"。

此后,至2015年,最高人民法院在《关于审理民间借贷案件适用法律若干问题的规定》(法释〔2015〕18号)中放弃了与银行同期贷款利率"挂钩"的做法,其中,第26条规定:"借贷双方约定的利率未超过年利率24%,出借人请求借款人按照约定的利率支付利息的,人民法院应予支持(第1款)。借贷双方约定的利率超过年利率36%,超过部分的利息约定

---

① 见中共中央转发邓子恢《关于城乡高利贷活动情况和取缔办法的报告》(1946年2月15日)。
② 杨海斌:《我国现阶段的高利贷研究——以山西省为例分析》,载《生产力研究》2007年第14期。2007年前后,湖北省的一些地区民间借贷的月息在3分到5分之间。郭静等:《论农村高利贷现象的发展——汀祖镇个案研究》,载《法制与社会》2007年第4期。

无效。借款人请求出借人返还已支付的超过年利率36%部分的利息的,人民法院应予支持(第2款)"。第28条规定了复利的计算问题:"借贷双方对前期借款本息结算后将利息计入后期借款本金并重新出具债权凭证,如果前期利率没有超过年利率24%,重新出具的债权凭证载明的金额可认定为后期借款本金;超过部分的利息不能计入后期借款本金。约定的利率超过年利率24%,当事人主张超过部分的利息不能计入后期借款本金的,人民法院应予支持(第1款)。按前款计算,借款人在借款期间届满后应当支付的本息之和,不能超过最初借款本金与以最初借款本金为基数,以年利率24%计算的整个借款期间的利息之和。出借人请求借款人支付超过部分的,人民法院不予支持(第2款)"。

法律应否管制借款合同的利息?如果应该管制的话,具体应如何进行?在已有《民法通则》(第58条第3款、第59条)、《合同法》(第54条)规定乘人之危①、显失公平的法律行为可被撤销的情况下,上述对借款合同利息的特殊规定应如何理解和适用?

本书认为,自由是私法的核心精神,但私法制度设计、解释与适用的关键却在自由与强制的交汇点上。② 讨论利息管制这一有代表性的问题,不仅有助于恰当评价现行法制度,厘清借款合同中意思自治的边界,也有助于提炼限制合同自由的一般理论,为民法上诸如显失公平(《合同法》第54条第1款第2项)、违约金调整(《合同法》第114条)、约定解除的限制(《合同法》第93条第2句)等制度提供具体的参考。此外,本书也将对与利息管制密切相关的个人破产制度进行分析,并以此为中心讨论管制收益与成本的权衡问题。

想充分论证利息管制的合理性并不容易。边沁早在1816年的《为高

---

① 依据《民法通则》第58条第1款第3项,乘人之危的民事行为无效。
② 许德风:《住房租赁合同的社会控制》,载《中国社会科学》2009年第3期,"无论是基于经济还是社会考量,都应对住房租赁合同进行必要的管制";许德风:《论法教义学与价值判断》,载《中外法学》2008年第2期,"法教义学具有独立的价值,在价值判断层面,自由、福利等多元化的考量有助于法律更好地适应社会的发展";《隐私权与新闻自由》,载王利明等编:《中美法学前沿对话》,中国法制出版社2006年版,第396—498页,"新闻自由是维系社会共通之基本价值的重要手段,是民主政治的重要支柱,但受限于个人——包括公众人物——的隐私";许德风:《对第三人具有保护效力的合同与信赖责任》,载《私法》2004年第2期,"在交易中,无合同义务未必即可自由行为,信赖亦可产生义务"。

利贷辩护》(Defense of Usury)一书中逐项批评了管制高利贷的理由。[①]第一,"既然双方都出于自愿,为什么法律要管制借贷双方自愿设定的利率?","为什么非金钱借贷的交易中法律不管制利润的水平——比如低价买入房屋再高价卖出——而管制借贷的利息?为什么法律不禁止收取过低——比如低于5%——的利息?"[②]第二,"利息管制可以防止过度浪费么?如果一个人愿意以牺牲未来的幸福为代价生活,为什么法律要横加干涉?须知现实中大多数的挥霍是在现有财产的基础上而并不是通过借贷完成的,管制利率防止浪费的效果微乎其微。"[③]第三,"怎样的利率为合理?如何确定适当的利率?"[④]边沁的分析为此后几个世纪对利息管制的论证奠定了基本框架:首先是利息管制的正当性问题,主要体现为其与合同自由的关系;其次是管制效果与管制成本的相当性,即管制成本的问题;最后是如何(以及是否可能)制定合理的管制规则的问题。以下的分析亦将依这一框架展开。考虑到对现行制度的梳理能够为正当性判断提供基本材料,下文将首先讨论利息管制的具体制度,再分析管制正当性。

一、利息管制制度

利息管制制度的触发或高利贷的构成,可以从主观要件和客观要件两个层面讨论。当然,在我国和美国大多数州,并不要求有主观要件,只要在借款合同中约定的利息率超出法定最高利率即可。

[①] 边沁在关于高利贷的讨论中,区分了两种高利贷的定义;其一为法律上的定义,"凡是超过法定利率的都是高利贷";其二为道德上的定义,"超过人们通常接受或付出的利率水平的是高利贷"。Bentham, *Defense of Usury*, 3rd Edition, Payne and Foss, 1816, p. 8. 本书存于Stanford Law School Library,全文可于Google Book下载。

[②] 从词源(usura)来看,英语中的"usury"原本即指有偿借贷。后来,获取利息不再受到谴责,该词才被专用于指代高于法定利率的放款行为。虽然高利贷在西方社会长期受到一致谴责,但也不无争议。正如12世纪英国神学家 Thomas de Chobham 所指出的,"在所有别的合同里,我可以期望并接受利润。就像我给你某件礼物,就可以期待某种回赠一样。同理,如果我借给你我的衣服或是家具,我可以收取一定的钱。为什么当我借钱给你的时候,这个逻辑就行不通了呢?"转引自雅克·勒高夫:《钱袋与永生——中世纪的经济与宗教》,周嫄译,上海世纪出版集团,2007年版,第12页。

[③] Bentham, *Defense of Usury*, 3rd Edition, Payne and Foss, 1816, p. 10.

[④] "罗马法尤士丁尼时代的法定利率(上限)是12%,英国亨利八世时是10%,后来又调整到8%,后来到6%,在 Hindostan 没有法律上的利率管制,习惯上的最高利率是10%—12%,在君士坦丁堡,为30%。到底哪一个更妥当?如何评价其是否妥当?"Ibid., pp. 11—12.

(一) 客观要件：法定最高利率

有些国家以统一具体规定的方式调整法定利率。如美国各州高利贷管制法大多设定一个基本利率（通常在 6% 至 16% 之间），然后再根据借款的数额、用途、是否设有担保等要素分别作出相关规定。[①] 我国也曾采取类似的管制方式，如"民发〔1991〕21 号"采取了与"市场利率"[②]挂钩的方式，将利率上限设为"银行同期贷款利率四倍"。当前，法释〔2015〕18 号采取了更为刚性的规制安排，设定了具体的利率上限——24% 与 36%：如果约定利率小于等于 24%，则效力无瑕疵；如果约定利率超过 36%，则超过的部分无效，即使借款人已经支付，也可以请求不当得利返还；如果约定的利率介于两者之间，则超出 24% 的部分只能由借款人自愿履行（自愿履行后无权请求返还），贷款人请求借款人按照约定的利率支付超过 24% 的利息的，人民法院不予支持。

除了上述最高法院的司法解释外，部门规章关于法定利息的规定也颇值重视。商务部、公安部 2005 年发布了《典当管理办法》，虽然其中第 37 条关于典当金利率"按中国人民银行公布的银行机构 6 个月期法定贷款利率及典当期限折算后执行"的规定在表述上非常清楚，数额也不为高，但实际上，典当行可以通过其他形式——典当综合费用（包括各种服务及管理费用）——获取相当于高额贷款利息的收入。在该办法中，动产质押典当的月综合费率不得超过当金的 42‰；房地产抵押典当的月综合费率不得超过当金的 27‰；财产权利质押典当的月综合费率不得超过当金的 24‰。将这一费率折合为年利率，则分别是 50.4%，32.4% 和 28.8%。如果加上当金利率和从绝卖（第 43 条）中获取的收益，典当行的实际利率水平也是很高的。[③]

相比我国法与美国法（见后文详述），在客观要件的认定上，德国法上没有具体、刚性的利息管制规则，只有一般条款（《德国民法典》第 288 条

[①] Cal. Civ. Code § 1916; Cal. Civ. Code Appx. 1; N.C. Gen. Stat. § 24-1 (2009); A. R.S. § 44-1201; Utah Code Ann. § 15-1-1 (2008); N.J. Stat. § 31:1-1 (2009); R.S. Mo. § 408.030 (2009); S.D. Codified Laws § 54-3-4; N.M. Stat. Ann. § 56-8-3 (2008).

[②] 目前我国商业银行的存贷款利率一定程度上仍受中央银行的管制，因此在此加注引号。

[③] 实践中也有典当行超过该管理办法收取利息的情形，见"北京海洋港国际大饭店有限公司与北京都市典当有限责任公司典当纠纷上诉案"，北京市第二中级人民法院民事判决书，(2009)二中民终字第 14968 号。

关于法定迟延利息率的规定主要用于损害赔偿的计算,与利息管制无关)。《德国民法典》第138条第1款规定:"违背善良风俗的法律行为无效";第2款规定"尤为无效的法律行为是,一方被他方利用处于困窘情境、缺乏经验、欠缺判断力或显著意志薄弱等状态而向该他方或第三人作出的财产价值与对待履行明显不相当的承诺或履行。"这两款的适用,需要从主观要件和客观要件两个角度判断。就客观要件而言,[①]德国法区分消费者信贷和企业信贷而进行不同程度的利息管制。[②] 对消费者信贷,利息管制相当严格,年利率值超过30%(在利率较低的年代,超过18.6%)通常即可被认为满足了暴利的客观要件。[③] 而对企业借贷,法院在认定暴利的问题上通常采取较为宽松的态度。如在年利率为94%甚至180%时,也不认为当然构成违反善良风俗或暴利。[④] 除过高的利息会构成暴利外,第138条第2款还调整"价格暴利"(Preiswucher)的情形。对此,德国法上有丰富的案例资源。在买卖合同中,一宗价值80000马克的土地被卖为45000马克,价值64000马克的土地被卖为13800马克,被认为构成暴利。[⑤] 在服务合同中,作为40年墓地看守报酬的11600马克被认为构成了暴利。[⑥] 在婚介合同中,以4500马克提供4次婚姻介绍为暴利。[⑦]

德国法放弃利息管制的具体、固定标准,是经历了一番周折的。

[①] 从目前对《德国民法典》第138条第2款的解释看,通常在超过市场利率一倍(Grenze des Doppelten)时,会被认为满足了暴利(Wucher)的客观要件。Münchener Kommentar-Mayer/Armbrüster, 2001, §138 Rn. 114 BGB.

[②] 当然,也有经济学者怀疑区别消费信贷和企业借贷的可能性。如 Glaeser 指出,若法律对企业借贷的利率管制较松,而对消费借贷的利率管制较多,则多数意图获取高利贷的人可能会选择迂回规避的办法,最终结果是以"消费者借贷"获取借款的人的数量降低。Glaeser et al., Neither a Borrower nor a Lender Be: An Economic Analysis of Interest Restrictions and Usury Laws, 41 *Journal of Law and Economics* 1, 4 (Fn. 11) (1998).

[③] BGH NJW-RR 89, 1068; BGH NJW-RR 90, 1199; BGH 104, 105, 110, 338.

[④] BGH NJW 1982, 2767; Helmut Koziol, Sonderprivatrecht für Konsmentenkredite?, AcP 1988, 183, 186; BGHZ 80, 161.

[⑤] BGH WM 80, 597; BGH NJW-RR 90, 950; BGH WM 75, 327.

[⑥] LG München NJW-RR 89, 197.

[⑦] AG Eltville FamRZ 89, 1299. 相比而言,以3075马克提供25次婚姻介绍则不成立。LG Nürnb. BB 73, 777.

在《德国民法典》制定时,的确曾讨论过是否将非常损失规则(laesio enormis)①纳入到民法典中的问题。后来立法者放弃了这一选择,按照立法理由书,当时的主要考虑是非常损失规则采纯客观主义,容易危及交易安全,而且一律以"两倍"或"一半"作为判断依据,难免会削足适履。② 作为替代,立法者最终选择用第 138 条对违反善良风俗的行为和暴利行为作抽象性规定。二者都要求主观要件,尤其是若要构成 138 条第 2 款的暴利,需要一方"被利用处于困窘情境、缺乏经验、欠缺判断力或显著意志薄弱"。

(二) 主观要件

在利息管制的问题上,我国法释〔2015〕18 号并未提及主观要件。至于过高的利息是否可以同时构成显失公平,进而在认定时考察"一方当事人利用优势或者利用对方没有经验"(法办发〔1988〕6 号第 72 条),值得深入研究。

比较而言,在《德国民法典》制定后的司法实务中,第 138 条第 2 款严格的主观要件导致法官被迫转而适用主观要件较为宽松的第 138 条第 1 款(违反公序良俗的行为)。③ 例如,帝国法院(RG)(1936 年)在裁判中认为获利的一方主观上有"应受谴责的态度"(die verwerfliche Gesinnung),有对"健康的国民感受"(das gesunde Volksempfinden)的背离,即可构成违背善良风俗,进而宣告合同无效。④ 二战后,联邦德国最高法院(BGH)基本上顺承了 RG 的做法。不过,因证明获利人的主观状态颇为困难,自 1970 年代末期开始,BGH 开始发展更有利于受损人的证据规则。⑤ 如依

---

① 罗马帝政时期,Diocletianus 皇帝和 Maximianus 皇帝决定,在不动产的价金低于其价值的一半时,遭受"非常损失"的出售人有权请求撤销买卖。优帝一世将这项限制扩大适用于所有的买卖,推定在价金不足标的物价值(市价)的 1/2 时,出卖人表面上是自愿的,实际上是受了压迫,并非出于真心,故买卖可以被撤销。周枏:《罗马法原论》(下册),商务印书馆 1994 年版,第 694 页;徐涤宇:《非常损失规则的比较研究》,载《法律科学》2001 年第 3 期。
② 实际上,当时日耳曼法上也有类似非常损失规则的内容,只是当事人可以通过约定排除其适用,与罗马法原本意义上的非常损失规则仍有所区别。Motive zum BGB-Entwurf II 321.
③ Palandt-Heinrichs,§138 BGB Rn. 68 ff.
④ RGZ 150,1. 此时,纳粹已经掌握政权,并且表现出了强烈反对高利贷的态度,不过帝国法院还是坚持了其对主观要件的要求而没有仅依客观要件断案。
⑤ BGH WM 1969,1255;Staudinger-Sack,§138 Rn. 182 BGB.

交易价格为市场价格的 3 倍的事实①,或者依贷款利率为市场利率近 2 倍的事实②,推定满足第 138 条第 1 款所要求的主观要件。BGH 的这一做法遭到了著名学者 Flume 教授的批评,其认为这样做是恢复了原本被放弃的非常损失规则。③ 不过 BGH 并未因此放弃其选择,在后续的判决中,其进一步明确了有关的论证思路:第一,此种推定更多是一种认定当事人主观状态的规则,与"表面证据"(der prima-facie-Beweis)规则类似,不过是在一定程度上增加了获利人的证明责任(获利人可以通过证明自己没有"应受谴责的态度"或至少没有重大过失来推翻有关推定,具体如证明在进行交易时双方曾共同指定第三人出具中立评估意见),并未完全放弃主观标准。④ 第二,为防止滥用该推定性规则,BGH 对其适用也作了限制,即该规则只适用于消费者合同(企业与消费者之间和消费者相互之间的合同),而不涉及商人、自由职业者或其他主体。⑤ 在后一类合同中,受损一方当事人原则上仍须证明超额受益一方当事人在主观上具有可谴责的态度⑥,或至少应证明受益一方对于价格的明显偏高有所了解。⑦ 在商事主体之间,合同签订后一方因他方获得了巨额利润而反悔

---

① BGH NJW 2002,3165.

② BGHZ 104,102. 在该案例中,原告从作为银行的被告处获得共 30000 马克的借款。该款项将在 71 个月内还清,月息为 1.2%,中介费为 1500 马克,手续费为 945 马克,到期总共应归还 59661 马克。整体计算下来,年息为 29.79%。原告为三口之家,作为男主人的原告每月的退休金为 1400 马克,女主人没有收入,他们的女儿每月收入为 1400 马克(女儿随时可能独立生活,带走全部收入)。按照法院的计算,当时的市场利率为 16.22%,因此本案中的利率高出市场利率达 83.72%。

③ Flume, Zur Anwendung der Saldotheorie im Fall der Nichtigkeit eines Grundstücks-Kaufvertrags nach §138 Abs. 1 BGB wegen verwerflicher Gesinnung des Käufers, ZIP 2001, 1621 f.

④ Bork, Anmerkung zu BGH 19.1.2001, JZ 2001, 1138, 1139.

⑤ Winner, Wert und Preis im Zivilrecht, Springer, 2008, S. 215.

⑥ 在一个案例中(BGHZ 128,255),某建筑师高价融资租赁了一台传真机,出租人购买该传真机的价格为 1750 马克,但租给该建筑师的每月租金为 145 马克,租期为 60 个月。经过核算,本合同中的租金高于市场利率近 90%(该租赁合同项下的年利率为 27.76%,而同期市场利率为 15.49%)。对此,法院认为鉴于承租人为建筑师,为自由职业者,经济上并未处于弱势地位,经验上也不欠缺,因此,应由其证明出租人有"可谴责的态度"。后来的类似案例,参见 BGH NJW 2003,2230.

⑦ BGH NJW 2002,55; Koziol, Sonderprivatrecht für Konsmentenkredite?, AcP 188, 183, 201.

的情形,通常不能获得法院的支持,除非存在其他特殊情形。①

　　总体而言,与通常认为的纯客观化的非常损失规则相比,德国法这种主客观相结合的规则虽然在可预见性与确定性层面有所不足,但更灵活,更适合个案考量。另一个非常值得注意的方面是,德国法上将具有显失公平制度内涵的禁止暴利规则(利息管制)与公序良俗原则合并在一起,规定在同一条文之下(第138条),在构成要件与法律后果上均有相似之处。这也在很大程度上说明,利息管制规则与公序良俗原则背后的价值考量完全可以为解释(我国法上的)显失公平制度提供参照。

　　与《德国民法典》的路径选择不同,《奥地利民法典》继受了罗马法的非常损失规则,并将其规定于第934条中的买卖、互易等合同中:"若在合同订立之时,一方的付出少于另一方给付的一半,在合同订立之日起的三年内,若另一方未补足全部价差,则该方可以向法院申请撤销合同。在标的物存在瑕疵时,该条亦发生适用。"②就适用范围而言,虽然历史上曾有所摇摆,但根据通说和目前的实在法规定,该规则只适用于民事主体,商事主体不受其约束,除非商事主体以约定选择适用之。③

　　在具体适用上,第934条受两方面的限制。其一,要在一定程度上考察当事人的主观状态:若受损一方当事人在缔约时明知价格明显不公平,则不得请求撤销合同(第935条)。也就是说,在这里,价格的明显不对等被用来推定受损人在主观上处于价值认识错误(Wertirrtum)的状态;若受益一方当事人能证明受损人明知交易不对等,则受损人便不得再主张撤销合同。④ 第二,在价格确定上,《奥地利民法典》另有具体规定。该法首先在第304条关于"法院估值的标准"(Maßstab der gerichtlichen

---

　　① 在Daktari案中,某电视节目制作商拥有制作某系列剧的许可使用权。根据约定,在被许可人将使用权转让时,许可人有权获得50%的转让所得。许可使用合同签订若干年后,被许可人与许可人约定,向许可人支付1万马克以买断其获得未来转让所得50%的权利。在该约定签订不久后,被许可人将该许可使用权以830万马克的价格转让给第三人。许可人请求撤销以一万马克放弃未来转让所得的约定。BGH支持了其请求,不过法院并没有以许可人遭受特别损失作为理由,而是将二者长期以来因合作共事而形成的特别信任关系作为其判决的依据。BGH MDR 1979,730.

　　② Winner, Wert und Preis im Zivilrecht, Springer, 2008, S. 46—48.

　　③ 实际上,1863年的《德意志普通商法典》(ADHGB)中也早有类似规定(第283条),排除非常损失规则在商事交易中的应用。Ibid., S. 187.

　　④ Koziol et al., Allgemeines Bürgerliches Gesetzbuch (Kommentar), Springer, 2005, § 934 Rn. 2.

Schätzung)中原则性地规定物品之价值即为其价格,然后在第305条分别规定了正常价格和特殊价格(ordentlicher und außerordentlicher Preis):若物品按照其使用价值进行估值,且在估值时考虑了有关交易的时间、地点、习惯与通常之履行,则所得估值为正常价格;若估值时考虑交易中的主观因素,则所得估值为特殊价格。第306条在第305条定义的基础上,规定除非有法律规定或合同约定,物品价值的确定应以其正常价格为准。第935条后半句规定,若在订立买卖合同时,一方当事人明确表示了自己特殊偏爱(die besondere Vorliebe),则在确定价值时应考虑该主观因素,适用特殊价格。如在一个案例中,集邮者购买了一批邮票,后经鉴定,其交易价格远高于邮票的实际价值。但是,买方根据第934条请求撤销合同的主张却遭到法院拒绝,理由是买方在购买时表现出了"特殊偏爱"。① 实际上,在几乎整个20世纪,奥地利最高法院(OGH)都认为,原则上所有购买艺术品的合同都包含了"特殊偏爱"的因素。② 由是观之,奥地利民法上所规定的非常损失规则与罗马法上相关制度③还有相当之差别——前者通过价格确定的条款(第935、305条)将主观因素纳入了考察范围。

此外,与德国法类似,奥地利民法上也有关于暴利(Wucher)的规则(§879 II AGBG)。与第934条不同,这里的"暴利"在构成上并不要求有一半以上的价差,但主观要件的要求较为严格。④

相比德国法和奥地利法在主观要件上的要求,我国现行法上的利息管制制度并未规定主观要件。按照法释〔2015〕18号的规定,凡是超过利息上限的约定,在请求救济时,法院一律不予支持。美国法上的利息管制与我国类似,也未对主观要件作出规定(见后文详述)。

(三) 利息管制与显失公平

需注意的是,在我国法上,法释〔2015〕18号并非利息管制的唯一法源。如前所述,就利息管制而言,我国现行法上其他可用于处理高利贷的

---

① OGH JBl 1988, 449.
② 后来,OGH也发展了一些例外规则,例如对某些因长期的交易而有市场价格的艺术品。Winner, Wert und Preis im Zivilrecht, Springer, 2008, S. 57.
③ 徐涤宇:《非常损失规则的比较研究》,载《法律科学》2001年第3期。
④ Winner, Wert und Preis im Zivilrecht, Springer, 2008, S. 182 ff.

规则还有《合同法》第 54 条第 1 款第 2 项、第 2 款(《民法通则》第 59 条第 1 款第 2 项、第 58 条第 3 项)所规定的显失公平制度与乘人之危制度以及《合同法》第 6 条、第 7 条(《民法通则》第 4 条、第 7 条)所规定的诚实信用原则与公序良俗原则。但对此我国目前仍未形成确定的案例类型,具体标准仍不明晰。学理上对显失公平与乘人之危也仍有不同的认识。不过若以这类一般条款作为调整规范,便不能再认为我国法上对于高利贷管制一律以客观要件为准,毕竟这些一般条款都很大程度地考虑了主观要件的问题。

须注意的是,关于显失公平的构成要件,学理上也存在不同的认识。具体而言,显失公平的构成存在单一要件与双重要件两种不同的解释方案。前者认为显失公平仅包含客观要件,即只要客观上双方当事人的权利义务明显不对等,使一方遭受重大不利,就足以构成显失公平[①];而后者认为显失公平行为应包括主客观双重要件:(1) 客观上当事人之间的利益不平衡;(2) 主观上一方故意利用其优势或另一方的轻率、无经验等从事显失公平的行为,如《民通意见》第 72 条即表明显失公平需同时具有主观要件与客观要件。[②]

本书认为,单一要件说完全排除显失公平中的主观因素是不妥当的。一方面,主观判断是显失公平概念的内生性要素:在判断权利义务是否明显不对等、一方是否遭受"重大不利"时,估值是需要解决的前提性任务,而估值的过程必不可少地要揉入主观判断的因素。[③] 前述《奥地利民法典》第 935 条后半句的规定就是例证。[④] 另一方面,若仅规定客观要件,在当事人自己认为物有所值而以高出"市价"很多的价格购买时(如果可

[①] 崔建远:《合同法》,法律出版社 2007 年版,第 109 页;崔建远:《合同效力探微》,载《政治与法律》2007 年第 2 期。崔建远老师认为,这样的解释有利于显失公平制度与乘人之危制度相协调,最终使"两个可撤销原因的界限清晰,法律适用明确",《民通意见》第 72 条可以被"视为对显失公平类型的列举,而非定义"。韩世远老师则考察了我国显失公平的立法史,认为现行《民法通则》与《合同法》上显失公平的主观要件未做任何规定。合同法在制定过程中曾采纳过二重要件说的见解,但后来又被抛弃,这清晰地表明了立法者的(仅要求客观要件的)立场。韩世远:《合同法总论》(第 3 版),法律出版社 2011 年版,第 200—201 页。

[②] 王利明:《民法总则研究》,法律出版社 2012 年版,第 613 页;龙卫球:《民法总论》,中国法制出版社 2002 年版,第 472 页。

[③] 许德风:《论私法上财产的定价——以交易中的估值机制为中心》,载《中国法学》2009 年第 6 期。

[④] 实际上,即便是罗马法上的非常损失规则,也并未完全放弃对主观要件的考量。颜炜:《显失公平立法探讨》,载《华东政法学院学报》2002 年第 4 期。

以将当事人此时的交易价格排除在"市价"之外的话),事后还可以因某种原因而反悔,引用显失公平制度寻求救济。这容易导致合同的约束力被随意破坏,损害交易安全,破坏市场正常运作。① 当然,利息管制有其特殊性。毕竟利息是一种金钱债权,而对金钱债权以及其他高同质性物品而言,确定一个相对客观的价值是可行的,也正是出于这个原因,法律实践中高利贷的主观要件多以推定的形式出现。而对于艺术品等高异质性物品而言,显失公平的客观要件因存在"特殊偏爱"等因素而很难认定,主观要件故而变得尤为重要。

若显失公平可用于限制过高的借款利息,并且在构成上加入主观要件的要求,则现行法关于利息管制的规则在很大程度上可以更为周全,现

---

① 司法实务中在认定显失公平时,通常也会考虑当事人的主观状态。在一个案件中([2011]朝民初字第4221号、[2012]二中民终字第4783号),盖世金是美国公民,长期生活在美国,霍文红是中国公民。2004年10月10日,盖世金购买了某房屋并于2010年9月14日取得房屋所有权证。2009年10月11日,霍文红就购买涉案房屋向盖世金支付4万美元定金。2010年10月15日,盖世金与霍文红办理了涉案房屋过户手续,该房屋现登记于霍文红名下。关于买卖磋商的过程,双方均提交了往来的电子邮件。2009年9月,盖世金致函霍文红:"我正在考虑,另一种可能是卖掉它。"霍文红回复:"当前的租赁市场并不乐观……租金在不断减少,很多高级公寓都是闲置的,都在招租。如果你确实急需用钱,卖掉公寓是一个选择。你想卖多少价钱呢?"盖世金回复:"我想卖掉公寓。卖价要保证我自己得到大约20万美元或更多……你认为我们能达成这样的价格吗?我不能理解价格为什么会下降。我觉得中国的经济发展很好。"霍文红回复称:"关于租金,从奥运会开始价格就低了,因为政府严格控制,许多没有正当理由待在北京的外国人都被迫返国,而这些人通常都是温莎这类公寓的潜在租户,加上越来越多新的高级公寓建成,就成了买方市场。今年是中国建国60周年,北京的控制比以往更加严格。……然而,要卖公寓的话……如果你认为20万美元合适的话,我会向你买下公寓的。"盖世金回复:"如果你觉得可以的话,那我没问题。"2010年10月13日,盖世金致函霍文红:"这是我在北京的一个朋友……她很生气,告诉我公寓卖得太便宜了……你是我所知的最诚实的人之一,卖公寓的点子是我想的,不是你出的,并且价格很公道,至少相当于我当时买房时付的价格。但是她说如果售价低于市价很多,那么价格就不公道。……她联系了一些经纪人,并告诉我市价在350万到400万人民币之间。"同年10月17日,盖世金致函霍文红:"我也了解到公寓的市值在去年高涨,可能涨了60%,到了400万或更多。"同年10月24日,盖世金致函霍文红:"很失望没有收到你的信……如果得不到你的回信,我就会做我必须做的,确保我能获得公寓的价值。"后霍文红回复盖世金称:"我原本以为所有美国人都遵守诺言,交易就是交易,另外,如果你保留了我们所有的电子邮件通信,你就会发现我几次告诉你房产现在已经涨了1倍或2倍。"此后,盖世金申请对涉案房屋的市场价值进行评估,经法院委托,北京康正宏基房地产评估有限公司出具估价报告,确定涉案房屋在2010年10月15日市场价值为4033001元。2010年11月,盖世金以霍文红恶意利用其长期生活在国外,对北京房地产市场行情的无知,乘人之危,故意隐瞒房屋价格上涨的事实,造成涉案合同显失公平为由,请求依法撤销其与霍文红于2010年10月15日签订的存量房屋买卖合同。法院支持了盖世金的主张。详见李馨:《撤销之诉中显失公平的认定标准》,载《人民司法(案例)》2013年第20期。类似案件如"家园公司诉森得瑞公司合同纠纷案",《最高人民法院公报》2007年第2期。

行法上的一些漏洞也能得到弥补。例如,对于超过市场利率但尚未达到法定利率上限的借贷,若允许借款人通过证明存在显失公平的情形而主张撤销,便可以弥补救济上的漏洞。若能在解释上更进一步,承认一般条款"价值桥梁"的功能——将新的价值考量引入裁判过程,与法条原有价值基础进行比较权衡,并在新的价值考量更契合社会现实需要并且没有重大体系冲突时,在通过立法终局性改变现有规则之前,适当修正原有规则的规定——更可以考虑通过显失公平的一般条款,对于超过法定利息上限的借款,若放款人证明自己主观上并无损害借款人利益的要素,则可以赋予其对抗债务人提出确认有关条款无效的请求。如此调整,则有关司法解释关于利息管制的规则便可被现行法上的显失公平制度所替代,或至少退化为一种在确定是否构成显失公平时的(客观)参考标准。

相比而言,在美国法上,鉴于贷款人不断通过规避规则逃避高利贷管制,显失公平规则(unconscionability)[①]在调整利息过高乃至价格不对等情形中的作用也日益提升。在 Wollums v. Horsley[②] 一案中,法院认为被上诉人作为一名多年在某地区从事购买土地与矿产开采经营的商人,以 40 美分/公顷的价格向上诉人——年近 60 岁、健康状况很差的文盲,购买市价 15 美元/公顷的土地,是显失公平的。[③] 在另外一个被广泛引用,但不无争议的案件(Williams v. Walker-Thomas Furniture Co.[④])中,法院认为上诉人与被上诉人之间扩张的所有权保留条款(cross-collateralization)无效,因为交易发生时作为买受人的上诉人已经处于经济困境(每月向政府领取微薄的救济金),而出卖人对此明知,因此出卖人从事的是过度的、不负责任的经营。[⑤] 在此后的一个案件(Waters v. Min

---

[①] "Historically, a contract was considered unconscionable if it was 'such as no man in his senses and not under delusion would make on the one hand, and as no honest and fair man would accept on the other.'" *Hume v. United States*, 132 U. S. 406, 411 (1889); 38 Eng. Rep. 82, 100 (Ch. 1750). 该规则源于普通法,后被规定在《统一商法典》第 2—302 条,《美国合同法重述(第 2 版)》第 208 条。Dawson 教授认为该条与《德国民法典》第 138 条最为接近。Dawson, Unconscionable Coercion: The German Version, 89 Har. L. Rev. 1041, 1046 (1976). 从内容上看,我国法上与其最接近的制度当为《民通意见》第 72 条所定义的"显失公平"。

[②] 93 Ky. 582, 20 S. W. 781.

[③] Dawson et al., *Contracts*, Foundation Press, 2008, p. 686.

[④] 121 U. S. App. D. C. 815, 350 F. 2d 445; Burton, *Principles of Contract Law*, 3rd. Edition, West Publishing Co., 2006, pp. 244 ff.

[⑤] Dawson et al., *Contracts*, Foundation Press, 2008, p. 695.

Ltd.①)中,原告(出卖人)将其账面总价值69.4万美元的年金债权在被告处办理贴现,被告为此支付了5万美元的现金。该年金是原告18岁时用因幼年受他人侵权而获得的损害赔偿金所购买的财产。原告21岁时与一位刑满释放人员相识,该人员引诱原告吸毒,并花去原告大部分现金。案中的年金出卖合同就是在被告的劝诱下签订的。基于这些事实,法院也认为合同在内容上构成了"显失公平"。②

(四)利息管制的特殊规则:复利禁止与迟延利息之计算

值得注意的其他类型利息管制,还有禁止利滚利与预扣利息的规则。我国《民通意见》规定,公民之间的借贷,出借人将利息计入本金计算复利的,不予保护;在借款时将利息扣除的,应当按实际出借款数计息。③ 法释〔2015〕18号第28条则规定,借款合同可以计算复利,但包含复利后的利息总额不得超过原借款本金总额的24%。

类似地,《德国民法典》第248条原则上也禁止对利息计算利息:"对到期利息计算利息的事先约定无效",言下之意是,对已到期但未支付的利息,当事人可以约定展期支付,同时以该利息为本金,规定适当的利息。对此,我国没有类似的规定,德国法上的规则可供参考。除此以外,《德国民法典》第248条第2款允许银行等金融机构与存款人事先约定,在利息到期后,若存款人不从银行取出利息,对到期利息继续计算。

另外值得一提的是迟延利息管制的问题。对此,我国基本持自由放任的态度。对于当事人约定的过高的迟延利息,通常只能适用《合同法》第114条进行调整。相比而言,《德国民法典》第288条规定了迟延利息,其计算以第247条规定的基本利率为基础(该利率每半年根据德国中央银行的调整而调整),涉及消费者的交易年利率为基本利率加5%,若不涉及消费者,则年利率为基本利率加8%(以2007年下半年的基本利率(3.19%)为例,涉及消费者的迟延利率为8.19%,不涉及消费者的迟延利率为11.19%)。④ 第288条第3款允许当事人(在出借人有法律上的正当理由时)约定超过法定迟延利率的利息,但要受到以下两方面的限

---

① 412 Mass. 64, 587 N.E. 2d 231.
② Dawson et al., *Contracts*, Foundation Press, 2008, p. 691.
③ 《民通意见》第125条。
④ Palandt-Heinrich, 2009, §288 Rn. 7, 10 BGB.

制：其一，该约定不得违反第138条关于善良风俗与暴利的规定；其二，在以格式合同约定此类条款时，如果简单地将合同利息或超过合同利息的数额约定为迟延利息，是为法律所禁止的。对此，BGH的理由是，通常在债务人陷入（部分）迟延时，债权人可以（提前声明合同到期）解除合同（Kündigung），也就是说，债权人已可随时摆脱合同之约束或（在宣布解除合同的情况下）事实上已经不受合同约束，此时债务人的借款使用权早已不是完整意义上的借款人的权利，而要面临债权人随时收回借款或进行强制执行的风险。① 在这样的情形下，仍允许债权人根据自己不须受约束的合同（中的格式条款）获取迟延利息有失公允。② 当然，限制债权人此时收取合同项下利息的权利，并不意味着债权人要遭受借款不能收回与利息不能获得双重损失。1988年，BGH在关于不动产抵押贷款的一个判例中也指出，出借人有权在借款合同中以格式条款的形式与当事人约定，在当事人违反借款合同提前还款时，一次性赔偿出借人在合理期间（注意不是合同的剩余期间）内的可得利润。③ 这里的可得利润并不是出借人在剩余的借款期间所可能获得的全部收益，而更多只是一种出借人的机会损失：出借人将借款收回并再寻找新客户期间所损失的利润加上此过程所支出的成本。④

上述制度颇值得我国借鉴。实践中，当事人常常会在借款合同中以违约金的形式约定高额的逾期利息，在发生诉讼或结案时，债务人应偿还的逾期违约金常常数额巨大，甚至超过本金（这在信用卡借款中尤为常见）。考虑到逾期利息的主要作用在于以惩罚的形式督促债务人还款，在债务人确已丧失偿付能力时仍继续计算，难谓仍符合其本意。此时，要求

---

① BGHZ 104, 340 „Der Kreditgeber kann aber in Allgemeinen Geschäftsbedingungen nicht festlegen, dass ihm ohne Rücksicht auf die für die Bemessung der gesetzlichen Ansprüche maßgebenden Umstäde in jedem Fall weiterhin die Vertragszinsen zustehen sollen, obwohl er selbst sich an den Vertrag nicht mehr gebunden fühlt."

② 按照《德国民法典》关于格式条款管制（Inhaltskontrolle）的规定，当事人所制定的关于在对方拒绝和迟延接受履行、迟延履行等情形支付违约金的格式条款无效（第309条第1款第6项）。

③ 也正是在这一基础上，成就了《德国民法典》第309条第1款第5项的规定：不得在格式条款中规定超过事物正常发展范围的损害赔偿或价值减少补偿；另外，在规定了损害赔偿后，还应明确提示对方当事人有权提出证据证明实际损害根本未发生或实际损害远远小于约定的数额。当然，根据《德国民法典》第310条第1款，该规定主要适用于涉及消费者的合同。在商事交易中，该条款并不适用。

④ 最早确定该原则的案例见：BGHZ 62, 103；梅迪库斯对该案的论理持肯定的态度：Staudinger-Medicus, 12. Aufl., § 252 Rn. 22 BGB.

债务人赔偿债权人以类似条件向第三人放款的利息所得即已足够。因此,无论是传统法上的"利不过本"制度还是德国法上关于逾期利息的限制规则,都在很大程度上限制了逾期利息的过分增长,较好地兼顾了债权人与债务人的利益。

(五) 利息管制与意思瑕疵

在利率过高时,德国法中可以"动用"的制度,除了第138条的两款规定外,还有第119条所规定的"错误"(Irrtum)制度。该条第1款规定了表示错误,与高利贷的处置并不直接相关(除非构成计算错误),第2款规定了"品质错误"(Eigenschaftirrtum),可以被用于处理高利贷的问题,即将价格也作为标的物的"品质"。不过,从实际应用上看,德国司法界对将价格解释为标的物"品质"持相当谨慎的态度。实务上的案例主要集中在买卖合同中,如当事人对影响标的物价值的本质属性有认识错误。而在借款合同中则基本无适用的余地。①

(六) 违反利息管制的法律后果

在法律后果上,我国民发〔1991〕21号规定,对于超过法定利率的利息约定不予保护。从法院的案件操作来看,一般对于本身合法的借贷合同,如果利息约定超过法定利率,仅超过部分无效。② 然而"不予保护"这种模糊说法可能造成的操作困难在于即使法院确定不支持债权人的强制执行要求,如果债务人自愿履行了,可否要求返还? 对此,法释〔2015〕18号规定,超过本金总额24%而低于36%的部分,如果借款人自愿履行,则构成自然债的清偿,不得依不当得利请求返还;而对于超过36%的部分,即使已经支付,也可请求返还。

---

① MünchKomm- Kramer,§119 Rn 115 BGB.
② 相关案例如"舒红军诉陈雄和无效民间借贷纠纷案",江西省靖安县人民法院民事判决书,(2008)靖民一初字第22号(赌债使得借贷合同本身全部无效);"刘长龙诉万国生等民间借贷纠纷案",江西省高安市人民法院民事判决书,(2007)高民一初字第1279号(超过法定部分无效);"刘思涵与运城市解州九龙潜水电机有限公司民间借贷纠纷案",最高人民法院民事判决书,(2015)民一终字第382号(在该案中,《抵押借款合同书》约定借款期内利息为月利率2%,逾期还款按每日千分之二计付违约金。最高院认为,在九龙公司并未约定偿还借款本息的情况下,因《抵押借款合同书》约定借款期内借款利息和逾期还款违约金超过中国人民银行同期同类贷款利率的四倍,故一审判决按中国人民银行同期同类贷款利率的四倍计算借款利息,并无不当)。

与我国不同,对于高利贷交易后的返还问题,德国法上曾有三种不同的主张,其一为借款人完全无需返还。① 其二为需支付市场之利息。其三为需返还本金。第一种解释的不当之处就是将"所获得的利益"理解为利息与本金之和,而得出完全无需返还的结论。这样的做法,除了有失公平外,还会促使一方当事人(借款人)作出背信行为,利用该项规则谋求不法利益。而若支持市场利息,则将无益于规制目标的实现。在这个意义上,只返还本金而不支付利息的安排是一个两全的选择。②

当前的德国法认为构成暴利的高利贷合同自始无效,即不仅利息条款无效,合同整体也无效。③ 对此,以德国学者 Lindacher 的见解为代表的学说认为,为了防止或减少违反善良风俗行为的发生,赋予《德国民法典》第 138 条一般预防或"威慑"功能(Präventivwirkung)是必要的,否则违反善良风俗的一方很大程度上可以不受限制地从事暴利行为,因为即使在高额利息被事后裁定为不得请求的情况下,其仍可获得市场的平均利息。④ 按照这一观点,合同无效后,出借人也无权要求将货币使用期间的利息作为不当得利返还,因为根据《德国民法典》第 817 条第 2 句,若有关给付违反法律或违背善良风俗,且给付人对此种违反行为同样也应负责任时,不得要求返还。当然,此条不意味着排除高利贷出借人的本金返还请求权。对这一安排,目前德国学界和实务上仍有不同意见。批评的观点认为适用自始且全部无效的规则会导致不公平,使得债务人实际上相当于获得了一个零利息的贷款,从而得到比正常贷款人更好的待遇。⑤

---

① 支持此结果的裁判如:RGZ 161,52;RGZ 151,72;Honsell, Die Rückabwicklung sittenwidriger oder verbotener Geschäfte, C. H. Beck, 1974, S. 21.

② Wagner, Prävention und Verhaltenssteuerung durch Privatrecht, AcP 2006, 352, 368。另见弗卢梅:《法律行为论》,迟颖译,法律出版社 2013 年版,第 465 页。

③ BGH NJW 1958, 1772; NJW 1962, 1148; BGHZ 44, 158, 162; BGHZ 68, 204, 207; NJW 1983, 1420, 1421; NJW 1983, 2692; NJW 1994, 1275; BGHZ 44, 158, 162; BGHZ 68, 204, 207; NJW 1958, 1772; OLG Oldenburg NJW-RR 1986, 857, 858; LG Aachen NJW-RR 1987, 741, 742; vgl. auch BGH NJW 1990, 384; Canaris, WM 1981, 978, 979; Honsell, ZHR 148, 298, 299, 301.

④ Lindacher, Grundsätzliches zu § 138 BGB, AcP 173, 124, 128 f.

⑤ Bunte, NJW 1983, 2674, 2676; Canaris, WM 1981, 978, 985 f.; Dauner, JZ 1980, 495, 503; Flume, AT § 18, 10; Hager, JuS 1985 264 ff; Koppensteiner/Kramer, Ungerechtfertigte Bereicherung, 1988, S. 65 f.; Larenz, Schuldrecht II, § 69 III b, S 562 (Fn 3); Medicus, in: Gedschr Dietz, 1973, S. 61, 71, 74; MünchKomm-Lieb, § 817 BGB Rn 17, 17 a; Reich, JZ 1980, 334; Staudinger-Lorenz, 1999, 2007, § 817 Rn 12 BGB.

目前相当多学者主张尽管法律规定高利贷合同违反善良风俗而无效(《德国民法典》第138条第2款),但因本金的移转只是暂时而非终局性地移转使用权益,因此,此类交易中"所获得的利益"应为利息,而非利息与本金之和。据此,在借贷合同到期后,至少应允许请求返还本金。①

无独有偶。1741年,美国的北卡罗来纳州颁布了第一部反高利贷法。至少到1875年,出借人不得依设有高利贷的借款合同提起任何诉讼索还其所放的贷款(本金和利息)。若出借人获得了返还,则任何人均可提出诉讼,要求出借人向自己支付两倍于其所收取金额的"惩罚"。② 在1981年,北卡州对其法律做了修改,将原来12%的利率上限提高到16%③,不过法律后果仍然相当严格:对尚未支付的利息,债务人可拒绝履行,对已经支付的利息,债务人可请求双倍返还。④对于构成"显失公平"的行为,现行规范在法律后果方面规定得颇为宽泛,法院可以自由选择。如根据《美国合同法重述(第二版)》第208条的规定,法院可以确认合同无效,也可以完全或部分排除有关不当条款的效力而部分地执行合同。⑤

综上,相比合同价格而言,对于利息的管制,各国法都非常倚重特定的客观标准,即使仍然要考察当事人主观因素(德国法),也往往通过证据(推定)规则减轻受损一方的证明责任。同时,对于某些可能导致实际利息过高的约定(复利、迟延利息等),法律也会进行进一步调整以使利息管制法不致落空。

---

① OLG Dresden SA 59 Nr. 81 (S. 144).
② Note: Judicially Imposed Usury Penalties in the Absence of Statutory Penalties: Can Freedom of Contract Co-Exist with Public Policy After Meritt v. Knox?, 68 *N. C. L. Rev.* 1021, 1025 (Fn. 47) (1989—1990).
③ N.C. Gen. Stat. § 24-1.1 (1986).
④ Note: Judicially Imposed Usury Penalties in the Absence of Statutory Penalties: Can Freedom of Contract Co-Exist with Public Policy After Meritt v. Knox?, 68 *N. C. L. Rev.* 1021, 1025—1026 (1989—1990).
⑤ "If a contract or term thereof is unconscionable at the time the contract is made a court may refuse to enforce the contract, or may enforce the remainder of the contract without the unconscionable term, or may so limit the application of any unconscionable term as to avoid any unconscionable result."

二、利息管制与私法中的社会化考量

（一）中国传统社会中的义利之辩

放贷收息,古已有之。春秋时晋国大夫栾桓子"假贷居贿"(国语·晋语八),战国时齐国孟尝君田文"得息钱十万"(史记·孟尝君列传)即为例证。对借款利息额进行(上限)管制,与借款一样,有久远的历史①,我国最早见于西汉,如旁光侯刘殷因"取息过律"、陵乡侯刘䜣因"取谷息过律"被免去侯爵(管制的具体内容已无从查考)。② 至北魏宣武帝时,开始有禁止利息超过本金的提法,即"若收利过本,及翻改初券,依律免之,勿复征责"。③从"依律免之"的说法看,似乎说明原来已有收利不得过本的法令,但该法令始于何时,已无从查考。及至唐朝,关于利息管制开始有更详细的规定和公开的理由。如武则天长安元年曾规定:"负债出举,不得回利作本,并法外生利。"④又如唐玄宗开元十六年曾下诏:"比来公私举放,取利颇深,有损贫下,事须厘革,自今以后,天下负举,只宜四分收利,官本五分收利。"⑤即其限制利息的主要缘由是爱惜民生,保护经济上的弱者。以唐朝利率政策为范本,后朝基本都有"息不过本"的规定,如北宋⑥、南宋⑦、金朝⑧、元

---

① 关于中国古代的高利贷研究,可参阅方行:《清代前期农村的高利贷资本问题》,载《经济研究》1984年第4期;方行:《清代前期农村市场的发展》,载《历史研究》1987年第2期;方行:《清代前期农村的高利贷资本》,载《清史研究》1994年第3期;陈支平:《清代福建乡村借贷关系举证分析》,载傅衣凌等(编):《明清福建乡村社会与乡村经济》,厦门大学出版社1987年版;张忠民:《前近代中国社会的高利贷与社会再生产》,载《中国经济史研究》1992年第3期;刘秋根:《明清高利贷资本》,社会科学文献出版社2000年版,第227—264页。
② 《汉书·王子侯表(上、下)》。
③ 《魏书·释老志》。
④ 《唐会要(卷八八)·杂录》。
⑤ 《唐会要(卷八八)·杂录》。另外对典当业有"诸公私以财物出举者,任依私契,官不为理。每月收利,不得过六分;积日虽多,不得过一倍"的说法,见《唐令拾遗》。
⑥ 《宋刑统·第二十六杂律引杂令》规定:"诸公私以财物出举起者任依私契,官不为理,每月取利不得过六分;积日虽多,不得过一倍;家资尽者,役身折酬役,通取户内男口又不得迴利为本。""诸色粟麦者,任依私契,官不为理,仍以一年为断,不得因旧本更令生利,又不得迴利为本。""诸出举两情和同私契取利过正条者,任人纠告,本及利物并入纠人。"
⑦ 《庆元条法事类·出举债负·жил市令》记载:"月息不得超过四分,积日虽多,不得超过一倍。"
⑧ 《金史·食货志五·和籴》记载:"举财物者月利不过三分,积久至倍则止。"

朝①、明朝②、清朝③等。④ 近代中国虽然社会动荡,放款风险较高,但仍有很多地区实行对利率上限的管制(月利率不得超过3‰),总利息不得过本金。一些地区甚至有关于利息的乡例(如徽州为2分)。"超过管理的利率将被认为是不近人情的,甚至在诉讼时受到谴责"。⑤ 总结来看,我国长期以来的利息管制,其背后的原理,更多是儒家"仁"的思想,所谓"富与贵是人之所欲也"⑥,只是要"以义取利","不以其道得之,不处也"——不应占有(论语·里仁)。类似地,日本古代的利息管制要比中国更严,实际利息水平也要比我国更低,很大程度上也是出于恤民的道德要求。⑦ 古代东方这种与道德相联系的义利区分可看作一种集体主义与社会化观念的体现。

(二) 功能视角下对利息的解构分析

在价格理论的视角下,利息的功能可被分解为以下几部分:抵销通货膨胀;冲销风险;支付交易费用和获取资本利得。前三项是成本,包括可控部分和不可控部分,其中交易本身的费用属于可控部分,如在典当综合费中有相当一部分(甚至很大一部分)不是资本利得,而只是评估、保管担保物,办理典当业务,债权实现等费用。客观而言,出借人并未从借款人

---

① 《元史》记载,元世祖至元六年(1269年)曾行敕令:"民间贷款取息,虽逾期限止偿一本息。"
② 《大明律卷九户律钱债》规定:"凡私放钱债及典当财物,每月取利并不得过三分,年月虽多,不过一本一利。违者笞四十,以余利计赃。重者坐赃论罪,止杖一百。"
③ 《大清律例》规定:"凡私放钱债,每月取利不得过三分,年月虽多,不过一本一利,违者笞四十,以余利计赃,重于笞四十者,罪止杖一百。"方行:《清代前期农村高利贷资本问题》,载《经济研究》1984年第4期。
④ "消费借贷而取利,古来不予否定;即寺院本于'利他',亦放款而收利息(寺院设无尽藏);汉代,汉书谷永传:'至为人起责分利受谢',颜师古注说'言富贾有钱假托其名,代之为主放于他人以取利息而共分之。'惟对暴利行为则予以禁止。潘维和:《中国民事法史》,台湾汉林出版社1982年版,第321页。关于私法社会化思潮与近代中国民法学发展的精当研究,见俞江:《近代中国民法学中的私权理论》,北京大学出版社2003年版,第248—264页。不过彼时作者认为在"培本固原"(尊重私权)与"持续发展"(社会化考量)两个任务中,前者更为重要。不知时过境迁,作者的观点是否有所改变,在笔者看来(也是本书一以贯之的主线),社会化考量是权利的必要组成部分,私权之提倡与社会利益之平衡同等重要。
⑤ 彭凯翔等:《近代中国农村借贷市场的机制——基于民间文书的研究》,载《经济研究》2008年第5期。
⑥ 荀子也有类似见解(荀子·大略篇):"义与利者,人之所两有也。虽尧、舜不能去民之欲利。"
⑦ 如德川时代商人放贷的年息通常为15%左右。Sheldon, "Pre-Modern" Merchants and Modernization in Japan, 5 *Modern Asian Studies* 193, 197 (1971).

的这些支付中获得任何利益。不可控部分包括自然风险、政治风险、经济波动风险等。① 冲销风险与除去交易成本之后的资本利得是解释利息的主要着眼点。对于后者存在的原因,张五常教授曾引述 Irving Fisher 的观点做过恰当的分析:其一是人们"不耐烦",有急于消费和享受(impatience to consume),即"寅吃卯粮"的天性,而提前享受的价格就是利息;其二是资本的机会成本,即若不将资本做此用途而作他用可能产生的回报。②

风险、交易费用与资本利得的存在,说明了利息存在的必然性。而在这一分解性概念之下,利息管制制度可被设计得更精确。德国民法学者如 Canaris 便采取此项进路,他不承认借款交易本身的费用(如借款手续费等)为利息,认为法律上的利息指"以金钱或其他可替代物为支付媒介的,与利润、销售额无关,与使用时间直接相关的资金的使用费"。③ 在进行这样的分解之后,判断是否构成高利贷时,应逐项对照比较,即,同类支付总有一个大体上的"市场价格"区间,如果过分远离这个区间,便可以构成不当。即,对于交易费用(如手续费)等是否过高这一问题,检验的办法不再是将其换算为利息,而是与市场上类似交易中所收取的各项同类费用相比较。④

(三) 合同衡平与社会化考量的宗教与世俗演进

在围绕利息管制的争议中,合理价格的确定是最难解决的一个症结。⑤ 对此,很多学者像德国的 Reinhard Zimmermann 教授一样,认为"合理价格"充其量只是个概念游戏,在市场经济的条件下,人们(可能)永

---

① 张五常:《经济解释(卷二):供应的行为》,花千树出版社 2002 年版,第 22 页。值得注意的是,将其归结为交易成本,在归类上虽然简洁,但并不能解决风险的控制与测量问题,因此仍有将其单独加以分析的必要。实际上,张五常自己也承认:"如果风险可以提前被量度,就没有风险可言了。"

② 同上注张五常书,第 26—28 页。

③ Danach lässt sich der Zins definieren als „Gewinn- und Umsatzunabhängige, laufzeitabhängige, in Geld oder anderen vertretbaren Sachen zu entrichtende Vergütung für die Möglichkeit des Gebrauchs eines Kapitals". Canaris, Der Zinsbegriff und seine rechtliche Bedeutung, NJW 1978, 1891, 1892.

④ Canaris, Der Zinsbegriff und seine rechtliche Bedeutung, NJW 1978, 1891, 1893.

⑤ Becker, Die Lehre von der laesio enormis in der Sicht der heutigen Wucherproblematik, Carl Heymanns Verlag KG, 1993, S. 27 ff.

远无法真正意义上解决这个问题。① 然而,不能完全精确,未必不能大致准确。罗马法时期的 Accursius 曾指出,在判断是否构成合理价格时应以充分的样本为依据。② 此后的 Thomas Aquinas 也曾指出,合理价格的确定,不能抽象性地判断,而是要确定一个价格幅度(latitudo),在这个价格幅度之内,皆为合理,只有明显超越这一幅度的,才有讨论其是否为合理价格的余地。③ 然而,究竟以何种幅度为准更为妥当? 如果说以市场价格为变动幅度,什么是市场价格? 如果争议案件所达成的价格也是在市场环境下完成的,是否能成为市场价格的组成部分? 现实的市场中,同样的商品,总是有人会出高于他人的价格;或者是出于时间节约的考虑而怠于询价;或者是较为富裕,对价格缺乏敏感度;或者纯粹是市场本身的波动,如股票或期货,在一个或几个交易日内,其成交价可以有巨大的振幅。市场价格幅度本身如此不确定,而在计算合理价格时,若将这些价格全部(包括争议案件中所涉及的价格)累加起来求均值显然与市场的逻辑相背。极端者,如 17—18 世纪的 Christian Thomasius 甚至认为,合同的公正价格就是当事人达成一致的价格,在此之外,并不存在其他公平价格。④《德国一般商法典》(ADHG)很大程度上就是接受了这样的观点,进而放弃了非常损失规则,并影响了后来的《德国民法典》。⑤ 在英国普通法上,法律并不过问对价是否充分(adequacy of consideration),也是基于同样的考虑。⑥ 作为总结,Gordley 将其概括如下:"'价值'可以是当事人之间的价值,市场或者商业上的价值或者绝对的、内在的价值。第三种价值并不存在,因为价值因时因地而异,'取决于成千上万的具体因素';⑦第二种价值没有相关性,因为其所反映的是第三人愿意置于物品之上的价值,因此所剩的是物品对于当事人自身的价值。但这项价值是

---

① Zimmermann, *The Law of Obligations: Roman Foundations of the Civilian Tradition*, Cape Town: Juta & Co, 1990, p. 264.

② Accursius, Glosse zu C. 4.44.2 (1235).

③ Thomas Aquius, Summa theological (1270), 2.2.77.1.

④ Thomasius, De aequitate cerebrina legis II. Cod. de rescind. vendit. et eius usu practico cap. II, §14.

⑤ Endemann, Handbuch des Deutschen Handels-, See- und Wechselrecht, 2. Aufl., 1882, §261 III, S. 555 f.

⑥ Gordley, "Equality in Exchange", 69 *California Law Review* 1587, 1594 (1981).

⑦ Story, *Commentaries on Equity Jurisprudence as Administered in England and America*, 14th Edition, 1918, p. 339.

'相对的'、'主观的'①,是非进行'心理分析'无法探求的。"②

在这样的背景之下,是否法律对公平价值的追求就成了一个"知其不可而为之"的行动? 答案是否定的。(法律)对"合同衡平"(Äquivalenz, Vertragsgerechtigkeit)的追求,有深刻而久远的历史与思想根源。早在亚里士多德关于正义的分类中,就已经提出了分配正义(distributive justice)与交换正义(或矫正正义)(commutative justice)这一对重要概念。前者强调"分配的公正在于成比例",③后者指"出于意愿(合同)或违反意愿(侵权)④的交易中的公正",尤其是"在违反意愿的交易中得与失之间的适度",强调一方不得以他方受损为代价而获取不公的利益。⑤ 对于干涉合同的行为,我们可以提出各种各样的批评。比如,如同上文对公平价值理论的怀疑,得与失原本就是主观事项,外界难以察知,而且,究竟在怎样的合同价格下才能达到真正的交换正义,也很难判断;又如,与亚里士多德的正义观相关联,他的政治观念认为国家应当起到充分监督交易公平的作用,而这一点早被后世的政治理论与政治国家的实际发展轨迹所超越。不过,为了理解亚里士多德的正义观,还应将其置于其伦理学的整体构架之下进行分析。在他的伦理学中,友爱占有极其重要的地位,是"生活最必须的东西之一"。因为,"即使享有所有其他的善,也没有人愿意过没有朋友的生活。实际上,富人、治理者和有能力的人看起来最需要朋友。因为,有好东西给朋友是最多见也是最受称赞的善举,倘若没有朋友可以给予,纵有财产又有何益处? 而且,若没有朋友,财产又如何享有

---

① Chitty, A Practical Treatise on the Law of Contracts Not Under Seal and upon the Usual Defenses To Actions Thereon, London, 1826, p. 7.

② "Value" may mean value to the parties, value on the market or from a "commercial point of view", or some "absolute" or intrinsic value. The third does not exist since value varies with time and place and "will depend upon ten thousand different circumstances". The second is irrelevant since it reflects the value which third parties put on a commodity. And so one is left with value to the parties themselves. But that is "relative", "subjective", and not discoverable without a "psychological investigation" into their motives. Gordley, Equality in Exchange, 69 California Law Review 1587, 1599 (1981).

③ 亚里士多德:《尼各马可伦理学》,廖申白译注,商务印书馆 2003 年版,第 136 页。德国学者 Coing 认为盖尤斯(Gaius)侵权与合同的分类取自亚里士多德。Coing, Zum Einfluss der Philosophie des Aristoteles auf die Entwicklung des rimischen Rechts, 69 Zeitschrift der Savigny-Stiftung für Rechtsgeschichte—Romanistische Abteilung, 1952, 24, 39—42.

④ 亚里士多德:《尼各马可伦理学》,廖申白译注,商务印书馆 2003 年版,第 137—138 页。

⑤ Gordley, "Equality in Exchange", 69 California Law Review 1587, 1590 (1981).

和保持? 因为,财产越多,危险就越大。而陷入贫困和不幸时,只有朋友才会出手相援。"① 在一定程度上,亚里士多德的"友爱"观是一种社会大同的思想,至少是一种社会化的理想,在这种思想下,交换正义便多了一层理论上的可期待性。实际上,正如有些学者所指出的,亚里士多德的"友爱"与后世基督教的"仁爱"思想——上帝面前人人平等,人人皆兄弟——颇有共通之处。② 在这种观念下,援助贫弱,不追求暴利,不仅仅是一项重要的美德,也是人的基本义务。这一点在教会对高利贷态度的历史变迁中有明显的体现。

按照韦伯的研究,在《旧约》中,对待财富与利益的态度体现在诸如"我们日用的饮食,今日赐给我们"这类祷词(马太福音 6:11)或"我民中有贫穷人与你同住,你若借钱给他,不可如放债向他取利"(和合本出埃及记 22:25)这样的陈述中。据此,当时的教会认为每个人都要谨守自己的"生业",只有不信神的人才会去追求利得。③ 在《新约》中,这一点也未有改变,尤其是保罗对追求利益、对世俗职业生活的态度,一直采取"要不是漠不关心,就是根本抱着传统主义的心态"。④

12 世纪以前教会对高利贷持严格禁止的态度,与当代各国管制消费者信贷的利息在背景上很有相似之处:当时的借贷主要是消费借贷,而且是邻里与朋友之间的借贷。这种情形下收取利息,在道德层面上就相当于将营利建立在友情(或他人的破产)之上⑤,因此备受谴责。

后世教会对高利贷与逐利的态度转变,在很大程度上源于社会经济发展的推动。实际上,到 12 世纪,《圣经》中的教谕便已面临日益普及的

---

① 亚里士多德:《尼各马可伦理学》,廖申白译注,商务印书馆 2003 年版,第 228 页。
② 同上书,第 11 页。
③ 韦伯:《新教伦理与资本主义精神》,康乐等译,广西师范大学出版社 2007 年版,第 59 页。
④ 同上书,第 60 页。《新约》和《旧约》中的其他篇章也有教导人们兄弟般互助,谴责高利贷的观念的语句。旧约中如《利未记 25:35》《申命记 23:19》《诗篇 15》《以西结书 18:13》,新约中如《路加福音 6:34》等。在《威尼斯商人》中,安东尼奥向夏洛克借钱时,说过这样的话:"我恨不得再这样骂你、唾你、踢你。要是你愿意把这钱借给我,不要把它当作借给你的朋友——哪有朋友之间通融几个钱也要斤斤较量地计算利息的道理?——你就把它当作借给你的仇人吧;倘使我失了信用,你尽管拉下脸来照约处罚就是了。"见《莎士比亚全集》(第二卷),朱生豪译,人民文学出版社 1994 年版,第 20 页。但丁也对高利贷者以及他们的钱袋做过生动描述,见但丁:《神曲·地狱篇》,田德望译,人民文学出版社 2004 年版,第 106—107 页。
⑤ Noonan, Jr., *The Scholastic Analysis of Usury*, Havard University Press, 1957, p. 114.

货币经济的挑战。在这一时期,教会接受了大量捐款,因而也承受着为他们的资金寻找适当投资机会的持续压力。最终的妥协方案是,一方面认为"任何超过本金之外金钱的借贷"都是高利贷;另一方面认为"如果借款人是敌人、诸侯或不正当占有人,便可对其收取利息"。此外,如果利息是作为对债权人损失的赔偿,也可以收取;如果借款合同约定"若借款人未能按协议规定时间还款,便要付出违约金",则属于有效条款。① 虽然教会依然在"教皇谕旨"中宣示"希望收到财物本身之外的别的财物,就是罪"②,但同时也指出,"教会从未控诉过一切形式的利息",只是在教会条例中"采用市场作为合理价格的基础"③,即只要不背离正常的商业惯例,就不是在追逐"无耻的利润"。④ 总体而言,随着欧洲 12 世纪开始的贸易发展,人们对商业信贷的需求日益增加,开始在严格禁止利息的教义之外寻找例外性的解释规则。⑤

到 13 世纪下半期,教会开始认为赊销买卖在一定情形下可以要求"较之现款买卖更好的价格",赊销遂成为交易当事人规避高利贷管制的主要工具。此后,教会法学家也开始使用"利息"(interest)一词来表示出借人可以索要的合法收益。⑥ 当然,形式上的禁止高利贷规则在这一时期(13—15 世纪)仍是普遍存在的。正如伯尔曼所指出的,在很大程度上,不正当价格、高利贷管制、非要式契约与预先存在的约因(causa)这四大制度与罗马法上的相关规则,一起构成了中世纪教会法中的合同制度。⑦ 13 世纪期间的教皇 Innocent 四世(1243—1254)认为高利贷在长远的角度看,将导致贫穷,而贫穷将容易导致灵魂的腐蚀。⑧ 14 世纪期间的教皇 Clement 五世(1305—1314)授权各地的宗教审判所(Courts of In-

---

① Noonan, Jr., *The Scholastic Analysis of Usury*, Havard University Press, 1957, p. 506.
② 勒高夫:《钱袋与永生——中世纪的经济与宗教》,周嫄译,上海世纪出版集团,2007 年版,第 23 页。
③ 同上书,第 80 页。
④ 伯尔曼:《法律与革命》,贺卫方等译,中国大百科全书出版社 1993 年版,第 307 页。
⑤ 孙诗锦等:《试论中世纪天主教会高利贷观念的嬗变》,载《学术研究》2007 年第 6 期。
⑥ 伯尔曼:《法律与革命》,贺卫方等译,中国大百科全书出版社 1993 年版,第 309 页。
⑦ 同上书,第 417 页。
⑧ Houkes, *An Annotated Bibliography on the History of Usury and Interest from the Earliest Times through the Eighteenth Century*, The Edwin Mellen Press, 2004, p. 99.

quisition)对高利贷行为进行裁判和惩罚。① 这也是中世纪时大量的当铺主和放款人是犹太人的原因。② 这种情形到 15 世纪中后期逐渐有本质性的改变,正如韦伯所指出的,此时路德、卡尔文等教派的改革努力,慢慢使人们"忘却了人本"③,让人们相信职业劳动也可以"增加神的荣耀"④,形成"把利润作为经济机构的枢纽,作为企业的目的,作为人生的意义"⑤的观念,从而为西方资本主义的大发展奠定基础。⑥ 路德在 1524 年的著作《论贸易和高利贷》中,在用十分激烈的字眼谴责过分的价格和利率的同时,又精心设计了一个在道德上可被视为正当的、通过出售物品或信用拓展而获益的条件。他声称"一个商人在其货品上所取得的利益应能弥补它们的成本,并补偿他的劳动、他的心血和他的风险,这应当是公平而正当的"。路德在谴责高利贷的同时,也为合理的借贷利率作了辩护,认

---

① Houkes,*An Annotated Bibliography on the History of Usury and Interest from the Earliest Times through the Eighteenth Century*,The Edwin Mellen Press,2004,p. 100.

② 12 世纪开始,大量的犹太当铺开始被课以重税,被驱逐或强制征缴。当然,高利贷者仍然存在,只不过被称作伦巴底人(Lombards)所代替。他们通常在放款时收取 50%至 300%的利息。借款的对象包括教会和国王。Houkes,*An Annotated Bibliography on the History of Usury and Interest from the Earliest Times through the Eighteenth Century*,The Edwin Mellen Press,pp. 117—155.

③ 费孝通等:《云南三村》,社会科学文献出版社 2006 年版,第 109 页。费先生寥寥几句即概括了韦伯这部名著的核心思想,让人至为钦佩。

④ 韦伯:《新教伦理与资本主义精神》,康乐等译,广西师范大学出版社 2007 年版,第 101 页。

⑤ 费孝通等:《云南三村》,社会科学文献出版社 2006 年版,第 109 页。

⑥ 此后的学者甚至更进一步,认为甚至不是新教伦理,而是从 12 世纪到 19 世纪"围绕着高利贷的那场声势浩大的论战,在某种意义上,催生了资本主义"。勒高夫:《钱袋与永生——中世纪的经济与宗教》,周嫄译,上海世纪出版集团,2007 年版,第 23 页。当然,也有学者与韦伯的"殊途"但"同归"的思考路径,认为中世纪的教会即使采取禁止高利贷的政策,也还是不乏开明的。如伯尔曼甚至怀疑资本主义与新教教义之间的必然联系,认为在 11—12 世纪,资本主义和封建主义在本质上可能是相容和互相依赖的:"11 世纪晚期和 12 世纪的天主教会不仅不谴责金钱或财富本身,而且确确实实地还鼓励追求金钱或财富,只要从事这种追求是为了一定的目的并按照一定的原则。"伯尔曼:《法律与革命》,贺卫方等译,中国大百科全书出版社 1993 年版,第 307 页、第 418 页。对韦伯的批评,在其著作发表后从未停止过。新近的一项统计研究试图证明,德国新教地区的经济发展,在很大程度上受益于宗教改革过程中的文化普及——路德将圣经翻译为德语并提倡人们自己阅读圣经(当时天主教的做法是由教士朗读圣经),这在很大程度上提高了人们的知识水平,提升了人力资本的价值,最终促进了经济的发展。具体数据与回归分析方法,见 Becker et al.,"Was Weber Wrong? A Human Capital Theory of Protestant Economic History",124 *Quarterly Journal of Economic* 531—596 (2009).

为正常的利率应为 5%,特殊场合可以提高到 6% 或 7%。①

从 16 世纪开始,在"教退俗进"的背景下,在世俗层面,经济自由主义已日益彰显②,放款收息开始逐渐被接受。如英国于 1545 年通过的一项法案允许收取 10% 的利息。③ 当然,总体来说,18 世纪以前的欧洲,利息管制制度仍是繁复多样的。以当时的德国为例,相关的管制规则包括:(1)非常损失规则,即若交易价格不足市场价格的一半或超过市场价格的一倍,卖方或买方可请求确认合同无效;(2)贷款利息不得超过 5% 或 6%;(3)违约金不得超过可得利益的一倍;(4)Lex Anastasiana 制度,即债权受让人只能向债务人请求其向原债权人所支付的金额;(5)禁止用高价购回条款规避利息管制;(6)禁止流质条款;(7)禁止对利息收取利息(利滚利);(8)若利息总额已超过本金,禁止继续取息。④

至 18 世纪后半期,自由主义开始在英国、法国和其他欧洲大陆国家蓬勃发展。到 19 上半期,自由主义达到全盛,几乎所有法律领域都掀起了"自由化"的浪潮。⑤ 从 1853 到 1868 年,除法国外,大部分欧洲国家都取消了利息管制法。如奥地利 1866 年 12 月 14 日的法律(仅规定乘人之危收取高息的合同无效,见该法第 3 条),德国 1868 年 6 月 14 日的法律,英国 1854 年的法律。该项改革一方面反映了教会法在世俗国家兴起过程中的衰落,另一方面也体现了立法者对自由主义者改革呼声的回应。不过,彻底废除利息管制的制度安排并未持续多久,这一次,反对的声音

---

① 伯尔曼:《法律与革命——新教改革对西方法律传统的影响》,袁瑜琤等译,法律出版社 2008 年版,第 172—173 页。

② 格劳秀斯(Grotius)、普芬道夫(Pufendorf)和托马修斯(Chiristian Thomasius)都对利息持自由的态度。Klaus Luig, Bemerkungen zum Problem des gerechten Preises bei Christian Thomasius, in: Tradition und Entwicklung, in: Gedenkschrift fur Johann Riederer, Pollock, 1981, S. 167—179. 同时期英国哲学家霍布斯也认为"一切立约议价的东西,其价值是由立约者的欲求来测量的,因之其公正的价值便是其愿意付与的价值"。因此,"贱买贵卖"并非不义。霍布斯:《利维坦》,黎思复等译,商务印书馆 1986 年版,第 114 页。

③ Houkes, An Annotated Bibliography on the History of Usury and Interest from the Earliest Times through the Eighteenth Century, The Edwin Mellen Press, 2004, p. 185. 该利率在 1624 年被降为 8%,1652 年再被降为 6%,1717 年(被 Statue of Anne)降为 5%。

④ Luig, Vertragfreiheit und Äquivalenzprinzip im gemeinen Recht und im BGB: Bermerkungen zur Vorgeschichte des § 138 II BGB, in: FS Coing, Vittorio Klostermann, 1982, S. 173; Houkes, id., p. 383.

⑤ 例如,在 1870 年,《德国股份公司法》中废除了特许制而代之以准则主义,导致股份公司大量注册,小股东与债权人的利益受损。为此,德国不得不于 1884 年重新修订其股份公司法,确立其至今仍坚持的资本维持等原则。

并非来自教会,而是社会中的贫弱民众。

在英国,1854 年的改革可以说是工业界和自由主义思想家多年努力的结果。从边沁 1790 年出版的专著《为高利贷辩护》(Defense of Usury)开始,几乎所有古典经济学家都支持他的主张。① 1818 年,国会专门成立了一个委员会,其职责表面上是研究高利贷法的取舍,实质上则是向公众做废除高利贷法的宣传。1837 年,议会通过了关于汇票(bill of exchange)的法律,允许一年期以下的汇票不受利息管制。经过长期的工作,到 1854 年,在最终通过彻底废止高利贷的法律时,几乎再没有遇到实质性的阻力。然而,随后二十年的时间里,整个英国到处都是(高息)放贷的广告,小债务人受到高利贷者的盘剥,产生了巨大的社会问题。②

1870 年后,在英国,消费者逐渐成为法律上重要的主体。在这一时期,两种借款的法律工具日益流行。其一是本票(promissory note)。当时常见的具体做法是在放款(50 英镑)时便计算出应收取的利息(50 英镑),作为本票的票面值(100 英镑),同时规定高额的迟延还款利息。实践中,在借款到期时,若债务人不能还款,放款人会以收取高额迟延利息为"要挟",要求将全部债权转换为新的本票,从而实现"利滚利"的安排。以本票形式放款的另外一个好处是,根据当时的强制执行规则,本票债权可以在很短的时间便完成执行的过程,债务人几乎没有异议或抗辩的余地。其二是动产抵押据(bill of sale),即债权人在放款时与债务人签订的以债务人个人动产为标的的抵押合同,赋予债权人在债务人无力还款时对这些动产的优先受偿权。更有甚者,1878 年《动产抵押据法》赋予了登记的抵押据持有人以对抗第三人的效力,使得这种法律工具被普遍适用,尤其在小额借贷中。1881 年的一项调查发现,在 1875 年,登记的低于 10 英镑的动产抵押据总额为 279 英镑,而 1880 年则达到 64000 英镑(H. C. Parliamentary Papers, 1881, viii. I, pp. 13—14)。③ 按照当时的实践,债权人往往在动产抵押据中规定非常宽松的对担保物进行强制执行的条

---

① Atiyah, *The Rise and Fall of Freedom of Contract*, Clarendon Press, 1979, p. 550.

② "... within twenty years the problem of the small needy borrower was beginning to raise acute social problems. Rapacious moneylenders, backed to the hilt by the law, began to appear un and down the country, advertising freely in the journals and newspapers. New legislative controls became imperative." Ibid. , p. 551.

③ Ibid. , p. 709.

件,如债务人迟延(一旦陷入迟延,即可立即执行,无需宽限)、危害或损坏抵押物、离开英国等等。随着高利贷行为日益猖獗,立法者被迫作出反应。1882 年英国重新修订了《动产抵押据法》,增加了一些限制性规定,如债权人在强制扣押后,应当给债务人 5 日的宽限期再将抵押物变现,又如禁止将抵押据延伸到抵押合同签订后债务人取得的物品上,再如完全禁止 30 英镑以下的动产抵押。然而,该法并没有走到足够远,因为其并未对利息本身作出额外的限制。直到 19 世纪末,由于法官们对社会中高利贷的担心日益增长,他们在一系列的判决中直接调整了相关利息,而地方法院尤为激进,在有些案件中甚至将月息直接调整为 1 便士。① 这种"超越法律"的现象一直持续到 1900 年——议会正式制定了《放款人法》(Money-Lenders Act),允许普通法院的法官对过度的(excessive)、不道德(unconscionable)的交易进行干涉。②

在德国,伴随着 1873 前后年欧洲各地严重经济危机的爆发,法律学者、经济学者和政治家、立法者发现,社会中大多数弱势群体不但并未从自由的利息制度中受益,而且还受到了损害:要么因为利息过高无法取得借款,要么饱受高利贷的欺压剥削。这一时期,在社会中下层民众的呼吁下,要求重新制定高利贷管制规则的主张日益高涨。当然,自由派也没有完全放弃其对利息自由化的坚持,例如,他们以 1879 年前后德国帝国参议院(Reichsrat)委托帝国银行(Reichsbank)所做的调查为依据,主张市场上的银行贷款的利息水平并未因放宽高利贷管制而升高,发生过度暴利的情形也不多见。③ 不过,主张重新制定《反暴利法》的一派立刻指出,鉴于获取银行借款的主体主要是企业,该调查并没有涉及对中下层民众的分析,而中下层民众受高利贷压迫的状态是凭经验可查的。此后,随着社会化思潮的发展④,社会民主党的影响日盛,德国最终于 1880 年 6 月

---

① Atiyah, *The Rise and Fall of Freedom of Contract*, Clarendon Press, 1979, p. 711.
② Ibid., p. 712.
③ Luig, Vertragfreiheit und Äquivalenzprinzip im gemeinen Recht und im BGB: Bermerkungen zur Vorgeschichte des § 138 II BGB, in: FS Coing, Vittorio Klostermann, 1982, S. 173., S. 187.
④ 有学者从劳工关系的角度研究了早期德国社会化思潮兴起的过程,值得参考。德国工业化进程起步于 19 世纪 30 年代中期,结束于 19 世纪 70 年代初。在这一过程中,其社会经济结构发生了重大变化,尤其是阶级分化与贫富对立明显。对此,除了马克思与恩格斯提出的用革命手段彻底改变劳资对立外,还有李斯特(List)的"经济伦理"、美因茨主教克特勒(Kettler)的"基督教社会化"和法学家、政治家提出的建立企业共同体、劳工部等改良主张。孟钟捷:《德国 1920 年〈企业代表会法〉发生史》,社会科学文献出版社 2008 年版,第 20—36 页。

14日重新制定了《反暴利法》。在制定该法的过程中,针对是否应当规定具体的利息上限问题,有过激烈的讨论。最后两派达成妥协,没有规定具体的界限,而以"明显不对等"(das auffällige Mißverhältnis)作为判断是否构成暴利的依据。该法制定后,帝国法院对高利贷持非常严厉的管制态度。如认为根据担保物的品质与债务人的具体情形,3.5%—6%的年息是允许的,超过这个范围则可能被认为构成暴利,在此后帝国法院审理的案件中,9%以上的年息通常被认为构成暴利。①

在德国的《反暴利法》制定后,禁止暴利规则是否应被写入民法典又成为争论的焦点。了解这一争论的历史对于理解现行《德国民法典》第138条第2款非常有帮助。Kübel在其本人所起草的《德国民法典》买卖法建议稿及其说明中,解释了未将非常损失规则纳入到法典中的原因:第一,买卖法、合同法乃至整个民法典的基本原则是意思自治原则,非常损失规则与此原则明显相悖;第二,传统的非常损失规则要求有具体的比例,这一比例在一些情形下明显不符合社会经济的需要,但若试图制定其他的比例,又有很大的难度,难免会损及交易安全;第三,当事人还可以通过错误等制度寻求在交易价格明显不对等的情形下的救济,而且第138条第1款已经规定了违反善良风俗的法律效果,因此不如不再对暴利作具体规定;第四,(当时)已有特别法对暴利问题作了规定,因此更无须将其纳入到民法典中来。② 显然,在这四项理由中,最重要的第一项理由本质上仍贯彻自由主义的观念,认为明确规定利息限制与民法典在理念上有冲突。与此相对,持社会化思想的学者如基尔克(Gierke)主张应当将暴利明确规定在民法典中,作为对合同自由的必要限制。1893年,帝国议会又重新将这一问题提上讨论日程。在当时397名议员中,德国保守党(Deutsche Konservative Partei)和自由党(die Freisinnigen)持反对态度,他们认为合同自由是不可动摇的原则,法律不应对合同对价事实上是否对等进行干涉,而应由每个人对自己的交易行为负责。社会民主党人、中间派议员(Zentrumsabgeordnete)、国家自由党(Nationalliberale)的重要学者(Ennccerus)则支持制定专门的反暴利规则,认为应当在规定合

---

① Luig, Vertragfreiheit und Äquivalenzprinzip im gemeinen Recht und im BGB: Bermerkungen zur Vorgeschichte des § 138 II BGB, in: FS Coing, Vittorio Klostermann, 1982, S. 173, S. 190—191.

② Kübel, Begründung, S. 9.

同自由原则的同时,就对其进行明确的限制,这些限制并不是合同自由原则的例外,而是合同原则的应有之意。最后,在397名帝国议会议员中,212名投了赞成票,通过了将禁止暴利制度写入民法典的决议。从立法背景上看,这项规定更多是强调社会化与民生保护的社会民主党等政治团体担心当时自由派倾向明显的法官们在仅有第138条第1款关于公序良俗的规定的情况下,会滥用手中的法律解释权,将暴利行为排除在违反善良风俗之外而作出的预防之举。① 不过,从后来的法院判决和法律执行情况来看,这种担心是不必要的。实际上,恰恰相反,法院往往因为第138条第2款的构成要件过于严格,而在裁判暴利的案件时直接援用第138条第1款的规定,并日益倾向于采取较为严格的利息标准认定暴利。②

欧洲社会发展至此,在利息管制的数度起落中,源自基督教的仁爱、互助思想逐渐完成了与政治哲学的结合,成为至今仍影响巨大的社会化思想的一部分,最终成功制约了自由主义的过分扩张。

(四) 合同衡平与个体自由

对利息乃至合同自由的限制,与民主政治的发展也有很大关联。黑格尔积极自由与消极自由的思想在欧洲大陆的广泛影响毋庸多论,他的观点对以传统自由主义为主导政治思想的英国也有很大影响。如19世纪末英国的哲学家格林(T. H. Green)就在他1881年的著名演讲③中就正面回应了黑格尔的观点,认为过去片面强调消极自由,强调自由的性质不只是保障人们行为不受他人干涉。在文明社会,应强调积极的自由,即

---

① 以在第138条第2款中的明示规定确保对该条第1款的正确解释(die gewollte richtige Auslegung des Absatzes 1 (des § 138) in Beziehung auf wucherliche Verträge gegen jeden Zweifel sicherzustellen). Luig, Vertragfreiheit und Äquivalenzprinzip im gemeinen Recht und im BGB: Bermerkungen zur Vorgeschichte des § 138 II BGB, in: FS Coing, Vittorio Klostermann, 1982, S. 173, S. 202 m. w. N.

② RG 150, 1; Heinrich Stoll, Die Bedeutung der Entscheidung des Großen Senats für Zivilsachen über Wucher und berteuerung (RG 150, 1), AcP 1936, 333, 334; Zimmermann, Civil Code and Civil Law: The "Europeanization" of Private Law Within the European Community and the Reemergence of a European Legal Science, 1 *Columbia Journal of European Law* 63, 102 (1994/95).

③ Green, *Liberal Legislation and Freedom of Contract*: A Lecture, Slatter and Rose, 1881; Maria Dimova-Cookson, A New Scheme of Positive and Negative Freedom: Reconstructing T. H. Green on Freedom, 31 *Political Theory* 508, 510 (2003).

国家对弱者进行必要的保护,消极自由至多只能起到维持贫穷与饥饿现状的作用。① 尤其在人们认识到民主是社会发展的必由之路时,限制合同自由也便成了伴随而言的当然结果:民主政体给弱者以投票权,同时许诺尊重民主决策的结果,自然就要接受弱者要求给自己更多保护的现实。诚如 Atiyah 所言,"几乎没有什么疑问,是民主的到来最终宣告了基于自由放任(laissez-faire)或合同自由的论证的终结。一般来说,对合同自由而言,其预设的前提是承认财产分配之现状,坚信个人努力与竞争的价值,而这些都被新授予权利的多数在根本上所拒绝"。②

同样无可置疑的是,伴随着政治的民主化,经济活动、市场也在日益走向"民主化"或"个体化"(democratized markets)。财货的交易,从原本的部落、村镇的熟人交易模式逐渐发展为现代主要以机构和精英个人为中心的"生产商—批发商—百货公司—消费者"交易模式,最终到了时下完全打破传统交易模式的突破地域限制的直销、点对点的网络交易模式。在这一转变中,原来承担一定的保护消费者权利职能的中介机构(如百货公司)消失了,原来具有重要意义的要素如地区性声誉(local reputation)的重要性也在显著下降。此时,对合同衡平进行干涉的必要性显然要更高一些。③

(五) 效率视角下的合同衡平理念

即使从经济学的观点看,对合同自由进行适当限制也是必要的。

福利经济学认为合同法乃至私法应主要着眼于促进交易,着眼于财富最大化,而财富在交易双方之间如何分配不宜由私法调整。例如在物品的买卖中,买方愿意出价6—8千元购买,而买方自己生产的成本为1万元,这意味着购买将给买方带来2—4千元的增值;同样,如果卖方的生产成本只有6千元,交易的达成也将为卖方带来0—2千元的增值。对这样的交易,当然应当促进其达成,而买卖的价格到底如何确定(如究竟是7500元还是6500元),应交由当事人自己协商。在很多(法)经济学者看

---

① Atiyah,*The Rise and Fall of Freedom of Contract*,Clarendon Press,1979,p. 586.
② Ibid.,p. 589.
③ Issacharoff et. al.,The Institutional Dimension of CoProtection,in:Cafaggi et. al.,*New Frontiers of Consumer Protection:Combining Private and Public Enforcement*,Intersentia:Mortsel,2009,pp. 47—62.

来,合同法的主要功能就是促进交易的达成与财富的最大化,其他的社会功能,如促进平等、保护贫弱,则应当通过其他制度,如税收、社会福利等制度来实现。[①] 毕竟,通过合同法进行限制,常常会增加交易的不确定性,影响人们的经济预期,另外也容易鼓励人们在交易达成之后因觉得对自己不公而随时反悔,拒绝守约。

然而,限制合同自由是否必然导致损害效率的结果?当然不是。可以从极端的例子说起。在不会游泳者落水呼救而周围空无一人时,某行人出现,在施救之前,要求落水者承诺获救后支付百万现金作为酬劳。[②] 在公路上,打劫者将汽车拦住,将枪口指向驾驶员,高喊"要钱还是要命",驾驶员于是"自愿"地将汽车、钱包让出。[③] 法律在这两种情形下都会限制合同自由,就本质而言,前者是一种垄断状态,垄断者(行人)可以将价格提高至合同另一方可以接受的最高限度;后者是一种胁迫,外力的存在导致行为人所为的意思表示并非其真实的意思表示。显见,这样缔结的合同很难符合效率的要求。限制合同自由(或者保护合同衡平)的情形还有很多,除了限制会损害第三人利益[④]或产生负外部性的合同外,还包括如禁止人身性的合同(卖身为奴或以性为交易标的)[⑤]、限制遗嘱自由[⑥]、住房租赁合同中的管制[⑦]等诸多其他情形。就限制的效果而言,都很难说会损害效率。

限制合同自由的功用,一个很重要的方面,在于维持社会的基本结构,从而使"社会""市场"的存在成为可能。正如康德所论,虽然人们有按照其个人意志行动的自由,但此人的自由与彼人的自由难免会有所冲突,因此总会产生各自的边界,在这样的背景下,作为一项义务,"小店主不应以过高的价格向无经验的顾客出售商品。在交易频繁的环境下,商人也

[①] Shavell, "A Note on Efficiency vs. Distributional Equity in Legal Rulemaking", 71 The American Economic Review 414 (1981); Kaplow et al., "Why the Legal System is Less Efficient than the Income Tax in Redistributing Income", 23 The Journal of Legal Studies 667 (1994).

[②] 如所谓"捞尸谈价"事件。

[③] Trebilcock, The Limits of Freedom of Contract, Harvard University Press, 1997, p. 84.

[④] Weber, Wirtschaft und Gesellschaft, 5. Aufl., 1972, J. C. B. Mohr, S. 409 (Kapitel VII, §2)..

[⑤] Ibid., S. 412—13.

[⑥] Ibid., S. 414.

[⑦] 许德风:《住房租赁合同的社会控制》,载《中国社会科学》2009年第3期。

不应为此种行为,而应对所有人收取同样的价格,以便孩童与其他人可以一样地从他这里购买商品"。① 这种道德环境,就像斯密在《道德情操论》②中所描述的,经济人虽然也＝自私自利,但同样也有同情心,有自我之爱,珍惜名誉和身份,追求幸福;或者像 Eric Posner 在探讨高利贷与违反公序良俗的合同时所总结的,"夏洛克是资本主义的威胁。资本主义需要适度,而不是过分;远见,而不是小聪明;自利,而不是贪婪。"③其实,出于对公序良俗的尊重而对合同自由的限制(包括本书所论及的对利息的管制),在很大程度上是为了保证公众对商人的信任以及在道德上的支持。而这种信任与支持可以说是一种公共物品。个别商人不择对象地放贷并收取高息,如果利息水平远高于市场的正常水平,则很容易导致借款人过度投机,损害社会与邻里,直观的形象如香港电影中的"大耳窿",其放贷的典型场景是在赌场门前——出借人明知债务人无法通过正常的盈利手段获取可用于还款的收入,仍向其放款,使其在输光后只能损害亲朋甚至铤而走险筹款以躲避可能的追杀。这种过度的做法,是对社会中互助互济的道德观念以及人们相互信任的滥用,会激化人们的厌商情绪,最终降低经济的效率。④ 时下"仇富"、"宝马车撞人案"等诸多讨论中的种种极端观点,都是体现。

也正是出于上述原因,私法社会化思想并不仅体现于交易双方地位不对等的交易(如消费品买卖)中,还体现于交易双方地位接近(如双方都是商人)的交易中。例如,《德国商法典》第 348 条虽然规定在商人从事商行为过程中所承诺的(过高的)违约金不得根据《德国民法典》第 343 条向下调整,但该条规定的违约金仍然要受到诚实信用原则(第 242 条)、公序良俗原则(第 138 条)、情势变更规则(第 313 条)的乃至违约的严重程度

---

① Kant, Immanuel Kants Werke (Schrift von 1783—1788), Band IV (Grundlegung zur Metaphysik der Sitten, Kritik der praktischen Vernunft), herausgegeben von Artur Buchenau und Ernst Cassirer, Berlin, 1922, S. 253.
② 斯密:《道德情操论》,蒋白强等译,商务印书馆 2003 年版。
③ Eric A. Posner, "The Jurisprudence of Greed", 151 *University of Pennsylvania Law Review* 1097, 1132 (2003).
④ Persson et al., "Is Inequality Harmful for Growth?", 84 *American Economic Review* 600 (1994); Keefer et al., "Does Inequality Harm Growth Only in Democracies?", 41 *American Journal of Political Science* 323—332 (1997); Keefer et al., "Polarization, Property Rights and the Links between Inequality and Growth", 111 *Public Choice* 127—154 (2002).

(Schwere der Vertragsverletzung)的制约。① 类似地,在格式条款中有关于价格调整的规定时,BGH 的意见是,如果价格调整条款属于成本指数性的条款(Kostenelementeklauseln),则是可以的,如果是单纯的价格保留条款(Preisvorbehaltsklauseln),则是被内容控制规则所禁止的。② 这种管制,不仅适用于企业和消费者,也同样适用于企业之间的交易。

总结说来,从上文对利息的解构分析出发(利息可被分解为可控交易费用、不可控风险与资本利得这三项内容),法律为利率设定一定的上限(假设为年息 20%),意味着无论是因不可控风险而发生的损失,还是资本利得最高都不得超过 20%。从资本利得的角度看,意味着禁止剥削——出借人不得获得过高(超过 20%,如果风险与可控成本为零的话)的利益;从不可控风险的角度看,意味着限制出借人的放款选择空间——不得向风险过高的借款人或项目放款。在笔者看来,利息管制固然有限制资本利得的作用,但其风险管制的功能——禁止出借人和借款人过分冒险地借款——同样重要。实际上,法律中的很多制度都是着眼于此。如行为能力制度中,之所以限制未成年人进行交易或否定无行为能力人所从事的交易的效力,即是担心这类主体可能会无视风险的大小(甚至不理解风险的含义)而行为;又如《彩票管理条例》禁止以赊销或者信用方式销售彩票(第 38 条),本质上也是因为购买人在非现货交易中可能更容易陷入失控的精神状态。在现有的研究中,有学者忽视利息管制制度对风险的干涉作用,认为近代中国的农贷利率"在扣除交易成本后将低于通常界定的'高利贷'水平",同时也忽视风险干涉的必要,认为"可以肯定,近代农村私人借贷的效率要高于传统的评价"③,是不尽妥当的。

---

① MünchKomm-Karsten Schmidt,§348 Rn. 2,14 HGB. 当然,德国法院在具体适用这些原则时持非常谨慎的态度。例如,在一项服务合同中,被告担任原告的商事代理人,负责推销原告(出版社)的广告。双方约定,若被告解约,应提前通知原告。后来,因所带的团队集体辞职,被告失去了继续履约信心,于是未依合同约定的期限(提前若干月)而申请立即辞职。原告依合同约定要求被告支付约 2.5 万马克的违约金。法院经审理认为,既然双方在合同中明确约定若不按约定的期限而提前申请辞职则应支付违约金,足见该期限对原告的重要意义(如防止被告离职造成经营上的混乱),因此,被告违反此项约定已不是轻微的违约。另外,从市场的发展来看,从签约至今,市场本身并未发生太大的改变,实际上,在被告解约的前一年,被告还从原告处获得了近 10 万马克的收入。因此也不构成情势变更。OLG Karlsruhe BB 1967,1180.

② Thomas,Preisfreiheit im Recht der Allgemeinen Geschäftsbedingungen,AcP 2009,84,88.

③ 彭凯翔等:《近代中国农村借贷市场的机制——基于民间文书的研究》,载《经济研究》2008 年第 5 期。

从利息管制降低了人们(在困境中)获取资本之成本的角度看,即使在纯经济的考量中,它也未必无效率。正如 Glaeser 等学者所指出的,传统社会中的高利贷管制在很大程度上就是发挥着一种社会保险的作用。"富不过三代""三十年河东,三十年河西""君子之泽,五世而斩"等现象的长期存在,让人们认识到人人都有可能陷入周转困境,借款人和出借人的身份常可互换;同时,作为经济学上的基本判断,同样数额的款项,其边际效用对陷入困境的人要远远大于生活富足的人,即,与在富足的时候多赚取一些利息相比,人们更希望能够在穷困时比较容易地获得借款。在这种情况下,可以推断,若人们可自由协商,也会达成这样的协议:此次我向你放款时限制利率水平,下次我从你处借款时也同样限制利率。从这个角度看,利息管制相当于设置了一种强制保险:将富足状态时的一部分财富转移给穷困状态,确保在陷入困境时也能获得必要的资源。[①] 在这个意义上,借贷中的利息管制,可以说是法律将人们本可以达成的协议固定下来,是暗合交易习惯的法律规范。[②]

三、利息管制、个人破产与社会保障

(一) 制度的相互替代

利息管制与个人破产制度也有密切的关联。前者着眼于让债务人以较低的利息取得信贷,后者则着眼于在债务人无力偿还债务时为债权人提供强制执行的制度,同时免除诚实守信之债务人的债务,使其获得重新开始的机会。二者之间存在着明显的制度替换关系:个人破产制度越倾向于保护债务人,着眼于消费者保护的利息管制制度将越边缘化,因为相比利息管制制度,个人破产制度可以从根本上免除债务人的还款义务。在某种程度上,个人破产制度可以说是所有消费者保护或弱者保护制度

[①] "If a direct transfer or complete insurance is infeasible (perhaps because of informational or incentive problems), artificially low interest rates can help individuals redistribute income from states of nature when they are rich to states of nature when they are poor." Glaeser et al., Neither a Borrower Nor a Lender Be: An Economic Analysis of Interest Restrictions and Usury Laws, 31 *The Journal of Law and Economics* 1, 3 (1998).

[②] 由此可推断,贫富差距大,贫富转换频繁,借款在用途上限于主要用于消费借贷等因素,都将在一定程度上导致相对严格的高利贷管制。Ibid., p. 4.

的"兜底"性制度,是私法社会化观念的重要体现,并在很大程度上接替承担了利息管制制度的社会功能。

在理解各国逐渐放宽的利息管制制度时,必须要认真对待个人破产制度在其中的影响:各国(以美国法为典型)在形式上放松利息管制并非意味着利息已无需管制或在法律政策层面有"质"的调整,而是有了更好的债务人保护机制。在这一背景下,我国在没有个人破产制度时宽容对待过高的利息乃至承认高达 36% 的利率,是非常有问题的:其结果一方面过度保障了债权人的利益,鼓励坐食其利,加剧财富分配的不平等;另一方面也会提供不恰当的政策导向,影响实体经济的发展。

(二) 利息管制与商事交易

总结前文的论述,可以看出,利息管制是一项主要着眼于消费者保护的制度。第一,商事交易中,尽管某些干涉能够促进个案的公正,但时刻存在的受干涉的威胁同时也会严重影响交易的安全,使全体商事交易的参与者都被迫付出法律确定性受损害的成本。尤其是,商事交易中的价格确定往往是在瞬息万变的社会环境中进行的,获利与亏损,常系于一念之差,若法律强加干涉,必将极大地延缓交易的进行。第二,债务人作为商事主体,逐利目的明确,更具专业性,擅长成本收益的计算,通常会"量力""量险"而行,无需法律给以额外关注。第三,商事主体通常是以公司形式存在的经营者,其(自然人)股东已拥有有限责任等制度的保护(也正因此,债权人在放贷时亦会非常小心),在此背景下,再管制交易的利息以保护相关自然人的必要性不大。第四,在企业经营中,限制人们从事冒险的经营与社会要求鼓励企业家精神的取向有所冲突。第五,鉴于法律并不限制红利的收取,[1]即使进行管制,人们也可以通过其他办法加以规避,强行管制的效果并不理想。[2]

---

[1] 利息和红利是有区别的。现行法管制利息的高低,但从未对红利做任何限制。这种做法的根源实际上来源于二者的不同定义——和利息不同,红利的取得与企业(或个人)能否获得利润直接相关。在这个意义上,红利的权利人要承担远比债权人更多的风险,或者,确切地说,是在和债权人共担投资不能收回与不能获得预期利润的风险。Canaris, aaO., NJW 1978, 1891, 1891。

[2] 或许正是因为西方国家长期以来实行严格的(以宗教为主要媒介的)利息管制促成了现代企业制度的发展:投资者不得不通过设立合伙、公司等商事组织经营牟利。提及此观点的研究,见邓峰:《普通公司法》,中国人民大学出版社 2009 年版,第 306 页。

当然，前文已指出，尽管"人性的弱点"及社会化观念主要用于论证消费信贷或其他消费者交易，但这并不意味着商事交易可以完全不适用利息管制规则。即使在商事领域，与利息管制原理相近的"暴利"与"显失公平"等制度，仍有其存在之必要，否则过度地逐利将破坏市场交易中基本的公平观念及互信基础。

无论是禁止暴利还是显失公平制度，其基础都是强调不得过度。在我国有相对较严的利息管制规范的情况下，也不乏这样的例子：当事人在急需资金时接受了超过36%的利率。但在事后还款时却援引该法条，主张该利率无效。如何评价此种行为？这涉及对合同自由的尊重与对背信行为的规制。

在美国，1850年的一项案件①对处理这类问题具有重要参照意义。在该案中，债务人陷入周转困境，从债权人处借款48000美元并承诺到期归还50000美元以及6%的利息。后债务人陷入困境，债权人起诉要求其履行义务，债务人提出高利贷抗辩：当时纽约的利息上限为7%，本交易中的实际利率超过了该上限。纽约州上诉法院裁判支持了原告的主张，认为该交易构成了高利贷，因而，根据纽约州当时的法律，借款合同无效且原告不必返还利息和本金。此判一出，立刻引起轩然大波。有的报刊评论认为该案是"丑陋的不正义"（abominable injustice），是法律的"耻辱"（disgrace）。有的评论认为这样的判决是鼓励"无赖"（knavery）和"失信"（dishonesty）。② 与此相比，我国现行司法实践的做法——返还本金、不支持高额利息算是一个进步。不过，若能再进一步，像当年的纽约州一样制定法律③禁止在公司间交易援引高利贷抗辩，将更好地维护促进交易与维护公平。

当然，对于这一安排，仍应坚持其适用的前提：其一，存在发达且宽容的公司破产规则；其二，股东享有广泛适用之有限责任的保护。另外，公

---

① New York Dry Dock Bank v. American Life Insurance & Trust Co., 3 N.Y. 344 (1850).

② Ryan, *Usury and Usury Laws*, 1924, p. 59 (quoting New York Jornal of Commerce, Jan. 5, 1850).

③ N.Y. Gen. Oblig. Law § 5-521 ("No corporation shall hereafter interpose the defense of usury in any action. The term corporation, as used in this section, shall be construed to include all associations, and joint-stock companies having any of the powers and privileges of corporations not possessed by individuals or partnerships").

司之间的借款债务与个人股东或其他个人为该借款提供的担保债务也有所区别。

(三) 利息管制与消费者保护

通过利息管制保护弱者,尤其是消费者的利益,主要有两方面的理由:其一,在行为心理学的视角下,消费者有诸多容易被经营者利用的弱点。人们常常有先入为主的倾向,即将对某一事物的判断与某一既有观念联系起来(anchor)而受其影响。[①] 那些缺乏背景知识的人在判断风险时常处于无所适从的尴尬境地,营销者可以很大程度上利用消费者的心理误判而获利。[②] 例如,信息的存在或传递形式,即信息的"包装"(framing)将影响人们的选择。在接受手术前,若医生通知病人手术的成功率而不是死亡率,病人将更容易接受;类似地,在放款时若仅告知月利率(设为 15%)甚至是日利率(0.5%),其安抚效果要远优于"骇人"的年利率(180%)。[③] 在此类信息包装下,利息管制的规定可以避免消费者在利息问题上受到欺骗,使借款利率维持在一个合理的空间内。其二,利息管制是一种控制个人乃至社会风险的方式。从(期望)借款人的角度来说,是一种"如果找不到无息或低息借贷,就要靠自己"的安排。限制利息额客观上禁止了人们过度冒险,至少是禁止人们通过借贷进行过度冒险。[④] 例如,在利息上限为 5% 时,出借人不会对风险超过 5% 的借款人放贷,否则他将面临无收益的风险。此时,这类借款人只能靠自己的积累进行风

[①] Rabin et al.,"First Impressions Matter:A Model of Confirmatory Bias",114 *Q. J. Econ.* 37,68—72 (1999).

[②] 对消费者心理的研究,在工商管理领域,早就成了一门独立的学科。霍依尔:《消费者行为学》,刘伟译,中国市场出版社 2008 年版;丹奇格:《人们为什么要买不需要的东西》,冯铁为等译,中国社会科学出版社 2006 年版。我国关于滥发信用卡导致消费者或年轻人(如年龄上已成年但尚未自立的大学生)过度消费,从而使亲友乃至父母蒙受重大损失的例子比比皆是。最近的报道如舒眉等:《信用卡,你的钱包谁做主》,载《南方周末》,2009 年 8 月 5 日;http://www.infzm.com,2009 年 8 月 18 日访问。

[③] Tversky et al.,"The Framing of Decisions and the Psychology of Choice",211 *Science* 453 (1981).

[④] "By allowing debtors to escape from high-interest credit contracts, they (usury laws) force creditors to withdraw such contracts from the market, denying the debtors the opportunity to obtain high-risk credit in the first place." Posner,"Contract Law in the Welfare State:A Defense of the Unconscionability Doctrine, Usury Laws, and Related Limitations on the Freedom to Contract",24 *The Journal of Legal Studies* 283,287 (1995).

险较小的投资。这样既能引导人们诚实劳动,又从制度上避免了部分人利用借贷进行投机,牟取暴利。

与上述意见不同,常见的反对利息管制的论述是以片面抽取的高利贷的社会效果为根据,认为利息管制将导致供给不足,如消费者借贷的利息管制将导致那些急需信贷的人无法获得及时接济。这些学者还试图通过对典当行业和非法借贷发展史的研究证明高利贷存在的积极性。如有学者指出,在19世纪末、20世纪初,美国一些大城市如纽约的典当行的存在(利率往往非常高,从300%到1000%都不少见,远高于当时6%的法定最高利率),让大量的工薪阶层能够在遭遇周转危机时渡过难关,至少得以维持必要的生计。① 有人甚至基于此将典当业者称为"穷人的银行家"(poor man's banker)。② 另外,这些学者也认为,作为维持必要生计而获取的借款往往数额很小,这使单位借款的成本过高,进而导致利息水平过高。③ 因此,他们认为不应将这类非法典当或高利贷看作是损害(剥削)穷人利益的交易形式。④ 类似地,也有学者认为传统中国的高利贷在一定程度上支撑了农村金融和农村经济的运转,资助了农民生活和农业生产,在一定程度上也推动了手工业和其他副业的发展。⑤ 还有学者以苏浙皖三省农村曾发生下述事件为例,认为在社会保障不健全的体制下,高利贷的存在可以让资金缺乏者借此获得充足的资金支持:江苏省江北地区县党部曾命令各县典当月息限为二分,典商因不能获利关门,农民向县党部请愿,要求任凭典商定息。⑥ 另有学者认为,在过去严格管制高利贷的大部分时间里,包括在我国20世纪20、30年代前的传统社会中,通过高利贷获得的借款并非主要用于生产,而是主要用于消费,尤其是日常

---

① "In spite of public scorn, illegal lenders played a major role in helping working-class families make ends meet." Calder, *Financing the American Dreams: A Cultural History of Consumer Credit*, Princeton University Press, 1999, p. 51.
② Ibid., pp. 46—47.
③ 即认为也许债务人陷入破产的危险并不大,但若为数额不大的债权专门派员催债和执行,执行的费用很容易便超过借款的数额。这也是小额贷款以及典当借款利息较高的原因。
④ 在这一段时间,大多数典当借贷的数额通常很低(5美元或更少)。Calder, *Financing the American Dreams: A Cultural History of Consumer Credit*, Princeton University Press, 1999, p. 48.
⑤ 徐畅:《二十世纪二三十年代华中地区农村金融研究》,齐鲁书社2005年版,第95—120页。
⑥ 严中平等编:《中国近代经济史统计资料选辑》,科学出版社1955年版,第309页。

生活(粮食借贷占相当大的比重,还有很大部分的借贷用于满足本来就需要支付生活中的大笔支出,如建房、疾病、婚丧等),因此,高利贷起到了相当程度的"救急"作用。①

对社会福利不发达状态下高利贷的"救急"作用,笔者并不否认。本书对此所持的观点是:总体来看,让私人以高利贷的形式获取借款应急,成本是非常高的;为应对风险或避免(在困境时)支付高额利息,人们不得不事先以储蓄等方式预防风险,从而影响资本的流动与使用效率。相比而言,通过社会保障的形式(如保险)在人们失业、重大疾病等情况下提供救助,或许是更有助于平等,经济上也是更有效率的安排。

对此,美国历史上的"慈善银行"②就是成功的尝试。根据 Friedman 的研究,这些"银行"(如 Provident Loan Society)在性质上多数是"半慈善"(semi-philanthropic)机构,被允许追求"合理的利润"(不超过股本10%),是一种"受监管的逐利者"(regulated profit makers)。在威斯康星,这些小额贷款机构取得了巨大成功,其放款额从 1905 年的 38550 美元增长到 1908 年的 101640 美元,1909 年取得了 5000 美元的利润,并降低了利息,成功地驱逐了高利贷者。在这一过程中,国家也日益从高利贷交易的监管者转变为金融机构的监管者。③

需要强调的是,从利息管制的效果来看,区分传统社会与现代社会是有必要的。在资本市场充分发展之前,受利息管制的借款合同主要存在于自然人之间。即,在农业社会的大部分时间,人们多余的收入,除消费外,在投资方式上,无非是用于购置田宅和对外借贷几种。因为投资方式相对有限,在相当长时间内,资本的供应是没有弹性的:不会因为利率高而增加供给或利率的低而降低供给。在这样的环境下,利息管制的转分配功能——强制性地将富有者的财产分配给穷困者——是非常明显的。随着社会的发展,包括工业化进程的启动与加速,现代企业制度、现代资

---

① 徐畅:《二十世纪二三十年代华中地区农村金融研究》,齐鲁书社 2005 年版,第 103 页;费孝通对此也早有论述,见费孝通:《江村经济——中国农民的生活》,江苏人民出版社 1986 年版,第 201 页。

② 如 1859 年成立的 Pawner's Bank of Boston 和 1894 年成立的 Provident Loan Society of New York。Calder, *Financing the American Dreams: A Cultural History of Consumer Credit*, Princeton University Press, 1999, p. 49.

③ Friedman, "The Usury Laws of Wisconsin: A Study in Legal and Social History", 1963 *Wis. L. Rev.* 515, 563—565 (1963).

本市场的兴起,资本的弹性日益增大,利息管制所能约束的资金量日益下降。在这种情况下,通过利息管制以外的其他制度保护社会中弱者的利益便日益重要起来,个人破产法的制定与发展就是非常重要的一个领域。

(四) 利息管制与个人破产制度

如前所述,在美国,各州普遍规定有《高利贷管制法》。不过这类管制法大多针对私人之间的借贷,对银行对外放贷的利息,其采取了相对宽松的态度。1863年制定的《联邦银行法》(National Banking Act of 1863)以及此后的一系列判决规定,在注册为联邦银行后,其对外放款所收取的利率,不受放款地的州法调整,而是受其注册地的法律调整。[①] 这就导致大量的银行到利息管制较少的州注册,从而规避利息管制制度对银行的适用。如果考虑到这一背景,就不难理解为什么在整个19世纪,美国都在推进(作为利息管制替代的)个人破产制度的建立,尽管几经反复,但最终于1898年固定下一个债务人主义的《破产法》(Bankruptcy Act)。

个人破产制度之所以能够被逐步确立下来,源于人们逐渐达成的对其合理性的下述共识。从社会化考量的角度看,无穷尽地追索将引发巨大的社会问题——债务人会为逃债隐姓埋名,潜入社会的灰色地带,甚至为筹款还债铤而走险。个人破产制度能够防止个人偿债不能所带来的一些社会不安定因素,从而促进社会和谐。在此方面,个人破产制度发挥了准社会保障制度的功能。[②] 从经济效率的角度看,没有个人破产制度而让债务人背负过重的债务,不但可能使债权人永远无法获偿,也会导致债务人"破罐子破摔"不努力工作,这对他个人而言是一种惩罚,对社会而言则是福利的损失——其数额为勤奋工作所创造的价值减去不勤奋工作所创造的价值。通过个人破产程序,能够使人们在保留一定自由财产的基础上重新开始新的工作与生活,促进人力资本之最大化。[③]

当然,个人破产制度也并非没有负面作用:允许人们将来通过破产来

[①] 12 U.S.C. §85 (2004); 12 U.S.C. §24 (Seventh); Marquette National Bank of Minneapolis v. First Omaha Service Corporation 439 U.S. 299 (1978); Spellman v. Meridian Bank 1995 WL 764548; Smiley v. Citibank (South Dakota), N.A. 517 U.S. 735 (1996).

[②] Sullivan et al., "Limiting Access to Bankruptcy Discharge: An Analysis of the Creditors' Data", 1983 *Wisconsin Law Review* 1091 (1983).

[③] 许德风:《论个人破产免责制度》,载《中外法学》2011年第4期。

免除债务,可能会导致行为人举借更多的债务和更不节俭。同时,那些最愿意付出高额利息借贷的人,也往往是那些最可能破产的人,从而产生所谓的逆向选择(adverse selection)问题;破产危险越高的人越愿意借债(道德风险),最后债权人只能以惜贷来减少风险。① 不过,正如保险制度没有因存在道德风险与逆向选择而被抛弃一样——人们买了火险后,可能会变得粗心,但不会变得麻木;刑法上规定有放火罪;另外,保险合同还可以通过免赔额等安排降低道德风险的影响。个人破产制度也可以设计相应的规则限制道德风险,防止该项制度被滥用。②

总体而言,在面对投资选择时,人性有过分乐观的弱点。这一方面可以让个人积极向上,从芸芸众生中脱颖而出,另一方面也可能导致人过度透支,彻底失败而陷入困境。从这个意义上说,破产法是一项补救人性弱点的制度。这一认识让个人破产的理论基础从保护"诚实而不幸"的人演化为保护"诚实而不慎"的人。若能逐步建立个人破产制度,将有助于从根本上改变我国长期以来利息负担过高的状况,有助于实体经济的健康发展,同时使我国的社会保障体系更完善,保障人在陷入困境时基本的经济尊严。

四、利息管制的法律规则

(一) 信用卡利息规则

我国主要银行采纳的信用卡章程中通常都会对利息作出明确规定,以《招商银行信用卡章程》(第3版)第21—23条③规定为例,使用信用卡进行交易后,持卡人可按照发卡机构规定的最低还款额还款。持卡人未能在到期还款日前(含)全额还款的,不享受免息还款期待遇。发卡机构对持卡人不符合免息条件的交易款项从银行记账日开始计算利息,日利率为万分之五,按月计收复利,如有变动按中国人民银行的有关规定执行

---

① 一些研究表明,个人破产制度的宽严也会影响企业、尤其是中小企业获得贷款的难易,个人破产的免责程度越高,债务人的违约率就可能越高,银行等金融机构就越有可能惜贷。一个重要的原因在于中小企业的治理结构简单,企业的所有者有充分的便利将企业的财产转移给自己。Berkowitz et al, "Bankruptcy and Small Firms' Access to Credit", 35 *The RAND Journal of Economic* 69 (2004).

② Baird, *The Elements of Bankruptcy*, The Foundation Press, 1993, pp. 32—34.

③ 招商银行网站:http://creditcard.cmbchina.com,2010年1月17日访问。

(第21条)。持卡人未在到期还款日前还清最低还款额时,除按上述计息方法支付透支利息外,对最低还款额未还部分,还应按月支付5%滞纳金(第22条)。持卡人超过信用额度使用时,除按上述计息方法支付透支利息外,对超过信用额度部分,还应按月支付5%超限费(第23条)。从表述上看,(至少对法律人而言)这些规定仍属清晰,不过利息额却远非直觉上那么"公道",消费者违约的代价是巨大的。例如,若信用卡额度为10000元,持卡人划卡消费15000元(超过信用额度5000元,最低还款额为10%),逾一年未还,则利息、滞纳金、超限费总额为6834元(其中利息2934元,滞纳金900元,超限费3000元),为本金的45.6%。

2016年,监管部门或许是看到了上述不当,对信用卡利息问题作出了进一步地规定。"对信用卡透支利率实行上限和下限管理,透支利率上限为日利率万分之五,透支利率下限为日利率万分之五的0.7倍。信用卡透支的计结息方式,以及对信用卡溢缴款是否计付利息及其利率标准,由发卡机构自主确定。"同时要求"取消信用卡滞纳金,对于持卡人违约逾期未还款的行为,发卡机构应与持卡人通过协议约定是否收取违约金,以及相关收取方式和标准。发卡机构向持卡人提供超过授信额度用卡服务的,不得收取超限费。发卡机构对向持卡人收取的违约金和年费、取现手续费、货币兑换费等服务费用不得计收利息"。当然,该规定在内容上仍相对保守,未来是否符合本书提倡的利息管制的政策,还要进一步考察各商业银行在违约金计算方式上的具体安排。

(二) 法律实践中的逾期罚息规则

在我国金融、商业、司法实践中,根据《中国人民银行关于人民币贷款利率有关问题的通知》(银发〔2003〕251号)第3条的规定,逾期贷款(借款人未按合同约定日期还款的借款)罚息利率由当年的按日万分之二点一计收利息,改为在借款合同载明的贷款利率水平上加收30%—50%;借款人未按合同约定用途使用借款的罚息利率,由按日万分之五计收利息,改为在借款合同载明的贷款利率水平上加收50%—100%。在很多场合,这将是非常高的利息率。

除了央行的上述规定外,实践中当事人也会在合同中约定利息及罚息,如在大众汽车金融的车贷合同条款中,2008年的基本月利率为1.08%,基本年利率为12.96%,如借款人不能如期归还贷款,逾期款项的利率(逾期利率)为合同约定基本月利率的150%,逾期利息自发生逾期之日起至全部款项清偿之日止,按日计算,计收复利。①

对于逾期罚息的概念,仍值得讨论的是其与迟延履行违约金的关系问题。从性质上说,若履行的标的是金钱给付,逾期罚息与迟延履行违约金可以说具有同样的含义。既然是迟延履行的违约金,就应当遵循法律关于违约金数额的一般规则。根据《最高人民法院关于适用〈中华人民共和国合同法〉若干问题的解释(二)》第29条的规定,当事人约定的违约金超过造成损失的百分之三十的,一般可以认定为《合同法》第114条第2款规定的"过分高于造成的损失"。对于金钱债权而言,债务人迟延履行造成的损失可以体现为银行存款利息(假如债权人将款项存入银行)、银行贷款利息(假如他通过贷款来弥补亏空)或者是投资收益的损失。若同时考虑债权人的减损义务,此处以银行贷款利息加上必要费用计算,可能是更为合适的安排。由此看来,现实中动辄超过本金100%的滞纳金,便很难说具有正当性。② 尽管从司法实践来看,对于日5‰的罚息,很多法院持支持态度。③

(三) 利息管制、金融消费者保护与利率政策

2008年以来,在对金融危机的反省和补救过程中,人们日益认识到,金融服务中消费者保护措施的不足也是导致和加剧危机的重要原因。④

---

① "大众汽车金融(中国)有限公司与李志永、曹玉娇借款合同纠纷案",北京市朝阳区人民法院民事判决书,(2009)朝民初字第17424号。
② 根据2006年的《沈阳市城市供水用水管理条例》第22条,供水企业可以对欠费用户停止供水,并对欠费用户按日加收应缴水费3‰的滞纳金。类似的规定如《关于调整电信资费滞纳金标准的通知》(邮部〔1998〕125号)规定,用户超过规定期限未付电信费用的,电信企业从逾期之日起至实际还款时止,每天按用户所欠费用款额的3‰收取滞纳金,《最高人民法院关于依据何种标准计算电话费滞纳金问题的批复》对此再次加以了肯定。
③ "北京丰海香园餐饮有限公司与北京怡海达丰物业管理有限公司供用水合同纠纷上诉案",北京市第二人民中级法院民事判决书,(2009)二中终字第16412号。
④ 近年较有代表性的研究如 Bar-Gill et. al., "Making Credit Safer", 157 *U. Penn. L. Rev.* 1 (2008)。当然,时至今日,对消费者保护的论调乃至对美国新法持保留乃至批评态度的论点仍不少见。如 Evans et. al., The Effect of the Consumer Financial Protection Agency Act of 2009 on Consumer Credit, 22 *Loy. Consumer L. Rev.* 277 (2010)。在这两篇文章中,后者更多是信念、口号式的陈述,仅仅陈述了诸如"监管会使行政机构做大,监管成本激增","羊毛出在羊身上",过多的监管将导致消费者所付利息的增加或导致消费者贷款供给的下降等老调观点。比较而言,Bar-Gill 等的论详实,实证充分,更有说服力。

我国实务界和学界对此早有一定研究[①]，在美国作出了相应规制后，很快便有学者进行了较为全面的介绍。[②] 和美国相对宽松的金融环境相比，我国的银行无论在信用卡服务还是住房贷款等方面，都很大程度上受到监管部门的直接控制，因此美国现阶段的问题在我国并不显著。[③] 不过，长远来看，随着我国金融体制改革的深入，金融机构自主权的加大，这方面的监管是极其必要的。除了机构建设、强化信息披露机制以外，直接着眼于消费金融利息率的刚性控制也是必要的，仍是关键的管制思路。[④]

除消费金融外，有关私人之间借贷交易（所谓的"民间借贷"）的利息政策，也会对社会经济产生巨大的影响。而在我国广泛存在各种脱离监管的"影子银行交易"[⑤]的背景下，更需要密切关注借贷交易本身的利息。在上述背景下，我国最高人民法院《关于审理民间借贷案件适用法律若干问题的规定》一刀切地将借款合同利率上限定位24%乃至36%的做法，是极不妥当的：

第一，在确定利息上限时，最高人民法院的主要依据之一是一些对当前市场利息状况的调查，但问题是这类调查无论在地域、交易类型、交易内容等方面都有很多局限，如何能够承担起作为全国性、长期性利息规范

---

① 李金泽：《论我国银行业消费者保护与自律机制之完善》，载《时代法学》2004年第6期。
② 马洪雨等：《危机背景下金融消费者保护法律制度研究》，载《证券市场导报》2010年第2期；何颖：《论金融消费者保护的立法原则》，载《法学》2010年第2期。
③ 在2011年1月实施的《商业银行信用卡业务监督管理办法》中，监管部门已意识到信用卡交易中存在的损害心智不成熟、信息不充分之消费者的可能性，规定不得向未满18岁的未成年人发卡（第44条），在发放学生信用卡之前，发卡银行必须落实第二还款来源，取得第二还款来源方（父母、监护人，或其他管理人等）愿意代为还款的书面担保材料（第45条）。还规定应当向消费者全面、充分地提示用卡风险："营销宣传材料应真实准确，不得有虚假、误导性陈述或重大遗漏，不得有夸大或片面的宣传。应由持卡人承担的费用必须公开透明，风险提示应以明显的、易于理解的文字印制在宣传材料和产品（服务）申请材料中，提示内容的表述应真实、清晰、充分，示范的案例应具有代表性（第39条第1项）。"
④ 杨东：《论金融消费者概念界定》，载《法学家》2014年第5期。
⑤ "银监会主席尚福林在2014年初指出目前有20家银行涉及房地产类贷款已达20.9万亿元，而中国人民银行发布的《2013年金融机构贷款投向统计报告》则显示主要金融机构人民币房地产贷款余额为14.61万亿元。'涉及房地产类贷款'与'人民币房地产贷款'相差有6.3万亿元之巨，足以说明大量的融资主体是无法直接从商业银行直接获得贷款融资的，但通过其他渠道获得的资金也大都出自商业银行。同样典型的就是规模巨大的地方政府融资平台贷款。"裘翔等：《影子银行与货币政策传导》，载《经济研究》2014年第5期，第93页。"数据显示，泛影子银行融资规模占全社会融资规模的比重从2003年的9%上升到2013年的40%。"林琳等：《中国式影子银行下的金融系统脆弱性》，载《经济学（季刊）》2016年第3期。

的依据?①

第二,社会经济状况是不断变化的,即便当前的利息状况如此,也不意味着这种利息率水准便可以作为我们利息规范的长期依据。

第三,长久而言,在利息政策上,或许仍然是要降低借贷关系中的利息率,并鼓励以股权投资的形式进行经营,毕竟没有哪项经营可以稳定地获得相当于年利率24%乃至36%的净利润,在目前缺乏行之有效之破产制度的情况下,一般性允许如此高的利息,只会产生鼓励投机的结果。

总之,仅通过非常有限的调研和浅显的理论分析便经行确定相应之长期标准以制定政策,是极不负责任的做法。很难想象哪一个国家的央行会将其利率长期固定在某个特定水准。比较而言,更合适的安排是放弃固定的利率上限,而由法院通过"显失公平"等制度结合案件实际情况加以判断,以便更好地鼓励投资,使市场交易的利率水准更契合裁判当时的借款和社会经济状况。

值得一提的是,对于放弃固定上限规则、结合案件的主客观情况加以判断的做法,司法解释的主要起草者②认为"将导致在个案中法官需要审查主客观要件,这种审查会加重法官的工作负担,不利于提高办案效率"。这是何等荒谬的理由!对于司法裁判而言,究竟是正义重要,还是"法官负担""办案效率"重要?退一步讲,即便要考虑司法的成本,在诸多需要裁量的事实与法律问题中,利息也并不是很难的一个。起草者还认为"由于缺乏客观的参照标准,借款人往往负有举证责任,即需证明存在着高利借贷的主、客观要件,而这种过分加重当事人举证责任的做法,显然不利于保护弱势群体",这是何等地强词夺理!究竟谁是弱势群体?难道让债务人被迫接受24%乃至36%的年利率才是保护弱势群体?

---

① "西南财经大学中国家庭金融调查与研究中心发布的《中国家庭金融调查》报告显示,全国城镇民间借贷利率23.5%,而农村地区民间借贷利率为25.7%。""根据西南财经大学《2014中国财富报告:展望与策略》所显示,2013年全国各行业民间融资平均年利率达到36.2%。"王林清:《民间借贷利率的法律规制:比较与借鉴》,载《比较法研究》2015年第4期。作者曲解德国法学教授 Reinhard Zimmermann(并称 Zimmermann 为"新古典经济学者")的意见(该文第185页),认为民间借贷有"合理价格"。"合理价格"的说法本身未必不正确,但问题是利息并不能一劳永逸地被长期固定,也不能无视其社会经济功能而按照"存在即合理"的思路简单地依当前市场中的利息水准确定。

② 王林清:《民间借贷利率的法律规制:比较与借鉴》,载《比较法研究》2015年第4期。

(四) 高利贷与非法集资

高利贷、非法集资与暴力犯罪几乎是共生的。对此,《南方周末》的记者的描述[①]透彻而准确:在山东邹平……继2011年10月份崩盘后的一年时间里,该县至少已经发生6起由债务纠纷引发的命案。此外,还有更多自杀或失踪的高利贷玩家,由于未被警方立案,具体人数已经无从统计……浮出水面的命案分别代表了邹平高利贷玩家的四种死亡方式:放钱的杀死"使钱的";"使钱的"杀死放钱的;放钱的火并死人;"使钱的"内讧杀人……。

如何从根本上遏制高利贷与非法集资?本书认为,或许应"开源""管制"与"打击犯罪"三管齐下。开源意味着加强金融市场的竞争,允许更多的资金进入金融市场。管制的重心则是上限管制,禁止在借款合同中约定严重超过实体经济通常利润率的利息。打击犯罪则强调惩治或处罚非法集资行为及高利贷中放贷人从事私刑追债的行为。

(1) 关于开源,诚如茅于轼先生所主张的,高利贷的高利息的重要原因是"出借方的供给太少,有限的资金供给不能满足借入方的需求,供不应求就会涨价。解决的办法是鼓励更多的人参与民间借贷"。"我国银行有二十多万亿的居民储蓄,他们只能享受不到4%的存款利息。如果有合理的利息率,他们都会参与放款,利息率肯定会降下来"。[②] 但是,关于开源必须注意的是,要有合适的资金供应载体。实践证明,现代银行制度及金融信托制度已经形成了一套行之有效的风险控制、资金管理与使用机制,未来还应通过制度建设,鼓励银行间的自由竞争,并在进行必要的监管之外,取消对银行设立、经营的直接干涉。而若简单放开民间借贷,则缺乏专业知识的普通民众常常受从众心理驱使,很难保护自己的利益。

(2) 开源与利息的上限管制并不矛盾。诚然,在供给充足时,市场上通常的利息水平自然会有所降低。但无可否认的是,仍有相当多人会"利

[①] 骗局并不高明。由幕后大玩家操控的"大户",以高利息作饵,吸引若干"中户"集资,"中户"则以低于大户的利息吸引"小户","小户"则以更低但仍远高于银行的利息向亲友筹资。一个个集资金字塔由此形成。……位于塔基的,则多是普通农民。高利贷市场兴隆时,他们只不过拿一两分的利息,但崩盘之后,却成为最大的受害者。以邹平县"受灾"最重的孙镇为例,霍坡、辛集、辉里等村,放钱出去的"几乎挨家挨户"。有的人家把粮食卖掉外加积蓄,凑成一个整数单子存了高利贷。而风潮过后,则据说一度连猪肉都已吃不起。柴会群等:《血债:山东邹平杀警案背后高利贷狂潮》,载《南方周末》2012年11月29日,第1—2版。

[②] 茅于轼:《到底如何看待民间借贷》,载《中国经济时报》,2011年9月15日,第2版。"利

令智昏",如部分债权人/放贷人相信"经营神话",相信市场上有人可以长时间、大范围地获取远高于市场平均利润率的收益回报。而对于经营者,则不仅有"经营狂人"相信可以轻易地获取高额收益,还存在很多居心不良的经营者利用民众逐利心理而高息揽储并谋求"跑路"或用于自身挥霍。对此,上限管制一方面可以起到限制当事人交易的作用,另一方面也具有提示、预警的效果。

(五) 信用卡诈骗罪的刑事责任

在关于信用卡诈骗的报道中,这样的描述是常见的:"超市收银员李某收入不高,却花费不小,而这些钱全来自信用卡透支。李某本已无力还款,还另外申领信用卡拆东墙补西墙,累计恶意透支额超过5万元。经某检察院公诉,李某被法院以信用卡诈骗罪判处有期徒刑两年,缓刑三年,并处罚金6万元,还卖了父母的唯一住房偿还欠款。"①

从上述描述中可以看出,对于信用卡债权,我国法一定程度上乃是将其认定为以刑法保护的特殊债权。依据《刑法》第196条第1款第(四)项和第2款的规定,在定罪上,恶意透支属于信用卡诈骗罪的一种行为类型,以行为人有非法占有目的为构成要件;在量刑上,以诈骗数额和情节作为量刑依据,处以不同程度的徒刑(拘役)和罚金。

恶意透支的行为的性质应如何界定?学者认为不属于违约行为的主要理由似乎在于:在恶意透支的情形下,行为人具有非法占有目的,因此,当事人之间并无一致的意思表示,进而并不存在有效的合同。② 这种理解显然是错误的。合意是否达成,关注的是当事人双方的意思表示是否一致,而并非双方内心的主观意图是否一致。③ 在行为人恶意透支的情况下,虽然其在取得信用卡之初就不具备还款的意思④,与银行的主观意图不同,但在意思表示的解释上,鉴于行为人并未向银行透露自己的意

---

① 孙莹等:《收银员恶意透支 卖房还债仍获刑》,载《北京晚报》,2012年11月28日,第9版。
② 周铭川:《论恶意透支型信用卡诈骗罪的本质》,载《东方法学》2013年第5期。
③ 王泽鉴:《债法原理(第一册)》,中国政法大学出版社2001年版,第189页。
④ 这是"非法占有目的"所要求的。如白建军教授认为:"只有那些事前就有不予归还的打算,得到信用卡后又大额取现、消费,交易坚决,并迅速更换联系方式,极力消失逃避还款责任的,才是典型的恶意透支。"参见《恶意透支型信用卡诈骗犯罪如何适用法律》,载《人民检察》2011年第16期。

图,且其知道银行会如何理解自己的意图,故对于行为人的意思表示应该按照银行的理解来确定其内容,也因此,行为人与银行的意思表示内容一致,合同成立生效,内容包括行为人的还款义务。①

此违约行为是否需要由刑法进行特别规制?这一问题在刑法学界存在普遍争议,目前立法上持支持态度的主要理由在于打击金融犯罪行为。② 本书认为,更妥当的做法是严格限制刑事责任的适用。主要理由有二:其一,刑事立法的需求已经不再强烈。在确立恶意透支型信用卡诈骗罪时,一个主要的理由即为:在当时,我国实行信用卡制度时间不长,管理尚有待于加强③,银行需要特别保护。④ 而现今商业银行显然已成为谈判能力最强的债权人,其完全可以通过交易结构的设置等方式降低自身风险,保障借款的回收,无必要再通过刑法对其进行特别的保护。其二,在符合一般诈骗罪的构成时,仍可适用诈骗罪的规则加以惩罚。

就其本性而言,人并非总是会量入为出,合理计算的。在这一背景下,对待信用卡制度,或许未必恰当的比喻是:我们不应当实行一方面允许合法地卖毒品,另一方面又以刑法惩罚吸毒者的罔民之政。过分严格的信用卡刑事责任将鼓励银行无节制无选择发卡,并通过刑罚的威慑将自制力弱的债务人及其亲友拖入债务陷阱。

(六) 亟待建立的公平收债制度

如前所述,长期以来,中国有强大的"欠债还钱"观念。按照《刑法》第239条的规定,"以勒索财物为目的绑架他人的,或者绑架他人作为人质的,处十年以上有期徒刑或者无期徒刑,并处罚金或者没收财产;情节较轻的,处五年以上十年以下有期徒刑,并处罚金"。但在债权人为了讨债而将债务人绑架时,法律则规定不应按照绑架罪,而应按照第238条所规

---

① 持相同观点的,包括毛玲玲:《恶意透支型信用卡诈骗罪的实务问题思考》,载《政治与法律》2010年第11期;石晶、李小倩:《"信用卡诈骗罪的司法认定与立法完善"研讨会综述》,载《中国检察官》2011年第6期。
② 顾昂然:《关于惩治破坏金融秩序的犯罪分子的决定(草案)的说明——1995年5月5日在第八届全国人民代表大会常务委员会第十三次会议上》,载《中华人民共和国全国人民代表大会常务委员会公报》1995年第5期。
③ 臧铁伟:《〈关于惩治破坏金融秩序犯罪的决定〉简介》,载《人大工作通讯》1996年第2期,转引自王华伟:《恶意透支的法理考察与司法适用》,载《法学》2015年第8期。
④ 白建军:《金融诈骗若干问题研究》,载《中外法学》1994年第4期。

定的非法拘禁罪处理,而后者的量刑标准远低于绑架罪。对于该安排的正当性,学者认为,尽管也是为了获取财物,但行为人是"索取合法的债务",乃是一种"手段行为",故该行为的社会危害性与以勒索财物等为目的绑架他人有所不同。因此应确定为非法拘禁罪。① 实务上,其至为收取法律所不保护的债务而采取的绑架行为,法律也不定性为绑架罪,而是非法拘禁罪。如最高人民法院在法释〔2000〕19 号对此问题作出解释:"行为人为索取高利贷、赌债等法律不予保护的债务,非法扣押、拘禁他人的,依照刑法第二百三十八条的规定定罪处罚。"②

面对此种现状,可能值得借鉴的是美国的《公平债务催收法》(Fair Debt Collection Practices Act,以下简称《公平催债法》)。在该部法律订立之前,美国社会中也存在着大量债权人滥用权利,以不公平方式催收债务,造成债务人失业、破产的现象。③ 为了改变这种现象,《公平催债法》以债务催收人(debt collector)为对象,详细规制了从催收人获取信息的途径(§804),到催收人与消费者(consumer)的沟通机制(§805-808④),再到催收人的民事责任(§813)等具体内容。⑤

结　论

对于法律应否管制利息,有很多讨论。在这之中,一些支持宽待高息

---

① 周光权:《刑法各论》,中国人民大学出版社 2008 年版,第 52 页。
② 不同观点如王昭武:《法秩序统一性视野下违法判断的相对性》,载《中外法学》2015 年第 1 期。
③ 这一情况在《公平催债法》§802(a)中予以明确。该款规定了《公平催债法》的立法目的,其具体内容为:There is abundant evidence of the use of abusive, deceptive, and unfair debt collection practices by many debt collectors. Abusive debt collection practices contribute to the number of personal bankruptcies, to marital instability, to the loss of jobs, and to invasions of individual privacy.
④ 例如,§805 规定,债务催收人不得在不寻常的时间或者场所去和消费者沟通;并且,如果债务催收人知道消费者有代理律师(attorney),则其必须直接与律师沟通;§806 规定,催收人不得对消费者实施骚扰(harass)、压迫(oppress)或者虐待(abuse)的行为;§807 规定,催收人不得错误陈述或者误导消费者(false or misleading representations);§808 规定,催收人不得有不公平的(unfair)行为,其只能请求已经被合同或者法律确认的债务;不得侵犯消费者的隐私权和财产权。
⑤ CFPB Annual Report 2016 on Fair Debt Collection Practices Act, March 2016, p. 8.; ACA International, The Impact of Third-Party Debt Collection on the National and State Economies, July 2014, p. 3.

的观点是容易反驳的:(1)高利贷历史上就有,无法禁绝——杀人越货同样无法禁绝,但法律并不因此就允许自由杀人越货;(2)利息高是市场规律的体现,因为债务人信用差,所以利息高——在债务人信用几乎为零的情况下仍放贷给她,必然是着眼于将债务负担外部化,谋求让其亲人好友清偿债务;3)利率放开,放松金融管制,增加供给,利息自然会下降——21世纪初这十几年中,我们在民间借贷、影子银行方面的规范不可谓不宽松,但高利贷仍然普遍存在,甚至恰恰是与各种管制之外的P2P金融、私募共生。

真正难以反驳的,是更深入的思考:法律为什么要保护这些欠债不还的人?为什么要干涉自甘堕落或自愿冒险?类似的问题还可以有:为什么不规定毒品买卖合法?为什么不允许代孕?文章便试图做这样一些探问,虽然并未找到让人完全满意的答案,但或许可算是一个认真的开端。总结以上对现行法上的利息管制制度和与其相关的个人破产制度的分析,可以得出以下几方面的结论。

第一,高利贷的社会影响异常复杂,难以用诸如成本收益的工具准确判断。但从社会历史的角度观察,人类长期的利息管制历史在很大程度上与社会化思想密切相关,其绝非虚空的道德说教,而更多是包含了扶贫济弱的关怀,是历史上反复试错后的选择,而据此形成的规则也早已融入各国法律。各国高利贷滥觞的年代,往往同时也是经济凋敝,民怨载道的年代,虽然二者的因果关联仍需进一步探究(更多是相互作用),但一定程度上表明高利贷对经济、社会具有巨大的破坏力,其损害远大于救急贷款所带来的收益。

第二,我国显失公平、公序良俗作为一般条款,在实践中鲜有应用,与比较法上将其作为一切法律行为的兜底性检验方式有显著差异。这一方面反映了我国学者在法律适用上对一般条款的不信任,也反映了司法实践中过度的自由主义倾向及概念法学倾向,说明对私法社会化考量重要性的认识仍有待提高。

第三,从市场整体的角度看,利息管制制度有助于维护基本的商业道德,维护商人的形象和商业经营的声誉,降低人们源于贫富差距过大而产生的抵触心理,从而促进市场的有效运转,最终有助于经济效率的提高。

第四,私法上的利息制度是广义上利率政策的一部分。利息管制制度具体运行的效果,在很大程度上取决于信贷的弹性或管制的有效性。合理的上限管制并不会严重影响信贷的供给;而管制被规避的部分可能性(假设为30%)并不用以证成对管制必要性(毕竟有70%被管制住了)的否定。

第五,禁止私刑和公平收债是法律乃至国家权力在借贷关系中必须捍卫的底线。

第六,在未建立完善的企业破产和个人破产制度之前(徒有立法并不足够),限制过高利息是保护弱者,鼓励(股权)投资,实现社会经济健康发展的必然要求。2015年颁行的《最高人民法院关于审理民间借贷案件适用法律若干问题的规定》将24%乃至36%利息率合法化、长期固定化,会助长高利贷,鼓励投机,阻碍社会经济由金融虚拟经济向实体经济的转变。

论房地关系与统一不动产登记簿册
——兼及不动产物权实体法与程序法间的交织关系[*]

张双根[**]

一、导　　论

虽然 2007 年《物权法》（第 10 条第 2 款）已有明确交代，但不动产统一登记的立法工作，直到最近一年才在新一届政府的推动下，有声有色地开展起来。依官方公布的立法规划，将于 2014 年 6 月底前出台《不动产登记条例》，然后再用 3 年左右时间全面实施不动产统一登记制度。立法的宗旨，在于实现登记的"统一"，做到登记机构、登记簿册、登记依据和信息平台的"四统一"。[①] 其中登记机构的统一，在政府机构改革与职能转

---

[*] 原文刊于《中外法学》2014 年第 4 期。本文之写作，幸得北大法学院孙新宽博士全力协助，特志谢意！

[**] 北京大学法学院副教授、博士生导师。

[①] 其工作进展，可参《国务院办公厅关于实施〈国务院机构改革和职能转变方案〉任务分工的通知》（国办发〔2013〕22 号），载 http://www.gov.cn/zwgk/2013-03/28/content_2364821.htm，2014 年 6 月 8 日访问；2013 年 11 月国务院常务会议，参见 http://news.xinhuanet.com/fortune/2013-11/20/c_118225491.htm? prolongation=1，2014 年 6 月 8 日访问；今年两会期间国土资源部负责人专访，参见 http://news.sohu.com/20140309/n396276368.shtml，2014 年 6 月 8 日访问；近期国土部相关负责人所给出的时间表，参见 http://news.mlr.gov.cn/xwdt/jrxw/201404/t20140421_1313233.htm，2014 年 6 月 8 日访问，即"2014 年建立统一登记的基础性制度，2015 年推进统一登记制度的实施过渡，2016 年全面实施统一登记制度，2018 年前，不动产登记信息管理基础平台投入运行，不动产统一登记体系基本形成"。

变的大背景下,自然最受公众与学理的关注①,且近期国土资源部之下正式挂牌成立"不动产登记局",也标志着不动产登记"四统一"工作已迈出重要一步,结束所谓"九龙治水"的局面。② 不过,登记机构的统一,只是统一不动产登记制度的第一步,并非其全部。自理论上言,"统一"意味着登记制度在整体上的内在体系化与系统化,意味着登记机构、登记簿册、登记程序以及各种登记之效力的实质性统一。若不能如此,即使已实现登记机构的统一,其"统一"也仅流于形式,与房地登记分属不同机构的现状相较,只是百步与五十步之别。

在登记制度实质性统一的各项要素中,登记簿册是不动产登记得以操作的载体,是不动产登记制度赖以存在的基础,因此登记簿册的统一,无疑是接下来登记统一工作的另一重头戏。③ 而如何形成统一的登记簿册制度,可自内外两方面来观察:在其外部,需回答应设置哪些种类的登记簿册,以及各登记簿册彼此间的关系;在其内部,登记簿册之名称、各登记栏目及其名称、各登记栏目内可登记的权利与事项、各登记栏目以及各登记事项间的关系等,这些登记簿册构成要素应如何协调统一。

同样因为登记机构的不统一,我国目前已有的不动产登记簿名目繁多。这一现状是否随登记机构的统一而有所改观,尚在未定之中。④ 其中,土地登记簿与房屋登记簿之分设,因现行法将建筑物视作独立于土地之不动产⑤,似乎自始具有当然的制度正当性,而学界也因此常不具详论。⑥

---

① 媒体关注可参上注所引。学理上对登记机构统一的讨论,可参蔡卫华:《贯彻落实物权法,促进不动产统一登记》,载《国土资源报》2010 年第 5 期;刘璐:《统一不动产登记制之下的土地登记规则——以〈土地管理法修订草案送审稿〉第三章为分析对象》,载《政治与法律》2012 年第 5 期。

② 参见 http://news.ifeng.com/a/20140509/40213786_0.shtml,2014 年 6 月 8 日访问;国土资源部网站:http://www.mlr.gov.cn/zwgk/zytz/201405/t20140509_1316407.htm,2014 年 6 月 8 日访问。

③ 对此看法不同者,程啸:《不动产登记法研究》,法律出版社 2011 年版,第 148 页。

④ 相关讨论可参程啸:《不动产登记法研究》,法律出版社 2011 年版,第 144 页以下。

⑤ 本文所论限于房屋意义上的建筑物,"建筑物"与"房屋"二语,在行文中也彼此互指,未做区分;但需指出者,若着眼于登记簿册的统一,虽然目前的登记实务已惯用"房屋",但"建筑物"因更具包容性而更有可取性。至于"地上定着物""构筑物",乃至"储水池""水库"等概念的界定,及其能否构成不动产,可参尹田:《物权法》,北京大学出版社 2013 年版,第 52 页以下;崔建远:《物权:规范与学说——以中国物权法的解释论为中心》(上册),清华大学出版社 2011 年版,第 48 页以下。不过,此等地上"构筑物"即便够成不动产,就其登记簿之设置规则,在原理上不应与"建筑物"有异。

⑥ 持分设论者如程啸:《不动产登记法研究》,法律出版社 2011 年版,第 147—148 页;主张合并设簿者如常鹏翱:《不动产登记法》,社会科学文献出版社 2011 年版,第 63—64 页。

但在本文看来,"房地"应否分享登记簿册,恰是登记簿册统一工作的核心所在。这不仅因为房屋登记事关大众百姓且为日常不动产登记工作的重点,更因为"房地关系"在实体法构造上的疑难点,一直因未深入讨论,呈掩饰状态,而统一登记簿册之立法,恰是揭开其遮掩的契机,使其完全暴露出来,从而上述统一登记簿册之内外两方面的问题,在"房地"登记簿之统一中,也就得以全面的呈现。有鉴于此,本文特以国有建设用地领域的"房地关系"为分析重心,由实体法而至登记程序法,落脚于统一的"房地"登记簿如何构建,并借此揭示不动产物权实体法与登记程序法间的彼此交织关系。在此之前,为明晰论文思路,有必要先行详示其问题脉络。

二、问题的呈现

欲明了我国法上的问题所在,先须把握不动产登记法一般理论上,不动产登记簿册在设置上所须遵循的原则。

(一) 登记簿册统一所应遵循的原则

登记簿册之设置,一方面须遵循登记簿册的编制原则,另一方面又取决于不动产登记法的功能定位。前者着眼于登记簿册自身的构造逻辑,后者则牵涉登记簿册在整个不动产法律制度中所承担的角色。

1."物的编成"体例

不动产登记簿之编制,在体例上有"物的编成(Realfolium)"与"人的编成(Personalfolium)"之分,前者以不动产(物)为登记簿册的编制基准,后者则以权利人为主线。[①] 考察我国现行的不动产登记,在地上建筑物或房屋登记方面,以基本单元之房屋,作为房屋登记簿的编制基准。[②] 在土地登记方面,则以"宗地"作为基本单元来设置土地登记簿[③];尽管这一

---

① 关于这两种不同体例的概述,可参 Bauer/von Oefele,Grundbuchordnung,2. Aufl. 2006,§3 Rn. 7,§4 Rn. 1;鲍尔/施蒂尔纳:《德国物权法》(上册),张双根译,法律出版社2004年版,第299页;程啸:《不动产登记法研究》,法律出版社2011年版,第149—151页。

② 参见《房屋登记办法》(2008年原建设部)第10条、《房屋登记簿管理试行办法》(住建部2008年)第5条;地方性立法如《重庆市土地房屋权属登记条例》(2012年10月1日起施行)第9条第款第一分句。

③ 参见《土地登记办法》(2008年国土部)第5条;地方性立法如《重庆市土地房屋权属登记条例》第9条第1款第二分句。

"宗地"概念的内涵仍有待厘清(见下述),但其所隐含的以客体为准的编制思路,仍不揭自明。因此,现行不动产登记簿之编制,基本采取"物的编成"体例。而且,这一编制技术在我国践行既久,已有相当的积累,目前看不出有改弦更张的必要[①],故大体可断言,房地登记统一后,统一的不动产登记簿册,在编制上仍坚持"物的编成"体例。

那么在编制登记簿册时,这一编制体例具体表现在哪些方面呢?对此学界阐发不多,而在本文看来至少有以下几个方面:第一,所谓"不动产登记簿"者,顾名思义,就是为"不动产"所编制的登记簿册,因此,享有为其编制独立的登记簿册之"资格"的,只能是"不动产"。这虽是不言自明的道理,但因关乎本文立论的大关节,不得不特别提出。不动产所享有的这一资格,不妨称之为"登记簿册之享有能力"。[②] 准此,凡不构成实体法上的独立不动产者,无论其表现如何,均无"登记簿册之享有能力"。[③] 第二,与此相应,登记簿册之名称,原则上以该不动产之名称为准。换言之,以不动产之种类名称(如土地、建筑物等),为登记簿册命名(如土地登记簿、建筑物登记簿等)。如此,"物的编成"才能名正言顺。第三,进一步地,登记簿册在登记栏目设置上,应首先设置"状态栏目",记载该不动产的地籍编号或房屋编号以及位置、面积、用途等自然属性,以使该项不动产特定化,进而与物权客体特定原则相通。

2. 不动产登记法之程序法定位

与物权法等规范不动产物权关系的实体法相对,不动产登记法属于

---

① 相同意见参见程啸:《不动产登记法研究》,法律出版社2011年版,第151—153页。顺便提及者,自不动产登记统一立法进入公众视野以来,坊间与媒体曾殷殷期待"不动产登记承担起反腐利器"之功能,集中报道可参:《不动产登记承担得起反腐重任吗?》,见http://news.ifeng.com/opinion/special/budongchan/,2014年6月8日访问;《不动产登记制度来了:房叔、房姐们怕了吗?》,见:http://news.sohu.com/20140329/n397417870.shtml,2014年6月8日访问)。此一期待尽管是对不动产登记制度核心功能的误解,却与"人的编成"体例颇有暗合之处。不过需指出的是,即便是采取"物的编成"体例,倘若在互联网技术基础上能真正实现"住房信息联网","反腐"这一政治使命也未尝不可成为不动产登记的附带功能;但仅此而已,个人住房信息的"联网",仍非真正意义上的登记簿之"人的编成"。

② 这一概念不乏自创意味。与此相区别者,一为不动产登记法中常见的"登记能力(Eintragungsfähigkeit)"概念,即不动产物权或其关系能登记入不动产登记簿之能力;另一为"登记簿能力(Grundbuchfähigkeit)",即参与不动产登记法律关系并能以物权人或相关当事人身份登入登记簿之主体资格,如民法上的合伙能否作为不动产所有权人登入登记簿者,即属于此类,就此可详参 *Bauer/von Oefele*, Grundbuchordnung, 2. Aufl. 2006, Rn. 26 ff.。

③ 此论并不妨碍在立法上将某些特殊的动产,如船舶、航空器等,拟制为不动产,进而为其设置登记簿;就与此相关的在建船舶抵押权之构成,见下述"三、(三)2"部分。

程序性法律,旨在反映并保障不动产物权的实体法律关系,辅助不动产物权交易的实现。① 这一程序法定位表明,登记簿册之编制虽以作为客体的不动产为起点,但其目的与功能指向,显然不在于不动产自身,而是不动产上所成立的各种物权。而不动产上各种物权关系的建构,又遵循如下逻辑,即先须承认或成立作为母权的不动产所有权,以解决不动产这一有体物之本体的归属关系,然后借助所有权权能之分离,派生出各种不动产他物权。反映在登记簿册中:首先,须先进行不动产所有权之登记,然后才能登记可能存在的不动产他物权;②其次,二者在登记簿册中,须分属于不同的登记栏目,即须有专门的"所有权登记栏目";再次,各登记栏目在登记簿册内的空间位置上,"所有权登记栏目"须位于"他物权登记栏目"之前。③

登记程序法唯有如此的理论设计,才能真实再现实体法上的不动产物权关系,如影之随形。而且,在实体法与程序法两方面的构造中,不动产所有权具有核心地位,甚至可视为打通二法的关节:在实体法中,所有权作为物(不动产)上的最为完整的母权,解决物本身的归属关系,从而与物本身融合不分,二者间具有同义说明关系④;反映在"物的编成"体例下登记簿册之编制上,不动产(客体)与所有权登记为不可或缺的要素,而不动产他物权仅属或然事项,故称"不动产登记簿"为"不动产所有权登记

---

① 参见 *Bauer/von Oefele*, Grundbuchordnung, 2. Aufl. 2006, Rn. 36 ff.。不动产登记法之程序法定位,与其具有"独立法地位"间并不矛盾;但对后者似有过分强调者,如常鹏翱:《不动产登记法的立法定位与展望》,载《法学》2010年第3期。

② 如我国台湾地区《土地登记规则》(2014年修订)第11条("未经登记所有权之土地,除法律或本规则另有规定外,不得为他项权利登记或限制登记。"),即明确揭示这一原则。

③ 不动产登记簿内登记栏目之设置,各立法例虽在细节上略有差异,但思路大体相同;就此可参李昊等:《不动产登记程序的制度构建》,北京大学出版社2005年版,第473—482页;常鹏、常宪业:《不动产登记与物权法:以登记为中心》,中国社会科学出版社2009年版,第181—185页。

④ 所有权与其客体(物)之间的同义说明关系,在罗马法上即已有之,参见彼德罗·彭梵得:《罗马法教科书》,黄风译,中国政法大学出版社1992年版,第183页("所有权是最显要和最广泛的权利,而且它同物本身融合在一起,…");德国学理上的类似论述,可参 *Wilhelm*, Sachenrecht, 4. Aufl. 2010, S. 26, Rn. 54。在我国虽无此泛论,但在现行法中亦不乏其例,如买卖合同的称谓:通常所说的房屋买卖、汽车买卖等"物的买卖",究其实,应为房屋或汽车所有权的买卖;同时,也正因为是关于所有权的买卖,所以关于其他权利之买卖,才有准用"物的买卖"相关规定之法理,如《德国民法典》第453条;我国《合同法》第174条("法律对其他有偿合同有规定的,依照其规定;没有规定,参照买卖合同的有关规定。"),虽含义颇不明,但在解释上亦应及此。

簿",在理论上亦不为过。

(二) 登记簿统一在现行法上所存在的疑问

准上所论,实体法上的不动产概念及其种类,决定着登记簿册如何统一的思考路径。在我国,土地与建筑物各享独立的不动产资格,已成实体法上不可更改的局面。① 但是自不动产登记法角度反向来考察,或者说欲以现行法上的土地与建筑物概念来建构登记簿册之编制思路,则土地与建筑物这两个概念,无论是分别来考察,还是分析二者间的关系,均疑问丛丛。

1."平面化统一"问题

土地是不动产概念的基础与核心,因此不动产登记簿的统一,首先须体现为"土地"登记簿的统一。在土地私有制的立法例中,作为土地登记簿册设置基准的"宗地",指向土地所有权,二者间处于同义说明关系,从而其登记簿册的设置,基本可统一于围绕土地所有权的登记体系中,且原则上不因土地之自然属性、用途之差异而有不同。

但在我国,土地实行公有,土地所有权在私法上的意义极有限,土地权利体系的核心,让位于能带动土地流转与交易的建设用地使用权。这一国情差异,导致我国在实施登记簿册之统一时,会面临如下疑问:第一,作为登记簿设置基准的"宗地"概念,所指向的是土地所有权,还是建设用地使用权?第二,若指向土地所有权,则因土地所有权在私法实体法上的有限意义,为其设置土地所有权登记簿册,其意义与功能又该如何体现?第三,倘若指向后者,则"宗地"为客体意义上的不动产(有体物),而建设用地使用权为一项他物权,二者分属客体与权利范畴,进而登记簿名称与内容上的名实不符,又该如何解释呢?

此等疑问因围绕平面化的土地权利而生,不妨称之为"平面化统一"问题。

---

① 关于建筑物在各立法例上的不同处理,可参孙宪忠:《中国物权法总论》(第2版),法律出版社2009年版,第217—218页;曾大鹏:《论民法上土地与建筑物的关系——以一元推定主义为中心的理论探索》,载《南京大学法律评论(2008年春秋合卷)》,法律出版社2009年版,第80页以下。

2. "立体化统一"问题

土地之上建有建筑物时,按我国法的逻辑,建筑物为独立的不动产,得在其上成立有别于土地所有权的建筑物所有权。但是,建筑物又无法摆脱须依附于土地这一自然属性,从而建筑物及其所有权欲维持并获得在土地上的正当性,又须以建设用地使用权来作为支撑。如此一来,除登记簿册分设还是合并这一疑问外,又遭遇:第一,实体法上就地上建筑物所有权与建设用地使用权间的关系,一再强调"房地一致原则",即坚持二者在归属关系上的一致性①,从而在登记程序法上,无论登记簿册是合还是分,又须通过什么样的登记技术,来反映这一实体法原则?② 第二,实体法上涉及"房地一致原则"的相关规定,似乎只强调其一致性效果,并未提及房地二者中有主次或轻重之分。这一暧昧不明的态度,在实体法上因"房地一致原则"的强制性③,尚不至于产生疑问,但是一旦体现于登记程序法,尤其是落实于登记程序之具体操作,则房地登记簿册无论是合还是分,均面临登记簿册之设置,以及具体登记程序之进行,究竟是以地权为准还是以房权为中心的困扰。

这一房地关系上的登记簿册构造问题,与"平面化统一"相对,呈现出"立体化统一"的问题面向。

3. "立体化统一"问题的延伸

继续着眼于地上建筑物。学理在阐释"房地一致"原则时,就其"房"之理解,通常局限于单独所有的已建成的地上建筑物④,甚少虑及建筑物的其他形态,从而不免削弱这一原则在我国不动产权利体系构成中应有的解释力。

在现实生活中,表现为房屋所有权归属关系之常态的,实际上并非地

---

① 具体参见《物权法》第 142、146、147、182、183、200、201 条等(其中关于第 142 条的问题,详下述),亦参《城市房地产管理法》第 32 条。
② 对此虽有提及但未深论者,常鹏翱,见前注⑦,第 63—64 页。
③ "房地一致原则"的强制性问题,参见下述。
④ 如高圣平:《土地与建筑物之间的物权利用关系辨析》,载《法学》2012 年第 9 期;程啸:《不动产登记法研究》,法律出版社 2011 年版,第 82—85 页;孙宪忠:《中国物权法总论》(第 2 版),法律出版社 2009 年版,第 219 页。对建筑物区分所有稍有论及者,参见曾大鹏:《论民法上土地与建筑物的关系——以一元推定主义为中心的理论探索》,载《南京大学法律评论(2008 年春秋合卷)》,法律出版社 2009 年版,第 90—91 页。

上建筑物单独所有,而是建筑物区分所有情形。① 在建筑物区分所有情形,也存在"房地关系"问题,即专有部分之住宅与作为共有部分核心之基地(实为对基地之建设用地使用权的共有权)间的关系问题。但在关于区分所有权性质之通说即"三位一体之复合权利说"中②,这一问题往往被遮蔽在专有权与更大范围的共有权间的关系中,远不如地上建筑物为单独所有情形时表现得强烈或明显;且通说在阐述"三位一体说"内含时,基本上不提区分前的"房地一致原则"。③ 这能否构成一种理论或制度"断裂",或者反面追问,地上建筑物不论是否采取区分所有权形式,就其"房地关系",能否构建一种一以贯之的理论模式,不无探究余地。

再者,地上建筑物除已建成外,尚有未建成之形态,即在建建筑物,且在我国物权实体法上,在建建筑物之上可成立单独之物权,如在建建筑物抵押权④、预购商品房抵押权⑤,或存在围绕在建建筑物的物权制度,如预购商品房预告登记、预购商品房抵押权预告登记⑥。但是,建筑物既然尚未建成,也就不能构成一项真正的独立的不动产,进而准之于物权客体特定原则,在其上又如何能成立独立的物权呢?这一法教义学上的疑问,一

---

① 就此须说明两点:第一,宅基地使用权虽不在本文主题范围,但可指出者,在以宅基地使用权为基础的地上建筑物情形,在现行法下,一般为单独所有,至多成立按份共有或共同共有,断无建筑物区分所有之构造可能。第二,在以建设用地使用权为地权基础的地上建筑物中,不构成建筑物区分所有权的房屋共有情形,无论是按份共有还是共同共有,在实体法与登记程序法上,基本准用单独所有的规则,故本文略去不论,避免枝蔓。

② 参见陈华彬:《建筑物区分所有权》,中国法制出版社2011年版,第71页以下、第83页以下;梁慧星、陈华彬:《物权法》(第5版),法律出版社2010年版,第164—165页;类似地,王利明:《物权法研究》(上卷),中国人民大学出版社2013年第3版,第560—562页;王利明、尹飞、程啸:《中国物权法教程》,人民法院出版社2007年版,第210页;崔建远:《物权:规范与学说——以中国物权法的解释论为中心》(上册),清华大学出版社2011年版,第403—404页。

③ 仅曾大鹏:《论民法上土地与建筑物的关系——以一元推定主义为中心的理论探索》,载《南京大学法律评论(2008年春秋合卷)》,法律出版社2009年版,第90—91页,简略论及。

④ 参见《物权法》第180条第1款第5项;《房屋登记办法》第59条以下仍沿用实践中的惯用术语,称"在建工程抵押权"。

⑤ 参见《城市房地产抵押管理办法》(原建设部,2001年修订)第3条第4款、第20条、第27条、第34条第2款;《担保法司法解释》(2000年)第47条。须注意的是,《物权法》并未明确规定"预购商品房抵押权"(也有学者将其解释进《物权法》第180条第1款第5项"在建建筑物抵押权"之中,如程啸:《〈房屋登记办法〉中在建工程抵押权登记的理解与适用》,载《中国房地产》2008年第7期),其后的《房屋登记办法》虽继续认可预购商品房抵押权制度,但并未规定于"抵押权登记"一节(第三章第二节,第42条以下),而是将其纳入预告登记中(第67条第2项、第71条)。

⑥ 参见《房屋登记办法》第67、71条。

方面牵涉不动产概念与范围在我国法上到底应该如何界定,另一方面又与"房地一致原则"纠缠在一起,成为实体法上不动产概念体系化时须进一步清除的理论障碍。

实体法上的这些疑问,也反射在不动产登记法上。如建筑物区分所有之登记,在现实中往往只有房屋所有权登记,而无相应的建设用地使用权(共有权)登记,业主手中往往仅持有房屋所有权证书,其房屋真的好似"空中楼阁"。[①] 而在建建筑物抵押权与预购商品房抵押权,表面看均是以在建建筑物为抵押权客体,但在现行《房屋登记办法》上,前者被列入正式的抵押权序列,而后者只是栖身于预告登记制度中,从而登记法上这一不对等的处理,其理由何在,仍有待解释。更有甚者,预购商品房抵押权之预告登记,虽有其名,但究竟登记于哪一登记簿册之哪一登记栏目,遍检现行《房屋登记办法》,均无从得知,所谓的因登记而产生的公示效力,也就无从谈起。

围绕地上建筑物概念所衍生的这一层次的实体法与登记程序法上的诸般疑问,实为"立体化统一"问题的进一步延伸与表现,同样是房地登记统一工作须切实应对的疑难点。

(三)小结

上述种种疑问,由实体进至程序,又自程序来反叩实体,层层递进而又彼此交织,错综复杂。问题的症结,在于实体法上的"房地关系",即上述"立体化的统一"及其延伸问题。

三、房地关系:"房地一致原则"的理论表述

在土地与房屋分别为独立不动产的现行法下,房地关系的内涵,基本上浓缩于"房地一致原则"之中。按照学理上的通行看法[②],之所以须"房地一致",是因为房地之间在自然属性上的紧密关联,即"房依地建,地为

[①] 就此可参刘月、楼建波:《建筑物区分所有权人的土地权利登记问题》,载《法治研究》2011年第9期。

[②] 其文献梳理,详参高圣平:《土地与建筑物之间的物权利用关系辨析》,载《法学》2012年第9期;亦参朱晓喆:《房、地分离抵押的法律效果——〈物权法〉第182条的法律教义学分析》,载《华东政法大学学报》2010年第1期。

房在";进而该原则的功能,在于避免因建设用地使用权与房屋所有权在归属上异其主体,导致不动产法律关系的复杂化;体现在现行法规定中,尤其针对建筑物(房)或建设用地使用权(地)的转让、抵押等,贯彻"房地一体处分",即俗称的"房随地走""地随房走"原则。①

但疑问依然存在:第一,"一致"取其广义,意味着"在法律上共其命运",则在房地一体处分外,其他情形是否亦须"一致"? 第二,就房地一致的理由,通说仅取功能或结果导向的论证,固然可以说明其法政策上的正当性,但在民法教义学上,大凡两个客体或权利,在法律命运上处于彼此关联者,其理论模式可有"主从关系""整体与成分"②,房地间的"一致",究属何种理论模式,抑或一种模式创新,仍有释疑必要。第三,一旦进入"主从说"或"成分说"思路,则在所涉两个客体或权利中,须有主次或轻重之分。"房地"二者,孰轻孰重?

下文即围绕此等疑问,依地上建筑物状态之不同,由已建成而至在建状态,由单一所有权而至区分所有权状态,由简入繁,逐一分析。不过作为分析前提,先有必要厘定"房地"概念之所指。

(一)"房地"概念的厘定

1. "房地"所指者,均为权利

在通常情形下,"房地"一语,无论是单称还是并举,首先均指客体意义上的有体物,即"房屋"或"土地",然后在所有权与客体(物)之同义说明逻辑下,再同时转指房地上的所有权。但在中国法语境下,"房地关系"或"房地一致"中的"房地",所指只能为权利,且为建设用地使用权与房屋所有权。③ 这是因为,如上文所示,在于土地公有制前提下,土地私法权利体系的核心,已让位于建设用地使用权,由其说明建筑物之地权基础;而

---

① 学理亦大多侧重于"房地一体处分"角度来阐释"房地一致"原则,如段则美、孙毅:《论土地与地上物关系中的分别主义与一体主义》,载《苏州大学学报(哲学社会科学版)》2007 年第 6 期;高圣平:《土地与建筑物之间的物权利用关系辨析》,载《法学》2012 年第 9 期。
② 此外尚有"原物与孳息"关系,但其显与"房地关系"有别,故略去不论。
③ 可参崔建远:《物权:规范与学说——以中国物权法的解释论为中心》(下册),清华大学出版社 2011 年版,第 577 页;王利明:《物权法研究》(下卷),中国人民大学出版社 2013 年第 3 版,第 922—923 页;孙宪忠:《中国物权法总论》(第 2 版),法律出版社 2009 年版,第 219 页;黄松有主编:《〈中华人民共和国物权法〉条文理解与适用》,人民法院出版社 2007 年版,第 440—442 页。

代表建设用地使用权之"地",一旦与"房"并用,也使得该"房"就只能在权利层面上来理解。不过,"房地"内涵由客体而至权利的转换,在现有教科书与文献中,几乎视为不必申论的当然前提。但这一转换,在实体法上关涉不动产(或客体)概念的界定,在登记法上又关乎登记簿册设置之逻辑起点,故特别提出。①

2."房地"之"地",所指者仅为建设用地使用权

依上述主题限定,本文所论之房地关系,仅限于国有建设用地情形。但问题是,在建设用地上建造并拥有房屋时,房屋所有权人除建设用地使用权外,能否通过租赁关系等其他性质的对土地的权利,来维系其建筑物所有权之正当性。这一疑问的实质,乃现行法所采取的"房地一致原则",是否属于强制性规范。而其外在表现,则是对"房地"予以转让、抵押等处分时,能否分别处分,因为分别处分之结果,必然导致建设用地使用与房屋所有权在归属上异其主体,从而房屋所有权人为维系其所有权的正当性,必须享有一项建设用地使用之外的对土地的权利(如债权性的租赁权等)。②

对此疑问,本文持否定意见,理由如下:其一,《物权法》第142条就建设用地使用与房屋所有权之归属一致,虽以"但书"方式设置例外,许可反证推翻,但细考体现房地一体处分的各项具体规定(第146、147、182、183、200、201条等),在条文表述上基本不允许意思自治空间,且适用"一体处分"的要件,均仅为房屋对土地之"附着"或"占用"的自然属性,从而至少在《物权法》内,如何因房地分别处分导致各归其主者,殊难想象。如此一来,第142条"但书"规定的适用范围,不免存疑。其二,在《物权法》

---

① 正因为"房地"内涵的特殊性,故在进行比较法操作,尤其以类似的将"房(房屋所有权)"与"地(土地所有权)"分列为两项不动产之日民、台民来佐证我国法时,须特别小心。就此略有失察者,如朱晓喆:《房、地分离抵押的法律效果——〈物权法〉第182条的法律教义学分析》,载《华东政法大学学报》2010年第1期(以日民之房地分别抵押而形成共同抵押之说,来证立《物权法》第182条应为"共同抵押")。

② 对"房地一致原则"之强制性,在法政策上提出批评者,参见孙宪忠:《中国物权法总论》(第2版),法律出版社2009年版,第218—219页;陈甦:《论土地权利与建筑物权利的关系》,载《法制与社会发展》1998年第6期;曾大鹏:《论民法上土地与建筑物的关系——以一元推定主义为中心的理论探索》,载《南京大学法律评论(2008年春秋合卷)》,法律出版社2009年版,第80、91—96页。后两位作者均认为,除法律明确限制外,允许当事人分别处分建设用地使用权(或土地使用权)与地上建筑物,此时在建设用地使用权人与建筑物所有权人间成立(推定性的)租赁关系。

之外所存在的例外,一为1990年国务院《城镇国有土地使用权出让和转让暂行条例》第25条第2款("土地使用权和地上建筑物、其他附着物所有权分割转让的,应当经市、县人民政府土地管理部门和房产管理部门批准,并依照规定办理过户登记"),另一为《土地登记办法》第29条("依法以国有土地租赁方式取得国有建设用地使用权的,当事人应当持租赁合同和土地租金缴纳凭证等相关证明材料,申请租赁国有建设用地使用权初始登记。")。依前者,房地分别处分或"分割转让",应"经市、县人民政府土地管理部门和房产管理部门批准",带有房地产市场发轫期的印记,在《物权法》之后,该款规定是否仍有适用余地,不无疑问。[①] 依后者,房屋所有权人只是自始以租赁方式自土地所有权人(即国家)手中取得对土地的使用权,并无物权性的建设用地使用权之成立,从而不发生建设用地使用权与房屋所有权在归属上异其主体的问题。其三,进一步考察土地租赁权,则无论是自始即以租赁方式来获得对土地的使用权,还是嗣后因房地分别处分而以租赁权来说明房屋所有权人对土地权利的思路,在现行法上均难以充当房屋对其土地的正当权源。其原因在于,一方面土地租赁权在我国法上,并无类似其他立法例中经登记而上升为地上权或获得物权性效力的规定[②],只能固守其债权属性;另一方面,作为债权之租赁权,在权利内容、期限、对抗效力以及救济等方面,实难与房屋所有权相匹配,从而难以与房屋所有权一起,构建其彼此一致的法效关系。[③] 其四,退一步,在应然法层面上,鉴于债权性土地使用关系难以承担维系建筑物所有权之正当性的重任,则其可能性也只能借助物权性制度,且无非两种,即一为已具有向物权(具体说应向建设用地使用权)转化可能的租

[①] 在物权法教科书中,即使提及该款规定,也未交代到底在何时可"分割转让",如崔建远:《物权:规范与学说——以中国物权法的解释论为中心》(下册),清华大学出版社2011年版,第577页。而在该《暂行条例》出台之同年,原国家土地管理局在答复浙江省就如何理解该条"分割转让形式"之请示的答复中,似乎也只是认可土地使用权的分割转让,即"非整宗地的土地使用权转让行为",而未及于土地使用权与建筑物间彼此分割转让的情形;参见《国家土地管理局关于如何理解分割转让形式的答复》(1990年8月25日)。至于实践中存在的"房地"在归属上异其主体的现象,已有学者指出这只是法律适用偏差所致,并不足取;参见高圣平:《土地与建筑物之间的物权利用关系辨析》,载《法学》2012年第9期。

[②] 如我国台湾地区"民法"第422—1条,《日本民法典》第265条。

[③] 准此而言,在土地租赁合同中,双方当事人固然可以约定"在土地上进行建造"的内容(参见崔建远:《物权:规范与学说——以中国物权法的解释论为中心》(下册),清华大学出版社2011年版,第556页),但能否约定承租人保有所建造房屋的所有权,仍不无疑问;德国法情形可参 *Staudinger/Raap* (2009), Einl zum ErbbauRG, Rn. 1。

赁关系;另一为借助德国法之"次地上权"(Untererbbaurecht)思路,设计出建设用地使用权之上的另一建设用地使用权(即"次建设用地使用权")。① 这两种可能性的结果,均不过是在现有的建设用地使用权与建筑物所有权之间,再加进一个建设用地使用权的构造,从而自本质上仍摆脱不了必有一个建设用地使用权须与建筑物所有权结合在一起的命运。

准此而言,尽管在实定法上许可例外,但此例外并无建构可能,故为避免房地关系之不必要的复杂化,本文仍坚持"房地"之"地权",仅限于物权性的建设用地使用权。②

(二) 现房情形的"房地一致":元素—整体关系

1. 地上建筑物为单独所有的情形

房屋已建成且房屋仅归一个主体所有(单独所有权)之情形,为房地关系之原初形态。现行法与学理所强调的房地一致原则,主要由此而发。而且,以"在法律上共其命运"来理解"一致",房地一致原则所体现的,不应仅限于房地一体处分,而是及于房地权利得丧变更的各个环节;且也不限于基于法律行为方式的权利变动,基于建造等事实行为以及继承等法定原因的得丧变更,也应包括在内。一言以蔽之,"房地一致"的正确理解应是,只要地上有房,则取其任何一个时间点来观察,房地权利之归属均须一致,房地归属在任何时候均不能异其主体,既不允许"有地权而无房权",也不允许"有房权而无地权"。

房地法律命运已达如此之"一致",那么房权与地权,在法律上还能视作两项独立的不动产物权? 按诸现行法涉及"房地一体"的各项规定,"房地"得各为不同处分行为之客体,从而房地二者似乎仍为两项独立的权

---

① 参见鲍尔/施蒂尔纳:《德国物权法》(上册),张双根译,法律出版社2004年版,第652页。但"次地上权"之构成,在德国亦非毫无争议,如 *MüKoErbbauRG/von Oefele*/Heinemann, 6. Aufl. 2013, § 1, Rn. 31 ff.,持肯定意见;而 *Wilhelm*, Sachenrecht, 4. Aufl. 2010, S. 840, Rn. 2171 f.,则略显克制。

② 更详尽的论证,可参高圣平:《土地与建筑物之间的物权利用关系辨析》,载《法学》2012年第9期。另台湾地区2010年修正"民法""用益物权"时,为应对"房(建筑物所有权)地(土地所有权)"各归其主所引发的"基地使用权"缺失之尴尬,特新增第838—1条,规定"法定地上权"制度,从而亦有将基地使用权统一于地权的思路,这一立法趋势,亦可佐证本文观点;就台湾地区新增之法定地上权制度,可参谢在全:《民法物权论》(中册)(第5版),中国政法大学出版社2011年版,第440—442页。

利,只不过在处分行为效果上使其一体化。① 究其成因,其中虽不乏使建筑物所有权过度独立化、受制于现行房地登记分离体制的因素,但也或多或少受到当时台湾地区地上权制度的影响。台湾地区立法虽取仿德国地上权制度,但在地上权与地上建筑物之关系这一点上,又存实质性差异。② 德国法上的地上权制度③,在于破除《德国民法典》第 94 条将地上建筑物构成土地之重要成分的附合制度,且其构造逻辑分两步走,即先经由《德国民法典》第 95 条第 1 款第 2 句,在土地所有权与地上建筑物之间插进地上权,使建筑物摆脱其土地之重要成分的身份;然后再依《地上权法》(ErbbauRG)第 12 条第 1 款第 1、2 句,将基于地上权所建造之建筑物,"视为"(gilt)地上权之重要成分。④ 由此可见,作为不动产之建筑物,在德国法上自始至终仅具有"重要成分"属性,始终不可成为处分行为之单独客体,从而自始杜绝了地上权与建筑物分别予以处分的可能性。而台湾地区"民法"就建筑物,取的却是日本民法思路,不仅将其独立于土地所有权,更将其独立于地上权,有独立的建筑物所有权存在;加之在台湾地区"民法"(原)第 838、882 条之下,地上权似乎得独立予以让与、设定抵押,在制度上引发地上权与地上建筑物得分别处分而异其归属的可能性。⑤ 但为顾全建筑物与地上权两者相合始能完成其经济作用,台湾地区通说又强调二者在处分上应一并为之;不过学理在论说其一体处分之理由时,似以第 862 条第 1 项所体现的"处分主权利及于从权利"规

---

① 以建设用地使用权为处分客体的,如《物权法》第 146 条、第 182 条第 1 款第 2 句、第 200 条;以地上建筑物为处分客体的,如第 147 条、第 182 条第 1 款第 1 句。

② 参见谢在全:《民法物权论》(上册),中国政法大学出版社 1999 年版,第 350 页;王泽鉴:《民法物权》,北京大学出版社 2010 年第 2 版,第 281—283 页。

③ 经 2007 年 11 月 23 日之立法,原《德国地上权条例(ErbbauVO)》,已更名为《德国地上权法(ErbbauRG)》,不过内容上并无修正。关于德国地上权立法的背景、沿革,可参 Staudinger/Raap(2009), Einl zum ErbbauRG, Rn. 3 ff.。

④ "成分"概念仅存于"物"这一客体制度中,而地上权乃权利,并非物,故采用"视为(gilt)"之拟制技术。另外,既然该建筑物的属性是成分,则在其上原则上不能成立单独的所有权,只不过德国学理为了说明地上权人之地位与权利内容,又借用《住宅所有权法》"特别所有权视为(Sondereigentum)"概念,来说明该建筑物之于地上权的关系,因此虽有"特别所有权"之名,但该所有权仍然只是由地上权所产生的不具有独立性的一项权能;就此详参 MüKoErbbauRG/von Oefele/Heinemann, 6. Aufl. 2013, §1, Rn. 5 f.; §12, Rn. 1 ff.。

⑤ 详谢在全:《民法物权论》(上册),中国政法大学出版社 1999 年版,第 370—371 页;谢在全:《民法物权论》(下册),中国政法大学出版社 1999 年版,第 741 页。

则为据。① 为杜绝是否一体化的歧义,2010 年台湾地区修正"民法典""用益物权"时,增设第 838 条第 3 项,以强制性规范形式,明确规定地上权与建筑物之间的"处分一体性规则"。② 但地上权与建筑物何以须一体化,以及如何看待处分一体化后的地上权与建筑物关系,在法教义学构成上其疑问依然存在。

我国立法虽然在建筑物之为独立不动产,以及得就建设用地使用权与建筑物各为处分方面,与台湾地区"民法典"修法前的做法相同,但就针对房地之处分行为,一直强调"一体化",且所幸的是,所使用的表述均为"一并"③,各规范均为强制性规范,无容自治空间,自始杜绝类似台湾地区"民法典"之是否一体性的歧义。对此可否运用"主从规则"来阐释我国法上的"房地一致"关系呢?④ 这在本文看来,断然不可,且仅两项理由即可说明:其一,"主从规则"只有"主"及于"从",不可反向由"从"及于"主"。但在我国现行法上,如上所述,"房地"得各为不同处分行为之客体,且均发生效力互及的效果,从而无法以通常意义上的"主权利与从权利",来描述我国房权与地权的关系;其二,"主从规则",无论是"主物与从物"还是"主权利与从权利",其规范在性质上为一项解释规则⑤,允许当事人以特约加以排除,这又与房地一体处分规范之强制性相抵触。那么换一个角度,能否运用"重要成分"原理来说明呢?同样不可以:须知,重要成分制度之精义,在于使重要成分为"整体物"所吸收,使其丧

---

① 但何以适用"主从权利规则",台民文献未见深究,而且在适用或运用上也颇不一致,如谢在全(同上注,下册,第 741 页),仅就"仅以建筑物设定抵押"情形,适用"主从权利关系"以及于地上权,但就相反的"仅以地上权设定抵押"情形,却又不提主从关系。再如史尚宽(氏著:《民法物权》,中国政法大学出版社 2000 年版,第 279 页),就"仅以建筑物设定抵押"情形,似乎也主张适用"主从关系"以及于地上权;但在另一方面(同著,第 198 页),又主张建筑物附合于地上权。

② 台湾"民法"第 838 条第 3 项:"地上权与其建筑物或其他工作物,不得分离而为让与或设定其他权利。"关于该款规定之背景与意义,可参谢在全,见谢在全:《民法物权论》(中册),中国政法大学出版社 2011 年修订五版,第 451 页;王泽鉴:《民法物权》(第 2 版),北京大学出版社 2010 年版,第 296 页。

③ 《城市房地产管理法》第 32 条使用"同时转让、抵押",其意则一。

④ 偶用"主从关系"来阐释建设用地使用权与建筑物间关系者,如黄松有主编:《〈中华人民共和国物权法〉条文理解与适用》,人民法院出版社 2007 年版,第 597 页。

⑤ 如《德国民法典》第 926 条就土地让与之及于从物,其第 1 款第 2 句即揭明为解释规则,参见 *MüKoBGB/Kanzleiter*, 6. Aufl. 2013, §926, Rn. 1;而类似台湾地区"民法典"第 862 条第 1 项的,大体相当于《德国民法典》第 1120 条以下各规定,极为复杂,但断无抵押主权利必及于从权利的绝对性规则;参见 *MüKoBGB/Eickmann*, 6. Aufl. 2013, §§1120 ff.。我国《物权法》中涉及"从随主规则"的规定,如第 115 条(关于从物)、第 164—167 条(关于地役权)、第 192 条(关于主债权与抵押权),均蕴含解释规则属性;就此亦参张双根:《物的概念若干问题》,载《华东政法大学学报》2006 年第 4 期。

失在客体制度上的独立性,而现行的"房地"分明是两项权利,又如何能使其中的一个香消玉损呢?!

"房地"是如此密不可分地结合在一起,在法律上是如此的共其命运,但对其既不能运用"主从规则"来释明其性质,又无法照搬德国地上权制度的思路,将建筑物视作建设用地使用权之重要成分,那么将二者视作不可分的元素,共同构成一个整体,则这一"元素—整体"的理论模式,应是最契合我国现行法的法教义学论说思路。① 申言之,在"元素—整体"模式下,对其中任何一个元素的处分,必然及于另一元素,进而及于整体;二元素结合而成的整体,在法律上实际上成为一个处分行为之客体,其情形类如下述对建筑物区分所有权的处分。因此,即便为了迁就目前的房地产交易实务之习惯,当事人所使用的表述仅是处分建筑物或者建设用地使用权,但在法律上观察,其处分行为之客体,仍强制性地及于包括建设用地使用权与建筑物之整体。② 且其处分行为,不仅包括转让,更包括抵押权设定行为,即此时应仅成立一个以房地为整体的抵押权,并以成立时间先后来定其顺位关系。③

---

① 地上建筑物或类似设施,不构成土地或地权之重要成分,而以其他思路来说理者,在德国法上亦不乏其例。依 Wilhelm, Sachenrecht, 4. Aufl. 2010, S. 28, Rn. 56,两德统一后,为解决在新联邦州水电气等输送管线的所有权归属问题,先是赋予供输企业在管线通行所涉及的各土地上享有"法定人役权(persönliche Dienstbarkeit kraft Gesetzes)",然后规定管线所有权由该人役权人享有,从而人役权与管线所有权在归属上,也就不可分地结合在一起(das Eigentum an den Leitungen wird damit intrennbar mit der Dienstbarkeit verbunden),避免发生异其主体之现象。但就此"不可分之结合"的属性,德国学理未有深究。不过,此在德国法上毕竟属例外,且在与土地之关系上,人役权也不可与地上权同日而语,对此不作深论,尚不至影响其体系操作。反之在我国,如本文所一再强调,建设用地使用权已居于土地物权体系之核心,若在理论上不深究"房地关系"之属性,则势必影响一系列的实务操作,更影响不动产登记簿册之设置。

② 将其视为一个处分行为的思路,也体现在目前的土地登记实务中,如《土地登记办法》第40条规定:"因依法买卖、交换、赠与地上建筑物、构筑物及其附属设施涉及建设用地使用权转移的,当事人应当持原土地权利证书、变更后的房屋所有权证书及土地使用权发生转移的相关证明材料,申请建设用地使用权变更登记。涉及划拨土地使用权转移的,当事人还应当提供有批准权人民政府的批准文件。",其中根本不要求针对建设用地使用权之处分行为。

③ 从实务呈现来看,房地一体处分最大的问题,在于"房地抵押权"的理解,尤其是在现行法语境下,房地分别抵押所导致的"建设用地使用权抵押权"与"建筑物抵押权"间关系上的疑问。目前较有力的解释,认为此时成立"共同抵押权",即《物权法》第180条第2款意义上的"共同抵押",如朱晓喆:《房、地分离抵押的法律效果——〈物权法〉第182条的法律教义学分析》,载《华东政法大学学报》2010年第1期;高圣平、严之:《房地单独抵押、房地分别抵押的效力——以〈物权法〉第182条为分析对象》,载《烟台大学学报(哲学社会科学版)》2012年第1期;崔建远:《物权:规范与学说——以中国物权法的解释论为中心》(下册),清华大学出版社2011年版,第832页。在本文看来,"共同抵押"说无论是采取"拟制"方式,还是采取"直接法定式",在抵押权设立行为之构造上,均难以圆通,盖其问题的根本,不在于抵押权设定行为问题,而在于抵押客体彼此间的不可分的结合。

虽然房地作为要素结合成整体而共其法律命运,但细究权利得丧变更之各环节,房与地在其中的作用还是有所不同:第一,在取得环节,建设用地使用权的取得,不以其上有无房屋为条件;但是反过来,无论是基于何种法律原因的房屋所有权的取得,必定先有或同时取得建设用地使用权。第二,在消灭上,其中在因客体灭失所引起的消灭情形,土地灭失,必然导致房地二权同归于消灭;反之房屋的灭失,并不必然引起地权的消灭。① 第三,在变更上,如内容变更、设定抵押负担等,按照现行法的规定,地权固然谈不上决定房权,但是同样房权也无从决定地权,二者似乎处于同等地位。准此三环节的考察,大体可以说,这两个要素虽然共其法律命运,但相较而言,建设用地使用权处于更基础的地位;这一判断,也符合建筑物须附着于土地的物理属性。②

2. 建筑物区分所有情形

在建筑物区分所有权情形,住宅各所有权人对基地所享有的只是对建设用地使用权的共有份额。这一共有份额与各业主对建筑物以及其他设施之共有一起,共同构成建筑物区分所有权之共有权要素。按照目前我国就建筑物区分所有权性质采"三元论说"的通说③,共有权与专有部分所有权(各住宅单位)以及成员权一起,构成建筑物区分所有权之三元素,三者密不可分,形成一个整体,从而在法律上须将三者视为一体。剔除其成员权这一团体法元素,仅着眼于其中的物权性元素,将这一通说思路往前回溯至建筑物单独所有状态,则与上述"元素—整体"之推论,恰好相合无间。这一前后思路上的无缝对接,所显示的理论意义更在于,就建筑物与建设用地使用权间的关系,不论建筑物之形态为单独所有,还是演

---

① 《物权法》就未将建筑物灭失列为建设用地使用权之消灭原因;而且,在土地出让金之给付并非按出让限采行地租式,而是采取一次性给付的现行制度下,以建筑物灭失作为建设用地使用权之消灭原因,也不具有其现实层面的合理性。

② 仔细分析我国通说就采行"房地一致原则"所述之理由(参见朱晓喆:《房、地分离抵押的法律效果——〈物权法〉第182条的法律教义学分析》,载《华东政法大学学报》2010年第1期所引),其对建设用地使用权之重要性或基础性的强调,亦同样清晰可识。

③ 《物权法》第70条参照;并参见陈华彬:《建筑物区分所有权》,中国法制出版社2011年版,第71页以下、第83页以下;梁慧星、陈华彬:《物权法》(第5版),法律出版社2010年版,第164—165页;类似地,王利明:《物权法研究》(上卷),中国人民大学出版社2013年第3版,第560—562页;王利明、尹飞、程啸:《中国物权法教程》,人民法院出版社2007年版,第210页;崔建远:《物权:规范与学说——以中国物权法的解释论为中心》(上册),清华大学出版社2011年版,第403—404页。

化为复杂的区分所有,均统一于"元素—整体"的理论阐释模式,从而避免这两个制度领域间发生断裂。①

不过,就专有所有权与共有部分在建筑物区分所有权中的功能与地位,通说认为专有权处于"主导性","决定"包括基地在内的共有部分,甚至"在区分所有权的设定登记上,只登记专有所有权,而共有部分持分权和成员权则无须单独登记"。② 尽管自经济上观察,作为专有部分之各住宅所有权,是各业主所追求的主要目的③,也尽管各业主对基地所享有的仅仅是一个抽象的(对建设用地使用权之)共有份额,不如各住宅实体来得真切④,但是这一过分渲染专有所有权的思路,大有商榷余地:其一,就通说所称的专有所有权"决定"共有权的各事项(持分权以及表决权的大小等),反过来表述成以共有权来决定各该事项,在逻辑上一样通顺。至于共有份额计算之以专有部分大小为准,只是计算方法上的便利问题,尚不能由此而推论专有所有权之决定地位。其二,即便是在"三元论说"起

---

① 这在德国法上恰是其缺陷所在:单独所有之建筑物,仅为土地所有权之重要成分,不具有客体能力;而在建筑物区分所有中,建筑物所有权并非基地共有权的"重要成分"(尽管在德《住宅所有权法(WEG)》立法中,如在第1条第2、3款、第6条第1款,有专有权对共有份额的"zudem es gehört"的表述,极易引起专有权构成共有权之成分的误解),二者"共同构成一个法律单位,即住宅所有权(eine rechtliche Einheit, das Wohnungseigentum)",从而前后遂有断裂,使得建筑物区分所有权制度,似乎完全在普通的建筑物制度之外发展而起。关于德国法上的住宅所有权制度理论,参见 Staudinger/Raap (2005), §6 WEG, Rn. 1; Staudinger/Gursky (2013), §883, Rn 101 ff.。不过须明了的是,德国法理论构造的这一"断裂",仅具有纯理论意义,并不影响其进一步的法教义学构造,因为在这两种情形下,处分行为只有一个,所处分的客体也只有一个(在前者为土地,在后者为作为一个法律单位的住宅所有权)。

② 参见王利明、尹飞、程啸:《中国物权法教程》,人民法院出版社2007年版,第216页;梁慧星、陈华彬:《物权法》(第5版),法律出版社2010年版,第166页;崔建远:《物权:规范与学说——以中国物权法的解释论为中心》(上册),清华大学出版社2011年版,第403—404页。

③ 在此须辨析者,经济观察视角并不等同于法律观察视角,甚至并不能决定法律上的构造,因为经济视角所得者,往往不能反映法律层面上的实相,法律构造有其自身的内在逻辑。可举一例来说明,且与本文相关:在德国地上权法中,为便利地上权人通行、停车、储放物件等需要,避免法律关系构造上的复杂化,特在其第1条第2款将地上权效力及于地上建筑非必需之基地部分,而其前提则是依地上权所建造之建筑物,乃"经济上的主物(wirtschaftlich die Hauptsache bleibt)";经济上主物者,仅说明其经济需求之主次,并不能因此改变建筑物乃地上权之重要成分这一法律构造;就此可参 MüKoErbbauRG/von Oefele/Heinemann, 6. Aufl. 2013, §1, Rn. 20 ff.。

④ 亦指出此点者,刘月、楼建波:《建筑物区分所有权人的土地权利登记问题》,载《法治研究》2011年第9期。

源地之德国[①],专有所有权也不享有如此的"决定"地位,区分所有权三元素间,至多是一种"彼此附随"(gegenseitig akzessorisch)的关系。[②] 其三,倘若采取动态的而非静止的、历史的而非现状的眼光来考察区分所有权的各项元素,则对基地之共有权,应更具有基础性乃至决定性的作用。具体来说,就建筑物区分所有权之成立,尽管现行法几乎未有任何规定[③],但与建筑物单独所有情形一样,在事理上须先有"地"后有"房",然后才能进一步形成"区分所有"。而就其消灭来说,土地一灭失,则区分所有之建筑物必不复存焉;反之,仅建筑物灭失,则基地共有权并不灭失,甚至作为整体之建筑物区分所有权也不随之消灭,盖区分所有建筑物仍有其重建可能。[④] 其四,如果说专有所有权对建筑物区分所有权法律关系建构乃至其法律性质具有什么决定性意义,则在本文看来,这种意义主要体现于其说明性价值,即在于借助"所有权"概念,在单独所有权以及所有权共有之外,型构一种特殊类型的所有权,也就是同时包含专有所有权、共有权与成员权三项元素的"建筑物区分所有权"。而如此构造的目的,仍在于使这三元素构成一个整体,从而得以成为一个处分行为之客体而便利于交易,并可直接适用民法中关于所有权保护的一切规范(尤其是《物权法》第 34 条以下的物权请求权规范)。[⑤] 其五,至于通说所认为的共有部分

[①] "三元论说"由德国学者 Bärmann(贝尔曼)首倡,参见氏文:Die Eigenwohnung,DNotZ 1950, S. 238 ff.; Das Wohnungseigentums-Gesetz, NJW 1951, S. 292 ff.; Zur Thoerie des Wohnungseigetums, NJW 1989, 1989, S. 1057 ff.。但对此说现亦不乏批评,可参 Staudinger/Raap(2005),Einl zum WEG, Rn. 25 ff.。

[②] 在德国《住宅所有权法(WEG)》中,在表述上均以"zu dem es gehört",来表示特别所有权对土地共有份额的关系,其直译为"[特别所有权]从属于[土地共有份额]",更凸显出共有权的主导性;或许正因为此,也就不难理解有学者甚至将特别所有权形容为共有权的"附属物(Annex)",参见 Wilhelm, Sachenrecht, 4. Aufl. 2010, S. 810, Rn. 2076。

[③] 在此须指出的是,区分所有权的成立或形成机制,乃建筑物区分所有权法中的核心制度,甚至是整个建筑物区分所有权制度的活水源头。现有理论就业主规约的性质与效力、业主共同体的法律性质与地位等所存在的争议,在一定程度上莫不与这一核心制度在我国立法上的缺失有关;就此争议,可参陈华彬:《建筑物区分所有权》,中国法制出版社 2011 年版,第 196 页以下、第 254 页以下。

[④] 关于区分所有建筑物之重建制度,详参陈华彬:《建筑物区分所有权》,中国法制出版社 2011 年版,第 153 页以下。

[⑤] 德国法情况参见 MüKoWEG/Commichau, 6. Aufl. 2013, Vor § 1, Rn. 26 ff.。

无须单独登记,于理不通,且难符事实。① 以德国法为例,在其住宅所有权制度中,土地共有份额与相应的特别所有权结合在一起,作为一个登记单位,登入专门设置的"住宅所有权登记簿册",且在登记簿之"状态栏",须登记对基地之共有份额。②

因此,即使是在建筑物区分所有关系中,对基地使用权之共有份额,同样具有更基础的地位。如此更可印证本文"元素—整体"论的统一性,即不仅在元素构成上,而且在各要素彼此间的作用与地位上,前后均相一致。

(三) 在建建筑物情形的"房地一致":"重要成分"理论之引入

与已建成之建筑物相较,在建建筑物所遭遇的疑问,首先是在建建筑物在民法客体制度中的定性。只有把握住这一前提,才能进一步分析在建建筑物情形下的房地关系问题。

1. 传统通说:在建建筑物属于"未来物"

民法上的物,依其内在构造(Strukturen der Sachen)之不同,有简单物、合成物以及集合物之分。③ 其中所谓合成物,乃由数个原本独立的物经机械结合而成的物。合成物在法律上视为一个独立的所有权客体,而原本之各个物经此结合则成为合成物的成分(重要成分或普通成分)。至于此等结合至何时及何等状态,方可产生一个新的合成物,则悉依交易观念为判断。④ 建筑物属于典型的合成物,故建筑施工至何种程度或状态,方有新的"建筑物"产生,同样依客观的交易观念来判断。⑤ 准此而言,凡未达此交易观念所认可之建造状态,均只能为"未来之建筑物",即"未来物(不动产)"。此即传统通说在将建筑物视为独立不动产时,判断在建建

---

① 即便在我国目前的登记实务中,也并非所有城市均不进行地权登记;而且地权登记的空缺,也已造成不少不良后果,就此可参刘月、楼建波:《建筑物区分所有权人的土地权利登记问题》,载《法治研究》2011年第9期。

② 其详可参 *MüKoWEG/Commichau*, 6. Aufl. 2013, Vor §7, Rn. 2—5。

③ 其详可参 *H. J. Wieling*, Sachenrecht, Band I, 2. Aufl. 2006, S. 55 ff.;亦参崔建远:《物权:规范与学说——以中国物权法的解释论为中心》(上册),清华大学出版社2011年版,第45—46页。

④ Vgl. *H. J. Wieling*, Sachenrecht, Band I, 2. Aufl. 2006, S. 56 f.

⑤ 此亦为台湾地区实务与学说观点,参见王泽鉴:《民法物权》(第2版),北京大学出版社2010年版,第42—43页。

筑物属于"未来物"的基本逻辑。①

就"未来物",包括在建建筑物在内,进行债法性的交易行为,如尚未出厂之汽车的预购、商品房预售等,在民法教义学上并不存在构造疑问。但在物权法上,在物权客体特定原则之下,"未来物"因不具有现实性与特定性,无从满足物权之现实的对物支配性的内容,故而在其上也无从成立现实的物权。② 具体至在建建筑物,因建筑物尚未形成,故其上无法成立已建建筑物意义上的建筑物所有权,也无法设立现实的建筑物抵押权。如果仅就在建状态的建筑物进行处分,则其在法律上的可能路径,在传统理论看来,只能以(一堆)建筑材料作为客体;建筑材料为动产,从而只能适用相应的动产物权及其变动规则,无从适用不动产物权规则。③

但是,依照动产来处理的思路,显然有违现行法认可在建工程抵押等制度的初衷,也难合各交易主体的实际需求,因为无论是在建工程抵押权,还是围绕商品房预售的各种交易,其当事人所实际希望取得的,均是不动产物权,绝非体现为建筑材料形式的动产。④

2. "与不动产相当"说之不足

或鉴于按动产处理思路难以圆通现行法做法,有学者直接以现行法规定为据,认为在建建筑物"与不动产相当"。⑤ 这一实证法解释论,颇含有拟制意味⑥,即本来不具有不动产资格的"在建建筑物",经立法上的拟

---

① 相关问题参见王荣珍:《论在建建筑物抵押登记的性质与效力》,载《学术研究》2011年第11期。

② 关于物权客体特定原则及其这一层的含义,可参鲍尔/施蒂尔纳:《德国物权法》(上册),张双根译,法律出版社2004年版,第65—66页;张双根:《商品房预售中预告登记制度之质疑》,载《清华法学》2014年第2期;特别强调物权客体之"现实性"要求者,如尹田:《物权法》,北京大学出版社2013年版,第36页。

③ 参见王泽鉴:《民法物权》,北京大学出版社2010年第2版,第42—43页。

④ 而且,对建筑材料之处分,不可能及于建设用地使用权,无从发生现行法所规定的"一体处分"之法律效果。这在《德国民法典》第95条第1款"表见成分"制度中,体现得尤为明显,即基于租赁关系等债权性使用权,亦即基于"临时性目的"而建造之建筑物,即使为已建成之建筑物,也须适用动产物权变动规则;参见 MüKoBGB/Stresemann, 6. Aufl. 2012, § 95, Rn. 8 ff., 37 ff.。

⑤ 就在建建筑物抵押权持此论者,如崔建远:《物权:规范与学说——以中国物权法的解释论为中心》(上册),清华大学出版社2011年版,第50页(在第52页亦有涉及)。虽未明确提出,但隐含类似逻辑的,如王利明、尹飞、程啸:《中国物权法教程》,人民法院出版社2007年版,第460页。

⑥ "与不动产相当"论者虽未提出论证,但其拟制意涵不容否认;而就拟制规范之构成,可参朱庆育:《民法总论》,北京大学出版社2013年版,第48页;拉伦茨:《法学方法论》,陈爱娥译,商务印书馆2003年版,第142—144页。

制技术,在法律上即"与不动产相当",或"视为"不动产。那么,在建建筑物,或者更宽泛地说,"未来物"能否在法律上拟制为"现实物"呢? 论者或可为此说进一步提出现行法上的佐证,即现行法所认可的未来物物权,绝非在建建筑物这一孤例:《物权法》第 180 条第 1 款第 5 项就具有在建性质之"未来物"上的抵押权,除在建建筑物抵押权外,还同列有在建船舶抵押权与在建航空器抵押权;就后两种抵押权之物权属性与构成,在理论上几无异议,则就在建建筑物抵押权之不动产物权属性,也无单独予以否认之道理。①

但在本文看来,现行法将在建建筑物与在建船舶、在建航空器同列,赋予其具有抵押权客体能力,在法教义学上恰恰最为可疑。船舶与航空器大体同其事理,不妨仅以在建船舶为例②,来予以说明。将在建船舶抵押权视为"未来物抵押权"之说者③,虽未明确提出其论说思路,但循其逻辑可推测如下:船舶按其自然属性,本为动产,但因其物权归属与变动采登记制度(《物权法》第 24 条),从而在法律地位上又具有不动产的特性,有所谓"准不动产"之称④;而在建船舶乃未来才建成之船舶,因而是"未来之准不动产",且现行法许可在其上设定抵押权,并同样采登记制度⑤,则该抵押权自然也就是"未来之准不动产上的抵押权"。

但这一建构逻辑并不可靠:第一,须肯定的是,船舶就其自然属性言,无论在状态上建成与否,仍为动产;且这一动产属性,也不因登记与否而

---

① 现有理论就此三种所谓"在建物"抵押权,基本上不做区分,均采相同或类似的说理思路,如黄松有主编:《〈中华人民共和国物权法〉条文理解与适用》,人民法院出版社 2007 年版,第 537 页;朱岩、高圣平、陈鑫:《中国物权法评注》,北京大学出版社 2007 年版,第 583 页。

② 在比较法上,英美法系之英国和美国,不承认在建船舶抵押权,仅有类似于动产质权的担保利用可能;而在大陆法系之德国、法国、荷兰、日本等,均认可在建船舶抵押权;参见 *Staudinger/Nöll*(2009),§76 SchiffsRG, Rn. 1 ff., 9—14。

③ 可参张丽娜:《建造中船舶抵押权问题研究》,载《河南省政法管理干部学院学报》2007 年第 5 期。

④ 关于"准不动产"及其物权变动之争议,可参杨代雄:《准不动产的物权变动要件——〈物权法〉第 24 条及相关条款的解释和完善》,载《法律科学》2010 年第 1 期;汪志刚:《准不动产物权变动与对抗》,载《中外法学》2011 年第 5 期。

⑤ 参见《物权法》第 180 条第 1 款第 5 项、第 188 条,以及《海商法》第 14 条:"I,建造中的船舶可以设定船舶抵押权。II,建造中的船舶办理抵押权登记,还应当向船舶登记机关提交船舶建造合同。"

发生改变。① 换言之，船舶与在建船舶仅是因物权变动之需，而在立法上为其设置登记簿册，拟制性地使其获得"准不动产"地位，但并不能因此而抹杀其动产的自然属性。指出其动产的自然属性，意味着船舶及在建船舶不必附着某特定的土地，如同其他所有种类的动产，其经济价值仅由其自身来体现，绝不会附加任何因附着于土地而产生的不动产性价值。其表现则是，在建船舶离开暂时附着的土地，如从一个造船厂挪到另一个造船厂而继续建造，甚至在极致情形，即技术许可且不损及各零部件价值之前提下，拆卸还原成一堆零部件，其主体价值原则上不会受到实质性的减损。因此，在对在建船舶进行不动产化的拟制技术操作，也就只针对其自身，并不及于或牵扯对土地的任何一种权利。第二，以已建成之船舶为准来观察在建船舶，在建船舶属于"船舶之未来物"，固然无疑。但断不可因此而推论，在建船舶在其状态上，即等于用来建造船舶的各材料与各部件，也就是一堆动产。申言之，原来在法律上处于各个独立物地位的造船材料与部件，因造船行为之作用及其进展，已不再是各个独立的材料与部件，而是已处于某种"合成"状态。在这一进展过程中，若取某一时点静态地观察，则就该时点状态的"合成"，也同样也不能抹杀其具有现实的独立之物的属性，而且只能属于动产物。只是按照法教义学的概念逻辑，此一状态的物不得称为"（已建成之）船舶"，而只能以"在建船舶"名之，亦即以"在建船舶"为名的一个独立且特殊的"合成物"。第三，船舶之"不动产化"，虽然暗含有该船舶已建成的逻辑前提，但是这一逻辑前提并不排斥，同样具有独立性的另一特殊合成物"在建船舶"，按照同样的方式来予以"不动产化"。换言之，在建船舶之上可以设立抵押权，并由此配置相应的登记簿册等不动产化的表现②，均可理解为在建船舶这一特殊合成物自身按照（抽象的）不动产概念与制度，直接予以不动产化的结果。这一理解一方面意味着，在建船舶之成为"准不动产"，并非因为在建船舶是船舶

---

① Vgl. *Staudinger/Nöll* (2009), §2 SchiffsRG, Rn. 2 f.; §76, Rn. 2. 我国《物权法》在"动产交付"节中处理"船舶、航空器和机动车等"之物权变动，同样含有先肯认其动产属性，然后再为其设置例外规范的逻辑，故称此等动产为"特殊动产"，亦无不可，如黄松有主编：《〈中华人民共和国物权法〉条文理解与适用》，人民法院出版社 2007 年版，第 113 页以下。

② 在德国法上，在建船舶仅因为设立抵押权，才需要设置"在建船舶登记［簿］（das Register für Schiffsbauwerke）"，且此登记簿须单独设置，以有别于"船舶登记簿（Schiffsregister）"；参见 *Staudinger/Nöll* (2009), §77 SchiffsRG, Rn. 1; §76 SchiffsRG, Rn. 4. 只有如此，在建船舶方能获得类如不动产的地位；参见 *Staudinger/Nöll* (2009), §78 SchiffsRG, Rn. 1 ff.。

的"未来物",进而因船舶之不动产化而连带地随之"不动产化";另一方面表明,在建船舶抵押权之性质,并非"未来物抵押权",而应是现实物上所成立的现实抵押权。第四,更为重要者,将在建船舶抵押权理解为"未来物抵押权",在抵押权设立环节看似问题不大,但是一旦进入抵押权实现环节,则该"未来物"无论如何均须变现或成熟为"现实物",否则抵押权人即陷入无法处分其抵押物的困境,从而在建造期间因出现某种事由而须实现抵押权时,立法者自当考虑及此,为其设置特别的抵押权实现规则。但是考察现行法,就在建船舶抵押权之实现,并未有任何特殊规定,所适用的仍是普通抵押权实现的一般规则,由此亦可见,视在建船舶抵押权为"未来物抵押权",在现行法上也难获证立。准此四点,本文认为,在建船舶抵押权之实质,绝非"未来之船舶"或"未来物"抵押权[①],而是一项实实在在的成立于现实物上的现实抵押权;此项现实抵押权的特殊性,仅在于其客体(在建船舶)所具有的"增长性",但这一变化特性仍无违于物权客体特定原则,属其可容忍之范围。[②]

以此来反观在建建筑物:二者在自然状态上均为"在建状态",有"未来物"的面相;更为重要者,这两个抵押权在构造上,均以在建状态之整体,或者说已有一定合成状态的"合成物"整体,来作为抵押客体,亦即其客体并非体现为各个独立动产的建造材料。既然有此共同点,那么能否移用上述就在建船舶的论说逻辑,针对在建建筑物,在思路上摆脱"已建成建筑物"概念的束缚,也就是避开"未来物"概念之障碍,取其一定的建造或合成状态,将这一特殊的"合成物"之自身,同样采取拟制的技术思路,使其"不动产化",进而使其获得设立抵押权的客体能力呢?

但是,恰在此关键处,本文认为无法移用在建船舶的构造思路;不可移用的原因,在于在建建筑物与在建船舶间所存在的本质性差异。具体

[①] 但是,鉴于在建船舶确实具有"未来之船舶"的面相,从而也不必否认在建船舶抵押权与船舶抵押权之间的制度关联:在建船舶一旦建成完工,则在建船舶抵押权也就无存续必要,进而应转化为船舶抵押权;相应地,一旦在建船舶抵押权转换登记为船舶抵押权,也应关闭(geschlossen)原有的"在建船舶登记簿"。就此可参 *Staudinger/Nöll*(2009),§ 81 SchiffsRG, Rn. 1 ff.。

[②] 在建船舶随制造行为之进展,造船材料与零部件不断附合于在建船舶之船体上,其物的状态也就时时处于增长状态,直至船舶成品的临界点。这一"增长性"特性,使得在建船舶看似具有不确定性,但并不与物权客体特定原则相抵触,因为在民法"附合制度"的作用下,各造船材料与零部件一经附合,原则上即成为在建船舶的重要成分,从而在建船舶的属性上仍保持着同一性。因此,在建船舶抵押权对客体之效力,绝非止于抵押权设立时的"合成状态",而以合成的最新状态为准,进而以此为准来确定在建船舶抵押权实现时的客体效力。就在建船舶抵押权客体之范围,德国法特设条文予以明确,可参 *Staudinger/Nöll*(2009),§ 79 SchiffsRG, Rn. 1。

来说,与在建船舶无法改变其动产之自然属性不同,在建建筑物,尤其是在一定合成状态之"合成物"意义上来理解的在建建筑物,自始须附着于特定的土地,且自其建造目的上看,亦将永久附着于土地,从而自始至终均具有不可移动的"不动(产)性"。在建建筑物也因为附着于特定的土地,而在经济上增值;一旦离开土地或自土地上移走,则只能还原为一堆建筑材料,立失其"不动产性"价值。因此,在建建筑物因不可移动性所带来的"不动(产)性",乃其自然属性使然,并非类如在建船舶比照抽象的不动产概念拟制而来。因附着于特定土地而具有"不动(产)性",但又因未达此交易观念所认可的已建成建筑物状态,从而无法享有真正不动产的资格,恰成为在建建筑物在客体法上所面临的尴尬。

这一本质区别也意味着,就在建船舶抵押权,其在法教义学上的构造重点,不在于其"未来物"的面相,而在于如何拟制其不动产性;而在在建建筑物抵押权中,其情形恰恰相反,即其构造重点不在于说明其"不动(产)性",而在于如何将"未来的不动产"拟制为"现实的不动产"。前者乃固有不动产概念之外通过模仿(或曰拟制)而增加新品种,属于"体外"操作问题,原则上不影响不动产概念体系自身的构成;而后者乃固有不动产概念之内拟制不动产自身的成熟,属于"体内"生长问题,自然会引发法律上赋予"成熟"(成为现实不动产之标志)之意义能否继续维持的疑问。一言以蔽之,在建建筑物抵押权以及其他物权的构造,其在法教义学上的难题,仍在于难以摆脱"未来物"的"魔咒"。

问题归结到根本:"未来物"能否拟制为"现实物"呢?立法者固然操有制定拟制规范的权限,拟"无"为"有",或拟"A"为"B",但此一立法权限的行使也并非毫无节制。如上所论,物权法整个体系大厦的建构,均立基于物权客体特定原则上,失此根基即有大厦将倾的危险。而"未来物"在立法上无论采取何种拟制手段,也难以满足物权客体之现实性进而特定性的自然属性要求,无法相容于客体特定原则。为物权法体系之立基计,不能强行将"未来物"拟制为"现实物",因此,视在建建筑物"与不动产相当"的思路,并不可取。①

---

① 在现行法上另一牵涉"未来物",从而有误认"未来物物权"者,为《物权法》第 181 条所规定的所谓"浮动抵押权",因为此项抵押权的客体,包括"将有的"生产设备等动产。姑且不论"浮动抵押"之法律属性,专就其"将有"部分而言,在法教义学构造上,可经由抵押权设立行为(处分行为)附条件之方式,使得该抵押权对所涉及之未来物的客体效力,以抵押人取得未来物所有权(以及浮动抵押之"客体结晶")为条件,从而就此"将有"动产客体之抵押权,实非成立于现时的现实抵押权,而是将来(即"客体结晶")才成立之抵押权。质言之,就"将有动产"之抵押权,并非未来物抵押权,而是成立于未来之抵押权。就此,德国法上"库存货物的担保性所有权让与"所涉及的客体确定性问题,其法教义学构造与此类似,可资参考,参见鲍尔/施蒂尔纳:《德国物权法》(下册),申卫星、王洪亮译,法律出版社 2006 年版,第 608 页以下。

3. 本文观点:"在建建筑物"构成建设用地使用权的"重要成分"

在建建筑物自身不能直接成为独立的不动产,但又希望按照不动产规则来对待,则其唯一的构造可能,采形象化的表述,就是"委身于"或"依傍于"另一不动产或另一不动产性物权。而在现行法之下,这一不动产物权只能是建设用地使用权。具言之:

凡能在土地上建造建筑物者,其手中必握有建设用地使用权,以作为进行建设的合法权源。这是我国法的现实逻辑,且为上述所一再强调。在建筑物已建成时,建筑物所有权与建设用地使用权作为两个元素,密不可分地构成一个整体,同属于建设用地使用权人。如此,则在建筑状态更劣于现房的在建建筑物情形,自不应获得更优势的地位,更无使其脱离建设用地使用权而归属于他人之理。换言之,即便是将在建建筑物看作一个"独立的物(客体)",只要其仍附着于土地,则在归属关系上,同样归建设用地使用权人享有,从而与建设用地使用权之间,也应处于"共其法律命运"的关系。肯定其法律命运休戚与共,是在建建筑物依傍于建设用地使用权的逻辑前提。

再来对照现房情形。因为于在建建筑物情形,作为不动产之建筑物尚未形成,无从成立建筑物所有权,从而因欠缺其中一个元素,也就无法沿用上文"元素—整体"的论说思路,来说明其法律命运与共的关系。但是,解析所剩余的元素即建设用地使用权的内容,则在建建筑物对建设用地使用权的"依傍",仍显露无遗:在所涉土地上建造建筑物,乃建设用地使用权这一物权种类的法定内容(《物权法》第 135 条参照),进而建造行为所生之结果,无论是已建成之房屋,还是在建之建筑物,同样可视为建设用地使用权的"内容"。而且,作为物权之建设用地使用权,其目的或更确切地说其内容,在于保有所建造之建筑物,[①]从而基于建设用地使用权而进行建筑物建造者,在其建造目的上自始具有永久性(在建筑物使用寿

---

① 在比较法上,与建设用地使用权近似的地上权制度,如我国台湾地区"民法典"第 832 条、《德国地上权法》第 1 条第 1 款,均将"保有建筑物"纳入其法定内容。我国《物权法》第 135 条在立法表述上虽有遗漏,但在体系解释上应有此当然结论,且通说亦如此理解;参见崔建远:《物权:规范与学说——以中国物权法的解释论为中心》(下册),清华大学出版社 2011 年版,第 533、545 页;王利明、尹飞、程啸:《中国物权法教程》,人民法院出版社 2007 年版,第 319 页。

命意义上的"永久性")①,而非出于某种"临时性目的"考虑。② 准此而言,在建建筑物尽管在建造状态上处于"尚在建"的过程状态,但仍不可因此而抹杀其目的预定上的永久性,由此将其视作建设用地使用权的"内容",也具有逻辑上的正当性。"内容"意味着一种内在的构成,体现出整体与构成成分的关系。理解及此,则尽管德国地上权所针对的主要是已建成之建筑物③,但仍不妨借鉴其将建筑物视作地上权之"重要成分"的思路④,在我国法上,将在建建筑物"视作"(即拟制为)其所附着的建设用地使用权的"重要成分"。

重要成分制度虽未见于《物权法》,但理论上对此均有所承认⑤,故而并非完全亦步亦趋之论。而且,以"重要成分"来定性在建建筑物,实可譬之如生长于土地之竹木;建筑物之在建过程,类如竹木之生长状态,而建筑物之建成,又似竹木之采伐;生长于土地之竹木,为土地或土地权利之

---

① 由此也见出"在建建筑物"与"无法完成的建筑物"(俗称"烂尾楼")的区别。一旦属于无法继续施工完成的"烂尾楼",亦即面临拆除命运的在建物,则在法律上只能处于动产之地位。

② 在德国法上,"临时性目的"恰为阻却地上建筑物被土地所吸附的重要事由,而且也是与地上权等他物权吸附建筑物制度的分际所在,亦即德民第 95 条第 1 款第 1 句与第 2 句间的本质区别所在;其详参见 Wilhelm, Sachenrecht, 4. Aufl. 2010, S. 26 f., Rn. 53 ff.; MüKoBGB/Stresemann, 6. Aufl. 2012, §95, Rn. 3 ff., 22 ff.; MüKoBGB/Füller, 6. Aufl. 2013, §946, Rn. 7。

③ 在《德国民法典》中,未有专门的"在建建筑物"概念,也不需要这一概念,因为即使是已建成之建筑物,也只是土地之重要成分(《德国民法典》第 94 条),其上无从成立独立的物权,况乎其未建成状态! 不过,以建造建筑物之目的,将建筑材料附合于土地者,也未必只能是动产,而是可以依则"动产附合于土地"之规则(即《德国民法典》第 946 条),视其土地之重要成分,其结果与建筑物已建成者相同;就此可参 MüKoBGB/Füller, 6. Aufl. 2013, §946, Rn. 6。

但是,一旦建筑物之上可以成立所有权,即使是不独立的所有权,如建筑区分所有权情形的特别所有权,那么在建建筑物问题也就有机会显示出来。这尤其体现在德国《住宅所有权法(WEG)》第 3 条第 1 款就住宅所有权之形成,允许就"将来才建成之建筑物(zu errichtendes Gebäude)",现在即可通过契约来创建住宅所有权关系之情形,从而也引发学理与实务上的无尽争议,至今尚未找到妥善的应对之策;其详阐述参见 Staudinger/Raap (2005), §3 WEG, Rn. 32—40。

④ MüKoErbbauRG/von Oefele/Heinemann, 6. Aufl. 2013, §12, Rn. 2 ff.

⑤ 参见崔建远:《物权:规范与学说——以中国物权法的解释论为中心》(上册),清华大学出版社 2011 年版,第 53—54 页;尹田:《物权法》,北京大学出版社 2013 年版,第 40 页;梁慧星、陈华彬:《物权法》(第 5 版),法律出版社 2010 年版,第 48 页。另外在学者就民法典总则编所提出的各草案建议稿中,均引入"重要成分"概念,如梁慧星负责:《中国民法典草案建议稿附理由——条文、说明、理由、立法例:总则编》,法律出版社 2004 年版,第 127—128 页;王利明:《中国民法典学者建议稿及立法理由——条文、立法理由、参考立法例:总则编》,法律出版社 2005 年版,第 136 条,第 247—248 页;对其评析可参张双根:《商品房预售中预告登记制度之质疑》,载《清华法学》2014 年第 2 期。

重要成分①,则在建建筑物亦类似地构成建设用地使用权之重要成分;竹木一旦被采伐而分离于土地,得成为独立之物而享有独立的所有权,同样建筑物之建成,也就成熟为一项独立的不动产。只不过在竹木,一旦采伐,则立即转为动产,不再享受因重要成分而带有的不动产属性;反之在在建建筑物,虽因建成而成为不动产,但仍附着于土地,且因与建设用地使用权间不可分之结合,则随即转为与建设用地使用权相结合之元素,进入"元素—整体"状态。换言之,以建成时间为临界点,前后的事实状态与法律地位各有不同,建成前为在建建筑物、未来物、(建设用地使用权之)重要成分,建成后则为已建成建筑物、现实物、(与建设用地使用权相结合之)元素;且事实状态之转换,决定由重要成分而至元素的法律地位的转换;而在这前后及其转换过程中,须臾不能脱离建设用地使用权,故建设用地使用权在其关系构造中始终居于核心地位。

将在建建筑物"视作"建设用地使用权的"重要成分",在客体制度中也就意味着,在建建筑物自身不享有独立的客体能力,不得单独以在建建筑物为客体来成立所有权以及其他物权。这一结论,一来无违于传统通说关于未来物的定论,甚至与其若合符节;二来可克服视在建建筑物"与不动产相当"说的缺陷,且将其构造思路引向建设用地使用权,直指我国不动产制度的核心。

4. "重要成分"说对现有制度的理论阐释效力

准之于重要成分制度的一般原理,仅具有重要成分地位之在建建筑物,在客体法上乃为建设用地使用权所吸附,丧失其独立的客体能力,从而一切的物权及其处分行为,均须以建设用地使用权作为客体来建构。如此一来,现行法上围绕在建建筑物的各项制度,也就须转换为以建设用地使用权为物权客体或处分客体的制度表述。现行法上的这些制度,如上所述,表现为在建建筑物抵押权,以及围绕商品房预售交易所建构的物权关系(包括预购商品房预告登记、预购商品房抵押权及预购商品房抵押权预告登记)。就这些制度因客体缺失,也就是因在建建筑物属于"未来物",所引发的在法教义学上的构造困境,笔者曾撰文详加分析,本文不复

---

① 崔建远:《物权:规范与学说——以中国物权法的解释论为中心》(上册),清华大学出版社 2011 年版,第 48—49 页,未指出竹木得为土地承包经营权等土地权利之重要成分,似有未足。

赘述。① 在此仅循重要成分说思路,先在实体法上探讨其制度表述之转换可能,而登记程序法上的落实则于下一部分集中申述。

(1) 在建建筑物抵押情形

现行法上以"在建建筑物抵押权"为名的抵押权,即房地产开发企业为融取建设资金通常所采取的担保方式,转述为"建设用地使用权抵押权",在实体法上几乎不存障碍,因为开发商手中本就握有建设用地使用权。且如此一转述,则:其一,困扰已久的"未来物抵押权"之质疑②,即不复存焉,其已然位列现实抵押权之中。③ 其二,既然是现实抵押权,则在其实现上自然适用抵押权实现之一般规则,从而现行法就"在建建筑物抵押权"实现未设置特别规则之原因,也得以澄清。其三,因为在建建筑物仅为建设用地使用权的重要成分,故该抵押权的效力自然及于其上的在建建筑物。不过类如在建船舶,在建建筑物随建造之进程,在状态上具有"增长性",但这一特点与客体确定规则同样不相抵触。而且,随其"增长",该抵押权在效力上均及于其建筑状态之整体;④一旦竣工建成,重要成分随之转换为"元素",从而抵押权仍不间断地继续存在于各元素之上。⑤ 如此一来,现行法上所呈现的或以"房"或以"地"为表述客体的各种抵押权,如在建建筑物抵押权、房屋抵押权、建设用地使用权抵押权,乃

---

① 详参张双根:《商品房预售中预告登记制度之质疑》,载《清华法学》2014 年第 2 期。

② 有学者试图借助"预告登记"来化解其"未来物"难题,如王荣珍:"论在建建筑物抵押登记的性质与效力",载《学术研究》2011 年第 11 期;但这一思路尚未把准预告登记之制度构成前提,并不能跳出"未来物"之窠臼,也不符合现行物权法将其作为现实物权来处理的原旨(尤其见于抵押权实现这一点);关于预告登记之原理构成,可参张双根:《商品房预售中预告登记制度之质疑》,载《清华法学》2014 年第 2 期。

③ 如此一来,在建建筑物抵押权与在建船舶抵押权、在建航空器抵押权这两者,其共性仅在于均属现实抵押权这一点,但在构成原理上却又大相径庭,实不能并列,故有待将来立法之修正。

④ 如此似乎有违《物权法》第 200 条第 1 句。该条规定虽承袭自《担保法》第 55 条第 1 款,但亦不乏比较法上的成例,如《日本民法典》389 条、我国台湾地区"民法典"第 877 条;不过,比较法上的各立法例,均无每句"该土地上新增的建筑物不属于抵押财产"之表述,而且该表述也不见于《物权法》中其他规定"房地一体处分"之条文。"不属于抵押财产",依其表述逻辑,自然不能为抵押权效力所及,从而应免受实现抵押权之处分行为;若照此理解,则显与该条第 2 句规定相矛盾,直接抵触"房地一体处分"原则。探究该条之规范意旨,在于确立第 2 句之"客体有限责任原则",从而该第 1 句实为赘语,徒滋歧义。

⑤ 这一点已体现于现行登记实务,尽管其带有将在建工程孤立地视作已竣工工程之未来物的痕迹;参见《房屋登记办法》第 62 条:"在建工程竣工并经房屋所有权初始登记后,当事人应当申请将在建工程抵押权登记转为房屋抵押权登记。"

至下文商品房预售情形的预售商品房抵押权,实际上均可转述为"建设用地使用权抵押权",并依重要成分制度进而"元素—整体"理论,在客体效力上均及于土地上的建筑物,且不分该建筑物建成与否,从而依各抵押权成立时间之先后,来定其彼此间的抵押顺位关系。

(2)商品房预售情形

预售情形的所谓"商品房",在我国交易实践乃至规范语境中,指开发商正在建造的房屋,亦即俗称的"楼花"。① 既然尚在建造,则商品房无疑也是"未来物"。但现行法上围绕商品房所规定的各项物权制度,却有意无意间将商品房拟制为现房,完全比照"现房"而来建构其交易模式,从而造成此等物权在法教义学构造上的困境,其彻底无解的局面也就可想而知。② 而之所以能照搬现房交易来架构商品房交易,并在房地产交易市场中得以大行其道,除却制度成因(房地各为不同的不动产、房地登记之分家管理),房地产开发商在其中也起着事实上的推波助澜作用,因为无论在我国房地产市场的起步阶段还是在呈井喷状的高速发展期,最主要的房地产交易形式,就是由开发商主创并主导商品房预售模式,即"楼花买卖",并衍生出其下游交易模式(预购商品房抵押权及预购商品房抵押权预告登记)。

因此,要解开"楼花买卖"的死结,关键在于改变当下这种完全由开发商主创且主导的商品房销售模式。具体来说,在目前的商品房销售模式下,预购人自开发商处所获得的只是"楼花",一个"镜中花",而现在要改造的,就是使这"镜中花"变成预购人紧握在手的实实在在的"花"。如何来构造呢?其构造杠杆,无疑仍在于开发商手中所握的建设用地使用权。具体来说:首先,开发商所预售的"楼花",既然是正在建造的建筑物,则如同在建建筑物抵押权情形,这一在建"楼花"同样构成建设用地使用权的重要成分。其次,预购人自开发商出所预购的,只是未来地上建筑物的一部分,即其中的一套住房,从而在逻辑上不能类如在建建筑物抵押权,将开发商手中的整个建设用地使用权,作为与预购人间的交易客体;但在另

---

① 如依《城市商品房预售管理办法》(建设部2001年8月15日修订)第2条(商品房预售,仅指房地产开发企业将正在建设中的房屋预先出售给承购人,由承购人支付定金或房价款的行为。)

② 更详尽的剖析,参见张双根:《商品房预售中预告登记制度之质疑》,载《清华法学》2014年第2期。

一方面，所预购的商品房一旦建成，在我国几无例外地随即形成建筑物区分所有权，①而此时与专有部分（预购人所购之住房）相结合并形成整体的另一元素，为业主（预购人）对基地（建设用地使用权）的共有权，如此一来，构造杠杆的着力点，也就在于对基地的共有权，即与所预购商品房相对应的对建设用地使用权之共有份额。再次，基于共有份额与权利单独享有的同质性，继续运用"重要成分说"，将所预购的正在建造的商品房，"视为"与其相应之共有份额的重要成分。最后，将"商品房预售"，转述为"与所预购商品房相应之建设用地使用权共有份额之买卖"，甚或简称为"基地共有权买卖"，也就水到渠成。虽然通常来讲，共有份额在法律上本为抽象地存在（体现为比例），不体现于客体的实体，但在上述思路中仍可通过与所预购商品房间的结合，即通过预售方案、图纸说明等技术手段，使其能"形象化"地得以确定。②

经过如此的改造或"转述"，当下的"商品房预售"，也就变成真正类似于现房买卖的"现物"交易，进而现行法上苦苦不得其解的"预售商品房之预告登记"，也就因此改头换面而重获其适用可能性。影响所及，由商品房预售所衍生的下游交易模式，即预购商品房抵押权与预购商品房抵押权预告登记，也因上游交易环节客体的现实化，也就不再存在其构造障碍。

但上述所示，仅在揭示在实体法上的构造大脉，至于开发商如何将手中的建设用地使用权化成各共有份额以分别出售等具体细节，则又有赖于不动产登记制度之配合，容下文一并申述。

（四）小结

在建建筑物不具有客体资格，仅构成其所附着的建设用地使用权或其共有份额的重要成分，进而相应的物权关系也只能以建设用地使用权

---

① 自"楼花"概念以及现行法的制度逻辑，应无例外。至于房地产开发过程中发生的"转让房地产开发项目"（参见1998年《城市房地产开发经营管理条例》第20—23条），一来其交易结构与主体，完全不同于商品房预售，二来其中所涉及的尚在建之建筑与建设用地使用权间的关系，同样可按照本文所提出的"重要成分"思路来解决，故本文对此不特予论述。

② 《城市商品房预售管理办法》(2001年修订)第5、7条，就商品房预售本就列有很严格的各种条件，除此之外，专就"基地共有份额"部分，可再要求开发商详细列明建设用地使用权共有份额的分割方案、每一预售住宅所对应的建设用地使用权共有份额之比例与编号、建筑区划内全部土地之平面图与规划图、共有基地的确切范围等信息。

或其共有份额为客体;建筑物一旦建成,则与建设用地使用权或其共有份额一起,共同构成一个不可分之整体的元素;且不论在何种情形,建设用地使用权或其共有份额,在房地关系中均居于更为基础的地位,是构造房地关系的起点与终点。只有如此理解"房地一致原则",才能建构起我国法上不动产概念以及不动产物权的理论体系,化解现行法上所存在的疑问,进而为不动产登记程序法的设计,为不动产登记簿册的统一,提供实体法上的支持。①

四、不动产登记簿册的统一

一旦在实体法上理顺不动产概念、房[权]与地[权]间的关系,那么不动产统一登记立法,更具体地说不动产登记簿册之制度设计,其思路也就清晰可见,在理论上也就不再也不应存在难以克服的障碍。这一方面是因为,如前文所揭②,不动产登记法就其本质而言乃程序法,登记簿册及其登记,只是完整记载并再现实体法关系,自身并不涉及实体物权关系的构造,从而自始限定其问题产生的可能。另一方面,不动产登记簿本身就是一种人为的公示手段③,登记簿册之设置、各登记种类乃至整个的不动产登记制度,均为纯粹的人为技术产物,而自迄今的经验看,尚未出现克制此一技术创造的障碍。④

明乎此,观照上文所论"房地一致"关系,再来归纳统一登记簿册设计

---

① 有学者针对实体法上房地分离抵押所引发的困境,认为解决其结症的"根本途径"在于统一不动产登记制度的建立,如朱晓喆:《房、地分离抵押的法律效果——〈物权法〉第182条的法律教义学分析》,载《华东政法大学学报》2010年第1期;但在本文看来,其问题的根本恰恰在实体法自身,房地登记机构分属的体制,只是"为虎作伥"而已。

② 参见上述"二、(一)2"部分。

③ 与此相对,动产物权之占有,乃"自然性的公示手段";就此可参 Wiegand, Rechtsableitung vom Nichtberechtigten, Rechtsschein und Vertrauensschutz bei Verfügungsgeschäften, JuS 3/1978, S. 145 ff. 。

④ 举一反例,即可明乎其理:现行法所规定的"预售商品房预告登记""预售商品房抵押权预告登记"以及"在建工程抵押权"等,因不存在现成的登记簿册可供相应的登记操作,从而处于无从登记之状态,但现行登记实务乃至部分学者仍主张,就此不妨设计出一个"临时登记簿"来予以应对。针对一个不存在的不动产尚能"人造"出一个臆想的登记簿册,况乎其他登记技术之设计!就此可参张双根:《商品房预售中预告登记制度之质疑》,载《清华法学》2014年第2期。这也表明,我国不动产登记法在制定上,真正令人担心的,并非登记技术创造之不能,而是其创造之毫无节制!

上的问题,在大的方面有三项:第一,登记簿册之名称;第二,登记簿册之类型;第三,各登记簿册或登记簿册内各登记栏目间的关系;其中登记簿册名称与类型,为名与实的关系,乃一物之两面。下文先指出登记簿册名称的一般性意义,然后按上述实体法部分的论述思路,由土地而至建筑物、由在建而至已建、由单独所有而至区分所有的顺序,分析各种可能的登记簿册类型及其彼此间的关系。[1]

(一) 登记簿册名称及其意义

上文已指出,登记簿册名称,以不动产名称为准。进一步言之,在"物的编成"体例下,凡采登记簿册为其公示方式之,每一项不动产均须对应一个登记簿册,反之一个登记簿册也只能对应一项不动产,二者间处于一一对应关系。而每一登记簿册又配以专属的编号(簿号或地号等),登记簿名称与编号之结合,即标示所登记不动产之种类与唯一性。由此也反衬出登记程序法对实体法的意义,即不动产一旦已采取登记公示,也就是已为其设置登记簿册,则实体法领域的不动产概念,即可借助登记程序法要素,即通过登记技术来予以界定。[2] 如物权法上的"土地",与土地学、经济学上的土地概念不同,是指按照登记法要求,为其设置"土地登记簿"并登记于其中的地表的一部分[3];"房屋"概念亦可如此理解,即以"基本单元"为准配置有"房屋登记簿"并进行登记的特定建筑空间。[4] 接引前述"登记簿册之享有能力"概念,则其关系即为:有独立的不动产之资格者,才具有登记簿册享有能力;已配置独立登记簿册者,也表明其独立不动产之地位。

以不动产名称来命名登记簿册,也意味着登记簿册之类型,原则上取决于一国立法内其不动产的种类。在将建筑物视作为土地之重要成分的

---

[1] 须交代的是,本文所论限于传统纸质登记簿册,暂不涉及随电子技术发展而逐步采行的电子登记;不过,电子方式只是登记载体之新发展,在设计原理与原则方面,却并无不同。

[2] 在尚未设置登记簿册,甚至不采取登记公示的不动产领域(如《物权法》第9条第2款就国有"自然资源",豁免登记之强制),也就无从谈起登记簿的这一功能;如新建成但尚未进行初始登记之建筑物,虽有建筑物所有权之成立(《物权法》第30条),但无从借助登记簿来界定该建筑物之为不动产。但是,一旦新建建筑物因转让等而进入交易领域,则即受制于登记规则(同法第31条),仍须满足登记法上为其设置独立登记簿册的条件。

[3] 《土地登记办法》第5条第2款("宗地是指土地权属界线封闭的地块或者空间");亦参〔德〕鲍尔/施蒂尔纳:《德国物权法》(上册),张双根译,法律出版社2004年版,第23页。

[4] 参见《房屋登记办法》第10条。

立法例如德国,土地登记簿为其常态,例外承认地上权登记簿与住宅所有权登记簿;而在土地与建筑物各为分别独立之不动产的立法例,如日本、韩国与我国台湾地区,则分别设置土地登记簿与建筑物登记簿。① 我国既然在实体法上将建筑物列为独立的不动产,似乎应从后一立法例,分设土地登记簿与建筑物登记簿。② 是否如此,不妨对照本文在实体法讨论上的主张,一一分析。

(二) 关于土地的登记簿册

因土地公有制的原因,在我国就土地登记簿之设置,显然无法照抄日、韩等立法例。

1. 有无必要设置"土地所有权登记簿"?

城市建设用地之所有权,为国家所垄断,在私法交易上的意义有限,似乎没有设置独立登记簿册的必要。《物权法》(第9条第2款)及《土地登记办法》(第2条),基本上持此立场。③ 不设置独立的"土地所有权登记簿",对国家所有权的享有以及保护,确实丝毫不生影响,但对由国家所有权所派生的建设用地使用权来说,则:第一,难以在登记簿中体现出此一派生关系;第二,建设用地使用权之设立,以登记为其生效要件(《物权法》第139条),则该登记应体现于何处,则不免成疑。这两个问题虽然理论意义多于实践意义,但仍不可不辨;尤其是后者,虽然第139条仅规定"申请建设用地使用权登记",但显不能将其仅理解为简单的权利登记行为,而是必须先有新的登记簿册之设置,然后才能在其上进行权利之登记。④

---

① 详细介绍可参程啸:《不动产登记法研究》,法律出版社2011年版,第140—144页。

② 另外,"不动产登记局"的挂牌成立,是否预示在实行不动产统一登记后,今后的登记簿册不分"房地",统一称为"不动产登记簿册",尚不得而知;不过,倘若采取本文"房地一致"关系的思路,则可建构其一个统一的"不动产"概念,从而这一臆测思路,也未尝不具有理论可能性。

③ 反之在集体所有土地,现行法肯认设置"土地登记簿"的必要(《土地登记办法》第2条)。不过,在集体土地上所设立的他物权如集体建设用地使用权、宅基地使用权、集体农用地使用权乃至土地承包经营权等,其登记是与集体土地所有权登记合于一个登记簿,还是分别设置不同的登记簿,该《办法》规定不明;对此似持前一意见者,如程啸:《不动产登记法研究》,法律出版社2011年版,第148页。

④ 此点可参德国《地上权》第14条第1款;之所以强调这一点,意在指出此项登记簿册之设置,乃登记机构之法定职责所在。

2. 建设用地使用权登记簿：建设用地使用权之"准土地所有权"化的逻辑

不登记国家所有权，则登记簿册之设置基准，也就彻底让位给建设用地使用权。如此一来，此时所设置的登记簿册，能否继续以"土地登记簿"为名？现行《土地登记办法》似乎不分土地所有权与他物权，一概称以"土地登记簿"。但是，名为"土地"，实为"建设用地使用权"，如此地名实不符，显不足取，而且在客体（物）与所有权同义说明关系下，也容易产生误导。

接下来的选择，就是直接以"建设用地使用权"为登记簿册命名，即设置"建设用地使用权登记簿"。但这一方案，似乎与"物的编成"原则相矛盾，不符合以"物（客体）"之名称来命名登记簿册的原理。那么这一矛盾，有无化解可能？本文认为，客观且公正地看待建设用地使用权在我国物权法体系乃至政治体制中所具有的无可替代的意义，给予其一份应有的名义，这一矛盾即可化解于无形。具言之，建设用地使用权在我国自其产生之伊始，即担负有土地所有权之"替身"的功能，这一方面体现在国家（即所有权人）在国有建设用地上除设立建设用地使用权外，在现行法上并无设立其他他物权之可能，从而保证了土地之进行交易进入流通，除凭借建设用地使用权外，别无他途；另一方面建设用地使用权具有可让与性（《物权法》第143条等）、可以设定地役权负担（第161条等）、可抵押性（第180条第1款第2项等），又确实保证了建设用地使用权之交易与流通，几乎与土地所有权自身之流通无异。① 而且，在上述"房地一体"原则下，因与地上建筑物所有权不可分的结合，建设用地使用权至少也已沾染有"所有权"的气息。准此以观，建设用地使用权在实体法上，已切切实实地获得了"准土地所有权"的地位；而所有权与其客体又具有同义说明关系，从而建设用地使用权就其实际状态来看，已具有"准土地"之资格，或可以"视同土地"（wie ein Grundstück behandelt）。这一结论，在比较法上也有其佐证，如德国的地上权即享有"视同土地"之地位。② 建设用地使用权与其构造类似，更重要的是，无论是土地权利体系建构中还是在政治及社会意义上，建设用地使用权在我国承担着德国地上权制度所无法

---

① 稍早论述可参张双根、张学哲：《论我国土地物权制度》，载《中国土地科学》1997年第3期。

② 参见 *Staudinger/Raap*（2009），Einl zum ErbbauRG，§1 Rn. 3，§11 Rn. 1 ff.；*MüKoErbbauRG/von Oefele/Heinemann*，6. Aufl. 2013，§1，Rn. 6。

比拟的功能,故而更有使其准土地所有权化的必要。

既然在实体法上建设用地使用权实已具备"准土地"资格,则在登记程序法上,为其设置专门的独立登记簿册,并以其名称来命名该登记簿册,与"物的编成"逻辑间也就不再抵触;甚至可以自反面来表述,允许以其为基准来设置登记簿册,更可使建设用地使用权之"准土地"属性,在登记程序法上得以坐实。进一步地,一旦在法教义学上给予建设用地使用权以"准土地"的名分,则"房地"一语,不仅可同指权利(房屋所有权与物权性的建设用地使用权),亦可同指客体(房屋与"准土地"),也就不再存在前揭"房""地"并用时,权利层面与客体层面上的概念窜乱。

(三) 房屋登记簿,及其与建设用地使用权登记簿间的关系

1. 建筑物单独所有情形

(1) 已建成状态。

建筑物在现行法上既然为独立的不动产,则即使其所有权状态为单独所有,与建设用地使用权同属一人,依上述一般原理,似乎仍有必要在建设用地使用权登记簿之外,再编制一个建筑物登记簿,以彰显其独立的不动产地位。而且,两个登记簿并行,似乎也可以满足普通民众对"房屋"享有的认知需求。不过问题是,鉴于实体法上的"房地一体"原则,建筑物所有权与建设用地使用权归属须保持一致,凡是涉及其中一个登记簿之权利的登记,也就必须同时反映并记载于另一登记簿之中;若不如此,则两个登记簿间的记载就存在不一致,会引发两个登记簿公信力间的冲突,进而为《物权法》第106条不动产善意取得制度的适用,制造人为障碍。[①]现行房地登记分属两家的现状,虽然造成当事人在申请登记时无辜往返虚耗精力的弊端,但在学理上真正应遭诟病的,也恰是房地两个登记簿的登记各行其是,彼此不一致,在地簿中不见房,在房簿中又不见地。虽然在房地登记机构实现统一后,可减轻申请当事人的负担,但只要仍并行两

---

① 德国在《地上权条例》(即现在的《地上权法》)实施前,也存在类似问题,即地上权登记簿与土地[所有权]登记簿间的不一致,后经《地上权条例》第14条规定,才得以改观;参见 *MüKoErbbauRG/von Oefele/Heinemann*, 6. Aufl. 2013, §14, Rn. 1。而在我国法上,其最突出的表现,则是房地抵押分别登记所造成的彼此传讹;其详可参朱晓喆:《房、地分离抵押的法律效果——《物权法》第182条的法律教义学分析》,载《华东政法大学学报》2010年第1期;高圣平、严之:《房地单独抵押、房地分别抵押的效力——以〈物权法〉第182条为分析对象》,载《烟台大学学报(哲学社会科学版)》2012年第1期。

个登记簿,则基于登记行为及其操作之规律,在理论上仍无法避免这两个登记簿间登记不一致状态的发生。其原因在于,"房地"在实体法上既然各为不同的不动产,则当事人在处分其"房地"时,可任选一个作为其处分行为之客体,进而依"房地处分一体"规则,自动及于另一客体,且在时间上乃同时发生,即使此时就另一客体尚未进行登记;但在登记程序法上,因分属为两个登记簿册,从而无论选取其中的哪一个登记簿进行登记操作,在登记技术上均无法实现在另一登记簿上的同步登记操作,其结果必然是导致另一登记簿上的登记处于不正确状态。

有无应对措施?就此,德国登记法上的"登记援引"(Bezugnahme)颇值借鉴。① 具言之,既然两个登记簿的登记在客观上不可能同步进行,那么在技术思路上也就不能仅着眼于单个的登记行为,而须着眼于整个登记簿,即在这两个登记簿册之"状态栏"中,均作出一项特别"注明",称"就本登记簿权利之登记,须全部援引另一某某登记簿之登记",如此一来在另一登记簿中所为之登记事项,即可自动成为本登记簿之内容。这一"注明"之功能,一方面敦促登记申请人或相关利害关系人在查阅一个登记簿时,须同时查阅另一登记簿之登记状况,以达联簿查阅的效果;另一方面登记机构与相关当事人尽快办理另一登记簿上的相应登记,只是此时的登记在属性上仅为"更正登记"而已。不过即便如此,这一"登记援引"技术仍无法彻底杜绝两个登记簿间的登记在形式上的不一致。②

但更为直接的方法,依本文所持"元素—整体"说思路,则是两簿合并成一个,其名称可为"建设用地使用权与建筑物所有权登记簿";若嫌繁琐,亦不妨径称为"建设用地使用权登记簿",由此更可与上述"建设用地使用权登记簿"相统一。在登记栏目设置上,在其"状态部分",登记土地以及建筑物的自然属性与状况;将相当于普通登记簿之"所有权部分",更名为"建设用地使用权与建筑物所有权部分",再在该部分分设两个子栏目,即"建设用地使用权栏"与"建筑物所有权栏";然后在第三部分即"物

---

① 仍以其地上权登记为例,因地上权有专门的地上权登记簿,具体登记地上权之内容,但为防止地上权所附着之土地的土地登记簿的记载与其不一致,《地上权法》第14条第2款规定:"在土地登记簿中为登记时,就地上权之详细内容,须援引地上权登记簿";详参 *MüKoErbbauRG/von Oefele/Heinemann*, 6. Aufl. 2013, §14, Rn. 5 ff.。

② 在德国因仅是土地登记簿对地上权登记簿的"援引",所以两簿间更有彼此龃龉情形之发生;参见 *Staudinger/Raap* (2009), Einl zum ErbbauRG, §14 Rn. 10 ff.。

权负担部分",登记抵押权、地役权等设置情况。① 如此合体登记后,在实体法上以"房"或以"地"为名义的处分行为(究其实乃针对其整体的一个处分行为),在登记程序法上均能同步地及于另一客体,尽得"房地一体处分"之真义。

(2) 在建状态。

在建建筑物依本文的定性分析,仅属于建设用地使用权的重要成分,不具有客体能力,故在"物的编成"逻辑下,决无为其配置独立登记簿之理。从而现行法之下的"在建建筑物抵押权",在实体法上改造转述为"建设用地使用权抵押权"后,在登记程序法上,同样在"建设用地使用权登记簿"中进行相应的设立登记等登记操作。且在建建筑物之在建状态,亦无必要记载于该登记簿的"状态部分",②至多可以在抵押权登记部分,记载抵押权对物效力的范围。

2. 区分所有情形

(1) 在建状态。

在建建筑物按现行法的表述,不仅可以在建筑物整体上设定抵押权,而且可以就其中各部分进行商品房预售以及相关交易。本文在实体法论述部分,已开启以"与所预购商品房相应之建设用地使用权共有份额"(或简称"基地共有权")代替"商品房",来改造当前商品房预售交易模式的思路,其在登记程序法上的配合与落实,赓续如下:

既然以"基地共有权"来取代"商品房",则改造的关键与核心在于,如何将该项建设用地使用权分割成各个具体的共有份额。一项完整的不动产物权,经分割而形成若干共有份额,其构成如同不动产物权自身之让

---

① 就登记簿册各登记栏目之设置,《土地登记办法》未有规定;《房屋登记办法》第 24 条以及《房屋登记簿管理试行办法》第 7—10 条,就房屋登记簿,规定房屋基本状况、房屋权利状况以及其他状况部分,其中房屋权利状况部分记载"房屋所有权、他项权利等",其他状况部分记载预告登记、异议登记于查封登记等事项。以登记程序法须与不动产物权实体法相匹配,以及登记簿记载须清晰明了等角度来观察,此种栏目设置方法,诚有可议之处:其一,所有权是基础,与客体同义,决定登记簿之得以设置,而他项权利源于所有权,是所有权的负担,将二者同列于一部分,实混淆主次与本末;其二,预告登记等登记,本属各种特殊的登记技术或手段,均须针对特定的权利,将其与所针对之权利割裂,而置于单独设置的"其他状况部分",实有违登记簿所应追求的清晰简明原则。关于德国不动产登记簿之设置样式,参见鲍尔/施蒂尔纳:《德国物权法》(上册),张双根译,法律出版社 2004 年版,第 772—776 页。

② 在德国法上,且不说在建建筑物,即使是已建成之建筑物,也因其为土地之重要成分属性,也不登记于土地登记簿之中;对此特别强调者,如 H. J. Wieling, Sachenrecht, Band I, 2. Aufl. 2006, S. 88。

与，故而同样须遵守登记生效要件规则。① 如此一来，可以是否有相应的共有份额登记为准，分析其前后交易方式与登记问题。

在分割登记前：即开发商仅仅只是按要求提交共有份额之分割方案，但未办理相应登记的情形。此时之共有份额已通过分割方案而予以确定，开发商与各预购人就其可进行债法性交易，即签订该共有份额之买卖合同。且即使建设用地使用权作为整体仍单独登记在开发商名下，预购人仍可就以转让该共有份额为内容之请求权，申请进行预告登记②，以保全其相应的共有份额之取得。此时的预告登记，登记在开发商之"建设用地使用权登记簿"之中，且其效力原则上及于建设用地使用权之整体。不过既然仍为债权性的请求权，所以预购人利用其向银行融资贷款时，也就只能成立债权质权，且此一债权质权在开发商的登记簿中，不具有登记能力。

在分割登记后：此时开发商不仅已制作共有份额分割方案，而且已按此方案，预先将其单独所有的建设用地使用权，分割成与各所预售商品房相应的共有份额，并进行相应的建设用地使用权共有份额的登记，而且全部的共有份额均是登记在开发商名下。这一构造思路的关键，首先取决于实体法上允许不动产之单独权利人，可以将其不动产权利分割成抽象的（按份）共有份额，且各共有份额又均归其同一人所享有；其次取决于不动产登记法的技术改革，亦即在不动产登记法中须允许对以如此方式分割的不动产共有份额进行登记。虽然在实体法上存在单独所有权人不得为其自己将其所有权分割成数个共有份额的禁止性原则，以维护物权关系之清晰，尤其避免对不动产登记法滋生困扰③，但是对其限定条件，仅例外性允许开发商以此方式来建构其销售模式，则在法政策论证上亦绝

---

① 对此可参 *Staudinger/Raap*（2005），§8 WEG, Rn. 4 ff.；*MüKoWEG/Commichau*, 6. Aufl. 2013, Vor, §8, Rn. 13 ff.。

② 以让与不动产共有份额为内容之请求权，即便在申请预告登记时该不动产仍登记为让与人单独所有，依德国通说，该请求权仍得为预告登记之客体，参见 *Staudinger/Gursky*（2013），§883 Rn. 100。准此法理，在所有者为建设用地使用权时，自亦可以申请相应的预告登记。

③ 就此可参 *Staudinger/Raap*（2005），§8 WEG, Rn. 2 f.；*MüKoBGB/K. Schmidt*, 6. Aufl. 2013, §1008, Rn. 5 f.。

非不可突破;①更何况与当下的所谓"商品房预售"模式相较,其在法教义学构造上所存在的障碍仅"小巫"而已,且更能满足各交易当事人的利益需求。

一旦克服在实体法上的障碍,则在登记程序法上,其设计大体如下:第一,开发商在满足法律上所规定之具体条件后,可依其单方制作的共有份额分割方案,申请其建设用地使用权共有份额登记,且各共有份额均须先登记在自己名下。若共有份额数目极多,则可另行制作共有份额登记附册。② 第二,开发商与预购人签订共有份额买卖合同。此时如同现房买卖,因特定交易条件的存在或者为了保全需求,双方可以仅办理共有份额买卖请求权之预告登记;不过此时的预告登记,应登记在所购共有份额之登记处或登记附册之中。第三,开发商与预购人也可立即办理相应的共有份额过户登记,而且随其登记完毕,预购人则立即取得相应的共有份额。至于正在建造的"商品房",在法律上构成共有份额的重要成分,同样不必对其设簿登记。第四,在预购人(此时已成为"共有份额享有人"或"基地共有权人")以其共有份额抵押贷款时,则只需在自己的共有份额登记处或登记附册中,登记共有份额抵押权,即可为贷款银行设立一项现实的抵押权。至于在建阶段开发商所设立的所谓"在建建筑物抵押权",在效力上及于整个建设用地使用权,进而及于所有的共有份额(亦即在开发商自己为共有份额之分割并登记时,亦须登记于各共有份额之中),因此两类抵押权之间,在理论上依其成立时间之先后,来定其顺位关系。③ 第五,一旦建筑物建成而形成建筑物区分所有权,则各预购人之共有份额登记以及相应的抵押权负担登记,即脱离开发商的土地使用权登记簿,开始

---

① 在德国住宅所有权制度中,此正为其形成或创建住宅所有权关系的两种方法之一,即"通过原单独所有权人之单方的分割意思表示(Teilung durch Eigentümer)"方式(《德国住宅所有权法》第2、8条)。由于该方式多发生于现有住宅所有权人将其单独所有住宅分割成区分所有,再让与给不同的区分所有权人而形成区分所有权之情形,所以在学理上一般称之为"现存建筑物之分割"方式。关于其对共有规则的突破及其证立等,可参 *Staudinger/Raap*（2005）, § 8 WEG, Rn. 1 ff.; *MüKoWEG/Commichau*, 6. Aufl. 2013, Vor, § 8, Rn. 2 ff.。

② 值得指出的是,本文这一思路,与目前苏州、杭州等不少城市所采行的"土地分割转让登记"方式,颇有暗合之处,尽管其操作仅针对土地权利,不涉及商品房预售及其登记;其详可参刘月、楼建波:《建筑物区分所有权人的土地权利登记问题》,载《法治研究》2011年第9期。这表明,本文所提的一套主张与方案,在我国现行登记实务操作中,也并非毫无基础可言。

③ 至于这两类抵押权间的所谓冲突及其实务化解方法,简要论述可参张双根:《商品房预售中预告登记制度之质疑》,载《清华法学》2014年第2期。

设置或编制下述各"基地共有份额与房屋登记簿"。第六,至于开发商原有之建设用地使用权登记簿,可仍然保留,但开发商不得再在其中进行任何登记,亦即对开发商关闭,而所能登记者,仅为涉及全体业主之事项,尤其是管理规约、特别使用权之赋予等等,从而避免将此等对全体业主均具有约束力之事项,一一登入"基地共有份额与房屋登记簿"之烦琐,也便利于各业主之查阅。①

(2) 建筑物区分所有权之登记。

上述已暗示,在已形成建筑物区分所有权时,不必分别设置共有份额登记簿与房屋登记簿,而应继续以建设用地使用权共有份额为设置基准的思路,将二者合并成一个登记簿。登记簿之名称,可为"基地共有份额与房屋登记簿"。登记簿同样分为三部分,在基本状况部分,记载基地基本信息、房屋状态与自然属性,尤其须记载房屋所对应之共有份额比例;在"共有份额与房屋所有权"部分,分设共有份额与房屋所有权两栏,尤其须注明二者间的一一对应关系;在他项权利部分,登记各种权利负担,如抵押权等,且在效力上及于第二部分所记载的各权利,即共有份额与专有权。② 如此一来,现行建筑物区分所有权登记实务中,有房权而无地权的现状,也就得以彻底改变。

五、余　　论

房地分别构成独立的不动产,在我国已然成为难以回头的定局,但房地关系上存在的所有疑问与困扰,其为实体物权法的,其为登记程序法的,莫不在这"房地分离"上找到其根源。在所谓分离主义之典型的日本,其学者已对此提出批评,甚至抨击为"土地制度设计中最大的败笔"。③

---

① 在德国,一旦编制"住宅所有权登记簿册",则原有的土地登记簿,由土地登记官员依职权予以"关闭"(Schliessung),从而涉及全体业主之权利负担或其他规约事项,就须一一登记于各"住宅所有权登记簿册",甚是烦琐,且不利于登记簿记载之明晰;有鉴于此,学理与实务上均有主张有限度地启用原土地登记簿,或者设置一新的"中央登记簿";参见 *MüKoWEG/Commichau*, 6. Aufl. 2013, Vor, §7, Rn. 15 ff.。

② 关于德国法上住宅所有权登记簿之设置,可参 *MüKoWEG/Commichau*, 6. Aufl. 2013, Vor, §7, Rn. 2—5。

③ 藤井俊二,《土地与建筑物的法律关系——两者是一个物还是两个独立的物》,申政武译,载渠涛主编:《中日民商法研究》第4卷,法律出版社2006年版,第122页。

准于此论,本文的所作所为,格局有限,只是对现行法的修补而已,且成效如何,尚待方家指正。惟本文确信,真正能体现国有建设用地范围内"房地关系"的表述,已然是"房地一体",二者只能作为一个处分行为的客体;在建建筑物无论如何的重要,也不能抬升至独立的客体,只配有建设用地使用权(或其共有份额)之重要成分的身份;唯有如此的实体法前提,才能依照登记程序法的套路,编制出真实且和谐的统一登记簿册。

论法律行为视角下的信托行为[*]

金锦萍[**]

信托行为的性质犹如信托财产的归属、信托受益权性质等问题一般,均属于信托法制移植至大陆法系所面临的逻辑难题[①],这是起源于英美法的信托在嵌入大陆法系"高度发展和严密的法律概念体系"[②]过程中,不得不进行的定性分析。[③] 长期以来信托行为游离于民法法律行为体系之外,导致相关制度构建尤为困难。不得不遗憾地指出的是,现有法律行为的研究视野中,信托行为并不"在场"。[④] 传统民法研究视野对于信托行为的忽视已然让信托制度的现实应用变得越发步履艰难。例如信托法第十条规定了信托财产登记乃信托生效之要件,但是 2007 年的《中华人民共和国物权法》和新近通过的《不动产登记条例》都没有规定信托财产登记制度,这无疑让不动产信托再次沦为"纸上谈兵"。再如信托合同是

---

[*] 原文刊于《中外法学》2016 年第 1 期。
[**] 北京大学法学院副教授。
[①] 有意思的是,美国路易斯安那州是大陆法系辖区,其 1920 年制定信托法时也同样面临这些问题。See Edward F. Martin, "Louisiana's Law of Trusts 25 Years After Adoption of the Trust Code", *Louisiana Law Review*, Vol.50.
[②] 参见约翰·亨利·梅利曼:《大陆法系》(第 2 版),顾培东、禄正平译,李浩校,法律出版社 2004 年版。作者如此阐述大陆法系的特征之一:"定义和范畴被认为是从一些固有的法律规范和制度中科学地推论出来的东西,它们一旦被科学地发现或重新认识,便被编入重新建立的系统化法律结构中去。这种法律体系的不断重建和完善,是法学的主要内容。通过这种方式,从而将描述性的概念变成规范化的概念。"(第 95—96 页)
[③] 也有将此问题作为英美信托法引入大陆法系时所不可避免的问题。另外两个问题为:信托利益的性质和信托三方关系人的特性。参见方嘉麟:《信托法之理论与实务》,中国政法大学出版社 2004 年版,第 245 页。
[④] 笔者在检索关于法律行为的经典文献中,找不到任何关于信托行为的阐述。这情有可原,毕竟法律行为理论的起源地——德国至今未在立法上承认信托。

否为要物合同的争论此起彼伏,从未尘埃落定,在信托设立是否以财产转移为要件这一问题上也莫衷一是。另外,目前我国信托立法要求信托行为一律须为要式,值得商榷(尽管本文对此不予论述)。与此同时,信托行为的特殊性使从法律行为这一视角去探寻其性质的努力显得尤为艰难。信托行为是无偿行为,与其最为接近的民法制度当属赠与(或者遗赠),但是信托又不同于赠与(或者遗赠),赠与(或者遗赠)是即时完成的从赠与人到受赠人的财产转移,而信托却是持续性的长期财产规划,信托利益逐渐地(或者在较长一段时间之后一次性地)从委托人处转移至受益人。因此对于信托行为的性质认定尽管可以类推适用赠与的相关规则(例如赠与合同的要物性),但是却无法机械套用。自从信托制度在商事领域得以大量应用之后,信托行为的无偿性更是遭受严重挑战,信托契约的要物性也因此开始动摇。而且以信托设立方式为标准对于信托进行分类的话,除了契约信托,尚有遗嘱信托和宣言信托。由于设立方式不同,信托行为的性质和特征是否也会发生相应变化?对这些问题的梳理和厘清诚有必要。

一、问题的提出

(一)信托行为是设立信托的法律行为

抽丝剥茧之后,学界对于信托行为林林总总、不胜枚举的定义的主要内容可以概括如下:

其一,在定义信托行为时将其归于法律行为的一种。例如王泽鉴先生如此定义:"信托行为将财产所有权转移与受托人,使其成为权利人,以达到当事人间一定目的的法律行为。"[①]概念最后的落脚点在于法律行为。无独有偶,张淳教授作出的"完整定义"也最终将信托行为定性为法律行为:"信托行为是指由委托人出于设立信托之目的单独实施或者与受托人共同实施,以由委托人提供财产由受托人管理财产并将由此所生利你交付给受益人或者运用于实现委托人的其他特定目的为其内容并以明

[①] 王泽鉴:《民法实例研习丛书》,自刊,1980年版,第311页。

示为其形式的法律行为。"①能见善久先生认为信托行为"相当于民法上的法律行为的概念,是根据当事人的意思而设立信托的行为"。② 我国台湾地区在"信托法"出台前后,曾经以"最高法院"判决的形式屡次界定信托行为。尽管内容略有差异,但是最终都归于"法律行为"。③将信托行为定性为法律行为,就意味着信托行为的相关规则构建需在法律行为原理和规则的框架内展开。诸如法律行为中的意思表示、法律行为分类、法律行为的成立与生效等等原理和规则,均得以适用到信托行为上来。信托行为得以从"游离状态"回归到体系之中,可望在规则确定和适用时达至逻辑统一。

其二,对于信托行为做狭义解释,将信托行为与信托设立行为同义。信托行为仅仅是指设立信托法律关系的法律行为,至于其他在信托存续期间所发生的法律行为尽管也属于法律行为,但是却不属于信托行为(典型的例如受托人经营管理信托财产的行为)。④ 而且这一狭义解释可以从各国立法例中得到印证。例如日本信托法、我国台湾地区信托法中,大量法律条文中包含有"信托行为"的表述,但是均在信托设立行为意义上使用这一表述。

其三,由于将信托行为界定为法律行为,因此源于法律拟制的法定信托和推定信托中并不存在信托行为,唯有意定信托中方有信托行为。意定信托的设立有契约、遗嘱、宣言之分,其中契约为双方法律行为,遗嘱和宣言为单方法律行为。⑤

(二) 信托行为事关信托之效力

但凡对于信托行为性质展开讨论的学者似乎都首先阐明了探寻信托

---

① 张淳:《信托法哲学初论》,法律出版社 2014 年版,第 125 页。
② 能见善久:《现代信托法》,赵廉慧译、姜雪莲、高庆凯校,中国法制出版社 2011 年版,第 19 页。
③ 例如台湾地区"最高法院"《1973 年台上字第 2996 号民事判决》中表述:"所谓信托行为,系指信托人将财产所有权转移与受托人,使其成为权利人以达到当事人间一定目的的法律行为而言。"该法院《1977 年台再字第 42 号民事判决》中又定义:"所谓信托行为,系指委托人授予受托人超过经济目的之权利,而仅许可其于经济目的范围内行使权利之法律行为而言。"
④ 这类似于票据行为理论,基本票据行为(或者称为主票据行为),只是指票据权利得以发生的最初始的出票行为,至于更为广泛意义上诸如背书、承兑、参加承兑、保证、保付等只能称为从票据行为(或者附属票据行为)。
⑤ 对于这些具体信托行为的特征将在本文的第三部分展开。在此不予赘述。

行为性质的意义所在。由于历史上英美法信托法制的形成早于其契约体系和财产权体系①,因此信托的设立只需要意思表示与财产转移即可。②后于信托法出现的契约法和财产法也未与其产生本质抵触:信托契约在合同法框架内被解释为赠与合同性质,故无"约因"(或者"对价")不生效力;英美财产法上更没有大陆法上"债权物权两分"的分析框架,因此从未从法律行为意义上去刻意区分信托契约与财产转移。所以英美法上若信托契约或者财产转移无论哪一环节有瑕疵,均会不可避免地影响到信托的效力。③ 大陆法系国家则迥然不同。各国在物权法和合同法体系日臻完善之时才引入信托制度④,立法者首先面对的问题便是:如何将信托制度镶嵌到既有法律框架中?这在信托立法过程中乃至此后司法实践中,成为了一个无法回避的问题。例如张淳教授将信托行为的性质分析视为大陆法系移植英美法信托制度时的一种"抗排异(或者本土化)"的努力,是"一种大陆法系信托理论通过运用大陆法系民法理论来进行旨在使前面一种理论(指英美法私法理论色彩浓厚的信托法理论)能够为后一种理论(指大陆法系民法理论)接纳的改造和整合的尝试"。⑤ 西风东渐,滥觞于德国的法律行为理论逐渐被一些大陆法系国家和地区的民法学者所接纳。法律行为理论的意义不言自喻,使民法总则提纲挈领,让民法体系臻于完善。而且在法律行为统帅之下,契约、遗嘱、悬赏广告等都有了抽象概念和概念背后的规则来统一支撑。甚至在萨维尼发现了物权行为理论之后,这一统一性也随之开疆拓土。那么当大陆法系国家移植信托法时,法律行为理论是否也可以张开怀抱接纳这一舶来品呢?事实上,这似乎是大陆法系的信托法学者一直未曾放弃的尝试和努力:尽量熟稔地运用大陆法系的法律行为理论框架来阐

---

① 参见腓特烈·坎平:《盎格鲁—美利坚法律史》,屈文生译,法律出版社2010年版。
② See Dukeminier Johanson, *Wills Trusts, and Estates*, sixth edition, Aspen Law &Business, 2000, pp.567—617. 该教材中对于信托设立的条件有四项:设立信托的意愿、信托财产、信托受益人和书面信托文件。但是在具体阐述时,书面信托文件并非必须,而且信托受益人可以被解释为包含在设立信托的意思表示之中。
③ 方嘉麟:《信托法之理论与实务》,中国政法大学出版社2004年版,第245—246页。
④ 例如日本、韩国、我国台湾地区和大陆无不如此,概莫能外。
⑤ 张淳:《信托法哲学初论》,法律出版社2014年版,第145—146页。他在书中写道:"将大陆民法理论中的有关内容注入了该国或者该地区的信托法理论中;……鉴于其信托法在该国与该地区的法律体系中属于民事特别法,通过改造与整合使其信托理论能够为该国与该地区的民法理论所接纳,恐怕不能说毫无意义。"

明信托行为性质。例如谢哲胜教授对于信托行为分门别类为设定信托行为、遗嘱信托行为、宣言信托行为和商业信托行为等四类分别予以阐述,对于每种行为之下还进行双方行为还是单方行为、生前行为还是死因行为、要式行为还是非要式行为、要物行为还是非要物行为、无偿行为还是有偿行为的甄别。① 王志诚教授则明确套用传统大陆法系民法上观念,认为信托行为由负担行为和处分行为两者结合而成。至于两者之间的关系,学界素有"单一行为说"和"复合行为说"之分。②

围绕信托行为的性质而展开的讨论并未止步于满足概念抽象和逻辑提升的快感,而是意识到这一问题事关信托的要件和法律效力③,并进而影响到各方当事人和第三人的权益,可谓至关重要。诚如有学者所言,"分析信托行为之基本构造,在强调债权与物权二分之我国或其他大陆法系国家,诚有助于厘清或判定信托行为之要件及效力,而有其实益"。④持同样观点的不在少数。⑤

分析法律行为必然要对于主体、客体和意思表示进行逐项分析。信托行为的主体包括委托人和受托人(受益人在信托设立阶段仅仅作为纯获益人存在,有时甚至为信托目的所涵盖),双方的权利能力和行为能力对于法律行为效力的影响适用法律行为一般原理和规则;同时信托行为的意思表示自然也适用法律行为中的意思与意思表示的一般原理和规则(例如意思真实和意思自由),因此本文不予展开论述。本文试图从信托行为的界定出发,梳理分析当下学界对于信托行为的性质争议最大的两个问题:信托行为是否为要物行为?信托行为是单一行为还是复合行为?对于这两个问题的回应势必需要澄清财产转移与信托设立之间的关系、原因行为与信托设立的关系以及信托行为中负担行为与处分行为的关系。其中也须对于契约信托行为、遗嘱信托行为和宣言信托行为的性质进行逐一分析,随之审视我国现行规定并提出完善建议。

---

① 谢哲胜:《信托法总论》,台湾元照出版有限公司2003年版,第98—102页。
② 王志诚:《信托之基本原理》,台湾元照出版有限公司2005年版,第9—13页。
③ 谢哲胜:《信托法总论》,台湾元照出版有限公司2003年版,第98页。
④ 王志诚:《信托之基本原理》,台湾元照出版有限公司2005年版,第12—13页。
⑤ 方嘉麟:《信托法之理论与实务》,台湾中国政法大学出版社2004年版,第245—246页。

二、信托财产转移与信托设立之关系：
信托行为要物性之辨析

关于信托行为的要物性之争由来已久,有认为信托行为为要物行为,例如能见善久先生认为"信托行为除了需要当事人之间的合意以外,还需要财产权的转移。在这种意义上,信托行为属于要物行为"。[①] 也有持反对观点者,尤其自从信托在商业领域大量得以运用之后。若要厘清这一问题,需要从信托财产转移与信托设立的关系切入予以剖析。

(一) 关于财产转移作为信托设立要件的一般规则

第一,从"衡平法不支持无偿受让人(equity will not assist a volunteer)规则"和"衡平法不修补有瑕疵赠与(equity will not perfect an imperfect gift)规则"到"财产要件(res requirement)规则"。

信托源于中世纪的英国,与衡平法有着千丝万缕之联系。衡平法上的"不支持无偿受让人规则"广泛适用于赠与和遗赠的判例中。例如John F. Cox v. Clement Hill and Samuel Sprigg and Wife (1854)[②]一案中,法院认为纯粹的无偿赠与因为没有交付行为因而本身存在瑕疵,此类赠与中的受赠人就是无偿受让人(volunteer),根据衡平法不得支持无偿受让人规则,法院不能赋予此类赠与以效力和执行力。在 1872 年的另一个案例中,法官进一步认为,"衡平法院不支持无偿受让人,然而,如果赠

[①] 能见善久:《现代信托法》,赵廉慧译,姜雪莲、高庆凯校,中国法制出版社 2011 年版,第 20 页。持同样观点的有周小明,他认为信托行为包括两个要件:当事人设立信托的意思表示和信托财产的转移行为。参见周小明:《信托制度:法理与实务》,中国法制出版社 2012 年版,第 140 页。

[②] 该案案情如下:母亲原先将一笔债权指定由她的一个女儿来接受债务人的偿还,但是该女儿死亡后,该母亲改变了主意,指定由另外一个女儿来接受债务人的偿还。第一个女儿的丈夫因而起诉债务人、第二个女儿及其丈夫。初审法院认为债务人需要向第二个女儿支付资金,理由就在于法院没有发现第一个女儿获得债权凭证的任何证据,而且法院认为债权人与其第一个女儿之间并非交易关系,而是明示的赠与,但是这一赠与并未完成,因为债权人并没有向她或者为她利益的第三人进行交付。所以这是一个纯粹的无偿赠与,本身存在瑕疵,法院不能赋予其效力和执行力。而第二个女儿却受到了母亲签署和交付的债权凭证,并因此获得了债务人支付的 3500 英镑的资金。See John F. Cox v. Clement Hill and Samuel Sprigg and Wife, 6 Md. 274; 1854 Md. LEXIS 47.

与已经完成,基于当事人自愿,法院会认为其有效"。① 所以,对于一个有效的生前赠与,必须要有财产的交付和受赠人的接受行为方为有效。"衡平法不修补有瑕疵赠与规则"与"衡平法不支持无偿受让人规则"原理相同。如果赠与因为缺乏"约因",又没有实际交付行为得以实现,那么这一赠与就被认为是有瑕疵的,衡平法院对此不予支持。

这两个规则也被应用到信托诉讼之中,原因在于英美法上认为信托契约与赠与类似,均无"约因"而不具备强制执行效力。如果没有发生财产转移,除非受益人已经提供了"约因",否则在衡平法上受益人就不得对于委托人强制实施信托。例如在 Miory v. Lord (1862) 一案中②,由于信托委托人没有完成财产转移的登记(此案中财产是股权),法院据此认为信托尚未设立。理由在于:原告未能提供"约因",所以他是纯粹的"无偿受让人"。根据"衡平法不支持无偿受让人"的规则,委托人并不因此受到约束,即"无偿受让人"不能向他请求履行信托。这同时也遵循了"衡平法不修补有瑕疵赠与规则"。③

逐渐地,英美信托法上确立起"财产要件规则",即要求信托设立需要以财产转移为要件(宣言信托除外)。例如 Gough v. Satterrlee 一案中,法官阐述说:"信托财产是绝对重要的,不仅关系到信托的效力而且事关信托的存在与否。"④《美国统一信托法》第 401 条在《信托法重述(二)》⑤和《信托法重述(三)》的基础上重申:"根据本条设立信托的,只有当财产转移至信托名下时,信托方设立。"⑥由此可见,根据这一规则,如果委托人作出了向受托人转移财产的意图,并且完成了财产交付的,则信托成立。反之,如果委托人没有转移财产的意图,或者尽管他有如此意图却没

---

① See Blasdel, Adm'r, v. Locke& a. , 52 N. H. 238; 1872 N. H. LEXIS 37.
② See Milory vs. Lord (1862).
③ 这一规则至今仍然被作为先例援引,例如 1995 年的 White vs. Jones 一案中,法官就因转移财产有缺陷而判定该生前信托无效。
④ Gought v. Satterlee 52 N. Y. S. 492, 496. 32 N. Y. App Div. 33.
⑤ 信托法重述二中对于信托的定义如下:"信托是一种关于财产的信义关系,财产的 由此受到衡平义务 约束,为他人的利益处理其控制下的财产,该义务产生于设立此关系的明确意图。"而且在解释时明确"没有信托财产,就不能设立信托"。see Restatement of Trust 2d, § 2Cmt. F(1959)和 Restatement of Trust 2d, § 74Cmt. F(1959)
⑥ See Uniform Trust Code (2000, with Amendment through 2005), § 401.

有交付财产的,则信托不成立。① "财产要件规则"的合理性在于:"其一,正是因为信托财产的存在以及受益人对于信托财产所享有的利益,才使得信托与其他法律关系区分开来;其二,信托财产的存在才使得法院得以清晰地判断委托人是否有设立信托的意愿;其三,信托财产的存在才使得法院得以实施信托。"②

第二,大陆法系立法与司法实践中也逐渐确立起信托的"财产转移要件"规则。大陆法系各国在移植信托制度时,立法关于信托定义的法律条文也明确了同样意思。例如1922年《日本信托法》规定:"本法所称信托,系指有财产权转让和其他处理行为,令别人遵照一定的目的进行财产管理或处理。"我国台湾地区"信托法"第1条也规定"称信托者,谓委托人将财产权移转或为其他处分,使受托人依信托本旨,为受益人之利益或为特定之目的,管理或处分信托财产之关系。"其中均将"财产权转让""财产权转移"或者"其他处分"作为信托的构成要件。《欧洲信托法原则》中除了宣言信托之外,也要求设立信托需要有委托人将财产转移给受托人。③

我国台湾地区"高等法院"2006年曾有民事判决如下:

台湾地区"信托制度系以'信托财产'为中心的法律关系,即信托人未将'信托财产'移转财产权或为其他处分于受托人前,信托人、受托人、受益人三方面之关系无由形成,各当事人间不具任何权利、义务关系,信托目的无法达成,自难将信托关系有关当事人合意之债权行为与信托财产转移之物权行为予以割裂,而以信托当事人之合意之债权行为作为信托财产移转之依据。信托关系之成立,除当事人间须有信托之合意之外,尚须委托人将财产权移转或为其他处分予受托人后,当事人间之信托契约始成立。至于遗嘱信托为单方行为,与契约信托为双方行为成立方式不同"。④这足以佐证我国台湾地区司法实践中也将财产移转作为信托(其

---

① 高凌云:《被误读的信托——信托法原论》,复旦大学出版社2010年版,第71页。自然,根据财产要件规则,不仅信托设立以财产为要件,而且在信托存续期间,信托财产都必须存在而且必须是确定的或者可以确定的。而且信托财产灭失的,信托也就不复存在。

② Jane B. Baron, "The Trust Res and Donative Intent", 61 *Tulane Law Review* 45, November, 1986, pp. 51—52.

③ 《欧洲信托法原则》第2条规定了信托设立的一般性的原则:"为了设立一个信托,一个被称为'委托人'的人,在他的有生之年或死亡时,必须在有设立一个独立信托财产的意图的情况下,将财产转移给受托人。但是,委托人也可以通过使自己成为他自己的某特定财产的受托人,而设立信托。"

④ 台湾地区"最高法院"2006年度台上字第500号民事判决。

至信托合同)成立之要件。

(二) 分歧的实质所在:对于信托本质的不同认识

由此可见,"财产转移要件说"和与此相对的"财产转移非要件说"的区别在于:"财产转移要件说"认为在财产转移之前,信托尚未设立,因此当事人之间不产生信托关系,受托人不负信义义务,而受益人受益权也就无从谈起;但是"财产转移非要件说"则相反,认为双方合意或者单方意思表示成立之后,信托即告设立,当事人之间发生信托关系,受托人承担信义义务,受益人的受益权也得以行使。两种主张分歧的原因在于对于信托性质的认定殊异。英美学者对此争论从未停止过,持"财产说"的 Scott 和持"契约说"的 Stone 之间的争论堪为经典而有趣。1917 年他俩在《哥伦比亚法律评论》先后以"the Natue of the Rights of the Cestui Que Trust"为题发表了题目完全一致但是观点迥然不同的文章。① "财产说"认为信托是一种财产所有权形式。众所周知,从信托起源而言,脱胎于用益制度,旨在规避法律禁止性规定,通过用益将土地在名义上为受托人所有、实质上为受益人利益(后来衡平法院将此种权利予以保护,一般称为"衡平法上的所有权")的制度设计。信托法早期所使用的术语,诸如"legal ownershp""equitable ownership""legal estate""equitable estate"等都属于财产法领域,而非对人的请求权范畴。如果将信托性质认定为财产所有权的一种形式,那么随之而来便意味着承认两个基本观点:其一,信托是权利与利益分离的一种特殊财产形式,即受托人享有形式上的所有权,而受益人享有实质上的所有权;其二,信托的存在必须以财产为要件。诚如学者所言,没有财产的信托就是"无水之海"。② 当然,如果说英美法上"信托与合同是截然不同的两个概念"③是主流观点,那么对于这一主

---

① See Austin Scott, "The Natue of the Rights of the Cestui Que Trust", 17 *Colum. L. Rev.* 269 1917, and Harlan F. Stone, "the Natue of the Rights of the Cestui Que Trust", 17 *Colum. L. Rev.* 467 1917.

② See Patrick Parkinson, "Reconceptualsing the Express Trust", *Cambridge Law Review*, 61(3), November 2002. pp. 657—683.

③ 对于这一问题,首先是指信托不适用合同法的相关规定,反之亦然;其次,则是指合同适用相对性原则,而信托的受益人则可以直接向受托人行使请求权;再次,合同义务并非必然与财产相关,而信托关系中的权利义务均围绕财产展开。参见 Andrew Iwobi, *Essential Trusts*, 3rd ed., Cavendish Publishing Limited, 武汉大学出版社 2004 年影印版, pp. 4—5.

流观点的商榷和反思也从未停息过。"契约说"主张信托的设立不以确定的财产为要件,甚至有学者认为"与其将信托视为一种所有权形式,不如将其视为一系列合同"。① "契约说"的核心在于认为信托的产生一般基于协议,而信托法所规定的受托人的权限、权利和义务的效力等同于典型合同。② 同样的争论在大陆法系国家也一直喧嚣尘上。③

(三)商业信托的"特殊性"

不可否认的是,商业信托对于信托财产的要求的确有异于民事信托。以资产证券化为例,首先,以信托方式进行证券化的金融资产是持续性发生的将来债权④,是否具有"确定性"存疑,而信托财产的确定性却是事关信托是否成立的要素之一;其次,也有学者认为商业信托的设立并不以信托财产的现实存在为前提。⑤ 例如《日本信托法》修订之后的文本被认为带有强烈的商业色彩,甚至修改了信托的定义。⑥ 日本学者据此认为信托法的规定已经确立这样一种主张,即"信托财产对于信托而言并非不可或缺的"。这种观点风靡一时,成为当下日本学界的主流观点。⑦ 根据《日本信托法》关于设立信托的方式和信托生效的相关规定,上述主张并非没有法律依据。经修订后的《日本信托法》第3条规定了信托可以信托合同、遗嘱和其他书面形式设立,而第4条规定依据合同设立信托的,自合同订立时信托生效,依遗嘱设立信托的,自遗嘱生效时信托生效。其中均没有规定信托财产是信托设立或者生效的要件。

商业信托设立阶段,并无信托财产,但是主流观点认为这时依然产生

---

① See Patrick Parkinson, "Reconceptualsing the Express Trust", *Cambridge Law Review*, 61(3), November 2002. p. 659.
② John H. Langbein, "the Contractarian Basis of the Law of Trusts", *Yale Law Journal*, Vol. 105 (1995), pp. 627—634.
③ 其至在"财产说""契约说"之外还衍生出"主体说"。
④ 将来债权也称为"未来债权",是指现在尚未存在、但是将来有可能发生的债权。
⑤ 参见霍津义主编:《中国信托业理论与实务研究》,天津人民出版社2003年版,第41页。另参见施天涛、周勤:《商事信托:制度特性、功能实现与立法调整》,载《清华法学》2008年第2卷第2期,第118页。
⑥ 该法第2条规定,"本法所称'信托',乃指通过以下各条所列方法,特定主体为了特定的目的(仅仅为该本人目的的除外,本条以下皆同)而有义务从事管理、处分及其他达成该目的而采取的必要行为。"
⑦ 参见能见善久:《现代信托法》,赵廉慧译、姜雪莲、高庆凯校,中国法制出版社2011年版,第24—25页。

了受托人在信托法上的义务。以实践中的证券投资基金为例,在投资者的资金在交付给受托人之前,各方已经对于证券投资基金的基本问题达成合意,然后这些内容才向投资者公开。投资者看到信息之后购买信托产品,和受托人缔结契约,由于此时资金尚未向受托人转移,但是却认为委托人和受托人都应该向受益人承担起信托法上的义务。对于这种义务的依据,有学者认为应该解释为:此时尽管信托财产尚未转移,但是信托已经设立。[①] 于是商业信托被作为支持"契约说"的绝妙论据,因为在商业信托设立过程中,信托财产尚未产生之前信托业已设立。似乎因为商业信托的出现,"财产非要件说"因此扳回一城。

但是,笔者却注意到,关于信托行为是否以财产为要件的争论,乃至深入到信本质的探寻过程中,有两个概念在一定程度上被混用:信托与信托合同。争论双方往往交叉使用信托和信托合同两个概念,在一定程度上出现了混淆,导致常常将信托的要物性与信托合同的要物性、信托的成立生效与信托合同的成立生效混为一谈,信托行为的性质因此无法得以厘清。信托合同的确是信托设立的方式之一,但是信托与信托合同的区别还是显而易见的。信托设立是一种财产处置行为,不仅让受托人承担起信赖义务,更为关键的是,发生了权利变动,即财产的转移。

笔者认为,尽管商业信托的确具有特殊性,但是依然没有改变信托的基本属性。因此对于这种情形,依然需坚持"财产转移要件"规则。即在商业信托中,各方合意达成但是财产未转移之前,此时信托合同已经成立生效,但是信托并未成立。这种把信托合同与信托区分开来的观点意味着:将负担行为(信托合同)和处分行为(财产转移)分别开来,信托合同为非要物合同,自双方合意之时起成立生效,但是只有当财产转移之后,信托方设立。至于受托人在信托设立之前所负有的义务,则是基于信托合同的契约义务。于是,一个更加饶有意味的问题浮出水面:这似乎必须得引入物权变动中的区分原则了。

[①] 当然,不同观点也会呈现:例如有解释为在此阶段尽管信托上尚未设立,这些义务是基于契约。参见能见善久:《现代信托法》,赵廉慧译、姜雪莲、高庆凯校,中国法制出版社2011年版,第24—25页。

三、区分原则下的信托行为

"所谓区分原则是指依据法律行为发生物权变动时,物权变动的原因与物权变动的结果作为两个法律事实,它们的成立生效依据不同的法律根据的原则。"① 我国物权法也确立了"区分原则",该法第 15 条规定:"当事人之间订立有关设立、变更、转让和消灭不动产物权的合同,除法律另有规定或者合同另有约定外,自合同成立时生效;未办理物权登记的,不影响合同效力。"当以有体物作为信托财产时,直接适用物权法上的区分原则似无困难;当然信托财产的外延无疑大于有体物,而且随着社会经济发展,不仅动产和不动产可以作为信托财产,诸如有价证券、知识产权等也成为信托财产。所以这里的区分原则采取作为上位概念的负担行为与处分行为的区分更为适宜。

由于信托设立行为客观上造成两种法律效果:受托人负有为一定目的管理和处分财产的义务,和信托财产的转移或者其他处分行为。因此学理上素来有"单一行为说"和"复合行为说"之争。"单一行为说"不承认区分原则的适用,认为信托行为是单一的法律行为,尽管其法律效果上的确产生了受托人负有管理义务和导致财产发生转移,但是这是同一法律行为在法律效果上产生的双重效果,即同时发生债权和物权(准物权)的效力。② "单一行为说"认为没有必要将信托行为区分为独立的物权行为(或者准物权行为)和债权行为,而且因为转移给受托人的财产和受托人就该财产负有经营管理和处分的义务之间密切相关,所以使信托设立生效的信托行为也不该分割为两个行为。③ "复合行为说"则认为信托行为由两种行为复合构成:一是形成受托人为一定目的的对于信托财产进行管理和处分的义务的行为;二是财产的转移或其他处分的行为。前者是使债务发生的负担行为(或者说债权行为),后者是使财产发生权利变动的行为,属于处分行为,根据财产性质不同,可以区分为物权行为(当信托财产为物时)或者准物权行为(当信托财产为有价证券、知识产权等)。比较

---

① 孙宪忠:《中国物权法总论》,法律出版社 2014 年版,第 276 页。
② 参见田中实、山田昭:《新版信托法》,雨工孝子补订,学阳书房 1998 年版,第 45 页。转引自王志诚:《信托之基本原理》,台湾元照出版有限公司 2005 年版,第 9 页。
③ 参见张军建:《信托法基础理论研究》,中国财政经济出版社 2009 年版。

这两种学说,最本质的区别在于是否承认信托设立行为由独立的处分行为和负担行为组合而成。由于在这一问题上的不同态度,导致对于信托设立行为的效力判断也有重大区别。因为在"单一行为说"下,信托合同与信托未予以区分,因此信托合同的效力与信托的效力也不予区分;但是在"复合行为说"下,信托合同和信托设立的效力判断要根据不同的规则予以判断,甚至可能因为是否采取物权行为(或者准物权行为)无因性理论而导致截然不同的结果。①

"复合行为说"无疑是区分原则在分析信托行为时的适用。按照此说,信托行为应该适用法律行为中负担行为与处分行为之间关系的相关规则。信托可以合同、遗嘱或者宣言的方式设立,在每种设立方式中,都会涉及负担行为与处分行为的关系。因此下文将依次分析契约信托行为、遗嘱信托行为和宣言信托行为。②

(一) 契约信托行为

"单一行为说"不区分信托与信托合同,因此信托合同要物与否与信托要物与否完全一致。如果采纳"财产要件说",那么"单一行为说"下必然要采用"信托合同要物说";反之亦然,若认为信托成立不以财产转移为要件,那么单一行为说下必然采用"信托合同非要物说"。反之,若按照区分原则下的"复合行为说",那么契约信托行为无疑由两个法律行为组成:作为负担行为的信托合同和作为处分行为的财产转移行为。根据"复合行为说",信托行为必以财产转移为要件,但是信托合同既可以采取"要物说",亦可以采取"非要物说"。如果规定信托合同为要物合同的,则主张处分行为发生在先,信托合同成立以处分行为为必要。在此情形下,信托行为必以财产转移为设立要件;若规定信托合同为诺成合同的,则主张信托契约自当事人合意之时起成立,无需财产转移。但是信托设立除了信托合同之外,尚需要处分行为。

---

① 由于我国台湾地区"信托法"第 1 条明文规定:"称信托者,谓委托人将财产权转移或为其他处分,使受托人依信托本旨,为受益人之利益或为特定之目的,管理或处分信托财产之关系。"因此,台湾学者大多采取"复合行为说"。

② 需要澄清的是,注意区分其与原因关系与信托之间的关系。即例如为偿债而设立的契约信托。债权债务关系为原因关系,设立信托的契约为负担行为,而信托财产的转移为处分行为。

几种学说的关系详见图 1

	信托设立"财产要件说"		信托设立"财产非要件说"
单一行为说	信托合同为要物合同		信托合同为诺成合同
复合行为说	信托合同为要物合同	处分行为发生在先,信托合同成立以处分行为为必要。	不兼容
	信托合同为诺成合同	信托合同自当事人合意之时起成立。但是信托设立除了信托合同之外,尚需要处分行为。	

图 1

信托法学界长期以来对于信托合同的要物性争论不休。[①] 要物合同源于罗马法上的"实物契约",后为大陆法系承继,是指在当事人意思表示一致之外,尚需要转移标的物方能成立的合同,比较典型的要物合同有定金合同、消费借贷合同等。区分诺成合同和要物合同的意义在于:其一,合同成立要件不同;[②]其二,合同当事人的义务和责任不同。[③] "单一行为说"意味着信托合同的要物与否与信托行为的要物与否"共进退":信托设立采取"财产非要件说",那么信托合同就必须采"诺成合同说",反之若信托设立采取"财产要件说",那么信托合同就必须采"要物合同说"。这种思路的缺陷在于:第一种情形无疑有悖信托性质,而第二种情形下,若信托财产未进行转移,那么不仅信托因为缺乏财产转移要件而未成立,信托合同也被认定为未曾成立,这无疑不利于对于各方当事人的利益保护。

"复合行为说"在某种程度上让长期困扰信托法学界的这个问题显得有些多余。换而言之,若采取复合行为说,信托合同无论为要物还是非要物,都能够实现信托设立以财产转移为要件的目的。"复合行为说"以信托财产转移为前提,区分了信托合同和信托。若信托合同为诺成合同,那么信托合同自当事人合意之时起成立,而信托设立除了信托合同成立之

---

① 参见张淳:《诺成合同:我国信托法关于对信托合同定性的规定及其完善》,载《社会科学战线》2007 年第 2 期;何宝玉:《信托法原理研究》,中国政法大学出版社 2005 年版;张军建:《信托法基础理论研究》,中国财政经济出版社 2009 年版。
② 诺成合同以合意为成立要件,而要物合同除了合意,尚需要标的物的转移为成立要件。
③ 诺成合同中,转移标的物属于合同义务,违反该义务,违约方需承担违约责任;而要物合同中,转移标的物为先合同义务,违反该义务需要承担的不是违约责任,而是低约过失责任。

外,尚需要处分行为(物权合意加上财产转移行为);反之,若信托合同为要物合同,那么情形可能复杂一些,因为处分行为发生在先,而本该作为原因行为的信托合同却要以处分行为为必要。[①] 比较两者,区分原则下的"复合行为说"无疑占了上风:首先,对于财产转移的坚持保持了信托的特质;其次,信托合同与信托各自按照规则确定其效力。

于是下面这个悬而未决的问题就得以迎刃而解:信托合同签订之后,财产尚未转移,此时能否对于委托人强制执行财产转移,又该由谁来行使该权利?采取"复合行为说",那么此时信托尚未设立,受益人权利无疑尚未存在,因此行使权利的人应该是受托人。而受托人根据立法中对于信托合同性质的规定不同行使不同权利:若立法规定信托合同为要物合同,则只能主张委托人承担缔约过失责任;若立法规定信托合同为诺成合同,那么可以在合同成立有效的基础上主张委托人承担违约责任。

(二) 遗嘱信托行为

与信托合同不同的是,遗嘱是单方法律行为和死因行为。若将遗嘱信托行为和契约信托行为进行比较,可以图 2 予以明示。

	遗嘱信托行为	契约信托行为
设立方式	遗嘱	合同
表示方式	要式行为	一般为非要式行为(但是我国立法采取要式行为)
法律行为类别之一	单方法律行为(委托人得随时撤回遗嘱,使遗嘱信托不生效)	双方法律行为,一旦信托合同成立,不得随意撤销。
法律行为类别之二	死因行为(委托人死亡,遗嘱生效;但是信托是否生效存在争论)	生前行为(不以行为人死亡为生效要件)
信托财产之转移	由继承人或者遗嘱执行人来进行	由委托人来进行
生效时间点	信托财产转移至受托人时或者是委托人死亡时?(留待下文论证)	信托财产转移至受托人时

图 2

由此可见,遗嘱信托除了满足信托行为的一般设立要件(包含当事人、信托目的、意思表示)之外,尚需要满足特殊设立要件:遗嘱符合继承

---

① 参见葛云松:《物权行为理论研究》,载《中外法学》2004 年第 6 期。

法的规定。同理,遗嘱信托除了满足信托行为的一般生效要件之外,尚有特殊生效要件——委托人死亡。

于是,一个让"单一行为说"一筹莫展的问题被提了出来:委托人死亡时遗嘱已经生效,但是财产却仍然属于委托人的遗产[①],尚未转移给受托人,此时遗嘱信托是否生效?由于其将遗嘱与遗嘱信托视为不可区分,因此,委托人一旦死亡遗嘱生效,遗嘱信托也生效;遗嘱信托既然已经生效,那么受益人权利也已经产生,他可以要求受托人履行信义义务,然而此时受托人却并没有获得信托财产,让他缺乏履行信义义务的基础。"单一行为说"只能通过下列解释来自圆其说:遗嘱信托不同于契约信托,不能简单适用契约行为相关规则。遗嘱信托生效之后,尚需要受托人接受之后,信托财产才予以转移。"复合行为说"认为信托的核心内容在于对于财产的管理和处分,若无信托财产,信托无从谈起,也与信托行为兼具负担行为与处分行为的性质不吻合。因此在遗嘱信托中,遗嘱系原因行为,交付信托财产的行为为处分行为。所以遗嘱生效并不必然导致遗嘱信托生效。

在"复合行为说"下,遗嘱是死因行为,遗嘱信托亦是死因行为,表明无论是遗嘱还是遗嘱信托,都需以委托人死亡为生效要件。但是遗嘱信托除此之外,尚需财产转移为要件。因此遗嘱信托行为是遗嘱和财产转移行为的组合,遗嘱生效之后,在当事人之间产生了为设立遗嘱信托确立受托人以及转移财产的权利义务关系,而只有当财产转移至受托人遗嘱信托才得以设立。所以若立遗嘱人死亡之后,遗嘱执行人或者继承人迟迟不办理信托登记,或者明确拒绝办理时,受托人可以根据遗嘱请求起诉请求遗嘱执行人或者继承人协同完成财产转移。而且只有当财产转移之后,遗嘱信托方为设立。

(三) 宣言信托行为

宣言信托是指委托人将自己的特定财产指定为信托财产,并对外宣言自己同时为委托人和受托人,为特定受益人或特定目的而管理信托财产的信托。宣言信托中,转移财产似乎不是必须的,最重要而且是必须的

[①] 对于遗产之所有权归属,学理上也存在争论,素有无主财产说、继承人共有说和财团说等多种学说。本文对此不予展开。

要素是委托人必须依某种方式明示其为受益人的利益而占有信托财产。与遗嘱信托一样，宣言行为也是单方法律行为。宣言信托可以随意撤销。①有学者认为宣言信托不需要财产转移，因此是非要物行为。但是笔者认为宣言行为依然是要物行为。理由在于：首先委托人设立宣言信托依然需要信托财产的存在，其次这些财产尽管因为委托人与受托人身份的重叠而无需进行名义上的转移，但是一旦宣言作出，而且委托人以某种方式明示自己为受益人利益占有财产时，实质上也进行了财产的转移，因为信托设立之后，经营管理信托财产的将是受托人（尽管其与委托人身份重合）。至于宣言与财产转移行为之间的关系，采取"复合行为说"即可顺理成章解释如下：宣言是单方意思表示的负担行为，表明委托人想以受托人身份设立信托的意愿；而将委托人的特定财产明示为信托财产的环节是处分行为。因此可以直接适用负担行为和处分行为之间的规则来分析宣言与宣言信托之间的关系。②

四、余论兼结论：我国信托法中的信托行为

我国现行信托法通篇只有一处提及"信托行为"，即《信托法》第1条关于立法目的的规定："为了调整信托关系，规范信托行为，保护当事人的合法权益，促进信托事业的健康发展，制定本法。"但是遗憾的是，即便这唯一的"信托行为"也并非法律行为意义上的信托行为，而是"信托活动"之意。③ 对于信托的设立，由《信托法》第二章予以专章规定，内容包括信托目的合法、信托财产合法且确定、信托设立的三种书面形式及其相关要求、信托财产的登记信托无效及可撤销的情形以及关于遗嘱信托的特别规定。具体条文包括《信托法》第8条至第13条。

由于现行信托法制定于物权法通过之前，而且彼时关于法律行为和物权理论的研究方兴未艾，相关原则和规则尚未厘清，因此对于信托行为

---

① 但是问题也接踵而来，宣言信托因此被认为特别容易坠入到规避债务和税收的陷阱之中。而且这一主张如此盛行，以至于我国立法者当初在2001年的信托立法中舍弃了宣言信托。

② （1）处分行为在标的物上要求特定，适用标的物确定主义或特定主义要求；（2）处分行为在标的物上要求排他性；（3）处分行为附加处分能力；（4）处分行为中的物权行为还适用公示原则，必须具备公示要素。处分行为也受公信原则的适用。

③ 参见卞耀中主编：《中华人民共和国信托法释义》，法律出版社2002年版，第46页。

的相关规定存在严重缺陷。

其一,未能清晰界定信托财产的归属问题。《信托法》第 2 条的规定扑朔迷离:本法所称信托,是指委托人基于对受托人的信任,将其财产权委托给受托人,由受托人按委托人的意愿以自己的名义,为受益人的利益或者特定目的,进行管理或者处分的行为。其中围绕着"将其财产权委托给受托人"这一表述引发针锋相对的争论:肯定者有之。例如江平教授认为:"这次信托立法里做了一个非常大的修正,与世界各国不一样的是没有明确规定财产的所有权或财产权属于受托人……可以看到这一特征告诉我们必须同时兼顾两方面的利益,一是受托人对于财产应该享有完全分配的权利;另外一方面又要考虑到受益人对于这部分信托财产本身所获得利益的保障,而单纯地强调某一方面都不符合信托法的原则。"[①]更有学者认为这一模式"揭示了信托成立的基础——委托人基于信任将自己的财产委托受托人管理、处分,同时又避免了信托财产所有权的归属问题,克服了财产权转移模式的缺陷,体现了很高的立法艺术,具有一定的科学性。"[②]反对者也大有人在。例如周小明先生就认为,这一做法存在明显缺陷,既不可能为遗嘱信托情形下信托财产所有权的归属提供法律依据,而且更没有也不可能为受托人处理信托财产提供处分依据。[③] 立法采取这种模糊态度也是为了避开棘手难题,却导致更大的难题:由于未能界定信托财产转移,导致信托立法在信托行为的设立和生效问题上难以有统一逻辑基础,最终影响各方当事人的具体权益。

其二,未能适用区分原则来厘清信托合同与信托之间的关系。尽管立法采用了信托合同和信托的不同表述,但是将信托合同签订与信托设立混为一谈。同时,第 8 条又将信托合同规定为诺成合同(非要物合同),并且规定信托合同签订时,信托成立,可以解释为财产转移不是信托设立的要件。诚如上文所述,这无疑与信托的本质相违背。但是同时信托法第十条又将信托财产登记规定为信托生效要件,逻辑上显然存在矛盾和冲突。[④]

---

① 江平:《论信托法的基本原则》,载《市场报》2001 年 5 月 24 日。
② 伍坚:《海峡两岸信托法制之比较研究》,载《台湾法研究学刊》2002 年第 2 期。
③ 周小明:《信托制度比较法研究》,法律出版社 1996 年版,第 13 页。
④ 当初立法存在问题也并非信托所独有。由于物权行为理论的缺失和区分原则的阙如,导致类似问题在立法中不时出现;例如担保法中关于抵押合同的效力规定。

其三,关于遗嘱信托行为的规定语焉不详。信托法中关于遗嘱信托行为的规定仅仅见于《信托法》第 8 条和第 13 条,明确了遗嘱是信托设立的书面形式之一,而且采用遗嘱方式设立信托的,受托人承诺信托时,信托设立。但是未涉及财产转移与信托设立之间的关系问题。

时至今日,法律行为理论研究渐入佳境,《物权法》颁布实施也有段时日,对于《信托法》的修改呼声此起彼伏。按照本文之观点,需要对《信托法》中关于信托行为的规定进行修订,否则无法自圆其说,也难以实现各项规定之间的逻辑统一。具体主张如下:其一,立法明确信托的性质,以及财产转移是信托设立的要件。其二,明确信托合同成立与信托设立之间的区分。信托合同宜规定为诺成合同(不以财产交付为成立要件),而信托设立须以财产转移为要件。其三,对于不动产以及适用不动产物权变动规则的财产,信托财产的登记为信托设立之要件,但是信托合同效力不受登记与否之影响。[①] 其四,对于遗嘱信托,明确遗嘱生效乃遗嘱信托生效之要件之一,但是,遗嘱信托生效尚需财产之转移。遗嘱信托确定受托人之后,受托人有权根据遗嘱要求遗嘱执行人和继承人根据遗嘱内容转移财产。

一言以概括之,信托源于并不具有法律行为抽象范畴的英美法系,在移植到大陆法系国家的过程中却不得不通过本土化将该项具体制度嵌入受体国的法律生态系统之中。而且,我们也乐观地看到,信托行为作为信托设立时的法律行为,其成立生效若能以法律行为理论作为基础,不仅逻辑统一,而且也有利于与其他民商法制度的协同。

---

① 对于《信托法》第 10 条关于信托财产登记的规定采取的是登记生效主义,值得推敲商榷和检讨,然而这是另外一篇论文的任务了,本文不予论述。

法教义学的巅峰

——德国法律评注文化及其中国前景考察[*]

贺 剑[**]

一、引言：法教义学的兴起与萌芽中的法律评注编写运动

法律评注近年来在国内颇受关注。在民法学界，王利明教授主持了中国法学会2013年度重点课题"中国民事法律评注"并已结项[①]；徐涤宇教授主持了2014年度社科基金重大课题"中国民法重述、民法典编纂与社会主义市场经济法律制度的完善"，亦致力于编写与法律评注相似的法律重述；由婚姻法学会推动、夏吟兰和龙翼飞两位教授任总主编的《家事法评注丛书》[②]更是已经部分出版。在民事诉讼法、刑法等部门法领域，亦不乏类似项目或动向。[③] 此外，在2013年8月于德国柏林自由大学举

---

[*] 原文刊于《中外法学》2017年第2期。
[**] 北京大学法学院助理教授。
[①] 该课题最终仅对《合同法》第三章总计16个条文作了评注。参见王利明：《中国民事法律评注的研究意义与编纂方法》，载《法制日报·法学院》2015年8月26日。
[②] 如夏吟兰主编：《中华人民共和国婚姻法评注·总则》，厦门大学出版社2016年版。另参见雷明光主编：《中华人民共和国收养法评注》，厦门大学出版社2016年版。
[③] 在民诉法领域，其代表为中国民事诉讼法学会推动的《民事诉讼法评注大全》；在刑法领域，参见陈兴良：《法律图书的历史演变》，载《北大法律评论》第16卷第1辑，北京大学出版社2015年版，第251—252页。另请参见陈兴良：《刑法疏议》，中国人民公安大学出版社1997年版。

办的第三届中德私法论坛上,与会者曾就中国如何继受德国的法律评注作过开拓性探讨,并且还自 2015 年起举办一年一度的中德民法评注会议,为法律评注的编写做了诸多有益准备。《法学家》杂志自 2016 年以来亦特辟"评注"专栏,专门刊发学者撰写的针对某一法律条文的单条评注。[①]

法律评注本是一类有欧陆特色尤其是德国特色的法律文献。[②] 它在国内渐受瞩目,首先与学者的"事功情节"不无关联。[③] 我国的许多部门法都直接或间接受到德国法的熏陶,而德国的法律评注文化灿若星辰,这难免会令一些学人生发感喟:"何时也能撰写一部中国的法典评注?"[④]事实上,在深受德国法影响的日本、韩国等地,如今都不乏法律评注;在我国台湾地区,20 世纪 90 年代学者也曾有过编写各式法律评注的努力,可惜因种种原因(主要是人手不足、人心不齐),后来大都中道而废。[⑤]

法律评注日渐受到瞩目还有一深层次原因,即随着法律体系基本完备,我国部门法研究的重点已经逐渐从立法论转向解释论。这一转向的最突出标志就是"法教义学"这一原汁原味的德国法学概念的被发现与流行,从最初的本体论探讨到如今遍地开花的各式应用研究,从一个略微拗口和别扭的外来词到如今绝大多数部门法学者习以为常甚至引以为傲,

---

① 其刊发的第一篇评注为朱庆育:《〈合同法〉第 52 条第 5 项评注》,载《法学家》2016 年第 3 期。刊发时,评注的部分特征如首部的目录、参考文献等均被删去。

② 法律评注(Kommentar, Gesetzeskommentar)在德国、瑞士、奥地利等德语区普遍存在,但以德国的法律评注文化最为昌盛。在意大利等国,承徐国栋教授和娄爱华博士指点,也有法律评注存在。但是德国学者对此似有不同认识,不知确否。参见 Wissenschaftsrat, Perspektiven der Rechtswissenschaft in Deutschland, Drs. 2558—12, 2012, S. 67(指出意大利、法国、西班牙等国虽然有法律评注,但缺乏"体系建构"之追求,因而更近于"判例汇编")。该报告还有英译本(Prospects of Legal Scholarship in Germany)。

③ 黄卉:《法律技术亦或法律文化?——关于中德合作编纂中国法律评注的可能性的讨论记录》,载王洪亮等主编:《中德私法研究》第 11 卷,北京大学出版社 2015 年版,第 336 页(语出朱庆育教授)。

④ 杜涛:《涉外民事关系法律适用法释评》,中国法制出版社 2011 年版,序言。另参见朱岩、高圣平、陈鑫:《中国物权法评注》,北京大学出版社 2007 年版,序言。

⑤ 感谢詹森林教授指教个中原因。另参见王泽鉴:《民法五十年》,载《民法学说与判例研究》(第 5 册),1996 年自版,第 38 页;苏永钦:《法学发展与社会变迁》,载《司法改革的再改革》,月旦出版社 1998 年版,第 418 页;苏永钦主持:《民法第六条至第十五条之注释》,1997 年(未刊本);苏永钦:《法律作为一门学问》,载陈林林主编:《浙大法律评论》(2017 年卷),浙江大学出版社 2017 年版,其指出,台湾地区仅公平交易法领域有过法律评注,后因缺乏更新也不再具有实益。此外,民法领域至少还有按评注体例写作的图书,参见马维麟:《民法债编注释书》(三卷本),台湾五南图书出版公司 1995—1996 年版。

其间不过短短十年左右的时间。① 而在如今这样一个大致已有共识的"法教义学的应用"时代,学者们自然会面临以何种形式、何种载体来更好地实践与推进法教义学研究的问题。此际,作为受德国法教义学百余年浸润并当之无愧是其集大成者的法律评注,无疑会进入我国学者的视野,并成为模仿和追逐的对象。

国内学者关于特定法律评注的编译②、翻译③或撰写④,这些年来一直都零星存在,但在本体论层面对法律评注予以留意则是近几年才有的事情,而且均为附带涉及⑤,专题研究尚属罕见。⑥ 在德国法学界,或许是身在此山中的缘故,各类法律评注虽则发达,但除了大量关于特定评注的书

---

① 关于法教义学研究阶段的两篇有标志意义的文献,参见许德风:《论法教义学与价值判断》,载《中外法学》2008年第2期;许德风:《法教义学的应用》,载《中外法学》2013年第5期。

② 杜景林、卢谌:《德国民法典全条文注释》,中国政法大学出版社2015年版;杜景林、卢谌:《德国民法典评注:总则·债法·物权》,法律出版社2011年版;〔奥〕诺瓦克:《〈公民权利和政治权利国际公约〉评注》,孙世彦、毕小青译,生活·读书·新知三联书店2008年版。

③ 埃贝尔—博格斯:《德国民法动物饲养人责任(§§833,834 BGB)施陶丁格注解》,王强译,中国政法大学出版社2013年版;埃贝尔—博格斯:《德国民法遗产分割(§§2042-2057a BGB)诺莫斯注解》,王强译,中国政法大学出版社2014年版;德特勒夫·乔斯特:《〈德国民法典慕尼黑评注〉之第861条》,张双根译,《中国应用法学》2017年第1期。关于法律评注某种程度的"不可译",参见卜元石:《法教义学:建立司法、学术与法学教育良性互动的途径》,载田士永、王洪亮、张双根主编:《中德私法研究》(第6卷),北京大学出版社2010年版,第15页。

④ 朱岩、高圣平、陈鑫:《中国物权法评注》,北京大学出版社2007年版;夏吟兰主编:《中华人民共和国婚姻法评注·总则》,厦门大学出版社2016年版。

⑤ 参见庄加园:《教义学视角下私法领域的德国通说》,载《北大法律评论》第12卷第2期,北京大学出版社2011年版,第330页;黄卉:《论法学通说(又名:法条主义者宣言)》,载《北大法律评论》第12卷第2期,北京大学出版社2011年版,第381页;卜元石:《法教义学:建立司法、学术与法学教育良性互动的途径》,载田士永、王洪亮、张双根主编:《中德私法研究》(第6卷),北京大学出版社2010年版,第15、17页;卜元石:《德国法学界的现状与发展前景》,载方小敏主编:《中德法学论坛》(第12辑),法律出版社2015年版,第49—50页。

⑥ 参见王剑一:《德国法律评注的历史演变与现实功能》,载《中国应用法学》2017年第1期(最初发表于微信公号"中德法教义学苑")。该文主要基于下文 Henne 和 Willoweit 两人的研究对德国法律评注的历史与功能做了介绍。另参见黄卉:《法律技术亦或法律文化?——关于中德合作编纂中国法律评注的可能性的讨论记录》,载王洪亮等主编:《中德私法研究》第11卷,北京大学出版社2015年版;*Hui Huang*, Vom Rechsideal zur Rechtspraxis—zur Diskussion über Voraussetzungen und Schwierigkeiten bei der Entwicklung eines chinesischen Gesetzeskommentars zum Zivilrecht und die Möglichkeiten einer deutsch-chinesischen Kooperation, in: *Hui Huang/Franz J. Säcker/Claudia Schubert* (Hrsg.), Juristische Methodenlehre und Immobiliarsachenrecht—Deutsch-chinesische Tagung vom 21.-23. 8. 2013, 2015; Shiyuan Han, "The Legal Commentary Culture in China", in: Michèle Schmiegelow, Henrik Schmiegelow (eds.), *Institutional Competition between Common Law and Civil Law*, Heidelberg: Springer, 2014.

评外,一般性的思考在很长时间内同样乏善可陈。① 直到 2006 年,法兰克福的马克思—普朗克欧洲法制史研究所举办了一场题为"法律评注:法律交流的工具"的研讨会,对法律评注的历史、形式、功能、各学科的代表性评注、法律评注与圣经的关系、普通法上为何没有法律评注等多个议题做了讨论,上述局面才得以改观。② 会后,法史学者 Thomas Henne 发表的《法律人的影响力:以法律评注为中心》一文,可谓该领域的开山之作。③ 2016 年,德国第一篇关于法律评注的博士论文出版,从历史、结构和功能三个角度对以往文献作了细致的爬梳;④而在此前 2014 年,该论文作者还与其导师合编了一本专题文集《法律与宗教中的评注》,中间也有不少相关论文。⑤ 此外在不少老牌法律出版社的社庆文集中,通常也有关于特定评注的介绍乃至一般性思考。⑥

对于正处在萌芽期的我国的法律评注编写事业而言,最关键的工作

---

① 在此之前,一般认为德国已经有过两次关于法律评注的讨论,一次是在纳粹时期,一次是在 20 世纪 70 年代。前一次与其说是讨论,不如说是传统法律评注遭到攻击,当时固有的评注悉数被禁,取而代之的是奉行纳粹价值观的评注(如大名鼎鼎的《帕兰特民法典评注》);后一次讨论则在对象、主题等方面有较大局限,其由"离经叛道"的《民法典替代评注》引发,讨论对象主要限于大型民法典评注,而主题亦限于法律评注在法律科学体系建构中的角色。Thomas Henne, Die Prägung des Juristen durch die Kommentarliteratur—Zu Form und Methode einer juristischen Diskursmethode, Betrifft Justiz, Jg. 2006, Nr. 87, S. 354 f.; Peter Rieß, Einige Bemerkungen zum Stellenwert und zur Funktion juristischer Kommentare, in: Reinhard Böttcher/Götz Hueck/Burkhard Jähnke (Hrsg.), FS-Odersky, 1996, S. 82.

② Max Planck-Institut für europäische Rechtsgeschichte, Workshop: Der Kommentar als Medium von Kommunikation über Recht, Freitag, 20. Januar 2006 (电子海报)。

③ Henne (Fn. 15)(该文发表时略有删节,其完整版可在网络上找到)。另一篇内容有相当重复的文章, Thomas Henne, Die Entstehung des Gesetzeskommentars in Deutschland im 19. und 20. Jahrhundert, in: David Kästle/Nils Jansen (Hrsg.), Kommentare in Recht und Religion, 2014, S. 317—329。

④ David Kästle-Lamparter, Welt der Kommentare: Struktur, Funktion und Stellenwert juristischer Kommentare in Geschichte und Gegenwart, 2016. 关于法律评注的功能,该文总结了十项,而此前 Henne 总结了七项,Henne (Fn. 15), S. 353 f.; Henne (Fn. 17), S. 318 ff.。

⑤ Gralf-Peter Calliess, Kommentar und Dogmatik im Recht, in: Kästle/Jansen (Hrsg.) (Fn. 17), S. 381 ff.; David Kästle, Juristische Kommentare—theologische Kommentare, in: Kästle/Jansen (Hrsg.) (Fn. 17), S. 393 ff. (后被收入其博士论文); Nils Jansen, Kommentare in Recht und Religion, in: Kästle/Jansen (Hrsg.) (Fn. 17), S. 1 ff.。

⑥ 较晚近的有 Uwe Wesel/Hans Dieter Beck (Hrsg.), 250 Jahre rechtswissenschaftlicher Verlag C. H. Beck: 1763—2013, 2013; Dietmar Willoweit (Hrsg.), Rechtswissenschaft und Rechtsliteratur im 20. Jahrhundert: Mit Beiträgen zur Entwicklung des Verlages C. H. Beck, 2007; Michael Martinek (Hrsg.), 100 Jahre BGB—100 Jahre Staudinger: Beiträge zum Symposion vom 18.—20. Juni 1998 in München, 1999。

仍然是实践,一条一条去写,逐渐积累教训、经验;但是本体论层面的理论研究亦不应缺席。为此,本文将从比较法研究的视角,基于上述德文文献、少数英文材料①以及有限的个人体悟②,对德国的法律评注及其背后的整个评注文化予以梳理,并在此基础上为我国的法律评注编写事业提供若干指引与建议。需强调的是,本文虽是比较法研究,但并非对德国法律评注作面面俱到式的复述,而毋宁是基于一个局外人视角,心怀我国的法律评注编写而有所提炼与取舍,所关注的乃是德国法律评注的当下而非过去,是其关键特征而非一应细节,虽然关注法律评注的皮相,但更关注其内在精神与灵魂。

法律评注的多重身份决定了本文的意义并不局限于评注本身。首先,法律评注是一类文献、一种文本,因而本文关于德国评注的介绍及其中国前景的分析对于所有意在引进、创造此类文献的利益相关者,包括学者、法官、出版社等都有直接借鉴意义。其次,法律评注乃是法律文献中的集大成者,一国的法学方法论如何运行在其中展露无遗,因而在方法论层面,本文对德国法律评注中法教义学的境况及其与社会科学关系的刻画,亦足以为思考我国方兴未艾的法教义学运动以及近来的法教义学与社科法学之争③提供灵感或素材。最后,法律评注在德国亦是一种文化现象,它深深地嵌入在德国的法律生活和法律人共同体当中。它在文本当中所反映的案例与学说之互动,在作者层面所彰显的学者与法官之协力,它的成长与繁荣所仰赖的诸多利益群体,以及这些群体在追逐各自利益或声望之时所采取的行动,它在法学研究、教育和实务中的巨大影响力,以及这些领域中的不同制度与法律评注相互加强、协调而形成的你中有我、我中有你式的路径依赖局面,这一切都比名曰评注的文献本身来得亲切、真实和丰富,法律评注也因此成为观察整个德国法律文化的一扇窗户。

---

① David J. Gerber, "Authority, Community and the Civil Law Commentary: An Example from German Competition Law", *American Journal of Comparative Law*, Vol. 42, 1994, p. 531; Nils Jansen, *The Making of Legal Authority*, Oxford: Oxford University Press, 2010, ch. 4; Christian Djeffal, "Commentaries on the Law of Treaties: A Review Essay Reflecting on the Genre of Commentaries", *European Journal of International Law*, Vol. 24, 2013, p. 1223.

② 参见贺剑:《法律评注若干问题研究》,中国人民大学 2015 年度博士后出站报告;贺剑:《〈合同法〉第 54 条第 1 款第 2 项(显失公平制度)评注》,载《法学家》2017 年第 1 期。

③ 例如侯猛:《社科法学的传统与挑战》,载《法商研究》2014 年第 5 期。

在文章结构上,本文首先将对德国法律评注作一概述,然后阐释其核心特征即为司法实践服务以及由此衍生的一系列特征,继而本文将分析德国法律评注得以存在与繁荣的诸多制度条件以及相关利益群体在其间的作用,并以法律评注在普通法中的境遇为例予以佐证,在前述研究基础上,本文将分析法律评注在我国的意义与前景,最后是简短的结论。

二、德国法律评注概述

在德国,不夸张地说,有法律处即有评注。民法、刑法、行政法、宪法,甚至于诸多细小的特别法,如政治庇护程序法、建筑法、联邦废物排放法、动物保护法等,都有相应的法律评注。① 限于学力与篇幅,以下介绍仅以其代表者民法典评注为例。

(一) 评注举隅

迄今仍在出版或使用的德国民法典评注共计十余种,依规模大小,可分为小型评注和大型评注。前者以单卷本居多,后者一般为动辄数卷数十卷的大部头。

(1)《帕兰特民法典评注》(Palandt)。这是德国使用范围最广、最具影响力的民法典评注,单卷本,初版于1939年,以时任帝国考试委员会主席的 Otto Palandt 命名。但是创刊主编其实并非 Palandt,而是另有其人。② 二战期间共出6版,1949年第7版,此后每年一版③,至2016年时已是第75版。从第7版至今一直由慕尼黑的贝克出版社(C. H. Beck)出版。

(2)《施陶丁格民法典评注》(Staudinger)。这是迄今仍在使用的最

---

① *Wissenschaftsrat*, Perspektiven der Rechtswissenschaft in Deutschland, Drs. 2558—12, 2012, S. 16.
② 创刊主编是曾任德累斯顿高等法院法官的 Gustav Wilke,后者自1934年起负责筹划与主编工作,但在付梓之前不幸遭遇车祸身亡,所以才有了后来 Palandt 的临危受命。Klaus W. Slapnicar, Der Wilke, der später Palandt hieß, NJW 2000, 1692 ff.
③ 1954年出了第12版和第13版,后者未作任何改动。

古老的民法典评注[1]，由当时的慕尼黑高等法院院长 Julius von Staudinger 创立。第 1 版始于 1898 年(《德国民法典》施行前两年)终于 1903 年，共 6 卷。第 12 版的出版周期为 1973—1999 年，历时 26 年，总计 44 卷。自第 13 版起不再成套出版，而仅根据需要随时更新个别卷册。目前是由两家大出版公司联合设立的塞利尔/德古意特出版社(Sellier/de Gruyter)出版。

(3)《慕尼黑民法典评注》(Münchener Kommentar)。1978 年开始出版，由德国柏林自由大学 Franz Jürgen Säcker 教授与当时离婚法改革委员会的主席 Kurt Rebmann(后任联邦总检察长)共同主编，迄今部分卷册已出至第 7 版，预计共 12 卷。一直由贝克出版社出版。

(4)《帝国法院民法典评注》(Reichsgerichtsrätekommentar)。1910 年由德国帝国法院创立，1945 年后由德国联邦最高法院接手，几乎完全由法官执笔。第 12 版始于 1974 年终于 2000 年，共 7 卷 20 册，此后未再版。二战后由德古意特出版社出版。

(5)《索戈尔民法典评注》(Soergel)。1921 年由 Hans Theodor Soergel 和 Otto Lindermann 联手创立，第 1 版时仅两卷，如今第 13 版则有 21 卷总计 27 册。一直由斯图加特的科尔汉默出版社(Kohlhammer)出版。

(6)《埃尔曼民法典评注》(Erman)。这是罕有的两卷本评注，由法学教授及曾任法官的 Walter Erman 创立，1952 年第 1 版，如今已出到 2014 年的第 14 版。最初由明斯特的阿圣多夫出版社(Aschendorff)出版，目前由其与科隆的施密特出版社联合出版。

(7)《尧尔尼希民法典评注》(Jauernig)。由 Othmar Jauernig 教授创立，1979 年第 1 版，最新版为 2015 年的第 16 版，单卷本。目标读者为法科学生以及对法律问题感兴趣的非法律人。[2] 由贝克出版社出版。

(8)《民法典替代评注》(Alternativkommentar)。第 1 版始于 1979

---

[1] 更早出版、但早已作陈迹者，如《普朗克民法典评注》(Planck)，1897 年第 1 版，1898 年开始出第 2 版，1903 年开始出第 3 版，风靡一时。对早期民法典评注的梳理，参见 *Fritz Sturm*, Der Kamf um die Rechtseinheit in Deutschland—Die Entstehung des BGB und der erste Staudinger, in: *Martinek* (Hrsg.), 100 Jahre BGB—100 Jahre Staudinger: Beiträge zum Symposion vom 18.—20. Juni 1998 in München, 1999, S. 31.

[2] Vgl. Aus dem Vorwort zur 1. Auflage (1979), in: *Jauernig*, 12. Aufl., 2007.

年终于 1990 年,共 6 卷;此后未再版。主编为当时的下萨克森州宪法法院法官 Rudolf Wassermann,出版社为科隆的鲁赫特汉德出版社(Luchterhand)。

(9)《学生版民法典评注》(Studienkommentar)。1992 年由 Jan Kropholler 教授创立,最新版为 2015 年的第 15 版,单卷本。其目标读者为法科学生,自诩乃"教科书、法律评注与司考复习资料的完美结合"。[①] 也是由贝克出版社出版。

(10)《民法典历史批判评注》(Historisch-kritischer Kommentar)。2003 年开始出版,由法史学者 Reinhard Zimmermann 等人主编,计划出版 6 卷,已出 4 卷。由图宾根的摩尔·兹贝克出版社(Mohr Siebeck)出版。

(11)《诺莫斯民法典评注》(Nomos)。起初名为《律师版民法典评注》,初版于 2004 年,部分卷册现已出至第 3 版,目前共 6 卷 7 册。由诺莫斯出版社出版,该出版社隶属于贝克出版集团。

(12)《诺莫斯便携式民法典评注》(Nomos Handkommentar)。2001 年第 1 版,最新版是 2016 年的第 9 版,单卷本。由 Reiner Schulze 教授主编,诺莫斯出版社出版。

(13) 民诉法大家普维庭教授等人主编的《民法典评注》(Prütting/Wegen/Weinreich),其通常径以三位主编的姓氏作为简称。2006 年第 1 版,此后每年一版,2016 年时已至第 11 版,单卷本。由鲁赫特汉德出版社出版。

(14)《班贝克·罗特民法典评注》(Bamberger/Roth)。由当时莱茵兰—普法尔茨州司法部长 Bamberger 与雷根斯堡大学 Roth 教授共同主编,2003 年第 1 版,为三卷本评注。2012 年第 3 版后,改为电子出版,并更名为《贝克网络民法典评注》(Beck'scher Online-Kommentar BGB)。自然也是由贝克出版社出版。

(15) 网络法律评注。近年来,除了将纸质评注如《施陶丁格民法典评注》《慕尼黑民法典评注》等电子化之外,还出现了若干纯粹的网络法律

[①] 参见贝克出版社官网关于该评注的介绍。《学生版民法典评注》此前有同名者,但后者仅涉及《德国民法典》前三编,在 1975 年和 1979 年出过两版后就未再版,出版社为法兰克福的 Metzner 出版社。

评注。以国内不少高校都有的贝克在线法律数据库(beck-online)为例，其除了前述《贝克网络民法典评注》外，还有一个巨无霸型的《贝克网络大型评注》(beck-online. GROSSKOMMENTAR)，内容详尽、更新极快，大致每三个月即更新一次。在这些商业评注之外，值得一提的还有免费的《网络版民法典评注》(Der online BGB-Kommentar)，其于2014年试水运行，许多内容尚不完整。

（二）直观特征

法律评注最直观的特征为逐条释义，在此，法律文本为评注的对象，单个条文为评注的基本单元。一条评注通常包含法条原文和评注正文两部分，有时还会单列目录及参考文献。其中让人印象深刻的是评注正文中一级又一级逻辑严谨的小标题，若评注规模较大，还会有单独的精致的目录与之对应，此外再配以正文当中对关键词的斜体或者加粗，从各方面让读者感受到内容的清晰与查找的便利。与之配套的还有页码之外根据意群而增设的边码，一个边码通常覆盖一个或几个段落，引用评注时，通行的做法是不引页码而引边码，以便于更精确地定位内容（如Staudinger/*Thiele*，§1365 Rdn. 40，其指《施陶丁格民法典评注》第1365条评注，Thiele执笔，边码40）。[①]

许多人去德国法律图书馆，一定会感叹那堆满书架、小山一般的各色评注。这一来是因为法律评注很厚，单卷本的小型评注一般2000—3000页，采用特薄的字典纸印刷；多卷本的大型评注一般每卷1000—2000页，并采用较为厚实的纸张。二来，一些大型评注卷帙浩繁，从十几册至几十册不等，现今规模最大的《施陶丁格民法典评注》竟有97册之多，且仍在持续出版中。如此庞大的内容，自然也要求数量可观的作者，就单卷本的小型评注而言，这一情况尚好，如2016年版的《帕兰特民法典评注》作者仅8位；但就大型评注而言，作者从几十位到上百位都不稀奇。以20世纪80年代德国学者所统计的五种大型民法典评注为例，其作者人数分别为24、39、58、75和88。[②] 其中，88还仅是当时《施陶丁格民法典评注》作

[①] Vgl. *Wolfgang Zöllner*, Das Bürgerliche Recht im Spiegel seiner großen Kommentare, JuS 1984，730（732 ff.）.

[②] Zöllner（Fn. 30），S. 732. 除《慕尼黑民法典评注》的75位作者是完全统计外，其他数字都是不完全统计。

者人数的不完全统计,因为第 12 版(共 45 册)要等到十多年后的 1999 年才出版完毕;据此推算,以其如今 97 册之洋洋大观,作者人数超过两百都有可能。就此而言,法律评注的编写注定是一项法律人的集体事业,甚至可能须举全体法律人之力方能完成。另外,就作者身份而言,学者与法官乃是法律评注编写的两大主力。[1]

(三) 巨大影响

很多留德学人在碰到德国法问题时,通常不是去查法律条文,而是去查相应的法律评注。之所以如此,与法律评注在德国法律生活中的重大影响密不可分。

首先,法律评注在德国法律文献大家族中可谓稳坐第一把交椅。它是最经常被引用和最富影响力的一类文献。[2] 比较法大家、《比较法总论》的作者之一克茨教授,曾对 1985 年的德国《联邦最高法院民事判决集》(BGHZ)作过一项统计,发现在其所载的 41 篇判决中,法律评注的被引用率是 6.2 次/篇,高居所有文献之首。[3] 新近也有一项类似统计,在其抽样的《联邦最高法院民事判决集》中,总共有 1574 条对法律评注的引证;而对于专著(含博士论文)的引证只有 318 条,对于所有期刊论文的引证也不过 1404 条。而且,法院通常是在法律评注"缺位"的情况下才引用专著和论文;引用期刊主要是在涉及前沿问题的场合,法律评注对此尚未来得及作出回应;引用专著则或者是因为在相关领域法律评注尚付之阙如,或者是因为法院想偏离以往判例,因而在论证时不惜大量罗列文献。[4]

其次,法律评注深深地"嵌入"在德国的法学教育当中。在德国,法学教育的关键并非大学的法学院教育,而是各州的(两次)国家考试。只有

---

[1] Vgl. *Harm Peter Westermann*, Glanz und Elend der Kommentare, in: *Heinz Eyrich/Walter Odersky/Franz Jürgen Säcker* (Hrsg.), FS-Rebmann, 1989, S. 106 (指出学者与实务工作者是评注编写的主力).

[2] *Wissenschaftsrat*, Perspektiven der Rechtswissenschaft in Deutschland, Drs. 2558—12, 2012, S. 51; Jansen, supra note 21, p. 121.

[3] 其他法律文献的引用情况分别为:论文 3.5 次,教科书 2.5 次,案例评析 0.4 次。See Hein Kötz, "Scholarship and the Courts: A Comparative Survey", in: David S. Clark (ed.), *Comparative and Private International Law: Essays in Honor of John Henry Merryman on his Seventieth Birthday*, Berlin: Duncker & Humblot, 1990, p. 193.

[4] Jansen, supra note 21, p. 108 (note 80).

通过国家考试，法科学生才能取得执业资格，才能成为"完全法律人"（Volljurist）。国家考试的成绩与排名在相当一段时期内会对考生的求职、出国等产生决定性影响。而法律评注于此的重要性体现于，在第二次国家考试中，法律评注是除法典外唯一允许被带入考场的考试辅助资料①，当然也是考试答题必不可少的资料。可见，法律评注的熟稔运用乃是法律人之养成必不可少的一环。由于其价格不菲，甚至催生了法律评注的租赁行业，囊中羞涩的学子可以改买为租，以供备考之需。②

最后，在司法实践中，法律评注的地位更是举足轻重。这当然不仅是因为法律人已经习惯于使用和依赖法律评注；更是因为若不勤加阅读，便有承担现实责任之虞。德国联邦最高法院在 1986 年的一个判决中即指出，"律师在上诉时，至少负有借助通行法律评注了解现行法状况之义务"。③ 这一观点后来又被重申："律师有义务依据相应专业文献，尤其是专业期刊和法律评注，对判例现状予以了解。"④在某些下级法院，律师们的上述义务被表述得更为直白和具体：为避免疏漏，律师们应阅读"通行的法律评注（《帕兰特民法典评注》）"。⑤ 或许正因为如此，才会有德国学者声称："如今，很多下级法院的法官相信，《帕兰特民法典评注》所言者即为法律。"⑥在此，个别法律评注与法律本身已有混同之势，此种错把评注当法律的"法律评注实证主义"一方面值得警惕⑦，另一方面却也折射出法律评注在司法实践中的巨大影响力。

---

① 德国各州规定大致相同，以拜仁州为例，在第二次国家考试中，考生可以携带不同部门法领域的共八种法律评注（以及一本相关计算公式和表格合集）进入考场。*Landesjustizprüfungsamt des Bayerischen Staatsministeriums der Justiz*, Hilfsmittel für die Zweite Juristische Staatsprüfung（Hilfsmittelbekanntmachung ZJS）。而在第一次国家考试中，考生通常只能携带法典进入考场。

② 从相关网站（lehmanns、KommentarMiete）来看，在笔试（长约四周）和口试（长约一周）期间租一整套法律评注需花费 80—100 欧元。

③ BGH VersR 1986，892.

④ BGH NJW 2011，386（388）.

⑤ LG Lüneburg—18.08.2005—2 O 124/05.

⑥ Jansen, supra note 21, p. 90. 类似观察，参见 Djeffal, supra note 21, p. 1235，其认为法律评注具有"准立法"功能（quasi-legislative function）；卜元石：《德国法学界的现状与发展前景》，载方小敏主编：《中德法学论坛》（第 12 辑），法律出版社 2015 年版，第 17 页，其指出："在大陆法系的很多国家，法官离开了法律评注进行判案简直是无法想象。"

⑦ *Rieß*, Die Prägung des Juristen durch die Kommentarliteratur—Zu Form und Methode einer juristischen Diskursmethode, Betrifft Justiz, Jg. 2006, Nr. 87, S. 91, 93.

三、法律评注的实务导向

德国法律评注的"灵魂"在于其实务导向,即为司法实践服务。这是法教义学作为一门解释之学和应用之学的应有之义。需注意的是,法律评注旨在为司法实践服务并不意味着它仅仅能为司法实践服务,相反,法律评注大都是所谓"通用型评注"①,其目标读者固然首先是法官、律师等实务工作者,但同时也完全可以是法科学生和学者。② 在发达的法律评注文化下,当然也会有一些别具个性的评注,如旨在助力法律学习和司法考试的学生版评注,由律师团体主编因而至少名义上更契合律师需求的律师版评注,以及专注于法制史研究或者比较法研究的另类评注。这些不同寻常的评注之存在及其个性,也反过来凸显了通常法律评注的宗旨与共性,即为司法实践服务以及由此衍生的一系列关键特征。③

(一) 以解释现行法为中心

法律评注在德国逾百年而不衰,秘诀之一在于它解释的是现行有效的法律,回应了司法实践的客观需求。很多人都有过这样的经历,在德国,每当图书馆淘汰旧书时,如果运气好,便能以区区几欧元的价格买下原价上百欧元的较老版本的《帕兰特民法典评注》;其他评注亦复如是。这一现象与法律评注的实务取向密切相关,由于司法判决不断涌现,立法时有更迭,所以一旦新版本的评注面世,之前的老版本便日渐丧失价值。"立法者改正法律规则的三个词,整个图书馆就变成废纸",这对于法律评注同样适用。④

与法律评注着眼于解释现行法相一致,比较法、法律史和立法论在法

---

① Rieß, Die Prägung des Juristen durch die Kommentarliteratur—Zu Form und Methode einer juristischen Diskursmethode, Betrifft Justiz, Jg. 2006, Nr. 87, S. 86.
② Vgl. *Westermann* (Fn. 32), S. 106.
③ 正如一千个人眼中有一千个林黛玉,立足点不同,所观察到的法律评注的特征也就有别。另请参见王泽鉴先生所作的总结:"注释书的主要特色在于对某个法律的条文说明其规范目的,阐明条文间的体系关联,综合整理学说与判例,分析讨论解释适用的问题。"王泽鉴:《王序》,载马维麟:《民法债编注释书》(一),台湾五南图书出版公司1995年版。
④ *Julius von Kirchmann*, Über die Wertlosigkeit der Jurisprudenz als Wissenschaft, 1848, S. 17. 在其所说的将沦为废纸的图书馆文献中,法律评注赫然在列。

律评注中普遍遭受冷遇。就比较法而言,既然着眼的是解释本国现行法,外国法状况自然无关紧要。以民法典评注为例,即便是同为德语区的瑞士和奥地利的法律,其最初也罕有被参考;① 近来情况虽有改观,但也纯属个例。② 以比较法研究为特色的评注当然也有,如针对《欧洲示范民法典草案》(DCFR)的评注③,但其评注对象已不再是一国现行法,而是并无任何法律效力的立法草案,因而严格说来能否称之为"法律"评注都是问题。在法律史方面,法律评注通常惜墨如金,至多是交代条文立法史以服务于历史解释。④ 动辄追溯至罗马法的法制史研究正统在此是罕见的——唯一的例外是由法制史学者主编、与通常法律评注迥异的《民法典历史批判评注》。至于立法论,通例似乎是只有当某一法律条文正处于立法改革阶段时,法律评注方可就其发表立法论上的见解。⑤

(二) 竭力回答一切问题

法律评注的实务导向也决定了,它的首要任务是为司法实践中已经和可能发生的一切问题提供答案。试想,"一套评注在手、所有答案都有",这对于法官、律师等而言有何其大的吸引力! 但法律评注只是竭力提供答案,未必同时提供关于答案的说理,因为对绝大多数评注而言,篇幅所限,不可能去一一说理,而且也没有必要。对于实务工作而言,重要的是答案,即现行法是什么,只有当现行法是什么不清楚时,才需要问为什么,这时才需要说理。事实上,绝大多数评注都秉持了这样的标准;对

---

① *Ernst Rabel*, Rezension: J. v. Staudingers Kommentar zum BGB, in: Rhenische Zeitschrift für Zivil und Prozeßrecht, Bd. 7 (1915) = in: *Ernst Rabel*, Gesammelte Aufsätze, Bd. 1 (1. Arbeiten zum Privatrecht 1907—1930), 1965, S. 297.

② 比如在暴利行为问题上,由于《德国民法典》第 138 条第 2 款和《奥地利民法典》第 879 条第 2 款第 4 项如出一辙,部分评注也会参考和引用奥地利最高法院的判例。如 *Armbrüster*, in: MünchKomm, 7. Aufl., 2015, § 138, Rdn. 153 (Fn. 871, 872)(奥地利判例被作为正面依据), § 138, Rdn. 154 (Fn. 876) (奥地利判例被作为不同见解罗列)。

③ 其中译本共五册,由数十位学者翻译,参见克里斯蒂安·冯·巴尔、[英]埃里克·克莱夫主编:《欧洲私法的原则、定义与示范规则:欧洲示范民法典草案》,法律出版社 2014 年版。

④ *Franz Jürgen Säcker*, Redaktionelle Richtlinien für die Bearbeitung der 5. Auflage des Münchener Kommentars zum Bürgerlichen Gesetzbuch (einschließlich Ergänzungsband), November 2005, S. 3, § 1. c). 中译本参见黄卉:《〈德国民法典慕尼黑评注〉编辑指南》(未刊本)。

⑤ *Säcker*, Redaktionelle Richtlinien für die Bearbeitung der 5. Auflage des Münchener Kommentars zum Bürgerlichen Gesetzbuch (einschließlich Ergänzungsband), November 2005, S. 4, § 1. h).

于有定论的问题,原则上惜墨如金①;只有对于有争议者,才可能有所展开,但也只是点到为止,罕有长篇大论。

法律评注对于一个问题应提供何种答案?这涉及一个极有德国特色的概念:通说(herrschende Meinung)。几乎在所有评注中,它都化身为一个略有几分神秘的缩写(hM),其直译是"占统治地位的观点",也曾被戏称为"统治者的观点"(Meinung der Herrschenden)。② 现有研究已指出,通说特指在实务界和理论界同时占据支配地位的观点③;法律评注"反映了通说的形成和演进"④,是"最权威、最有用的通说载体"。⑤ 关于通说的生成以及法律评注在其间的角色,兼治民法和法制史的 Uwe Wesel 教授有如下观察⑥:

> 出现一个新问题后,先总是会有一篇论文出来,发表在法学期刊、普通文集或是祝寿文集里面。第一批的判决也跟着出来。它们通常是基层法院或中级法院的判决,同样会被公布。也许还会有人写一本专著,对这一问题做专门讨论。而这一切,都会被记录在相关的、最新版的法律评注当中,而且,这些评注在记录之外还会发表自己的见解。此外,若一个问题具有一般意义,相关的法律教科书——通常是那些读者众多且定期更新的教科书——也会跟进。就这样,经过一段时间的讨论,对于一个问题往往会见仁见智,这时,最高层级法院(联邦最高法院、联邦劳动法院、联邦行政法院或联邦宪法法院)的判决往往就登场了。这些判决一旦作出,相关问题如何解决基本上就尘埃落定。对此,文献中或许还有一些批评,少数法律评注或

---

① Säcker, Redaktionelle Richtlinien für die Bearbeitung der 5. Auflage des Münchener Kommentars zum Bürgerlichen Gesetzbuch (einschließlich Ergänzungsband), November 2005, S. 5, §1.j)。

② Uwe Wesel, Aufklärung über Recht: Zehn Beiträge zur Entmythologisierung, 1981, S. 16。

③ 庄加园:《教义学视角下私法领域的德国通说》,载《北大法律评论》第 12 卷第 2 期,北京大学出版社 2011 年版,第 325 页。

④ 同上注,第 330 页。

⑤ 黄卉:《论法学通说(又名:法条主义者宣言)》,载《北大法律评论》第 12 卷第 2 期,北京大学出版社 2011 年版,第 381 页。

⑥ Wesel, Aufklärung über Recht: Zehn Beiträge zur Entmythologisierung, 1981, S. 16 f. 该段文字的其他译本参见黄卉:《论法学通说(又名:法条主义者宣言)》,载《北大法律评论》第 12 卷第 2 期,北京大学出版社 2011 年版,第 340 页。

教科书或许还持另一种观点,但是大多数文献通常都会追随最高层级法院的意见:通说,就这样诞生了。

由上可见,法律评注的主要工作乃是记录通说从而回答现行法是什么;在通说阙如之处,法律评注的工作则为记录不同学说或案例,有时也包括发表自家观点,从而一方面忠实反映现行法一时的混乱,另一方面也参与通说之形成。① 要胜任这些工作,势必面临篇幅、材料、文字等诸多方面的挑战,这在单卷本的小型评注中体现尤为明显。《德国民法典》两千余条,一般的单卷本评注也已多达2000—3000页,这在篇幅上已近极限,在判例、学说不断增长的大背景下,要想保证信息量并控制篇幅,只能在材料和文字上下工夫。这就无怪乎通常会看到,法律评注中对于许多问题的交代与回答,往往都是一句话甚至半句话,一笔带过。而《帕兰特民法典评注》中随处可见的天书一般的缩写,则可谓上述精简主义之极端,甚至还曾引来了大众媒体的揶揄与批评。②

(三) 重视案例甚于学说

随便打开一本德国法律评注检视其脚注,会很快得出其案例与学说并重的观感。事实也确乎如此,最有力的证据就是前述"通说"的内涵。其实就司法实践而言,回答现行法是什么,有实务界通说(herrschende Rechtsprechung)或者说通行判例(ständige Rechtsprechung)足矣,但是这尚不能被称为"通说"。只有当通行判例与学界通说(herrschende Lehre,hL)一致,或者说当通行判例得到了后者的认可

---

① Vgl. Westermann, Glanz und Elend der Kommentare, in: Heinz Eyrich/Walter Odersky/Franz Jürgen Säcker (Hrsg.), FS-Rebmann, 1989, S. 105 ff. 作者是传统法律评注的反对者,《民法典替代评注》的鼓吹者,其对法律评注能否完成记录与影响通说之使命持怀疑态度,认为虽是法律评注的"荣光"(Glanz)所在,却也是其"不幸"(Elend)根源。

② a) Zul ist die anfängl rgesch Begr von nicht mit Löschgs-Anspr ausgestatteten GrdPfdR; Änderg" des ges Inhalts des GrdPfdR. Forml Enigg zw Eigtümer u Gläub (Köln RhNK 79, 39) u Eintr (auf Bewilligg des Eigtümers) erforderl. "这是20世纪80年代某版《帕兰特民法典评注》中的一句话,《明镜周刊》认为此类极端缩写在该评注中随处可见。Der Spiegel 8/1981, Herrschende Meinung, S. 96; Henne, Die Prägung des Juristen durch die Kommentarliteratur—Zu Form und Methode einer juristischen Diskursmethode, Betrifft Justiz, Jg. 2006, Nr. 87, S. 354.

时,通说才告形成。① 简言之,对于通说的"加冕",学界与实务界均享有一票否决权。这与学者在德国法律人共同体内所享有的崇高地位是一脉相承的。当然,通说比通行判例享有更高的地位,不意味着作为通说载体的法律评注也享有较判例更高的地位,它仅仅是载体;有学者谓"法官国王之上还有评注皇帝"②,颇容易引发误会。

在案例与学说中间,法律评注通常更重视案例。譬如在引用时,案例总是先于学说而被引用,以凸显其重要性。③ 极端者如《帝国法院民法典评注》,其副标题为"特别关注帝国法院和联邦最高法院的判例",与之一致,其大都一味援引案例而几乎无视学说;但这仅是个例,且备受批评。④

法律评注重视案例甚于学说是由其实务导向所决定的。在实务中,必然是法院尤其是最高层级的法院说了算。就具体案件而言,不管学界如何反对,最高层级的法院怎么说,案件就怎么判,法律就是什么;力量的逻辑在此优于逻辑的力量。而且,重视案例甚于学说也并非法律评注所独有,它毋宁是德国法律文献的共性——正因为如此,才会有学者警告德国传统的"法律科学"(Rechtswissenschaft)有沦为"判例科学"(Rechtsprechungswissenschaft)之危险。⑤ 笔者借助谷歌书籍词频统计器(Google Books Ngram Viewer)所作的一项简单统计亦可资证明。以《帕兰特民法典评注》《施陶丁格民法典评注》作为学说代表,以德国《联邦法院民事判例集》(BGHZ,1951 年至今)、德国《帝国法院民事判例集》(RGZ,1879—1945 年⑥)作为案例代表,笔者统计了相应关键词在谷歌图

---

① Rita Zimmermann, Die Relevanz einer herrschenden Meinung für Anwendung, Fortbildung und wissenschaftliche Erforschung des Rechts, 1983, S. 25. 另参见庄加园:《教义学视角下私法领域的德国通说》,载《北大法律评论》第 12 卷第 2 期,北京大学出版社 2011 年版,第 325—327 页;Wesel (Fn. 53), S. 17("一般说来,通说都意味着,文献中最重要的声音与最高层级法院的观点达成一致")。

② 其本意乃是强调法律评注在确认通说过程中的重要地位,以及在引证率(阅读率)方面的垄断优势。Henne, Die Prägung des Juristen durch die Kommentarliteratur—Zu Form und Methode einer juristischen Diskursmethode, Betrifft Justiz, Jg. 2006, Nr. 87, S. 354.

③ Säcker, Die Prägung des Juristen durch die Kommentarliteratur—Zu Form und Methode einer juristischen Diskursmethode, Betrifft Justiz, Jg. 2006, Nr. 87, S. 10, §10. a). 但是法律评注所援引的案例数量未必多于文献数量,一个抽样统计参见 Rieß (Fn. 15), S. 85(在逾 6000 页的评注文字中,共有约 6 万个案例和 6.5 万条文献被引用)。

④ Vgl. Zöllner, Das Bürgerliche Recht im Spiegel seiner großen Kommentare, JuS 1984, S. 732 f.

⑤ Horst Eidenmüller, Effizienz als Rechtsprinzip, 1995, S. 1 f., 490.

⑥ RGZ 总共 173 卷,其最后一卷(1944/1945 年卷)因故迟至 2008 年时才出版。

书馆所藏德语图书中的词频(粗略等同于引证率)。其结果是,判例集在相应时期的引证率明显高于法律评注。① 具体如下图。

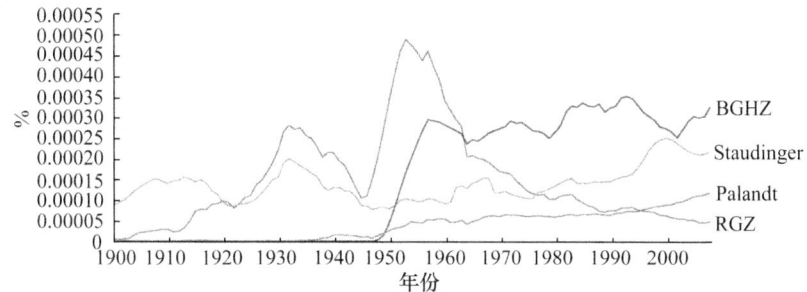

图　RGZ、BGHZ、Staudinger、Palandt 在谷歌图书馆所藏德语图书中的词频(1900—2008)

(四) 秉承法教义学方法:兼及社科法学的尴尬

法律评注作为德国法律文献之集大成者,自然深深带有德国法教义学的印记。就正面证据而言,主要有两点:一是恪守法律解释方法。例如在每条评注的第一段,几乎毫无例外都有关于条文立法目的(以及立法历史)的交代。《慕尼黑民法典评注》的"编辑指南"亦指出,法律评注原则上应致力于目的解释,不过在顺序上应先从文义解释出发,经由历史解释和体系解释,最后才作目的解释,因为如此方能考虑周全。②

二是注重体系。这不仅与法教义学注重概念和体系一脉相承,也是法律评注的实务导向使然。这方面的细节不胜枚举,例如,每一条评注正文都尽可能遵循"构成要件—法律效果"的逻辑展开;其通常还会辅以案例的类型化梳理;在不少评注中,一、二、三乃至四级小标题都是精心设

---

① 本检索完成于 2015 年 12 月 15 日。检索结论大体可靠的两点证据:第一,Staudinger 和 RGZ 自 1900 年以来即开始被引证,而 Palandt 与 BGHZ 分别在 1940 年和 1950 年前后才开始被大量引证,这与它们各自的出版时间吻合。第二,RGZ 在 20 世纪 50 年代引证率持续走高,与当时德国联邦最高法院二战后全盘继受帝国法院民事判决的史实相符(*Franz Wieacker*, Privatrechtsgeschichte der Neuzeit, 2. Aufl., Göttingen 1967, S. 525);至于 RGZ 的引证率在 60 年代后开始走低,则与此时德国联邦最高法院已积累了较丰富的判例,帝国法院判例的重要性日益减弱相吻合。

② *Säcker*, Redaktionelle Richtlinien für die Bearbeitung der 5. Auflage des Münchener Kommentars zum Bürgerlichen Gesetzbuch (einschließlich Ergänzungsband), November 2005, S. 2, §1. b)。

计,以彰显条文的内在条理。当然,受制于逐条释义的形式,法律评注对体系的推崇与尊重仍然无法与教科书或专著相提并论;它更像是螺蛳壳里做道场,只能针对某一条文作有限的体系化工作。这种有限的体系性所预设的读者乃是有相当知识背景并且熟悉法条内在关联的法律人;对于其他人而言,这无疑会带来找法不便或不全等困扰。作为前述囿于单个法条的有限体系性的补救,不少法律评注在逐条释义之外还特设一些教科书式的概要文字,称为导言或引言,置于特定的编、章、节之前。①

法律评注秉承法教义学方法的反面印证,是社会科学方法或曰社科法学在法律评注中的不彰。需指出,德国法学虽然向来被视为法教义学的大本营,但其并非从来都排斥社会科学。回顾历史,在20世纪六七十年代,德国法学界也曾有过轰轰烈烈的拥抱社会科学的运动,法律评注中的体现,如《慕尼黑民法典评注》第一版前言就曾申明,在致力于建构民法的现代体系时,亦要注重引入法政策学的考量与社会科学的知识。② 又如作为这方面典型的《民法典替代评注》,更声称要揭示法律规范的"社会、经济和政治基础"以及"法律执行、适用和法学研究中所沉淀下来的社会、经济与政治考量"。③ 但是这场将社会科学引入法学的运动并不成功,社会科学之于法学,其作用通常仍仅限于"装点门面"而已④;在法律评注中亦复如此。以下以法社会学和法经济学在法律评注中的表现为例予以说明。

法社会学研究在法律评注中可谓命途多舛。以《民法典替代评注》为例,诸多统计数字均因其装点门面的性质而备受批评。如在该评注第631条之前的导言中,评注者罗列了一连串数字,包括:截至1974年,德

---

① Vgl. *Wissenschaftsrat* (Fn. 5), S. 67; *Rieß*, Die Prägung des Juristen durch die Kommentarliteratur—Zu Form und Methode einer juristischen Diskursmethode, Betrifft Justiz, Jg. 2006, Nr. 87, S. 87 („Quasi-Lehrbuch"). 但也有批评观点,认为这混淆了法律评注与教科书及专著的界限,参见 *Werner Flume*, Die Problematik der Änderung des Charakters der großen Kommentare, JZ 40 (1985), 470 (475).

② 原文为:„[...] bemüht sich der Kommentar um eine moderne rechtssystematische Aufbereitung des bürgerlichen Rechts, die auch rechtspolitische Gesichtspunkte und Erkenntnisse der Tatsachenwissenschaften einbezieht".

③ *Herausgeber und Verlag*, Geleitwort, in: AK BGB, Bd. 3, 1979, S. VIII.

④ *Andreas Heldrich*, Die Bedeutung der Rechtssoziologie für das Zivilrecht, AcP 186 (1986), 74 (109).

国每 14 个雇员当中就有一个人的收入与建筑业相关;建筑业产值在 1967 年下降了 6.4%,在 1975 年下降了 10% 等。批评者对此的经典质疑是:对于《德国民法典》第 631 条以下承揽合同相关法律问题的解释,这些数字有什么用?① 在笔者看来,法社会学研究对于法教义学甚少助益,原因有二:其一,法律解释尤其是疑难法律问题的解决多数时候关乎价值判断,法社会学所擅长的事实判断在此难有作为;其二,法社会学研究通常偏于宏大,无法为具体制度的解释提供直接有用的信息。②

法经济学与法社会学虽同为难兄难弟,但处境相对要好,关于"汉德公式"的相关争论可资说明。③ 汉德公式乃法经济学标杆理论之一,它是指如果采取适当措施预防事故发生的成本为 B,事故一旦发生造成的实际损失为 L,事故发生的概率为 P,那么,在 B<PL,即当事故的预防成本小于事故损失与事故概率之乘积时,行为人应被认定为存在过失,进而应承担过失侵权责任。④ 对于能否依汉德公式来判定《德国民法典》第 276 条的"过错",主流学说包括法律评注均持否定态度,因为法官在实务中无法对这一公式中的相应变量完成赋值计算。⑤ 但支持者亦有之,如《帕兰特民法典评注》自 1989 年以来就主张,至少在财产侵权(Sachschaden)当中,过错的认定不妨借鉴汉德公式。⑥ 这一主张后来得到了

---

① *Wolfram Henckel*, Zum gegenwärtigen Stand der Kommentarliteratur des Bürgerlichen Gesetzbuches, JZ 39 (1984), 966 (969). 其他例证, *Zöllner*, Das Bürgerliche Recht im Spiegel seiner großen Kommentare, JuS 1984, S. 735.
② 可参见托马斯·莱赛尔:《法社会学导论》,上海人民出版社 2014 年版,第十五章(关于"合同和合同法"的论述)。
③ 运用法经济分析的其他例证, *Wagner*, in: *MünchKomm*, 6. Aufl., 2013, §823, Rdn. 862.
④ *United States v. Carroll Towing Co.*, 159 F. 2d 169 (2d Cir 1947). 相关厘清及反思,参见冯珏:《汉德公式的解读与反思》,载《中外法学》2008 年第 4 期,尤其是第 514 页。
⑤ *Grundmann*, in: *MünchKomm*, 6. Aufl., 2012, §276, Rdn. 8, 61 ff. 其特别提到(Rdn. 61),德国联邦最高法院的判例在作相关利益衡量时,也考虑成本与收益的比较,但只是没有严格遵循法经济学所信奉的成本最小化或收益最大化,即没有唯成本收益是从罢了。其还提到两个判例,其中一个要求,损害发生的概率愈大,所采取的预防措施就应愈完善;另一个则要求,损害预防的成本愈小,即便损害发生的概率很低,也有采取预防措施之必要。
⑥ *Heinrich*, in: *Palandt*, 48 Aufl., 1989, §276 4). B). c); *Gründberg*, in: *Palandt*, 73 Aufl., 2014, §276, Rdn. 19. 相关述评,参见 *Wolfgang Baumann*, Ökonomie und Recht, RNotZ 2007, 297 (299).

部分评注的响应①,并且至少已在一个案件中得到了州一级高等法院的认可。②

四、法律评注的生长土壤

在对法律评注的影响力和诸多特征有所了解后,自然还需追问为何法律评注在德国会如此兴旺发达。这一追问,对于想刨根究底和想预测并影响法律评注在中国之未来的人而言都具有吸引力。以下尝试从两方面作答。

(一)制度条件

成文法是法律评注的首要前提。没有成文法,自然不可能有以成文法为对象、以逐条释义为特征的法律评注。而法律评注的存在与成功,在相当程度上也巩固了成文法在法律体系中的中心地位:尽管法典本身未必万能,但得益于法律评注,人们却可以从法典中间接得到几乎一切问题的答案;法典万能主义的神话在一定程度上得以维系。

与成文法相表里的是作为其配套的法学方法——法教义学。法教义学提供了一套大致统一的法律解释框架,使得大批量的、质量较稳定的评注工作成为可能;它所推崇的体系建构,也使得法律评注告别了单纯的文献综述或案例综述的角色,一系列逻辑严谨、彼此相关、富有解释力的概念不但拓展了法律评注的信息容纳能力,还提升了其问题处理能力,特别是使其能够未雨绸缪,对各种理论上存在但实践中尚未出现的问题作出预先回应。

在成文法与法教义学之外,法律评注的繁荣还端赖于司法的统一。很难想象,如果德国司法不统一,比如民、刑事案件的终审权不专属于德

---

① Lorenz, in: BeckOK BGB, Stand: 01.03.2011, §276, Rdn. 25(但有所限定:只有当《德国民法典》第276条的交易上"必要的注意"基于现有规则无从确定时,才能借助利益衡量的管道,将法经济学的考量即汉德公式纳入考虑)。

② OLG Rostock NJW 2006, 3650 (3653). 有学者认为还有一个德国联邦最高法院的判决(BGH NJW 2007, 762)与该判决类似,Gründberg, in: Palandt, 73 Aufl., 2014, §276, Rdn. 19。但经笔者核实,尽管后者确实涉及成本收益的比较,但并未提及汉德公式,而且也未引证《帕兰特民法典评注》。其实,泛泛的成本收益比较在德国的案例中间并不鲜见,因为这本就是利益衡量的应有之义。

国联邦最高法院一家,而是分属于各州二十多个州高等法院,德国的法律评注还能有今天的繁荣。仅以判例的梳理为例,如果对于同一法律文本中的同一问题,各州法院存在几种或十几种互不相同但各有约束力的观点,法律评注除了罗列上述观点,还能作什么？任何一种在全国范围内统一观点的努力都将因为与各州司法实践的疏离而不具有实务价值。退一步,即便改为以州高等法院为界,让各州法律人就同一法典分别撰写评注,亦势必面临人手不足、动力不足、需求不足以至品质无法保障的问题。因为对于大多数国家的法律人而言,虽然他们不得不承认法律是地方性知识,但是这个"地方"至少也应当是一个国家,而不是一国之内的某个州或省,任何地方性法律文献包括法律评注在内,对于其作者、出版者等利益群体而言,都难谓有足够吸引力。

(二) 利益群体

1. 出版社

2016年,德国最大规模的法律评注《施陶丁格民法典评注》总计97册,整套售价逾2万欧元(单册购买价格更高)①；同样有影响力的大型批注《慕尼黑民法典评注》总计12册,售价约3200欧元；市场上行销最广且每年一版(因而可能相对便宜)的单卷本评注《帕兰特民法典评注》,售价亦超过100欧元。这些表明,对于出版社而言,法律评注是不可多得的香饽饽。事实上,出版界人士很早就预见到了这一点,早在1900年前后,包括《施陶丁格民法典评注》在内的许多重要评注得以产生,很大程度上就归功于少数出版社的高瞻远瞩与大力推动。② 而法律评注延续至今的实务导向,也与出版社招徕和服务读者(主要是实务工作者)的逐利冲动紧密相关。

出版社的上述逐利冲动有好的一面,这包括：长期的市场竞争促成优胜劣汰,大浪淘沙后留下的都是精品；品类日益多元,小型评注、大型评注、针对普通法律人的评注、针对法科学生的评注应有尽有,满足了多元需求；部分评注逐年更新,出版社获利丰厚,法律人亦得以掌握最新资讯。

---

① 这是其官方网站(http://www.staudinger-bgb.de/)上截至2017年1月1日的数据。
② *Kästle-Lamparter*, Welt der Kommentare: Struktur, Funktion und Stellenwert juristischer Kommentare in Geschichte und Gegenwart, 2016, S. 244 f.

但上述冲动也有其阴暗面。如今,德国的法律评注已牢牢掌控在少数几家出版社手中,其中影响最大的非贝克出版社莫属。在前述十余种民法典评注中,有近一半都属于该出版社。为了保持竞争力和影响力,其难免会有一些不大光彩的举动,比如强行要求作者在撰写评注时,优先引用其旗下评注或其他出版物[①];又如在利益驱使下,向作者施压而影响评注的特定内容[②];再如,通过一些重复的、规模庞大的(网络)法律评注项目去锁定尽可能多的作者,让他们无暇参与其他出版社的同类评注项目,真正有意义的竞争因此可能被抑制。此外,另一备受同行艳羡和指责的事情是:在绝大多数州的第二次国家考试中,以民法为例,唯一可以带入考场的评注就是贝克出版社的《帕兰特民法典评注》。[③] 背后因由如何不得而知,但这无疑在客观上进一步强化了贝克出版社的独大地位。

2. 作者

如果说出版社是法律评注的发包方与销售者,那么作者就是法律评注的承包方与生产者。法律评注的作者通常包括评注主编和具体条文的评注者两类,其中主编负责全局统筹(通常也参与写作),在规模庞大的评注中,还会在总主编之下设置分卷主编。

通常而言,对于法律评注,出版社重利而作者重名。这就使得至少在法律评注的初创期,潜在的作者对于法律评注感兴趣的程度远不及出版社。因为对作者而言,此时写法律评注与写专著、教科书或论文一样,都不过是学术研究与发表,并无高下好恶之分。在这一时期,出版社要想使特定评注得到市场认可,除确保质量外,主要是仰赖"名家效应"。这方面的例子不胜枚举。《帕兰特民法典评注》之所以以帕兰特作为主编并以之冠名,正是看中了后者帝国考试委员会主席的身份和在实务界尤其是考生当中巨大的号召力[④];《慕尼黑民法典评注》创立时,虽然创立者其实仅

---

① Henne, Die Prägung des Juristen durch die Kommentarliteratur—Zu Form und Methode einer juristischen Diskursmethode, Betrifft Justiz, Jg. 2006, Nr. 87, S. 355.

② Vgl. z. B. *Helmut Kramer*, Was wir schon immer wissen wollten oder: Wie die „herrschende Meinung" entsteht, verdikt 12/2003, S. 15 (涉及的也是贝克出版社)。

③ 这也引出了一系列出版社之间的公案,参见 VG Düsseldorf, Urteil vom 11. 04. 11—15 K 5117/09; *Martin W. Huff*, Platzhirsch Palandt vor dem Kadi, 14. 11. 2011, Legal Tribune Online.

④ 除了 Palandt 帝国考试委员会主席的身份所具有的广告效应(吸引广大考生购买)外,还有政治和意识形态方面的考虑。*Slapnicar* (Fn. 25), S. 1692, 1695。

Säcker 教授一人,但基于类似考虑,出版社最终还是采取双主编制,增聘了实务界的代表 Rebmann 作为共同主编。[1]

但在法律评注作为一种文献类型得到一定认可后,作者与法律评注之间的关系就进入了蜜月期。就单个评注者而言,其个人可以数十年如一日将精力与时间奉献于法律评注的撰写,创造双赢的佳话。譬如民法学者梅迪库斯先生,其自 20 世纪 80 年代以来就同时负责《慕尼黑民法典评注》第 249—254 条和《施陶丁格民法典评注》第 985—1007 条的撰写[2];又如民诉法学者莱波尔德及其导师波勒,在大半个世纪时间里,师徒两人"最核心的工作"都是续写享有盛名的《施泰因/约纳斯民事诉讼法评注》。[3] 就整个作者群而言,法律评注作为一类文献日渐得到认可,也会吸引愈来愈多优秀的学者与实务界人士加入。在一些小的领域(如反垄断法[4]),或许就会出现群贤毕至、整个领域的法律精英共襄一部大型评注的盛况,这样的评注影响力可想而知。而在大的部门法领域,如民法,尽管庞大者如《施陶丁格民法典评注》也只能罗致一两百位作者,而无法穷尽所有,但其影响力显然也不容小觑。何况这只是就单个评注而言,若将所有同类评注纳入考虑,就会发现,几乎没有哪个部门法学者不是某一法律评注的作者。这种极其广泛的参与亦是法律评注在德国长久繁荣的一大保障。

另外,对于那些享有盛誉的法律评注而言,其作者身份本身即为一项荣誉与资源,而主编通常就此荣誉与资源的分配享有很大话语权。此种个人利益的掺杂其间,一方面有利于学派的传承,另一方面也可能会催生学术山头,其间利弊或可见仁见智[5];但毫无疑问,它进一步强化了作者与法律评注之间的纽带。

总结而言,出版社与作者乃是德国法律评注之存续与繁荣背后的两

---

[1] Franz Jürgen Säcker, Münchener Kommentar zum BGB, in: Willoweit (Hrsg.), 100 Jahre BGB—100 Jahre Staudinger: Beiträge zum Symposion vom 18.—20. Juni 1998 in München, 1999, S. 406.

[2] Gottfried Schiemann, Dieter Medicus zum 70. Geburtstag, NJW 1999, 1382 (1383).

[3] 参见莱波尔德:《德国民事诉讼法 50 年:一个亲历者的回眸》,吴泽勇译,载徐昕主编:《司法》(第 4 卷),厦门大学出版社 2009 年版,第 416—417 页。莱波尔德从 1967 年其导师去世后接手前述评注第 19 版的编写工作,截至 2013 年的第 22 版,他仍是作者之一。

[4] See Gerber, "Authority, Community and the Civil Law Commentary: An Example from German Competition Law", American Journal of Comparative Law, Vol. 42, 1994.

[5] Ibid., pp. 540—541.

股重要力量。除此之外,法律评注的其他伴生制度,如前文述及的将法律评注作为司法考试指定辅助资料之规定、将法律评注的阅读与律师责任相挂钩之判例等,也都与法律评注相辅相成,在路径依赖的意义上强化了法律评注在整个德国法律生活中的重要地位。原本只是用来评释法条、大多深居图书馆中的法律评注,就这样冥冥中成为整个德国法律生活和法律文化的缩影。

五、为什么普通法没有法律评注?

"为什么普通法没有法律评注?"在前述 2006 年马普所研讨会上,德国学者曾有此一问,不过由于其发言嗣后并未形诸文字,笔者不知其详。[①] 但如果依照上文分析,普通法没有法律评注与德国法有法律评注其实是相通的,都可以从成文法、法教义学、司法统一这三方面予以解释。需指出的是,普通法领域(主要是民法和刑法)没有法律评注,不意味着普通法国家没有法律评注或者与之类似的文献,这是两个不同问题,以下分别分析。

普通法领域没有法律评注,首先源于普通法是案例法,连成文的法律文本都没有,对文本作逐条释义的法律评注自然无从谈起。关于方法论,虽然普通法也有教义分析(doctrinal analysis)的传统,但它们的成就和影响力显然无法与德国的法教义学相提并论。[②] 尤其是在美国,自 20 世纪 60 年代以来,法律和社会科学运动风起云涌,传统的旨在为司法实践服务的法教义学研究已经日渐式微和沦为末流。此外,同样是在美国,由于普通法属于州法,五十个州各行其是,司法的不统一也注定了法律评注难以兴起。

有人或许会问,普通法领域真的没有法律评注吗?这是一个好问题,它取决于对法律评注作何界定,若以德国的法律评注为标准,显然是没有

---

① 这是拜罗伊特大学的 Oliver Lepsius 教授 2006 年的口头报告题目(Warum gibt es im common law keine Kommentare?)。参见 *Max Planck-Institut für europäische Rechtsgeschichte* (Fn. 16);以及 Lepsius 在主页上的著述清单(截至 2015 年 7 月)。

② 新近有一个不无争议的论断:"德国的法教义学研究总是强过其他国家"。See Robert Howse, "Will Germany always really best the US (and the world) in doctrinal legal scholarship?", *VerfBlog* 2014/2/19; Ralf Michaels, "Culture, Institutions, and Comparison of Legal Education and Scholarship—A Response to Rob Howse", *VerfBlog* 2014/2/20.

的;但若不纠结于形式,普通法领域未尝没有一些与德国法律评注在某些方面相似的文献,但是,两者仍然不可同日而语。①

其一是美国法学会的法律重述(以及示范法典等)。② 与法律评注类似,法律重述也包含对条文的注释和对既往判例与文献的整理,但二者的关键不同在于,法律评注所评述的条文是现行有效的法律,而法律重述所评述的条文却是没有法律拘束力的从先前各州判例中抽取出来的共通原则或规则。法律重述好比屠龙术式的法律评注。另外,法律重述乃至美国法学会的产生③都有其时代背景,即在20世纪二三十年代的美国,居于主流的仍然是法教义学;后来法教义学日渐没落,法律重述也就再无昔日的辉煌了。④

其二,在普通法领域,各州也有一些配注释的成文法(annotated statutes)。但这些立法注释极其简陋,仅仅是对案例、论文的罗列,毋宁称之为"参考文献目录"。⑤ 这种局面,除了源于人力、效益、方法论等因素的影响外,或许还因为在普通法领域,法律仍需从先例而非法典中去寻找,成文法地位低下,远不如大陆法系的成文法⑥,故亦无认真对待必要。

其三,名为注释的文献,如《美国法律报告》中的"注释"(ALR annotations)。虽然名为注释,但其注释对象既非法条亦非判例,而是有争议

---

① 极少数学者认为,应区分法典评注与法律评注,后者不必然以成文法为评注对象,因此英美法上的体系书与德国的法律评注最为相像。Calliess (Fn. 19), S. 383. 相关批评参见 Kästle (Fn. 19), S. 397。

② 如朱晓喆:《比较民法与判例研究的立场与使命》,载《华东政法大学学报》2015年第2期,第160页。尽管法律重述与法律评注相似,但据考证,法律重述所借鉴的并非欧陆的法律评注,而是英国的教科书(textbook),尤其是 Albert Venn Dicey 的冲突法著作(当然并非照搬,而是有所改进)。后者旨在将英国的冲突法以一种有体系的方式呈现出来,在阐释相关规则和例外时,也已经开始运用法律重述中常见的评论(comment)、示例(illustration)等技术。See Jansen, The Making of Legal Authority, Oxford: Oxford University Press, 2010, pp. 128—135.

③ 美国法学会创立于1923年,第一部法律重述《合同法重述》出版于1932年。Charles E. Clark, "The Restatement of the Law of Contracts", Yale Law Journal, Vol. 42, 1933, p. 643.

④ Jansen, The Making of Legal Authority, Oxford: Oxford University Press, 2010, pp. 104 f.

⑤ See Oregon Revised Statutes Annotated §75.1160. 另参见郎贵梅:《美国联邦最高法院判例汇编制度及其启示》,载《法律文献信息与研究》2008年第2期。

⑥ Henne (Fn. 15), S. 353.

的特定问题,即系以问题为中心梳理案例及文献,勾勒现行法的图景。[①]这在反映现行法状况的旨趣上与法律评注是相通的,但在类型上显然属于论文的合集或者文献及案例综述的合集,而非法律评注。

虽然普通法领域无法律评注,但普通法国家却未必没有。[②] 仍以美国为例,在其联邦法领域,就不乏德国式的法律评注,其典型如由 West 公司出版的《美国法典注释》(USCA)和由 Lexisnexis 公司出版的《美国法典服务》(USCS)。它们都是针对《美国法典》(含 50 余部联邦法)所作的逐条释义,不仅有丰富的参考文献,内容也颇为详尽,每一部联邦法释义的体量大致与德国的小型评注相当。更为罕见的是少数关于联邦法的体系书,如大名鼎鼎的《科利尔论破产》,其名为体系书,实为法律评注,中间有相当篇幅是对《美国破产法》的逐条释义,体量上也直追德国的大型评注。[③] 在同为联邦法的诉讼法领域,West 公司和 Lexisnexis 公司亦各有一套相当于大型评注的体系书。[④]

总之,不管是普通法领域没有法律评注还是普通法国家有法律评注,都可以从成文法、法教义学、司法统一这三大因素的消长与互动中得到解释。在美国的普通法领域,纵然不具备成文法和司法统一两项条件,但当其法教义学昌盛之时,仍然会诞生与法律评注形似的法律重述;而在那些部分包含成文法的普通法领域,还会产生徒具法律评注之形的简陋的立法注释。在联邦法领域,由于是成文法且司法统一,也由于法教义学不曾缺席(其实在任何法域从来都不会缺席),前述规模可观的两套《美国法

[①] See e. g. Dale Joseph Gilsinger, "Annotation: When is Warrantless Entry of House or other Building Justified under 'Hot Pursuit' Doctrine", in: *American Law Reports*, 6th ed., 2006, Vol. 17, p. 327.

[②] 这不包括翻译为英语的德国法律评注,以及在英美出版但主要是由德国人发起和撰写的针对国际条约的法律评注,后者如 Stefan Vogenauer & Jan Kleinheisterkamp (eds.), *Commentary on the UNIDROIT Principles of International Commercial Contracts* (PICC), Oxford: Oxford University Press, 2015. 相关梳理参见 *Calliess* (Fn. 19), S. 390 f.

[③] Alan N. Resnick, Henry J. Sommer (eds.), *Collier on Bankruptcy*, 16th ed., Albany, N. Y.: Matthew Bender & Co., Inc., 2009. 其总计 28 卷,含正文 19 卷、附录 9 卷,其中第 2—9 卷(共 8 卷)为对《美国破产法》的逐条释义。该释义篇幅不小,但部分是拜《美国破产法》条文较长之赐:一个条文一般要占到 2 页篇幅,而极端者如开篇的第 101 条居然长达 21 页(其释义则长达 220 页)。

[④] 参见 Westlaw 数据库收录的 Wright & Miller's Federal Practice & Procedure 和 Lexis 数据库收录的 Moore's Manual: Federal Practice and Procedure,二者均涵盖民事诉讼法和刑事诉讼法。

典》评注之产生可谓势在必然。① 当然,受制于法教义学不彰的大环境,这些评注往往不注重体系建构,并且有明显的重案例轻学说现象。② 另外,就利益群体而言,出版社显然是各类联邦法评注的强有力的推动者。在各自官网上,一套包含三年更新服务的《美国法典服务》售价约为1万美元,而一套不含后续更新服务的《美国法典注释》要价更是超过1.8万美元。与德国同行的煊赫相比,上述美国法律评注的作者仅扮演一个不温不火的角色,他们主要都是由出版社罗致的实务界人士(律师),绝少见到顶尖学者。在法律评注声望不高且市场有限的背景下,出版社占据主导地位而作者退居幕后甚至作为附庸,实在也是情理之中的事情。

六、法律评注在中国有未来吗?

(一)法律评注在中国的意义

尽管各类评注的编写在我国已处于萌芽阶段,但是仍有必要检视其之于我国法律生活的意义。毕竟,法律评注的宗旨并非满足学者的事功情结,而是服务于一国的司法实践。

在任何国家的司法实践中,法律人的头等需求都不外乎回答下述问题:现行法是什么?为了回答此问题,在普通法系国家,法律人会去研读判例,随着研究的深入与知识积累和传承的需要,其法律文献会经历一个类似于物种进化的演化过程:最初是旨在单纯记录法院判决的案例报道,然后是包含评论的案例评析,再是旨在系统处理特定问题的论文或专著(其中也包含大量的案例评述),最后才是某种竭力穷尽所有问题与材料的集大成作品。当然,正如不同物种可以共存于同一世界一样,上述法律文献完全可能共存,它们的进化或演化并非是线性的,在不同国家和地区也可能存在差别,但是,从低级到高级、从简单到精致、从碎片化到集大成的演化趋势却不会改变。因为愈高级、愈精致、愈集大成的作品,就能愈

---

① 在作为成文法的国际公约领域,也都涌现了一批法律评注,除上文 Vogenauer 关于 PICC 的评注外,相关梳理还可参见 Djeffal, "Commentaries on the Law of Treaties: A Review Essay Reflecting on the Genre of Commentaries", *European Journal of International Law*, Vol. 24, 2013; *Wissenschaftsrat* (Fn. 5), S. 47.

② 如 11 USCS § 302(破产法);35 USCS § 302(专利法)。

好、愈准确、愈快捷地满足司法实践的需求,并满足与之相关的法学教育与法学研究的需求。在大陆法系国家,虽然法律解释的对象不再是案例而是法条,但只要法条还需要解释,作为终局解释和权威解释的案例同样会成为法律解释的最重要素材,因而同样会产生案例评析、论文、专著等文献类型的演化与分野,并最终发展出某种集大成文献。在此种"法律文献进化论"的意义上,法律评注(以及部分教科书)等集大成式文献确实可以作为衡量大陆法系一国法学之成熟度的标志[①];而至少就德国蔚为壮观的法律评注而言,其也很可能代表了法教义学发展到巅峰时一国的法律文献所能企及的极限。

自改革开放以来,我国三十多年的法律与法学发展业已催生了门类大体齐全的法律文献,其中不乏与法律评注在形式或功能上相似者。但就更好地满足司法实践的需求而言,它们与法律评注之间仍然有不小的差距,因而也就反衬了法律评注之于我国司法实践的意义。

(1) 教科书。我国目前集大成式的法律文献主要是在各学科广受好评的少数教科书。这些教科书其实是有些名不符实的,它们受欢迎并非因为它们简单清晰、便于教学,而是因为它们都是大部头、巨细靡遗、甚至包含不少案例,除了作教学之用,还可以作为研究者与实务工作者的案头参考书。严格说来,此类教科书或许应该称为"体系书"。[②] 而且与英美法上的体系书一样,它们也借助于资料的梳理以及尽可能处理较多问题而部分承担了为司法实践服务的职能。但是与旨在竭力回答一切问题、全面整理案例与学说的法律评注相比,它们还是相形见绌。当然,尽管难免会有交叉,但教科书和法律评注在理论上仍可以各擅胜场,教科书长在可以不受法条拘束,建构体系、反思批判,法律评注则长在可以法条为线索,逐条梳理、整合重要的判决与文献;教科书的精华在于其理论贡献,在于一家之言,而法律评注的精华和价值则在于最全面地展示,现行有效的法律是什么。

(2) 释义书。有人或许会问,我国是不是早就有法律评注了?若仅就逐条释义的形式而言,我国的法律评注文化的确源远流长,历史上有

[①] 参见苏永钦:《法律作为一门学问》,载陈林林主编:《浙大法律评论》(2017年卷),浙江大学出版社2017年版。

[②] 有些作者对此有清醒的定位与界分,参见程啸:《侵权责任法》(第2版),法律出版社2015年版,序言。

《唐律疏议》,现如今也有立法机关的立法释义、司法机关的司法解释"理解与适用"以及学者撰写的各类名为释义或评注的著作。[①] 但是如所周知,立法机关和司法机关的释义书在品质乃至学术规范方面都还有很大改善空间;[②]学者的各类释义书也多徒具逐条释义之形,而无法律评注之实,实质上更接近于教科书。或许正因为如此,现阶段的诸多法律评注项目才会有意无意区分源自域外的法律评注和我国目前已有的各类释义书。除了潜在的外来和尚好念经的用意外,这一区分最主要是基于学者在方法论上的自觉、对于高品质的追求以及对于司法实践庞大需求的洞察,欲借此革"故"(释义书)鼎"新"(法律评注),摆脱以往各类释义书的积弊。当然,究竟是革故鼎新另起炉灶更好,还是接续传统、以旧瓶装新酒更好,在策略上确乎还可以见仁见智。

(3)钥匙码。这原本是指美国 Westlaw 数据库的钥匙码系统(Key number system),其本质上是一个裁判要点的分类系统,通过诸如"合同—履行或违约—因履行不能而违约"等关键词,逐级将重要案例的裁判要点有体系地整合成一个案例法系统,以便查阅和检索;与此同时,还借助引文溯源与链接技术,将同一数据库中嗣后援引过该案例的案例、论文、图书等相关资料一并列出,以备参考。早在 2009 年,West 公司即已推出该数据库的中国版"中国钥匙码系统";此后中国同行们陆续跟进,其代表如天同律师事务所的"天同码"、最高人民法院法信平台的"法信大纲"等。其中,法信大纲与 Westlaw 的钥匙码无异,特色在于对法院系统的图书和期刊资源都作了整合,天同码则专注于案例的精简与分类,可谓传统钥匙码的简化版。与以往的案例丛书和其他实务类文献相比,上述各类钥匙码系统的信息量更大、更有条理、也更便于检索和查阅。但是与法律评注相比,它们仍然有明显差距,因为钥匙码系统毕竟只是一个初级的资料汇编,不仅缺乏评论和思考,甚至也缺乏精细的整理(比如整理出少数观点和多数观点);受数据库资源所限,它们也未必能囊括所有的重要文献;而且,它们似乎沉浸在案例法的传统之中,安排资料的框架和线

[①] Han, "The Legal Commentary Culture in China", in: Michèle Schmiegelow, Henrik Schmiegelow (eds.), *Institutional Competition between Common Law and Civil Law*, Heidelberg: Springer, 2014, pp. 334—336.

[②] 如薛军教授的评价:"质量参差不齐,有些甚至不忍卒读,但定价永远畸高"。薛军:《当我们说民法典,我们是在说什么》,载《中外法学》2014 年第 6 期。

索都是"合同""履行或违约"一类的概念,而弃现成的法条体系于不用,实在有忽视我国的成文法大背景之嫌。

除了在司法实践层面的功用,法律评注对于我国的法学教育、法学研究乃至立法工作都同样富有意义。① 法学教育固然直接以优秀的教科书为根基,但教科书若想删繁就简、授人以渔,最好能有对现行法全面而扎实的知识性整理即法律评注作为配合。法学研究若想避免重复劳动,同样可以参考法律评注,从而快速可靠地发现共识、分歧乃至盲区之所在。至于立法工作,以正在进行的民法典编纂为例,全面反映司法与学说现状的集大成作品弥足珍贵,因为倘若不知历史与现状,任何有意义的传承与创新都无从谈起。

(二) 法律评注在中国的可行性

前文已述,法律评注有其特定的生长土壤,需要相应制度条件和利益群体作为支撑。而在我国现阶段,成文法的传统无可撼动,法教义学普遍获得肯认,司法统一似乎更不成问题,此外更是有一群热心的有欧陆留学背景的作者以及对法律评注市场有敏锐嗅觉和较充足动力的出版人;法律评注的中国事业可谓"万事俱备只欠东风"——只等有人来写了。话虽如此,但现实远比理想复杂,法律评注要想在中国扎根,仍将面临诸多挑战。其中,最大的挑战不是别的,正是刚才未予质疑的颇有我国特色的司法统一体系。

在我国,最高人民法院历来主要通过发布司法解释而非审理案件的方式来实现司法的全国统一。这就导致了在司法解释所不及之处或其本身有疑义之处,各地法院无所适从,进而促使各地高级人民法院(乃至中级人民法院)多年来持续发布了为数众多的地方性司法文件或曰"小司法解释",以统一本地司法;而不同的"小司法解释"难免会有冲突。因此,从北京到上海、湖北到湖南、江苏到江西,"不同省市不同法"的司法割据现象早已成为我国法律生活的常态。与这些更具体、细致、更契合审判实践需求的地方性司法文件相比,最高人民法院的判决数量虽然可能更多,但

---

① See also Han, "The Legal Commentary Culture in China", in: Michèle Schmiegelow, Henrik Schmiegelow (eds.), *Institutional Competition between Common Law and Civil Law*, Heidelberg: Springer, 2014, pp. 337—339.

却其少被赋予也很少能承担起全面统一法律适用的使命(想想数量极为有限的指导性案例)。凡此种种,对于法律评注的编写提出了巨大的挑战,即在法律、司法解释尚付阙如或有疑义之处,评注作者们很可能无从确定在全国层面现行有效的法律是什么。是不是只能退而求其次,逐一按省甚至按市梳理地方性司法文件?如果这些文件不公开怎么办?这些文件在法律渊源层面应该如何定位?如何处理各地法院之间甚至其内部不同文件的冲突?类似的,就最高人民法院的判决而言,如何处理其内部不同庭室乃至不同合议庭之间的观点冲突?[①] 总之,与德国的评注作者们大都有丰富、现成的最高层级法院的判例可资拣选不同,中国的评注作者们面临的案例拣选工作将更繁重、更艰巨。但换个角度,也正因为如此,中国的评注作者们的工作却可能更富有贡献,因为司法四分五裂之际,往往是学说大有可为之时,中国的评注作者们因而有更多的机会凭借案例的甄选、评说与理论的建构参与到法律的发展中来。在这个意义上,对于法律评注在中国的落地而言,一定程度的司法不统一是挑战也是机遇,法律评注更有可能通过回答这一问题而发展出自身的特色,它的中国作者们也因此可能有一番更大的作为。

此外,法律评注在中国的推行还将面临以下两项挑战:

一是激励机制尚未形成。诚如笔者敬重的一位学者所言,目前在中国编写法律评注是一项非常需要公心的事业。因为在现有评价体制下,法律评注的撰写并不能被折算为有效的学术工分。但所幸局面也在改观,破冰者如前述《法学家》杂志自 2016 年以来开辟的"评注"专栏。当然,这仍然属于曲线救国的无奈之举,即先化整为零以论文发表换取学术工分,然后再集腋成裘,结集出版真正的法律评注。

二是学术不端和知识产权保护不周的风险。由于着眼的是现行法的梳理,法律评注之间难免有较高的同质性。对于第一部评注而言,案例与学说的整理固然费时费力、颇具贡献;但对于同领域的第二部评注而言,上述工作却可能只意味着选择性的复制、粘贴以及稍作更新而已。这一方面使得一本法律评注要想获得成功,极有必要发展出自身的特色;另一方面,也使浑水摸鱼者有机可乘。事实上,即便是在德国,也有不少法律

[①] 这方面的比较法研究,参见卢佩:《司法如何统一?——以德国联邦最高法院判例为实证分析对象》,载《当代法学》2014 年第 6 期。

评注扮演着不大光彩的"二道贩子""二手评注"的角色。① 其中最极端的莫过于2006年普维庭等人主编的民法典评注所爆出的丑闻:在这本约3000页的评注中,居然有上百页内容属于赤裸裸的抄袭。② 可以想见,未来中国法律评注的防不端、防抄袭、防盗版之路,亦任重而道远。

(三) 编写法律评注的注意事项

在2015年第一期中德民法评注会议上,朱庆育教授曾结合其个人撰写《合同法》第52条第5项评注的感悟,提出了比较法资料运用、案例与文献择取、通说与个人见解平衡、资料缩写规范以及篇幅大小等八方面的问题。③ 这些问题有相当部分在之后的类似会议上被重复提出,可谓代表了中国第一批法律评注作者们的共同困惑与思考。笔者不揣浅陋,结合上述问题以及有限的个人体会,尝试提出法律评注编写过程中的若干注意事项:

(1) 简洁。文字、资料、论证均应如此。

(2) 以现行法的解释为中心。这是法教义学也是法律评注的立身之本。

(3) 穷尽问题而非穷尽材料。要竭力回答一切现行法上已经出现和可能出现的问题,并有体系的予以呈现。案例、文献等材料固然重要,但贵在精而不在全。在新法刚颁布、材料尚匮乏时,评注者应有"法律人的想象力"④,预见可能发生的问题并予以解决。

(4) 以反映法律现状为重点。这既表现为交代通说,也表现为在通说阙如时分述不同学说与案例,并阐发自家观点。⑤ 不同评注可以有不同侧重。但要强调的是,法律评注的主要工作仍然是反映法律现状而非自行发展法律⑥,法律评注的水平,大体无法超越同时代的法学研究与司

---

① Peter Derleder, Von Schreibern und Textorganisatoren, NJW 2007, 1112.

② Hermann Horstkotte, Plagiate: Ein Professor und sein Schreibknecht, Spiegel Online (Unispiegel), 28.11.2010; HngLahmn, CHBckggLuchtrhnd—eine Groteske, Jura Magazin 11/2006.

③ 朱庆育:《〈合同法〉第52条第5项评注》,载《法学家》2016年第3期。

④ Dieter Medicus, Die Phantasie des Juristen, in: Martinek (Hrsg.) (Fn. 20), S. 171 f.

⑤ 在有通说时,是否还有必要表达个人意见? 这可以见仁见智。比如梅迪库斯教授就认为,仍有必要,作用之一在于防止人云亦云、避免产生"伪通说"。Medicus (Fn. 114), S. 172.

⑥ 弗卢梅教授认为大型评注尤应恪守此点,评注者不能过多发挥。Flume (Fn. 68), S. 470 ff.

法裁判的水平。

（5）原则上只引用权威案例。这是为司法实践服务之必然。案例的审级愈高，就愈具有权威性，愈可能为下级法院所遵从。下级法院的判决除非说理充分，原则上不予引用，即案例的价值与其权威性和说服力成正比。

（6）原则上拒斥比较法资料。这与解释中国法的宗旨一脉相承。从法律解释角度看，外国法资料只有在两种情形下有必要出现于法律评注之中：一是在确定明显有外国法渊源的某法律条文的立法目的时，经由目的解释引证外国法资料，二是借鉴外国案例、学说中的说理时对其予以引用。[1] 甚至在后一情形下，也不妨对外国法资料作策略性的舍弃。

（7）把握互联网时代的机遇。在互联网时代，电子数据库的海量信息和检索便利无疑增强了人们的信息获取能力，但是，只要法律评注不是简单的资料堆砌，人们对它的需求和倚赖就不会减弱，反倒会因为使用上的便利而愈加增强。[2] 至于法律评注如何以电子化的方式呈现[3]，又如何与传统的纸质版相得益彰，尽可以有无穷的想象空间。

（8）正确对待社会科学研究。在方法论层面，应谨记法教义学与价值判断的包容关系[4]，切不可让法律评注沦为狭隘的法教义学故步自封、盲目排斥社会科学研究的万里长城；只要有适当的着眼于具体制度之适用的社科研究，就理应将其纳入考虑或予以接纳。

七、结　　语

在德国，法律评注本质上不过是一类法律文献，但又不仅仅是法律文献。作为一类文献，法律评注的灵魂在于为司法实践服务，这一方面成就

---

[1] 参见贺剑：《认真对待案例评析：一个法教义学的立场》，载《比较法研究》2015 年第 2 期。

[2] 类似观点，Rieß (Fn. 15), S. 90 f. 不同观点，施蒂尔纳：德国民法学及方法论——对中国法学的一剂良药，黎立译，载方小敏主编：《中德法学论坛》（第 12 辑），法律出版社 2015 年版，第 39 页；波斯纳：《波斯纳法官司法反思录》，苏力译，北京大学出版社 2014 年版，第 388 页。

[3] 一些激进建议，比如将音频乃至视频也纳入网络法律评注，参见 Djeffal, "Commentaries on the Law of Treaties: A Review Essay Reflecting on the Genre of Commentaries", European Journal of International Law, Vol. 24, 2013, pp. 1237—1238.

[4] 参见许德风：《论法教义学与价值判断》，载《中外法学》2008 年第 2 期。

了其在德国法律生活中的巨大影响力,另一方面也衍生出其以解释现行法为中心、竭力回答一切问题、重视案例甚于学说、秉承法教义学方法等诸多关键特征。法律评注是法律文献中的集大成者,亦可视为一国法教义学成熟或臻于巅峰时之标志性事件。法律评注在德国的成功还使其成为管窥德国法律文化的窗口,它的产生与繁荣仰赖于成文法、法教义学、司法统一等制度条件,并得益于出版者和作者等利益群体的支持;法律评注在普通法领域以及普通法国家的不同形态与境遇亦可资印证。

基于上述研究可知,目前正处于萌芽阶段的我国的法律评注编写事业,绝不仅仅是少数学者一厢情愿的对于某种情怀或事功的追求,它冥冥中更是诸多要素基本齐备后法律文献不断向前演进的必然结果,它的一头是日益增长且一直嗷嗷待哺的司法实践的庞大需求,另一头是日益得到重视的法教义学方法以及矢志于该方法之应用的部门法学者们的巨大供给,二者一拍即合。在这一过程中,人的因素功不可没,但这同时也是时势造英雄的结果。中国的第一部真正的法律评注未必指日可待,但那一天的到来,必将开启一个时代。

互联网开放创新的专利困境及制度应对*

张 平**

引　言

互联网开放创新展示着无限的发展空间，从自由软件理念开始发展到开源软件的广泛应用；安卓系统手机全球普及以及私家车经济（Uber/滴滴/快的）、私人住房经济（Airbnb/ GoVocation）都是开放创新的结晶。开放创新成就了一批共享经济企业借助互联网经营着每个人的资源。在中国政府提出"万众创业、大众创新"的口号下，自由、开放、共享的创新理念更是促进实现这样目标的原动力。

然而，开放创新也面临着巨大的知识产权困扰，其开放、共享的创新理念与以保护私权至上的现代知识产权法律制度截然不同。

早期，自由软件为了规避"专利丛林"而强烈排斥专利申请，但是发展到开源软件产业化时，为了守卫自由的 Linux 世界，众多专利权人聚集百万件专利以构建专利长城[①]，却依旧秉持不收费、不起诉的主旨，表现出何等的专利纠结。

互联网服务商（ISP）在提供分享软件和云存储服务时也遭遇到前所

---

* 原文刊于《知识产权》2016 年第 4 期。
** 北京大学法学院教授、博士生导师。
① 开放创新网络 OIN（Open Invention Network），集合了全球 1500 余家公司的 160 余万件专利和专利申请筑起了一道围绕开源操作系统的专利长城，该组织在全球范围内开展让 Linux 远离专利诉讼的活动。正所谓是"恨也专利，爱也专利"。参见 http://www.openinventionnetwork.com/，2017 年 12 月 10 日访问。

未有的著作权挑战,从P2P、BT到各种云盘,即使著作权法中为其设立了"通知—删除"义务的"安全港"原则,缓解了音乐、视频、图片、文档等分享网站的著作权侵权风险,但ISP们在接到"通知"后终究还是无法彻底"删除"侵权作品,在海量诉讼面前,ISP们已经没有了所谓的"安全港"。今日,"微信"类的通讯软件更是面临著作权困境:对于微信公众号还可以由服务商介入直接删除未经授权的传播内容,而对于朋友圈之间的微信传播可以说每时每刻都在传播他人的作品,但服务商已经无法净化这片空间了,这些"非法"复制件在微信中的传播能否逃避著作权法的"利剑"?

互联网开放平台亦遇到严重的商标侵权风险,亚马逊、阿里巴巴、唯品会这类经营网站以及各类"海外代购"的经营模式一直被平行进口的商标侵权问题所困扰,在贸易全球化和互联网+时代,是否还存在着平行于商标权人"第一市场"的"灰色市场"?全球电子商务环境下是否还有"水货""行货"的问题?

基于开放创新理念的Uber/滴滴/快的们更是与传统出租车、公交车开展一场拉拢乘客之战,各种折扣、红包、免费已经引起全球规模的市场准入及反不正当竞争之诉。

……

开放创新成就的共享经济在带给人们便利的同时也卷入了无尽的知识产权纠纷。本文限于篇幅,仅以开放创新带来的专利问题展开讨论,期望法律能在私权保护与产业发展的平衡之中寻求一种共赢的制度设计。

一、从"专利丛林"到"许可证丛林"

在信息技术领域,由于创新的激烈竞争,一件产品往往汇集了成百上千件专利,涉及众多的专利权人,所谓的"专利丛林"就是指制造一件这样的产品所涉及的专利越来越密集,众多专利之间互相纠结、制约,专利权人之间无法达成一致的谈判条件以至于最终不能顺利实施这些专利产品,这些相互纠缠的专利形成"灌丛",不仅阻止后续发明,也让后发企业在商业竞争中寸步难行。"专利丛林"现象对软件技术的开发和应用尤为明显,所以,在软件领域首先开始反叛现代知识产权制度,反对软件著作权和软件专利保护,诞生了著名的以自由软件为标志的开源许可证GPL(General Public License)许可证。

GPL 强烈排斥专利,为避免开源软件的再传播者以个人名义取得专利授权而使程序专有化的风险,GPL 始终提醒利用开源资源的人们不要去申请专利。如果取得专利,GPL 许可证亦要求:任何专利权人都必须为了他人自由使用而开放许可,否则就不应申请专利。可见,基于 GPL 许可证开发的软件,要么不申请专利,要么申请专利后免费许可给所有用户。①

然而,在商业社会里,完全洁身自好的开放社区是不存在的。随着应用程序的开发,开源软件越来越多地和商业软件结合,生长出上百种不同条件的许可证。②今天,互联网公司提供开放平台,当大家都利用底层代码的开放资源,而在接口和上层应用程序中依然允许部署专利,并且有不同条件的许可证发布,一定会导致后来者在编程接口、组合产品中无法厘清众多复杂的许可证关系,使其掉进"许可证丛林"。"专利权和许可证在法律结构上层层叠叠互相覆盖。弄清两者对开源软件的作用就像是穿越雷区。"③如果说商业软件是专利权和著作权许可、收费的一种显性竞争,那么,基于开放创新技术的法律风险是隐性的许可证冲突和违约责任与侵权责任混交在一起的法律大战。

美国法官波斯纳在其博文中反思专利权和著作权是否过度使用时指出:"软件领域专利过度保护带来的问题是最有利的说明。这是一个充满发明的、先进的、有活力的产业。但是在药品领域中存在的专利保护必要性在软件这里消失了。现在,大部分的软件创新是由一段代码来体现,软件创新逐渐变得支离破碎,不是一个整体,而是很多个零件,以至于某个软件设备(手机、平板电脑等)或许有成千上万件理论上可以申请专利的独立零件(一段软件代码或者一组硬件)。结果就是庞大的专利灌丛,给

---

① 参见 Open Source Initistive 网站 GPL 许可证,http://opensource.org/licenses/gpl-2.0.php,2017 年 12 月 10 日访问。中文翻译可参考百度百科词条 GPL 许可证。

② 开源许可证的种类可分为,以使用开源软件的代码再散布(redistribute)时,源码也必须以相同许可证公开有:GPL,AGPL;以使用开源软件的代码并且对开源代码有所修改后再散布时,源码必须以相同许可证公开的类别有:LGPL、CPL、CDDL、CPL、MPL;以使用开源软件的代码(包括修改)再散布时,没有特殊限制,只需要明确标记的许可有:ASL、BSD、MIT 等,资料来源于开源运动 OSI(Open Source Initiative)网站:http://opensource.org/,2017 年 6 月 3 日访问。

③ 参见 Jack M. Germain:Defending the Free Linux World,http://www.linuxinsider.com/story/Defending-the-Free-Linux-World-81512.html,2017 年 12 月 10 日访问。

市场主体创造了无数的机会提出侵权诉讼、质疑专利的有效性。"①

基于开放创新的技术在产品转让和公司兼并中发生的权利义务转移也会改变开源软件的许可规则。2010 年 8 月,甲骨文公司指控谷歌公司在构建 Android 系统时非法使用了 JAVA 程序的代码,侵犯了其拥有的 7 项与 JAVA 有关的专利权及其相关版权,要求赔偿 60 亿美元。这七项专利包括:US6,125,447;US6,192,476;US6,530,080;US6,910,205;US6,061,520;US7,426,720;USRE38,104。实际上这些专利是甲骨文早前在收购太阳微系统公司(Sun Microsystems)时从太阳公司取得的。太阳公司作为 JAVA 程序的开发者,也是开源框架的最大拥趸,其始终为客户提供有关开放 JAVA 源代码的免费版本,但是依旧维持着专利权的有效性。在甲骨文公司收购太阳公司之后,部分代码的开放许可证被甲骨文公司终止,甲骨文公司利用收购的专利和著作权对互联网公司发起了诉讼。谷歌的 CEO 曾在太阳公司任高级经理数年,帮助把开源软件的理念引入了谷歌,并在 Android 系统中使用了 Java 技术,一些科学家、软件工程师也都指责甲骨文公司违背了诚信和契约,甲骨文公司可以对其收购之后的改进技术申请专利,但是对收购之前已经确立的开放许可证应当继承其法律义务,这些证据让谷歌最终避免了专利侵权,但是在是否构成著作权侵权方面法官存在分歧。② 无论该案结果怎样,互联网公司已经被复杂的知识产权授权产生的"许可证丛林"所捆绑。

二、来自传统 IT 厂商对互联网企业的专利威胁

新兴的互联网企业往往没有很雄厚的专利储备,特别是新近崛起的电商,他们在纠结各种开源许可的法律关系时,更无法应对传统 IT 厂商的专利威胁。

---

① 来源:波斯纳法官博客:Becker-Posner blog, Do Patent and Copyright Law Restrict Competition and Creativity Excessively? 参见 http://www.becker-posner-blog.com/2012/09/do-patent-and-copyright-law-restrict-competition-and-creativity-excessively-posner.html,2017 年 12 月 10 日访问。

② 参见 May 9, 2014 Decided, UNITED STATES COURT OF APPEALS FOR THE FEDERAL CIRCUIT, ORACLE AMERICA, INC., Plaintiff-Appellant, v. GOOGLEINC., Defendant-Cross-Appnt. ella,

以 Facebook 为例，在其商业经营如日中天的时候，专利诉讼也接踵而来，仅在其提出 IPO 申请前后，Facebook 就遭遇了 5 件专利诉讼：3 个来自于 NPEs(Non-Practicing Entities，非专利经营实体)，一个来自于其他公司，另一个则来自于雅虎，同时 Facebook 也遭到了亚马逊的诉讼。实际上，这均是由于 Facebook 的专利基础较为薄弱造成的。一些著名的咨询公司如埃森哲公司在网络社交/电子商务领域也拥有相当多的专利权，根据美国专利和商标局公布的数据，埃森哲拥有 2700 多个专利组合，在电子商务相关的专利中，其数量已经超过 eBay。随着 Facebook 与其他公司的专利战不断升温，不排除埃森哲、高盛等咨询公司也会加入其中①。

2009 年以来，B2B 网站 eBay 又卷入一些重大专利纠纷，如 Actus 诉 eBay、Amazon.com、花旗集团、苹果等 15 家公司专利侵权案，计算机澄明公司诉 eBay、波音公司、爱普生美国公司等 44 家企业专利侵权案，PartsRiver 公司诉 eBay、PriceGrabber.com、雅虎、微软等 5 家公司专利侵权案等。美国著名电子商务网站 Autotrader.com 也被 GraphOn 公司两度控告专利侵权。Cars.com 仅在美国联邦地区法院就曾卷入十多起专利诉讼。

2009 年 4 月，平行网络公司起诉 Google、亚马逊、Kayak 软件公司侵权，涉案专利为 US6446111，该专利主要保护客户端与服务器端之间的通信方法，包含 27 项权利要求，其权利要求几乎覆盖所有的互联网公司的基本业务。

2009 年 4 月，Actus 公司控告 Google、美国银行、Visa 公司、万事达卡国际公司、沃尔玛超市、迪斯尼公司、M&T 银行、Javien 数字支付方案公司等 20 家企业侵权。涉案专利有 4 项，全部保护用电子令牌实施电子商务交易的方法和设备。

2009 年 5 月，API 技术公司控告 Google、Amazon.com 公司、Amazon 网络服务公司、美国在线、百思买公司、汤姆森—路透公司、雅虎等 24 家企业专利侵权。涉案专利是一种在数据传播网络上通过机器执行的服

---

① 毕春丽、李梅：《Facebook 频遭专利诉讼的启示》，资料来源：中国信通院知识产权中心网站，http://ipc.catr.cn/zjsd/201303/t20130304_908069.htm，2017 年 12 月 10 日访问。

务数据的提供方法。①

互联网企业遭遇的专利纠纷,大部分与上述已有案件相同或来自相同专利家族。这些集通讯软件及商业方法于一体的专利,其保护范围之大,让后续的创新很难在现有的技术路径上超越。

软件专利权人还有一个更强的控制力,就是将软件专利与技术标准结合或者形成行业习惯。他们一旦在某个领域捷足先登,就意味着在互联网空间有了制定技术规则的权力,而如果再将其专利以国际标准的面目出现,就有了进行全球许可的平台,或许现在存在的侵权现象有可能还是培育市场的绝好途径,20 年的专利保护期足以让他们在市场发育良好后坐收标准必要专利的许可使用费。

面对专利短板带来的威胁,互联网公司不得不在关键技术领域如社交网络服务、搜索服务、地理位置服务、安全保障、云计算等方面展开专利布局,试图通过用户黏度的优势与传统 IT 企业来一场专利博弈。② 但这也仅是近几年才开始的专利申请。在我国,号称是高新技术公司的互联网企业,在其核心业务方面的基础专利也远弱于之前的 IT 公司,IBM、甲骨文、诺基亚、微软、华为、中兴等公司在文件管理、存储、安全保障方面的专利比互联网公司在专利的积累上具有绝对的优势,他们一旦进入移动互联网业务,传统的互联网公司是没有专利招架之力的,这也是为什么会出现互联网公司近年来大量收购专利的现象。一方面壮大了自己的实力,另一方面也为应对法律诉讼,尤其是应对近年兴起的众多专利经营公司(NPE)的诉讼,做了防御性储备。

三、NPEs 对互联网企业的专利攻击

NPEs 是近年开始活跃的专利经营实体,相对于之前的"专利蟑螂"(patent troll)来说,NPE 更是指那些专利巨无霸。③ NPEs 让专利领域中

---

① 前述发生的案例资料整理来源于笔者主持的研究项目"开源软件知识产权及法律风险研究报告"2011 年、2015 年。

② 参见本文作者主持的研究项目:北京大学法学院互联网法律中心 2014 年《互联网技术创新观察报告》,http://www.cneip.org.cn/emphasisshow.aspx?CateID=19&ArticleID=13222,2017 年 12 月 10 日访问。

③ 参见 Tom Ewing & Robin Feldman 发表在《斯坦福大学科技法评论》2012 年第 1 期的文章:The Giants Among Us, http://stlr.stanford.edu/pdf/feldman-giants-among-us.pdf,2017 年 12 月 10 日访问。

的创新活动成为一种商业投资行为,向发明投资与向其他领域投资一样可以直接从市场盈利。但是,聚集了成千上万件专利"资本"的巨人们在专利应用的模式上都不同于传统的专利授权方式。这种"投机"性创新总是伴随诉讼以用来回收其前期投资,于是在激烈的市场竞争中搅起了寻租式的诉讼浑水。

NPEs 并不进行生产制造或产品销售,它主要是针对市场行情,选择竞争活跃的技术领域,从其他公司或个人手上购买专利,或者看好"猎物"之后有针对性委托研究获得专利,然后通过诉讼索要高额专利赔偿予以牟利。美国财富杂志 2014 年 2 月报导:2013 年被 NPE 攻击的公司排名(在美国被诉)情况如下:AT&T 70 次;Google 43 次;Verizon 42 次;Apple 41 次;Samsung/ Amazon 39 次;Dell/ Sony 34 次;Huawei 32 次;BlackBerry 31 次。上述公司每十二天至少被诉一次。2013 年 NPE 起诉了 4800 个被告,诉讼数量是 2008 年的六倍,占全部专利诉讼的 67%。

NPEs 通过市场分析进行的选择创新活动,使原来既有的创新市场发生了变化,也改变了同业竞争者的专利战略方向。专利正在成为一种可流通的大宗商品,至于其中的技术是否核心、是否有重大创新价值,已少有人关心。

NPEs 的惯常做法是:

(1) 找到能够应用到多个公司的产品和服务的专利

(2) 在同一个诉讼中起诉数十甚至上百家公司

(3) 诉状通常只包括适用于每个被告的通用主张

(4) 主张被告故意侵权以获取多倍的赔偿金

(5) 支付尽可能少的诉讼费,律师风险代理

(6) 执行统一的取证计划

(7) 提出的和解数额大大低于诉讼费用和支出

(8) 起诉之后马上联系被告要与之和解

(9) 先拿大公司开刀,取得战绩后,再陆续以此为威胁找其他厂商收取相关费用

(10) 连带威胁向厂商合作的客户提出警告

(11) 对与之较早达成和解的被告提供比较优惠的条件,以便对其他要和解的被告提供动力

(12) 与为潜在陪审员所知悉的著名被告达成和解,以便给人以该专

利很强的印象

（13）总是强调，"大"公司正在利用"弱小发明人"的技术赚得大量金钱却不肯为该技术付费。

在美国这样法律繁复、诉讼冗长的国家，NPEs 不惜破耗大量时间、金钱策动诉讼，足以看出其一旦专利侵权成立的严重后果给当事人带来的威胁以及起诉之后迅速和解的"轻松"盈利的模式是非常诱人的。在技术频繁更新的 IT 界和互联网领域，NPEs 更喜欢在关键时期抛出专利武器攻击对手。

NPEs 的行为使专利权完全脱离产品，独立地被交易和货币化。大量资金流入早期阶段投机性的科技公司，投资者也乐于抬高此类公司的价值，以期这些公司的专利能被证明具有市场前景。这种非理性的专利繁茂导致大量创新泡沫，科技产业像股票市场那样动荡不安，产品制造商也因为忌惮 NPEs 提起专利权诉讼而退让，从而引发专利所有者与使用者脱节、制造业被 NPEs 控制的尴尬局面。①

美国自 2012 年之后开始有弱专利保护的迹象，近年，更有提出弱软件专利保护的激烈争论，特别是具有代表性的学者都在反思来自 NPEs 对专利制度的伤害。②

四、专利制度的修正与完善

基于开放创新诞生的互联网企业具有极强的专利追赶能力。腾讯、阿里、百度等企业已在国内提交数千篇有关电子商务、安全管理的专利申请。许多专利已经与传统 IT 领域的专利构成互补竞争，如：信息商品交易模式、音乐消费行为分析方法、采用第二代身份证绑定银行卡进行支付的方法、侵权作品甄别汇报方法、数字产品奖励方法等。在这样的专利竞赛下，企业之间的专利纠纷亦必然加剧。2015 年，我国在北京、上海、广

---

① 参见笔者 2012 年主持的研究项目："开放平台的知识产权问题"，参加者：何为、沈冲、陈佳佳、刘永伟。

② Mark A. Lemley, The Surprising Resilience of the Patent System, 95 *Texas Law Review* 1 (2016); Mark A. Lemley and A. Douglas Melamed, Missing the Forest for the Trolls, 113 *Columbia Law Review* 2117 (2013); By Chris Welch, The US Supreme Court Just Made Life Much Harder for Patent Trolls, *The Verge*, May 22, 2017.

州设立了专门的知识产权法院,专利诉讼已经成"井喷"势头,以海外 NPEs 对中国市场的觊觎以及中国"专利大跃进"效应,如果没有一个理性的制度应对,将会严重影响我国经济和科技进步的效果。这一点,美国波斯纳法官的预言应当引起我们的重视:

> 当专利保护给发明者提供的更多是一种与竞争的隔离,而非发明人需要的充分激励,那么结果将是市场价格高于生产效率,引起资源分配的扭曲;并将出现大量浪费性的专利竞赛,这里说浪费性,是因为重复的劳动与无法激励发明(尽管这些竞赛提升了发明的速度);
>
> 高效、优质的专利制度不仅能够有效激励本国创新,还能够遏制专利海盗公司的滥诉以及其他不正当竞争行为。实践中,应严格控制授权标准,提高专利质量,防止专利海盗公司利用垃圾专利威胁企业正常经营活动。慎用专利禁令,在发明所有人为非专利实施主体的情况下,应综合考虑案件具体情况以作出是否发布专利禁令的决定;
>
> 软件领域进一步阻碍专利机制发挥效力的障碍包括:缺乏具备必要技术背景的专利审查员、有限的技术型法官与陪审团、产品某部分而不是全部产品的侵权损失难以计算,以及软件产业自身技术活跃性带来的不稳定性,这种技术活跃性同时激励了专利申请与侵权,这就造成了司法成本的增加;
>
> 迄今为止,虽然在社会利益与专利保护成本的问题上,药品与软件产业仅是两个极端。但我认为,大量的学术研究证实专利保护整体过度,重大的改革势在必行。①

美国政府针对专利应用中出现的这些问题,已经采取了应对措施。2013 年 6 月 4 日,奥巴马政府宣布采取 5 项行政措施和 7 项法律措施:提高专利审查和诉讼的透明度、清晰度;减轻消费者和终端用户的专利侵权责任;加重败诉方的诉讼成本;修订 ITC 专利侵权禁令规则等。美国在

---

① 来源:波斯纳法官博客:Becker-Posner blog, Do Patent and Copyright Law Restrict Competition and Creativity Excessively? 参见 http://www.becker-posner-blog.com/2012/09/do-patent-and-copyright-law-restrict-competition-and-creativity-excessively-posner.html,2017 年 12 月 10 日访问。

专利法修改时也考虑到计算机软件和生物基因专利保护带来的不良后果,在专利审查方面更加严格。但是,这些措施发布以来并没有看出美国的 NPEs 行为有减弱的趋势,大公司的专利竞争更加严重,对进入美国本土的外国公司起诉依然猛烈,美国在海外的专利政策也与其国内不尽相同,依然以专利强保护的势头对其他国家施加压力。

2014 年,德国马普所向全世界发出《专利保护宣言》,该《宣言》序言写道:"作为创新市场的框架性规章,专利制度应当与其为之服务的创新进程以及赖以运行的竞争环境相适应。为了确保专利制度作为一项发明政策工具能够发挥其有效的功能,专利权应该在参考社会经济成本与收益的前提下,加以界定、证成以及不断反思"①。马普所的这份《专利保护宣言》从 TRIPs 协议第 7 条与第 8 条出发,强调 WTO 成员在制定知识产权制度时拥有高度的自由裁量权来调整国内的创新市场,特别是在具体的制度设计:可专利性与公开、专利保护范围的确定、权利用尽、专利权限制于例外、强制许可、政府使用、专利侵权救济、临事过境、形式责任等方面,WTO 成员都有立法的自由选择权。

尽管在 TRIPs 协议中这些内容都有白纸黑字的陈迹,但是,在实施 TRIPs 的过程中,似乎人们已经忘记了这些政策空间,完全被引导至"专利神圣不可侵犯"的道德遵从。马普所的《专利保护宣言》让人们从盲从中"清醒",让专利制度回归初衷。也提醒那些专利保护过度膨胀的国家回归到 TRIPs 协议的国际规则上来,不要期望在知识产权保护方面另辟区域协定(如 TPP 等)、双边协定(如 FTA),要充分给本国创新和竞争留有发展空间。

实际上,自专利制度诞生以及之后的发展过程中,始终有不同的声音。英国和荷兰曾经出现过"放弃专利制度"的"回流",许多著名的法学家对"专利制度促进发展"提出过质疑:由于专利法确定的先申请原则、严格程序原则、法定排除保护原则、等同侵权原则等使专利法更多的起到排斥竞争对手、鼓励垄断的作用,专利制度促进国家发展的作用不是简单的关系,在激烈的市场竞争中在先的专利权可能会限制后续专利的应用,从

---

① 德国马普所的《专利保护宣言》由马普创新与竞争研究所所长 Reto Hilty 主持拟订,中文译本:张文韬、肖冰译,林秀芹校,资料来源于 2015 年 7 月 8 日中国人民大学《专利保护宣言》研讨会。

而起不到鼓励利用新技术的社会效果;而经济学家通常是批判地看待知识产权,他们更多的是考虑"交易成本",建立专利体系的立法、执法结构对于政府来说成本昂贵,包括专利申请和审查机制的建立、对侵权诉讼进行裁判、行政执法等。而对专利制度所服务的对象——企业来说,在利用专利战略时也是成本昂贵的,需要配备专业法务人员、专项管理资金、专项研究队伍等。无论是从人力资源还是财政资源看,有效运作专利制度的成本都是高昂的。而专利权保护必然带来竞争限制和一定的市场垄断,对市场经济的发展也会有制约作用,同时可能伴随对消费者和交易自由的损害。所以,一个社会在构建专利制度时,必须充分考虑其利弊所在,谋求最大限度的受益。

英国知识产权委员会 2002 年的《知识产权与发展政策整合报告》中引用的五位专家的观点可具代表性[①]:

Edith Penrose 1951 年在 *The Economics of the International Patent System*(《国际专利制度经济学》pp. 116—117)中讲到:"任何国家,如果它在国内市场授予垄断特权,但却既不能提高供应商品质量,也不能降低供应商品的价格,还不能发展本国的生产能力或者至少在其他市场得到对等的权利的话,则在国际专利制度下,它必定是失败者。再多的'世界经济一体化'的废话,都不能隐藏以下事实:如果一个国家仅有很少工业产品出口贸易,创新产品销售很少或没有,除了在其他方面可以避免不愉快的外国报复之外,它授予专利权给那些在外国已经实施、已经获利的技术发明,它自身却不能够获得任何好处。这类国家包括农业国,以及努力工业化却仍主要出口原材料的国家……无论专利制度对这些国家而言存在任何好处……这都不包括与授予或获得技术发明专利权相关的经济利益。"

美国普林斯顿大学学者 Fritz Machlup 在 1958 年研究了美国的专利制度之后在 An Economic Review of the Patent System 一书中(p.80)论述:"如果不知道一项制度……是好是坏,能给出的最安全的'政策结论'就是敷衍,即如果已经长期与之同在,就继续实施它;如果以前没有这样

---

① 该报告英文原文见:Integrating Intellectual Property Rights and Development Policy, Report of the Commission on Intellectual Property Rights, London September 2002, http://www.iprcommission.org/graphic/documents/final_report.htm。

的制度,就不采用它。如果我们没有设立专利制度,则根据我们目前之于其经济学效果的知识,推荐建立专利制度,是不负责任的。但是由于我们已有专利制度很长时间了,则根据我们目前的知识,推荐废除它,也是不负责任的。后一论断指的是如美国这样的大国家——而不是一个小国家,也不是一个典型的非工业国家。"

经济学家 Lester Thurow,1997 年在《哈佛商业评论》中撰文 Needed: A New System of Intellectual Property Rights,写道:"经济全球化需要一个全球化的知识产权制度,该制度既要反映发展中国家的需要,也要反映发达国家的需要。这一问题类似于在发达国家中,何种类型知识仍应当处于公共领域的问题。但是,第三世界对获得低成本药品的需求并不等同于其对低成本 CD 的需求。任何不加区分、等同对待这两种需求的制度——如当前的制度这样——既不是一项好的制度,也不是一项有生命力的制度。"

法学家 Larry Lessig 1999 年在《工业标准》中撰文 The Problem with Patents,论及美国的专利制度时指出:"无疑,我们拥有专利制度比没有它要好些。如果没有政府的保护,许多研究和发明就不会发生。然而,即使一定程度的保护具有良好的效果,也并不一定意味着更多的保护会产生更好的效果……(专利)这种国家赋予的垄断是否有助于诸如互联网这样快速发展的市场,学者们的怀疑越来越重……经济学学者现在正置疑扩大的专利保护是否会产生积极的社会福利。当然,专利制度会使一些人变得非常富有,但这并不等同于促进整个市场经济……就我们的传统而言,它并不是要授予没有限制的知识产权,相反,它重视'平衡',强调知识产权保护过强必然导致危害。现在,知识产权保护的似乎已经超过了'平衡'限度,取而代之的是一种不断增强的疯狂——这不仅发生在专利制度领域,而是在整个知识产权领域……"

经济学家 Jeffrey Sachs,2002 年在 Innovation Policy and the Economy 一书(第三卷)中讲到:"……现在有机会就世界贸易体制的知识产权制度对世界上最贫穷国家的关系,进行重新审视。在乌拉圭回合谈判时,国际制药业努力推动专利的普遍保护,他们并不考虑知识产权制度对最贫穷国家的深远影响。很少有人怀疑 WTO 的'知识产权协定'会使最贫穷国家的消费者更难以得到关键性的技术,但是,我们却目睹了该协定对基本药物供应的冲击。WTO 成员国正在进行新一轮的多哈回合谈判,他们已经承诺根据公众健康优先的原则,重新考虑知识产权问题,这是明智的。强化知识产权保护很可能会减缓技术向世界最贫穷国家的扩散速度。因为,长期以来,世界上最穷国家是通过仿制和反向工程获得技术扩散。这一不应该受到侵犯的技术扩散途径正在不断受到阻缓,而技术扩散对最贫穷国家的效果或许已经不当的被妨害了。世界贸易体制的知识产权制度这一领域还需要进一步的深入观察、政策关注和持续的研究。"

除了英国的这份报告外,其他国家的研究也开始注意到专利制度中的问题。韩国科学与技术学会《专利、创新与经济业绩》一文中重新审视了专利对国家发展的作用。在阐述专利与经济增长的关系时指出:

(1)专利保护了发明者对于发明的经济权利,增强创新活动动机,促进创新,强化竞争,促进经济发展。(2)专利,作为企业进入市场的门票,促进市场竞争,强化市场效率,实现资源的有效配置,促进经济发展。(3)当模仿成本低于研发成本,如果不保护,则发明者会丧失市场竞争力,最终抑制了发明活动。(4)当社会边际效益超过私人边际效益,需要一种提供补偿的体系,以鼓励发明活动。

然而,专利制度可能导致过分的寻租行为,增加后继发明的成本,阻止新思想与专利发明的结合,专利制度的强化增加了交叉许可和法律纠纷。

美国国会图书馆 2005 年给国会的报告《专利改革:创新问题》中提到:"随着知识产权对创新的重要性的增加,国会对专利政策以及可能的专利改革的兴趣与日俱增。专利权被看作是促进引起经济增长的技术改进的一种动机。然而,和增长的对专利的兴趣同在的还有人们对现有制度的公平和效率的持久的关注。最近的多项研究表明,包括国家科学院和联邦贸易委员会的报告,都建议进行专利改革,表现出他们感觉到现行专利制度运作中存在不足。另外有专家认为对现有法律进行大的改动是不必要的,而专利程序能够并且也正在逐步配合技术的进步。"[①]

欧洲经济合作与发展组织(OECD)在 2004 年"专利与创新:趋势和政策的挑战"的年度报告中提到:"软件和服务是新的专利客体,尽管在不

[①] Patent Reform: Innovation Issues, CRS Report for Congress, http://www.opencrs.com/rpts/RL32996_20050715.pdf#search=%22CRS%20Report%20for%20Congress%20Patent%20Reform%3A%20Innovation%20Issues%22,2017 年 12 月 10 日访问。

同的国家其范围有所不同。专利对于这两个领域的创新和知识传播的影响尚未有系统化的评估,而这样的评估是必须的。软件专利的新颖性和范围同样需要监控。专利局应当不断努力,系统化他们的经验和知识库。专利在开放源代码软件的扩张中所扮演的角色也需要进行评估"。"经济评估的结果显示,专利制度的改革方向是值得研究的。考虑到经济的基础,专利制度改革的措施包括提出一种新的能够适应个体差异的专利保护,它的根据是发明本身的不同特质,例如生命周期或者价值(与现行的不加区别的制度相对应);使专利费与受保护程度相称;以及发展出可选择的取得专利的方法,就像在公共领域那样。在不远的将来,专利体系将会面临比过去二十年更大的挑战,包括不断增长的全球化进程,因特网作为知识传播工具的广泛使用,以及服务领域的不断膨胀的创新活动。我们需要适当的以及更加全球性的政策来应对这些新的挑战,从而使得专利体系能够继续扮演鼓励创新和技术传播的角色。"①

目前,多数国家都已经认识到,建立专利体系的立法、执法结构对于政府来说成本昂贵,专利制度是强者和智者的竞争规则,如果要加入其中,必须有充分的实力:财力和智力。而这种智力一方面体现在研发实力上,还有对专利战略的高超运用上。

实践中来自拥有大量专利的企业也意识到复杂的专利系统带来了巨大的竞争风险,即使很有知识产权意识的公司也无法避免侵权。这些公司开始反思目前专利制度运行中存在的问题。而专利权人作为"经济人"将大量的公开技术和过期专利进行专利再包装导致的问题专利,再加上防御专利的误导与扩张,对现在的专利"混战"更是推波助澜。《知识产权:释放能量的经济》一书中提到:根据一份对领先的日本公司的专利组合分析表明,41%的专利申请是防卫性的,45%是为了防止竞争对手对于类似产品的制造和销售。② 目前人们意识到:企业专利战略的运行已经开始出现妨碍创新和限制竞争的现象。IBM公司2006年5月发起的一场在互联网上的知识产权大讨论,质疑目前的各国专利局授权专利的质量,大公司申请专利已经不是为了许可,而主要是为了防御竞争对手,

---

① Organisation for Economic Co-Operation and Development "Patents and Innovation: Trends and Policy Challenges", OECD 2004, http://www.oecd.org, 2017年12月10日访问。

② 参见甘古力:《知识产权:释放知识经济的能量》,宋建华、姜丹明、张永华译,知识产权出版社2004年版,第5页。

IBM公司的"开放专利"在某种程度上就是对专利保护的一种变革,也是迫于现有"专利灌丛"已经影响正常市场竞争的不得已的考虑。

由于技术基础的悬殊,专利制度应用对发达国家和发展中国家所产生的社会效果是不同的。技术发达的国家认为,专利保护是刺激经济增长的必要因素,通过鼓励发明和新技术,能提高农业或工业的产量,提高国内和国外投资,促进技术转让以及提供充足的战胜疾病的药物。他们认为,对于发达国家起作用的专利体系,没有理由不对发展中国家产生相同的作用。而发展中国家则怀疑此种声称专利制度有如此大的正面促进的观点,发达国家也有相当多的学者认为:由于缺少必要的人力和技术基础,专利制度对发展中国家鼓励发明所起的作用很小。专利制度不能有效地鼓励开发新产品以使其受益于穷人;因为即使产品已经研究出来,由于专利许可费使产品成本上涨,穷人还是买不起产品。同时由于专利保护,限制了发展中国家通过摹仿选择技术。获得专利权的外国公司可以通过输入专利产品供应该发展中国家的国内市场,而不在该国国内制造专利产品,这会摆脱在发展中国家的国内竞争。而且,这些制度还提高了基本药物和农产品进口的成本,极大地影响了穷人和农民的利益。

除了受到专利制度制约创新的直接影响外,发展中国家可能还受发达国家专利保护体系的间接影响,比如被迫接受较高水平的保护、由专利许可合同意识欠缺导致的技术引进和授权许可谈判时的被动地位等。对于那些曾被工业先进国家统治过的殖民地,例如印度、马来西亚、菲律宾等,他们往往毫无选择地适用与遵守统治者的专利制度。而其他很多国家专利制度的建构之时,也受到外来势力的左右。发达国家的大公司常常在幕后推动弱小国家的政府,强迫他们制修专利法,用以巩固他们的市场支配地位。

专利制度是一把双刃剑,对于发展中国家,如何充分运用这项制度适应本国经济发展,是专利制度实践的关键。从日、韩两国早期的专利弱保护和以"小专利"换"大专利"的外围专利战略,可以看到专利与国家发展的相互关系。

中国《专利法》正值第四次修改,一方面,要解决多年来专利保护不力的问题,另一方面也要考虑蔓延全球的专利恶性竞争,尽可能遏制那些准备在中国"大干一场"的 NPEs 发动的寻租诉讼。

开放创新已经成为互联网技术的发展趋势,不使用开源软件已经成为行业内不可能的事,开源社区丰富的开发者及软件资源是每一个互联网企业不可忽视的创新源泉,基于封闭的工业革命诞生的专利制度在开放的互联网时代进行根本的变革是大势所趋。

美国专利制度演化掠影

——1980年纪略[*]

刘银良[**]

一、由衰落至中兴

1980年为吉米·卡特总统的第四年执政期,他在本年度大选中败给共和党候选人罗纳德·里根,已成"跛脚",显然已看到将要离任的那一天。对于卡特本次选战败北,无论是普通民众还是历史学家均给予理解——这当然非因里根更有个人魅力,而是由于美国当时已走到经济发展的低谷。整个70年代,尽管也有短暂恢复阶段,但整体上美国经济处于持续衰退期,并且呈通胀与高失业率并行的滞涨。持续一个多世纪的贸易顺差于1971年转为逆差,维系30余年的布雷顿森林货币体系于1976年解体,美国经济形势如雨后逢霜。[①] 经济持续低迷且滞涨的现象为凯恩斯主义所不能解释和应对,而该主义自"罗斯福新政"以来已被美国各届政府奉为圭臬约40年。1980年初美国经济又现衰象,虽然在卡特政府强力干预下,此次衰象仅持续半年时间,但后果却殊为严重。[②]

信奉自由市场经济的里根于1981年初上台。执政伊始,他就积极推

---

[*] 原文刊于《北大法律评论》第14卷第2辑(2013),北京大学出版社2013年版。
[**] 北京大学法学院教授、博士生导师。
[①] 参见刘威:《论"布雷顿森林会议"后的美国经济》,载《经济评论》1995年第6期。
[②] 参见彭斯达:《美国经济周期研究——历史、趋势及中美经济周期的协动性》,武汉大学出版社2009年版,第57—86页。

动经济复兴计划,包括减税、削减政府支出、严控货币供应、减少政府对企业的管制等,美国开始进入"里根经济学"时期。① 统计数据表明,在经历1981—1982年短暂衰退后,滞涨得到遏制,美国经济开始复苏,并在1983—1989年间保持稳步发展,国际竞争力也得以恢复。② 然而经济学研究又发现,虽然里根的政策使美国经济得到有效发展,改善了投资环境,提升了美国的国际影响力,但除对通货膨胀率形成有效控制外,美国80年代的经济增速与就业率并不优于70年代。③ 在80年代末,美国经济依然有风雨飘摇之感,在伊拉克战场立马扬威的乔治·布什总统亦未能获连任。④ 之后在90年代比尔·克林顿总统执政时期,美国经济才真正复兴,不仅创下自1991年4月至2000年6月连续111个月的经济增长,使之成为"二战"后美国经济的最长增长期,还使美国率先进入知识经济时代。⑤ 从90年代初至今,美国一扫70年代的萎靡,强势回归世界经济和综合国力领导者地位。里根所称的产业巨人的新生竟然在克林顿时代得到实现⑥——只不过此时它已非单纯的产业巨人,而是成为知识经济的先行者。易言之,美国在80年代种下的"善因",终在十年后结出硕果。

美国经济为什么能够在20世纪70年代的衰落形势下,得以在80年代中兴,继而在90年代得到高速发展?经济学主要从上述里根经济政策的角度加以诠释。这虽属必要和重要,但却远为不够,因为里根经济学中的诸多经济、金融与管理措施的根本意义在于为美国经济发展扫清国内或国际的市场障碍,使经济运行更有效率,但政策本身并不能构成经济发

---

① 参见刘传炎:《评里根政府经济复兴计划》,载《吉林大学社会科学学报》1982年第3期;赵从显、杨逢珉:《里根经济学与八十年代美国经济》,载《兰州大学学报(社会科学版)》1985年第4期。

② 参见彭斯达:《美国经济周期研究——历史、趋势及中美经济周期的协动性》,武汉大学出版社2009年版,第88—89页。当然也有批评者质疑里根的经济学措施及其后果,如曾有经济学家认为里根应为2007年的美国金融危机负责。See Paul Krugman, "Reagan Did It", *New York Times*, June 1, 2009.

③ 参见陈宝森:《评里根时代的美国经济》,载《世界经济》1988年第8期。

④ 参见刘威:《论"布雷顿森林会议"后的美国经济》,载《经济评论》1995年第6期。

⑤ 参见许永兵、徐圣银:《长波、创新与美国的新经济》,载《经济学家》2001年第3期;彭斯达:《美国经济周期研究——历史、趋势及中美经济周期的协动性》,武汉大学出版社2009年版,第108—109页。

⑥ 参见赵从显、杨逢珉:《里根经济学与八十年代美国经济》,载《兰州大学学报(社会科学版)》1985年第4期。

展的动力。早在 80 年代中期,中国经济学者就指出,不宜把里根时代的经济发展笼统地归为经济政策的功绩,因为当时高技术产业已经在美国东、西部多个州的经济发展中发挥重要作用,而"新的技术革命是决定生产增长的基础"。① 美国研究者也认识到,虽然当时美国经济不景气,但其医药、计算机和娱乐产业却呈欣欣向荣态势,出口保持绝对顺差。② 进一步地,本文注意到,经济学者在探究美国经济兴衰成因时,主要关注美国总统及其统领下的联邦政府的政策与决策,而较为忽视相关立法和司法活动(尤其是司法)对于社会发展的切实影响。对于法治精神已深深植入国民生活及社会管理的各方面,且为普通法系的美国社会而言,这可能会导致人们对社会真正发展动力的忽略。为此,本文将选取美国 1980 年及其前后的几个历史事件,包括联邦司法、立法和行政活动,借以描述当时美国专利制度的演化状况,见证知识经济全球化前夜的美国场景,并表明它们可为其后三十年间美国的经济发展和知识经济时代奠定制度基础。

二、联邦最高法院对 Diamond v. Chakrabarty 案的判决

在权力分立与制衡的框架下,美国联邦法院的职责是依据宪法授权处置一切案件纷争③,在具体案件中通过解释国会制定的法律而适用法律。联邦最高法院曾说,是国会决定法律是什么,但一旦国会通过了法律,解释法律是什么将是司法机构的权力和责任。④ 基于公众的信赖,联邦法院尤其是联邦最高法院的判决,对于美国公民社会的习俗或商业经营策略可产生确定、有效、即时与长久的广泛影响。此即美国总统历来重视联邦法院法官尤其是联邦最高法院大法官提名的原因,里根总统尤为

---

① 参见赵从显、杨逢珉:《里根经济学与八十年代美国经济》,载《兰州大学学报(社会科学版)》1985 年第 4 期。

② See Susan K. Sell, *Private Power, Public Law—The Globalization of Intellectual Property Rights*, Cambridge University Press, 2003, p.37(中译本为:苏珊·K. 塞尔:《私权、公法——知识产权的全球化》,董刚、周超译,中国人民大学出版社 2008 年版。本文仅注英文版页码)。

③ See U.S. Constitution, Article III, Section 2.

④ See *Diamond v. Chakrabarty*, 447 U.S. 303, 315 (1980).

如此。在其 1981—1989 年两届任期内,经他提名并获得国会委任的联邦法院法官共包括 3 位联邦最高法院大法官、83 位联邦巡回法院法官和 290 位联邦地区法院法官——他以总提名 376 位联邦法院法官之数居美国总统之首。① 这表明里根深谙塑造美国社会之道,也可由此推知美国社会对于公正司法的信赖和依赖。

对于现代社会而言,专利制度已是不可或缺的无形财产权制度。它"使创新收益内在化成为制度",为知识财产提供了合法依据,帮助搭建了英国工业革命的舞台。② 也有人评价说,在英国专利法(垄断法规)促进下,人类"在古代文明的基础上,极其迅速地建立起了一个技术世界";"如果没有专利,将不会产生像今天这样复杂得难以用语言形容的近代文明组织。"③美国宪法缔造者在开国之初就认识到专利等知识产权制度的重要性,稍作争论就在宪法中规定了"知识产权条款",赋予国会权力以立法促进科学和实用技术进步。④ 体现托马斯·杰斐逊"聪明才智应得到奖赏"哲学的联邦《专利法》于 1790 年颁布,其后历经多次修订,于 1952 年成为美国现代专利法文本。20 世纪 80 年代,联邦最高法院通过一系列案件扩充了可专利主题范畴,加强专利权保护,支持美国高新技术产业化。在这些案件中,尤以 1980 年的 *Diamond v. Chakrabarty* 案(以下简称"查氏案")⑤影响最为深远。在本案中,联邦最高法院打破专利法禁忌,使之成为具有开放视野的无形财产权体系。在次年的 *Diamond v. Diehr* 案中,它又阐述了计算机软件的可专利性问题。⑥

查氏案系争主题是经过人工改造的微生物本身是否属于美国专利法下的可专利主题(patentable subject matter)。美国《专利法》第 101 条规定,任何人发现或发明了任何新的和有用的方法、机器、制品或物质组成,

---

① 由里根提名并受到委任的联邦最高法院大法官包括 Sandra Day O'Connor(第 1 位女性大法官,1981)、Antonin Scalia (1986)、Anthony M. Kennedy (1988)。他还提名 William Rehnquist 出任首席大法官(1986)。此外,1987 年由他提名的 1 位大法官人选被参议院驳回,1 位大法官人选自己撤回。See Wikipedia, *Ronald Regan*, at http://en.wikipedia.org/wiki/Ronald_Reagan, 2013 年 4 月 10 日访问。
② 道格拉斯·诺斯、罗伯斯·托马斯:《西方世界的兴起》,厉以平、蔡磊译,华夏出版社 2009 年版,第 219—221 页。
③ 吉藤幸朔:《专利法概论》,宋永林、魏启学译,专利文献出版社 1990 年版,第 20 页。
④ See U.S. Constitution, Article I, Section 8, Clause 8.
⑤ *Diamond v. Chakrabarty*, 447 U.S. 303 (1980).
⑥ *Diamond v. Diehr*, 450 U.S. 175 (1981).

或其任何新的或有用的改进,皆可依照专利法规定的条件和要求获得专利。① 本案主要涉及判断相关微生物是否属制品(manufacture)或物质组成(composition of matter)。联邦最高法院认为,立法者选择含义如此广泛的词语,并用"任何"加以修饰,显然是希望专利法有宽广的视野。在1952年专利法修改时,国会又在委员会报告中告知人们,国会意使可专利主题包括"太阳下人造的任何事物"——当然,并非所有发现皆属可专利主题,如自然规律、物理现象和抽象概念都非可专利主题,因为它们仅属自然的展现,不应被任何人独占。② 本案发明人主张的微生物不是未知的自然现象,而是一种非自然产生的制品或物质组成,它显示了与自然状态不同的特征,有自己的独特用途,是发明人聪明才智的杰作,因此是可专利主题。③ 正如国会所言,区分可否专利的界限不在于物体有无生命,而是在自然的产品(不管是否有生命)和人为的发明之间。④

关于立法和司法的权力分工,体现在专利法中,即确定什么是可专利主题是国会的职责,而法院的职责是依据其理解解释国会的用语,在存在模糊时以立法历史和立法目的为指导加以确定。并且,对法律的理解不应局限于立法者预期的特别应用,对于专利法而言尤应如此。正是因为发明经常是不可预见的,美国《专利法》第101条才使用了宽泛概念,而不可预见的发明对于社会可能具有重要意义,如贝尔的电话、爱迪生的电灯或莱特兄弟的飞机等。法院一旦完成法律解释,其权力就用尽了;立法者可以任意修改法律明确排除特定物体的可专利性,但在国会采取行动前,法院必须按照专利法的规定解释法律。⑤

虽然本案判决曾引发诸多争论,并且即使在最高法院内部也有四位大法官抱有不同意见⑥,但毫无疑问,联邦最高法院的查氏案判决已成为里程碑案件。首先,它基于美国《专利法》第101条的用语,结合专利法的立法历史和立法目的,列举了美国专利法下的不可专利主题类别,阐释了可专利主题范畴,使之成为关于可专利主题的经典陈述——美国专利与

---

① 35 U.S.C. 101.
② *Diamond v. Chakrabarty*, 447 U.S. 303, 308—309 (1980).
③ *Id.*, pp. 309—310.
④ *Id.*, p. 313.
⑤ *Id.*, pp. 314—318.
⑥ *Id.*, pp. 318—322 (dissenting).

商标局(USPTO)把本案的结论概括为,"非自然发生的制品或物质组成是美国专利法下的可专利主题"。① 法院对本案的分析和推理逻辑清晰,堪称法律解释的典范。通过梳理专利法历史,强调托马斯·杰斐逊的实用主义哲学,展示了专利法与美国社会生活的紧密一致性。法院强调,通过激励新产品研发,或者通过增加工作机会等方式,专利法可对美国社会产生积极的效果,国会的权威也可由此得以实现。② 这显示了联邦最高法院在案件判决中对于公共政策的考虑,也强调了它与国会目标的一致性。

其次,它祛除了美国专利法框架下生物体一般不可专利的禁忌,认为区分可否专利的界限不是位于有无生命的物体之间,而是位于人为的发明和自然的产品之间,不管它们有无生命。USPTO认为,既然人造微生物属可专利主题,依此逻辑,则人造的低等生物如牡蛎或高等生物如转基因小鼠也是可专利主题,遂于1988年授予哈佛大学一件转基因动物专利(USP 4,736,866)。查氏案中的发明人Chakrabarty博士后来评论认为,即使联邦最高法院当时不支持其发明的可专利性,他相信美国国会也会在几年后通过立法接受生物体为可专利主题。评论者认为,如果此种看法是正确的话,则意味着联邦最高法院的查氏案判决对于美国保持其生物工程的先进性至关重要。正如后来国会对于人体克隆及其可专利性的争论所显示的,查氏案判决在25年后仍有广泛影响。它不仅打开了转基因动物发明的大门,也促生了很多转基因植物品种——它们具有抗虫和高营养等特征,可有助于改善在很多国家中存在的营养不良问题。③ 作为法庭之友积极参与本案的生物技术公司Genentech(见第四部分)高度评价本案,认为"法院确保了这个国家的技术前程"。④

从其后续社会效果看,联邦最高法院的查氏案判决直接揭开了美国生物技术发明的专利保护序幕,显著刺激了美国生物技术产业的迅速发

---

① USPTO, *Manual of Patent Examining Procedure* (Latest Revision 2012), Section 2105.
② *Diamond v. Chakrabarty*, 447 U.S. 303, 307 (1980).
③ Anna Lumelsky, "*Diamond v. Chakrabarty*: Gauging Congress's Response to Dynamic Statutory Interpretation by the Supreme Court", 39 *U.S.F. L. Rev.* 641, 691 (2005).
④ Linda Greenhouse, "Science May Patent New Forms of Life, Justices Rule, 5 to 4: Dispute on Bacteria: Decision Assists Industry in Bioengineering in a Variety of Projects", *New York Times*, Late Edition (East Coast), June 17, 1980.

展(连同下述的《拜杜法》,见第四部分)。调查与分析显示,20世纪90年代美国生物技术产业(指范围较窄的使用或生产细胞或分子方法或产品的现代生物技术产业,不包括制药业)保持快速增长趋势,在1993—1999年间其规模就得以加倍,至1999年,它为美国经济所贡献的岁入就已高达470亿美元。① 在世界范围内,美国生物技术产业也一直保持遥遥领先的位置,把欧洲和日本远远抛在后面。根据经合组织(OECD)的统计,以2006年的《专利合作条约》(PCT)专利申请(国际申请)为例,在本年度生物技术领域的全部PCT专利申请中,美国拥有的比例高达42%,而欧盟27国合计才为27%(其中德国为7%),日本为12%,所称"金砖五国"(BRICS)合计才仅为4%。② 到2010年,美国的生物技术公司已多达6200余家,也分别远高于参加统计的18个欧盟国家的总和(约5400家)和日本(不到1000家)。③ 这些数据显示,在生物技术研发及产业化领域,世界各国均难与美国相提并论。不得不说,在当今美国拥有的优势"技术前程"中(包括生物技术和其他高新技术——它们也同样受到鼓励,相应的专利申请和授权络绎不绝),隐含着美国联邦最高法院30年前对查氏案判决的里程碑价值。

最后,但可能更重要的是,查氏案的判决不仅融入美国专利法,影响到美国专利法的适用,还直接或间接地影响了世界多国的专利立法,乃至国际条约。例如,除日本等国在其专利法适用中直接借鉴美国的标准外(当然有来自美国政府的政治压力),本案判决所确定的可专利主题标准还通过融入世界贸易组织(WTO)的《与贸易相关的知识产权协定》(TRIPS)而被推广到世界很多国家。既然除自然规律、物理现象和抽象概念外,一切人为的发明皆可专利,则"专利应及于所有技术领域的任何发明,不管是产品或方法……专利权应得享有,不得因……技术领域……

---

① See Ernst & Young, "The Economic Contributions of the Biotechnology Industry to the U.S. Economy", May 2000, *at* http://biotechwork.org/pages/FileStream.aspx?mode=Stream&fileId=87d27f43-4cf4-db11-b900-00c09f26cd10, 2013年5月28日访问。

② See Brigitte van Beuzekom & Anthony Arundel, "OECD Biotechnology Statistics 2009", OECD, 2009, p.71, *at* http://www.oecd.org/sti/inno/42833898.pdf, 2013年5月28日访问。

③ See OECD, "*Key Biotechnology Indicators*" (December 2011), *at* http://www.oecd.org/science/inno/49303992.pdf, 2013年5月28日访问。

而受歧视。"① 通过乌拉圭回合谈判，TRIPs 得以生效，所有 WTO 成员的专利法皆应修改或重新解释，以满足此等最低要求，为所有技术领域的发明提供专利保护（动物、植物或有违公序良俗的发明或可构成例外②）。或言之，1980 年美国联邦最高法院对于查氏案的判决，借由美国政府的力量，在 15 年后成为世界标准，无处不在维护着美国高新技术产业的商业优势。因此本案对于美国 20 世纪 80 年代经济发展和 90 年代知识经济的推进，意义与价值不可估量，其影响远非仅及国内范畴的《拜杜法》(Bayh-Dole Act)（见第四部分）等立法所能比拟。

基于上述三点，无怪乎本案判决曾被誉为"知识和权力新星座出现的象征"。③

仅在查氏案判决后 11 天，联邦最高法院又在"道森化学公司案"中，一改"动画专利公司案"④后数十年间疏远专利的态度，开始考虑如何利用专利制度激励发明："自由竞争的政策深植于我们的法律，它构成两规则的基础，一是专利权滥用，二是专利权垄断的界限止于专利之权利要求的字面范围。然而激励发明的政策同样深植于法律，它构成整个专利制度的基础……"⑤ 研究者把此理解为联邦最高法院第一次把"亲专利"(pro-patent)的公共政策放置在与"亲自由贸易"(pro-free trade)的公共政策同样重要的位置，从而在司法领域终结了反垄断法优先于专利法的时代。这意味着，在当时美国内忧外患的情形下，联邦最高法院已经朝支持专利的方向转变，因为当时人们已经认识到专利拥有者能够为美国经济带来活力和竞争力。⑥ 在其后 1983 年的"通用汽车案"中，联邦最高法院又把侵权人应支付给专利权人的侵权赔偿利息提前至侵权日，而非原来的判决生效日，进一步显示它支持专利的态度。⑦ 显然，联邦最高法院

---

① TRIPS, Article 27.1.
② TRIPS, Articles 27.2, 27.3.
③ See Heather H. Ramirez, "Defending the Privatization of Research Tools: an Examination of the 'Tragedy of the Anticommons' in Biotechnology Research and Development", 53 *Emory L. J.* 359, 364 (2004).
④ *Motion Picture Patent Co. v. Universal Film Mfg. Co.*, 243 U.S. 502 (1917).
⑤ *Dawson Chem. Co. v. Rohm & Haas Co.*, 448 U.S. 176, 221 (1980).
⑥ See Sell, *Private Power, Public Law—The Globalization of Intellectual Property Rights*, Cambridge University Press, 2003, pp.5—6, 67.
⑦ See *General Motors Corp. v. Devex Corp.*, 461 U.S. 648 (1983).

的转向是重要的,因为基于判例法规则,它会随即对各级联邦法院的判决以及 USPTO 的专利审查实践产生约束和指导作用。

三、联邦巡回上诉法院构建：
美国专利制度的实施中枢

如上所述,在 20 世纪 80 年代之前的大部分时间,自 1917 年的动画专利公司案到 1980 年的道森化学公司案,自最高法院以下,美国联邦法院系统一直对天生具有垄断性质的专利权持有"制约"而非"鼓励"的基本态度,目的是维护美国历来崇尚的自由竞争理念。在此基本哲学指引下,负责审理专利侵权纠纷上诉案件的各联邦巡回法院各自为政,基于自己的法律适用传统或其他因素处理案件,相互之间难有一致标准,不同法院因此被赋予"亲专利"或"反专利"的名声(如一般认为第五、第六和第七巡回法院对专利侵权审查较为严格),联邦最高法院则成为唯一能够对美国专利法给出权威解释的地方。[①] 然而联邦最高法院却又因缺乏经验而很少提审巡回法院审理的专利侵权纠纷案件,加之案件积压问题,这进一步加剧了联邦法院系统审理专利案件的混乱。[②] 这种情况在 20 世纪 80 年代前始终存在。

在此司法环境下,为争取最大诉讼利益,当事人及其律师多会挖空心思,选择最有可能维护其利益的法院,从而导致普遍的"法院选择"(forum shopping)之风。它既然成为专利案件诉讼技巧,必然会带来较高的诉讼成本以及诉讼结果的不可预测性,继而导致技术研发、投资与经营中的不确定性,产业界因而难以放心从事技术研发和投资活动,专利制度效用亦难以发挥。[③] 当时美国专利制度的"无能",其至已严重到了专利侵权者不担心被诉至法院的程度,就如柯达公司在打算开发即时照相术(instant

---

① See Rochelle Cooper Dreyfuss, "The Federal Circuit: A Case Study in Specialized Courts", 64 *N.Y.U.L. Rev.* 1, 6—7 (1989); Sell, *Private Power, Public Law—The Globalization of Intellectual Property Rights*, Cambridge University Press, 2003, pp.67—68.
② See Dreyfuss, "The Federal Circuit: A Case Study in Specialized Courts", 64 *N.Y.U.L. Rev.* 1, 6—7 (1989), p.6.
③ See Dreyfuss, "The Federal Circuit: A Case Study in Specialized Courts", 64 *N.Y.U.L. Rev.* 1, 6—7 (1989), pp.6—7; Sell, *Private Power, Public Law—The Globalization of Intellectual Property Rights*, Cambridge University Press, 2003, pp.68—69.

photography)时所做的那样:其产品开发部门在一份内部文件中说,公司产品开发不应受其他技术的限制,即便那可能侵犯他人的专利权。① 这种乱象所导致的结果之一就是,尽管美国在半导体、录像机和集成电路等技术上领先于日本,但最终却是日本公司利用美国的技术进行商业化,然后进军美国和全球市场,其攻势让美国公司难以招架。拥有专利技术的企业对此颇感无奈。在被问及是否需要成立专门的专利法院时,250 家从事技术研发的公司中绝大多数表示,专利实施中的不确定性、复杂性和不一致性,已经腐蚀掉了专利的所有经济价值。②

另一方面,20 世纪 60 年代以来,由于专利案件增多导致联邦巡回法院审理积压和审期过长的问题也困扰着联邦法院系统。从 70 年代初开始,美国国会、联邦最高法院和司法部先后启动调研项目,针对成立专门的专利上诉法院的必要性、可行性以及它可能带来的问题进行广泛调研。此议题引发人们长达十余年的讨论和争论,其中不乏担心和反对意见,包括担忧该专门法院的态度或可对专利法实施带来不利影响等。虽然 1971 年由当时联邦最高法院首席大法官 Warren Burger 指派的委员会作出的提议和另一份 1975 年的提议均遭国会否决,但尽快解决专利案件积压和审理不一致性问题引起了国会更多关注。美国司法部于 1977 年重提此问题,于 1978 年形成备忘录,于 1979 年向卡特总统提交立法建议,要求成立专利法院。卡特予以认可并敦促国会考虑,但至其任期届满,国会都没能通过相关法案。最终,《联邦法院完善法》(Federal Courts Improvement Act)于 1982 年获得通过,由里根签署成为法律。③ 依据该法,由原海关与专利上诉法院(CCPA)和联邦索赔法院的上诉部分合并组成联邦巡回上诉法院(CAFC),主要负责专利上诉案件的审理,也当然受理专利申请人对 USPTO 驳回其专利申请决定不服的上诉案件和对联邦国际贸易委员会(ITC)决定不服的上诉案件。

CAFC 成立后不负众望,不仅成功地统一了专利案件审理标准,减轻了联邦最高法院和其他巡回法院的负担,还在数年间获得了"亲专利"声

---

① See Sell, *Private Power*, *Public Law—The Globalization of Intellectual Property Rights*, Cambridge University Press, 2003, p. 66.

② Id., pp. 67—69.

③ See Federal Judicial Center, "*Landmark Judicial Legislation-Federal Circuit Act 1982*", at http://www.fjc.gov/history/home.nsf/page/landmark_22.html, 2013 年 4 月 8 日访问; Id., p. 68.

誉,使美国专利法获得了前所未有的严格执行。1982—1985年间,被CAFC宣告无效的专利比例约为44%,这与此前大约66%的专利无效率相比,确实已有实质降低,从而使涉讼专利权常被联邦法院宣告无效的情形得到显著扭转。① CAFC严厉对待侵权者的"亲专利"倾向有目共睹,从而在联邦法院层次"戏剧性地"改善了美国专利保护环境,使专利权得到前所未多见的强势保护,也提高了产业界尊重专利权的意识。② 这是研究者和立法者当初所未能完全预料到的:原本为解决案件积压和判决标准冲突问题成立的CAFC,因其严格的司法标准,使美国专利法获得了前所未有的高标准执行,也使较弱的专利保护力度和一盘散沙式的专利司法模式,获得彻底改观,专利权的经济价值也在市场上得到了体现。③ 从此角度看,或可把CAFC视为美国国内的"专利争端解决机构"——它与WTO的争端解决机制使国际知识产权保护水平迅速提高、国际知识产权制度运行变得严格而有效率的效果具有实质类似,并且二者背后具有一致的促进因素,即高新技术产业界(跨国公司)在美国国内立法和国际立法中的实质操纵力量和游说行为。

CAFC在产业界强势树起自己的威名,当然是通过加强专利司法之路完成的。CAFC不再把专利仅视为具有消极意义的垄断,因此侵权人要挑战他人的专利权,需提供清楚并有说服力的证据,这事实上较为困难。相应地,专利权人却可以在胜诉后获得更高的侵权赔偿,不仅包括许可费,还包括因被侵权而失去的利润,甚至包括由此导致的人力和财务资源损失。CAFC还认为,专利权人一旦提供证据证明侵权成立,法院就可对侵权人发布临时禁令。④ 所有这些措施,都实质提高了专利保护水平,

---

① See Robert P. Merges, "Commercial Success and Patent Standards: Economic Perspectives on Innovation", 76 *Cal. L. Rev.* 805, 822 (1988).

② See Dreyfuss, "The Federal Circuit: A Case Study in Specialized Courts", 64 *N.Y.U. L. Rev.* 1, 6—7 (1989), pp. 26—28; Merges, "Commercial Success and Patent Standards: Economic Perspectives on Innovation", 76 *Cal. L. Rev.* 805, 822 (1988), pp. 822—823; Sell, *Private Power, Public Law—The Globalization of Intellectual Property Rights*, Cambridge University Press, 2003, pp. 35—36.

③ See Sell, *Private Power, Public Law—The Globalization of Intellectual Property Rights*, Cambridge University Press, 2003, p. 67.

④ See *Smith International, Inc. v. Hughes Tool Co.*, 718 F. 2d 1573 (1983).

使专利侵权成本变得更高,也使 CAFC 成为专利权人普遍赞誉的"好法院"。① 然而,真正使 CAFC 暴得大名,也同时使美国专利法执行标准更上层次的事件,还是它于 1986 年对柯达案的审理——它让潜在的专利侵权者胆战心惊,从此再也不敢无视他人的专利权,从而迅速提升了美国的专利保护水平,也为美国在国际上咄咄逼人地要求他国提高专利保护水平打下了国内法基础。此时,CAFC 就成为连接 USPTO、ITC、联邦地区法院和联邦最高法院的中枢,成为严格实施美国专利法、积极鼓励科技和产业创新的重镇。1998 年,CAFC 还以道富银行案开辟商业方法专利先河,使美国电子商务产业在短期内就出现繁荣景象。②

柯达案系争主题是柯达公司是否侵犯了拍立得公司(Polaroid)拥有的即时照相技术专利;如果是,应如何计算赔偿,并且是否应颁发禁令。拍立得于 1976 年 4 月向马萨诸塞州联邦地区法院起诉柯达,主张被告侵犯它的 10 项专利权,侵权行为包括自己侵权和积极引诱他人侵权,诉求法院对柯达发布临时和永久禁令,要求被告支付三倍损害赔偿以及诉讼支出和律师费,柯达则主张相关专利权无效、无实施性或其行为不构成侵犯相关专利权。在随后 5 年间双方纠缠于各种证据与程序,相关证言和文件多达 1.8 万页。地区法院共为本案开庭审理 75 天,最终于 1985 年 9 月作出判决,认可其中 7 项专利权有效且被侵犯,判决柯达给付三倍赔偿和相关诉讼支出与律师费多达 10 亿美元,并对柯达发布永久禁令。③ 柯达随后向 CAFC 提出上诉,指责地区法院错误地理解了事实和法律。CAFC 慨叹,"尽管还没有结束,但这个巨大的复杂诉讼已经几乎跨越十年"④,然后逐一反驳柯达的上诉理由,认为它没有证明地区法院的判决有误,遂于 1986 年 4 月驳回其上诉,完全支持地区法院的判决。⑤ 联邦最

---

① See Sell, *Private Power, Public Law—The Globalization of Intellectual Property Rights*, Cambridge University Press, 2003, pp. 69—70.
② See *State Street Bank & Trust Co. v. Signature Financial Group, Inc.*, 149 F. 3d 1368 (Fed. Cir. 1998);刘银良:《美国商业方法专利的十年扩张与轮回:从道富案到 Bilski 案的历史考察》,载《知识产权》2010 年第 6 期。
③ See *Polaroid Corp. v. Eastman Kodak Co.*, 641 F. Supp. 828 (D. Mass. 1985); Sell, *Private Power, Public Law—The Globalization of Intellectual Property Rights*, supra note [10], p. 71.
④ See *Polaroid Corp. v. Eastman Kodak Co.*, 789 F. 2d 1556, 1558 (Fed. Cir. 1986).
⑤ See *Polaroid Corp. v. Eastman Kodak Co.*, 789 F. 2d 1556 (Fed. Cir. 1986).

高法院随后拒绝就本案发布调卷令。① 尽管在 1986 年初停止生产相关产品后,柯达仍坚持与拍立得就相关专利侵权问题缠讼不休,并取得无须支付相关诉讼费用和律师费等小胜,但它在这持续十几年的专利大战中已完全落败,最终赔偿拍立得公司近 9 亿美元。②

关于是否应对被告发布永久禁令,柯达主张禁令可能导致其相关产品生产线关闭,导致它解雇 800 名全职员工和 3700 名非全职员工,也将使它损失 2 亿美元的工厂与设备投资,这当然会损及消费者利益。就柯达的主张,联邦地区法院的独任法官 Zobel 说,"对于此禁令所可能带来的艰难我并非没有认识到——尤其是针对柯达的消费者和员工。然而,值得注意的是,柯达将要承受的损害仅仅反映了它在即时照相术领域中享有的成功。柯达以拍立得的损失为代价取得成功,但在同等程度上,它也因可能侵犯现有专利而取得'被估算的风险'(calculated risk)。正如某法院所称,当侵权者在赌博中失败并获得可预见的结果时,法院不应听它抱怨。"③

CAFC 对于联邦地区法院判决理由及处罚措施的认可,包括巨额侵权赔偿和颁布永久禁令,使本案成为 20 世纪 80 年代最有影响的专利案件之一,如当时《纽约时报》曾有文章称它为指示"美国法院中增长的亲专利情绪的最著名事例"。④ 柯达案使企业认识到,通过专利侵权诉讼,拥有专利权的经营者可以成功清除竞争对手,获得它在技术市场上本应有的垄断地位,并且也警示经营者,依赖侵犯他人专利权的经营方式不再是经济上的理性选择。⑤ 通过本案,CAFC 展示了它在新时代的专利司法哲学——倾向支持专利权,基本不再对专利权所致的市场垄断效果进行制约。如此司法转向产生的制度效果是,即使美国专利法在法律条文上基本没有改变,但由于法院实施高而严格的司法标准,专利保护水平得以在短期

---

① See *Eastman Kodak Co. v. Polaroid Corp.*, 479 U.S. 850 (1986).
② See *Polaroid Corp. v. Eastman Kodak Co.*, 1990 U.S. Dist. LEXIS 17968 (D. Mass. 1990); *Polaroid Corp. v. Eastman Kodak Co.*, 1991 U.S. Dist. LEXIS 344 (D. Mass. 1991).
③ *Polaroid Corp. v. Eastman Kodak Co.*, 641 F. Supp. 828 (D. Mass. 1985).
④ Eirc Schmitt, "Business and the Law: Judicial Shift in Patent Cases", *New York Times*, January 21, 1986. 转引自 Robert P. Merges, "Commercial Success and Patent Standards: Economic Perspectives on Innovation", 76 *Cal. L. Rev.* 805, 822 (1988), pp. 822—823, note [73].
⑤ See Sell, *Private Power, Public Law—The Globalization of Intellectual Property Rights*, Cambridge University Press, 2003, p. 71.

内提升,并朝着支持高新技术产业发展的方向转变。这当然与美国当时的时代之需,即发展高新技术产业的经济与政治环境有关。①

从更宽广的视角看,美国专利制度从"亲自由竞争"到"亲专利"的战略方向转变,实与美国的世界经济地位转变基本吻合。20世纪之前,美国经济落后于英国,处于跟随和追赶状态,也基本是技术进口国(同时也基本是版权客体即作品的引进国),因此美国虽然于18世纪90年代就已建立专利制度,但其崇尚自由竞争和自由贸易的商业哲学却使它对专利的垄断性保持足够警惕。"二战",尤其是20世纪70年代后,美国成为世界强国和技术出口国,这时如果仍坚持"反专利"传统,不仅会让美国经济得不到其先进的科技创新成果支撑,还使美国产品难以在国内和国际市场上与德、日及新兴的"亚洲四小龙"竞争。改变原有的"亲竞争"哲学而转换为"亲专利"哲学,就显然有利于美国经济发展和保持国际竞争优势。此即美国专利司法态度转化的政治与经济维度——美国联邦法院法官秉承公平与公正之原则,虽然可能超然于具体案件中当事双方的利益之争,但却不可能与他或她生活的时代绝缘。并且,美国国内的专利制度演化趋势,也同样在国际上得以体现:在《关税及贸易总协定》(GATT)基础上再造WTO,进而纳入TRIPS,以全面提升国际知识产权保护水平,无疑有助于美国保持世界领先地位,该进程也因而成为美国知识产权制度域外延伸的关键环节。②

综上,在美国专利制度转向过程中,联邦法院系统具有不可忽略的作用,其中既有联邦地区法院的坚持(如在柯达案中),也有CAFC作为专利中枢法院所起的枢纽作用,当然也有联邦最高法院的开拓和引导(如在查氏案中)。专利法仍基本是1952年的法律文本,但一经联邦最高法院解释,"太阳下的一切人造事物"皆可申请美国专利;有效专利一旦被侵犯,侵权人就可能需要支付巨大代价,包括高额的侵权赔偿和永久禁令;被侵犯的专利权人或可由此获得足够补偿,重获市场优势地位。联邦法院通过20世纪80年代的系列案例,有效地调整了美国专利制度走向,使之成为高新技术产业可以依赖的无形财产权制度。这或许体现了普通法

---

① See Sell, *Private Power, Public Law—The Globalization of Intellectual Property Rights*, Cambridge University Press, 2003, pp.71—72.
② 参见刘银良:《美国域外知识产权扩张中的论坛选择政策研究:历史、策略与哲学》,载《环球法律评论》2012年第2期。

系的法院系统在面临时刻变化的社会生活时的应变能力和法官敏锐的时代感受力,与17—19世纪英国普通法院在塑造英国专利制度中所起的作用或有异曲同工之妙。①

四、国会通过《拜杜法》:漫天撒下"免费的馅饼"和产业种子

美国国会依据宪法授权行使立法权②,既体现了权力分立与制衡的政治哲学原理,也见证了现代社会治理中的专业职能分工。历经两个多世纪的磨合,美国社会治理各方的角色均能得到依法行使且互为支持与制约。经过职业训练的国会议员,在庞大而专业的研究队伍支撑下,对于美国社会中存在的多种问题或其所面临的潜在风险与机遇,都能敏锐把握和及时处理,相关立法案或法律修正案被及时提出、讨论、妥协并通过,在独立、公正且有效率的司法体系支持下,社会问题处置就有可依赖的程序与规则。

依据富有远见的人才抢救计划和民主与法治的社会环境,"二战"后美国迅速取代欧洲成为世界科技发展的中心,不仅在基础科学领域遥遥领先,在应用技术开发方面也有数之不尽的革命性进展,如激光、晶体管、芯片、计算机、单克隆抗体、重组 DNA 等重要技术的发明,均在很大程度上改变了世界发展的进程。半个多世纪以来,灿若群星的科学家与发明家的科技创新无疑是美国社会发展的最重要资源,其他国家至少在一个世纪的时间内(至 21 世纪中叶)都没有与之匹敌的希望(即使这些国家如中国真正重视并采取切实措施发展科学技术)。例如,就生命科学而言,中国现在的水平尚不如 1910 年时的美国,那时摩尔根已经奠定遗传学重要基础,而中国现在仍缺乏具有类似水平的成就。③

在 20 世纪 70 年代,虽然美国的科研能力和成果雄霸全球,但其产品却没有相应的国际竞争力,甚至难以对抗德国和日本,国会担忧美国将失

---

① See Tina Hart & Linda Fazzani, *Intellectual Property Law*, 2nd Edition,法律出版社2003 年(影印)版,pp.7—8.
② See U. S. Constitution, Article I.
③ 参见饶毅:《谈谈中国科技体制改革》,载《民主与科学》2012 年第 5 期。

去世界科技领先优势。① 大学(及公共研究机构)的科学家的科研资助主要来自联邦基金,所得研究成果及相关专利权一般属于联邦政府(其中只有极少量得到许可或实施),或通过论文形式公之于众,其中包括很多具有重大市场价值的发明。虽然部分联邦政府部门也有专利与技术管理政策,但却政出多门,没有形成统一制度。②

在广泛调研的基础上,国会于 1980 年 12 月 12 日通过《拜杜法》,在联邦层次统一为大学等研究机构把利用联邦基金得到的研发成果申请专利并实现其产业利用奠定制度框架:大学(或研究机构和小企业)可对通过联邦基金资助的科研项目获得的创新成果享有所有权,可以申请专利,行使专利权并获得收益,而联邦政府仅保留特别情形(如政府采购)下的非排他性使用权。③《拜杜法》于 1981 年实施,其后里根总统于 1983 年把该规定的适用对象延伸至大公司。④ 在《拜杜法》通过前后,国会还分别通过《技术创新法》(1980 年)、《联邦技术转移法》(1986 年)等涉及科技创新和技术转移的法律。它们共同构成了完整的鼓励科技创新和技术转移的法律体系,其中以《拜杜法》最为重要。

《拜杜法》(连同上述联邦最高法院对查氏案的判决等)激起了美国大学的专利保护意识,掀起了大学创新成果专利化和技术转移潮流,使大学从传统的象牙塔走入俗世,在探究真理的同时也积极追求技术应用和经济利益,这对美国的高新技术产业化产生了显著的促进效果。1980 年在美国仅有 25 所大学拥有负责专利申请与许可事宜的技术转移办公室,但到 90 年代该数目已增至 200 个,大学的创新成果专利化与技术转移能力迅速提高,相应的专利申请量和授权量也基本呈逐年递增趋势。1976 年

---

① See Peter Drahos & John Braithwaite, *Information Feudalism*, Earthscan Publications Ltd., 2002, pp.163—164(中译本为:彼得·达沃豪斯/约翰·布雷斯韦特:《信息封建主义》,刘雪涛译,知识产权出版社 2005 年版。本文仅注英文版页码)。

② See Jennifer Washburn, *University, Inc.: The Corporate Corruption of American Higher Education*, Basic Books, 2005, p.61。

③《拜杜法》及其修正案被编为美国《专利法》第 18 章"受联邦资助所得发明的专利权"(35 USC 200—212)。

④《拜杜法》立法之所以先针对大学与小企业,然后再以总统命令形式把相关待遇延及大企业,是为避免立法中产生过多争议而延缓立法进程,属国会山的立法政治技巧,因为如果开始就包括大公司,或会使人们对该法规定的必要性及后果产生担忧,并试图阻挠立法过程。关于《拜杜法》立法的前因后果,see Washburn, *University, Inc.: The Corporate Corruption of American Higher Education*, Basic Books, 2005, pp.57—72。

美国大学获得的专利授权总量仅约 230 件,但到 1987 年已增至约 900 件,提高了近 3 倍。① 在 1988—2008 年间,美国大学所获专利授权量年均增长 7%,其中尤以加州大学、麻省理工学院、加州理工学院为最多。② 这显然与加州和波士顿地区分别是美国著名高校和高新技术创新基地密切相关。

不仅发明专利申请和授权数量快速增多,而且还有很多革命性的技术出现,并借由专利化得到普遍推广,重组 DNA 技术就是杰出代表之一。该技术于 1973 年研发成功,由斯坦福大学和加州大学共同拥有,其后历经政府和国会听证,最终于 1980 年 12 月获得专利授权,在 17 年的专利权有效期内,共为两所大学赚取了约 2.55 亿美元的专利许可费收入,成为最赚钱的大学专利之一(后来还有更高的超越者)。不仅如此,斯坦福大学技术转移办公室为其制定的合理、有效的许可策略,还直接促进了该技术的推广与应用。③ 进一步地,重组 DNA 技术还全面推动了美国乃至世界的基因工程和生物技术产业发展,效用延及生物医药产业、现代农业和环保产业等,成为现代社会的支撑技术之一。就此而论,该技术为人类社会带来的价值不可估量。

除激励大学科技创新热情外,《拜杜法》还把大学和产业界紧密结合在一起。许多既具技术知识,又有经营热情和头脑的大学研究人员参与创办初创型企业,促进了高新技术产业发展。④ 例如,由重组 DNA 技术发明人之一参与创办的美国第一家现代生物技术公司 Genentech,从 20 世纪 80 年代起获得快速发展,迄今已是世界最著名的生物技术公司之一,2009 年被霍夫曼·罗氏公司以 468 亿美元的高价收购,现有 1.2 万

---

① See "Economic Report of the President (1988)", p. 245, at http://fraser.stlouisfed.org/docs/publications/ERP/1988/ER_1988.pdf,2013 年 4 月 8 日访问。
② See USPTO, "U. S. Colleges and Universities—Utility Patent Grants, Calendar Years 1969—2008", at http://www.uspto.gov/web/offices/ac/ido/oeip/taf/univ/org_gr/all_univ_ag.htm,2013 年 4 月 8 日访问。
③ See Jon Sandelin, "University Technology Transfer in the U. S.: History, Status and Trends", at http://otl.stanford.edu/documents/JSUSHistoryTrends.pdf,2013 年 4 月 14 日访问。
④ See Economic Report of the President (1988), at http://fraser.stlouisfed.org/docs/publications/ERP/1988/ER_1988.pdf,2013 年 4 月 8 日访问。

余名员工,已获专利授权超过 1 万件。① 据统计,仅 1999 年美国大学的创新成果专利化和技术转移就为美国经济贡献了 400 亿美元收入,提供了 27 万个工作机会。通过这些统计数据,可知《拜杜法》实质促进了美国新技术研发和产业化,继而对美国经济作出显著贡献。② 大学与产业界的密切配合促进了技术转移,使双方相得益彰:大学获得了更多研究和教育资助,产业界的研发水平得到提高,产品具有更强的国内和国际竞争力。③ 更重要的,源自美国大学或高新技术公司的新技术或新产品开拓了新市场,继而对社会产生了广泛影响,乃至开辟了新的技术时代,远如重组 DNA 技术,近如互联网搜索引擎技术。就连在技术上并无革命性进展,而仅属改进型发明的智能手机,一经苹果公司率先推出,也在全球市场掀起消费高潮,无形中为美国经济注入了活力。

美国大学的创新成果专利化成绩在国际上名列前茅。根据世界知识产权组织(WIPO)的统计,以 2010 年度公布的世界各大学的 PCT 专利申请量排名,在前 10 所大学中美国大学就占 8 所(在前 50 所大学中美国占 30 所),并且排名领先(前 4 名皆为美国大学)。例如,加州大学本年度的 PCT 专利申请为 306 件,不仅在世界大学的 PCT 专利申请人中排名首位,还在全部 PCT 专利申请人中排名第 38 位,成为唯一进入前 100 名 PCT 专利申请人的大学,甚至超过摩托罗拉、先锋、索尼—爱立信等跨国公司的排名。④ 这可理解为《拜杜法》不断激励的累积效果。

当然,《拜杜法》也受到批评,如追逐专利化和商业经营并不适合所有大学,大学对于专利化和商业经营的过度追求可能有碍于科学信息交流,导致大学偏离学术道路和公益目标⑤,让大学变为"边缘化的、产业驱动

---

① See Genentech, *Company Information*, at http://www.gene.com/media/company-information,2013 年 4 月 15 日访问。

② See Mary Margaret Styer, Jack Kerrigan & Andy Lustig, "A Guide Through the Labyrinth: Evaluating and Negotiating a University Technology Transfer Deal", 11 B.U. J. SCI. & TECH. L. 221, 222—223 (2005).

③ See Drahos & Braithwaite, *Information Feudalism*, Earthscan Publications Ltd., 2002, pp.163—164.

④ See WIPO, *PCT Yearly Review 2010*, WIPO Publication No. 901(E)/10, 2010, pp.20—21.

⑤ See Jennifer Carter-Johnson, "Unveiling the Distinction between the University and its Academic Researchers: Lessons for Patent Infringement and University Technology Transfer", 12 Vand. J. Ent. & Tech. L. 473, 493—496 (2010).

的、技术转移驱动的企业"。① 但总体而言,人们一般认为《拜杜法》对于美国大学和产业界的科技创新和高新技术产业化发展产生了显著推动作用,其激励大学重视创新成果专利化,进而促进美国经济发展、提升其国际竞争力的立法目的已经实现,因此是美国 20 世纪 80 年代的一次成功立法。②《经济学家》杂志甚至评价它可能是"此前半个世纪美国实施的法律中最有创意的一个"。③

综上,《拜杜法》可被视为美国意图提高国家竞争力、促进技术创新的里程碑式立法。相对于此前创新成果公有化的历史阶段,《拜杜法》不仅激励了大学的科技创新热情,还打通了大学与产业界的技术转移渠道,带来了美国技术创新和技术转移的新时代,催生了知识经济——当然其根本意义主要在于清除原有的制度障碍,设置新的激励制度,而美国深厚的创新文化所支撑的高水平且持久的科技创新活动,才是美国高新技术产业发展的源头活水。《拜杜法》所做的,只是把科技创新成果以"免费的馅饼"形式赋予大学等研究机构,它们继而成为高新技术产业发展的种子。可认为,如果没有《拜杜法》(以及联邦最高法院的相关判决),也就难有 20 世纪 90 年代美国经济的持续发展和知识经济时代的来临。随着美国专利制度在世界范围延伸,《拜杜法》的立法思想与制度安排也先后被植入欧亚诸国,只不过在很多国家(如中国)中相关制度并未产生期许的效果——不得不说,这或与我们较弱的科技创新能力和差强人意的法治环境有关。④

五、联邦政府的国际贸易博弈

上述美国专利制度的演化,无论是联邦法院对于重要案件的判决,还是国会的立法活动,皆属美国国内法律实践,虽然说其形式或内容也可能

---

① Washburn, *University*, *Inc.*: *The Corporate Corruption of American Higher Education*, supra note [65], p.188.
② *Id.*, pp.143—145; Drahos & Braithwaite, *Information Feudalism*, Earthscan Publications Ltd., 2002, pp.163—164.
③ (Editorial) "Innovation's Golden Goose", *The Economist*, Vol. 365, No. 8303 (Dec. 14, 2002).
④ 参见刘银良:《大学创新成果专利化的困境与选择》,载《电子知识产权》2012 年第 11 期。

以间接方式为他国借鉴,或最终影响他国,但其直接效力一般仅及美国国内。与之相对比,美国联邦政府直接负责对外贸易管理和纠纷处理,其行为或政策可直接影响他国。自 20 世纪 70 年代末到 80 年代,伴随美国贸易逆差快速增加,高新技术产业界趁机游说国会加强涉外知识产权保护,以维护美国的产业利益和国家利益,里根也曾被寄予厚望成为美国的"贸易武士",通过贸易报复措施打击侵犯美国知识产权的国家。①

当时,世界经济逐渐走向一体化,跨国公司渐成世界经济主角,其中尤以美国的跨国公司势力最强大,这当然与美国作为其坚强的经济与政治后盾有关。跨国公司除积极促进加强国内知识产权保护外,也加速关注国际知识产权保护问题。美国产业界认为,很多发展中国家(甚至部分工业化国家)的专利等知识产权保护水平不够,难以对其高新技术产品提供足够保护,遂促使和全力支持美国政府加强知识产权国际保护。例如20 世纪 70 年代末孟山都公司已参与美国和匈牙利的双边谈判,要求对方保护其农业化学品的知识产权。② 在跨国公司的游说和推动下,美国开始实施激进的单边主义,主要措施包括依据美国贸易法实施 301 调查和贸易制裁。③ 当时美国处理涉外知识产权事务的机构主要包括贸易代表办公室(USTR)和联邦国际贸易委员会。USTR 于 1962 年以特别贸易代表办公室之名成立,1979 年改为现名,主要负责向美国总统提供贸易政策建议、从事双边和多边贸易谈判以及"特别 301 调查"等。1916 年成立的 ITC 是独立的联邦准司法机构,1974 年改为现名,主要负责向国会和总统提供贸易问题建议,调查进口货物对美国产业的影响,依法制止不正当贸易行为,包括补贴、倾销和侵犯知识产权等,其中包括针对知识产权议题的"337 调查"。

美国 1974 年《贸易法》的第 301 条(19 USC 2411)开启了利用国内法保护美国公司在他国的商业利益的先河。通过"301 调查",如果美国总统或 USTR 认为一国的贸易政策和法律是不公正的、不合理的或歧视性的,对美国的商业造成了负担或限制,就可依照法律和联邦条例规定,决

---

① See Drahos & Braithwaite, *Information Feudalism*, Earthscan Publications Ltd., 2002, p. 85.
② See Sell, *Private Power, Public Law—The Globalization of Intellectual Property Rights*, Cambridge University Press, 2003, p. 78.
③ *Id.*, pp. 164—165.

定采取合适的贸易报复措施。在此基础上,1984年的《贸易法》修订案正式把知识产权与贸易挂钩,1988年的《综合贸易和竞争法》第1303条进一步规定了涉及知识产权的"特别301条款"(纳入1974年《贸易法》第182条,19 USC 2242)和涉及贸易自由化的"超级301条款"(纳入1974年《贸易法》第310条,19 USC 2420)。① 这种效力实质延伸至域外的国内法规定,使美国贸易制裁的"大棒"更有分量,其实施更有恃无恐,如专门处置知识产权问题的"特别301报告"于1989年首次出台,然后一直持续至今,曾令欧盟、日本等发达国家和广大发展中国家甚感棘手。通过这些措施,美国就把知识产权的国内保护和国际保护结合起来,从而加速其知识产权的域外扩张进程。②

"337调查"脱胎于美国1930年《关税法》第337条,该条款其后分别被1974年《贸易法》、1988年《综合贸易与竞争法》和1994年《乌拉圭回合协议法》等多次修订。"337调查"之目的在于控制进口贸易中侵犯美国知识产权(包括专利、商标和版权等)的行为,避免美国产业利益受进口侵权产品损害,可采取的措施包括有限排除令和普遍排除令等,对于他国对美国的出口贸易极具杀伤力。ITC从20世纪70年代初开始实施"337调查",至1980年底共发起94次调查,其后于1983—1984年形成第一个调查高峰(1983年的调查案件数高达43件),当然这与2010年后出现的第二个调查高峰相比尚属较低水平(如2011年的调查案件数高达69件)。③ 美国"337调查"因对他国出口贸易造成困扰而曾在GATT被诉违反该协定相关条款④,但美国也仅是对相关法律条款作部分修订而不愿摈弃此类调查。

在20世纪70年代末至80年代初美国已认识到,虽然WIPO是专门负责知识产权事务的联合国机构,但由于它管理的知识产权国际公约缺

---

① 对美国《贸易法》"301条款"和"特别301条款"的详细介绍,参见李明德:《"特别301条款"与中美知识产权争端》,社会科学文献出版社2000年版,第一章、第二章。

② See Sell, *Private Power, Public Law—The Globalization of Intellectual Property Rights*, Cambridge University Press, 2003, pp. 80—82.

③ See USITC, "Number of Section 337 Investigations Instituted By Calendar Year", at http://www.usitc.gov/intellectual_property/documents/cy_337_institutions.pdf, 2013年4月9日访问。

④ See "United States—Section 337 of the Tariff Act of 1930, Report of the Panel adopted on 7 November 1989 (L/6439-36S/345)", paras. 6.2—6.4, at http://www.wto.org/english/tratop_e/dispu_e/87tar337.pdf, 2013年4月16日访问。

少强制性条款,且该机构难以操纵,所以它并非拓展知识产权国际事务的最佳平台,于是美国把努力重点放到了 GATT 上。1978 年,在 GATT 东京回合谈判末期,列维·斯特劳斯公司等鼓动 USTR 把打击国际贸易中的商标假冒作为议题,但由于太过仓促而未能成功。至 1982 年,美、欧、日和加拿大已就在 GATT 中纳入知识产权议题形成初步提议,但为发展中国家成员阻止。在乌拉圭回合谈判来临之际,在美国的跨国公司及其利益代理人的游说下,发达国家基本认同美国观点,即 GATT 应成为处理知识产权议题的合适场所。① 后来,美国政府通过在单边、双边与多边环境下交替运用"胡萝卜加大棒"的贸易政治手段,合纵连横,施展高超的国际谈判技巧,终使包括 TRIPS 在内的一揽子协议于 1994 年获得通过并签署,从而成功搭建起国际贸易平台 WTO,奠定知识产权全球化的法律与机构基础。②

为使美国把贸易与知识产权议题相结合的行为正当化,回应人们对它偏离自由贸易宗旨的指责,从而为其域外知识产权扩张行为辩护,美国把"自由贸易"原则修改为"自由但公平的贸易"(free-but-fair trade),以便有理由制裁他国损害美国贸易利益的行为。研究者为此揶揄说,这意味着,"在一个完美世界里,美国可以继续从事自由贸易,但其他国家却阻止它这么做"。③

综上可知,在 1980 年之际,虽然美国已开始实施"337 调查",但尚未设置令诸国大伤脑筋的"特别 301 报告"制度和相关贸易制裁措施。在知识产权保护领域,各国所面临的来自美国的贸易与政治压力,也主要限于 GATT 的多边舞台或双边协议框架下。这或许算是知识产权全球化来临前夜的短暂宁静。但美国为提高专利、版权等知识产权保护水平的多种国际措施已经启动,其中包括极力反对发展中国家提议修改《巴黎公约》以及退出《伯尔尼公约》(为加入保护水平较低的《世界版

---

① See Sell, *Private Power, Public Law—The Globalization of Intellectual Property Rights*, Cambridge University Press, 2003, pp. 12—13, 40—41.
② 参见刘银良:《美国域外知识产权扩张中的论坛选择政策研究:历史、策略与哲学》,载《环球法律评论》2012 年第 2 期。
③ Sell, *Private Power, Public Law—The Globalization of Intellectual Property Rights*, Cambridge University Press, 2003, p. 36.

权公约》),虽然美国当时自己也选择不加入《伯尔尼公约》。① 这种宽于待己、严于律人的做法也为国际法论坛所少见。

六、结语:余晖还是曙光

对于历史事件的回顾,由于远离当时纷争,更有可能看得清晰与客观。然而,历史的真实既不可能完全复原,历史事实也终究难以穷尽。本文只是对 1980 年及其前后的相关历史事件做简要记述与评价,虽显浮光掠影,但也意图重现美国专利制度演化的真实场景与路径。综上,1980 年美国联邦最高法院对 Diamond v. Chakrabarty 案的判决和国会通过《拜杜法》,以及随后联邦巡回上诉法院建立和联邦政府在国际贸易中的积极作为,连同其他立法、司法和行政事件,都为其后 30 年间美国经济持续发展和率先进入知识经济时代奠定了制度基础。其中最重要的事件当属查氏案判决和《拜杜法》通过——二者看似无关,分别由司法机构和立法机关决定,但其背后却隐含着一致的逻辑和价值判断,即科技创新与专利保护对于 20 世纪 80 年代的美国具有重要价值。若以孤立事件看,二者似乎反映了联邦最高法院和国会对于新时代的敏锐觉察;但若从美国专利制度演化的历史背景看,它们所做的,其实已经是不得不然的历史行动,尤其是《拜杜法》的通过与实施更属当时美国时代的呼唤。

历史学家黄仁宇在阐述中国明朝万历年间的衰败时,曾叹道:

> 当一个人口众多的国家,各人行动全凭儒家简单粗浅而又无法固定的原则所限制,而法律又缺乏创造性,则其社会发展的程度,必然受到限制。即便是宗旨善良,也不能补助技术之不及。……我们的大明帝国却已经走到了它发展的尽头。在这个时候,皇帝的励精图治或者宴安耽乐,首辅的独裁或者调和,高级将领的富于创造或者习于苟安,文官的廉洁奉公或者贪污舞弊,思想家的极端进步或者绝对保守,最后的结果,都是无分善恶,统统不能在事业上取得有意义的发展……我们的故事只好在这里作悲剧性的结束。万历丁亥年的

---

① See Paul Goldstein, *International Intellectual Property Law: Cases and Materials*, 2nd Edition, Thomson/Foundation Press, 2008, pp. 73—74, 292—296.

年鉴,是为历史上一部失败的总记录。①

对照1980年的美国,虽然也属诸业困顿,内有民怨沸腾,外有日、德逼迫,但最后却能够在内忧外困中得以辉煌重生,在20世纪90年代重新成为世界领先国家甚至是唯一霸权国家,并率先进入知识经济时代。虽然说其原因可列千重②,但其中美国对于科技创新及其产业化的重视以及对专利制度的强势构建,却是难以忽略的重要原因。与16世纪末大明帝国已病入膏肓,难以有所作为相比,不得不说,美国已在国家的结构及其治理等方面呈现出天壤之别。被激发的科技创新动力,充满活力的产业化措施,被加强的专利制度,完善的司法体系,人人皆受约束的法治环境,产业界在国际市场上的积极进取以及美国政府对其利益(也因而是国家利益)的极力维护,皆为美国在知识经济时代能够重新领先世界的重要因素——其中尤以持久的科技创新能力、合理的专利制度和完善的法治社会环境最为重要。此三者互为支持,足可保障美国经济和综合国力在相当长时间内拥有足够的国际竞争力,不管它是20世纪80年代,还是21世纪初。当此时,总统贤或不肖,是优伶还是技工,国务卿好战或思和,国会是否有贸易保护主义倾向,联邦法院法官是否博学兼文采斐然,世界是否有局部紧张形势,是否有飓风或流感来袭,皆没有可能对美国社会及其经济发展产生太大影响。本文的叙述也到此结束。与万历年间苟延残喘的帝国余晖相比,1980年的美国显然已看到它再度辉煌的曙光。

七、后记:"中国时代"能否开启

阅读至此,读者或已意识到,本文不揣鄙陋,实属向《万历十五年》的致敬之作。通过反复剖析万历十五年间及其前后的世事沧桑,黄仁宇先生为读者描述了沐浴在帝国余晖中各色人等皆感无奈的凄凉——此无他,社会结构与治理机制的局限也,因此即使抱有乐观的"大历史观"的他,最后也不得不面对一个时代的"悲剧性"结束,因为"我们的大明帝国却已经走到了它发展的尽头"。③

---

① 黄仁宇:《万历十五年》(增订纪念本),中华书局2006年版,第205页。
② 参见刘树成、李实:《对美国"新经济"的考察与研究》,载《经济研究》2000年第8期。
③ 黄仁宇:《万历十五年》(增订纪念本),中华书局2006年版,第205页。

与万历年间大明帝国遭遇的困境相比,美国20世纪60—70年代也属多事之秋。整个60年代,美国都深陷"越战"泥潭,其直接军事涉入一直持续到尼克松当政后期(1973年)才算真正结束。受其影响,整个70年代,美国经济都持续低迷,内有社会矛盾重重,外有日、德的经济夹击,与苏联的政治冷战也在持续中。然而,正是在这样的国内与国际、经济与政治的诸多困境下,美国经济却能够于80年代获得辉煌重生,并继而在90年代得到持续高速发展,直至21世纪初仍呈现创新活力(2008年发生并持续至今的金融危机虽然会在很大程度上困扰美国经济发展,但却不会伤及其知识经济的筋骨)。这与万历年间"我们的大明帝国"难以有所作为的僵化相比,的确属完全不同的景象。

事实上,本文所试图论述的1980年间及其前后美国专利制度的演化主线,在本文作者心目中孕育和推演至少已有五六年之久。在阅读美国现代专利制度和知识经济发展轨迹的过程中,"1980年"这一标志不断跳将出来,向作者提示相关事件发生的历史年代:显然,那属于经济全球化和知识产权全球化的前夜。此时,推动GATT转变为WTO的乌拉圭回合谈判尚未开启,但在跨国公司推动下,美国政府已开始在国际上采取进取性的知识产权保护政策,美国国内的相关司法和立法活动也已相继开展,包括本文所述的联邦最高法院对于 *Diamond v. Chakrabarty* 案的判决、国会通过《拜杜法》、CAFC的构建及其对专利法的强势实施等。"春江水暖鸭先知",读者不应臆断地认为美国联邦法院的法官(包括联邦最高法院的大法官)都属"不食人间烟火"的正义守护神,或者美国国会议员都属仅会拉选票或接受游说的政客:在分权制衡的法治政治环境下,基于强大的研究力量支撑[①],出于传统的法学职业精神与技能训练,美国的联邦司法系统和立法机构均可对相关社会问题及可能的解决方案有全面而准确地把握,并借由高效而透明的司法和立法机制,为社会提供相对公平、公正且及时的法律解决方案,使社会矛

[①] 在美国,除立法、司法、行政机构自己的研究队伍(包括委托研究)外,更为重要的是,在有充分学术研究自由的环境下,在大学和研究机构中分布着数量庞大的研究群体。通过跟踪在学术期刊上发表的研究论文,立法者、司法者和管理者就可对社会问题有敏锐把握。例如,针对新出现的各种法律问题,不管是互联网相关(cyber-law)还是生物技术相关(bio-law),人们皆可在多种数据库(包括 Law Reviews)中找到相关研究文章,这些文章的作者大多既具专业技术知识,又有法学研究经验或职业技能,其对资料的详尽考据和相关对策性建议,当然也有较高的参考价值。

盾得以及时化解,秩序得以维护,产业进步得到引导,社会发展因而充满活力。

"我们的大明帝国"固然不能与20世纪80年代的美国相比,那么21世纪初的中国又如何呢？这既属历史研究的"现实意义",也是本文作者的关注所在：当今中国虽然已成为仅次于美国的世界第二大经济体,但它与1980年的美国相比,是否能够处于相当的水平？例如,它是否具有相当的科学研究能力和技术开发水平、良好的社会治理机制（如法治体系）以及合理的专利制度等,从而可为中国的产业进步、经济转型和综合国力发展提供支撑？

就科技创新而言,除上述饶毅教授从个案出发得出中国的基础科学研究或可落后美国百年之外（见第四部分）,现有统计数据也支持此判断。近年来,中国研发资金增长迅速（已仅次于美国）,还有世界上人数最多的研究人员（指研发人员中具有中级以上职称或博士学位的人员[1]）,但却未取得期待的成绩,这已引发科技界有识之士慨叹。[2] 人们一般认可,一个国家的科学研究水平可用ESI(Essential Science Indicators,科学基本指标)数据库收录的相关论文指标加以衡量。最新统计数据表明,在2001年至2011年8月间,(1)若以ESI论文总数排序,虽然中国已处于世界第二的位置（约84万篇,暂不说其中存在的大量浮夸与造假[3]）,但与排名第一的美国（约305万篇）仍差距甚远;(2)若以更为重要的ESI论文被引用次数排序,中国降至第7位（约519万次）,远低于美国（约4886万次,相差8倍多）,也低于德、英、日、法和加拿大;(3)再以更为重要的论文引用率即平均每篇论文的被引用数计算,中国则直线降至近第20位(6.21次/篇),不仅远低于美(16.02次/篇)、欧、日强国,甚至低于一般工业化国家（如北欧诸国、澳大利亚、以色列等）,而基本与巴西(6.41次/篇)、印度(5.90次/篇)处于相当层次。[4]

---

[1] 参见国家统计局、科学技术部编：《中国科技统计年鉴2012》,中国统计出版社2012年版,第248页,表9-2。

[2] See Shi Yigong & Rao Yi, "China's Research Culture", 329 *Science* 1128 (2010).

[3] 参见雷宇、来扬：《震惊科学界的论文造假事件背后——"一场与SCI有关的丑闻"》,载《中国青年报》2010年1月4日；来扬、金丹《从讲师到院长 丑闻上演升级版——井冈山大学再成撤稿风波主角》,载《中国青年报》2010年3月29日。

[4] 参见国家统计局、科学技术部编：《中国科技统计年鉴2012》,中国统计出版社2012年版,第248—251页,表9—2、9—3、9—4。

在技术发明领域中国也面临同样困境。据国家知识产权局统计,截至2012年6月,中国累计授权发明专利100万件(从1985年起算,其中国内申请人共获授权约52万件,国外申请人约48万件)①,这大约相当于美国1912年的水平(从1836年起算,共计授权实用专利约102.5万件,其中美国国内申请人共获授权约93.3万件,国外申请人约9.2万件)②,当时还属爱迪生和莱特兄弟的辉煌时代,差距同样为百年(如果比较各自国内申请人所获本国专利授权量,差距会更远)。因此,就科技创新(包括科学研究和技术开发)的水平与能力而言,当今的中国根本无法与1980年的美国相提并论——当时美国已累积授权400多万件发明专利,在信息技术和生物技术等高新技术和相关科学领域都有革命性的进展(见第四部分)。

那么,在社会治理方面,就公平与效率而言,当今的中国能否与那时的美国处于相当水平?或者,退一步问,在社会结构与社会治理方面,与"我们的大明帝国"相比,当今的中国是否已有根本性的突破,从而能够保证不重蹈"统统不能在事业上取得有意义的发展"的覆辙?这些问题想必也是读者的关注,但它已不属本文的论述范围。与此相关,就中国的专利等知识产权制度而言,现存的最大问题已不是立法不完善的问题,而是法律实施不力的问题,而这又与整个社会的法治环境缺失密切相关。

关键的问题是,在2013年、2015年或2020年,面临着经济的、政治的、社会的诸多国内或国际问题,矛盾依然重重,中国经济该如何发展,社会治理该如何获得突破与改善?众声喧哗中,被期待的"中国时代"能否开启?如李白在《蜀道难》中感叹道:

噫吁嚱!危乎高哉!蜀道之难,难于上青天!
……
其险也如此,嗟尔远道之人,胡为乎来哉?

历史学家唐德刚曾言,中国社会的现代化转型需要穿过漫长的"历史

---

① 参见国家知识产权局:《国家知识产权局专利业务工作及综合管理统计月报》(2012年6月),第9页(表4),2012年7月11日发布,http://www.sipo.gov.cn/ghfzs/zltj/tjyb/2012/201207/P020120821408909710498.pdf,2013年7月1日访问。

② See USPTO, "U. S. Patent Activity-Calendar Years 1790 to the Present", March 19, 2013, at http://www.uspto.gov/web/offices/ac/ido/oeip/taf/h_counts.pdf,2013年7月1日访问。

三峡",才可见到"海晏河清","十二亿(十三亿)聪慧勤劳的人民,以和平安定的文明大族崛起世界"。① 中国人民历尽艰难困苦,仍任劳任怨,辛勤奋斗,所追求者无非是人民幸福、社会公平和国家发展!如果社会治理机制公平且有效,前有源源不断的科技创新,后有合理的知识产权等产业促进制度,"中国时代"何愁不开启?

本文论证未必全面,观点抑或可商,欢迎读者批评指正。

---

① 唐德刚:《晚清七十年》(第五册),台湾远流出版事业股份有限公司1998年版,第74—75页。

聚合链接行为定性研究[*]

杨 明[**]

搜索引擎是为网络用户提供信息检索服务的系统,随着计算机技术的飞速发展,深度链接方式已然成为当下互联网信息检索的主要形态。正是在深度链接技术的推动下,聚合服务这一新兴的商业模式迅速发展起来,我们可以看到,聚合链接的商业内涵不再仅限于信息检索,无论是聚合平台或是聚合 APP 软件,该商业模式从其本质上来说与内容服务提供已无二致。[①] 基于此背景,在聚合链接的定性问题上,搜索服务提供商与内容服务提供商之间产生了激烈的争论,学界、实务界也在这一问题上存在着显著分歧。需要明确的是,持不同观点者均承认"聚合链接的技术本质仍然是信息检索",分歧主要体现在,"究竟是技术本质还是商业模式决定着聚合链接模式的性质",继而,对聚合链接与著作权边界之间的关系,产生了"直接侵权"与"间接侵权"的对立观点。表面上,相关争论反映的是对"信息网络传播权的含义""侵权判定标准"的不同理解,而实际上,其体现的是对著作权本质的不同认知和解读。此外,笔者认为还需强调一点,即"聚合链接的定性"与"如何正确适用现行法律规定"是两个层面不同的问题,但时下各界的多数争论却忽略了这一前提和基础。

---

[*] 原文刊于《知识产权》2017 年第 4 期。
[**] 北京大学法学院副教授、博士生导师。
[①] 所谓与内容服务无异,是从商业模式和互联网服务的实质角度而言的,在产业界看来,聚合链接是典型的技术实质与商业模式的性质发生偏离的实践形式。

一、关于聚合链接定性的争议梳理

聚合链接已成为当下互联网版权产业中最受人关注的一种商业形态,尽管是一个新概念,不过它在技术层面上仍然是深度链接。就深度链接与著作权侵权之间的关系问题而言,司法界似乎已形成了共识,我们通过《北京市高级人民法院审理涉及网络环境下著作权纠纷案件若干问题的指导意见(一)(试行)》(2010 年,以下简称《北京高院指导意见》)第 4 条[①]、《最高人民法院关于审理侵害信息网络传播权民事纠纷案件适用法律若干问题的规定》(2013 年,以下简称《最高院司法解释》)第 3 条第 2 款[②]即可见一斑,其所确立的"服务器标准"成为界定信息网络传播行为性质的明确标准。不难发现,该标准的确立和适用,与聚合链接之前的网络产业实践是相适应的。然而,随着聚合服务的兴起,设链行为是否依然毫无疑问地应适用"服务器标准",各界的看法则有着较大的分歧,由此也产生了诸多新的标准,例如:实质呈现标准、新公众标准、实质替代标准、播放器标准、专有权标准,等等。[③] 归纳起来,这些不同学说体现了关于聚合链接的直接侵权与间接侵权之争,从更深层次的角度来看,其反映出持不同观点者对于著作权边界以及著作权侵权的不同认知。

新近"腾讯公司诉北京易联伟达公司案"(以下简称"腾讯"案)受到广泛关注,其终审判决被认为是"一锤定音"地解决了聚合链接的定性问题,一如二审法院所要传递出的价值理念,应不容置疑地适用"服务器标准"。

---

① 该条规定:"网络服务提供者的行为是否构成信息网络传播行为,通常应以传播的作品、表演、录音录像制品是否由网络服务提供者上传或以其他方式置于向公众开放的网络服务器上为标准。原告主张网络服务提供者所提供服务的形式使用户误认为系网络服务提供者传播作品、表演、录音录像制品,但网络图服务提供者能够提供证据证明其提供的仅是自动接入、自动传输、信息存储空间、搜索、链接、P2P(点对点)等服务的,不应认为网络提供者的行为构成信息网络传播行为。"

② 该款内容为:"通过上传到网络服务器、设置共享文件或者利用文件分享软件等方式,将作品、表演、录音录像制品置于信息网络中,使公众能够在个人选定的时间和地点以下载、浏览或者其他方式获得的,人民法院应当认定其实施了前款规定的提供行为。"

③ 关于各种标准的介绍和评论,已有研究甚多,可参考的代表性文献如:崔国斌:《加框链接的著作权法规制》,载《政治与法律》2014 年第 5 期;崔国斌:《得形忘意的服务器标准》,载《知识产权》2016 年第 8 期;北京知识产权法院(2016)京 73 民终 143 号判决书;王迁:《论提供"深层链接"行为的法律定性及其规制》,载《法学》2016 年第 10 期;刘家瑞:《为什么历史选择了服务器标准》,载《知识产权》2017 年第 2 期。

为了论证自己的观点,二审判决书中不惜笔墨地批驳了一审判决所主张的"实质替代标准"[1],着重强调了对信息网络传播行为的认定"属于事实认定范畴",而"服务器标准与信息网络传播行为的性质最为契合"。[2] 所以归纳起来,该案终审判决的论证逻辑是,技术的实质决定了信息网络传播行为属于同一事实,因而行为的性质就不应当有差异。[3] 尽管笔者亦不赞同"实质替代标准",但仍然认为二审法院在推理上存在着一定的逻辑断裂,即"信息网络传播行为属于事实认定"与"被诉行为是同一行为"之间并没有逻辑当然性:首先,这里所说的"事实"究竟是客观事实抑或法律事实?如果是前者,我们显然不能认为所有的设链行为都是基于相同的技术,否则就不会有深度链接、嵌入链接和加框链接之别了;如果是后者,仅仅强调法律事实的客观性也是没有意义的,其所会导致的法律后果才是人们最关心的,而在这方面当然涉及价值判断的问题。其次,即便技术实质决定信息网络传播行为的性质,由于不同的设链行为在技术上是有区别的,因而,与不同之设链行为相对应的信息网络传播行为也不会是同一事实;如果说技术实质相同就决定了行为的性质相同,那么所有互联网环境下的行为都应属于同一事实了,因为所有行为均是依托于互联网技术的,而这些技术的实质都一样——如果我们从运算方法的角度来看的话。

概言之,链接技术当然属于客观事实,但不能说所有的设链行为都是同一事实,因为其所利用到的技术不可能是完全一样的。那么,利用不同的链接技术对作品进行网络传播的行为自然也不应该是同一事实,这正是进行定性分析的意义之所在。法律上所谓的定性,就是对一项被认定的事实作出法律上的价值判断,因此,定性的前提和关键是事实认定清楚,而这往往是非常困难的。结合著作权侵权判定来说,就是首先应认定被告实施了怎样的行为,但是应当明确,"认定事实"与"找出其技术实质"

---

[1] 该案一审判决请参见北京市海淀区人民法院(2015)海民(知)初字第 40920 号判决书。
[2] 该案终审判决请参见北京知识产权法院(2016)京 73 民终 143 号判决书。
[3] 正如该案终审判决书中所写:"针对同一行为,不可能出现一个案件中被认定构成信息网络传播行为,但另案中却构成链接行为的情形。但如适用实质性替代标准,把损害及获益作为认定信息网络传播行为的依据,则在损害及获益因素发生变化的情况下,即便被诉行为本身并无任何变化,对被诉行为性质的认定同样会发生变化。这显然与信息网络传播行为这一事实认定的属性不相契合。"出处同上注。这里,法官所做"同一行为""被诉行为本身并无任何变化"之表述,显然是表达了其关于"技术实质相同"的认知。

是不能画等号的,事实与实质就像是分子与分母的关系,分析技术实质其实是提取公分母的过程。"腾讯"案的二审法官有些想当然地确立了一个前提——各种设链行为系"同一行为",这是典型的技术决定论,而实际上,技术实质的相同与行为事实的性质之间出现不一致的例子,即使仅在著作权法领域中也比比皆是,例如:著作权侵权行为与合理使用行为,许可使用中著作权人主张一定价格的许可费与著作权人的定价构成垄断高价,等等。

按照"服务器标准",由于技术实质相同,所以各种链接行为在性质上(即著作权法上的评价)并无差别,进而,聚合服务的设链行为没有直接侵犯著作权人的信息网络传播权。形成鲜明对比的是,该观点所反对的"实质呈现标准"更加深入地分析了设链行为的技术实质,但其并没有就此即对"是否构成直接侵权"的问题做判断,而是在技术基础上进一步探讨设链行为与著作权边界的关系问题,然后才作出判断。显然,这样的分析路径在逻辑上更加合理。有趣的是,"腾讯"案的终审判决尽管详尽批驳了"用户感知标准"和"实质替代标准",但却完全没有回应"实质呈现标准"。而来自学界的持"服务器标准"观点者对后者的批评则有不少,最核心的有两个方面:其一,对深度链接进行定性时,首先要看其是否属于传播行为,而传播行为应以客观形成"传播源"为构成要件,但深度链接未形成传播源,因而"实质呈现标准"不符合传播源理论,即"未形成传播源的深度链接与信息网络传播行为无关"①。其二,聚合链接所指向的文件并不都可被实质呈现或展示,而且,以"实质呈现标准"作为判断网络传播行为的准绳,很可能会不合理地扩大直接侵权的范围。②

关于"传播源"作为构成要件的问题,赞成者认为这一要求来自于对《伯尔尼公约》和《世界知识产权组织版权公约》中有关传统传播权之规定的解读。③但在笔者看来,这种解读不无疑问:首先,搜索引擎技术的出现和发展始于20世纪90年代,显然,前述两个公约在制定时根本不会考虑互联网技术对作品传播将产生什么样的影响,更不用说聚合链接这种模式了,因此,即使在公约制定时传播源作为构成要件是合理的,也不代

---

① 参见王迁:《论提供"深层链接"行为的法律定性及其规制》,载《法学》2016年第10期。
② 参见刘家瑞:《为什么历史选择了服务器标准》,《知识产权》2017年第2期。
③ 王迁:《论提供"深层链接"行为的法律定性及其规制》,载《法学》2016年第10期。

表在当下聚合链接的问题上依然要坚持"传播源"要件。其次,传播源理论并没有追踪传播学的最新发展,互联网技术的发展使得传播行为呈现出"去中心化"的技术特征,这在一定程度上颠覆了拉斯韦尔的经典5W传播模式,互联网环境下的传播行为由过去的"双核"(内容和渠道)转变成"单核"(渠道),坚持传播源要件实际上是与传播学的理论发展相脱节的。再次,信息网络传播行为究竟是仅指"初始行为"、抑或也包括"二次行为",这是个价值判断问题,我们可以说区分初始行为与二次行为的关键因素是传播源,但不能说信息网络传播行为就是形成传播源的行为,这与合理使用、保护期限等制度在著作权法中的确立是一样的,举例来说,某项行为被认定为合理使用,并不代表该行为"天然地"就应当是合理使用。何况,"传播源"并没有明确的定义,如果说收音机、电视机可成为传播源是因为其能实现接收信号、转换信号的过程,但难以解释的是,为何扩音器(最简单的扩音器就是喇叭)可成为传播源,而望远镜就不能成为传播源?笔者认为,"传播源"对于著作权的边界与保护来说并不是一个必要的概念,即使需要这一概念,其范围的大小实际上也涉及价值判断。

至于说聚合链接如果构成直接侵权会不合理地扩大后者的范围,笔者认为,该观点恰好说明了聚合链接的定性问题是一个价值判断,在这一点上,笔者与其一致,只是价值判断的结果不同。由此可见,主张"服务器标准"的学者实际上也存在着不同观点,多数人认为信息网络传播是一个事实问题,但也有学者认为这其中蕴含着价值判断。下文,笔者将从著作权的本质与边界角度阐述自己的价值判断过程,即探讨聚合链接行为是否会直接侵犯著作权,此处不再展开。

通过对有关聚合链接的最新司法实践和理论探讨的梳理,我们不难发现,这场"标准之争"其实蕴含了不同层面的问题,但既有研究的展开常常忽略了一个重要前提——应首先明确讨论对象,这决定了大家的争论是否在针对同一个问题。由此造成的局面就是,很多论战因缺乏一致的前提而更像是"关公战秦琼"了。笔者认为,聚合链接行为的定性问题涉及两个不同层面的分析:第一个层面是从立法论和解释论的角度进行探讨,聚合链接是否构成对信息网络传播权的直接侵犯?如果答案是否定的,那么是否有可能构成直接侵害《著作权法》第10条第17项所说的"其他权利"?第二个层面是从应然性的角度进行探讨,聚合链接是否可能构成著作权直接侵权?如果回答是肯定的,那么应如何使其落实到具体制度之上,即现行《著作权法》第10条关于著作财产权的规定应当如何修改才能与之相适应?对这个问题的回答,必须回到著作权的本质和边界上来,否则立法就会疲于应对科技的发展。

由此可以看出,理论界和实务界关于聚合链接定性的标准之争,其实就是在上述第一个层面展开的,本质上就是如何解释《著作权法》第10条第1款第12项①所规定的"信息网络传播权"这一概念,只有"实质呈现标准""专有权标准"触及了上述第二个层面的问题。在聚合链接的定性问题上,"服务器标准"与"实质呈现标准"的根本区别在于,前者重在分析聚合设链是否构成对信息网络传播权的直接侵害②,而后者则是从著作权的本质涵义出发,分析聚合链接(深度链接)是否构成著作权直接侵权,并认为应改造现行法中的信息网络传播权,或者重新组合现有的信息网络传播权、表演权、放映权和广播权。③ 在笔者看来,依照《著作权法》对"信息网络传播权"给出的定义,特别是其关键词"提供",如果著作权人以直接侵犯该项权利为由提起诉讼,法院遵循"服务器标准"判定其败诉并没有什么不妥。但这并不是对聚合链接行为在著作权法上的定性问题的根本解决,笔者难以认同"服务器标准"是处理聚合设链与著作权之间关系的唯一正确结论。正是基于这个原因,本文将从应然性的角度展开,通过对聚合链接的定性,继而分析应如何恰当界分著作权直接侵权与间接侵权。

为实现这一目标,本文实际上就是要回答两个方面的问题:其一,聚合设链行为是否直接触及著作权的权利边界?其二,如果可能构成对著作权的直接侵害,是否可以具体化地界定哪项权利内容受到了侵害?当然,如果第一个问题的答案是否定的,则自然没有回答第二个问题的必要了。笔者主张,对第一个问题的回答,其始点在于如何理解著作权的本质,借此才能确立适当的方法来判断著作权的边界,进而在此基础上,我们才能探讨聚合链接行为是否直接触及了著作权的边界(即著作权侵权

---

① 该项规定为:"信息网络传播权,即以有线或者无线方式向公众提供作品,使公众可以在其个人选定的时间和地点获得作品的权利。"

② 实际上,从"服务器标准"的论证之中可以看到,其所主张的"设链行为不构成直接侵权"不仅针对信息网络传播权,实际也是在整个著作权法意义上来说的,从而得出结论,著作权人只能从侵权法或反不正当竞争法上寻求相应的救济。具体请参见北京知识产权法院(2016)京73民终143号判决书。此外,王迁教授在其《论提供"深层链接"行为的法律定性及其规制》一文(载《法学》2016年第10期)中也从应然性的角度进行了分析。

③ 崔国斌:《得形忘意的服务器标准》,载《知识产权》2016年第8期。

的实质内涵)。所谓著作权的本质,简言之即是权利主体所享有的是怎样一种性质和特点的权利,其与著作权制度的立法宗旨——著作权法究竟要保护什么、该法律保护要实现何种目标——密切相关。众所周知,著作权是在作品上产生的绝对权,作为一项排他性的权利(exclusive right),著作权人得以对特定之利益进行控制(专有),那么,明晰这里所谓之"特定利益"就成为问题的关键。长期以来,鲜有研究关注"作品"和"著作权"这两个基本概念,以及二者之间的关系,想必很多人认为这是十分简单明了的,然而,笔者认为这方面的研究还十分缺乏,也因此才导致了前述之诸多争议。

二、著作权的边界

用产权规则来保护知识产权,是对"在高交易费用的情况下如何对一项法定(entitlement)权利进行保护"[1]这一问题的回应,著作权当然不会例外。具体来说,产权规则下的著作权法可以被看作是一项对作品传播所生之利益进行分配的机制[2],产权保护模式意味着,著作权人对于侵害权利之排他性的行为享有禁止权,在这一点上,制度经济学的"产权理论"与大陆法系霍菲尔德的"私权构造理论"[3]是内在一致的。因此,我们在论及著作权保护的问题时,首先须厘清的即是该权利之排他性究竟及于何种范围,这是关系到著作权本质的核心问题。

从利益分配机制的角度来看,著作权的边界应当是描述性的,如此理解才能应对因科学技术发展带来新的作品传播方式而产生的利益分配问题。但是,我国《著作权法》第 10 条以列举的方式规定了著作权的诸项具体权利,这势必造成理解上的困惑,著作权的权利内容应当是封闭式的吗? 一方面,《著作权法》并未对"何谓著作权"进行概括式地定义,似乎著作权等于 17 项权利内容相加之集合;但另一方面,该条第 1 款第 17 项规定的"应当由著作权人享有的其他权利"又显然具有开放性。当然,无论

---

[1] Guido Calabresi & A. Douglas Melamed, "Property Rules, Liability Rules, and Inalienability: One View of the Cathedral", 85 *Harvard Law Review* 1089, 1972, p. 1092.
[2] 经济学上通常将知识产权制度看作是一种对利用知识产品所生之利益的分配机制,著作权自然可以照此理解,代表性的文献如:Richard A. Posner, "Intellectual Property: The Law and Economics Approach", *Journal of Economic Perspectives*, Vol. 19, 2005, p. 57。
[3] 有关该理论的介绍,参见 Thomas W. Merrill & Henry E. Smith, "The Property/Contract Interface", 101 *Columbia Law Review* 773, 2001, pp. 780—789。

是哪种理解,都无法有效揭示著作权究竟是一种什么样的权利,如何认识它的内涵和外延。鉴于权利本质与著作权制度的立法宗旨是密切联系在一起的,我们不妨在《著作权法》第1条中寻找答案,按照该条之规定,保护著作权是为了"鼓励作品的创作和传播",因而,将著作权理解成一个与创作行为和传播行为相关联的法律制度是恰当的:创作决定了著作权的产生,传播则是权利行使和实现的表现形式。很有意思的是,从著作权法立法宗旨中概括出来的权利本质,与经济学上对著作权的解释(利益分配机制)也是完全契合的。

也正因为如此,《著作权法》规定的权利内容不能割裂地看待,它们实际上都是服务于作品传播的。① 于是,如何理解"传播"就显得非常重要了。笔者认为,是否构成作品传播、作品以何种方式进行传播,不单单是个技术层面的问题,我们必须看到融入传播内涵之中的市场要素,离开"市场"来讨论作品传播问题是没有著作权法意义的。这是因为,利益的产生基础在于交易,而交易只能在市场中进行。申言之,作为一项基本的激励机制,著作权法赋予创作者以一定期限的排他权,目的在于鼓励更多的作品被创作出来,而要实现该目的,应当保障已有作品更多地被传播、从而使得权利人能够从中获取相应的收益②,我们也因此可以得到"作品—传播—交易—市场"这样一条清晰的逻辑脉络。归纳起来,著作权的本质决定了著作权法中所有理论、具体制度和规则都必须结合"市场"之要素来理解和适用,任何时候我们都不能脱离市场的环境来讨论著作权的产生与保护问题③,否则,我们很容易将需要法律调整的社会关系与

---

① 在《著作权法》第10条规定的诸项著作权财产权中,有不少权利的内涵是存在交叉的,例如复制权、表演权、放映权、信息网络传播权等,这充分说明了权利列举的目的在于描述而非类型化。

② See Mark A. Lemley, "The Economics of Improvement in Intellectual Property Law", 75 *Texas Law Review* 989, 1996—1997, p.1013.

③ 正如Peter Drahos所言:"知识产权是从市场中产生的,也只能在市场中存在",参见Peter Drahos: *A Philosophy of Intellectual Property*, Dartmouth Publishing Company Ltd., 1996, p.199. Mark Rose 也曾谈到:"文学财产的问题,在本质上是围绕商业竞争而展开的",参见 Mark Rose: *Authors and Owners: the Invention of Copyright*, Harvard University Press 1993, p.5. 另外,Lyman R. Patterson 和 Stanley W. Lindberg 在其名著 *The Nature of Copyright: A Law of User's Right* 中也谈到了著作权保护的"市场原则"——"copyright protects the marketing of work", University of Geogia Press, 1991, p.64. 可见,几位学者的认识是一致的,从他们的表述中可以推知:如果不考虑市场中的作品传播,即使有技术上可被称为复制的行为,也没有著作权法上的任何意义。当然,对"市场"的正确认知是非常关键的。

不需要法律介入的纯粹私人领域(例如纯属个人爱好的阅读行为)混淆在一起。①

对于著作权本质的认知,学界存在着一种哲学味道的解读,即从作者与客体(作品)之间的内生关系来解读著作权的本质,认为作品有着很强的人身依附性,因而著作权不单纯是一种利益分配机制,还要注重其人格利益的内容。这种观念古已有之,至今仍有众多信仰者,其形成与兴盛典型地是因为受到德国先验唯心主义哲学的影响,例如康德、黑格尔的著作中针对作品的一些分析,就是此种认知的代表。② 随着著作权法律制度在我国的继受和建立,人格权理论对相关基础理论的构筑和具体制度的适用均产生了极其深远的影响。但必须澄清的是,先验唯心主义哲学只不过是解释著作权正当性的路径之一,而且,权利的正当性与权利的本质也并不是一回事。实际上,关于作者与作品之间的关系,其著作权法上的意义应解读为,基于二者的结合,著作权法因此而得以成为一个完整、封闭的体系。③ 立足于作品的人身依附性,我们很容易理解著作权权利内容的二元体系及其作为绝对权、排他权的权利属性,只不过,著作权法缘何得以作为激励机制存在,前述之哲学解读难以给出有力的解释。

大陆法系传统财产权法中的绝对权理论也是通过主体与客体之间的关系来体现绝对权的属性,此种"权利观"强调的是权利主体对客体的控制和专有,权利边界通常被描述为是对权利客体的占有、使用、收益和处分,所有权即为典型。著作权与所有权的权利属性相同,其排他性表现为权利人对作品的控制和专有,所以,我们在讨论著作权的边界时,如果仍然套用"占有、使用、收益和处分"的表达语式,实际上即是对作品传播之可及范围的描述。借此,我们同样可以通过作品的传播行为来描述著作权的边界,有趣的是,这与经济分析的解释路径和结论完全一致——"传播"是著作权的核心概念,传播行为所及之范围即是著作权的边界体现。

---

① 实际上,这种混淆在我国《著作权法》中已然发生了,例如该法第 22 条第 1 款第 1 项之规定。

② See Peter Drahos, *A Philosophy of Intellectual Property*, Dartmouth Publishing Company Ltd., 1996, pp. 74—75.

③ See Brad Sherman & Lionel Bently, *The Making of Modern Intellectual Property Law: The British Experience 1760—1911*, Cambridge University Press, 1999, pp. 35—42; Debora J. Halbert, *Intellectual Property in the Information Age*, Greenwood Publishing Group, Inc., 1999, p. 121.

概言之，著作权本质上就是权利人控制作品之传播的权利，"传播"是著作权的核心概念；因而，所谓的著作权侵权或有侵害之虞，可以被界定为是对作品的未经授权的传播，或是行为人为作品的传播进行了实质准备——传播行为的即将发生具有高度盖然性。《著作权法》第10条尽管规定了权利人所享有的诸多财产性权利，涉及复制、发行、表演、广播、信息网络传播等不同行为，但实际上如果紧扣"市场"要素进行分析、整体性地看待作品利用行为，"传播"这一概念就能将它们全部涵盖。《著作权法》列举的诸项著作财产权可划分为两类：第一类权利，涉及向公众提供作品的行为，即是传播作品的行为，如发行、表演、广播、信息网络传播等；第二类权利，涉及向公众提供作品的准备行为（或称过渡行为），如复制、改编、翻译等。具体到某一部作品的传播来说，其既可以是直接行使第一类权利的结果，也可以是第一类权利与第二类权利共同作用的结果，然而，如果行为人仅仅实施了复制、改编或翻译等演绎行为，而没有任何后续的向公众提供作品（即涉及市场）的行为，那么在著作权法上讨论该演绎行为是没有意义的。① 而且，除非采取技术措施防止公众接触作品，否则著作权人并不能防止他人实施第二类权利所对应的行为。②

值得注意的是如何理解"有侵害之虞的行为"。不妨设想一种情形：行为人未经授权大量复制了他人的作品，但尚未将这些非法复制件投入市场即被著作权人发现。该行为表面看起来仅实施了复制行为而没有后续提供作品的行为，那么，其是否仍属于前述之没有在著作权法意义的行

---

① 申言之，如果非权利人未经著作权人同意直接实施了第一类权利涉及的行为（如信息网络传播），因为该行为发生于市场之中，自然涉及著作权侵权的问题；但如果非权利人只是单纯地实施了第二类权利涉及的行为而无任何后续的其他行为，因为此时尚不涉及市场、未构成作品的传播，也就没有必要分析该行为是否构成著作权侵权。《法国知识产权法典》对于"复制"的定义就非常明确地揭示了这一点，即该法第L.122-3条："以一切方法将作品固定在物质之上，使之可以以非直接方式向公众传播作品"。参见〔法〕克洛德·科隆贝：《世界各国著作权和邻接权的基本原则》，高凌瀚译，上海外语教育出版社1995年版，第56页。本文有关两类著作财产权的划分，正是为了更好地说明著作权与市场之间的紧密关系。

② 对此有学者认为："一个人如果在家中对他人作品进行未经许可的拍摄、翻译、改编或汇编，均属于合理使用，不可能构成对拍摄权、翻译权、改编权或汇编权的侵犯。"参见王迁：《版权法保护技术措施的正当性》，载《法学研究》2011年第4期。笔者不同意这一看法，前述行为之所以不构成著作权侵权，根本原因在于其是脱离市场的，如果认为这些行为涉及著作权侵权，但又认为行为人不应当承担侵权责任，那就只能寄希望于合理使用制度来平衡各方主体之间的利益。其实，如果紧扣"市场"因素来分析，可以使问题变得简单得多。在这一点上，我国《专利法》比《著作权法》要处理得好得多，《专利法》第69条明确表明了"不视为专利侵权的行为"与"合理使用"不是一回事。

为？答案当然是否定的,该行为构成"有侵害之虞",权利人得寻求相应之救济,原因在于,行为人虽尚未将复制件投入市场,但其制作复制件的数量显然超出了自己使用的必要限度,已经能够认定这些非法复制件被投入市场具有高度盖然性,因而成立侵害之虞。当然,著作权人须举证证明该大量复制行为的存在。与之相对照的是,如果行为人只制作了一个复制件,比如行为人在家里将他人的文字作品抄写了一遍,就没有必要在著作法的框架下讨论该行为的性质,这是因为,无论行为人是否有打算将该复制件投入市场,此时尚不能认定"行为人有侵害之虞"具有高度盖然性[1],更何况,著作权人实际上也不可能证明这种抄写行为的存在。

综上所述,著作权人的诸项财产权内容在逻辑上并不是平行的,对于前述分类中的第一类权利所对应的行为,可以提取公分母而得到"传播"的概念,其核心要素即为"市场",只有构成作品的传播(而无论行为人是否实施了前述分类中第二类权利所对应的行为),著作权法才有予以调整的意义和必要。由此可见,著作权的边界所及之处,均系通过作品的传播来实现的,也即是说,通过对作品传播行为的判定,能够描述出著作权的边界。基于此我们也能明白,为何要强调著作权的一切问题都是围绕"市场"而展开的。既然作品的传播行为就是著作权权利边界的外在表现形式,那么,探讨著作权的边界问题就可转换成如何理解"传播行为"的问题,或言,问题可转化为判断什么样的行为构成传播。于是,确定著作权的边界实际上就是对两个核心概念进行判断——"市场"和"传播",因而这也就决定了,著作权侵权的判定,无论是直接抑或间接,从来就不仅仅是事实层面的问题,因为著作权的边界本身就涉及价值判断,当然,具体的判断只有在个案中才能获得具象。

三、聚合链接行为的定性分析

根据上文对著作权本质的分析可知,著作权对于权利人的核心意义在于其对作品传播的控制,那么,具体到聚合链接,界定该行为之性质的

---

[1] 关于"高度盖然性"的判断,参见〔日〕综合研究开发机构、高桥宏志编:《差止请求权の基本构造》,商事法务研究所 2001 年版,第 114 页;Hooper v. Rogers,[1975] Ch. 43, see J. A. Jolowicz, "Damages in Equity: A Study of Lord Cairns' Act", *The Cambridge Law Journal*, vol. 34(2), 1975, p. 224.

关键词应当是"传播"而非"提供"。但是,我国《著作权法》关于"信息网络传播权"的定义却将重心放在"提供"之上了,如果我们追溯该定义的立法来源——《世界知识产权组织版权条约》(WCT)关于"向公众传播"(Communication to the Public)的界定①——可以发现,我国著作权法对"提供"的强调是一种独具特色的做法,而将重心从"传播"转移到"提供",信息网络传播权所"覆盖"的范围也就缩小了。如果不能通过解释"应当由著作权人享有的其他权利"来弥补由此而产生的"缝隙",著作权人的权利范围也就相当于被不适当地缩小了,这与著作权的本质——控制作品传播——是不相契合的。

比较"传播"与"提供"这两个概念,我们不难发现,它们受科技发展的影响是不一样的。对于著作权来说,科技发展会带来诸多方面的影响,作品的传播方式是其中非常重要的一点,从而影响到著作权人的利益实现,而"提供"似乎距离技术发展更远一些。考虑到传播与技术之间的内生关系,如果信息网络传播的界权重心落在"传播"上,那么著作权侵权的判断、包括直接侵权与间接侵权的界分,就不会因技术的发展而频繁"摇摆"(尽管存在着传播行为是否必须具有传播源的争论);但如果界权重心一直放在"提供"上,技术发展给前述问题会带来更多的麻烦,我们需要频繁地判断在一个新的技术条件下什么样的行为算是"提供"。

当然,这里有个逻辑问题,"提供"是否为"传播"的必要条件?"服务器标准"的倡导者显然是这么认为的,但他们并没有区分"提供"是一切传播行为的必要条件,抑或仅仅是行使"信息网络传播权"所需要的。如果属于后者之情形,那么,当著作权人以信息网络传播权直接侵权为由起诉聚合链接的设链者时,法院依据现行法中该权利的定义判决原告败诉是没有任何问题的。当然,这里其实还蕴含着另外一个问题,即司法实践中,法院会要求著作权人在提起侵权之诉时必须明确被告究竟侵犯了哪些具体权利,但是在专利侵权或商标侵权诉讼中,权利人不会被要求这么做。此做法的根由就在于著作权法对权利内容的列举,从而造成人们不是整体性地,而是割裂地看待著作权,这其实是与著作权的本质不相吻

---

① "向公众传播"定义的原文是:... authors of literary and artistic works shall enjoy the exclusive right of authorizing any communication to the public of their works, by wire or wireless means, including the making available to the public of their works in such a way that members of the public may access these works from a place and at a time individually chosen by them。

合,由此也造成,在涉及聚合链接的侵权诉讼中,一旦法院认定不构成对信息网络传播权的直接侵犯,相当于判定被告不构成任何的著作权直接侵权,而实际上我国现行法中的信息网络传播权,其概念所涵盖的范围是非常有限的。于是我们将看到,无论互联网技术如何发展,信息网络传播权的内涵"我自岿然不动",这显然是不合理的。

能提供,自然可以传播,这没什么问题。但是,没有提供,就不能传播了吗?广义上来讲,传播就是指信息的传递①,即甲主体能够从乙主体那里获得特定的信息,对于甲来讲,他关心的是自己能不能从乙那里获得特定信息,而并不会在意这些信息在乙那里是处于何种状态。打个比方,甲想获得位于 A 处的信息,但甲距离 A 处太远而不可得,这时乙用一面镜子通过反射使得甲在原来的位置就能获得该信息。在这个例子中,我们能够说乙没有传播信息吗?我们进一步假设,A 处的信息本身就处于公开的状态,任何人都可以前往 A 处去获得该信息,那么问题来了,对于甲而言,我们能因为信息本来就处于公开状态、可自由获得而否定乙向甲传播了信息吗?甲前往 A 处获得信息与其通过乙而获得该信息难道是一回事?笔者认为,这个例子最为关键之处在于,乙的行为使得甲能够完整、同质地获得位于 A 处的信息,否则就谈不上乙向甲传播了该信息。

显然,在上述例子中,传播(communication)与内容(meanings)是相对应的,而在 WCT 关于"向公众传播"的定义中,communication 的内涵则要狭窄一些。那么,对于作为法律调整对象的"传播行为"来说,哪一种有关"communication"的解释更为合理呢?换言之,对于聚合链接行为,我们是否还要坚持 WCT 的界定?笔者不认为这里应该有个纯粹的客观标准,立法如何取舍是一个典型的价值选择问题。被链作品存储于被链网站的服务器、而并没有存储在设链网站的服务器之上,这的确是客观事实,不过,是否强调客观事实与公众获得作品之间的一致性,涉及法律上如何给设链者进行定位问题(在前述例子中就是对乙的法律定位),如果认为设链者构成传播,那即是说,传播的法律意义不在于谁来提供信息,而在于受众能够接收到信息这一结果。实际上,尽管多数"服务器标准"

---

① 按照维基百科的定义,Communication is the act of conveying intended meanings from one entity or group to another through the use of mutually understood signs and semiotic rules. 来自 https://en.wikipedia.org/wiki/Communication,2016 年 10 月 23 日访问。

的支持者认为信息网络传播行为是单纯的事实问题,坚决反对其中蕴含价值判断,但也有赞同"服务器标准"的学者认识到了这里的价值判断问题,认为:"如果网络用户能够在被告自身的网页或用户界面上直接打开相关文件,背景无需跳转到第三方网页,可推定被告构成直接网络传播行为"①。类似的价值判断问题(表面看起来像是事实问题)在著作权法里比比皆是,例如:间接侵权制度中的代位侵权(替代责任),同样是缺乏责任人实施了侵权行为的客观事实,但其仍然需要承担侵权责任;在涉及合理使用抗辩的侵权诉讼中,究竟是侵权还是合理使用可能会有不同的判定,这说明同样的客观行为可能有不同的法律认定。

关于作品的传播行为,WCT 的《基础提案》强调,"向公众传播"的内涵中最有意义的是使作品被公众获得的初始行为,而并不在于单纯提供空间、通讯连接或为信号传输提供便利。② 这里的"最有意义"很难讲就是指传播的客观事实,何况,强调客观事实对于信息的受众来说是没有意义的,因为他们只在乎信息接收的结果。笔者认为,《基础提案》所说的"最有意义"其实就是一种法律上的价值判断,这只能说明,WCT 起草之时"作品被公众获得的初始行为"才能算得上是传播行为。而且,对传播行为的这一界定与条约起草之时所依赖的经济社会现实是相符合的,聚合链接行为显然不是《基础提案》那个时代就有的商业实践,也难以预见得到。因此,在那个时候,强调初始行为是对传播者与著作权人之间法律关系的恰当设置,但在当今之互联网技术背景下,作品可以平台聚合的方式为公众所获得时,如果仍然强调初始行为就未必妥当了。何况,设链者也并不是"单纯提供空间、通讯连接或为信号传输提供便利",公众可以完整地、同质地从设链者那里获得作品,这还算是"单纯"吗?

一如前述,著作权制度是作品传播所生之利益的分配机制,这里所说的分配,就是在著作权人与传播者之间进行的。毫无疑问,聚合链接行为是否构成传播,直接关系到著作权人与设链者之间的利益关系,因此,理

---

① 刘家瑞:《为什么历史选择了服务器标准》,《知识产权》2017 年第 2 期。该作者同时还写到:"在未来虚拟现实(virtual reality)和增强现实(augmented reality)技术下,当我们走过天安门和故宫博物院,眼前的用户界面就会通过深层链接,不时跳出相关历史事件和人物图文并茂的介绍以及珍贵的历史镜头,这样令人心动的技术未来,我们忍心将其判定为直接侵权吗?"价值判断的意味不言自明。

② See WIPO, Doc. CRNR/DC/4,1996.

解"传播"至关重要。归纳起来,我们可以从两个不同维度来理解"传播":一是技术(technology)层面,另一是市场(marketing)层面。上文的讨论正是从技术层面的分析过渡到市场的层面,即从客观事实到价值选择。对播放进行市场层面的理解,也就是需要梳理设链者、被链网站、著作权人之间的关系,如果由此形成的商业模式已经与之前的实践发生了根本性的变化,那么对聚合链接行为的定性就不能固守不变。

传播是降低公众获取作品的搜寻成本的行为,对传播所产生的收益的具体估值,即是公众获取作品的边际成本降低的数值,通常以价格的形式表现出来。是否实施聚合设链行为,围绕作品而产生的著作权交易结构是完全不一样的,因为从市场的角度来看,设链行为相当于是增加了作品的传播方式,理由很简单,有无聚合链接,网络用户利用作品的成本是有很大差别的,包括时间成本、错失有用信息的机会成本,因此,聚合链接会导致被链网站的访问量下降(流量仅与网站访问量有关,与哪个服务器上的资源被调用无关),而用户流量的变化直接影响着网站的商业利益和价值。聚合链接这一商业模式的价值也正是基于这一点,在传播者同质的前提下,设链与未设链相比,同一作品要获得相同的传播范围(以市场需求来衡量),前者比后者的边际成本更低。如果著作权法上不认为设链者实施了传播行为,那么,前述边际成本降低的收益就不会归属于著作权人,而是被设链者和网络用户分享了,这显然是不合理的。

从经济学的角度看,如果作品没有有效的著作权保护,所造成的根本问题是作品的市场价格下降、直至复制行为的边际成本[①],而并非无人再愿意进行创作。聚合链接是否有可能构成直接侵权是同样的原理,否认这种链接行为构成直接侵权的可能性,不会导致无人愿意再以合法授权的方式上传作品,而是导致被链网站销售广告的价格下降(假设网络用户无需付费)、直至商业推广的边际成本,被链网站租值耗散的部分由设链网站和网络用户分享。如果肯定聚合链接有可能构成直接侵权,其结果不过是,因作品传播方式增加而产生的著作权租值的增值部分全部归属于权利人,而设链网站、网络用户的收益状况并不会变差,因此,社会整体效率是提升的。赞成"服务器标准"的学者所担心的,聚合链接若可能

---

① See William M. Landes & Richard A. Posner, *The Economic Structure of Intellectual Property Law*, The Belknap Press of Harvard University Press, 2003, p.40.

构成直接侵权将导致设链者"遭受毁灭性的打击""极大地阻碍搜索技术的发展,利益平衡荡然无存"①,既缺乏实证支撑,亦不符合经济学原理。

综上分析,聚合链接有可能构成著作权直接侵权,其构成要件是,网络用户可以在设链者的网页或界面上直接地、完整地、同质地利用(与在被链网站上利用相比)相关作品。基于此,我们不妨再来审视一下美国、欧盟的相关判例:

(1) 美国 Perfect 10, Inc. v. Google, Inc. 案和 Perfect 10, Inc. v. Amazon.com, Inc. 案。这两个案件被认为是"服务器标准"得以确立的代表性案例。谷歌案的二审判决认为:"谷歌并没有任何附着作品的物质载体,以使该作品能够被感知、复制或其他形式的传播。"②基于此,法官认为谷歌不构成直接侵权。在这一点上,亚马逊案的二审判决完全同意谷歌案的观点,并进一步指出"被告对于侵权网站是没有控制力的"③。首先要明确的是,此处不讨论两个案件中涉及缩略图的部分,仅仅分析链接第三方网站的问题。笔者认为,两案中的被告并非没有传播图片,法院认为被告只是向网络用户传播了被链作品的网址,有失偏颇;实际上,真正需要考量的是被告的行为是否满足前述之构成要件——"直接""完整""同质",如果回答是肯定的,就应当判定被告构成直接侵权。法院强调"服务器标准"更符合网络技术的互联互通属性,却没有论证设链者和网络用户获得的收益是否大于被链网站因此而遭受的租值耗散,因而是不符合著作权本质的。

(2) 欧盟法院的 Svensson v. Rtriever Sverige AB 案和 GS Media BV v. Sanoma Media Netherlands BV 案。Svensson 案提出了"新公众标准"来判断是否构成"向公众传播的行为",而该案被告的设链行为并没有指向新公众。④ GS Media 案的判决则认为:"如果第三方网站上载的为侵权作品,而被告明知或应知该作品侵权却仍然提供链接,就可以构成侵犯公众传播权的行为。"⑤由此推知,如果没有证据证明被告明知或应知,设链行为就不构成直接侵权。笔者认为,"新公众"概念的提出因其内涵

---

① 王迁:《网络环境中版权直接侵权的认定》,载《东方法学》2009 年第 2 期。
② 416 F. Supp. 2d 828 (C. D. Cal. 2006)。
③ 487 F. 3d 701 (9th Cir. 2007)。
④ ECJ, C-466/12, 2014:76.
⑤ ECJ, C-160/15, 2016:644.

的模糊性很容易遭到批驳,界权成本过高而不具有可操作性,如果不是从主体的角度,而是从行为的角度——即前述之构成要件——进行分析,所得之结论会更有说服力。至于 GS Media 案,则又回到了探讨被告主观过错的老路上,法官实际上已经将被告不构成直接侵权作为既定的前提,通过分析被告的主观状态来判定其是否应当承担损害赔偿责任。而且,这一思路混淆了著作权侵权判定与侵权损害赔偿责任的判定,前者仅与著作权边界和被诉行为的违法性有关,而后者才涉及被告的主观状态。

最后,我们不妨再从被链网站的预防成本的角度,探讨聚合链接的定性问题。首先假设讨论的情境是,被链网站是著作权人或是有合法授权的网站。如果聚合链接的设立使得网络用户能够从设链者的搜索结果页面直接、完整、同质地利用相关作品,被链网站自然是不希望被如此链接的。接下来的问题就是,对聚合链接的不同定性,将对被链网站的行为选择产生何种影响:

(1)如果设链行为构成传播,被链网站的预防成本就仅仅是制作、发出禁止被链的声明(这也才符合产权规则的权利保护模式),其预防成本是非常低的。而且,在此前提下,合同机制的功能就能得到充分的发挥,即双方当事人可以在充分考量自身成本—收益的情况下,通过合同机制来安排因设立聚合链接所导致的成本分担与收益分配。所以,即便聚合链接行为有构成著作权直接侵权的可能,也不会导致设链者为了规避法律风险只能选择彻底关闭聚合链接服务,从而阻碍链接技术的发展。网络传播的法律调整是个综合治理的架构,我们不能仅仅将眼光盯在著作权法上,而忽视了其他法律机制的作用发挥。如果设链者无法与著作权人、被链网站形成合意,不过是使得网络用户无法在设链者的网页或界面上直接地、完整地、同质地利用相关作品,而这对网络用户的影响几乎可以忽略不计。高级搜索的核心功能是使搜索结果所包含的信息更加详细、准确,我们不能认为,网络用户得以直接利用相关作品也必须是高级搜索必不可少的功能。[①]

---

① 持"服务器标准"观点者对此有不同看法:搜索技术的发展使得用户可以在不脱离设链网站的情况下欣赏他人作品,这才能实现利益平衡,如若不然,就属于阻碍搜索技术的发展;如果认为聚合链接行为可能构成直接侵权,其打击范围将超出视频聚合服务的范围而扩大至其他正当行为和商业模式,例如博客或教学网站上嵌入作品链接、微信朋友圈的转发。参见王迁:《论提供"深层链接"行为的法律定性及其规制》,载《法学》2016 年第 10 期。但相关学者并没有对此展开充分的论证,这些看法也缺乏方法论的支持。

(2) 如果设链行为不构成传播,禁止声明显然就不够充分了,被链网站需要额外地支付一定的预防成本(例如采取特殊的技术措施),但这本质上属于沉淀成本,因为该成本不能增加作品传播的收益,被链网站也无法通过其他方式收回该成本。实践中,越来越多地被链网站采取技术措施以禁止设链者建立聚合链接,就是因为法院所持之"设链行为不构成传播"的态度。然而,即便如此,依然有设链者实施破坏技术措施的行为、强行设立聚合链接,这进一步加大了被链网站的沉淀成本。与此同时,合同机制在这一情形下也难以发挥作用。

如果被链网站上载作品并没有获得授权,其自然不会支付预防成本,但是,在设链行为不构成传播的情形下,同样会导致作品传播所生之社会整体收益下降。道理很简单,此时著作权人的维权成本会高于未设链时的情形,而损失之填补的程度相较于未设链时则更低。

由此可见,对聚合链接行为的定性,直接关系到被链网站与著作权人的市场风险。无论设链行为是否构成传播,著作权人都可以通过许可的方式来转移侵权风险,但对于被链网站来说,聚合链接行为构成传播与否存在着巨大差异,当下的商业实践也与上述的成本—收益分析是一致的。因此,聚合链接行为不构成传播实际上会对被链网站产生逆向激励,即被链网站缺乏获取合法授权的激励,以及,即使在传播作品的收益足够大、被链网站愿意支付一定的预防成本来防范设链行为时,社会整体效率也是下降的。应当看到,提供聚合链接服务的网络平台是一个典型的双边损害市场[1],因而,立法上需要为被链网站和设链者双方都设定恰当的谨慎义务之标准。而且,将聚合链接行为定性为传播行为,也是"最低成本避免者"之义务分配规则[2]的体现。

---

[1] 关于双边市场的理论介绍,可参见 David Evans, *Platform Economics: Essays on Multi-Sided Business*, Competition Policy International 2011, pp. 4—9.
[2] 经济学上认为,能以最低成本避免损失的当事人应当承担损害的赔偿责任,该问题的实质就是相关主体之间预防成本的比较。See William M. Landes & Richard A. Posner, *The Economic Structure of Tort Law*, The Harvard University Press, 1987, p. 88. 具体到聚合链接行为,如果设链网站不负担任何的注意义务,作品网络传播所产生的社会整体效益就无法实现最佳的状态。

四、结　　语

可能是为了司法之便利，人们在讨论聚合链接的定性时喜欢"选边"——选择某项"标准"作为自己的判断思路。但实际上，这样的做法反而会束缚我们的思路，忽略从更加本源的角度（本文中即为著作权的本质）去分析问题。知识产权的排他性是以知识产品的公开性为对价的，所以，全部的知识产权议题可以归结为"激励（incentive）"与"接触（access）"之间的一种交换。就著作权制度而言，其一方面通过促进作品的传播而激励更多的作品被创作出来，另一方面要给社会公众留下接触作品的足够充分的路径，此即对价理论的具体体现，侵权与合理使用的界分是如此，直接侵权与间接侵权的界分亦是如此。

从解释论意义上来说，我国现行《著作权法》中的"信息网络传播权"是不能涵盖聚合链接行为的，因为法条明确用"提供"，而不是"传播"来界定该权利，所以，我国的"信息网络传播权"实际上比WCT中的"向公众传播的权利"内涵更窄。但是，聚合链接行为并非就不构成对著作权的直接侵害，无论是结合市场因素来理解播放，还是在著作权交易结构下按照"最低成本（预防成本）避免者规则"进行分析，聚合链接行为都可能构成直接的传播行为。

我们还应当看到，按照上述之规制思路，虽然能解决问题，但毕竟效率不高，因而有必要在立法论意义上重新设计深度链接的法律调整。具言之，就是要使权利内容的设置能够涵盖"网络用户在设链者的网页上能直接地、完整地、同质地获得作品"之情形，而不论设链者的服务器（无论是多么广义的服务器概念）上是否储存有该作品。至于权利的名称，笔者认为并不重要，仍然为信息网络传播权、抑或改成向公众传播的权利均可。再次强调，并不是所有的深度链接都会构成直接侵权，但也不是绝对不构成。